江苏省第六期“333 人才”培养支持资助项目

教学实践与指导·下

朱文军　樊海霞　丁志红　主编

中国财富出版社有限公司

图书在版编目（CIP）数据

教学实践与指导．下／朱文军，樊海霞，丁志红主编．—北京：中国财富出版社有限公司，2024.5

ISBN 978－7－5047－7970－0

Ⅰ.①教…　Ⅱ.①朱…②樊…③丁…　Ⅲ.①中学物理课—教学研究　Ⅳ.①G633.72

中国国家版本馆 CIP 数据核字（2023）第 152149 号

策划编辑　郑欣怡　王桂敏　　**责任编辑**　田　超　尹培培　　**版权编辑**　李　洋
责任印制　梁　凡　　**责任校对**　庞冰心　张营营　　**责任发行**　黄旭亮

出版发行　中国财富出版社有限公司
社　　址　北京市丰台区南四环西路 188 号 5 区 20 楼　　**邮政编码**　100070
电　　话　010－52227588 转 2098（发行部）　　010－52227588 转 321（总编室）
010－52227566（24 小时读者服务）　　010－52227588 转 305（质检部）
网　　址　http：//www.cfpress.com.cn　　**排　　版**　宝蕾元
经　　销　新华书店　　**印　　刷**　北京九州迅驰传媒文化有限公司
书　　号　ISBN 978－7－5047－7970－0/G·0794
开　　本　787mm×1092mm　1/16　　**版　　次**　2024 年 5 月第 1 版
印　　张　49　　**印　　次**　2024 年 5 月第 1 次印刷
字　　数　1131 千字　　**定　　价**　150.00 元（全 2 册）

目　录

上　册

下　册

第十一章　简单机械和功

一、课标分析

（一）课标要求

本章内容对应于2022年版课标课程内容两个一级主题“运动和相互作用”“能量”下的两个二级主题“机械运动和力”“机械能”。新课标要求如下：

2.2　机械运动和力

2.2.6　知道简单机械。探究并了解杠杆的平衡条件。

3.2　机械能

3.2.2　知道机械功和功率。用生活中的实例说明机械功和功率的含义。

3.2.3　知道机械效率。了解提高机械效率的意义和途径。

例3　测量某种简单机械的机械效率。

3.2.4　能说出人类使用的一些机械。了解机械的使用对社会发展的作用。

活动建议：

（1）查阅资料，了解人类利用机械的大致历程，并与同学进行交流。

（2）查阅资料，了解我国古代水磨、水碓等机械，写一篇弘扬中华优秀传统文化的调查报告。

4.2.5　探究杠杆的平衡条件。

例5　用杠杆、铁架台、钩码和弹簧测力计，探究杠杆平衡时动力、动力臂与阻力、阻力臂之间的定量关系。

（二）课标解读

我们将新课标与核心素养的要求对比分析后发现，课标中的2.2.6强调了对学生物理观念、科学思维、科学探究的具体要求，要求学生知道什么是杠杆，能从常见的工具中辨认出杠杆，要求学生通过实验探究总结出杠杆平衡条件，会用杠杆平衡条件解决实际问题，能对杠杆进行分类，要求学生认识滑轮，了解定滑轮和动滑轮工作时的特点。课标中的3.2.2强调了对学生物理观念、科学思维的要求，要求学生有基本的能量观，知道做机械功的两个要素，知道机械功的物理意义，会用公式进行简单计算，要求学生知道功率的物理意义，会用公式计算功率，能自己设计实验测量功率。课标中的3.2.3对学生科学探究以及科学态度与责任提出具体要求，如能设计实验测定某种简单机械的机械效率，有合理改进机械、提高效率的意识，增强将科学服务于人类的责任感。与旧版课标对比，2022 年版课标中的 3.2.4 增加了“查阅资料，了解我国古代水磨、水碓等机械，写一篇弘扬中华优秀传统文化的调查报告”的内容，突出将中华优秀传统文化融入物理学科实践，从而让学生在学习物理的过程中，增强对中华优秀传统文化的认同感与自信心，实现中华优秀传统文化的连续性传承与创新性发展。

二、教材分析

（一）各版本教材对比

根据 2022 年版课标对这部分的要求，各版本教材的章节安排如表 11－1 所示。

表 11－1　各版本教材章节安排

教材版本	章次	节名称
人教版	第十一章 第十二章	功；功率；动能和势能；机械能及其转化 杠杆；滑轮；机械效率
北师大版	第九章	杠杆；滑轮；功；功率；探究——使用机械是否省功；测滑轮组的机械效率
教科版	第十一章	杠杆；滑轮；功 功率；机械效率；改变世界的机械
沪粤版	第六章 第十一章	怎样认识力；怎样测量和表示力；重力；探究滑动摩擦力；探究杠杆的平衡条件；探究滑轮的作用 怎样才叫做功；怎样比较做功的快慢；如何提高机械效率；认识动能和势能
沪科版	第十章	科学探究：杠杆的平衡条件；滑轮及其应用；做功了吗；做功的快慢；机械效率；合理利用机械能
苏科版	第十一章	杠杆；滑轮；功；功率；机械效率；综合实践活动

（二）苏科版教材单元内容概述

苏科版教材中，本章内容安排在九年级上册第十一章。内容可以分为两部分：第一部分主要介绍简单机械——杠杆、滑轮；第二部分主要介绍功——做功的多少、做功的快慢、做功的效率。本章共编排了五个学生探究活动，突出以实验探究为主的学习方式，强调对学生探究能力的培养，教材中的素材选取也充分体现了“从生活走向物理，从物理走向社会”的课程理念，设置的活动有利于调动学生的学习积极性，能够更好地发挥学生的主观能动性。

本章知识体系如图 11－1、11－2 所示。

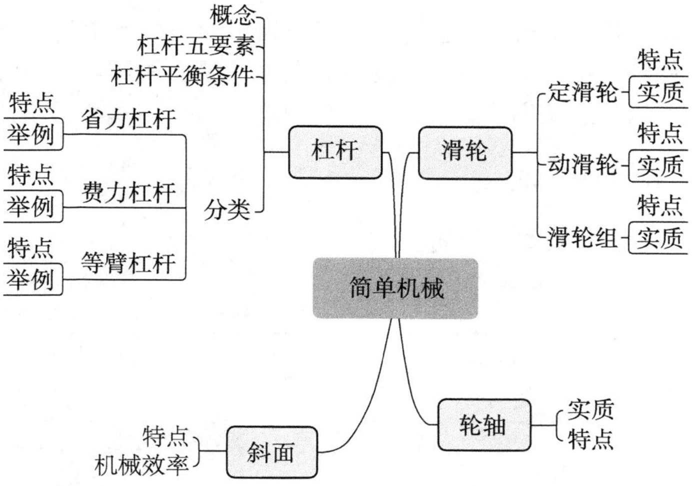

图 11－1

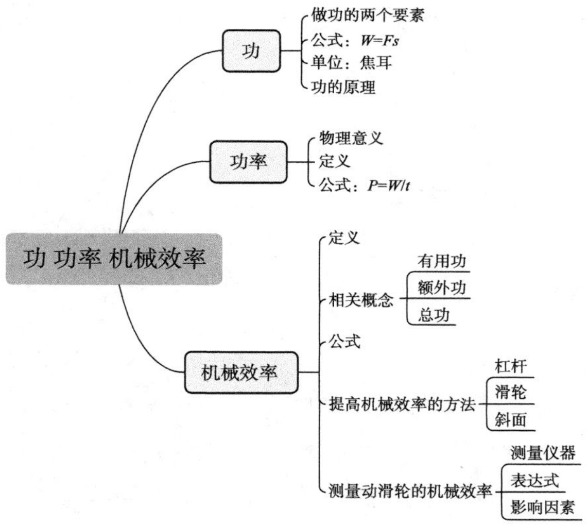

图 11－2

三、教学建议

（一）单元教学思路

本章学习的重难点在于杠杆的平衡条件，定滑轮、动滑轮及滑轮组，功、功率、机械效率的相关概念、测量和计算，概念多、计算多，学生容易混淆，教师在教学中应采取合适的教学手段，以小台阶、小切口，帮助学生低起点进入，进而轻松突破难点。

《简单机械和功》这一章注重学生关键能力的培养，从开始的“拔图钉”活动到最后的综合实践活动，始终突出以学生活动为主的学习方式，从生活中最常见的夹子、螺丝刀入手，简单有趣，由浅入深。教师要在探究活动中引导学生仔细观察，发现问题，提出问题，围绕着提出的问题制订探究计划，选择实验器材，设计实验过程，最大限度地发挥小组讨论的优势，集思广益，并从中选出最佳方案，共同实施。

（二）课时教学建议及教学方式

本章课时教学建议及教学方式如表 11－2 所示。

表 11－2　　课时教学建议及教学方式

节次	建议课时数	教学方式
第一节	2 课时	分组实验、谈论法等
第二节	2 课时	分组实验、谈论法等
第三节	1 课时	演示实验、分组实验、谈论法等
第四节	1 课时	分组实验、谈论法等
第五节	1 课时	演示实验、分组实验、谈论法等

（三）课例示范

第一节　杠杆（1）

【课标及教材分析】

2022 年版新课标中对杠杆相关要求：知道简单机械，探究并了解杠杆的平衡条件。杠杆内容为苏科版教材第十一章第一节，既是对前面所学力学知识的加深和拓展，也是学习滑轮、滑轮组及功等知识的基础。教材从“拔图钉”的活动引入，使学生亲身体验利用工具的便利性，列举一些生活中常见的工具，将学生的生活经验与物理知识相联系，让学生通过观察工具的使用过程，找出其共同之处，从而归纳建构合理的杠杆模型，进而介绍简单机械中的杠杆以及杠杆的五要素，并能画出杠杆的示意图和力臂。

【学情分析】

九年级的学生正处于感性向理性发展的转型阶段，通过对前面力学知识的学习，已经掌握了一定的物理学知识和学习方法，且具有初步观察、思考、分析、归纳的能力，同时具备一定的几何作图基础，了解点到线的作图要求和规范，这些储备均为本节课的学习做好了铺垫。

【教学目标】

（1）知道什么是杠杆，能从常见的工具中认出杠杆。知道杠杆的种类以及各种杠杆的特点，知道杠杆在生活中的实际应用。

（2）通过观察和实验了解杠杆的结构，熟悉有关杠杆的名词：支点、动力、阻力、动力臂、阻力臂。

（3）理解力臂的概念，会画杠杆的动力臂和阻力臂。

（4）通过了解杠杆的应用，进一步认识物理学是有用的，提高学生学习物理的兴趣及关注历史、关注科学的意识。

【教学重难点】

依据课程标准，结合教材内容和学生实际，确定本节课的重点：知道什么是杠杆，能从生活中的物体抽象出杠杆模型。本节的难点：杠杆模型的建立以及杠杆力臂的画法。

【教学设计】

本节第1课时教学设计具体内容如表11－3所示。

表11－3　　第一节第1课时教学设计

情境	教师活动	学生活动	设计意图
幻灯片展示筷子、捕捉卫星用的机械臂、建筑工地上的塔吊、自行车、机器人等图片。	讲述：从我们每天吃饭用的筷子，到航天飞机捕捉卫星用的机械臂，机械已经深入人类生活的方方面面，其实，无论多么复杂的机械都是由简单机械组成的，今天我们一起来学习杠杆。	观察、思考，感叹人类的文明。	创设情境，活跃课堂气氛，进一步激发学生浓厚的学习兴趣。
展台展示木板上的图钉。	提问：怎样可以将其拔出来，哪位同学愿意试一试？在这些方法中，哪一种方法最省力？	学生代表上台演示拔图钉：可以用螺丝刀、羊角锤、尖嘴老虎钳等工具。 螺丝刀最省力。	学生亲历拔图钉过程，体验简单机械的使用。

续 表

情境	教师活动	学生活动	设计意图
生活中的杠杆：撬棒、跷跷板、羊角锤、开瓶扳手。	同学们请认真观察这些工具，它们在使用时有什么共同特点？ 杠杆的定义：在力的作用下绕固定点转动的硬棒称为杠杆。 你们还能列举出生活中哪些杠杆？	学生观察、思考、讨论、交流杠杆的特征，概括什么是杠杆。 根据杠杆的特征列举生活中的杠杆实例。	通过生活中的杠杆实例，增强学生的感性认识，引导学生认识什么是杠杆。 学生通过列举生活中的杠杆，进一步加强对杠杆的认识，提高识别杠杆的能力。
螺丝刀撬图钉。	为了了解杠杆的作用，我们先以螺丝刀撬图钉为例来认识几个与杠杆有关的名词，同学们先自己阅读教材相关内容。 结合撬棒示意图进行板书： 支点 O 动力 F_1 动力臂 l_1 阻力 F_2 阻力臂 l_2 通过实例分析，引导学生作力臂： (1) 先找支点 O。(找点) (2) 过力的作用点沿力的方向画出力的作用线。(画线) (3) 作出 O 点到力的作用线的垂直距离。(作垂线) 力臂的画法有两种：一种用带箭头的细线表示，另一种用虚线加大括号表示。记住一定要画垂直符号。	学生阅读教材，体会关于杠杆的几个名词。 学生观察、思考、练习、展示、讨论，加强对力臂概念的理解，掌握如何作力臂。 课堂练习： 画出如图 11－3 所示的杠杆动力 F_1 的力臂以及阻力 F_2 和 F_2 的力臂。 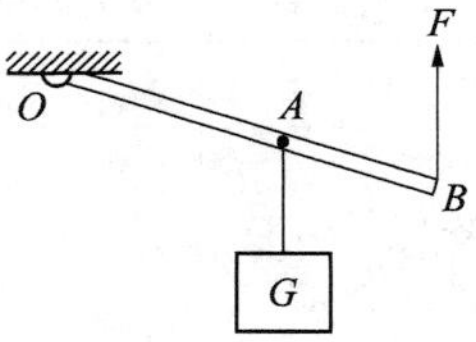 **图 11－3** 根据教师提供的作图过程，对自己的作图进行纠正、完善。 强化练习： 画出图 11－4、11－5 所示的动力臂、阻力、阻力臂。 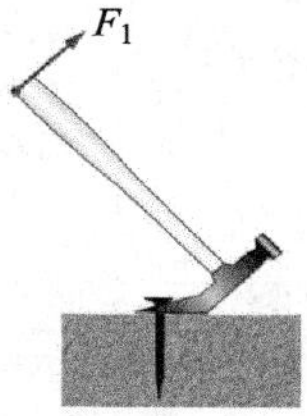 **图 11－4**	通过学生阅读，加强学生对有关杠杆五个名词的了解。 通过教师示范，学生练习、交流讨论、展示，总结作力臂的方法等，加强学生对力臂的理解，会作力臂，突破难点。 学生巩固练习，互相点评，加深印象。 精讲精练，突破教学重难点。

续　表

情境	教师活动	学生活动	设计意图
螺丝刀撬图钉。	（在引导学生画力臂时，可适当复习一些数学基础知识：点到线的垂直距离。） 教师示范作图过程，强调基本作图要求。	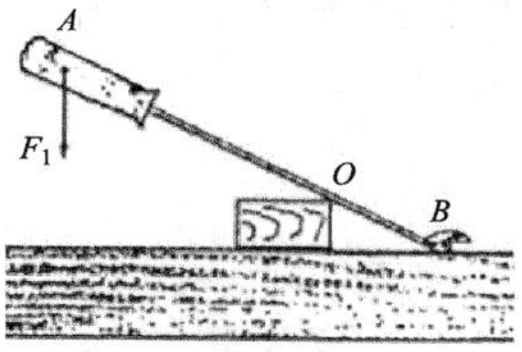 图 11－5 如图 11－6 所示，根据阻力臂画出阻力。 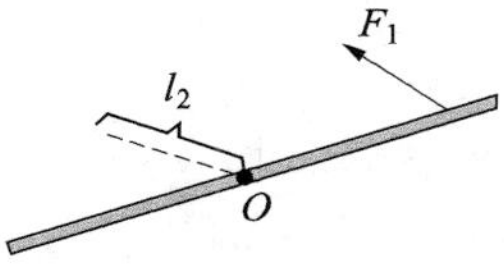 图 11－6	讲练结合，学生互评。
总结交流。	请同学们说一说这一节课你们所学到的知识。 教师补充、点评。 本节课是我们初三学习的第 1 课时，内容不多，但非常重要，希望大家课后加强复习和领悟。	学生交流、总结。	充分发挥学生主体性，让学生进行自我总结和反思，提升学习能力。

第一节　杠杆（2）

【课标及教材分析】

新版课程标准中对这一部分的相关内容要求：知道简单机械，探究并了解杠杆的平衡条件。第 1 课时在“拔图钉”的活动基础上介绍了杠杆以及杠杆的五要素，本节通过实验探究，让学生在活动中总结出杠杆的平衡条件，旨在培养学生的动手实验能力及总结归纳能力，是本节内容的重中之重。通过进一步分析，引导学生将杠杆进行分类，再让学生列举生活中的各种杠杆并分类，让学生感受到生活中处处有物理。

【学情分析】

学生学习了杠杆以及杠杆的五要素，在八年级对物体的平衡状态有所了解，但对杠杆的平衡状态不了解，故本节课重点在于理解杠杆的平衡。学生对物理实验充满着好奇心和探知欲，能利用已有知识积极主动交流、讨论，同时他们对新事物又有强烈的探索欲望，乐于参与活动，许多学生已经能较熟练地应用研究方法（如控制变量法、图表法、归纳法等）来解决实际问题，再加上他们自己已积累了一年多的探究经验，比较注重小组成员间的合作，这样的“学情”较利于本节教学任务的展开。

【教学目标】

（1）理解杠杆的平衡，通过探究实验归纳总结出杠杆的平衡条件，提升科学探究和解决问题的能力，培养科学探究态度和科学精神。

（2）了解杠杆的应用，能利用杠杆原理对杠杆进行分类。

（3）会运用杠杆平衡条件解决实际问题。

（4）通过物理学史，学习伟人的科学探究精神。

【教学重难点】

依据新版课程标准，结合教材内容和学生实际，确定本节课的重点：自主探究杠杆的平衡条件；能从常见的工具中辨认出杠杆，并知道是哪类杠杆。本节课的难点：利用杠杆平衡条件，总结出最长动力臂的画法。

【教学设计】

本节第2课时教学设计具体内容如表11－4所示。

表11－4　第一节第2课时教学设计

情境	教师活动	学生活动	设计意图
观看教材4页图11－5。	阿基米德有句名言：“只要给我一个支点，我就可以移动地球。”阿基米德说这句话的依据是什么？你们认为这可能吗？杠杆真的有这么神奇吗？	感受伟人的豪言壮语。	设疑激趣，引出课题。
准备器材：杠杆、钩码，演示“大人小孩玩跷跷板”。	我们先来做一个小游戏。大家可以看到桌面上有一个“跷跷板”，你们小时候都玩过跷跷板吗？那么一个大人和一个小孩能玩跷跷板吗？ 现在我用一个大钩码表示大人，一个小钩码表示小孩，我先将小的钩码放到跷跷板的一端，大家可以看到跷跷板的另一端翘起了。那么我要怎样放这个大的钩码，才能使得这个跷跷板平衡呢？有没有同学想要上来尝试一下？	观察思考交流。 学生代表上台演示，将跷跷板调平衡。	从生活走向物理，运用学生熟悉的场景，引入杠杆的平衡，为学生铺台阶，也为下一步探究杠杆的平衡条件做准备。

续　表

情境	教师活动	学生活动	设计意图
准备器材：杠杆、钩码，演示“大人小孩玩跷跷板”。	此时跷跷板可以看作一个杠杆，并且处在平衡状态，前面我们学习过运动的平衡状态是哪两种？ 那么什么是杠杆的平衡状态呢？ 教师总结：当杠杆在动力和阻力作用下保持静止或匀速缓慢转动时，杠杆就处于平衡状态。	静止和匀速直线运动状态。	
探究杠杆的平衡条件。	提出问题：改变杠杆上的钩码位置，观察是什么因素使杠杆失去平衡呢？ 在杠杆一端增加一个钩码，观察是什么因素使杠杆失去平衡呢？ 进行猜想：通过这个小游戏，同学们请猜想杠杆平衡与哪些因素有关？ 动力 F_1、阻力 F_2、动力臂 l_1 和阻力臂 l_2 之间要满足什么关系，才能使杠杆平衡？ 我们得出了那么多猜想，同学们可以在实验中，验证究竟哪一个猜想才是正确的。 $F_1+l_1=F_2+l_2$ 成立吗？ 设计实验：在实验中我们需要测量哪些物理量？ 把这四个数据测出来，就可以得到它们之间的关系了吗？ 测量这些物理量我们需要哪些器材呢？	学生讨论回答：力臂或力的作用点到支点的距离。 学生讨论回答：力的大小。 动力 F_1、阻力 F_2、动力臂 l_1 和阻力臂 l_2。 猜想与假设。 单位不一样不能相加减，故排除。 动力 F_1、阻力 F_2、动力臂 l_1 和阻力臂 l_2。 需要多次实验。 弹簧秤、钩码、铁架台、杠杆。	让学生经历探究杠杆平衡条件的过程，并做好数据记录，通过对数据的分析归纳，得出杠杆的平衡条件。 引导学生加深对杠杆及杆杆平衡条件的认识。

续 表

情境	教师活动	学生活动	设计意图
	怎样测量实验数据？与直接挂钩码相比，选用弹簧测力计的优点有哪些？	学生讨论后回答： ①可以直接读出力的大小。 ②可以获得连续可变的拉力。 ③可以改变拉力的方向。	
探究杠杆的平衡条件。	若只探究杠杆在两个力的作用下的平衡条件，图 11－7 五幅实验装置图中，应选择哪几种装置？理由是什么？从实际可操作的角度，哪一种最好？ 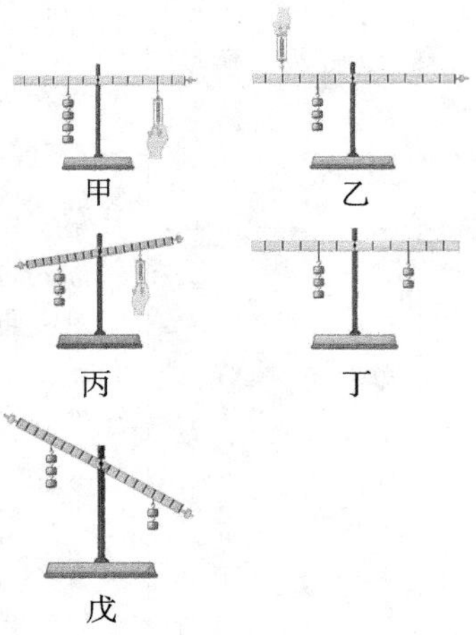 **图 11－7**	应选择甲、乙、丁，理由是动力、阻力为竖直方向，与水平杠杆垂直，可以从杠杆上直接读出力臂。 乙装置最好，弹簧测力计正着拉，方便校零。	引导学生分析实验前也要调节杠杆在水平位置平衡，避免学生机械操作。
	那么实验前，为什么要使杠杆在水平位置平衡？（板演分析）	使杠杆的重力作用线经过支点，力臂为零，从而避免杠杆重力对实验的影响。	
	天平是怎么调节平衡的？ 左高向左调、右高向右调。	左沉右调，右沉左调。	

续　表

情境	教师活动	学生活动	设计意图
探究杠杆的平衡条件。	进行实验：现在我们已经使杠杆在水平位置平衡了。我们统一把支点左侧的钩码作用于杠杆上的力（大小等于钩码所受的重力）当作阻力 F_2，把支点右侧的弹簧测力计作用于杠杆上的拉力当作动力 F_1。接下来各组自主做实验，根据提供的实验器材，操作并记录数据。 收集证据： 一组数据够吗？多次实验的目的是什么？如何进行有效的多次实验？ 提示：在第一次实验的基础上：①保持钩码和弹簧测力计的位置不变，改变钩码的数量；②保持钩码的数量和位置不变，改变弹簧测力计的位置；③保持弹簧测力计的位置和钩码的数量不变，改变钩码的位置。 影响杠杆平衡的因素是力臂还是力的作用点到支点的距离？如何用实验证明？ 在学生探究过程中进行巡视，发现问题及时提出，让学生自己去分析、解决问题。完成实验后请各组汇总实验数据，填写实验报告。 请同学们对自己的实验数据表格进行分析，选派一名代表回答问题：你认为杠杆在平衡时应满足的条件是什么？ 板书：杠杆的平衡条件 动力×动力臂=阻力×阻力臂	学生进行实验。多次实验，得出普遍规律。 转动弹簧测力计的角度，改变力臂，发现力的大小发生改变，说明是力臂影响杠杆的平衡。 完成实验，举手示意。 我们通过实验与数据收集，得出结论：要使杠杆平衡，必须满足：动力×动力臂=阻力×阻力臂。	引导学生采用控制变量法，这样所得到的数据，有省力、费力和相等这三种情况，确保数据有一定的代表性。 引导学生发现问题，设计方案，解决问题，培养探究能力。

续 表

情境	教师活动	学生活动	设计意图
杠杆平衡条件的应用：杠杆的分类。	引导学生对杠杆进行分类总结： 省力杠杆：动力臂大于阻力臂，平衡时，动力小于阻力，费距离。 费力杠杆：动力臂小于阻力臂，平衡时，动力大于阻力，省距离。 等臂杠杆：动力臂等于阻力臂，平衡时，动力等于阻力。 应用举例：手推车、船桨、镊子、理发剪刀、天平。	根据杠杆的平衡条件进行分类，并对生活中的常见杠杆进行具体分类。 学生交流展示，并点评总结方法。	学以致用，通过讨论分析，学生将物理知识与生活实际相联系，加深了对杠杆分类的理解。 通过分析指导，学生摸索和初步总结出画最小力的方法。
画最小力。	在图 11 – 8 中画出在 *B* 点所施加的最小的力，能使杠杆平衡。 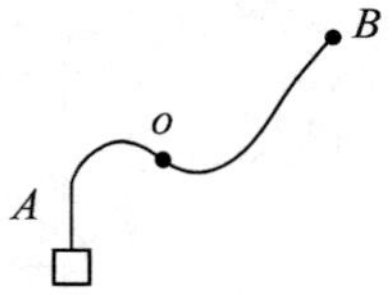 **图 11 – 8** 利用杠杆的平衡条件，可知：当阻力和阻力臂一定时，要使动力最小，一定是动力臂最大。支点与力的作用点的连线作力臂时，力臂最大。	学生练习： 如图 11 – 9 所示，在 *B* 点作出能使杠杆平衡的最小力。 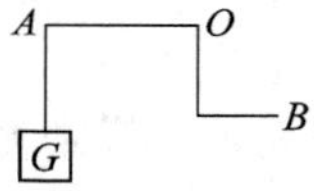 **图 11 – 9** 分析思考完善。	
幻灯片展示教材 6 页上的例题：用弹簧测力计测大象重力。	请同学们先自行分析解答，然后对照教材纠正完善。		通过计算分析，培养学生分析问题、解决问题的能力，并养成良好的解题习惯。
交流小结。	补充总结本节课内容。	总结本节课内容。	

第二节　滑轮（1）

【课标及教材分析】

本节内容为苏科版教材第十一章第二节，滑轮是简单机械的一种，新版课程标准中对这一部分的相关内容要求：知道简单机械，探究并了解杠杆的平衡条件。本节课学生通过接触实物来认识滑轮，通过比较滑轮的应用实例对滑轮进行分类，并认识到滑轮应用的广泛性，明确学习本节的重要性。通过实验探究，学生了解了定滑轮和动滑轮工作特点，并能明确滑轮的实质是杠杆的变形，能运用杠杆平衡条件来说明滑轮的特点。这节课的知识与生产生活紧密联系，体现了“从生活走向物理，从物理走向生活”的课程理念。本节课建立在杠杆知识后，既是对简单机械的延伸，又是学习机械效率的基础。学生在本节课中有大量的探究活动，通过科学探究得出物理规律，并且建立模型分析滑轮的实质，让学生从根本上了解定滑轮和动滑轮的工作特点。

【学情分析】

九年级的学生学习物理已有一年，对物理已有一定的兴趣和强烈的求知欲，初步具备一定的探究意识，能够发现并提出问题，也已有一定的实验探究能力，初步具备良好的实验习惯。他们正处于感性认识向理性思维发展的阶段，具备一定的几何作图基础，这样的前认知为本节课的学习做好了铺垫。因滑轮的实验特点，实验所得数据有所偏离，需要我们教师的有效引导，忽略次要因素得出主要特点。滑轮的实质较为抽象，可通过动画的直观演示突破难点。

【教学目标】

（1）认识定滑轮和动滑轮，经历探究定滑轮和动滑轮使用特点的实验过程，感受对比、分析、归纳等方法在探究实验中的作用。

（2）知道定滑轮、动滑轮的作用，能了解滑轮的实质。

（3）能识别生活和生产中常见的滑轮。

【教学重难点】

依据课程标准，结合教材内容和学生实际，确定本节课的重点是通过探究知道定滑轮和动滑轮的特点，本节课的难点是了解滑轮实质上是杠杆的变形。

【教学设计】

本节第1课时教学设计具体内容如表11－5所示。

表 11－5　　第二节第 1 课时教学设计

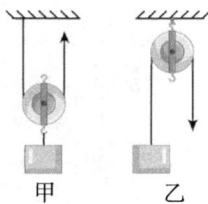

情境	教师活动	学生活动	设计意图
视频展示：升旗仪式。	播放升旗仪式视频，请同学们思考：视频中是用什么方法把五星红旗升到空中的？运用了什么装置？ 引导学生仔细观察，引出滑轮。	观看视频，思考问题，相互交流。	利用学生熟悉的升旗仪式创设问题情境，进一步激发学生的求知欲、探索欲，升华学生的爱国精神。
认识滑轮，能对滑轮分类。	认识滑轮：活动；图片展示。 分发滑轮，分组观察滑轮有什么特征？与普通轮子有何区别？ 引导学生描述滑轮：周边有凹槽，能绕轴转动的轮子。 请同学们讨论我们生活中还有哪些地方用到了滑轮。（展示升旗、用滑轮吊木箱、古代升降护城桥、电梯等动画） 请同学们思考，滑轮在使用时轴的情况有何不同？ 明确滑轮的分类：工作时，轴的位置固定不动的滑轮称为定滑轮，轴的位置随着被拉动的物体一起运动的滑轮称为动滑轮。 提问：如何用滑轮提升重物？ 活动：我们用钩码来替代重物，请用一个滑轮、一个铁架台、一段细线，将钩码提升。能设计出几种方案？（请学生代表上讲台展示） 对学生的合作成果加以表扬。 提问：分别使用的是什么滑轮？提升重物时又有何不同？	学生观察滑轮。 交流归纳并描述滑轮的特征：周边有凹槽，能绕轴转动。 观察动画并交流。 在老师的引导下区分定滑轮和动滑轮。 学生用一个滑轮提升重物。 学生代表上台演示两种方案，如图 11－10 所示。 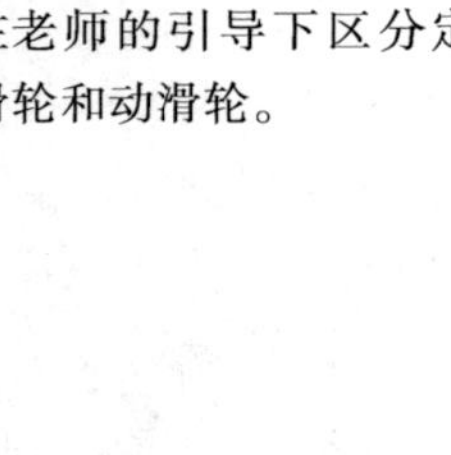 **图 11－10**	让学生触摸滑轮，观察实物，加深体验。 让学生认识到滑轮在生活中有着十分广泛的应用，激发学生学习欲望。 分组合作，培养学生积极参与探究的主动意识和合作意识。 培养学生的观察能力和概括能力。

续　表

情境	教师活动	学生活动	设计意图
认识滑轮，能对滑轮分类。	提出问题：使用滑轮提升重物时，我们通常需要探究：与直接提升重物相比，使用滑轮有哪些不同呢？ (1) 省（费）力； (2) 省（费）距离； (3) 特点。	学生思考，提出猜想。	
探究定滑轮和动滑轮的特点。	进行猜想：根据刚才提升重物的体验，猜想定滑轮和动滑轮提升重物时，省（费）力和省（费）距离的情况。 设计实验：请同学们设计实验方案以验证猜想。 (1) 需要测量哪些物理量？ (2) 需要哪些实验器材？ (3) 如何操作？ (结合学生想法，展示书本上的操作要点并进行补充) 进行实验并记录数据：引导学生注意： (1) 如何读数？ (2) 只做一次实验能否得出结论？如何多次实验？ 下面请同学们开始进行分组实验。 分析数据：实验结果与我们的猜想是否一致？ 忽略次要因素，分析实验数据和关键问题（可选择质量较大的钩码），我们可以总结得出两种滑轮的哪些特点？	(1) 物重 G，拉力 F，钩码提升高度 h，绳子自由端移动距离 s。 (2) 弹簧测力计和刻度尺。 (3) 学生讨论交流。 (1) 竖直拉动弹簧测力计，使钩码匀速上升，读出弹簧测力计示数。 (2) 改变钩码的个数进行多次实验。 学生实验。 学生质疑。 定滑轮：不能省力也不省距离，但可以改变施力方向。 动滑轮：最多可以省一半力。	通过提出问题、猜想、实验和分析，学生经历物理科学探究的过程，学习科学探究的方法，从而培养了学生的探究、分析、总结能力。 组织学生分组合作探究，教师巡视指导。 提示学生，可以将所提升的钩码质量取大一些，这样弹簧测力计示数越接近拉力。(即对弹簧测力计做理想化处理)

续 表

情境	教师活动	学生活动	设计意图
滑轮实质是杠杆的变形。	如图 11 – 11 所示，通过动画演示滑轮的变形过程，将滑轮上下压缩为一把直尺。在提升重物中，通过找杠杆的五要素，归纳总结动滑轮和定滑轮的实质。 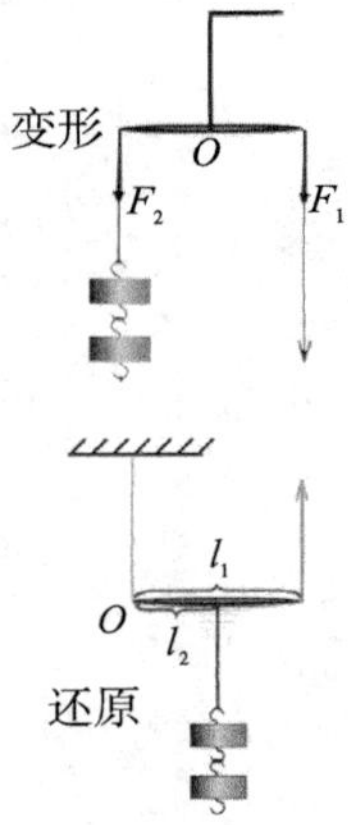 **图 11 – 11**	学生观看动画，通过找杠杆五要素，了解滑轮的实质。	用动画演示说明滑轮是杠杆的变形，直观解决问题，学生更易接受和理解。
总结交流。	请同学们说一说这一节课你们所学到的知识。	学生交流、总结。	充分发挥学生主体性，让学生进行自我总结反思，培养自我学习能力。

第二节　滑轮（2）

【课标及教材分析】

新版课程标准中对这一部分的相关内容要求：知道简单机械，探究并了解杠杆的平衡条件。在滑轮第 1 课时中学生学习了滑轮及其分类，通过实验探究总结得出滑轮工作的特点，最后通过理论分析得出滑轮的实质是杠杆的变形。本节内容继续通过实验探究，让学生总结出滑轮组的工作特点，培养学生的实验探究能力，充分发挥学生的主体性，让学生在问题引导下自主设计实验、动手实验、交流和讨论，得出物理规律。

【学情分析】

学生在上节课通过实验探究学习了滑轮及其工作特点，为本节课探究滑轮组的工作特点做了铺垫。在八年级学生对物体的平衡状态知识有所了解，为本节课滑轮组的受力分析打下基础。此阶段学生已经具备了一定的作图能力，能利用已有知识积极主动提出问题、交流讨论。同时他们对新事物又有强烈的探索欲望，乐于参与活动，许多学生在教师的引导下已经能较熟练地设计实验，解决实际问题。

【教学目标】

（1）会安装滑轮组，通过探究了解滑轮组的工作特点，能根据安装情况分析拉力与物重的关系。

（2）能对现实生活中简单机械的应用进行评价。

（3）通过了解简单机械的应用，初步认识科学技术对人类社会发展的作用。

【教学重难点】

依据课程标准，结合教材内容和学生实际，确定本节课的重点是探究滑轮组的工作特点，本节课的难点是理解和判断滑轮组的绕线及其段数。

【教学设计】

本节第 2 课时教学设计具体内容如表 11－6 所示。

表 11－6　　**第二节第 2 课时教学设计**

情境	教师活动	学生活动	设计意图
图片展示：如何把木料运到楼上？	引入新课：小明想把一堆木料运到四楼，木料过长，用什么方法才能运上楼呢？如图 11－12 所示。 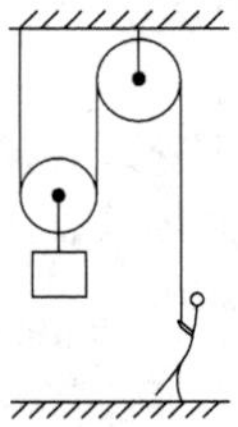 **图 11－12** 回顾：定滑轮可以改变力的方向但不能省力，动滑轮可以省力但不能改变力的方向。 提出问题：有没有一种简单机械，既可以省力又可以改变力的方向呢？在实际使用中，人们常将动滑轮和定滑轮组合成滑轮组。	用定滑轮或者动滑轮。 学生思考：可将定滑轮和动滑轮组合。	创设问题情境，循序渐进，让学生思考出滑轮的组合，培养学生的创新能力和学习兴趣。

续 表

情境	教师活动	学生活动	设计意图
滑轮组的绕线方法。	如何用滑轮组提升重物？ 活动一：用钩码替代重物，用一个定滑轮、一个动滑轮将钩码提升。 思考：①有哪些绕线方法？绳子的起点在哪里？画出图 11－13 示意图。 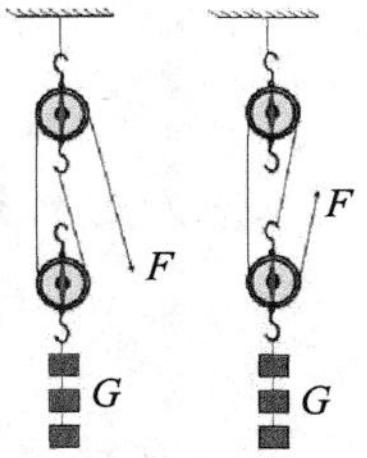 **图 11－13** ②拉力的方向是否相同？	观察现象，思考问题。 ①可以从定滑轮开始绕线，也可以从动滑轮开始绕。 ②竖直向下和一个竖直向上，学生合作进行探究。	画图的方法更形象，学生更易于接受
探究滑轮组工作特点。	活动二：用钩码替代重物，准备一个定滑轮和动滑轮组装成滑轮组、一个铁架台、一段细线，分别用上述两种绕线方式将钩码提升。 提出问题：拉力的大小是否相同？移动的距离是否相同？如何测量？需要测量哪些物理量？ 设计实验：如图 11－14 所示，竖直拉弹簧测力计，使钩码匀速上升，读出拉力大小 F，并改变钩码个数进行多次实验。 组织学生分组探究，教师巡视指导。 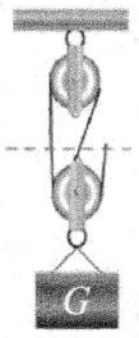 n=3 **图 11－14** 引出绕过动滑轮的绳子段数 n。 总结：引导学生对滑轮组进行受力分析，看物体用 n 段绳子吊着，提起物体的力就是物重的 n 分之一，移动的距离就是物体上升高度的 n 倍。即 $F=\frac{1}{n}G$　　$s=nh$ （展示用滑轮组吊起摩托车、起重机上的滑轮组等图片。）	需要用弹簧测力计和刻度尺进行测量，测出物重 G，拉力 F，物体被提升的高度 h 和绳子自由端移动的距离 s。 学生分组实验后回答问题：拉力大小不同，移动的距离也不同。从定滑轮绕线的话，所用拉力为物重的 1/2，s 是 h 的两倍；从动滑轮绕线的话，所用拉力为物重的 1/3，s 是 h 的三倍。 学生观察，感受滑轮组的工作特点。	学生亲自动手操作，获得直观感受。 及时总结，让学生更高效地掌握知识。

续　表

情境	教师活动	学生活动	设计意图
阅读“生活·物理·社会”：轮轴。	在生产生活中，还会用到轮轴。轮轴由具有公共转轴的轮和轴组成，汽车方向盘、门把手等都是轮轴。 活动：轮轴实质上也是杠杆的变形，请同学们在书上画出门把手、汽车方向盘和扳手的力的示意图，找出杠杆的五要素，分析省力还是费力。	学生作图，不难发现杠杆是省力还是费力。	从生活走向物理，轮轴概念有些抽象，但生活中的门把手、汽车方向盘和扳手十分常见，联系实际，让学生更好理解什么是轮轴。 引导学生找出杠杆的五要素，根据力臂大小分析杠杆是省力还是费力，培养学生学会用模型法解决问题的能力。
总结交流。	请同学们说一说这节课的学习收获。	学生交流并进行总结。	充分发挥学生主体性，培养自主学习能力。

第三节　功

【课标及教材分析】

本节内容为苏科版教材第十一章第三节，新版课程标准中对这一部分的相关内容要求：结合实例，认识功的概念。知道做功的过程就是能量转化或转移的过程。功在初中物理学中占有重要地位，本节内容不仅是前面力和运动知识的拓展和延伸，与前面学习的简单机械知识紧密相连，又为后面学习功率、机械效率打下基础。学生只有学好功的知识，才能深化对简单机械原理的认识，才能理解功率、机械效率等相关概念。因此，功是本章学习的重点内容，无论在知识学习上，还是在培养学生关键能力上，都有着十分重要的作用。

【学情分析】

九年级的学生已有一定的力学知识基础，能够对力的成效方面的知识进行理解和应用，但学生的抽象思维还不成熟，在学习过程中仍需一些感性认识作依托，加上学生还没有学习能量的相关知识，对功的定义很难深刻理解，因此在教学过程中可以借助实验和实例分析加强对学生的引导，帮助学生建立功的概念。

【教学目标】

(1) 知道力学中做功的含义。能说出做功的两个必要因素，并能判断出力是否对物体做功。能进行简单计算。

(2) 通过观察和实验，了解功的含义，学会用科学探究的方法研究物理问题，学会从物理现象中归纳简单的物理规律。

(3) 体会到简单机械给人们带来的方便和快捷，能从功的角度理解使用简单机械“省力”和“省距离”之间的辩证关系。通过联系生活、生产实际激发学生求知欲，培养学生探索自然现象和日常生活中的物理学道理的兴趣。

【教学重难点】

依据课程标准，结合教材内容和学生实际，确定本节课的重点：物体做功的两个必要条件；运用公式进行简单的功的计算。确定本节课的难点是正确判断力是否对物体做功。

【教学设计】

本节教学设计具体内容如表 11－7 所示。

表 11－7　　第三节教学设计

情境	教师活动	学生活动	设计意图
引入新课。	生活中的“功”是个多义词，功劳、立功中的“功”有贡献的意思；成功、事半功倍中的“功”有成效的意思。在日常生活中凡是人们从事了脑力劳动和体力劳动，都叫作“功”，那么力学中的“功”又有什么含义呢？接下来让我们看下面的实验，请同学们思考并评价人推小车和叉车举起货物的工作成效： 动画一：人在水平地面上推小车向右做匀速直线运动一段距离。 动画二：叉车搬运货物时，把货物从地面提升到一定高度。叉车用力托起货物，使货物在这个力的方向上发生位置的移动。	小车在推力的方向上移动了距离。 货物在支持力的方向上移动了距离。	创设情境，体验力对物体运动的影响，激发学生学习兴趣，为功的导入做好铺垫。 学生迅速进入学习状态。

续　表

情境	教师活动	学生活动	设计意图
功的概念。	力与物体在力的方向上通过的距离的乘积是一个有意义的量，物理学中称这一乘积为机械功，简称功。 功的定义和计算公式： 用 W 表示功，F 表示力，s 表示物体在力的方向上通过的距离。 功的计算公式：$W=Fs$。 我们已经知道，在国际单位制中，力的单位是牛，距离的单位是米，那么功的单位就应该是牛·米。为了纪念英国物理学家焦耳对科学的巨大贡献，牛·米有一个专门的名称——焦耳，简称焦，符号为J，1J = 1N·m。 功的单位：焦耳（J）。 1J 的功到底有多大呢？ 从地上拿起一只约 50g 的鸡蛋，并把它缓缓举过头顶，大约提升了 2 m，做的功大约为 1J。	思考理解功的概念，领悟物理概念的建立过程。 学生通过阅读教材，自学功的单位部分。 学生分析并总结 1J 的物理意义。	调动学生的多种感官，初步建立在物理学中“功”的概念，培养学生分析问题、思考问题的能力。 激发学生的求知欲，培养学生根据现象寻找共性的能力。
做功的必要因素。	（出示做功的两个必要条件的画面） 根据功的定义和公式，物理学中的对物体做功可不等同于生活中的“工作”或者“做工”，它必须满足两个必要条件：一是物体要受力的作用，二是物体要在力的方向上通过一定距离。 （出示教材 15 页图 11－28） 观察图片后，请同学们判断在如图所示的几种情景中，人做功了吗？为什么？ (a) 女孩把一箱报刊搬起来了。 (b) 学生背着书包在水平路面上匀速前进。 (c) 司机用力推汽车，但汽车纹丝不动。 (d) 运动员踢了足球一下，足球在草地上滚了一段距离。 组织学生交流讨论做功的必要条件是什么。	根据做功的两个必要条件，针对具体对象具体情境进行具体分析。 （1）是物体要受力的作用。 （2）是物体要在力的方向上通过一定距离。 图（a）物体受到了力并在力的方向上移动了距离，故人对报刊做功。 图（b）物体受到的力的方向与物体运动的方向始终垂直，故没有做功。 图（c）物体受到力的作用，但在力的方向上没有通过一定距离，故没有做功。 图（d）物体由于惯性通过了一段距离，但在运动方向上没有受到力的作用，故没有做功。 理解做功的必要条件：一是物体要受力的作用；二是物体要在力的方向上通过一定距离。以此判断是否对物体做功。	从日常生活中常见的具体实例入手，引导学生从人是否对皮箱施力，若施力了，这个力对皮箱产生的效果两个角度分析，从而理解做功的必要条件。 从物理走向生活，从生活回归物理，培养学生分析概括能力。

续 表

情境	教师活动	学生活动	设计意图
功的计算。	（1）（利用 PPT 课件出示例题）某同学将质量为 10kg 的水桶从离井口 3m 深处提到井口（如图 11－15 所示）。在这一过程中，对水桶做了多少功？（g 取 10N/kg） 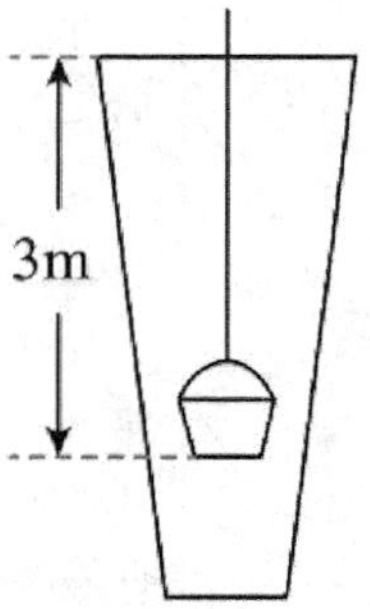 **图 11－15** 引导学生分析研究对象、受力、运动过程和力的方向上运动的路程，根据二力平衡知识得到拉力等于总重力，拉力方向上移动的距离是 3 米，最后代入功的公式求解。 （2）（利用 PPT 课件出示习题）质量为 50kg 的人，沿着长 20m，高为 5m 斜坡从坡底走到坡顶，求：该人克服自身重力做多少功？（g 取 10N/kg） 引导学生排除干扰条件，强调重力方向竖直向下，结果是 2500J。 （3）原例题中补充一问：人对水做功多少？ 问：计算结果不等于人对水桶做的功，为什么呢？具体原因我们以后再讲。	应用功的概念解决实际问题；注意公式中字母对应的物理量和单位。 仔细分析已知条件，学会根据要求正确选择。 （1）解：对水桶的拉力 $F = G = mg = 10\text{kg} \times 10\text{N/kg} = 100\text{N}$ 水桶在拉力方向上移动的距离 $s = 3\text{m}$ 根据功的公式，对水桶做的功： $W = Fs = 100\text{N} \times 3\text{m} = 300\text{J}$ 答：对水桶做的功为 300J。 （2）解：$G = mg = 50\text{kg} \times 10\text{N/kg} = 500\text{N}$。 在竖直方向上运动的距离 $h = 5\text{m}$，根据功的公式，该人克服自身重力做的功 $W = Gh = 500\text{N} \times 5\text{m} = 2500\text{J}$。 答：该人克服自身重力做 2500J 的功。 比较前面两个题目，分析计算。	加深学生对功的概念的理解，对功的公式的正确运用。 学会排除题目中的干扰因素，正确理解做功的两个必要因素。 与探究斜面呼应。 比较法是概念学习最常用的方法，通过比较可以轻松掌握概念的内涵与外延。 为讲解机械效率埋下伏笔。

续 表

情境	教师活动	学生活动	设计意图
活动11.3测量提升物体所做的功。	PPT课件展示利用斜面的生活图片和相关的问题。 生活中，常常看见工人师傅用斜面将货物搬上卡车，那么，利用斜面这种机械提升重物和直接用手提升重物有什么区别，下面我们将通过实验来探究。	观察图片、思考分析。	从生活走向物理，激发学生的学习兴趣。
	教师演示组装好斜面，并在斜面上试着拉动小车（带砝码）。问： （1）结合实验目的，我们实验研究的对象是什么？ （2）在这个实验中需要测量哪些物理量，可以解决我们需要探究的问题？ （3）拉动小车时要注意什么问题（如图11－6所示）？ 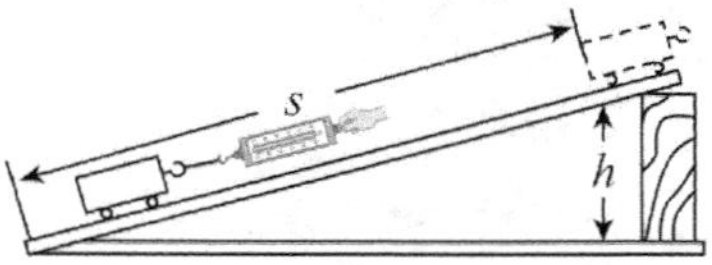 **图11－6**	观察、了解实验课题。 思考并回答问题： （1）对象是小车和砝码。 （2）需要测量的物理量：小车及砝码的总重力 G、匀速拉动小车时的拉力 F、斜面的长度 s、斜面的高度 h。 （3）注意的问题：平行于斜面，匀速拉动；沿着斜面做匀速直线运动。	调动学生的思维、积极性和探究欲。 复习巩固平衡力的知识。 实验探究活动中互相交流、团结合作。 体验探究过程。
	（4）请同学们自己设计记录实验数据的表格。（PPT课件展示实验表格和实验要求） 问：请同学们分小组进行实验并将实验数据记录在表格中，然后分析表格中数据，比较两次拉力的大小，判断利用斜面是否能省力。比较两次拉力所做的功，判断利用斜面是否能省功。你们能得出什么结论？ （5）指导学生分组实验并对实验数据进行分析和评价。	（4）分组设计表格，以小组为单位分组实验并分析实验。 结论：Fs 与 Gh 近似相等；Fs 略大于 Gh。 利用斜面可以省力但费距离，不能省功。	培养学生归纳、推理能力。

第四节　功率

【课标及教材分析】

新版课程标准中对这一部分的相关内容要求：知道机械功和功率。用生活中的实例说明机械功和功率的含义。本课是一节传统的概念课型，从比较做功快慢的角度对功进行更加深入的研究，从而得到功率的概念。在生产和生活中广泛地应用到功率的概念，因此本节课有很强的现实意义。本节课中的核心概念为功率，它上承功的概念，下续电功率，起着重要的承上启下的作用。本节内容丰富，包括功率的定义、单位、计算公式。

教材首先利用实际生活中常见的情景，引导学生观察现象，思考问题，让学生认识到物理来源于生活，了解到比较做功快慢是具有实际意义的。另外，学生实验，让学生估测自己上楼功率，认识到物理应用于生活，从而充分调动学生学习的热情。

【学情分析】

由于学生已经学习了功的相关概念以及功的计算，因此已经有了一定的知识储备。同时学生在前面已经研究了比较物体运动快慢的方法，并由此得到了速度的概念，在此基础上可以利用迁移法推理得到功率的意义、计算公式等，从而轻松突破难点。

【教学目标】

(1) 理解功率的概念，知道功率的物理意义。
(2) 知道功率的计算公式，并用于解决实际问题。
(3) 知道功率的国际单位和常用单位。
(4) 通过对实例分析、对比得出功率的概念，培养学生分析和概括能力。

【教学重难点】

依据课程标准，结合教材内容和学生实际，确定本节课的重点是功率的概念及其与功的区别，本节课的难点是应用功率的知识解决实际问题。

【教学设计】

本节教学设计具体内容如表 11-8 所示。

表 11 – 8　　第四节教学设计

情境	教师活动	学生活动	设计意图
物体在不同情形下做功有快慢之分。	前面已经和同学们一起学习了功，同学们还记得做功的必要条件吗？ 某同学从一楼爬到我们班级所在的四楼的过程中做功了没有？ 该同学早上赶到教室和刚刚做完操回到教室两次克服自身重力做功一样吗？ 这两次做功有区别吗？说明什么问题？	物体受力、物体在力的方向上通过一定的距离。 做功了，满足做功的两个必要条件。 一样的。 有区别，所用时间不同。说明物体做功有快慢之分。	从同学们自身都有过的生活体验出发，促使学生思考，树立物理来源于生活，服务于生活的意识。 引入课题。
比较物体不同情形下做功的快慢。	关于比较快慢的问题，我们前面遇到过吗？ 在这个问题中涉及几个变量？用了什么方法？具体做法是什么？ 如果物体通过的路程和所用时间都不相同，怎么办？例如：甲运动 80m 用时 30s，乙运动 70m 用时 20s，路程长的用的时间也长，无法直接看出结果，我们又应该如何处理？ 老师和同学们一起回顾了描述物体运动快慢的物理量——速度的建立过程。而我们现在要解决的问题是比较物体做功的快慢。 要比较物体做功的快慢需要比较什么物理量？ 需要用什么方法？ 如果完成的功和所用时间均不相同，如甲完成 800J 的功用了 30s，乙完成 700J 的功用了 20s，应该如何比较做功的快慢。哪位同学回答一下？ 这位同学回答得很好，利用功与所用时间的比值，我们就可以直接比较两个物体做功的快慢了，与速度类似，这个比值也有专门的物理名称，叫功率。	遇到过，比较物体运动的快慢。 两个变量，分别是路程和时间。采用了控制变量法。具体做法：让物体运动相同时间，比较运动路程（观众视角）；让物体运动相同路程，比较所用时间（裁判视角）。 时间不同的话，我们可以都把它们转化成 1s 内通过的路程，即用路程与时间的比值。 做功的多少，所用的时间。 控制变量法：让两个物体完成相同的功比较所用时间。好比我们一开始讲的那个例子，让两个物体做功相同的时间，比较完成功的多少。 回答：求出功与所用时间比值，即求出单位时间内完成的功。	采取了知识迁移法：利用新知识与旧知识之间的联系，启发人们进行新知识与旧知识的类比，进一步引导学生去思考、领会新知识，进而掌握学习知识的方法。 这里采取的思想是控制变量法，具体做法：每一次只改变其中某一个因素，而控制其余几个因素不变，从而研究被改变的这个因素对所研究问题的影响，然后分别加以研究，最后再综合解决问题。

续 表

情境	教师活动	学生活动	设计意图
功率的概念。	（1）物理意义； （2）定义； （3）定义式； （4）单位； （5）变形公式； （6）注意点。	（1）功率是描述物体做功快慢的物理量。功率大仅仅表示做功快，不一定做功多。 （2）物体做的功与所用时间的比值。 （3）$P=\frac{W}{t}$。 （4）功率的国际单位是瓦特，简称瓦，用字母 W 表示；常用单位：kW、MW。 （5）$P=Fv$。 （6）公式中的物理量一定要对应，单位一定都是国际单位。	比值定义法需要强调：应用此公式可以计算出功率，但功率不由功和时间决定，我们不能说功率与功成正比，与时间成反比。就好比用温度计可以测出水温，但水温不是由温度计决定的，哪怕没有温度计测量，水温依然存在。同学们学过的密度、速度等也是用这个方法定义的。
生活应用：估测上楼时的功率。	同组同学中，谁上楼时的功率大？猜测时考虑哪些因素？ 如果要估测上楼时的功率，需要测量哪些数据？ 实验的原理是什么？ 实验操作的方案有哪些？ 需要用到哪些测量工具？	学生分组讨论并设计实验。 学生分组实验。	特别提醒：本实验仅仅是测出不同同学上楼时的功率，并不是比赛，在进行分组实验时一定要注意安全。
拓展延伸。	请各位同学估测自己跳绳或者做引体向上时的功率，并和大家进行交流。	学生实验。	学以致用。

第五节　机械效率

【课标及教材分析】

新版课标中对这一部分的相关内容要求：知道机械功和功率；用生活中的实例说明机械功和功率的含义；知道机械效率；了解提高机械效率的意义和途径；会测量某种简单机械的机械效率。

本节内容为苏科版教材第十一章第五节，内容偏理性思维，偏重实验探究。本节由“有用功、总功、额外功”和“机械效率”两部分组成。教材中通过“再探动滑轮”这一活动，先让学生从实验探究中建立对有用功、总功、额外功的感性认识，再在此基础上引导学生进行理性分析和总结，从而顺理成章地导出机械效率的定义和公式。教材要求学生能够自行设计实验测定滑轮组的机械效率，能够从实验数据中归纳出影响机械效率的因素，增加学生的实践体验。机械效率是衡量机械性能的重要物理量，既是对前面知识的延伸，也是学习其他效率的基础，对我们的物理学习和生产生活都有重大的指导意义。

【学情分析】

学生通过对第十一章前四节内容的学习，了解了杠杆和滑轮、滑轮组的特点及应用，也知道了功的概念和计算方法，具备一定的思维和辨析能力。但由于初中生的思维发展仍依赖于具体形象，功的概念本身又较为抽象，所以学生在理解有用功、额外功和总功的概念上颇为困难。教材从实验探究出发，让学生在探究过程中通过分析和总结，建立对机械效率的深刻的理性认识。同时九年级的学生已经具有一定的实验探究和总结归纳的能力，有利于教师展开探究性实验教学。

【教学目标】

(1) 通过探究动滑轮，知道有用功、总功、额外功及它们之间的关系。

(2) 理解机械效率的概念，知道机械效率的计算公式，会计算某种简单机械的机械效率。

(3) 知道机械效率的物理意义，知道实际的机械效率不可能是100%。

(4) 能设计实验，测定某种简单机械的机械效率。

(5) 知道提高机械效率的实际意义和方法，有合理改进机械、提高效率的意识，增强将科学服务于人类的责任感。

【教学重难点】

依据课程标准，结合教材内容和学生实际，确定本节课的重点：知道什么是有用功、额外功、总功；理解机械效率的概念，会利用 $\eta = \frac{W_{有用}}{W_{总}} \times 100\%$ 进行有关计算。确定本节课的难点是测量滑轮组的机械效率。

【教学设计】

本节教学设计具体内容如表 11－9 所示。

表 11－9　　第五节教学设计

情境	教师活动	学生活动	设计意图
提木料。	(1) 小明想利用动滑轮将木料提上四楼。通过对“功”的学习，我们知道使用任何简单机械都不能省功、那么小明使用动滑轮的目的是什么？	学生大胆猜想、讨论。	引入新课。

续　表

情境	教师活动	学生活动	设计意图
提木料。	（2）既然使用任何机械都不省功，那么手拉绳做的功与动滑轮对木料做的功相等吗？ （3）我们有没有什么办法知道“两个功”是否相等？		
活动 11.5：再探动滑轮。	（1）为了比较上述两个功的大小，我们可以借助动滑轮等器材，将小明提升木料的情景再现。 讨论： ①需要测量哪些物理量？需要哪些实验器材？ ②除了弹簧测力计，我们还需要什么测量工具？ ③如果只有一把刻度尺，如何同时得到 s 和 h 的值？ ④实验中有哪些注意点？ ⑤根据实验设计一个表格，记录实验中需要测量的数据。 （2）利用桌面上的器材，自行组装实验装置，完成探究（如图 11－17 所示）。改变钩码的数量，重复上述步骤，将实验数据填入自己设计的表格中。 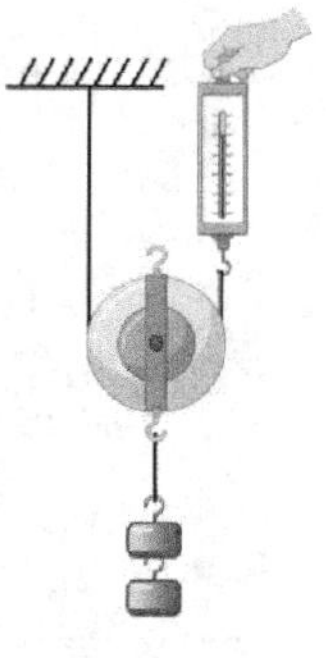 **图 11－17**	（1）①需要测量 G、h、F、s。 需要的实验器材：动滑轮、钩码、弹簧测力计、细绳、铁架台。 ②刻度尺。 ③利用 $s=2h$ 的关系。 ④弹簧测力计沿竖直方向匀速拉动。 ⑤设计表格。 （2）学生分组实验，分析实验数据。	锻炼科学思维：通过实验发现手拉绳做的功和动滑轮拉钩码所做的功不相等，从它们的差值中找出原因，从而建立有用功、额外功和总功的理性认识。 经历科学探究：通过提问启发学生进行猜想和假设，鼓励学生设计、改进实验方案，注重动手能力和证据收集能力的培养。
有用功、额外功、总功。	（3）通过以上实验，大家发现拉绳做的功和动滑轮拉钩码所做的功相等吗？若不相等，则哪一个大？你们能找出其中的原因吗？	（3）小组汇报：手拉绳做的功比动滑轮拉钩码做的功大。因为在提升重物时不但要对重物做功，还要克服动滑轮的重力、绳子的重力及摩擦力做功。	

续　表

情境	教师活动	学生活动	设计意图
有用功、额外功、总功。	（4）大家观察得非常仔细！在上述活动中，将钩码提升一定的高度是我们的目的，所做的功叫作有用功，记为 $W_{有用}$。我们在使用动滑轮提升重物的同时，除需克服摩擦力做功外，还要克服动滑轮的重力做功，这两部分功虽然并非我们需要的，但又不得不做，我们将它叫作额外功，记为 $W_{额外}$。手拉绳所做的功叫作总功，记为 $W_{总}$。 在本实验中我们只求得了有用功和总功，那么根据它们的物理意义大家知道三者之间存在什么样的物理关系吗？ 小结：根据三者之间的关系，我们只要知道其中任意两个功的大小，就可以求出第三个功的大小。	（4）$W_{总}=W_{有用}+W_{额外}$。 因为额外功的存在，$W_{总}>W_{有}$。	培养科学态度与责任意识：通过再探动滑轮实验，能初步体会到物理研究是建立在观察和实验基础之上的，同时培养了学生严谨认真、实事求是的科学态度。
机械效率。	（1）如何准确区分有用功和额外功呢？大家来看下面这个生活场景。 小明和小聪要把重 100N 的沙子运上三楼，他们讨论了三种方案，对哪个物体做的功是有用功？对哪个物体做的是额外功？请大家根据图 11－18 中的数值分别求出三个方案中的 $W_{有用}$、$W_{额外}$、$W_{总}$。 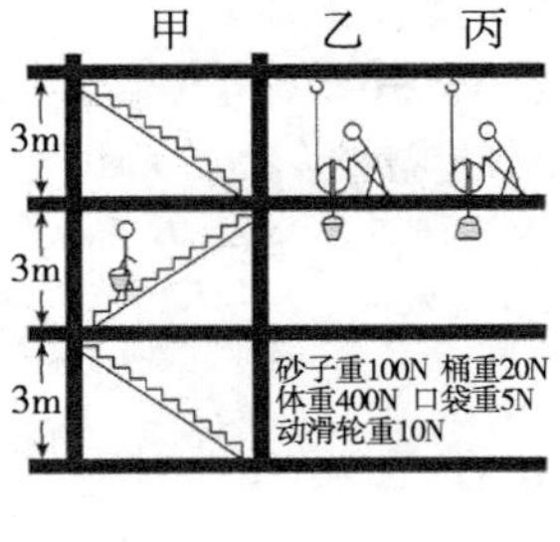 **图 11－18**	（1）学生分组讨论并计算。	通过对生活中具体问题的计算，学生对三种功有了进一步的理解，提高了学习的热情。 通过举例分析，用物理知识解决实际问题，落实从生活中来到生活中去的新课程理念。

续 表

情境	教师活动	学生活动	设计意图
机械效率。	(2)我们的目的是提沙子，那么对沙子做的功为有用功，在提升沙子的同时，我们还要对桶或口袋、人或动滑轮做功，这部分是我们不需要但又不得不做的额外功。有用功与额外功之和即为总功。 对比以上三种方案，你们认为哪种方案最好呢？理由是什么？ (3)在使用任何机械时，额外功都是不可避免的，但我们总希望做得额外功越少越好，即有用功在总功中所占的比例越大越好。在物理学中，有用功和总功的比值叫作机械效率。 机械效率通常用百分数表示： $机械效率=\frac{有用功}{总功}\times 100\%$ 若用字母 η 表示机械效率，则上式又可写成： $\eta=\frac{W_{有用}}{W_{总}}\times 100\%$ 提问：①机械效率的数值会等于或大于1吗？为什么？ ②起重机的机械效率为40%，它表示什么意思？ ③算一算，教材22页活动11.5中不同情况下动滑轮的机械效率。	(2)第三种方案最好，虽然三种方案所做的有用功相同，但只有第三种方案做的额外功最少。 (3)①在前面的实验和生活经验中，我们知道额外功是不可避免的，总有 $W_{有用}>W_{额外}$，因此机械效率总是小于100%。 ②起重机做功时，有用功占总功的比值为40%。 ③学生计算。	学生讨论交流，体验合作学习的乐趣，加深对机械效率概念的理解。
测量滑轮组的机械效率。	(1)经过上面的计算，我们发现使用同一个动滑轮，不同情况下机械效率一般不同，那么动滑轮的机械效率与哪些因素有关？除此以外，还有哪些影响因素？ (2)测量滑轮组机械效率： ①原理是什么？	(1)通过计算，我们发现该动滑轮的机械效率与物重有关。学生猜想。 (2)学生讨论回答。	

续　表

情境	教师活动	学生活动	设计意图
测量滑轮组的机械效率。	②需要测量哪些物理量？需要哪些实验器材？ ③怎样用弹簧测力计测量拉力和滑轮对钩码的力？ ④怎样测量绳子自由端被提升的距离 s 和重物上升的距离 h？ ⑤在提升钩码的过程中需要注意什么？ （学生讨论回答后，教师给出两种实验装置，如图 11－19 所示，一边演示一边讲解实验的注意事项。） 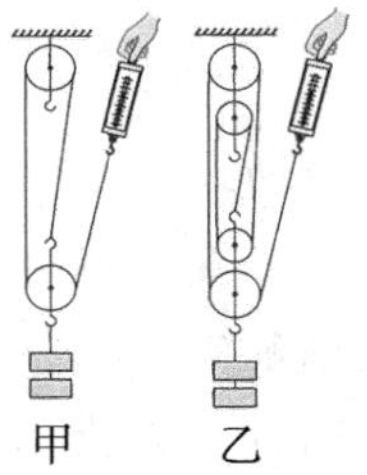 **图 11－19** 注意事项： ①弹簧测力计沿竖直方向匀速拉动。 ②在钩码匀速上升过程中记录弹簧测力计示数 F，记录钩码的初位置和末位置并用刻度尺测量 h，再利用 $s=nh$ 得到自由端移动的距离 s。 任务分配： ①1、2 两组利用一定一动滑轮组（甲）完成实验并改变钩码数量多做几次，将数据填入表格中。 ②3、4 两组利用两定两动滑轮组（乙）完成实验并改变钩码数量多做几次，将数据填入表格中。	学生实验。	提出问题，启发学生做出猜想和假设，引导学生设计实验方案，培养学生数据收集和分析归纳的能力。

续 表

情境	教师活动	学生活动	设计意图
测量滑轮组的机械效率。	（3）将两组学生的实验数据用大屏对比展示，交流讨论分析影响滑轮组机械效率的因素。 （4）在生产生活中如何提高机械的机械效率呢？ （5）利用杠杆和斜面提升重物时，如何提高机械效率？	（3）交流讨论影响滑轮组机械效率的因素。 （4）减小额外功或增大有用功。 （5）交流讨论。	掌握对比的科学思维方式，通过对实验证据的交流总结，归纳出影响滑轮组机械效率的因素。 将物理知识应用于生产生活中，体现物理学科的实践性，注重“科学态度与责任”核心素养的培养。

（四）重难点突破文献综述

为什么要在杠杆水平平衡时进行实验，下面通过实验来分析这个问题。实验室常用来做探究杠杆平衡条件实验的器材，按照支点的位置不同，可分为三类（如图 11－20 甲所示），无论哪种类型的杠杆，由于杠杆转轴的孔径非常小，所以转轴处摩擦力的力矩也非常小，可以忽略不计。如图 11－20 乙所示的杠杆，支点在杠杆的上边缘中点，这种杠杆调节水平平衡比较容易，但由于支点与重心之间间距较大，在实验前如果杠杆不是严格水平，重心必然在支点正下方，重力力臂为零；当杠杆悬挂钩码在水平位置平衡时，杠杆自身重力的力矩影响比较大（如图 11－20 丙所示），实验误差也就比较大。

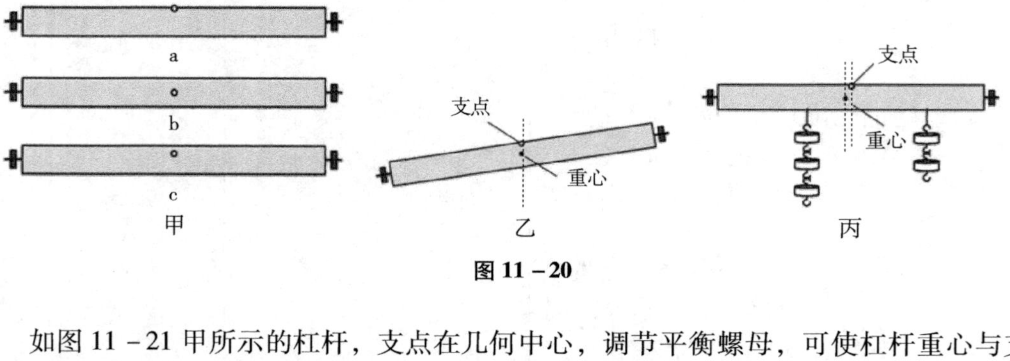

图 11－20

如图 11－21 甲所示的杠杆，支点在几何中心，调节平衡螺母，可使杠杆重心与支点重合。当杠杆重心与支点重合时，杠杆重力的力臂为零，杠杆可以在任何位置平衡，但不容易在水平位置调节平衡；如果杠杆重心与支点不重合（由于平衡螺母的位置影响，平衡螺母和杠杆构成的杠杆重心可能不重合），则杠杆在自身重力作用下必然会逆时针转动，最终变为竖直状态（如图 11－21 乙所示）。因此，无论杠杆重心与支点是否重合，都很难调节杠杆在水平位置平衡，不易操作。

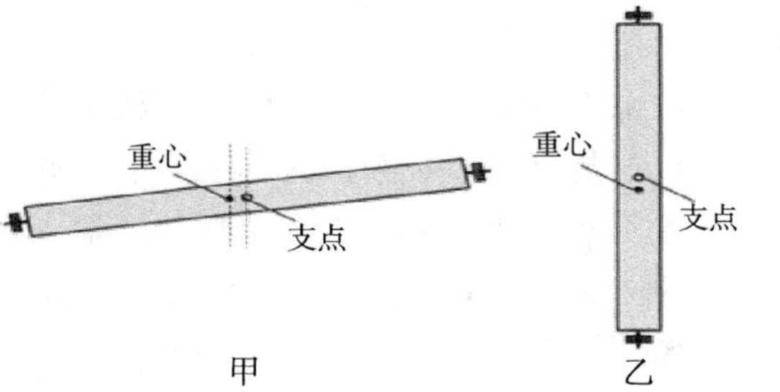

图 11－21

因此，实验室用的杠杆主要是图 11－22 丙所示的杠杆，支点在几何中心之上、上边缘之下。这种杠杆容易调节水平平衡，且由于支点到重心的距离小，杠杆重力的力臂也很小，在杠杆没有严格水平平衡时，对实验的影响也较小。

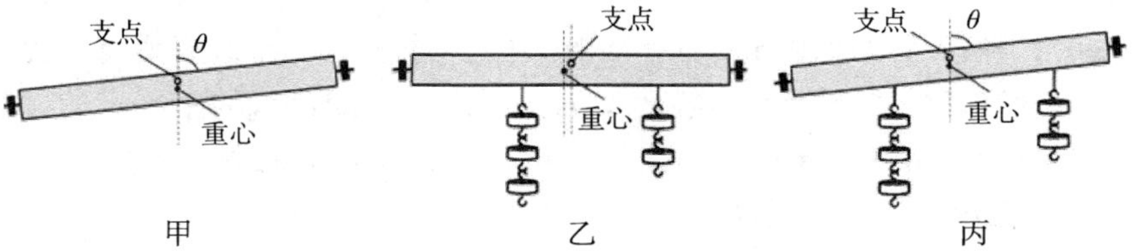

图 11－22

我们对图 11－22 丙的杠杆进行分析，如果实验前杠杆没有在水平位置平衡，如图 11－22 甲所示，杠杆重心在支点正下方，杠杆重力力臂为零。如果挂上钩码后使杠杆在水平位置平衡，如图 11－22 乙所示，此时杠杆重心在支点左下方，杠杆重力力臂不为零，对实验有一定的影响。如果实验前杠杆没有在水平位置平衡，为了消除杠杆自身重力影响，需要使杠杆挂上钩码后倾斜角度与实验前相同，如图 11－22 丙所示，但是测量力臂非常不方便。

综上分析，实验前调节杠杆水平平衡是为了消除杠杆自身重力的影响。实验中调节杠杆水平平衡是为了方便测量力臂。但是，我们必须清楚，实验前和实验过程中的调节平衡不是独立的，应该是一致的。如果不一致，要么杠杆自身重力有影响，要么测量力臂不方便。

四、教学素材补充

1. 明代《天工开物》

明代宋应星所著的《天工开物》是中国科学史上有代表性的科技经典著作，也是一部世界科技名著。此书对中国四千余年来传统农业和工业领域内取得的技术成就第一次做了全面而系统的总结，深受国内外推崇，是中国古代科学技术宝库。书中除具有丰富科技内容外，还有很多可贵的科学思想、经济思想和政治思想，并对各种迷信及方术给予批判，提倡采用试验和“穷究”推理的研究方法。中国学者丁文江认为“本书大体说来，要算国故中最值得赞许的一部科学典籍”。

水碓，又称机碓、水捣器、翻车碓、斗碓或鼓碓，旧时中国农用器具，流行于中国多数地区。水碓是一种借水力舂米的工具，是脚踏碓机械化的结果。水碓的动力机械是一个大的立式水轮，轮上装有若干板叶，转轴上装有一些彼此错开的拨板，拨板是用来拨动碓杆的。每个碓用柱子架起一根木杆，杆的一端安装一块圆锥形石头。下面的石臼里放上准备加工的稻谷。流水冲击水轮使它转动，轴上的拨板拨动碓杆的梢，使碓头一起一落地进行舂米。值得注意的是，立式水轮在这里得到最恰当最经济的应用，正如在水磨中常常应用卧式水轮一样。劳动人民利用水碓，可以日夜加工粮食。

提花机作为一种纺织工具，是中国古代的一项重要发明。在提花机上，纹板套在花筒上，每织一纬翻过一块纹板，花筒向横针靠压一次。当纹板上有孔眼时，横针的头端伸进纹板及花筒的孔眼，使直针的钩端仍挂在提刀上。当提刀上升，直针跟着上升，通过首线钩子和通丝带动综丝提升，此时穿入综眼的经丝也随着提升，形成梭口的上层。在综丝的下综环中吊有综锤，在梭口闭合时，依靠其重量起回综作用。当纹板上无孔眼时，横针后退通过凸头，推动对应的直针，使直针钩端脱离提刀，因此与直针相连的综丝和经丝均不提升，经丝就沉在下面，形成梭口的下层。所以每根经丝的运动是根据纹板上有孔或无孔来决定的，纹板上的孔则是根据花纹和组织的设计要求轧成的，因此经丝的运动也就符合纹样和组织的要求。

踏车是旧时依靠人力的一种引水机具，架在岸上的横轴左右有踏脚，上方架有扶手的横木，人伏在横木上，双脚走路似地转动横轴，横轴中部的木齿轮则带动槽内的龙骨，水便可以被引到渠中。

土砻在我国汉代就已经出现，我国稻作文化的区域几乎都能找到土砻的影子。在《天工开物》的附图中，土砻造型非常特殊，在砻的上方出现盛装稻谷的箩筐，且两端固定在磨盘的转轴上。转轴并非穿过上磨盘，而是设置在上磨盘的顶上。砻的下腰处或者底部没有接糙米的砻盘，在土砻的下面直接铺一张大晒席。磨盘轴上有推手耳朵，将谷子倒进箩筐，箩筐下方有一个小孔，且与上磨盘相连接，随着磨盘的转动，谷子徐徐进入上下磨盘之间的摩擦面，脱壳之后的糙米就从中间“洒落”而出。

2. 力臂的引入

方法一：

器材：铁架台、钩码、弹簧测力计、杠杆（均匀硬棒）。

教师：按图 11－23 分别操作，要使杠杆在水平位置平衡，需要满足什么条件？

学生 1：分别按图 11－23 甲三个位置沿图示方向向下施力使杠杆静止。三次施加力的大小不一样，跟支点到力的作用点的距离有关，且距离越大，力越小。

学生 2：分别按图 11－23 乙所示施加力使杠杆保持静止，发现虽然作用点相同，即作用点和支点的远近相等，但力的大小不同，且 $F_1 > F_2$。

学生无法解释此现象，必然产生强烈的求知欲。这时让学生在图 11－23 乙上画出过支点 O 作沿 F_1、F_2 方向的直线的垂线段，并标上 l_1、l_2。

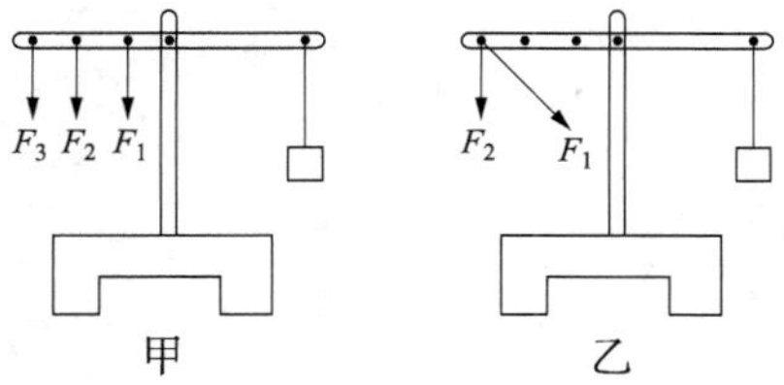

图 11－23

要使杠杆保持静止状态，力的大小不是跟支点到力的作用点的距离有关，而是跟支点到刚才的直线的距离有关，我们把沿力的方向所画的直线叫力的作用线，过支点到力的作用线的距离叫力臂。

方法二（需自制可弯折的杠杆）：

（1）活动 1 为学生实验

学生先用螺丝刀将图钉撬起，再用螺丝刀垫着小木块将图钉撬起，比较用力的方向有什么不同，怎样用力更省力，是不是支点离力的作用点距离越大越省力。

（2）活动 2 为演示实验

示教板上有一杠杆 AB，O 是杠杆的支点，支点右侧每隔 10 厘米画了一条虚线。取 4 个等质量的钩码，3 个挂在支点左侧，作为阻力，1 个挂在支点右侧第三根虚线处，作为动力，杠杆刚好平衡，如图 11－24 甲所示。

将 OB 杆旋转 30°，移动右侧钩码，发现当杠杆平衡时，右侧的钩码仍在第三根虚线的位置，如图 11－24 乙所示。

在其他条件都不变的情况下，虽然支点到动力作用点的距离发生了改变，但只要支点到动力作用线的距离保持不变，杠杆仍保持平衡，由此引出力臂的概念。

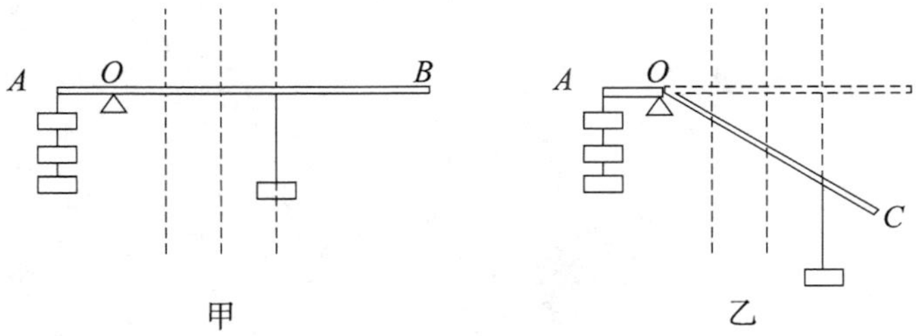

图 11－24

3. **滑轮的支点**

关于定、动滑轮支点的处理：

（1）用硬纸板做一个圆盘（目的是让学生从真正的滑轮到其示意图有个过渡）；

（2）先做定、动滑轮的实验，让学生认知绳子、物体、人的作用力分别在什么位置；

（3）如图 11－25 所示讲解。

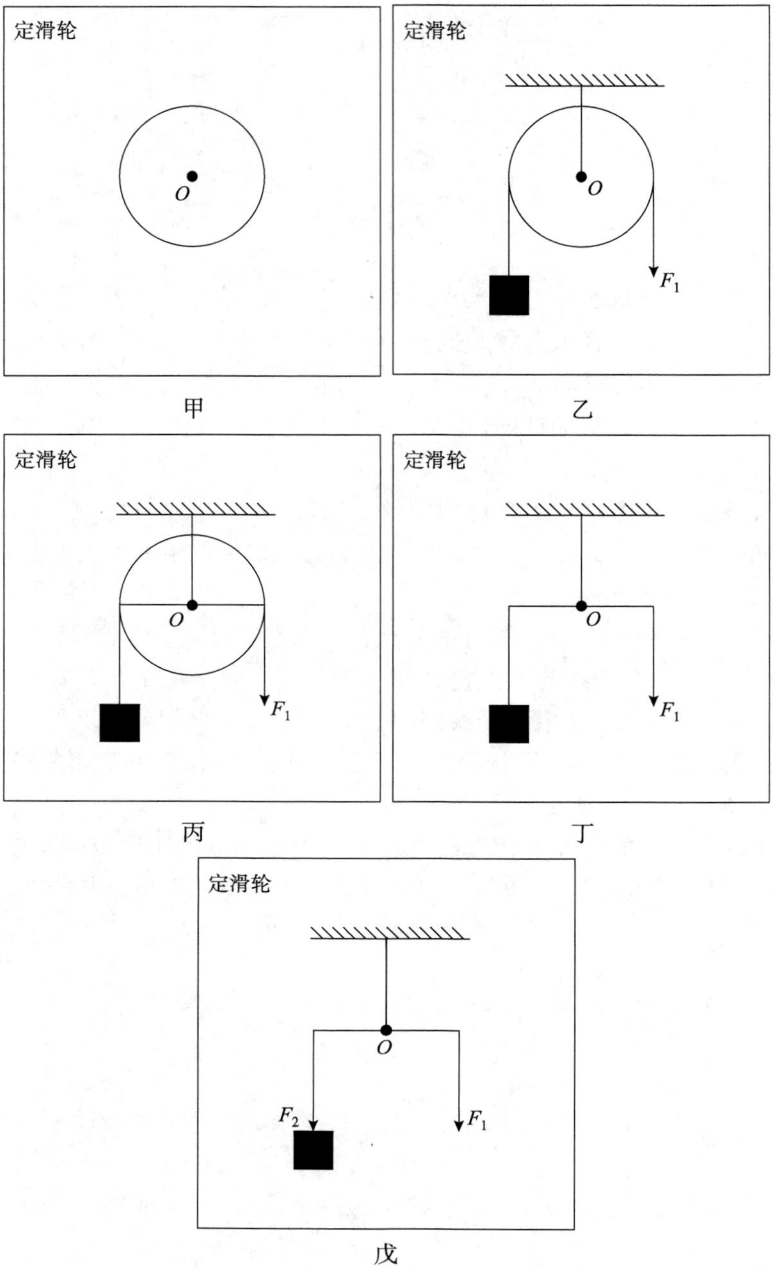

图 11－25

①把圆盘放在黑板上（如图 11－25 甲所示）。

②根据实验，标出物体绳子及拉力位置（如图 11－25 乙所示）。

③画好后在纸板上用彩粉笔画出一条直线（如图 11－25 丙所示）。

④去掉纸板，补充齐全各线（如图 11－25 丁所示）。

⑤分析此时杠杆的各要素（如图 11－25 戊所示）。

纸板变成纸条后，能不能承受住重物呢？

动滑轮的处理，如图 11－26 所示。

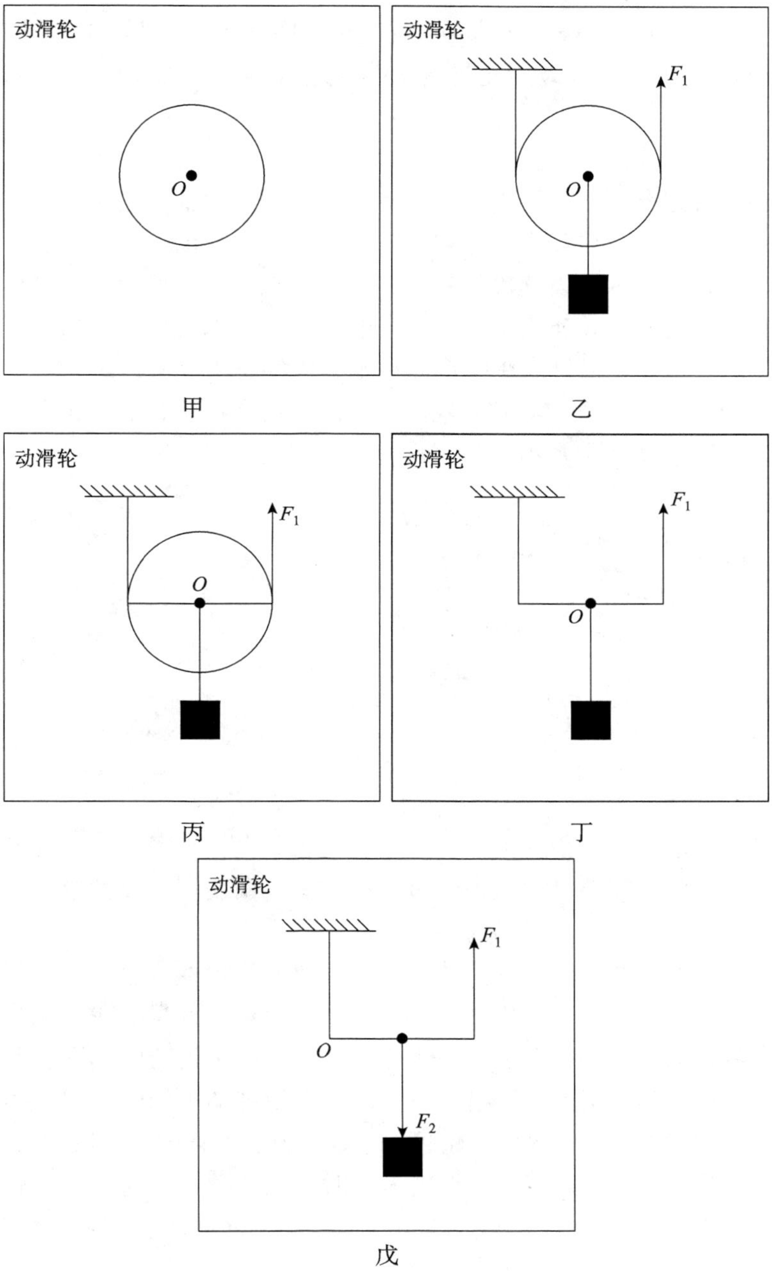

图 11－26

①把圆盘放在黑板上（如图 11－26 甲所示）。

②标出物体绳子及拉力位置（如图 11－26 乙所示）。

③画好后在纸板上用彩粉笔画出一条直线（如图 11－26 丙所示）。

④去掉纸板，补充齐全各线（如图 11－26 丁所示）。

⑤分析此时杠杆的各要素（如图 11－26 戊所示）。

对于这样的处理方式，学生很容易接受。再用圆盘，在示意图上“动一动”讲清：定滑轮是以圆心做“转动”；动滑轮是沿左端绳边向上“滚动”。这个难点基本上就解决了。

4. 揭开轮轴的秘密①

所谓轮轴，就是由轮和轴组成的，能绕着一个共同的轴线连续旋转的机械，如图 11－27 所示。轮的圆心在轴线上，轮半径较大，轴半径较小。

轮轴实质上是一个可以连续旋转的杠杆，其支点就在轴线上。轮轴转动时，轮与轴一起转动（相同时间内转动的角度相同，即角速度相同，高中会学到），如图 11－28 所示。而常见的普通杠杆则只能在一定的小范围内绕着支点转动或摆动。根据杠杆的平衡条件——动力×动力臂＝阻力×阻力臂，可对应得出轮轴的平衡条件——动力×轮半径＝阻力×轴半径，即 $F_1R=F_2r$。

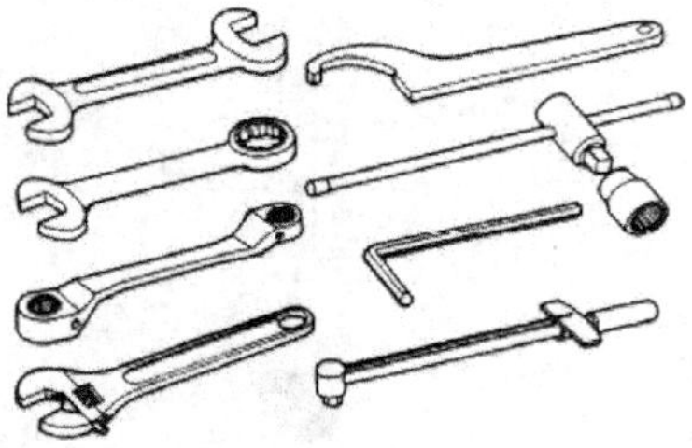

图 11－27

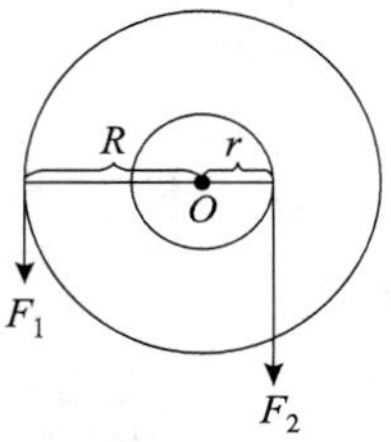

图 11－28

实际生产、生活中，有些轮轴如汽车的方向盘、电风扇等，它们的轮或轴都是明显的圆环形状，因而很容易识别。而有些轮轴为了方便使用，被做成了各种形状，如各式各样的扳手。

轮轴的使用，可以改变用力的大小，也可以改变物体的运动速度，因而给人们的生产和生活带来极大的便利，应用非常广泛。实际生活中，尽管我们见到的轮轴大小不同、形状各异、品种繁多，但根据轮轴工作时动力作用位置的不同，我们可以把轮轴分为两大类。第一类：当动力作用于轮上，即大轮带动小轴时，则该类轮轴为省力轮轴。其特点是在轴不变的情况下，轮越大，越省力。如方向盘、螺丝刀、门把手等。第二类：当动力作用于轴上，即小轴带动大轮时，则该类轮轴为费力轮轴。其特点是在轴不变的情况下，轮越大，越费力。如电风扇、自行车后轮、牛顿色盘等。

5. 功的由来

远在上古时代，人类就开始使用杠杆、滑轮等简单机械。随着生产力的不断发展，

① 刘顺航，梁欧娃：揭开轮轴的秘密．中学生数理化（八年级物理）（配合人教社教材），2019 年第 Z2 期。

机器逐步代替了繁重的手工劳动。

17 世纪初，伽利略就已接触到功的概念，他注意到这样一个事实：提升重物（用滑轮）所需的力乘以作用力所经过的距离是保持不变的，尽管两个因子本身都可以变化。无疑，这里包含了功的概念。但由于当时的生产和科学技术水平较高，伽利略根本不可能发现功。

直到 17 世纪下半叶，牛顿定律建立前后，人们开始探求用什么物理量来量度机械运动的问题。在这以后长达一百多年的漫长岁月里，物理学界就这个问题展开了一场世界规模的激烈争论，这就是物理学史上著名的“笛卡尔 - 莱布尼茨论战”，又称“活力与死力之争”。功和能的概念就是在这场论战过程中引入的。

其中功的引入是这样的：在早期工业革命中，工程师们需要有一个用来比较各类机器工作效果的办法，在摸索和实践中，大家逐渐同意用机器举起的物体的重量与路程的乘积来量度机器的功效。于是在 1826 年法国科学家蓬瑟勒将力和力的作用点的位移之积取名为“功”，从而正式引入了功的概念。但是当时的人只知道功的量度，并不知道功代表什么。1847 年，赫尔姆霍茨也只是说：“功是可以用热量单位来表示的东西，而这些热量单位的数目对于一定量的功来说是不变的；另外，除了机械力和热，化学力和电力也能做功……”当然，现在看来，赫尔姆霍茨的话并不完全正确。

当时物理学家们看不到功的物理意义，这是因为他们不知道“质变、形式变换是物理学上一切功的基本条件”，也就是他们还不清楚运动的转化。后来，人们逐渐认识到，一切的过程中，如热转变为机械运动、热使化合物分解、电流从稀硫酸中把水的两种成分分离出来等，都做了功，而且每个运动形式的量，同它所做的功的量是相等的。

大约在 1880 年，恩格斯分析了运动转化的过程，正确地说明了功的物理内容：功是运动的量度。

在英文翻译里，功的名字是“work”——工作的意思。那么在中国，为什么给它取的名字叫功呢？中国青年出版社出版的顾均正的《不怕逆风——物理小品集》一书中有一篇短文——“功”的来历，这篇短文对我们如何从体力劳动的角度理解功的定义很有帮助。现将其中的一些表述摘录如下：

有一句老话：“顶石臼做戏，吃力不讨好。”世界上当然不会有真正顶了石臼做戏的大傻瓜，可是在我们日常生活里，变相的顶石臼做戏是常有的。吃力不讨好，劳而无功，是十分明显的事，只有疯子才真会这样干。可是在我们日常生活里，干这样傻事的人还不少，例如肩挑和背负就是一种吃力不讨好的工作，它们和顶石臼做戏实在相差不远。

大家知道，肩挑和背负的目的是把一重物从甲地运到乙地，方法是把重物压在人的肩头挑着走，或是把重物放在人的背上负着走。在挑着或负着的时候，重物用它的巨大重量对人施加压力，而人不想被压倒，就要花同样大小的力气来抵抗它。这种抵抗力花得非常冤枉，它对于把重物从甲地运到乙地这一工作没有直接帮助，因而是劳而无功的。可见肩挑和背负虽然花了不少的力气，但其中大部分的力气却是白白浪费掉的。在这里重物已经成为变相的石臼，而肩挑和背负的本身已经成为变相的顶石臼做戏了。这说明多花力气还不一定就等于多做工作。物质生产工作都是由一些简单的动作组合起来的。例如，锯木头这种工作，可以分为“推锯”和“拉锯”两个动作；敲钉子这种工作，可以分为“举锤子”和“碰钉子”两种动作。即使某些比较复杂的工作，例如开拖拉机或开汽车，好像这一类工作的技术性很强，其实也只是一些推、拉、踏、旋等简单动作，按照一定的规律，进行连续的活动罢了。例如推是向前用力，拉是向后用力，踏是向下用力，举是向上用力，旋是边推边拉，碰是快推或快拉，而拉又是向后的“推”。归结起来，所有这些简单的动作，可以说都是不同方向的“推”，而“推”显然是一切工作的基本单位。所以构成“推”这个动作，必须有两个内容，一是作用力，一是移动的路程，两者缺一不可。

任何物质生产工作，即使从表面上看来好像非常复杂，实际上它的基本内容，只是力和路程两种。

工作的多少不仅跟力气的大小成比例，而且也和路程的长短成比例，把这个意思写成算式，就是工作 = 力 × 路程。必须注意，在这个式子里，工作这个名词，意义跟一般所说的工作是有区别的。首先，它是指属于体力劳动的工作。其次，它是指经过精打细算，没有白花一点力气的工作，做这种工作所花的力气全部用在使物体沿力的方向移动上，真正做到多出一分力就多得一分劳动果实。最后，它不仅表示工作的性质，也表示工作的数量。为了强调这种区别，我国的物理学家就巧妙地借用了“劳而无功”这个成语中的“功”字代替含混的“工作”这个名词、这个“功”字可以把上面三种意思全部包括进去。于是上面的公式就变为：功 = 力 × 路程。

6. 三个和尚抬水吃

山神庙的老和尚，让三个徒弟下山挑水，现用两根扁担，有什么办法让他们一起挑水时，三个人都不会吃亏？其实按图 11 - 29 的办法让三个懒和尚挑水，就能各不吃亏了。

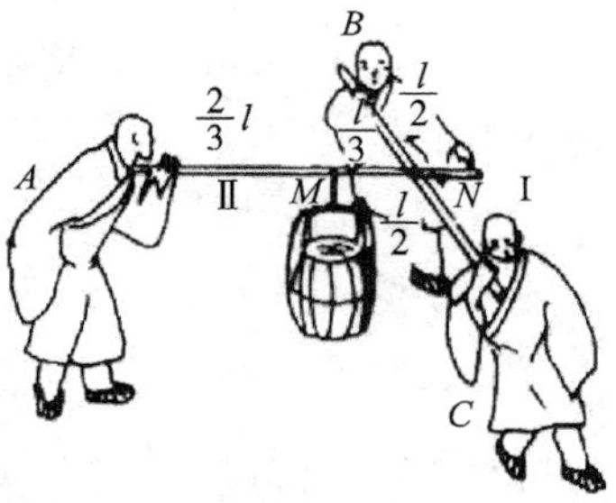

图 11 - 29

如果把每一根扁担看作一个杠杆，根据杠杆的平衡条件：动力 × 动力臂 = 阻力 × 阻力臂，我们就可以得到三个和尚肩上所承受的压力：F_A、F_B、F_C。

扁担Ⅱ受三个力：F_A、F_0、F_M（大小等于 G），如图 11 - 30 所示，取 M 点为支点，则有：

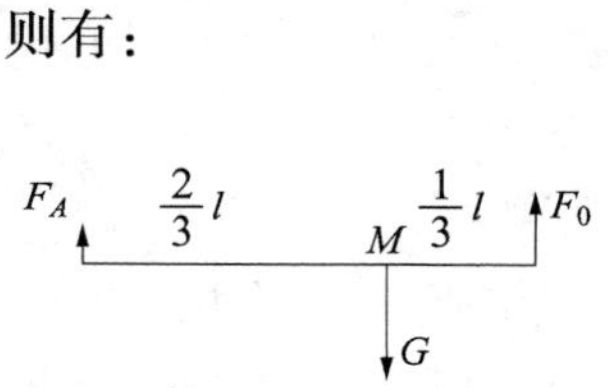

图 11 - 30

$$F_A \times \frac{2}{3}l = F_0 \times \frac{1}{3}l$$

则 $F_A = \frac{1}{2}F_0$ 且 $F_A = \frac{1}{3}G$。

扁担Ⅰ受三个力：F_C、F_0'、F_B，如图 11－31 所示，取 N 点为支点，则有：

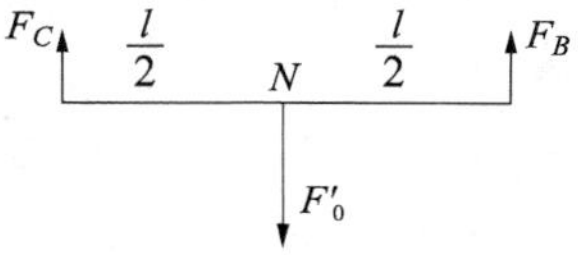

图 11－31

$$F_C \times \frac{1}{2}l = F_B \times \frac{1}{2}l$$

则 $F_C = F_B = \frac{1}{2}F_0'$

由此可得：$F_A = F_B = F_C = \frac{1}{2}F_0' = \frac{1}{3}G$。

这样三个和尚肩上所受压力在数值上都等于水的重力的三分之一，即 $\frac{1}{3}G$ 。

7. **力矩平衡**

力矩是改变转动物体的运动状态的物理量，门、窗等转动物体从静止状态变为转动状态或从转动状态变为静止状态时，必须受到力的作用。但是，我们若将力作用在门、窗的转轴上，则无论施加多大的力都不会改变其运动状态，可见转动物体的运动状态和变化不仅与力的大小有关，还与受力的方向、力的作用点的影响有关。力的作用点离转轴越远，力的方向与转轴所在平面越趋于垂直，力使转动物体运动状态变化得就越明显。物理学中力的作用点和力的作用方向对转动物体运动状态变化的影响，用力矩这个物理量综合表示，因此，力矩被定义为力与力臂的乘积。力矩概括了影响转动物体运动状态变化的所有规律，力矩是改变转动物体运动状态的物理量。如果一个物体所受到的力的合力矩的代数和是0，那么这个物体处于力矩平衡状态：动力×动力臂=阻力×阻力臂，这个关系式可运用于天平、跷跷板、杠杆原理等应用计算。

力矩是矢量，中学里只考虑顺时针和逆时针两种方向。通常情况下，逆时针力矩为正，顺时针力矩为负。

平衡条件：

（1）有固定转动轴物体的平衡是指物体静止或绕转轴匀速转动。

（2）有固定转动轴物体的平衡条件是合力矩为零，$\sum M = 0$ 即 $\sum F_x = 0$，也就是顺时针力矩之和等于逆时针力矩之和。

8. **绳子自由端为何要竖直拉动**[①]

教科书设置的测量滑轮组机械效率的实验，是通过用滑轮组提升物体的过程来完

① 王伟民，杨培军：浅析“测量滑轮组机械效率实验”时竖直缓慢匀速拉动的原因．中学物理教学参考，2021 年第 34 期。

成的。如图 11－32 甲所示，用弹簧测力计测量钩码的重力 G 之后，在滑轮组动滑轮下面挂上作为被提升物体的钩码，细线绕过滑轮组后，其自由端拴在弹簧测力计的挂钩上。手提弹簧测力计缓慢匀速竖直向上运动，读出弹簧测力计的读数 F，用刻度尺测量出物体升高的距离 h 和绳子自由端运动的距离 s，利用公式 $\eta=(W_{有用}/W_{总})\times100\%$ 即可计算滑轮组的机械效率。教学中发现，对于测量滑轮组机械效率实验中的“弹簧测力计牵拉绳子自由端沿竖直方向缓慢匀速拉动”的要求，不仅让很多学生不太理解，甚至部分教师也存在疑惑。那么，绳子自由端为何要竖直拉动？

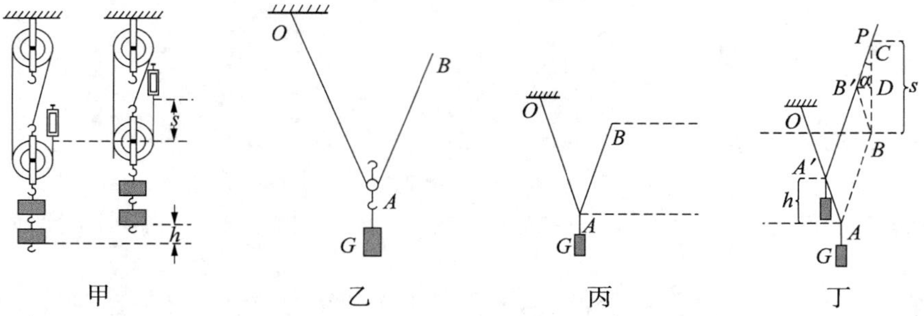

图 11－32

用滑轮组提升重物时，上面的定滑轮是固定的，而定滑轮实质上是一个等臂杠杆，所以如果绳子自由端是绕过上面的定滑轮向下拉动，则拉力方向可以任意。不过自由端向下拉动时，弹簧测力计需要倒置调零，受弹簧测力计构造及弹簧、挂钩和指针重力的影响，这样调零的结果大多不太准确，会给实验带来较大的系统误差。因此，测量滑轮组机械效率时，为了减小测量误差，自由端通常向上拉动。

如果绕过滑轮组绳子的自由端是向上拉动的，则自由端绳子必须处于竖直位置，且拉力的方向必须是竖直向上的，这是因为如果拉力方向倾斜向上（这样拉动之后，自由端绳子也将是倾斜的），在自由端匀速直线运动的情况下，自由端的拉力不固定；或者虽然拉力固定，但是拉力的方向与自由端的运动方向不共线。这时如果不借助其他测量工具，总功不容易测量或者无法测量，会使得整个实验过程很难或无法进行下去。我们不妨就滑轮个数的多少分情况进行剖析。

（1）只有一个动滑轮的情况

如图 11－32 乙所示，用一个动滑轮来提升重物，但绳子自由端与竖直线有一定的夹角。系统稳定后，绳子的固定端也将是倾斜的，并且动滑轮两边的绳子所在的直线与重物悬挂线对称。为了便于作图分析，我们将动滑轮无限缩小，作为一个点来处理，从而构建与实物功能等价的物理模型。

在绳子自由端上升运动的过程中，自由端的拉力应该保持不变，否则绳子自由端在不同位置时拉力不等，就无法通过测量拉力来计算总功。用一个定滑轮来提升物体的过程中，要保证自由端的拉力不变，在自由端运动过程中，除了要保证匀速运动之外，自由端绳子所在的直线应该与竖直方向保持固定的夹角，则固定端绳子与竖直线也保持同样大小的夹角。以此为条件，我们分析自由端运动轨迹应该满足什么条件。

如图 11－32 丁所示，在绳子固定端 OA 上任取一点 A'，过 A' 作 $A'P//AB$，过 B 作 $BB'//OA$ 交 $A'P$ 于 B，则四边形 $ABB'A'$ 是平行四边形，所以 $A'B'=AB$，在 $B'P$ 上截取 $B'C=A'A$，这相当于将原来的折线绳子 $A'A+AB$ 拉直后移动到 $A'C$ 位置，由几何知识易知，点 C 一定在点 B 的正上方。也就是说，要保证自由端向上运动过程中绳子的拉力不变，在自由端和固定端绳子都倾斜的情况下，自由端应该竖直向上运动。（注：用这种方式做测量滑轮组机械效率的实验，弹簧的自然伸长方向不是竖直方向，而是沿绳子所在的直线方向，即图 11－32 丙中的 AB 方向。）

如果绳子自由端所在的直线与竖直线的夹角为 α，弹簧测力计竖直匀速向上运动时的读数为 F，自由端竖直向上运动的距离为 s，则这一过程中的总功为 $W_{总}=Fs\cos\alpha$。实际做实验时，虽然 α 的余弦值 $\cos\alpha$ 可以通过度量有关线段确定，却是一件非常麻烦的事情，而将 $W_{总}=Fs$ 作为计算总功的结果，是一种错误的数据处理方法。

如果不考虑绳子重力和滑轮转动时滑轮与轴之间的摩擦，从理论上说，自由端的绳子无论是处于竖直位置还是倾斜位置，只要自由端匀速直线上升，测量出滑轮组的机械效率大小将是相同的。原因是两种情况相比，物体升高相同的高度时，有用功大小相同，唯一的额外功（克服动滑轮重力使动滑轮升高做的功）大小也是相同的。而考虑滑轮和轴之间的摩擦力，自由端绳子倾斜时用滑轮组提升物体的机械效率会降低，这是因为物体升高同样的高度，绳子倾斜时，滑轮转动的圈数会更多，不用说克服滑轮与轴之间的摩擦力所做的额外功就越多。

如果绳子的自由端不是竖直上升，而是沿某一条倾斜直线匀速上升，则在自由端上升过程中，自由端的绳子与竖直线的夹角将不断变化，固定端的绳子与竖直线的夹角也将随之变化，所以自由端的拉力（弹簧测力计的读数）也将不断改变，这样总功的测量将无法进行。

因此，用一个动滑轮来提升物体时，为了方便（或可以）测量相关物理量，不仅要求绕过滑轮的绳子自由端保持竖直位置，而且自由端应竖直向上运动。

（2）一个定滑轮和一个动滑轮组成滑轮组的情况

如图 11－33 甲所示是一个定滑轮和一个动滑轮组成滑轮组提升物体的情形。如果绕过滑轮组的绳子自由端是倾斜的，则动滑轮和定滑轮之间连接的两段绳子也将倾斜，忽略滑轮和轴之间摩擦时，各段绳子的拉力相等。仿照上面用一个动滑轮提升物体时建立物理模型的做法，将图 11－33 甲中两个滑轮分别缩小至一个点，建立如图 11－33 乙所示的物理模型（注：建立这样的物理模型只是为了方便作图研究问题）——粗线段 OA 代表图甲中连接在动滑轮和定滑轮之间的两根平行的绳子，其余的细线段代表单股绳子，O 点和 A 点分别代表定滑轮和动滑轮。因为绳子 OA（两股绳）对物体的拉力是绳子 BA 对物体拉力的 2 倍，所以系统平衡时，左右两段绳子与竖直线的夹角大小 α 和 β 应满足 $\beta>\alpha$。

如图 11－33 丙所示，在表示两股绳子的线段 OA 上任取一点 A'，过 A' 作 $A'P//AB$，过 B 作 $BB'//OA$ 交 $A'P$ 于 B'，则四边形 $ABB'A'$ 是平行四边形，所以 $A'B'=AB$，在 $B'P$ 上截取 $B'C=2A'A$，这相当于将原来的折线绳子 $2A'A+AB$ 拉直并变成单股之后移动

到 $A'C$ 位置。由几何知识易知 $B'D<A'A$，所以点 C 不在 B 的正上方，而是在点 B 的右上方。可以证明，要保证自由端向上运动过程中绳子的拉力保持不变，自由端应该向右上方确定的方向沿倾斜直线匀速运动，即自由端沿图 11－33 丙中的射线 BC 方向运动。与上面对图 11－32 丁所示情形的分析结果一样，计算这种情形下自由端拉力所做功（总功）的过程非常麻烦，需要测量相关线段及确定自由端绳子与竖直线夹角的余弦值，方能计算总功。而一旦自由端偏离这个确定的方向，在运动过程中自由端绳子所在的直线与竖直线的夹角就无法保持不变，不用说自由端拉力大小也将不断改变，实验将无法进行。

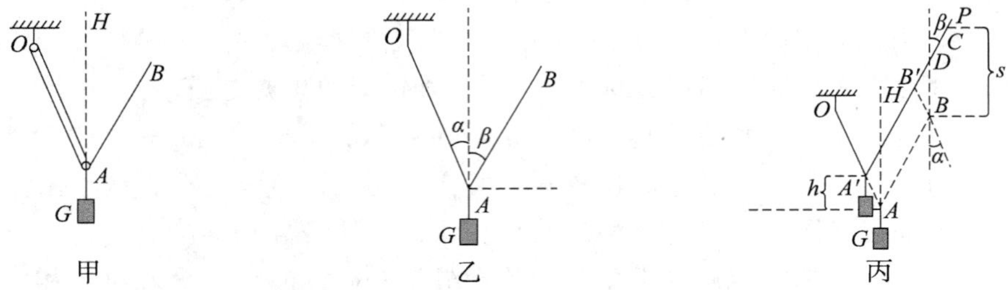

图 11－33

由此可知，在用多个定滑轮和动滑轮组成的滑轮组提升重物过程中测量滑轮组机械效率时，对自由端绳子所处的方向及自由端运动方向的要求同样如此（自由端竖直向上运动），其原因与上述用一个定滑轮和一个动滑轮组成滑轮组提升物体时自由端运动方向要求的原因相同，不再重复剖析。

因此，利用滑轮组（含一个动滑轮的情形）来提升重物过程中测量滑轮组的机械效率时，自由端绳子应保持竖直，且自由端应该竖直向上匀速拉动。

9. 简单机械的机械利益

简单机械是杠杆、滑轮、轮轴、斜面、螺旋和劈的总称。前三种称为杠杆类简单机械，后三种称为斜面类简单机械。复杂的机械含有多种简单机械。利用简单机械做功，或者可以省力，即用小的动力克服较大的阻力，或者可以缩小力的作用点移动的距离，或者可以改变力的作用方向，给人们带来某些方便。简单机械的输出力与输入力之比，称为机械利益（mechanical advantage），用符号表示。下面以轮轴和滑轮组为例进行分析。

（1）轮轴的机械利益

轮轴是把轮（大鼓轮）和轴（小鼓轮）固定在一起，使它们能绕同一轴线转动的简单机械。如果在轮缘上用力使它转动，固定在轴上的绳子就会卷起而提升系在绳子另一端的重物。在轮上施较小的动力 F，就可以克服较大的阻力 $F_{阻}$。如果轮半径为 R，轴半径为 r，则机械利益 $MA=R/r$ 。轮子越大越省力，常用摇柄代替轮子，使结构简化，便于工作。旋钮、辘轳、绞盘和汽车方向盘都是轮轴类机械。也可以用齿轮代替鼓轮，并组合起来使用，以提高机械利益。如图 11－34 中的齿轮装置（齿轮没有画出），其机械利益为 $MA=\frac{F_{阻}}{F}=\frac{R_1R_2R_3}{r_1r_2r_3}$。

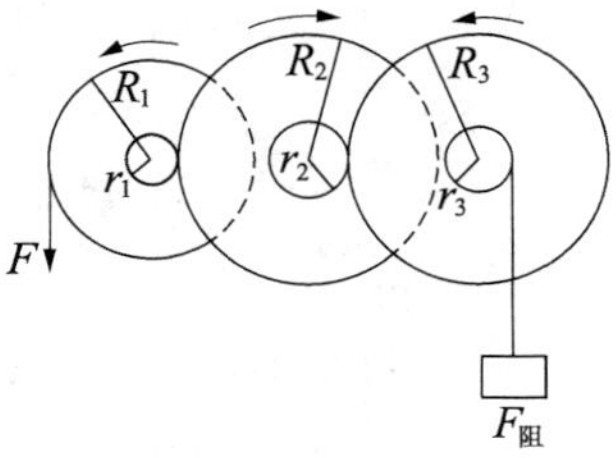

图 11－34

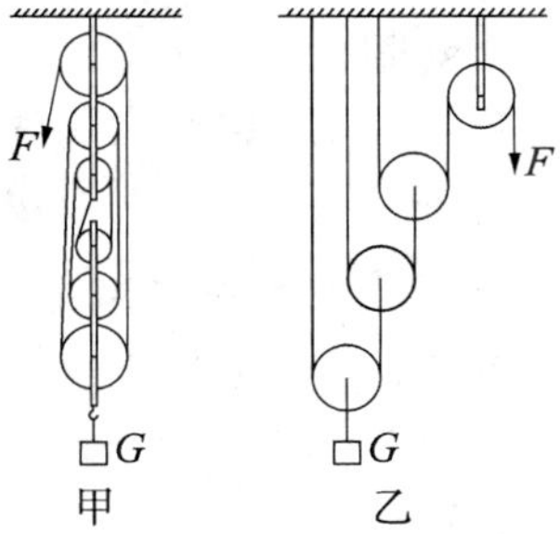

图 11－35

（2）滑轮组的机械利益

定滑轮和动滑轮可组成不同形式的滑轮组。滑轮组可以省更多的力或者既省力又改变力的方向。如果滑轮的质量和绳子与轮槽间的摩擦可以忽略，图 11－35 甲所示的滑轮组，动力 F 与物重 G 的关系为 $F=\frac{G}{n}$。

机械利益为 $MA=\frac{G}{F}=n$。

式中的 n 为承重绳子的股数。

图 11－35 乙所示的滑轮组，动力 F 与物重 G 的关系为 $F=\frac{G}{2^m}$。

机械利益 $MA=\frac{G}{F}=2^m$，式中的 m 为动滑轮的数目。

（3）差动滑轮组

为了得到很大的机械利益，常用差动滑轮组，如图 11－36 所示。

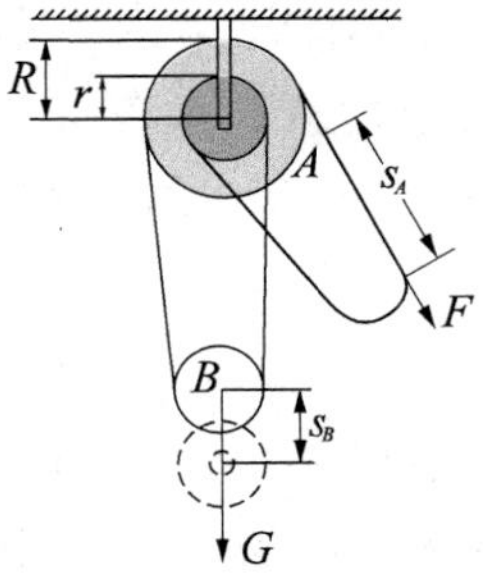

图 11－36

这时，定滑轮是固定在一起的两个不同直径的同轴塔轮（实际上是个轮轴），大轮半径为 R，小轮半径为 r。提升物体时，定滑轮上的大轮卷起绳子，小轮放下绳子，动滑轮和物体一起上升。当动力的作用点 A 下降距离为 S_A 时，动滑轮和重物上升的距离

为 $S_B=\frac{R-r}{2R}S_A$，动滑轮的质量可以忽略时，$F=\frac{R-r}{2R}G$，机械利益 $MA=\frac{G}{F}=\frac{2R}{R-r}$，可见 R 和 r 相差很小时，可以得到很大的机械利益。

10. 自行车的发展历史①

自行车是当今非常流行的交通工具，它的发明为人类的交通运输提供了极大方便。自世界上第一辆自行车问世至今已有200多年的历史了。

18世纪末，法国人西夫拉克发明了自行车。这辆自行车是木制的，其结构比较简单，既没有驱动装置，也没有转向装置，人骑车时靠双脚用力蹬地前行，改变方向时需要下车搬动车子。即使这样，当西夫拉克骑着这辆自行车到公园兜风时，在场的人也都颇为惊异和赞叹。

世界上第一批真正实用型的自行车出现于19世纪初。1813年，德国人德莱西尼发明了带车把的木制两轮自行车。这种自行车虽然仍旧用脚“划”地才能前行，但是可以一边前行一边改变方向，一问世便引起了人们的极大兴趣。法国人开始大量仿制，一时间，巴黎街头涌现出成百上千的自行车。1830年，法国政府还为邮差配备了自行车作为交通工具。

随后，自行车的技术、性能不断得到改进。1839年，英国人麦克米伦发明了蹬踏式脚蹬驱动自行车，骑车时两脚不用蹬地，提高了行驶速度。1869年诞生的雷诺型自行车，车架改由钢管制作，车轮也改为钢圈和辐条，采用实心轮胎，使自行车更加轻便。1870年英国人詹姆斯·史泰龙设计了前轮大后轮小的自行车，当时很受人们的喜爱。1887年，英国人劳森完成了链条驱动后轮的自行车的设计。同年，英国人邓鲁普研制出了充气轮胎，基本形成了现代自行车的原型。从此，自行车技术完成了向商业的转化，开始批量生产，进入大范围使用阶段。

11. 珍妮纺机的发明故事②

1764年，英国约克夏郡西部的一座小镇上住着一对夫妻，丈夫叫哈格里沃斯，妻子叫珍妮。那时，约克夏郡西部是一个毛纺织工业区，在那里的人家都以纺织为生，哈格里沃斯夫妇当然也不例外。由于这个地方人人都干这活，所以货多价低，纺出的线，织出的布换不来几个钱。夫妻俩整天摇着纺车，累得腰酸背痛还是吃不饱肚子。哈格里沃斯有一手好木工手艺，于是每天在织完布后再背上木工工具外出干活挣钱去了。

生计的不易使夫妇两人偶尔发生口角。在一次吵架中，哈格里沃斯踢翻了他们赖以维持生计的纺车，然而这个不经意的动作产生的现象却使哈格里沃斯看呆了——那辆被他踢倒的纺车正仰面朝天，原来半躺着的纱锭现在竖立起来了，还被车轮的惯性带动着快速旋转……

哈格里沃斯是个聪明人，倒在地上仍在旋转的纺车触动了他的灵感，他想：就照

① 吴祖仁：物理教师教学用书（八年级下册），教育科学出版社，2013。
② 同①。

这样子把纺车改造一下，让纱锭立起来，一架纺车上可以并排竖放几个纱锭，工作效率不就大大提高了吗?

哈格里沃斯本来就有一手好手艺，要制作这样一辆纺车，对他来说并不是难事。他先做了一个大木框，上面横列了8个纱锭，边上装个木轮，试一下效果非常好。哈格里沃斯高兴异常，他用妻子的名字来命名这辆纺车。1770年，他以“珍妮纺车”的名字申请了专利。1790年，“珍妮纺车”在英国各地推广开来。正如恩格斯说的，“使英国工人的状况发生根本变化的第一个发明是珍妮纺车”。

后来人们不断地改进珍妮纺车。1768年一个叫阿克莱特的理发师，盗用了他的一个叫海斯的朋友的成果，“发明”了水力纺纱机。水力纺纱机又几经改进，越来越好用了。由于有水力作动力，就可以建成几千个纱锭的纺织厂。那个理发师居然成了世界上最早的工厂主——阿克莱特纺织厂的老板。他手下有四百多个工人。用恩格斯的话来说，“工厂时代”的到来，使人类进入了“生产中的真正的狂飙时期”，也就带来了人类历史上具有划时代意义的工业革命。寻根溯源，这居然要归功于一场夫妻吵架!

12. “先驱者”号探测器①

“先驱者”号探测器是美国发射的行星和行星际探测器系列之一，1958年10月到1978年8月共发射13个，主要用来探测地球与月球之间的空间，金星、木星、土星等行星及其行星际空间。其中以“先驱者”10号、11号最为引人注目，它们是人类派往外行星访问的第一批使者。

“先驱者”10号于1972年3月2日先踏上征途，经过1年零9个月的长途跋涉后，穿过危险的小行星带，闯过木星周围的强辐射区，于1973年12月3日与木星相会。它飞临木星时，沿木星赤道平面从木星右侧绕过，在距木星13万千米的地方穿过木星云层，拍摄了第一张木星照片，并进行了十多项实验和测量，向地球发回第一批木星资料，为揭开木星的奥秘立下头功。之后，“先驱者”10号在木星巨大的引力加速下，直向太阳系边界飞去。于1989年5月24日飞越冥王星轨道，带着给外星人的“礼品”——“地球名片”，向银河系漫游而去。

“先驱者”11号于1973年4月6日启程，它以探测土星为主要任务。1979年9月1日，“先驱者”11号从距土星3400千米的地方掠过，第一次拍摄到了土星的照片。它探测了土星的轨道和总质量，测量了土星大气成分、温度、磁场，发现了两个新光环。探测了土星之后，“先驱者”11号便从天王星近旁掠过，与“先驱者”10号同于1989年飞离太阳系。

13. 机器人之路②

机器人形象和机器人一词，最早出现在科幻和文学作品中。1920年，一名捷克作家发表了一部名为《罗萨姆的万能机器人》的剧本，叙述了罗萨姆公司把机器人作为人类生产的工业品推向市场，让它充当劳动力代替人类劳动的故事。

---

① 吴祖仁：物理教师教学用书（八年级下册），教育科学出版社，2013。

② 同①。

真正的机器人出现在1959年。当时，美国人英格伯格和德沃尔制造出了世界上第一台工业机器人。这台机器人只有手臂功能与人相似，外形像一个坦克的炮塔，基座上有一个可转动的大机械臂，大臂上又伸出一个可以伸缩和转动的小机械臂，能进行一些简单的操作，代替人做一些诸如抓放零件的工作。

现在全世界已装备了90余万台工业机器人，种类达数十种，如果按照其应用领域对机器人进行分类，可分为民用机器人和军用机器人。从目前的发展状况看，机器人的应用十分广泛，在生产建设和科研工作中发挥着越来越大的作用。例如，管道机器人专门进行管道清理工作，并对管道内部进行检查和对焊缝补喷防腐漆等；爬壁机器人专门为核电站以及大型储气罐等装置中人们难以接近的地方进行检查，还可以帮人们擦拭玻璃等；排险机器人可以排除各种危险的爆炸物，到危险的地方作业排险；水下机器人可以在潜水员难以到达的深海中进行观察和作业；插件机器人可以又快又好地完成在线路板上的插件任务，其差错率为零；飞行机器人可代替森林警察观察和监视火情等。

研制具有人类外观特征，可以模拟人类行走与基本操作功能的类人型机器人，一直是人类研究的梦想之一。类人型机器人研究是一门综合性很强的学科，代表着一个国家的高科技发展水平。1997年，日本本田公司率先研制出第一台类人型步行机器人样机。

类人型机器人技术，集自动控制、体系结构、人工智能、视觉计算、程序设计、组合导航、信息融合等众多技术于一体，主要包括以下几个方面的技术：

①机构设计与新材料技术。在机构设计方面，类人型机器人是一个复杂的动力学系统，在各种关键部件选型、机构设计、计算机模拟、机构加工等方面均是全新的课题。

②电子与计算机技术。类人型机器人是一个复杂的多变量非线性系统，其信息处理、功率驱动、控制系统形成等与电子和计算机技术的发展密不可分。

③传感器技术。各种传感器是类人型机器人感知环境信息和自身状态信息的工具，主要包括视角传感器、语音传感器、惯性姿态传感器、关节角位移传感器、速度传感器、压力传感器、力矩传感器等多种传感器及相应的信号处理技术。

④智能控制技术。智能控制技术是类人型机器人技术研究的灵魂。控制策略与控制方法的好坏直接影响机器人的性能，主要包括专用高性能控制系统设计与集成，各种控制策略与控制方法，多种传感器信息融合技术等。

14. 物理基础知识在机械设计中的体现和应用①

（1）关于功能知识的运用

人们在骑自行车上较陡的坡时，往往走“S”形路线，这是根据功的原理。坡长相当于斜面长，坡高相当于斜面高，根据功的原理 $W_1 = W_2$，即 $FL = Gh$，可以看出，斜面长（L）是斜面高（h）的几倍，所用的力（F）就是重力（G）的几分之一，所以，在

① 朱泊霖：物理基础知识在机械设计中的体现和应用．环球市场信息导报，2017年第36期。

高度（h）不变的情况下，斜面越长越省力，走“S”形路线是为了增大斜面长度，从而使较小的力就能顺利上坡。

同样的道理，当人骑自行车下坡时，速度越来越快，是由于下坡时人和自行车的重力势能转化为人和自行车的动能。当人骑自行车上坡之前要紧蹬几下，目的是通过提升速度来增大人和自行车的动能，这样上坡时动能转化为重力势能，能上得更高一些。

这个关于做功和距离的物理知识点，在机械设计中运用得非常广泛。比如，早期吊装很重的设备，单纯地用力搬动难度很大，加之没有新型工具，人们往往会使用多个圆形木棍垫在设备下，用力让木棍滚动带动设备移动。后来又使用一种叫“倒链”的工具。“倒链”就是定滑轮和动滑轮的组合，用铁链子做牵引，用增加距离的方法减少负重。

（2）关于杠杆原理的运用

日常生活中，我们经常使用菜刀，在切菜的过程中，使用者在刀柄上施加动力，刀刃下的被切物体提供阻力，刀在下压过程中阻力的力臂相应增大，同时阻力力矩也会同步增加，但是阻力力臂永远比动力力臂小，故而在对被切割物体进行切割时十分轻松也很省力。菜刀其实就是一种非常常见的简单机械，是一种典型的省力杠杆。类似的还有闸刀、切纸刀等，其工作原理都是应用了杠杆原理。

杠杆原理在机械中的应用十分广泛，如机械臂，它不仅出现在吊车、起重机塔等生产设备上，同时也出现在制造、军事、医疗和太空探索等领域。尽管机械臂相对来说较为复杂，但是其基本结构分为运动元件（驱动装置）、导向装置（方向掌控）和手臂（工作部件）三大部分。其中，手臂是其核心部件，不但能够执行具体的操作，同时是部分管路和冷却与检测装置的安装部件。机械臂的工作原理是杠杆原理，是以力矩平衡为根据进行工作的，故而必须满足“动力矩—阻力矩”这个条件。机械臂可以减少人们的工作量，还能代替人们完成高温、有毒环境中作业等危险工作，再加上可以自动控制，故而其应用的领域越来越广泛。

（3）关于变速箱的设计原理

日常生活中到处充满了机械，机械为我们的生活带来了很大的便利，如汽车变速箱。

变速箱的原理实质便是曲线运动过程中的传动装置，其借助不同半径的主动轮与从动轮，从而达成最佳的速度比和动力性能。如图 11 – 37 所示，主动轮的半径为 R_1，转速为 n_1，从动轮的半径为 R_2，转速为 n_2，主动轮与从动轮借助静摩擦力或齿轮咬合能够实现共同转动，而主动轮的中心轴连接着汽车的发动机，通过发动机能够带动主动轮的转动，而主动轮的转动也能使从动轮同时转动。汽车的轮胎转轴连接着从动轮，当从动轮的转速变大时，车速也会随之加快。此时，我们会不由自主地思考影响从动轮转速的因素，而通过书本、资料的查询，便能将该问题解决。

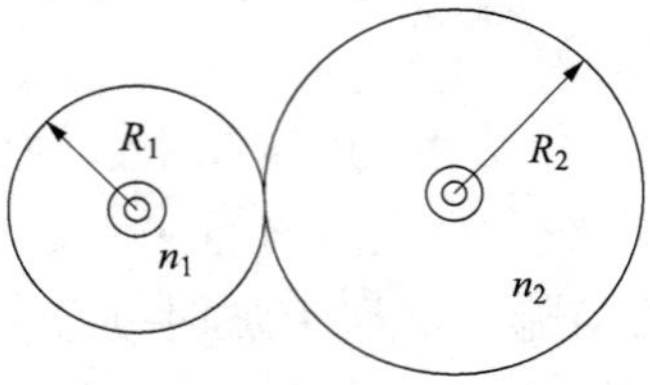

图 11 -37

根据曲线运动，主动轮边缘的线速度为：$v_1=w_1R_1=2\pi n_1R_1$。从动轮边缘的线速度为：$v_2=w_2R_2=2\pi n_2R_2$。而由于主动轮与从动轮连接处的线速度是相同的，那么：$v_1=v_2$，$n_2=\frac{R_1}{R_2}n_1$。通过该公式可以得知，当主动轮的转速一定时，从动轮的转速则由主动轮和从动轮的半径比值来决定，比值越大，从动轮输出的转速就越大。反之，比值越小，从动轮输出的转速就越小。我们对变速箱原理有了一定的了解后，就不再觉得变速箱这一事物有多么神秘了，同时也使学生对相关知识的掌握更加牢固、深化，进而提高物理知识水平和应用能力。

第十二章　机械能和内能

一、课标分析

（一）课标要求

本章内容对应2022年版课标课程内容一级主题“能量”下的二级主题“能量、能量的转化和转移”“机械能”“内能”内容，具有一定的综合性和跨学科性，与生产生活及社会发展密切相关。课标要求如下：

3.1　能量、能量的转化和转移

3.1.1　了解能量及其存在的不同形式。能描述不同形式的能量和生产生活的联系。

例1　列举几种与生活密切相关的能量。

3.1.2　通过实验，认识能量可以从一个物体转移到其他物体，不同形式的能量可以相互转化。

例2　列举生活中能量转移和转化的实例。

3.1.3　结合实例，认识功的概念。知道做功的过程就是能量转化或转移的过程。

活动建议：

（1）列举太阳能在地球上转化为其他形式能量的实例。

（2）讨论人在滑滑梯过程中能量转化的情况。

3.2　机械能

3.2.1　知道动能、势能和机械能。通过实验，了解动能和势能的相互转化。举例说明机械能和其他形式能量的相互转化。

例1　定性说明荡秋千过程中动能和势能的相互转化。

例2　分析《天工开物》中汲水装置工作时能量的相互转化。

3.3　内能

3.3.1　了解内能和热量。从能量转化的角度认识燃料的热值。

3.3.2　通过实验，了解比热容。能运用比热容说明简单的自然现象。

例1　能运用比热容说明为什么沙漠中的昼夜温差比海边的大。

3.3.3　了解热机的工作原理。知道内能的利用在人类社会发展史中的重要意义。

例2　了解热机对社会发展所起的作用和对环境的影响。

活动建议：

(1) 调查当地近年来炊事、取暖、交通等方面燃料结构的变化，从经济与环保的角度开展讨论。

(2) 燃料的种类很多，如木柴、煤、汽油、酒精、天然气等，查阅资料并比较相同质量的不同燃料完全燃烧时放出热量的多少。

（二）课标解读

能量是2022年版课标课程内容中的五大一级主题之一，充分说明了能量在物理学科中的重要地位。能量作为一种相对抽象的物理概念，贯穿了光、热、力、声、电以及物体运动与物质结构等相关知识的始终。课标中这部分内容的设计旨在引导学生从物理学视角认识能量，了解不同形式的能量，认识能量转化与守恒的普遍规律，了解节约能源与可持续发展的重要性，初步形成能量观念；发展学生综合分析问题和解决问题的能力，培养学生为可持续发展做贡献、将科学服务于人类的使命感。从课程目标的核心素养视角解读，物理观念上，三个二级主题分别介绍了能量、机械能、内能的相关概念，均要求通过实验或者举例说明生活中能量转化与转移的现象，并且认识机械功、热量、热值等与能量转移或转化密切相关的物理量，尝试解释日常生活中的有关问题，形成初步的能量观；科学思维上，课标中的3.1.2、3.2.1、3.3.2，探究能量的转化与转移以及影响能量大小因素的实验中，锻炼学生收集、处理信息寻找证据的科学推理能力，提高基于证据的科学论证思维能力，培养具有根据实验结论对于前概念的质疑意识；科学探究上，三个二级主题均安排实验探究的环节，引学路径基本遵循，从生活中发现与能量有关的问题，并根据已有知识进行猜想与假设，利用控制变量法设计实验并进行探究，课标中的3.1.2、3.2.1均属于定性实验探究，课标中的3.3.2属于半定量实验探究，要求学生能运用表格、图像等多种方式展示实验数据，并通过分析和处理数据得出实验结论，能撰写实验报告，书面或口头表述科学探究的过程和结果；科学态度与责任上，能从热机对社会发展所产生的影响的角度，体会科技发展对人类和社会发展的推动作用，从能量转化效率的学习中，激发学生学习动机，帮助其树立远大理想，同时让其体会节约能源与可持续发展的必要性与重要性。

二、教材分析

（一）各版本教材对比

“机械能”和“内能”作为课标课程内容中两个独立的二级主题，既有联系，亦有明显的不同，所以各版本教材对于这两种能量的单元设计也不尽相同。总的来看，大概分为两种思路：一是机械能安排在机械功同一单元或后一单元，而内能安排在物态变化与分子运动的同一单元；二是将机械能与内能安排在同一单元，在学生已学知识的基础上，通过二者的对比与联系深化对能量的认识。二者的章节设计并无优劣之分，一种强化了知识的整体性与连续性，一种强调了学生认知的递进规律与知识的层次推进与横向对比。根据课程标准对这部分的要求，各版本教材章节安排如表12－1

所示。

表 12－1　　各版本教材章节安排

教材版本	章次	节名称
人教版	第十一章 第十三章 第十四章	动能和势能；机械能及其转化；内能；比热容；热机；热机的效率
北师大版	第十章	机械能；内能；探究——物质的比热容；热机；火箭；燃料的利用和环境保护
北师大版（北京版）	第六章 第七章	机械能；内能 能量转化；比热容；燃料 能源与环保；热机
教科版	八年级第十二章 九年级第一章 九年级第二章	机械能；机械能的转化；水能和风能；内能和热量；比热容；热机；内燃机；热机效率
沪粤版	第十一章 第十二章	认识动能和势能；认识内能；热量与热值；研究物质的比热容；热机与社会发展
沪科版	第十章 第十三章	合理利用机械能；物体的内能；科学探究：物质的比热容；内燃机；热机效率和环境保护
苏科版	第十二章	动能　势能　机械能；内能　热传递；物质的比热容；机械能与内能的相互转化

（二）苏科版教材单元内容概述

苏科版教材将《机械能和内能》一章安排在九年级上册第十二章，位于《简单机械和功》之后，《电路初探》之前。在学习本章之前，苏科版教材在之前的不同章节对声能、光能、动能、重力势能和弹性势能等不同形式的能量进行了简单介绍。由于学生已经学习了功的概念，基于学生的已学知识和认知水平，苏科版教材在介绍能量的概念时，将功和能联系起来，即能量就是物体做功的本领。人教版教参也阐述了“功是能量变化的度量，做功的过程是能量转移或转化的过程”。苏科版教材通过做机械功引入，便于学生理解能量概念，但是不能简单地认为只有能做机械功的物体才具有能量。

苏科版教材将机械能与内能独立成章，深化了学生对于能量及其转化的理解。本章从学生熟悉的动能、势能开篇，结合生活中的案例，并通过定性的探究活动让学生知道动能与势能能够相互转化，帮助学生初步认识机械能。而后通过类比法介绍内能的概念，结合分子动理论导出内能与温度的关系，进而从改变温度来改变内能的角度引出热传递与热量的概念。在研究热传递过程中，发现相同质量的不同物质吸收相同热量后温度升高，但温度值不同，进而探究不同物质吸热升温的快慢，最终引出比热容的概念。通过半定量实验让学生对比热容有了更为准确的认识。介绍机械能与内能的相互转化，了解改变内能的两种方式，重点强调了内能转化为机械能的重要应用之一——热机，以及其对社会发展、生产生活的重要意义，还介绍了热值的概念以及燃料燃烧所产生的环境问题。教材通过机械能与内能概念的层层递进，帮助学生深化理解能量的概念与能量的转移、转化，并通过观察现象、实验探究等活动帮助学生建立能量观念，提高学生的科学探究能力，形成科学思维，树立科学态度。

“能量”主题内容跨度大、层次多、教学活动丰富，相关的情境素材可来源于自然现象、物理实验、物理学史、日常生活和社会热点等。苏科版教材的情境素材以汽车为载体，从高速限速到玩具回力小车，从过山车到轻轨车站设计，从轮胎气体到发动机冷却液的选择，从长时间高速行驶轮胎升温到热机的工作循环，再到不同汽车选择的燃料不同……汽车的相关素材源自生活。关于汽车的诸多问题已经困扰学生许久，如此设计有利于激发学生学习物理的兴趣，体现了“从生活走向物理，从物理走向社会”的课程理念。本章知识体系如图 12－1 所示。

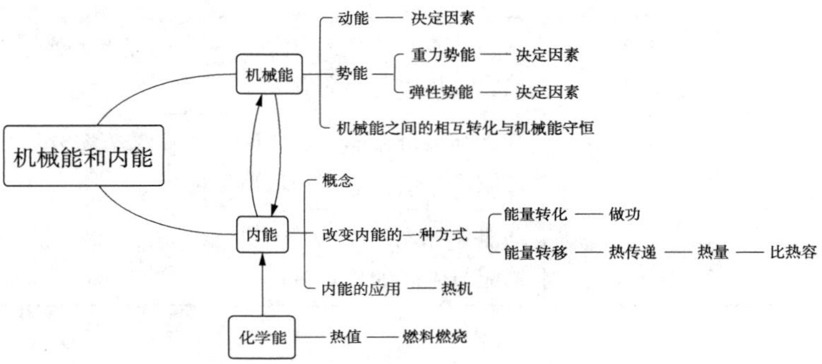

图 12－1

三、教学建议

（一）单元教学思路

学情分析。相比其他主题的物理学科能力表现，学生在“能量”主题上的学习进展较为滞后。如果学生具备从生活现象中发现物理问题的意识，也可以对物理问题加以分析、判断甚至做出一定推理预测。但学生掌握的知识是碎片化的，综合运用知识的能力较弱，尚未建构起完善的知识框架与整合的能量观念。尤其是对于内能等概念的理解还比较薄弱，在遇到复杂陌生的情境时，往往不能优先尝试从能量观的角度来分析和解决问题。

单元目标。基于学情，建议从学生的日常经验出发，围绕能量概念中的核心概念来整合组织科学实践活动，建构能量观念的同时促进学科能力的发展。

单元教学的统整思想。苏科版教材第十二章《机械能和内能》涵盖了课标“能量”主题下 6 个二级主题中的 3 个，是学生系统认识和学习能量的开篇之章，是学生构建能量观念的关键一章。本章和学生已经学过的《声现象》《光现象》《物体的运动》《从粒子到宇宙》《力》等章节有关联，尤其在《力与运动》章节的实验“探究阻力对物体运动的影响”和本章活动探究“动能大小与哪些因素有关”的设计上亦有相似之处，而惯性与动能的区分也是帮助学生厘清“运动与相互作用观”和“能量观”的良好载体。同样本章也为之后的《电功和电热》《电磁转换》《能源与可持续发展》等章节的学习奠定了基础，让学生的核心素养得到更为充分的发展。

单元教学的整体实施与教学建议。从本章的内容上看，一方面是机械能、内能概念的建立，另一方面是两种能量转移与转化的途径与应用。从课标的要求上看，本章的重点是以机械能和内能知识内容为载体，帮助学生初步建立能量观念。那么什么是能量观念？根据相关研究，有学者将能量观念总结为能量普适观、能量多样观、能量转化观、能量守恒观、能量耗散观五种基本观念。所以教师在进行知识讲授过程中，需要渗透这五种基本观念，并联系生活中的真实情境，在学生前概念基础之上，对光、热、力、声、粒子运动等物理现象进行拓展，引导学生以能量视角解释相关现象，培养学生的能量观念。本章节的几个实验虽然不是课标要求的学生必做实验，但是这些实验是对测量知识的具体应用，如测距离、测质量、测温度、测时间等。而在实验设计与取证阶段，反映出来的控制变量和转换思想，也是培养学生科学思维与科学探究能力的重要契机。

（二）课时教学建议及教学方式

本章课时教学建议及教学方式如表 12－2 所示。

表 12－2　　课时教学建议及教学方式

节次	建议课时数	教学方式
第一节	2	演示实验、分组实验、实践活动等
第二节	1	讲授法、讨论法、谈话法等
第三节	1	演示实验、讨论法等
第四节	2	演示实验、谈话法等

（三）课例示范

第一节　动能　势能　机械能（1）

【课标及教材分析】

本节是苏科版教材第十二章第一节第 1 课时，课标要求知道动能、势能和机械能，是学生认识能量，树立能量观念的开端，所以苏科版教材首先安排了学生容易感知的动能、势能，并通过实验探究深化学生对动能、势能的认识，为机械能间的相互转换，内能的引出做好铺垫。

【学情分析】

学生在前期的学习中虽然没有知晓能量的概念，但是在声、光、运动、弹力、重力等知识的学习中初步了解了能量的相关知识与现象。且在日常生活中与动能、势能有关的现象比比皆是，学生容易发现与感知。实验部分，学生能较容易地理解转换法思维。

【教学目标】

(1) 知道什么是能；知道什么是动能、重力势能、弹性势能；知道什么是机械能和能的单位。明确动能的大小与哪些因素有关，重力势能的大小与哪些因素有关，弹性势能的大小由什么因素决定。利用能量观念解释日常生活中如“限速”“轻轨车站设计”等问题。

(2) 能在实验过程中进行科学推理与论证；在对能量问题进行推理时，能从信息中寻找证据并作出说明；能根据所学知识对交流过程中的不当说法提出质疑。

(3) 能通过观察周围事物，发现并提出关于动能、势能的问题，从而作出猜想和假设；进一步学会用控制变量法设计探究方案，尝试用能量转化的观点解释物理现象和规律；能通过分析和处理数据得出实验结论，书面或口头表述科学探究过程和结果。

(4) 通过合作学习，体验合作的成功与喜悦，培养学生互助合作的团队精神；通过探究活动，使学生逐步形成实事求是、客观公正、勇于创新的科学态度；创设情境时展示我国体育事业的成就和航天事业的成果，培养学生的民族自豪感和爱国主义精神，激发学生的学习热情。

【教学重难点】

教学重点：通过实验探究得出物体动能大小与物体质量、速度的关系；通过实验探究得出重力势能大小与物体质量、高度的关系。

教学难点：探究影响物体动能大小因素的实验设计；解决在实验中遇到的各种新问题。

【教学设计】

(1) 教学设计思路

以 2022 年北京冬季奥运会自由式滑雪比赛中，谷爱凌摘取金牌的比赛瞬间的录像片段为素材创设情境，引入课题，激发学生的兴趣和学习的热情。

动能、重力势能、弹性势能的初步概念在八年级下册的教学中已经出现，在学生已有知识的基础上设计了一些视频、图片和实例，让学生自主学习，温故知新，主动获取新知识。

探究影响物体动能大小因素的活动过程中，从发现问题、提出猜想、实验验证、质疑讨论到分组交流的各个环节都是在教师的引导下由学生自主完成的。学生亲历探究实验，感受认知上的冲突，主动克服困难和解决问题，这些都使学生体验到了学习的乐趣和成就感。实验交流与展示，培养了学生的归纳总结能力和语言表达能力。

着力营造民主和谐的课堂氛围，让学生能够充分自由地彰显个性，毫不隐瞒自身的观点，不论对错，尽显所思所想。注意对学生积极的评价，利用学生间的相互评价，使学生有更真切的感受，使学生的优点得到及时的肯定和强化，让学生体会到成功的喜悦，提高学习动力，不断从成功走向新的成功。

作业的设计力图体现生活化和多样化，设计与学生生活有关的作业，让学生感受到生活中处处有物理，并培养学生自主探究的意识和能力。

（2）教学过程

本节第 1 课时教学设计具体内容如表 12－3 所示。

表 12－3　　第一节第 1 课时教学设计

情境	教师活动	学生活动	设计意图
播放冬奥会视频。 小车推动木块做功。	（1）播放视频：2022 年北京冬季奥运会女子自由式滑雪比赛精彩瞬间。 问：谷爱凌在下滑过程中是谁在对她做功？ （2）观察演示实验：从斜面下滑的小车推动水平面上的木块。 问：这个实验中，有哪些物体对哪些物体做了功？	观察现象，并思考问题。	引入新课的同时复习功的知识。
能量概念的引入。	能量：一个物体如果能够对另一个物体做功，这个物体就具有能量。 （1）如何理解能够做功的意义？ 物体有做功的本领，但不一定正在做功。 （2）能量反映了物体做功的本领，不同的物体做功的本领也不同。 一个物体能够做的功越多，具有的能量就越大。所以能量的单位和功的单位一样，都是焦耳（J），简称焦。	思考问题，深化对能量的认识。	通过能量与功的辨析，强化学生对能量的理解。

续　表

情境	教师活动	学生活动	设计意图
认识动能与势能。	动能——物体由于运动而具有的能。 势能{弹性势能——物体因发生弹性形变而具有的能；重力势能——物体因被举高而具有的能} 思考：下列物体存在什么形式的能？ （1）奔跑的运动员； （2）压弯的撑竿； （3）被举高的杠铃； （4）挂在树上的苹果； （5）拉长变形的弓； （6）水平路面上行驶的汽车。	认识动能和势能，并思考日常生活中有哪些物体拥有哪些能量。	由于动能、弹性势能、重力势能的定义在初二学习过，所以这里准备了一些实例，请同学们说说实例中反映了哪些形式的能。 学生讨论，试着给这6个实例分类并板书。
学生实验：探究动能大小与哪些因素有关。	观察教材32页图12－1，由图中可以得出哪些信息？ 公路上对车辆行驶的速度有限制，且对不同的车辆限制行驶的速度不同。根据图片提供的信息提出问题。 活动：探究动能大小与哪些因素有关，如图12－2所示。 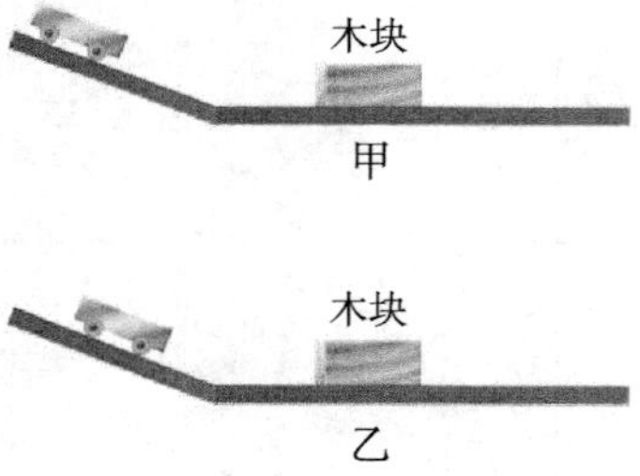 **图12－2** 提出问题：动能的大小可能与哪些因素有关？ 进行猜想：动能的大小可能与物体的质量和速度有关。 设计实验： （1）如何获得动能？如何比较动能大小？ 使小车运动，让运动的小车推木块，木块被推得越远，说明小车具有的动能越大。	观察并提出问题。 创设情境，让学生自己提出问题，进行猜想。 对自己提出的猜想拿出探究的实验方案，小组讨论交流。 一个物理量与几个因素有关时常采用的方法。 设计的实验方案是否可行？	让学生经历由问题提出到实验设计再到交流讨论的整个过程，激发学生的求知欲，培养学生核心素养。

续　表

情境	教师活动	学生活动	设计意图
学生实验：探究功能大小与哪些因素有关。	（2）实验应采用什么方法？ 答：控制变量法、转换法。 实验选用哪些实验器材？ 答：斜面、小车、钩码、木块。 进行实验： （1）探究动能大小与速度大小的关系。 条件：同一小车从同一斜面的不同高度滑下。 ①小车运动到水平面时的速度大小是否相同？ ②木块被撞后移动的距离是否相同？ 现象：速度大的小车使木块移动距离远，对木块做功多，小车具有的动能大。 结论：运动物体的动能大小与物体的速度有关，质量相同时，速度越大，物体的动能越大。 （2）探究动能大小与质量大小的关系。 条件：改变小车的质量，让它们从同一斜面的同一高度由静止下滑。 现象：质量大的小车使木块移动距离远，对木块做功多，小车具有的动能大。 结论：运动物体的动能大小与物体的质量有关，速度相同时，质量越大，物体的动能越大。 探究结论：动能大小与物体的速度和质量有关，物体的速度越大，质量越大，它具有的动能就越大。	学生边讨论边实验，小组合作完成，实际动手做做看。 师生交流实验过程中的发现，大胆地提出自己的不同意见，共同切磋，教师总结分析、解决疑惑。 各小组代表上讲台交流。 实验过程和结论记录在探究卡上。 使小车到达水平面时的速度相同。 实验小组上台交流。 讨论：能够说明物体具有的动能大小与速度和质量有关的实例。	让学生经历由问题提出到实验设计再到交流讨论的整个过程，激发学生的求知欲，培养学生核心素养。

续 表

情境	教师活动	学生活动	设计意图
演示实验：影响弹性势能大小的因素（会跳的卡片）。	(1) 演示：上好发条的玩具汽车松开后能自动前进，说明发生弹性形变的物体也能做功，表明它具有能量。 (2) 演示或学生实践活动：套有橡皮筋的卡片压平后再松开能自动跳起来。调整卡片豁口间距离，将卡片压平，观察放手后的情况。 (3) 结论：物体由于发生弹性形变而具有弹性势能。 在一定限度内，形变越大，形变物体的弹性势能就越大。 (4) 请学生举出一些应用弹性势能做功的实例。	观察、操作、思考、得出结论。 结合生活中的案例进行类比分析验证。	通过演示回力小车激发学生思考能量来源与能量种类。 对于“WWW”作业中的“会跳的卡片”，可以通过演示或者学生实践活动，以“如何跳得更高”问题为导向，通过自身体验让学生认识到影响弹性势能大小的因素，并通过举例认识弹性势能。
学生实验：探究影响重力势能大小的因素。	观察打桩机打夯的工作过程。 活动：模拟打桩。 提出问题：重力势能大小可能和哪些因素有关？ 猜想与假设：重力势能的大小可能和物体的质量、被举高的高度有关。 设计实验： (1) 如何获得重力势能？如何比较重力势能大小？ 将木块举高，让其自由落下，将小桌打入沙中，通过比较小桌下陷的深度来比较物体重力势能的大小。 (2) 实验应采用什么方法？ 答：控制变量法、转换法。 (3) 实验选用哪些实验器材？ 答：小桌、大容器、细沙、不同质量的木块。 进行实验： 探究重力势能大小与高度的关系。 条件：让质量相同的木块从不同高度自由下落。 现象：木块被举高的高度越高，小桌下陷的深度越深。	观看打桩机打夯视频。 创设情境，让学生自己提出问题并进行猜想。 对自己提出的猜想设计探究的实验方案，小组讨论交流。 一个物理量与几个因素有关时常采用的方法。 设计的实验方案是否可行？ 学生边讨论边实验，小组合作完成，实际动手做做看。	注重“从生活走向物理，从物理走向社会”的课程理念。 引导学生从生活情境中进行猜想与模拟实验，最终得出结论。能解释日常生活中的一些现象。

续　表

情境	教师活动	学生活动	设计意图
学生实验：探究影响重力势能大小的因素。	结论：被举高物体的重力势能与其被举高的高度有关，高度越高，重力势能越大。 探究重力势能大小与质量的关系。 条件：让质量不同的木块从相同高度自由下落。 现象：木块的质量越大，小桌下陷的深度越深。 结论：被举高物体的重力势能与其质量有关，质量越大，重力势能越大。 探究结论：物体由于被举高而具有的能叫重力势能。物体的质量越大，被举得越高，它的重力势能就越大。	师生交流实验过程中的所有发现，大胆地提出自己的不同意见，共同切磋，教师总结分析、解决疑惑。 讨论：能够说明物体具有的重力势能大小与高度和质量有关的实例。	注重“从生活走向物理，从物理走向社会”的课程理念。引导学生从生活情境中进行猜想与模拟实验，最终得出结论。能解释日常生活中的一些现象。
拓展延伸。	（1）播放泥石流、堰塞湖等纪实影像并提问。 ①泥石流、堰塞湖为什么具有强大的破坏力？ ②泥石流、堰塞湖等对人类的生命和财产造成了巨大的破坏，人类应该从中获取哪些信息？ （2）播放录像片段，让学生观看神舟十四号飞船升空时的震撼瞬间，据此片段提出一些与本节课相关的问题并进行解答。	观看视频，感受自然的巨大能量，以及人类对能量的运用，能辩证地认识能量。	让学生巩固本节课知识，加深理解影响动能、势能大小的因素，同时培养学生保护环境的意识，引发学生对自然的敬畏之心。 这是我国在高科技领域的成果，让学生自己提问，其他学生再来解决问题，巩固知识的同时培养学生的民族自信心与自豪感。

第一节　动能　势能　机械能（2）

【课标及教材分析】

本课时是对动能、势能的延伸，认识机械能并了解动能、重力势能、弹性势能之间的转移与转化，是学生认识能量转化的开端，也为能量间的相互转化做好铺垫，为能量转化的方向性、能量守恒定律的学习埋下伏笔。课程标准要求通过实验，了解动能和势能的相互转化。举例说明机械能和其他形式能量的相互转化。

【学情分析】

学生已经初步认识了动能和势能，并了解影响动能、势能大小的决定因素。本节的“单摆”实验中，学生应不难分析出动能与重力势能的大小变化，但是对于能量转化过程中，机械能损耗的情况一般难以考虑到。

【教学目标】

(1) 知道机械能和机械能是可以相互转化的。帮助学生初步建立能量的转化观和能量守恒观。

(2) 能通过科学分析与推理，构建出理想环境下的机械能转化观点；能通过观察，分析单摆的动能、势能的大小变化，合理分析与论证出机械能间的相互转化。

(3) 在活动“观察摆球动能和重力势能的转化”中，能科学分析动能和重力势能的变化，得出动能和势能可以相互转化的结论，并通过观察单摆高度逐渐下降的现象，进行机械能耗散的猜想与原因分析，通过推理得出机械能守恒的相关结论。

(4) 通过机械能及其转化的学习，培养学生保护环境、节约能源的意识；能从国家科技发展的具体案例中培养学生的爱国爱党情怀。

【教学重难点】

教学重点：机械能及其转化。

教学难点：理解机械能转化过程中的能量耗散与能量守恒。

【教学设计】

(1) 教学设计思路

根据上节课所学内容，分析不同的动能、势能变化的案例，为机械能之间的转化做好铺垫，并让学生列举既具有动能也具有势能的案例，进而引出机械能的概念。

首先，通过“单摆”让学生认识到动能和势能是可以相互转化的，而后再让学生自主分析讨论“滚摆”“下落并弹起的小球”“撑竿跳”等案例的能量转化情况，提高学生分析问题的能力，让学生认识到能量转化的普适性。

其次，回顾“单摆”“滚摆”的能量转化，分析其机械能越来越少的原因，并分析讨论“卫星运行轨道”不计摩擦和空气阻力的情况，让学生理解能量耗散与能量守恒的辩证关系，培养学生的科学态度与环保意识。

最后，列举机械能能量转化的应用案例，也可以制作“魔罐”等，让学生认识到机械能转化的现实意义，实现“从生活走向物理，从物理走向社会”的课程理念。

(2) 教学过程

本节第2课时教学设计具体内容如表12－4所示。

表 12－4　　**第一节第 2 课时教学设计**

情境	教师活动	学生活动	设计意图
分析粉笔头的能量。	（1）手持粉笔头高高举起。以此实例提问：被举高的粉笔具不具有能量？为什么？ （2）提问：当粉笔头下落经过某一点时，粉笔头具有什么能量？而后请学生列举日常生活中还有哪些物体既有动能，又有势能。 动能和势能统称为机械能。一个物体既有动能，又有势能，那么动能和势能的和就是它的机械能。	观察现象，复习巩固之前所学。 学生通过分析得知，在空中运动的粉笔头既有动能，又有势能。	引入新课。 学生意识到有些物体是既有动能也有势能，并通过列举事例认识到两种能量普遍存在于物体之上，从而引出机械能的概念。
活动：观察摆球动能和重力势能的转化。	在粉笔头下落的过程中，重力势能和动能都有变化，自然界中动能和势能变化的事例很多，下面我们共同观察摆球的运动，并思考动能和势能的变化。 活动 1：观察摆球动能和重力势能的转化，如图 12－3 所示。 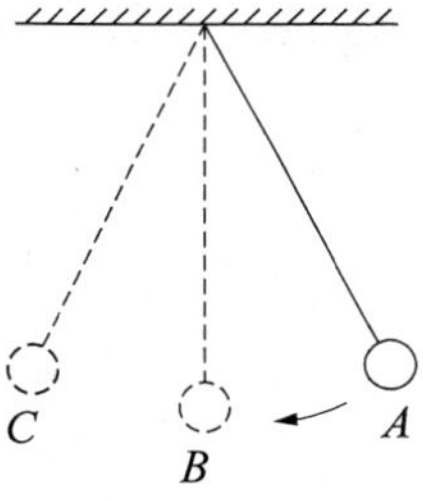 **图 12－3** 说明：此实验摆绳宜长些，摆球宜重些，最好能挂在天花板上。把单摆置于黑板前，平行于黑板振动，以便在黑板上记录摆球运动路线中左、右最高点和最低点的位置。 分析单摆实验时，摆球高度的变化比较直观，而判断摆球速度大小的变化比较困难。可以从摆球在最高点前后运动方向不同角度，分析摆球运动到最高点时的速度为零，作为这一难点的突破口。	通过观察单摆的活动，分析动能和重力势能的变化，进而根据两种能量同时出现的极值现象得出动能和重力势能可以相互转化的结论。	培养学生运用所学知识对摆球的能量变化进行分析的能力，并且通过对比分析，能得出二者能量相互转化的结论。

续　表

情境	教师活动	学生活动	设计意图
活动：观察摆球动能和重力势能的转化。	学生观察摆球向下摆动时，速度加快高度变低，向上摆动时速度减慢高度变高，进而猜测动能和势能的相互转化，通过分析势能最大时动能最小，势能最小时动能最大，最终确认了猜想的合理性。	通过观察单摆的活动，分析动能和重力势能的变化，进而根据两种能量同时出现的极值现象得出动能和重力势能可以相互转化的结论。	培养学生运用所学知识对摆球的能量变化进行分析的能力，并且通过对比分析，能得出二者能量相互转化的结论。
活动 2：观察滚摆的能量转化。	出示滚摆，并简单介绍滚摆的构造及实验的做法。事先应在摆轮的侧面某处涂上鲜明的颜色标志，告诉学生观察颜色标志，可以判断摆轮转动的快慢。引导学生复述并分析实验中观察到的现象。开始释放摆轮时，摆轮在最高点静止，此时摆轮只有重力势能，没有动能。摆轮下降时其高度降低，重力势能减小；摆轮旋转着下降，而且越转越快，其动能越来越大。摆轮降到最低点时，转动最快，动能最大，其高度最低，重力势能最小。在摆轮下降的过程中，其重力势能逐渐转化为动能。仿照摆轮下降过程的分析，得出摆轮上升过程中，摆轮的动能逐渐转化为重力势能。	学生观察滚摆的运动过程，在单摆的基础上能自主分析滚摆的能量转化。	认识滚摆，并利用所学知识，让学生尝试解释滚摆的能量转化，同时发现滚摆与单摆慢慢停下来的现象，为能量耗散做铺垫。
生活现象解释与分析。	自然界中，动能和势能相互转化的事例有很多。让学生观察教材 36—37 页图 12 – 11 的四幅图，并分析其动能和势能的转移和转化。 让学生举例生活中还有哪些现象能够表明动能和势能可以相互转化。	学生观察图片并思考交流各图中存在的能量转化。	图 12 – 11（a）和图 12 – 11（c）都是动能和重力势能之间的转化，图 12 – 11（b）和图12 – 11（d）还包含了弹性势能的转化。尤其是图 12 – 11（d），不仅有能量的转化，还有能量的转移，即能量从一个物体转移到另一个物体。

续　表

情境	教师活动	学生活动	设计意图
生活现象解释与分析。			学生通过分析图 12－11 的能量转化与转移，并列举动能、势能相互转化的现象，深化对机械能转化的理解。让学生认识到日常生活中几乎所有运动都伴随着能量的转化，都能用能量转化来分析和讨论，帮助学生初步建立能量观念。
认识机械能的耗散与守恒。	提问： (1) 从刚才的单摆和滚摆实验，以及教材中“落地后又弹起的皮球”活动可以看出，在动能和势能转化过程中，物体会逐渐停止，那么在这个过程中物体的机械能是怎么变化的呢？你们是怎么发现的？ (2) 机械能越来越小，减小的机械能去哪里了呢？（注：可以适当引导学生认识到摩擦力和空气阻力的存在。） (3) 假如没有空气阻力和摩擦力，那么机械能又会是怎么变化的呢？ (4) 在动能和势能转化过程中，机械能总量不变的规律叫作机械能守恒定律。分析教材中的图 12－11 (b)“落地又弹起的皮球”，假设没有空气阻力和摩擦力，那么皮球还会弹至初始高度吗？ 回答：不会，因为当小球弹起至最高点时，小球仍向前运动，即仍有动能。即便机械能守恒，小球的重力势能也不会高过初始高度。	(1) 机械能在逐渐变小。因为小球（滚摆）弹起的最大高度越来越低，弹起至最高点时，重力势能也越来越小，动能为零，所以其机械能越来越小。 (2) 因为物体在运动过程中，要克服空气阻力和摩擦力做功，所以机械能“损耗”掉了。 (3) 机械能不变。 (4) 会/不会。	通过观察机械能能量转化的现象，推理与辩论机械能在此过程中的变化，通过问题链深化学生对机械能的耗散与守恒的理解，强化学生质疑创新的能力。 制造冲突，引导学生进行辩论，培养学生的科学论证与质疑创新思维。 就实验现象，深入讨论发现的问题，并设计问题链，引导学生深入思考真实情境下的能量转化。

续 表

情境	教师活动	学生活动	设计意图
机械能转化的应用。	应用1：卫星运行。 人造地球卫星在运行过程中，也会发生动能和势能的相互转化。大家对人造卫星并不陌生，然而学生仍有许多谜题没有解开。如人造卫星为什么能绕地球运转而不落下来？在人造卫星中，失重是怎么回事？这些问题还有待于同学们进一步学习，我们只讨论人类卫星运行过程中，动能和重力势能的相互转化。 人造卫星绕地球沿椭圆轨道运行，它的位置离地球有时近、有时远（出示我国发射的第一颗人造卫星轨道图）。现以我国发射的第一颗人造卫星为例，它距离地球最近时（此处叫近地点），离地面439千米，距离地球最远时（此处叫远地点），离地面2384千米，它绕地球一周的时间是114分钟。它在近地点时，速度最大，动能最大，此时离地面最近，势能最小。人造卫星由近地点向远地点运行时动能减小，势能增大，动能向势能转化。到远地点时，动能最小，势能最大。人造卫星由远地点向近地点运行时，势能向动能转化。在人造卫星运行过程中，不断有动能和势能相互转化的现象。 应用2：大海中的机械能。 阅读教材37页“生活·物理·社会”板块，了解人类对大海中的机械能的应用。	学生阅读了解相关资料，认识到机械能的转化在我国科技发展中的运用。	通过机械能的转化了解我国航天事业的发展与清洁能源的开发，培养学生的爱国爱党情怀，提高学生的环保意识。

（3）教学补充与建议

关于滚摆实验，它能直观地表现动能和势能的转化，优点在于能量转化的过程比较缓慢，摆轮高度变化明显、直观，摆轮转动快慢变化也能直接观察。实验中应充分发挥上述优点，为此要注意以下几点。

①摆轮的轴应相对细些，以减缓摆轮的升降速度。固定摆绳时，应穿过轴的横孔，

不宜用缠绕的方法固定，以防打滑。

②要在摆轮的侧面某处涂上鲜明的颜色标志，便于观察摆轮速度的变化。

③摆轮应当边缘厚重，以增大转动惯量。

关于人造卫星的知识，学生是非常感兴趣的，鉴于学生的知识基础，难以解开谜底，往往因此挫伤学生的求知欲。本节课如有可能，也可直接介绍人造卫星为什么能绕地球运行，讲法上可使用想象推理的方法。示例如下：

水平地抛出一个物体，由于地球的吸引，它会落回地面，但是抛出的物体速度越快，它飞行的距离越远。人抛物体，抛出的距离不过几十米，但气枪子弹能飞行几百米，步枪子弹能飞行几千米，而炮弹能飞行几十千米。我们可以设想，物体的速度足够大时，它就能永远不落回地面，围绕地球旋转，经科学验证这个速度大约是8000米/秒。如果速度再大些，物体绕地球运行的轨道就由圆形变为椭圆形。人造卫星就是根据这个逻辑发射的。

（4）实践性作业

根据教材39页“WWW”作业中的第5题，制作一个“魔罐”，观察并分析其能量的转化。

第二节 内能 热传递

【课标及教材分析】

本节内容为苏科版教材第十二章第二节，课标要求了解内能和热量，内容较为抽象，偏向于概念的建立以及内能和热量概念的辨析。教材用类比的科学方法帮助学生构建内能的概念，利用简单的实验让学生体会改变物体内能的方法——热传递。

【学情分析】

学生在八年级已经学过分子动理论以及能量和机械能的相关知识，但内能的概念对于学生而言是相当抽象的，所以根据客观现象认识到确实存在另一种形式的能——内能是至关重要的。如何利用之前的知识基础构建内能的概念是本节课的学习重点。对于热传递现象，学生在生活中有很多的感性认识，因此学习这部分知识难度不大，但是对于“热量”这一术语的认识会是教学难点。

【教学目标】

（1）了解内能的概念，通过类比的方法，知道任何一个物体都具有内能。了解物体的内能与温度的关系。知道热传递是改变物体内能的一种方式，是内能的转移过程。了解热量的概念，知道热量的单位。

（2）能在实验过程中进行科学推理与论证。

（3）能通过观察周围事物，发现并提出问题；能通过分析实验现象得出结论，会结合实例进行分析。

（4）通过合作学习，体验合作的成功与喜悦，培养学生互助合作的团队精神。

【教学重难点】

本节知识点相对简单，重点在于引导学生通过类比的方式建立内能的概念。内能概念较为抽象，通过与学生熟悉的机械能进行类比，降低学生的认知难度，从而让学生更深刻地理解内能的概念。通过实验和生活中的现象发现影响内能大小的因素，苏科版教材强调温度对内能的影响，实际上忽视了内能与体积（分子势能）的关系，这会导致学生对内能概念的片面理解。处理好这部分知识点的教学有助于学生更深刻地理解内能的概念。改变物体内能的方式——热传递这一知识点相对简单，但是对于热传递过程中转移的内能——热量这一过程量的理解是难点，教师要在教学过程中有效地突破。

【教学设计】

本节教学设计具体内容如表12－5所示。

表12－5　第二节教学设计

情境	教师活动	学生活动	设计意图
以故事为切入点，引入内能概念。	（1）讲述烧开水的故事，以及瓦特改良了蒸汽机，从而推动了第一次工业革命。 （2）今天我们就来还原瓦特当时的发现，请同学们描述你们看到的现象。 （3）水蒸气能冲走橡皮塞，说明了什么？ （4）非常好，水蒸气具有能量，这种能量就是我们今天要学的内能。	（2）水开始沸腾，水蒸气不断增多。由于橡皮塞密闭，气泡不能跑出试管，气泡由大变小并消失，说明水蒸气被不断压缩，很快橡皮塞被水蒸气冲出。 （3）说明水蒸气具有对橡皮塞做功的本领，即水蒸气具有能量。	通过模拟蒸汽机实验引入课题，从能量定义的角度引入内能，将抽象的内能具体化、形象化，降低学生的认知难度，有助于学生更好地认识内能。

续　表

情境	教师活动	学生活动	设计意图
在知识迁移中提升认知起点，利用类比的方法建立内能概念，认识一切物体都具有内能。	刚才的实验中，水蒸气具有的是一种与热运动有关的能量，叫作内能。生活中我们燃烧燃料放热，用电器加热物体，都会释放出内能。 内能究竟是什么？物理学上对它有更严谨的定义。 （1）在刚才的实验中运动的活塞具有什么能量？ （2）构成物质的分子也在不停运动，所以你们有什么新的想法？ （3）是的，我们称为分子动能。两个小球压弹簧，你们感受到什么？拉开与弹簧相连的小球，你们能感受到什么？ （4）这个模型之间一旦产生了引力和斥力，整个装置就具有了势能。那么分子间也存在引力和斥力，所以大家还有新的想法吗？ 很好，这就是分子势能。 总结内能的定义：物体内所有分子动能和分子势能的总和。 （5）思考：物体的内能会是零吗？ 总结：一切物体都具有内能。	（1）动能。 （2）具有分子动能。 （3）感受到斥力和引力。 （4）分子也有势能。 （5）由于分子在不停地做无规则运动，分子动能永不为零。	锻炼科学思维：通过类比的科学方法将分子动能和动能类比，将分子势能和势能类比，从而建立内能的概念，有助于学生更好地理解内能的概念。 通过简单的类比实验，认识到分子势能的存在。 通过科学的推理和归纳，认识到不存在不具有内能的物体。
在实验探究中认识影响内能大小的因素：点火爆炸装置和扩散实验。	（1）演示点火爆炸装置实验，当按动电火花发生器的按钮时，会发生什么现象，请仔细观察。 （2）内能的大小可能与什么有关呢？ （3）温度会影响内能吗？又是如何影响的呢？	（1）我们看到盒盖被冲开，与还原蒸汽机的实验中的橡皮塞相比，盒盖被冲得更快、更高、更远。	通过观察两次实验中盒盖飞出的距离不同，粗略认识到内能可能有大小之分，从而自然地提出问题：内能有大小之分，有助于培养学生的科学思维能力，也可以让学生学会从物理学的视角去思考问题。

续 表

情境	教师活动	学生活动	设计意图
在实验探究中认识影响内能大小的因素：点火爆炸装置和扩散实验。	(4) 分组实验一：观察扩散现象，分别在盛有相同质量的冷水和热水的两只玻璃杯中各滴入一滴墨水，看一看哪杯水中的墨水扩散得快？ (5) 墨水扩散得快说明什么？	(4) 我们观察到温度越高，墨水扩散得越快。 (5) 说明分子热运动越剧烈，分子动能越大，内能越大。	通过控制变量的思想对比红墨水在热水和冷水中扩散的速度，发现分子热运动的快慢与温度有关，以及分子动能与温度有关，进一步思考得出内能与温度的关系，很好地培养了学生的实验探究能力以及科学思维能力。
在演示实验和问题链引导下学习改变物体内能的方式——热传递。	(1) 实物投影：三杯质量和温度都不相同的水（$m_1 > m_2 = m_3$；$T_1 = T_3 > T_2$），哪杯水的内能大？为什么？ (2) 为什么质量大，内能也大呢？ (3) 哪杯水的内能最小？ (4) 第二杯水的内能最小，在不改变水的质量的情况下，你们能想办法增加水的内能吗？ (5) 这些方法有什么共同点，为什么它们存在温度差就可以改变冷水的内能？这对另一个物体的内能会有影响吗？现在我们就选其中一个方法，将装有冷水的小烧杯放入装有热水的大烧杯中，看看还会有更多发现吗？ 分组实验二：冷水放进热水里，观察它们温度的变化，将温度探头分别放入两杯水中，待示数稳定后，再将小烧杯放入大烧杯中，在温度传感器显示屏上观察两杯水的温度变化，同时投影温度坐标图像。 (6) 你们观察到了什么？	(1) 第一杯水的温度最高，质量最大，内能最大。 (2) 水的质量越大，分子数量越多，分子动能和分子势能的总和越大。 (3) 第二杯水的内能最小。 (4) 用手捂，太阳晒，酒精灯加热，放在热水里。 (5) 火，太阳，热水，手与水之间都存在温度差。 (6) 冷水的温度升高，热水的温度降低，最终温度相等。	通过比较三杯水的内能大小进一步理解内能的概念以及影响内能大小的因素。

续 表

情境	教师活动	学生活动	设计意图
在演示实验和问题链引导下学习改变物体内能的方式——热传递。	(7) 这些现象说明热水和冷水的内能分别经历了怎样的改变？ (8) 说明内能在热水和冷水之间发生了转移，我们把物体间内能转移的现象叫作热传递；用手捂，太阳晒，酒精灯加热，放在热水里，这些方法都属于热传递，那么要发生热传递应该满足什么条件？ (9) 内能会一直发生转移吗？ (10) 什么时候内能停止转移了？为什么？ (11) 结合以上实例，你们觉得发生热传递时内能总是从哪里转移到哪里？你们有哪些不同意见？ (12) 你们更认同哪名同学的观点？如何证明另一名同学的观点是不对的？观察分组实验二中的一大烧杯热水和一小烧杯冷水，此刻这两杯水的温度相同，大烧杯中的水内能大，把它们放在一起还会发生热传递吗？ 我们把热传递过程中转移的能量叫作热量（符号 Q，单位 J）。在热传递的过程中，高温物体放出热量，低温物体吸收热量，因为热量是热传递的过程中转移的能量，是一个过程量，所以我们不可以说物体具有热量。	(7) 冷水的内能增大，热水的内能减小。 (8) 两个物体之间必须存在温度差。 (9) 不会。 (10) 当温度相同时，内能停止转移。 (11) 学生 1：从高温物体转移给低温物体。 学生 2：从内能大的转移给内能小的。 (12) 热传递时，能量不是从内能大的物体到内能小的物体。	在比较三杯水的内能之后，通过问题链引导学生思考如何在水的质量不变的情况下，增加水的内能，从而认识到这种改变内能的方式叫作热传递。在实验过程中意外发现，冷水的内能增加，而热水的内能减少，最后通过温度传感器发现两杯水的温度相同时就不再发生热传递。通过冷水和热水温度变化图像，学生可以自主发现热传递的条件、方向、结果，把不易观察到的现象直观地显示出来，极大地降低了难度，有助于学生更好地理解热传递。 对于“热量”的理解，可以跟功进行类比，有利于学生更好地理解这一概念，更好地辨析内能和热量的区别。

续 表

情境	教师活动	学生活动	设计意图
拓展延伸。	（1）还原蒸汽机的实验中，我们观察到橡皮塞被冲出去的瞬间，管口出现了白雾，那么白雾形成的原因是什么？此时水蒸气的内能是如何变化的？这是通过热传递的方式改变水蒸气的内能吗？以上问题可以查阅相关资料。 （2）质量相同的0℃的冰和0℃的水，内能一样大吗？理由是什么？		布置课外思考题，不仅让学生更好地理解和深化本节课的知识点，还培养了学生自主学习能力，为后续知识的学习埋下伏笔。

第三节　物质的比热容

【课标及教材分析】

比热容作为物质的一种属性，对学生来说是一种相对抽象的物理概念，本节内容安排在内能和热传递之后，既是基于热传递过程中不同物质所表现出的不同现象，也是想从能量视角来认识比热容。教材通过“同一时刻的海水和沙滩温度不同”的场景引入，再通过实验进行探究，让学生在探究中认识比热容、理解比热容，并能运用比热容的知识解释相关现象或进行应用。2022 年版课程标准要求学生通过实验了解比热容，能运用比热容说明简单的自然现象。

【学情分析】

学生已经了解了一些常见的物质的物理属性，但是比热容对于学生来说是抽象的，比较容易与导热性混淆。但是对于不同物质吸热升温现象，学生在日常生活中是比较容易感知的。因此建议从学生日常生活中的常见现象入手，通过不同物质的吸、放热现象让学生认识比热容，进而进行定量计算的练习，深化对比热容概念的理解。

【教学目标】

（1）理解并掌握比热容是物质的物理属性之一；会热传递的吸、放热计算；能用比热容知识解释相关自然现象与应用。

（2）能运用控制变量法设计实验，能理解用加热时间反映被加热物质的吸收热量的多少，能通过收集数据进行科学分析与论证，能就“比热容小升温快”等不当说法进行质疑与解释。

（3）能就“不同物质同一时间温度不同”现象提出问题，通过实验收集证据，并基于证据总结、解释交流实验中遇到的问题与解决方法。

（4）学会交流与讨论，培养学生的团队精神；通过对比热容的应用了解初步认识科学技术对人类生活的影响，逐步树立科学的世界观。

【教学重难点】

教学重点：比热容概念的理解、热量的计算。

教学难点：用比热容解释简单的自然现象、热源及加热时间的控制。

【教学设计】

本节教学设计具体内容如表 12－6 所示。

表 12－6　　第三节教学设计

情境	教师活动	学生活动	设计意图
感受同一时刻金属栏杆与水泥墙面的温度。	提问：中午，我们走廊的金属栏杆和水泥墙面温度一样吗？为什么同一时刻，栏杆和墙面的温度不同？	感受同一时刻金属栏杆与水泥墙面的温度。	基于学生的生活体验引出问题，激发学生探究动机。
活动：探究不同物质吸热升温的现象。	活动：探究不同物质吸热升温的现象 （1）提出问题：物体吸热后升温的多少与哪些因素有关？ （2）猜想与假设：既然物质吸收热量升温多少可能与吸收热量多少、物质质量、初温、物质种类有关，那么该实验用什么探究方法？ （3）设计实验。 ①讨论：探究不同物质吸热升温的性能时，需要控制哪些量、需要改变哪些量、需要测量哪些量？ ②由于热量难以测量，怎样比较不同物质吸收的热量？ ③如何比较不同物质的吸热能力？ （4）进行实验。 学生根据设计好的实验方案，选择合适的器材进行实验。	学生猜想并纠正得出影响物体吸（放）热升（降）温快慢的因素有物质的种类、物体的质量、物体的初温等。 经讨论交流得出：研究多种因素影响时一般使用控制变量法。 阅读教材 43 页的“信息快递”，了解如果热源和加热方式相同，就可以认为单位时间内物体吸收的热量相同。所以可以用加热时间的多少反映物体吸收热量的多少。	为方便受热均匀，采用人教版的实验设计，既能比较好地控制热源，也能减少物质导热性对实验的影响。

续 表

<table>
<tr><th>情境</th><th>教师活动</th><th>学生活动</th><th>设计意图</th></tr>
<tr><td>活动：探究不同物质吸热升温的现象。</td><td>①观察温度计的示数，记下加热前水和食用油的温度。
②打开电加热器，对烧杯中的水和食用油加热，并用玻璃棒搅拌，每隔 1 分钟读取一次数据。
③加热 4 ~5 分钟，两个加热器同时停止加热，读出两支温度计的示数，记下加热后水和食用油的温度。
<table><tr><td>时间（min）</td><td>1</td><td>2</td><td>3</td><td>4</td></tr><tr><td>油</td><td></td><td></td><td></td><td></td></tr><tr><td>水</td><td></td><td></td><td></td><td></td></tr></table>
④绘出图像并分析数据。
学生进行分组实验，教师巡回指导。
（5）实验结论：质量相同的不同物质，升高相同的温度，吸收的热量不相同。通常，我们把单位质量的某种物质温度升高（或降低）1℃所吸收（或放出）的热量叫作这种物质的比热容。研究表明，同种物质比热容相同，而不同物质的比热容一般不同。所以，比热容是物质的物理属性。</td><td>要比较不同物质的吸热能力，需要取质量相等的不同物质，使其升高相等的温度，比较各自加热时间；或取质量相等的不同物质，使其加热相同的时间，比较各自升高的温度。

学生进行实验并收集证据。

处理并分析数据，学生讨论得出：质量相同的水和食用油吸收相同的热量时升高的温度不同；若要使水和食用油升高相同的温度，必须继续给水加热一段时间，说明质量相同的水和食用油升高相同的温度吸收的热量是不同的。</td><td>通过科学探究提升学生的科学思维能力。</td></tr>
<tr><td>比热容概念。</td><td>比热容的单位是焦/（千克·摄氏度），符号为 J/（kg·℃），读作：焦每千克摄氏度。
水的比热容最大，为4.2×10^3J/（kg·℃），其物理意义：1 千克的水温度升高（或降低）1℃所吸收（或放出）的热量是4.2×10^3J。
拓展延伸：
（1）比热容是物质本身的一种特性，是由物质本身决定的，与物体的质量大小、温度高低、升高或降低温度的多少、吸收或放出热量的多少等因素无关，可用来鉴别物质。
（2）当物质的状态发生改变时，比热容改变。</td><td>理解比热容单位的物理意义。</td><td>引出概念。</td></tr>
</table>

续 表

情境	教师活动	学生活动	设计意图
比热容概念。	(3) 比较两种物质吸收热量多少时考虑物质的比热容、质量和温度升高的度数这三个因素，吸收多少热量与物体的温度无关，与物体升高的温度有关。 (4) 比热容是表示物质吸、放热本领大小的物理量，在相同条件下不同的物质吸收（或放出）相同的热量，物体的温度变化不同，比热容小的温度变化大；相同质量的不同物质，升高（或降低）相同的温度，吸收（或放出）的热量不同，比热容大的吸收（或放出）的热量多，正是由于这一特性，自然界中有许多现象都是由比热容的大小引起的。 由于学生对于“吸热本领”理解的前概念往往是升温快的吸热能力强，所以在这里建议用粗细不同的量筒类比，引导学生正确认识比热容与“吸热能力”，即水的体积类比热量，液面高度类比温度，量筒的横截面积类比比热容。学生知道横截面积大的物体，达到相同的液面高度，可以容纳更多的液体，进而不难理解比热容大的物体上升相同温度就可以吸收更多的热量，即吸热能力更强。	通过阅读教材 45 页的一些物质的比热容（表格），理解比热容是物质的一种物理属性。	通过量筒类比，将比热容概念可视化，深化学生对比热容概念的认识。
比热容的应用。	(1) 生产生活中的应用。 现在我们很多同学家里都有汽车，打开汽车的前盖，会看到一个大水箱，那么水箱起什么作用？里面装的是什么液体？为什么要装这种液体？北方的冬天，家家户户都会安装暖气片，你们猜猜里面装的什么液体，为什么要装这种液体？ 归纳总结：以上应用是利用水的比热容较大这一特性。 ①由于水的比热容较大，一定质量的水升高（或降低）一定温度吸收（或放出）的热量很多，有利于做冷却剂或用来取暖。	交流讨论：水的比热容大，等质量的水和其他物质相比，吸收同样的热量，水的温度升得慢，吸热或致冷效果好。降低同样的温度，水放出的热量比较多，取暖效果较好。	通过应用实例，学生真正理解了比热容，达到知行合一。

续　表

情境	教师活动	学生活动	设计意图
比热容的应用。	②由于水的比热容较大，一定质量的水吸收（或放出）很多热而自身的温度却变化不多，有利于调节气温。 (2) 自然现象的解释。 为什么沿海地区昼夜温差小而沙漠地区昼夜温差大？在海边，白天与夜晚的风向是否相同？请学生阅读教材“生活·物理·社会”板块，利用所学知识交流讨论后再回答问题。	归纳总结：因为陆地基本上是由沙石构成的，沙石的比热容小于水的比热容，所以温差较小。而在海边，白天温度升得快，热空气上升，海洋升温慢，海洋上方的冷空气流过来，所以白天风从海洋吹向陆地。晚上，陆地降温快，海洋降温慢，风又会从陆地吹向海洋。	通过应用实例，学生真正理解了比热容，达到知行合一。
热量的计算。	引导学生思考水的比热容的意义是什么？并回答问题： 问题1：1kg水温度升高1℃吸收的热量是多少？ 问题2：2kg水温度升高1℃吸收的热量是多少？ 问题3：2kg水温度升高50℃吸收的热量是多少？ 问题4：物质吸收热量的多少与其质量、温度变化、比热容有什么关系？ 交流讨论：学生结合问题并通过阅读教材中的有关热量的计算内容后得出： 物体吸收的热量与质量成正比，与升高的温度成正比，与物质的比热容成正比，计算公式：$Q_{吸}=cm(t-t_0)$。物体放出的热量计算公式：$Q_{放}=cm(t_0-t)$。其中Q是吸收或放出的热量；m是物体质量；t_0是物体初温度；t是物体末温度。 问题5：如果我们用Q表示物体吸收或放出的热量，用c表示物质的比热容，用Δt表示温度变化，你们能总结出物体在温度变化时所吸收或放出热量的计算公式吗？ 归纳总结：$Q=cm\Delta t$。	回答问题并推导出$Q=cm\Delta t$的计算公式。	正确理解热量计算公式中各物理量的意义，能正确进行热量的计算。

续　表

情境	教师活动	学生活动	设计意图
热量的计算。	案例剖析： 例题 1：要把 2kg 的水从 20℃ 加热到 100℃，至少需供给多少热量？ 已知：$c=4.2\times10^3$ J/（kg·℃），$m=2$kg，$t_1=20$℃，$t_2=100$℃。求：$Q_{吸}$。 解：$Q_{吸}=cm(t_2-t_1)$ $=4.2\times10^3$J/（kg·℃）×2kg×（100℃－20℃） $=6.72\times10^5$J 答：至少需供给 6.72×10^5J 的热量。 例题 2：小明家的电热水器内装有 5L 的水，该热水器中水的温度从 20℃ 升高到 40℃，求这些水吸收的热量（$c_{水}=4.2\times10^3$J/（kg·℃）。 解：由密度的公式 $\rho=\frac{m}{V}$ 得出水的质量： $m=\rho V=1.0\times10^3$ kg/m^3 $\times5\times10^{-3}$ m^3 $=5$kg； 水吸收的热量：$Q_{吸}=cm(t_2-t_1)=4.2\times10^3$ J/（kg·℃）×5kg×（40℃－20℃）$=4.2\times10^5$J。	进行计算，深化理解。	正确理解热量计算公式中各物理量的意义，能正确进行热量的计算。

第四节　机械能与内能的相互转化（1）

【课标及教材分析】

课标要求如下：从能量转化的角度认识燃料的热值；了解热机的工作原理；知道内能的利用在人类社会发展史中的重要意义；了解热机对社会发展所起的作用和对环境的影响。

本节内容为苏科版教材第十二章第四节，知识点较多，更偏向于实际的生产生活。教材从做功能改变物体的内能入手，便于与上一节热传递改变物体内能的知识相联系，有助于学生了解这两种改变物体内能方式的异同。接着介绍了内能转化为机械能，为下面的热机教学做铺垫。

【学情分析】

学生具备了内能和机械能的相关知识，以及能量转化的物理观念，这就为本节热机教学做了铺垫。

【教学目标】

(1) 认识做功是改变物体内能的一种方式，知道热机的工作原理，了解四冲程汽油机的基本结构及其工作过程。

(2) 会分析汽油机的工作过程以及能量转化情况。

(3) 通过实验收集证据，并基于证据进行总结与解释，相互交流实验中遇到的问题与解决方法。

(4) 学会交流与讨论，培养学生的团队精神；了解内能的利用在人类社会发展史上的重要意义，逐步树立科学的世界观。

【教学重难点】

本节重点介绍四冲程汽油机的构造和工作过程，而对柴油机和蒸汽机则在教材 58 页“信息库”中予以介绍，这样既能突出重点又能拓宽学生的知识面。此外，“热机的发展历程”一文，展示了热机的发展对人类社会文明的进程所起的积极作用，使学生了解了内能的利用在人类发展史上的重要意义。

【教学设计】

本节第 1 课时教学设计具体内容如表 12－7 所示。

表 12－7　第四节第 1 课时教学设计

情境	教师活动	学生活动	设计意图
斯特林热机模型引入新课。	教师演示斯特林热机模型，点燃小酒精灯，斯特林热机高速转动。 提问：斯特林热机转动，它的机械能从哪里来的？	酒精燃烧产生了内能，是内能转化而来的。	兴趣是最好的老师，像这样有趣的引入实验不仅创造了良好的学习情境，激发了学生的学习兴趣和探究欲望，更重要的是它引发了学生的思考，让学生意识到内能是可以转化为机械能的，从而顺利地引入教学课题。

续　表

情境	教师活动	学生活动	设计意图
演示分组实验，体验做功使物体内能增加。	演示实验一：将铁丝放在火上烤一烤。提问： (1) 铁丝的内能增加了，这是通过什么方式使铁丝内能增加的？ (2) 热传递的本质是什么？ (3) 用手弯折铁丝，对铁丝做功，铁丝弯折处有什么变化？这说明了什么问题？ (4) 铁丝的内能从哪里来？ 演示实验二：用搅拌机对油做功，使油的温度升高。 具体操作：杯子里装了少量的食用油，用电子温度计测油的初温为20℃，现将油装入搅拌机搅拌，再测一测它的温度。搅动食用油两分钟后，用电子温度计测得油的温度为30℃。提问： (5) 对食用油做功后，食用油的温度升高了，内能增加了，食用油的内能从哪里来？ 演示实验三：压缩引火仪，对空气做功，使空气的内能增加。提问： (6) 在压缩引火仪的底部放入硝化棉，快速向下压活塞，对空气做功，我们看到了什么现象？ (7) 硝化棉燃烧说明了什么问题？ (8) 空气的内能增加了，内能从哪里来？ 由以上三个实验可以发现，对物体做功可以使物体的内能发生什么样的变化？	(1) 热传递。 (2) 热传递：内能由高温物体向低温物体转移。 (3) 分组实验一：学生用手反复弯折铁丝，铁丝弯折处温度升高，铁丝的内能增加。 (4) 机械能转化而来。 (5) 机械能转化而来。 (6) 硝化棉燃烧。 (7) 硝化棉周围的空气温度升高了，内能增加了。 (8) 机械能转化而来。 对物体做功可以使物体的内能增加。	让学生弯折铁丝，使铁丝的温度升高，可以增加学生的直观体验。但教材上只有弯折铁丝和压缩引火仪这两个实验，分别是对固体和气体做功，此处增加一个对油做功的实验，可以让学生知道，对固体、液体、气体三种状态的物体做功，都可以使物体的温度升高，内能增加。这个结论更具有普遍性，增加可信度。

续 表

情境	教师活动	学生活动	设计意图
利用创新设计实验，培养学生创新思维和运用知识解决实际问题的能力。	创新设计实验：多种方法点燃火柴。 (1) 老师手里有几根火柴，你们能用不同的方法点燃它们吗？ (2) 请你们思考：以上同学的几种方法中，哪些方法利用了做功点燃了火柴，哪些利用了热传递的方式。	(1) 学生1：用火点燃。 学生2：用放大镜会聚太阳光点燃。 学生3：直接擦燃。 学生4：用激光点燃。 学生5：用压缩引火仪压燃…… (2) 学生3的方法是做功的方式，其他都是热传递。	用学生设计的方案点燃火柴，不仅活跃了课堂气氛，更点燃了学生创新思维的火花，提高了学生运用知识分析问题、解决实际问题的能力。
做好教材演示实验，建构内燃机模型。	(1) 这是教材50页图12-32所示的实验，在透明塑料盒底部钻一个孔，把电火花发生器的放电管紧紧塞进孔中，打开塑料盒盖，向盒中滴几滴酒精，再将盒盖盖紧，盒盖朝下，然后按动电火花发生器的按钮，你们看到了什么？ (2) 能量是如何转化的？人们根据这一原理，制造出将内能转化为机械能的机器——热机，如汽油机和柴油机。观察电火花发生器的结构和汽油机的结构，我们一起来寻找它们在结构上的相似之处。 (3) 电火花发生器相当于汽油机的什么部件？ (4) 透明塑料盒相当于汽油机的什么部件？ (5) 盒盖相当于汽油机的什么部件？ (6) 酒精燃气相当于汽油机里的什么？ (7) 汽油机比点火爆炸实验装置多出的部件是什么？ 结合汽油机的动态课件依次讲解汽油机的四个冲程。	(1) 酒精燃气爆炸，盒盖向下飞出。 (2) 酒精燃气燃烧产生的内能转化为盒盖的机械能。 (3) 电火花发生器相当于汽油机。 (4) 透明塑料盒相当于汽油机的气缸。 (5) 盒盖相当于汽油机的活塞。 (6) 酒精燃气相当于汽油机的汽油和空气的混合物。 (7) 汽油机多了进气门、排气门、连杆和曲轴。	利用点火爆炸装置是为了说明物体对外做功，内能减少，内能转化为机械能，但是我们将这个实验中的结构图旋转90°，改为方向向下，就可以和教材上的汽油机结构图作对比，让学生从点火爆炸装置结构去理解汽油机的结构，从而降低学生理解汽油机工作原理的难度，有效突破教学重点。

续　表

情境	教师活动	学生活动	设计意图
拓展延伸。	（1）了解热机的发展史：蒸汽机、柴油机、喷气式发动机。 （2）了解各种不同热机的效率及所用的燃料，了解这些燃料的特点和区别。	阅读材料。	拓展题的布置，可以培养学生的自学能力，开阔学生的视野，培养学生的科学态度与责任意识，旨在起到承上启下的作用。

第四节　机械能与内能的相互转化（2）

【教学目标】

（1）知道不同燃料的热值不同，会查热值表，会进行燃料燃烧放热的简单计算。

（2）能运用控制变量法设计实验，能理解用升高的温度等效替代燃料放出的热量，能通过收集数据进行科学分析与论证。

（3）能提出问题，通过实验收集证据，并基于证据进行总结与解释，相互交流实验中遇到的问题与解决方法。

（4）学会交流与讨论，培养学生的团队精神；认识燃料排放物对环境的影响，培养学生的环保意识，初步认识能源与人类生存和社会发展的关系。

【教学重难点】

通过探究，知道不同燃料的热值不同。会进行燃料燃烧放热的简单计算，能从能量转化的角度认识燃料的热值。

本节通过比较相同质量的酒精、碎纸片燃烧放热的不同，建立热值的概念，并指导学生从能量转化的角度认识燃料的热值。教材提供“化石燃料的燃烧与环境保护”一文，目的是让学生认识到燃烧排放物对环境的影响，从而培养他们的环保意识。

【教学设计】

本节第2课时教学设计具体内容如表12－8所示。

表 12－8　　第四节第 2 课时教学设计

情境	教师活动	学生活动	设计意图
展示学生所了解不同类型的热机所用的燃料。	同学们，上节课我们留了两个拓展题，其中第二个问题：了解各种不同热机的效率及所用的燃料，了解这些燃料的特点和区别。接下来请大家展示自己的调查结果吧。 (1) 我们家庭中会使用什么样的燃料呢? (2) 对调查结果进行分析，你们有什么发现?	(1) 汽油机利用汽油工作，柴油机利用柴油工作，涡轮喷气式发动机利用航空燃油工作，火箭发动机既有固态燃料也有液态燃料，主要有液氢等燃料。学生展示各种燃料的特点。 (2) 有秸秆、木柴、液化石油气、天然气等，相同质量的不同燃料放出的热量可能不同。	从实际生活引入燃料热值的教学，激发了学生的学习兴趣和探究欲望，更重要的是它引发了学生的思考，从而顺利地引入了教学课题。
分组实验："比较质量相等的不同燃料燃烧时放出的热量"。	(1) 要求学生讨论如何验证不同燃料放热不同，怎么开展探究实验。 (2) 如何比较不同燃料燃烧放出的热量? (3) 非常好，那么我们在选择燃料时需要注意什么? (4) 接下来请大家思考：整个实验中我们需要的实验器材中，特别注意的是需要哪些测量工具? (5) 分析比较实验时对燃烧的程度有没有要求? 教师指导，巡视。 (6) 分析实验数据，你们可以得出什么结论? 介绍热值的概念（比值定义法)、物理意义、计算公式，单位。 (7) 查表，回答下列问题：表中热值最大的是哪种燃料? 热值最小的是哪种燃料? 火箭为什么用液氢做燃料? 不同燃料的热值一定不同吗? (8) 一些简单的热值公式的计算。	(1) 思考实验器材、变量的控制和实验方法。 (2) 采用转换法，燃料燃烧后对相同质量的水加热，通过比较水升高的温度来比较燃料燃烧放出的热量。 (3) 应该要取相同质量的燃料，这样的比较才公平。 (4) 温度计、天平、铁架台、石棉网、燃烧皿等。 (5) 应该使所有的燃料燃尽。 学生进行分组实验。 (6) 完善结论：质量相等的不同燃料，完全燃烧所放出的热量一般不同。 (7) 查燃料的热值表，热值最大的是氢气，最小的是干木柴。火箭上用液氢是因为液氢的热值大。不同燃料的热值可能相同。 (8) 学会一些简单的热值计算。	从生活中初步发现物理规律，从科学探究中逐步验证并完善结论。

续　表

情境	教师活动	学生活动	设计意图
自主学习：阅读“化石燃料的燃烧与环境保护”一文。		认识燃烧排放物对环境的影响，初步认识能源与人类生存和社会发展的关系。	使学生意识到环境保护的严峻性和紧迫性，树立环保意识。
本课小结。	梳理本课时知识： （1）做功可以改变物体内能。 （2）机械能与内能可以相互转化。 （3）热机（四冲程汽油机）。 （4）热值。	巩固与质疑。	

（四）重难点突破文献综述

1. 影响动能、重力势能大小因素的实验设计与创新

（1）实验中可能遇到的问题

①为显示小车对木块做功，要求小车和木块之间发生完全非弹性碰撞，而在改变小车质量之后，又有可能发生弹性碰撞，导致小车与木块接触后反弹。

②小车从斜面上滑下，然后撞击木块，木块被撞歪而没有移动一段距离（重力势能实验中重锤撞击小桌子也有类似问题）。

③由两块木板组成的斜面和水平面，当小车运动到衔接处时，会出现明显的碰撞与颠簸，影响实验效果。

（2）实验改进探索方案①

①动能实验

选手1：设计搭建斜面的活动，利用木块与木板搭建一个斜面，与水平放置的木板构建起一个完整的实验装置。为了解决衔接处不平整的问题，在斜置的木板下方垫适量的纸。组装好以后再用较大的封箱胶带粘贴在衔接处，使其更加光滑。

选手2：让学生使用教材所示的器材进行实验。发现小车撞击木块，有可能将木块撞歪。接下来利用分段的木质凹槽组装斜面，研究对象选择小玻璃球以及小钢球，撞击放置于凹槽中的小立方体。教师在立方体撞击面粘贴了厚双面胶作为缓冲面（如图12－4所示）。

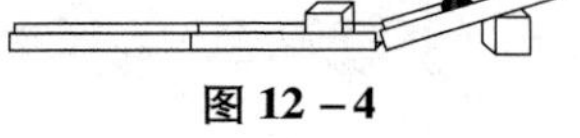

图12－4

① 彭夷，许帮正：实验改进的项目化取向——以“动能势能机械能”的实验教学听评课为例．中学物理，2021年第22期。

选手3：在教材所示的器材上安装一条塑料卡槽，可以很好地解决衔接处阻力较大的问题。选择小钢球作为研究对象，用其撞击粉笔，观察粉笔被撞击的距离，从而根据对粉笔做功的多少反映小钢球所具有的动能。该器材的改进充分利用了生活中的器材，有效解决了之前选手所遇到的困难，成为器材改进中的亮点。

选手4：采取选手3所使用的塑料卡槽，不同点在于选手4使用装有沙子的小试管作为被撞的物体。试管一端安装的橡皮塞起到与泡沫塑料相同的缓冲效果（如图12－5所示）。据介绍，通过调节沙子的多少，能很好地解决小钢球反弹的问题。通过更细致的观察，发现橡皮塞上打了孔并塞有棉花。

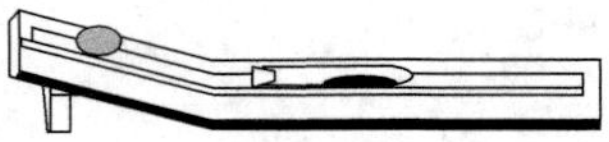

图12－5

②重力势能实验

选手1在引入模拟打桩的活动时，设计一个模拟打桩机的实验（如图12－6所示）。该实验装置的缺陷在于重锤下落时有可能将小桌子砸歪，从而对实验结果产生影响。

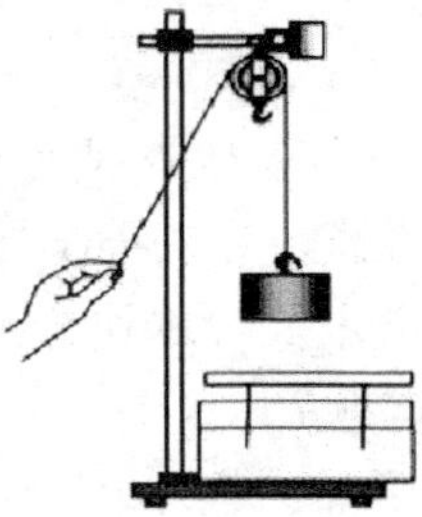

图12－6

选手2的设计有效地解决了上述问题。他将铁架台置于沙盒中，同时在纸上标注刻度并包裹在铁杆上。在小桌和木块中间打孔（如图12－7所示），使其可以套在铁杆上，学生使用这套器材在很大程度上保证了桩不会被打歪，同时便于记录数据，以便进行分析论证。

图12－7

设想如果将二者结合，设计出如图12－8所示的实验装置。实验装置制作完毕后，给出探究任务（要想将“桩”打得深一些，可以采用哪些方法），从而获得“物体的重力势能与物体的质量和高度有关，质量越大、高度越高，它具有的重力势能就越大”的结论。

图 12－8

2. 内能的概念建构与热传递的可视化演示①

（1）利用创新实验，引导探究方向

利用自制的斯特林发动机，让酒精燃烧并释放能量，从而使发动机“飞轮”运转。引导学生直观地观察发动机工作时的“动力源泉”，进而分析推测影响“飞轮”转速大小的因素，为内能概念的建构提供事实依据。

（2）利用自制教具，浅显深奥道理

如图 12－9 所示，将两个空壳金属球比作两个分子，金属球之间的弹簧伸长时对两球产生拉力，把拉力比作分子间的吸引力，弹簧压缩时对两球产生排斥力，把其比作分子间的排斥力。此时，巧妙地利用类比法帮助学生建立概念，降低了学生在理解分子势能概念的思维难度，这也充分展示了创新实验在知识建构中的特殊功能。

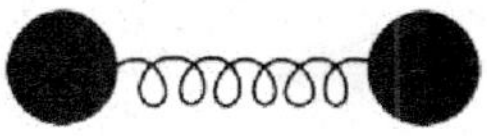

图 12－9

（3）“热传递发生条件”可视化实验创新设计

为了帮助学生更好地理解热传递发生的条件是因为物体之间存在温度差异，设计了“加热铜棒”实验（如图 12－10 所示）。实验前，先将铜棒两端分别固定在两个铁架台上，并在铜棒的不同位置用蜡烛油固定四支棉签，把与电脑连接的两支温度传感器置于铜棒不同位置。实验时，用酒精灯加热铜棒距棉签较远的一端，指导学生通过观察温度传感器的示数来比较两个不同位置的温度传感器的温度高低，进而通过观察棉签掉落的先后次序判断热传递的方向。该实验巧妙地将较为抽象的物理概念通过创新实验实现可视化，符合学生的知识经验和认知特点，能够帮助学生深层次地理解热传递发生条件及实质，实现了教学目标的顺利达成。

① 方友浩，胡世龙，汤玉敏：让创新实验成为深度学习的“助推器”——以观摩一节省评优课“内能热传递”教学为例．物理教师，2021 年第 1 期。

图 12－10

（4）扩散实验的改进①

分组实验一：观察扩散快慢与温度的关系。

教师：请大家按照教材中的“活动 12.4”的要求完成实验。

学生用教材中的实验器材进行实验，但是墨水滴入水中后会产生误解，认为墨水因为重力作用而散开，所以教师要同时从另一个角度来演示墨水的扩散实验。用两根横着的试管，上面的试管装有冷水，下面的试管装有热水。实验演示：在两根装有冷、热水的试管中同时滴入墨水。

教师：你们观察到的现象和老师的一样吗？此现象说明什么？

学生：温度越高，墨水扩散得越快。

教师：墨水扩散得快，说明什么？

学生：分子运动越剧烈，分子动能越大，内能也就越大。

教师：所以温度越高，内能越大。

设计意图：创造性地利用横着的试管演示墨水的扩散实验，可显示横向的扩散，一定程度上减弱了重力对实验的影响，避免了部分学生会认为墨水扩散主要是因为墨水受到重力。

（5）“热传递终止条件”可视化实验创新设计

对于热传递终止条件的教学，大多数教师采用直接告知的方式，这不符合学生对科学知识建构的认知规律。为了解决这一难点，我们对“观察水的沸腾现象”实验装置进行了改进，即利用温度传感器替代常规温度计，用电热水器替代酒精灯作为热源，加热一段时间后，学生便会观察到玻璃水壶中的水沸腾了，但试管中的水始终没有沸腾。此时试管内外的水温相同且都达到了水的沸点。实验结束后，引导学生结合水沸腾的条件加以分析，这样很容易帮助学生破解试管内的水不会沸腾的疑惑，实现了对物理知识的深度进阶。

3. 比热容概念教学

比热容的概念教学一直是教学难点，一方面概念较为抽象，另一方面学生对吸热能力的理解有误区，容易将比热容与导热性等概念混为一谈。在情境引入环节，苏科版和人教版教材均使用了“海水沙滩”的情境，但是大部分学生对这个情境是陌生的，

① 刘沁心：基于实验创新的“内能　热传递”教学设计．物理教师，2019 年第 8 期。

所以在课例示范中，直接从学生容易接触到的栏杆和水泥墙面引入情境。而在实验环节，由于沙子的导热性差，比热容小，必须充分搅拌才可以达到实验要求，而酒精灯的火焰大小也难以控制，所以实验操作难度较大。从实验效果的角度来看，在课例示范中引用了人教版教材的利用电热器加热水和油实验，学生容易理解，实验效果也相对明显。

在比热容的概念教学中，有很多同人做了诸多尝试，下面从实验创新和概念教学设计的角度分别介绍两篇优秀论文，供读者参考。

优秀论文 1

初中物理“比热容”教学中的概念易错点分析及实验改进（节选）[①]

（1）问题的提出

在人教版九年级物理第十三章第 3 节“比热容”的学习中，教材主要是通过“比较不同物质吸热的情况”的实验来引导学生分析总结出不同物质具有不同的吸热能力，从而引出比热容的概念。教学中通过电加热器分别对相同质量的水和食用油进行加热，当升高相同温度时比较吸热的多少，从而得出不同物质吸热能力不同的结论。教师在新课授课时一般还会进行拓展，介绍另一种比较的方法，如控制水和食用油的质量相同，加热相同的时间来比较两种物质升高的温度，从而得出结论。在教学中，关于这两种方法学生都容易理解和接受，但面对物质吸热多少和物质吸热能力时，却反复出错。很多学生对物质吸收热量的判断存在问题，他们往往是根据加热过程中物质温度变化的高低来比较吸收热量的多少。而且对吸热能力的理解也有偏差，他们认为两种物质吸热快慢不一定相同，也就无法通过吸收热量的多少来比较吸热能力。因此，吸热多少和吸热能力这两个物理概念就成为本节内容中的易错点。

（2）产生问题的原因分析

对于易错点，要先分析产生错误认识的原因，找到学生出现理解偏差的本质原因，才能引导学生分析物理概念的本质，形成正确的科学观念。在“吸热多少”这个易错点中，学生判断吸收热量的多少都与温度联系在一起，其中有两个原因：其一，学生现有的感性认识。好比一瓶水加热到 50℃ 肯定比加热到 40℃ 吸收的热量多，根据生活中的体验，物体温度升高得越多意味着吸收的热量就越多。其二，学生对物体内能、温度、热量等相关知识的学习与理解。对于同一物体而言，温度越高的物体内能就越大，热传递作为改变内能的方式之一，在热传递过程中内能的变化是通过热量来转移的，所以温度升高的数量就是吸收热量多少的宏观表现。然而，在热传递的过程中，对于不同物质而言，就不能用温度变化的多少来衡量热量的多少了。

为了让学生能对不同物质吸收热量的多少进行判断，人教版教材把物质吸收热量的多少转换成了物质加热时间的多少。在人教版教材实验中，为了让学生接受物质吸收热量和时间有关，专门交代了“电加热器每秒放出的热量是一定的，当它浸没在液体中时，可认为液体每秒吸收的热量是一定的”。在比较不同物质吸

① 曹可攀，黄致新：初中物理“比热容”教学中的概念易错点分析及实验改进．物理教学探讨，2022 年第5 期。

热情况的演示实验当中，采用相同规格的电加热器进行加热，根据焦耳定律（人教版九年级物理第十八章第4节）我们可以知道电加热器每秒产生的热量是相同的。再根据热平衡原理（$Q_{吸}=Q_{放}$），则可以推理出物体每秒吸收的热量也是相同的。换言之，液体吸收热量的快慢是相同的。这样的安排看似解决了学生对吸热多少的判断问题，但引出了新的物理问题——吸热快慢，而教材对新的物理问题没有去探究和解释，反而使一些有想法的学生产生了疑惑。

在“吸热能力”这个易错点中，主要是因为学生没有经历科学思维的过程，仅凭借自己的感性认识把物质吸热能力理解成物质吸热快慢，错误地认为物体温度上升快，物质吸收热量就快，物质吸热能力就强。同时，教材中也没有对吸热快慢进行任何叙述和解释，教师在授课时也没有对吸热快慢进行讲解，导致这种错误的认知一直影响着学生。

通过对学生两个易错点的分析，不难得出根本原因就是学生对于吸热快慢的理解出现了问题。物体吸热快慢不属于初中物理研究的范畴，实际教学中很多教师和学生都没有接触过吸热快慢这个概念。从科学本质的角度来看，要真正弄懂和理解为什么不同物质吸收热量的多少与加热的时间有关，又势必会引出物质吸热快慢的问题。但是，学生没有经历实验探究、分析归纳、科学推理等一系列的科学思维过程，对于教材中直接给出的液体吸热快慢相同这一结论，很难去想象和理解，而且对物质吸热快慢和吸热能力的概念造成混淆，就形成了知识的易错点。

（3）解决问题的策略和方法

为了解决在实际教学中出现的这些问题，笔者借鉴相关实验设计，对教材中的实验进行了改进，将吸收热量的多少转换成热水降低的温度，实验装置设计如图12－11所示。在一个密闭容器（保温杯）内装入适量的热水，控制好热水的初温，把相同质量、相同温度的水和食用油分两次用试管倒入密闭容器（保温杯）内进行加热。两次实验都要控制热水的质量和初温相同，当热水的温度每降低3℃时，记录水和食用油的温度变化。

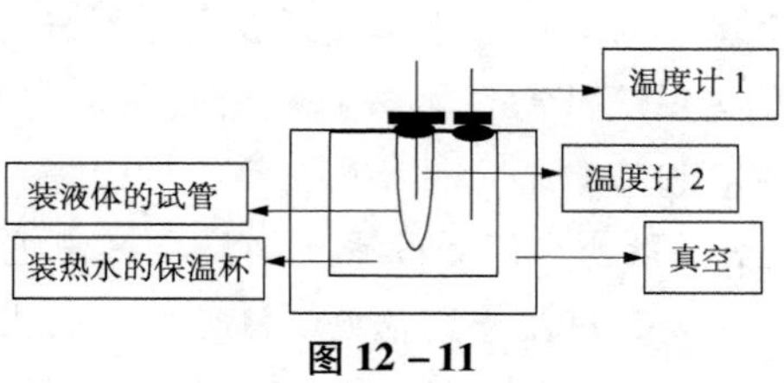

图12－11

实际操作：

①取两支相同的试管，在试管口各塞上一个橡皮塞，在橡皮塞上打孔，将温度计通过橡皮塞上的小孔插入试管中，在两支试管内分别装入质量相等的水和食用油。

②在一块木板上钻2个孔，大孔插入试管、小孔插入温度计即可。

③将装有水的试管插入大孔中固定好，试管口塞上橡皮塞，并使温度计的玻璃泡与液体充分接触，小孔中插入温度计。然后，在密闭容器（保温杯）中倒入适量

热水，将插好试管和温度计的木板盖在保温杯杯口，记录此时两支温度计的示数。

④可以观察记录试管内的水升高一定温度时，试管外热水降低的温度。也可以控制试管外热水降低的温度，记录试管内的水升高的温度。

⑤取出装有水的试管，并将保温杯中的热水倒出，重复以上③④操作。将装有食用油的试管插入大孔中固定好，试管口塞上橡皮塞，在保温杯中倒入初温和质量都一样的热水，将插好试管和温度计的木板盖在保温杯杯口。观察记录试管内的食用油升高一定的温度时，试管外热水降低的温度。也可以控制试管外热水降低的温度，记录试管内的食用油升高的温度。

注意事项：

①实验时试管中液体的质量要适量，以保温杯中的热水液面超过或刚好等于试管中两种液体的液面为好。

②实验中使用的热水温度不要太高（约 60℃），同时试管口的橡皮塞应塞紧，减少热散失。特别是装水的试管，要防止出现水加热汽化，水蒸气对外做功将塞子弹出去的情况。

改进后的实验设计先解决了吸热多少的问题，再通过测量吸热的时间顺理成章地解决了吸热快慢的问题。而人教版教材直接告知吸热快慢是相同的，然后通过加热时间判断吸热多少，对吸热快慢这个概念有意回避。吸热快慢的影响因素很复杂，比如在发生热传递时，高温物体与低温物体之间的温度差会影响到低温物体吸热的快慢。水和食用油在吸热的过程中，水的温度上升慢，食用油的温度上升快，那么水与电加热器之间的温度差一直在变化，水吸热的快慢也在不断变化，同理可知食用油吸热的快慢也在不断变化。按照人教版教材中的解释，水和食用油吸热的快慢是相同的，那么水和食用油在加热的过程中吸热快慢的变化也应该都是相同的。当然，很多物理实验可以进行理想化的处理，在实验过程中可以忽略一些影响不大的因素，比如加热过程中水和食用油散热的问题。关于人教版教材中的本节实验，也不排除是编者在设计实验时考虑到了吸热快慢的问题，但因为在电加热器加热的过程中，温度可以高达 1000℃ 左右，所以电加热器与水的温差（Δt_1）和电加热器与食用油的温差（Δt_2）之间的差距比较小，可以忽略不计，从而近似地认为加热过程中水和食用油的吸热快慢是相同的。但是，对于物理概念的建立，只有亲身体验之后，学生才会有更深刻的感受，才会提出新猜想、新假说，提出有意义、有价值的问题。这样的精心设计和引导学生对所观察到的、了解到的问题进行思考，可以提升学生的思维水平，培养其正确的科学研究态度，引发其强烈的求知欲，同时促使学生不断提出新问题，让其学会用发现问题的眼光去看待事物。

优秀论文 2

比热容概念教学难点的突破策略（节选）[①]

笔者在处理这节课时，总体思路是先用教材中的事例来引入“物质的吸热能

---

① 胡琦珩：比热容概念教学难点的突破策略．中学物理教学参考，2022 年第 2 期。

力”这一概念，再用“酒量”一词帮助学生理解“物质的吸热能力”。具体操作过程和部分课堂实录如下：

（1）新课引入

教师：同学们，早上太阳升起后会给地球带来温暖，这里的“温暖”在我们物理学科中是指什么呢？

学生：热量。

教师：很好。太阳照射不同物体的时间是相同的吗？

学生：相同。

教师：既然太阳照射不同物体的时间是相同的，为什么我们在岸上会感受到地表温度很高，但进入水中游泳就可以消暑降温呢？

学生：因为水的温度更低，会让我们感到凉爽。

教师：对，既然大家都承认太阳照射时长相同，我们就可以认为水和地上的沙石吸收了相等的热量，而两者的温度却有高低区别，那就是因为不同物质的吸热能力不一样。今天我们就来学习这个知识点。

（2）新课讲授

教师：我们今天要学习的比热容就是指物质的吸热能力，但一定还有很多同学不太理解“物质的吸热能力”是什么意思。不用惊慌，老师先问问大家知道“酒量”是什么意思吗？

学生：酒量就是形容一个人喝酒的能力。

教师：非常好。酒量是反映一个人喝酒的能力，类似地，比热容就是反映一种物质吸热的能力。如果大家能理解酒量，也就理解了比热容。那我再问大家，如果说某人酒量大，是什么意思呢？

学生：酒量大就是说一个人可以喝很多酒。

教师：我们能够单纯通过喝酒的多少来说明一个人的酒量大吗？虽然这个人喝了很多酒，但丑态百出，胡话连篇，你也认为他的酒量大吗？

学生：酒量大应该是指这个人喝了酒之后的反应很小，喝了像没事人一样。

教师：非常棒。这位同学说到点子上了，酒量大不是指他能喝多少，而是说他喝完酒之后与喝酒前相比，“变化”很小，也就是这个人对酒精的承受能力很强。那么大家能不能用解释酒量的观点来解释比热容呢？

学生：比热容就是物质的吸热能力，如果一种物质的比热容大，就说明它的吸热能力强，也就是它吸热后与吸热前相比，它的“变化”很小。

教师：太棒了。大家继续思考，对人而言，这个“变化”可以体现在脸变红、谈吐不清晰、走路不稳等方面。那么，对于一个没有生命特点的物质而言，这个“变化”体现在哪里？

学生：只能体现在温度的变化上。

教师：所以说，如果一个物体吸收了热量后，温度上升得越多，也就是吸热前后“变化”越大，大家认为它的比热容是大还是小呢？

学生：它的比热容小。

教师：看来大家已经借助“酒量”的概念，完全理解了“物质的吸热能力”的含义，也就理解了比热容的意思了。接下来，我们还必须通过科学实验来探究不同物质的吸热情况。

(3) 实验探究

教师：大家想一想，我们该如何判断两个人谁的酒量大呢？

学生：让他们比赛喝酒。

教师：我同意用比赛来决出胜负，但大家觉得让一个瘦弱的年轻人和一个强壮的中年人去比，是不是有失公平呢？

学生：从公平的角度出发，应该让两个人在体重相当、身体素质也相当的情况下，喝同样多的同一品牌的酒来看他们的变化情况，变化小的那个人酒量更大。

教师：看来这名同学已经具备了一个优秀裁判的潜质，大家说这名同学在制定比赛规则时，体现了物理学上的什么实验方法？

学生：控制变量法。

教师：不错。按照这个原则，大家想一想，我们该如何比较两种物质的比热容呢？刚刚我们要求两位选手的体重和体质相当，那么对于物质而言，我们应该要求两者的哪个物理量相同？

学生：我们应该要求它们的质量相同。

教师：我们刚刚也要求两位选手喝下同样多的酒，现在我们应该如何保证两种物质吸收同样多的热量呢？

学生：可以用规格相同的电加热器，通电相同的时间来完成。

教师：刚刚我们要观察两位选手喝酒前后的状态变化，那我们现在应该观察什么？

学生：我们应该观察两种物质吸热前后的温度变化。

教师：太棒了，现在请分组进行实验探究，比较水和食用油这两种物质的吸热情况，并记录实验表格。

四、教学素材补充

1. 功、能、热的概念与关系

在初中物理中我们规定，力与物体在力的方向通过距离的乘积称为机械功（mechanical work），简称功（work）；对于能量的描述是，一个物体能对另一个物体做功，就表明这个物体具有能量；在改变内能的方式中，做功和热传递是改变内能的两种方式。

后两者所描述的做功是不是前者说的机械功，从能量转换的维度思考，以及考虑到后面所学的电功、电热，答案是否定的，所以教师要厘清三者之间的关系。

热力学对功、能、热三者之间的区别与联系似乎更符合逻辑。

(1) 热：体系与环境之间因热平衡条件不满足而进行交换或传递的能量，其方向由高温到低温。

（2）功：除热量之外，体系与环境之间的能量传递形式，其方向由分子有规则运动转化为分子无规则运动。如体积功、机械功、电功和表面功等。

（3）在能量相关概念引出的过程中，我们可以从学生熟悉的机械功切入，但不应认为只有能做机械功的物体才具有能量。在分析改变物体内能的方式时，要明晰做功是改变内能大小的一种方式，这种方式往往伴随着能量的转化，较为常见的是机械能与内能的相互转化，但是不能认为仅是机械能与内能之间的转化，如电能与内能之间也是通过做功的方式相互转化的。人教版教材从“状态量”和“过程量”的角度，通过“功是能量变化的度量，做功的过程是能量转移或转化的过程”的论述，对功和能的关系进行了辨析。

2. 物理学史：亚里士多德与伽利略“关于落体速度与质量关系的争论”①

在物理学史上，曾有一次跨越大约两千年的争论，那便是亚里士多德与伽利略之间的“落体运动”之争。

（1）亚里士多德的自由落体加速度理论

亚里士多德把地上物体的运动分为自然运动和强迫运动。自然运动即重物竖直下落和轻物竖直上升的运动，这是物体在“内在目的”的支配下寻找其“天然位置”的运动。按照他的想法，每一物体都有其活动的自然领域或特定空间，即其“天然位置”。例如：含土元素的重物的天然位置在地心，它是绝对的重；火的天然位置在天空，它是绝对的轻，气是相对的轻，水是相对的重。所以，重物下坠，烟焰腾空。他认为，由于重的物体包含的土元素比轻的物体更多，所以重物落向地面的倾向性也更大，经过相等的空间，重的东西比轻的东西运动得快一些。

在《论天》（*On the Heavens*）中他写道：“一定的重量在一定的时间内运动一定的距离；一较重的重量在较短的时间内走过同样的距离，即时间同重量成反比。比如，如果一物的重量为另一物重量的二倍，则它走过一定距离只需一半的时间。”

这就是说，物体下落得快慢与它的重量成正比。

亚里士多德通过观察发现，下落物体的速度越接近地球时越大。他的学派对这一现象提出了两种解释。一种解释是，落体的加速运动与它接近自然位置的终点相关联，越是接近终点，物体奔向天然处所的倾向也越得到加强。另一种解释是，物体下落时，它上面的空气柱的重量越来越大，加强了强迫降落的作用，下面的空气柱则在缩短，从而减小了对落体的阻力。在第二种解释中，涉及了空气的阻力问题。亚里士多德学派认为，媒质的阻力是减小物体运动速率的一个因素。所以，物体下落的速率由它的重量来决定。

可以说，亚里士多德的运动理论已初步实现了体系化。它似乎合理地解释了三种现象：静止，这是物体不受外力而停留在自己的“天然位置”上的自然状态；匀速运动，这是物体受恒力作用的效果；加速运动，这是趋向“天然位置”的倾向加强或媒质阻力减小所致。

① 申先甲，张锡鑫，祁有龙：《物理学史简编》，山东教育出版社，1985。

亚里士多德的运动理论同观察甚至实验方法是有着一定联系的，即有一定的经验根据。例如，较重的物体比较轻的物体下落得更快，物体的运动速度与外加力成正比而与媒质阻力成反比，这些经验证据也被认为是存在的。不过，在亚里士多德的自然哲学中，理论体系同经验材料的联系带有零散的非本质的特点，对经验材料的概括缺乏严密的科学性；而在解释这些经验现象时，还提出了一些既不依赖于经验，又未经受经验检验的假设。

亚里士多德的这个运动学说，一直统治着人们的头脑大约两千年，直到伽利略的时代为止。

（2）伽利略的自由落体加速度理论与探究过程

伽利略否定了逍遥学派把运动分为自然运动和强迫运动的分类方法，而是从运动的基本特征量速度和加速度出发，把运动分为匀速运动和变速运动两种，这是伽利略迈出的第二步。

伽利略首先定义了匀速运动："我们称运动是均匀的，在任何相等的时间间隔内通过相等的距离。"这表明匀速运动的速度与时间无关，为一常数。但是，非匀速运动的速度却与时间有关，他提出了瞬时速度的概念：物体在给定时刻的速度，就是物体从该时刻起做匀速运动所具有的速度。这是对速度概念的一个非常重要的进步，不走这一步，伽利略就不能完成他以后的研究工作。

关于匀加速运动，伽利略是从自由落体的研究入手的。他明确地指出，应该摆脱两千年来关于落体产生加速度的原因的争论，"我们做这些的目的仅仅在于调查和证明加速运动的某种性质（不管这种加速运动的原因如何）"。所以，他是把自己的研究活动限定在运动学的范围，而避开动力学的问题，因为只有准确地弄明白落体的运动过程，才能够正确地揭示引起落体运动的原因。

他首先假定，落体运动是匀加速运动，因为自然界"总是习惯于运用最简单和最容易的手段"行动，所以我们应该相信自由落体运动速度的增加"是以极简单和为人们十分容易理解的方式进行的"。

如何找出一个最符合自然现象的匀加速运动的定义呢？伽利略一度以为在下落过程中物体所得到的速度与下落的距离成正比，即匀加速运动是速度正比于所通过的距离的运动。这个定义似乎也是合理的，但他很快发觉这个定义会导致谬误。他说，如果物体在落下第一段距离后已得到某一速度，那么在落下的距离加倍时，其速度也将加倍。果真这样，物体通过这两倍距离所用的时间将和穿过原来那段距离所用的时间一样，因为其速度也是原来速度的两倍。于是，在两倍距离的情况下，在按原来的速度通过前一半距离后，后一半距离就好像不用时间一样，是即时通过的。这不仅与定义相矛盾，也同客观事实不符。

伽利略转向了第二个假设，以速度的增量 Δv 和用去的时间 Δt 成比例的运动来定义匀加速运动："若一物体从静止状态出发，并在相等的时间间隔内获得相等的速度增量，则称该物体的运动为匀加速运动"。他发现，这个定义既简单，又不存在自相矛盾之处。

关于匀加速运动的这一定义是否符合自由落体运动的实际情况呢？伽利略认为应

该通过实验来检验。但是，要直接测定下落物体速度的增量与下落的时间是不是成正比，即 $\Delta v/\Delta t$ 的值在整个下落过程中是否为恒量，是十分困难的。在伽利略时代，还没有记录快速运动的仪器，要测得瞬时速度和短暂的下落时间是不容易的。

于是伽利略做了这样的考虑：根据某一假设所得到的推论如果严格符合实验结果时，该假设的真实性便得到了确证。伽利略转向了数学，他期望能根据他的假设推导出某一便于直接测定的关系式，比如整个下落时间与下落距离之间的关系。当然，在当时测量出整个下落的时间和距离是比较容易的，伽利略利用图解得出，一个从静止开始做匀加速运动的物体，在一假定时间 t 内所通过的距离为 s，相当于以末速度 v_t 的一半做匀速运动在这段时间所通过的距离。用现代的表示方法，即 $s=\frac{vt}{2}\times t$。他用图 12－12 作出说明。AB 表示时间，横线表示各时刻的速度，面积 ABE 表示所通过的距离。

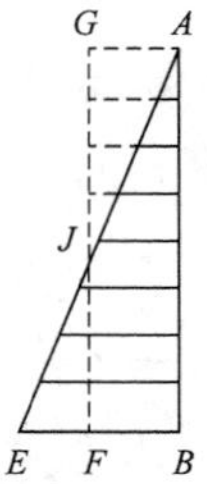

图 12－12

这个面积显然与矩形 $ABFG$ 的面积相等。FB 则为末速度的一半，即平均速度。由图示不难得出，落体通过的距离与时间的平方成正比，即 $s/t^2=$ 常量。

这里不包含任何瞬时值，只要直接测 s 和 t 就行了。

但是，物体的自由下落还是太快了，他试图减缓下落运动，以便能够观测得更准确一些。他设想让一个光滑小球沿着一个光滑斜面下落，所减小的只是运动的速度，而定律的形式保持不变。他写下了这个著名的斜面实验：

“我们取长约 12 腕尺（cubit），宽约半腕尺，厚约三指的一根小板条，在上端面刻上一条一指多宽的直槽；在直槽里贴上羊皮纸，使之尽量平滑，以便一个由最硬黄铜制成的极圆的光滑球易于在其内滚动。抬高板条的一端使之处于倾斜位置并比另一端高一二腕尺，让圆球沿槽滚下，用下述方法记录下滚所需的时间。不止一次地重复这个实验，使两次观测的时间偏差准确到不超过一次脉搏的十分之一。经反复实验直到确定其可靠性之后，现在让铜球滚下的距离为全槽长的四分之一，测出下降的时间，这时我们发现，它恰好为滚完全程所需时间的一半。接着我们对其他的距离进行实验，用滚下全程所用时间同滚下一半距离，以及三分之二、四分之三的距离或任何距离所用的时间加以比较。这样的实验重复整整一百次，我们发现，铜球所经过的各种距离总是同所用时间的平方成比例，这对于铜球沿之滚动的各种斜度的槽都成立……”

可以看出，伽利略是做了两大类实验：其一，当斜面倾角一定时（他所取的倾角是很小的）球下落的距离 s 与所用的时间 t 的平方之比为一常数；其二，当斜面的倾角改变时，s/t^2之值也随之改变，但规律的形式不变。

需要说明的是，在当时的条件下，所用的机械钟很不精确，只能用于大段时间的测量。伽利略巧妙地利用了古代人所使用的滴漏来测量这一时间。他写道：

“为了测量时间，我们把一个巨大的水容器放在高处，在容器底部焊上一根口径很小的管子，不管滚动是否全程，每次圆球滚下的期间，从管口流出的水都收集在一个小杯里。如此得到的水在很精密的天平上称量，各次水重之差和比值就给出了时间间隔之差和比值……”

他在这里之所以用巨大的容器和很细的管子，是为了保证水的压力不随高度的变化而变化，小口是用手指堵放的。

为了找出斜面上的运动和自由下落运动之间的关系，以便把从斜面上得出的匀加速运动的结论推广到竖直情况下的自由落体运动，伽利略提出了这样的假设：静止的物体不论是沿竖直方向自由下落还是沿不同倾斜度的斜面从同一高度下落，它们到达末端时具有相同的速度，这就是“等末速度假设”。他提出这一假设的思路是这样的：自由下落物体的速度将随时间而增加。当物体落至最低点时使其速度反转向上，物体将沿前一过程的逆过程上升，其速度将按同一比例而随时间减小。经过与下落相等的时间将达到最初下落时的高度，其速度也减到零。所以，一个物体凭借它在下落中得到的速度将能上升到和它的下落相等的高度，但不可能升得更高了。由此必然得出结论：物体在下落中所得的速度只由下落的垂直高度决定，而与路程的倾斜程度或斜面的长度无关。如果情况不是这样，即如果沿不同倾斜程度的斜面下落时物体会得到与通过斜面的高度竖直下落时不同的速度（大或小），那么只要将过程反转过来，总可以使物体上升到比它由之下落得更高的高度。这样，物体仅靠它自身的重量就可以不断地上升，这个结论同我们熟知的重物的客观性质是相违背的。伽利略的这个假设为后来揭示重力场的保守性，即在重力场作用下物体的机械能守恒开了先声。

伽利略利用一个简单的实验检验了这个假设（如图 12 - 13 所示）：在 A 点悬一单摆，拉至 AB 处时放开，它会升至对面同一高度的水平线上（忽略空气阻力）。摆球沿圆弧的运动可看作是沿着一系列不同倾斜度的斜面的下落和上升运动。在摆线经过的 E 或 F 处钉上小钉子，就可以使摆球沿不同的圆弧上升。实验表明，摆球仍然会升到同一水平高度的 G 或 H 点；反过来，让摆球沿弧线 GD 或 HD 下落，它同样会升到原水平高度的 B 点。这说明沿不同倾斜度的斜面对于下落速度没有任何影响。

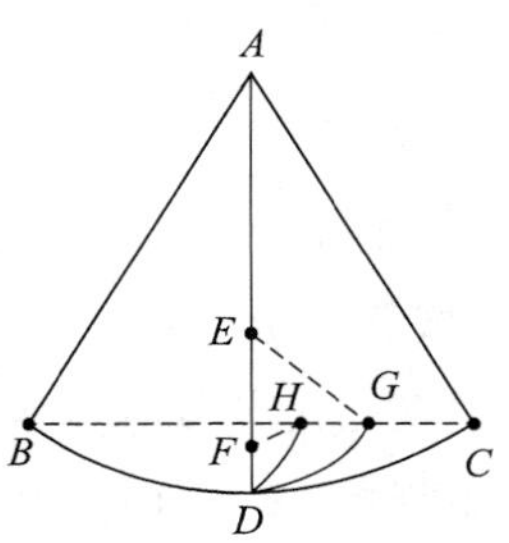

图 12 - 13

根据这个已被证实的“等末速度假设”，自然就可以得出沿斜面高度下落的时间与沿斜面长度下落的时间之比等于高度与长度之比，因而沿高度（自由下落）的加速度与沿长度（斜面上的下滑）的加速度之比等于长度与高度之比。进而可以根据斜面上的加速度推导出竖直方向的加速度。

在《关于两门新科学的对话》中，伽利略根据上述结论演绎出了一些出色的推论。如两个物体同时从 A 点分别沿斜面的高度和长度下落，问这两个物体经过相等的时间间隔各走多远？这只要从沿高度所达到的点 B（如图 12－14 所示）向长度作一垂线，所截的 AD 即沿长度所走的距离。如果以沿高度下落所通过的距离 AB 为直径画一个圆，那么此圆必过 D 点（如图 12－15 所示）。可以由 A 作出任意多的不同倾斜度的斜面 AE、AF 等，它们与圆相交而得到弦 AG、AH 等。不难得出，一个下落物体（从同一点下落）通过圆的直径所用的时间和通过任一弦的时间相等。这个结论对于从直径下端 B 点画的各弦同样适用。

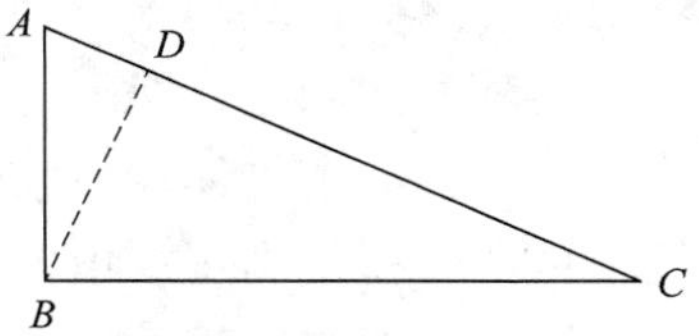

图 12－14

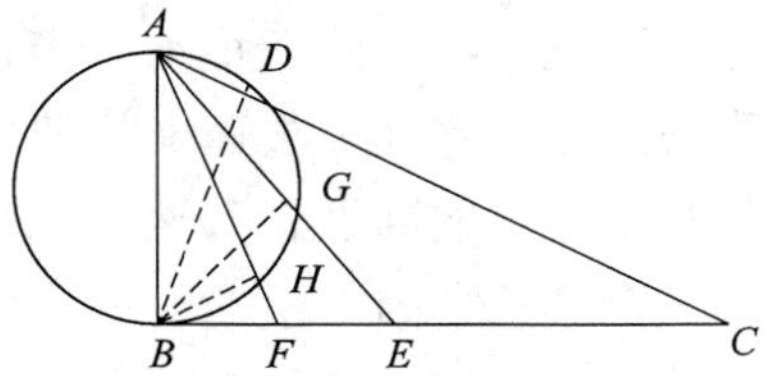

图 12－15

由此可得，如果在一个竖直面上过 A 点辐射状地铺设一些不同倾斜度的滑槽（如图 12－16 所示），使同样数目的重物在同一时刻由 A 点沿不同滑槽下落，那么在任一时刻，它们到达的点总形成一个圆，圆的半径的增大与时间的平方成比例。如果滑槽是三维空间分布的，则这些落体到达的点总形成一个球，球的半径的增大与时间的平方成比例。这些推论的简明和优美是非常动人的。

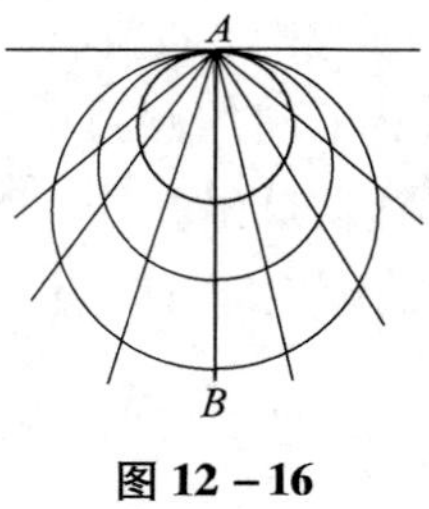

图 12－16

应该指出，伽利略对亚里士多德关于落体的学说的反驳并不是直接以实验为依据的，而是从一个思想实验得出的“佯谬”入手的。我们来听一听三个人物的这段谈话：

萨：“我十分怀疑亚里士多德确实曾经用实验检验过下面这个论断：如果让两块石块（其中之一的重量十倍于另一块的重量）同时从比如说一百腕尺的高处落下，那么这两块石块下落的速率便会不同，那较重的石块落到地上时，另一块石块只不过下落了十腕尺。”

辛：“他的话似乎表明，他已经做过这个实验，因为他说，‘我们看见较重的石块’，‘看见’这个词证明他做过实验。”

沙：“辛普利邱，可是我进行过检验，我可以肯定地对你说，重量为二百磅以上的一枚炮弹到达地面时，重量仅为半磅的与之同时下落的步枪子弹并不会落后一拃，倘若两者都是从高度为二百腕尺的地方落下来的话。”

下面的谈话表明，伽利略认为无须利用实验，而只要使用亚里士多德的逻辑推理方法就会得出与亚里士多德相反的结论：

萨：“如果我们取天然速率不同的两个物体，显而易见，如果把那两个物体连接在一起，速率较大的那个物体将会因受到速率较慢物体的影响，其速率要减慢一些，而速率较小的物体将因受到速率较大物体的影响，其速率要加快一些。你同意我的这个想法吗?”

辛：“毫无疑问，你的这种看法是对的。”

萨：“但是，如果这是对的话，并假定一块大石头以八（比如说）的速率运动，而一块较小的石块以四的速率运动，那么如果把二者连在一起，这两块石头将以小于八的速率运动，并且两块连在一起的石头当然比先前以八的速率运动的石头的质量要大。可见，较重的物体反而比较轻的物体运动得慢，而这个效应同你的设想是相反的。你由此可以看出，我是如何从你认为较重物体比较轻物体运动得快的假设推出了较重物体运动较慢的结论来。”

辛：“我简直不知如何是好了……这简直超出了我的理解力。”

在继之进行的谈话中伽利略指出，在实际的下落实验中，小球确实稍稍落后于大球，但这是由空气的阻力造成的，所以它不能为亚里士多德学说提供任何辩护理由。伽利略从这个佯谬得出结论，只有假定自由落体加速度与物体的重量无关，才能消除这个矛盾。这个结论为斜面实验所证实。

在这个史例中，我们可以看到，运用理想实验比用有局限性的大量实验更容易得到令人信服的结论，因为人们总可以发现实际观测方法及其结果的种种近似和缺陷。

3. 课后服务活动案例：机械能和内能的相互转化——水火箭

课后服务“水火箭”项目式学习活动方案

（1）活动背景：随着“双减”政策的落实以及教育改革的不断深化，在新时代党和国家对创新型、科研型人才的迫切需求的情况下，以及针对当前学生面临的书面作业过多、思维训练过少、体验式学习缺失、动手能力退化、缺少“学习幸福感”等问题，在中国航天事业蒸蒸日上的大背景下，同时基于农村学校的教学实际，利用课后服务的时间，运用问题式学习（PBL）理论，开展“水火箭”项目式学习的活动。

（2）教学对象与组织方式。教学对象为初中学生，组织方式为小组活动与个人活动相结合的方式。

（3）材料准备：汽水瓶 2 个、剪刀 1 把、电工胶带一卷、水火箭发射台一个、打气筒一个、硬纸板若干（或汽水瓶一个）、PPT 等。

（4）课时安排：3 ~4 课时。

（5）教师指导方式：项目教学法与发现法相结合。

（6）活动步骤如下：

第 1 课时的主要内容是水火箭的发射原理与制作水火箭（如表 12－9 所示）。

表 12－9　　第 1 课时教学设计

教学目标。	1. 认识并体会能量概念。 2. 能动手制作火箭。 3. 培养学生独立思考、团队协作和动手能力。 4. 废物利用，提高环保意识。 5. 能从能量视角分析周围事物。
活动过程。	1. 准备材料：汽水瓶若干、胶带若干、剪刀若干、硬纸板若干、火箭发射台一个、火箭模型一个。 2. 观看长征系列火箭发射视频并提出问题：火箭升空伴随着怎样的能量转化？ 3. 图解火箭升空原理。 4. 制作水火箭：个人制作，也可以小组合作。 第一步：制作箭体。 取两个相同的汽水瓶，将其中一个汽水瓶沿底部凹陷花纹处剪开。把另外一个完整的汽水瓶当作压力舱，将切好的瓶体与压力舱嵌套在一起，并通过在水平面滚动检查二者是否共轴。用胶带将二者固定，箭体制作完成。 第二步：制作固定翼。 （1）将硬纸板（或水瓶中间平整处）剪成 8 个等大的直角梯形（如图 12－17 甲、乙所示）。 （2）用胶带将直角梯形两两固定，并将其中一个较长的直角边外翻。 （3）最后用双面胶或者胶带将机翼固定在压力舱上。 （4）简易水火箭制作完成（如图 12－17 丙所示）。  甲　　乙　　丙 **图 12－17** 第三步：创新设计。 鼓励学生自主创新设计自己喜欢的固定翼形状，可以在箭体上面写上自己的理想，自主装饰自己的作品。 5. 放飞水火箭模型。带领学生前往发射场（操场），首先放飞教师制作好的水火箭，让学生感受水火箭放飞时的惊叹现象，激发学生自主创新设计的兴趣。 6. 以“制作水火箭”为项目，鼓励学习小组合作完成。由于课堂时间有限，学生很难独立自主完成水火箭的制作，所以鼓励学习小组之间、学生和家长一起或个人自学制作，完善和设计自己的水火箭，并计划于下一节课展示作品。

续　表

教学反思与自我评价。	（1）本节课主要运用建构主义教学理论，通过观看视频、亲手制作等方式，调动学生的手、眼、脑等器官共同运作，让不同学生都能有所收获，创设注重学生体验感的教学过程，有利于学生对知识的内化与理解。 （2）通过课后服务课程与传统课程授课方式的对比，激发学生的学习兴趣，提升学生的学习幸福感，丰富学生的学习观与世界观。 （3）箭身的创新设计彰显学生的个性特点，尊重学生的个体发展。 （4）通过对本节课的学习，学生体会到了学以致用、知行合一的成就感，摆脱了枯燥的书面作业压力与焦虑。 （5）运用汽水瓶制作水火箭，一方面能够提高学生绿色生活、废物利用的意识，另一方面材料获取方便，具有较强的推广性。 （6）最后的任务布置是以“项目式”开展的，有助于提高学生的自主学习能力及合作交流能力，让学生真正地实现“从做中学”。

第 2 课时的主要内容是水火箭的试射与我国航空航天的发展历程（如表 12－10 所示）。

表 12－10　　第 2 课时教学设计

教学目标。	（1）深化理解机械能与内能的相互转化。 （2）通过学生作品展示，锻炼学生动手能力。 （3）加强对我国国防建设的了解，培养学生学习强国的意识。 （4）通过火箭的发射，帮助学生树立远大理想，培养学生的学习成就感。
活动过程。	（1）准备材料：碳酸饮料瓶子若干、胶带若干、剪刀若干、硬纸板若干、火箭发射台一个、高压打气筒一个、ppt、视频。 （2）学生作品展示：对学生作品中的优秀设计与创意进行表扬；指导和纠错作品中的设计问题。 （3）水火箭的试射：去运动场试射水火箭，感受水火箭发射的乐趣并寻找水火箭的设计缺陷，从中发现新的问题。 （4）讨论分析发射过程中遇到的问题：就某几个作品没有发射成功的原因进行分析和讨论，各组根据自己的认识给出改装建议。 （5）观看我国航空航天发展视频：结合自身的水火箭制作历程，观看神舟十三号飞船发射过程以及东风系列导弹研发过程，体会我国老一辈科学家的艰辛奋斗，了解我国航空航天国防建设历程与面临的诸多挑战，培养学生的爱国主义情怀。

续 表

教学反思与自我评价。	(1) 通过水火箭的设计展示，凸显学生的个性特点，激发学生的创新性思维，同时可以做到交流借鉴的学习目的与教学目的。 (2) 通过水火箭的发射，让学生体会到成功的喜悦与失败后的反思，经历科学探究的过程并发现新的问题，引发学生的思考与探索。 (3) 通过小组交流与探讨，发现问题并解决问题，提升学生的团结协作能力与纠错能力。 (4) 了解我国航空航天发展现状，结合学生自身制作与发射的经历，体会老一辈航天人的艰辛，培养学生的爱国情怀与自强不息的民族精神。 (5) 本节课从设计到试射，从制作水火箭模型到观看真实的火箭与导弹，从现在航空航天的蓬勃发展到建国初期的一穷二白，从学生自身的设计历程到真实导弹的研发历程，均是基于体会的对比学习，让学生在体验中学习，并将知识久久地贮存在记忆中。 (6) 本节课从理论到实践，从书本知识到爱国情怀，学生的核心素养均得到了有效提高，实现了生活与学习的有效融合。

第3课时的主要内容是水火箭的最终发射与新问题的拓展思考（如表12－11所示）。

表12－11　　　　第3课时教学设计

教学目标。	(1) 通过最终发射水火箭，让学生感受学习的快乐，深化对能量转化的认识。 (2) 通过发射水火箭过程中发现的新现象，遇到的新问题，提升学生的观察能力与发散思维水平。 (3) 通过自主学习与交流探讨，养成严谨的科学态度与一丝不苟的学习精神。
活动过程。	1. 活动过程 (1) 准备材料。 火箭发射台一个、高压打气筒一个、ppt、视频、笔记本电脑。 (2) 水火箭作品终极展示。 学生阐述自己的水火箭做了哪些调整，理由是什么？ (3) 水火箭的最终发射。 去发射场发射水火箭前，明确火箭发射的过程，各组按顺序自行发射，同时布置新的任务：谈一谈在发射过程中你们发现的新问题。 (4) 各组就发现的问题进行汇总。 发射水火箭这个活动蕴含大量的关于力与运动、能量转换、物态变化等物理知识，学生在发射过程中非常容易发现相关现象，这样的项目式学习得以延伸和拓展。基于此可以进一步开展新的项目式学习活动，让学习可以持续不断地上升。 2. 学生发现的精彩问题 (1) 水火箭中的水之所以受到箭体向下的作用力，是不是因为我们给打气筒的力通过空气压缩存储起来了？ 这个问题的出现，是因为学生习惯从力的视角来分析问题，其实存储的“力”是能量相关概念的感性理解，教师应引导学生尝试从能量视角分析问题，启发学生对能量概念的认识与探索。同时存储力的过程就是机械能转化为内能的过程。

续 表

活动过程。	(2) 在给水火箭打气过程中，打气筒的筒壁温度为什么会升高？ 这个问题其实也是能量转化过程中的温度改变的问题，一开始有些同学认为这是摩擦生热现象，并给出经验依据如“钻木取火”“搓手抗寒”等。这时教师就可以引导学生再一次感受打气筒筒壁温度，发现筒壁下端温度更高，进而推测出打气筒温度升高的原因除了摩擦生热外应该还有其他因素。通过进一步的探索得出压缩空气体积，温度也会升高，原来内能的改变往往也伴随着温度的变化。那么打气筒筒壁温度升高是摩擦影响大还是压缩空气影响大呢？这个问题可以作为新的项目留给学生学习。 (3) 为什么水火箭下落之后里面充满大量的白气？ 这个问题是我备课前没有注意到的，因为之前发射水火箭主要是夏季，而本次课后服务主要是秋冬的傍晚，室外温度相对较低，箭体内部液化现象非常明显。这个现象除了有能量转化与温度变化的知识点，还蕴含着物态变化的重要知识点，同时可以引出物体状态与温度及气压的关系，也为后续的项目式学习或者物理的课程学习奠定了基础。 除此之外，学生还提出许多精彩问题，例如：为什么我们制作的水火箭从机头到固定翼都要做到上窄下宽？为什么固定翼要与箭身的主轴平行，斜一点角度可以吗？这里不一一作答。
教学反思与自我评价。	(1) 学生永远是学习的主体，教师作为引领者，应该从学生角度出发，让学生从真实的情境中学习真知识，提升真思维，涵育真素养。 (2) 项目式学习有助于广大学生初步构建物理观念，起到科学普及的效果，同时又能帮助学生就某个领域进行深入的探索与研究，实现对该知识点的深入理解与灵活运用。 (3) 水火箭的项目式学习可以将知识与实践相融合，让学生在“玩中学，学中玩”，通过自主探索与合作探究形成一定的科学思维，对学生的学习观、人生观、世界观都起到很大的影响。 (4) 就发射水火箭本身来说也有很多可挖掘的实验，比如多级水火箭、计算水火箭落点等，这对于初中生来说，依然有不小的难度，给学生留下悬念，鼓励他们努力学习，未来实现这些未完成的小目标。

4. 分子势能随分子间距离的变化①

0℃的冰熔化成0℃的水，内能的大小如何变化，对于这个问题学生在认知上会存在一些误区，不理解为何0℃的水内能更大一些，这就要从内能的概念说起。我们知道内能是指物体内所有分子动能和分子势能的总和，而温度决定了分子的平均动能，那么0℃的水内能之所以更大，是因为分子势能更大。为什么0℃的水的分子势能更大呢？这就得从分子势能的决定因素入手，我们知道势能是由相互作用的物体间相对位

① 引自教科版高中物理选修三。

置决定的。分子间存在着分子力，分子力做功与路径无关，只与分子间相对位置的变化有关，因此由分子组成的系统也具有势能。分子势能同样遵循“分子力做正功，分子势能减小；分子力做负功，分子势能增加”的关系。显然，分子势能的大小是由分子间的相对位置决定的。分子力比重力、弹力复杂，故分子势能与分子间距离的关系也比较复杂。当分子间距为 r 时，分子力为零。而当 $r>r_0$ 时，分子力为引力，若要增大分子间距必须要克服引力做功，即分子势能增加，因此在 $r>r_0$ 时，分子势能随分子间距离的增大而增大。当分子间距 $r<r_0$ 时，分子力为斥力，若要减小分子间距，需克服斥力做功，即分子势能增加，因此当 $r<r_0$ 时，分子势能随着分子间距离的减小而增大。如图 12－18 所示，把两分子间的分子力 F 与分子势能 E_p 随分子间距离 r 变化的关系示意性地画在一起，其中 r 处分子力 $F=0$，而分子势能 E_p 最小。

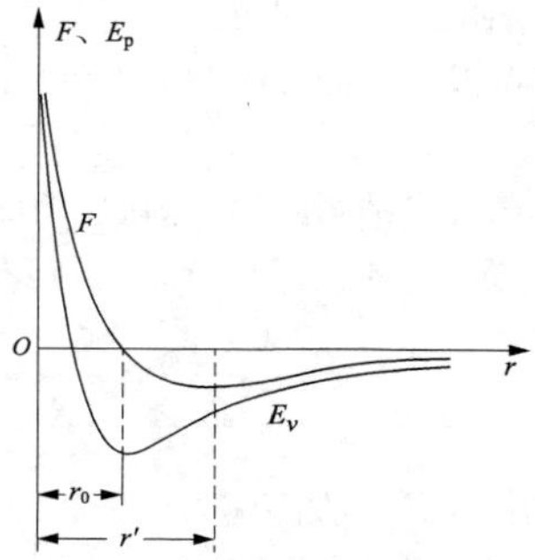

图 12－18

5. 滚摆运动过程中的能量转换情况①

滚摆又称为麦克斯韦滚摆，释放时它的重力势能最大。下降过程中，滚摆的圆盘受到自身的重力和线的拉力，重力对 O 点的力矩使圆盘沿着线向下滚动（如图 12－19 甲所示），转动的角加速度 $\beta=mgr/I$，式中 r 是圆盘转轴的半径，I 是圆盘的转动惯量，可见角加速度是一个定值，与匀加速直线运动时速度的线性变化类似，圆盘转动的角速度也是线性增加的，它随着下降过程转动得越来越快，转动的动能也越来越大。圆盘质心向下的速度（$v=w\times r$）也越来越大，因此圆盘质心的平动动能越来越大。不计阻力，滚摆下降过程中满足机械能守恒定律，重力势能转化为圆盘的平动动能和转动动能。

当圆盘下降到悬线的最低点时，其质心将绕悬点做半径为 r 的圆周运动，质心达到最低点时重力和拉力在一条直线上，拉力大于重力（如图 12－19 乙所示）。其合力提供向心力，质心速度的方向不断变化，使圆盘开始向反方向绕线，并向上滚动。重力对 O 点的转动力矩与下降时相反，随着高度增大，角速度和质心速度减小，圆盘滚动的动能和平动的动能又转化为重力势能。

① 刘炳昇：《中学理科实验教学指导——初中物理分册》，江苏科学技术出版社，2012。

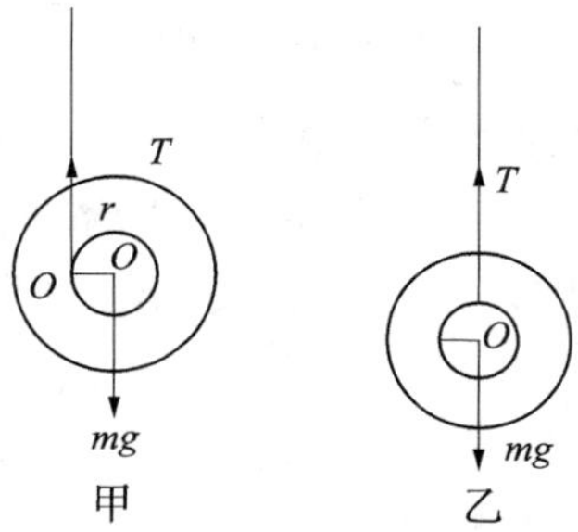

图 12－19

6. 高中物理碰撞问题的理想模型及其分类①

碰撞在物理学中表现为两粒子或物体间极短的相互作用。碰撞前后参与物发生速度、动量或能量改变。碰撞可以是宏观物体之间的碰撞，也可以是微观粒子之间的碰撞。碰撞问题是历年高考试题的重点和热点，也是学习的难点。碰撞问题涉及力与运动、功能转换等。并且，复杂的碰撞问题碰撞次数多，更加考查学生对全过程的分析思路。对于碰撞问题，要通过理想模型来熟知计算公式和深刻了解碰撞前后的变化。所以总结碰撞问题的抽象理想模型，很有必要。

在运动中，两个物体如果发生碰撞，其碰撞后的状态可能存在多种可能。高中阶段一般讨论的是正碰，即可以把物体看作质点，无自身的旋转，这样就不必考虑旋转和力矩对运动的影响。发生正碰，也可能有多种可能的结果，主要是因为有能量损失。高中物理阶段，完全弹性碰撞遵循能量守恒定律，碰撞前后系统的总动能不变。非弹性碰撞有能量损失，系统碰撞前后总动能不相等，一般是以内能的方式消耗掉。

若在发生碰撞的接触面上存在一根弹簧，则碰撞问题的能量损失问题就便于理解了。发生碰撞时，动能首先转化为弹性势能并储存在弹簧中，当弹簧压缩至最短时，两个物体共速。此时系统的总动能降到最小，如果弹簧不反向伸长，这就是发生了完全非弹性碰撞，这是能量损失最大的一种类型，弹簧中的弹性势能就是在没有弹簧的情况下消耗掉的内能。如果弹簧反向伸长，恢复原长，则碰撞前后没有能量损失，会发生完全弹性碰撞。如果弹簧反向伸长，但是没有恢复原长，则存在部分能量损失，发生的是非弹性碰撞。求解最终的状态，还要结合动量守恒，即发生碰撞的两物体碰撞前后的质量与速度的乘积保持不变。非弹性碰撞有能量损失，导致能量不守恒。但是由于碰撞过程极短，我们可以认为碰撞前后系统的动量保持不变。所以，碰撞的问题一般都需要在动量守恒中寻找一个等式来求解系统变化后的状态。一般地，在题目中如果是弹性球、光滑金属球、分子/原子等微观粒子的碰撞，均默认发生弹性碰撞；如果是台球、钢球、冰壶等坚硬的宏观物体的碰撞，碰撞后的动能损失很小，可近似看作弹性碰撞。微观粒子中，低能电子和分子的碰撞是严格的弹性碰撞。如果接触面涂有橡胶、橡皮泥等，发生的是非弹性碰撞。再如汽车追尾，子弹射穿光滑水平面上

---

① 王一帆：高中物理碰撞问题的理想模型．中国新通信，2019 年第 21 期。

的木块并继续运动等都属于非弹性碰撞。在非弹性碰撞中，如果两个物体碰后粘在一起，并以相同的速度运动，物理学上把这种碰撞称为完全非弹性碰撞，它是非弹性碰撞中机械能损失最多的一种。这种碰撞在现实中实例很多，如子弹射入木块没有穿出，子弹和木块一起运动；跳上滑板的人与滑板以相同的速度一起运动；等等。在微观世界中，正、负离子碰撞后共同组成分子的过程也属于完全非弹性碰撞。

7. 瓦特的生平①

瓦特（1736—1819）是世界公认的蒸汽机发明家。1736 年，瓦特出生在英国苏格兰格拉斯哥市附近的一个小镇格里诺克，他的父亲是一位经验丰富的木匠。少年时代的瓦特，曾经就读于格里诺克的文法学校，数学成绩特别优秀，但由于家境贫苦，又加上他体弱多病，没有毕业就退学了。瓦特始终没有受过完整的正规教育，在父母的教导下，一直坚持自学，15 岁时就学完了《物理学原理》等书籍。他常常自己动手修理和制作起重机、滑车和航海器械。1753 年，瓦特到格拉斯哥市当徒工，由于收入过低不能维持生活，第二年他又到伦敦的一家仪表修理厂当徒工。凭借着自己的勤奋好学，他很快学会了制造、修理那些精密的仪器。

1756 年，瓦特进入格拉斯哥大学成为一名修理教学仪器的工人。这所学校拥有当时较完善的仪器设备，这使瓦特在修理仪器时见识了先进的技术，开阔了眼界。这时，他对以蒸汽作动力的机械产生了浓厚的兴趣，开始收集有关资料，还为此学了意大利文和德文。

1764 年，学校请瓦特修理一台纽科门蒸汽机，在修理过程中，瓦特熟悉了蒸汽机的构造和原理，并且发现了这种蒸汽机的两大缺点：活塞动作不连续且速度慢；蒸汽利用率低，浪费能源。瓦特开始思考改进的办法。直到 1765 年春天，在一次散步时，瓦特想到，既然纽科门蒸汽机的热效率低是蒸汽在缸内冷凝造成的，那么为什么不能让蒸汽机在缸外冷凝呢？瓦特产生了分离冷凝器的最初设想。

瓦特在同年设计了一种带有分离冷凝器的蒸汽机。从理论上说，瓦特的这种带有分离冷凝器的蒸汽机显然优于纽科门蒸汽机，但是要把理论变为实际，却不是件容易的事。瓦特辛辛苦苦造出了几台蒸汽机，使用效果反而不如纽科门蒸汽机，甚至四处漏气，无法开动。尽管耗资巨大的试验使他债台高筑，但他没有在困难面前退缩，而是继续进行试验。

从 1766 年开始，瓦特用了三年多的时间，克服了种种困难，终于制成了第一台样机。1769 年，瓦特因发明冷凝器而获得革新蒸汽机过程中第一项专利。

为了进一步提高蒸汽机的效率，瓦特在发明齿轮联动装置之后，对汽缸体本身进行研究，发现蒸汽机中的蒸汽都是单项运动，从一端进入，从另一端出来。如果让蒸汽能够从两端进入和排出，就可以让蒸汽既能推动活塞向上运动，又能推动活塞向下运动，效率可以提高一倍。1782 年，瓦特根据这一设想，试制出了一种带有双向装置

① 苏科版物理教材编写组：《义务教育教科书　物理　九年级上册　教师教学用书》，江苏凤凰科学技术出版社，2013。

的新汽缸，由此瓦特获得了第三项专利。通过这三次技术飞跃，纽科门蒸汽机完全演变为瓦特蒸汽机。

1784 年，瓦特以带有飞轮、齿轮联动装置和双向装置的高压蒸汽机的综合组装取得了他在革新蒸汽机过程中的第四项专利。1788 年，瓦特发明了离心式调速器和节气阀。1790 年，他又发明了蒸汽机配套用压力计，至此完成了蒸汽机发明的全过程。

1819 年 8 月 19 日，瓦特在希斯菲尔德郡的家里去世。后人为了纪念这位伟大的发明家，把功率的单位定为“瓦特”。

8. 从幻想到现实——人造卫星①

对抛体运动规律的认识，牛顿在《自然哲学的数学原理》一书中做出了下面的推论：如果在高山顶上架起一门大炮，用炮火的推力把一铅质的炮弹平射出去，铅弹在落到地面以前，就会沿着曲线飞过 2 英里的距离。假设没有空气阻力，发射炮弹的速度增加一倍，它飞行的距离也差不多会增加一倍。如果炮弹的速度增加十倍，炮弹会落到更远的地方，甚至绕地球飞行。1895 年，俄国宇航先驱齐奥尔科夫斯基率先提出了制造并发射人造地球卫星的设想。1957 年 10 月 4 日，苏联将第一颗人造卫星送入环绕地球的轨道。今天，地球周围运行着上千颗人造卫星，它们在为地面上的人们提供着通信、气象、侦察、导航等服务。

从地球表面发射人造地球卫星，一般使用三级火箭，使卫星能环绕地球运行所需的最小速度叫作第一宇宙速度（the first cosmic velocity），大小为 7.9km/s。如果忽略空气阻力，被发射的人造卫星的质量为 m，地球的质量为 M，人造卫星到地心的距离为 r，人造卫星沿圆轨道绕地球飞行的速度为 v。由于人造卫星做圆周运动所需的向心力就是地球对它的万有引力，所以卫星距地心越远，它运行的速度越小。但是，向高轨道发射卫星，火箭克服地球引力所消耗的能量更多，所以发射更困难。对于靠近地面运行的人造卫星，可以认为此时的轨道半径（r）近似等于地球的半径（R），所以使人造卫星脱离地球的引力束缚，不再绕地球运行，从地球表面发射所需的最小速度叫作第二宇宙速度（the second cosmic velocity）。第二宇宙速度的大小为 11.2km/s，人造卫星进入地面附近轨道，如果它发射时的初速度大于 7.9km/s，而小于 11.2 km/s，它仍绕地球运转，但这时运动的轨道不再是一个圆，而是偏心率不同的椭圆。达到第二宇宙速度的物体还受到太阳的引力束缚，它将绕太阳运转。要使物体脱离太阳的束缚而飞离太阳系，从地球表面发射所需的最小速度，叫作第三宇宙速度（the third cosmic velocity），大小为 16.7km/s。

9. 世界航天发展简史

探索浩瀚的宇宙，是人类千百年来的美好梦想。我国在远古时就有“嫦娥奔月”的神话。公元前 1700 年，我国有“顺风飞车，日行万里”之说，还绘制了飞车腾云驾雾的想象图。外国也有许多有关月亮的美好传说。

自从 1957 年 10 月 4 日世界上第一颗人造地球卫星上天以来，截至 1990 年 12 月

---

① 引自教科版高中物理必修二。

底，苏联、美国、法国、中国、日本、印度、以色列和英国等国家以及欧洲航天局先后研制出约80种运载火箭，修建了十多个大型航天发射场，建立了完善的地球测控网，世界各国和地区先后发射成功4127个航天器。其中包括3875个各类卫星，141个载人航天器，111个空间探测器，几十个应用卫星系统投入运行。目前航天员在太空的持续飞行时间长达438天，有12名航天员踏上月球。空间探测器的探测活动大大更新了有关空间物理和空间天文方面的知识。到20世纪末，已有5000多个航天器上天。有100多个国家和地区开展航天活动，利用航天技术成果，或制定了本国航天活动计划。航天活动成为国民经济和军事部门的重要组成部分。

航天技术是现代科学技术的结晶，它以基础科学和技术科学为基础，汇集了20世纪许多工程技术的新成就。力学、热力学、材料学、医学、电子技术、光电技术、自动控制、喷气推进、计算机、真空技术、低温技术、半导体技术、制造工艺学等对航天技术的发展起了重要作用。这些科学技术在航天应用中互相交叉和渗透，产生了一些新学科，使航天科学技术形成了完整的体系。航天技术不断提出的新要求，促进了科学技术的进步。

（1）火箭技术

火箭技术推动了人类航天发展的历史。火药是中国古代的四大发明之一，火箭是在火药发明之后中国人发明的。早在公元1000年宋朝唐福献应用火箭原理制成了战争武器，13世纪初传到外国。传说在14世纪末，中国有个学者万户在坐椅背后安装了47支当时最大的火箭，两手各持大风筝，试图借助火箭的推力和风筝的升力升空。但是一声爆炸之后，只见烟雾弥漫，碎片纷飞，人也找不到了。为了纪念这位世界上第一个试验火箭飞行的勇士，月球表面东方海附近的一个环形山以“万户”命名。18世纪，印度军队在抗击英国和法国军队的多次战争中曾大量使用火箭并取得良好的效果，由此推动了欧洲火箭技术的发展。曾在印度作战的英国人康格雷对印度火箭做了改进，他确定了黑火药的多种配方，改善了制造方法并使火箭系列化，射程达3000米。这些初期火箭的原理成了近代火箭技术的基础。

19世纪末20世纪初，随着科学技术的进步，近代火箭技术和航天技术发展起来，先驱者的代表人物有苏联的齐奥尔科夫斯基，美国人戈达德和德国的奥伯特。

齐奥尔科夫斯基毕生从事火箭技术和航天飞行的研究。在他的经典著作中，对火箭飞行的思想进行了深刻的论证，最早从理论上证明用多级火箭可以克服地心引力进入太空。他建立了火箭运动的基本数学方程，奠定了理论基础。他首先提出了火箭使用液体推进剂的倡议，经过短短的30年就实现了。他预想到现代火箭的真实结构，并论述了关于液氢－液氧作为推进剂用于火箭的可靠性，设想用新的燃料（原子核分解的能量）来做火箭的动力。他具体地阐明了用火箭进行航天飞行的条件，火箭由地面起飞的条件，人造地球卫星及实现飞向其他行星必须设置中间站的设想。他还提出过许多的技术建议，如建议用燃气舵控制火箭，用泵来强制输送推进剂，以及用仪器自动控制火箭等，都对现代火箭和航天飞行的发展起到了巨大的作用。

戈达德博士在1910年开始进行近代火箭的研究工作。他在1919年的论文中提出了火箭飞行的数学原理，指出火箭必须具有 7.9km/s 的速度才能克服地球的引力。他认识到液体推进剂火箭具有极大的潜力，1926 年 3 月他成功研制和发射了世界上第一枚液体推进剂火箭，飞行速度 10^3km/h，上升高度 12.5 米，飞行距离 56 米。

奥伯特教授在 1923 年出版的书中，不仅确立了火箭在宇宙空间真空中工作的基本原理，而且说明了火箭只要能产生足够的推力，便能绕地球轨道飞行。同齐奥尔科夫斯基和戈达德一样，他也对许多种推进剂的组合进行了广泛的研究。

（2）卫星时代

人造地球卫星的计划设想早在 1945 年就在美国出现了，美海军航空局已着手研究一种把科学仪器送入太空的卫星，次年美国陆军航空局在审核“兰德计划”的一项类似的研究报告中，就有“实验性环球空间飞行器”的初步设计。现代科学技术和一系列大功率运载火箭的发展，为人造地球卫星的研制和发射打下了坚实的基础。

1957 年 10 月 4 日，苏联用“卫星”号运载火箭把世界上第一颗人造地球卫星送入太空。该卫星呈球形，外径 0.58 米，外伸 4 根条形天线，重 83.6 千克，在天上正常工作了三个月。同年 11 月 3 日，苏联发射了第二颗卫星。该卫星呈圆锥形，重 508.3 千克，这是一颗生物卫星，除了利用小狗“莱伊卡”做生物试验外，还用于探测太阳紫外线、X 射线和宇宙线。按照今天的标准衡量，苏联的第一颗卫星只不过是一个伸展开发射机天线的圆球，但它是世界第一个人造天体，把人类几千年的梦想变成现实，为人类开创了航天新纪元。

人造地球卫星出现之后，20 世纪 60 年代苏联和美国发射了大量的科学实验卫星、技术实验卫星和各类应用卫星。20 世纪 70 年代，军用、民用卫星全面进入应用阶段，并向侦察、通信、导航、预警、气象、测地、海洋和地球资源等专门化方向发展。同时各类卫星亦向多用途、长寿命、高可靠性和低成本方向发展。21 世纪 80 年代后期兴起的单一功能的微型化、小型化卫星是卫星发展领域的新动向，这类重量轻、成本低、研制周期短、见效快的小型卫星将是未来卫星的一支生力军。除美国、苏联外，中国、日本、印度、加拿大、巴西、印度尼西亚、巴基斯坦、欧洲航天局等国和机构都拥有自己的卫星。

为什么经过短短的三十多年，航天活动取得了如此迅速的发展呢？除了美国、苏联搞空间军备竞赛发射了大量的军事应用卫星外，主要是因为人类一开始就非常重视航天技术的应用。航天活动不仅大大扩大和丰富了人类的知识宝库和物质资源，给人类日常生活带来了重大的影响和巨大的经济效益还大大推动了现代科学技术和现代工农业向前发展。

（3）空间探测

空间探测的主要目的有以下几点：了解太阳系的起源、演变和现状；通过对太阳系内的各主要行星及其卫星的比较研究进一步认识地球环境的形成和演变；了解太阳系的变化历史；探索生命的起源和演变。空间探测器实现了对月球和行星的逼近观测和直接取样探测，开创了人类探索太阳系内天体的新阶段。

月球是地球的唯一的天然卫星，自然成为空间探测的第一个目标。直接考察月球有助于更好地了解地－月系统的起源，月球是未来航天飞行理想的中间站和人类进入太阳系空间的第一个定居点。

美国和苏联自1958年至1976年共发射过83个无人月球探测器，其中美国36个，苏联47个。此后，美国、苏联再也没有发射过无人月球探测器。1990年1月，日本发射了一个月球探测器，成为第三个向月球发射探测器的国家。探测器由两部分组成，一部分（182千克）进入大椭圆轨道，在地－月系统中飞行，另一部分（11千克）在月球轨道上飞行。日本还计划在1996年2月发射一个重550千克（含推进剂190千克）的月球－A探测器。月球探测已经实现的主要方式有以下几点：在月球近旁飞过或在其表面硬着陆，利用这个过程的短暂时间探测月球周围环境和拍摄月球照片；以月球卫星的方式获取信息，其特点是探测时间长并能获取较全面的资料；在月球软着陆，利用这个过程的短暂时间探测月球周围环境和拍摄月球照片；在月球软着陆，可拍摄局部地区的高分辨率照片和进行月面土壤分析。1999年7月31日，为了确证月球上到底有没有冰，美国月球“勘探者号”进行了飞行器撞击月球实验，行星和行星际探测。人类长期借助于天文望远镜观测行星表面的细节，发现了土星光环、木星、卫星和天王星，运用万有引力定律陆续发现了海王星和冥王星；借助于近代照相技术、分光技术和光度测量技术对行星表面的物理特性和化学组成有了一定的认识。然而人们在地面隔着大气层观测行星，已经不能满足对行星的深入研究。行星和行星际探测器为行星和行星际空间的研究提供了新的手段。采用的探测方式有：从行星附近飞过拍摄照片，测定它们的辐射和磁场；在行星表面硬着陆，直接探测行星大气；绕行星飞行，成为行星的人造卫星；在行星上软着陆，对行星表面进行细致的分析和探测。1960年3月，美国发射了第一个行星际探测器“先驱者”5号，进入了一条0.8～1.0天文单位的椭圆日心轨道，测量了行星际磁场、行星际粒子和太阳风，探测表明太阳风像喷水池螺旋形喷水图形；发现地球磁场在向着太阳的一面被太阳风压缩，另一面至少延伸到500万千米。1962年8月，美国发射的“水手”2号成功地飞过金星，发现金星没有磁场和辐射带。1970年8月发射的“金星”7号第一次降落在金星表面，探测表明金星表面温度为475℃，压力为90±15个大气压。多次探测表明金星有稠密的大气层和厚厚的云层和频繁的闪电，发现金星大气中二氧化碳占97%，氮气占1%～3%，水汽占0.1%～0.4%。1964年11月发射的“水手”4号飞过火星，探测表明火星没有辐射带和磁场，测量到火星电离层的特性和大气密度垂直分布，火星表面大气压不到海平面大气压的1%，照片表明火星上的环形山与月球相似。1975年8月发射的“海盗”1号第一次在火星上着陆成功，探测表明火星大气中尘土含量很高，火星大气本身二氧化碳占95%，氮气占2.7%，还有微量的氩、氧和水汽。对火星土壤分析表明，硅占15%～20%，铁占4%，还有少量的钙、铝、硫、钛、镁、铯和钾。1973年11月发射的“水手”10号，同水星相会的探测表明，水星有极稀薄的含有微量氩、氖和氦的大气，只有地球大气的一万亿分之一；水星表面温度在510～210℃；水星有磁场，强度是地球磁场强度的1%，照片表明水星有密密麻麻的环形山。1972年2月和1973年4月发射的“先驱者”10号和11号发现木星的辐射带强度是地球辐射带强度的10000

倍，而且它的脉动磁场延伸到土星附近，发回了木星和土星的图像，以及有关土星主外光环很有价值的资料。通过小行星带时没有受到损害，最终将飞出太阳系进入恒星际空间，同时它们带有会被地外文明世界理解的信息牌。

为了探索宇宙的奥秘，美欧联合研制的“哈勃空间望远镜”于1990年4月发射升空，这项计划获得了巨大的成功，十年间进行了10多万次的天文观测，观测了大约13670个天体，向地球发回了黑洞、衰亡中的恒星、宇宙诞生早期的“原始星系”、彗星撞击木星以及遥远星系等许多壮观图像，为近2600篇科学论文提供了依据。这是人类空间天文观测工作的一个里程碑。

1997年7月4日，美国“探路者”号火星探测器在火星表面安全着陆，并释放出一辆“漫游者”号火星车，第一次拍摄到火星的彩色三维立体图像，传回地球大量的火星表面的照片。

（4）载人航天

载人航天在航天活动中占有重要位置。尽管航天器携带装置精确、灵敏度高，能自动观察、操作、储存、处理数据，但它们不能代替人的思维。初期载人航天器一方面研究航天技术，另一方面进行生物学和医学实验，研究航天员在长期失重条件下的反应，航天员在密闭舱中的工作能力，航天器对接时和走出航天器时的人的生理反应。

苏联自1961年4月到1970年9月共发射了17艘载人飞船（“东方”号6艘、“上升”号2艘、“联盟”号9艘）。1965年3月航天员在“上升”号上第一次走出飞船，1966年1月两艘“联盟”号飞船第一次在轨道上交会对接，并实现两个航天员从一艘飞船向另一艘飞船转移。1971年到1982年发射了7个重量为18～20吨的“礼炮”号空间站，截至1985年还发射了27艘载人飞船（“联盟”T号、TM号）和25艘无人飞船（“进步”号），用作天地往返运输系统。1986年发射了“和平”号空间站，这是未来永久性空间站的核心舱，于20世纪90年代建成由7个舱组成的大型空间站。俄罗斯21世纪前期发射无人和载人火星飞船以及建立载人月球基地。设计寿命为5年的“和平号”空间站运行了15年，于2001年3月23日13时59分安全地坠落在南太平洋海域。

美国自1961年5月至1966年11月发射了16艘载人飞船（“水星”和“双子星座”）。“水星”和“双子星座”计划是载人登月飞行目标“阿波罗”计划的头两个阶段。1965年6月“双子星座”飞船上的航天员第一次步入太空，1966年3月“双子星座”－8号和“阿金纳”飞行器在轨道上第一次成功地实现对接，此后，“双子星座”飞船系统进行过多次交会和对接。1967年至1972年共发射了14次“阿波罗”飞船，其中3次无人飞行，3次载人绕月飞行，6次载人登月飞行，共有12名航天员登上月球。1973年发射了“天空实验室”，并和“阿波罗”飞船进行对接。1969年美国尼克松政府宣布20世纪70年代研制载人航天飞机，1984年里根政府宣布20世纪90年代建立永久性载人空间站。

1993年9月美俄两国达成协议，合作建造一个有16国参加的国际空间站，2006年完成。2001年5月，美国宇航爱好者蒂托进入国际空间站俄罗斯舱遨游8天，成为地球旅客航天游第一人。

另外，美国和俄罗斯关于载人火星飞行的计划正在悄悄进行之中。二三十年以后，人类就可能登上红色的行星——火星。

10. 内燃机

内燃机是一种动力机械，是通过燃料在机器内部燃烧，并将其放出的热能直接转换为动力的热力发动机。广义上的内燃机不仅包括往复活塞式内燃机、旋转活塞式发动机和自由活塞式发动机，也包括旋转叶轮式的喷气式发动机，但通常所说的内燃机是指活塞式内燃机，其中往复活塞式内燃机的使用最为普遍。活塞式内燃机将燃料和空气混合，在其汽缸内燃烧，释放出的热能使汽缸内产生高温高压的燃气。燃气膨胀推动活塞做功，再通过曲柄连杆机构或其他机构将机械功输出，驱动从动机械工作。常见的有柴油机和汽油机，工作原理是将内能转化为机械能，通过做功改变内能。

（1）发展历史

活塞式内燃机起源于荷兰物理学家惠更斯用火药爆炸获取动力的研究，但因火药燃烧难以控制而未获成功。1794 年，英国人斯特里特提出从燃料的燃烧中获取动力，并且第一次提出了燃料与空气混合的概念。1833 年，英国人赖特提出了直接利用燃烧压力推动活塞做功的设计。

19 世纪中期，科学家完善了通过燃烧煤气、汽油和柴油等产生的热转化机械动力的理论。这为内燃机的发明奠定了基础。活塞式内燃机自 19 世纪 60 年代问世以来，经过不断改进和发展，已是比较完善的机械。它热效率高、功率和转速范围宽、配套方便、机动性好，所以获得了广泛的应用。全世界各种类型的汽车、拖拉机、农业机械、工程机械、小型移动电站和战车等都以内燃机为动力。海上商船、内河船舶和常规舰艇，以及某些小型飞机也都由内燃机来推进。世界上内燃机的保有量在动力机械中居首位，它在人类活动中占有非常重要的地位。

之后，人们又提出过各种各样的内燃机方案，但在 19 世纪中叶以前均未付诸实用。直到 1860 年，法国的勒努瓦模仿蒸汽机的结构，设计制造出第一台实用的煤气机。这是一种无压缩、电点火、使用照明煤气的内燃机。勒努瓦首先在内燃机中采用了弹力活塞环。这台煤气机的热效率为 4% 左右。

英国的巴尼特曾提倡将可燃混合气在点火之前进行压缩，随后又有人著文论述对可燃混合气进行压缩的重要作用，并且指出压缩可以大大提高勒努瓦内燃机的效率。1862 年，法国科学家罗沙对内燃机热力过程进行理论分析之后，提出提高内燃机效率的要求，这就是最早的四冲程工作循环。

1876 年，德国发明家奥托运用罗沙的原理，创制成功第一台往复活塞式、单缸、卧式、3.2 千瓦（4.4 马力）的四冲程内燃机。该内燃机仍以煤气为燃料，采用火焰点火，转速为 156.7 转/分，压缩比为 2.66，热效率达到 14%，运转平稳。在当时，无论是功率还是热效率，它都是最高的。

奥托内燃机获得推广，性能也在提高。1880 年单机功率达到 11 ~ 15 千瓦（15 ~ 20 马力），1893 年又提高到 150 千瓦。由于压缩比的提高，热效率也随之增高，1886 年热效率为 15.5%，1897 年高达 20% ~26%。1881 年，英国工程师克拉克研制成功第一台二冲程的煤气机，并在巴黎博览会上展出。

随着石油的开发，比煤气易于运输携带的汽油和柴油引起了人们的注意，首先获得试用的是易于挥发的汽油。1883 年，德国的戴姆勒（Daimler）创制成功第一台立式汽油机，它的特点是轻型和高速。当时其他内燃机的转速不超过 200 转/分，它却达到 800 转/分，特别适用于交通运输机械。1885—1886 年，汽油机作为汽车动力并运行成功，大大推动了汽车的发展。同时，汽车的发展促进了汽油机的改进和提高。不久，汽油机又用于小船。

1892 年，德国工程师狄塞尔（Diesel）受面粉厂粉尘爆炸的启发，设想将吸入气缸的空气高度压缩，使其温度超过燃料的自燃温度，再用高压空气将燃料吹入气缸，使之燃烧。他首创的压缩点火式内燃机（柴油机）于 1897 年研制成功，为内燃机的发展开拓了新途径。

狄塞尔开始力图使内燃机实现卡诺循环，以便获得更高的热效率，但实际上做到的是近似的等压燃烧，其热效率达 26%。压缩点火式内燃机的问世，引起了世界机械业的极大兴趣，其名字以发明者而命名，取名为“狄塞尔引擎”。

这种内燃机大多以柴油为燃料，故又称柴油机。1898 年，柴油机首先用于固定式发电机组，1903 年用作商船动力，1904 年装于舰艇，1913 年第一台以柴油机为动力的内燃机车制成，1920 年左右开始用于汽车和农业机械。

早在往复活塞式内燃机诞生以前，人们就曾致力于创造旋转活塞式发动机，但均未获成功。直到 1954 年德国工程师汪克尔（Wankel）解决了密封问题后，才于 1957 年研制出旋转活塞式发动机。该发动机被称为汪克尔发动机，又称转子发动机。它具有近似三角形的旋转活塞，在特定型面的气缸内做旋转运动，按奥托循环工作。这种发动机功率高、体积小、振动小、运转平稳、结构简单、维修方便，但由于它使用的燃料经济性较差、低速扭矩低、排气性能不理想，所以仅使用在个别型号的轿车上。

（2）系统机构

发动机是一种由许多机构和系统组成的复杂机器。无论是汽油机还是柴油机，四行程发动机还是二行程发动机，单缸发动机还是多缸发动机，要完成能量转换，实现工作循环，保证长时间连续正常工作，都必须具备以下一些机构和系统。

①曲柄连杆机构

曲柄连杆机构是发动机实现工作循环，完成能量转换的主要运动零件。它由机体组、活塞连杆组和曲轴飞轮组等组成。在做功行程中，活塞承受燃气压力在气缸内做直线运动，通过连杆转换成曲轴的旋转运动，并通过曲轴对外输出动力。而在进气、压缩和排气行程中，飞轮释放能量又把曲轴的旋转运动转化成活塞的直线运动。

②配气机构

配气机构的功用是根据发动机的工作顺序和工作过程，定时开启和关闭进气门和排气门，使可燃混合气或空气进入气缸，并使废气从气缸内排出，实现换气过程。配气机构大多采用顶置气门式配气机构，一般由气门组、气门传动组和气门驱动组组成。

③燃料供给系统

汽油机燃料供给系统的功用是根据发动机的要求，配制出一定数量和浓度的混合气，供入气缸，并将燃烧后的废气从气缸内排入大气；柴油机燃料供给系统的功用是把柴油和空气分别供入气缸，在燃烧室内形成混合气并燃烧，最后将燃烧后的废气排出。

④润滑系统

润滑系统的功用是向做相对运动的零件表面输送定量的清洁润滑油，以实现液体摩擦，减小摩擦阻力，减轻机件的磨损，并对零件表面进行清洗和冷却。润滑系统通常由润滑油道、机油泵、机油滤清器和阀门等组成。

⑤冷却系统

冷却系统的功用是将受热零件吸收的部分热量及时散发出去，保证发动机在最适宜的温度状态下工作。水冷发动机的冷却系统通常由冷却水套、水泵、风扇、水箱、节温器等组成。

⑥点火系统

在汽油机中，气缸内的可燃混合气是靠电火花点燃的，为此在汽油机的气缸盖上装有火花塞，火花塞头部伸入燃烧室内。能够按时在火花塞电极间产生电火花的全部设备称为点火系统，点火系统通常由蓄电池、发电机、分电器、点火线圈和火花塞等组成。

⑦起动系统

要使发动机由静止状态过渡到工作状态，必须先用外力转动发动机的曲轴，使活塞做往复运动，气缸内的可燃混合气燃烧膨胀做功，推动活塞向下运动使曲轴旋转，这样发动机才能自行运转，工作循环才能自动进行。因此，曲轴在外力作用下开始转动到发动机开始自动地怠速运转的全过程，称为发动机的起动。完成起动过程所需的装置，称为发动机的起动系。汽油机由两大机构和五大系统组成，即由曲柄连杆机构、配气机构两大机构和燃料供给系统、润滑系统、冷却系统、点火系统、起动系统五大系统组成；柴油机由以上两大机构和四大系统组成，即由曲柄连杆机构、配气机构两大机构和燃料供给系统、润滑系统、冷却系统、起动系统四大系统组成。由于柴油机是压燃的，所以不需要点火系统。

往复活塞式内燃机的组成主要有曲柄连杆机构、机体和气缸盖、配气机构、供油系统、润滑系统、冷却系统、起动装置等。

汽缸是一个圆筒形金属机件。密封的气缸是实现工作循环、产生动力的源地。各个装有气缸套的气缸安装在机体里，它的顶端用气缸盖封闭着。活塞可在气缸套内往复运动，并从气缸下部封闭气缸，从而形成容积做规律变化的密封空间。燃料在此空间内燃烧，产生的燃气动力推动活塞运动。活塞的往复运动经过连杆推动曲轴做旋转运动，曲轴再从飞轮端将动力输出。由活塞组、连杆组、曲轴和飞轮组成的曲柄连杆机构是内燃机传递动力的主要部分。

活塞组由活塞、活塞环、活塞销等组成。活塞呈圆柱形，上面装有活塞环，借以在活塞往复运动时密闭气缸。上面的几道活塞环称为气环，用来封闭气缸，防止气缸内的气体泄漏；下面的活塞环称为油环，用来将气缸壁上多余的润滑油刮下，防止润滑油窜入气缸。活塞销呈圆筒形，它穿入活塞上的销孔和连杆小头中，将活塞和连杆连接起来。连杆大头端分成两部分，由连杆螺钉连接起来，它与曲轴的曲柄销相连。连杆工作时，连杆小头端随活塞做往复运动，连杆大头端随曲柄销绕曲轴轴线做旋转运动，连杆大小头间的杆身做复杂的摇摆运动。

曲轴的作用是将活塞的往复运动转换为旋转运动，并将膨胀行程所做的功通过安装在曲轴后端上的飞轮传递出去。飞轮能储存能量，使活塞的其他行程能够正常工作，并使曲轴旋转均匀。为了平衡惯性力和减轻内燃机的振动，在曲轴的曲柄上可适当装置平衡质量。

（3）常用术语

工作循环：内燃机热能和机械能的转换，通过活塞在气缸中进行连续的进气、压缩、动力和排气过程。每台机器的过程称为一个工作循环。

上止点和下止点：活塞在气缸中移动时，最高的点叫上止点（或叫上死点），最低的点叫下止点。

活塞冲程：上、下止点之间的最小直线距离，称为活塞的行程（或活塞冲程）。曲轴与连杆大端的连接中心到曲轴的旋转中心之间的最小直线距离称为曲柄的旋转半径。

工作容积：活塞从上止点运动到下止点所经过的容积，称为气缸容积（活塞排量移）。

压缩比：就是发动机混合气体被压缩的程度，用压缩前的气缸总容积与压缩后的气缸容积（即燃烧室容积）之比来表示空气充满气缸。压缩比越大，表明活塞运动时，在一定范围内气体被压缩得越厉害，其气体的温度和压力就越高，内燃机的效率也就越高。

（4）内燃机的分类

内燃机的分类方法很多，按照不同的分类方法可以把内燃机分成不同的类型，下面让我们来看看内燃机是怎样分类的。

①着火方式

内燃机根据缸内着火方式的不同可以分为点燃式发动机和压燃式发动机。点燃式发动机有三大结构和五大系统。三大结构分别为曲柄连杆、配气机构和机体，五大系统分别为供油、冷却、润滑、起动和点火。压燃式发动机有三大结构和四大系统。三大机构分别为曲柄连杆、配气机构和机体，四大系统分别为供油、冷却、润滑、起动。

②所用燃料

内燃机按照所使用燃料的不同可以分为汽油机和柴油机。使用汽油为燃料的内燃机称为汽油机；使用柴油为燃料的内燃机称为柴油机。汽油机与柴油机相比各有特点：汽油机转速高、质量小、噪声小、起动容易、制造成本低；柴油机压缩比大、热效率高，经济性能和排放性能都比汽油机好。

③按照行程

内燃机按照完成一个工作循环所需的行程数可分为四冲程内燃机和二冲程内燃机。人们把曲轴转两圈（720°），活塞在气缸内上下往复运动四个行程，完成一个工作循环的内燃机称为四冲程内燃机；把曲轴转一圈（360°），活塞在气缸内上下往复运动两个行程，完成一个工作循环的内燃机称为二冲程内燃机。汽车发动机广泛使用四冲程内燃机。

④冷却方式

内燃机按照冷却方式的不同分为水冷发动机和风冷发动机。水冷发动机是利用在气缸体和气缸盖冷却水套中进行循环的冷却液作为冷却介质进行冷却的；而风冷发动机是利用流动于气缸体与气缸盖外表面散热片之间的空气作为冷却介质进行冷却的。水冷发动机冷却均匀，工作可靠，冷却效果好，被广泛地应用于现代车用发动机。

⑤气缸数目

内燃机按照气缸数目不同可以分为单缸发动机和多缸发动机。仅有一个气缸的发动机称为单缸发动机；有两个以上气缸的发动机称为多缸发动机，如双缸、三缸、四缸、五缸、六缸、八缸、十二缸等都属于多缸发动机。现代车用发动机多采用四缸、六缸、八缸发动机。

⑥汽缸排列

内燃机按照气缸排列方式的不同分为单列式和双列式。单列式发动机的各个气缸排成一列，一般是垂直布置的，但为了降低高度，有时也把气缸布置成倾斜的甚至水平的；双列式发动机把气缸排成两列，两列之间的夹角 $<180°$（一般为 90°），称为 V 形发动机，若两列之间的夹角为 180°，称为对置式发动机。

⑦增压方式

内燃机按照进气系统是否采用增压方式分为自然吸气式（非增压式）发动机和强制进气（增压式）发动机。汽油机常采用自然吸气式发动机，柴油机为了提高功率通常采用增压式发动机。

（5）工作原理

气缸盖中有进气道和排气道，内装进气门、排气门。新鲜充量（空气或空气与燃料的可燃混合气）经空气滤清器、进气管、进气道和进气门充入气缸。膨胀后的燃气经排气门、排气道和排气管，最后经排气消声器排入大气。进气门、排气门的开启和关闭是由凸轮轴上的进、排气凸轮，通过挺柱、推杆、摇臂和气门弹簧等传动件分别加以控制的，这一套机件称为内燃机配气机构。通常由空气滤清器、进气管、排气管和排气消声器组成进排气系统。

为了向气缸内供入燃料，内燃机均设有供油系统。汽油机通过安装在进气管入口端的化油器将空气与汽油按一定比例（空燃比）混合，然后经进气管供入气缸，由汽油机点火系统控制的电火花定时点燃。柴油机的燃油则通过柴油机喷油系统喷入燃烧室，在高温高压下自行燃烧。

内燃机气缸内的燃料燃烧使活塞、气缸套、气缸盖和气门等零件受热，温度升高。

为了保证内燃机正常运转，上述零件必须在许可的温度下工作，不致因过热而损坏，所以必须备有冷却系统。

内燃机不能从停车状态自行转入运转状态，必须由外力转动曲轴，使之起动。这种产生外力的装置称为起动装置。常用的有电起动、压缩空气起动、汽油机起动和人力起动等方式。

内燃机的工作循环由进气、压缩、燃烧和膨胀、排气等过程组成。这些过程中只有膨胀过程是对外做功的过程，其他过程都是为了更好地实现做功过程而需要的过程。按实现一个工作循环的行程数，工作循环可分为四冲程和二冲程两类。

四冲程是指在进气、压缩、膨胀（做功）和排气四个行程内完成一个工作循环，此间曲轴旋转两圈。进气行程时，此时进气门开启，排气门关闭。流过空气滤清器的空气，或经化油器与汽油混合形成的可燃混合气，经进气管道、进气门进入气缸；压缩行程时，气缸内气体受到压缩，压力增高，温度上升；膨胀行程是在压缩上止点前喷油或点火，使混合气燃烧，产生高温、高压，推动活塞下行并做功；排气行程时，活塞推挤气缸内废气经排气门排出。此后再由进气行程开始，进行下一个工作循环。

二冲程是指在两个行程内完成一个工作循环，此期间曲轴旋转一圈。首先，当活塞在下止点时，进气门、排气门都开启，新鲜充量由进气门充入气缸，并扫除气缸内的废气，使之从排气门排出；随后，活塞上行，将进气门、排气门均关闭，气缸内充量开始受到压缩，直至活塞接近上止点时点火或喷油，使气缸内可燃混合气燃烧；气缸内燃气膨胀，推动活塞下行做功；当活塞下行使排气门开启时，废气由此排出，活塞继续下行至下止点，即完成一个工作循环。

内燃机的排气过程和进气过程统称为换气过程。换气的主要作用是尽可能把上一循环的废气排除干净，使本循环供入尽可能多的新鲜充量，以及使尽可能多的燃料在气缸内完全燃烧，从而发出更大的功率。换气过程的好坏直接影响内燃机的性能。为此除了降低进、排气系统的流动阻力外，主要是使进气门、排气门在最适当的时刻开启和关闭。

实际上，进气门是在上止点前开启的，以保证活塞下行时进气门有较大的开度，这样可在进气过程开始时减小流动阻力，减少吸气所消耗的功，同时也可充入较多的新鲜充量。当活塞在进气行程中运行到下止点时，由于气流惯性，新鲜充量仍可继续充入气缸，故使进气门在下止点后延迟关闭。

排气门也在下止点前提前开启，即在膨胀行程后部分即开始排气，这是为了利用气缸内较高的燃气压力，使废气自动流出气缸，从而使活塞从下止点向上止点运动时气缸内气体压力低些，以减少活塞将废气排挤出气缸所消耗的功。排气门在上止点后关闭的目的是利用排气流动的惯性，使气缸内的残余废气排除得更干净。

（6）用途应用

①内燃机的利用范围

内燃机的利用范围较为广泛，如地面上各类运输车辆（汽车、拖沓机、内燃机车等），矿山、建筑及工程等。国家的限电政策导致很多地方用自备电源发电，所以水上运输可作内河及海上船舶的主机和辅机。军事方面，如坦克、装甲车、步兵战车、重兵器牵引车和各类水面舰艇等都大量利用内燃机。

②内燃机的优点

内燃机的热能利用率高，增压柴油机的最高热效率可达 46%，而蒸汽机仅有 11% ~16%。功率范围广，适应性能好，最小的内燃机功率不到 0.73 千瓦，最大的内燃机功率可达 34000 千瓦。结构紧凑，重量轻，体积小，燃料和水的消耗量也少。使用操作方便，起动快。在正常情况下，一般的柴油机和汽油机能够在 3 ~5 秒内起动，并能在短时间内达到全负荷运转。在石油工业中，石油勘探工作都在野外，流动性大，对于动力设备的选择和要求较高，即要有足够大的功率、结构紧凑、重量轻、便于搬运和安装、燃料和水的消耗少，因此内燃机在石油勘探工作中得到广泛的应用。

③内燃机的缺点

对燃料要求较高，一般以汽油或轻柴油为燃料，并且对燃料的洁净度要求较高。对环境的污染也越来越严重。布局复杂，发展空间——机电行业的多来源业务经营路线及通过长期大量的潜在客户积累与转化的方式。

（7）可持续发展

内燃机性能主要包括动力性能和经济性能。动力性能是指内燃机发出的功率（扭矩），表示内燃机在能量转换中量的大小，标志动力性能的参数有扭矩和功率等。经济性能是指发出一定功率时燃料消耗的多少，表示能量转换中质的优劣，标志经济性能的参数有热效率和燃料消耗率。

内燃机未来的发展将着重于改进燃烧过程，提高机械效率，减少散热损失，降低燃料消耗率；开发和利用非石油制品燃料、扩大燃料资源；减少排气中的有害成分，降低噪声，减轻对环境的污染；采用高增压技术，进一步强化内燃机，提高单机功率；研制复合式发动机、绝热式涡轮复合式发动机等；采用微处理机控制内燃机，使之在最佳工况下运转；加强结构强度的研究，以提高工作可靠性和寿命。

第十三章　电路初探

一、课标分析

（一）课标要求

本章内容对应2022年版课标课程内容一级主题“能量”下的二级主题“电磁能”的内容，涉及的学科内容与日常生活联系密切。课标要求如下：

3.4.1　从能量转化的角度认识电源和用电器的作用。

例1　定性说明电热水壶、电风扇工作时能量转化的情况。

3.4.2　知道电压、电流和电阻。探究电流与电压、电阻的关系，理解欧姆定律。

3.4.3　会使用电流表和电压表。

3.4.4　会看、会画简单的电路图。会连接简单的串联电路和并联电路。能说出生产生活中采用简单串联电路或并联电路的实例。探究并了解串联电路和并联电路中电流、电压的特点。

（二）课标解读

将课标要求与核心素养的要求进行对比理解，课标中的3.4.1从能量转化的角度认识电源和用电器的作用，旨在培养学生的物理观念，如能量观念的培养。课标中的3.4.4要求会看、会画简单的电路图；会连接简单的串联电路和并联电路；能说出生产生活中采用简单串联电路或并联电路的实例；探究并了解串联电路和并联电路中电流、电压的特点。这一要求旨在培养学生的模型建构能力及科学探究能力。

二、教材分析

（一）各版本教材对比

六个版本教材中，所有版本教材都将电路初探内容放在九年级部分，章节安排如表13－1所示。

表 13－1　各版本教材章节安排

教材版本	章次	节名称
人教版	第十五章 第十六章	两种电荷；电流和电路；串联和并联；串、并联电路中电流的规律；电压；串、并联电路中电压的规律
北师大版（北京版）	第九章 第十章	认识电路；不同物质的导电性能；电流及其测量；电压及其测量 学生实验：连接串、并联电路；串、并联电路的特点
教科版	第三章 第四章	电现象；电路；电路的连接；活动：电路创新设计展示 电流；电压：电流产生的原因
沪粤版	第十三章	从闪电谈起；电路的组成和连接方式；怎样认识和测量电流；探究串、并联电路中的电流；怎样认识和测量电压；探究串、并联电路中的电压
沪科版	第十四章	电是什么；让电灯发光；连接串联电路和并联电路；科学探究：串联和并联电路的电流；测量电压
苏科版	第十三章	初识家用电器和电路；电路连接的基本方式；电流和电流表的使用；电压和电压表的使用

（二）苏科版教材单元内容概述

苏科版教材中，本章主要探究电路的基本结构及其特点，第十四章研究电路的“交通规则”——欧姆定律，第十五章探究电能与内能的相互转化关系，从现象到规律，从定性到定量，层层递进，在对探究过程的体验中逐步深化对电的认识和理解。本章知识体系如图 13－1 所示。

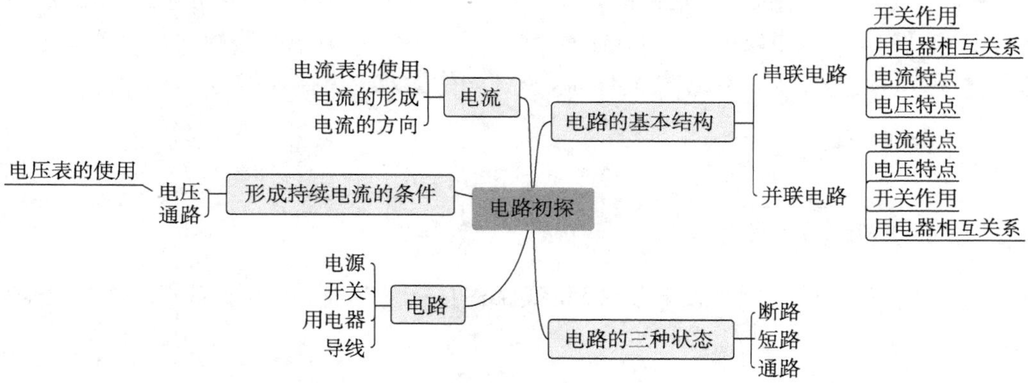

图 13－1

三、教学建议

（一）单元教学思路

本章围绕课标中课程内容“电磁能”这一主题展开，主要探究电路的基本结构及其特点。从教学内容来看，本章从观察手电筒入手，了解电路的基本结构；从设计房间电路出发，学习最简单的串联、并联电路；结合练习使用电流表、电压表，探究、比较串联和并联电路的特点，从整体上初步把握电路的基本特征；利用与水流的类比，引入电流和电压的概念，但不涉及这两个物理量的定义，降低了学生学习的难度。本章每节设置了学生在生活中会碰到的真实问题情境，如手电筒结构的观察、房间电路的设计、小灯泡上标识的认读等，引导学生探究其中的物理原理，最终通过综合实践活动——简单电路的设计，促进学生把所学的知识运用到实际生活中。本章设置了七个课堂探究活动和两个学生实验，以真实的生活情境吸引学生，通过有一定内在联系的问题串展开学习，同时倡导合作学习，使每一位学生自主进行问题解决和意义建构。如针对第二节的生活情境：小明想在自己的房间里安装吊灯和壁灯，提出如何使两盏电灯同时亮起来；比较两种电路，它们各有何特点；小明房间里的吊灯、壁灯和开关应该如何连接。通过解决环环相套的问题串，学习基本的电路知识，练习简单电路的连接。

（二）课时教学建议及教学方式

本章课时教学建议及教学方式如表 13－2 所示。

表 13－2　　课时教学建议及教学方式

节次	建议课时数	教学方式
第一节	2 课时	演示实验、分组实验等
第二节	1 课时	演示实验、分组实验等
第三节	2 课时	演示实验、分组实验等
第四节	2 课时	演示实验、分组实验等
综合实践活动	2 课时	演示实验、分组实验等

（三）课例示范

第一节　初识家用电器和电路

【课标及教材分析】

本节属于2022 年版课标课程内容中一级主题“能量”下的二级主题“电磁能”

的部分内容。课标中的相关内容要求：从能量转化的角度认识电源和用电器的作用。

本节内容为苏科版教材第十三章第一节，教材安排了三个探究活动，在活动 13.1 中引导学生从熟悉的家用电器着手，对各种家用电器进行观察、分类，讨论家用电器使生活发生的变化，并从能量转化的角度深化讨论，以突出能量主线，培养学生的观察、分析能力，使学生知道科学就在身边。

活动 13.2 中，学生通过观察倍感亲切的手电筒，了解电路的基本组成、安装方式及其作用。在对手电筒观察、研究的基础上，让学生连接电路，不仅要求能使一个小灯泡亮起来，还要能利用开关控制灯泡，从而使学生在活动中深化对电路结构、电路器件作用的认识，并了解电路的概念以及电路的通、断状态，知道连接电路的基本规范。最后介绍了电路元件的符号和电路图，使学生对电路图有初步的认识。

在“生活·物理·社会”板块中简单介绍了许多家用电器的集成电路及其制作过程，以及集成电路的发明使电路体积缩小等知识。

【学情分析】

学生在小学的科学课上已经学过部分电学的内容，通过对小学阶段电学知识内容的学习，结合自身的生活经验，学生已经初步具备了浅显的电学知识，但是这些知识还不够深刻、规范、科学，需要学生通过进一步学习加以理解，进而建构科学的电学知识体系。

【教学目标】

（1）知道电路的基本组成及其作用。
（2）知道电路的通路、开路和短路状态，了解电源短路的危害。
（3）知道常用电路器件的符号，会用这些符号画出简单的电路图。

【教学重难点】

（1）教学重点：知道电路的组成及各个组成部分的作用；了解电路的通路、断路和短路以及电源短路的危害。

（2）教学难点：根据电路的实物连接图画出相对应的电路图；根据电路图对应连接实物图。

【教学设计】

本节教学设计具体内容如表 13－3 所示。

表 13－3　　第一节教学设计

情境	教师活动	学生活动	设计意图
PPT 投影各种家用电器图片。	导入新课：随着科学技术的飞速发展，各种新型家用电器应运而生，我们的生活发生了翻天覆地的变化。	学生课前调查各自家庭中的家用电器及其在生活中的用途，然后写一份调查报告，注意尝试运用一定的标准对各种电器进行分类，并在班上交流。	通过学生熟悉的家用电器，从能量转化角度深化讨论，以突出能量主线，旨在培养学生的观察、分析能力，使学生知道科学就在我们身边。 让学生尝试运用一定的标准对所列物体进行分类，鼓励他们提出不同的分类标准。
PPT 投影各种电源图片。	讲授新课： 活动 1：电在我家里。 请同学们说说，你们家中有哪些家用电器？这些家用电器给你们的生活带来了什么变化？ 能持续供电的装置叫作电源，从能量转化的观点来看，电源是把其他形式的能转化为电能的装置。	学生思考：日常生活中有哪些常见的电源，并对这些电源进行分类。	体现了物理联系实际生活的教学理念。
PPT 投影手电筒图片。	活动 2：观察手电筒。 电源是如何将电能输送给家用电器的？引导学生观察自带的手电筒。	(1) 按下手电筒的开关按钮，观察电灯的发光情况。 (2) 打开手电筒的后盖进行观察。电池是怎样安放的？后盖与电池是怎样连接的？(注：后盖里一般都有一个弹簧将电池和后盖相连，这是为了能够接触良好。) (3) 仔细观察手电筒的金属滑键和按钮，说说它们的作用。 (4) 打开手电筒前部进行观察，电灯是怎样安装的？	引导学生进行有序的观察，使学生知道手电筒每一部分起什么作用，从而更好地理解电路的组成。

续 表

情境	教师活动	学生活动	设计意图
PPT 投影手电筒图片。	体验：如果手电筒的后盖与电池、前部的电灯和灯座、手电筒的按钮有一处出现接触不良或不能接触，会出现什么情况？	感知断路现象。	让学生通过体验知道断路是怎样形成的。
正确连接电路。	活动 3：怎样使一个小电灯亮起来？ (1) 为了防止电源短路，连接时开关必须断开。 (2) 为了防止连接顺序不正确甚至有漏连的现象，建议从电源的正极连起，再依次连接开关、用电器，最后再连接电源的负极。 (3) 电路连接好后，不能立即闭合开关，要先认真检查是否还有连接错误，如有，要及时纠正。检查无误后，才能闭合开关接通电路。	(1) 学生阅读教材 62 页的“信息快递”，熟悉连接电路的注意事项。 (2) 以小组合作的方式进行比赛，制作一个“手电筒”，看哪一组能第一个使电灯亮起来，并能用开关控制小电灯。 (3) 思考：一个完整的电路由哪些部分组成？电路中的各个组成部分分别起什么作用？ (4) 对照电路，认识什么叫通路，什么叫断路，说说它们之间有什么差别，什么情况下会形成断路？	在连接电路的过程中，要使学生一开始就养成良好的习惯。 在课堂上引入竞争机制，有利于提高学生的学习效率和增强他们的竞争意识。 通过探究，总结出电路的组成及其作用，符合学生的认知规律。
PPT 投影各种电路元件符号。	教师示范画教材 65 页上的电路元件符号，引导学生规范作图，养成良好的习惯。 (1) 完整地反映电路的组成，不能遗漏任一电路元件。 (2) 一定要用统一规定的电路图符号。 (3) 连接线要画得横平竖直，线路要画得简洁、整齐、美观。	(1) 画出教材 64 页活动 13.3 的电路图。 (2) 尝试画出手电筒的电路图。	通过教师的演示，学生了解如何规范作图，有利于后续电学知识的学习。 学生通过练习，可以及时纠正作图中的错误。

续　表

情境	教师活动	学生活动	设计意图
本课小结。	（1）通过本节课的学习，你们又学到了哪些新的知识？ （2）你们在本节课的学习过程中，应用了哪些科学方法？	总结提升。	学生在回顾本节课所学知识的同时，还要从物理学的方法上总结，从而形成一定的探索能力。

第二节　电路连接的基本方式

【课标及教材分析】

本节属于2022年版课标课程内容中一级主题“能量”下的二级主题“电磁能”的部分内容。课程标准中的相关内容要求：会看、会画简单的电路图；会连接简单的串联电路和并联电路；能说出生产生活中采用简单串联电路或并联电路的实例。

本节以小明提出的问题“在我的房间里需要安装吊灯和壁灯，电路应当怎样连接呢”创设真实的情境，然后通过两个活动展开探究。活动13.4通过解决如何使两个小灯泡亮起来这一问题，找到两种最基本的电路连接方式，即串联和并联。活动13.5目的在于引导学生探究串联、并联的特点，让学生通过观察、比较总结出串联、并联电路的特点，并通过交流、评价认识物理学在生活中的重要作用。

“生活·物理·社会”板块结合生活中的实例，介绍了节日彩灯的不同连接方式，并对冰箱电路进行了简要分析，以加深学生对串联、并联电路的理解，体现了“从生活走向物理，从物理走向社会”的课程理念。

【学情分析】

通过第一节内容的学习，学生对简单电路及其连接有了亲身体验，但是对简单电路的连接方式还不够了解，也不知道不同连接方式的电路中的开关及家用电器的特点。

【教学目标】

（1）通过实验，了解电路连接的基本方式。
（2）通过探究，知道串联电路和并联电路的基本特点。
（3）了解串联、并联电路在生活中的应用。

【教学重难点】

（1）教学重点：知道串联电路、并联电路的基本特点；会连接简单的串联电路和并联电路。

（2）教学难点：会连接并联电路；能说出并设计生活、生产中采用简单串联或并联的实例。

【教学设计】

本节教学设计具体内容如表 13－4 所示。

表 13－4　　第二节教学设计

情境	教师活动	学生活动	设计意图
PPT 播放房间里面用开关控制吊灯和壁灯分别工作的视频。	创设问题情境：小明的房间里需要安装吊灯和壁灯，电路应当怎样连接呢？ 一共有几种不同的连接方式？请将电路图画出来。	小组交流。 总结出电路的连接有两种基本方式：一种是串联，把用电器逐个顺次连接起来的电路；另一种是并联，把用电器并列地连接起来的电路。	教师要强调不允许发生电源短路的情况。在此前提下，采用小组合作的方式，放手发动学生进行自主探究，并利用实物投影仪进行交流，归纳得出基本的电路连接方式。
串联电路和并联电路的连接方式。	活动 1：怎样使两盏电灯亮起来？ 现有两盏带灯座的小电灯及电池、开关和导线若干，请试着把它们连接起来，使两盏电灯同时发光。 同学们设计的两种电路都能使两盏小电灯亮起来，那么它们之间有什么差别呢？ 活动 2：串联电路和并联电路的比较。 （1）在两盏小电灯串联且都发光的情况下，取下其中一盏小电灯，观察实验现象。 （2）在两盏小电灯并联且都发光的情况下，取下其中一盏小电灯，观察实验现象。 （3）在两盏小电灯串联的电路上，再串联一盏小电灯，接通电路后，观察实验现象。 （4）在两盏小电灯并联的电路上，再并联一盏小电灯，接通电路后，观察实验现象。	总结：串联电路中用电器是逐个顺次连接起来的，电流只有一条通道，各用电器中通过的电流大小相同。 总结：并联电路中用电器是并列连接起来的，电流有多条通道，各用电器彼此独立工作，互不影响。	本活动的目的是解决本节开始提出的房间电路设计问题。主要是通过观察，加以对比分析，找出串联、并联电路的特点，并清晰地表述出来，体现了在探究活动中进行方法教育的思想。

续　表

情境	教师活动	学生活动	设计意图
引导分析。	活动3：交流与讨论。 小明房间里的吊灯和壁灯应该如何连接？开关应该如何设置？ （1）用直流电源代替交流电源，制作电路模型，观察模拟效果。 （2）根据串联、并联电路的特点，选用合适的连接方式，画出电路图。	小组交流讨论：吊灯和壁灯应独立工作，互不影响，所以两个灯应分别由不同的开关控制。	此活动采用小组讨论的方式，让学生在问题的驱动下自主探索，为学生创造广阔的活动空间、思维空间和表现空间。鼓励学生互相讨论，提出不同的见解，使每一个学生都有获得成功的机会。
PPT播放节日期间城市道路两旁的彩灯工作的场景视频。	道路两侧的树上和商店门前的彩灯，扮靓了我们的城市，它们是由许多小电灯组成的，是怎么连接的呢？ 活动4：观察节日彩灯及其连接方式。 有时在整串节日彩灯中，会看到有几只小彩灯不亮，其他小彩灯则明亮如常，这是为什么？教师引导学生观察冰箱内电灯和压缩机的连接方式。然后进行演示，以证实学生观察到的事实。 讨论：为什么电灯和压缩机需要并联？	观察节日之夜街头的彩灯，对小彩灯的连接方式提出猜想。 利用自己带来的一串彩灯（或由教师提供）进行小组合作探究，确定小彩灯之间的连接方式。	本活动与教学联系紧密，节日彩灯和冰箱中电器元件的连接方式生动地反映了串联、并联电路在生活中的应用，可与课外活动结合起来，发动学生进行自主探究，这样有利于培养学生学以致用的好习惯，激发他们学习物理的兴趣。
课堂小结。	（1）通过本节课的学习，你们获得了哪些知识？ （2）通过本节课的探究，你们又掌握了哪些科学方法？	总结提升。	一节物理课，不仅要让学生学到物理知识，还要让学生掌握一定的科学方法。

第三节　电流和电流表的使用

【课标及教材分析】

本节属于2022年版课标课程内容中一级主题“能量”下的二级主题“电磁能”的部分内容。课程标准中的相关内容要求：知道电流；会使用电流表；探究并了解串联电路和并联电路中电流的特点。

本节通过与水流的类比，简要说明电流的概念，教科书中没有提出电流的定义，可以减轻学生的学习负担。

本节的重点是对电流表的认识与使用。活动13.6使学生了解了双量程电流表的读数规则。电流表使用的注意事项在“信息快递”中呈现，以培养学生阅读、自学能力，为在生活中通过说明书使用家用电器等打下基础。电流表的使用与探究串联、并联电路中电流的特点结合起来，赋予了电流表操作训练的实际物理内容。

教材较好地掌握了对学生探究活动指导的尺度，做到收放有度。在活动13.6中，用具体的问题引导学生观察、认识电流表，重点放在双量程问题上，比较强调教师、教科书的指导作用。在学生实验“探究串、并联电路电流的特点”中，实验设计由教科书提供，实验操作和结论的得出由学生完成。由此可见，教科书对活动和学生实验的处理是不同的。对于电流表的使用方法，要求学生通过阅读在使用中逐步掌握；对于并联电路中电流特点的实验，则要求学生自主完成。

【学情分析】

学生在小学的科学课上已经接触过电流的相关内容，但是对电流的理解还不够深刻、规范、科学。此外，学生对电流表及串、并联电路中电流的特点没有经验基础。

【教学目标】

（1）通过与水流的类别，了解电流的概念，知道电流的单位。

（2）学会正确使用电流表。

（3）通过探究，知道串联电路和并联电路中电流的特点。

【教学重难点】

（1）教学重点：电流的概念，知道电流的单位；正确使用电流表测量电流大小；了解串、并联电路中电流特点。

（2）教学难点：电流表的读数；电流表量程的选择及故障分析。

【教学设计】

本节教学设计具体内容如表13－5所示。

表 13－5　　第三节教学设计

情境	教师活动	学生活动	设计意图
演示实验。	教师演示：连接小电灯的电路实验，闭合开关，小电灯就会发光。提问：为什么小电灯会亮？ 通过介绍水流的形成，引入电流的概念。水流通过水轮机，能使水轮机转动，那么电流流过灯丝，能使电灯发光。	学生观察实验现象，思考电灯发光的原因。 学生观察水轮机和电灯发光的图片，体会类比的方法，形成电流的初步概念。	创设情境，提出问题。 此过程旨在让学生了解类比方法，初步建立电流的概念。
演示实验，提出新的问题。	教师演示：用一节干电池给电灯供电与用两节干电池给电灯供电，让学生观察电灯亮度的变化。 提出问题：两次电灯的亮度一样吗？为什么会有这样的现象？提出自己的看法。 在物理学中，用电流强度表示电流的大小，用字母 I 表示。在国际单位制中，电流的单位是安培，简称安，符号为 A。 电流常用单位：毫安（mA）、微安（μA）。 换算关系： 1A = 1000mA 1mA = 1000μA 指导学生了解常见用电器的电流值。	学生观察用一节干电池给电灯供电与用两节干电池给电灯供电，电灯的亮度是否相同，并讨论得出亮度不同的原因。 学生了解电流的单位及其单位之间的换算关系。 学生对照教材，再举一些常见家用电器的电流值。	通过实验学生认识到电流有强弱之分，从而引入电流强度的概念。 使学生了解电流的单位及单位之间的换算关系。 把物理与生活联系起来，并使学生对电流单位——安培的大小有一个感性认识。
教师巡视指导。	指导学生阅读电流表的使用说明书，并让他们思考： （1）电流表有几个接线柱？各标有什么符号或数字？它们分别表示什么？ （2）电流表有几个量程（测量范围）？对于不同的量程，刻度盘上的分度值各是多少？	学生阅读电流表的使用说明书并思考问题。 学生归纳使用电流表时应注意的事项： ①调零。 ②必须串联在待测电路中。 ③电流从标有“0.6”或“3”的接线柱流进电流表，从标有“－”的接线柱流出电流表。	培养学生的观察和归纳能力。 通过这一活动，学生进一步了解了电流表的使用。

续　表

<table>
<tr><th>情境</th><th>教师活动</th><th>学生活动</th><th>设计意图</th></tr>
<tr><td>教师巡视指导。</td><td>（3）电流表在使用时应注意哪些问题？
指导学生归纳电流表使用时的注意事项。
指导学生读出教材上电流表的示数。</td><td>④绝对不允许把电流表直接接到电源两极。
⑤可以用大量程快速试触决定应该选择哪一个量程。
学生读数。</td><td>使学生了解电流表读数的正确方法。</td></tr>
<tr><td>讨论思考。</td><td>指导学生讨论思考：电流表量程选择过大或过小有什么不好？</td><td>学生思考、讨论并回答：电流表量程选择过大则测量结果不准确，电流表量程选择过小会烧坏电流表。</td><td>使学生进一步明确电流表使用时应注意的问题。</td></tr>
<tr><td>教师引导学生探究串联电路中电流的特点。</td><td>指导学生探究串联电路电流的特点。
（1）按图 13－2 所示的电路图连接好电路。猜一猜，闭合开关后，通过 a、b、c 三点的电流 I_a、I_b、I_c 之间有什么关系？
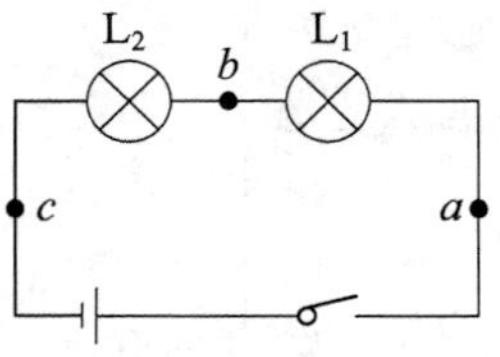

图 13－2
（2）把电流表串联在 a 处，测出 a 处的电流。然后用同样的方法测出 b、c 两处的电流，并把结果填入表格。
（3）换上不同的电灯，再次测量 a、b、c 三处的电流。
指导学生根据实验所测结果进行分析，得出串联电路电流的特点。</td><td>学生进行探究活动，并把测出的数据填入下表。<table><tr><th>序号</th><th>I_a/A</th><th>I_b/A</th><th>I_c/A</th></tr><tr><td>①</td><td></td><td></td><td></td></tr><tr><td>②</td><td></td><td></td><td></td></tr></table>学生分析数据得出串联电路电流的特点：
$I_a=I_b=I_c$</td><td>学生通过探究活动了解串联电路电流特点。</td></tr>
</table>

续　表

<table>
<tr><th>情境</th><th>教师活动</th><th>学生活动</th><th>设计意图</th></tr>
<tr>
<td>教师引导学生探究并联电路中电流的特点。</td>
<td>探究并联电路电流特点。
(1) 按图 13－3 所示电路连接好电路。猜一猜，闭合开关后，通过 a、b、c 三点的电流 I_a、I_b、I_c，它们之间有什么关系？
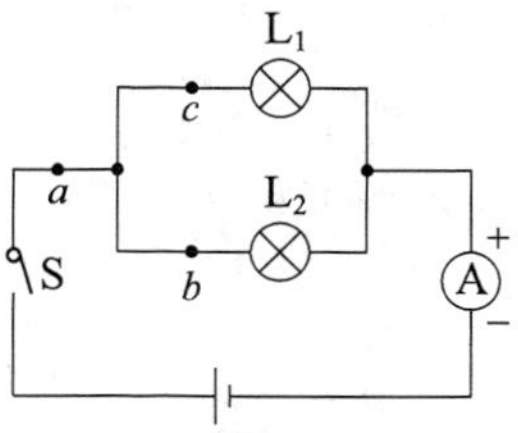

图 13－3
(2) 把电流表串联在 a 处，测出 a 处的电流。然后用同样的方法测出 b、c 两处的电流，并把结果填入表格中。
(3) 换上不同的电灯，再次测量 a、b、c 三处的电流。
指导学生根据实验所测结果进行分析，得出并联电路电流的特点。</td>
<td>学生进行探究活动，并把测出的数据填入下表。
<table><tr><th>序号</th><th>I_a/A</th><th>I_b/A</th><th>I_c/A</th></tr><tr><td>①</td><td></td><td></td><td></td></tr><tr><td>②</td><td></td><td></td><td></td></tr></table>学生分析数据得出并联电路电流的特点：
$I_a = I_b + I_c$</td>
<td>学生通过探究活动了解并联电路电流特点。</td>
</tr>
</table>

第四节　电压和电压表的使用

【课标及教材分析】

本节以联系紧密、层层递进的探究活动和学生实验展开教学，使学生初步掌握电压表的使用方法。教科书的编写思路与第三节相似，以电路与水路的类比引入电压的概念，给出了使用电压表的注意事项，要求学生通过阅读，进行正确操作，并从使用规则的角度，分析、比较电流表和电压表的异同，了解常用的物理学思维方法及其应用。教师引导学生通过学生实验“探究串、并联电路电压的特点”，进一步训练学生使用电压表的技能。

“生活·物理·社会”板块提出了废干电池的污染与处理的问题，指出如对电池处理不当，会污染人类的生存环境，从生产、消费、回收环节提出了解决这一问题的方案，对学生进行爱护环境、“绿色消费”的教育。

【学情分析】

学生在日常生活中听说过电压，但是对电压的理解还不够深刻、规范、科学。此外，学生对电压表及串、并联电路电压的特点没有经验基础。

【教学目标】

（1）通过与水流的类别了解电压的概念，知道电压的单位。
（2）学会正确使用电压表。
（3）通过探究，知道串联电路和并联电路中电压的特点。

【教学重难点】

（1）教学重点：电压的概念、单位，常见的电压值；电压表的使用，串、并联电路电压的特点。
（2）教学难点：电压概念的建立；电压表在电路中的连接方法。

【教学设计】

本节教学设计具体内容如表 13－6 所示。

表 13－6　　第四节教学设计

情境	教师活动	学生活动	设计意图
教师演示实验，提出问题。	创设情境，引入新课。 课前用注射器和塑料管连成如教材 75 页图 13－25（a）所示装置，闭合开关，在左右两管中注入不同高度的红墨水。 拧开开关，水流动。提出问题： （1）水为什么会流动？ （2）为什么水最后又停止流动？ （3）如何才能使水持续流动？	学生观察。 学生讨论、猜想并得出：水压是形成水流的原因。 使用抽水机保持一定水压，从而使水可以持续流动。	适当增大两侧液面高度差，增加水流动的时间，便于观察。 实验引入，直观形象且易于理解。

续　表

情境	教师活动	学生活动	设计意图
教师投影图片，用类别的方法引导学生思考。	讲授新课：水和电有很多相似之处，水压是形成水流的原因，那么什么是形成电流的原因呢？ 用多媒体投影教材上的图13－25，并回答下列问题： （1）水流与什么相类似？ （2）水压与什么相类似？ （3）抽水机的作用与什么的作用相类似？ 教师指导学生阅读教材75页，了解电压的概念，知道电压的单位及其换算。 阅读教材，并达到以下要求： （1）认识电压的单位伏特。 （2）了解伏、千伏、毫伏之间的换算关系。 （3）了解常见的电压值。 电路两端的电压可用电压表测量，那么电压表怎样读数？它的使用方法是怎样的呢？请同学们对照实物并阅读教材，将教材上空缺部分填写完整。 利用多媒体投影： （1）FLASH动画，演示电压表的读数练习。 （2）你们能说出电压表、电流表在使用上有哪些相同点和不同点吗？ 教师出示一支手电筒，并将其拧开，倒出干电池。 问：将干电池串联有什么好处？ 引导、归纳，将上述猜想转化为“串联电池组的总电压与每个电池的电压有什么关系”这一问题，进行探究。	观察、思考、讨论，并利用类比法得出结论，了解电压是形成电流的原因。 阅读、讨论、填写。 （1）练习。 （2）思考。 猜想。 共同分析，进行实验探究。	图文并茂，易于联系，渗透了类比法。 学生自主学习。 学生已有经验，应让学生自主完成。 直观形象，可见度高。 通过比较，加深认识。 创设问题情境：既练习使用了电压表，又得出了串联电池组的总电压与各个电池电压的关系。

续 表

情境	教师活动	学生活动	设计意图
教师引导学生讨论设计实验探究的方案。	教师用多媒体投影教材上的图 13－31，并提问：图中 U_1、U_2 和 U 之间有什么关系？	学生猜想。	
	你们准备怎样验证自己的猜想？ 教师总结，并引导学生完成探究。	学生讨论并设计步骤、设计表格。 进行实验并收集证据。	创设情境，引导学生再次进入探究活动。
	教师：请将你们的数据写在黑板上。	将记录的数据写在黑板上。	可以先讨论后总结，在教师的指导下逐步完成探究活动。
	教师：从这些数据中你们能得到什么结论？	总结出串联电路电压规律。	培养学生的归纳能力。
	教师：我们得到串联电路的电压关系，那么并联电路的电压关系又是什么样的呢？	学生自主探究。	前面已有经验，由此可放手让学生自主探究，教师进行适当指导。
	教师：请同学们设计实验，探究并联电路电压的规律。	阅读、讨论。	
	教师对学生的探究活动进行总结。		
	教师：电压是由电源提供的，常用电源是干电池，废干电池存在着很大的污染，我们应该如何处理？请看教材 78 页的“生活·物理·社会”板块。		形成正确的消费观和社会责任感。

（四）重难点突破文献综述

1. 刘炳昇等的教学建议①

刘炳昇和杨树崤在《基于“动手做”的课堂教学设计——对“初识家用电器和电路”教学设计的点评》一文中指出，初中物理教学中有一类课型，具有解决技术问题的特点，“初识家用电器和电路”就属于这种课型。这节课的特点是需要学生有较多的

① 刘炳昇，杨树崤：基于“动手做”的课堂教学设计——对“初识家用电器和电路”教学设计的点评．物理之友，2014 年第 3 期。

实践体验，它不同于知识演绎、分析和概念性较强的那种课型，这样的课学生难以借助更多的生活经验和已有的理论知识来学习，因此不太适宜用“自学”为主的教学模式。它也不同于发现问题并围绕问题展开的探究性课型。比如，如何使小灯泡亮起来，本节课主要是用技术来解决问题，在解决技术问题的过程中，让学生体验、感受、归纳出电路的基本概念，并在实践活动中初步形成连接简单电路的技能。因此，无论从知识的建构、技能的形成，还是从习惯的培养、学习兴趣的激发方面来看，选择“动手做”的教学模式都是合适的。

刘炳昇和杨树峭从这节课的特点考虑，建议选择“动手做、做中学”的教学模式，让学生模拟发明创造的技术设计过程，给学生更大的挑战性，具体教学流程如下：

（1）电路的教学

提出问题：晚间，走在乡间的小路上，周围漆黑一片，需要照明来帮助我们行走。假设我们处在手电筒还没有发明的年代，怎么办？

活动 1：怎样使一只小灯泡发光？

①使小灯泡发光，只有小灯泡是不够的，还需要电源（电池），试一试，能否只用这两件东西使小灯泡发光？在实验活动中要让学生知道，灯泡中灯丝的任何一端只与电池的正极或负极接触，都不能使灯泡发光。

②设法用一根导线、一节干电池使一个小灯泡发光。

③实验后，画出实物图（如图 13－4 所示）。

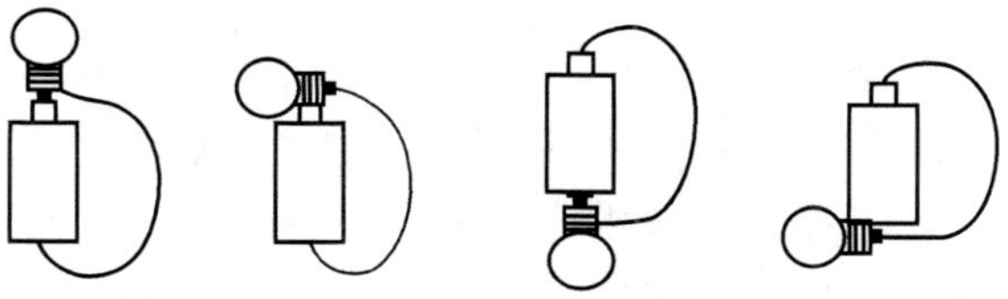

图 13－4

④交流：比较不同的连接方式，要使小灯泡发光，必须满足什么条件？

图中的各种连接方式都不相同，但有一个共同的特点，就是灯泡的灯丝两端分别与电池的两极相连，它是靠导线连接起来的，即提供了一个电流的通路，让学生初步接触“路”的概念。

⑤讨论：这种连接方式有什么缺点？

通过讨论，学生发现从技术设计的角度考虑，它不能实现有效控制。

活动 2：如何控制小灯泡的发光和熄灭？

提供的器材有：电池、小灯泡、灯座、开关、导线。

①想一想，如何用所提供的器材使小灯泡发光，并且可以控制小灯泡的发光和熄灭？

②阅读“信息快递”，了解连接电路的注意事项。

③连接电路，进行实验。在实验过程中，教师巡视指导，帮助学生排除故障。

通过交流总结，学生建构了关于电路的认识，具体有以下几点：

①比较各组实验，说明要使小灯泡工作需要满足什么条件。可以请学生上台展示电路并讲解，从而总结出以下几点：电路中必须有电源、用电器、开关、导线，缺一不可；电源、用电器、开关必须被导线连接组成一定的电流路径；开关接通时，有电流通过用电器；开关断开时，电路中没有电流。

②教师总结：什么是电路？电路组成各部分的作用分别是什么？电路的两种状态是通路和断路。

③留意学生在电路连接中遇到的问题，使学生知道开关接通时也可能因接触不良而断路（或时断时通），电路还可能有短路的状态。

（2）电路图的教学

为了技术设计，我们要画各种各样的实物电路，这有什么缺点？怎么办？

统一规定各种电路元件的符号，再根据连接方式画出电路图。

①观察学习教材中常用电路元件的符号。

②练习：观察实物，画出元件符号。

③画出活动2的实验电路图，提出规范的要求。

活动3：课堂小结活动。

①观察手电筒，想象并画出它的电路图，试说明手电筒内电池、小灯泡、开关可能是怎样连接成一个电流通路的？从技术发明来看，它有哪些巧妙的地方？

②请学生上台使电吹风工作起来，提问要使电吹风工作必须有哪些器件？你们能画出它的电路图吗？

2. 张世成等的教学建议①

张世成和谢地在《证据课堂：排解相异构想的精准教学——以“初识家用电器”教学为例》一文中指出，目前的教学中，教师缺少对学情的关照，也缺少获得学情的方法和策略。教师如果不具备学情意识，上课时往往眼里没有学生，缺少对学生经验的重视。在学生第一次接触电路时，他们心中的电路概念是怎样的？教师需要设计前测任务来加以探明。

经过前测，教师能知晓学生学习的困难在于对灯泡的结构不了解，对电路的组成认识还不深刻。他们所认识的电路模型是“电流要从正极出发回到负极”。电源是提供电能的，电流的方向是从正极流向负极，家用电器是消耗电能的，这些都容易理解。“电流从正极出发，经过用电器回到负极”，何为经过用电器？用电器（灯泡）的结构是怎样的？这些问题才是需要教师教的，也是学生电路模型需要改造的地方。教学好比“挠痒痒”，教师只有找到“痒”处，才能实施精准的教学，从而转变学生的前概念。张世成和谢地建议改造电路模型，实现精准之“教”。

该文提出，为了帮助学生清楚地认识灯泡的结构，从而理解“何为电流经过用电器”，教师可以做一个大灯泡，向学生展示灯泡的结构图（如图13－5所示）。从图中

① 张世成，谢地：证据课堂：排解相异构想的精准教学——以“初识家用电器”教学为例．江苏教育，2019年第91期。

学生可以看到，螺丝口处灯泡的灯丝一端与螺纹连接，另一端与灯泡底部的金属触点连接。“电流从正极出发，经过用电器回到负极”，就是电流要从灯泡灯丝的一端流进，从另外一端流出。

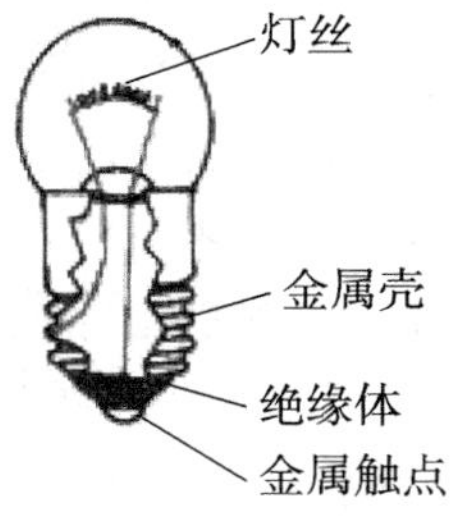

图 13－5

接下来，安排一个实际操作活动——让灯泡亮起来，并说明各元件的作用。学生会发现有的小组电路连接“明明是正确的”，可小灯泡不发光。若教师探查出是“小灯泡的金属触点与灯座之间接触不良”，则可以展示一组正在发光的电路，悄悄地将小灯泡向上旋转使金属触点与底座脱离，学生看到灯泡不亮了，自然会有疑惑，于是借机讲解断路和短路。这样做学生会印象深刻。

该文还提出，通过设计后测任务来展示精准之“评”。学生的电路模型是完善了，他们会用这个模型去认识生活吗？为了培育学生的物理观念，在完成电路符号的学习之后，教师可以结合教材，安排一个“观察手电筒结构并画出手电筒电路”的后测任务。

拨动手电筒开关，能观察到什么？把手电筒拆开观察，它的电池是怎样安装的？电池与后盖是怎样连接的？灯泡与电池是怎样连接的？电流的方向是怎样的……当学生观察并思考了这些问题后，他们就能学习用简洁的模型来表达电路，也会发现电路图是对电路模型更高级的一种表达。物理观念，就是用物理的方式去审视生活，当学生用电路图这种模型去认识、表达生活的时候，他们的科学思维也就生根发芽了。

3. 关于串联、并联电路识别的教学建议

桂步勇、华庆富在《慧眼明辨串、并联电路》一文提出，辨析串、并联电路的突破口是串、并联电路的特点，要想正确认识电路，首先要认清它们的特点。在此基础上，还要掌握以下关于串、并联电路的识别技巧。一是抓住定义。如果各个元件在电路中是一个接着一个相连的，则该电路为串联电路；如果电路中的各用电器是并列地接在电源两极上，则该电路为并联电路。二是抓住路径。从电源正极出发，观察电流在流向负极的过程中有没有出现分支，没有分支则为串联电路，出现分支且各个分支电路上都有用电器，则电路为并联电路。三是去除用电器。假想将电路中的某一个用电器去除，其他用电器不能工作，则电路为串联电路；如果其他用电器能够工作，则电路为并联电路。四是等效电路。对于包含电压表和电流表的复杂电路，教师可以根据电流表和电压表的特点，将电流表当成导线，将电压表当成断路（直接删除），然后辨析电路的串、并联情况。五是移正负极。在电路中，在不越过电源、电压表和用电器的情况下，电路中的各个点都等同于同一点，因此我们可以将电源的正负极在电路中移动，只要各个用电器都位于一对正负极之间，则电路为串联电路。如果各个用电器分别位于一对正负极之间，则它们是并联的。①

谈玉娟在《浅谈如何判断电路的基本连接》一文中，总结了一些电路连接的判断

① 桂步勇，华庆富：慧眼明辨串、并联电路．数理化学习（初中版），2022 年第 5 期。

方法。谈玉娟认为，要厘清串联、串联电路，并联、并联电路的概念。串联是电路元件的一种连接方法，就是“把电路元件逐个顺次连接起来”。这里的元件可以是用电器，也可以是开关、电流表、电压表等电路元件。而串联电路则指“把用电器逐个顺次连接起来的电路”，也就是只有两个用电器串联连接时才可以称为“串联电路”。同样，并联也是电路元件的一种连接方法，就是“把电路元件并列地连接起来”。这里的元件可以是用电器，也可以是开关、电流表、电压表等电路元件。而并联电路则指“把用电器并列地连接起来的电路”。任意两种电路元件之间都存在连接方式的问题，如开关与用电器，电流表、电压表与用电器之间都存在着串联和并联两种连接方式。在我们分析电路时，可以先分析各电路元件的连接情况，如果电路中用电器与用电器串联或并联了，我们才可以称这种电路为串联电路或并联电路。如果电路中只有一个用电器，那么这个电路既不能称为串联电路，也不能称为并联电路。但是电路中的各电路元件可以是串联或并联。如果会辨别任意两个电路元件的连接方式，那么，也就可以区分两个用电器之间的连接方式了。谈玉娟总结了四种判断电路连接方式的方法。一是根据串联电路、并联电路的定义判断电路图。二是根据电流路径判断串、并联电路，串联电路的电流路径没有分支，并联电路的电流路径有分支。若电流无分支，则为串联电路；若电流有分支，则为并联电路。三是根据串联、并联的特点判断电路图。串联、并联电路的特点是：串联电路中用电器是互相影响的，并联电路中各支路的用电器是互不影响的。如果从模型的外观上看不出电流路径，就不能用“有无支路”的判断方法对串、并联电路做出有效判断，必须寻找新的判断方法。如何用“开路法”判断实物模型中的两灯是串联还是并联？在电路中，可以拆下一个灯泡，观察另一个灯泡的亮灭情况。如果另一个灯泡熄灭，则说明两灯是串联的；如果另一个灯泡仍然亮着，则说明两灯是并联的。其实“开路法”同样适用于辨别电路图的基本连接方式。四是根据电路的外观，用“手拉手”找干路的方法，逐个判断电路中各元件的连接方式。①

黄坤、邓园、胡森在《巧用“首尾法”识别电路》一文中提出，教师在课堂中要从学生最近发展区为起点，把握概念的认知指向，顺应学生的“关注点”，促进学生物理概念和基本规律的整合和形成。一是从概念的学习引入“首尾法”，通过实验探究找到连接电路的不同方式。整个教学过程中，教师积极主导课堂节奏，释放学生参与热情，注重问题有效性，引导学生分析思考，让学生自己对比、分析归纳，培养学生能力。二是利用电流路径深化“首尾法”。课堂中，教师引导学生用电流路径法将两种电路中电流路径用箭头在对应电路图中标记出来，对照实物电路现象和电路图进行分析，一方面积极鼓励学生大胆地讲解电路的相关规律和新“生成”；另一方面大胆鼓励学生自己尝试用两支不同颜色的笔，采用电流路径分析得出结论：两个用电器共用的那部分电路叫干路，单独使用的那部分电路叫支路。三是运用“首尾法”识别实物图和电路图。对串、并联进行分析后，教师引导学生运用这些结论，联系生活实际，辨别生

① 谈玉娟：浅谈如何判断电路的基本连接．中学物理，2012 年第 22 期。

活中的一些电路是串联还是并联。①

张万库在《识别电路图六法》一文中，总结了识别电路的六种方法。一是电流追踪法。电流追踪法就是电流从电源正极出发流经电路各元件到达电源负极。如不分支，各元件的连接方式就是串联；如果分支，分支点就是并联电路的始端，合并点就是并联电路的末端。二是电路变形法。电路变形法就是利用导线的伸长、缩短及元件的移位等方法，将不易辩解的异形连接电路变成规范标准的等效习惯电路，使图中各元件的连接方式清晰易辨。三是电路净化法。有些电路中元件之间的连接关系看起来比较复杂，但只要依据题中开关的通断情况，从电源的正极出发沿途拆除电流不通过的元件，把电路图中的有效路段提取出来，并“整容”成简单明了的等效电路图，各元件的连接方式就一目了然了。四是拆表装表法。某些电路图中由于电表较多，学生难以判断电路的连接。由于电流表内阻很小，可以视其内阻为零，将电流表拆除，改用导线接通。由于电压表内阻很大，将电压表拆除，可看作导线断开，用净化法去掉多余的断开导线。经过这样的处理，原先较为复杂的电路图就得以简化，各个元件的连接关系也变得十分明显。五是元件断路法。并联电路中断开一条支路，这条支路中没有电流，但另一条支路中仍有电流通过。利用这个特点，将支路中的元件先去掉一些，使它们断开，进而对剩余元件的工作情况予以判断，从而得出它们的连接方式。六是开关识表法。若各用电器究竟是并联还是串联、两电表与用电器是怎样连接的，都不容易看清楚，可在接表处试装上开关，用净化法暂时去掉其余表所在支路。当开关闭合时，电路中若出现短路，说明此处不允许电流通过，应接电压表；若不出现短路，说明此处可正常通过电流，应接电流表。②

4. 关于电路图与实物图转化的相关教学建议

戴旭明在《谈初中物理电路图与实物图的转化》一文中提出，电路图与实物图是了解电路的工具和桥梁，电路图是理解和分析电路的简捷工具，实物图是连接理论和实际的桥梁。戴旭明依据多年的教学经验，总结了一套方法。关于依据电路图连接实物图，他认为，在依照电路图连接实物图之前，先观察、分析电路图及其要求。初中电学中，电源一般是直流电源或电池组，电池组必须串联，串联时一个电源的正极连接另一个电源的负极，最后整个电源只剩下一个正极和一个负极用来往外引线再分清电路是哪种连接方式，即串联、并联还是混联。串联电路简单，就是将电路中的原件逐个首尾依次连接起来即可。并联电路就是将电路元件的两端分别连接在一起，然后接到电路中，主要是要分清干路和支路。混联电路是既有串联又有并联的电路，混联电路仍遵循并联的干路与支路的特征。关于依据实物图连接电路图，戴旭明认为，依照实物图画出相应的电路图的方法与依电路图连接实物图的方法大同小异。先分析实物图，找出电源，认清串联还是并联。如果是串联，从正级到负极顺着电流走向逐步画出相关元件并连接。如果是并联，电源始终在干路上，分清干路和支路，先画出干

---

① 黄坤、邓园、胡森：巧用“首尾法”识别电路．理科考试研究（初中版），2022 年第 3 期。

② 张万库：识别电路图六法．甘肃教育，2000 年第 Z1 期。

路，干路两端是分点与合点，在分合点上把支路元件符号顺着电流走向一条一条并上，再检查所画电路图是否正确。①

李东在《例谈电路图与实物图的相互转化》一文中提出，将电路图转化为实物图或将实物图转化为电路图时，应注意以下几个方面的问题：一是以电路连接得到简化为原则，同一支路或同处于干路（从分点经过电源正极再从负极至合点部分就是干路）的各个元件之间可以任意交换位置，不影响最终结果，在实物图连接时可灵活处理。二是可将导线理解为如橡皮筋一样可以任意伸缩，甚至可以缩短为一点，那么同一段导线上的多个点就可以移动或合并，在画电路图或连接实物图时，可以灵活处理。三是分析电路时，电流表可看作导线处理，电压表可以直接去掉（最后再连回即可），电流表和电压表要特别注意正负接线柱和量程的选择。四是遇到滑动变阻器，必须一“上”一“下”连接，若题目中有沿某方向阻值、电压、电流的动态变化等要求时，还要注意变阻器“下”接线柱的左右选择。五是实物图连接中导线不得交叉且导线必须画到接线柱上，如开关、电流表、电压表等。六是无论是画电路图还是连接实物图，完成后应再从负极到正极检查一次（画图或连接时从正极到负极），检查无误后，最后将分析及作图过程中添加的标注擦除。②

四、教学素材补充

1. 关于电池

1780 年，意大利解剖学家伽伐尼在做青蛙解剖时，两手分别拿着不同的金属器械，无意中同时碰在青蛙的大腿上，青蛙腿部的肌肉立刻抽搐了一下，仿佛受到电流的刺激，而如果只用一种金属器械去触动青蛙，就无此种反应。伽伐尼认为，出现这种现象是因为动物躯体内部产生了一种电，他称为“动物电”。

伽伐尼的发现引起了物理学家们极大的兴趣，他们竞相重复伽伐尼的实验，企图找到一种产生电流的方法。意大利物理学家伏特在多次实验后认为：伽伐尼的“生物电”之说并不正确，青蛙的肌肉之所以能产生电流，大概是肌肉中某种液体在起作用。

为了论证自己的观点，伏特把两种不同的金属片浸在各种溶液中进行试验。结果发现，这两种金属片，只要有一种与溶液发生了化学反应，金属片之间就能够产生电流。随后，伏特把一块锌板和一块锡板浸在盐水里，发现连接两块金属的导线中有电流通过。于是，他就把许多锌片与银片之间垫上浸透盐水的绒布或纸片，平叠起来，再用手触摸两端时，会感到强烈的电流刺激。

伏特用这种方法成功地制成了世界上第一个电池——伏特电堆。这个“伏特电堆”实际上就是串联的电池组。它成为早期电报机的电力来源。

1836 年，英国的丹尼尔对“伏特电堆”进行了改良。他把稀硫酸作为电解液，解决了电池极化问题，制造出第一个不极化，能保持平衡电流的锌－铜电池。此后，这

① 戴旭明：谈初中物理电路图与实物图的转化．甘肃教育，2013 年第 22 期。

② 李东：例谈电路图与实物图的相互转化．中学物理教学参考，2014 年第 3 期。

些电池都存在电压随着使用时间延长而下降的问题。

当电池使用一段时间后电压下降时，可以给它通以反向电流，使电池电压回升。因为这种电池能充电，可以反复使用，所以称为“蓄电池”。

1860 年，法国的雷克兰士还发明了世界广泛使用的电池（碳锌电池）的前身。它的负极是锌和汞的合金棒（锌是伏特原型电池的负极，经证明是负极制作材料的最佳金属之一），而它的正极是以一个多孔的杯子盛装着碾碎的二氧化锰和碳的混合物。在此混合物中插有一根碳棒作为电流收集器。负极棒和正极杯都被浸在作为电解液的氯化铵溶液中。此系统被称为“湿电池”。雷克兰士制造的电池虽然简陋但便宜，所以一直到 1880 年才被改进的“干电池”取代。

负极被改进成锌罐（电池的外壳），电解液变为糊状而非液体，基本上这就是我们今天所熟知的碳锌电池。

1887 年，英国人赫勒森发明了最早的干电池。干电池的电解液为糊状，不会溢漏，便于携带，因此获得了广泛应用。

1890 年，爱迪生发明了可充电铁镍电池。

2. 关于蓄电池组

1803 年李特发现，当把两根铂丝放进水中，并让电池组的电流通过它们时，一根铂丝上出现了氢，而另一根铂丝上出现了氧。然后，如果把这两根铂丝和电池组分开并用导体使它们彼此连接，那么，这两根铂丝的作用就像电池组的极一样，而且在短暂的瞬间这条新电路上有电流通过。它的方向和原电流相反。1843 年，格罗夫研究了这个课题，他制造了一个气体电池组以说明“极化”现象。1859 年，贝克勒尔的学生普朗忒对这种储存能量的方式做了透彻的研究，并设计了蓄电池。该蓄电池是由两块卷起的浸在稀硫酸中的薄铅极组成的，必须设法送出电流，通过电池并数次倒转电流方向使铜极“成形”（在阳极上镀半渗透的二氧化铅薄膜，在阴极上镀多孔的金属面）。他设计的电池比任何原电池组都拥有更高的电动势，但由于冗长的“成形”过程，它很难成为商业成品，因此一直没有受到人们的重视。1881 年，福尔改良了这个“成形”工序。他把红铅镀在铅极板上，并完成了这个改革，使电池的容量增加了。在做了这个改进以后，商业界立刻对蓄电池产生了兴趣。在最近几年里，蓄电池组在汽车和无线电设备上得到了广泛的应用。

3. 电流及电流的化学效应

各种类型的起电仪器，主要是把静电荷赋予某种绝缘体。的确，如果使起电机接地，形成一个导电通路，则在这个电路中就有一点电流通过。不过，就是在最优良的摩擦起电机中，每一秒钟通过的电量也都非常少，以至于要想在这个电路上发现电流是很困难的。如果在导线中留一个空气间隙，则这个起电机所产生的高电位差可以产生可见的火花。

1800 年，伏特发明了以他的姓命名的电池。19 世纪初，这种电池成为研究工具，在伏特和他同时代的别国人手中，产生了一些很有趣味的研究。当时的科学杂志登满了奇异的新发现的消息。当时的人们都用极大的热情去研究这些发现，其热烈程度不亚于以后人们阐释气体中的放电与放射现象时所表现出的那种热忱。

伏特所制的电池，是用一串锌盘、铜盘以及被水或盐水浸湿的纸张，按一定次序相叠而成的（锌、铜、纸、锌、铜）。这种组合，其实就是一个原始的电池组。每一对小盘由浸湿的纸隔开，组成一个电池，由此造成少许电位差。这些小电池的电位差加在一起，便成了电池组铜锌两端的相当大的总电位差（或不恰当地叫作电动力）。另一种装置是把若干装有盐水或稀酸的杯子集合在一起，每个杯子放入一块锌片和一块铜片。前一杯的锌片与后一杯的铜片相连，这样一直连下去，留下最初的一个锌片和最后一个铜片作为电池组的两极。伏特认为效果的来源在金属的连接处，因此圆盘和两极的金属片的次序才如上所述。这些金属片或圆盘不久便被发现是无用的，虽然它们在这种仪器的早期图画中占有重要位置。

如果我们从伏特电池取用电流，其强度便迅速地衰减，主要因为铜片的表面生了一层氢气膜。这种电极化现象可用硫酸铜溶液围绕铜片来阻止，这样生成的物质是铜而非氢；或用碳棒代替铜片，把它放在氧化剂如硝酸或重铬酸钾的溶液中，这样所产生的氢气立刻变为水。

当伏特的发现在1800年传到英国时，立刻就有人进行了一些基本观察，促成了电化学的诞生。尼科尔森与卡里斯尔在把伏特电池原来的装置加以改变时发现，如果用两条黄铜丝连接电池的两极，再将铜丝的另一端浸入水中，并使其互相接近，则一端有氢气产生，另一端的黄铜线被氧化。如果用白金丝或黄金丝来代替黄铜丝，则不发生氧化，氧以气体状态出现。他们注意到氢气的容积约为氧气的两倍，这正是氢气和氧气化合成水的化学计量比。这说明这种现象就是水的分解。他们还注意到使用原来的装置时，电池内也有类似的化学反应。

不久，克鲁克香克分解了氯化镁、碳酸钠（苏打）和氨水（阿摩尼亚水）溶液，并且从银和铜的溶液中将这些金属沉淀出来。这就是后来的电镀方法。他又发现阳极周围的液体变成碱性，而阴极周围的液体变成酸性。

1806年，戴维证明酸与碱的形成是由于水中的杂质的缘故。他在以前已经证明，即使将电极放在两个杯子中，水的分解也可进行，但需用植物或动物材料将两个杯子连接起来。同时他还证明电效应与电池内化学变化有着密切联系。

伏特认为伽伐尼现象与电是同一现象。这个问题成了许多人研究的课题。1801年，沃拉斯顿证明两者产生相同的效果之后，才确定两者是同一现象。1802年，埃尔曼使用验电器测量了伏特电池所提供的电位差。这才明白老现象表现为“紧张中的电”，而新现象表现为“运动中的电”。

按照公认的惯例，一致同意假定电向所谓正电方向流动，即在电池内由锌板流向铜板（或碳棒），在电池外沿着导线由铜板流向锌板。根据这个惯例，铜板称为电池的正极，而锌板称为电池的负极。

1804年，希辛格尔与贝采利乌斯宣布中性盐溶液可用电流分解，酸基出现于一极，金属出现于另一极，因而他们断定，新生性的氢元素并不像以前所假想的那样，是金属从溶液中分离的原因。在当时所知道的金属中，有许多都用这个方法分离的1807

年，戴维分解了当时认为是元素的碳酸钾与碳酸钠，他让强电流通过含水的这两种物质，最终分离出惊人的钾和钠金属。

化合物可以用电的方法来分解，说明化学力与电力之间是有联系的。戴维提出一个假设，“化学的吸力与电的吸力同生于因，前者作用在质点上，后者作用在质量上”。贝采利乌斯将这个看法加以发展，他认为每个化合物都由带相反的电的两份结合而成，这带电的部分可能是一个或一群原子。

一个值得注意的事实是分解的产物只出现于两极。早期的实验者已经注意到这个现象，并提出各种不同的解释。1806 年，格罗特斯设想这是由于溶液中的物质不断地在那里分解与复合，在两极间互相邻接的分子互换其相反的部分，在这条链的两端，相反的原子被释放出来。

在电化学方面的最初发现以后，中间停滞了一个时期，随后，大实验家法拉第重新拾起这个问题。1833 年，法拉第在惠威尔的建议下，制定了一套新名词，至今还在使用。他不用 pole（极）这个词，因为它含有相引相斥的陈旧观念，而采用 electrode（电极）一词，将电流进入溶液的一端叫作 anode（阳极），出来的一端叫作 cathode（阴极）。化合物的两部分循相反的方向在溶液中行动的，叫作 ion（离子），走向阳极的叫作 cation（阳离子），走向阴极的叫作 anion（阴离子）。他又用 electrolysis（电解）一词来代表整个过程。

经过一系列巧妙的实验，法拉第将复杂的现象归纳为两个简单的结论，即我们所说的法拉第定律：不管电解质或电极的性质是什么，由电解所释出之物的质量与电流强度及通电时间成比例，换句话说，即与通过溶液的总电流量成比例；一定量的流量所释出之物的质量与这种物质的化学当量成比例，即不与原子量，而与化合量成比例，亦即与原子价除原子量的数值成比例，例如释放 1 克氢元素，必出现 8 克的氧元素。通过一个单位电流所释出之物的质量叫作该物质的电化当量。例如：1 安培的电流（C. G. S. 单位的 1/10）通过酸溶液 1 秒钟之后，即有 1.044×10^{-5}克的氢被释出来，如用银盐溶液即有 0.00118 克银分离出来。这样分离出来的银的重量很容易加以精确的称量，所以后来把它作为电流的实用单位即安培。

法拉第的定律似乎可以应用于一切电解情况，相同的一定电流量总是释放出单位当量的物质。电解必须看作游动的离子在液体中带着相反的电到相反的方向去。每一个离子带定量的正电或负电，到电极时就释放离子，而失去电荷，只要电动力的强度可以胜过反对的极化力。赫尔姆霍茨认为，法拉第的工作表明，如果接受元素是由原子组成的假设，我们就不能不断定，电也分成一定的单元，其作用和电的原子一样。如此说来，法拉第的实验不但成为理论电化学及应用电化学以后的发展的基础，也是现代原子与电子科学的基础。

4. 电流的其他性质

虽然早期实验者的注意力主要集中在伽伐尼电流的化学效应上，但他们也没有忽视其他现象。不久他们便发现，当电流通过导线时，就有热产生，热的多寡依导线的性质而不同。这种热效应在现今的电灯取暖等方面，有极大的实用价值。1822 年，塞贝克发现两种不同金属连接成闭合线路时，在其接头处加热，便有电流产生。另外一个更有趣的现象是，电流具有使磁针偏转的力量。1820 年，哥本哈根的奥斯特发现了这一现象。他看见这个效应穿过玻璃、金属和其他非磁性的物质都能使磁针偏转。他还认识到，所谓的“电冲突”“形成圆圈”，按照我们现在的说法就是，在长而直的电流周围有圆形的磁力线。

后来的实验者特别是安培立刻认识到奥斯特的观察结果的重要性。安培指出，不但磁针受到了电流周围的力的作用，电流自己也互相发生作用。他用活动的线圈进行实验，来研究这些力的定律，并用数学证明，一切观察到的现象都符合以下假设：每一长度为 $\mathrm{d}l$ 的电流元，必在其外面的一点上产生 $c\mathrm{d}l\sin\theta/r^2$ 的磁力，式内 c 表示电流的强度，r 是电流元与这一点之间的距离，θ 是 r 与电流方向之间的角度。这样，由电流所产生的力又归结到平方反比的定律，因此就同万有引力及磁极间、电荷间的力一致了。这又迈出了走向“场物理学”的一步。

自然，这种电流元不能用实验分离出来，但是按照安培的公式，将所有电流单元的效应都加起来，就能计算出电流附近的磁场。

根据安培的公式，能算出磁场内的电流所受的机械力。在空气中磁极强度 m 所造成的磁力为 m/r^2，所以 $m=c\mathrm{d}l\sin\theta$。在磁场 H 中 m 所受的机械力是 Hm，所以在空气中安培的电流元所受的力为 $Hc\mathrm{d}l\sin\theta$。从这个公式计算实际电路上的机械力，不过是数学问题而已。

远距离通信是从眼睛看得见的信号开始的。散布乡间的许多“烽火台”，是久已废弃的信号岗位的遗迹。它们曾把拿破仑登陆的消息迅速地传达到伦敦。电方面的每一个新发现都促使人们提出一些使用电报通信的意见，但在安培把他研究电磁所得的结果加以应用以前，这些意见都没有什么结果。在安培的成果发表以后，实际机器的发明与采用，就仅仅是机械师的技巧与金融界的信任问题了。

1827 年，欧姆做出了很多贡献，如从电的现象中抽绎出几种能够确切规定的量来。他用电流强度与电动力的概念代替了当时流行的“电量”和“张力”等模糊的概念。“电动力”一词相当于静电学中已经使用的“电位”。当张力或压力很高的时候，要将电从一点运到他点，需要较多的功，因此电位差或电动力可以定义为将一个单位的电由一点搬到他点时为了反抗这个电力所做的功。

欧姆关于电的研究是以傅立叶关于热传导的研究为根据的。傅立叶假设热流量与温度的梯度成正比，然后用数学方法建立了热传导的定律。欧姆用电位代替温度，用电代替热，并且用实验证明这些观念的益处。他发现，如电流由伏特电池组或塞贝克温差电偶流出通过一根均匀的导线，其电位的降落率是一个常数。

经安培与欧姆的努力之后，电流问题的研究已经到了新物理学的重要阶段，因为适当的基本量已经选出，并有了确定的意义，因而为以后数学的发展奠定了坚实的基础。

5. 关于电流计的发展

电流计是施魏格于 1820 年在奥斯特的实验闻名以后不久发明的。施魏格以导线多次绕过磁针而增加了电流的有效作用。1825 年，佛罗伦萨的诺比利用了无定向倍加器，它有两个彼此牢固接合的指针，一个指针的南极和另一个指针的北极指向相对。巴黎的教授普莱在 1839 年发明了正切电流计和正弦电流计。威廉·汤姆逊爵士在电流计的灵敏度方面做了重大的改进，他设计了为通过海底电缆信号用的镜像电流计。达松伐尔设计的电流计获得极大的赞赏，在原理上它和威廉·汤姆逊爵士设计的虹吸记录器相同，也与 1836 年斯特金使用过的悬圈电流计一样。大约在 1890 年，为了在灵敏实验中成功悬吊指针，波伊斯推荐使用石英丝来代替蚕丝。

6. 电灯的发展

实用发电机的设计使电灯成为可能，在想出使电灯形成自动作用又彼此独立的系列方法以前，弧光电灯一直未能成功。这样的一种调节器是斯泰特在 1847 年发明的，后来西门子和其他人做出了许多设计。在这些设计模型中有发条装置的电灯、螺线管电灯和离合器电灯。

1801 年，英国化学家汉弗里·戴维发明了世界上第一个电灯，其模型非常简陋，仅将铂丝固定住通电，铂丝就发出了耀眼的光芒，但是由于当时铂的价格昂贵，而且实验发现铂丝损耗很快，对于寻常百姓来说完全承担不起，所以弧光灯用于住宅照明显然是不合适的。人们需要一种不太刺眼且价格低廉的灯。1877—1880 年，发明家在白炽灯泡的发明生产方面处于非常时期。

在早期的实验中，人们尝试把铂丝作为电流通路上热到发白光的物质。爱迪生在 1878 年就曾经这样做过，但无论是铂丝还是铱丝都不能避免被烧断的危险。同年，美国两位科学家试图从植物组织中制造碳丝，他们用氮气注满灯泡以防止碳纤维燃烧，但是这种处理没有成功。莱恩·福克斯在 1879 年由于深信铂和铱不能用作灯泡中的“桥”，便使用碳化了的植物纤维。斯旺在 1879 年 2 月公开展示了在真空玻璃泡内装有碳丝的灯泡。受斯旺成功的启示，爱迪生放弃使用铂和铱，并在 1879 年 10 月制造了一个用灯烟和碳化沥青细丝构成的真空灯泡。1880 年 1 月，斯旺用棉捻线制成碳丝，具体是把棉丝浸入硫酸然后碳化而成。

后来，爱迪生不断改良电灯里面的灯丝。一开始，爱迪生经过 13 个月的艰苦奋斗，试用了 7000 多次，终于有了突破性的进展，他尝试用碳化棉线作灯丝，将其装进灯泡，接通电源后灯泡发出金黄色的光辉，把整个实验室照得通亮。成功并未使爱迪生停止脚步，他为了寻找适用于灯泡的合适的纤维，在 1880 年，以碳化的扁竹条作为灯丝，大大提高了灯丝的寿命。20 世纪初，碳化灯丝被钨丝取代，时至今日，钨丝白炽灯依然被使用。爱迪生和他的团队发明白炽灯，被誉为光学领域的第一次革命，在照明领域屹立百年。如今，高能耗的白炽灯正逐渐退出历史舞台，不断被环保的节能灯替代。

电灯并不是在某个时间点上被发明出来的，而是经历了一个漫长的“发明史”。一盏小小电灯的背后凝聚了无数发明家的努力。

第十四章　欧姆定律

一、课标分析

（一）课标要求

以苏科版教材的编排来看，本章内容分别对应了2022年版课标的一级主题中“物质”“能量”“实验探究”“跨学科实践”下的二级主题“物质的属性”“电磁能”“测量类学生必做实验”“探究类学生必做实验”“物理学与社会发展”的内容。因此，本章内容涉猎面广，对学生思维能力和探究能力相对要求较高，也是培养学生物理核心素养的重要内容。课标要求如下：

1.2.1　通过实验，了解物质的一些物理属性，如弹性、磁性、导电性和导热性等，能用语言、文字或图表描述物质的物理属性。

例3　通过实验，了解物质的导电性，比较导体、半导体、绝缘体导电性能的差异。

3.4.2　知道电压、电流和电阻。探究电流与电压、电阻的关系，理解欧姆定律。

4.1.9　用电流表和电压表测量电阻。

例9　用电流表、电压表、滑动变阻器等，测量小灯泡正常发光时的电阻。

4.2.12　探究电流与电压、电阻的关系。

例12　用定值电阻、滑动变阻器、电流表、电压表等，探究电流与电压、电阻的关系。

5.3.2　结合实例，了解一些新材料的特点及其应用。了解新材料的研发与应用对社会发展的影响。

例2　了解半导体、超导体的主要特点，展望超导体应用对社会发展的影响。

（二）课标解读

在苏科版教材中，本章第一节内容标题为“电阻”，电阻是物质的一种物理属性，需要学生能够运用物质的这一物理属性解释日常生活、生产中的相关的现象，能够定性地建立导体的电阻与导体本身的长度、材料、横截面积以及温度之间的相关属性之间的联系。通过对这部分的学习，学生能更好地建立起物质观。在介绍导体、绝缘体的时候，苏科版教材在“读一读”板块中以玻璃为例说明“导体和绝缘体没有绝对界限，是可以相互转化的”，通过这一点可以让学生知道我们平时所说的导体、绝缘体也都是指在一定条件下，当条件转变或超过一定界限时，也会发生转变，培养学生建立初步的辩证思维。其中谈到导体的导电性，也就不可避免地涉及超导体、半导体这两个话题，这两者属于“跨学科实践”中的内容，在初中阶段仅需要学生大致简单地了解其电学属性以及在社会发展中的应用，不宜过深拓展。但是，教师在进行这一部分教学时，可以向学生介绍我国在这两个领域的发展成就，鼓励学生努力学习，将来为我国在前沿科技领域的核心技术方面做出贡献。

课程标准中的3.4.2要求学生知道电压、电流和电阻，这一知识点在苏科版教材的第十三章和第十四章第一节已经学习过。接下来课标中又提到“探究电流与电压、电阻的关系，理解欧姆定律”。这里就可以看出，课标要求学生对这三个电学量之间的关系是“理解”，即要求学生能够运用欧姆定律解释和分析日常生活、生产中的相关现象并能解决相关的问题，同时要求通过实验探究的方式完成。同样课标中的探究类学生必做实验中也明确提出了这一实验的要求。因此，在这一部分内容的教学中，教师一定要有计划地组织学生进行电流与电压、电阻之间关系的实验探究，让学生在探究过程中经历提出问题、获取证据并在证据的基础上总结交流并得出最终的结论，让学生在获得知识的同时提升自己的科学思维水平和科学探究能力。

课标要求学生“理解”欧姆定律的另一个含义就是能够运用欧姆定律解决相应的问题，具体包含两个方面。一是利用电流表和电压表测量电阻。要求学生知道这种方法测量电阻的实验原理——欧姆定律的公式变形 $R = U/I$。该实验与“探究通过导体的电流与电压、电阻之间关系”的共同之处在于它们的实验电路图相同，都需要学生能够根据实验目的、实验原理设计实验方案、选择实验器材，要能说出所选择的每一个实验器材的目的和用途，能够运用图像法、列表法等方式正确处理实验数据。二是能够利用欧姆定律设计、分析并计算各种串、并联电路的问题。

二、教材分析

本章的教学内容是学生在电学学习过程中由“定性”向“定量”进阶的过程，学生再次学习的过程中需要经历完整的学习探究过程，通过对探究过程中获得的数据分析找出电流与电压、电阻之间的数学关系，进而建构起它们之间的联系。

（一）各版本教材对比

有关欧姆定律的内容，六个版本教材都安排在了九年级上册。皮连生所著的《教育心理学》一书指出，根据皮亚杰的认知发展阶段理论，这个阶段的学生的思维方式已经逐步由具体运算阶段转向形式运算阶段，其抽象思维能力正在逐步形成，已经具备如下思维能力：假设—演绎思维，即在逻辑上考虑现实的情境（假设的情境）进行思考；抽象思维，即能够运用符号进行思考；系统思维，即在解决问题时，能够在心理上控制若干变量，同时还能考虑其他变量。此时，学生经过前期对电压和电流知识的学习，已经初步掌握了运用类比法来认识电路的思维方法，另外在之前的学习中也多次经历了运用控制变量法进行实验分析的过程，这些都为学生进行本章内容的学习奠定了良好的基础。从 2022 年版的新课程标准来看，六个版本教材对这部分的章节安排如表 14 －1 所示。

表 14 －1　　各版本教材章节安排

教材版本	章次	节名称
人教版	第十六章 第十七章	电阻；变阻器 电流与电压和电阻的关系；欧姆定律；电阻的测量；欧姆定律在串、并联电路中的应用
北师大版	第十一章 第十二章	不同物质的导电性能；探究——影响导体电阻大小的因素；变阻器；学生实验：探究——电流与电压、电阻的关系；根据欧姆定律测量导体的电阻；串、并联电路中的电阻关系；欧姆定律的应用
教科版	第四章 第五章	电阻：导体对电流的阻碍作用 欧姆定律；测量电阻；等效电路
沪粤版	第十四章	怎样认识电阻；探究欧姆定律；欧姆定律的应用
沪科版	第十五章	电阻和变阻器；科学探究：欧姆定律；“伏安法”测电阻；电阻的串联和并联；家庭用电
苏科版	第十四章	电阻；变阻器；欧姆定律；欧姆定律的应用

从表 14 －1 可以看出，对于这一部分的内容，不同版本的教材在章节编排上还是有着明显不同的，其中最大的差别就是“电阻”和“变阻器”这两部分的内容安排。苏科版、沪粤版和沪科版教材将“电阻”“变阻器”与“欧姆定律”的内容安排在同一章教学内容当中。这种安排主要是通过创设情境，让学生发现，在电压相同的情况下通过不同导体的电流大小不同，让学生认识到导体不仅可以让电流通过，还对电流有阻碍作用，进而探讨影响导体电阻大小的因素，然后在接下来的章节中探讨电流与电压、电阻之间的关系。而人教版、北师大版、教科版教材将“电阻”和“变阻器”这两部分内容安排在了“欧姆定律”之前。其主要思路是将“电流”“电压”和“电阻”作为电学中三个主要物理量，让学生认识到导体既可以导电也可以阻碍电流，进而引出电阻的概念。至于电流与电压、电阻之间的关系以及欧姆定律就被安排到了下一章节。这两种安排方式的共同点均是基于探讨影响电流大小的两个因素——电压和电阻，它们是如何影响电流大小的，逐步由定性向定量转变，最后得出欧姆定律的表达式，并且在此基础上进行欧姆定律的应用。在欧姆定律应用部分，不同的教材也各有特点。如苏科版教材主要呈现的是电阻的测量以及运用欧姆定律解决实际问题，让学生在解决实际问题的过程中逐步感受并领悟在分析和计算相关电路的过程中如何正确运用欧姆定律来解决日常生活中的具体问题的思路和方法；而以人教版、北师大版和教科版为代表的教材，则是将该部分内容基本上分为两节，即“电阻的测量”和“串、并联电路中电路的计算”；沪科版教材则是在此基础上将其他版本教材安排在

《电功率》一章的“家庭电路”提前安排到了这一章，通过带领学生利用欧姆定律和之前学习过的串、并联电路的相关知识分析家庭电路的连接方式、短路的危害等相关问题，但是学习电功率的时候，还要从能量的角度重新带领学生再次认识家庭电路。综合上述几个版本的教材，关于欧姆定律的应用，学生均需要利用欧姆定律来设计和进行电阻的测量，同时能够运用欧姆定律来解决电学中的实际问题。

（二）苏科版教材单元内容概述

苏科版教材将本章内容安排在第十四章。因为第十三章已经介绍了电流、电压这两个基本电学物理量及其测量方法，还介绍了串、并联电路的特点。到了第十四章，教材从“尝试改变电路中电流的大小”活动开始，不仅揭示出导体对电流有阻碍作用，激发探究影响电阻大小因素的兴趣，同时还得到了电流与电压、电阻之间的定性的关系，为探究电流与电压、电阻之间的关系埋下伏笔。滑动变阻器是后续探究电流与电压、电阻之间关系以及测量电阻时必不可少的电路元件。为此，第二节活动“用铅笔芯改变电路中的电流”要求学生制作一个可调亮度的电灯模型，在这一问题的解决过程中引出滑动变阻器的原理以及滑动变阻器的构造和使用方法。至此，学生学习电流与电压、电阻之间关系的前期准备工作已经完成。在第三节中，由虚构的一对师生对话引出本节的问题，再引导学生依据实验目的、选择实验器材进行实验操作、处理实验数据直至最后得出实验结论——欧姆定律。为了深化学生对欧姆定律的理解，苏科版教材又在第十四章的第四节安排了“欧姆定律的应用”——测量定值电阻的阻值以及运用欧姆定律进行简单计算。可见，整个第十四章的每一节都不是彼此孤立的，而是相互贯通、层层深入的，都从问题的解决出发。在这些问题的解决过程中，教师要重视学生在探究中解决问题的能力，以及获得知识的同时提升思维的能力。本章知识体系如图 14－1 所示。

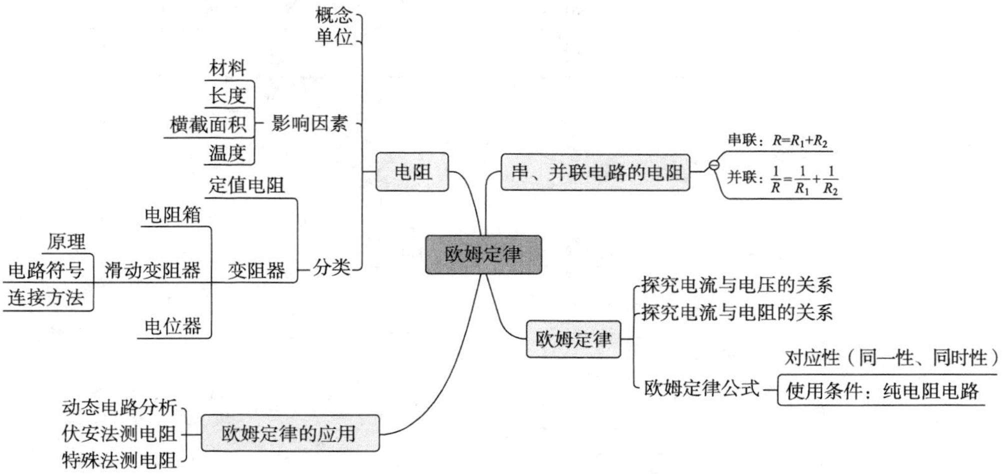

图 14－1

三、教学建议

（一）单元教学思路

本章内容为课程标准一级主题“能量”中的“电磁能”部分，是以电流与电压、电阻之间的关系展开的。在苏科版教材中以改变电路中的电流的活动入手，既引出了电流与电压、电阻之间的定性关系，也引出了电阻的概念。由此，还引出影响电阻的因素，在探究影响电阻大小的因素的实验中，包括下一节里的滑动变阻器接入电路中，都是通过观察电流大小的变化来判断导体电阻的变化，这里的转化法实际上也是借助于上述电流与电压之间的定性关系。在此基础上，第三节编排了关于电流与电压、电阻之间关系的探究活动。第四节则要求利用欧姆定律来解决实际问题。从整章的内容安排来看，节与节之间环环相扣，层层进阶。每一个知识点的引出均是基于一个实际问题的出现，同时又伴随着一个实际问题的解决而习得知识，旨在让学生在问题的引导下，通过实验探究获得证据，经过思维的加工得出结论，从而提升学生的思维能力。

（二）课时教学建议及教学方式

本章课时教学建议及教学方式具体如表 14－2 所示。

表 14－2　　课时教学建议及教学方式

节次	建议课时数	教学方式
第一节	1 课时	演示实验、谈论法
第二节	1 课时	演示实验、分组实验
第三节	2 课时	分组实验、谈论法
第四节	1 课时	分组实验、小组交流

（三）课例示范

第一节　电阻

【课标及教材分析】

由于欧姆定律是描述关于电流与电压、电阻之间数学关系的原理，因此要学习和探究欧姆定律，就离不开对电阻的学习。同时，电阻又是导体本身的一种属性，不同导体的这一属性也不相同。它描述了物质的导电性能，属于电学特性。谈到导电性能，不仅有普通的导体和绝缘体，还有半导体和超导体，这两种是当前前沿科学的新材料科学。因此，前文提到在2022年版的课程标准中，本节内容涉及三个一级主题，是涉猎面最广的一节。教师不仅要认识到本节内容属于后续欧姆定律学习及应用的前期准备工作，还不能局限于欧姆定律学习的视角来看待本节的教学活动，要从物质的属性和新材料应用以及物理与社会发展的角度来备课。

各个版本教材对电阻概念的引入基本上是借助于学生观察在电源电压相同的电路中接入不同的导体这一实验，通过灯泡的亮暗间接比较电路中电流的变化，来感受不同导体的导电性能不同。这说明导体既可以让电流通过，也对电流有阻碍作用。而导体对电流的阻碍作用是导体本身的一种属性，是不能为人们的感觉器官所感受的。这需要教师引导学生观察电路中接入不同导体后产生电流变化这一现象，同时借助于类比思维（和水流作对比），让学生观察在水压相同的情况下，由于接入长度、粗细以及内部光滑程度不同的管道，水的流速也不相同，进而认识到管子既可以通水，也会对水流产生阻碍这一事实。在这个过程中，教师更应该注意引导学生通过实验观察，同时要调动学生学习电压和电流时利用电流和水流、电压和水压的类比思维，帮助学生建构电阻的概念；教师不仅要演示不同导体接入电路中电流的变化情况，也要演示不同的水管接入时水流的变化情况，让学生在学习“电阻”这一概念的过程中，真正经历科学思维形成的过程。

欧姆定律研究的是电流与电压、电阻之间的数学关系。因此，教师在进行电阻概念的教学时，不能把视角仅仅局限于电阻。以苏科版教材为例，在这一块内容的教学中，先是通过电路引导学生讨论如何改变电路中电流的大小，基于学生的认知水平，学生比较容易想到的就是通过改变电源的电压来实现。接下来再保持电源电压不变，更换电路中接入的导体，学生发现电路中的电流也会发生改变，此处不仅为引入电阻的概念埋下伏笔，也让学生认识到电路中的电流与电压、电阻之间的关系，为后面定量研究电流与电压、电阻之间的关系埋下了伏笔。

在探讨影响电路的电流大小的时候，让学生明确如何判断电路中的电流是否发生变化以及如何变化的问题，这就需要用到转化思维，即通过观察灯泡的亮暗变化或者电流表示数的变化，但是这两种方式究竟哪一种更好呢？同时也要考虑到当电流变化不大时，灯泡的亮暗变化可能不明显的问题，这也让学生明白在实验设计和器材的选择过程中要考虑到实验现象明显不明显的问题。同样，在后续“探究影响导体电阻大小的因素”的学习中，也会用到转化思维。在这个实验中，学生意识到了电路中的电流与电压和导体这两个因素有关，因此在讨论不同的导体对电流的影响时必须要保持电路两端的电压不变，这也体现了“控制变量”这一思路。

关于电阻的概念，如何让学生自己说出来，这就需要教师结合之前在学生学习电流和电压时利用水流、水压类比电流和电压的经历，通过实验让学生真实感受到水管对水流的“阻碍”作用以及不同的管道对水流的“阻碍”大小是不同的。基于这样的思考，学生才可能类比出导体既可以通过电流，也会对电流有“阻碍”的作用。如果学生在这样一系列的思维活动下，能够说出导体对电流也有阻碍作用，说明学生是真正地理解了电阻的概念。因此，教师需要设计好相关的问题并且制作好水流变化的实验装置，让学生在分别观察电流和水流变化真实情境的过程中，通过问题进行真正有深度的思维活动，让学生在知识的学习过程中更好地提升思维能力。

在电阻概念引入的过程中，教师通过“导体对电路中电流的影响”实验和“不同类型的水管对水流速度影响”实验，引导学生针对影响导体电阻大小的因素提出自己的猜想，接下来需要设计实验探究导体的长度、材料、横截面积以及温度对导体电阻大小的影响。由于探究的因素较多，因此此处的实验探究会用到控制变量法。在前面的实验探究中学生已经多次使用控制变量法，对于他们来说诸如探究导体长度对电阻大小影响时，要控制导体的横截面积、材料、温度相同之类的问题并不困难，比较困难的是要进行思维转换。在实验过程中，当接入不同导体时，学生只能观察到电路中电流的大小，只有根据电流变化情况再判断导体电阻的变化，在苏科版教材中其实验数据记录在表格中。从中可以看出，除了列出导体材料、长度和横截面积外，还给出了电路中的电流。由此可见，需要学生根据电流的变化，通过转化法来比较不同导体的电阻的大小，进而分别探究得出导体电阻与导体的材料、长度和横截面积之间的关系。在完成了这些探究和归纳之后，教师应该向学生展示一下各种不同功率的导线，让学生运用之前探究得出的结论思考一下这些功率不同的导线有哪些区别以及为什么会有这些区别，这样才能让学生真正经历运用物理知识解决真实问题的过程，也是对“从生活走向物理，从物理走向社会”这一课程理念的最好体现。

上述讨论中，只涉及了导体的长度、横截面积、材料这三个因素对导体电阻的影响，而针对温度对导体电阻的影响，苏科版教材处理得相对比较简单，仅通过“电阻的大小还与导体的温度有关”这一句话点明了二者的关系，然后以“220V 40W”的白炽灯为例，介绍了它在未接入电路时和正常工作状态下的电阻值的大小，让学生了解灯丝在不同温度下的电阻值的变化。但教材并没有安排这方面的实验探究，也没有明确说出导体电阻与温度之间的关系。这是因为多数金属导体的电阻是随着温度的升高而变大，并非所有，所以教师在进行这一部分教学的时候，表述要留有余地，切不可说得太过绝对。教材虽然没有安排实验，但这并不代表可以不做实验。因为除了电阻不能通过感官感知以外，温度对导体电阻的影响在之前的讨论中并没有涉及，再加上学生也缺乏生活经验的积累，所以教师的演示实验就变得格外重要。完成这个实验，只需要把一根灯丝接入电路中，然后让学生观察灯泡的亮度和电流表的示数，再对灯丝部分进行加热，让学生观察灯泡亮度和电流表示数的变化。在此基础上，学生认识到绝大多数的金属导体的电阻值随温度的升高而增大，教师通过问题引导学生根据已知温度对电阻值的影响进行断定。如果导体的温度不断降低，则它们的电阻值将会怎么变化？如果温度降低，其阻值也会降低；如果温度继续不断降低，则它们的阻值也会趋于零。这意味着导体的导电能力“超级强大”，即为“超导体”。这样处理可以为学生介绍超导体起到很好的铺垫作用，同时也需要学生调动起极限思维。除此之外，教师可以为学生介绍一下超导体的发展史以及我国在超导体领域的卓越成就，以此增强学生的民族自豪感，在进行物理知识教学的同时达到学科育人的目的。

【学情分析】

刚刚学习电学的初中生，由于没有辩证的、矛盾的哲学思维或观点，因此这个学段他们暂时还不能意识到导体既能够导电，又对电流有阻碍作用。再加上电阻这种物质属性本身的抽象性，学生对此缺乏感性认识，这些都构成了学生学习本节内容的现实困难。但是，基于他们这个阶段的抽象思维能力正在逐步提升，并且之前在电学学习中已经涉及过将电流与水流、电压与水压之间的类比，加之他们在初二阶段学习过摩擦力，教师只需通过类比思维加以引导，学生就能够理解导体不仅能导电，还对电流有阻碍作用，这是完全有可能的。关键在于教师要通过类比思维引导学生从熟悉的“水管”阻碍“水流”去认识“导体”阻碍“电流”。

【教学目标】

（1）通过活动“尝试改变电路中电流的大小”认识导体不仅可以导电，而且对电流有阻碍作用这一结论。知道电阻的单位及其换算，知道电路中的电流与电压、电阻这两个因素有关。

（2）通过探究实验，运用控制变量法认识影响导体电阻的因素，知道电阻是导体本身的一种属性，并能分析日常生活中的相关现象。

（3）初步了解导体、绝缘体、半导体和超导体的简单的电学特征，了解半导体、超导体对人类社会发展的影响。

（4）通过学习导体对电流的作用，导体、绝缘体、半导体和超导体的电学特性及对社会发展的影响，能够学会用矛盾的、发展的观点看待事物，进一步培养学生对科学探究的兴趣和积极探索的精神。

【教学重难点】

本节课的教学重点是知道电阻的概念及其单位，探究影响导体电阻大小的因素。学生在这个过程中要能够认识到导体对于电流是一个辩证的矛盾体，它既能够导电，也对电流有阻碍作用。不同的导体由于它的材料、长度、横截面积、温度不同，其电阻也不同，即导体的电阻是导体本身的一种属性。在这一节内容的学习中，教学难点是电阻概念的建立，需要学生根据实验现象，再结合类比思维进行分析推理，这一点恰恰也是学生在本节课学习中的思维生长点，教师在教学过程中要处理好这个环节。

【教学设计】

本节教学设计具体内容如表 14－3 所示。

表 14－3　第一节教学设计

情境	教师活动	学生活动	设计意图
(1) 教师按照教材活动 14.1“尝试改变电路中电流的大小”中的电路图 14－1 连接好电路。 (2) 教师更换电路中的金属丝。	(1) 如果教师要想改变电路中电流的大小，应该怎么做？ (2) 刚才大家讲的这些方法实际上改变了什么？ (3) 老师可以通过不改变电路中电压的方法，也能改变电路中的电流。 (4) 电路中的电流改变了吗？你们怎么看出来电路中的电流发生了变化？ (5) 那么，你们觉得观察哪一个更好？	(1) 改变电路中电池的数量、更换电压不同的电源。 (2) 电源的电压。 (3) 学生观察。 (4) 改变了。灯泡的亮度发生了变化，电流表的示数发生了变化。 (5) 观察电流表更好，因为电流变化不大时，灯泡亮度变化不大。	让学生先定性认识电流与电压、电阻的关系，既为引出电阻概念做铺垫，也为日后进一步定量探究电流与电压、电阻的关系做准备。向学生渗透“转化法”，为日后探究影响电阻大小因素做准备。
(1) 教师演示教材 75 页图 13－25 (a) 中的实验，每次实验开始前，加入同等量的水使得水面的高度差相同。随后更换水路中的水管，这些水管分别是长度、横截面积不同以及里面塞有清洁球和刷子毛的管子，让学生观察水流的变化。 (2) 教师可以通过图片展示一下刚刚接入水路中的水管，以此启发学生。	(1) 在电路中电压不变的情况下，仅更换了一段导体，它的电流就不一样了，那问题可能出在更换的导体上。我们将电流和水流类比，这样导体就相当于水管。当水压相同时，接入不同的水管，观察水流是如何变化的？ (2) 大家分析看看，为什么接在水路中的水管不一样，水流量也不一样呢？ (3) 当电路中的电压相同，接入的导体不同时，电流为什么会发生变化呢？ (4) 总结：这说明导体对电流的作用与水管对水流的作用类似，它既能导电，还对电流有阻碍作用。 (5) 电阻越大说明导体的导电性能越差。你们认为导体的电阻和哪些因素有关呢？	(1) 学生观察。 (2) 因为不同的水管对水流的阻碍作用不相同。 (3) 通过类比思维认识到导体对电流有阻碍作用。 (4) 依据教师的启发进行合理的猜想。	利用类比法帮助学生建立“电阻”的概念，同时为学生猜想影响导体电阻的大小的因素做铺垫。

续　表

情境	教师活动	学生活动	设计意图
(1) 教师展示教材87页图14-2所示的四根金属丝。 (2) 教师进行演示实验，要求学生观察电流表示数并且记录在教材88页的三个表格中。 (3) 展示家中空调、电灯的导线。	(1) 探究导体的长度、横截面积、材料对导体电阻的影响，需要注意什么？ (2) 大家刚才观察了实验过程并且记录了实验数据。那么请大家根据刚才记录的数据，看看能否总结出电阻与导体的长度、横截面积和材料分别有什么关系？ (3) 大家看看家里用的空调和电灯的导线有什么异同点？你们能说出其中的缘由吗？	(1) 探究长度对导体电阻影响的时候，要选择长度不同，但是材料和横截面积均相同的金属丝，即运用控制变量法，探究其他因素影响时亦是如此。 (2) 学生分析总结并交流。 (3) 它们都是用铜做成的，说明在相同情况下，铜的电阻更小。空调导线较粗，电灯导线较细。因为空调电流较大，导线的电阻做得粗一些，在长度和材料相同的情况下可以减小其电阻；而电灯的电流较小，不需要很小电阻的导线。	(1) 引导学生应用控制变量法设计探究实验。 (2) 训练学生根据实验获取证据、处理数据的能力。根据实验数据总结归纳实验结论。 (3) 引导学生利用所学的知识解释生活中的问题。
(1) 教师将一段从废旧日光灯管里取出来的灯丝接在教材86页图14-1所示的电路中。接通电路并对接入的日光灯丝加热。 (2) 教师介绍我国和世界各国超导体的发展和应用情况。	(1) 你们看在加热过程中有什么现象？说明了什么？ (2) 这说明导体的电阻还与什么有关？ (3) 由此可见，导体的电阻还与温度有关，对于大多数金属导体而言，温度越高，其电阻越大；当温度降低时，它们的电阻就会减小。如果温度降低且一直降低，其电阻将会怎样？这样的导体导电能力是超级强还是超级弱？ 我们称这种导体为超导体。在超导体领域，我们国家是领先于世界先进水平的。	(1) 灯变暗，电流变小。说明导体被加热时电阻变大了。 (2) 导体的电阻与温度有关。 (3) 其电阻将会降为零。它的导电能力将会超级强。	引导学生认识温度对导体电阻的影响。 帮助学生利用极限思维认识超导体及其应用。

续 表

情境	教师活动	学生活动	设计意图
展示教材 89 页图 14－3。	(1) 我们日常生活中的导线是利用金属丝制成的，因为金属是导体，但在导线外层为什么要再包裹一层塑料皮？ (2) 绝缘体和导体在电学中都有重要应用，但是它们之间没有绝对的界限，如玻璃在常温下是绝缘体，但在高温下是导体。再如空气在低电压下是绝缘体，但在高电压下也会成为导体。 (3) 在导体和绝缘体之间，有一类材料的电阻大于导体而小于绝缘体，它就是半导体，如硅和锗。它们早期在电学中没有利用价值，随着科学发展，人们发现其有很多特殊的电学特性，现在成为集成电路发展不可或缺的材料。请学生阅读教材 89 页内容，了解一下半导体材料的发展和应用。	(1) 为了防止漏电，因为塑料不能导电，属于绝缘体。 (2) 学生阅读教材 89 页内容，了解半导体的应用。	帮助学生认识半导体的发展史及其对人类社会的影响。

第二节　变阻器

【课标及教材分析】

本节内容在课程标准中没有明确地提出，但它是在电阻的基础上，对影响电阻大小因素的应用，同样重要。教学中要求学生利用学习过的物理知识解决实际问题，应用所学知识结合实际需要，逐步实现思维进阶，认识到变阻器构造的科学原理以及实际意义。变阻器也是学生后续学习欧姆定律的实验探究、测量电阻的大小、测量电功率以及众多动态变化电路时不可或缺的原件。可以说这一节在电学中是承上启下的关键一节。

苏科版教材先安排了一个情境——要制作一个可以连续调节亮度的调光灯。此任务是在上一节活动14.1“尝试改变电路中电流的大小”的基础上提出的一项进阶型的任务。在教材提供的情境中可以发现，改变电池的节数无法连续改变灯泡的亮度（电流），因此只有改变电阻的大小，在影响导体电阻大小的因素中寻找解决的办法。此外，教材虽然通过虚拟的“老师”告诉学生可以通过改变接入电路中导体的长度来连续改变灯泡的亮度，但是教师在课堂上仍需要让学生进行思考和尝试。只有让学生在尝试时认识到改变其他影响电阻的因素不可行之后，才能意识到这个虚拟的“老师”说话的合理性。为此，教材安排的活动14.3“用铅笔芯改变电路中的电流”（如图14－5所示）就显得尤为重要。这个活动利用手边的器材——铅笔芯就为学生提供了真实的感受和体验。另外，学生在这个活动中，通过改变鳄鱼夹M和N之间的距离观察灯泡的亮度和电流表示数的变化，进一步认识到“接入电路中导体的长度”（有电流通过的那一段导体的长度）。这一点关系学生后面能否理解滑动变阻器的原理以及正确判断滑动变阻器的滑片在滑动过程中接入电路中的电阻的变化情况。然而铅笔芯自身也存在易断、可调电阻大小有限等诸多不足之处。因此，教师应该借助于这些问题，在引导学生思考解决方案的过程中建构出滑动变阻器的构造，让学生不仅知道滑动变阻器的构造是什么样子的，还要让学生知道为什么是这样的。教材还安排了活动14.4“学习使用滑动变阻器”，让学生自己动手尝试并标出在相应的接法下接入电路的是哪一段电阻丝，知道当滑片滑动时，接入电路的电阻丝的长度是如何改变的；同时在自主尝试的过程中，让学生总结出滑动变阻器的正确接法，即“一上一下，以下为准”的原则，而不是教师直接告诉学生。只有学生自主发现和总结出来的结论，才能真正根植于内心深处。

本节教材内容还有电阻箱和电位器两种变阻器，其中要求学生能读出电阻箱接入电路的电阻大小。能够说出电阻箱和滑动变阻器各自的优缺点。

在随后的教学中，随着学习的深入，教师在教学过程中要让学生意识到，变阻器不仅限于教材上所展示的这三种，还包括利用半导体材料制成的压敏电阻、热敏电阻和光敏电阻，它们都可以看作变阻器，只是影响它们接入电路中电阻的因素不同而已。但是分析动态电路中的各个电学物理量的变化时所运用的电学知识和思维方式均是相同的，也就是说随着后续的学习，学生在思维中要抽象出所谓“变阻器”这样一种电学模型。这一类模型的共同点就是接入电路的电阻会随着某一个影响电阻大小的因素的改变而改变。这一步是帮助学生找出所有变阻器的共同点进而抽象建模的一个过程，也是帮助学生实现科学思维发展的关键一步。但是，这个要根据学生的实际情况而定，不可急于在新授课时进行，避免造成学生接受困难，打击学习积极性，因此可以在阶段性或者中考复习阶段进行教学。

【学情分析】

由于学生在之前学习过电流与电压、电阻的定性关系以及影响导体电阻大小的因素，学生比较容易想到通过改变接入电路中导体的长度来改变灯泡的亮度。对于学生来说，关键要理解什么是“接入电路中导体的长度”和“接入电路中的电阻大小”，这是理解滑动变阻器的原理以及正确连接滑动变阻器的关键点。

【教学目标】

（1）通过教材 91 页的活动 14.3“用铅笔芯改变电路中的电流”来体会，通过改变接入电路中导体的长度进而改变其接入电路中的电阻大小的可行性和便捷性。

（2）通过分析铅笔芯的不足之处，逐步讨论改进方法，建构出滑动变阻器的构造，并且通过教材中的活动 14.4“学习使用滑动变阻器”掌握滑动变阻器的正确连接方式和使用方法。

（3）通过利用电阻箱改变电路中的电流大小，能够正确读取电阻箱接入电路中电阻的大小。

【教学重难点】

本节的教学重点是滑动变阻器的原理和正确使用方法；教学难点是能够根据滑动变阻器的连接方式和滑片的滑动方向正确判断其变阻效果。

【教学设计】

本节教学设计具体内容如表 14－4 所示。

表 14－4　　第二节教学设计

情境	教师活动	学生活动	设计意图
（1）展示如图 14－2 所示的电路。 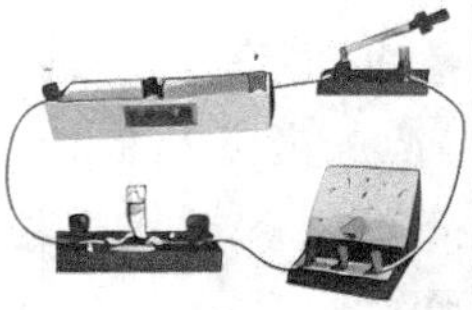 **图 14－2** （2）教师展示教材 91 页活动 14.3“用铅笔芯改变电路中的电流”的电路，并向学生演示。 （3）再次展示刚才接有铅笔芯的电路。 （4）展示滑动变阻器。	（1）如果想通过连续改变电路中的电流进而改变灯泡的亮度，有哪些办法？ （2）①老师这里有一个电路可以做到，你们想想这是为什么？ ②整个铅笔芯的长度变了吗？ ③这一段长度称为接入电路中导体的长度。 （3）①用这种铅笔芯来制作调光灯有什么坏处？ ②有什么改进办法？ （4）经过大家改进的实验结果就是我们这一节课所要学习的滑动变阻器。	（1）①改变电池节数。 ②不行，改变电池节数，灯泡的亮度不能连续改变。 （2）①通过改变铅笔芯的长度进而改变了电阻，最终改变了电路中的电流。 ②没有，应该是改变了鳄鱼夹 *MN* 之间的长度，因为只有这一段才有电流通过。 （3）①铅笔芯容易断，可调电阻的大小有限。 ②利用电阻较大的金属丝可以缠绕起来。 （4）学生观察。	（1）通过这个问题，学生发现电池节数的变化可以改变电流的不足，进而引发进一步思考。 （2）通过此问题，学生认识到可以通过改变接入电路中导体的长度来改变电流，同时对“接入电路中导体的长度”这一说法有了更深的认识。 （3）通过此问题，学生意识到用铅笔芯制作变阻器存在不足，从而在此基础上思考改进的办法，促进思维的进阶。

续　表

情境	教师活动	学生活动	设计意图
展示教材92页活动14.4“学习使用滑动变阻器”中的图14－6（a）。	请同学们观察滑动变阻器，并阅读教材92页活动14.4“学习使用滑动变阻器”中关于滑动变阻器的介绍。 （1）我们看到滑动变阻器有四个接线柱，该如何连接呢？请同学们利用身边的器材，按照教材93页图14－7进行连接，尝试动一动滑片，看看变阻效果并填写93页表格，标出各种接法下接入电路中的电阻丝。 （2）你们能总结出滑动变阻器的正确接法吗？ 注意：电学实验安全是很重要的，闭合开关之前要防止电流过大，滑片应该放在什么位置？	学生阅读。 （1）学生进行尝试。 （2）交流滑动变阻器的正确接法。 思考并回答。	通过阅读学生认识了滑动变阻器的构造，为接下来学习滑动变阻器的使用做好准备。 树立安全意识并知道在使用滑动变阻器的过程中如何保障电路的安全。
展示滑动变阻器上的铭牌。	请大家观察滑动变阻器滑片上的铭牌，你们认为其中的含义是什么？	交流讨论。	进一步理解滑动变阻器铭牌上所标数据的意义。
展示电阻箱。	（1）滑动变阻器虽然可以连续改变接入电路中的电阻，但是我们除了知道它所能接入电路中的最大电阻值，无法知道它接入电路中的非最大值。而另一种变阻器——电阻箱就帮助我们解决了这个问题。同学们观察一下手中电阻箱的形态，尝试利用它来改变接入电路中的电阻大小。	（1）尝试读出具体电阻箱接入电路的电阻值大小。	借此学会电阻箱的读数方法，把电阻箱与滑动变阻器相比，尝试说出它们各自的优缺点。

续 表

情境	教师活动	学生活动	设计意图
展示电阻箱。	(2) 对比滑动变阻器，电阻箱的优缺点是什么?	(2) 通过对比滑动变阻器和电阻箱，找出它们之间的优缺点。	
展示电位器。	简单介绍电位器。	观察电位器。	了解电位器也是变阻器的一种。
布置作业。	请同学们思考教材95页习题3。	思考习题。	在新的情境中能够识别出滑动变阻器，尝试运用变阻器原理解决现实中的问题。

第三节　欧姆定律

【课标及教材分析】

本节内容在苏科版教材第十四章第一节的基础上，由定性了解电流与电压、电阻之间的关系来定量探究电流与电压、电阻之间的数学关系。2022年版课标涉及两个一级主题，其中一个在一级主题“能量”下的二级主题“电磁能”3.4.2中规定“知道电压、电流和电阻。探究电流与电压、电阻的关系，理解欧姆定律”。从中可以看出，课标规定了学生获取该知识点的学习方式是“探究”，所要达到的要求是“理解”。另一个在一级主题“实验探究”下的二级主题“探究类学生必做实验”4.2.12中规定了“探究电流与电压、电阻的关系”。这就要求学生自主经历探究实验并提出问题，进行猜想假设，针对提出的问题和猜想自主选择实验器材、设计探究实验方案、收集整理实验数据、互相交流直至最后得出结论。探究就要从问题开始，要求学生能够根据日常生活中的现象和需要提出相关的问题，即为什么要知道电流与电压、电阻之间的定量关系。同时，学生也要能够根据之前学习的知识经验对它们之间的经验进行大致的、合理的猜想。在针对电流与电压、电阻之间的关系提出问题和猜想之后，就要寻找证据来回答和验证。此过程需要学生能够针对提出的问题和猜想来选择实验器材、制订实验方案、收集实验数据，学生要明白为什么要选择这些实验器材，实验方案为什么要这样制订。在经过实验操作，获取了相关的实验数据之后，如何处理这些数据？怎样通过这些实验数据对所提出的问题和实验现象作出解释，在和同学以及老师交流的基础上反思自己的探究过程，基于实验结果总结归纳出电流与电压、电阻之间的规律。

在苏科版教材中，本节一开始也是借助于一对虚拟师生的对话提出了一个现实问题。图中小明所提出的问题是在之前的活动中极有可能会面临的一个现实问题，而如何解决这一现实问题，需要知道电流与电压、电阻之间的定量关系。但以之前所学习的知识是无法解决这一问题的，这样一来学习新知识——电流与电压、电阻之间的关系就显得尤为重要了，也让学生对接下来的学习产生了兴趣和热情。

在接下来的内容里，教材安排了“探究通过导体的电流与电压、电阻的关系”探究活动。这就要求学生能够根据探究任务，运用控制变量法分别设计探究方案。虽然教材给出了实验电路，但是教师应该引导学生基于实验目的思考每一个器材为什么要选进去，选择这些器材的目的和作用是什么。在探究通过导体的电流与导体两端电压之间关系时，虽然教材通过“信息快递”告诉学生要改变电阻 R 两端的电压，只需要调节滑动变阻器的滑片 P 的位置，这一点对于刚刚学习欧姆定律的学生来说无法解释，但是教师仍然要注意两点：其一，为什么在探究通过导体的电流与导体两端电压之间的关系时需要改变导体两端的电压？学生如果不看教材最容易想到的就是改变电源电池的节数。其实学生的说法并没有错，教师不可强行否定。教师可以让学生思考：如果增加一节电池，则电压变化多少？如果想要连续改变电阻 R 两端的电压，该怎么办？这时，在学生无法解决的情况下，再让学生阅读教材上的“信息快递”来学习这一方法。其二，在探究通过导体的电流与导体电阻之间的关系时，又该如何保持电阻 R 两端的电压不变？同样，此时的学生也不会想到利用滑动变阻器，他们最容易想到的就是直接将电阻 R 与电流表串联在电路中，更换电阻 R 的时候保持电池的节数不变。此时，教师也可以让学生依据控制变量的要求分析一下：要探究通过电阻 R 的电流与电阻之间的关系，需要保持什么不变？学生回答要控制电阻 R 两端的电压不变。这时，我们就按照学生所设计的没有滑动变阻器的电路进行实验，在更换了不同阻值的电阻 R 以后，学生会很清楚地发现，尽管电源电池没有任何变化，电压表的示数却发生了明显变化，由此产生疑惑。借此机会，教师可以告诉学生，之前一直强调“电源电压保持不变”，那只是一种理想情况，真实情况是当同一个电源输出电流发生改变时，其输出电压也会发生改变。由于初中生学习知识的局限性，对其做了理想化处理，至于它的输出电压为什么会发生改变，只有等到同学们到了高中通过进一步学习才能明白。但是，当更换电阻 R 之后它两端的电压发生了变化，那就需要让它再回到跟上次 R 两端电压一样的情况才行。应该怎样才能让它变回和原来 R 两端的电压一样呢？结合之前的方法引入滑动变阻器，继续采用之前的电路（如图 14－3 所示），在更换了电阻 R 之后，重新调节滑片 P 的位置，使电阻 R 两端的电压跟原来一样保持不变。通过这样的教学处理，学生虽然暂时还不能理解为什么滑动变阻器可以起到这样的作用，但是在经历了自主尝试后，发现原来自己的想法存在缺陷和问题，这时求助于教材上的“信息快递”，可以加强他们对滑动变阻器在这两个探究实验中各自作用的认识。至于为什么滑动变阻器可以起到让电阻 R 两端的电压发生改变或者保持不变的作用，随着学生后续学习的不断深入自然就会明白。另外，学生在这个过程中也明白了初中阶段的电学学习的局限性，只有不断地学习才能掌握科学的真谛。教师在处理关于滑动变阻器这一知识点时切不可

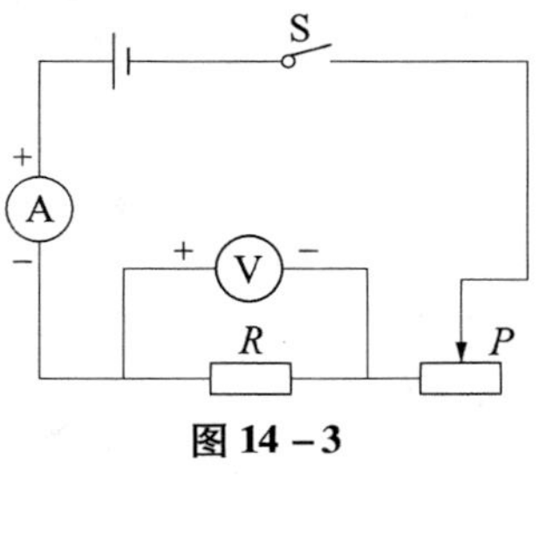

图 14－3

因为学生的知识水平有限就突然把“滑动变阻器”空降给学生，这样学生不仅感觉突然，也没有意识到自己的想法存在不足，自然很难从内心去接受。当然，上述说法虽然巧妙地帮助学生认识了到引入滑动变阻器的必要性，但是对于学生是完全回避了电源“内阻”这一因素的干扰。这就有可能带来另一个问题，那就是学生在初中阶段学习部分电路欧姆定律时解决一些习题的思维习惯越是稳固，可能就会导致他们到高中以后学习闭合电路欧姆定律时遭受的负面干扰越大。

【学情分析】

学生此时已经学习过电流、电压、电阻、电学物理量以及电压、电流的测量方法，基本了解了通过导体的电流与导体两端的电压和电阻之间的定性关系；另外，学生在数学课上也学习了正比例函数和反比例函数。这些都为学生提出问题和猜想，设计探究实验方案，收集和处理实验数据以及得出实验结论奠定了良好的学习基础。在之前的学习中，学生多次经历了利用控制变量法进行实验探究，也为本节课的探究提供了方法支撑。但是，学生在学习本节内容时，还是有几个障碍，需要教师帮助学生跨越的。其一，虽然学生已经经历了利用电流表和电压表测量不同电路各个部位的电流和电压，但是没有强调过电压、电流和电阻的“同时性”与“同体性”，因此在实验探究过程中教师要让学生明白：在电阻 R 的阻值一定时，通过电阻 R 的电流与电阻 R 两端的电压成正比；在电阻 R 两端的电压一定时，通过电阻 R 的电流与电阻 R 的阻值成反比。在教学中发现，学生在探究通过导体的电流与导体电阻之间的关系时，不更换电阻 R 的阻值，是因为他们认为可以通过调节滑动变阻器来改变阻值，这显然把电阻 R 的阻值和滑动变阻器接入电路的阻值搞混淆了。其二，学生虽然在数学学习中已经涉及正比例函数和反比例函数，但是在真正实验探究过程中处理相关实验数据时不能熟练地加以运用。对于实验数据的处理能力也是实验探究获取结论的重要前提，教师可以让学生通过列表的方式找出数据之间的共同规律，也可以让学生通过图像的方式发现数据之间的变化特征，进而总结得出结论。

【教学目标】

通过观察改变电路中的电流与电压的大小，提出关于电流与电压、电阻之间关系的猜想。根据提出的猜想运用控制变量法选择实验器材、设计实验，从而总结得出欧姆定律。通过课堂例题训练，能够正确运用欧姆定律及其变形公式分析解决相关的问题，理解欧姆定律。

【教学设计】

本节教学设计具体内容如表 14－5 所示。

表 14－5　**第三节教学设计**

情境	教师活动	学生活动	设计意图
	(1) 请问你们有什么办法让电路中的电流变大？	(1) 增加电源电压；换一个阻值小的电阻 R。	
	(2) 如果让电路中的电流变为原来的 2 倍、3 倍，你们怎么改变电源电压或者 R 的阻值？	(2) 思考。	
	(3) 电路中的电流和电路中的电压、电阻存在什么关系？	(3) 电压越大，电流越大；电阻越大，电流越小。	
	(4) 电压增大了，电流能增大多少呢？电阻增大了，电流会减小多少呢？		
教师呈现如图 14－4 所示的电路，让学生观察电路中的电流。	(5) 我们要研究出通过导体的电流与导体两端的电压和导体电阻之间的数量关系，需要哪些器材，怎样进行研究？	(5) 先保持导体的电阻不变，需要用电压表测出导体两端的电压并利用电流表测出通过导体的电流，找出通过导体的电流与导体两端电压的关系。	引发学生基于之前的知识进行深度思考，为提出本节课的问题和猜想做准备。
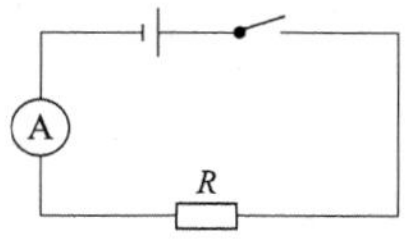 图 14－4	(6) 在探究通过导体的电流与导体两端电压关系时，需要控制导体电阻的大小不变，这是利用了控制变量的思维。但是要想找出通过导体的电流与导体两端电压的关系，不能只有一组数据，我们如何才能收集到多组数据？	(6) 通过改变电池节数来改变电压，再看看电流大小。	让学生认识到原先学习的知识存在不足，激发进一步学习的欲望。
	(7) 如果增加一节电池，电压就增加 1.5V，要想连续改变导体两端的电压，该怎么办？	(7) 思考。	
	(8) 教材为我们准备好了解决策略，至于其中的原理，我们在后面的学习中将会慢慢明白其中的道理。请同学们阅读教材 97 页的“信息快递”。	(8) 学生阅读教材 97 页的“信息快递”。	

续 表

情境	教师活动	学生活动	设计意图
教师呈现如图14－5所示的电路，让学生观察电路中的电流。 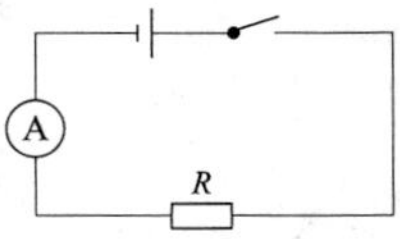 图 14－5	（9）引导学生组装教材97页图14－11所示的电路图，探究通过导体的电流与导体两端电压的关系，并且按照教材97页的表格记录下实验数据。 （10）根据实验数据，思考通过导体的电流与导体两端的电压存在什么关系？（注：可以指导学生通过作图或者相比、相乘来看数据之间的关系。） （11）你们看看通过导体的电流与导体两端的电压之间存在什么关系。（注：注意学生在总结结论的时候是否违反了“控制变量”和“同时性”“同体性”原则。）	（9）学生进行实验。 （10）发现电压与电流的比值是一个定值，且等于导体的阻值；$I-U$ 图像是一个正比例图像。 （11）学生归纳结论。	引导学生运用控制变量法依据实验目的设计实验方案，经历自主探究过程。 让学生经历改变导体两端电压的思考，反思自己设计的方案存在的不足，为引入滑动变阻器的使用做好准备。 让学生结合实验结果，经历数据处理和证据收集的过程，提升依据证据总结归纳实验结论的能力。
教师展示如图14－6所示的电路，改变电阻 R 的阻值。 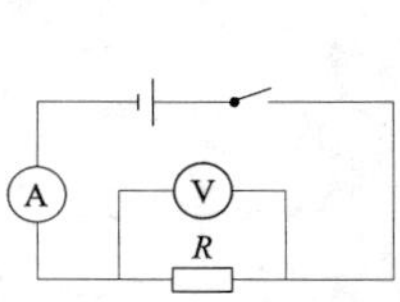 图 14－6	（1）刚刚我们探究并得出了通过导体的电流与导体两端电压之间的关系，接下来探究通过导体的电流与导体电阻之间的关系时又该如何呢？ （2）如何保持导体两端的电压不变？ （3）教师改变电阻 R 的阻值，让学生观察随着 R 的阻值的改变，电压表的示数也发生了变化。	（1）控制导体两端的电压不变，改变导体的电阻，观察通过该导体的电流。 （2）保持电路中电池节数不变即可。 （3）学生观察。	培养学生运用控制变量的思维设计实验方案的能力。

续　表

情境	教师活动	学生活动	设计意图
教师展示如图14－7所示的电路，改变电阻 R 的阻值。 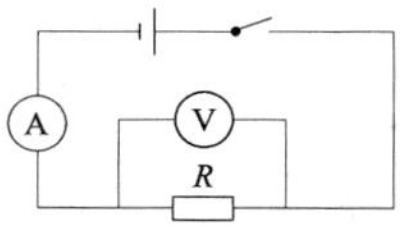 图 14－7	(4) 初中阶段学习的电源电压不变实际上只是理想情况，现实中当输出电流改变时，电源的输出电压也会发生改变，这部分内容到高中再继续学习。更换电阻 R 的阻值之后，其电压发生了改变，怎么让它再变回来呢？	(4) 再次利用滑动变阻器串联进去，通过调节滑片 P 的位置让其两端的电压变为和原来一样的大小。	让学生认识到自己的方案和知识的局限性，为滑动变阻器的使用做好准备。
教师再次展示教材97页图14－11的电路图。	(1) 请大家按照这种方法探究通过导体的电流与导体电阻之间的关系，并记录数据。 (2) 根据你们记录的数据发现了什么规律？注：指导学生将收集的数据相乘，看看电流 I 与电阻 R 的乘积是否发生改变，同时绘制图像。 (3) 请大家总结一下，通过导体的电流与导体的电阻之间是什么关系？注：注意学生总结时是否违反了“控制变量”“同时性”“同体性”的原则。 (4) 带领学生总结出欧姆定律的数学公式。	(1) 学生动手操作。 (2) 学生发现电流 I 与对应的电阻 R 的乘积是一个定值，同时其 $I-R$ 图像是一个双曲线的一支或者 $I-1/R$ 的图像成正比例。这些都说明当导体两端的电压一定时，通过导体的电流与导体的电阻成反比。 (3) 学生总结。	让学生再次尝试自主实验探究，收集整理实验数据并总结结论。

续 表

情境	教师活动	学生活动	设计意图
呈现教材99页的例题。	请大家思考并完成例题。	思考并完成教师布置的例题。	加强学生对欧姆定律的理解，尝试运用欧姆定律解决实际问题。
巩固练习。	让学生在课堂上完成教材100页的4道习题。	完成教师布置的习题，并在教师的组织下进行相互交流。	

第四节　欧姆定律的应用

【课标及教材分析】

苏科版教材基于2022年版课标对欧姆定律的“理解”要求，将本节内容安排在本章的第四节。所谓“理解”也就是要求学生能够运用欧姆定律解决日常生产、生活中相关的问题。从教材安排的内容来看，先安排的是“伏安法”测电阻，接着就是运用欧姆定律进行简单电路的计算，这些都是日常生活、生产中维修和设计电路时所不可回避的问题和需要，因此，本节内容向学生展示了欧姆定律的价值及其本身魅力之所在。“伏安法”测电阻不仅是欧姆定律应用的表现，也是2022年版课标一级主题“实验探究”下的二级主题“测量类学生必做实验”明确规定的学生必做实验。由于这个实验的电路图、所需要测量的物理量、使用的器材都与后续学习的小灯泡电功率的测量有着高度的相关性，所以在课程标准中就没有再安排小灯泡电功率的测量。由此可见，本节课关于“伏安法”测电阻的实验是测量类学生必做实验中的一个关键实验，学生能否真正掌握该实验的方法和原理也影响着学生在后续学习中对测量小灯泡功率实验的掌握。在用“伏安法”测量电阻的实验中，学生要依据实验目的和原理自主选择实验器材、自主设计实验方案、发现并且能够排除实验中存在的故障和问题，收集所测量的相关电学量，整理数据并且找出减小误差的方法，还要借助此实验过程感受电阻是导体本身的一种属性。

然而，在现实生产和生活中，由于问题的多样性和复杂性，测量电阻的大小不可能都像教材上的“伏安法”这样方便和直接，这也就衍生出了很多所谓“等效替代法”“伏伏法”“安安法”等名目繁多的电阻或者电功率的测量方法。这些方法对于学生的思维能力及其对欧姆定律的深度理解要求均比较高，也是中考试卷中拉分题目的命制素材。因此这种测量电阻以及电功率的方法对于提升学生的思维能力非常有效，但是需要结合学生的学情，不可急于求成。关于用所谓的“特殊法”测量电阻（或电功率），教师最好在学生已经理解“伏安法”测量电阻（或电功率）以及欧姆定律的相关计算以后，以问题为驱动，让学生真正经历运用欧姆定律原理解决实际问题的过程，如在测量电阻的过程中出现了缺乏某一种仪器、电阻阻值过大导致电流表或者电压表不能正常测量等问题，学生才有可能将其中的问题实质内化到自己的认知结构中，进而形成自己的能力。最后，教师在进行这类教学的时候，要在学生最终理解这些所谓“特殊法”测电阻的基础上，帮助学生进行总结和提炼——让学生结合自己的分析过程反思，这些所谓的“特殊法”在本质上并不特殊，它们与“伏安法”如出一辙。通过这个经历，学生发现虽然这些方法表面上和“伏安法”不一样，但是它们和“伏安法”均是出自同一个物理原理——欧姆定律，可以体验物理学的多样统一美。

教材在接下来的内容中编排了“运用欧姆定律进行简单计算”，这一环节与上一节欧姆定律的计算所不同的是，在上一节的计算中面临的电路中均只有一个单独的用电器，不涉及用电器之间的串联与并联的问题，相对比较简单。而本节的电路计算要面临用电器之间的串联和并联，不仅涉及串、并联电路中电流和电压的特征，还要注意学生在计算中能否正确运用电流、电压和电阻三个物理量的“同时性”与“同体性”。因此，在教学中，不仅要注意学生对欧姆定律的理解和掌握，还要培养学生良好的计算习惯，认真书写计算公式，每一个物理量都要标上对应的下标。这也是帮助学生加强对物理量的“同体性”和“同时性”重要性的认识。

【学情分析】

学生在此之前学习了电流、电压，以及串、并联电路中电流与电压的规律，在本章的第三节中学习并探究了通过导体的电流与导体两端的电压和导体电阻之间的关系，为本章内容的学习奠定了良好的基础。本节课首先安排了导体电阻的测量，这是利用欧姆定律解决实际问题的第一步，要求学生能够根据实验目的选择实验器材、设计实验方案。同时，学生在测量定值电阻的阻值和小灯泡电阻时，关于如何进行最终的数据处理也是本次实验的一个关键问题。对于测量定值电阻的阻值和小灯泡电阻，都需要在不同电压和电流下多次测量，只是多次测量的目的不一样，哪一个是为了取平均值，哪一个不是，学生必须要清楚并且明白其中的缘由。关于运用欧姆定律进行简单计算，这是欧姆定律应用的第二项，是运用欧姆定律进行实际电路分析和设计的重要一步，要求学生不仅能够准确灵活运用欧姆定律的公式变形，还要正确分析电路。其中之前提到的物理量的“同时性”和“同体性”实际上也不是学生第一次接触，之前在速度的计算、物质密度的相关计算中也都遇到过类似的问题。

在众多电学计算的问题中，关于串、并联电路的总电阻问题，教材中未明确提出，但是教师可以带领学生进行分析和推导，再通过实验测量来验证推导的结果。这其中体现了两种思维方法，一是等效替代法，二是利用数学方法解决物理问题。这两种方法无论是在物理学习还是物理研究中都是常用且有效的方法，也是培养学生物理思维的关键方法。学生在经历了关于串、并联电路的总电阻的数学推导和实验证明后，要明白数学证明（理论研究）最终要经受实践的证明。至于数学推导和实验验证，无论哪一个在前均可。就像物理学家密立根说过，科学靠两条腿走路，一是理论，一是实验，有时一条腿走在前面，有时另一条腿走在前面。无论先用哪一种方法，都要让学生对这两种方式加以体验和尝试。综上所述，学生要能够从影响电阻大小因素的角度分析，为什么串联电阻的总电阻总是大于电路中任何一个电阻，而并联电路的总电阻总是小于电路中任何支路上的一个电阻。这不仅深化了学生对相关知识的认识和理解，更重要的是让学生体验到物理学的多样统一美，从美学的角度感受物理学的奥妙。

【教学目标】

（1）通过经历电阻的测量实验，体验和感受欧姆定律的应用。
（2）通过应用欧姆定律进行简单计算，能够进行相关串、并联电路的简单计算。

【教学重难点】

本节教学重点是电阻的测量和运用欧姆定律进行简单的计算，难点是如何设计测量电阻的实验方案。

【教学设计】

本节教学设计具体内容如表 14－6 所示。

表 14－6　　第四节教学设计

情境	教师活动	学生活动	设计意图
教师展示一个电阻元件。	（1）维修人员在维修一台电视机时，发现一个电阻元件坏了，需要更换，但是上面的规格数据模糊不清了，请问如何才能知道这个电阻的阻值是多少？ （2）请画出其电路图。	（1）学生思考：将电阻元件接入电路中，用电压表测出其两端电压，再用电流表测出通过的电流，根据欧姆定律的变形公式 $R=\frac{U}{I}$ 计算出该电阻的大小。 （2）学生画出他们所认为的电路图，如图 14－8 所示。 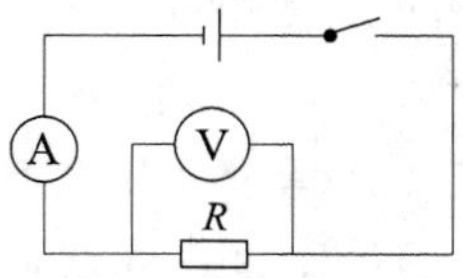 **图 14－8**	（1）引出本节课的问题，让学生认识到测量电阻阻值的实际意义。 （2）引导学生自行思考，并且暴露出他们自己存在的问题。
测量电阻的阻值。	（1）这次在测量电阻阻值的大小过程中要尽可能精确一些，回顾我们在测量某一个物理量的过程中是如何减小误差的，具体操作方法是什么？	（1）多次测量取平均值。	（1）通过回顾以往的测量性实验，让学生思考正确的测量性实验应该如何减小测量误差，为接下来引出滑动变阻器做好准备。

续　表

<table>
<tr><th>情境</th><th>教师活动</th><th>学生活动</th><th>设计意图</th></tr>
<tr>
<td rowspan="3">测量电阻的阻值。</td>
<td>（2）如果要取平均值，应该如何操作？</td>
<td>（2）要改变待测电阻的电压和电流，需要添加一个滑动变阻器。</td>
<td>（2）让学生认识到在这里安装滑动变阻器的意义。</td>
</tr>
<tr>
<td>（3）实验电路图该如何设计？实验记录的表格该如何设计？</td>
<td>（3）重新设计实验电路图（如图 14－9 所示）并画出实验数据记录表格。
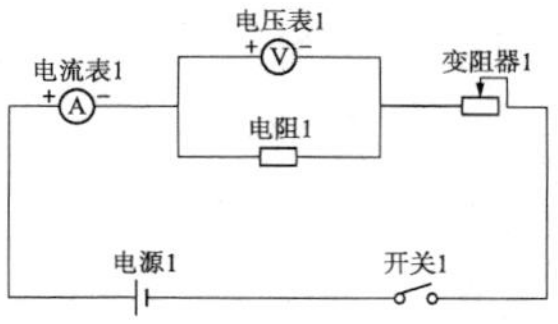

图 14－9
<table><tr><th>实验序号</th><th>电压 U/V</th><th>电流 I/A</th><th>电阻 R/Ω</th><th>电阻平均值 R/Ω</th></tr><tr><td>①</td><td></td><td></td><td></td><td rowspan="3"></td></tr><tr><td>②</td><td></td><td></td><td></td></tr><tr><td>③</td><td></td><td></td><td></td></tr></table></td>
<td>（3）在认识到滑动变阻器作用的基础上，让学生完善自己设计的实验电路。</td>
</tr>
<tr>
<td>（4）让学生动手操作。</td>
<td>（4）进行实验数据处理。</td>
<td></td>
</tr>
<tr>
<td>教师展示一只小灯泡。</td>
<td>如何测量小灯泡工作时的电阻呢？请同学们重新设计电路和表格。
（1）让学生进行小灯泡电阻的测量。
（2）请同学们对比小灯泡的电阻测量过程与定值电阻的测量过程有什么不同？
（3）是什么原因造成的？</td>
<td>学生认为和上面的电路图以及实验表格一样，仅仅是将定值电阻更换为灯泡。
（1）动手操作。
（2）测量定值电阻时，每次测量出来的电阻值几乎非常接近。可是测量小灯泡电阻时，每次改变电流和电压之后，其电阻明显发生了改变。
（3）因为电流变化以后灯丝的温度发生了变化，进而导致它的电阻也发生了变化。</td>
<td>（1）先让学生自行对小灯泡的电阻进行测量，让他们自己发现其中与定值电阻测量的不同。
（2）让学生自己分析，结合实验数据找出小灯泡电阻与定值电阻测量的结果不同之处，为接下来的实验数据处理做好准备。
（3）让学生能够结合之前学习的知识点，认识到导致小灯泡电阻测量结果与定值电阻不同的原因。</td>
</tr>
</table>

续 表

<table>
<tr><th>情境</th><th>教师活动</th><th>学生活动</th><th>设计意图</th></tr>
<tr><td>教师展示一只小灯泡。</td><td>(4) 还需要进行多次测量取平均值吗？

(5) 它的数据表格应该如何改进？</td><td>(4) 不需要。因为这个过程中电阻本身就已经不同，所以取平均值也就没有意义了。
(5) 将原先实验数据的记录表格更改为下表格式。
<table><tr><th>实验序号</th><th>电压 U/V</th><th>电流 I/A</th><th>电阻 R/Ω</th></tr><tr><td>①</td><td></td><td></td><td></td></tr><tr><td>②</td><td></td><td></td><td></td></tr><tr><td>③</td><td></td><td></td><td></td></tr></table></td><td>(4) 结合以上的分析，再次思考小灯泡电阻的测量实验数据与定值电阻的不同之处，进一步认识“多次测量，取平均值减小误差”原则。</td></tr>
<tr><td>巩固提升。</td><td>请大家先思考教材 102 页的例题。</td><td>思考并完成教材 102 页的例题。</td><td>训练学生运用欧姆定律进行简单计算的能力，并且告知学生计算要规范。</td></tr>
</table>

（四）重难点突破文献综述

1. 关于滑动变阻器教学难点综述

在滑动变阻器的教学中，经常发现学生很难弄明白在分析滑片滑动过程中，滑动变阻器接入电路的电阻将会发生怎样的变化。为此，《关于“变阻器”教学的高端备课》① 一文给出了很好的解释和解决方式。这篇文章指出，本节教学的难点正是由于学生不能准确认识变阻器的结构，进而无法掌握变阻器的使用方法，甚至有部分学生不知道变阻器滑片移动时阻值如何变化，即不理解变阻器是哪部分被连入电路中。这就造成了由静态电路到动态电路认识发展过程中难以逾越的“台阶”。要想帮助学生真正了解滑动变阻器的结构及组成，应该将整个教学过程分为三个步骤，即定性认识结构、定量测量阻值、归纳概括规律。具体步骤表述如下：

(1) 定性认识结构。首先，对变阻器工作特征拥有定性认识是直观教学的要求。从学生对导体电阻改变方式的已有认识出发，提出如何改变变阻器电阻，逐步完善对变阻器结构的认识。教师应该明确指出，将漆包线缠绕在瓷筒上是为了节省空间，而在漆包线表面刮开 2mm 宽的绝缘漆，是为了使滑片触头与漆包线导通。在该环节，教师应使用放大镜对变阻器的漆包线刮开表面进行放大，并引导学生观察变阻器的外部结构。同时，对变阻器结构展开精细化的介绍。至此，学生不难发现变阻器表面任意

① 郑珊，邢红军，陆星琳：关于“变阻器”教学的高端备课，物理教师，2014 年第 1 期。

两根漆包线间是绝缘的，仅漆包线表面被刮开部分与滑片触头相接触，实现与外电路的导通。其中，被刮掉绝缘漆表面的两根漆包线之间也是绝缘的，即变阻器的漆包线只有与滑片摩擦接触的部分是导通的，其他部分是绝缘的。通过直接观察变阻器的绕线结构，学生能够清晰了解其结构与用途。进一步通过了解变阻器绕线的特点，确定变阻器何处是导通的，何处是不导通的，从而为后续研究变阻器电阻的变化做好准备。

（2）定量测量阻值。定性认识变阻器结构之后，可以引导学生对变阻器的电阻进行定量测量。该环节在静态意义上即为变阻器连入电路中阻值大小，将数字万用表置于投影仪下，学生可以通过幕布上放大的数字万用表直接读出电阻值大小，而不再需要借助灯泡亮度变化进行推理。在本环节中，数字万用表和投影仪等现代化教学手段的运用，不仅是教学直观性的重要体现，而且拓展了直观的范畴与意义。选用 J2354 型“200Ω1.5A”变阻器，用直尺测出变阻器瓷筒上绕线的长度为 22cm，将数字万用表调至欧姆挡，触头依次接触 A、B、C、D 中任意 2 个接线柱（如图 14－10 所示），读出每次测量的电阻值。为了让学生定量地明晰变阻器结构，用数字万用表测的变阻器 C、D 间为最大阻值（R_{CD}）216Ω，测的金属杆 AB 的电阻很小，可以忽略不计。由此可见，选择变阻器 A 端或 B 端连入电路是等效的。在此基础上，改变滑片 P 的位置和触头连接的接线柱，依次记录各电阻的阻值大小。在此环节中，数字万用表能够非常直观地显示变阻器的阻值大小，从而实现了对变阻器电阻的定量认识和静态测量。

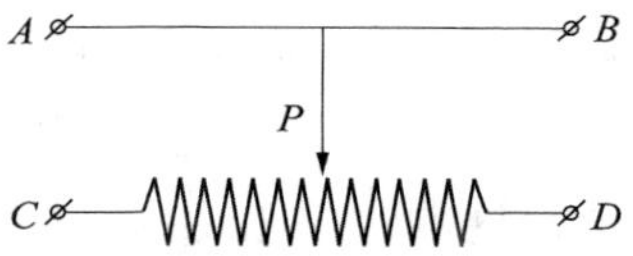

图 14－10

（3）归纳概括规律。数字万用表不仅能够直接显示某一时刻的阻值，而且能够清晰地显示滑片 P 在移动过程中阻值的变化。这无疑能让学生在操作过程中获得感性认识和动态体验，并且将物理教学的直观性阐释得淋漓尽致，三次测量中变阻器的电阻、长度值如表 14－7 所示。对表 14－7 中的测量结果进行深入分析、归纳，可得如下结果。一是，A、C 端与 B、C 端（或 A、D 端与 B、D 端）电阻相等，且等于滑片 P 到 C 端（或 D 端）的电阻，即 $R_{AC}=R_{BC}=R_{PC}$（$R_{AD}=R_{BD}=R_{PD}$）。这说明 A、B 两接线柱是等效的，连入电路的电阻是滑片 P 与下接线柱 C 端（或 D 端）间的电阻丝。二是，A、C 端与 A、D 端（或 B、C 端与 B、D 端）的电阻显示 $R_{AC}+R_{AD}=R_{CD}$（或 $R_{BC}+R_{BD}=R_{CD}$），可得 PC 端与 PD 端的电阻之和等于变阻器的最大电阻 R_{CD}。三是，滑片 P 距离下接线柱越远，即 PC 端（或 PD 端）长度越大，那么连入电路的电阻丝越长，变阻器的电阻也就越大。四是，PC 端和 PD 端的长度比与 PC 端和 PD 端的电阻比相同，即 $L_{PC}:L_{PD}=R_{PC}:R_{PD}$。实验结果表明，将变阻器 C、D 端连入电路中，移动滑片 P 连入电路的阻值始终是变阻器的最大电阻 R_{CD}。而 A、B 两个上接线柱连入电路是等效的，若将这两个接线柱直接连入电路中势必会造成短路。鉴于上述归纳的结果，将变阻器连入电路时共有四种正确的接法，即遵循“一上一下”的规则。至此，变阻器使用的规则被归纳出来。

表 14－7　　三次测量变阻器的电阻及长度

数字万用表接触端	电阻	1	2	3
A、C 端间的电阻/Ω	R_{AC}	73.8	54.8	43.3
B、C 端间的电阻/Ω	R_{BC}	74.1	54.8	43.4
A、D 端间的电阻/Ω	R_{AD}	145.1	162.9	173.3
B、D 端间的电阻/Ω	R_{BD}	145.2	163.1	173.3
PC 端与 PD 端电阻比 R_{PC}: R_{PD}		1∶2	1∶3	1∶4
PC 端间的长度/L_{PC}/cm		7.37	5.53	4.42
PD 端间的长度/L_{PD}/cm		14.73	16.58	17.68
PC 端与 PD 端的长度比 L_{PC}: L_{PD}		1∶2	1∶3	1∶4

2. 关于“电阻”教学中影响电阻大小因素猜想难点突破的文献综述

在“影响电阻大小因素”的实验探究教学活动中，猜想环节对于学生是比较困难的，正如前所述，电阻这个特性看不见摸不着，学生往往是天马行空地猜测或胡乱地猜测。为了解决这个问题，赵玉杰的《在科学探究中提升学生的核心素养——以“电阻”一节为例》① 一文借助于“水流”类比“电流”，以学生能看得见的现象来类比学生看不见的现象，向学生介绍电阻概念，并成功引导学生对探究的问题进行猜想，对引导学生成功猜想的实践做了总结，文中具体表述如下：在教学中我们经常会有“教你一招”和“锦囊妙计”等环节，这看似是在“危难之际救学生于水火之中”，实则是希望学生按照我们的设计意图进行探究。虽然课堂进展得很顺利，但会造成探究不彻底掩盖了学生的问题，磨灭了学生的创造力。探究的乐趣就在于面对困难时，经过团队协作，大家一起交流讨论，冷静分析，利用有限的资源解决问题。教师给学生创设真实的探究情境，在学生实验过程中适当地给予引导和指导，既不能“包办”，也不能“放羊”，要允许学生犯错误并进行尝试，使其在错误和尝试中提升核心素养。初三的学生经过一年的物理学习，已经具备一定的科学素养，大部分同学已经知道科学探究的七个要素，但很多学生存有的疑惑是该如何提出科学问题，教师可以给出一些方法指导学生如何提出科学问题。例如：教师可以指导学生从各种情境中发现和提出问题，如生活情境、实验情境以及体验情境等；还可以运用科学思维方法发现和提出问题，或者采用 5W2H 分析法（七问分析法）和逆向思维等。根据学生的情况，教师适当地将思考过程显化，并在教学过程中及时点评，鼓励学生积极思考的同时，提供价值指导，让学生明确什么样的问题更有价值。在猜想环节也有学生会感到力不从心，教师可以创设真实的情境让学生的猜想有据可依，如本节课将导体的电阻与水管类比，有助于学生做出猜想。除此之外，学生观看演示实验后运用归纳推理法，提出合理的

① 赵玉杰：在科学探究中提升学生的核心素养——以“电阻”一节为例．物理教师，2020 年第 4 期。

猜想。教师还可以给学生提供更多的猜想方法，如类比、归纳、演绎、逆向思维等方法，都是提出和建立科学假说的重要方法。学生的思维更具相似性，教师创造机会让学生展示自己解决问题的思维过程，有助于全体学生科学素养的提升。与此同时，和学生建立良好的师生关系有利于提升学习物理的兴趣，亦师亦友，教学相长，教师也可以不断地从学生身上汲取营养，紧跟时代步伐，了解时代变革给学生核心素养的养成带来的影响，帮助学生培养适应个人终身发展和社会需要的必备品格和关键能力。

3. 关于电源内阻对初中阶段电学教学影响如何突破的文献综述

关于电源“内阻”的问题，在初中阶段学生学习部分电路欧姆定律的时候按照课标要求本应该是不涉及的一块教学内容，但是在学生实验的时候又是无法回避的问题，同时由于初高中阶段的知识、能力要求的不同，无论考虑不考虑电源“内阻”，都会导致同一道电学题在初高中阶段的答案大相径庭。由此可见，对于初中阶段不做要求的内容，虽然不用提前超纲进行教学，但是做好初高中教学的衔接，为学生后续学习做好铺垫就显得尤为必要。

关于电源“内阻”对初中阶段电学教学的影响，除了前文在课例示范第 3 课时“欧姆定律”的“课标及教材分析”中做了一个简单的介绍之外，卢义刚、殷正徐、程万美的《基于初高中衔接的初中物理教学案例——如何向初中学生解释与“电源内阻”有关的问题》① 一文较为全面地进行了阐述。全文大致分为四个方面，第一方面就是关于初中阶段“欧姆定律”教学所引发的思考。文章从“欧姆定律”教学中探究通过导体中的电流与导体电阻关系实验需要控制导体两端电压不变这个话题入手，给出了一个具体情境。

教师：此实验应控制什么因素不变？改变什么因素？

学生：控制定值电阻两端的电压不变，改变电阻阻值的大小。

教师：具体怎么操作？

学生：保证电池节数不变，把 5Ω、10Ω、15Ω 的定值电阻分别接入电路中，电源电压保持不变，记下 3 次定值电阻阻值和对应的电流表示数。

教师要求该学生画出电路图。学生在黑板上画出电路图（如图 14 - 11 所示）。

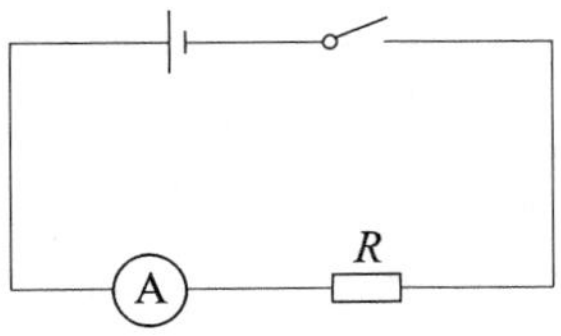

图 14 - 11

教师：大家认为该学生设计的电路符合前面的要求吗？

有几个学生点头表示认同（旁观）。

教师：我们不妨来测一测，改变接入电路中的定值电阻的阻值，对应的定值电阻两端的电压是否发生变化？（注：教师在实物展台上演示，电源是两节新干电池，按照图 14 - 9 连接实物，再将电压表并联至定值电阻 R 的两端，并要求学生观看测量过程，结果是当把 5Ω、10Ω、15Ω 的定值电阻分别接入电路中时，对应的电压表示数却分别

① 卢义刚，殷正徐，程万美：基于初高中衔接的初中物理教学案例——如何向初中学生解释与“电源内阻”有关的问题，物理教师，2016 年第 9 期。

为2.2V、2.4V和2.5V。)

教师：所以说改变定值电阻阻值，会导致定值电阻两端电压发生变化。此方案没有实现控制定值电阻两端的电压一定，因此不可行。那么怎样才能实现控制定值电阻两端的电压不变呢?

首先，通过现实教学中经常遇到的教学片段，将电源“内阻”对这个探究实验造成的影响引了出来，卢义刚等指出，虽然教师的提问将滑动变阻器使用的必要性引了出来，但仍然让学生无法克服之前课堂上学习的“电源电压保持不变”所带来的影响，在接下来的学习中这将仍然是萦绕在学生心头的一片“乌云”。从这个案例中也可以看出，在初中阶段做好“电源内阻”铺垫的重要性。

接着卢义刚等从初中阶段电学教学中“串、并联电路中与内阻问题的不期而遇”以及“初高中物理教学中的矛盾”两个方面阐述了为电源“内阻”进行铺垫的必要性。首先是初中阶段与“电源内阻”问题的不期而遇。文章以水果电池为例，实验中某小组学生将几个自制的水果电池串联起来，并且用电压表测出水果电池两端的电压可达2.2V，于是就有一位学生尝试将额定电压为“2.5V”的小灯泡接到该水果电池两端，学生预先的猜想是“亮，但达不到正常发光时的亮度”，结果出乎学生意料的是小灯泡根本不亮。这种预想与实验结果之间的冲突，激发了学生强烈的好奇心。以上几个教学情境，学生提出很多疑问，而这些问题都与“内阻”有关。如果教师对“内阻”问题总是含糊其词，学生便会越发困惑。“师者，传道授业解惑也”，面对学生好奇地发问，教师不能置之不理，更不能被升学考试大纲束缚，演变成“为考试而教”。因此，“内阻”问题是初中物理教学难以回避的问题，是学生心中的“谜题”，教师应当适时地给学生提供必要的解释。

在“初高中物理教学中的矛盾”这一环节中，文章以一道初高中物理教学中均常见的物理试题为例引出话题，具体如下。

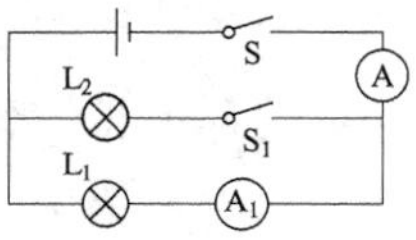

图14-12

在图14-12所示电路中，电源电压保持不变。闭合开关S后，开关S_1由断开到闭合，下列说法正确的是（　　）

(A) 电流表A_1示数不变，A示数变小。

(B) 电流表A_1示数不变，A示数变大。

(C) 电流表A_1示数变小，A示数变大。

(D) 电流表A_1示数变小，A示数变小。

在初中物理学习中，电源的电压是恒定的，是理想的。但在高中物理学习中，电源是有内阻的。那么，这道题目在初中阶段选择(B)，可到了高中阶段就选择(C)。因此，从某种程度上说，初中物理与高中物理教学之间是存在“矛盾”的。如果这类题目在初中阶段得到过度训练，或者初中阶段过于强调电源电压和电源输出电压等同，学生掌握得越牢靠，便越容易形成解题的“定式”，进入高中阶段碰到这类题目往往“先入为主”，不由自主地按照初中的思路去解决问题。在此，文章引用张启业的观点，认为这种“矛盾”势必会对高中物理的学习产生一定的干扰或抑制作用，造成学习的负迁移。

其次，卢义刚等从“学情分析”“‘内阻’知识引入‘度’的探讨”“具体引入方式”这三个维度对如何处理电源“内阻”的问题进行了全面阐述，具体如下。

由于“内阻”问题在初中教学中不可避免，一味地忽略“内阻”对高中学习又会产生一定的干扰作用，因此，“内阻”问题在初中阶段的处理显得尤为重要。既要能解决学生的困惑，又不能将高中知识生搬硬套地挪到初中教学中去，加重学生的负担。那么，如何向初中学生解释与“内阻”有关的问题呢？

（1）学情分析。“内阻”问题对初中学生而言并不属于难度过高的问题。学生已经了解到“导体对电流有阻碍作用，故而在电流流过导体时，电流需要做功，消耗一部分电能，转化为其他形式的能”，所以通过电源对外供电，电源本身发热的现象，就容易迁移到“电源内部也存在着电阻”。而且，初中学生的求知欲旺盛，对新鲜事物总是充满好奇，在实验中发现了用已有知识无法解决的一些困惑，这些困惑在某种程度上可以激发学生的学习动机，促使他们积极主动地思考其中的道理。

（2）“内阻”知识引入“度”的探讨。在高中阶段，“内阻”知识往往伴随着“闭合电路的欧姆定律”出现。那么，初中阶段是否有必要引入“闭合电路的欧姆定律”呢？笔者认为，没有必要将其提前到初中阶段介绍，原因如下：第一，初中阶段学生刚知道“部分电路的欧姆定律”，尚需要花一些时间去理解、消化，这时候若要引入“闭合电路的欧姆定律”，容易引发知识的干扰或混淆；第二，学生知识的学习是呈螺旋式上升的，没有必要盲目拔高；第三，只需引入“内阻”概念，便可运用初中物理知识解释以上实验现象。因此，主张“内阻”知识引入的同时，也要注意“度”的把握。

（3）具体引入方式 。教学中应注意把握课堂上引入“内阻”概念的时机。文章在此借用陈祖华的观点进行阐述，他认为要在“意想不到”的实验现象出现后，在学生产生重重疑惑时，适时地引入“内阻”概念，再利用“等效替代”的方法进行处理。

例如，开头的教学片段中，教师不妨将学生设计的电路作“等效替代”处理（如图 14 – 13 所示），也就是将电源电阻从电源内部拿出来，当成一个普通电阻处理，这样电源就成了理想电源。于是问题就演变成了初中阶段最常见的“动态电路”问题，再利用初中阶段所学的“串联分压”知识来解释，问题便迎刃而解。初中阶段与“内阻”有关的其他实验现象也可以用该方法进行分析。这样处理既便于初中学生理解，还强化了初中知识的学习，既不与高中知识冲突，又避免引入“闭合电路的欧姆定律”，可谓一举多得。用“内阻”知识解释以上现象，不仅不会增加学生的学习负担，反而解决了学生心中的疑惑，拓展了学生的思维，拓宽了学生的视野，有利于学生在良好的教学情境中积极主动地建构知识，也为高中物理学习埋下伏笔。

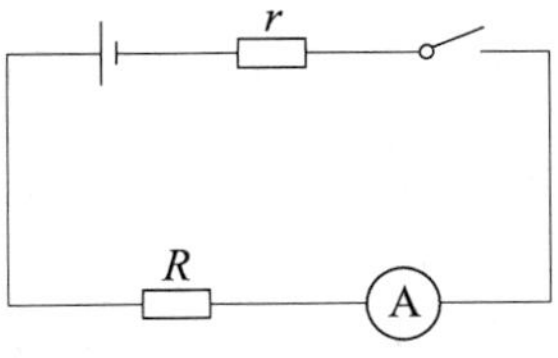

图 14 – 13

最后，文章指出初中物理教师应明确知道初中的一些物理概念、规律是不太严密的，要在充分研读初高中物理教材的基础上准确认识这些概念、规律，避免照本宣科、讲解不当，造成学生对物理知识产生错误理解，以至于给学生今后的物理学习制造障碍。同时教师在教学中还需注意与高中物理教学的衔接，除“内阻”知识外，“力和运动”“功”“能”“光的反射与折射”“热机”“电和磁”等内容均是初高中物理教学的重要衔接点，教学中应注意把握好教学时机，适当地对知识进行拓展与延伸，为学生将来进一步的学习打下坚实的基础。

四、教学素材补充

（一）关于日常生活中一些调节装置被误解为滑动变阻器的问题说明

在初中阶段“变阻器”一节内容的教学中，很多教师都安排了利用滑动变阻器或者铅笔芯改变灯泡的亮度，制作“模拟”调光灯的活动，学生参与的兴趣非常高。但是，马道兵的《解析初中物理教师的“想当然”》① 一文指出，课堂上学生制作的是“模拟”调光灯。而日常生活中的真实的调光灯如果也利用滑动变阻器来控制经过灯泡电流的大小，最大的不足就是由于电流的热效应，导致滑动变阻器在工作过程中额外消耗更多的电能，这不仅不利于节能，而且容易造成电路的老化。真正的家庭调光灯事实上采用了另一种称为“开关”原理的电路，如图 14 – 14 所示，图中虚线框内为调光电路，相当于一个开关。我们可以把图 14 – 14 简化为图 14 – 15，调光电路实际上就是通过改变导通时间与断路时间的比值来实现对灯的亮暗的调节，这种调光电路效率高，几乎不消耗电能。可是将常见的台灯的调光原理简单地理解为滑动变阻器的作用，这个说法肯定与事实不符，易造成对学生的误导。

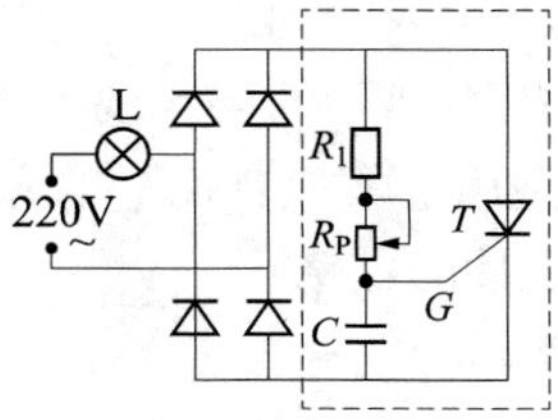

图 14 – 14

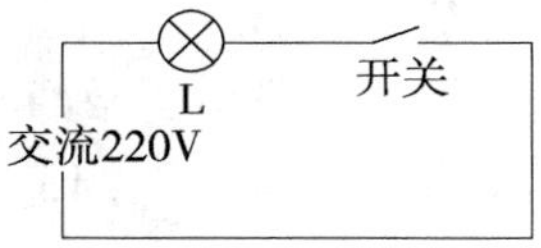

图 14 – 15

同样的问题，有的教师将电动车的调速器说成滑动变阻器，这些说法均是错误的。电动车上的调速手把也被称为霍尔转把，内部有个霍尔元件和磁块形成的磁性传感，工作原理与电机的霍尔相同。霍耳转把输出电压的大小，取决于霍耳元件周围的磁场强度，转动转把，改变了霍耳元件周围的磁场强度，也改变了霍耳转把的输出电压。把这个电压输入控制器，控制器再根据这个信号的大小进行 PWM 脉宽调制，从而通过控制功率管的导通关闭的比例来控制电机转速的大小。PWM 是 Pulse Width Modulation 缩写，中文意思是脉冲宽度调制，简称脉宽调制。它是利用微处理器的数字输出来对模拟电路进行控制的一种非常有效的技术，广泛应用于测量、通信、功率控制与变换等

① 马道兵：解析初中物理教师的“想当然”. 物理教师，2013 年第 12 期。

许多领域。

教师在讲解这些问题的时候，一定要事先通过文献、网络查阅清楚，然后再向学生讲解，切忌“想当然”。

（二）欧姆定律的发现过程

欧姆定律是电学中非常重要的一条定理，它的发现过程无不展现了欧姆的科学智慧。但是，由于课堂教学的局限性，呈现在学生面前的是有着现代电学测量工具、稳定电源的简化了的探究过程以及冷冰冰的公式。这导致了欧姆当年发现欧姆定律的智慧和艰辛未能全部展现在学生面前，这一过程的教育价值未被挖掘。

冯天树的《电学发展初期几个基本概念的起源探讨》① 一文对此做了大致介绍，我们可以加以借鉴，其中有关于欧姆定律的大致发现过程。关于欧姆定律的发现及其前后科学发展的影响，描述如下：

1780 年意大利的伽伐尼在实验室解剖青蛙时，发现了一种电，后来人们称其为“伽伐尼电”。这种电能电击人，但和摩擦产生的电的不同之处在于，静电放电很快就放完，而伽伐尼电能源源不断地持续产生。当时有人怀疑伽伐尼电和摩擦起电机产生的电是同一个“东西”，后来法拉第用实验证实了两种方法产生的都是同一种“东西”。伽伐尼电叫流电，摩擦产生的电叫静电。从此人类从静电时代进入流电时代。对于伽伐尼电的产生机理，伽伐尼认为这种电存在于动物体内，所以把它叫动物电。伏特通过对伽伐尼电的研究，认为它是由于两种不同的金属接触，因自由电子密度不同而产生的电流。1800 年伏特公布了他于 1795—1796 年已经发现的电池原理，并用铜片、浸盐水的纸片、锌片依次重叠起来，创制了最早的获得连续电流的“伏特电堆”。

伏特后来发明了一种“显微静电计”，可以测量一般静电计无法测量的微弱电张力。他测量出不同金属同时接触一种液体时产生的电张力。他通过测量电池电极之间的电张力，于 1792 年提出电动势（electromotive force）理论。伏特的电动势指两种不同金属的一端接触同一液体时，会产生一种强迫力迫使其中一种含电流体较多的金属将部分流体交给另一种金属，是一种导致电荷一经分离就不会自动返回原位的力。电动势是一个非静电学的概念，但它又是借助于静电学仪器在静电学概念（电势差）的基础上发展起来的。其实伏特用接触电动势解释伏特电池的电力来源，后来被证明是错的，直到 1889 年化学家能斯特（Nernst）用化学的方法（离子的电动势）才得到正确解释。随着历史的发展，电动势的概念超出了接触电的范围，扩展为从包含接触电动势（化学电动势）、温差电动势、感应电动势，发展到包括所有能够驱动电流做功的情况。1801—1820 年，法国一些有影响的物理学家关心的只是静电而不是电流，他们把关于电流的研究留给化学家们。他们认为，所有电学现象都不会超出静电的范围，最终都能用库仑的扭力秤来量度，电池也如此。毕奥曾经设计了一种转换装置，将电池电极上的电位传给一个金属球，再用扭力秤测量这个小金属球产生的扭力，从而确

① 冯天树：电学发展初期几个基本概念的起源探讨．大学物理，2018 年第 11 期。

定电极的电位，以此来度量电池的电动势。此方法导致人们误认电动势是一种静电力，使得电动势和电势差两个概念容易被混淆。事实上，电动势表示电源把非电能量（化学能、机械能等）转化为电能的能力，是非静电力。但电动势和电势差的单位相同，都是伏特。电动势概念的出现，为电流概念的诞生和欧姆定律的发现创造了条件。

1826 年，欧姆发现了电学上的一个重要定律——欧姆定律，$R=U/I$，其中 R 是电阻，U 是导体两端的电压或电源电动势，I 是电流强度。用现在的眼光看，这三个概念是非常基本的电学概念。电阻是导体的一种基本性质，与导体的尺寸、材料、温度有关。电压也称作电势差或电位差，是衡量单位电荷在静电场中由于电势不同所产生的能量差，单位是伏特（V），1V 等于电场力把单位正电荷移动 1m 所做的功。电流强度表示单位时间里通过导体任意横截面的电量，单位是安培（A）。真空中相距 1m 的两条无限长直线通等量恒定电流相互之间作用力等于 2×10^{-7}N 时电流强度为 1A。欧姆定律在我们今天看来很简单，然而，它的发现过程却不简单。在那个年代，现代意义上的电流强度、电压、电阻的概念都还没产生，电压表和电流表尚未被制造出来，可以想象在那样的条件下发现欧姆定律是何等艰难。欧姆是从傅立叶发现的热传导规律中受到的启发，通过类比法而发现的欧姆定律。欧姆认为电流现象与热现象很相似，导热杆中的热流相当于导线中的电流，导热杆中的两点之间的温度相当于导线中两端之间的电驱动力。当时人们认为导热杆中两点间的热流正比于这两点间的温度差。欧姆认为，电流现象与此相似，猜想导线中两点之间的电流也许正比于导线两端的某种驱动力。

欧姆假设能驱动电流源源不断流动的驱动力是导线两端的伏特电动势。起初，他用伏特电堆做电源，用灵敏的显微静电计测出了电源两电极间的电张力，但是因为电堆两极的电张力不稳定，效果不好，后来他接受别人的建议改用温差电池做电源，从而保证了电流的驱动力或电张力的稳定性。但是如何测量“电流”的大小，这在当时还是一个没有解决的难题。起初，欧姆利用电流的热效应，用热胀冷缩的方法来测量电流（电流让导体发热使导体温度的升高值作为电流的度量），但这种方法难以得到精确的结果。后来他把奥斯特发现不久的电流的磁效应（通电导体让放在导体附近的磁针转动角度）和库仑扭秤结合起来，巧妙地设计了一个电流扭秤。当导线中通过电流时，磁针的偏转角与导线中的电流成正比，才得到一个他认为的电流大小的度量，这个方法后来成为测量电流大小的标准。关于电流测量有一个插曲：18 世纪上半叶，人们认为电是一种流体，并假设了各种电流体模型。当时出现了两个流派：以杜菲为代表的二元流体派和以富兰克林为代表的一元流体派。杜菲认为存在两种电，他把玻璃上产生的电命名为“玻璃电”（正电），树脂或琥珀上产生的电命名为“树脂电”（负电）。富兰克林认为电只有一种流体，摩擦可以使电从一个物体转移到另一个物体，但不能被创造出来。1825 年，英国人巴劳想判别一元流体和二元流体这两种假说孰是孰非。他认为，如果前者正确，电流将由正极向负极逐步递减；如果后者正确，电流将由两极向中央递减，以致在导线中央电流强度变成零。他把电流的磁偏角作为电流强度大小的指示进行测量，得到的实验结果是与这两种设想都不符合，他发现同一导线上电流强度不变。欧姆知道巴劳的结论后，想到既然导线中电流的大小不变，说明电流大小（磁偏角）可以作为一个基本量去研究电路的基本规律。他用粗细相同、长度不同的 8 根铜导线进行了大量测量，得出了经验公式：$X=a/(b+x)$，其中 X 为电流的磁偏角或电磁力，即电流强度的大小；a 是与激发力（温度差）有关的常数，即电动势；x 表示导线的长度（因为实验用的所有导线是同一金属，且粗细相同，所以 x 与导线的电阻正比例）；b 是与电路其余部分的电阻有关的常数，$b+x$ 与电路的总电阻成正比。这个结果于 1826 年发表。1827 年欧姆又从数学理论角度把他的实验规律总结成如下公式：$S=\gamma E$。其中 S 表示电流；E 表示电动力，即导线两端的电势差；γ 为导线对电流的传导率，其倒数即为电阻。这就是后来著名的欧姆定律。但欧姆的理论刚发表时，并没有立即被电学界接受，甚至被认为是错的。但真理是掩盖不住的，后来不断有科学家验证出欧姆的结论是正确的。1841 年欧姆的功绩才被正式肯定，英国皇家学会向欧姆颁发了科普利奖。

欧姆定律被发现后，精确测量电阻变得非常迫切，但电源电压极度不稳定，使精确测量变得非常困难，最终这个问题被惠斯通等人解决了。惠斯通发明惠斯通电桥，绕开了这个问题，在电压不稳的情况下可以精确测量出电阻值。人们也发明了磁针电流计，使后来的电学发展建立在有精确数据的基础上。静电场的电势差理论和电路的电压降理论也被统一起来。根据现代电学理论，电压降也叫电压或电势差。电荷在电路中流动时，电荷所具有的能量在电路中释放，电路连接的元件将吸收电荷的能量，电荷释放后其本身所含的能量变小，人们用电压降来衡量电荷在电路中释放能量的能力大小。用微观形式表示为：$E=J\sigma$，其中 E 是电阻内部的电场，J 是电流密度，σ 是电阻的电导率。电路中这种电压降和静电荷产生的电场中的电势差被统一成一个概念，即电压。图 14－16 显示了静电荷在周围空间电场中任意两点 A 和 B 的电势 φ_1 和 φ_2 的差 V，以及电路中电流通过电阻产生的电压降 V。只是用静电计测量电路的电压降需要电压降很大（上千伏）才能被测出，而用电压表测量电容的电势差，电荷会通过电压表的内阻很快放完导致测量不出。

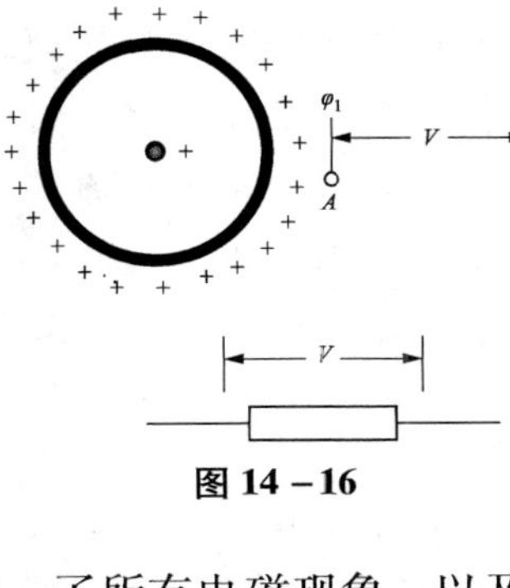

图 14－16

再后来，麦克斯韦方程统一了所有电磁现象，以及作为麦克斯韦方程的特殊形式的电路定理——基尔霍夫电流定律（KCL）和基尔霍夫电压定律（KVL）。电路中的电流和电压只是电场和磁场的宏观表现（在某些场合只有电场和磁场，没有电压和电流)，电压和电流只是电场和磁场的积分的结果。

从上述描述来看，欧姆定律的发现并不是一个偶然的过程，它的发现是建立在前期科学家研究成果的基础上。同时，由于当时社会发展水平的局限性，各种电学设备不完善，研究工作难度完全超出我们的想象。因此，电源的获取，电流的测量等无不展现了以欧姆为代表的科学家的辛勤智慧与汗水，更展现了他们一丝不苟的科学精神和科学态度，以及对科学真理孜孜不倦的追求精神。这些科学家身上的智慧、精神的价值远远超越了知识的本身。

(三) 德国物理学家欧姆生平简介

1. 欧姆生平

欧姆全名为乔治·西蒙·欧姆，生于德国埃尔兰根城。他的父亲是一名锁匠，欧姆比较偏爱哲学和数学，从小受到机械技能方面的影响，这些都对他后来的研究有帮助。

欧姆 16 岁进入大学研究数学、物理和哲学，最终因为种种原因提前辍学了。由于欧姆天分过人又非常有抱负，并没有因为辍学而放弃学习，虽然一些环境因素给他的研究带来了一定的难度，但欧姆都一一克服了。后来欧姆成为一个出色的物理学家，发生在他的身上也有许多有趣的事，当然他也发表过一些比较有影响的文章，比如《伽伐尼电路的数学论述》等。

2. 欧姆定律简介

欧姆定律，尤其是对于物理学者而言，至今仍然颇为有名。这一定律指出，在同一个电路中，如果一个导体的电流与这一导体两端的电压成正比，那么这个电流与它的电阻成反比。这一定律，对后来物理学研究一直有着非常大的影响。但是，当时人们并没有认识到欧姆定律的重要性，随着相关工作和实验的开展，越来越多的人开始发现，欧姆定律的确是正确的。从此以后，欧姆的名气开始大涨。因此，大家可以看到，现在物理学中电阻的单位便是以这位伟大的物理学家的名字来命名的。可以说，欧姆所发现的这一定律，以及他所研究出的公式，为物理学中的电学计算带来了很大的便利。如果不是他的发现，人们可能会经历不少坎坷，而物理学也有可能会失去很多新的发现。其实，物理学中的很多发现都是在这一时期出现的，这与当时的生产发展和氛围是分不开的，最重要的是物理学家本人有着非常执着的精神。欧姆本人，对电流的研究经历了重重的实验，也正因为如此，大家才幸运地看到今天的电阻的相关规律。欧姆定律，说明了电流与电阻、电压之间的关系，在物理学实验中表现出了它惊人的力量。

3. 欧姆的成就

1826 年，年轻的欧姆便成功发现了电学上的一个至今仍然比较重要的定律，也就是现在的欧姆定律，这无疑是欧姆最大的成就。为此，欧姆付出了很多努力，从不断的实验中寻找规律，并且还创造性地引入和定义了电阻的精确概念。而欧姆定律和与之相关的公式的发现，给人们的生活带来极大方便。

对于电阻、电导值的研究和发现也是欧姆的成就。当时，欧姆为了验证心中的猜测，通过在木质座架上安装电流扭力秤，并且加上玻璃罩、刻度盘、放大镜等器材，以此进行试验。经过反复操作，得出了导线的电流大小与电流强度的关系，即公式 $x = q/(b+l)$，这说明导线的电流大小与电流的强度是成正比的。

1826 年，欧姆还发表了自己的论文，在论文中提出了现在的欧姆定律的定量表达式，证明了电路中的电流强度和电路中的电势差是正比的关系，而与电路中电阻是成反比。这就是现在为人们所熟知的欧姆定律表达公式。

欧姆本人的成就还有他的欧姆接触，也就是金属和半导体之间的接触，并且指出形成的两个前提条件，对当时乃至后来物理学的研究都产生了极大的影响。而他本人的发现与成就，更是给科学史带来了巨大的财富。

第十五章　电功和电热

一、课标分析

（一）课标要求

本章内容对应2022年版课标中一级主题“能量”下的二级主题“电磁能”内容，这部分内容具有一定的综合性和跨学科性，与生产生活及社会发展密切相关。课标要求如下：

3.4.5　结合实例，了解电功和电功率。知道用电器的额定功率和实际功率。

例2　调查常见用电器的铭牌，比较它们的电功率。

3.4.6　通过实验，了解焦耳定律。能用焦耳定律说明生产生活中的有关现象。

3.4.7　了解家庭电路的组成，有安全用电和节约用电的意识。

例3　了解我国家庭用电的电压和频率，在家庭用电中有保护自己和他人的安全意识。

活动建议：

（1）学读家用电能表，根据读数计算用电量。

（2）调查当地人均用电量的变化，讨论它与当地经济发展的关系。

（二）课标解读

将课标要求与核心素养的要求进行对比理解，课标中的3.4.5强调对学生物理核心素养的培养，能够列举能量转化和转移的实例，知道能量在转化和转移过程中是守恒的，认识电功、电功率与能量转化密切相关的物理量，知道它们的含义；能用能量转化与守恒的观点解释常见的自然现象，解决日常生活中的有关问题，形成初步的能量观念；能够通过观察周围事物，发现并提出关于能量的问题，能根据已有知识对问题做出猜想与假设；能根据控制变量法制订简单的探究方案，会正确使用电压表、电流表测量基本的电学量，正确读取和记录实验数据，并排除简单的实验故障；能用表格、图像等多种方式展现实验数据，并通过分析和处理数据得出实验结论；能撰写实验报告，书面或口头表述科学探究的过程与结果，学会科学探究。在科学探究的过程中发展科学思维，能对能量问题进行推理，能从信息中寻找证据，发展科学推理、科学论证等科学思维。在科学探究的过程中培养学生严谨认真、实事求是、持之以恒的科学态度。课标中的3.4.6强调对学生的科学探究、物理观念和科学态度、责任的要求，观察电流通过导体做功的现象，说出电能转化为内能；能根据观察到的现象提出电热与电流、电阻、时间有关的猜想，并通过设计实验、进行实验、分析数据等环节探究得出焦耳定律的定性结论，探究过程中形成科学的探究能力，形成焦耳定律观念；能根据电能转化情况对生活中的用电器分类，进而说出电热器的应用原理；能根据含电热器的电路中电功和电热的关系从理论上推导焦耳定律公式；能根据能量转化情况分析含电动机的电路中的电功。

二、教材分析

（一）各版本教材对比

本章知识是在学生学习电路和欧姆定律的基础上，从能量和做功的角度把对电学的研究扩展到电能、电功、电功率、焦耳定律、家庭电路和安全用电上。本章的内容与实际生活联系十分紧密，具有较强的综合性和实用性。有些版本的教材会把本章内容细分为两章，主要把家庭电路与安全用电另设置为新的章节，但是不管哪个版本教材，知识的内容块、重视度几乎是一致的。六个版本教材的章节安排如表 15 – 1 所示。

表 15 – 1　各版本教材章节安排

教材版本	章次	节名称
人教版	第十八章	电能 电功；电功率；测量小灯泡的电功率；焦耳定律
	第十九章	家庭电路；家庭电路中电流过大的原因；安全用电
北师大版（北京版）	第十一章	电功和电能；电功率；学生实验：测量小灯泡的电功率；电流的热效应；家庭电路
教科版	第六章	电功；电功率；焦耳定律；灯泡的电功率
	第九章	家用电器；家庭电路；安全用电与保护；家庭生活自动化
沪粤版	第十五章	电能与电功；认识电功率；怎样使用电器正常工作；探究焦耳定律
	第十八章	家庭电路；怎样用电才安全；电能与社会发展
沪科版	第十五章	家庭用电
	第十六章	电流做功；电流做功的快慢；测量电功率；科学探究：电流的热效应
苏科版	第十五章	电能表与电功；电功率；电热器 电流的热效应；家庭电路与安全用电

以上版本教材都把电功、电功率、电流的热效应内容单列为一节，并组成一章，因为这三节知识建构过程中有着紧密的关联性和发展性。电功和电功率反映的是电流对电器的作用，电功除了有大小之分还有快慢之分，焦耳定律是电流对电器作用的规律，从更深层次揭示了电流热效应的本质，也是电能转化为内能的具体呈现。关于测

量电功率，有些版本教材将其单独列为一节，有些版本教材将其并入“电功率”一节，但是都是重点实验。有关家庭电路和安全用电内容，新起一章或者一节，知识板块几乎一致。另外，所有版本的教材都非常注重图片呈现，因为图像更形象直观。

（二）苏科版教材单元内容概述

苏科版教材将本章内容安排在了九年级下册第十五章，主要分为四节。本章导图是一幅我们熟悉的场景：一个家庭中 4 个房间，分别展示了各式各样的家用电器，旨在引导学生比较各种各样的家用电器，使他们能够体验到：所有家用电器的不同之处是“结构与功能有极大的差异”，相同之处是“都消耗电能，并且在使用过程中不可避免地有电能转化为内能”，从而引出本章的主题——电功和电热。第一节“电能表与电功”，教材以“交电费—电能表—电功”思路展开，在真实问题呈现与解决问题中，突出能量主线的意图，培养学生观察、分析以及探究物理现象本质的能力。教材安排的活动 15.1“比较两个灯泡的亮暗”是本节的重点，注重打磨，培养学生的科学探究能力。第二节“电功率”，主要介绍了电功率、用电器的额定功率和测量小灯泡的功率。教材的开放性较强，要求学生能够通过阅读和实验自己发现问题、解决问题，所以教学中不要轻易地把结论展现在学生面前，要培养学生自主学习和主动探究的能力。“测量小灯泡的功率”比较集中地体现了探究性实验的思维过程：根据电功率公式确定待测物理量；根据待测物理量确定应该选择的实验仪器，并设计实验电路图和实验步骤，按照实验仪器和实验电路图确定实验注意事项；进行实验并收集证据；获取结论并在交流与协作中分析实验中出现的故障。第三节“电热器　电流的热效应”先给出了电热器的定义，即利用电流做功将电能转化为内能的装置，然后安排了“探究影响电流热效应的因素”的探究活动。这个探究活动是本节的重点，与第二节“测量小灯泡的功率”活动相类似，都是通过提出问题、猜想、设计实验、进行实验、收集实验证据而得出结论，最后告知欧姆定律，培养学生的科学探究能力。第四节“家庭电路与安全用电”主要包含“家庭电路”“活动 15.3　观察三线插头与三线插座”“活动 15.4　练习使用测电笔”“安全用电”“防止触电”“家庭安全用电常识”。对“家庭电路”和“家庭安全用电常识”这两部分内容的处理，教材是通过图文并茂的形式直接呈现的，而其余部分内容则需要学生在实验活动中通过动手操作、动脑思考后才能理解。本章知识体系如图 15－1、15－2 所示。

三、教学建议

（一）单元教学思路

本单元围绕 2022 年版课标课程内容二级主题“电磁能”下的三级主题“能量、能量的转化和转移”展开，苏科版物理教材对应的内容有第十三章“电路初探”、第十四章“欧姆定律”、第十五章“电功和电热”。它在对国内外初中物理教材比较研究的基础上，根据初中生的知识背景和心理特点，统筹编排了电学内容，把其作为一个学科

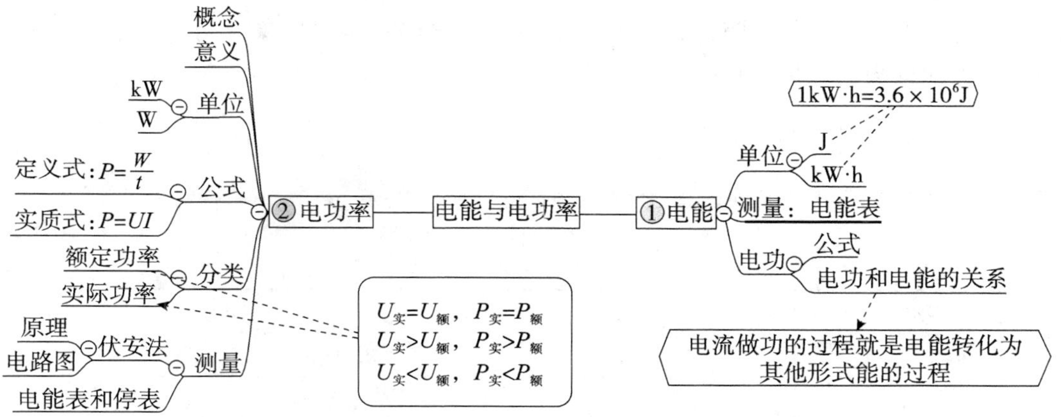

图 15－1

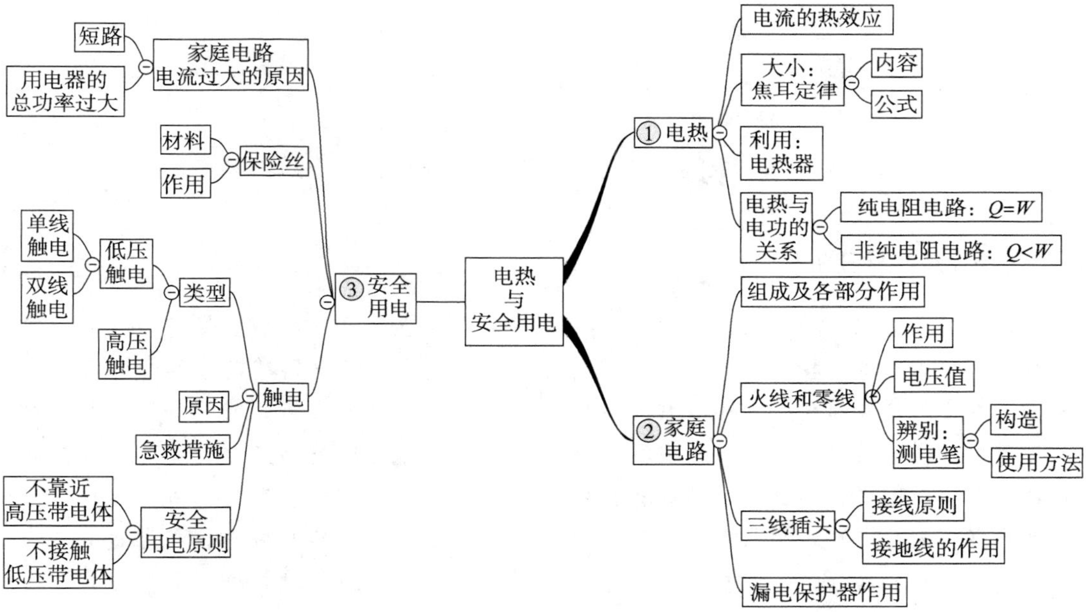

图 15－2

单元，可以看出此单元从探究电路的基本结构和特点，到研究电路的“交通规则”——欧姆定律，进而探究电功和电热的关系，从现象到规律，从定性到定量，层层进阶，在探究体验中深化对电路和电流的认识和理解。本章节的内容用一个知识串串起来，先从电能的消耗过程（电流做功的过程）和能量转化的角度认识电功，再从能的转化过程有大小之分和快慢之分角度，建立电功、电功率概念，感知电功与电功率是电流的过程量。第三节“焦耳定律”起到承上启下的作用，电热是电能转化成内能的一种具体的状态量，通过实验探究，感知焦耳定律的定性关系，然后介绍焦耳定律，利用焦耳定律分析问题。第四节“家庭电路与安全用电”，既体现了知识来源于生活，应用于社会，也体现了事物的两面性。设备安全隐患的本质是电热现象，人身安全隐患也是电热导致的，因此，深度理解电功、电热，抓住现象、问题背后的本质，有逻辑地建构知识体系，非常重要。

（二）课时教学建议及教学方式

本章课时教学建议及教学方式如表 15－2 所示。

表 15－2　　课时教学建议及教学方式

节次	建议课时数	教学方式
第一节	2 课时	谈论法、分组实验等
第二节	2 课时	演示实验、迁移类比、分组实验等
第三节	2 课时	演示实验、分组实验等
第四节	2 课时	谈论法、演示实验等

（三）课例示范

第一节　电能表与电功

【课标及教材分析】

本节属于2022 年版课标课程内容中一级主题“能量”下的二级主题“电磁能”的部分内容。本节的课标内容要求：结合实例，了解电功；能够列举能量转化和转移的实例，知道能量在转化与转移过程中的守恒，认识电功是能量转化或转移密切相关的物理量，知道它的含义；能通过观察周围事物，发现并提出关于能量的问题，能够根据已有知识对问题作出猜想与假设；能够根据控制变量法制订简单的探究方案；会正确使用电压表、电流表测量基本的电学量，正确读取和记录实验数据，并通过分析和处理数据得出实验结论；能撰写实验报告，书面或口头表述科学探究过程和结果。实际教学中，建议理论联系实际，提高学生分析问题、解决问题的能力。如通过解决生产生活中的具体问题，学生了解了电功，形成了物理知识与生产生活相联系的意识。

本节为苏科版物理教材第十五章第一节内容，从学生生活入手，通过学生熟悉的电器了解其工作时的能量转化现象，帮助学生从电费计量和能的转化角度建立电功概念，通过实验探究电功的大小。电能表的引入是为电功服务的，可以从学生熟悉的生活经验入手。实际调查发现，现在的学生对生活中的电费计量并不是很熟悉，因此可以进行适当的课前布置，让学生提前收集家中的电费缴费单，查一查家中每个月的用电量及月平均电费是多少；观察各自家庭中的电能表，了解电能表面板上或说明书上的技术参数；然后阅读教材上的“电子式电能表的技术参数”，让学生通过对比交流，提前做好一些课前准备，丰富原有经验；教师也可以设计详细的表单，让学生完成表单。本节安排的活动15.1“比较两个灯泡的亮暗”是验证性实验，与教材修订前的“探究影响电流做功的因素”的活动有明显不同。活动中，学生运用控制变量法，观察到两个灯泡串联时，电压高的灯泡更亮；两个灯泡并联时，电流大的灯泡更亮，从而分析得出影响电功大小的因素分别是电流和电压，帮助学生进一步理解电功的公式（$W=UIt$）。也可以迁移原有认知，用功能转化的基本思路，如电流通过电动机能将重物匀速提升，把电能转化成机械能。

【学情分析】

学生已具备一定的知识基础，掌握了一定的学习方法观察、实验、思维、归纳、分析、推理等能力都得到了一定的发展，但大多数学生还是以形象思维为主，喜欢动手体验，对直观内容比较感兴趣，难以对问题进行深入分析和思考，归纳总结能力较弱。鉴于此，为了契合学生的认知水平和心理特点，教师应注重课堂教学的生活化和学生的动手体验，让学生在体验、探究中建构物理知识和物理规律，如让学生回家寻找电费单并观察电能表工作，充分体会物理就在我们身边。在力学学习中学生已经认识到，功是力与力的方向上移动距离的乘积，这里我们也可以运用转化的方法，将比较能的大小转化为对另一个物体做功。教学中应充分调动学生已有认知，建立新知。

【教学目标】

（1）知道电能表是测量电路中消耗电能多少的仪表，了解电能表的技术参数，学会认读电能表，会利用电能表指示灯闪烁的次数或转盘转动的圈数计算电路中的用电器消耗的电能。

（2）理解电流做功的实质是电能转化为其他形式的能量，电流做了多少功，电路中就消耗了多少电能，从而加深对功能关系的理解。

（3）知道电功的大小与电流、电压和通电时间有关，会用公式（$W=UIt$）计算电流所做的功。

（4）会利用电路串联时电流不变或并联时电压不变的特点控制变量，验证电流做功与哪些因素有关。

【教学重难点】

（1）教学重点：会根据家用电能表的表盘数据计算电功；掌握电功的概念、公式及公式的变形。

（2）教学难点：设计实验探究影响电流做功多少的因素；综合运用学过的知识进行简单的电功计算。

【教学设计】

本节教学设计具体内容如表15－3所示。

表 15－3　　　　　　　　　　　**第一节教学设计**

情境	教师活动	学生活动	设计意图
(1) PPT 展示流光溢彩的城市夜景图片。 (2) PPT 展示各种常用的用电器。	(1) 电能有哪些来源，由哪些形式的能转化而来？ (2) 生活中常用的用电器把电能转化为哪种形式的能量被我们利用？	(1) 电能由化学能、风能、水能、太阳能、核能等其他形式的能量转化而来。 (2) 用电器主要将电能转化为机械能、内能、化学能、电磁能等其他形式的能量被人们利用。	调动学生已有认知，构建能量转化的观念。
展示学生对电能表的课前调查结果（见教案后表 15－4）。	(1) 哪位同学愿意展示一下他的自学表单，跟我们分享他观察到了什么，研究了什么？ (2) 电能是商品，电力部门是通过什么方式来计量我们消耗电能的多少？又是如何计量的呢？有没有什么办法可以在短时间内知道家里电能表消耗多少电能呢？	(1) 完成课前的生活调查，充分发言并进行展示。 (2) 两种方法： 方法一：电能表示数之差的计量法。 方法二：通过脉冲电能表指示灯闪烁次数与电能表常数之间的关系来计量。	由于很多学生没有看过家里的电能表，教师让学生以调查内容作为自己的经验基础，课上通过交流对这些信息重新认识与整理，既建构了学生的知识体系，又让学生主动完成了电能表学习的自我反馈和评价。
PPT 展示电能表。 PPT 展示 1kW·h 的作用。 展示已接好电动机的电路（如图 15－3 所示）。 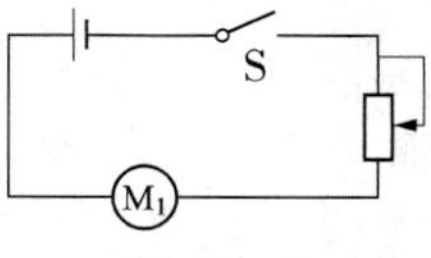 **图 15－3**	(1) 电能表示数发生变化说明了什么？ (2) 消耗的电能哪去了？ (3) 1kW·h 的作用？（PPT 图片展示） 教师进行功能关系的讲解引领： 做功的过程总是伴随能量的转化。 用电器消耗了电能，即电能转化成了其他形式的能，也就是电流做了多少功，电路中就消耗了多少电能。 例如：电动机。	(1) 电路消耗了电能。 (2) 电能转化为其他形式的能。 (3) 观察图片。 电流所做的功叫作电功。	让学生通过实例感受 1kW·h 的作用，感知能的转化过程，培养学生的节能意识。 功能的转化是通过做功实现的，电能的转化过程就是电流做功的过程。

续　表

情境	教师活动	学生活动	设计意图
展示已接好小灯泡的电路（如图 15－4）。 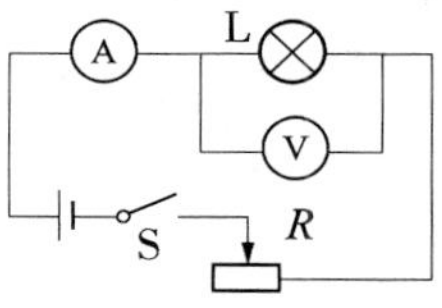 **图 15－4**	（4）电动机工作时能量是如何转化的？本质就是______做功。 （5）电流在一定时间内通过电动机做功多少是通过什么现象反应的？	（4）电动机工作的时候把电能转化为机械能，这个能量转化过程就是电流做功实现的。 （5）可以通过观察电动机的转速了解做功多少。	有效的情境创造既能巩固学生对电功概念的理解，又能激发学生的进一步思考，从情境中提出问题。
	（6）在力学中，通过力与力的方向上移动距离的乘积来反映机械功的大小，在这个实验中能不能更直观地观察电流做功的多少？ （7）如果要使电流做更多的功，你们有哪些方法？ （8）小灯泡工作时电能如何转化？如何比较电流做功的多少？如何改变电流做功的多少？	（6）转化成让电动机提升物体，观察物体上升的高度。 （7）增加工作时间，增大电流，提高电压（可以直接告知）。 （8）电能转化为内能和光能，转化成比较小灯泡的亮暗程度。	转化思维，把抽象的目标量转化成更直观的可观察现象，通过电动机提升物体来反映电流做功的大小。这种转化思想的运用，背后的隐性知识指向了做功的本质问题，为以后学习电流做功实质上是导体中的恒定电场对自由电荷的静电力做功做好了铺垫。
活动：探究电功的大小与什么因素有关。	（1）实验设计的方法？ （2）探究电功与电压、电流、通电时间的关系，在现有电路的基础上如何改进？怎样连接电路来实现控制变量？如何比较电流做功多少？	（1）控制变量法。 （2）学生设计实验方案并进行展示。	在前面学习电路图的基础上进行电路的设计改进，设计目的明确。学生灵活应用控制变量的思想，通过串联的方法控制电路中的电流相同来探究电功与电压的关系；科学地、多层次地引领学生思维逐渐深入，调动了学生探究的主观能动性。

续　表

<table>
<tr><th>情境</th><th>教师活动</th><th>学生活动</th><th>设计意图</th></tr>
<tr>
<td>活动：探究电功的大小与什么因素有关。</td>
<td>（3）请设计出对应方案的电路图。</td>
<td>（3）方法一：
如图 15 - 5、15 - 6 所示，学生讲析设计意图。

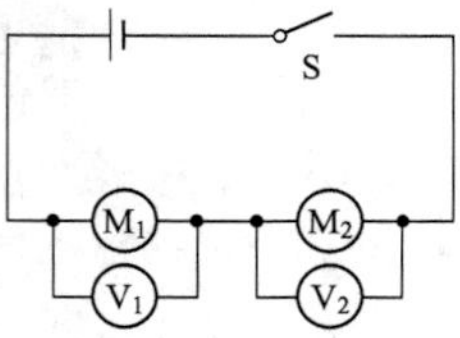

图 15 - 5

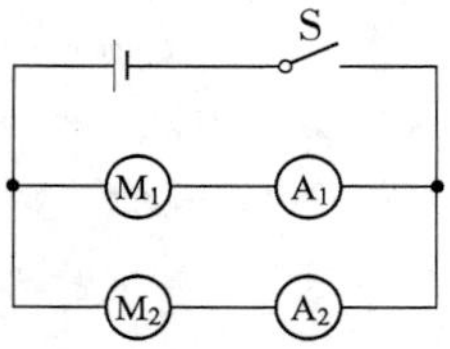

图 15 - 6

方法二：
如图 15 - 7、15 - 8 所示，学生讲析设计意图。

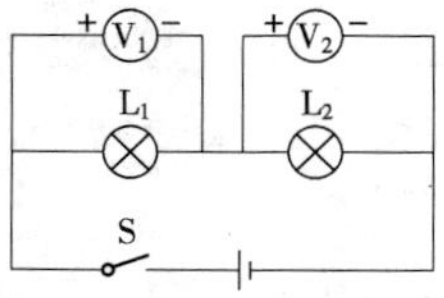

图 15 - 7

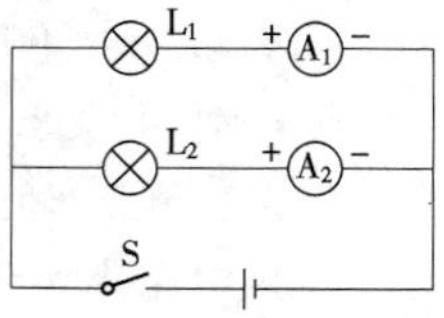

图 15 - 8
</td>
<td></td>
</tr>
<tr>
<td>生活应用。</td>
<td>（1）在电池容量一定的情况下，要想缩短充电时间，实现快速充电，你们有哪些方法？
（注：介绍手机快充基于这三种方法。）</td>
<td>（1）增大电流、提高电压或者同时增大电流和提高电压。</td>
<td>以手机电池快速充电为问题情境，贴近学生生活，引发学生的探究兴趣，提升学生的自我设计成就感。</td>
</tr>
</table>

续　表

情境	教师活动	学生活动	设计意图
生活应用。	（2）用电热水壶烧开一壶水，会消耗多少电能？请想出尽可能多的测量方案。	（2）方法一：利用电能表的示数之差；方法二：脉冲指示灯闪烁的次数；方法三：测量出实际电压（U）、实际电流（I）和工作时间（t），运用公式（$W=UIt$）进行计算。	摒弃过去简单的习题运算的方式，让知识应用紧跟时代发展，与学生的生活紧密联系。
小结。	本节课你们有哪些收获？ 阅读教材“生活·物理·社会”板块。	总结并阅读。	可以利用板书进行思维导图，也可以利用课件呈现知识串，还可请学生讲述本节课的收获。

电能表调查结果如表 15－4 所示。

表 15－4　　电能表调查结果

项目	主要内容	备注
调查内容。	（1）观察家中电能表的外观、铭牌上的参数和电能表的工作状态。 （2）研究并了解电能表计量电能的方法。 （3）归纳家庭用电过程中有哪些不必要的电能消耗。	明确调查目的和内容。
方法提示。	（1）调查方法：观察研究、查阅资料、家长指导等。 （2）展示方式：调查报告、视频录制讲解、介绍绘本等。	展示方式。
主要解决的问题。	（1）阅读纸质或电子电费通知单，了解消耗电能多少和电费计算的方法。 （2）电能表是测量________的仪表。你了解的电能表的类型有哪些？ （3）观察家中电能表，了解电能表技术参数（示例）： kW·h ________ 220V：________ 10（40）A：________ 3200imp/（kW·h）：________	疑惑问题。

续 表

项目	主要内容	备注
主要解决的问题。	（4）电能表示数的读数方法，示例如图 15－9 所示。 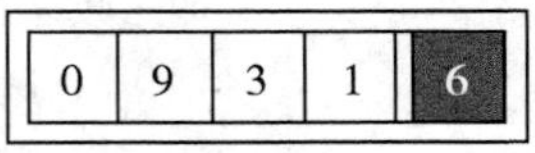 **图 15－9** （5）如何通过电能表的示数计量一段时间消耗的电能的多少？还有其他计量方法吗？	疑惑问题。
调查总结。		

本节课的教案设计思路主要学习了山东省菏泽市开发区广州路中学何秀敏老师的设计方案。方案中，关于探究电功的影响因素活动，通过比较规格不同的灯泡发光的亮度进行探究，这个实验的主要弊端是灯泡的亮度区别不大的时候区分比较困难，这也是转化现象不明显的一种实际考量。另外，用灯泡的亮度反映电功的大小，极易使学生产生电功影响灯泡亮度的观点，对以后实际电功率决定灯泡亮度的学习产生前认知风险。其实两种实验方案中的转化思维模式是一致的，多种方案的呈现，实事求是的探索，探索中对比评价，不做教师认知的规避，丰富地呈现给学生，更有利于培养学生的科学思维。多种方案的呈现，也可以从多维角度进行多次实验，使实验更具有普遍性，证据链更充分丰富，逻辑更严密。教师可以根据自己学生的情况适当取舍，有些课堂不一定需要如此的饱和度，因需而选择。

第二节　电功率（1）

【课标及教材分析】

本节属于 2022 年版课标课程内容中一级主题“能量”下的二级主题“电磁能”的部分内容。课标要求：结合实例，了解电功率；知道用电器的额定功率和实际功率。

在节导言中，苏科版物理教材首先安排学生对类似上一节“WWW”作业中第 3 题的情形进行交流和讨论，在得出“不同用电器（或同一用电器处于不同挡位）在相同时间内消耗的电能不相等”的结论后，给学生一个思考的空间。此时教师可以提出问题，如思考一下你们对这个结论能提出什么问题？希望学生能够像小华那样自己体验到电流做功有快慢，并由老科学家指出，“在力学中我们用功率描述外力做功的快慢，同样，在这里可以引入电功率来描述电流做功的快慢。”在“用电器的额定功率”中，要求学生自己阅读“储水式电热水器”的铭牌，了解用电器的相关技术参数，重点在于对额定功率这一概念的简述，指出它是用电器在额定电压下工作时的功率。这个参数非常重要，所以教材列出了一些用电器的额定功率值，以便学生对常见用电器的额定功率大小有一个定量的认识。

【学情分析】

学生已经学习完“电流做功与哪些因素有关”以及“伏安法”测量电阻的实验，对于欧姆定律有较为扎实的基础，也已经掌握了力学中的机械功率，所以教学中要重视前后知识的联系，利用学生熟悉的比值定义法过渡到电功率的定义。再利用用电器与电能表对不同灯泡电功率进行计算。这样一方面有助于通过电能表指示灯闪烁次数来计算用电器的工作功率，另一方面可以使学生的科学探究能力得到进一步增强。

【教学目标】

(1) 根据电能表指示灯闪烁的快慢感知电能消耗的快慢，通过实验与具体运算理解电流做功的快慢，通过迁移类比的方法建立电功率的概念。

(2) 理解电功率的大小等于用电器两端的电压与电流的乘积，会根据电功公式和力学中的功率公式推导电功率公式（$P=UI$），并能进行简单计算。

(3) 通过实验，知道额定电压、实际电压、额定功率、实际功率。

【教学重难点】

教学重点：理解电功率是表示电流做功快慢的物理量；能用电功率的公式进行简单的计算，解决简单的实际问题。

教学难点：理解电功率是表示电流做功快慢的物理量；区分电功与电功率的单位。

【教学设计】

本节第1课时教学设计具体内容如表15－5所示。

表15－5　　第二节第1课时教学设计

情境	教师活动	学生活动	设计意图
引入： 教学材料1：秒表及家庭电路照明电路演示板（如图15－10所示）。 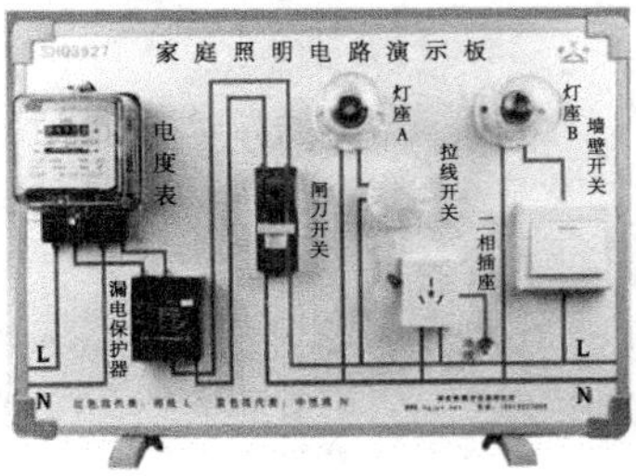 图15－10	(1) 电能表在电路中的作用是什么？	(1) 测量电路消耗电能多少。	有目的地指向人类已有的认知成果。

续　表

<table>
<tr><th>情境</th><th>教师活动</th><th>学生活动</th><th>设计意图</th></tr>
<tr>
<td>(1) 只闭合灯泡 A 的开关，观察灯泡 A 的亮度与电能表指示灯闪烁情况。
(2) 断开灯泡 A 的开关，闭合灯泡 B 的开关，观察灯泡 B 的亮度与电能表指示灯闪烁情况。
(3) 实验结果记录如下：
<table>
<tr><th>对象</th><th>时间 (t/s)</th><th>次数 (n/次)</th><th>电功 (W/J)</th><th>亮度</th></tr>
<tr><td>A 灯</td><td>90</td><td>2</td><td>2.2×10^3</td><td>暗</td></tr>
<tr><td>B 灯</td><td>90</td><td>8</td><td>8.8×10^3</td><td>亮</td></tr>
</table>
<table>
<tr><th>对象</th><th>次数 (n/次)</th><th>电功 (W/J)</th><th>时间 (t/s)</th><th>亮度</th></tr>
<tr><td>A 灯</td><td>4</td><td></td><td></td><td></td></tr>
<tr><td>B 灯</td><td>4</td><td></td><td></td><td></td></tr>
</table>
</td>
<td>(2) 电能表上标注“3200imp/(kW·h)”的含义是什么？指示灯每闪烁一次消耗的电能是多少？
(3) 电能表指示灯闪烁次数越多，说明什么？
(4) 对比灯泡 A、灯泡 B 的亮度及电能表指示灯闪烁的快慢有什么不同？电能表指示灯闪烁越快，越能说明什么？
(5) 观察灯泡的亮度及电能表指示灯闪烁的快慢，根据上表补充下表。
(6) 分析、讨论、交流两个表格记录的数据，你们能得到什么结论？</td>
<td>(2) 含义是消耗 1kW·h，指示灯闪烁 3200 次，每闪烁一次消耗 1125J。
(3) 说明消耗的电能越多，电功越大。
(4) 灯泡 B 的亮度更亮，对应的指示灯闪烁得更快。说明电能消耗得越快，电功越大。
(5) 通电时间相同时，消耗电能越多的用电器，消耗电能越快；消耗电能相同时，所用的时间越短。
(6) 灯的亮度由电流做功的快慢决定的。</td>
<td>创设物理情境，激发学生学习热情。引导学生将两次实验进行对比，学生通过观察实验，感知到不同用电器消耗电能的快慢是不一样的。让学生亲身经历“电功率概念”的发现与建构过程，促进对概念的深度学习。
从感知到具体运算，深度体会电功的大小与快慢之分以及比较电功快慢的两种方法。同步培养学生分析表格的能力，感知灯的亮度是由电动率决定的。</td>
</tr>
<tr>
<td>电功率：
比较物体做功快慢与电功快慢，如教案后表 15－6、15－7 所示。</td>
<td>(1) 物理课上探究过哪些描述快慢的物理量？请同学们采用类比方法完成表 15－6。
(2) 请同学们计算表中 A 灯泡与 B 灯泡的电功率，通过计算说明哪盏灯的电功率大，哪盏灯消耗电能快？</td>
<td>完成表 15－7。</td>
<td>引导学生利用迁移类比的方法，在原有认知的基础上，构建新的知识。
再次感知比值法定义物理量的共性思维，教学过程中让学生同步感知物理思维的魅力。</td>
</tr>
</table>

续　表

情境	教师活动	学生活动	设计意图
	（3）教材例题。	学生练习。	在解决问题中锻炼学生利用新的公式计算问题的能力，让学生切身体会知识的应用价值。 使学生能够理解电功与电功率的区别与联系，自主正确构建“电功率”的概念。在应用中建立电功率的第二公式（$P=UI$）。
用电器的额定功率。 教学材料2：学生电源一只，开关一只，灯泡一只（额定电压为2.5V），电压表一只，滑动变阻器一只（最大阻值为50Ω），导线若干（如图15－11所示）。 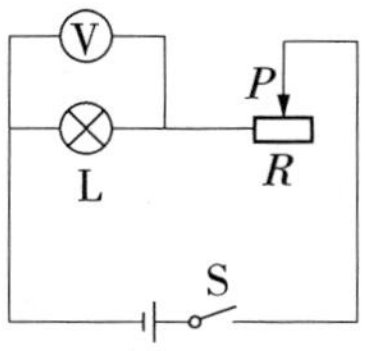 图15－11	（1）实验设计：请同学们设计调光灯的电路图（并用电压表测灯泡两端的电压）。 （2）连接好电路后，提醒同学注意：实验序号1、2、3实验用电压为0～3V挡，实验序号4、5、6实验用电压为0～7.5V挡，请将实验现象记录到表15－7。 （3）能不能将任一只小灯泡随便接入某一个电源，为什么？ （4）本实验中小灯泡两端接入的最佳电压是多少？为什么？ （5）思考实际电压与额定电压的区别？	学生实验，观察记录现象。 问题串引发思考。	教师根据学生现有设计调光灯的水平，同时利用学生借助观察小灯泡在不同电压下工作情况的实验，创造小灯泡从刚开始发光到最终烧坏的完整的物理情境，让学生明白用电器标明额定电压、额定电功率的意义，同时辨别额定电压、额定电功率与实际电压、实际电功率等。

续　表

情境	教师活动	学生活动	设计意图
台式电抗饮水机 型号：TTF－CR　额定电压：220V 额定功率：625W　额定频率：50Hz ×××电器有限公司 **图 15－12**	（6）思考实际电功率与额定电功率的区别？ （7）小灯泡接入电路时，我们要注意什么？ （8）图 15－12 是一个台式饮水机的铭牌，从中能得到哪些信息？ （9）结合教材内容了解常见的家用电器的额定功率。	小灯泡接入电路的电压不能超过额定电压，如果实际电压超过额定电压，即使不烧坏小灯泡，也会对小灯泡有损坏。	
小结。	本节课你们有哪些收获？		

物体做功的快慢与电功的快慢如表 15－6 所示。

表 15－6　　类比物体做功的快慢与电功的快慢

研究问题	比较物体做功的快慢		比较电功的快慢
相关因素	功与做功所需时间		
比较快慢的方法	相同时间比功大小 相同的功比时间		
物理采用方法	相同时间比做功的大小		
计算方法	$\frac{功}{时间}$		
引入物理量及目的	功率，表示做功快慢		
公式	$功率=\frac{功}{时间}$	类比	
定义	物体在单位时间内所做的功		
公式	$P=\frac{W}{t}$		
单位	W		
意义	5W 的含义：物体在一秒内做了 5J 的功		
推导公式	$P=\frac{W}{t}=\frac{FS}{t}=Fv$		

实验结果如表 15－7 所示。

表 15－7　　实验结果

实验序号	1	2	3	4	5	6
实际电压						
灯泡亮度						

教学中，可以逆向构建电功率的公式，六个版本教材推导“电功和电功率”两个公式的路径分为两类：第一类，有四个版本（人教版、沪科版、北师大版和苏科版）教材采用正向推导的路径，在第 1 节电功中给出电功的公式（$W=UIt$），在第 2 节中由 $P=W/t$ 推导得出 $P=UI$；第二类，有两个版本（沪粤版和教科版）教材采用逆向推导的路径，在第 1 节电功中未给出电功的公式，在第 2 节通过比较两个不同规格小灯泡的亮暗来探究电功率的大小与哪些因素有关，并给出电功率的公式（$P=UI$），然后以此为基础，由 $W=Pt$ 得出 $W=UIt$。

两种路径各有优点，但从促进学生深度学习的角度看，逆向推导的路径会更好一些。如果采用正向推导的路径，则缺乏合适的学生实验作为支撑，学生无法直观感受和体验 $W=UIt$ 的由来，仅凭记忆，显得很“机械”，若再用其去推导得出 $P=UI$ 这一公式，就更加“机械”了。电功率在生活和生产中应用非常广泛，但学生未探究过 P 与 U、I 的关系，就必须记住 $P=UI$ 这一公式，这显然不利于深度学习。而逆向推导的路径通过直观性极强的实验（比较两个不同规格小灯泡的亮暗）得出 $P=UI$，再用之前学过的 $P=W/t$，自然而然地得出 $W=Pt=UIt$，这种路径基于学生的体验，思路清晰顺畅，有助于学生体验并深度理解电功率和电功。

第二节　电功率（2）

【课标及教材分析】

本节属于 2022 年版课标课程内容中一级主题“能量”下的二级主题“电磁能”的部分内容。课标要求：结合实例，了解电功率；知道用电器的额定功率和实际功率。

本节课的重点是实验，以及在实验结果和实验数据处理中培养学生分析评价能力。学生会根据实验目的确定实验原理，进而确定待测物理量。会根据待测物理量设计实验，进行实验和收集数据，从而获得结论。学会评价与交流。

【学情分析】

学生已经做了大量的电学实验，同时认识并理解了电功率。在已有认知的情况下，学生再做本实验，难度系数不大，但是实验不能够停留在表面。本实验的综合性很强，调动了学生学习电学积累的所有知识，所以教学中要增加实验的丰富度，在实验中抓住意外现象，培养学生的发散思维。

【教学目标】

(1) 会测量小灯泡的额定功率、实际功率，进一步练习使用电压表、电流表、滑动变阻器。

(2) 经历测量小灯泡电功率的过程，培养制订计划与设计实验的能力。

(3) 养成实事求是的态度及合作探究的能力。

【教学重难点】

(1) 教学重点：制订计划与设计实验；测量小灯泡的电功率。

(2) 教学难点：对实验结果和实验数据的分析处理。

【教学设计】

本节第2课时教学设计具体内容如表15-8所示。

表15-8　　第二节第2课时教学设计

情境	教师活动	学生活动	设计意图
基于目标构建实验框架： 提供丰富的实验器材，让学生自主选择（预设若干干电池、多种规格的滑动变阻器等）。	(1) 小灯泡在不同电压下工作时的电功率是否相同，若不相同，可以把研究的方向归纳为哪几类，各是多少，如何测量？ (2) 根据实验目的，总结实验原理，选择实验器材，设计实验电路图和实验步骤，完成实验记录表格的设计。	学生制订方案，完成教材9页实验表格。	测量小灯泡的电功率属于测量性实验，本环节中，学生利用已有的认知，根据实验的目的和实验原理自主设计实验，学生通过小组合作的方式完成任务，在交流和体验中了解测量性实验与探究性实验的区别，逐步构建测量性电学实验框架。
方案的分析与交流： (1) 展示学生设计方案。 (2) 根据选择的实验器材，说明选择的依据。	(1) 如为什么选择螺丝刀？ (2) 为什么选择串联一个20Ω的滑动变阻器？ (3) 为什么不选择50Ω的？	(1) 电流表的指针没有对准零刻度线，需要调零。 (2) 保护电路，改变小灯泡两端的电压。	此环节中，学生根据小灯泡的额定电压选择合适的电源、合适的电表量程，通过对器材选择依据的叙述，强化“校零”意识。同时明确滑动变阻器的选择应根据电源电压、电路中的电流和小灯泡的型号等实际情况进行合理的选择，如都满足则优先选择阻值变化范围小的，这样调节时的电压和电流变化小，测量更精确。

续　表

情境	教师活动	学生活动	设计意图
分组实验与分析故障。	(1) 这组同学在连接最后一根导线时，灯泡亮了，这是什么原因呢？ (2) 有些小组的小灯泡不亮，是怎么回事？一定是电路发生故障了吗？ 归纳总结：小灯泡不亮应通过两表的示数来判断是否出现故障。 (3) 电流表、电压表都没有示数的情况下，如何判断故障呢？ 归纳总结：出现故障时应用工具进行检测。	(1) 开关没有断开，滑动变阻器的滑片没有放在阻值最大位置。 (2) 电压表、电流表都有示数时，滑片 P 处于阻值最大处，电路没有故障。 (3) 用导线、电流表或者电压表，但电流表不能直接连在电源的两端。	实验过程中，学生往往急于进行数据的采集，忽略实验的基本逻辑过程。本环节首先让学生改变以往的观念，重视电学实验的基本过程。本次实验中需要测量额定电压，因此要观察电压表示数等，同时培养学生“懂得协作、合作、管理、组织和人际交往”的能力。教师在实验操作中关注差异、及时指导，以促进学生的共同发展。
收集数据与分析数据。 展示学生的数据与结论。	(1) 完成教案后表 15－9 中的结论。 (2) 你们所测得的小灯泡的额定功率是多少？ (3) 为什么你们有的选择了 2.5V 电压下工作时的电功率，而有的选择了 3.8V 电压下的电功率？ 归纳总结：额定电压对于每一个用电器来说都是唯一的，而实际功率会随着不同的情况而发生改变，不是唯一的。 (4) 小灯泡额定电压为 3.8V 的同学，测量额定功率时电压表确定是 3.8V 吗？ (5) 可以通过改变实验电路图来减小误差吗？ 引导：由于电源电压为 6V，可将电压表改成 0～3V 并联在滑动变阻器两端，使电压表示数为 2.2V。	(1) 完成表格。 (2) 回答各自的测量数据。 (3) 小灯泡的额定电压一种为 2.5V，一种为 3.8V。 (4) 电压表选择 0～15V 量程时，分度值是 0.5V，我们选择了一个大致位置。	本环节要采集数据和分析数据，目的在于比较，将抽象的语言转化为可感知的亲身体会，经历由实验数据的剖析、实验的改进、观念的提炼和总结的过程来驱动学生对于概念的学习，有利于学生对额定功率和实际功率的理解，培养学生的物理思维能力，进一步消除前概念的影响。

续　表

情境	教师活动	学生活动	设计意图
评估与交流。	（1）由表格数据及 $U-I$ 图像还能研究什么？ （2）给你们多个定值电阻，还能研究什么？ （3）实验中你们还有哪些意外发现？	小灯泡的电阻。	本环节以测量小灯泡的电功率实验为载体，整合初中物理电学实验的相关内容，让学生在同中求异、异中求同，抓住物理实验的本质，有意识地引导学生发现“不变”的本质和“变”的规律，来提升学生认识事物、分析事物的思辨性。

实验记录如表 15－9 所示。

表 15－9　　实验记录

<table>
<tr><td>项目</td><td colspan="5">内容</td></tr>
<tr><td>实验名称</td><td colspan="5"></td></tr>
<tr><td>实验原理</td><td colspan="5"></td></tr>
<tr><td>测量的物理量</td><td colspan="5"></td></tr>
<tr><td>器材选择</td><td colspan="5"></td></tr>
<tr><td>实验原理图
（电路图）</td><td colspan="5"></td></tr>
<tr><td>实验步骤</td><td colspan="5">调节滑动变阻器，使灯泡在额定电压下发光，观察电流表的示数和灯泡的亮度，记入实验记录表。
调节滑动变阻器，使灯泡两端的电压约高出额定电压的 1/5，将电流表的示数与灯泡的亮度填入记录表。
调节滑动变阻器，使灯泡两端的电压是额定电压的 4/5，将电流表的示数与灯泡的亮度填入记录表。</td></tr>
<tr><td rowspan="4">实验表格设计</td><td>小灯泡的规格</td><td>电压表的示数（U/V）</td><td>电流表的示数（I/A）</td><td>小灯泡的亮度</td><td>小灯泡的功率（P/W）</td></tr>
<tr><td rowspan="3">额定电压（$U_{额}$）</td><td></td><td></td><td></td><td></td></tr>
<tr><td></td><td></td><td></td><td></td></tr>
<tr><td></td><td></td><td></td><td></td></tr>
<tr><td rowspan="2">故障分析</td><td colspan="2">故障现象</td><td colspan="3">故障原因</td></tr>
<tr><td colspan="2"></td><td colspan="3"></td></tr>
</table>

续　表

项目	内容			
结论	通过实验，测得小灯泡的额定功率是________。 假设小灯泡的实际电压是 $U_{实}$，额定电压为 $U_{额}$，实际功率为 $P_{实}$，额定功率为 $P_{额}$，可以发现： 当 $U_{实}>U_{额}$时，$P_{实}$________$P_{额}$； 当 $U_{实}=U_{额}$时，$P_{实}$________$P_{额}$； 当 $U_{实}<U_{额}$时，$P_{实}$________$P_{额}$。			
意外发现	有趣现象	原因思考	遇到的问题	解决的方法

本节教学设计主要借鉴了无锡市梅里中学陈冠群老师的设计思想。实验是初中物理课程的重要内容，是学生巩固理论知识和强化物理实验的重要途径。教学中，教师坚持“生本”理念的践行，为学生科学实验意识的培养搭建实践平台，在实验中发现问题、解决问题，使学生获得基本的物理实践探究能力，培养学生正确的科学探究习惯，提升学生的物理学科思维。

教师可以继续延伸拓展，如如何用单表测量小灯泡的额定电功率。在培养学生的创新思维能力方面，物理实验有着不可替代的作用。初中物理教材上的测量性实验和验证性实验都可作为设计性实验培养的载体，是发展学生创新思维能力的一项重要措施。本环节要求学生对“测量、验证”环节设计新的实验，教师通过启发引导学生从实验原理出发，选择相应的器材，设计合理的实验方法，达到控制实验难度，降低思维台阶，逐步提高设计水平，进而培养学生创新思维能力的目的。学生对于验证性实验的过程构建了科学的知识网络，领悟到科学的研究方法。

教师还可以延伸拓展，如如何测量用电器待机状态的电功率。物理核心素养中的“科学态度与责任”，是指在认识科学本质，理解科学、技术、社会、环境的基础上，逐渐形成热爱自然，珍惜生命，具有保护环境、节约资源、促进可持续发展的责任感。

第三节　电热器 电流的热效应

【课标及教材分析】

本节属于2022年版课标课程内容中一级主题“能量”下的二级主题“电磁能”的部分内容。课标要求通过实验，了解焦耳定律；能用焦耳定律说明生产生活中的有关现象。

本节通过展示电炉、电水壶、电热油灯、电暖器和蒸汽电熨斗图片，说明电热器是利用电流做功将电能转化为内能的装置。从生活中常见的电热器入手，让学生形成一种认知，电流在通过用电器做功时一定会释放出热量。然后从生活经验出发，引导学生猜测电热的多少与哪些因素有关，从而迅速地切入正题——用实验的方法研究电热与电流、电阻和时间的关系。这样做的好处是体现了物理知识“从生活中来”的指导思想，也体现了物理研究问题的方法。在教学中如何巧妙地启发学生的思维，点燃他们设计方案的热情，这需要教师善于发现学生思维上的盲点和闪光点，逐步引领学生完善实验的设计。

【学情分析】

学生对控制变量法并不陌生，所以针对“电热器通电所产生的热量可能与多个因素有关”这样的问题，并不是很困难。教学难点在于学生难以解决“如何显示通电导体产生热量的多少”。这个问题用到“比较等质量的液体升高的温度”思想，虽然在探究燃料热值时用过该思想，但是很多学生还是很难理解。本实验中，在探究电阻对电热影响时，研究对象是两个阻值不同的电阻，而在探究电流对电热影响时，研究对象又变成了两个电阻中的同一个电阻，实验研究对象的不确定性增加了实验的复杂程度。在设计实验时，应适当放慢，引导学生厘清因果关系，理解性地建构知识体系。

【教学目标】

(1) 能认识常见的电热器，知道电热器是利用电流做功将电能转化为内能的装置，知道电热器一般是由发热体构成的。

(2) 通过探究，知道电热与哪些因素有关，知道运用控制变量法和转化法探究影响电热的因素。

(3) 知道焦耳定律的内容、公式及适用范围。

【教学重难点】

教学重点：理解电热器的能量转化情况，探究电热和电阻、电流以及通电时间的关系；如何比较电流产生的热量的多少；根据实验数据分析得出电流产生的热量和电流、电阻以及通电时间之间的定性关系。

教学难点：组织指导学生在探究过程中认真观察、分析并得出准确结论。

【教学设计】

本节教学设计具体内容如表 15 – 10 所示。

表 15 - 10　　**第三节教学设计**

情境	教师活动	学生活动	设计意图
教师播放幻灯片，如图 15 - 13 所示。  **图 15 - 13**	(1) 你们知道什么叫破窗效应吗？效应其实就是一种具有因果关系的现象。	(1) 破窗效应认为环境中的不良现象如果被放任存在，会诱发人们效仿，甚至变本加厉。	激发学生兴趣。 尽管学生在初二的物理学习中听说过温室效应和热岛效应，但是他们无法将效应与现象联系在一起。所以教学中应注重新的物理量的建构过程，让学生理解性地认识新事物。
展示教材 12 页图 15 - 10。	(2) 教材图 15 - 10 中的电热器有哪些相同点？	(2) 电流通过用电器时都会发热，将电能转化为内能。	
	(3) 我们可以将电流通过导体时发热的现象叫作什么？	(3) 电流热效应。	
	(4) 这类利用电流热效应工作的装置叫作什么？你们还能列举出哪些生活中的用电器？	(4) 电热器。	电动机的引入及时检测了学生对电热器的认识，让学生理解了并不是所有的用电器都是电热器。同时为以后学习电阻对电热的影响埋下伏笔，既调动了已有认知、渗透感知，又降低了猜想难度。
	(5) 电风扇属于电热器吗？电风扇工作的时候有能量转化吗？电流通过电风扇的时候会发热吗？你们希望它发热吗？为什么会发热呢？	(5) 电风扇工作的时候将电能转化为机械能和内能电风扇不属于电热器，我们并不希望电能转化为内能。因为所有的导体都有电阻，所以它会发热。	

续 表

情境	教师活动	学生活动	设计意图
影响电流热效应的因素： (1) 猜想。 器材：“绿箭”牌口香糖纸（2~3张）、18650电池一节、小灯座和灯泡、开关、温度计，导线若干。 演示实验1：演示电源短路，观察发生的现象：将一张口香糖纸用剪刀剪成宽约2mm的条状，接在电池的两端（如图15-14所示），口香糖纸在几秒内会发热、发红并着火。	(1) 使用电源时，如果发生短路，会有什么现象发生？	(1) 电池、导线发热等。	设计实验，通过实验现象，激发学生思考，直观明了，目标明确。
	(2) 图15-14中，你们观察到了什么现象？为什么会着火？为什么短路了就会着火？为什么只在口香糖纸处着火？（注：最后一个问题学生暂时回答不出来，引发思考。）	(2) 口香糖纸着火了，电路发生了短路。电路中的电流过大，口香糖纸处电阻大。	实验过程中，体现了实验的递进性，教师以身作则，向同学们展示了物理的逻辑思维之美。
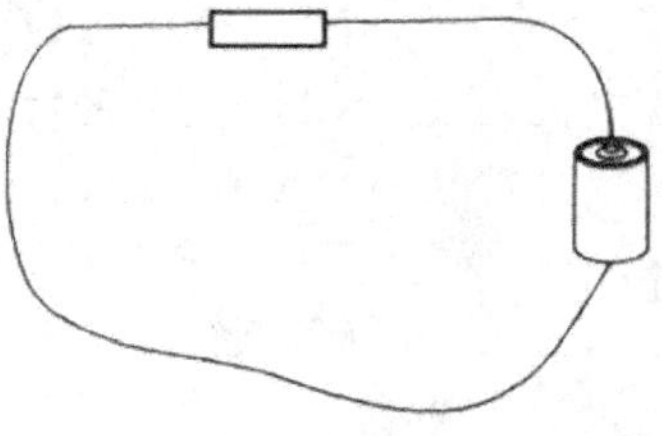 图15-14 演示实验2：将从口香糖纸上剪下的相同细条状口香糖纸接入如图15-15所示的电路中，口香糖纸不会燃烧。	(3) 图15-15中，口香糖纸为什么不会燃烧？这个现象说明电热的多少可能与什么因素有关？	(3) 图15-15中串联进了一个小灯泡，导致电路中电流变小，所以口香糖纸没有燃烧。说明电热与电流大小有关。	引导学生感知电热与电流、电阻有关，再用实验验证。改变成立的条件看看是否还成立，减小电流的大小，发现现象达不到了，进一步证明了猜想的可靠性。
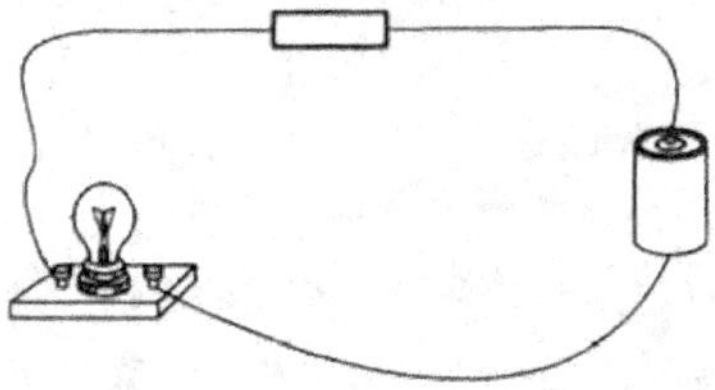 图15-15	(4) 图15-16中的C处与A、B两处相比，电阻哪个大？合上开关，发现C处着火，这个现象说明电热的多少还可能与什么因素有关？为什么不是电流呢？	(4) C处电阻大。说明电热还与电阻有关。因为是串联电路，所以电流相同。	改变电阻的大小，发现只有在电阻大的位置能够着火，进一步证明了电热与电阻的大小有关。
演示实验3：将口香糖纸剪成图15-16所示的形状（C处宽约0.2cm，A、B处宽约1cm），接入电路。 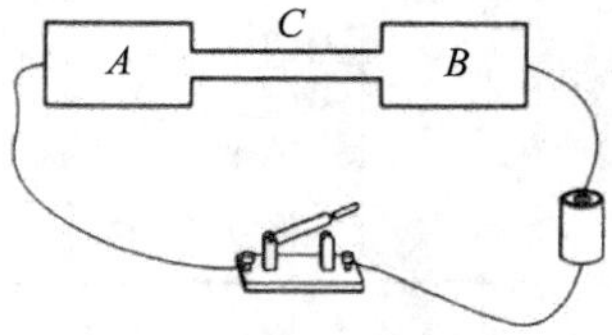 图15-16	(5) 如图15-16所示，开关一直闭合，电热大小会改变吗？这说明电热的多少与什么因素有关？	(5) 说明电热还与通电时间有关。	实验的再次利用，有依据地做出猜想。

续　表

情境	教师活动	学生活动	设计意图
（2）探究过程。	（1）实验名称。	（1）探究影响电流热效应的因素。	探究性的实验，依据实验目标，也就是实验名称，抓住共性思维。实验中，围绕控制什么、改变什么、比较什么三个方向设计实验方案，考量清楚也就明确了实验器材、实验操作步骤、实验的方向。
	（2）影响因素。	（2）电流大小、电阻大小、通电时间。	
	（3）物理方法。	（3）控制变量法。	
	（4）如何控制电阻大小相同、电流大小相同、加热时间相同。	（4）实验器材：多个阻值不同的研究对象，滑动变阻器，秒表。	
	（5）如何改变电流大小、电阻大小、时间大小。	（5）转化成给等质量的同种液体加热，比较升高的温度，观察温度计上升的示数。	调动已有认知解决新问题，进一步培养学生能量转化观。
	（6）如何比较电热的大小？	（6）比热容小的液体，升温现象更为明显。	
	（7）选择什么样的液体更好？为什么？	（7）归纳总结。	有逻辑性地分析选择实验器材的因果关系，理解性地建构知识。
	（8）请观察教材13页图15－11、15－12，我们用这样的实验器材来探究。		
	（9）教师演示实验，利用信息技术投屏放大现象。		结论环节，注重有证据性地逻辑推理，同时培养学生“说”的能力。
	（10）你们观察到了什么现象，这个现象说明什么？		

续　表

情境	教师活动	学生活动	设计意图
焦耳定律。	(1) 实验中我们只得到了定性的关系，你们能够利用自己学习过的电功公式和欧姆定律推导出具体的定量关系吗？ (2) 这就是焦耳做了大量实验归纳总结的焦耳定律，请同学们阅读教材相关内容。 (3) 说说什么是焦耳定律及焦耳定律的公式、单位。	学生自主学习。	培养学生的自学能力。 注重培养学生的好习惯，在规律学习的时候注重记忆定律文字性内容，不能简单地用公式替代，囫囵吞枣式记忆。先记忆定律，再根据定律写出公式，分清楚主次、因果。
应用： (1) 理论解释口香糖纸着火现象。 (2) 生活生产应用。 (3) 计算题。 (4) 自学计算机中的散热问题。	(1) 从理论上分析为什么口香糖纸需要做得很细才能够着火？ (2) 小明的爸爸想验证小明刚刚是否看了电视，你们有什么办法？ (3) 完成教材例题。 (4) 自学"生活·物理·社会"。	回答问题。 完成例题并阅读。	首尾呼应，前者从感知上猜想理解，后者从理论上进行规律可依的分析。 知识来源于生活，应用于社会，让学生在应用中理解知识的迁移。

（四）重难点突破文献综述

1. 突破难点，电功的大小与什么因素有关

下面引用徐杰的《基于类比建模让"猜想"之苗在物理情境中生根发芽——以苏科版初中物理"电功"教学为例》① 部分内容。

先用类比的手法解释为什么电流能做功。通过前面的学习，我们将电流类比成水流，在有水位差时就可能形成水流。同样，有电势差（电压）时，也可能形成电流（通路）。水从高处落下被做功，电荷从电势高的地方被推向电势低的地方同样被做功。

① 徐杰：基于类比建模让"猜想"之苗在物理情境中生根发芽——以苏科版初中物理"电功"教学为例．物理教学探讨，2020 年第 5 期。

解决电流做功与电阻无关的问题。通过前面对机械功的学习，我们知道水平推力在对地面上的物体沿水平方向做功时，由公式 $W=Fs$ 可知，推力所做的功与地面的粗糙程度无关。学生有了前面的知识做铺垫，能够很快意识到，电流做功与导体的电阻无关。

创设情境：装有相同水量的箱子从不同高度落到同一地面上，重力对水箱哪一次做的功多。通过前面对动能、势能、机械能的学习，学生能够意识到水箱从较高处落下时重力对水箱做功更多。同样，如果装有不同水量的箱子从同一高度落下，重力又是怎样对水箱做功的呢？

这里我们可以将不同高度差类比成电势差即电压大小，将装在箱中的水量类比成电量的多少，将重力对水做功类比成电场力对电荷的作用，从而由机械功的公式 $W=Gh$ 类似得到电功公式 $W=UQ$（Q 为电量）。根据生活中的经验，箱中放入水量的多少，可以设想将水箱放在水龙头下，由放水时水流的大小和放水的时间所决定，所以同样电量也由电流大小和通电时间决定，这与 $Q=It$ 不谋而合。最后由 $Q=It$ 不难推出公式 $W=UIt$。

这样的推理看似烦琐，但每一步都是在学生已有知识基础上进行的逻辑推导，这种通过熟悉的情境自我生成、自我构建的教学方式，比直接告诉学生公式，更符合学生的认知规律。

2. 巧设学习任务单驱动深度学习，以电能表与电功这一节设计为例

下面引用熊华、欧阳丽萍、卢天宇的《巧设学习任务单驱动深度学习——以人教版“电能与电功”一课为例》[①] 部分内容。

（1）学习指南设计：创新实验探究，优化学习目标

此前，学生已习得欧姆定律、电压、电流与电阻等概念和规律，本节将从功能关系对电功、电能概念进行学习，为后续电功率的学习打下基础。八年级学生已对机械功与能的关系有了较深的认知和理解，本节着重突破“如何理解电功是消耗电能多少的量度”。学习指南设计如表 15－11 所示。

表 15－11　　学习指南设计

学习目标	学习指导	
	方法指导	活动预告
能够联系生活情境，从功能转化角度认识电能与电功，辨析电能与电功概念之间的关联。	联想情境：关联已学的机械功与能的概念；分享交流。	导入新课小礼包：电路板展示“健康、光明、清凉和惊喜”。
知道电能的单位，会读家用电能表。	结合电能表器材，找出物理量。	自主学习与展示。

① 熊华，欧阳丽萍，卢天宇：巧设学习任务单驱动深度学习——以人教版“电能与电功”一课为例．物理教学探讨，2022 年第 1 期。

续　表

学习目标	学习指导	
	方法指导	活动预告
体验电能表的连接，探究影响电功大小的因素并推导规律。	猜想、进行实验、记录实验数据、论证归纳、质疑。	动手实验探究。
通过电能表和电功公式计算消耗的电能、家庭电费，形成节约用电的意识。	迁移与应用。	反馈与测评。

从表 15－11 可见，学习目标的优化充分体现了物理学科的核心素养，突出实验活动与体验。通过创新设计电路板等实验装备，保障学生分组体验电能表的连接，探究影响电功大小的因素，推导规律，深化理解电功概念。

（2）学习内容设计：以情境与问题为牵引，以仪器创新为保障

有意义的学习情境能将学生的原有认知与新学知识相关联，驱动学生在构建新旧知识的关联过程中发现问题。有层次的问题或问题链会给课堂教学注入活力，成为驱动学习活动的催化剂、学习环节过渡衔接的润滑剂，助力学生从低阶学习走向高阶学习。有机统筹“知识、活动任务、学习情境、问题”等学习内容要素，学生更容易沉浸在学习活动中，在知识与能力层面获得发展，体验成功。本节的学习内容设计如表 15－12 所示。学生遵循活动任务清单，“按单索骥”，在教师创设的情境下，不断思考问题、解决问题及提出问题，知识得以循序渐进地构建，能力悄然提升。同时，活动化、具体化和结构化的教学材料为学生完成任务提供了坚实的资源保障。

表 15－12　　学习内容设计

任务清单	支持资源	
	情境与问题（前者为情境，后者为相关问题）	教材、实验仪器等
（1）认识电能与电功；（2）说出二者的区别与联系。	（1）教师演示四个“电路礼包”；电从哪来，去往何处？（2）生活与生产中的用电情境；你们觉得电有没有能量，生活中哪些物体工作时需要消耗电能？（3）展示机械功与能的概念与转化；结合机械功与能，说出电能与电功的概念及二者的关联。	四个自制电路板、教材等。
（1）知道电能的单位及换算；（2）准确说出电能表读数及相关信息。	（1）拿出放在桌面上的电能表，阅读教材；电能表上有哪些相关的物理信息？电能的单位有哪些，如何转换？（2）投影演示转盘在转动，消耗电能；表上数字没有变，如何知道消耗了电能？	实验仪器：机械式电能表、电子式电能表；教材、同屏投影。

续　表

任务清单	支持资源	
	情境与问题（前者为情境，后者为相关问题）	教材、实验仪器等
（1）探究影响电功大小的因素，并推导计算电功的公式；（2）发现问题，提出质疑。	（1）展示带有电能表的电路板；电能表转动的时候，电路中都存在哪些物理量，影响电功大小的因素有哪些？（2）展示多组学生的实验记录表（兼顾不同种类的用电器、不同种类的电能表）；归纳总结影响电功大小的因素及电功公式，你们还有什么不同的发现？	实验装置：机械式电能表、电子式电能表、计时器、直流电压表、电流表、插座、开关、若干导线等。探究时，引导不同小组使用不同的用电器。
应用公式，计算电能与电费。	播放视频《1度电的作用》，展示计算题；算出耗电量与电费，哪些措施可以节约用电？	教学视频。
交流疑问，深化理解。	湖南省怀化市自从更换了智能电表之后，用电器没有变化，用电时间也没有变化，但用户电费成倍增长；电表出问题了？两种电表的准确度是否有差别？	新闻资讯、实验仪器等。

（3）反思评测设计：重视问题记录与反思，观测物理学科核心素养发展

在反思评测部分，淡化笔试测试，注重引导学生记录学习过程中发现的问题，启发学生反思实验过程中存在的“异常现象”，梳理习得的学习方法与实验操作技巧等。在学习任务单上，不会出现“镂空填空题”的学习任务，鼓励学生应用思维导图记录上课时所学内容。教师的板书设计亦采用结构化的思维导图，意在培养学生的发散思维，形成解决核心问题的能力，建立关联知识，在活动和体验中将学习内容结构化、程序化及系统化，厘清概念和规律的本质与变式，形成能够解决问题的稳定知识体系与能力模型。

初中物理教学要紧跟高中物理新课程改革的理念，以发展学生物理学科核心素养为导向。学习评价要观测学生物理学科核心素养发展的情况，“电能表与电功”的学习评价表如表15－13所示。

表15－13　“电能表与电功”学习评价表

核心素养维度	素养目标发展观测点	达成等级		
		A	B	C
物理观念	能联系生活情境理解电能与电功的概念（水平2）			
	能从机械能与功的概念及功能转化等视角，形成清晰的电功概念（水平3）			
	能够定性与定量地理解电功，应用电功概念及公式等解决实际问题，理解电流做功的大小跟电流大小、电压高低和通电时间有关（水平4）			

续 表

核心素养维度	素养目标发展观测点	达成等级		
		A	B	C
科学思维	能对涉及电能与电功的物理现象进行分析（水平 1）			
	能根据熟悉情境与问题指引，应用已学实验方法模型（控制变量法、分析与综合、归纳推理）研究影响电功大小的因素（水平 3）			
科学探究	能根据情境与已学知识，猜测影响电功大小的因素，在小组合作下完成方案设计，正确实验并获得相应数据（水平 3）			
	能设计表格准确地记录实验数据，分析推导 W 和 U、It 的定量关系（水平 4）			
	能知道机械式电能表和电子式电能表结构与功能的差别，提出探究两种表测量准确度等物理问题（水平 5）			
科学态度与责任	反思生活行为，形成节约用电的意识（水平 2）			
	坚持实事求是，在合作中尊重他人，能够坚持观点又能修正错误（水平 3、水平 4）			

3. 立足实验，电功率概念的教学设计①

下面引用宋博的《立足实验　巧妙迁移　有效探究——以电功率为例谈物理概念教学》部分内容进行电功率概念教学。

（1）立足实验，引出概念

教师先通过问题引导学生回顾已学内容，并通过问题将学生的注意力集中到实验上。

教师：通过对之前内容的学习，你们知道用电器在电路中的作用吗？

学生：用电器是消耗电能的器件，它能够将电能转化为我们所需要的其他形式的能量。

教师：我们用什么仪器来测量用电器消耗电能的多少呢？

学生：电能表。

教师展示电子式电能表的图片，并介绍：该电能表上面标有“3200imp/（kW·h）”，这表明电路中每消耗 1kW·h 电能，指示灯就闪烁 3200 次。当学生对该型号的电能表有所认识之后，教师继续展示自制实验器材。在一块木板上固定两个该型号的电能表，分别与一个五孔插座搭建成电路，这样就可以通过电能表测定对应各自用电器的用电情况。然后，教师分别将电水壶和电吹风接入两个电路，并示意学生观察在用电器正常工作时，电能表指示灯的闪烁情况。

① 宋博：立足实验 巧妙迁移 有效探究——以电功率为例谈物理概念教学．物理教学探讨，2020 年第10 期。

教师：我马上要将两个用电器同时打开，请大家观察两个电能表的指示灯。为了观察有针对性，请坐在我右手边的两组同学观察电水壶电路中电能表指示灯的闪烁情况，坐在我左手边的两组同学观察电吹风电路中电能表指示灯的闪烁情况，请记录30秒内指示灯的闪烁次数。

教师按下开关，并提示学生进行计时和计数，在实验结束之后提示学生交流学习成果。

教师：大家在刚才的实验过程中有什么发现？

学生：两个电能表的指示灯闪烁快慢不同。

教师：能具体说说吗？

学生：与电水壶连接的电能表在30秒的时间内指示灯闪烁了40次，与电吹风连接的电能表在相同时间内指示灯闪烁了30次。

教师：这表明什么呢？

学生：相同时间，电水壶电路中消耗的电能更多，也可以认为是电水壶做功更快。

教师：说得很好，其实我们在这里可以引入一个物理量，对电流做功快慢进行表述，这也是今天我们这节物理课所要重点研究的内容。

（2）巧妙迁移，结合旧知理解新知

教师：在比较做功快慢时，我们可以比较相同时间内做功的多少，除此之外，还可以怎么来比较？

学生：还可以比较做相同的功所耗费时间的长短。

教师：这里涉及怎样一个物理量呢？对此你们有什么想法吗？

学生：在力学研究中，我们当时学习过一个描述做功快慢的物理量叫作功率，用“P”来表示。

教师：很好！这个物理量同样可以运用于电路问题的分析，对应的概念被称作电功率。请大家类比力学中有关功率的认识来研究电功率的基本概念。

学生：电功率可以定义为电流所做功与对应时间的比值，它的单位和机械功率的单位是一样的，即“瓦特”，用“W”来表示，常用单位还包括千瓦（kW）、兆瓦（MW）等，计算公式为$P=\frac{W}{t}=\frac{UIt}{t}=UI$。

（3）有效探究，辨析相近概念

在电功率的学习中，有两个概念要区分，即额定功率和实际功率。由于概念上的相似性，很多学生在理解的时候会出现一些障碍，甚至将两个概念混淆在一起，教师要指导学生有效区分，辨析这些相近概念。

教师：现在有一个灯泡，请同学们看一下它的铭牌信息。（注：通过实物展台展示灯泡的铭牌。）

学生：“220V”表示的是这个灯泡的额定电压，“60W”对应的是这个灯泡的功率。

教师：“60W”是任何情况下灯泡的功率吗？

学生：不是的，应该是灯泡的额定功率，也就是说当它的电压等于额定电压时，功率才等于60W。

教师：怎样才能验证你们的说法呢？

学生：做实验。

教师：好，下面我们就来进行一项研究——探究不同电压条件下灯泡的功率。

教师通过PPT投影出实验设计的要求：实验中要测量哪些物理量，需要哪些实验器材？如何来调整灯泡两端的电压？问题提出后，教师给出足够的时间，让学生进行交流和讨论，随后再安排学生进行展示。

学生：实验过程中需要测定灯泡的电流及其两端的电压，因此需要电流表和电压表。

教师：在电流和电压已经测定的情况下，如何确定功率？

学生：用公式 $P=UI$ 来计算，这就是本实验的原理。

教师：怎样设计改变电压的电路呢？

学生：用滑动变阻器。

教师：现在给大家提供额定电压等于"2.5V"的灯泡、滑动变阻器、学生电源、电压表、电流表以及导线等器材，请大家先设计电路。

学生完成实验电路的设计，并将电路图展示出来，基本情形如图15－17所示。

教师：在实验电路已经连接的情况下，我们在实验过程中应该如何操作呢？

学生：先将滑动变阻器的滑片置于最大阻值处，然后闭合开关，逐渐调节滑动变阻器，让电压表的示数逐渐增大，依次记录0.5V、1V、1.5V、2.0V、2.5V等电压条件下电流表的示数以及灯泡的亮度。

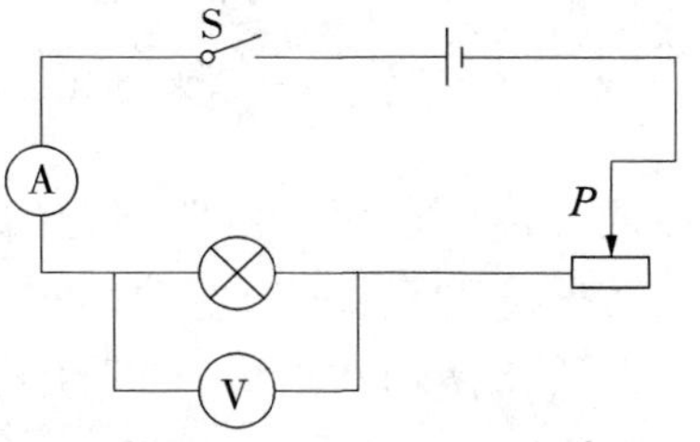

图15－17

教师示意学生开始实验并做好相应的记录，学生完成实验并记录和处理数据（如表15－14所示）。

表15－14 实验结果

次数	电压 U/V	电流 I/A	小灯泡亮度	功率 P/W
1	0.5	0.14	不亮	0.07
2	1.0	0.18	微亮	0.18
3	1.5	0.22	很暗	0.33
4	2.0	0.24	暗	0.48
5	2.5	0.25	亮	0.70

教师：结合实验，你们获得了哪些认识？

学生1：我们发现，电压增大时，灯泡亮度逐渐增大，且电功率在增大。这表明灯泡的亮度情况与其实际功率是相对应的。

学生2：我们观察了灯泡的铭牌，发现2.5V时的功率确实与它所标记的额定功率相等。

学生3：我们在实验过程中还尝试了更高的电压，灯泡的亮度也更大，功率也更高，但是电压太大之后，灯丝烧断了。

教师：首先我们要表扬一些同学，他们勇于探索，即便是器材损毁也是值得的，这告诉我们在使用用电器时不能让电压超过额定电压。另外也要批评这些同学，实验过程中盲目操作。既然将额定电压标记出来，我们要先思考一下它的含义，然后再操作。毕竟这个过程是有危险的，这一次仅仅只是灯丝烧断，如果是在日常生活中，这样的情况务必要避免。就知识学习而言，同学们刚才总结了额定功率和实际功率这两个概念，请大家在后续学习中继续区分和讨论。

4. 基于物理核心素养的实验教学，电功率的实验教学设计①

（1）问题引入

伴随着家用电器的普遍应用，人们的生活越来越舒适便捷。人们选择家用电器时，不仅关心价格、性能，还有家用电器的电功率。以电暖器为例，以适用面积为21～$30m^2$的某品牌电暖器，功率$P=2000W$，另一品牌电暖器的电功率为$P=2200W$。当你选择这种电器时，它的电功率是一成不变的吗？你想知道这些大小不同的电功率是怎么得到的吗？

演示实验：教师演示，通过移动滑动变阻器的滑片，灯泡两端电压升高，引导学生观察灯泡的亮度的变化，以及并联在灯泡两端的电压表的示数。

学生观察现象：电压增大，灯泡变亮；灯泡两端的电压过大时，灯泡被烧坏，灯泡两端的电压接近电源电压。

学生猜想：

$U_{实}=U_{额}$，$P_{实}=P_{额}$；

$U_{实}>U_{额}$，$P_{实}>P_{额}$；

$U_{实}<U_{额}$，$P_{实}<P_{额}$。

小灯泡在不同的电压下工作时，消耗的电功率不同。

教师提问：若电功率不同，实验室中如何测量？

设计意图：激发学生学习的积极性，使学生从“灯泡烧了”这一实验中领悟到，要使灯泡正常发光，必须要有一个合适的电压，也为后面正确设计探究小灯泡的电功率埋下伏笔。

① 李波，刘嘉：基于物理核心素养的实验教学设计——以“学生实验：探究小灯泡的电功率”为例．中学物理教学参考，2019年第16期。

（2）新课讲授

教师引导学生观察小灯泡的铭牌，并提出：你们能从中得到哪些信息？如果想知道小灯泡的额定功率，怎么办？

提出问题：明确实验中要测量的物理量，以及测量小灯泡电功率的原理。

学生活动1：

$$U_{额}=2.5V, \ I_{额}=0.3A$$

已知：

$$P_{额}=U_{额}I_{额}=2.5V\times0.3A=0.75W$$

设计意图：通过观察讨论形成知识的迁移，明确实验中需要测量的两个物理量 U、I，为制订计划方案做准备。

制订计划（教师引导）：①测小灯泡的电功率需要哪些实验器材？②为什么实验器材中要选用滑动变阻器？③电路如何设计？

学生活动2：

实验器材：电源、电压表、电流表、小灯泡、开关、滑动变阻器、导线。

设计意图：让学生知道测一组数据不可行，改变电源电压不方便，滑动变阻器能够连续改变小灯泡两端的电压及电流，以便多次测量获得多组数据，为后续探讨滑动变阻器的作用做好铺垫。

学生活动3：设计电路图，设计记录数据的表格（如表15－15所示）。

表15－15　　实验记录

小灯泡两端的电压	电压（U/V）	电流（I/A）	电功率（P/W）	小灯泡的亮度
低于 $U_{额}$				
等于 $U_{额}$	2.5			
高于 $U_{额}$				

完成设计实验的环节，同时为学生后续进行探究实验提供一个实例。

（3）进行实验与收集证据

教师引导学生说出连接电路时的注意点。

学生回答电压表、电流表取小量程，依据是小灯泡的参数；连接电路时开关处于断开状态；闭合开关前，滑动变阻器采用“一上一下”的接法，且处于阻值最大处；注意电表正进负出。

学生活动。

设计意图：使学生养成严谨的科学探究习惯，进一步体验电压表、电流表、滑动变阻器的使用方法。

（4）分析论证

教师提问：展示一组学生的数据，把你们测量的实际功率与小灯泡的额定功率进行比较，它们是否一定相等？

学生：测量的实际功率小于灯泡的额定功率，实际电压小于额定电压。

教师："意外"产生的原因是什么？

学生：可能由于实验某方面考虑不周全引起的。可能由于干路上的元件本身存在一定的接触电阻，会分掉一部分电源电压，于是造成小灯泡两端的实际电压小于额定电压。

学生改进实验装置，用三节干电池进行实验。实验结束，选择 2 ~ 3 组同学利用投影和大家交流（要求同学配合投影上台讲解）。

分析实验表格数据，强调额定功率和实际功率的区别。

设计意图：培养学生观察现象，通过实验数据分析找出规律，能用语言准确表述的科学探究习惯，从而培养学生分析问题、解决问题、总结归纳问题的能力，同时培养学生严谨、实事求是的科学态度。通过分析实验数据，学生理解额定功率和实际功率的区别，并能正确计算出额定功率。

5. 基于观念形成的复习教学实践，以生活中的电功率为例①

学习进阶的层次发展规律如下：以学生具有的尚未相互关联的日常经验和零散事实，通过归纳总结，学生能建构事物的具体特征与抽象术语之间的映射关系，从而形成概念。接下来通过概念辨析，学生能建构抽象术语和事物数个可观测的具体特征之间的关系，建立概念与实际事物之间的关联。通过综合分析，学生能从系统层面上协调多要素结构中各变量的自变和共变关系。最后通过整合学生能由核心概念统整对某一科学观念的理解，建构科学观念和跨学科概念之间的联系，进一步延伸拓展。落实到具体的教学环节中，则可以细化到以下 6 个可操作、可指导的"师教""生学"过程（如表 15 – 16 所示）。

表 15 – 16　　"师教"与"生学"过程

教学环节		教师的教学	学生的学习
概念提炼	情境创设	演示实验、活动体验、图书视频、温故知新、设疑设问、联系实际	学生列举实例、学生活动、学生提问
	思维加工	思维切入、思维条理性、思维方式呈现度、思维方式的引导式	思维依据、思维逻辑、思维严密性
	观念形成	分析、比较、归纳、抽象、结论	过程、方法、结论、内涵、外延
概念升华	尝试解释	问题设置、激励尝试、评价释疑	大胆尝试、主动交流、反思修正
	应用提升	例题示范、习题精选、及时反馈	认真倾听、积极思考、及时完成任务
	迁移拓展	变式练习、联系生产生活实际	知识和解决问题的灵活性、变通性

① 任慧钦，阮享彬：基于物理观念形成的初中物理问题驱动复习教学实践——以"生活中的电功率"复习课为例．物理教学，2019 年第 3 期。

6. **从几种教材比较分析，以电功和电功率为例**

学习如何通过单元视角，对不同版本教材的研究分析归纳总结出最优的学习方案。可以借鉴郝沁在2020年第8期的《物理教学》中发表的《几种初中物理教材“电功电功率”部分的简单比较》和王钰涵在2022年第8期的《中学物理教学参考》中发表的《基于教材整合优化的“电功率”单元教学》。

7. **从实验创新角度，探究影响电流热效应的因素**

可以借鉴陶仕银、董云在2021年第12期的《中学物理教学参考》中发表的《“焦耳定律”实验的改进与创新》，杨桦、王宏在2015年第7期的《物理教学探讨》中发表的《DIS实验在探究电流的热效应实验中的应用》和吴敏在2021年第10期的《物理教学探讨》中发表的《巧用转换，利用变色油墨提高热现象实验课堂教学效果》。

“探究影响电流热效应的因素”是初中物理教学中一个重要的实验，这个实验所用器材较多，有加热煤油，观察煤油温度升高情况的温度计；有加热气体，观察U形管中液柱高低变化情况的压强计等。我们也可以利用绿色变色油墨来探究影响电流热效应的因素，实验步骤如下：在定值电阻R_1（5Ω）和R_2（20Ω）上均匀涂上绿色变色油墨、晾干；将R_1接入电路，闭合开关，调节变阻器使电路中的电流为0.1A，同时开始计时，直到油墨变成黄色时停止计时，记下从开始通电到油墨变色的时间t_1；在上述电路中，调节变阻器使电路中的电流为0.2A，同时开始计时，直到油墨变成黄色时停止计时，记下从开始通电到油墨变色的时间t_2；将电阻R_1和R_2串联接入电路，闭合开关，调节变阻器使电路中的电流为0.2A，同时开始计时，直到油墨变成黄色时停止计时，分别测出电阻R_1和R_2从开始通电到油墨变色的时间t_3、t_4；比较t_1、t_2、t_3、t_4的大小，得出实验结论。

实验表明：$t_2 < t_1$，说明电流通过导体产生的热量与通过导体的电流大小有关；$t_4 \leqslant t_3$，说明电流通过导体产生的热量与导体的电阻大小有关，通电时间越长，电流产生的热量越多。由此得出影响电流热效应的因素是通过导体的电流、导体的电阻和通电时间。

8. **助推批判性思维的发展，以家庭电路与安全用电为例**

下面借鉴冯胜明在2020年第24期的《中学物理教学参考》上发表的《QICT模型：助推批判性思维的发展——以“家庭电路中电流过大的原因”为例》部分内容。

批判性思维的培养是当今我国学者较为关注的热点课题，但培养批判性思维的实际教学方法寥寥无几。QICT模型又被称为“提问交互模型”，是我国学者冯莹倩提出的，能促进批判性思维的发展。值得注意的是，冯莹倩的研究对象是大学生，QICT模型是否对初中生有同样的效果不得而知。鉴于此，冯胜明结合初中生的特征构建了促进批判性思维发展的QICT模型，并通过实例探究了QICT模型在初中物理批判性思维教学中的具体应用，为在物理教学中发展批判性思提供了一条适用又实用的路径。

受各种因素影响，冯莹倩提出的QICT模型并不能直接搬上初中物理课堂，因此，要想应用QICT模型，必须要立足实际教学条件，对现有QICT模型进行改造。值得注意的是，“交互”是改造现有QICT模型的关键。这里提到的“交互”就是交流互动，要以“学习卡”为载体，所以构建初中物理 QICT 模型时，将第一层的“论题”视为“问题”，具体如图 15－18 所示。从图中发现，第一层次是学生能一目了然观察到的，是直观的，但无论是第二层还是第三层都需要在教师引导下耳濡目染地进行，是抽象的。只有三个层次的结合才能实实在在地培养和发展学生的批判性思维，促使他们成长为社会发展需要的、具有创新精神的人才。

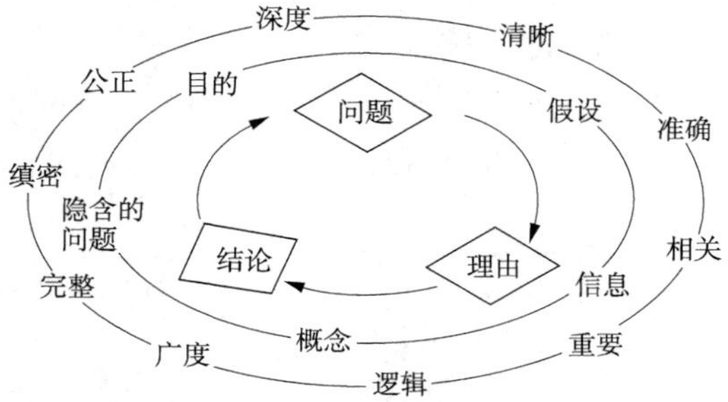

图 15－18

优质的论文可以帮助教师们快速、高效、全面地汲取他人的智慧。由于本章节是整个电学的综合体现，所以相关文献很丰富，需要哪一个主题的文献教师都可以去网上搜索。

四、教学素材补充

1. 比较好的实验补充

（1）探究电功的大小与什么因素有关

关于实验定量的研究。利用多功能直流电能表和秒表，利用 Excel 表格处理数据，定量得出关系。可以借鉴牟媛在 2021 年第 11 期《物理教学探讨》上发表的论文《教育技术与物理教学融合的实践与思考——以“电功的定量探究”为例》，这也是 2022 年版课标明确提出的信息融合方向。

（2）有关测量小灯泡电功率问题的深度探讨

①在实验过程中有些器材损坏了可以更换，如导线、定值电阻等。假设电流表损坏，没有另外的电流表可以更换了，你能否利用现有的器材重新设计电路，测出小灯泡的额定功率？此内容可以借鉴邹玉在 2020 年第 2 期《湖南中学物理》上发表的论文《特殊方法测量小灯泡额定电功率》。

②生活中白炽灯的额定电压为 220V，实验室的器材无法测量其电功率怎么办？需要什么器材？

③结合数字化实验，借鉴袁丽雯、杨坤在 2020 年第 10 期《湖南中学物理》上发表的论文《结合数字化实验，培养学生科学探究素养——测量小灯泡电功率的探究式教学》。

（3）探究影响电流热效应的因素

①转化成比较密闭容器中空气的温度变化（如图 15－19 所示）。

②转化成比较密闭容器中空气或者等质量的液体温度变化的快慢现象，比较液柱的高度（如图 15－20 所示）。

③转化成比较电阻丝加热后产生气泡的大小（如图 15－21 所示）。

④转化成直接比较电阻丝（电阻片）发热后升高的温度。

⑤利用变色油墨演示热现象实验。

变色油墨是借助物质特性而变色的一种特种油墨，可用于多种行业。变色油墨可分为感温变色油墨、红外激发变色油墨、紫外线感光变色油墨、紫外荧光变色油墨、光学变色油墨、遇水变色油墨、夜光变色油墨以及微胶囊香味油墨等。实验选用的是感温变色油墨，它利用温度差异来改变自身颜色。

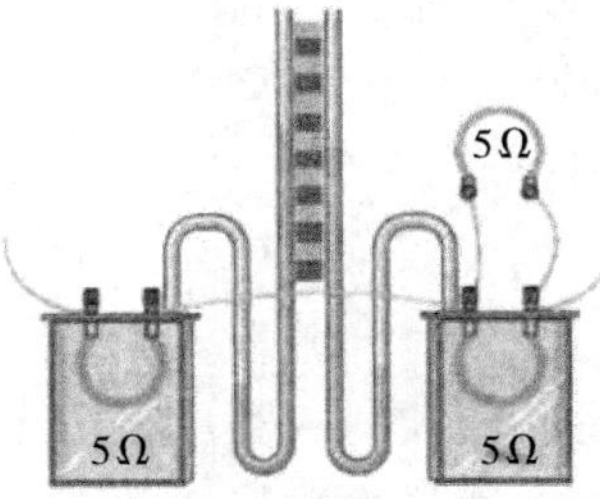

图 15－19

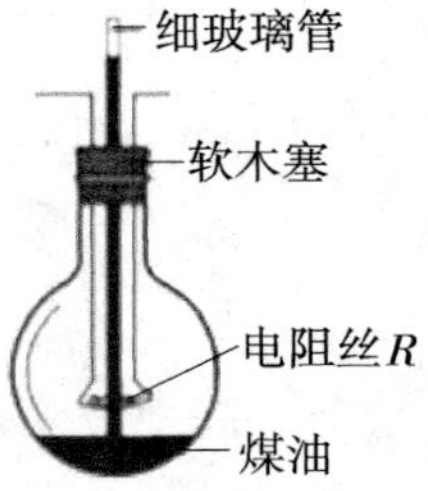

图 15－20

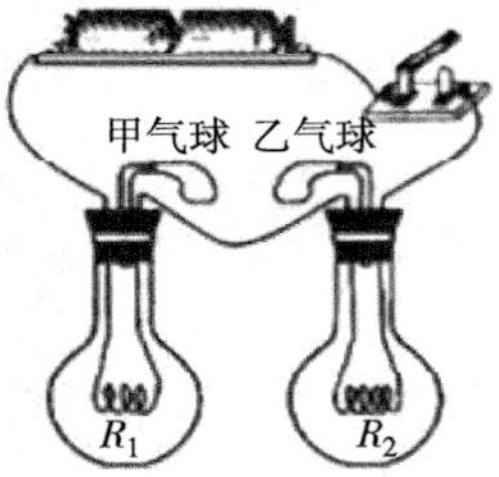

图 15－21

（4）活动探究电流怎样通过灯泡

分别准备一个装在灯头里的螺口灯泡和卡扣灯泡（灯头里有接线以模拟火线、零线），卸下灯泡，旋开灯头后面的盖子，仔细观察并讨论：

①这两种灯泡和灯头的构造有什么不同？

②这两种灯泡分别是怎样让电流通过灯丝的？

（5）活动测算用电器的工作电流

调查你家里使用的各种用电器的额定功率值，测算一下，如果让这些用电器同时工作，通过电能表的电流是多少？检查一下，这一电流是否超过你家电能表的额定电流。

（6）创造短路危害的实验

方法一：用绿箭口香糖纸，宽约 2mm（如课例示范中呈现）。

方法二：用铅笔芯，学生电源（电压要调节到 14V 左右）。

方法三：铝箔条，宽 2～3mm（原理等同于口香糖纸）。

方法四：9V 电源和丝绒清洁球（放一起会造成短路现象）。

方法五：电热锯。

“电热锯”，木箱中内置了变压器，输入电压为 220V，输出电压为 22V。在木箱上部的支架上串联了两根电热丝，在两根电热丝上水平放置一块泡沫，闭合开关后，泡沫被竖直切割而自行掉落。

2. 比较好的素材补充

（1）认识我国不同方式发电的发电站、发电量（北师大版教参中有丰富的信息补充）。

（2）家用电器的用电排行（北师大版教参中有丰富的信息补充）。

（3）电能表的类型（IC 卡式电能表、新式无铝盘电能表、电子式电能表等）。

（4）鸡场的电热孵化。

（5）发热材料 PTC。

（6）中国强制认证“CCC”。

（7）漏电保护器。

（8）空气开关。

五、物理核心素养分析

1. 物理观念

（1）物质观

本章节中，在电池的选择上也是有待考量的。不同类型的电池，功能特点不同，主要分为碳性电池、碱性电池、镍铬电池、镍氢电池、锂离子电池、锂聚合物电池。不同材质的电池的性价比不同，提供电能的稳定性、容量都是不同的。在做电热实验时，如果希望电热现象更明显一些，电池的选择是有待考量的。在做电热实验时，如果希望电热现象明显，电阻丝的材质往往选择电阻率大的合金丝，常见的有镍铬、锰铜、康铜合金丝；在电热实验时被加热的物质要选择比热容小的物质，常见的有空气、煤油等物质，因为比热容小，升温快，现象更为明显。在做短路小实验时，要选择电阻大的导体，着火点低的材质，转换放大现象。在应用中认识的电饭煲里的热敏电阻、计算机中的散热器等，都是根据所需选择对应的材质制作而成的。

（2）运动和相互作用观

电功与电功率都是电流做功的过程量。电功是因为电场力推动电荷所做的功，所以有 $W=Fd$，因为 $W=EQ$，$E=U/d$，得 $W=UQ$，而 $Q=It$，所以 $W=UIt$。电流做功的本质就是能的转化，是个过程量，这个过程除了有大小之分，还有快慢之分，并用电功率来表示电功的快慢。那么如何比较快慢呢？一般采用相同时间内比较做功的多少，或者做相同的功比较做功时间的长短。如同机械功里，箱子在地面上被推动时，地面有阻力，要克服摩擦力做功而发热，电场力推动电荷的时候，遇到导体的阻碍，也要克服发热。电热也可以形象地感知为电流做功时需要克服阻碍而产生的热量，形象地感知微观世界。家庭电路就是一个系统的电荷定向运动系统，设备隐患的本质是电流克服阻碍所做的功超过了设备所能承载的程度，人身安全的本质就是人体相当于导体被当成电路的一部分，由于电热，超过了人体所能承载的程度，灼烧伤。

（3）能量观

本章节的内容属于 2022 年版课标课程内容一级主题“能量”下的二级主题“电磁能”部分内容，是能量观建立的重要章节。在本章节，学生要从能量的角度去分析问题，在分析问题的过程中要有守恒观。如在认识电能表是计量消耗电能的仪表，就会思考消耗的电能哪去了，其实潜意识里学生需要具备能量守恒观，知道能量不可能平白无故地消失。那么消耗的电能去哪了？根据能量守恒观，消耗的电能转化为其他形式的能量了，能量的转化过程都是通过做功的方式实现的，所以电能的转化过程其实就是电流在做功。电功概念建立的过程中学生要知道能量守恒观、能量转化观、做功是能量转化的方式，知道机械能、内能。在本节还需要知道电功率，认识电热，知道电功转化为内能过程中的规律，也就是焦耳定律。

2. **科学思维**

（1）模型建构

①比较电功的大小。研究对象选择小灯泡，转化成比较小灯泡的亮暗；研究对象选择电动机，转化为观察电动机转动的速度，现象不够明显，对另一个物体做功，转化为物体升高的高度；也可以借助多功能电能表接入的电路，准确地测出电功大小。

②测量小灯泡的额定电功率。器材都可以选择的时候，利用“伏安法”直接测量小灯泡电功率；缺电流表的时候，替代模型，选择定值电阻与电压表组合，整体相当于一个电流表，连接方式选择串联，利用串联电路中电流处处相等的特点；缺电压表的时候，替代模型，选择定值电阻与电流表组合，整体相当于一个电压表，连接方式选择并联，利用并联电路各支路两端电压相等的特点。单表设计的时候，也可以利用电表现象设计两个效果相同的电路，用第二个电路等效替代第一个电路，抓住总电压不变，效果相同，分析总电量不变，所以总电阻不变，从整体上建立替代模型。

③探究影响电流热效应现象的因素。研究对象模型建立就是一个复杂的过程，本实验中，在探究电热与电阻关系的时候，研究对象是多个阻值不同的电阻丝；在探究电热与电流、通电时间的关系时，研究对象是同一个电阻丝。比较电热大小时的主要模型建构思想是转化法，转化成等质量的、比热容小的同种物质加热后升高的温度。具体模型建构，可以转化成比较等质量的煤油加热后升高的温度；转化成等质量的空气加热后升高的温度，或者气球体积变化的大小，或者液柱上升的高度；转化成研究对象本身升高的温度，借助信息技术直接测量。

（2）科学推理

①逻辑推理建构电功的概念。从生活入手，计算电费，认识计量电费的工具电能表，具体计量家里某一用电器消耗电能的多少，消耗的电能哪去了？如何实现的？能的转化过程都是通过做功的方式实现的，建立新物理量电功。认识一个新的物理量，都是从共性思维如新物理量的定义、符号、单位、大小等方面做研究。

②迁移类比推理建构电功率的概念。借助电能表从测出用电器具体消耗的电能，到不同用电器（同一用电器不同挡位）在相同时间内消耗电能一般不相等，感知电功有快慢之分，再迁移以前学习过比较快慢的物理量，如可以选择前不久学习的机械功率作类比，从一个新物理量的定义、符号、单位、大小等方面做研究。

③控制变量法、转化法思想在实验中的应用。本章重点实验有三个：比较两个灯泡的亮暗，测量小灯泡的功率，探究影响电流热效应的因素，实验中都用到了控制变量法，在这里就不做详细描述，但是要能够体会里面涵盖的共性思维。在比较能量的时候无法直接比较，包括前面学习的机械能与内能，都利用了一个共性理论知识：能量是指一个物体具有对另一个物体做功的本领，所以无法直接比较一个物体具有多少

能量，就转化成对另一个物体做功的多少。

④理论推理出焦耳定律。教材先从实验入手，利用实验探究验证电热与电流大小、电阻大小、通电时间有关系，也建立了定性的关系，那么对于定律的关系，我们可以利用学习过的物理知识做理论推导。比如用已有的电功公式 $W=UIt$，结合欧姆定律变形公式 $U=IR$，理论推导出在电热器中产生的热量（Q）等于电流所做的功，即 $Q=W=UIt=I^2Rt$。

（3）科学论证

教学过程中，教师要向学生展示科学论证的魅力，比如本节的困惑点——学生做出猜想电功大小与电阻大小有关系，教师可以引导学生利用类比的方法建构。回顾前面所学的知识，水平推力在对地面上的物体沿水平方向做功时，由 $W=Fs$ 可知，推力所做的功与地面的粗糙程度无关。也可以用发展性的论证方法，学生猜想影响因素 U、I、R、t，如果要研究 W 与 U 的关系，需要控制哪些量？改变哪些量？发现 I、R 一定时，U 不变，逻辑矛盾，所以这三个量中只能选择两个，而电阻是导体本身的一种属性，容易改变的是 U 和 I，所以舍弃 R；也可以用反证法，通过将不同规格的灯泡串联，而电压大的电阻也大，假设电功与电阻有关的话，会得到电阻越大，电功越大的结论。再将灯泡并联，观察发现原本串联时亮的灯泡在并联时反而相对较暗，这和前面的假设冲突，故而假设不成立，即电功与电阻无关。

再如困惑点：小灯泡的亮度是由什么决定的。很多学生会觉得小灯泡的亮度是由于电功的大小决定的，教师可以巧用原有实验现象制造有说服力的认知冲突，如果是这样，小灯泡加热时间越长，电流通过小灯泡做的功越多，小灯泡的亮度有没有变得更亮。建议即使学生没有这个困惑，教师也应该引导学生思考这方面问题，让学生的认知更清晰。

（4）质疑创新

①定量地改进探究电功大小与什么因素有关。如果直接告知学生电功的大小与 U、I、t 的定量关系，不利于学生的深度理解。如果做定量的研究，本实验的困惑点是如何测量电功的大小。实验中，我们往往会规避对能量的具体测量，只比较大小关系，但是在计算中又专门安排了大量的能量计算题，这个过程会让学生觉得理论与学习是脱轨的，所以有些教师注重了这方面的研究，没有刻意规避问题。测量电功的大小，不能利用电动机，因为电动机对重物所做的功只是部分功，还有一部分电功转化为内能了，无法准确测量，所以只能把电能转化成内能。那么如何测量出电功的大小呢？有一位教师巧妙地使用了多功能电能表，把所学知识应用到本实验中，同步利用了多功能电能表测出电路中的电压和电流，再借助秒表，测量出通电时间，最后利用 Excel 表格处理了数据。虽然有一定的误差，但可以半定量地研究电功的大小，通过科学实验探究所得。

②开放性测量小灯泡的电功率。在测量小灯泡的电功率实验中，由于学生已经学习过测小灯泡的电阻，对于实验的流程与步骤并不陌生，所以在教学中最好实现开放性教学。首先，器材的开放性，即让学生自主选择，给学生准备充分的实验器材，开

放性地让学生选择与生成，生成的都是课堂的财富。其次，过程的开放性，即学生实验中，教师要放手让学生去做，当学生遇到障碍时，教师要让学生自主解决问题。再次，结论的开放性，即教师让学生自主处理数据，分析归纳总结。最后，困惑讨论的开放性，如学生发现在测量3.8V小灯泡的额定功率时，调整小灯泡两端的电压，很难将其准确调整成额定电压值。再如有些小组的电压表坏了，那么这些小组能不能利用已有的实验器材完成目标。

③半定量地研究电热的影响因素。在探究电热的影响因素实验中，很多实验都是表层定性研究，其实教师可以引导学生把前面学习过的热学计算本领迁移到这里进行具体的读数，具体分析数据，具体运算，可以半定量地利用数据分析出电流大小对电热的影响，比较电阻对电热的影响。当然如果能够借助多媒体技术，可以进行更精准的测量。实验中还可以把测量电功的本领应用到实验中，测量电路消耗了多少电能，通过具体的运算比较电功与电热的关系。从理论来分析，实验中电能全部转化为电能了，实际上却相差很大，引导学生利用已有的知识来分析产生这种现象的原因，为后面的电热计算做铺垫。也可以延伸到电功与电热的辨析上，使得知识串更连贯。

3. 科学探究

本章非常注重实验探究，在教案设计过程中，教师充分重视对探究性实验过程的研究与拓展。在教学的过程中，教师注重引导学生进行真探究、真思考，让学生能够在探究的过程中体会探究的思维之美，体会相同的实验流程。但是由于目标的不同，引领构建的实验现象、数据也不同，分析交流出来的结论也不同。在实验探究过程中，注重探究性实验的开放性，注重实验中发展学生的科学素养，注重学生科学品质的培养。

4. 科学态度与责任

（1）科学本质观

形成一些知识观、思维观、方法观，能够把所学习到的这些观点应用到生活中，应用到自己处理事情的过程中，应用到自己应对生活问题的思维过程中。

（2）科学态度

培养学生的好奇心，能够对观察到的现象有深层次的思考，提出有价值的探究性问题，能够依据所提出的问题做对应的研究，能够有目的、有依据地设计方案，调整方案，能够实事求是地尊重事实现象，分析实际现象，寻求现象背后的因果关系，发展自己严密的思维。在探索的过程中，如做人，稳、实、不放弃。

（3）社会责任

理解现象的本质后，形成一定的能量观，能够合理利用，就要能够趋利避害。本节教学中，要提高学生的节约用电意识，提高电器选择的效率，提高设备安全意识，提高人身安全意识，提高家庭电路生活常识的意识。

第十六章　电磁转换

一、课标分析

（一）课标要求

2.4.2　通过实验，认识磁场。知道地磁场。

例3　查阅资料，了解我国古代指南针的发明对人类社会发展的贡献。

2.4.3　通过实验，了解电流周围存在磁场。探究并了解通电螺线管外部磁场的方向。了解电磁铁在生产生活中的应用。

2.4.4　通过实验，了解通电导线在磁场中会受到力的作用，并知道力的方向与哪些因素有关。

例4　了解动圈式扬声器的结构和原理。

例5　了解直流电动机的工作原理。

2.4.5　探究并了解导体在磁场中运动时产生感应电流的条件。了解电磁感应在生产生活中的应用。

例6　了解发电机的工作原理。

活动建议：

（1）利用磁体和缝衣针制作指南针，验证同名磁极相互排斥、异名磁极相互吸引。

（3）查阅资料，了解我国磁悬浮列车的发展状况，讨论电磁技术在其中的应用。

（二）课标解读

（1）通过实验，认识磁场。知道地磁场。利用磁体和缝衣针制作指南针，验证同名磁极相互排斥、异名磁极相互吸引。

通过教师演示和学生自主实验，观察神秘的磁现象，让学生尝试提炼规律，并引导学生思考磁体间的相互作用是借助什么产生的，进而引入磁场概念，了解地磁场特点。通过实验活动，锻炼学生科学探究能力和动手实践能力，训练科学思维，形成物质观及相互作用观。

（2）查阅资料，了解我国古代指南针的发明对人类社会发展的贡献。了解我国磁悬浮列车的发展状况，讨论电磁技术在其中的应用。

查阅资料是学习方法，两个了解既是学习的科学内容，也是科学态度与责任。在了解我国新科技的发展及对人类社会的科技贡献中，增强民族自豪感，这是学科育人的基本要求。除此之外，还可以通过查阅资料的方式，引导学生收集我国当下的电磁科技技术，如“福建号”航母中电磁弹射技术的视频资料。

（3）通过实验，了解电流周围存在磁场。探究并了解通电螺线管外部磁场的方向。了解电磁铁在生产生活中的应用。既有对学生科学探究的要求，又有对学生物理观念和科学思维的要求。要求学生通过演示或分组实验，了解通电直导线、环形电流、通电螺线管的磁场分布情况，理解它们内部的逻辑联系，理解“各种自然现象之间应该存在着相互联系”的科学思想。

（4）通过实验，了解通电导线在磁场中会受到力的作用，并知道力的方向与哪些因素有关。了解动圈式扬声器的结构和原理。了解直流电动机的工作原理。

通过设计问题“电流能产生磁场，对放入其中的磁体有力的作用，那么，磁体对电流有没有力的作用呢”，让学生在体验物理对称美的同时，培养学生的科学思维。引导学生去课外定性探究“磁场对电流作用力的大小与什么因素有关”，以对接高中物理内容，加强一体化设置，促进学段衔接，提升课程的科学性和系统性。

（5）探究并了解导体在磁场中运动时产生感应电流的条件。了解电磁感应在生产生活中的应用。了解发电机的工作原理。

“磁生电”是基于“自然界各种自然现象应该存在着相互联系和‘电生磁’实验的成功”，那么，电与磁相互联系的另一方面，即在某种情况下，“磁生电”也会成为可能。以上内容侧重于学生科学思维的培养。

教学时，可先将大灯泡或电流表接入电路，在看不到实验现象的情况下，一步步有针对性地改进实验方案，最终取得成功，体验科学探究的艰辛与快乐，培养学生基于理性分析寻找证据的科学探究品质和实事求是的科学态度。从能量及其转化的角度对发电机的工作过程进行说明，来渗透能量的物理观念。电动机和发电机的成功制造，是科学向技术转化的重大成果，促进了社会的极大发展，同时也带来了一定的环境污染，通过倡导绿色发电方案来培养学生的社会责任。

二、教材分析

（一）各版本教材对比

六个版本教材中，有三个版本教材安排了一章内容，另外三个版本教材安排了两章内容，但都安排在电学章节之后，章节内容普遍靠后，具体安排如表 16－1 所示。

表 16－1　各版本教材章节安排

教材版本	章次	节名称
人教版	第二十章	磁现象 磁场；电生磁；电磁铁 电磁继电器；电动机；磁生电
北师大版	第十四章	简单磁现象；磁场；电流的磁场；电磁铁及其应用；磁场对通电导线的作用力；直流电动机；学生实验：探究——产生感应电流的条件

续 表

教材版本	章次	节名称
教科版	第七章 第八章	磁现象；电流的磁场；电磁铁；电磁继电器 电磁感应现象；磁场对电流的作用；电话和传感器
沪粤版	第十六章 第十七章	从永磁体谈起；奥斯特的发现；探究电磁铁的磁性；电磁继电器与自动控制 关于电动机转动的猜想；探究电动机转动的原理；发电机为什么能发电
沪科版	第十七章 第十八章	磁是什么；电流的磁场；科学探究：电动机为什么会转动 电能的产生；科学探究：怎样产生感应电流；电能的输送
苏科版	第十六章	磁体与磁场；电流的磁场；磁场对电流的作用　电动机；安装直流电动机模型；电磁感应　发电机

（二）苏科版教材单元内容概述

苏科版教材中，本章内容安排在九年级下册第十六章。教材章导图先呈现了学生喜欢的各种电动玩具，然后通过问题串“电动玩具为什么会动，电从哪里来”启发学生思考，更重要的是引导学生探究各种电动玩具动起来的共同原因，这样的安排体现了“从生活走向物理”的课程理念。

教材对学科内容的安排是符合人类认知过程的，逻辑是从可观察的现象推测“看不见但客观存在”的磁场，具体如下：磁体→磁体的磁场→地磁场→电生磁→电磁铁→磁场对电流的作用→电动机→磁生电→发电机。整个安排环环相扣，在电学知识的基础之上，以磁场概念为核心，逐渐揭开电与磁之间的联系和相互作用：磁体与电流之间都存在磁场；磁体与磁体之间，磁体与电流之间，都可以通过磁场产生相互作用；电能生磁，磁也能生电。

教材对于本章教学内容特别注重亲身体验，前后共安排了 11 个活动，其中 4 个探究活动（活动 16.2、16.3、16.4、16.10）、1 个练习操作（活动 16.5）、1 个体验探究（活动 16.1）、5 个观察实验（活动 16.6、16.7、16.8、16.9、16.11）。另外，还安排了两个学生实验，让学生在实践体验中发现问题，分析并解决一些简单的实际问题，对于培养学生的观察能力、实验探究能力、动手实践能力起到很大作用。本章知识体系如图 16－1 所示。

三、教学建议

（一）单元教学思路

本章围绕课标中课程内容“电和磁”这一主题展开，教学应该基于学生已有的电学知识，以磁场为主线，通过丰富多彩的实验活动，逐步揭开电与磁之间相互联系和相互作用的规律。

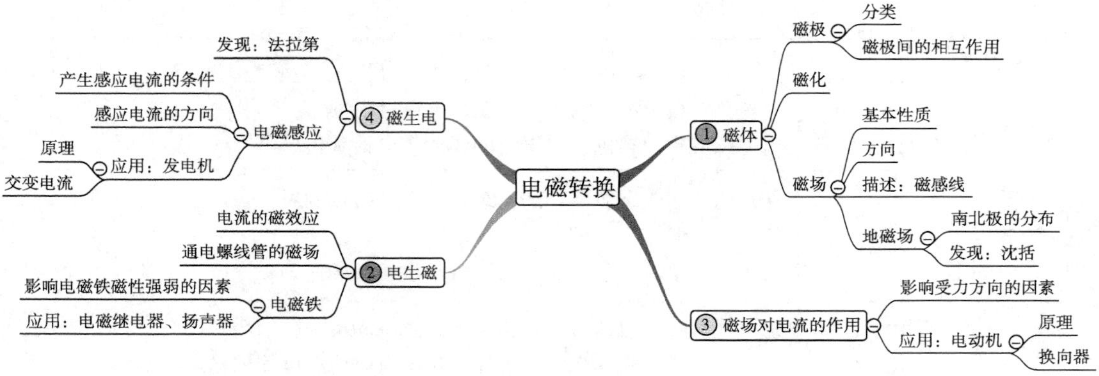

图 16－1

1. 教学过程中，注意培养学生的动手能力

教师要通过有针对性有趣味性的问题，引导学生动脑思考，借助学生身边的物品，在保证安全的情况下，让学生自主实验。如引导学生制作指南针、电磁铁、简单电动机、迷你风力发电机等，让学生体验到物理就在身边，物理不但有趣，而且有用，在培养学生学习兴趣的同时，锻炼学生动手能力和分析解决实际问题的能力。

2. 教学过程中，有意识地渗透科学方法的教育

在物理学中，场是个很重要的基础概念，到了高中还有电场、重力场，这些场看不见摸不着，非常抽象。师生可以通过"风场"中的细线来研究"场"的强弱及方向，有意识地渗透类比法、间接研究法。

3. 规律的教学中，渗透学科思维能力的培养

通过演示实验，学生认识到电与磁都可以在不直接接触的情况下发生相互作用，那么它们之间是否存在联系？存在怎样的联系？电能生磁，那么磁能否生电？电流能使磁体运动，那么磁体能否让电流运动？电流能使物体动起来，那么动起来的物体能否产生电流？这些问题可以很好地训练学生的逆向思维、逻辑思维的严谨性，同时让学生体验到物理的简单美、对称美。

整个单元围绕磁场概念及磁场与电流的联系有序展开，教学思路如图 16－2 所示。

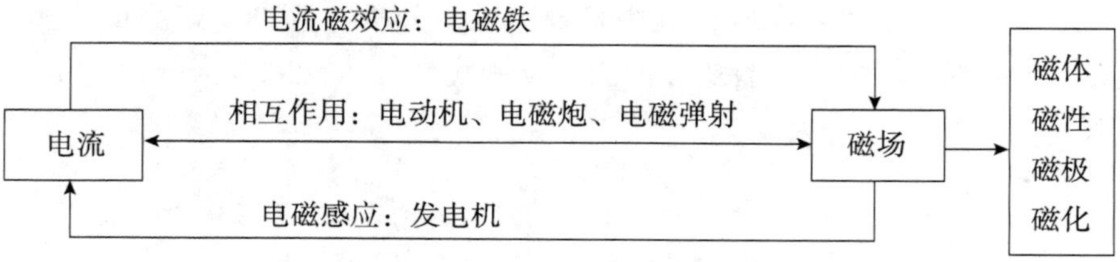

图 16－2

（二）课时教学建议及教学方式

本章课时教学建议及教学方式如表 16－2 所示。

表 16－2　　课时教学建议及教学方式

节次	建议课时数	教学方式
第一节	1 课时	物理魔术、类比法、自主探究、演示实验、物理建模
第二节	2 课时	物理学史、演示实验、黑盒子实验、分组实验等
第三节	1 课时	拆解电机、演示实验、分组实验等
第四节	1 课时	分组实验、动手制作等
第五节	2 课时	演示实验、黑盒子实验、分组实验、动手制作等

（三）课例示范

第一节　磁体与磁场

【课标及教材分析】

本节属于2022年版课标中一级主题“运动和相互作用”下的二级主题“电和磁”的部分内容。课标中的相关内容要求：通过实验，认识磁场；知道地磁场；查阅资料，了解我国古代指南针的发明对人类社会发展的贡献。利用磁体和缝衣针制作指南针，验证同名磁极相互排斥、异名磁极相互吸引。

本节内容为苏科版教材第十六章第一节，是继电学之后首次学习磁学，为后续的电磁联系和相互作用的学习奠定了基础。内容侧重于现象的观察和规律的总结，并引导学生思考：没有直接接触就能发生相互作用的真正原因，从而建立磁场这个看不见摸不着的抽象概念。无论是教材的安排，还是课标的要求，都提倡通过学生自主实验及动手制作来进行，教师要精心设计问题，引导学生动手操作、仔细观察、深入思考。本节内容由“磁体”“磁场”“地磁场”三个模块组成。

【学情分析】

在日常生活中，学生已经接触过磁体，知道磁体又叫吸铁石，也了解一些简单的磁现象。通过小学科学课程及生活经验，学生对磁体及磁极间的相互作用规律有了简单了解，但是对于磁现象还缺乏全面的认识，不成体系，对磁场这个抽象的概念更是一无所知。鉴于初中生抽象思维能力还很欠缺，教学中需要通过实物实验加强学生的感性认识，通过问题设计锻炼科学思维。

【教学目标】

（1）结合现象和实验，了解磁体、磁性、磁极及磁化等概念，了解磁极间相互作用规律。

（2）结合实验和实例，知道磁体周围存在磁场，磁场有强弱、有方向。

（3）经历探究，会用磁感线形象描述条形、蹄形磁体周围磁场。

（4）通过查阅资料，了解我国古代指南针的发明对人类社会发展的贡献。能自制指南针，并根据指南针的特点了解地磁场的存在及特点。

【教学重难点】

教学重点：能结合实验或实例，掌握磁体、磁性、磁极及其相互作用、磁化的概念和规律；能结合实验或实例，认识磁场的基本性质，知道磁体周围存在磁场，磁场具有方向性。

教学难点：理解磁场是一种物质，会用磁感线描述磁场。

【教具学具】

各种磁体、铁屑、玻璃板、包菜、魔术背景音乐、铜块、铝块、一元硬币、钢针、回形针。

【教学设计】

本节教学设计具体内容如表 16－3 所示。

表 16－3　第一节教学设计

情境	师生活动	设计意图
新课引入。	魔术表演： 运用服装、道具、音乐等营造氛围，进行魔术表演《“开心果”的穿越》，请仔细观察。知道老师是怎么做到的吗？	设置悬念，激发学习兴趣。
一、丰富的磁体。	魔术解密： 原来“开心果”里面放了小铁块，而老师手中的道具能吸引铁块。大家知道这个道具是什么吗？	从研究道具开始。
1. 磁性。	学生：吸铁石。 教师：很好，它除了能吸铁还能吸引其他物质吗？ 演示实验：用道具靠近铜块、铝块、一元硬币等。 “信息快递”：之所以吸引一元硬币，是因为其中含有镍，除此之外还能吸引钴（钴是一种具有放射性的物质，不常见）。我们把物质能吸引铁、钴、镍等物质的性质称为磁性。	对磁体的认识要符合人类认识的规律——从磁石开始。
2. 磁体。	板书：磁性：能吸引铁、钴、镍等物质的性质。 教师：为什么我的道具是金属材料，而“磁”字是石字旁？你们认为是什么原因？ 投影：磁体的由来。 教师：传说秦始皇的安检设施就是利用磁石建造的。	

续　表

情境	师生活动	设计意图
3. 分类。	投影：秦始皇的三大秘宝之一——磁石门。 后来人们又制造出各式各样的磁体。 投影：丰富的磁体。 教师：从外形上看，这种是条形磁体，这种是U形磁体或倒放蹄形磁体，这种是环形磁体，这种是针形磁体。目前磁力最强的是钕磁体，号称“磁王”。	
二、神秘的现象。 1. 磁极。 2. 磁极的指向性。	下面，我们就用最常见的条形磁体探究神秘的磁现象。 探究一：磁性强弱分布。 教师：条形磁铁的磁性是否均匀分布？请通过身边现有器材进行探究。 教师：哪位同学来说一下你的发现？ 学生：我们把条形磁铁放在铁屑中，发现两头吸得最多，说明两头磁性最强。 教师：磁性最强，“最”字能否换一个字表达？ 学生：磁性极强。 教师：很好，磁性极强的两头我们称为磁极。 板书：磁极：磁性极强的两头。 探究二：磁极的指向性。 教师：这儿有五个小磁针，把它们放在五个相距较远的不同位置，转动一下，请观察它们停下来时有何特点？ 学生：它们停下时都是一端指南，一端指北。 教师：这是偶然事件吗？ 学生：不是，是必然事件。 教师：那桌面上的条形磁体为什么不指南北？谁能说说？(把小磁针从底座上拿下来放在桌面上，也不动) 学生：桌面的摩擦大，阻碍了它指南北。 教师：很好，非常对！为了尽量减少这种摩擦，我们把条形磁体悬挂起来，请仔细观察。 学生：条形磁铁也指南北。 教师：这说明磁极具有指向性是一种规律，那么指南北的两极，叫什么呢？ 学生：指南的叫南极，指北的叫北极。 教师：南方的英语单词首字母是S，所以南极也叫S极；北方的英语单词首字母是N，所以北极也叫N极。 板书：磁极具有指向性。 投影：磁极。 投影：我国的四大发明之一指南针就是利用了磁极指向性。	磁现象最好设计成教师引导下的自主探究。 渗透爱国主义教育。 如何让没有磁性的物体获得磁性。 引导学生体会磁现象最神秘的隔空发射。 “磁场是一种物质”这个知识点是难点，用类比法突破该难点。

续 表

情境	师生活动	设计意图
3. 磁极间的相互作用。	探究三：磁极间的相互作用。 教师：我们已经给磁体的两极起好了名字，那么磁极之间有没有相互作用？如果有，规律是怎样的？请同学们自主探究，2 分钟后找同学边展示边汇报。 教师：有什么发现？哪位同学来展示一下？ 学生展示交流。 板书：同名磁极相斥，异名磁极相吸。 投影：磁极间相互作用规律。 教师：这些作用规律在生活中有什么应用呢？ 投影：磁悬浮。	
4. 磁化。	探究四：磁化。 教师：通过以上探究，我们发现磁体在不接触时有相互作用，磁体与铁制品之间也有相互作用，那么铁制品之间有没有相互作用呢？ 演示实验：它们之间为什么没有相互作用？能不能想办法产生相互作用呢？请同学们自主探究，2 分钟后找同学边展示边汇报。 板书：磁化：使原来没有磁性的物体获得磁性的过程。 教师：磁化技术是我国北宋首创。 投影：指南鱼。	
三、背后的原因——磁场。	教师：磁现象最神秘诡异的地方在于不用接触就发生了，老师不用磁体也能实现类似效果，你们信不信？ 学生：不信。 教师：吹风机向上吹乒乓球，乒乓球为什么没有掉下来？ 学生：空气托着呢。 教师：空气是物质吗？空气能看到吗？ 学生：空气是物质，空气看不到。	
1. 磁场是看不见摸不着的物质。	教师：针对磁悬浮现象，你们有什么猜想？ 学生：磁体可能也被一种看不见的物质支撑着。 教师：对，磁体的周围确实存在着一种我们看不见摸不着的物质，磁体间的相互作用就是通过这种物质发生的，我们把这种物质称为磁场。 投影：神秘现象背后的原因——磁场。 教师：风看不见，我们怎么判断风的存在和方向？我们又该通过什么来研究同样看不见的磁场呢？思考 1 分钟。 学生：我们可以通过布条、树枝或炊烟来判断风的存在和方向，同样我们也可以通过小磁针来研究磁场。 教师：非常好，我们可以借助磁场对放入的小磁针有力的作用来研究磁场。	

续　表

情境	师生活动	设计意图
2. 如何研究磁场。 3. 转换法。 4. 磁场的方向规定。 5. 如何才能得到磁场中尽可能多地方的磁场方向。	投影：转换法。 教师：下面就用这个办法来研究条形磁体周围的磁场，请同学们以小组为单位进行探究，2 分钟后找小组代表来展示。 投影：探究任务。 学生：我们发现不同的小磁针放在磁体周围某一个固定点，静止时 N 极的指向是相同的。将同一个小磁针放在磁体周围不同点，小磁针静止时 N 极指向一般不同，说明磁场有方向性。 教师：很好，磁场确实有方向性，但小磁针有两个磁极，我们把小磁针北极的受力方向，也就是小磁针静止时的北极指向，规定为该处磁场的方向。 教师：如何才能得到磁场中尽可能多地方的磁场方向？ 学生：放尽可能多的小磁针。 教师：很好，可是小磁针不算太小，放不了多少。 学生：可以制造尽可能小的小磁针。 教师：把铁屑放入磁场中，会被磁场磁化，变成很小的小磁针，我们可以通过观察铁屑的分布，来了解磁场的情况。	渗透方法教学：转换法。
四、磁感线。	投影：用铁屑探究磁场的分布。 学生分组实验：用铁屑探究磁场的分布。 教师：请同学们将看到的图形描一描，并用箭头标注磁场方向，我们称为磁感线。 投影：磁感线。 教师：我们可以用同样的办法，得到各种形状的磁感线。 投影：各种形状的磁感线。 教师：请同学们观察并思考三个问题（投影问题）。 （1）磁场和磁感线都是真实存在的吗？ （2）磁体外部的磁感线的方向是从什么极到什么极的？ （3）磁感线的疏密分布与磁场强弱存在怎样的对应关系？ 请同学们独立思考 1 分钟，小组交流讨论 1 分钟，2 分钟后找小组代表展示小组观点。 请学生展示，师生完善，归纳梳理并投影磁感线。 （1）看不见的磁场是真实存在的，看得见的磁感线是不存在的。 （2）磁体外部的磁感线都是从磁体的 N 极出发，回到 S 极。	设计几个具体问题，让学生思考并讨论磁感线特点。

续 表

情境	师生活动	设计意图
五、地磁场。	(3) 磁场越强的地方，磁感线分布越密；磁场越弱的地方，磁感线分布越疏。 再探神秘的球形磁体。 教师：这里有一个神秘的包菜，它也具有磁性，大家可以用我们以上学习的方法来研究一下它的磁场，并作出它的磁感线分布图。借助对它的分析，思考指南针为什么总是一端指南，另一端指北？ 注：在西瓜或包菜中央放入条形磁铁，做成球形磁体，供学生研究分析，顺水推舟地介绍地磁场及指南针的工作原理及动物罗盘。	学习从好奇开始：研究具有磁性的包菜。
课堂小结。	这堂课你们有什么收获？	
布置作业。	课外制作：(1) 用磁铁磁化一枚钢针，并试着判断其南北极并将其做成高灵敏度指南针。 (2) 尝试用磁铁设计一个小玩具或小魔术，展示给大家欣赏，比比谁的创意更好。(注：可上网查询相关资料。) 课堂作业：限时作业。	制作作业关键在于评价做好。

第二节　电流的磁场

【课标及教材分析】

本节属于2022年版课标课程内容中一级主题“运动和相互作用”下的二级主题“电和磁”的部分内容。课标中的相关要求：通过实验，了解电流周围存在磁场。探究并了解通电螺线管外部磁场的方向。了解电磁铁在生产生活中的应用。

本节内容为苏科版教材第十六章第二节，是在学生学习磁场的前提下，通过实验探究让学生感受到电流周围存在磁场，即电流的磁效应，进而打开电磁联系的大门。本节内容主要由电流的磁效应、通电螺线管和安培定则、电磁铁三块组成。

本节最大特点是注重学生的亲身体验与感悟，体现了物理以实验为基础的特点。如电流周围存在磁场，通电螺线管的磁场分布与条形磁体磁场分布相似等，都是在实验的基础上进行的，使学生有比较形象和具体的感性认识。

【学情分析】

通过上一节磁体与磁场的学习，学生对磁现象已有了感性认识，并初步掌握了探究磁场有无及磁场强弱和方向的方法，以及如何运用磁极间的相互作用规律判断磁体的磁极的方法。但到目前为止，学生对电和磁的学习是独立的，也缺少电磁联系的感性认识，对通电导体的周围也存在磁场这一现象通常会感到不可思议，特别是对通电螺线管具有与条形磁铁相似的性质，更会感到好奇。教学中应该充分利用学生的好奇心，激发学生求知的欲望。

【教学目标】

（1）通过实验，认识电流的磁效应。初步了解电和磁间存在着某种联系。

（2）通过实验，探究通电螺线管外部的磁场与条形磁铁相似，磁场方向与电流方向有关。

（3）通过实验，提炼并学会用安培定则判定通电螺线管两端的磁极或螺线管中的电流方向。

【教学重难点】

教学重点：能结合实验，探究出通电直导线及通电螺线管的磁场方向特点，会用安培定则做出相应判断。

教学难点：熟练应用安培定则，通过电流方向判定磁场方向、螺线管的磁极，由螺线管的磁极和绕法判定电流方向。

【教具学具】

演示实验：魔盒（内含电磁铁、电池组、开关）、大头针、螺线管、电池组、开关、实验台、铁屑、导线、圆筒。

小组实验：直导线（较粗、制作成门形）、螺线管、实验台、电池组（4 节）、开关、小磁针、活动卡、导线若干（鳄鱼夹）、记号笔（红、黑）。

【教学设计】

本节教学设计具体内容如表 16－4 所示。

表 16－4　　第二节教学设计

情境	师生活动	设计意图
课堂导入。	（1）小魔术：魔盒吸大头针。 当闭合开关时，铁钉能把大头针吸起来，断开开关，大头针掉落。 （2）学生猜想：魔盒里面可能是什么？ （3）魔盒内部结构展示。 （4）学生结合实验现象进行猜想：铁钉本来没有磁性，通电时，铁钉却能吸引大头针，说明此时铁钉被磁化了，这个磁场可能是谁产生的呢？	用小魔术来引发学生的认知冲突，激发学生深入学习兴趣，让学生知道还有其他方式能够产生磁场。

续 表

情境	师生活动	设计意图
通电直导线周围的磁场。 电流的磁效应。	活动一：探究通电直导线周围的磁场。 1. 通电直导线周围存在磁场 器材展示：电源、开关、导线，将它们连成一个电路，闭合开关，导线中就会产生电流。 思考：怎样判断电流是否真的能产生磁场呢？（借助小磁针） 学生小组实验：将导线的两端插到塑料板的小孔中，架在静止小磁针的上方，并使直导线与小磁针平行，即直导线沿南北方向放置。实验中，观察导线通电和断电时，下方的小磁针N极指向是否发生改变？如果改变了，请记录下N极偏转的方向（向东/向西）。 现象（小组汇报）： 通电时，小磁针的N极指向发生了改变，且向西/东偏转。 断电时，小磁针仍然指向南北。 得出结论：通电导线周围存在磁场。电流周围存在磁场的现象称为电流的磁效应。 引出课题：电流的磁场。 物理学史介绍：这个实验今天看起来十分简单，但在科学发展史上，付出了艰辛的努力。所谓机遇总是留给有准备的人，一次偶然的机会让奥斯特发现了这个现象，正由于他的执着研究与敏锐捕捉，才有了这个轰动科学界的重大发现。该发现揭示了电现象与磁现象之间是有联系的，进而有力地推动了电磁学的深入研究。为了纪念这位伟大的科学家，人们把这个实验称为奥斯特实验。 2. 通电直导线周围的磁场方向与电流的方向有关 比较：两个组的不同的实验现象（抓拍）。 思考：通电导线周围磁场的方向与什么因素有关？ 得出结论：通电导线周围磁场的方向与电流的方向有关。 3. 通电直导线周围的磁场分布 思考：如何形象化地描述这个磁场的分布情况呢？（利用磁感线） 图16－3展示通电直导线周围磁场的磁感线分布情况，寻找规律：在垂直于通电直导线的平面内，它的磁感线是以电流为中心的一系列同心圆。 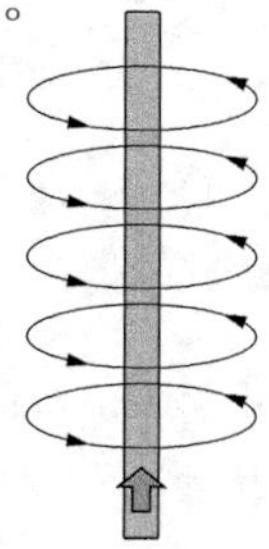 图16－3	引导学生体会：针对未知的科学探究，是没有失败一说的，只有不断地排除与探索。 引导学生学会有根据地进行科学猜想，思考问题全面严谨。 用学生的实验现象分析，培养学生的概括推理能力。 结合图片，让学生的思维可视化。

续　表

情境	师生活动	设计意图
电流的磁场特点探究。	活动二：探究通电螺线管周围的磁场。 1. 螺线管的介绍 播放电磁起重机的视频，并展示内部线圈。 教师演示：借助立体实物，画出螺线管的平面图。 学生练习：在活动卡上将通电螺线管中的电流方向标出。 2. 探究通电螺线管周围的磁场 （1）探究通电螺线管周围磁场的整体分布情况。 学生小组讨论实验方案：如何借助小磁针设计一个探究通电螺线管周围磁场大致分布情况的实验？ 小组实验：接通电路，将小磁针放在螺线管周围不同的位置，记录通电螺线管周围各点的磁场方向（箭头）。 学生活动卡记录展示，大致画出磁感线。 思考：如何更加精准地将通电螺线管周围磁场的分布情况反映出来呢？（铁屑） 教师演示实验：在螺线管周围的塑料板上均匀地撒上薄薄一层铁屑，通电后，轻敲塑料板，观察铁屑的分布情况。（在 PPT 上显示条形磁体、U 形磁体、同名磁极及异名磁极周围铁屑的分布图，学生进行比较） 得出结论：通电螺线管外部的磁场与条形磁体周围的磁场相似。 （2）探究影响通电螺线管极性的因素。 选图 16－4 甲、乙、丙、丁各一张贴在黑板上，对比分析。 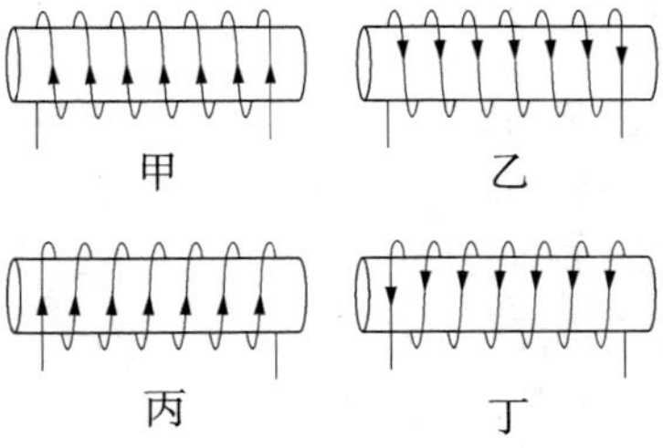 **图 16－4** 小组讨论： 图 16－4 甲和乙对比，图 16－4 丙和丁对比，发现绕法相同的螺线管，电源的正负极不同，磁极不同； 图 16－4 甲和丙对比，图 16－4 乙和丁对比，发现电源的正负极相同、绕法不同的螺线管，磁极不同； 依据以上分析，比较图 16－4 甲、丁。 得出结论：说明通电螺线管周围磁场的方向与螺线管中电流的方向有关。	培养学生先分析，有据猜想，再寻找证据的意识和习惯。 提供器材和绕线方案，让学生以小组为单位，开展合作探究，提高学生动手能力。

续 表

情境	师生活动	设计意图
安培定则。	活动三：安培定则。 （1）提问：如何快速准确地判断通电螺线管的极性呢？ 学生先看书学习安培定则： 思考：①安培定则的内容是什么？ ②安培定则的作用是什么？ 师生一起操作：安培定则。 伸出右手（此时拿出螺线管实物），四个指头所指的方向与通电螺线管中电流的方向一致，抓住通电螺线管时，右手大拇指所指的一端就是通电螺线管的 N 极。 练习：①由电源正负极判断通电螺线管的极性。 ②由通电螺线管的磁极判断电源正负极。 上课时，教师表演小魔术的道具有螺线管，螺线管中有铁钉，像这样插入了铁芯的螺线管称作电磁铁，它是一种便于控制的强磁体。 （2）请大家根据所给器材，探究并完成以下问题： ①电磁铁磁性的有无可以由________来控制。如电磁起重机、________、________都是根据这一特点工作的。 ②电磁铁磁性的强弱与________和________有关。 ③电磁铁的 N、S 极是由线圈中的________方向决定的，便于人工控制。 提示： ①我们应怎样判断磁性的强弱？ ②怎样改变线圈中的电流？ ③怎样改变电磁铁线圈的匝数？ ④在探究电磁铁磁性强弱与线圈匝数的关系时，有些组的同学可能会直接将两个不同匝数的线圈分别接入电路中进行比较，而忽略了电流的变化，要及时调整电流大小使其相等。为了更准确、方便地控制电流，可设计一个串联电路。 （3）电磁铁在生产与生活中的应用。 人直接操作高压电路是很危险的，如果能在低压电路的情况下操作高压电路，就能避免高压触电的危险。利用电磁铁制成的电磁继电器就可以完成这一任务。 了解电磁继电器的构造及电路；电磁继电器的工作过程以及它的主要用途。	理性分析现象得出安培定则。 解释开始小魔术。
布置作业。	自制可控电磁铁。	
反思小结。		

第三节　磁场对电流的作用　电动机

【课标及教材分析】

本节属于2022年版课标课程内容中一级主题“运动和相互作用”下的二级主题“电和磁”的部分内容。课标中的相关内容要求：通过实验，了解通电导线在磁场中会受到力的作用，并知道力的方向与哪些因素有关。了解动圈式扬声器的结构和原理。了解直流电动机的工作原理。

本节内容为苏科版教材第十六章第三节，教材从学生身边的电动玩具入手，在拆解电动机结构中，引出探究的问题，如磁场对电流有没有作用力？让学生探究出磁场对通电导体有力的作用，力的方向与电流及磁场方向有关系。本节中，磁场对通电直导线和通电线圈的作用是学习电动机的基础。电动机是磁场对电流作用知识的一个重要应用，所以了解电动机在现实生活中的作用及其对人们生活的影响，可拓宽学生的知识面。

【学情分析】

学生在生活中已经接触过很多电动机，但是并不知道电动机的结构和工作原理。目前，学生已经学习了磁场、电流可以产生磁场等知识，知道磁体间的相互作用是通过磁场发生的，但并不知道磁场对电流也有力的作用，磁体与磁体、磁体与电流、电流与电流之间都存在相互作用，缺乏全面的认识，因此需要通过有针对性的问题与直观的实验现象，让学生明白这些相互作用的本质是磁场间的相互作用。

【教学目标】

（1）通过拆解电动机模型，了解电动机结构。

（2）通过学生实验探究，了解通电导线在磁场中受到力的作用，力的方向与电流及磁场方向有关。

（3）通过实验，了解电动机的能量转化过程和工作原理。

（4）通过实验，了解动圈式扬声器的结构和原理。

【教学重难点】

教学重点：能结合实验或实例，分析磁场对电流的作用；通电导体在磁场中的受力方向与什么有关。

教学难点：磁场对通电线圈的作用分析；直流电动机换向器的作用分析。

【教具学具】

PPT课件、视频素材、电池组一个、开关一个、导线托架两个、小磁针一个、直流电动机模型一个、直导线（铝箔筒）、蹄形磁体一块、自绕线圈一个、铁架台一个、方框线圈在磁场中的直观模型一个、电刷和换向器一套等。

【教学设计】

本节教学设计具体内容如表 16－5 所示。

表 16－5　　第三节教学设计

情境	师生活动	设计意图
情景导入。	使用桌上器材，在不打开盒子的情况下，运用所学知识，能否判断导线中是否有电流通过（如图 16－5 所示）？并说出判断依据。 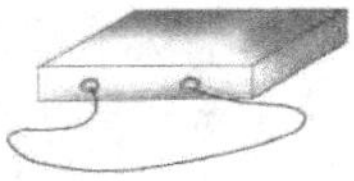 **图 16－5** 问题： （1）电流（通过它产生的磁场）对小磁针产生了力的作用，那么小磁针对电流（导线）是否也产生力的作用？你们的依据是什么？ （2）为什么看不到导线的运动？ 引导学生思考：如何才能看到导线的运动？（强磁体、减少阻力）	培养学生运用知识解决实际问题的能力，同时引入新课。
探究磁场对电流的作用。	实验探究： （1）如图 16－6 所示组装实验器材。 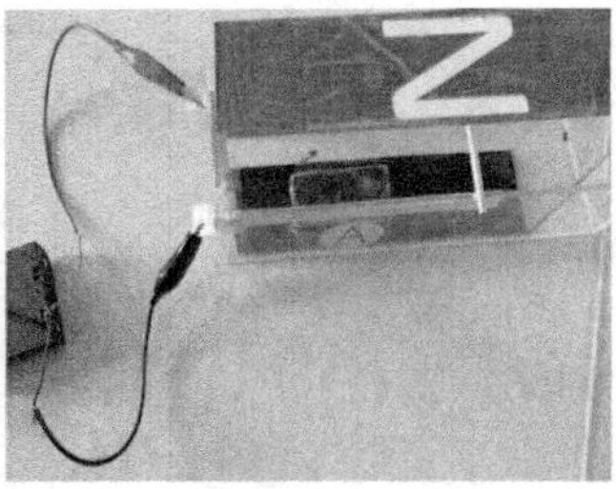 **图 16－6** （2）接通电源，观察直导线是否运动。 深入探索：切断电源或去掉磁场，观察直导线是否持续运动。 分析：直导线由静止变为运动，运动状态发生了改变，一定是受到力的作用。那么，是谁给了直导线力的作用呢？ 归纳总结：磁场对直导线________（有/无）力的作用；这个作用力的本质是电流产生的________与磁体产生的________间的相互作用。	关于磁场对电流的作用力的大小会在高中进行深入探究，这里给高中学习留下接口，加强学段衔接。

续　表

情境	师生活动	设计意图
探究磁场对通电导体力的方向。	19 世纪初期，法国物理学家安培系统地研究了磁场对电流的作用力，并给出作用规律。为了纪念安培，人们把磁场对电流的作用力叫作安培力。 问题：磁场对电流的作用力的方向与什么因素有关呢？ （1）磁极位置不变，改变电流方向，观察导体运动方向。磁场对通电导体的作用力方向是否随电流方向的改变而改变？ （2）电流方向不变，调换磁极位置，观察导体运动方向。磁场对通电导体的作用力方向是否随磁场方向的改变而改变？ 实验表明：磁场对通电导体力的方向与________和________有关。 从上面的实验可知，我们可以通过改变磁场或电流的方向来控制导体的运动方向，也可以通过增大电流来增大力，从而增大导体运动的速度，使导体获得更大的动能。那么导体的动能是由什么能量转化而来的呢？	通过实验探究，学生了解了力的方向与电流及磁场方向有关。
电动机。	我们把这种通过磁场将电能转化成机械能的装置叫作电动机。但是这种直线导轨的电动机并不常见，生活中有哪些常见的电动机？它们是如何工作的？ （1）不能持续转动的电动机（展示一个不能持续转动的线圈）。如图 16－7 所示组装电路，用漆包线绕成线圈，将线圈两端的漆全部刮去后放入磁场，闭合开关，观察线圈的运动。 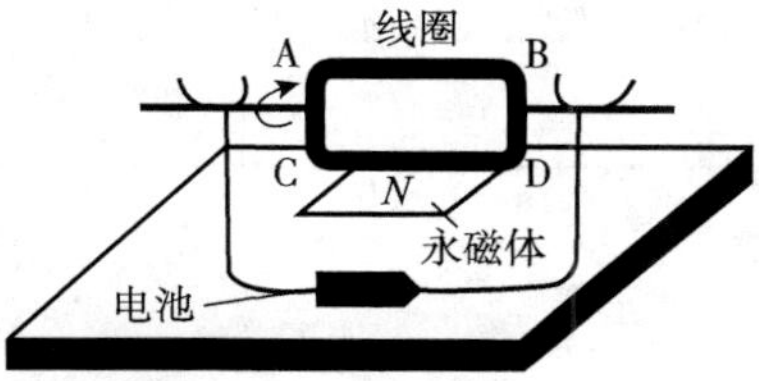 **图 16－7** ①为什么能够转动？引导学生进行受力分析。 ②为什么不能持续转动？转动→受力平衡→反向受力→反向转动。 ③如何才能持续转动？人工换向。 ④如何自动换向？利用药瓶自制换向器。 阅读“信息快递”：线圈平面与磁感线垂直时，线圈受到磁场的作用力是一对________，这个位置称为________。 （分析：要使线圈不转回来，应该在线圈刚转过平衡位置时就改变线圈的受力方向，即使线圈刚转过平衡位置就使 *AB* 边受力变为向下，*CD* 边受力变为向上。怎样才能使线圈受力方向发生这样的改变呢？引导学生回忆影响受力方向的两个因素，从而得出	用基于真实情境的问题去激发学生持续深入思考，引出换向器。

续　表

情境	师生活动	设计意图
电动机。	应该在此时改变电流方向，或者改变磁感线方向。进一步引导学生分析：改变磁感线方向就是要及时交换磁极，显然这不容易做到；实际的直流电动机是靠及时改变电流方向来改变受力方向的。） 学生参见教材47页图16－29，进一步弄清楚线圈转动过程，重点是图16－29（a）和图16－29（c），同时结合教材46页中线圈的连续转动内容，思考： ①教材46页图16－28（a）（b）（c）（d）四种状态中哪些是线圈处于平衡位置的？ ②当线圈转到平衡位置时，为什么不会立即停下来？ ③换向器有什么作用？（使线圈转过平衡位置时，立即改变电流方向，使线圈可以沿原方向转动下去。） （2）直流电动机的工作原理：利用磁场对电流的作用使线圈转动，同时利用换向器及时改变线圈中电流的方向，以保持线圈持续转动。 思考：从能的转化角度讲，电动机消耗了什么能？得到了什么能？消耗的能和得到的能相等吗？为什么？ 应用：举例说出电动机的应用。	换向器的作用：当线圈刚转过平衡位置时，换向器能自动改变线圈中电流的方向，从而改变线圈受力方向，使线圈连续转动。
布置作业。	（1）预习下节内容。（2）比较直流电动机和交流发电机，从原理、构造和能量转化等方面说出它们的区别。	
反思小结。		

【板书设计】

一、磁场对电流的作用　电动机

（一）磁场对通电导线的作用

通电导体在磁场中受到力的作用，受力方向与磁场方向和电流方向有关。

（二）磁场对通电线圈的作用

通电线圈在磁场中受力而转动。

（三）直流电动机

1. 原理

2. 能量转化

3. 换向器的作用

第五节　电磁感应　发电机

【课标及教材分析】

本节属于2022年版课标课程内容中一级主题“运动和相互作用”下的二级主题“电和磁”的部分内容。课标中的相关内容要求：探究并了解导体在磁场中运动时产生感应电流的条件。了解电磁感应在生产生活中的应用。本条标准有两点要求。第一点要求学生通过实验探究，了解导体在磁场中运动时产生感应电流的条件：一是闭合电路，二是切割磁感线运动。第二点要求学生了解电磁感应现象的应用对人类生活和社会发展起着巨大的促进作用。教师应让学生更多地了解物理学与生产生活的关系，了解物理学与社会发展的关系，如让学生了解发电机的工作原理。

本节内容为苏科版教材第十六章第五节，教材从“电能生磁，那么磁能生电吗”这个问题入手，引发学生思考，通过生活中的微型电扇使发光二极管发光这一现象，激发学生的好奇心，从而提出“用电的电扇也能发电”这一观点。然后拆解电扇，认识电扇内部结构，顺势引导学生对产生感应电流给出有根据的猜想，为学习“探究感应电流产生的条件”打下基础。学生通过实验探究，得出结论：闭合电路的一部分导体在磁场中做切割磁感线运动时，电路中就会产生感应电流，最后通过活动“观察手摇发电机发电”来了解发电机的工作原理和工作过程，充分体现了“物理走向社会”的课程理念。

【学情分析】

电在生活中的应用十分广泛，学生知道电是从发电厂来的，但是并不知道发电机的结构和工作原理。学生已经学习了电流可以产生磁场，也学习了一些探究问题的方法，但并不知道磁也能生电，教学中要引导学生学会逆向而深入地思考：电流可以产生磁场，那么磁场能否产生电流？如何产生？如何显示电流？如何使现象更加明显？

【教学目标】

（1）通过实验，探究并了解导体在磁场中运动时，产生感应电流的条件。拆解电动机模型，了解电动机结构。

（2）通过实验，了解发电机的工作原理和能量转化过程。了解电磁感应在生产生活中的应用。

（3）介绍物理学家法拉第的事迹和贡献，培养学生的感恩意识和探索精神。

【教学重难点】

教学重点：探究并了解导体在磁场中运动时，产生感应电流的条件。

教学难点：感应电流的方向与什么有关？发电机的结构与工作过程。

【实验器材】

电流表或小灯泡、灵敏电流计、微型电扇、发光二极管、蹄形磁体、导线、开关、粗铜线、铁架台。

【教学设计】

本节教学设计具体内容如表16－6所示。

表16－6　第五节教学设计

情境	师生活动	设计意图
复习引入。	微型电扇如何工作？ 教师演示：接通电源，让微型电扇正常工作。 提出问题：电扇的主要部件是什么？电扇为什么能够转动？电扇工作时能量是如何转化的？ 学生回答：电扇主要由磁体和线圈组成，电扇转动是因为电流在磁场中受到力的作用，能量从电能转化为机械能。	通过实物电扇来复习电动机的工作过程，并引导学生逆向思考：电能产生运动，运动能否产生电能？
深入探究电扇。	提出问题：电流能使磁场中的线圈发生转动，那么在磁场中转动的线圈能否产生电流呢？ 学生活动： 请两位同学手拉手，另一只手分别捏住电扇的两个插脚，教师旋转叶片，观察两位同学的反应，并请他们说出感受。 教师引导：感觉麻麻的，是否产生了电流？如何看到？ 演示实验：在微型电扇的插脚处接入一个发光二极管，用手旋转叶片，让学生观察现象。 教师总结：通过以上活动我们发现，在磁场中，电流能使物体运动，运动也能产生电流；电能生磁，磁也能生电。物理学往往有完美的对称性。	引导学生参与其中，当扇叶转动时有同学尖叫起来，并且迅速将手拿开，增强学生体验感，激发学生深入思考：电流究竟是如何产生的，进而引出探究学习的重点——如何产生感应电流？
电磁感应现象。	利用磁场产生电流的现象叫作电磁感应现象，电磁感应产生的电流叫作感应电流。 提出问题： （1）通过活动，你们认为要产生感应电流至少需要什么条件？（磁场和运动。） （2）如何显示电流？（形成回路：导线和开关。显示电流：电流表或小灯泡。）	让学生体会物理的对称之美。

续　表

<table>
<tr><th>情境</th><th>师生活动</th><th>设计意图</th></tr>
<tr>
<td>产生感应电流的条件。</td>
<td>
思考 1 分钟，以小组为单位，分享猜想。
探究产生感应电流的条件：
(1) 学生讨论必需的实验器材：电流表或小灯泡、蹄形磁体、导线、开关、粗铜线。(将器材发给各组)
(2) 如图 16－8 所示，让学生尝试实验操作，教师巡视，并提出问题：灯泡不亮或电流表指针不偏转，是否说明一定没有电流产生？
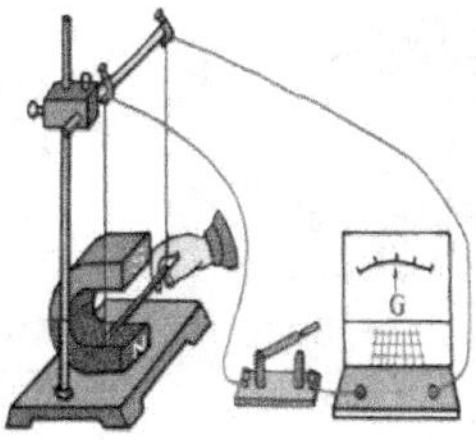

图 16－8
学生：不一定，也可能是电流太小，指针偏转不明显。
教师：用灵敏电流计可以显示较小电流。(分发灵敏电流计，介绍灵敏电流计及器材组装，让学生自由探究"如何才能产生电流，如何不能产生电流"。) 3 分钟后分组展示，将探究结果总结归纳在表格中。
<table>
<tr><th>次数</th><th>实验条件</th><th>指针
摆动情况</th><th>实验
电路图</th></tr>
<tr><td>1</td><td>开关断开，电路断路，无论导线做何运动</td><td>不摆动</td><td></td></tr>
<tr><td>2</td><td>开关闭合，电路通路，导线保持静止。</td><td>不摆动</td><td></td></tr>
<tr><td>3</td><td>开关闭合，电路通路，部分导线只做上下运动。</td><td>不摆动</td><td></td></tr>
<tr><td>4</td><td>开关闭合，电路通路，部分导线只做左右运动。</td><td>摆动</td><td></td></tr>
<tr><td>5</td><td>开关闭合，电路通路，部分导线做左右斜向运动。</td><td>摆动</td><td></td></tr>
</table>
</td>
<td>
器材的选择也是实验探究的重要组成部分。

让学生在尝试失败中经历真实的实验探究，在失败中分析改进。

给学生自主探究的空间，在学生的展示中归类。
</td>
</tr>
</table>

续 表

情境	师生活动	设计意图
产生感应电流的条件。	如图 16－9 所示，向学生展示蹄形磁体周围磁感线的分布情况（用带箭头的细线粘在磁体上模拟磁感线），把在磁场中运动的导体看作一把刀，让学生去描述这把刀的运动情况，从而提炼产生感应电流的条件：闭合电路的导体做切割磁感线运动时，电路中就会产生感应电流。 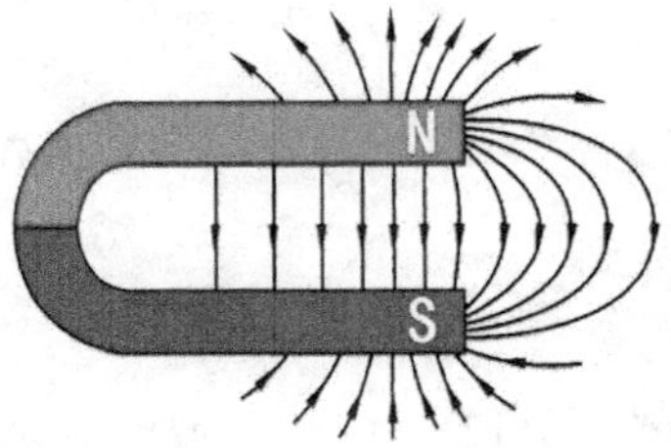 图 16－9	粘上磁感线，方便学生理解“切、磨、扎”的不同含义。
探究感应电流的方向。	探究感应电流的方向： 在以上的活动中，我们发现灵敏电流计左右摆动，除了说明产生了电流，还说明了电流方向发生了变化，请大家进一步深入研究，感应电流的方向与什么有关？ （1）当磁场方向相同时，改变导体切割磁感线的运动方向，感应电流的方向________（改变/不变）。 （2）当导体切割磁感线的运动方向相同时，改变磁场方向，感应电流的方向________（改变/不变）。 （3）当同时改变导体切割磁感线运动方向和磁场方向时，感应电流的方向________（改变/不变）。 得出结论：感应电流的方向与导体运动方向、磁场方向有关。 如图 16－10 所示，当闭合电路的全部导体在磁场中运动时，电路中是否产生感应电流？理由是什么？（提示：可以从导体切割磁感线的运动产生相应方向的电流进行讨论。） 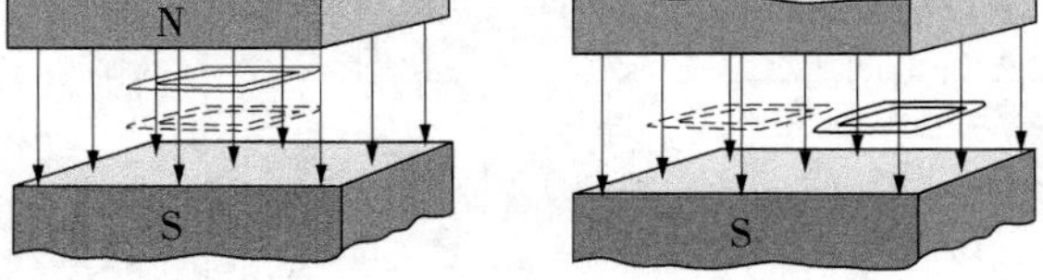 图 16－10	对于导体是闭合电路的“部分”导体，引导学生从理论与实验两个角度去分析，锻炼学生的思维能力与探究能力。

续　表

<table>
<tr><th>情境</th><th>师生活动</th><th>设计意图</th></tr>
<tr><td>探究感应电流的方向。</td><td>(闭合电路的四个边中，有两个边不切割磁感线，不产生感应电流，另外两个边产生的电流方向相同而抵消。)
得出结论：闭合电路的部分导体做切割磁感线运动时，电路中就会产生感应电流。感应电流的方向与导体运动方向、磁场方向有关。
提出问题：
(1) 是不是只有导体运动才能切割出感应电流？
(2) 斜着切割产生感应电流吗？与正切有何不同？
(3) 要产生持续电流应如何切割？如何才能持续切割？</td><td></td></tr>
<tr><td>学习发电机。</td><td>发电机，如图 16 – 11 所示。
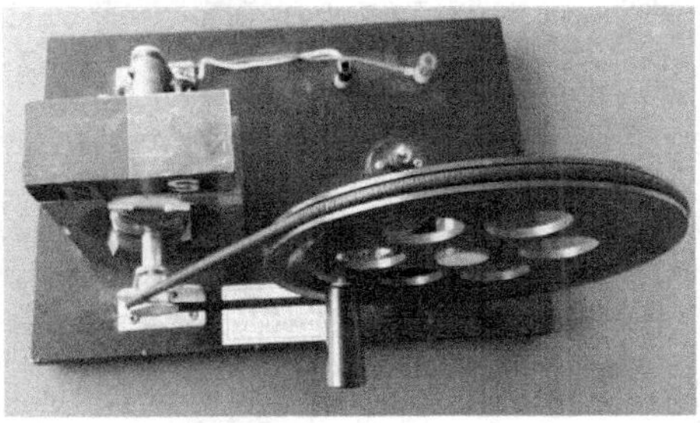
图 16 – 11
(1) 摇动手柄，观察到什么现象？说明什么问题？
(2) 将小灯泡换成灵敏电流计，又观察到什么现象？
(3) 你们能从导体切割磁感线的角度解释所观察到的现象吗？(从切割的有效性说明电流大小的变化，从切割的方向说明电流方向的变化。)
线圈在磁场中转动时，产生的感应电流的大小与方向随时间不断进行周期性变化，这种电流叫作交变电流，这种发电机叫作交流发电机。从能量转化的角度看，发电机是一种将机械能转化为电能的装置，与电动机刚好相反。</td><td>引导学生对发电机的学习，先演示手摇发电机的发电过程，让学生观察现象，形成感性认识，进而思考现象背后的原因，使感性认识上升到理性认识。</td></tr>
<tr><td>作业。</td><td>(1) 自制交流发电机模型。
(2) 电能的来源比较广泛，举例说明自然界中有哪些形式的能可以转化为电能。</td><td>布置动手制作类作业，锻炼学生的实践能力。</td></tr>
<tr><td>反思小结。</td><td></td><td></td></tr>
</table>

【板书设计】

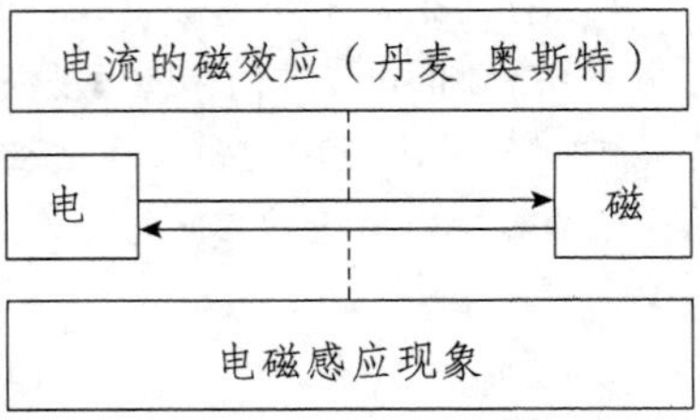

（四）重难点突破文献综述

1. 科学思维的培养

（1）“磁感线”模型的建构。“力线”模型在物理、地理等多个学科中都有应用，甚至应用于科学概念的定义，因此，该模型的建构过程和方法具有普遍意义。磁感线和电场线相类似，都能在空间直观地显现出来，但又不是真实存在的。磁感线的平滑性是磁场（磁感应强度）空间分布连续的必然反映。此内容侧重理论分析的“模型建构”的培养。

（2）通电螺线管的磁场。奥斯特实验证明了通电直导线周围存在着磁场，而宏观电流只存在于闭合回路中，于是通电闭合回路的周围应该存在磁场。由于环形电流的对称性，它所激发的磁场应该具有特殊的分布，即环形电流在其自身的轴线上产生轴向磁场，许多匝电流方向一致的环形线圈共同激发的磁场因方向相同强度较强，是可以借助实验的手段表现出来的。

（3）磁场对通电直导线的作用。由于磁极之间存在相互作用，而这个作用是通过磁场发生的，那么由于实验已经证实通电直导线周围也存在着磁场，所以磁场应该对通电直导线具有力的作用。

（4）“磁生电”。基于“自然界各种自然现象之间存在着相互联系”思想，又基于“电生磁”实验的成功，那么，电与磁相互作用的另一方面，即在某些情况下，磁现象也应该能表现出电的特征。

以上内容侧重“科学论证”科学思维的培养。

2. 感知磁场的存在，认识磁场具有方向性

（1）实验演示：将一个条形磁体靠近静止的小磁针，让学生观察小磁针的变化情况，可以看到小磁针发生了偏转。

（2）得出结论：小磁针受到了力。

（3）类比分析：用手拨动小磁针使其转动，是因为手对小磁针有力的作用；用嘴吹小磁针使其转动，是因为空气对小磁针有力的作用；用磁体去靠近小磁针使小磁针转动，说明靠近的磁体对小磁针有力的作用。

（4）得出结论：磁体与小磁针没有接触，但存在力的作用，这说明磁体与磁针间存在着某种物质。磁体和磁针之间力的作用，就是通过这种看不见、摸不着的物质进行的，这种物质叫作磁场。虽然磁场看不见、摸不着，但我们可以利用实验去感知它，包括感知它的某些特性。

（5）实验演示：重复拨动静止在磁体旁边的小磁针，然后松手，让学生观察有什么现象发生。会发现该处小磁针静止后仍保持原来的指向，换一个小磁针重复实验。

（6）归纳分析：某处小磁针 N 极总是指向一个方向，说明小磁针受力方向不变。

（7）得出结论：磁场具有方向性。

3. 安培定则

（1）提出问题：能否用简洁的语言来表述通电螺线管两端极性与螺线管中电流方向的关系？

（2）分析说明：在学生充分讨论、得出各自的结论后，教师介绍判断通电螺线管两端极性与螺线管中电流方向的关系的定则——安培定则：用右手握住螺线管，让四指指向螺线管中电流的方向，则大拇指所指的那端就是螺线管的 N 极（如图 16－12 所示）。

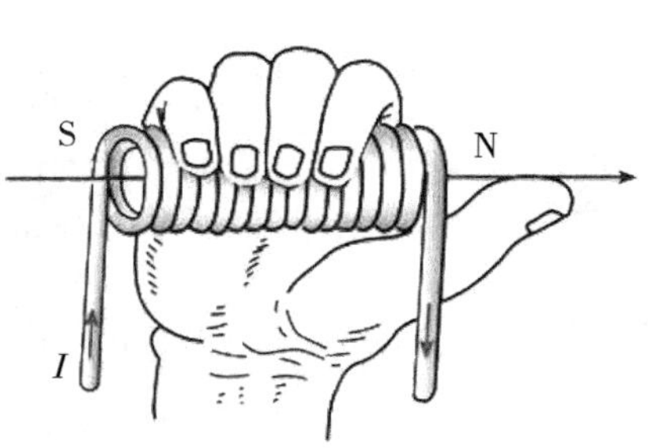

图 16－12

教师增加一个“根据通电螺线管中的电流方向来判定其两端的极性和周围小磁针的 N 极、S 极”的范例，传授学生解决这类问题的思路。

4. 磁场和磁感线——新版课程标准解析与教学指导

教师手端着磁针，站在远离讲台的位置，磁针指向南北。

实验演示：把磁针放在讲台上，磁针立即发生了偏转，不再指向南北了，在学生的注视下，教师把讲台上的报纸揭开，发现讲台上有一个大磁铁。

提出问题：磁针最初能够指南北，到了磁铁周围的空间就不再指向南北了，磁铁周围的空间与其他空间有什么不同呢？

在磁铁周围的空间存在着一种物质，这种物质能够使磁针偏转，这种物质叫作磁场。出示条形磁铁，让学生观察，磁铁周围的磁场是什么样子的？

磁场是看不见、摸不到的，无法直接观察。

提出问题：看不见、摸不到的现象怎样研究呢？

演示实验：拿出电吹风演示向下吹风的样子，实际上打开向上吹风的吹风机（此吹风机学生看不到），让学生判断风的方向。再放入一个布条，明确风的方向，说明向下吹风是假的，此时揭示出由下向上吹风的吹风机。在实验中，可以引导学生用看到的布条确定风向。

演示实验：如图 16－13 所示，在一个木制的盒中沿边框插上能显示风向的小旗子，打开吹风机使风从进风口进入盒子，并在盒内能吹出沿盒框运动的循环风，让学生把此装置吹出的风结合布条的显示进行描述。

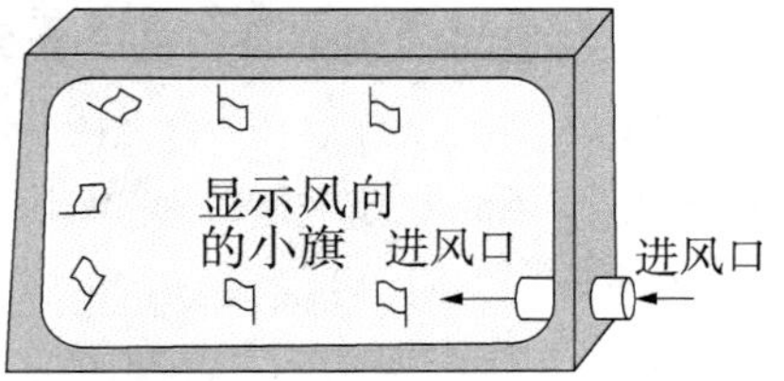

图 16－13

得出结论：可以用带箭头的曲线来描述风的状况，每一根曲线的方向都代表风吹着的方向。

如果看不见、摸不着的事物能够对某些对象施加影响，我们就可以通过这些对象来认识这个“神秘”的事物。在物理研究过程中，我们经常采用这种方法。磁场能够对磁针产生影响，我们就可以通过磁针来认识磁场。

演示实验：把磁针放在磁场中的 *A* 点，观察磁针 N 极所指的方向；在 *A* 点放置不同的磁针，观察磁针的指向。

提出问题：观察实验现象，发现了什么规律？

放在 *A* 点的所有磁针的 N 极都指向同一个方向。物理学中，这个方向规定为磁场的方向。

提出问题：我们利用磁针确定了 *A* 点的磁场方向，那么磁体周围其他点的磁场方向又是怎样的呢？

学生实验：在磁场周围其他点放置几个磁针，观察并画出磁针 N 极所指方向，每个磁针都显示了该点的磁场方向。

提出问题：怎样让磁针更小，显示的点更多呢？

学生实验：铁屑撒在磁铁周围，观察铁屑形成的图案。

铁屑撒在磁铁周围被磁化成一个个细小的磁针，磁场对这些小磁针进行作用，形成了奇妙的图案。按照这个思路，我们也可以把铁屑排列的图案用一些带箭头的曲线表达出来，这样的曲线叫作磁感线。

图片展示：各种磁体周围的磁感线（条形磁铁、蹄形磁铁、同名磁极、异名磁极）。

提出问题：观察各种磁体周围的磁感线，发现了什么规律？

得出结论：从 N 极出发回到 S 极等。

四、教学素材补充

（一）实验天地

1. 魔术《“开心果”的穿越》

道具：一枚磁戒、两颗特制“开心果”（里面包有小磁铁）、一个透明玻璃杯。

魔术开始时，一颗“开心果”在倒扣的玻璃杯底部，观众可以看见；另一颗“开心果”在杯子内部，被手上的磁戒吸住，同学不可见。当手向上滑走时，磁戒吸走玻璃杯底部的开心果，而原来杯中的开心果自然下落。

2. 制造磁铁的简易方法：充磁（人教版教参）

取一段空心竹筒，长约 10cm，内径约 1.5cm，外径约 2.5cm。用直径约为 0.75mm 的纱包线或单支塑料铜线，在竹筒外面密绕 210 匝左右（导线长约 22m，可绕成三层），并将导线一端串接一条直径小于 0.4mm 的（即 27 号）保险丝，就制成了简单的充磁机（如图 16－14 所示）。利用废钢锯条或退了磁的旧磁铁，在这个充磁机上充磁，可制成磁铁。

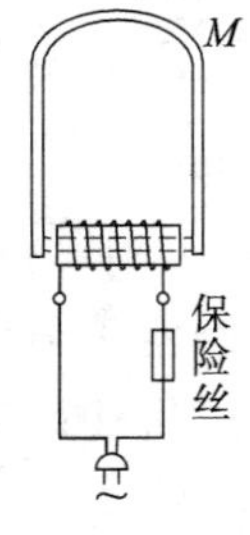

图 16－14

将一条没断过的钢锯条的中部放在炉里，加热后弯成蹄形（用图中实线 *M* 所示），然后将整条蹄形锯条投入火炉中，烧至通红后取出，投入冷水中急速冷却，这样就制成了一条没有磁性的蹄形铁。充磁时，另取一段长约 10cm 的钢锯条插入空心线圈中，然后把蹄形铁的两端和锯条的两端组成一个闭合磁路（图中虚线所示）。安装好后，将线圈接上 220V 交变电流。由于导线的电阻很小（不到 1Ω），通过的电流可达 200A，能使保险丝马上熔断。在保险丝熔断前，最后一个脉冲电流给锯条定向充磁，所以断电后蹄形铁就成为蹄形磁铁，而筒中的锯条成为条形磁铁。充磁时要注意安全，防止触电事故。为了不影响其他用电器和防止由于电流太大而烧坏输电线，保险丝要按上述标准安装，千万不可不用保险丝而进行充磁。

3. 自制指南针的方法（人教版教参）

（1）如图 16－15 甲所示，把一块永磁体放在汤匙上，并使永磁体的南极指向汤匙柄，这样就制成司南模型。若把它放在玻璃板上，汤匙的柄总是指向南方。

（2）将两根针（长 8～10cm，最粗处的直径为 1～1.5mm）磁化后插入按扣（子母扣）下扣的缝线孔处；支座用橡皮与大头针（或缝衣针）做成，如图 16－15 乙所示。

（3）如图 16－15 丙所示，将厚纸片（3cm×8cm）对折，插入两支已磁化了的大钢针，再把它支放在尖支座上。

（4）如图 16－15 丁所示，将已磁化了的大钢针穿过泡沫塑料悬在细线上，或者穿过泡沫塑料浮在水面上。

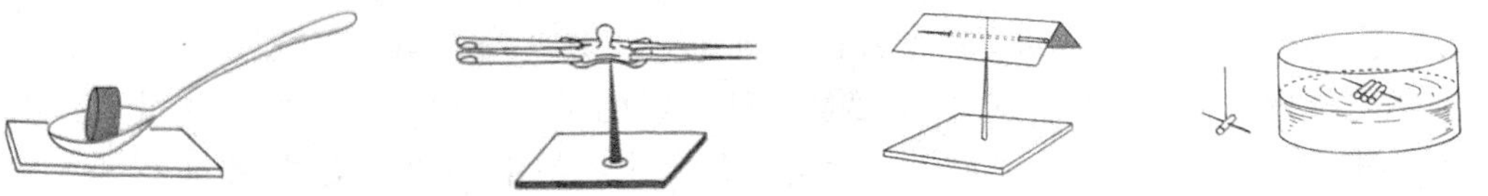

甲　　乙　　丙　　丁

图 16－15

（二）有关电和磁的历史资料

1. 电流磁效应的发现

自从吉尔伯特断言电与磁是两种截然不同的现象后，这种观点束缚了一代又一代物理学家的思想。库仑、安培、托马斯·杨等著名物理学家都相信电与磁完全不同，不可能相互转化。

奥斯特（1777—1851 年），丹麦人，出生在一个贫穷的药剂师家庭。17 岁考入哥本哈根大学，对化学、药物学、物理学、天文学、哲学和文学都很感兴趣。1797 年他写了一篇关于康德哲学的论文，论述了康德哲学对自然科学的重要性，因此获哲学博士学位。1806 年奥斯特任哥本哈根大学教授。他信奉康德主义，深受康德关于自然力统一和相互转化思想的影响。他在 1803 年说过："我们的物理学将不再是关于运动、热、空气、光、电、磁以及我们所知道的任何其他现象的零散的罗列，我们将把整个宇宙容纳在一个体系中。”富兰克林关于莱顿瓶放电使钢针磁化的发现，给奥斯特以很大启发。他认识到电向磁的转化不是可能不可能的问题，而是如何把这种可能性变为现实的问题。他在1812年出版的《关于化学力和电力的统一性的研究》一书中，根据电流流经直径较小的导线时导线会发热的现象，推测若通电导线直径进一步缩小，那么导线就会发光。若直径变得更小，甚至小到一定程度时，电流就会产生磁效应。在这种思想的指导下，奥斯特经过长期的实验研究，也未能发现电向磁转化的现象，但他并不灰心。

1819年冬，在开设有关电与磁方面讲座的备课中，奥斯特分析了沿着电流方向在同一水平面内放置磁针寻找磁效应均未成功的事实，想到了电流对磁针的作用力也许根本不是纵向的，而是一种像热和光那样向四周散射的横向力。1820年春，他做过这样的实验：把伏打电堆用一根细铂丝导线接成闭路，再把这根导线横在磁针上，与磁针呈垂直状态，结果还是失败了。1820年4月的一个晚上，他在讲课中突然来了灵感，在讲课快结束时，他说：“让我们把导线和磁针一上一下平行放置起来试试看！”实验发现通电导线下面附近的小磁针微微跳动了一下，由于通过细铂丝的电流太弱，磁针扰动很不明显，加之听众对电流的磁效应又无探讨的思想准备，所以听众对这次实验无动于衷，但奥斯特却激动万分，因为这是他日夜盼望的“一动”。

在这之后的三个月里，他加大电流，连续而紧张地做了深入的实验研究，终于在1820年7月21日发表了划时代的论文《关于磁针上电流碰撞的实验》。这篇仅有四页纸的实验报告，没有任何数学公式，也没有图表，只以简洁的文字叙述了实验的过程和结果。文章虽短，却轰动了欧洲，特别得到法国物理学界的高度评价。

历史上曾有人认为奥斯特的发现是一种偶然的幸运，但是，正如法国科学家巴斯德的一句名言：“在观察的领域中，机遇只偏爱那些有准备的头脑。”奥斯特的发现实际上是哲学思想和物理学共同的结晶。

奥斯特对他的“电流碰撞”总结出两个特点：电流碰撞存在于导线的周围；电流碰撞沿着螺纹方向垂直于导线的螺纹线传播。由此说明了电流磁作用的横向性。

奥斯特发现的重要意义在于：突破了长期以来根深蒂固的电与磁不相干的僵化观念，第一次揭示了电与磁之间的内在联系，开辟了电磁学发展的新时期；突破了长期以来认为只存在（推拉性质的）中心力的观念，第一次发现了有横向旋转力存在，这是对中心力观念的有力冲击；指明了未来电力技术应用的可能性，如有线电报、电动机、电磁铁等。

2. 法拉第

法拉第（Michael Faraday，1791—1867年）是19世纪电磁学领域中最伟大的实验物理学家之一。他生于伦敦近郊的一个小村子，父亲是个铁匠，家境贫寒，所以法拉第没有机会接受学校教育，只是学了一点儿关于读、写、算的知识。五岁那年，他们全家搬到伦敦。13岁时，他在一家书店当送报童，不久又成为装订书的学徒，这个工作对他的一生产生了很大的影响。他利用工作便利，读了很多科学书籍，从中获得了丰富的知识。其中对他影响最大的是《大英百科全书》中吉尔伯特、富兰克林等人关于电学的研究成果，以及伦敦一个医生的妻子玛西特夫人所写的科普读物《化学漫谈》。他从《化学漫谈》中学习到了初步的化学知识，并用自己很少的零用钱买少许器材，动手做一些简单的化学实验。法拉第积极参加一些科学报告会和讨论会，从而结交了皇家研究院知识渊博的年轻人顿斯，顿斯请他参加了著名化学家戴维 1812 年秋在皇家研究院举办的四次讲演会，他当即被这些讲演所吸引。这时 21 岁的法拉第学徒期已满，于是到另一家印书店当了正式的装订工，他对这个工作感到不满。后来他说："我渴望离开商业工作，我认为这是不道德的和自私的，我希望进入科学部门工作……。"他大胆地把这个愿望写信告诉了戴维，同时附上他精心整理和附有插图的听讲笔记，希望戴维能帮助他实现这个愿望。戴维因为父亲过早去世，15 岁时就辍学当了一个药剂师学徒，也是靠着自学走上科学研究的道路，所以他对法拉第的身世深表同情，更被他热爱科学的精神感动，于是立即约见了法拉第，并在 1813 年 3 月推荐法拉第到皇家研究院实验室做他的助理实验员。皇家研究院的文件上记载了戴维的推荐："根据戴维爵士的观察，这个人能够胜任工作，他的习惯很好，上进心强，举止和蔼，十分聪明。"

1813 年 10 月，戴维携带他新婚不久的妻子到欧洲大陆进行学术考察，法拉第作为助手和仆从跟随前往。这次考察游历了法国、意大利和瑞士，历时十八个月，1815 年春才回到英国。法拉第在这次学术考察中详细记载了戴维在各地的讲学内容，参观了各国科学家的实验室，结交了安培、盖·吕萨克等著名科学家，并了解了他们的实验方法，开阔了眼界。

回到英国后，法拉第在戴维的支持和指导下，开始了独立的研究工作，并于 1816 年发表了第一篇化学论文，随后又接连发表了几篇论文。

1821 年，皇家学会一致推选法拉第担任皇家研究院实验室主任。同年，法拉第和伦敦一个珠宝商的女儿结婚，两人在皇家研究院的住宅里一直俭朴地度过了几十年的时光。也是在 1821 年，皇家学会《哲学汇刊》的主编特意邀请法拉第撰写一篇文章，综合评述奥斯特发现以来一年中电磁学实验和理论发展的概况。法拉第在收集资料的过程中，对电磁现象的研究产生极大兴趣，于是转向电磁学方面的实验研究。他以现象间存在着普遍联系的观点为指导，获得了关于电磁感应现象的伟大发现，完成了电与磁之间相互转变的循环，从而为电磁场理论的诞生做好了最重要的一步准备工作。

1824 年，经物理学家沃拉斯顿（1766—1828 年）和天文学家赫歇尔（1792—1871 年）的推荐，法拉第当选为英国皇家学会会员。出于妒忌和虚荣，当时已很有荣誉和地位而且任皇家学会会长的戴维给法拉第投了唯一的反对票，虽然事后戴维觉得自己略有歉意，但他的声誉也因此受到损害，不久便辞去了皇家学会会长的职务。但是，法拉第一直对自己的恩师怀着敬羡与感激之情，称颂他对自己走上科学研究道路功不可没。

1825 年，法拉第正式成为皇家研究院的教授。他参与了冶炼不锈钢材和研制折光性能良好的重晃玻璃的工作。不少公司和厂家都愿重金聘请法拉第担任他们的技术顾问，但是，把全部身心都献给科学研究事业的法拉第谢绝了这些聘请，继续全力投入研究工作，并得到了妻子的理解和支持。曾经和法拉第一起在皇家研究院工作过的同事兼他的学生丁达尔（1820—1893 年）后来在《作为一个发现者的法拉第》这本书中感慨地说：“这位铁匠的儿子，订书商的学徒，他的一生一方面可以得到十五万镑的财富，另一方面是完全没有报酬的学问，要在这两者之间做出选择，结果他选择了后者，终生过着穷困的日子。然而这却使英国的科学声誉比各国都高，获得接近四十年的光荣。”由于皇家研究院的财政一直很紧张，法拉第除了住宿和燃料外，每年只有四百英镑的收入，直到 1831 年才增加到一千英镑，但他对于清贫的生活，一直是安之若素。1835 年，英国内阁总理皮尔建议设立一种年金，奖励给有贡献的科学家或文学家，法拉第被定为获奖者之一。但新任内阁总理梅尔本在与法拉第的谈话中流露出对科学技术人员的轻视，认为这种奖金对科学家来说是一种恩赐。受了侮辱的法拉第不顾这位大人物的窘态立刻告辞回家，并写了一个便条告诉他，恕难接受这种恩赐。虽有人出面调解，但法拉第坚决不接收奖金，最后这位感到问题严重的总理亲笔写了坦率而客气的道歉信，才解决了这一件事。1851 年，法拉第被一致选举为英国皇家学会会长，但他坚决推辞掉了这个职务，并说：“我希望我一直保持一个称呼，就是法拉第。”1858 年后，英国女王要把一所宽敞舒适的住宅赠送给法拉第，他也多次辞谢。法拉第那种坚韧不拔的科学探索精神，淳朴无私的人格和对大自然以及人民的深挚的感情，赢得了人们的敬仰。他没有子女，晚年是在他忠实的妻子和一个侄女的陪伴下度过的。1867 年 8 月 25 日，他坐在书房的椅子上平静地离开了人世。遵照他的遗嘱，在海格特公墓举行了一个简单的仪式，只有他的亲人出席了葬礼。人们为了纪念他，把电容的单位称为“法拉第”。①

3. 电动机

电动机是将电能转变成机械能的电机。通常电动机的做功部分做旋转运动，这种电动机被称作旋转电动机。也有做直线运动的，称作直线电动机。电动机能够提供的功率范围很大，从毫瓦级到万千瓦级，而且使用和控制非常方便，其工作效率比较高，没有烟尘、气味，不污染环境，噪声也比较小。由于它有一系列优点，所以在工农业生产、交通运输、国防、商业乃至家电设备等方面得到极广泛的应用。

电动机有多种分类方法，按所需电流的种类来分，可以分为直流电动机和交流电动机。各种电动机中应用最广的是交流异步电动机，又称感应电动机。这种电动机结构牢固，使用方便，运行可靠，价格低廉。但感应电动机调速比较困难，功率因数也比较低，特别是大容量的低速电动机，功率因数偏低的问题尤为突出。因此低速、大容量的动力机常用同步电动机。同步电动机不但功率因数好，而且它的转速与负载大小无关，只决定于电网频率，比较稳定。在要求宽范围调速的场合，以往多用直流电动机，因为直流电动机调速方便，所需调速设备比较简单。但是，直流电动机有换向器，结构复杂，价格昂贵，而且在换向器上容易产生火花，维护困难，不适用于恶劣环境。20 世纪 70 年代以来，随着电力电子技术的发展，交流电动机的调速技术渐趋成

① 申先甲，张锡鑫，祁有龙：《物理学史简编》. 山东教育出版社，1985。

熟，设备价格日益降低，已开始得到应用。

4. **发电机**

发电机是将机械能转变成电能的电机。通常由汽轮机、水轮机或内燃机驱动。小型发电机也有用风车或其他机械经齿轮或皮带驱动的。

发电机分为直流发电机和交流发电机两大类。直流发电机输出的端电压不变，交流发电机输出的端电压有从正到负再从负到正周期性变化，并且通常按正弦规律变化。交流发电机又可分为同步发电机和异步发电机。现代发电站中最常用的是同步发电机。

城市电车、电解、电化学等行业所用的直流电源，在20世纪50年代以前多采用直流发电机。但是直流发电机有换向器，结构复杂，制造费时，价格较贵，且易出故障，维护困难，效率也不如交流发电机。大功率可控整流器问世以来，有利用交流电源经半导体整流获得直流电以取代直流发电机的趋势。

同步发电机按所用原动机的不同分为汽轮发电机、水轮发电机和柴油发电机三种。它们结构上的共同点是：除了小型发电机采用永久磁体产生磁场外，一般的磁场都是由通入直流电的线圈产生。因为线圈的电压较低，功率较小，又只有两个出线头，容易通过滑环引出，而电枢绕组电压较高，功率又大，多用三相绕组，有三个或四个引出头，放在定子上比较方便。

汽轮发电机，与汽轮机配套的发电机。为了得到较高的效率，汽轮机一般做成高速的，通常为3000r/min（频率为50Hz）或3600r/min（频率为60Hz）。核电站中汽轮机转速较低，但也在1500r/min以上。高速汽轮发电机的转子直径一般做得比较小，长度比较大，即采用细长的转子。特别是在3000r/min以上的大容量高速机组，由于材料强度的关系，转子直径受到严格的限制，一般不能超过1.2m。转子本体的长度也要受到限制。

水轮发电机，由水轮机驱动的发电机。由于水电站自然条件的不同，水轮发电机组的容量和转速的变化范围很大。通常小型水轮发电机和冲击式水轮机驱动的高速水轮发电机多采用卧式结构，而大、中型低速发电机多采用立式结构。由于水电站多数处在远离城市的地方，通常需要经过较长输电线路向负载供电，因此，电力系统对水轮发电机的运行稳定性提出了较高的要求：电机参数需要仔细选择；对转子的转动惯量要求较大。所以，水轮发电机的外形与汽轮发电机不同，它的转子直径大而长度短。水轮发电机组启动、并网所需时间较短，运行调度灵活，它除了一般发电以外，特别适宜于作为调峰机组和事故备用机组。

柴油发电机，由内燃机驱动的发电机。它启动迅速，操作方便，但内燃机发电成本较高，所以柴油发电机组主要用作应急备用电源，或在流动电站和一些大电网还没有到达的地区使用。柴油发电机转速通常在1000r/min以下，容量在几千瓦到几千千瓦，尤以200kW以下的机组应用较多。它制造比较简单。由于柴油机轴上输出的转矩呈周期性脉动，所以发电机是在剧烈振动的条件下工作的。因此，柴油发电机的结构部件，特别是转轴要有足够的强度和刚度，以防止这些部件因振动而断裂。

5. **福建舰的电磁弹射技术**

为了解决蒸汽弹射的问题，几十年前，美国人就开始研究新的弹射技术——电磁弹射技术。它与蒸汽弹射的目的相同——给飞机一个力，把飞机弹出去。只不过，它不使用蒸汽动力，而是使用电磁作用。

电磁弹射系统大体可以分为四个部分：控制系统、电子电力系统、储能系统和直线电机。

控制系统负责对整个流程进行调控，电子电力系统负责电能的发出和使用。在这方面，中国人民解放军海军工程大学马伟明院士做出了很大突破。他提出了舰船综合电力系统的概念，把发电、推进、武器等系统的用电综合起来，统一调配。

储能系统有什么用呢？我们可以想象：为了在一瞬间把飞机弹出去，需要很高的功率。无论是核动力航母，还是常规动力航母，发电的功率都不够。所以，在弹射之前，必须先利用电子电力系统把大量的电能储存在储能系统中，等到使用时，再把这些电能一起释放出来。现在比较成熟的储能技术是飞轮储能。即在弹射前，利用电能把一个数吨重的飞轮旋转起来，让它每分钟达到数千转，电能就变成了飞轮中的动能，这个过程大约需要 45 秒，储存大约 120MJ 的能量。弹射时，利用飞轮的动能迅速发电，在 2～3 秒的时间内，产生数万千瓦的电功率，把飞机弹射出去。

除了飞轮储能外，还有超级电容等储能方式。能量从储能系统释放出来后，传输到拉动飞机的直线电机。直线电机和我们通常使用的电机并没有本质区别，只不过平时的电机是旋转的，通电后转子在定子中旋转。直线电机相当于把旋转电机剖开、拉直，通电后，次级（相当于转子）会在初级（相当于定子）轨道上运动。

具体来讲，直线电机又可以分为几种形式。如比较简单的导轨式直线电机，与电磁炮的原理相同，即在导轨上放一个导电滑块，当导体通电时会产生磁场，磁场又能推动导电滑块运动。把滑块和飞机轮子相连，飞机就被弹射出去了。

不过，这种方式相当于一个单匝电机，要想产生强大推力，需要很大的电流，有可能会把导轨烧坏。线圈式的直线电机的应用更为普遍。通过给轨道上的线圈通电，能让轨道变成电磁铁。如果滑块是一个磁铁，就会和轨道发生同性相斥、异性相吸；如果滑块是一个导电金属，就会和导轨发生电磁感应，从而具有磁性，也能同性相斥、异性相吸。控制系统通电的时间，就能让滑块在导轨上运动起来。

相比于蒸汽弹射，电磁弹射具有多方面的优势：

从弹射能量看，一次蒸气弹射释放能量大约 95MJ，而电磁弹射是 120MJ，电磁弹射高出大约 1/4。而且，蒸汽弹射能量利用率只有 6%，电磁弹射能量利用率达到 60%，是蒸汽弹射的十倍。

蒸气弹射系统复杂，事故率高，平均事故周期 405 周；电磁弹射结构简单，安全性好，平均事故周期 1300 周（如表 16－7 所示）。

蒸气弹射无法直接控制弹射时的推力变化，根据气体状态方程，刚开始的时候弹射力度大，后来力度逐渐减小，加速度最大值和平均值之比超过 200%。而电磁弹射可以实现人为控制和平稳加速，加速度波动在 5% 以内，更加安全，对驾驶员也更友好。

表 16-7 蒸汽弹射与电磁弹射的区别

	蒸汽弹射	电磁弹射
一次能量	95MJ	120MJ
能量利用率	6%	60%
平均事故周期	405 周	1300 周
峰-均加速度比	>200%	<105%
预热时间	>24h	15min

蒸气弹射之前要对气缸进行预热，时间超过 24h，而电磁弹射的准备时间只需要 15 分钟，这对于战争尤为重要：早升空一架战机，可能就决定了战争的胜负。

蒸汽弹射对飞机的重量有一定要求，太轻的飞机用不了，而电磁弹射对 200～35000 千克的飞机都能用，如无人机、战斗机、运输机，以及非常重要的空中预警机。

中国军事科学家跳过了蒸气弹射，直接实现了目前世界上最先进的电磁弹射技术，这是我国军事科技的辉煌成就。

第十七章　电磁波与现代通信

一、课标分析

（一）课标要求

本章内容对应2022年版课标课程内容一级主题“运动和相互作用”下的二级主题“电和磁”的内容，涉及的学科内容与日常生活和自然现象联系密切。课标要求如下：

2.4.6　知道电磁波。知道电磁波在真空中的传播速度。知道波长、频率和波速。了解电磁波的应用及其对人类生活和社会发展的影响。

例7　举例说明电磁波的存在。

例8　了解广播电台节目的发射频率和波长。

例9　知道移动通信和卫星通信等都应用了电磁波。

活动建议：

（2）查阅资料，了解我国北斗卫星导航系统的作用和优势，讨论电磁波在卫星通信技术中的应用。

（3）查阅资料，了解我国磁悬浮列车的发展状况，讨论电磁技术在其中的应用。

（二）课标解读

将课标要求与核心素养的要求进行对比理解，课标中的2.4.6强调了对学生物理观念和科学态度与责任素养的要求。要求学生有基本的物质观，知道电磁波是一种物质。要求学生有科学本质观，知道电磁波在真空中的传播速度，知道波长、频率和波速。要求学生了解电磁波在生活中的实际应用及对人类生活和社会发展的影响。课标要求学生体会物理学对人类生活和社会发展的影响；具有对电磁波知识的学习兴趣和严谨认真、实事求是的科学态度；关心我国现代科技成就，为中华民族的科技成就感到自豪，逐步养成实现中华民族伟大复兴的责任感与使命感。

二、教材分析

（一）各版本教材对比

人教版等六个版本教材都将电磁波与现代通信的内容安排在九年级，章节安排具体情况如表17－1所示。

表 17－1　　各版本教材章节安排

教材版本	章次	节名称
人教版	第二十一章	现代顺风耳——电话；电磁波的海洋；广播、电视和移动通信；越来越宽的信息之路
北师大版	第十五章	电磁波；广播和电视；现代通信技术及发展前景
教科版	第十章	神奇的电磁波；电磁波的应用；改变世界的信息技术
沪粤版	第十九章	最快的“信使”；广播电视与通信；走进互联网
沪科版	第十九章	感受信息；让信息“飞”起来；踏上信息高速公路
苏科版	第十七章	信息与信息传播；电磁波及其传播；现代通信——走进信息时代

（二）苏科版教材单元内容概述

苏科版教材中，本章内容安排在九年级下册第十七章。本章内容与生活联系紧密，教材的编排强调“从生活走向物理，从物理走向社会”，主要内容为信息的传递，从信息的定义讲起，通过大量实例证明信息传递的重要性，以时间为轴介绍了古代信息传递、近代信息传递以及现代信息传递的基本方式，其中重点讨论了电磁波传递信息的基本内容，介绍了波的波速、频率和波长等基本参数。本章知识体系如图17－1所示。

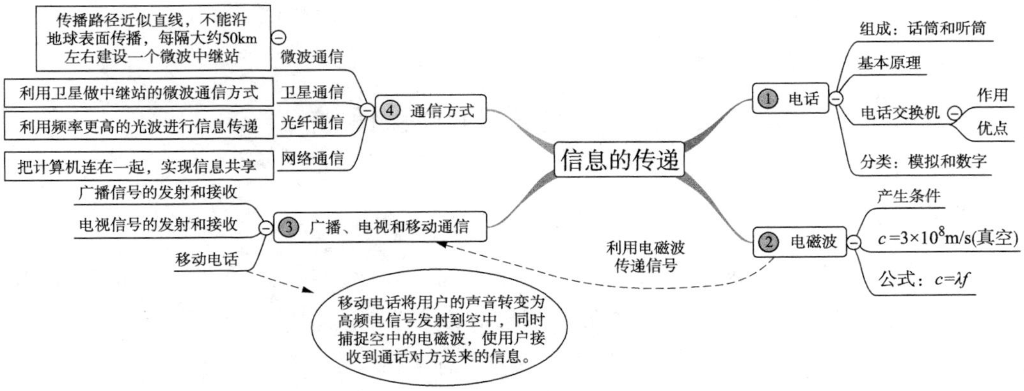

图 17－1

三、教学建议

（一）单元教学思路

本章围绕课标中课程内容“电和磁”这一主题展开，主要内容包括电磁波及波的波长、波速和频率。从教学内容来看，整个单元以信息传递为主题，让学生知道电磁波是一种重要的信息传递方式，知道电磁波在真空中的传播速度，知道波长、频率和波速。了解电磁波的应用及其对人类生活和社会发展的影响。建议以信息传递为核心，围绕信息的基本概念、信息传递的方式、电磁波传递、现代通信等基本问题展开教学，让学生了解信息传递在历史上的演变，电磁波传递的基本原理、波的相关知识以及现代通信的几种方式，了解我国在现代通信方面取得的成就，激发爱国热情、培养民族自豪感和成就感。本章涉及电磁波的验证、电磁波的传递等实验，涉及转换、推理、类比等物理方法。本章难度较小，旨在激发学生对信息传递知识的兴趣和了解一定的信息传递的相关知识，重点要知道电磁波传递的相关内容，在教学过程中注意穿插我国在这个方面取得的成就，培养学生爱国主义情怀。

（二）课时教学建议及教学方式

本章课时教学建议及教学方式如表 17－2 所示。

表 17－2　课时教学建议及教学方式

节次	建议课时数	教学方式
第一节	1 课时	分组实验、小组汇报等
第二节	1 课时	演示实验、分组实验等
第三节	1 课时	演示实验、分组实验等

（三）课例示范

第一节　信息与信息传播

【课标及教材分析】

本节属于2022年版课标课程内容中一级主题“运动和相互作用”下的二级主题“电和磁”的部分内容。本章以人类的通信发展为主线，每一节内容环环相扣，而“信息与信息传播”作为本章第一节，起着重要的启下作用。

本节首先阐明了什么是信息，让学生认识到我们生活在一个信息社会，从而引入本章节的主线。其次说明信息和信息传播活动所经历的五次巨大变革，而这五次变革的发生都是以生产力的提高为基础，以科学技术的发展为前提。最后介绍早期的传播工具，通过自制电报机活动让学生亲自体验早期信息传播工具及存在的缺点，为引入新的、更先进的信息传播工具做好铺垫。通过对第一节内容的讲解和学生活动，层层递进，学生认识到电磁波发现的价值，为下一节课埋下伏笔。

【学情分析】

学生在这之前已经学过电与磁的相关知识，对电与磁有一定的认识，能够正确地设计和连接简单的电路。初三学生经过一年多的物理学习，有一定的自主学习能力，能够利用网络去搜索相关的资料。同伴之间的语言更容易被同龄的孩子理解，初三的学生有较强的小组合作能力，能够进行分工合作、交流讨论。

而本节课所讲的内容有较强的开放性，与生活非常贴近，学生在学习本节课之前对此部分内容已经有不同层次的认识。基于这些情况，本节课在设计之时，考虑把课堂还给学生，将学生分成几个小组，给每个小组布置任务，让学生自主安排组员的任务。同时让学生在课前利用网络、书籍去收集资料，在组内进行讨论和整合，然后在课堂上组织学生分小组进行相互交流，希望通过在收集资料和交流的过程中，学生对信息和信息传播过程以及信息传播的五次巨大变革有新的、深刻的认识。

【教学目标】

（1）知道信息的定义，了解人类特有的信息有哪三种；知道信息和信息的传播活动经历了五次巨大变革，了解早期的信息传播工具，发现这些工具的优缺点。

（2）通过课前收集资料、小组合作的形式培养学生自主学习、整合有用信息和合作学习的能力。

（3）通过学生自制有线电报机和接收机让学生体验创新过程。

（4）培养学生收集、处理信息的能力和自主学习的能力；提升团队合作能力并激发学生学习物理的兴趣，培养学生的学科自豪感。

【教学重难点】

本节内容相对容易，重点和难点在于引导学生自主收集资料，探索信息和信息传播活动的五次巨大变革，通过小组实验自制有线电报机与接收机，了解早期的信息传播工具，并对比发现这些工具的优缺点。

【教学设计】

本节教学设计如表 17－3 所示。

表 17－3　　第一节教学设计

情境	教师活动	学生活动	设计意图
引入新课。	放映一段录像（学生上课举手、汽车转向灯亮、电话铃声响、电视广告等） （1）问：在刚才的录像中，你们知道哪些信息？ （2）问：你们还能举出生活中的一些例子来说明信息无处不在吗？ （3）问：什么是信息？	（1）观看并思考。 （2）思考并回答。 （3）阅读“信息快递”并回答问题。	从身边熟悉的情景引入新课更亲切，更能体现信息的无处不在。

续 表

情境	教师活动	学生活动	设计意图
信息传播。	(1) 问：你们知道蜜蜂是怎样传递信息的吗？ (2) 问：你们知道蚂蚁是怎样传递信息的吗？ (3) 问：人类是怎样来传递信息的？ 学生总结：人类区别于其他动物的特有的信息有三种：语言、符号、图像。 引导：在人类历史上，信息和信息传播活动经历了五次巨大的变革。 引导学生观看五幅图片讲解每一次的作用。	(1) 蜜蜂是利用光、声进行信息的传递。 (2) 蚂蚁是靠它那灵敏的触角来传递信息的。 (3) 人类是通过语言、手势、表情、颜色、符号、图像等传播信息的。 阅读教材 61 页图 17－1 并且思考这些图片的内在含义。	让学生根据课前所查阅的资料，按照中西方不同时期传递信息的方法分小组进行汇报。
早期的信息传播工具。	(1) 问：信息是各种事物发出的有意义的消息，是不是所有的信息都有实际意义呢？ (2) 问：怎么才能让信息有实际意义呢？ (3) 问：早期的信息传播工具有哪些？ 介绍一些早期的信息传播工具：海军用的手旗、灯光、擂鼓、鸣金、风筝，让学生阅读“生活·物理·社会”板块。	(1) 思考并回答问题。 (2) 信息必须通过传播才有实际意义。如病人去看病时只有告诉医生他的病情才行。 (3) 烽火台、驿马、电报机、电话等。	这一部分的教学可以根据学生的具体情况采取开放式教学的方法，让学生事先从网上查找资料、阅读相关书籍，然后在课上进行汇报讨论，谈谈各自的看法，再由教师加以点评。这种方式不在于对问题认识得深浅，而在于让学生体验收集资料、发表见解的过程。

续　表

情境	教师活动	学生活动	设计意图
活动：自制有线电报机与接收机。	(1) 设计：请同学们利用桌上的实验器材设计一个电路，要求是自己一侧按下开关时，对方一侧的电灯就会发光。 (2) 教师指导完毕让学生看教材63页图17-6，提问：请同学们判断一下这个图的设计是否符合设计要求？ (3) 参照教材上的莫尔斯电码指导学生发“电报”，等学生发完“电报”后问：这种有线电报的优点是什么？缺点是什么？ (4) 问：请设想一下应该怎样传播信息才更加合理？	(1) 先画电路图。连接电路并演示实验。 (2) 学生思考并回答问题。 (3) 学生讲感悟。 (4) 学生思考。	可以先让学生按自己设计的方案进行实验，并且试一试能否达到设计要求，这固然要花一些时间，但对于培养学生的创新意识，特别是培养学生的动手能力是有好处的。
总结与练习。	学生总结收获。		

第二节　电磁波及其传播

【课标及教材分析】

本节属于2022年版课标课程内容中一级主题“运动和相互作用”下的二级主题“电和磁”的部分内容，是苏科版物理教材九年级下册第十七章第二节。本章主要介绍现代通信与信息传播，而现代科技的发展和生活水平的提高以及手机等通信工具的普遍使用，使电磁波成为生活中不可或缺的信息传播手段，这使得电磁波的教学很有必要。初中阶段对电磁波教学仅仅是要求了解其存在和相关特点，并不做深入探究，因此教材安排主要以实验为主，在实验中体会电磁波的特点，再将其与生活现象相联系，从而实现“从生活走向物理，从物理走向社会”的课程理念。

【学情分析】

由于初中学生的思维能力正处在由形象思维向抽象思维过渡的过程中，对新知识的理解还停留在形象思维和现象理解上，现代通信手段尤其是手机的普及使用使学生接触的信息量增大，同时他们对手机比较感兴趣，这对电磁波的介绍和引入很有利，也更能激发他们的学习兴趣。课堂上再通过适当有趣的实验逐个研究电磁波的特点，充分发挥实验的作用，迎合他们好奇、好动的心理特点，可以给学生留下较深的印象。

【教学目标】

（1）了解电磁波可以在真空中传播的特性，知道电磁波在真空中传播的速度。知道电磁波谱，了解电磁波的应用及其对人类生活和社会生活发展的影响。

（2）在观察演示实验现象的基础上，了解电磁波的存在、电磁屏蔽等现象。

（3）在学习麦克斯韦、赫兹对电磁波研究的贡献中，体会理论研究和实验探索对物理学发展的重要性。

（4）了解电磁波的应用，同时辩证地看待电磁波对人类生活的影响。

【教学重难点】

教学重点：了解电磁波并知道电磁波的存在及其特性。

教学难点：电磁波谱及其应用。

【教学设计】

本节教学设计如表 17－4 所示。

表 17－4　　　　第二节教学设计

情境	教师活动	学生活动	设计意图
引入新课。	同学们，这里有三辆电动小汽车，现在分别开动一下，请同学们仔细观察，对比后说出它们的特点。 开动第一辆普通电池小汽车； 开动第二辆线操纵电动小汽车； 开动第三辆遥控电动小汽车。 引导：我们可以用电磁波实现信息的传递，从而操纵小汽车。宇宙飞船也是用电磁波来进行操纵的。今天我们要学习的就是第二节电磁波及其传播。	认真观察实验，对三辆小汽车的运动情况进行对比。讨论后回答： 第一辆，无法对行驶过程进行操纵； 第二辆，虽然可以操纵，但操纵距离很短，活动范围很小； 第三辆，可以远距离操纵，活动范围很大。 列举各种利用电磁波进行工作的生活用品、家用电器。	让学生体会无线电（电磁波）可以传递信息，且传递距离远这一特点，培养学生观察和对比的能力。

续　表

情境	教师活动	学生活动	设计意图
了解波的特点。	观察以下现象： (1) 水波。(演示，实物投影) 问：哪儿是波源？它在怎样运动？水波看上去有什么特点？ (2) 演示：绳子抖动时形成的波。 问：看到了什么现象？ 再利用课件播放视频，使学生能对现象有长时间的再现。 找一找这两个波的共同点？ 板书：(1) 凹凸相间，向外传播。 (2) 演示：悬挂着的弹簧受到撞击显示的情形（或视频）。 我们再仔细地看一下课件，找出这两种波的共同特征。 (视频：横波和纵波的课件。)	在教师的引导下，进行有目的的观察。 (1) 回答：中心的竹竿是波源，它在做原地上下振动。 水波凹凸相间，向外扩散。 (2) 小实验：在桌面上来回快速抖动长绳子，观察波的形态及传播。 回答：抖动形成的凸起迅速地传到另一端。 观察课件的图像。 学生观察后回答：这两个波疏密相间，向另一端传播，都是传递周期性变化的运动形态。 结合图形进行理解性记忆。	指导学生学会观察，知道观察的对象，对多个实验观察结果的共同点进行总结，训练语言描述能力。 在给出了横波特点的基础之上，再引导学生认识纵波。 引导学生对质点运动的平衡位置引起关注，对位移的最大位置产生直觉。
了解波的特征物理量。	播放波形图的课件 介绍波形图，引出波的特征物理量：(定义、字母、单位) 问：波源振动的平衡位置在哪里？波形图所示振动的振幅有多大？ (1) 振幅 (A)：表示振源偏离平衡位置的最大距离。单位：米(m)。		引导学生关注图形在物理学中的意义。 培养学生识图的能力。

续 表

情境	教师活动	学生活动	设计意图
了解波的特征物理量。	(2) 周期 (T)：振源振动一次所需要的时间。单位：秒 (s)。 布置小实验 (3) 频率 (f)：波源每秒内振动的次数。单位：赫兹 (Hz)。 导出周期与频率的关系式：$f=1/T$。 (4) 波长 (λ)：波在一个周期内传播的距离。单位：米 (m)。 指导学生从图形上认识波长。 (5) 波速 (v)：波传播的速度。单位：米/秒 (m/s)。 波速的公式：$v=\lambda/T$ 或 $v=\lambda f$ 练习：有一列波的频率是200Hz，波长为0.4m，这列波的传播速度有多大？	(2) 进行小实验：利用手表计时，记录自己抖动绳子二十次所需的时间，算出周期。 (3) 利用上面所算的周期再算出频率。 (4) 从课件图中读出该波的波长。 (5) 答：$v=\lambda f=0.4\text{m}\times200\text{Hz}=80\text{m/s}$。	熟悉计算方法。
了解电磁波。	播放电磁波被预言和被证实的资料。 (1) 介绍：1864 年麦克斯韦建立了电磁场理论，预言了电磁波的存在。1888 年赫兹第一次用实验证实了电磁波的存在。 电磁波是在空间传播的周期性变化的电磁场。 (2) 活动：验证电磁波的存在。 实验一：在打开的电视机前方接通电吹风电源，观察到了什么现象？ 实验二：①打开收音机的开关，将旋钮调到没有电台的位置，并将音量开大。	(1) 观看有关麦克斯韦和赫兹的图片及资料。 观看电磁波的图片资料。 (2) 答：观察到电视画面出现雪花。	通过物理学史，渗透思想教育，发展空间想象力。

续　表

情境	教师活动	学生活动	设计意图
了解电磁波。	②取一节旧的干电池和一根导线，靠近收音机。将导线的一端与电池的一极相连，再用导线的另一端与电池的另一极时断时续地接触。 ③从收音机里听到了什么？这是为什么？ 电磁波速： 例题：中央电视台第一套节目的波长为 5.71m，频率为 52.5MHz，试求电磁波的传播速度？（$1MHz=10^6Hz$） 介绍：根据麦克斯韦电磁场理论，光波属于电磁波。 引导：我们知道了我们周围存在着大量的电磁波，那么这些电磁波有什么特点呢？ （1）电磁波能在真空中传播吗？ （2）电磁波能被阻挡（屏蔽）吗？ 针对学生的疑问引导其设计实验并验证。 结论： ①电磁波能在真空中传播； ②金属容器能屏蔽电磁波。 问：为什么在建筑物或在电梯中，手机信号有时很不好呢？ 转承语：刚才我们说过电磁波的速度和光速一样，还说了光波其实就是电磁波。那么还有哪些波也属于电磁波？	通过思考，得出变化的电流能产生电磁波的结论。 解： $v=\lambda f=5.71m\times52.5\times10^6Hz\approx3.0\times10^8m/s$ 总结：电磁波速为 $3.0\times10^8m/s$，与光速是相同的。 猜想与疑问： （1）电磁波能在真空中传播吗？ （2）电磁波能被阻挡（屏蔽）吗？ 针对问题进行实验设计： 设计 1：把手机放在真空罩子里，看手机能不能接收到信号。 设计 2：放在不同的盒子里，看能不能接收到信号。 观察实验现象，得出结论： ①电磁波能在真空中传播（或电磁波传播不需要介质）。 ②金属容器能屏蔽电磁波。 了解电磁波谱各谱段的名称； 了解电磁波谱各谱段的频率波长的依次变化情况。	对学生疑问的提出和实验方案的设计，教师给予适当的点拨。

续 表

情境	教师活动	学生活动	设计意图
了解电磁波谱。	电磁波谱： 指导学生看教材69页图17－17，了解电磁波谱各谱段的名称，以及对应的频率波长情况和电磁波的应用。	针对示意图了解各谱段的电磁波的应用。	体现“从生活走向物理，从物理走向社会”的课程理念。
电磁波的应用。	师生互动：适当介绍电磁波的一些应用，如电磁污染。	学生展示汇报收集的资料；通过收集的资料举例；学生阅读书后信息库。	

第三节　现代通信——走进信息时代

【课标及教材分析】

本节属于2022年版课标课程内容中一级主题“运动和相互作用”下的二级主题“电和磁”的部分内容。从教材上看，前面已学过“信息与信息传播”和“电磁波及其传播”，本节由“卫星通信”“光纤通信”“互联网与信息高速公路”三部分构成，图文并茂，充分联系生活实际，体现了现代科技在信息交流方式上给人们带来的极大便利。教材中对“光纤之父”高锟发现光纤的介绍，有利于激发学生的爱国情怀。

【学情分析】

由于电视、广播、移动通信、网络等信息技术已经普及，所以学生对于卫星通信、光纤通信以及互联网并不陌生，但对于广播、电视、移动通信是通过微波传递信息的，光纤通信的原理又缺乏了解。因此，对于本节课的学习，学生是处在似懂非懂、似知又未知的迷茫状态。教学中必须引导学生了解、认识这些常识而又不能苛求学生去全面深刻地理解。

【教学目标】

（1）了解卫星通信和光纤通信的原理，知道其优缺点；了解互联网，知道互联网在现代通信中的应用。

（2）通过阅读对比，了解卫星通信与光纤通信的不同，培养学生观察、对比、分析能力。

（3）了解现代通信，认识、体验通信对人类生活和社会发展的积极影响，体验“科学技术是第一生产力”这一科学论断。树立正确的网络观念，正确发挥、应用网络在学习和工作中的积极作用。

【教学重难点】

教学重点：认识卫星通信和光纤通信的原理及优缺点。
教学难点：了解卫星通信是通过微波传递信息的，以及微波传递信息的特点。

【教学设计】

本节教学设计具体内容如表 17－5 所示。

表 17－5　　第三节教学设计

情境	教师活动	学生活动	设计意图
导入新课	课件展示现代通信方式：卫星通信、光纤通信、互联网	学生了解这些通信方式。	直接展示教学内容，引入新课教学。
卫星通信。	(1) 什么是卫星通信？什么是通信卫星？ 学生阅读教材后，教师用幻灯片展示其含义。 (2) 图片展示不同用途的地球通信卫星。 (3) 思考：为什么远距离微波通信需要用卫星通信？ 教师：因为微波的性质与光波相近，大致沿直线传播。远距离进行微波通信需要地面微波中继站或通信卫星来实现。 (4) 卫星通信的基本原理。 教师：卫星通信系统由空间和地面两部分构成，实现两个地面站或多个地面站间远距离通信，一般只要有三颗互成 120 度的同步卫星就可以覆盖全球。 (5) 卫星通信的优缺点。	(1) 学生阅读教材，并相互讨论交流自己所了解到的相关信息。 (2) 学生观察、了解、认识这些卫星，并了解我国近年来在卫星发射方面取得的成就。 (3) 学生阅读教材后听教师的讲解。 (4) 学生在听讲的基础上，仔细观察图片并加深认识。 (5) 学生根据自己的观察和讨论后归纳出卫星通信的优缺点： 优点：覆盖面大，通信距离长，不受环境限制。 不足：造价高，信号有延迟，保密性不强。	多媒体展示大量图文并茂的图片信息，拓展学生的认知空间。了解我国的卫星发射及应用，增强学生的爱国热情。

续 表

情境	教师活动	学生活动	设计意图
光纤通信。	（1）课件展示问题： ①什么是光纤和光缆？ ②什么是光纤通信？ （2）课件展示图片： ①光纤材料； ②光纤通信的原理； ③光纤通信的应用。 （3）光纤通信的优缺点。	（1）学生阅读后回答： ①光纤：能够传输光信号的极其纤细的物质。 ②光纤通信：利用光波在光纤中传输信息的通信方式。 （2）通过仔细观察图片，学生认识到光纤通信是利用光波在光导纤维中经过多次反射来传递信息的。 （3）学生对比卫星通信后归纳总结出光纤通信的优缺点： 优点：通信容量极大，不受外界电磁干扰，线路能耗小。 不足：架设线路受地理条件限制，容易被拉断。	以图片展示和文字叙述来加深学生印象，使学生认识光纤通信是不同于卫星通信的另一种现代通信方式。
互联网。	（1）课件展示图片，让学生了解互联网，知道互联网已成为现代通信的主干线。 （2）课件展示资料，让学生了解网络、正确认识网络，并提醒学生要积极、文明、健康地上网。	学生通过认真观察图片，并结合自己对网络的了解，畅谈互联网的作用以及互联网给人类生活和社会发展带来的影响。	通过图片资料信息的展示，学生知道我国已经成为上网用户总数的大国。
小结。	引导学生小结：你们今天都了解到了什么？		

（四）重难点突破文献综述

1. 电磁波及其传播

这一章与现代通信息息相关，学生也有较大的兴趣。基于此，教师可以扩展一些内容开阔学生的眼界，并帮助学生建立相关的知识概念。

在电磁波传播中，涉及波的相关知识，江苏省常州市正衡中学的孙丽在《略谈5G概念在“电磁波与现代通信”教学中的应用》① 一文中提出融入5G的相关内容，采用小组合作探究的方式，组织学生进行科学探究，引导学生学习相关知识。具体教学流

① 孙丽：略谈5G概念在“电磁波与现代通信”教学中的应用．中学物理教学参考，2021年第3期。

程如下：

（1）激趣导入：5G 技术与信息传播

探究活动 1：查阅资料，结合 5G 的技术优势及教材内容，从信息与信息传播的角度谈谈，为什么我们需要大力发展 5G 技术？

（2）知识勾连：5G 技术与电磁波

探究活动 2：5G 技术的本质是基于电磁波及其传播的现代通信技术，请查阅资料，探究以下问题：

①什么是电磁波，电磁波如何传递信息？

②5G 技术所传播的电磁波具有哪些物理性质，其频率、波长等相关物理量大概是多少？

③电磁波除了应用在 4G、5G 等现代通信技术中，在生活中还有哪些应用实例，尝试简述这些应用实例的物理原理。

（3）拓展延伸：5G 技术与现代通信

探究活动 3：现代通信主要有哪些方式？5G 属于哪一种现代通信方式？5G 技术的发展将使得生活中的哪些应用场景成为可能？请大胆畅想一下诸如量子通信之类的未来通信技术将如何发展？

江苏省常州市北郊初级中学的陆俊在《指向科学思维培养的初中物理教学——以苏科版“电磁波及其传播”为例》① 一文中提出从创设生活情境、关注概念建构、重视实验探究及知识的实践运用四个方面，阐述了在物理教学中落实科学思维培养的有效策略。具体教学流程如下：

（1）通过生活情境，培养科学思维的习惯

问题 1：我这里有一台收音机，打开收音机（播放某电台节目），我们听到了某电台的节目，收音机可以接收到电台的信号，大家知道这个信号是什么吗？

问题 2：收音机播放电台节目是接收到了电磁波信号，那么电磁波是怎么制造出来的呢？

问题 3：收音机接收到电磁波信号，从电磁波的产生到电磁波被接收，电磁波是在哪种介质里传播的？

问题 4：收音机可以接收到不同电台的节目，不同电台发射的都是电磁波，这些电磁波有什么区别？

（2）通过概念的科学建构，提升科学思维能力

教学片段 1：波的概念。

教师：学习电磁波之前，请大家先回忆一下，你们还知道哪些波？

学生：声波、水波。

教师：我这里就有一个水波演示仪，接通电源，大家猜想会发生什么现象？

---

① 陆俊：指向科学思维培养的初中物理教学——以苏科版“电磁波及其传播”为例．中学物理教学参考，2021 年第 21 期。

学生：产生水波。

教师：有一个运动项目，人们可以通过快速甩动绳子来锻炼臂力。大家看到了绳子被甩动起来产生的绳波，你们想试一试吗？桌上也有一根绳子，大家来试一试。学生开始实验。

教师：刚刚我们看了水波，也体验了绳波。请同学们想一想，这些波都是如何产生的？

学生：振动产生的。

教师：这些波的产生都有振动源，物理上把这个振动源叫作波源。

教师：除了上下振动以外，波源有没有沿着波的传播方向移动呢？

学生：没有。

教师：波源始终在该处没有向前移动，但波振动的形态向前传播了，因此波是振动形态在介质中的传播。

教师播放动画演示波形成的原理：波源的振动引起了相邻点的振动，从而形成波；波源往复振动一次，形成一个完整波形；波源往复振动两次形成两个完整波形。

（3）通过体验实验探究，提升科学思维品质

教学片段2：探究电磁波的产生条件。

教师：收音机播放电台节目是接收到了电磁波信号。那么，电磁波是从哪里制造出来的呢？

学生：电台制造发射出来的。

教师：今天我们也来尝试制造电磁波。这是我的秘密武器——一盏普通的白炽灯。现在我把收音机调到一个没有频道的位置，下面请大家仔细观察。

教师：闭合开关，停顿5秒，断开开关，再重复一次实验步骤。

教师：你们观察到什么现象？

学生：有咔咔声。

教师：咔咔声说明了什么？

学生：收音机接收到了电磁波信号。

教师：那电磁波是什么时候产生的呢？

学生：开灯或关灯的时候。

教师：电路接通前有没有？电路接通后有没有？

学生：电路接通前和接通后都没有。

教师：同学们观察得非常仔细，接通的一瞬间和断开的一瞬间才有电磁波产生。那请大家猜想一下，电磁波产生的条件是什么？

学生1：电路接通的瞬间或电路断开的瞬间。

学生2：电流从有到无，或从无到有。

学生3：变化的电流。

教师：接下来，请大家选择桌上所给的器材（包括导线、电池、弹簧、灯泡、开关、滑动变阻器等），来设计方案进行实验探究，看看迅速变化的电流是否会产生电

磁波。

2. **现代通信——走进信息时代**①

本节内容属于介绍性的科普常识。教学中，对近现代发展起来的移动通信、网络通信、光纤通信、卫星中继通信进行介绍，让学生体会到现代通信技术的发展，让学生认识到通信技术已经渗透到人类生产生活的各个领域，信息技术的发展给人类的生活方式带来了翻天覆地的变化。本节内容建立在学生日常生活经验的基础上，学生对手机、网络等现代通信工具非常熟悉，利用这些方式与家人、同学、朋友进行联系几乎是学生每天必做的事情，因此学生有充分的生活体验。这节课的知识目标要求较低，主要是激发学生的学习兴趣。主要教学目标围绕以下三点展开：第一点，了解移动通信、网络通信、光纤通信、卫星中继通信的特点和基本原理。第二点，通过了解移动通信、网络通信、光纤通信、卫星中继通信的基础知识，提高学生应用物理知识解决实际问题的能力。第三点，通过学习现代通信知识，了解科技为人类带来的便利，提高学习科学的兴趣，养成关注科学发展前沿的习惯，树立科学的世界观，培养学生振兴中华、用科学服务人类的使命感和责任感。教学重难点在于了解移动通信、网络通信、光纤通信、卫星中继通信的特点和基本原理。本节教学设计可循序渐进、层层深入，先从通信的发展历程入手，通过生活实例来追溯现代技术发展的历程以及发展的前景，再通过问题引发学生思考，然后通过大量的图片、视频对通信技术进行介绍。最后运用收集的资料交流讨论，帮助学生理解知识，培养学生运用所学知识解决实际问题的能力，从而使其体会到科学的力量。

3. **电磁波家族及其传播**②

甘肃省兰州市兰化一校初中部的王宜晖进行了微课的制作。该微课是基于 PPT 进行制作的一段教学视频，围绕北师大版物理教材九年级第十五章第一节“电磁波”中电磁波谱知识点与疫情防控中物理实例而展开。目的是让学生在看完视频后对电磁波有更加深入的了解，同时潜移默化地培养学生的爱国情怀，激发学生的好奇心和求知欲，在不知不觉中培养学生的物理核心素养。该微课以 2020 年新冠疫情为创设情境，提出问题，对电磁波进行简单的复习之后，就进入重点——不同波段的电磁波在新冠疫情中的应用，体现了“从生活走向物理，从物理走向社会”的课程理念。从生活中的物理实例出发，让学生通过学习和探索，了解不同波段的电磁波的基础知识与应用，并能将其应用于实践，为以后的学习、生活打下基础。除了生活中的应用之外，该微课还拓展了雷达、隐形战斗机和反隐形雷达的有关知识，在开阔学生眼界的同时培养学生的爱国情怀。最后结合新冠疫情期间西方国家抵制 5G 并烧毁信号塔的实例，布置查询有关 5G 的资料的课外作业。

4. **电磁波的发现**③

教师：奥斯特深受康德哲学思想的影响，认为各种自然力可以相互转化，正是这

① 高德宏：《现代通信技术及发展前景》教学设计．新课程教学（电子版），2019 年第 12 期。
② 王宜晖：《电磁波家族及应用》微课视频教学．新课程教学（电子版），2021 年第 1 期。
③ 孔大海：文科班《电磁波的发现》教学片段及课后思考．中学物理，2016 年第 9 期。

样的世界观，使得他坚信既然电与磁具有很多相似的特点，那么它们之间应该具有更深刻的联系，所以他坚持了将近20年，最终在1820年发现了电流的磁效应。基于对称性的思考，法拉第认为磁也可以生电。

设计说明：科学问题也是一个哲学问题，从哲学的角度看待问题会给人一种“居高临下”的感觉，同时也是世界观引领问题，让学生体会建立正确世界观的重要性。

教师：PPT展示法拉第在1828年所设计的四个实验。

实验1：两根长约10厘米的导线平行放置，用两张厚纸将它们隔开，先把其中的一根导线接到电池的两端通电，再把另一根导线与电流计相连。

实验2：将空心螺线管接到电池两极，把一根直导线引进螺线管，直导线两端与电流计相连。

实验3：将实验2中的直导线与电池两极相连，螺线管与电流计连接。

实验4：把两根导线互相缠绕，先把其中一根导线的两头接到电池上通电，再把另一根导线的两头接到电流计上。

学生尝试以上实验操作。

第一组学生：不行，没找到感应电流。

第二组学生：毫无反应。

第三组学生：没看到出现感应电流。

第四组学生：和前三组一样，没有找到感应电流。

教师：法拉第是在1831年才首次发现了磁生电现象，所以1828年的这四个实验显然不会找到感应电流。我这样做的目的是消除同学们对科学家工作的神秘感。麦克斯韦曾经说，科学家其实也有许多粗糙的想法和不成功的经验，所以他们是伟大的，但并不是高不可攀的。我们刚才操作的这四个实验可以说是简简单单，平平常常，法拉第为什么能够成功？因为他有一个正确的世界观——由对称的思想可知：磁一定能生电。这个非常强的信念一直在支撑着他，所以他一直能坚持10年，终获成功。也就是说只要有梦想，只要有正确的世界观，只要有持之以恒的信念，那么你们未来也可能会成为科学家。

设计说明：通过四个实验和法拉第最后的成功渗透教育学生科学并不是高不可攀的，只要你有恒心，成功就在脚下，就在明天。同时让学生体验由失败走向成功的过程，感受物理课堂上的成就感。

5. 初中物理《现代顺风耳——电话》三篇教学设计的评析要点①

《现代顺风耳——电话》一课是人民教育出版社出版的义务教育课程标准实验教科书《物理》八年级下册第九章《信息的传递》中第一节的内容，北京市海淀区教师进修学校的蒋宏涵对《现代顺风耳——电话》三篇教学设计进行了撰文点评。认为有以下三个方面值得肯定：

（1）从三位教师的教学设计可以看出，随着课程标准的实施与教育改革的深入，

① 蒋宏涵：初中物理《现代顺风耳——电话》三篇教学设计的评析要点．网络科技时代，2005年第12期。

教师的教学理念发生了很大的转变。A 教案从启发引导学生探究电话发明的过程探究构建教学环节，B 教案通过一系列问题探究构建教学环节，C 教案从电话实物探究原理构建教学环节。三篇教学设计各不相同，但是从教学理念上看，三篇教学设计的立意都从着眼怎样讲解知识转变为引导学生怎样获取知识、运用知识，突出了学生的学习过程和方法，这说明新课程标准所倡导的教学理念正在逐步被广大教师接受，并转化为教师主动的、具体的教学行为，这是十分可喜的现象。

（2）《义务教育物理课程标准（2020 年版）》明确指出：科学探究既是学生的学习目标，又是重要的教学方式之一。将科学探究列入内容标准，旨在将学习重心从过分强调知识的传承和积累向知识的探究过程转化，从学生被动接受知识向主动获取知识转化，从而培养学生的科学探究能力、实事求是的科学态度和敢于创新的探索精神。从教学方法上看，三位教师的教学设计都力图通过设计科学探究环节展开教学过程，对这一节的三个主要教学内容：电话原理、电话交换机、模拟通信与数字通信，根据不同特点与要求进行了不同的教学设计。在 A 教案中，电话原理的教学是通过一系列问题引导学生思考解决问题的方案的，辅以讲解作为本课重点展开的教学过程。电话交换机这一内容则采用针对问题引导学生自己看书，并在课堂上进行交流的学习模式，而把模拟通信与数字通信这部分内容扩展为让学生针对电话提出一系列问题，作为课外研究性学习的课题。在 B 教案中，电话原理的教学把重点放在了话筒原理的实验探究上，教师让学生动手实验，观察碳粒的松紧引起小灯泡亮度的变化，从而引起学生对产生这一现象的物理原因的思考。电话交换机这一教学内容是通过小游戏引发学生思考，再用多媒体课件展示电话交换机原理，辅以阅读这三个教学小环节完成的。模拟通信与数字通信这部分内容采用针对问题引导学生自己看书，并在课堂上分组集体交流进行教学的模式。在 C 教案中，电话原理的教学采取了实物结构探究的方法，分别对老式电话机的话筒与听筒进行拆卸，配合问题引导和阅读，从结构、部件和作用原理展开讨论。C 教案把电话交换机、模拟通信与数字通信这两部分内容作为课外研究性学习的课题，通过资料的收集整理，以科技小论文的形式进行学习交流。三位教师的教学设计虽然不同，但都注意了科学探究活动，在不同的内容教学中注意渗透不同的科学探究要素。《义务教育物理课程标准（2020 年版）》明确指出：科学探究的形式是多种多样的，其要素有：提出问题、猜想与假设、制定计划与设计实验、进行实验与收集证据、分析与论证、评估、交流与合作。科学探究过程可以涉及所有要素，也可以只涉及部分要素。科学探究渗透在教材和教学过程的不同部分。

（3）这一节的教学内容比较典型地体现了科学、技术和社会三者之间的关系，根据社会发展的需要，将物理原理转化为通信技术，服务于社会。三位教师的教学设计都有意识地渗透了课标与教材中体现的这一思想。A 教案着重从社会需要了解电话发明的过程，B 教案则通过了解人类信息传递发展史了解电话诞生的过程，C 教案将教师收集的我国通信事业发展的素材通过多媒体课件进行展示，这一方向值得肯定。

三位教师的教学设计也有一些问题值得探讨。

（1）教学目标与教学重点内容的把握问题。物理教学应当突出物理学科的特点。

在本节中，如何把物理原理应用在电话这一技术中是教学重点，探究活动最好围绕话筒与听筒原理展开。在C教案中，这一点较为突出；B教案设计了话筒原理的探究实验，但忽略了听筒原理；A教案针对话筒与听筒原理的学习采用了“讨论+讲解”的方法，学生在实物或实验感受上有所不足。

（2）物理实验问题。在初中物理教学中，尽可能让学生多接触生动具体的物理事物，观察丰富多彩的物理现象。动手动脑进行物理实验，不仅可以帮助学生认识物理学科的自然科学属性，了解到实验方法是学习物理的基本方法之一，而且对学生形成感性认识与体验，理解物理概念、规律及原理，学习科学方法，培养科学兴趣、科学态度都有着极其重要的作用。可以想象，如果学生亲自动手，观察话筒与听筒的实际结构，从而提出问题，了解其中的物理原理，那么学生所获得的就不仅仅是知识了。B教案设计了话筒原理的探究实验，教师利用废电池中的碳粒和两块铜片模拟话筒电阻变化，引起了电路中小灯泡亮度的变化，这种利用“土器材”自己设计学生实验的做法值得肯定。

（3）探究活动的设计与组织问题。探究活动在初中教学活动中越来越被教师们重视，这是一个很好的现象，需要进一步研究和探讨的是探究活动的目的性与有效性。也就是说并不是一节课中探究活动越多越好，也不是什么内容都适合进行探究。教师需要认真思考哪一项内容、哪一个环节需要进行探究活动，同时应针对哪一个要素进行探究活动，提出什么样的问题使学生有一个相对完整的思考和时间去体会探究某一要素用到的方法，达到某一主要或重点教学内容的教学要求。在这三篇教学设计中，有的探究活动环节显得迤沓、目的性不强，有的问题设计得过于简单，教师可以通过课后反思总结经验，不断改进教学设计。另一个问题是三位教师的教学设计都涉及学生在课外收集资料开展研究性学习活动的问题，值得大家探讨的是如何解决落实的问题，这里存在题目的可操作性、组织落实、交流评价、教师指导、时间控制和学生获取资料渠道等一系列问题，特别是有的教学设计将一些规定的教学内容放在课外，更有一个教学目标落实的问题，希望在以后的教学设计中将这些环节的操作具体化。

四、教学素材补充

（一）教材对比

1. 波的定义

人教版物理教材通过人划船产生水波的实验介绍了波的基本物理参数、波长、波速和频率。在教学中，教师可以参考该实验对波的定义及其参数进行教学，有利于帮助学生理解波的定义。

2. 电磁波的发射与接收

人教版物理教材利用数字化实验设备进行电磁波发射和接收实验，通过计算机软件进行呈现，具有较好的视觉呈现效果，有条件的学校可以进行该补充实验，帮助学生理解电磁波的发射和接收，加深对电磁波传递信息的理解。

3. **光纤通信**

沪科版物理教材演示了光导纤维传播激光的实验。教师在教授该部分内容时，可以酌情购买相关的器材，给学生进行演示。也可以让激光在水流中传播，让学生观察其在水流中的传播途径。

（二）素材补充

1. **中国天眼**

20 世纪 90 年代，中国最大的光学望远镜是国家天文台的 2.16 米口径望远镜，最大的射电望远镜是上海天文台的 25 米口径射电望远镜。此时国际上的光学望远镜口径已经达到十米级，射电望远镜口径已经达到 300 多米。相比之下，我国天文望远镜的口径与国际上的天文望远镜口径差距较大，因此建一台大口径的望远镜成为很多中国科学家的梦想。南仁东认为，我们不仅要建造中国人自己的大型射电望远镜，还要让中国射电天文研究达到国际一流水平。从此，南仁东走上了为建造 500 米口径球面射电望远镜（FAST）而攻克各种难题的艰辛之路。

500 米口径球面射电望远镜（FAST），从口径这个维度排名世界第一。但如此巨大的望远镜到底放在哪里好呢？于是给 FAST 找一个符合射电望远镜观测要求的台址，成为整个 FAST 工程的第一道难题。光学望远镜的选址要求是环境干燥、光污染小，而射电望远镜则不同。其一，它要求台址及其周围的电磁干扰水平极低。要知道射电望远镜接收的是来自宇宙中极弱的天体无线电信号，保持良好的电磁波环境是保障 FAST 科学产出的重要基础条件。其二，FAST 的口径实在太大了，如果在平地上建造，工程量太过惊人。如果在一个天然的洼地上建造，使望远镜天线的抛物面形状和洼地地形尽可能拟合，可大大减少工程造价。

1994 年，FAST 选址工作启动。考虑到对地形和周围电磁环境等的要求，科学家们将目光投向了有大量喀斯特地貌的贵州。最终，综合多方的测量数据，贵州平塘县大窝凼被证明是最符合建造 500 米口径球面射电望远镜的洼地。2006 年 FAST 被正式决定建造在贵州平塘县大窝凼。

FAST 是世界上唯一完全利用变形反射面工作的射电望远镜。这台“巨无霸”由主动反射面、馈源支撑、测量与控制、接收机与终端、台址与观测基地等六大系统组成。每个大系统里又有很多子系统，每一个子系统里又有很多个装置，而这里面的绝大部分装置所采用的技术是由我国科研人员自主设计、自主研发的。FAST 采用了主动反射面系统，这是我国的独创，但一度成为整个工程中最大的难点。FAST 的反射面占地约 25 万平方米，这个面积相当于 30 个国际标准足球场。整个反射面由 484 种 4450 块面板单元组成，每块面板单元又由 7 种 100 块子单元构成，子面板单元共计 3388 种 445000 块。445000 块子面板单元铺在一张由 6670 根钢索编织成的索网上，索网架在一根直径 500 米、由 50 根巨大钢柱支撑的钢梁上。面板单元下面，还有 2225 根下拉索，它们被固定在地面的触动器上。拽动这些触动器的下拉索，就可以带动索网上的反射面运动，使反射面的形状瞬间产生变化，一会儿呈球面，一会儿呈抛物面，进行天体信号的收集和观测。这样的主动反射面让 FAST 拥有更广的观测范围，能覆盖 40°的天顶角。然而，为了满足观测需要，下拉索免不了要经受高频次的拉动。这就要求它必须具备高弹性、抗拉伸、抗疲劳的特性。科学家为此计算的 500 兆帕、200 万次的超高应力幅度，是国家标准的 2.5 倍。不仅如此，2225 个触动器除必须通过伸缩实现精确定位、协同运动外，还需将自身各项状态信息上报给控制系统，满足适时跟踪、换源等运动要求。难怪 FAST 的索网工程被世界科学界评价为世界上跨度最大、精度最高、工作方式最特殊的索网工程。

如今，FAST 成为世界上最大的单口径望远镜。它在观测时可以变换角度，接收更广阔、更微弱的信号，为发现脉冲星、快速射电暴（FRB）等天体现象，验证引力理论、星系演化过程、生命起源等科学假说，乃至探索地球外的生命等提供了极大帮助。到目前为止，FAST 一直在稳定运行，为科学家源源不断地提供海量观测数据。通过这些海量观测数据，科学家已经发现了 300 多颗脉冲星，以及从未被其他望远镜观测到的脉冲星现象。此外，它还探测到多个快速射电暴等。①

2. 卫星通信技术

卫星通信技术是利用人造通信卫星作为中继站进行无线电波的发射和接收，只要在固定轨道上设置三颗通信卫星，就可以将天线波束覆盖全球。它的优点是覆盖范围广，信息传递距离长，可以实现多址通信，一般最大距离可以达到 18000km；具有较宽的频带和较大的通信容量，大部分通信卫星都将微波频带控制在 1G ~ 10GHz，既可以利用较宽的频域高效地建立数千条话路，又可以以 102Mb/s 的速率进行高速数据传送；对于高质量、高稳定性的线路，大部分人造卫星都是在大气层之上固定的，可以有效地减少传输损失，确保无线电波的连续传输，并保持良好的抗干扰能力，减少人为和环境因素对通信节点的干扰。目前，卫星通信技术发展迅速，应用范围越来越广，我国卫星通信技术的发展也日趋成熟。

在卫星通信技术中，卫星通信平台是一种非常重要的应用手段。卫星通信平台的运作主要有两个方面：固定轨道卫星平台和低轨卫星平台。前者的规模要大得多，范围也要大得多。同时，随着卫星技术的不断发展，发射技术也越来越成熟，其技术正朝着高处理技术、大容量、高 G/T 方向发展。在卫星通信技术发展初期，受技术条件的制约，地面站的体积和重量都比较大，而且大多局限在一定的范围之内。凭借科技的进步，地球站变得更小巧、更轻便，而且正朝着轻便的方向发展。目前最小型的地球观测站，正逐渐向智能、人性化的移动终端转变。转发器是人造卫星通信技术中的一个关键环节，它能对卫星的信号进行频率变换和放大。卫星通信转发器在传送时具有很大的应用价值，如在传送时对卫星信号进行再生和调谐，能有效地减少干扰，改善信号的传输品质；分别设计转发器的上下链路，对其所接收的信号进行调谐，可以使得上下链路采用不同的调制方法，减少对地面设备的需求。此外，采用卫星上的转发器，可以动态地分配用户线路的频率、信道、功率等，从而有效地提高微信的资源

① 杜芝茂："中国天眼"的追赶与超越——FAST 建成记．中学科技，2021 年第 9 期。

利用率。①

3. **麦克斯韦**

1831 年，麦克斯韦出生于英国苏格兰。16 岁时，他进入爱丁堡大学学习数学和物理。1854 年，麦克斯韦刚从英国剑桥大学毕业，就读了法拉第的名著《电学实验研究》。这本书是法拉第毕生研究电磁学成果的总结，非常珍贵。但麦克斯韦发现，在这本巨著中，竟然找不到一条数学公式。作为一位理论物理学家，麦克斯韦很清楚，物理学是离不开数学的。牛顿的力学定律、天文学的行星三大定律，都是以公式的形式来概括的。法拉第的电磁学说却没有一条公式，这引起了他的思索。麦克斯韦虽然尊重前辈的成果，但从来不迷信任何权威，他开始从不足的方面去分析法拉第的著作，逐渐意识到，法拉第学说缺乏数学上的高度概括。这位初出茅庐的青年科学家决定献出自己的数学才能，去弥补法拉第学说定性表述的不足。

一年之后，24 岁的麦克斯韦发表了他的第一篇电磁学论文，即《论法拉第的力线》。麦克斯韦通过数学方法，把法拉第关于电流周围存在磁力线这一思想，成功地概括为一个数学方程。法拉第的学说第一次有了定量的表述形式。

麦克斯韦沿着这个方向深入研究下去，并陆续发表了多篇关于电磁学的论文。1865 年，麦克斯韦预言了电磁波的存在，并推导出电磁波的传播速度等于光速，同时得出结论：光是电磁波的一种形式。这一结论揭示了光现象和电磁现象之间的关系。1888 年，德国物理学家赫兹用实验验证了电磁波的存在。

1873 年，麦克斯韦的辉煌巨著《电磁学通论》出版，书中总结了奥斯特、安培、法拉第等人关于电和磁的研究成果，并在此基础上对整个电磁现象做了系统、全面的梳理。麦克斯韦将电磁场理论用简洁、对称、完美的数学形式表示出来，也就是麦克斯韦方程组。整个世界有那么多纷繁复杂的电磁现象，但是没有一个能逃出这个方程组的约束，而且这个简短的方程组还具有美妙的对称性，因此有人称麦克斯韦方程组是物理学史上最美的一组方程。麦克斯韦创立了经典电动力学，预言了电磁波的存在，提出了光的电磁说，是电磁学理论的集大成者。牛顿的经典力学打开了机械时代的大门，而麦克斯韦电磁学理论则为电气时代奠定了基石。②

4. **赫兹**

1857 年，海因里希·鲁道夫·赫兹，出生于德国汉堡。赫兹早在少年时代就被光学和力学实验所吸引，他 19 岁进入德累斯顿工业大学学习工程学，由于对自然科学的爱好，次年转入柏林大学。赫兹 1885 年任卡尔斯鲁厄大学物理学教授，1889 年担任波恩大学物理学教授。赫兹对人类最伟大的贡献是用实验证实了电磁波的存在。

赫兹在柏林大学随赫尔姆霍茨教授学习物理时，受赫尔姆霍茨的鼓励，开始研究麦克斯韦电磁理论。当时德国物理界深信韦伯的电力与磁力可瞬时传送的理论，因此赫兹决定以实验来证实韦伯与麦克斯韦谁的理论正确。为了用实验证实麦克斯韦高深莫测

---

① 徐阳：卫星通信技术及其展望．电子技术（上海），2022 年第 7 期。

② 松鹰：麦克斯韦：谱写了“上帝诗篇”的隐士．科学启蒙，2017 年第 Z9 期。

的电磁场理论，验证电磁波的存在，赫兹精心设计了一个电磁波发生器，对“电火花实验”进行了一系列深入的研究。赫兹用两块边长16英寸的正方形锌板，每块锌板接上一个12英寸长的铜棒，铜棒的一端焊上一个金属球，将铜棒与感应圈的电极相连。通电时，如果使两根铜棒上的金属球靠近，便会看到有火花从一个球跳到另一个球。这些火花表明电流循环不息。而在金属球之间产生的这种高频电火花，即电磁波。麦克斯韦理论认为，由此电磁波便会被送到空间。赫兹为了捕捉这些电磁波，证明它确实被送到了空间，他用一根两端带有铜球的铜丝并把其弯成环状当作检波器。他把这个检波器放到离电磁波发生器10米远的地方，当电磁波发生器通电后，检波器铜丝圈两端的铜球上便产生了电火花。这些火花是怎样产生的呢？赫兹认为，这便是电磁波从发射器发出后，被检波器捉住了；电磁波不仅产生了，而且传播了10米远。正如麦克斯韦预测的一样，电磁波传播的速度等于光速。赫兹的实验成功了，而麦克斯韦理论也因此获得了无上的光彩。1887年11月5日，赫兹发表了一篇题为《论在绝缘体中电过程引起的感应现象》的重要论文。接着，赫兹还通过实验确认了电磁波是横波，具有与光类似的特性，如反射、折射、衍射等，并且做了两列电磁波的干涉实验，同时证实了直线传播时，电磁波的传播速度与光速相同，从而全面验证了麦克斯韦的电磁理论的正确性，并且进一步完善了麦克斯韦方程组，使它更加优美、对称，得出了麦克斯韦方程组的现代形式。此外，赫兹又做了一系列实验。他研究了紫外线对火花放电的影响，发现了光电效应，即在光的照射下物体会释放出电子的现象。这一发现，后来成了爱因斯坦建立光量子理论的基础。

1888年1月，赫兹将这些成果总结在《论动电效应的传播速度》一文中。赫兹的实验结果公布后，轰动了科学界。由法拉第开创、麦克斯韦总结的电磁理论，至此取得决定性的胜利。赫兹的实验不仅证实麦克斯韦的电磁理论，更为无线电、电视和雷达的发展找到了途径。①

5. 高锟

1933年11月4日，高锟出生于上海，他的父亲是一名法官，母亲是一位诗人。他把自己的生活描述为“非常受宠爱，完全受保护”，拥有保姆和家庭教师，他非常喜欢这种生活。据他回忆，父母跟他见面“就好像是每天接见皇室成员那样”。高锟很早就对化学感兴趣，甚至早得有些危险。有一次，他不经意间用酸烧坏了他哥哥的裤子。他在诺贝尔奖的个人传记中说道：“我父母非常愤怒，没收了包括氰化物在内的所有化学药品，我不知道他们将这些东西放在什么地方了。”

高锟在上海长大，后来到中国香港，在香港度过了世界第二次大战后的几年。之后又移居到英国，并在那里上大学，学习电气工程专业。1957年，他从伍尔维奇理工学院获得学士学位，这所学院现在是格林威治大学的一部分。1965年，他获得了英国伦敦大学学院博士学位。他曾在欧洲和美国各地进行研究，这些研究使他成为著名的“光纤之父”。

---

① 钟振奇：电磁波的验证者——赫兹．青苹果，2013年第3期。

20 世纪 60 年代，他在英国哈洛工作，供职于国际电话电报公司（ITT）英国子公司。在这家公司供职期间，他有一个令人惊讶的发现，他称之为一个“非常古老的想法”。2009 年在发表诺贝尔物理学奖获奖感言时，高锟说道：“这个古老的想法就是通过玻璃传输光线——这一技术长期用于娱乐、装饰、短距离传输和手术中。但是，这并没有用在电话的长距离传输中。”高锟解释道：“通过玻璃棒的光线在穿越短短几英尺（1 英尺约 0.3 米）的距离后就消失得无影无踪了。”他与一位同事的新想法是：光的传输可以改进，经过改进足以使现有的铜线通信技术变得过时。1999 年，高锟接受美国有线电视新闻网（CNN）记者的采访时说道：“当时，没有人相信我的观点。研究出比铜线强 1000 倍的东西，前景是很诱人的。一个人年轻之时，对自己相信的事情总是充满热情。”

高锟跟英国工程师乔治·霍克汉姆合作，他们发现如果把玻璃中的杂质去除，光就会以惊人的效率穿过玻璃。玻璃纤维比人类的发丝还要细，制造成本较低。玻璃纤维具有传输大量数据的性能，能够立即将图片、音乐和其他信息发往世界各地。

2009 年，高锟获得诺贝尔物理学奖，瑞典皇家科学院在新闻发布会上表示：“光纤网络已经成为滋养我们这个通信社会的循环系统。如果我们解开盘绕全球的所有玻璃纤维，单根纤维的长度将会超过 10 亿千米，足以绕地球 25000 圈，而且这个长度仍在以每小时数千公里的速度增加。”颁奖时，美国物理学会主席弗雷德里克·迪拉告诉记者：“在过去的半个世纪中，这些发明对人类的影响可能比任何其他发明都更加重大。”高锟希望跟那些将他的研究成果应用于实际通信的人分享荣誉。2004 年，他接受电气和电子工程师协会采访时说：“我是一名工程师，我真正的目的是研究出有用的东西。发明某个东西并不重要，重要的是随后我们如何利用这项发明来提高人们的生活质量。”①

6. 中国北斗卫星导航系统

北斗卫星导航系统技术复杂，可与国外的全球定位系统（GPS）相媲美，在我国社会发展和国防建设方面具有巨大的市场前景。由于 GPS 广泛应用于我们生活的各个领域，我国各个行业甚至国防也越来越依赖 GPS。我国高度重视拥有独立的、完善的国家卫星导航系统，能够在国民经济发展和国家战略安全方面发挥重要作用。

北斗卫星导航系统简单地说，即地面站通过两颗同步卫星向用户发送信号，当用户收到信号后响应信号，两颗同步卫星返回地面站，往返地面站的信号返回地面站。该系统可以确认用户的位置，最后由地面站确认的位置信息通过卫星传输进行定位。北斗二号（北斗卫星导航系统）的研制基于北斗一号（北斗卫星导航测试系统），其主要组成部分是地面段、用户段和空间段，主要使用被动定位技术。北斗三号全球卫星导航系统作为卫星平台空间段，其主要组成部分有中圆地球轨道卫星（24 颗）、地球静止轨道卫星（3 颗）和倾斜地球同步轨道卫星（3 颗）。地面段的主要组成部分有监测站、发射站和主控站。用户终端的主要组成部分有用户终端和其他与北斗兼容的

① 胡德良：高锟（1933—2018）. 世界科学，2018 年第 11 期。

用户终端。在环绕地球的空间段中有三十余颗卫星，至少有四颗或更多卫星可以随时接收地球上的任何一点的信号。绕地球运行的卫星的周期和位置是确定的，如果接收来自地球上任何地方的信号，就可以轻松计算出卫星与用户之间的距离，最后为三维坐标创建等式 X、Y、Z 距离方程，计算结果是用户终端的准确位置。

北斗定位导航技术特点如下：其一，与 GLONASS 系统、GPS 系统进行对比发现，北斗定位导航技术可以提供多种导航信号，并且同时具备 RNSS 业务、RDSS 业务及短报文通信等功能，以确保北斗定位导航技术可以在不同领域中得到广泛应用；其二，根据北斗定位导航技术的目标要求及发展原则，设计出一套由 GEO、IGSO 和 MEO 三种轨道卫星组合而成的混合星座，其中与其他卫星导航系统相比，该星座中卫星数量相对较少，不仅对在轨卫星可靠、完好、连续运行提出了较高要求，还对卫星产品质量提出了较高要求；其三，对于混合星座而言，要不断调整和优化服务区域性能，做好备份策略与发射窗口等设计工作；其四，北斗卫星导航区域系统不仅可以扩展北斗试验系统业务，还可以为北斗全球系统的未来发展奠定良好基础；其五，MEO 轨道卫星可以达到一箭双星发射要求。①

7.5G **移动通信**

从我国移动通信技术的发展来看，已经经历了 2G、3G、4G 时代，目前已经发展到 5G 阶段。就目前而言，要想实现高水平信息化，最主要的就是实现 5G 网络，并且对 5G 网络中的一些关键技术进行突破，同时对未来的发展趋势进行预判。相比以往的移动通信技术，5G 技术无论是在用户体验感，还是信息传播的安全性方面，都有巨大优势。

所谓 5G，就是指第五代移动电话行动通信标准也称第五代移动通信技术。就某种意义而言，5G 网络相较于 4G 有更强的延展性，能够为人们带来更加舒适的使用体验。5G 十分可靠，能够有效提高人们使用移动通信的满意度与安全感，能够满足一些用户高速传输的要求。5G 网络主要有两个场景：其一为互联网，其二为移动互联网。当前 5G 网络不仅对人们的日常生活产生较大影响，而且对各个行业的影响都是不可忽视的，甚至影响到了国家之间的关系。

5G 技术不仅能够给人以全新的体验，而且能够有效提升基础设施的使用效率和性能，为当前各个行业的发展奠定基础。5G 还能带动我国信息技术的发展，加快设备的更新，进一步带动我国经济的发展。就目前而言，5G 网络通信技术已经受到了国家以及全社会的深切关注，不仅我国，其他国家也在加大人力、物力、财力投入，以此加强对该技术的研发，旨在促进经济的发展。物联网的发展和智能化时代的到来，对我国通信技术提出了更高的要求，尤其是大数据时代的到来，提早研发技术，攻破技术难关能够抢占先机，吸引大量人才为之奋斗。当前，5G 技术在我国发展迅速，不仅有效提升了我国综合国力和竞争力，还吸引了大量优秀人才，带动了相关产业的发展，并且形成了一系列产业链，为很多大学生带来了就业机会，这也是我国实现科技强国

① 刘永战，冯阳，李苒：北斗定位导航技术的应用及展望．数字技术与应用，2022 年第 7 期。

梦想的重要基础。此外，5G 技术的突破及发展能为其他行业带来示范效应。

当前，5G 的发展使通信业务较之前更有优势。5G 涉及生活的各个方面，因此在传统基础层面上继续改革与创新升级，能够有效对接个人，并提供无线服务以及各种业务形式。就相关部门调查，5G 网络较 4G 网络所投入的成本大大降低，并且不需要用户承担。所以在 5G 网络通信建设过程中，一定要重视配置的设计。为了进一步提高网络资源的利用率，要根据实际需要进行分配，避免出现浪费现象，从而有效降低成本。就行业发展趋势而言，提速降费已经成为通信技术发展的趋势，而 5G 技术已经在此方面进行探索，并且在最大限度上降低了运营成本，给用户营造了轻松的使用氛围。就当前发展现状而言，高频段的频谱资源利用率仍然不能满足用户需求，而 5G 通信技术可以将无线技术与光载无线组网进行结合，以发挥出高频段的频谱资源优势。科学技术不断发展，光载无线通信等技术的应用前景也十分广阔。

当前，人们的日常生活已经与 5G 紧密相连，并且在一定程度上受到了 5G 通信的影响。由于 5G 的普及，人们已经不再使用 U 盘，而是将所需要的信息上传到云端。云端与传统的硬盘相比，具有很大优势，人们不仅可以利用其储存一些“大”文件，而且减少了硬盘丢失的烦恼，方便了人们的生活。云端储存的速度十分迅速，这与传统存储文件的方式相比，所利用的时间成本大大降低，且提升了效率，为人们的日常生活提供了很大的便利。随着云端的发展，相关领域也受到了很大的推动作用，如远程医疗不仅跨越了时空地域的界限，而且带来极致舒适的体验，带来更多便捷与快乐。

随着 5G 技术的不断进步，其覆盖的面积逐渐增大，即使在一些偏僻的地方，信号都有所增强。一般情况下，最典型的分布式使用方式通常是在室外采用天线技术，其主要是由很多天线单元共同组成。所以，运营商要根据实际情况，时刻监督网络使用状况，最大限度地减少能量的损耗，以保证能量的高效利用，并且可以适当减少用户在使用 5G 通信技术时所产生的成本，提高用户的体验感与舒适度。

随着经济社会的不断发展，人们的生活水平持续提高，对通信技术的要求也在不断提高，这时 5G 移动通信技术的优势逐渐显现出来，其在未来一定会成为新的通信技术标准。自 2G 时代以来，无论哪种移动通信技术，都符合时代的发展，并且起到了一定的推动作用。放眼未来，5G 移动通信技术也必定取得显著成果。现在 4G 通信技术的相关标准依然是可行的，仍然能够满足多数用户的需求，但是其在传输质量与使用的安全性方面存在很多弊端。所以，在研究 5G 移动通信技术时，一定要对其他通信技术进行了解，取其精华，以保证 5G 移动通信技术的优势，在已有的基础上加入一些创新元素，有利于创建更完善的移动通信网络。[①]

8. 中国互联网发展

《中国互联网发展报告（2021）》显示，截至 2020 年年底，中国网民规模为 9.89 亿人，互联网普及率达到 70.4%，特别是移动互联网用户总数超过 16 亿；5G 网络用户总数超过 1.6 亿，约占全球 5G 用户总数的 89%；基础电信企业移动网络设施，特别

① 王明哲：5G 移动通信发展趋势及关键技术研究．智慧中国，2022 年第 2 期。

是5G网络建设步伐加快，2020年新增移动通信基站90万个，总数达931万个；工业互联网产业规模达到9164.8亿元；数字经济持续快速增长，信息技术与实体经济加速融合，规模达到39.2万亿元，总量跃居世界第二。总体来看，2020年，我国互联网行业实现快速发展，网民规模稳定增长，网络基础设施日益完备，产业数字化转型效果明显，创新能力不断提升，信息化发展环境持续优化，数字经济蓬勃发展，网络治理逐步完善，为网络强国建设提供了有力支撑。

2022年1月11日，中国互联网协会在海南召开了2022（第十二届）中国互联网产业年会暨中国好主播年度盛典。会上，中国互联网协会副理事长何桂立发布了“2021年影响中国互联网行业发展的十件大事”。

（1）国家高度重视发展数字经济，加快数字化发展步伐。2021年3月，《中华人民共和国国民经济和社会发展第十四个五年规划和2035年远景目标纲要》发布，对我国互联网发展进行了全方位布局。在此之后，信息化领域“十四五”专项规划陆续出台，就推动数字化发展，建设数字中国作出重要部署。2021年10月，习近平总书记在主持十九届中共中央政治局第三十四次集体学习时进一步强调，要站在统筹中华民族伟大复兴战略全局和世界百年未有之大变局的高度，统筹国内国际两个大局、发展安全两件大事，充分发挥海量数据和丰富应用场景优势，促进数字技术与实体经济深度融合，赋能传统产业转型升级，催生新产业新业态新模式，不断做强做优做大我国数字经济。

（2）《中华人民共和国数据安全法》《关键信息基础设施安全保护条例》《中华人民共和国个人信息保护法》正式实施，全方位保障网络空间安全。2021年，《中华人民共和国数据安全法》《关键信息基础设施安全保护条例》《中华人民共和国个人信息保护法》的实施，为行业提供了更加细致可操作的法律依据和行为规则，进一步夯实了互联网法律体系的制度基础，标志着我国网络安全保障迈入新阶段。

（3）反垄断指南等政策相继出台，App侵害用户权益及互联网市场秩序专项整治行动深入推进，加速互联网企业合规发展进程。2021年2月，《国务院反垄断委员会关于平台经济领域的反垄断指南》正式印发，首次系统回应互联网平台垄断挑战，释放互联网平台不是反垄断法外之地的明确信号。10月，《中华人民共和国反垄断法（修正草案）》（以下简称《反垄断法》）公布，这是我国《反垄断法》自发布以来首次修正，加大了对垄断行为的处罚力度，并有效防止资本无序扩张。与此同时，工业和信息化部持续纵深推进App侵害用户权益治理，并于2021年7月启动了互联网行业专项整治行动。以上一系列法规、专项的实施对压实企业主体责任，营造公平竞争、安全有序的互联网市场环境起到了重要作用。

（4）中共中央办公厅、国务院办公厅印发《关于加强网络文明建设的意见》，营造了清朗的网络空间。当前，国家高度重视网络文明建设。2021年6月，中共中央网络安全和信息化委员会办公室部署开展了“清朗‘饭圈’乱象整治”等一系列专项行动，持续发力净化网络生态。10月，中共中央办公厅、国务院办公厅印发了《关于加强网络文明建设的意见》，进一步推动网络文化实现良性发展，共同营造文明健康的网上精神家园，为网络文明建设提供了遵循、指明了方向。

（5）我国网民总体规模超过10亿，开启数字基建发展新篇章。截至2021年6月，我国网民总体规模超过10亿，庞大的网民规模为加速我国数字新基建建设提供了内生动力。一方面，5G网络建设及应用有序推进，我国已建成全球规模最大的5G独立组网网络。截至2021年11月，我国已累计建成开通5G基站超过139万个，虚拟专网、混合专网超过2300个，加快形成适应行业需求的5G网络体系。另一方面，互联网协议第6版（IPv6）规模部署纵深发展。2021年，我国IPv6网络和终端逐步推进，IPv6“高速公路”全面建成，我国IPv6网络基础设施规模全球领先。

（6）“5G+工业互联网”步入发展快车道，深化融合应用纵横探索。2021年，“5G+工业互联网”发展环境持续向好。一是基础设施支撑能力持续升级。应用于工业互联网的5G基站超过3.2万个；跨行业跨领域工业互联网平台达到15个，具有一定区域和行业影响力的平台超过100家，接入设备总量超过7600万台（套）。二是行业应用水平不断提升。“5G+工业互联网”全国在建项目已超过1800个，覆盖20余个国民经济重点行业和领域，打造了上万个5G应用创新案例。三是技术标准加速落地。5G工业模组作为工业终端的核心器件，通用5G模组标准已初步形成，模组种类不断增加、市场价格持续下降，为大规模应用铺平了道路。“5G+工业互联网”的融合发展将进一步深化拓展工业5G应用，赋能实体经济数字化、网络化、智能化转型升级。

（7）我国企业积极构建开放创新的开源生态体系，推动深度信息技术创新发展。2021年，我国企业积极构建开源平台，百度飞桨在中国深度学习平台市场中的综合份额持续增长，跃居第一。根据GitHub统计，中国开发者已成为全球最大规模的开发者群体。在操作系统方面，2021年，华为正式发布Harmony OS2.0鸿蒙手机操作系统和欧拉数字基础设施操作系统，实现统一操作系统支持多设备，应用一次开发覆盖全场景。开源创新体系和全新操作系统对推动我国深度信息技术创新具有重大战略意义。

（8）我国正式申请加入《数字经济伙伴关系协定》（DEPA），驱动数字贸易快速发展。当前，在数字经济高速发展的背景下，各国普遍认识到数字贸易的巨大潜力和重要性，我国以开放的态度积极参与全球数字经贸规则的制定。2021年10月，商务部等24部门发布《“十四五”服务贸易发展规划》，首次将“数字贸易”列入服务贸易发展规划，明确未来一个时期我国数字贸易发展的重点，并为数字贸易示范区的建设指出了明确路径。11月，我国正式申请加入《数字经济伙伴关系协定》（DEPA），愿与各方合力推动数字经济国际合作，共同促进数字经济创新与健康有序发展。

（9）数字技术赋能行业低碳转型，助力实现碳达峰、碳中和。当前，全球气候变化形势日益严峻，我国碳达峰碳中和目标在全球气候治理中意义重大。2021年3月，习近平总书记在主持召开中央财经委员会第九次会议发表重要讲话时强调，实现碳达峰、碳中和是一场广泛而深刻的经济社会系统性变革，要把碳达峰、碳中和纳入生态文明建设整体布局，拿出抓铁有痕的劲头，如期实现2030年前碳达峰、2060年前碳中和的目标。11月，工业和信息化部、人民银行、银保监会、证监会联合发布《关于加强产融合作推动工业绿色发展的指导意见》；同月，工业和信息化部印发《“十四五”

工业绿色发展规划》。在政府的引导下，数字技术将持续助力工业数字化、智能化、绿色化融合发展，为我国实现碳达峰、碳中和目标提供重要支撑。

（10）适老化服务和乡村振兴建设全面推进，助力跨越“数字鸿沟”。2021年以来，国家全力推进适老化改造。1月，工业和信息化部“互联网应用适老化及无障碍改造专项行动”正式启动；4月，工业和信息化部部署进一步抓好互联网应用适老化及无障碍改造专项行动实施工作，工业和信息化部发布《互联网网站适老化通用设计规范》和《移动互联网应用（App）适老化通用设计规范》。在促进解决乡村“数字鸿沟”问题方面，国家持续助力乡村数智化转型，《数字乡村建设指南1.0》于2021年7月正式发布。总体来看，工业和信息化部将平稳有序推进工作落地，多措并举扎实助力全社会跨越“数字鸿沟”。①

9. 莫尔斯和电报

1832年秋天，在大西洋中航行的一艘邮船上，美国医生杰克逊给旅客们讲述了电磁铁原理。旅客中41岁的美国画家莫尔斯被深深地吸引了，并牢牢记住了电磁铁原理。他联想到自己所看到的法国信号机体系，每次只能凭视力所及传讯数英里而已。如果用电流传输电磁讯号，不是可以在瞬息之间把消息传送至数千英里之外吗？从那以后，他毅然改行投身于电学研究领域。从此，莫尔斯的生活发生了根本的转变。

1791年莫尔斯出生在美国一个牧师家庭。他青年时研究绘画和雕刻，担任过若干艺术团体的负责人职务。正是那次偶然机会，他抛却了铺着荣誉地毯的艺术之路，转向尚处于“幼年时代”的电学，冒着失败的风险，在崎岖不平的科技之峰上努力攀登。在试制电报机的过程中，莫尔斯的生活极为困苦，有时甚至挨饿，他节衣缩食，用于购置实验用具。1836年，他不得不重操艺术家的旧业，以解决生计问题，但始终没有中断研究工作。经过坚持不懈的努力和友人的帮助，莫尔斯终于获得了成功。

莫尔斯从流动的电流在电线突然截止时会迸出火花这一事实中得到启发，“异想天开”地认为：如果将电流截止片刻发出的火花作为一种信号，电流接通而没有火花作为另一种信号，电流接通时间加长又作为一种信号，这三种信号组合起来，就可以代表全部的字母和数字，文字就可以通过电流在电线中传到远处了。经过几年的研究，1837年，莫尔斯设计出了著名且简单的电码，被称为莫尔斯电码，它以“点”“划”和“间隔”（实际上就是时间长短不一的电脉冲信号）的不同组合来表示字母、数字、标点和符号。

1844年5月24日，在华盛顿国会大厦联邦最高法院会议厅里，众多科学家和政府官员聚精会神地注视着莫尔斯。莫尔斯亲手操纵着电报机，随着一连串的“点”“划”信号的发出，远在64千米外的巴尔的摩城收到由“嘀”“嗒”声组成的电报，这也是世界上第一份电报。②

10. 贝尔和电话

贝尔，全名亚历山大·格拉汉姆·贝尔，美国发明家、企业家、电话的发明者。

---

① 中国互联网协会：2021年影响中国互联网行业发展的十件大事．互联网天地，2022年第1期。

② 白秀娟：电报的发明．物理教学探讨，2009年第2期。

1847 年 3 月 3 日，贝尔出生于苏格兰爱丁堡，并在那里接受了初等教育。1870 年贝尔移民到加拿大，一年后来到美国，于 1882 年加入美国国籍。贝尔本人是一个声学生理学家和聋哑人语教师。在他之前，德国人菲利普·雷斯曾发明过一台电话机，但其传声效果极坏，实际上无法被使用。1876 年 3 月 10 日，贝尔与他的同事试验了世界上第一台可用的电话机。

电报的发明，把人们想要传递的信息以每秒 30 万千米的速度传向远方。这是人类信息史上划时代的创举。但久而久之，人们又有点不满足了。因为发一份电报，需要先拟好电报稿，然后再译成电码，交报务员发送出去。对方报务员收到报文后，要先把电码译成文字，然后投送给收报人。这不仅手续繁多，而且不能及时地进行双向信息交流，要得到对方的回电，还需要等较长的时间。

贝尔的祖父毕生都从事聋哑人的教育事业，受家庭影响，贝尔从小就对声学和语言学有浓厚的兴趣。起初，他的兴趣是在研究电报上。有一次，当他在做电报实验时，偶然发现了一块铁片在磁铁前振动会发出微弱声音的现象，他还发现这种声音能通过导线传向远方。这给贝尔以很大的启发。他想，如果对着铁片讲话，是不是也可以引起铁片的振动。这就是贝尔关于电话的最初构想。

贝尔发明电话的想法得到了当时著名的物理学家约瑟夫·亨利的鼓励。在亨利的鼓舞下，贝尔开始了实验。有一次，他不小心把瓶内的硫酸溅到自己的腿上，他疼痛地喊叫起来："沃特森先生，快来帮我啊！"想不到，这句极为普通的话，竟成了人类通过电话传送的第一句话。正在另一个房间工作的贝尔的助手沃特森，是第一个从电话里听到电话声音的人。贝尔在得知自己试验的电话已经能够传送声音时，热泪盈眶。当天晚上，他在写给母亲的信中预言："朋友们各自留在家里，不用出门也能互相交谈的日子就要到来了！"当时贝尔 28 岁，沃特森 21 岁。他们趁热打铁，经过半年的改进，终于制成了世界上第一台实用的电话机。①

11. LIGO 与引力波

2017 年 10 月 3 日，瑞典皇家科学院宣布，2017 年诺贝尔物理学奖的一半授予雷纳·韦斯，另外一半授予巴里·巴里什和基普·索恩，以表彰他们为激光干涉引力波天文台以及引力波的观测所做出的决定性贡献。

2002 年，激光干涉引力波天文台（LIGO）正式启动，13 年后探测到代号为 GW 150914 的引力波。事实上，在这个引力波到达两天前，升级后的 LIGO 刚开始运作，9 月 14 日恰好捕捉到它，这是人类第一次直接探测到引力波。波是某种振动的传播，如水波、声波等。顾名思义，引力波就是引力的波。引力波超越了牛顿引力理论。三百多年前，牛顿说，任何两个有质量的物体之间存在万有引力，而且这个引力是瞬时的。也就是说，物体之间引力的传递不需要时间。牛顿解释了为什么地球围绕太阳转，为什么树上的苹果会落地。然而爱因斯坦 1905 年创立的狭义相对论指出，任何信号的传递不可能超过光速，时间和空间是一个整体，称为时空。在相互匀速运动的不同观察

---

① 闫建文：贝尔：电话之父．智慧中国，2017 年第 11 期。

者看来，同一事件的时间坐标和空间坐标都不一样，但是总的时空间隔保持不变。十年之后，爱因斯坦又将引力纳入相对论的框架，创立了广义相对论，指出万有引力就是时空的弯曲，由此决定了物质的运动。用美国著名物理学家约翰·惠勒的话说："物质告诉时空如何弯曲；弯曲的时空告诉物质如何运动。"

1916 年，爱因斯坦根据广义相对论，预言了引力波。引力源质量分布的改变，导致它对其他物体引力的改变，这种改变以光速传播开来，就是引力波。既然引力是时空弯曲，那么引力波也就是"时空的涟漪"，即时空弯曲情况随时间变化，在空间传播。引力波到达之处，在垂直于传播方向的平面上，任何长度都会振荡，而且在互相垂直的任意两个方向上步调相反。这些都是广义相对论的预言，所以引力波的观测也就验证了广义相对论。

LIGO 的探测原理基于激光干涉。LIGO 包括两个同样的探测器，它们相距 3002 千米，分别位于美国华盛顿州与路易斯安那州。两个探测器共同工作，可排除其他信号，比如地震。引力波探测器是一个巨大的迈克尔逊干涉仪，有两个互相垂直的、约 4000 米长的臂，构成 L 形。一束激光分成两束，分别进入两臂。在每个臂中，激光被两端的镜子来回反射多次。最后两束激光叠加起来，这就是干涉。干涉的光强决定于两臂长度差，所以用来测量两臂长度差。引力波经过探测器时，每个臂的长度会时长时短地振荡，而且步调相反，一个臂变长时，另一个臂变短，所以两臂长度差也在振荡，从而激光干涉的光强也在振荡。由此就可以反推出引力波的性质。

2016 年 2 月 12 日，LIGO 合作组宣布，他们于 2015 年 9 月 14 日探测到了引力波。这个引力波来自一个质量为 36 个太阳质量的黑洞与一个质量为 29 个太阳质量的黑洞的碰撞，然后合并为一个质量为 62 个太阳质量的黑洞，失去的 3 个太阳质量转化为引力波的能量。"太阳质量"是天体质量的单位，所谓 1 个太阳质量，就是它的质量等于太阳的质量。2015 年 12 月 26 日和 2017 年 1 月 4 日，LIGO 又先后两次探测到黑洞合并产生的引力波。2017 年 9 月 27 日，LIGO 和靠近意大利比萨的引力波天文台 VIRGO 共同宣布，8 月 14 日，LIGO 和 VIRGO 共同探测到另一次黑洞合并产生的引力波。①

12. 模拟信号与数字信号

近百年以来，无论是有线相连的电话，还是无线发送的广播电视，很长时间内都是用模拟信号来传递信号的。在传统的电话通信中，线路中传送的电信号是随着用户声音大小的变化而变化的。这个变化的电信号无论是时间上，还是幅度上都是连续的。即先把信息信号转换成几乎与它"一模一样"的波动的电信号（因此叫作"模拟"），再通过有线或无线的方式传输出去，电信号被接收下来后，通过接收设备还原成信息信号，这种信号称为模拟信号。"模拟"是对我们生活实体的一种表达方式。比如你在看一本书，白纸黑字映入你的眼帘，你的大脑就会有反应，你从书中知道了一些东西，我们说印在纸上的字是一种"模拟"。与此相类似，你用笔在纸上记下的一个电话号码或是写下的一首诗歌，还有刻在石头上的碑文，这些都是"模拟"。除了文字以外，我

① 施郁：了解引力波：让我们从 13 亿年前谈起．中学物理教学参考，2017 年第 12 期。

们在生活中见到的许多东西，比如一幅风景画，在电视上或电影屏幕上看到的孩子们欢笑的场景，在电话里听到的朋友的声音等，都属于“模拟”。“模拟”需要载体（或是信息的存储媒体），比如一张写字的白纸，一盒保存影像的胶卷。“模拟”需要工具，比如你有一台电视机，那么电视机的荧光屏和喇叭都属于模拟设备。“模拟”需要传播方式，比如你可以和一个十几米外的朋友说话，但是如果你的朋友在几百千米以外，你就不得不需要电话了。电话网通过“一模一样”的模拟将你的声音传到了几百千米甚至几千千米以外。

20 世纪 70 年代后，人们逐渐掌握了利用数字信号进行通信。近年来数字技术高速发展，当今社会已是名副其实的数字时代。类似于“模拟”，数字也是我们对生活中实物的一种表达方式。数字信息的最小度量单位叫作“比特”，有时也叫“位”，即二进制的一位。在媒体中传输的讯号是以比特的电子形式组成的数据。“比特”是一种存在的状态：开或关，真或伪，上或下，入或出，黑或白。出于实用的目的，我们把“比特”想成 1 或 0。除了“比特”，我们还经常遇到几个数字信息度量单位。字节，是一种比“比特”更抽象更高级的度量单位，一般来说，一个字节有 8 位，即 8 个比特。还有三个缩写，“K”“M”和“G”。1K = 1024，在中文里我们通常叫它“千”；1M = 1024 ×1K，在中文里我们通常叫它“兆”；1G = 1024 ×1M，在中文里我们通常叫它“千兆”或者“吉”。比特（位）通常用于数据在网络上的传输，如我们一般说这条电话线一秒钟可以传送 9600 比特的二进制流，而不是说 1200 字节。字节通常用于数据的存储系统，如这个文件的大小是 2M，这里指的是字节而不是比特，再如 1.44M 软盘、20G 硬盘指的也是字节。数字通信就是指用数字信号作为载体来传输信息，或者用数字信号对载波进行数字调制后，再进行传输的通信方式。电报信号属于数字信号。现在最常见的数字信号是幅度取值，有两种波形（用“0”和“1”代表），称为“二进制信号”。

在模拟电话通信系统中，传输的是模拟信号。发送端讲话时，通过送话器把声能转化为电能。线路上传输的是幅度大小或频率高低随讲话声波而连续变化的信号，模拟信号传送到对方后，再由受话器把电能转化为声能，还原为原来的声音。在数字电话通信系统中，发话一方先把语音声波，变为电的模拟信号，即“声/电”转换，然后，将模拟信号变为数字信号，即“模/数”转换。在线路中传输的通常是二进制数字信号。对方接收电话时，则反过来，先进行“数/模”转换，把数字信号变为模拟信号，然后再进行“电/声”转换，把电的模拟信号还原成语音声波，这就是数字电话的基本原理。

模拟通信的缺点：一是保密性差。模拟通信，尤其是微波通信和有线明线通信，很容易被窃听。只要收到模拟信号，就容易得到通信内容。二是抗干扰能力弱。电信号沿线路传输过程中，会受到外界和通信系统内部的各种噪声干扰，噪声和信号混合后难以分开，从而使通信质量下降。线路越长，噪声的积累也就越多。模拟通信的优点是：直观且容易实现。数字通信的缺点是：占用频带较宽；技术要求复杂，尤其是同步技术要求精度很高；进行“模/数”转换时会带来量化误差。数字通信的优点是：

一是抗干扰的能力特别强，它不但可以用于通信技术，还可以用于信息处理技术。目前时髦的高保真音响、高清晰度电视、VCD、DVD激光机都采用了数字信号处理技术。二是可构建综合数字通信网。我们现在使用的电子计算机都是数字的，它们处理的信号就是数字信号。在通信上使用数字信号，就可以很方便地将计算机与通信结合起来，将计算机处理信息的优势用于通信事业。如现在的电话通信中采用了程控数字交换机，用计算机来代替接线员的工作，不仅接线迅速准确，而且占地小、效率高，省去不少人工和设备，使电话通信产生了一个质的飞跃。三是数字信号便于存储。现在流行的CD和MP3唱盘，VCD和DVD视盘及电脑光盘都是用数字信号来存储信息的。此外，数字通信还可以兼容电话、电报、数据和图像等多类信息的传递，能在同一条线路上传送电话、有线电视、计算机等多种信息。数字信号还便于加密和纠错，具有较强的保密性和可靠性。①

① 许浩：模拟信号与数字信号．初中生世界（九年级物理），2006年第11期。

第十八章　能源与可持续发展

一、课标分析

（一）课标要求

本章内容对应2022年版课标课程内容一级主题“能量”下的二级主题“能量、能量的转化和转移”“能量守恒”“能源与可持续发展”的内容，涉及的学科内容与日常生活和自然现象联系密切。课标要求如下：

3.1.1　了解能量及其存在的不同形式。能描述不同形式的能量和生产生活的联系。

例1　列举几种与生活密切相关的能量。

3.1.2　通过实验，认识能量可以从一个物体转移到其他物体，不同形式的能量可以相互转化。

例2　列举生活中能量转移和转化的实例。

3.1.3　结合实例，认识功的概念。知道做功的过程就是能量转化或转移的过程。

活动建议：

（1）列举太阳能在地球上转化为其他形式能量的实例。

（2）讨论人在滑滑梯过程中能量转化的情况。

3.5.1　知道能量守恒定律。列举日常生活中能量守恒的实例。有用能量转化与守恒的观点分析问题的意识。

3.5.2　从能量转化和转移的角度认识效率。

3.5.3　列举能量转化和转移具有方向性的常见实例。

活动建议：

（1）查阅资料或访问农机、汽车维修等专业人员，了解内燃机中燃料燃烧所释放热量的去向，讨论提高效率的可能途径。

（2）调查当地主要炉灶的能量利用效率，写出调查报告。

3.6.1　列举常见的不可再生能源和可再生能源。

3.6.2　知道核能的特点和核能利用可能带来的问题。

例1　了解处理核废料的常用方法。

3.6.3　从能源开发与利用的角度体会可持续发展的重要性。

例2　了解太阳能、风能、氢能等能源的开发对可持续发展的意义。

活动建议：

(1) 查阅资料，举办小型研讨会，讨论能源利用带来的环境影响，如大气污染、酸雨、温室效应等，探讨可采取的应对措施。

(2) 查阅资料，了解我国新能源汽车的发展概况。

(3) 了解有关提倡低碳生活的信息，调查当地使用的主要能源及其对当地经济和环境的影响，提出开发当地可再生能源的建议。

(4) 查阅资料，了解受控核聚变（人造太阳）的研究进展，了解我国在这方面的研究成就。

（二）课标解读

将课标要求与核心素养的要求进行对比理解，课标中的3.1.1、3.1.2和3.1.3强调了对学生物理观念和科学思维素养的要求，又有对学生科学探究素养的要求。要求学生有基本的能量观，了解能量及其存在的不同形式。通过实验，认识能量概念，知道它可以从一个物体转移到其他物体，不同形式的能量可以相互转化。结合实例，认识功的概念。知道做功的过程就是能量转化或转移的过程。利用所学知识进行合理的科学推理，质疑创新，能描述不同形式的能量和生产生活的联系。

课标中的3.5.1、3.5.2和3.5.3强调了对学生物理观念素养的要求，又有对学生科学态度与责任素养的要求。要求学生有基本的能量观，知道能量守恒定律。列举日常生活中能量守恒的实例。列举能量转化和转移具有方向性的常见实例。“从能量转化和转移的角度认识效率”是对学生科学本质观要求的体现，“有用能量转化与守恒的观点分析问题的意识”则是对学生的科学态度与社会责任的要求。

课标中的3.6.1、3.6.2和3.6.3强调了对学生物理观念素养的要求，又有对学生科学态度与社会责任的要求。要求学生有基本的能量观，列举常见的不可再生能源和可再生能源，知道核能的特点和核能利用可能带来的问题。“从能源开发与利用的角度体会可持续发展的重要性”则是对学生的科学态度与社会责任的要求。

二、教材分析

（一）各版本教材对比

六个版本教材中，有五个版本教材将能源与可持续发展内容安排在九年级，北师大版教材将能源与可持续发展部分内容放在八年级，还有部分内容放在九年级，章节安排如表18－1所示。

（二）苏科版教材单元内容概述

苏科版教材中，本章内容安排在九年级下册第十八章。本章内容与生活联系紧密，教材的编排强调“从生活走向物理，从物理走向社会”。本章教材编写有两条线索：一条线索为“能源与社会”，展开的顺序依次为“能源利用与社会发展”（第一节）、“开

表 18－1　各版本教材章节安排

教材版本	章次	节名称
人教版	第二十二章 第十四章	能量的转化和守恒；能源；核能；太阳能；能源与可持续发展
北师大版 （北京版）	第七章 第十四章	内能　能量转化；燃料　能源与环保；微观世界的结构
教科版	第十一章	能量守恒定律；能量转化的方向性和效率；能源；核能；能源开发与可持续发展
沪粤版	第二十章	能源和能源危机；开发新能源；能的转化与能量守恒；能源、环境与可持续发展
沪科版	第二十章	能量的转化与守恒；能源的开发和利用；材料的开发和利用
苏科版	第十八章	能源利用与社会发展；核能；太阳能；能量转化的基本规律；能源与可持续发展

发新能源”（第二节“核能”）、“太阳能”（第三节）及“能源与可持续发展”（第五节）；另一条线索为“能量转化及其规律”，展开的顺序为“能量的转化与转移”（有关内容分布在各节）、“能量转化的基本规律”（第四节）和“能量转化与效率”（第五节“能源与可持续发展”）。

本章教学重点：自然界中的一切发展变化都伴随着能量的转化和转移，而在转化和转移的过程中，能量的总量始终是不变的。帮助学生建立能量守恒的观念，是正确认识自然和利用规律改造自然的基础和前提。因此，能量守恒定律是本章的重点。

本章教学难点：学生虽然对原子的结构有所认识，但对链式反应、核聚变反应仍然感到抽象。因此，核裂变、核聚变是本章的难点。本章知识体系如图 18－1 所示。

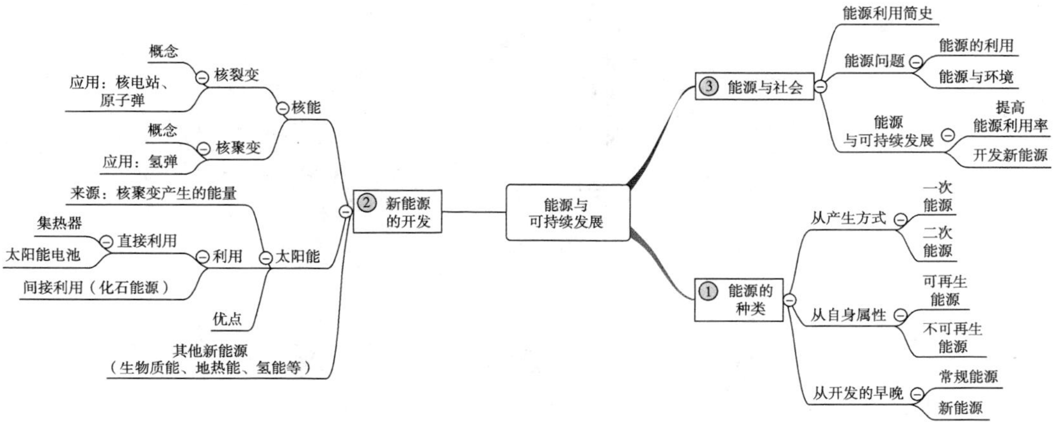

图 18－1

三、教学建议

（一）单元教学思路

本章内容与生活、科技和社会的联系十分紧密，与其他学科的内容相互交叉。故本章无论是教学材料的选取，还是活动的设置，都力图体现“从生活走向物理，从物理走向社会”的基本课程理念，旨在引导学生关心科学与技术发展的进展，增强可持续发展的意识，树立正确的科学观，有将科学技术服务于人类的使命感与责任感。在教学内容呈现上重视科学探究。

值得注意的是，本章除了“实验探究”外（如“活动 18.3　滴水实验”），主要借助文献资料进行探究。教材中的“活动 18.1　发表你的观点”“活动 18.2　了解太阳能及其转化”以及课后练习中的有关问题旨在为学生开展科学讨论和辩论提供机会，引导学生关注个人和社会所面临的具有挑战性的问题，通过各种途径收集有关资料，对“科学、技术和社会”以及“利益与风险”等问题，形成自己的见解。

鉴于本章涉及面广、综合性强，且从知识角度看教学要求不高，因此教材多采用提纲挈领、以图代文、设置问题的方式，给教学留下更多选择的余地和发挥的空间。本章教学可更多地采用“材料准备交流讨论”模式，即引导学生在课前围绕有关主题（或问题），通过多种途径收集资料，师生一起将所收集的资料进行整合，课堂上学生与学生、学生与教师进行交流与讨论。操作程序：师生收集资料—师生整合资料—讨论与交流—评价与总结。

（二）课时教学建议及教学方式

本章课时教学建议及教学方式如表 18－2 所示。

表 18－2　课时教学建议及教学方式

节次	建议课时数	教学方式
第一节	1 课时	实验探究法、讨论法等
第二节	1 课时	实验探究法、讨论法等
第三节	1 课时	实验探究法、讨论法等
第四节	1 课时	实验探究法、讨论法等
第五节	1 课时	实验探究法、讨论法等

（三）课例示范

第一节　能源利用与社会发展

【设计意图】

本节课的内容包括人类利用能源的简史和目前能源的利用情况，能源的分类，能源与人类生活、社会发展的关系。

首先，通过小实验“发射土火箭”来激发学生学习本节课的热情。然后请学生挑战三个任务，即“水和鸡蛋变热”“小汽车动起来”“小灯泡亮起来”，使学生对能源有感性认识，再通过教师的引导（这些能源从哪儿来）理解能源的利用过程就是能量转移和转化的过程，通过对几张图片的排序来了解人类利用能源的历史。其次，学生自学教材83页的“生活·物理·社会”中能源的分类内容，对能源按照不同标准进行分类。最后，演示酒精和煤的燃烧，让学生了解化石能源对环境的影响以及我国能源利用的现状。提出既要开发新能源，又要节约能源，学生小组讨论目前有哪些新能源，它们都有什么应用。教师演示应用风能、水能和太阳能的小实验，鼓励学生创造小发明、小专利，进行爱国主义教育。

本节课要突破的难点是结合能源利用的发展，认识能量及其转化。方法是让学生亲自动手实验来感受能量，思考能量从何而来。

【教学目标】

（1）初步了解人类开发、利用能源的历史，能通过具体的实例说出能源与人类生存和社会发展的关系。

（2）通过实例认识能量可以从一个物体转移到另一个物体，不同形式的能量可以相互转化。

（3）了解什么是能源。能列举常见的不可再生能源和可再生能源。

（4）培养学生的观察和动手能力，培养学生的分析归纳和语言表达能力，发展学生的逻辑思维能力。

（5）初步认识科学及相关技术对人类社会发展的影响，有将科学服务于人类的展望。

【教学重难点】

教学重点：了解能量可以转移和相互转化。
教学难点：不可再生能源和可再生能源的特点。

【实验器材】

试管、水、小汽车、斜面、灯泡、电池、导线等。

【教学流程图】

本节教学流程如图18－2所示。

【教学设计】

本节教学设计如表18－3所示。

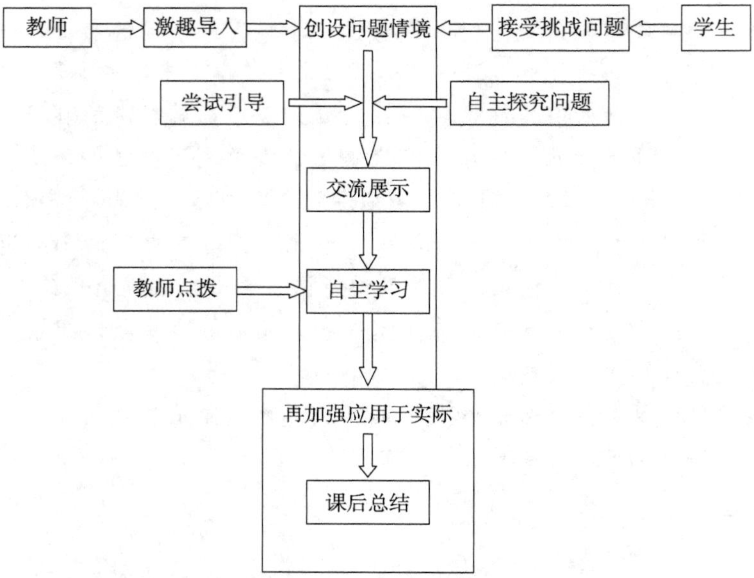

图 18-2

表 18-3　第一节教学设计

教师活动	学生活动	设计意图
一、引入 小实验：土火箭。		通过有趣的实验激发学生的学习兴趣。
二、新课教学 （一）能源的利用 （1）我们来挑战： ①如何能使水和鸡蛋变热？ ②如何能使小汽车动起来？ ③如何能使小灯泡亮起来？	（1）学生分组讨论实验方案，并动手操作，思考其中涉及了什么能源。	让学生感受能源，引导学生说出其中的能量转移和转化。
（2）在学生展示实验的基础上，说出其中涉及什么能源以及能量的转移和转化。	（2）实验成功的小组上来展示，说出其中涉及什么能源，这些能源从何而来。	让学生对能源有感性的认识，并了解利用能源的过程是能量转移和转化的过程。
（3）展示“钻木取火”“化石能源”“电能”“核能”几张图片，请学生排序，说出每一种新能源的出现对社会发展的意义。	（3）学生小组讨论能源利用的历史和每一种能源的出现对社会的影响。	刚做的三个小实验就是人类利用能源的历史的缩影。每一种新能源的出现都标志着一个新时代的到来。
（4）你们知道还有哪些能源？	（4）学生说出很多能源：煤、石油、天然气、风能、水能、海洋能、潮汐能、核能、太阳能等。	

续　表

教师活动	学生活动	设计意图
（5）能源的分类。 学生自学教材83页的“生活·物理·社会”中的关于能源的分类。	（5）学生以小组为单位进行讨论，按照不同的标准对能源进行分类，并在小组间交流展示。	老师可适当点评。
（二）社会的发展 1. 开发新能源 演示实验：酒精和煤的燃烧对比。 我国目前能源利用的现状，即人均占有量小，石油等能源还需要依赖进口，因此迫切需要开发新能源。 请学生说说都了解哪些新能源？它们应用在哪些领域？	学生观察对比哪一种能源更好，思考为什么更好？生活中我们最希望使用什么样的能源？ 学生分小组讨论，说出目前自己所了解的新能源及其应用，或者谈谈自己的设想。	对学生进行爱国主义的教育。
演示： （1）风力灯； （2）水能电子钟； （3）太阳能小车。		鼓励学生制作小发明，勇于创造，大胆想象，动手试试。
2. 节约能源 目前，化石能源还无法被取代，我们必须节约能源。 假如你是南京市市长，在节约能源方面，你有哪些节能措施呢？	学生小组讨论假如自己作为南京市市长，应采取哪些节能措施。	鼓励学生大胆设想。
三、课堂小结 请学生说一说本节课的收获。		

第二节　核能

【设计意图】

本节课学生初次接触到核知识，核能、裂变、聚变、链式反应等这些深奥的概念，在学生头脑里几乎是一片空白。为了突破教学难点，调动学生学习的积极性，教师可运用影像资料把抽象的概念和直观的现象结合起来，这种图文并茂的讲解更容易使学生理解。关于原子弹的爆炸及其给人们带来的灾害，可以让学生自己查找资料去了解这方面的信息，并及时指导学生掌握核武器的防护要领。为了突出教学重点，应该让学生侧重了解在和平时期核能的利用，以及通过讨论的形式谈一谈我国未来核能的发展。联系我国在核能与核技术开发应用领域取得的成绩，加强对学生的爱国主义教育，启发他们树立为祖国现代化建设事业贡献力量的理想。

【教学目标】

(1) 了解原子和原子核的组成。

(2) 了解裂变、链式反应、聚变的大致情况和原子弹、氢弹的制造原理，以及核反应堆的作用。

(3) 了解研究可控核聚变的重大意义。启发学生想象人类开发利用核能的美好前景，激发学生努力学习科学技术的热情。

【教学重难点】

教学重点：了解核裂变和链式反应，核聚变的原理以及如何利用核能更多地给人类造福。

教学难点：原子核裂变和链式反应，核聚变的原理。

【教具学具】

原子和原子核的挂图，链式反应的挂图（幻灯片或课件显示原子、原子核的结构和链式反应的情况）。

【教学设计】

本节教学设计如表 18 – 4 所示。

表 18－4　　第二节教学设计

情境	教师活动	学生活动	设计意图
引入新课。	展示原子弹爆炸的挂图，或课件播放原子弹的爆炸实况。 原子弹利用了一种新的能量——核能。 有同学能够说说原子弹的威力吗？ 科学家通过对放射现象的研究，认识到原子核内还有结构，利用高速粒子轰击原子核时发现原子核是可以改变的，在某些改变中会释放大量的能量，这就是核能。	物质由分子组成，分子可以分成原子，原子再划分下去又是什么呢？原子核可以再分吗？原子核可以改变吗？	用趣味教学法讲课，能够立刻抓住学生的学习欲望，使学生积极、主动地参与到探究活动中。
进行新课。	1. 核能及核能获得的途径 由于原子核的变化而释放的巨大能量叫作核能，也叫原子能。 科学家经过实验发现获取核能有两条途径：一种是原子核的裂变，一种是原子核的聚变。 2. 重核的裂变 展示铀核的裂变挂图或课件，结合图片讲解： 用中子轰击铀 235，使其变成两个中等大小的原子核，这种现象叫作裂变。 在铀核裂变时有巨大的能量放出（核能），使裂变产物以很大的速度向相反方向飞开（核能—动能），与周围分子相碰，使分子运动加快（内能）。 裂变释放的能量十分巨大，1kg 的铀 235 全部裂变释放的能量相当于 2500 吨的煤完全燃烧放出的能量。	学生阅读教材资料了解什么叫核能。 了解获取核能的途径有哪些。 给出煤的热值，计算 1kg 的铀 235 全部裂变释放的能量相当于多少焦耳？	核能、裂变、聚变、链式反应等概念较抽象、深奥，学生不易理解。让学生观看影像资料，把抽象的概念和直观的现象结合起来，这种图文并茂式的教学方式效果更好。 让学生自己查找网络资料去了解核能的威力及其对人类造成的危害，并注意指导学生掌握核武器的防护要领。

续 表

情境	教师活动	学生活动	设计意图
进行新课。	铀 235——质量数为 235 的铀元素，只有在中子的轰击下才能发生裂变，放出核能，那么是不是要不断地从外界提供中子，才能维持铀核的不断裂变呢？ 教师展示链式反应的挂图讲解。 铀 235 核在受到中子的轰击后，裂变成 2 个差不多大小的新粒子的同时，还释放出 2～3 个新中子，这 2～3 个中子又去轰击其他铀 235 核，引起 2～3 个新铀核裂变，又各放出 2～3 个中子，这些中子又去轰击更多的铀核发生裂变……随着一个铀核裂变的发生，会引起越来越多的铀核发生裂变。这样，裂变就不断地自行持续下去，这种现象叫作链式反应。 如果对裂变的链式反应不加控制，在极短的时间内就会引起大量的铀核发生裂变，释放出巨大的核能，发生猛烈的爆炸。原子弹就是根据这个原理制成的（如图 18－3 所示）。原子弹爆炸后升起的蘑菇云就是原子弹爆炸时释放的巨大核能产生的高温高压气体向外扩散时所升起的蘑菇状烟云，其上升的高度可达几百米，其破坏力和杀伤力都是巨大的。  **图 18－3**		为了让学生侧重了解和讨论在和平时期核能的利用，教师应注重点拨我国在此方面还属于技术滞后状态，这更需要大家好好学习知识，掌握技能去发展它，早日赶上并超过世界强国。

续 表

情境	教师活动	学生活动	设计意图
进行新课。	但是如果我们能够控制裂变链式反应的速度，使核能缓慢地、平稳地释放出来，就能够代替化石燃料进行和平利用。能够缓慢地、平稳地释放裂变产生的核能的装置叫作核反应堆。人们已经成功地生产出各种规格的核反应堆，它是核潜艇、核动力破冰船、核电站等设施的核心部件。 3. 轻核的聚变 科学家们在对核反应的研究中还发现，两个较轻的原子核结合成一个较重的原子核时，也能释放出核能，这种现象叫作聚变。 由于聚变必须在极高的温度和压强下进行，所以也叫热核反应。例如把一个氘核（质量数为 2 的氢核）和一个氚核（质量数为 3 的氢核）在高温、高压的环境下结合成一个氦核时，就会释放出核能。氢弹就是利用这个原理制成的。氢弹的威力比原子弹要大得多，氢弹爆炸后也会升起蘑菇云，比原子弹的威力要大几十倍。 4. 核能的利用 我们最熟悉的太阳内部就在不断地进行着大规模的核聚变反应，由此释放出的巨大核能以电磁波的形式从太阳辐射出来，地球上的人类自古以来，每天都在享用着这种聚变释放出的核能。 人们现在还不能像控制裂变那样有效地、随心所欲地控制聚变反应，关于和平利用聚变所释放的核能，目前世界上不少国家都在积极研究		

续 表

情境	教师活动	学生活动	设计意图
进行新课。	聚变的人工控制并已取得了一定的进展。我国在这方面也没有落后，自己研制的可控核聚变的实验装置——中国环流器 1 号于 1984 年顺利启动，已经取得不少研究成果，至今仍在继续工作中。		
小结。	(1) 什么是核能？ (2) 获得核能的途径。 (3) 链式反应。 (4) 原子弹的原理，核反应堆，氢弹的原理。		

【教学反思】

上完这节课后，笔者发现还有很多地方存在瑕疵，或者有的地方设计得还不够完美，但是学生的反响还不错，学习的情绪很高。所以笔者认为应该把新课程理念融入每节课中，让学生学起来、动起来，把学生引向热爱学习、发现学习、探索科学的道路上。

第三节 太阳能

【设计意图】

本节教学改变仅以“双基”为目标的观念，突出提高科学素养的目标；改变过于强调知识传承的倾向，突出科学探究的学习方式；改变封闭式的学科体系，关注开放式的科技与人文社会背景。把程序性知识的学习放到与概念、规律学习同等重要的地位。

【教学目标】

(1) 初步认识太阳能，知道太阳能是人类的能源宝库。知道利用太阳能的方式。

(2) 初步了解太阳能利用的现状和广泛利用太阳能存在的困难。

(3) 能够保持对大自然的热爱，能够领略自然现象中的美妙与和谐，乐于探索自然现象和日常生活中的物理学道理。

【教学重难点】

教学重点：知道太阳能是人类能源的宝库。
教学难点：太阳能的应用。

【教具学具】

激光手电，太阳能有关资料，转盘，太阳能热水器挂图，大气污染、温室效应、水土流失的视频资料。

【教学设计】

本节教学设计如表 18 –5 所示。

表 18 –5　　第三节教学设计

情境	教师活动	学生活动	设计意图
课前预习的成果展示。	同学们，今天我给大家带来一个转盘（展示）。我用手一拨它就转，你们能否用其他方法使它转起来呢？ 学生讨论：用水流冲、吹气…… 演示：用激光手电照射这个圆盘，使圆盘转动。 提出问题：通过这个现象同学们可提出什么问题？ 讨论： ①可否用阳光代替手电光？ ②光为何能让转盘转动起来？ （教师引导学生对以上问题做简要分析） 这节课就来重点研究与太阳能有关的问题。	学生举手上台演示并介绍： ①太阳能概况。 ②地球上贮藏的能量来源及成因。 ③利用多媒体交流太阳能反射炉的制造。	自主学习，合作探究。
太阳能的利用。	刚才大家都踊跃上台展示了自己的成果，说明你们都做了积极主动的准备，这种积极主动的学习态度值得肯定。希望大家能保持，现在我们来进一步总结太阳能有哪些优点？ 1. 太阳能巨大：太阳能辐射到地球表面的总功率是多少？	学生：烧煤、汽油、天然气…… 学生：太阳能热水器、太阳能手表、太阳能汽车。 能否对刚才这些实例分类？ 学生：烧煤、汽油属一类、太阳能汽车、太阳能手表、太阳能热水器属于一类。	向学生提供充分的科学探究机会，在进行科学探究的过程中，体验学习科学的乐趣，增长科学探究能力，获取科学

续 表

情境	教师活动	学生活动	设计意图
太阳能的利用。	学生查表计算：1.7×10^{17} 瓦 × 3600 秒 = 6.1×10^{20} 焦。 地球每小时从太阳获得的太阳能量有 6.12×10^{20} 焦，比目前全世界一年内能源生产的总量还多，可见太阳能有多巨大。 2. 太阳能经济、丰富、清洁。 3. 太阳能分布广阔，获取方便。既然太阳能有这么多优点，我们就应该好好地利用。请大家讨论：平时我们都是怎样利用太阳能的。 把太阳能转化成内能以便利用，如太阳炉、太阳能热水器、集热器等。如果给你一个集热器，你会有什么发明创造？请讨论后画出图纸（学生讨论，教师参与并给予适当的点拨）。 请各组推荐几个同学上台展示你们的发明装置。	同学们分得好，一类是直接利用，另一类是间接利用。 关于太阳能的直接应用，大家能否讨论一下，可分为哪几种途径？ 通过光电转换装置把太阳能直接转化为电能，如太阳能电池…… 第一组同学上台演示： 太阳能集热器吸收太阳能，使水温升高。 学生：关于我们的设计哪位同学还有好的建议？ 学生：你的太阳能热水器，只有在上午和太阳正对时才有效，其余时刻不能最大限度地吸收阳光怎么办？ 学生：这好办，我们可以把太阳能热水器制成可转动式的。 学生：你的太阳能在晚上能保温吗？ 学生：这一点你不用担心，我们用的当然是保温材料。 这一组演示完毕换另一组。	知识，形成尊重事实、善于质疑的科学态度，了解科学发展的历史。
总结。	刚才大家都充分展示了自己的聪明才智。同时，也有这种体会，发明创造并不容易。这个过程是一个曲折的过程，只有不断改进，才能达到更好，干其他事情也是这样。 面对化石能源的危害，我们该怎么办？	使用太阳能汽车，植树造林，工厂烟囱加上净化装置。	学生讨论并自由发言说出措施，培养学生的发散思维。

【教学反思】

本节教学设计采用学生自主学习、教师指导的学习模式，用简单的事例、形象的动画展示生动的实验，拓展学生的思维，激发学生的求知欲，又点明主题。重视培养学生学用结合的能力，把物理学活学透。每当向学生传授新的物理知识时，都应联系它在实际生产或生活中的实际应用，同时要求学生细心观察周围的世界，找出与所学知识相关的事例。另外，本节课利用大量的图片和视频突破了这一难点，让学生列举了大量的生活实例，体现了“从生活走向物理，从物理走向社会”的课程理念。

第四节　能量转化的基本规律

【设计意图】

本节是苏科版物理教材九年级下册第十八章第四节，是对本章及以前所学物理知识从能量的观点进行了一次综合、深化和再认识。本节内容以物理学发展史上的典型事件为背景材料，贴近学生生活，设置问题情境，以能量转化为主线，引出能量转化的两个基本规律。在内容安排上，从研究“滴水实验”入手引出能量转化和守恒定律，再从另一个令人困惑的问题“能量不会消失与能源危机”入手，引出能量转移和转化的方向性这个难点，培养学生有用能量转化与守恒的观点分析问题的意识，让学生体会“从生活走向物理，从物理走向社会”。

初三学生已基本具备独立思考、自主探究、小组讨论与合作交流的学习习惯，学习热情高，求知欲望强。学生在前面已经学过能的多种形式，以及动能和势能的相互转化、热传递，为本节内容的学习做了较为全面的铺垫。

【教学目标】

(1) 结合实例认识能量可以从一个物体转移到另一个物体，不同形式的能量可以相互转化。

(2) 知道能量守恒定律，能举出日常生活中能量守恒的实例。

(3) 有用能量转化与守恒的观点分析问题的意识。

(4) 知道能量转化与转移有一定的方向性。

【教学重难点】

教学重点：能量转化与守恒定律。

教学难点：能量的转移与转化的方向性。

【实验器材】

水杯、棉线等。

【教学流程图】

本节教学流程如图 18－4 所示。

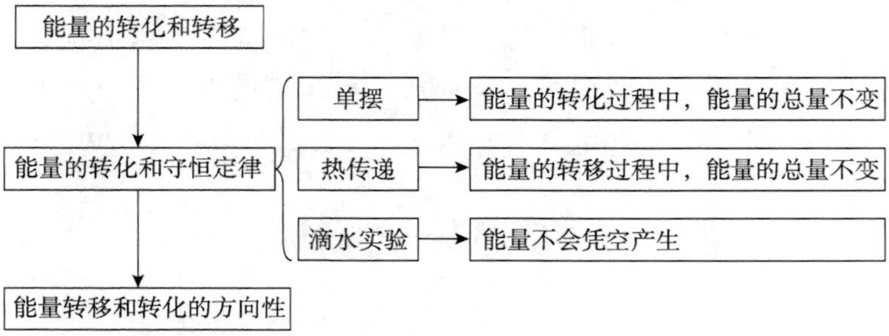

图 18－4

【教学设计】

本节教学设计如表 18－6 所示。

表 18－6　　第四节教学设计

情境	教师活动	学生活动	设计意图
复习与引入。	请同学们阅读教材 93 页第一段，并回答以下问题： (1) 举例说明什么是能量的转移？什么是量的转化？ (2) 煤、石油、天然气在燃烧的过程中，________转化为________。 (3) 高温蒸气推动发电机发电的过程中，________转化为________，再转化________。 (4) 电流通过电动机，________转化为________。电流通过白炽灯或荧光灯，________转化为________。 (5) 内燃机工作时，在做功冲程中，________转化为________；在压缩冲程中，________转化为________。 (6) 蓄电池在放电的过程中，________转化为________；充电的过程中，________转化为________。	看书思考： (1) 转移：热传递过程中，内能由高温物体转移到低温物体。转化：摩擦生热是机械能转化为内能。 (2) 化学能、内能。 (3) 内能、机械能、电能。 (4) 电能、机械能、电能、光能。 (5) 内能、机械能、机械能、内能。 (6) 化学能、电能、电能、化学能。	培养学生阅读、理解与思考的能力。这些思考题可以用课件的形式投影在屏幕上。

续　表

情境	教师活动	学生活动	设计意图
永动机能否制成。	(1) 能源对我们的生活与工作实在是太重要了，同学们可以设想一下，我们的生活中如果没有电能会怎样？如果没有汽油或柴油会怎样？ (2) 由于能源的重要性，所以历史上曾有人想制造出不需要消耗能量，又能对外做功，又能自动运转的机械。就连大名鼎鼎的达·芬奇也曾有过这种想法。 (3) 演示实验1：在一个烧杯中盛入红水，将棉花捻成条状，将其一端放入烧杯中，另一端用手提着，观察现象。若将另一端悬挂在外面，并且低于水面，再观察现象。 (4) 演示实验2：用内径不同的毛细管演示毛细现象，同学们观察此实验中液体上升的高度有什么规律？ 由于毛巾是由若干纤维组成，而纤维与纤维之间就像若干细管一样，液体会顺着这些细管向上运动。 (5) 实验1对你们有什么启发？ 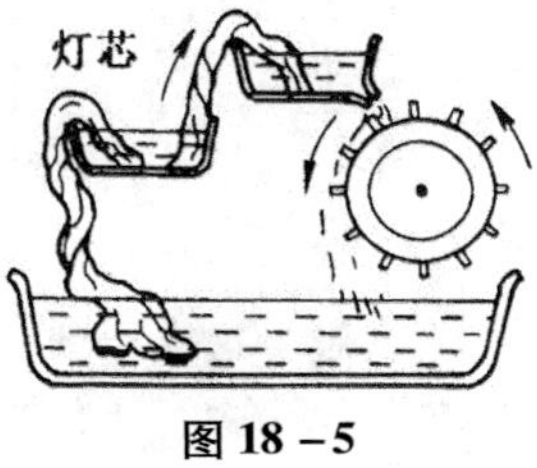 图 18－5	(1) 电灯不亮、晚上会一片漆黑等。如果没有汽油或柴油，大部分交通工具都会瘫痪，给人们的出行带来不便。 (2) 学生思考生活中有没有这样的机器，有的学生可能举出一些例子，通过分析让学生知道，它们都是要消耗某一种形式的能量的，这些能量一旦停止供给，机械就会停止运转。 (3) 实验1：学生观察现象：红色墨水会顺着棉花向上运动。红色墨水会顺着棉花向上运动，并从另一端流出。 (4) 实验2：内径越细，液体上升得越高。 这样的猜想正确吗？如果真能通过毛巾将水从低处抽向高处，我们就可以做成图18－5所示的“永动机”。 (5) 思考并猜想：可以将水从低处引向高处。 观察图18－5并思考：在媒体上好像听说过永动机是不可能制成的，这样的永动机可能永动吗？问题会出在什么地方呢？	通过学生回答与思考，学生知道了能源对于我们的生活与工作的重要性。 通过实验2来解释实验1，至于分子间的作用力可以一带而过，不必花太多时间讲述。 关于内径越细，液体上升得越高，让学生知道这个现象，并向学生说明目前的知识还不能够解释。

续 表

情境	教师活动	学生活动	设计意图
永动机能否制成。	（6）事实上，它是不可能永动的，为了说明这一现象，我们做演示实验3： 请注意图18－6所示的实验，你们观察到了什么？要想使水从棉纱的另一端滴出来，必须满足什么条件？ 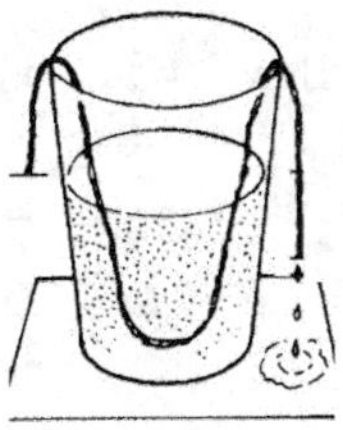 图18－6 通过以上实验可知：棉纱不可能自动地将水从低处抽到高处，相反，它会将上方容器里的水抽向低处。所以，图18－4所示的永动机是不可能制成的。	（6）观察到：右边的棉纱有水滴出，而左边没有。当容器外的棉纱低于水面时，才会有水滴出。	通过投影，展示永动机的图片。 培养学生的观察能力。
能量的转化与守恒定律。	（1）图18－4中的永动机为什么不能制成？因为它违反了自然界中一个重要的规律，就是能量守恒定律。 能量守恒定律：能量既不会凭空消失，也不会凭空产生，它只会从一种形式转化成另一种形式，或者从一个物体转移到另一个物体，而在转化或转移的过程中，其总能量保持不变。 （2）问：水滴永动机是如何违反能量的转化与守恒定律的？（教师引导）	（1）学生齐声朗读后再背诵。 （2）学生思考：水滴的重力势能不断增加，不停地对水轮机做功，而没有消耗其他的能量。	能量的转化和守恒定律、细胞学说、生物进化论被马克思称为“19世纪的三大发现”。

续　表

情境	教师活动	学生活动	设计意图
能量的转化与守恒定律。	能量守恒定律的建立经历了100多年的漫长历史，永动机的不可能实现，是导致能量守恒定律确立的一个重要线索。历史上曾有很多人从事永动机的制作（其中也有在科学史上名声显赫的人，如达·芬奇），但都以失败而告终。1775年，法国科学院宣布，不再审查有关永动机的任何设计。下面分析几个能量转移或转化的例子： ①将一个高温物体放入冷水中，在不计能量损耗的情况下，内能是如何守恒的？ ②一个物体从高处自由落下，机械能是如何守恒的？ (3) 一个小朋友从滑梯上匀速滑下，动能不变，势能在减小，所以能量不守恒，你们怎么看？ (4) 如有可能，展示亨内考的"永动机"和"达·芬奇"的永动机图片，再让学生分析。	①$Q_{吸}=Q_{放}$。 ②动能加势能保持不变，动能增加，势能一定减小。 (3) 机械能不守恒，在减小，但部分机械能转化成内能，摩擦生热，所以总能量仍守恒。 (4) 这两个"永动机"主要从两边的力矩平衡去考虑。	每一条科学规律的诞生，都要经历艰难的历程，向学生说明科学探究是没有捷径的，学习也是这样。
能量转移和转化的方向性。	自然界中许多自发的过程都是有方向性的。请同学们思考以下几个问题： (1) 热传递过程中，内能的转移有什么规律？内能能否自发地由低温物体转移到高温物体？假如能，它违反能量守恒定律了吗？这个世界会变成什么样，列举一两个例子。内能的这种转移说明了什么？(请注意"自发")	(1) 由高温物体转移到低温物体。不能。不违反能量守恒定律。地球上有的地方将十分寒冷，有的地方将炎热，空调也不需要了；一杯水，下面的水将热传给上面的水，导致上面的水沸腾，下面的水结冰。内能的这种转移特点说明了内能的转移是有方向性的。	直接进入主题。 设置一系列同学们熟知的问题，让学生逐步理解能量转化或转移的方向性。

续 表

情境	教师活动	学生活动	设计意图
能量转移和转化的方向性。	(2) 在气体膨胀做功的实验中，内能转化成了机械能，膨胀出去的气体能否再自动地回到容器中，将机械能转化成内能？假设成立，是否违反了能量守恒定律？在这个实验中，能量的这种转化，说明了什么问题？ (3) 黄果树瀑布中的水下落的过程，是自发的过程，水能否自发地从低处流往高处？ (4) 请同学们再列举一些实例，说明能量的转化与转移是有方向性的。	(2) 不能。不违反能量守恒定律。能量的转化也是有方向性的。 (3) 不能，若用抽水机将水抽到高处，这不属于自发的。水在下落的过程中，部分机械能转化成内能，这是自发的，不可逆转的。 (4) 燃料的燃烧，电池的放电，摩擦生热等。 看书并举例：人的生老病死（不可能返老还童）、扩散现象，生米煮成熟饭等。	充分发挥学生的想象力。 人造卫星在运动的过程中，动能与势能的转化都是自发的，不具有方向性。
小结与思考。	学习能量守恒定律的时候，同学们可能有过这样的疑问：既然自然界的能量是守恒的，那么，为什么还会产生能源危机？为什么还经常说要节约能源呢？	同学看书思考：原来，有的能量便于利用，有的能量不便于利用。例如，流动的水带动水磨做功，由于磨盘之间的摩擦、磨盘和粮食之间的摩擦和挤压，使磨盘、粮食的温度升高，水流的一部分机械能转变成了内能。这些内能最终流散到周围的环境中，我们没有办法把这些流散的内能重新收集起来加以利用，这种现象叫作能量的耗散。电池中的化	我国大力强调节能，我们应该从我做起，从现在做起，从小事做起。

续 表

情境	教师活动	学生活动	设计意图
小结与思考。		学能转变成电能，电能又在电灯中转变成光能。光能变成周围环境的内能，我们无法把这些内能收集起来重新利用。火炉把屋子烤暖，这时高温物体的内能变成低温物体的内能，谁也不能把这些散失的能量重新收集到火炉中再次用来取暖。如海水和空气中的内能就很难或无法再被利用。	
布置作业。	（1）课堂作业：教材“WWW”。 （2）完成评价手册有关内容。		

【板书设计】

1. 能量可以从一个物体转移到另一个物体，不同形式的能量可以互相转化。

2. 永动机是不可能制成的。说明：永动机是指那些不需要消耗能量，又能源源不断地对外做功的机器。

3. 能量的转化与守恒定律的内容。

4. 自然界中许多自发的过程都是有方向性的，或者说能量的转化和转移也是有方向性的。

5. 一切与热现象有关的过程都是有方向性的、不可逆的。

【教学反思】

本节内容是对本章及以前所学物理知识从能量的观点进行了一次综合、深化和再认识。首先，分析自然界中各种能量之间的转化，揭示它们之间的本质联系——能量。其次，分析一系列熟知的能量转化的实例，指出能量的转化与守恒。最后，阐述了能量的转化与守恒定律的普遍性和重要性。

能量守恒定律是一个实验规律，列举能量转化的实例，是学生理解和掌握能量守恒的基础，因此在教学过程中要充分利用学生已知知识，对这些实例中的能量的转化进行具体分析。

在教学过程中，要强调定律的两个方面：转化与守恒，还要强调该定律的普遍性和重要性，可通过列举19世纪的自然科学史对学生进行教育。

能量转移和转化的方向性是本节教学的一个难点。教学时借助学生熟悉的生活实例，帮助他们初步了解有关知识。教材以水往低处流（黄果树瀑布）、热水中的冰块逐渐融化等实例引入自发过程及其方向性问题，其中功热转换过程、热传导过程以及气体自由膨胀过程的方向性问题，在教学中应通俗且不违背科学地解释有关问题。

第五节　能源与可持续发展

【设计意图】

考虑到初中学生的认知特点和本节知识与其他相关知识的衔接，本节内容展开的顺序是，首先，讨论能量转化与效率问题；其次，讨论说明能源的开发与利用对人类社会正反两方面的影响，即在推动社会进步的同时，也引发了能源危机，造成了对环境的污染和生态的破坏；最后，从能源—环境—发展协调发展的角度提出了能源与可持续发展的问题。本节的最终目标是让学生形成对能源的开发利用有可持续发展的意识，其他都是为了这一终极目标服务的。这一终极目标又为学生形成对包括社会问题在内的各方面问题的可持续发展意识奠定了基础。

【教学目标】

(1) 了解能源的利用带来的环境影响，了解我国和世界的能源状况，对能源的开发利用有可持续发展的意识。

(2) 通过分析、归纳得出能量的转化效率。

(3) 初步认识科学技术对社会发展、自然环境及人类生活的影响。培养学生可持续发展意识，能在个人力所能及的范围内对社会的可持续发展做贡献。

【教学重难点】

教学重点：从能量转化和转移的角度认识效率。

教学难点：对于能源的开发利用有可持续发展的意识。

【教具学具】

演示课件、图片、视频。

【教学设计】

本节教学设计如表18－7所示。

表 18－7　　**第五节教学设计**

<table>
<tr><th>情境</th><th>教师活动</th><th>学生活动</th><th>设计意图</th></tr>
<tr><td>引入新课。</td><td>进入 21 世纪，我们对能量转化技术的掌握日趋成熟完善，对能源的利用也日趋合理，21 世纪我们的能源发展是怎样的呢？今天，我们来学习一下第 5 节“能源与可持续发展”。
（1）我们知道人类的生产、生活离不开能源。
（2）太阳能建筑的出现，是否预示着能源危机？
（3）家中常用白炽灯泡逐渐被节能灯、LED 灯所取代，这又是为什么呢？</td><td>学生讨论。</td><td>通过教师举例，学生对本节课产生兴趣，有利于新课的引入。</td></tr>
<tr><td>新课教学。</td><td>1. 能量转化与效率
首先，我们来看一下白炽灯工作时能量是怎么转化的。
（1）家里的白炽灯在工作时消耗的是什么能？
（2）它把电能转化为什么能？
（3）请大家猜测一下哪个能量占的比例高一些（如图 18－7 所示）？

图 18－7
（4）如果消耗 100J 的电能，光能、内能分别为多少（如图 18－8 所示）？转化效率有多大？有用的能量占总能量的多少？
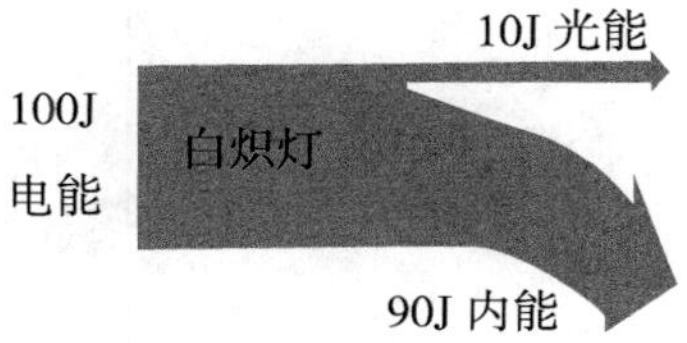

图 18－8</td><td>学生谈白炽灯工作时能量的转化情况。
（1）电能。
（2）光能和内能。
（3）学生猜测一下，由图 18－6 可知，内能占很大一部分，转化效率并不高。
（4）10%。</td><td>通过图片的展示及讲解，学生形象地了解了能源及其消耗情况。
学生充分发表自己的观点，了解更多知识。</td></tr>
</table>

续 表

情境	教师活动	学生活动	设计意图
新课教学。	(5) 之前我们学习了热机，它工作时通过消耗燃料获得能量，把燃料的化学能转化为什么能？如图 18－9 所示。 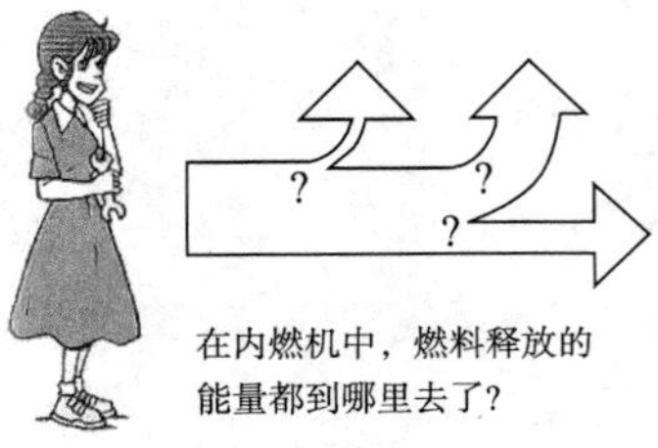 **图 18－9**	(5) 机械能、内能、声能。	
	(6) 我们再来看小轿车的情况，参见教材 97 页图18－23（b），同学们有什么看法？ 同学们再看教材 97 页图 18－24，分析引出能量转化效率，给出转化效率的计算方法。 $效率=\frac{输出的有用能量}{输入的总能量}\times 100\%$ (7) 引导学生看教材 98 页内容，谈热机的效率，如何提高热机的效率。 这些设备效率这么低，使用过程中大部分能量没有被利用，我们整个社会的资源情况又是怎样的呢？ 2. 能源消耗对环境的影响 我们知道目前作为人类主要能源的化石能源，并非取之不尽、用之不竭。化石能源、核能等是不可再生能源，现在开采得越多，留给子孙后代的就越少。人类在耗用各种能源时，不可避免地会对环境造成影响。特别是目前石油、煤炭占了能源的绝大部分，而且年消耗量在不断增长。现在我们来看影像，了解一下它对环境有哪些影响呢？	(6) 一大部分能量转化是我们所不需要的。 效率的提高离不开科学技术的进步。 (7) 学生看图表分析。 学生谈所了解的能源消耗情况。 看视频资源。 大气污染、酸雨、温室效应。	让学生学会看能流图，了解能量的转化情况。 通过对这部分知识的介绍，学生知道能源的重要性和能源紧张，增强节能意识。 让学生明确如何保护环境。

续　表

情境	教师活动	学生活动	设计意图
新课教学。	3. 我国面临的能源问题 （1）我国人口众多，能源短缺。 （2）我国的能源结构以化石燃料为主，这必然使我们面临着两个严峻的问题： 一是化石燃料的蕴藏量有限，社会对能源的大量需求导致能源的枯竭； 二是大量化石燃料的生产和消费导致严重的环境污染和生态破坏。 4. 能源与可持续发展 下面我们进一步讨论能源危机、能源污染、能源开发等综合性问题，最终形成能源的可持续发展的意识。要求我们怎么做呢？ 我国能源生产的变化有什么特点？ 介绍一些新能源利用： 风力发电　潮汐发电 地热发电　水电站 废品回收　垃圾焚烧发电 燃料电池“863号”城市客车 太阳能发电站　太阳能公厕 太阳能汽车　太阳能飞行器 太阳能渡船　太空探测器 氢能摩托车　海洋渗透能及发电站 回到之前的问题： 家中常用的白炽灯泡逐渐被节能灯、LED灯所取代，这又是为什么？ 节能技术包括以下三个方面： 一是提高现有能源的利用率。 二是选用新材料达到节能的目的。 三是研究储能技术，将暂时用不完的能源储存起来。	学生看教材99页图18－26，了解我国能源可开采情况。 学生讨论我国资源短缺问题。 学生讨论交流能源发展趋势。 依靠科技进步改变能源结构，开发和推广清洁可再生能源，提高能源的利用率，减少环境污染。 水电、核电、风电所占比例逐渐提高。	

续 表

情境	教师活动	学生活动	设计意图
新课教学。	组织学生辩论：开发新能源和节约能源哪个更重要？ 教师总结：经过辩论，大家一定对能源有了更深的了解，作为中学生首先应该节约能源，如节约用电、节约用水、节约用纸、不乱丢垃圾……希望我们一起更好地树立节能意识，做出更多的节能行动，为更好地开发能源贡献一分力量。	看图片、视频资料。 节约能源——电能。 讨论后发表自己的观点。	
课堂练习。	能源的可持续发展，除了开发新能源外，节能也是一个重要环节。我国研制生产了一种电子高效节能灯，一只11W的高效节能灯照明亮度相当于60W的白炽灯。如果把国内7000万只60W的白炽灯都换成高效节能灯，按每灯每天正常工作3小时计算，1年可节能多少焦？这些能量相当于完全燃烧多少吨的煤而放出的热量？（煤的热值为3.4×10^{7} J/kg。）	$W=1.35\times10^{16}$ J。 $m=4\times10^{6}$ t。	通过数据学生进一步深化对节能的认识。
小结归纳。	复述本节课内容： 关于资源（包括能源的开发与利用）的可持续发展需遵循以下三条原则： (1) 使用可再生资源的速度不超过其再生速度。 (2) 使用不可再生资源的速度不超过其可再生替代物的开发速度。 (3) 污染物的排放速度不超过环境的自净能力。	学生自己归纳本节课内容。	培养、树立学生可持续发展意识。
布置作业。	(1) 在你们生活的地区是否适宜开发可再生能源？为什么？ (2) 收集有关资料和数据，就燃烧化石燃料和大气污染、温室效应的关系，写一篇1000字以内的小论文。		

【教学反思】

通过图片、实例、学生讨论、上网查资料等方式，学生能比较形象直观地了解能源转化与效率，认识能源利用对环境的影响。在讨论中学生加深了对能源的认识，明确了保护环境的重要性。认识到充分和高效地利用能源对可持续发展所起的作用。

（四）重难点突破文献综述

1. 探究白炽灯泡和节能灯管，哪种灯泡发光效率更高①

灯发光的效率取决于电能转化为光能的多少，若电能转化为内能多，则必然转化成的光能少。据此让学生讨论所需的实验器材，如何设计实验方案。

实验器材：15 瓦白炽灯泡、15 瓦小节能灯管、灯座、刻度尺、温度计、手表。

实验方案：

（1）将 15 瓦小节能灯管装在灯座上。（2）把灯座插头插上，开灯，握住温度计的末端，使它的玻璃泡距灯管约 8 厘米。（3）5 分钟、10 分钟、15 分钟后记下温度计读数。（4）关上灯，拔下插头，等灯管完全冷却，将它从灯座上取下。再将白炽灯泡装上，重复步骤（1）（2）（3）。

根据实验数据，利用转化法与比较法分析归纳得出结论，并相互交流自己在实验中的体会。

建议此实验方案最好由学生讨论设计，相互评价选择最佳方案后，由学生操作并交流实验过程中的心得体会。

2. 不同材料隔热性能实验

在了解能量转化的方向性之后，学生有了节约能源的意识，从而顺势提出“怎样制造节能房间呢”，进一步引出“不同材料阻碍热传递的本领是否相同”，据此让学生讨论所需的实验器材、如何设计实验方案。

实验器材：温度计、冰水、热水、手表、烧杯、等大等厚的带盖子的纸杯、塑料泡沫杯、塑料杯、玻璃杯、单层不锈钢杯。

推荐实验方案：

（1）用铅笔在纸杯的杯盖上戳个孔，向纸杯中倒入半杯冷水。

（2）利用热水对纸杯中冷水加热。将盖子盖好，从孔中插入一支温度计，当温度计温度停止下降时，将纸杯放入烧杯中，再向烧杯中加入热水至纸杯盖下方约 1 厘米。

（3）水温上升 5℃之前，每隔 1 分钟记录一次温度。以水温升高 1℃所需的时间来衡量纸杯的隔热性能。

（4）注意控制变量，分别利用塑料泡沫杯、塑料杯、玻璃杯、单层不锈钢杯重复上述实验，对不同材料的隔热性加以比较。

分析与评估：

---

① 胡朝晖：《能源与可持续发展》的实验教学．教学仪器与实验，2003 年第 10 期。

哪种材料隔热性最差？如果你家地处天气炎热地区，那么哪种材料可用来改造家中房间的内壁？在上述实验中哪种材料代表室外的天气？哪种材料代表建筑物的墙壁？

3. 不同形状的铝箔条接收太阳能的实验①

使用不同形状的铝箔条接收太阳能，如将铝箔折成 V 形、U 形以及平放，哪一种情况截获太阳能的本领强？让学生回去完成实验，并进一步提出要求：利用所得结论设计一个你认为最合理的太阳能灶具，写成书面报告，下一节课进行论证与交流。

四、教学素材补充

1. 能量

描述系统状态的物理量，简称能，用 E 表示。系统在外界的作用下，状态会发生变化。外界作用可能是外力所做的功，也可能是外界与系统之间的热量传递或者其他作用。不论是哪一种形式的作用，它们与机械功之间都有确定的当量关系，因此，可以将所有的外界作用归结为等效的机械作用，即一定量的机械功。当系统从一种状态 $E1$ 过渡到另一种状态 $E2$ 时，外界对系统作用的机械功当量的总和为 W，只由系统的初末两态来决定，而与过渡的方式无关，即 $E2-E1=W$。

这样就确定了系统在两个状态之间的能量差。如果选定系统的某一种状态作为参考状态，即规定系统处于该状态时能量为零，则可以定出系统处于任一状态时的能量 E。

在上述定义中，由于选定一个任意的状态作为能量的零点，确定的每一种状态的能量值都包含了一个任意常量，而不是一个完全确定的值。爱因斯坦在他建立的狭义相对论中，确定了质能关系，得出了“物体的质量是它所包含的能量的量度”这一结论。这就可以确定绝对能量，而排除了经典的能量零点的任意性。

能量具有多种形式。在力学中只讨论机械能，其中包括动能、重力势能和弹性势能。在热现象中要讨论物体的内能。此外还有电磁能、化学能（即原子的外层电子变动导致电子结合能改变而释放的能量）和核能。当物质的运动形式发生转变时，能量的形式也发生转变，但能的总量保持不变。这就是能量守恒定律。

2. 能量守恒定律的建立

和其他科学定律一样，能量守恒定律的建立，不但需要一定的历史条件，如产生前提和物理学基础知识的准备，而且需要经过若干物理学家长期的艰苦努力。蒸汽技术的成就是建立能量守恒定律的生产前提条件。蒸汽机的发明是 18 世纪的一大创举，到了 19 世纪，它已广泛应用于交通、运输、工厂和矿山。它的应用提出了诸多理论问题，如热机的效率是否能提得更高？能否制造出永动机？热和功的转化的定量关系是什么？这些问题促使人们进行深入探究。

理论上，中国和西方古代已经提出了运动不灭的思想。笛卡尔和莱布尼茨也从不同的角度阐述过宇宙中运动量不灭的思想，这些思想对近代科学的发展产生了深远的

① 胡朝晖：《能源与可持续发展》的实验教学．教学仪器与实验，2003 年第 10 期。

影响。能量守恒定律的一个特殊形式——机械能守恒，已在早期出版的力学著作中，以不同的形式出现过。这些能量守恒思想的萌芽是后人总结和概括出普遍的能量守恒定律时依据的理论基础。随着动力学的发展，“功”和“能”的概念逐渐确立起来。1686 年，莱布尼茨提出用 mv^2 表示活力，相当于后来的动能。1807 年，托马斯·杨（1773—1829 年）第一次提出了能量的概念。伽利略所用的“矩”的概念，有力和路程的乘积的意义。瓦特又提出功率的单位。1834—1835 年，哈密顿（1805—1865 年）引入了“力函数”。1828 年，格林（1793—1841 年）提出“势函数”。这样，建立能量守恒定律所需要的基本概念，在 19 世纪 40 年代以前已经基本具备了。

发现能量守恒定律的另一个历史背景是，18、19 世纪之交，人们对热的本性的认识从观念上发生了改变。随着物理学的新发展，人们逐渐发现了与热质说相矛盾的事实，如热机的利用，说明不同的运动形式和不同形式的能量可以互相转化，它为能量守恒定律的建立扫清了思想上的障碍。能量守恒定律最终被确立的两个重要事实是，永动机不可能实现的确认和各种物理现象之间普遍联系的发现。17—18 世纪，永动机最为流行，人们曾提出各种设计方案，如企图利用阿基米德原理、毛细现象、重力的作用等制造出永动机，但无论哪种方案，都失败了。18 世纪末，不少科学家开始怀疑制造永动机的可能性。1775 年，法国科学院决议不再受理永动机的设计方案。这些事实，使人们逐渐悟出一条道理：永动机不可能实现是由于某一普遍定律的限制，而这条定律至今还未被发现。由此，它启示人们不再为设计永动机而煞费苦心，转而致力于这一未发现定律的挖掘工作。

各种物理现象之间的普遍联系，是在 18 世纪末到 19 世纪才逐渐被发现的。如戴维于 1801 年发现电流的化学效应；奥斯特于 1820 年发现电流的磁效应；塞贝克（1770—1831 年）于 1821 年发现温差电现象；法拉第于 1831 年发现电磁感应现象；焦耳于 1843 年发现电流的热效应，又测定了热功当量的值等。这些现象的发现，启示物理学家用“自然力之统一”的观点考察各种现象。

19 世纪 40 年代，已到了把整个链条的各个分立的环节连成一体来建立能量守恒定律的时候了。在这种情况下，不同国家的十几位科学家以不同的方式，各自独立地提出了能量守恒定律。其中以 J. 迈尔、焦耳、赫尔姆霍茨的工作最有成效。

迈尔从对生理现象的分析入手，从“一切不能无中生有”和“原因等于结果”的哲学原则出发，表达了他对物理、化学过程的守恒问题的思想。1842 年，他第一个表述了能量守恒定律，并计算出热功当量的数值。焦耳的工作主要是巧妙地设计了实验装置，用它测定了热功当量的值，用数值表示了机械功和热量之间的关系，为能量守恒定律的建立奠定了实验基础。赫尔姆霍茨对能量守恒定律的研究，也是从研究生理问题开始的，他的主要工作是给出了能量守恒定律在力学中的具体数学形式，并且还论述了它在电磁现象和电化学中的具体应用。除以上三位科学家外，还有不少科学家也做过相应的工作。如塞贝（1788—1883 年）于 1839 年在《论铁路的影响》中，提出了热功等当的概念；L. A. 科尔丁（1815—1888 年）于 1843 年发表了测定热功当量的实验结果；值得提出的还有，卡诺在临死前独立地发现了热功转化的定律，但是他的文章在他死后于 1878 年才由他的弟弟公开发表。能量守恒定律的发现，是人类认识自然及其变化和运动规律的一次重大飞跃，它以自然界的一个普遍规律展示在我们的面前。

3. **焦耳**

焦耳英国杰出的物理学家。1818 年 12 月 24 日生于曼彻斯特附近的索尔福德。父亲是一名富有的啤酒厂厂主。焦耳从小就跟父亲参加酿酒劳动，学习酿酒技术，没上过正规学校。16 岁时和兄弟一起在著名化学家道尔顿门下学习，由于老师有病，学习时间并不长，但是道尔顿对他的影响极大，使他对科学研究产生了强烈的兴趣。1838 年他拿出一间住房开始了自己的实验研究。他经常利用酿酒后的业余时间，亲手设计制作实验仪器，进行实验。焦耳一生都在从事实验研究工作，在电磁学、热学、气体分子动理论等方面均做出了卓越的贡献。他是靠自学成为物理学家的。焦耳是从磁效应和电动机效率的测定开始实验研究的。他曾以为电磁铁将会成为机械功的无穷无尽的源泉，很快他发现蒸汽机的效率要比电动机的效率高得多。正是这些实验探索促使他对热功转换的定量研究。

1840 年，焦耳开始研究电流的热效应，写成了《论伏打电所生的热》《电解时在金属导体和电池组中放出的热》等论文，指出导体中一定时间内所生成的热量与导体的电流的二次方和电阻之积成正比。1842 年，俄国著名物理学家楞次也独立地发现了同样的规律，所以被称为焦耳 - 楞次定律。这一发现为揭示电能、化学能、热能的等价性打下了基础，敲开了通向能量守恒定律的大门。焦耳也注意探讨各种生热的自然“力”之间存在的定量关系，他做了许多实验，如他把带铁芯的线圈放入封闭的水容器中，将线圈与灵敏电流计相连，线圈可在强电磁铁的磁场间旋转。电磁铁由蓄电池供电。实验时电磁铁交替通断电流各 15 分钟，线圈转速达每分钟 600 次。这样，就可将摩擦生热与电流生热两种情况进行比较，焦耳由此证明热量与电流二次方成正比，他还用手摇、砝码下落等共 13 种方法进行实验，最后得出：使 1 磅水升高 1°F（华氏度）的热量，等于且可能转化为把 838 磅重物举高 1 英尺的机械力（功）（合 460 千克重米每千卡）。为了总结这些结论，他写了《论磁电的热效应及热的机械值》这篇论文，并在 1843 年 8 月 21 日英国科学协会数理组会议上宣读。他强调了自然界的能是等量转换、不会消灭的，哪里消耗了机械能或电磁能，总在某些地方能得到相当的热。这对于热的动力说是极好的证明与支持。因此引起轰动和热烈的争议。

为了进一步说服那些受热质说影响的科学家，他表示：“我打算利用更有效和更精确的装置重做这些实验。”在这之后他改变测量方法，如将压缩一定量空气所需的功与压缩产生的热量做比较以此确定热功当量；利用水通过细管运动放出的热量来确定热功当量；其中特别著名的是桨叶轮实验。通过下降重物带动量热器中的叶片旋转，叶片与水的摩擦所产生的热量由水的温度可准确测出。他还用其他液体（如鲸油、水银）代替水。不同的方法和实验材料得出的热功当量都是 423. 9 千克重米每千卡或趋近于 423. 85 千克重米每千卡。

1840—1879 年，焦耳用了近 40 年的时间，不懈地钻研和测定了热功当量。他先后用不同的方法做了400多次实验，得出“热功当量是一个普适常量，与做功方式无关”这个结论。他在1878年与1849年做的试验结果相同。他认为公认值是427千克重米每千卡。这说明了焦耳不愧为真正的实验大师。他的这一实验常数，为能量守恒与转换定律提供了无可置疑的证据。

1847年，当29岁的焦耳在牛津召开的英国科学协会会议上再次汇报他的成果时，本来想听完后起来反驳的开尔文竟然也被焦耳完全说服了。后来两人进行合作并合作得很好，共同进行了多孔塞实验，1852年，发现气体经多孔塞膨胀后温度下降，称为焦耳-汤姆孙效应，这个效应在低温技术和气体液化方面有广泛的应用。焦耳的这些实验结果，1850年总结在他出版的《论热功当量》的重要著作中。他的实验，经多人从不同角度不同方法重复得出的结论是相同的。1850年焦耳被选为英国皇家学会会员。此后他仍不断改进自己的实验。恩格斯把“由热的机械当量的发现（迈尔、焦耳和科尔丁）所导致的能量转化的证明”列为19世纪下半叶自然科学三大发现的第一项。

焦耳还在气体动理论的其他方面取得一些成果。如1845年做了气体自由膨胀实验，发现一般气体的内能是温度与体积的函数，而理想气体的内能只是温度的函数，与体积无关。1848年10月，焦耳提出：根据热与机械功的相互转化而把热归结为物体内部粒子的动能以及粒子间的势能；根据赫拉帕司关于气体粒子直线运动的假设，他第一次计算了在0℃和101kPa下氢粒子的速度，并得出粒子的速度与温度的二次方根成比例的结论。焦耳对蒸汽机的发展也做了不少有价值的工作。

焦耳科学研究的道路是不平坦的。1843年8月21日他宣读了论文，证实热是一种能量交换的形式时，一些大科学家都表示怀疑和不信任，多次受到科学界的冷遇。但他以百折不挠的精神，终于在1850年使自己的科学成果获得了科学界的公认。为了纪念他对科学发展的贡献，国际计量大会将能量、功、热量的单位命名为焦耳。此外与焦耳名字相联系的有：焦耳-楞次定律、焦耳气体自由膨胀实验、焦耳-汤姆孙效应、焦耳热功当量实验、焦耳热等。

1889年10月11日，焦耳在塞尔逝世，终年71岁。

4. 永动机

永动机是一类所谓不需外界输入能源、能量或在仅有一个热源的条件下便能够不断运动并且对外做功的机械。不消耗能量而能永远对外做功的机器，它违反了能量守恒定律，故称为“第一类永动机”。在没有温度差的情况下，从自然界中的海水或空气中不断吸取热量而使之连续地转变为机械能的机器，它违反了热力学第二定律，故称为“第二类永动机”。这两类永动机是违反当前客观科学规律的概念，是不能够被制造出来的。

永动机的想法起源于印度，公元1200年前后，这种思想从印度传到了西方。在欧洲，早期最著名的一个永动机设计方案是13世纪时一个叫亨内考的法国人提出来的。轮子中央有一个转动轴，轮子边缘安装着12个可活动的短杆，每个短杆的一端装有一个铁球。方案的设计者认为，右边的球比左边的球离轴远些，因此，右边的球产生的转动力矩要比左边的球产生的转动力矩大。这样轮子就会永无休止地沿着箭头所指的方向转动下去，并且带动机器转动。这个设计被不少人以不同的形式复制出来，但从未实现不停息地转动。仔细分析一下就会发现，虽然右边每个球产生的力矩大，但是球的个数少，左边每个球产生的力矩虽小，但是球的个数多。于是，轮子不会持续转动下去而对外做功，只会摆动几下，便会停下来。

著名科学家达·芬奇早在15世纪就提出过永动机不可能制成的思想。他曾设计过一种转轮，在转轮边沿安装一系列的容器，容器中充入一些水银，他认为水银在容器中移动有可能使转轮永远地转动，但是经过仔细研究之后，得出了否定的结论。他从许多类似的设计方案中认识到永动机的尝试是注定要失败的，他写道："永恒运动的幻想家们！你们的探索何等徒劳无功！还是去做淘金者吧！"然而，15世纪以后的几百年里，制造永动机的活动却从未停止过。

16世纪70年代，意大利的一位机械师斯特尔提出了一个永动机的设计方案。斯特尔在设计时认为，由上面水槽流出的水，冲击水轮转动，水轮在带动水磨转动的同时，通过一组齿轮带动螺旋汲水器，把蓄水池里的水重新提升到上面的水槽中。他希望整个装置可以这样不停地运转下去，并有效地对外做功。实际上，流回水槽的水越来越少，很快水槽中的水就全部流进了下面的蓄水池，水轮机也停止了转动。

浮力也是设计永动机的一个好帮手。一连串的球绕在上下两个轮子上，可以像链条那样转动，右边的一些球放在一个盛满水的容器里。设计者认为，右边如果没有那个盛水的容器，左右两边的球数相等，链条是会平衡的。但是，右边这些球浸在水里，受到了水的浮力，就会被水推着向上移动，也就带动整串球绕上下两个轮子转动。上面有一个球露出水面，下面就有一个球穿过容器底部，补充进来。这样的永动机斯特尔也没有制成，是不是因为要下面的球能够通过容器底，而又不能让水漏出来，制造起来技术上有困难呢？技术上的困难并不是主要问题，主要问题还是出在设计的原理上。当下面的球穿过容器底部的时候，它和容器底部一样，要承受上面水的压力，而且是因为在水的最下部，所以它受到的压力很大。这个向下的压力，就会抵消上面几个球所受的浮力，这个永动机也就无法永动了。

19世纪有人设计了一种特殊结构，如图18－10所示。它的臂可以弯曲，臂上有槽，小球沿凹槽滚向伸长的臂端，使力矩增大。转到另一侧，软臂开始弯曲，向轴心靠拢。设计者认为这样可以使机器获得转矩。然而，他没有想到力臂虽然缩短了，阻力却增大了，转轮只能停止在原地。

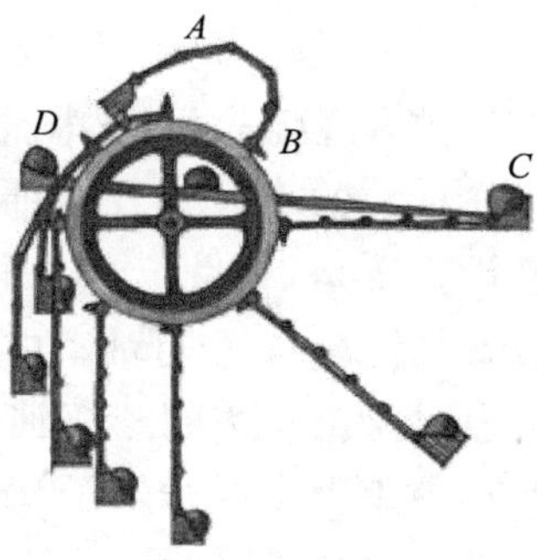

图18－10

此外，人们还提出过利用轮子的惯性，细管子的毛细作用，电磁力等获得有效动力的种种永动机设计方案，但都无一例外地失败了。其实，在所有的永动机设计中，都可以找到一个平衡位置，在这个位置上，各个力恰好相互抵消，不再有任何推动力使它运动。所有永动机必然会在这个平衡位置上静止下来，变成不动机。

直到 19 世纪中叶，很多科学工作者为正确认识热功能转化和其他物质运动形式相互转化关系做出了巨大贡献，不久后伟大的能量守恒和转化定律被发现了。人们认识到：自然界的一切物质都具有能量，能量有各种不同的形式，可以从一种形式转化为另一种形式，从一个物体传递给另一个物体，在转化和传递的过程中能量的总和保持不变。能量守恒的转化定律为辩证唯物主义提供了更精确、更丰富的科学基础，有力地打击了那些认为物质运动可以随意创造和消灭的唯心主义观点，它使永动机幻梦被彻底地打破了。在制造“第一类永动机”的一切尝试失败之后，一些人又梦想着制造另一种永动机，希望它不违反热力学第一定律，既经济又方便。比如，这种热机可直接从海洋或大气中吸取热量使之完全变为机械功。由于海洋和大气的能量是取之不尽的，因而这种热机可以永不停息地运转做功，也算一种永动机。然而，在大量实践经验的基础上，英国物理学家开尔文于 1851 年提出了一条新的普遍原理：物质不可能从单一的热源吸取热量，使之完全变为有用的功而不产生其他影响。这样，“第二类永动机”的想法也破灭了。还有人认为，根据牛顿第一定律，物体在不受力的作用的前提下，可以依靠惯性无休止地做匀速运动，于是想要在外太空实验。但是当时的科技并不允许这么做，而且牛顿还提出了万有引力定律，即自然界中任何两个物体都互相吸引。所以这个物体在运动很久之后，或者只有几分钟就会停下来，但不能永远运动。

层出不穷的永动机设计方案，都在科学的严格审查和实践的无情检验下一一失败了。1775 年，法国科学院宣布以后不再审查有关永动机的一切设计。这说明科学界已经从长期积累的经验中，认识到制造永动机的企图是没有成功的希望的。这个想法被驳倒，不仅有利于人们正确地认识科学，也有利于人们正确地认识世界。

5. 几种常见自发过程的方向性及其微观解释

（1）热传导

两个温度高低不同的物体互相接触时，热量总是自动地由高温物体传向低温物体，最后趋于温度相同的热平衡状态。从微观角度讲，温度是大量分子做无序运动的平均动能的宏观标志。初态温度不同，分子无序运动的平均动能不同，以此可区分两物体分子的无序程度，而末态等温，则再无法区分分子运动的无序性程度。但可以说，大量分子运动的无序性由于热运动而增大，相反的过程，即分子运动从平均动能完全相同的无序状态自动地向分子平均动能不同的较为有序的状态进行是不可能的。因此在热传导过程中，自发过程总是沿着使大量分子的热运动向更加无序的方向进行。

（2）功热转换

机械功可以完全转化为内能，但这一过程是不可逆的（如摩擦生热），说明功热转换过程具有方向性。从微观角度看，功相当于分子做有规则定向运动，内能相当于分子做无规则热运动。因此功转变为热的过程是大量分子从有序运动向无序运动转化的过程，这是可以实现的。相反过程则为大量分子从无序运动自动转化为有序运动，这是不可能的，所以功热转化的自发过程总是使大量分子运动从有序状态向无序状态进行。

（3）气体的绝热自由膨胀

气体的绝热自由膨胀可以充满气体分子所能到达的空间，即整个容器达到平衡态，而相反的过程则是不可能自发进行的，即气体不可能自动地绝热收缩到原来的体积。这说明气体向真空做绝热自由膨胀的过程是不可逆的。从微观角度讲，自由膨胀过程是气体分子整体从占有较小的空间的初状态变到占有较大空间的末状态，在较小的空间中气体分子的位置不确定性小，即无序性小；在较大空间中气体分子活动范围增大，位置不确定性增大，无序性增大，自由膨胀过程被视为自然过程，也总是沿着使大量分子的运动向更加无序的方向进行。热力学第二定律是前人总结、概括了大量事实而提出的，它广泛地应用于物理学、化学、生物学。值得说明的是，热力学第二定律也有其适用范围和成立条件，它对有限范围内的宏观过程是成立的，而不适用于少量分子的微观体系，也不能把它推广到无限的宇宙。

（4）能量耗散

学习能量守恒定律的时候，同学们可能有过这样的疑问，既然自然界的能量是守恒的，那么，为什么还会产生能源危机？为什么还要节约能源呢？原来，有的能量便于利用，有的能量不便于利用。如流动的水带动水磨做功，由于磨盘之间的摩擦、磨盘和粮食之间的摩擦和挤压，使磨盘、粮食的温度升高，水流内的部分机械能转化成了内能。这些内能最终流散到周围的环境中，人们没有办法把这些流散的内能重新收集起来加以利用，这种现象叫作能量的耗散。电池中的化学能转化成电能，电能又在电灯中转化成光能，光能再变成周围环境的内能，人们无法把这些内能收集起来重新利用。火炉把屋子烤暖，这时高温物体的内能变成低温物体的内能，谁也不能把这些散失的内能重新收集到火炉中再次用于取暖。

6. 原子弹

原子弹又称裂变弹，是利用重元素原子核瞬发裂变链式反应释放出的巨大能量来起杀伤破坏作用的核武器。其主要组成部分是核装料、引爆装置、中子反射层、中子源和弹壳。原子弹爆炸后产生冲击波、光热辐射、贯穿辐射和放射性沾染四种杀伤破坏因素。

235U 和 239Pu 都可作为原子弹的装料。原子弹装料的临界质量取决于所用核燃料的种类、纯度、密度以及装料的形状和结构。但是，由于核爆炸时燃料燃烧效率不是 100%，实际上原子弹内的装料要大于临界质量。

一般铀弹的装料为 15～25 千克，钚弹的装料为 5～10 千克。原子弹根据其引发机构的不同，可分为“枪式”和“内爆式”两种。

“枪式”原子弹。它是利用一种“炮筒”装置，将两块小于临界质量的裂变物质迅速合拢使之超过临界质量而发生爆炸的。在这种装置中，一块裂变物质固定于“炮筒”的一端，位于另一端的另一块裂变物质借助于烈性炸药的爆炸射向那块固定的裂变物质，两块裂变物质即可合在一起，发生爆炸。在裂变物质的外面有中子反射层。为了延迟裂变物质的飞散以提高原子弹的效率，要把原子弹装在坚固的外壳内。

“枪式”原子弹，结构简单，较易制造。但有两个缺点：其一，核装料利用率低。这是因为两块裂变物质都不能超过临界质量，合拢时只比临界质量多出不到一倍，不能有较高的爆炸效率。另外，在“枪式”结构中，虽然两块裂变物质高速合拢，在合拢过程中所经历的超过临界状态的时间仍然较长，以致有可能在两块裂变物质没有完全合并以前，就由自发裂变所释放的中子引起爆炸，而且这种概率是相当大的。这种“过早点火”也会造成低效率的爆炸，不能达到预期的威力。其二，很难用 239Pu 做核装料。因为 239Pu 中不可避免地含有一些 240Pu，240Pu 的自发裂变概率要比 239Pu 的大四万多倍。

“内爆式”原子弹。它的原理是利用普通烈性炸药的向心爆炸作用，使核燃料同时向中心合拢实现核爆炸。“内爆式”结构优于“枪式”结构的地方是，向心爆炸压缩效应所需的时间远比“枪式”结构装料合拢所需的时间短，因而“过早点火”的概率大为减小。于是可用一个可控制的中子源，等到压缩效应最大时才点燃它引起核爆炸。235U 和 239Pu 都可作为这种炸弹的装料。

7. 核反应堆

核反应堆是可以人为控制其反应快慢的裂变物自持链式反应装置。核反应堆的核心部分叫活性区（也叫堆芯），由核燃料、控制棒、中子慢化剂（也叫减速剂）组成。活性区外面包有中子反射层。此外，还有冷却系统和控制系统。在快中子反应堆中，没有慢化剂。

核燃料包括铀、钚金属或它们的合金。为了便于补充消耗掉的燃料，要把核燃料放在密封外壳中制成燃料元件，再把燃料元件放在可以顺利装入、卸出的燃料管道中。堆芯里装的核燃料要大于临界质量，然后将用镉、硼、铪等强烈吸收中子的材料制成的控制棒，放在反应堆内吸收多余的中子，使反应堆保持在临界状态。随着核燃料的逐渐消耗和吸收中子的裂变产物的积累，可以将控制棒慢慢向外抽，使反应堆总是处于临界状态。当核燃料中所含的裂变物质低于一定限度不利于链式反应继续进行时，就要用新的燃料元件去替换原有燃料元件中的一部分或全部。

在热中子反应堆中，必须利用慢化剂使裂变产生的平均能量约为 2 兆电子伏的中子迅速慢化为能量在 0.1 电子伏以下的热中子。慢化剂应具有慢化能力强、吸收中子少、与冷却剂及元件覆盖层不起化学作用等特点，此外，在核辐照作用下性能不应有妨碍反应堆工作的变化。常用的慢化剂有水、重水、石墨、铍和氧化铍以及某些有机物。中子反射层紧贴着活性区的外围，它的作用是把活性区内溢出的中子反射回去。构成反射层的材料，吸收中子的能力要尽量小，散射中子的能力要大。对热中子堆来说，这与对慢化剂的要求是一致的。所以，在热中子堆内，慢化剂可作为反射层的材料。堆内燃料元件发出的热量，要用冷却剂经由主回路（也叫初级回路）带出堆外，这就是冷却系统。冷却剂可以是气体，如二氧化碳、空气和氦，也可以是液体，如水、重水和有机物。快中子反应堆中常用熔融金属如钠或钠钾合金做冷却剂。冷却剂应有良好的散热性能，它对结构材料的腐蚀应该很小。有时冷却剂和慢化剂用同一种物质。冷却剂在主回路中循环流动，从活性区带出热量，然后进入热交换区（或蒸汽发生器），把热量传给二次回路中的工质（如水）。最后，温度降低了的冷却剂，用循环泵又送回反应堆。

反应堆在工作时放出大量对人体有害的中子和 γ 射线。所以，通常活性区的外面要有很厚的防护层，对射线进行屏蔽。

目前用得最多的堆型有：压水堆、沸水堆、重水堆、高温气冷堆、增殖堆。

压水堆是用高压水做成的慢化剂和冷却剂。300℃以上的冷却水出堆后通过蒸汽发生器生产出高温蒸汽。为此，要有能承受 507 千帕以上高压的压力壳。燃料通常使用浓缩铀。这种反应堆体积小，又具有相当大的比功率，安全性能较好。

沸水堆是一种水慢化和水冷却的反应堆。水在堆芯内沸腾并直接产生蒸汽，不需要外部蒸汽发生器，除了简化设备、提高经济效益外，还可以在同样的燃料温度下得到较高温度的蒸汽。堆的性能也是稳定的。

重水堆是用重水做慢化剂的热中子反应堆。可以用重水兼做冷却剂，也可以用普通水、有机物或气体做冷却剂。重水的慢化性能仅次于轻水，而吸收热中子的概率比普通水小得多，因此，重水堆可以用天然铀做燃料。

高温气冷堆不用细棒状燃料元件，而是用硬质陶瓷把燃料颗粒包起来，放到石墨块中的各个区域，再把石墨块摞起来做成堆芯。石墨使中子慢化。冷却剂用高压氦，氦气流过石墨块的内部和四周，使堆芯冷却。

增殖堆是能增殖核燃料的反应堆。在以 235U 为裂变原料的天然铀或浓缩铀反应堆中，存在着大量的中子。俘获中子后，经过两次 β 衰变生成新的易裂变核，俘获中子后也会生成新的裂变燃料。在以 235U 为燃料的慢中子堆中，裂变放出的二次中子数平均为 $\eta \approx 2.4$。这些中子中有一个用来维持链式反应，剩下的 $\eta - 1 \approx 1.4$ 个中子中，如果平均至少有一个被反应堆中的核或核所吸收，生成新的易裂变核，这个反应堆就可以增殖核燃料，就是一个增殖堆。增殖堆中，每消耗一个裂变核生成的新的易裂变核的数目，叫作增殖比。核裂变产生的二次中子数 η，随裂变中子能量的增加而增大。

8. 氢弹

氢弹又称“聚变弹”，是利用轻元素原子核聚变反应（热核反应）时瞬间释放的巨大能量起杀伤破坏作用的爆炸性核武器。由计算可知 1 千克氘氚混合物全部聚变，将释放出约 8 万吨 TNT 当量的能量。利用热核反应制造的核武器，没有临界质量的限制，可以做得很大，它的爆炸威力一般要比原子弹大几十倍到上千倍。不过氢弹仍需用原子弹来引爆核燃料。

氢弹的原料可以是氘和氚，也可以是氘化锂 -6。氘和氚在常温常压下呈气态，只有在低温（-200℃以上）高压下将它们液化，才能做氢弹的装料，这是相当困难的。而且氚具有放射性，半衰期 $T1/2 = 12.6\text{a}$，不便于长期贮存。采用氘化锂 -6 作氢弹的装料，当引爆的裂变弹爆炸时，发出大量中子，中子与锂 -6 反应生成氚：6Li + n→3H + 4He + 4.8MeV，氚与氘再发生聚变 3H + 2H→4He + n + 17.6MeV。总的反应式为

6Li + 2H→4He + 22.4MeV，释放出巨大的能量。氘化锂 - 6 的成本比较低，没有放射性，便于长期贮存，而且是固体化合物，不需要冷冻装置，可使氢弹小型化。

氘氚聚变反应产生 14MeV 的高能中子，能使 238U 发生裂变而放出能量。在氢弹的热核装料外面包上一层 238U 外壳，就构成裂变 - 聚变 - 裂变型的“三相”氢弹。“三相”氢弹又称氢铀弹，释放的总能量中，裂变能量和聚变能量大约各占一半。由于爆炸后裂变碎片的放射性沾染严重，这种氢弹被认为是“肮脏”氢弹。在爆炸总能量中，相对地增大聚变能量而减少裂变能量，从而减少放射性沾染，这种氢弹就是“干净”氢弹。但由于无法避免用原子弹引爆，“干净”的氢弹仍会产生大量的放射性裂变碎片。

9. **中子弹**

中子弹被称为第三代核武器，与原子弹和氢弹相比，冲击波和热辐射的杀伤作用大为减弱，放射性沾染也轻得多，主要是利用聚变反应中放出的高能中子，杀伤力包括坦克乘员在内的敌方战斗人员。由于冲击波和热辐射的作用减弱，对建筑物和设施、装备的破坏有限；又因为放射性沾染较轻，且多属于中子激活引起的，所以在引爆后几小时内，攻击者即可进入被袭击的区域，并可以利用原有的建筑物和设施、装备。因而中子弹被称为“干净”的核武器。

根据已报道的中子弹的特点可以推断：中子弹是聚变弹。中子弹爆炸时有强中子辐射，必然是由于内部进行了猛烈的产生中子的核反应。重核裂变和轻核聚变都产生中子，但对于相同质量的核燃料，聚变反应产生的中子数比裂变反应产生的中子数多得多。另外，中子弹的放射性沾染轻，裂变会造成强烈的放射性沾染，氘氚聚变的产物没有放射性。氘氚聚变放出的中子能量高达电子伏；放出的核能量只有兆电子伏，在空气中的射程只有几厘米，爆炸后其能量传入几厘米内的空气中，使空气产生高温高压，形成冲击波和热辐射。因此，纯粹的中子弹（纯聚变弹），理论上冲击波和热辐射的能量只占 20%。

不过，目前的中子弹还要用小型原子弹来引爆，因而还不是纯中子弹，只不过是相对地减少了冲击波，增强了中子辐射的小型氢弹而已。所以目前的中子弹正式定名为弱冲击波强辐射弹，简称“强辐射弹”。纯中子弹要在激光聚变引爆技术（或其他不用原子弹的引爆技术）成熟以后，才能实现。

江苏省第六期“333 人才”培养支持资助项目

教学实践与指导·上

朱文军　樊海霞　丁志红　主编

中国财富出版社有限公司

图书在版编目（CIP）数据
教学实践与指导．上／朱文军，樊海霞，丁志红主编．—北京：中国财富出版社有限公司，2024.5
ISBN 978－7－5047－7970－0

Ⅰ.①教… Ⅱ.①朱… ②樊… ③丁… Ⅲ.①中学物理课—教学研究 Ⅳ.①G633.72

中国国家版本馆 CIP 数据核字（2023）第 153708 号

策划编辑 郑欣怡 王桂敏　**责任编辑** 田 超 尹培培　**版权编辑** 李 洋
责任印制 梁 凡　**责任校对** 庞冰心 张营营　**责任发行** 黄旭亮

出版发行	中国财富出版社有限公司		
社　址	北京市丰台区南四环西路 188 号 5 区 20 楼	邮政编码	100070
电　话	010－52227588 转 2098（发行部）		010－52227588 转 321（总编室）
	010－52227566（24 小时读者服务）		010－52227588 转 305（质检部）
网　址	http：//www.cfpress.com.cn	排　版	宝蕾元
经　销	新华书店	印　刷	北京九州迅驰传媒文化有限公司
书　号	ISBN 978－7－5047－7970－0/G·0794		
开　本	787mm×1092mm 1/16	版　次	2024 年 5 月第 1 版
印　张	49	印　次	2024 年 5 月第 1 次印刷
字　数	1131 千字	定　价	150.00 元（全 2 册）

序

习近平总书记多次强调，课程教材要发挥培根铸魂、启智增慧的作用，必须坚持马克思主义的指导地位，体现马克思主义中国化最新成果，体现中国和中华民族风格，体现党和国家对教育的基本要求，体现国家和民族的基本价值观，体现人类文化知识积累和创新成果。

自20世纪后期开始，中学物理课程与教学改革的浪潮此起彼伏，不时地走在基础教育课程改革的前列。为什么会出现这样的现象呢？首先，从物理课程的内容——物理学谈起。“物理学是自然科学领域研究物质的基本结构、相互作用和运动规律的一门基础学科。物理学通过科学观察、实验探究、推理计算等形成系统的研究方法和理论体系。从古代的自然哲学，到近代的相对论、量子论等，物理学引领着人类对自然奥秘的探索，深化着人类对自然界的认识。物理学对化学、生物学、天文学等自然科学产生了重要影响，推动了材料、能源、环境和信息等领域的科学技术进步，促进了人类生产生活方式的变革，对人类的思维方式、价值观等都产生了深远影响，为人类文明和社会进步作出了巨大贡献。”① 以近代物理学革命为开端，现代科技飞速发展，如今物理学已渗透到现代社会的方方面面，改变了人类的生产技术、生活方式，甚至人类的思维方式。正是由于物理学的重要地位和迅猛发展的趋势，物理教育工作者才不断地思考如何改革物理课程内容。其次，人们在对以物理学为核心的科学发展的进程，以及科学、技术与社会关系的研究中，提升了对科学本质的认识：科学是认识自然最有效的途径；科学知识是人类对客观世界和人类自身的系统认识；科学是以多样统一的自然界为研究对象的探究活动，是建立在证据和理性思维的基础上的，可验证性是科学知识的重要特征；科学是一个开放的系统，科学知识具有相对稳定性并不断发展和进步；科学是一项全社会事业，和技术、社会有密切的关系。这些对科学本质的认识，深化了人们对科学素养内涵的认识，影响了课程目标、内容及教学方式。最后，“物理难学”似乎是世界性的课题，世界各国的许多物理教育工作者以及各领域专家，通过对学生的学习心理进行深入研究，最终对学生的学习本质形成了许多共识：学习过程是一种认知建构的过程，是学生智力与非智力因素有机结合及多元智力发展的过程等；以人为本的教育观，促进学生的发展；等等。正是以上方方面面的原因，使物理教师的理念发生了很大变化，对物理课程与教学改革产生了强大的推动作用。

面对迅速发展的改革态势，中学物理教师在教学实践中遇到各种矛盾和挑战。实

① 引自教育部：《义务教育物理课程标准（2022年版）》。

验是物理教学的基础，但实验花时费力，似乎不如以讲代做、以看视频代做；物理概念、规律是物理知识的基础，理应把教学重心放在通过适当过程增进对概念和规律的理解上，但似乎不如多做几道题以加强应用训练更能凸显教学效果。物理教学的目标究竟应当置于哪里？即使有改的愿望，也有许多难处。例如，如何选择合适的教学模式、如何处理探究与接受学习的关系、如何处理学生自主与教师指导的关系、如何处理学生独立学习与合作学习的关系、如何处理基础与拓展知识的关系、如何恰当渗透人文知识、如何应用传统与现代技术、如何处理过程和结果评价问题等。

面对实践中的各种困难，一些志同道合的物理教师自愿地组织起来，形成研究的“共同体”。他们有着共同的追求和抱负，积极面对现实，脚踏实地地进行实践研究，把先进的理念落实到每一节物理课中，落实在不同的学生身上，落实在教学中每一件小事上，学习、行动、反思、提高，不断地循环上升，在这一过程中，教师自身也得到了发展。南京物理教师成长共同体就是这样的一个“共同体”，他们在物理教学实践中，为学生的发展做了很多有意义的研究工作。朱文军、樊海霞、丁志红主编的这本书，在课堂教学设计与实施、实验教学、科学思维方法等方面，体现了他们宝贵的教学经验及成果。本书上册（1—10 章）分别由朱文军、樊海霞、丁志红、陶恒、黄杰、李伟、郑克东、钟礼珊、陈培凤、叶鸣扬和燕翼翔（合写第 10 章）编写，下册（11—18 章）分别由徐浩、杜陈和祁娟（合写第 12 章）、孙龙周、张兴安、张巧玲、陈爱国、陈晨、孙长云编写。

我国基础教育物理课程改革任重而道远，需要更多热爱物理教学的教师在实践中不懈努力，及时总结经验教训，提高理论水平，为探索中国特色物理课程改革作出贡献。

编写者

2023 年 2 月 11 日

目　录

上　册

下　册

第一章　声现象

一、课标分析

（一）课标要求

【内容要求】

2.3.1　通过实验，认识声的产生和传播条件。

例1　在鼓面上放碎纸屑，敲击鼓面，观察纸屑的运动；敲击音叉，观察与其接触的物体的运动。了解实验中将微小变化放大的方法。

例2　将发声器放入玻璃罩中，逐渐抽出罩内空气，会听到发声器发出的声音逐渐变小，分析导致该现象的原因。

2.3.2　了解声音的特性。了解现代技术中声学知识的一些应用。知道噪声的危害及控制方法。

例3　了解超声波在生产生活和科学研究等方面的应用，如超声雷达、金属探伤、医学检查等。

例4　举例说明如何减弱生活环境中的噪声，具有保护自己、关心他人的意识。

【学业要求】

（1）了解声；能用声知识解释自然界的有关现象，解决日常生活中的有关问题。

（2）能运用一些规律分析简单问题，并获得结论；能在解释自然现象和解决实际问题时引用证据，具有使用科学证据的意识。

（3）能基于观察和实验，提出与声现象有关的科学探究问题，并做出有依据的猜想与假设；能制订初步的实验方案；能表述实验过程和结果，撰写实验报告。

（4）知道物理学是对相关自然现象的描述与解释，物理学研究需要观察、实验和推理，体会物理学对人类生活和社会发展的影响；具有对声知识的学习兴趣和严谨认真、实事求是的科学态度；关心我国古代和现代科技成就，为中华民族的科技成就感到自豪，逐步养成实现中华民族伟大复兴的责任感与使命感。

【教学提示】

1. 教学策略建议

在声现象的教学中，建议从学生的已有经验和认知水平出发，设计多种学习活动，重视物理概念的建构过程，促进学生对抽象概念的理解，引导学生在问题解决中提升能力，发展核心素养。

（1）联系生产生活实际创设学习情境。在对声现象的学习中，建议结合生活中的实际情境，进行相关内容的学习。

（2）渗透科学研究方法，培养学生的科学思维。例如，在探究声音是如何产生的教学中，教师能通过教材“想一想”中的“物体发声与不发声时有什么不同？这些物体发声时有什么共同点？”有意识地利用“求异法（找不同）”和“求同法（归纳法）”得出声音是由物体振动产生的；在探究真空能否传声时，通过“钟罩实验”向外不停抽气，听到铃声逐渐变小，利用“共变法”分析出铃声变小的原因是钟罩内空气变得稀薄，从而进一步推理得出：如果抽成真空，就应该一点声音也听不到，这是在实验的基础上进行推理得出的结论，在物理学中叫“理想实验”；在用钢质刻度尺探究声音的音调与频率的关系时，用同样大小的力去拨动伸出桌面不同长度的尺子时，控制响度相同，得出声源振动的频率越高，声音的音调越高。

（3）注重问题导向，合理设计探究活动。在探究声音的产生和传播条件学习活动中，注重发挥学生的积极性和主动性，给学生留出恰当的时间和空间；鼓励学生发现问题、提出问题，通过科学方法收集证据、得出结论；引导学生解释得出结论的理由，并对探究过程和结果进行评估、反思与交流。

（4）充分利用科学史料，培养学生的科学态度与社会责任感。建议将我国古代的相关科技成就引入课堂，如通过分析和讨论回音壁、三音石等古代声学建筑，培养学生的爱国情怀，提升学生的民族自豪感和实现中华民族伟大复兴的使命感。还可通过项目式学习，开展制作小乐器等项目活动，培养学生的动手操作能力和创新精神。

2. 情境素材建议

与声相关的素材：通过分析声带振动、鼓面振动等现象归纳声音产生的原因，利用“土电话”、真空罩等研究声音的传播条件，利用吉他、钢琴等乐器分析声音的特性。

（二）课标解读

1. 物理观念

物理观念是指从物理学视角形成的关于物质、运动和相互作用、能量等内容的总体认识，是物理概念和规律等在头脑中的提炼与升华，是从物理学视角解释自然现象和解决实际问题的基础。物理观念主要包括物质观念、运动和相互作用观念、能量观念等要素。苏科版物理（以下简称“教材”）八年级上册第一章《声现象》涉及物质观、运动和相互作用观、能量观等。

（1）物质观

《声现象》首先介绍了声音的产生，通过探究归纳不同物体发声的情况（求同）、对物体发声与不发声进行对比（求异），得出声音是由物体振动产生的结论，发声的物体叫声源，气体、液体和固体都可以振动发声。“声源”是一个重要的概念，因此在探究物体振动发声的过程中要深刻理解声源的物质性；在声音的传播教学中，通过生活经验和课堂实验发现，声音可以在气体、液体或固体中传播，能传声的物质叫介质。这将为学生形成物质观奠定基础。

（2）运动和相互作用观

声音以波的形式在介质中传播，且传播的速度可能会不同。声源的振动是一种运动，这种运动有自己的特征，比如振幅和频率，不同的声音的波形一般也不同。

把两个频率相同的音叉的共鸣箱间隔一定距离，敲击一个音叉，与另一个音叉接触的悬挂着的乒乓球会被弹开，这就是一种“共鸣”现象，属于一种相互作用。

（3）能量观

通过观察放在音响前面的蜡烛火焰跳动、超声波碎石、声音引起鼓膜振动等实例，说明声音具有能量。

2. 科学思维

科学思维是从物理学视角对客观事物的本质属性、内在规律及相互关系的认识方式，是建构物理模型的抽象概括过程，是分析综合、推理论证等方法在科学领域的具体运用，是基于事实证据和科学推理对不同信息、观点和结论进行质疑和批判，予以检验和修正，进而提出创造性见解的过程。科学思维主要包括模型建构、科学推理、科学论证、质疑创新等要素。

（1）模型建构

1）显示音叉的振动

在用音叉探究声音是由物体的振动产生时，①将发声的音叉叉股轻轻插入盛满水的烧杯中，会看到水花飞溅；②敲击音叉，将细线悬挂的轻质小球与音叉接触，会看到小球被弹开；③敲击音叉，在音叉发声的同时把音叉放在脸颊上或用手触摸，可感受到音叉的振动。前两种方法是通过水花飞溅或小球被弹开这种视觉现象来说明音叉正在振动，第三种方法是通过触觉来说明音叉发声时叉股在振动。

2）显示鼓面的振动

在用鼓探究声音的产生、声音的响度与振幅关系时，可以在鼓面上撒一些小纸屑、小泡沫粒等质量较小的物体，会观察到这些物体跳起来了，说明了鼓面振动以及振幅的大小。这也是一种模型的建构。

3）真空不能传声

在用钟罩实验探究真空能否传声时，把发声的闹铃放进玻璃罩内，用抽气机向外抽气，可以听到铃声逐渐变小。这里需要建立一种模型——真空，设想把玻璃罩中的空气全部抽出，形成真空，这样就一点声音也听不到了。在实验的基础上进行合理外推，可以得出：真空不能传声。

（2）科学推理

1）推理得出声音是由物体振动产生的

在第一章《声现象》“想一想”板块中，有这样几个问题：在一张纸、一根橡皮筋、一个笔帽、一杯水发声的基础上，思考物体发声时与不发声时有什么不同？物体发声时有什么共同特征？这需要运用探究事物间因果关系时常用到的方法——穆勒五法中的求异法和求同法。运用求异法探究两个事物之间是否有因果关系时，要求不同场景中只有一个要素不同，如果这个要素存在时会出现现象，没有这个要素就不出现现象，那么这个现象的出现就很有可能与那个要素有关。运用求同法寻找两个事物之间是否有因果关系时，要求考察的几个场景中只有一个共同的因素出现，会产生相同的现象（如发声），那么这个现象的出现很可能与这个唯一的因素（如振动）有因果关系。

2）通过类比提出声音是一种波的结论

类比推理得出的结论虽然具有或然性，但是研究的现象越多，得出结论的可靠程度也就越高。

教材在介绍声波之前，先介绍了水波和摇动绳子时产生的“绳波”，并指出这两种波都是凹凸相间的波。接着介绍声音在空气传播的过程中，会形成一种疏密相间的波，即声波，并把声波类比于疏密相间的弹簧波。

3）探究响度与振幅、音调与频率的关系

在用音叉探究声音的响度与振幅关系时，用大小不同的力敲击音叉，让发声的音叉慢慢接触悬挂着的乒乓球，会发现用力越大，声音的响度就越大，乒乓球被弹开的角度也就越大。乒乓球被弹开的幅度随之增大，说明音叉振动的幅度也在增大。这用到了探究两个事物之间因果关系的穆勒五法中的共变法。使用共变法时，要求在实验的过程中只改变一个物理量，如果现象随着这个唯一物理量的变化而变化，那说明它们之间有因果联系。因此，我们可以得出结论：声源的振幅越大，声音的响度就越大。

同理，在探究声音的音调与声源振动频率关系时，可以将一把钢尺的一端紧压在桌面上，让另一端伸出桌面部分较长，拨动尺子使之振动，听声音的同时注意钢尺振动的快慢。还可以缩短尺子伸出桌面的长度，再次拨动钢尺做几次实验。比较、分析几种不同情况下声音的音调与钢尺振动快慢之间的关系，这个实验用到的控制变量法的背后逻辑因素就是共变法。

（3）科学论证

如何才能看到声音？可以利用光现象来反映声现象。把两只纸杯底部用细棉线连起来，做成“土电话”，先固定住一只纸杯，在纸杯口蒙上一个胶膜，在膜上贴上小平面镜，拉紧棉线，用激光照射，然后对着另一只纸杯说话，会看到激光被反射的光点在晃动，这就是发声者的“声音”（如图1-1所示）。这种方法是将声信号转化成光信号，并进行放大，从而可以“看见”声音。

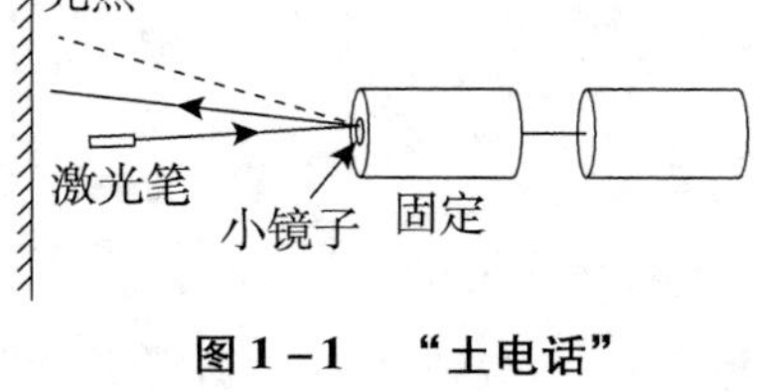

图1-1 “土电话”

（4）质疑创新

1）探究固体传声

在研究固体能否传声时，教材中设计的方案如下：利用一张桌子做实验，一名同学轻敲桌子，另一名同学把耳朵贴在桌面上。此实验能得出什么结论？

这种方案的设计没有考虑到这位同学的另一只耳朵还可以听到通过空气传播过来的声音，实验方案存在缺陷。所以，需要这位同学堵住另一只耳朵，或者用“土电话”的实验来说明固体可以传声。

2）探究液体传声

教材中设计的方案如下：双手拿着石头在水中击打，可以听到敲击石头的声音。这种方案的不足之处是：声音可以通过手、胳膊传播出来，不足以说明声音是通过水传播的。可以改成：将一个用细线系好的音乐芯片放入水中，人在旁边可以听到音乐声；也可以改为：将一部用塑料袋装好的手机置于水中后，用细线系住塑料袋，这两种方案都是抓住主要矛盾，忽略声音通过细线传播这个途径。当然，最佳方案是让发声物体悬在水中，可以通过改变塑料袋的大小，使塑料袋和手机受到的浮力等于重力，从而实现悬浮。

3）钟罩实验的改进

做钟罩实验时，如果把闹钟直接放在钟罩的底座上，声音可以通过固体传播，实验效果不佳。可以改为：把闹钟垫在海绵或泡沫上，起到减震的作用；还可以把闹钟悬挂在玻璃罩的顶部，以忽略次要矛盾——细线的传声，从而使实验效果得到改善。如果没有现成的钟罩实验装置，可以用集气瓶替代钟罩来完成实验。

4）显示音叉振动的波形

在探究音叉振动的波形时，除可以用示波器以外，还可以在音叉上固定一根钢针，把一块用蜡烛熏黑的玻璃板沿着垂直于音叉振动的方向快速划过，可以看到玻璃板上留下音叉振动的波形。

以上问题的讨论和实验改进，可以培养学生不迷信权威、勇于创新的意识。

3. 科学探究

科学探究是指基于观察和实验提出科学问题、形成猜想和假设、设计实验与制定方案、获取与处理信息、基于证据得出结论并作出解释，以及对学科探究过程和结果进行交流、评估、反思的能力。科学探究主要包括问题、证据、解释、交流等要素。

《声现象》这一章涉及科学探究的实验有：探究声音的产生、声音的传播、声音的响度与声源振动幅度的关系、声音的音调与声源振动频率的关系等。下面以探究声音的产生为例，来说明科学探究的几个要素。

（1）提出问题

声音是大家最熟悉不过的一种现象，那么声音到底是怎么产生的呢？

（2）证据

在探究声音的产生时，可以通过物体发声与不发声的不同进行对比，也就是求异法，得出声音是由物体的振动产生的结论；也可以通过寻找各种发声物体的共同点进行求同，得出结论。

（3）解释

把通过敲击发声的音叉靠近悬挂着的乒乓球，会看到乒乓球被弹开，说明音叉在振动；把不发声的音叉靠近悬挂着的乒乓球，看不到乒乓球被弹开，从而说明声音是由物体的振动产生的。为了使实验结论更加可靠，还可以选用其他声源进行研究。音叉振动的结论还可以通过其他一些现象得出，比如把敲击后的音叉插入水中，可以看到水花飞溅等。

4. 科学态度与责任

科学态度与责任是指在认识科学本质和了解科学、技术、社会、环境之间关系的基础上，逐渐形成的探索自然的内在动力，严谨认真、实事求是、持之以恒的品质，热爱自然、保护环境、遵守科学伦理的自觉行为，以及推动可持续发展和实现中华民族伟大复兴的使命担当。科学态度与责任主要包括科学本质观、科学态度、社会责任等要素。

（1）科学本质观

在介绍实验中常见的音叉、鼓、锣、钢尺发声的基础上，可以和同学一起讨论各种动物的发声，比如蚊子、蟋蟀、蝙蝠、水母、母鸡、海豚等发声原理。

讲到回声时，可以引导学生讨论：教师在讲课时，教室内是否有回声？耳朵有没有接收到回声？人们是否能分辨出回声与原声？补充介绍祖国的大好河山，如江西弋阳的“四声谷”：游客高喊一声后，可以连续听到四次声音；还可以拓展到双耳效应和立体声的知识。

讲到固体传声时，可以引导学生讨论：人们在咀嚼坚果时，为什么自己感觉到声音很大而旁边的人几乎听不到咀嚼声？然后介绍骨传导知识。

介绍超声波时，可以引导学生讨论：蝙蝠为何能在黑夜飞行，从而引出回声定位；还可以进一步讨论声呐与雷达的不同之处。

传扬古代中华民族在声现象研究中的成就时，可以介绍天坛的回音壁和三音石、战国时期的曾侯乙编钟、7000多年前的骨哨和骨笛，探讨山西永济市境内的莺莺塔的声学现象，游客站在塔前击打石块，声音经过多层塔檐反射后，回声相继延迟，可以听到蟾鸣般的回声，出现“普救蟾声”的奇妙现象。

据记载，唐朝洛阳有一个老和尚，有一天他得到一个磬，结果那个磬常常半夜自鸣，老和尚疑神疑鬼，被吓得生了一场大病。后来经有学问的人指点，才知道此磬与前殿大钟的固有频率相同，击彼应此，故钟鸣磬响。

用发声的音叉接触悬挂着的乒乓球时，会发现乒乓球被弹开的幅度时大时小，没有一定的规律。主要原因是乒乓球被弹开一次后，再与音叉接触时，每次音叉的相位不同，乒乓球的速度也不同，碰撞后乒乓球获得的能量也不同。

通过教师对这些知识的介绍，学生对声现象的本质有了更多的了解，不仅保持对科学探索的兴趣与热情，还在认识自然的过程中获得了成就感与自豪感。

（2）科学态度

用钟罩实验研究真空能否传声时，无论怎么抽气，坐在前排的同学还是能隐约听到微弱的声音，这时教师不要回避现象，要和学生探讨其中原因，一是在现有条件下不可能抽成真空，二是钟罩底座或者悬挂的细线会传声。引导学生认识到：在研究物理问题时，可以忽略次要矛盾，抓主要矛盾，在实验的基础上进行合理推理、得出结论。

声音是一种波，如何看见这种波呢？可以借用示波器或者示波器软件，来研究声音的响度与振幅的关系、声音的音调与声源频率的关系，会看到不同乐器发声时的波形不同。

通过了解贝多芬晚年失聪，用牙齿咬着硬棒搭在钢琴上听声谱曲的故事，引导学生学习他对音乐热爱和追求的精神，树立严谨认真的科学态度。

引导学生讨论：百米赛跑的计时员能否通过听枪声准确计时？

利用探究的结论：敲击和吹装有不同深度的水的玻璃杯发出声音的音调不同，带领学生制作小乐器（比如水杯琴、橡皮筋吉他），培养学生实事求是、尊重自然规律的科学态度。

（3）社会责任

学生通过学习了解噪声的形成、危害、控制和利用以及不可听声（次声和超声）的利用等，了解倒车雷达、超声导盲仪、超声除草器、超声波加湿器、超声探伤仪、超声波测速仪、“水母耳”次声预报仪、语音识别系统等，地震时敲击暖气片能把敲击声传遍楼内各处，以鲜活的事例引导学生关注科技对人类生活、自然环境及社会发展的影响，培养环境保护、可持续发展的意识，用科学技术服务人类的意识，以及民族复兴大业的使命感与担当意识。

二、教材分析

（一）各版本教材对比

1.《声现象》章节安排

八年级学生刚开始接触物理，有着浓厚的兴趣。考虑到《声现象》章节比较简单，很多版本的教材都把它放在前面。根据课程标准对这部分内容的要求，各版本（2012版）教材的章节安排如表1－1所示。

表1－1　各版本教材章节安排

教材版本	章次	节名称
人教版	第三章	声音的产生与传播；声音的特性；声的利用；噪声的危害和控制
北师大版	第四章	声音的产生与传播；乐音；噪声与环保；声现象在科技中的应用
教科版	第三章	认识声现象；乐音的三个特征；噪声；声与现代科技
沪粤版	第二章	我们怎样听见声音；我们怎样区分声音；我们怎样区分声音（续）；让声音为人类服务
沪科版	第三章	科学探究：声音的产生与传播；声音的特性；超声与次声
苏科版	第一章	声音是什么；乐音的特性；噪声及其控制；人耳听不到的声音

可见，大部分版本教材都把“声音的产生与传播”“乐音（或声音）的特性”单独列为一节，而把噪声、超声和次声并入其他小节中。

2. 声音的产生与传播内容安排及逻辑分析

各版本教材《声现象》章节中关于声音的产生与传播内容的安排如表1－2所示。

表1－2　　六种版本教材关于声音的产生与传播内容安排

版本	内容	版本	内容
人教版	声音的产生 想想做做 声音的传播 演示 声速 小资料：一些介质中的声速 科学世界：我们是怎么听到声音的 动手动脑学物理	沪粤版	声音是怎样产生的 活动1　观察发声物体的振动 声音是怎样传播的 活动2　把声音显示出来 声音的传播需要介质 活动3　传声试验：真空能传声吗；听水中传出的声音；隔墙听音
北师大版	声音的产生 观察与思考　交流与讨论 声音的传播需要介质 观察与思考 人怎样听到声音 科学窗：立体声 实践活动 作业 阅读材料：天坛的声学奇观	沪科版	声音的世界 声音是怎样产生的 探究点拨：提出问题 实验探究：声音的产生 声音是怎么传播的 实验探究：声音的传播 信息窗 声速 信息窗：天坛回音壁 作业；请提问
教科版	声源 观察：发声体在振动 声的传播 观察：声的传播需要介质 活动：会“跳舞”的烛焰 声传播的速度 讨论交流：声的传播有多快 人的发声和听声能力 发展空间：家庭实验室（“看”到自己的声音）；自我评价 物理在线：动物与声音	苏科版	声音的产生 活动1.1　探究声音的产生：试一试　想一想　做一做 声音的传播 活动1.2　探究声音的传播 声音是一种波 水波；弹簧中的疏密波；声波 声速 读一读 生活·物理·社会：声能 “WWW”（作业）

（1）各版本教材都介绍了声音的产生、传播以及声速

各版本教材在板块和内容安排上各具特色。比如，北师大版和沪科版分别在“阅读材料”和“信息窗”板块介绍了“天坛”和“天坛回音壁”；人教版和北师大版分

别在“科学世界”和“科学窗”板块介绍了“人耳听声”和“立体声”；教科版和沪粤版分别介绍了如何通过平面镜和示波器“看”声音；苏科版在“生活·物理·社会”板块介绍了“声能”。

（2）如何通过实验探究得出声音是由物体振动产生的

苏科版教材在实验后，通过“想一想”提出“物体发声与不发声时有什么不同”“物体发声时有什么共同特征”，得出声音是由物体振动产生的。

声音是由物体振动产生的，这个结论很好记忆，但是在这个结论的背后隐含了一些逻辑方法。比如基本逻辑方法中的比较、分析、综合、归纳等；穆勒五法（溯因推理）中的求同法、求异法、求同求异并用法等；物理科学方法中的转化法（转换法）和放大法等。

求同法：如果在被研究的现象出现的若干场合中，只有一种情况是共同的，则这个唯一共同情况很可能与被研究现象有因果联系。求同法公式如表 1－3 所示。

表 1－3　求同法公式

场合	相关情况	被研究的现象
1	ABC	a
2	ADE	a
3	AFG	a

所以，A 和 a 之间可能有因果联系。

人教版教材通过两个实验来探究声音的产生：拨动张紧的橡皮筋，观察橡皮筋的变化；边说话，边用手摸颈前喉头部分。观察、体验、总结物体发声时的共同特征。教材在实验的基础上，指出“大量的观察、分析表明，声音是由物体的振动产生的”。这明显用到了穆勒五法中的求同法。求同法的特点是“异中求同”，即在许多不同的情况中寻找唯一共同的情况。

苏科版教材用纸、笔帽、橡皮筋和一杯水请学生利用它们发声，并让学生把手放在喉咙发声处，然后得出结论；北师大版教材在两个实验的基础上指出大量实验表明“声音是由物体的振动产生的”；教科版、沪科版、沪粤版教材通过两个活动得出结论。由此可以发现，以上各版本教材都是用求同法得出结论的。

那能不能用求异法得出结论呢？

求异法：如果在被研究的现象出现和不出现的正反两个场合中，只有一个情况不同，其他情况都相同，则这个唯一不变的情况很可能与被研究现象有因果联系。求异法公式如表 1－4 所示。

表 1－4　求异法公式

场合	相关情况	被研究的现象
正面场合	ABCD	a
反面场合	—BCD	—

所以，A 和 a 之间可能有因果联系。

可以设计这样两个实验：实验一，不敲击音叉，听（没有声音），把音叉插入水中（没有水花溅起）；实验二，敲击音叉，听（有声音），把音叉插入水中（有水花溅起）。根据求异法，可以得出结论。

这个结论还可以用求同求异并用法得出：如果在被研究的现象出现的若干场合中只有一个共同情况，而在被研究现象不出现的若干场合中，都不出现这个情况，则这个情况很可能与被研究现象有因果联系。求同求异并用法公式如表 1-5 所示。

表 1-5　　求同求异并用法公式

场合		相关情况	被研究的现象
正面场合	1	ABC	a
	2	ADE	a
	3	AFG	a
	…	…	…
反面场合	1	—BH	—
	2	—DK	—
	3	—FN	—
	…	…	…

所以，A 和 a 之间可能有因果联系。

先推出一组实验（敲击音叉，有声音，用手摸音叉，音叉在振动；说话，用手摸喉结，声带在振动；敲击鼓面，有声音，上面的小纸屑被弹起……），再呈现一组现象（不敲击音叉，没有声音，用手摸音叉，音叉没有振动；不说话，用手摸喉结，声带没有动；不敲击鼓面，没有声音，上面的纸屑没有跳起……）根据求同求异并用法，可以得出结论。

当然，在显示音叉振动的时候，也用到了转化法。比如，通过水花溅起或乒乓球被弹开来说明音叉在振动；也可以用手去摸发声的音叉或把音叉放在脸颊，把视觉观察转化为用触觉来感受。同时，也用到了放大法。如为什么用发声的音叉接触的是乒乓球而不是铅球？答案是：乒乓球的质量小，惯性小，运动状态容易改变。

（3）探究声音的传播需要用到的逻辑方法

教材一般通过研究声音可以在空气中传播，可以在水中传播，也可以在钢铁等固体中传播，得出声音可以在气体、液体和固体中传播的结论。这里用到了归纳法中的不完全归纳法。两个不同的层次用到不完全归纳法，一是由水可以传声得出了液体可以传声；二是由这三种不同状态的介质得出一个统一的结论。

对于真空能否传声，各版本教材基本上是用传统的钟罩实验进行探究。人教版教材中，把正在响铃的闹钟放在玻璃罩内，逐渐抽出其中的空气，注意声音的变化。再让空气逐渐进入玻璃罩，注意声音的变化。这里利用穆勒五法中的共变法来研究传声和空气之间是否有因果联系。

共变法：如果在被研究的现象发生变化的若干场合中，只有一个情况在变化，其他情况都不发生变化，则这个唯一变化的情况很可能与被研究现象有因果联系。共变法公式如表 1－6 所示。

表 1－6　　共变法公式

场合	相关情况	被研究的现象
1	A1BC	a1
2	A2BC	a2
3	A3BC	a3

所以，A 和 a 之间可能有因果联系。

这只能得出声音传播可能因为空气是介质（声音减小是因为空气变稀薄了），要想得出真空不能传声的结论，还要在这个实验的基础上进行推理，即假如抽成真空（没有空气了），那就一点儿声音都听不到了。这种在实验的基础上进行推理得出结论的方法，一般被叫作理想实验法，是理想模型的一种。在后面探究阻力对物体影响的活动中也会用到这种方法。“再让空气逐渐进入玻璃罩，注意声音的变化”是利用了正反对比的方法。

3. **声音特性内容安排及逻辑分析**

表 1－7 列举了人教版、沪粤版等教材有关声音特性的内容安排。

表 1－7　　各版本教材有关声音特性内容安排

版本	内容	版本	内容
人教版	音调：用一把钢尺紧按在桌面上，一端伸出桌边，拨动钢尺听声音，同时注意钢尺振动的快慢。改变钢尺伸出桌边的长度，多次实验得出结论。然后用 DIS 实验（数字化信息系统实验的简称）进行验证，介绍人耳听觉频率范围，引出超声波和次声波。 响度：将正在发声的音叉轻触系在细绳上的乒乓球，观察乒乓球被弹开的幅度。使音叉发出不同响度的声音，多次实验得出结论。 音色：不同发声体的材料、结构不同，发出声音的音色也就不同。用示波器演示不同物体发出同一个音调的波形图。	沪粤版	声音的高低——音调：用钢尺做实验并得出结论；用示波器显示发声频率不同的音叉波形并观察声波的频率；探究影响弦乐器音调的因素。 声音的强弱——响度：用鼓和弦乐器来探究决定声音响度的因素，并用波形比较振幅。介绍不同物体发声的响度。 声音的品质——音色：通过欣赏扬声器播出的一段器乐合奏曲，听其中有几种乐器。观察音叉、单簧管、小提琴所发出的声音在示波器上显示的波形。

续 表

版本	内容	版本	内容
北师大版	音调：用钢尺完成探究实验，用示波器演示256Hz和320Hz的音叉波形；介绍超声波和次声波。 响度：用示波器显示音叉发声响度与音叉振动的幅度之间的关系。 音色：观察二胡和圆号发声时的波形，发现不同乐器发声的音色是不同的，并指出音色与发声体的材料、结构和振动方式（如弹奏的方式）等因素有关。	沪科版	响度：通过击鼓、敲钹、拨动琵琶的弦，得出声音的响度与物体振动的幅度之间的关系，指出声音的响度还与声音的传播距离、分散程度有关。 音调：用纸片接触转速相同、齿数不同的发音齿轮，发现纸片发出的声音音调不同，得出音调与发声体振动快慢的关系。 音色：直接指出不同物体发声的音色不同；在“迷你实验室”完成制作橡皮筋吉他的小实验。
教科版	音调：通过拨动粗细不同的橡皮筋及伸出桌面不同长度的尺子研究音调与频率的关系。 响度：用大小不同的力敲击鼓面，探究得出响度与振幅的关系。 音色：用不同的乐器同时演奏同一首曲子，能区分不同乐器演奏的声音，是由于声音的音色不同。通过示波器来观察声音频率、振幅等不同。	苏科版	响度：用鼓、锣、胡琴、音叉等探究影响声音强弱的因素。 音调：用钢尺探究影响声音高低的因素。 音色：用不同的乐器弹奏同一首乐曲，听其不同是因为音色不同；展示不同乐器的波形图。

（1）各种版本教材介绍声音特性的顺序不全相同。

六个版本教材中有四个版本教材先介绍音调再介绍响度。在探究声音的响度与哪些因素有关时，五个版本教材用学生手中的钢尺做实验，器材易得，实验效果好。而沪科版教材用发音齿轮做实验，但对发声时的声源是卡片还是齿轮有争议。

（2）探究声音的音调与频率关系时用到的物理科学方法。

拨动伸出桌面长度不同的钢尺时，尽量用相同的力；还可以用不同频率的音叉去完成实验。这里用到了控制变量法和转化法。

（3）探究声音的响度与振幅关系时用到的物理科学方法。

通过用大小不同的力击鼓，发现鼓面上的纸屑或小泡沫弹起的高度不同；用大小不同的力敲击同一个音叉，发现靠近悬挂着的乒乓球弹起的高度不同等现象，得出声源的振幅越大，声音的响度就越大的结论。以上实验用到了转化法。

（二）苏科版教材单元内容概述

苏科版教材中，把《声现象》章节内容安排在八年级上册第一章。教材内容的编排上体现了“从生活走向物理、从物理走向社会”的理念。教材从学生最常见的声现象入手，探究声音的产生、传播规律，让学生了解声音是一种疏密相间的波以及声速、声能；声音的三个特性：响度、音调和音色及其影响因素；噪声的危害和控制，超声波和次声波。

本章重点内容是声音的产生、传播及声音的特性。其中用到了转化法、理想实验法、控制变量法等物理科学方法，而显示声源的振动时用到了放大法。

本章知识结构如图 1－2 所示。

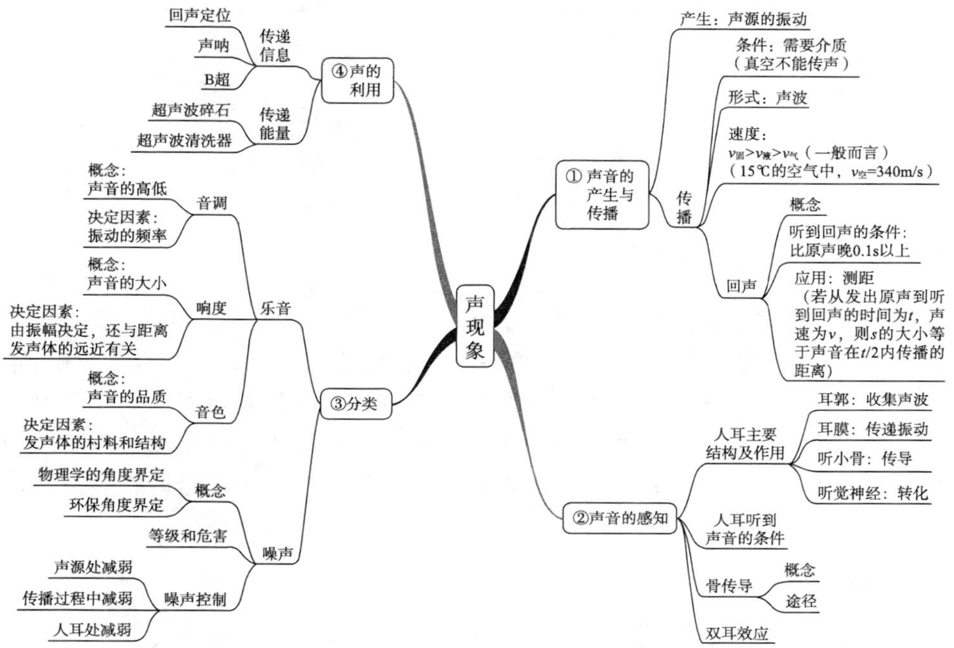

图 1－2

三、教学建议

（一）单元教学思路

本章围绕课标中课程内容“声”这一主题展开，主要包括声音的产生、传播、声波、声速、声能，声音的特性，令人厌烦的噪声，人耳听不到的声音；注重“从生活走向物理，从物理走向社会”；探究实验是本章的重点。教学中建议多创设适切的真实情境、增强实验的可视化效果、丰富学生的学习体验感、促进学生科学思维和探究能力的不断提升。值得注意的是，声音的产生和传播、声音的特性是本章的重点，声音的特性是本章的难点，需要给学生渗透得出声音是由物体振动产生的逻辑推理中用到的方法，得出真空不能传声中用到的方法；区分响度与音调，振幅与频率等多组概念。

（二）课时教学建议及教学方式

苏科版教材《声现象》课时教学建议及教学方式如表 1－8 所示。

表 1-8 课时教学建议及教学方式

节次	建议课时数	教学方式
第一节	1 课时	边学边实验、讨论法等
第二节	2 课时	边学边实验、讨论法等
第三节	1 课时	讲授法、讨论法等
第四节	1 课时	讲授法、讨论法等

（三）课例示范

第一节　声音是什么

【课标及教材分析】

本节属于 2022 年版课标课程内容中一级主题“运动和相互作用”下的二级主题“声和光”的部分内容。课程标准中的相关内容要求为：通过实验，认识声的产生和传播条件。

本节内容包含声音的产生、声音的传播、声波、声速、声能五个部分。内容较为简单，偏向于现象级的学习，教材通过大量的图片和实验来增加学生的感性认知。重点理解“声音是由物体振动产生的”“真空不能传声”这两个结论的得出用到的物理科学方法。

【学情分析】

本节课的大部分内容比较简单，学生在日常生活中已有相关的体验，如学生在生活中接触最早的、最多的就是声现象，在小学阶段科学科目的学习中已经能通过举例知道声音是由物体振动产生的、声音在不同的物质中可以沿不同方向传播。

【教学目标】

1. 通过实验探究，初步认识声音的产生和传播。
2. 学习从物理现象中归纳出一般规律的方法。
3. 通过实验，学习比较法、理想实验法、转化法、放大法。
4. 在学习物理的过程中，培养对物理的兴趣。

【教学重难点】

教学重点：声音的产生和传播。

教学难点：归纳总结得出“声音是由物体振动产生的”“真空不能传声”结论时用到的思想方法。

【实验器材】

学生分组实验：一张纸、一根橡皮筋、一杯水、一个笔帽，一个衣架。

教师演示实验：音叉、铁架台、系有细线的乒乓球、一杯水、水槽、手机、水、玻璃罩、闹钟、抽气机、弹簧波、音响。

【教学设计】

本节教学设计具体内容如表1－9所示。

表1－9　　第一节教学设计

情境	教师活动	学生活动	设计意图
情境的引入。	从第一声啼哭，我们来到人世间，就与声音结下了不解之缘。我们每天生活在声的海洋之中，都会听到各种各样的声音。 播放青蛙的叫声，蚊子的叫声，再播放一组声音如机械的声音、飞机的声音等。	听各种不同的声音。	创设情境、激发兴趣、引入课题。
探究声音的产生。 探究声音的传播。	关于声音，大家还想了解什么或者有什么问题都可以提出来。 抛出一个问题，让学生提出对声音感兴趣的问题。 活动1： 试一试：一张纸、一根橡皮筋、一个笔帽、一把钢尺、一杯水，你们有办法使它们发出声音吗？ 比一比：看谁的方法多？谁的方法与众不同？ 想一想：这些物体发声与不发声时有何不同？物体发声时有何共同之处？ 实验时请注意观察、比较并思考以下问题：纸、钢尺、橡皮筋等都能发声，是因为它们__________了；杯里的水能发出声音，是因为__________振动了；笔帽能吹响，纸炮能打响，是因为__________振动了。	学生根据自己对声音的了解提出问题。我想了解声音是如何产生的？我想知道声音是如何传播的？动物是如何发出声音的？ 学生利用现有的实验器材进行探究。 在学生问题的指引下填空，思考用到的物理科学方法。	这个问题的提出主要是想引入新课教学，但是往往由于学生已经提前学习了本章内容，问题的提出也就没有了新意。 让学生尽量多地利用身边的实验器材设计更多的实验方案，从而为后面的比较和归纳做好铺垫。

续 表

情境	教师活动	学生活动	设计意图
探究声音的传播。	得出结论：声音是由于物体＿＿＿＿＿产生的。 我们把正在发声的物体叫声源。固体、液体、气体都能振动发声。物理科学方法有比较法、归纳法。 有些物体发声时的振动现象不明显，你们有办法验证吗？ 活动2：如何验证锣、鼓等发声时在振动？ 活动3：如何验证音叉发声时在振动？ 物体振动发声的现象很多，你们还能说出哪些动物发声的例子呢？ 鸟鸣——气管中鸣膜的振动 蜜蜂——翅膀的振动 蛙声——气囊的振动 蝉鸣——腹部发音器官的振动 “笑树”、“安静”的长颈鹿 老师说话的声音是通过什么传播到你们耳朵里的？ 猜想：可能需要什么东西来做媒介。 播放闪电的动画。 声音可以在空气中传播，那么声音在固体中能传播吗？ 活动4：（1）打“土电话”；（2）伏桌听声。	针对问题提出自己的想法。结合日常生活中的体验进行思考。 学生根据平时了解的知识举例。试图对“笑树”和“安静”的长颈鹿做出解释。 学生提出猜想。 学生通过猜想，设计实验，然后进行实验，如打“土电话”和伏桌、	第一节课就要渗透物理科学方法教育，让学生有所了解。 一是让学生了解在科学研究中经常使用的物理科学方法——转化法和放大法；二是引导学生学会观察，培养其良好的观察能力。让学生用自己提出的方法做实验，是为了从理性到感性，让学生的体验更加充分和持久；也是肯定学生的猜想，为学生的进一步学习增添动力。从感性到理性，从理性再到感性是学生学习物理的重要方法，也是学生经历知识的产生过程。教师最后说出用到的物理科学方法。 培养学生收集知识的意识，也是为了提高学生的学习兴趣。 培养学生了解科学探究意识，如猜想与假设。 充分利用学生的已有经验，用简单的事实作为依据。 衣架传声实验不仅说明固体可以传声，更主要的是要说明固体传声效果比空气好。让学生举更多的例子主要是希望学生的思维更加发散，在短时间内

续　表

情境	教师活动	学生活动	设计意图
探究声音的传播。	做课本上的实验：敲击衣架，听其发出的声音。 说一说：你们还能说出哪些实验或生活体验来支持这个结论？ 声音在液体中能传播吗？ 把耳朵贴在盛水的鱼缸里，请一位同学把石头放在水中互相击打，他听到了什么？同学们听到了什么？说明了什么？ 说一说：你们还能说出哪些实验或生活体验来支持这个结论？ 提出问题：月球上的宇航员如何交谈？为什么要这样做？ 钟罩实验：（1）将接通电源的电铃放在玻璃罩内，把罩内的空气抽出，声音有什么变化？ （2）再让空气逐渐进入玻璃罩内，注意声音的变化。	听声，最终得出结论：声音能在固体中传播。 听衣架发出的声音。 举日常生活中常见的例子。 提出解决的方案。 月球上是真空，真空不能传声。	提取有用的信息，培养良好的思维习惯。通过观察生活中简单的现象先得到结论，由感性到理性，再回归到感性认识。 当学生提出拍手，水中的鱼会被吓跑时，可以做实验，发现鱼没有被吓跑，这时候可以从逻辑上进行分析：鱼如果被吓跑了，说明水可以传声；如果鱼没有被吓跑，不一定就说明水不能传声，可以分析其中的原因。这样既让学生了解了普通逻辑的知识，又学会了分析问题。学生可能会提出把手机放在水中，针对这种情况，在时间允许的情况下可以进行实验，如果实验效果不好，也可以引导学生分析，知道是声音的反射，为后面的学习埋下伏笔。 最后讨论得出最佳的实验方案应该是用机械闹钟做实验，而且是用细线拴上效果最好，这样就避免了固体传声的嫌疑。这种授课方式有利于培养学生的思维能力。 这样设计一是为了考查学生的知识层次，二是为了抛出一个问题：如何设计实验来验证，其实此时问题就转化为怎样得到真空环境。有的学生会想到用钟罩来做实验，把钟罩里面的氧气消耗掉（蜡烛燃烧），不就得到真空环境了吗？此时有的学生会提出钟罩里还有二氧化碳或者其他成分的问题，从而否定这种方案。接下来

续 表

情境	教师活动	学生活动	设计意图
探究声音的传播。			进一步分析，用抽气的方案做实验会怎样。 设计这个实验时，要告知学生注意观察什么，观察的内容要尽量详细地告知学生，这样才能让学生有针对性地进行观察。更重要的是引导学生进行分析，声音变小的原因是什么？然后进行推理得出结论，最后还要做对比实验，从正反两个方面证明结论的正确性，引导学生得出无法得到真空环境的结论，同时引导学生了解理想实验法。

第二节　乐音的特性

【课标及教材分析】

本节属于2022年版课标课程内容中一级主题“运动和相互作用”下的二级主题“声和光”的部分内容。课程标准中的相关内容要求为：了解声音的特性。

本节内容包含三个部分：响度、音调和音色。内容较为重要，涉及的概念多，容易混淆。要重点理解“声源的振幅越大声音的响度越大”“声源振动的频率越高声音的音调越高”这两个结论得出的实验过程和推理依据。

【学情分析】

本节课的大部分内容比较简单，学生在日常生活中已有相关的体验。如学生在生活中接触最早的、最多的就是声现象，在小学科学科目的学习中已经知道声音有高低和强弱之分，声音高低和强弱的变化是由物体振动的变化引起的；会制作能产生不同高低、强弱声音的简易装置。

【教学目标】

（1）借助生活经验了解声音的特征：响度、音调和音色。通过实验探究，了解影响响度、音调和音色的主要因素。

（2）尝试根据声音的特征将各种声音进行分类。倡导利用常见物品设计、制作简易乐器，会用不同的方法改变乐器发出的声音。

（3）用刻度尺探究影响声音响度大小的因素；进一步学习用比较法、控制变量法探究问题，了解转化、放大的思想。

（4）用刻度尺探究影响声音音调高低的因素。

（5）通过介绍我国在声现象方面的成就，渗透中华民族文明史的教育。

【教学重难点】

教学重点：借助生活经验了解声音的特征：响度、音调和音色。通过实验探究，了解影响响度、音调和音色的主要因素。

教学难点：尝试根据声音的特征将各种声音进行分类。倡导利用常见物品设计、制作简易乐器，会用不同的方法改变乐器发出的声音。

【实验器材】

学生分组实验：钢质刻度尺。

教师演示实验：二胡、笛子、锣、鼓、塑料吸管、剪刀、水瓶琴、音叉、乒乓球。

【教学设计】

一、引入

演示用塑料吸管发声，并用剪刀剪短吸管，请学生听声音的变化。

教师活动：播放科学晚会视频之管乐器和打击乐器的视频，同时调整音量的大小。

学生活动：观看视频，感受物理学的美。有时能听到声音，有时听不到声音，感觉很奇怪。

预测：学生很激动地观看视频资料，很受感染。

对策：一边播放一边介绍器材的制作方法，在播放视频的过程中调节音量。

设计意图：让学生感受物理学的美，同时引导学生利用身边的各种器材制作简单的仪器，便于研究物理，尤其是利用吸管改变音调实验，取材简单，有一定可操作性，在家即可完成。此实验旨在让学生在听的过程中感受声音大小的变化。

二、新课教学

第1课时

（一）响度

教师活动：

同学们感觉到刚才声音有什么变化吗？

1. 讲解响度

响度：人耳感觉到的声音的强弱（大小）。它是一个心理感受量。

在敲击鼓面时，鼓会发声，鼓面会振动，但是鼓面的振动不明显，这需要大家思考一个问题：如何通过实验显示振动不明显的声源呢？

演示实验1：把米（或者其他一些轻小的物体）放在鼓面上，用大小不同的力来敲击鼓面，注意观察米粒弹起的高度（反弹的高度越大，说明鼓面振动的幅度越大）。

演示实验2：用大小不同的力敲击音叉，然后靠近悬挂的乒乓球，观察乒乓球弹起的角度（反弹的角度越大，说明音叉振动的幅度越大）。

演示实验3：把塑料尺子紧压在桌子的边缘，用大小不同的力拨动尺子，注意听声音的大小，同时观察尺子上下振动的幅度大小（用力越大，尺子发声越大，尺子上下振动的幅度也就越大）。（教师演示之后可以请学生体验一下）

2. 讲解振幅

在物理学中，声源偏离平衡位置的最大距离叫作振动幅度，简称振幅。

振幅是一个客观存在的量。举个例子：如果老师给300名学生讲课，那么老师声带的振幅不变，会出现怎样的状况呢？假设没有现代化设备，学生有什么反应？学生回答：教室后面的同学听不到老师的声音。

请大家分析一下什么原因导致后面的学生听不见，或者说后面的学生感觉到的响度小，说明响度还与什么有关？

得出结论：人耳到声源的距离越大，响度越小。

在日常生活中，有时我们需要喊一个离自己相对较远的人，这时怎么做才能让他听见呢？

3. 增大响度的一些方法

把手圈成喇叭状；用书卷成筒状。这里用到的是听诊器中增大响度的办法：让声音在管内传播，减少声音的分散，从而增大响度。

学生活动：

观察演示实验1：老师用的力越大，米粒弹起的高度越高，同时听到声音的响度越大。

观察演示实验2：老师用的力越大，乒乓球弹起的角度越大，同时听到声音的响度越大。

观察演示实验3：老师用的力越大，尺子上下振动的幅度越大，同时听到声音的响度越大（体验尺子发声时的响度大小与振幅的关系）。

由此得出结论：给300名学生上课，需要用麦克风，否则后面的学生会听不见。

思考听诊器的原理。

预测：

学生能够发现这三个实验原理，能听出声音的大小不同，并归纳出实验结论。

在分析后排的学生为什么听不见老师的声音时，有的学生会从能量的角度来分析，是因为声音在传播的过程中，能量有衰减，响度会变小。

学生可能会说用手机或跑过去等办法，这时要合理地引导学生应用简便可行的办法来操作。

对策：

这里需要用到上节课学习过的转化法、放大法和归纳法，在比较的基础上找出共同点并得出结论。

如果学生从能量的角度分析，那么教师就要从另外一个角度来引导，让学生分析后排的学生和前排的学生听到的声音有什么不同，这时学生可以分析出是距离不同导致的。值得注意的是，要让学生准确地说出是什么距离。

设计意图：

通过音叉、鼓面、尺子的实验，学生学会观察。教师要引导学生注意观察哪些现象，同时分析思考引起这些变化的原因。比如这三个实验都要听声音的响度，还要观察效应器的效应。

（二）音调

教师活动：播放《青藏高原》，老师和学生一起演唱。

教师提问：唱到高音部分唱不上去了，是因为我们的声带振动幅度小，响度小吗？

在问题中，引出知识点。

1. 音调：人耳感觉到的声音的高低。

演示实验1：尺子伸出桌面的长短不一样，用同样大小的力拨动尺子，注意观察尺子振动的快慢，同时听尺子发出音调的高低。

学生体验。

演示实验2：发音齿轮实验。

演示实验3：梳子实验。

2. 在物理学中，声源每秒振动的次数叫频率。频率符号：f；单位：赫兹（Hz）。

3. 频率越高，音调越高。

带领学生回顾课前老师吹的吸管发声演示实验和科学晚会的视频，引导学生思考音调不同的原因，然后介绍二胡并演示。也可以请学生来演示，并让学生猜想表演者改变手的位置的目的，用两根弦的目的，以及调节琴耳的目的。

弦乐器是通过弦的振动发声，观察发现：弦越短、越细、越紧，音调越高。

管乐器是通过什么来振动发声呢？是否可以类比成弦乐器的弦呢？先类比得出结论，其实就是猜想，然后用实验验证。

通过实验发现管乐器里振动的空气柱越短，音调越高。

学生活动：和老师一起唱歌。

观察演示实验1后体验之。

通过演示实验2、3，观察声音的变化和声源振动的快慢。

通过学生演奏二胡，思考弦乐器发声的音调与哪些因素有关，以此类推管乐器。

预测：个别学生演唱高音部分可能会唱得上去。学生能观察到尺子伸出桌面越长，振动越慢，发出的音调越低。

学生可以得出实验结论。

对于弦乐器学生能很容易听出，并分析得出结论。管乐器中的空气柱和弦的类比，学生未必能想到。

对策：做尺子实验时，强调按压的部位要在桌子的边缘，注意用力大小要相同。同时进行多组实验，利用归纳和比较的方法得出结论。

让学生演奏二胡，提前把弦调得很松，演奏前学生一定会调节琴耳。

用类比法，降低知识难度。

设计意图：

教师做演示实验1，可以给学生一个示范，同时培养学生的观察能力。渗透物理科学方法的教育，让学生在学会物理知识的同时，掌握研究物理问题的方法。

通过学生表演提高学生的积极性，也是对学生素养的一种认可。

第2课时

教师活动：

游戏1：请学生闭上眼睛，老师拍一个学生的肩膀，然后学生说一句话，请大家辨别说话的人是谁。

游戏2：请学生闭上眼睛，老师敲击一些物体，请学生分辨是什么物体发声。

游戏3：播放音乐，请学生听是什么乐器发声。

虽然不同的乐器发声的音调和响度一样，但是由于发声体的材料和结构不同，导致声源发出的声音是不一样的。

（三）音色

音色又叫音品或音质。例如《红楼梦》中对王熙凤出场时的描述是“未见其人，先闻其声”。

学生活动：通过声音辨别同学。

预测：学生一定可以很顺利地解决问题。

设计意图：让学生听自己班级同学的声音，了解了音色，同时可以培养同学之间的友情。

三、课内练习

四、小结

教学反思：从教学效果来看，第1课时讲解的响度和音调对学生来说有难度，第2课时再讲解音色，这样可以避免学生接触过多的概念，如响度、振幅、音调、频率等。如果第一节课要介绍两个要素，可以介绍响度和音色或者音调和音色。从教学角度来看，音调和响度是本节课的重点，而且学生容易混淆这两个概念，所以在今后的教学中要合理切割教学内容，从学生学习的角度来教学。

响度与振幅的关系可以通过三组实验进行比较学习。在实验过程中，要强调学生观察什么，通过什么现象得出什么结论。对于《声现象》这一章的内容，不仅要用眼看，还要用耳听。

学生做的水杯琴效果很好，今后可以做得更好，可以参照科学晚会的制作方法。

在课上可以让学生演奏各种乐器，增加学生的成就感，提高学生学习的积极性。

曲高和寡的“高”不是音调，而是指高雅。

（四）重难点突破文献综述

1. 声音的发生与传播

实验器材：音叉（附共鸣箱）、音叉槌、支架（吊着一个轻质小球）、量筒、不同材料做成的杆、水。

①演示声音的发生。用音叉槌轻击音叉，音叉会发出轻微的声音。用音叉与吊在支架上的轻质小球接触，小球会被音叉弹开（如图1－3所示），表明叉股在振动。用手指轻轻接触发声的音叉，可以感觉到它的振动。如果捏紧音叉的叉股，使它停止振动，就听不到声音。以上实验说明一切发声的物体都在振动。

②演示声音可以通过各种媒质传播。把音叉从共鸣箱上取下，用木头、铁、铜、玻璃或其他物质做成长30～50cm、直径与音叉手柄直径相同的杆，将其插在共鸣箱上。把敲击后的音叉手柄放在杆上（如图1－4所示），共鸣箱会发出同频率的声响。以上实验说明声音可以通过固体传播。

③演示声音可以通过液体传播。

把装满水的量筒放在共鸣箱上，在音叉柄上套一个直径比量筒小1～2cm的软木塞，把敲击后的音叉柄放入盛水的量筒里（使塞子浸没1～2cm）（如图1－5所示），共鸣箱也会发出同频率的声响。以上实验说明声音可以通过液体传播。

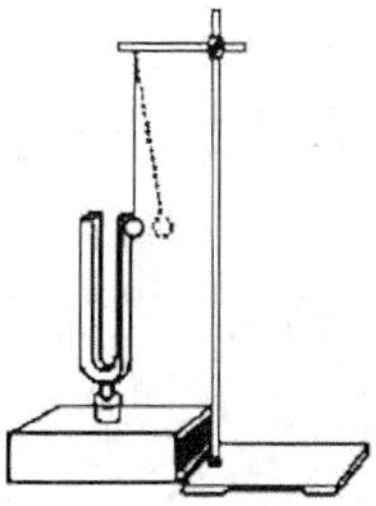

图1－3

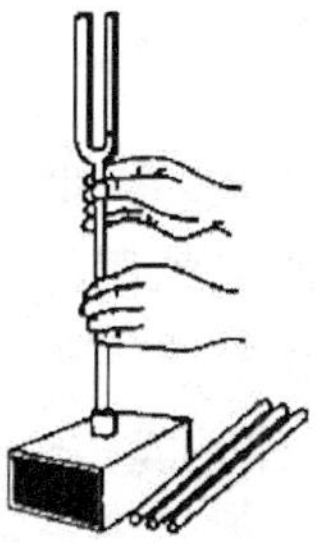

图1－4

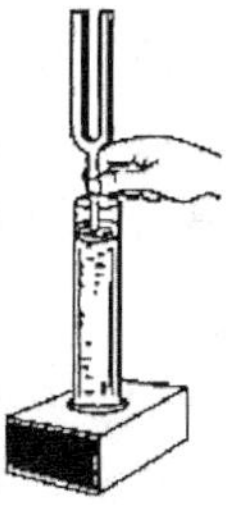

图1－5

注意事项：

①敲击音叉必须使用橡皮音叉槌，不能使用其他硬物，以防击伤音叉表面，从而改变其固有频率。

②音叉十分硬脆，使用中要防止重击、跌落，以免断裂。

③用完音叉，表面要涂抹油或凡士林，放置于干燥处保存，并注意防止受压变形。

④插入与取下音叉时，应避免摇动，防止共鸣箱插孔变形。

2. 用传感器助力声现象的教学

马静、杨万琴、张轶炳一起撰写的《DIS实验系统在声现象教学中的应用》，发表在《物理教师》2017 年第 9 期，给出了比较详细的介绍。

（1）建构“声音是由物体的振动产生的”概念

声音是由物体的振动产生的。振动是指物体的周期性往复的运动，这里的周期和振动在生活中常被提及，但物理学对周期和振动有着严格的定义，需要学生将日常用语转换为物理术语。要理解振动，首先要理解周期。传统教学通过拨动尺子的实验来帮助学生理解周期和振动的概念。实验中，让学生听声音的同时观察尺子的运动，但尺子运动很快，而且会迅速衰减，这导致很多学生仍然无法理解周期和振动的概念，只能死记硬背。另外，周期和频率是物体运动一种性质的两种表示，所以理解了周期就能理解频率，对后面学习音调有很大帮助。

为了克服实验误差，理解物理术语周期和频率，物理实验中有专门的仪器音叉，每个音叉有固定的频率，还有配套的共鸣箱和敲击锤。但由于音叉振动得快，如 250Hz 的音叉，每秒钟重复振动 250 次，用肉眼很难看出周期性的变化。因此可以利用声音传感器来分析音叉振动的图形（如图 1－6 所示），把实验现象显性化，帮助学生理解“振动”的概念。

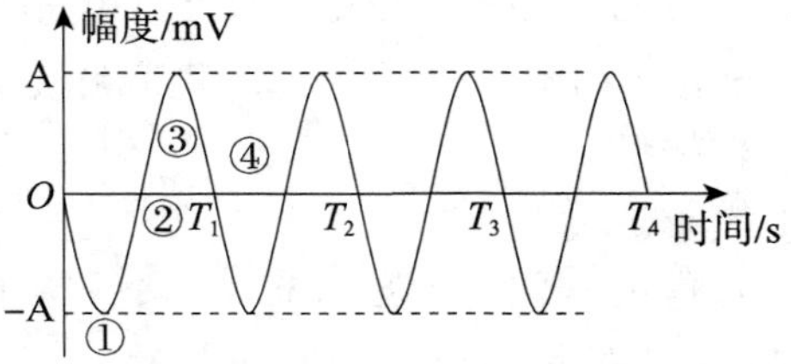

图 1－6

（2）利用传感器探究声音的特性实验

1）探究音调与频率的关系。

频率表示物体振动的快慢，而音调的高低是由物体振动频率决定的。传统实验将钢尺作为教具，通过拨动钢尺以及改变钢尺伸出桌边的长度，进而改变钢尺振动的快慢，能够得出音调的高低与物体振动快慢的关系。但是，钢尺实验的缺陷在于：学生并不能清楚地观察到钢尺振动快慢的变化，更不能清楚地理解音调与频率之间的关系。由此改进实验：利用高脚杯发声频率单一这一特点，摩擦装有不同高度水的高脚杯杯口，通过数据采集器将数据传输给计算机，可以分别得到音调高低不同的高脚杯发声振动曲线和不同高度水的高脚杯发声的音调、幅度等，如表 1－10 所示。

表 1－10　　不同高度水的高脚杯发声的音调、频率、幅度

杯内水的高度（cm）	音调	频率（Hz）	幅度（mV）
5.5	低	1308.6	600～3500
4	较低	1660.2	600～3500
2	较高	1796.9	600～3500
0	高	1816.4	600～3500

由表 1－10 可知，高脚杯内的水越多，说明杯内空气柱振动的高度越低，振动频率也就越小，从而高脚杯发声的音调就越低；反之，高脚杯内的水越少，杯内空气柱振动的高度就越高，振动频率也就越大，从而高脚杯发声的音调就越高。与高脚杯有相似发音原理的乐器一般是管乐，例如萨克斯、笛子等。

2）探究影响响度的因素。

①探究响度与振幅的关系。

人教版八年级物理上册 34 页“演示”板块介绍了利用转化来探究响度与振幅的关系：将正在发声的音叉轻触系在细绳上的乒乓球，观察乒乓球被弹开的幅度。苏科版教材没有这样的说明，但也是这样的思路。这样的传统实验不能直观地向学生展示“响度与振幅的关系”，而利用声音传感器更有利于学生理解“振幅越大，响度越大”。教师可以选择频率为 527Hz 的音叉，轻敲音叉、重敲音叉，通过数据采集器采集信息，然后传输给计算机，分别得到响度大小不同的音叉振动曲线和振幅等数据。

由图像和相关数据可知，当音叉振动频率相同时，敲击音叉的力度越大，振幅就越大，从而音叉发出的声音响度就越大；反之，敲击音叉的力度越小，振幅就越小，从而音叉发出的声音响度就越小。由此可知，响度的大小与振幅有关，振幅越大，响度越大；振幅越小，响度越小。

声音从声源处产生，通过介质传播到人耳，所以人耳听到的声音是否响亮，除与发声体发声时的响度有关之外，还与人耳距离发声体远近有关。

②探究响度与发声体远近的关系。

选取频率单一的发声体，控制发声体发声的音调要相同，改变发声体与声音传感器之间的距离，观察振幅，即响度的大小。

由图像和相关数据可知，频率单一的发声体距离声音传感器越远，波形图的振幅越小，即响度越小；发声体距离声音传感器越近，波形图的振幅越大，即响度越大。由此可知，声音响度的大小与发声体的距离有关，距离越近，响度越大；距离越远，响度越小。

③探究响度与分散程度的关系。

制作锥形纸筒并且连接实验仪器。利用声音传感器分别收集有纸筒和没有纸筒的蜂鸣器发声波，然后通过实验仪器得到形图和数据。

选取频率相同的蜂鸣器，让其与声音传感器的距离始终保持一致。由图像和相关数据可知，当有纸筒时，振幅越大，即响度越大，说明响度的大小与声音在传播过程中的分散程度有关。

从实验结果来看，利用 DIS 可以更好地将实验现象转化为物理图像，学生可以在电脑显示屏上直观地看到声音的波形，还可以比较不同的音调、不同的振动频率、不同的响度，以及不同的振动幅度。这不仅解决了学生肉眼看不清声源振动的问题，而且更利于学生了解到声音是一种波。用 DIS 声音传感器开展教学，能使学生对音调、响度等概念的了解更加深入、科学。

3. **“真空不能传声”实验装置的改进**①

王寅撰写的《“真空不能传声”实验装置的改进》一文提到，“真空不能传声”这个实验是帮助学生体验和理解“声音传播需要介质”这一重要知识点的基础。但是要实现声源在真空环境下发出的声音无法被实验者听到这一目标，在实验过程中不仅要保证声源处于真空环境下，而且要消除声音在固体和液体这两种介质中的传播。所以，该实验要达到听不到声源发出的声音这一效果，必须将声源置于无固体、液体、气体三种传播介质的环境中。

事实上，教材中所展示的实验装置，以及实验室中能够使用的实验装置，都无法让声源处在完全无声音传播介质的环境中，从而导致该实验效果不佳。为了让这一实验尽量达到理想化效果，让学生真切地体验到真空不能传声，王寅对此实验装置进行大胆地改进和创新。

（1）加装风扇系统

风扇系统的设计目的：使学生能够利用感官直接地感知到装置内的空气被抽气机逐渐抽出，最终装置内的环境接近真空。

第一步：准备直径5mm左右的泡沫颗粒若干，用记号笔将其染成红色。

第二步：用亚克力材质的透明蔬菜沙拉碗来盛放泡沫颗粒，在其底部割出一个2.5cm×2.5cm的方形小孔，用来容纳小电扇。

第三步：在透明容器的上方留出几个较大的通气孔，在其周围钻一些小的通气孔，以便电扇工作时保持容器内空气流动。这些通气孔有利于容器内流动的空气形成风，使透明容器内的红色泡沫颗粒“跳动”。

第四步：用胶水将小电扇固定在透明容器底部的方形小孔中。同时，用胶水将电池盒固定在透明容器底部。

第五步：把红色的泡沫颗粒放入透明容器内，并将制作好的透明容器用胶水固定在玻璃钟罩的顶部，与玻璃钟罩的顶部一同构成一个独立的空间，即风扇系统（如图1-7所示）。

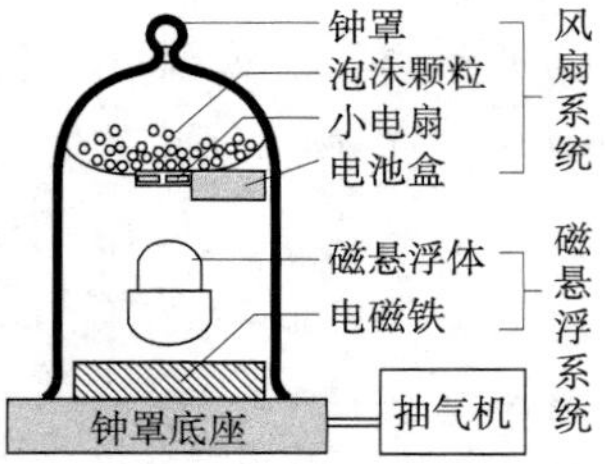

图1-7　风扇系统实验

风扇系统的工作原理：因为空气的流动形成风，小电扇的功能就是使风扇系统内的空气流动起来，从而形成风，让风吹动轻小的红色泡沫颗粒，使其在透明容器内不停跳动，以证明钟罩内存在空气。如果钟罩内不存在空气，即使小电扇不停地工作，也无法在风扇系统内形成风。在实验过程中，随着抽气机不停地将钟罩内的空气抽出，学生会观察到红色泡沫颗粒跳动逐渐减弱，直至停止跳动。这样的现象能够提供给学生几个重要的信息：钟罩内原本存在空气；钟罩内的空气被抽气机不断抽出；钟罩内最终能形成一个接近真空的环境。

① 王寅：“真空不能传声”实验装置的改进．中学物理，2022年第18期。

（2）加装磁悬浮系统

第一步：购买一款尺寸合适的磁悬浮音响。磁悬浮音响的尺寸大小以能够放入钟罩内为宜（包括其底座需一同放入）。磁悬浮音响主要由底座和悬浮体两部分组成，悬浮体中自带蓝牙音响和小夜灯，蓝牙音响播放的音乐及其响度都可以通过手机 App 经蓝牙控制。

第二步：取出音响底座中的电磁铁（因音响底座的尺寸过大，无法放入钟罩内），固定在钟罩底座中间。

第三步：在钟罩底座钻一个小孔，将电磁铁的电源线通过小孔接出钟罩外，并用胶水密封小孔，避免其漏气。

第四步：将悬浮体置于电磁铁的上空，即完成“磁悬浮系统”。

总结：利用“风扇系统”可以直观地向学生证明，在实验过程中，钟罩内的空气确实被抽气机抽走，并使钟罩处于一种接近真空的状态；利用“磁悬浮系统”让声源悬浮在空中，解决传统装置中无法解决的难题，即如何有效地切断“固体介质”传播声音这一途径，且这套磁悬浮系统的自带声源可以通过蓝牙与手机连接，利用手机音乐播放器可以控制蓝牙音响播放音乐并控制音乐的响度。借助分贝仪监测抽气过程和进气过程中，声音响度的变化。操作过程中，教师可以在盖上钟罩后再播放音乐，避免因盖上钟罩后声音明显变轻，而使学生对“导致声音变小这一现象的原因”产生误解。此外，悬浮的蓝牙音响自带光源，可验证光能够在真空中传播。

4. 演示“声音传播的形式”实验装置的改进①

（1）实验主要器材

单音频发射器、音响、泡沫小颗粒、一端封闭的有机玻璃管、支架、洗衣袋等。

（2）制作方法

先在音响的喇叭上粘一块木板，再在木板上挖一个和有机玻璃管差不多大的小孔，使声音更加集中，最后用螺丝将单音频发射器和音响连接成为一个整体。

（3）操作过程

第一步：将泡沫小颗粒装入有机玻璃管内，再用洗衣袋和橡皮把管口封住。

第二步：将装好泡沫颗粒的有机玻璃管放到支架上，然后将管口对准音响的喇叭。

第三步：打开电源，管内的泡沫颗粒开始由近向远振动起来，其振动形式像水波一样一圈一圈地向外传。利用改进后的这一实验装置进行实验教学，学生能直观形象地看到声音传递的整个过程，很好地突破了“声音传播的形式”这个教学难点。

5. 探究向保温瓶中灌开水的过程中水流音调变高的原因

吴倩楠、熊志权撰写的《探究“瓶中灌水”音调影响因素的创新设计》，通过文献研究及实验探究予以证明。判断水快慢的主要依据是音调变高，原因是保温瓶内胆在瓶口处变窄，使得振动的水面面积变小，振动变快。判断保温瓶中的水是否快满的依据是水柱在落入水中时会带动水面的振动，而保温瓶内胆的结构是一个下直上窄的

① 刘燕：初中物理“声现象”几个演示实验装置的改进．物理通报，2021 年第 6 期。

柱状容器，因此，在靠近瓶口时，水面截面积减小，产生的现象就是水靠近瓶口时音调会升高。空气柱此时起到共振腔的作用，使得发声效果更好。而响度的变化从一开始加水就存在，还会受到出水口高度的影响，因此，不能作为判断水是否快到瓶口的依据。

为此，控制变量的实验设计彰显科学的力量。实验中准备等高的直筒瓶、锥形瓶和广口细腰瓶各1个，普通保温瓶1个，水壶1个，智能手机1部（内含音频分析仪器及软件）。

要排除响度的影响，确保倒水时落差不变或者减小水面抬升对倒水时落差的影响。通过多次实验，发现提升的高度达到瓶高的一倍以上，就可以使水声振幅基本不变。

排除响度后，观察倒水的声波频率更准确。频率波形图的峰值，先是稳定在一定范围内，接近瓶口时，频率峰值骤然升高。讨论水面在接近瓶口时，是哪个变量发生骤变使得倒水声的音调骤变。引导学生理解空气柱不可能是振动对象，因为水流速度是均匀的，所以空气柱的长度变化也应该是均匀的。那么空气柱没有突变，为什么会出现音调的突变呢？再引导学生观察保温瓶结构，可以发现瓶子直径发生骤变，进一步提出问题：瓶子变窄是否会导致音调升高呢？

实验发现：往直筒瓶倒水时波形频率在小范围内波动，而锥形瓶的发声频率明显升高，广口细腰瓶发声频率先升高再降低，从而得出实验结论：倒水音调的变化是水面面积的变化导致的，水面面积越小，音调越高。

四、教学素材补充

1. 声学发展简史

声学是自然科学中最古老的学科之一。在人类诞生以前，自然界就有声源，如雷声、风声、海浪拍击声、山崩地裂声等。

声学从一开始就与音乐密不可分。古希腊时期，毕达哥拉斯开始研究重量不同的铁锤敲击时能发出不同的声音，得出物体重量与发声的高低有关的结论。随后，伽利略通过不同弦线的振动研究声音的高低。18—19 世纪，克拉尼研究膜、竿、板的振动图案。19 世纪，赫尔姆霍兹提出的和声理论，至今仍是声学研究中的重要基础。赫尔姆霍兹认为，乐音是由空气的周期振动引起的，可以用音调、响度和音色加以区分，由泛音的数目及强度决定音色。19 世纪，爱迪生发明了记录声音的机器。如今，英国的音响博物馆还存有世界上第一次记录下来的《玛丽有只小羊羔》儿歌的珍贵资料。

我国声学发展史中，主要的成果是乐器制造。1978 年，湖北随州出土了春秋战国时期的曾侯乙编钟。这是我国古代音乐、乐器制造、冶金、声学等发展史上一个伟大的里程碑，曾侯乙编钟的出土引起了全世界音乐界的极大重视，其复制品已被国外收藏。与曾侯乙编钟同时出土的还有编磬。这里只讲曾侯乙编钟，它具有以下特点：

（1）数目多，音域广。编钟共有65件，跨五个半八度的音域。

（2）音律学上有十二律，并有三度、五度关系，五声、六声、七声音阶并用，各有十二个调。这说明当时已经把音律学上的成就体现在乐器制造上。同时，编钟有两个基频。

（3）有标准音调。编钟以相当于现时的^{b}A为标准音调。

（4）音调的计量准确度已达到较高水平。

2. 声波与水波

在科学史上，波概念的建立并非易事。在日常生活中，水波和绳子波是常见的现象。但是，空气中的声波，大地和固体物质的振动波是人眼不能看见的。只有在积累大量生活经验的基础上，基于想象、思考和推测，将经验上升为理论，才能将水波或绳子波推广到空气中不可见的声波。

关于声波的认识史正是遵循了这样一条路线。水面的振动，以波的形式向周围传播。这种现象引起古代人在哲学思想和科学认识两方面的许多猜测。

上古时代，人们在渔猎生产中每天见到水波荡漾，而水面上的木条、浮萍却并不随浪前进；在纺绳织网中，弹动绳子，波浪从一头传到另一头，而绳子上的线头也不随波前进。这种大自然的美在新石器时代被匠师以艺术的形式描绘在各种陶土工艺上。从上古一直到西周时期，类似的图案在陶器、青铜器上屡见不鲜。

经过长期对水波的观察思考，公元1世纪，东汉思想家王充终于提出了空气波与水波相同的看法。当时有人说，高高在上的天可以听见地上人们的言语声；灾变家说，地上的人们可以以自己的行为举止感动天地。于是，王充写下了下面的一段文字，对这两种说法提出了反驳。“天之去人，高数万里，使耳附天，听数万里之语，弗能闻也。人坐楼台之上，察地之蝼蚁，尚不见其体，安能闻其声。”

从王充的言论中可以看出，他对于声波传播的距离和声强都有一定的认识，而且第一次在可见的水波和不可见的声波中做了类比，提出了“今人操行变气，远近宜与鱼等；气应而变，宜与水均”的见解。这就是说，人的言语举止使空气发生波动，波动变化的远近距离如同鱼使水产生的波一样是有限的；随声源振动而产生的空气波，就如同水波一样。他的见解，在声学史上无疑有重大意义。

在水波与声波比拟问题上，将汉代与罗马帝国相比较也是很有趣的。公元前1世纪，罗马的建筑师、工程专家波里奥就声音的性质发表言论，“声音的行进就像在静水中产生的那些无数的波浪形圆环的运动，如果投石于水，我们则看见数不清的圆环从中心传开，并且达到它们尽可能达到的地方，一一向外散开，直到它们遇到有限空间的边界，或者遇到障碍物，阻挡水波到达出口处。”从语言到叙述问题的方式，波里奥和东汉王充都是类似的。而波里奥所处的时代恰好在董仲舒之后1世纪、王充之前1世纪。

直到明末，宋应星又一次提出了声波与水波的相似性。在他看来，飞矢百步远，其声音传播距离“必倍”，即二百步；炮弹飞行一里，其炮声在山谷可传十里。这是由于飞矢、炮弹等物“动气之故”。那么，空气波的运动将声音传到耳，其运动情形如何呢？宋应星回答说："其荡气也亦犹是焉。"从宋应星的论述中，我们又一次看到，早期人们对于声强和传播距离的关系的认识。①

3. 关于古乐钟的发声问题

沈括（1031—1095年）北宋政治家、科学家，字存中，浙江钱塘（今杭州）人。他博学多才，成就卓著，著有《梦溪笔谈》，在文学、艺术、科学、技术、历史、考古等方面都有精湛的研究和独到的见解，其中的一些创见，至今仍为举世学者称道。

关于古乐钟的发声问题，沈括经过研究后，总结出如下的简单规律："古乐钟皆扁（圆），如盒（合）瓦，盖钟圆则声长，扁则声短。声短则节，声长则曲。节短处声皆相乱，不成音律……"这里的"节"和"曲"两字是形容两种正相反的发音情况。"节"是短促，没有延长音，"曲"是指有较长的延长音。"节短"指快速旋律中节奏短，和上句的声短则节中的"节"不是一个意思。沈括的这段论述准确地描述了圆钟和扁钟各自发音的特点：圆钟有较长的延长音，扁钟则无；圆钟在快速旋律中会发生音波的干扰不成律音，扁钟则无此缺点。沈括的这种认识是很科学的，在世界声学史上具有极高的价值。我们知道，钟的振动类似板的振动。圆形板面振动的连续性比其他任何形状的板面振动连续性都要强，加上圆钟受击后，里面空气压缩和稀流延续的时间比较长。这样，一方面听到的声音比较长，有哼音；另一方面，在快速旋律中，声波相互叠加干扰，因而不成律音。而把乐钟铸成像两片瓦合在一起的扁形钟，声短，哼声不长，从演奏效果来看，可以避免声波的相互干扰，因此，可以在演奏中使用。19世纪英国物理学家瑞利从对欧洲教堂圆钟的分析中，揭示出圆钟发音有许多模式：音数多，哼音长，干扰大。由于有这些缺陷，于是人们对于金属钟是否可以用作演奏产生了怀疑，多数音乐史学家持否定的态度。可是，1978年，中国考古学者在湖北随县发现了战国初期的曾侯乙编钟（共65件），经对其发声研究，证明它完全符合沈括当年的论述，因此认为扁形钟是可以作为演奏发展下去的最古老的乐器。②

4. 古籍里的物体的共振和共鸣

《庄子·杂篇·徐无鬼》中，就有共鸣现象及其解释的记载。书中写道："为之调瑟，废一于堂，废一于室，鼓宫宫动，鼓角角动，音律同矣。夫或改调一弦，于五音无当也，鼓之，二十五弦皆动。"这一记载可能是记述一次调瑟的实验，在这个实验中人们不仅发现了基音的共振现象，也发现了泛音的共振现象。更难能可贵的是，已经能够用"音律同矣"去解释它，可以说这是世界上最早的共振实验。在这前后，还有许多史籍上关于共振的记载。例如，《吕氏春秋·应同》中指出："类固（同）相召，气同则合，声比则应。鼓宫而宫动，鼓角而角动。"说的也是音调相同，就可以产生共鸣。西汉董仲舒在《春秋繁露》中对此描述得更加具体、深刻。他在《同类相动》篇中指出："气同则会，声比则应，其验皦然也。试调琴瑟而错之，鼓其宫则他宫应之，鼓其商而他商应之，五音比而自鸣……又相动无形，则谓之自然，其实非自然也，有

① 戴念祖：《中国物理学史大系·声学史》，湖南教育出版社，2001。

② 申先甲、张锡鑫、祁有龙：《物理学史简编》，山东教育出版社，1985。

使之然者矣。”董仲舒明确指出，凡物之“自鸣”，必有“使之然”的原因——“声比则应”和“五音比而自鸣也”，初步指出了共鸣现象的物理过程。

汉代有一种被称作“洗”的铜器，现被称为“汉洗”，就是利用共振原理制造的。它的形状类似今天的洗脸盆，底部浅平，盆缘较大，盆边有两耳。盆底铸有两条龙或鱼，分别被称为“龙洗”或“鱼洗”。用两手缓缓而有节奏地来回摩擦盆边上的两耳，盆内的水则显示出复杂的波纹，好似鱼或龙在盆底翻起浪花荡漾，甚至好似有水从鱼或龙的口中喷出。倘若摩擦得法，还可以使水喷到空中三尺多高。这里不仅涉及固体振动在水中的传播，还涉及共振现象和干涉效应。由于摩擦装置在盆边的两只对称的盆耳，引起盆的振动，这种固体振动通过水的传播，到了洗壁被反射回来，结果向前传播的振动和反射回来的振动相互叠加，形成了驻波。驻波使洗的底部处于一种特殊的振动状态。当在一个区域内，都作向上振动时，在与之相邻的另一个区域内，都是向下振动的。在两个区域交界处，则始终是不动的。我们把这些不动的位置叫作波节，把每个区域里振动得最厉害的位置叫作波腹。因为在波腹处振动得最显著，所以人们有意识地把鱼或龙铸刻在这里，这样看起来，似乎水是从鱼或龙嘴里喷出来的，显得栩栩如生。从对汉洗喷水原理的分析可以看出，创制汉洗的工匠，不仅有很高的技术工艺水平，而且已经掌握了声学的共振和干涉效应的知识。

到了宋代，对共鸣现象的研究则有了更进一步的发展。沈括在研究声学现象中，曾精心设计了一个声学共振的实验。他剪了一个纸人，放在基音弦线上，拨动相应的泛音弦线，纸人就跳跃，而弹其他弦时，纸人则不动。沈括把这种共振实验叫作“应声”。他在《梦溪笔谈》第五百三十七条中指出：“琴瑟弦皆有应声；宫弦则应少宫，商弦即应少商，其余皆隔四相应。”古琴上第一弦至第七弦，其正调依次为下徵、下羽、宫、商、角、徵、羽，即现在简谱所示的“5”“6”“1”“2”“3”“5”“6”。发宫音（“1”）的弦和发少宫音（即高 8 度的宫音“1”）的弦共振；发商音（“2”）的弦和发少商音（即高 8 度的商音“2”）的弦共振；其他每相隔四弦的都发生共振。因为它们的振动频率之比都为 1∶2。用这个方法来显示共振，可以说是沈括的一个首创。在西方，15 世纪，意大利的列奥纳多才开始做共振实验。直到 17 世纪，牛津大学才有人以所谓“纸游码”实验，来验证弦的基音和泛音的共振关系。从这个实验可以看出，沈括对弦律的基音和泛音的共振关系的研究已相当深入，并具有实用价值。至今，在某些国家和地区的中学物理学课堂上，教师还用这个方法给学生做关于共振现象的演示实验。①

5. 古人消除共鸣的科学方法

南北朝宋人刘敬叔（390—470 年）所著的《异苑》中有一段记载：晋中朝时，蜀中有人蓄铜澡盆（盘），晨夕恒鸣如人叩。乃问张华。华曰：“此盘与洛阳钟宫商相谐，宫中朝暮撞钟，故声相应。可鑢（拼音是 lù，指磋磨骨角铜铁等使之光滑的工具）令轻，则韵乖，鸣自止也。依其言，即不复鸣。”张华（232—300 年）是晋代学者，博

① 申先甲、张锡鑫、祁有龙：《物理学史简编》，山东教育出版社，1985。

闻强识，能识异物。相传他著有《博物志》一书。类似的故事在其他典籍中亦有记载，说明张华曾经用共振原理解释洛钟和铜盆的自鸣现象的记载是可靠的。张华的贡献在于他第一次提出了消除共鸣的科学方法，说明他已经了解共鸣的原因在于音调“相应”，以及音调和振动体的形状（或轻重）有某种联系。

唐朝韦绚的《刘宾客嘉话录》中也曾记载了一个有趣的故事。洛阳某僧的房中有一磬，经常自鸣，僧惧成疾，僧的友人曹绍夔闻此事，特向僧问候。少时，他听到斋钟之声，磬也作声。于是，他要此僧次日设宴招待，言可为之解除。僧一一照办，次日饭毕，曹绍夔“出怀中器，磬数处而去，其声遂绝。僧问其所以，绍夔曰：‘此磬与钟律合，故击彼此应。’僧大喜，其疾便愈”。

这两则记载说明中国古人在了解共振现象的基础上，进一步掌握了消除共鸣现象的科学方法。锉去铜盆或盘的一部分，就改变了其固有的频率，因此，它们不再和外界某物的声音有某种频率比的关系了，也就不再发生共鸣了。①

6. 十二平均律的发明

由于运用三分损益法计算出来的音律不是平均律，其相邻两律间的音程不一致，因而不利于音乐上的转调，不利于音乐的演奏和乐器的制造。然而，乐律学理论既要满足于旋宫转调的需要，又不能律数过多。后来，明代朱载堉提出的十二平均律正确地、圆满地解决了这一问题。十二平均律的提出，是世界乐律学史上一大发明创造。

朱载堉（1536—1611 年）是明代的乐律理论家、声学家和数学家，他的著作有近百卷，全部收集在《乐律全书》中。他在《律学新说》（成书于 1584 年）中大胆地扬弃了沿用近两千年的旧律制，提出和创造了现今乐器上使用的新律制——十二平均律（十二等程律）。

朱载堉以公比为 $\sqrt[12]{2}$ 的等比级数分配音律，使任何两个相邻音律间的频率比都是 $\sqrt[12]{2}$，或音程为 100 音份，从而彻底地取消了三分损益法得出的差数。这是乐律研究中的一个革命性变革。由于它们相邻的各律间的等程性，这样的乐律对任何曲调都能应用，更可以自由转调，这就为曲调的创造和键盘乐器的制造提供了非常有利的条件。现代键盘乐器的创制，也都有赖于朱载堉所提供的声学理论，这足以说明十二平均律发明的科学性和实用价值。

朱载堉十二平均律的发明在世界声学发展史上也是一个重大的贡献，他比欧洲最早提出十二平均律的法国梅森（Mersenne）要早 50 多年。因而他的发明传到欧洲以后，受到德国杰出物理学家赫尔姆霍茨等人的高度评价并非偶然。1890 年比利时皇家乐器博物馆馆长、声学家马隆在看到朱载堉的管径计算法（见《律吕精义·内篇》卷二）惊讶地说：“管径大小这一点上，中国的乐律比我们更进步了，我们在这方面简直一点还没有讲到。”这充分说明中国古代声学、乐律学的研究，在当时世界上居于领先地位。②

---

① 申先甲、张锡鑫、祁有龙：《物理学史简编》，山东教育出版社，1985。

② 同①。

7. 乐器中的物理知识

乐器就是能发出乐音，供演奏音乐用的器具。因此，任何一种乐器实际上也就是一种声学仪器。下面让我们进一步对乐器的结构进行具体地剖析。

一个乐器必定有声源，即振动源。弦乐器的振动源是振动的弦线。管乐器的振动源可以是振动的簧片，如单簧管；可以是嘴唇的振动，如铜管乐器；也可以是边棱形成的气流振动，如笛子。簧振乐器的振动源是振动的簧片，鼓的振动源是一个圆膜，钟的振动源是整个钟体，电子乐器的振动源可以是石英振荡器或振荡电路。振动源是任何乐器必不可少的。

乐器都有声源。有的乐器的振动源就是声源，如鼓皮、钟体、口琴或手风琴的簧片等。管乐器是靠管来决定音调的。空气在管内形成驻波，通过管口把声音传播出去而发声。有的簧管乐器是由簧和管共同决定音调，在管口处发声。不少乐器的声源还包括了共鸣体，如提琴的弦线振动发出一定音调的音，但声音很小，几乎听不出来。只有通过琴马、音柱把振动传到琴箱的上下音板，使弦线与琴箱产生共鸣，才能发出我们现在所听到的提琴的声音。

乐器的分类以其发声的物理机制为依据。制作乐器材料的性能，如湿度、硬度、弹性模量、密度，声波在材料中的传播速度，材料的阻尼性质，声阻抗等，都是物理属性。材料的处理，如人工老化、加湿、烘烤、上保护层等，都是物理方法，用的是物理测量仪器。许多研究乐器的方法如频谱分析、波形观察、激光全息、声电模拟等都是物理方法。乐器的保存和维护如保持一定温度、湿度等，都是物理环境。

8. 关于声速的测定

空气中的声速：历史上第一次测出空气中的声速，是在公元 1708 年。当时一位叫德罕姆的英国人站在一座教堂的顶楼，注视着十九千米外正在发射的大炮。他根据大炮发出闪光后到听见轰隆声之间的时间来计算声速，经过多次测量后取平均值，得到了与现在相当接近的声速数据——343 米/秒。

水中的声速：1827 年，瑞士物理学家柯莱顿和法国数学家斯特姆在瑞士的日内瓦湖进行了第一次声音在水中传播速度的测量。湖中两条船相距 13847 米，第一条船上的人用绳子将一口钟挂在水里，另一条船上的人在水里安放了一个听音器。第一条船上的人用锤子敲响水中的钟的同时，点燃火药；第二条船上的人测量从看见火药闪光到听见钟声所经过的时间，从而算出声音在水里的传播速度是 1435 米/秒。由此可知，声音不仅可以在水下传播，而且速度比在空气中快得多。

铁中的声速：第一次测定铸铁的声速是在巴黎，在铸铁管的一端敲一下钟，在管的另一端则会听到两次响声，第一声是由铸铁传出来的，第二声是由空气传出来的。由于已知声音在空气中的速度，利用管长和时间可计算出声音在铸铁中的传播速度。

这些测量声速的办法都忽略了光传播所需要的时间。然而，现在利用仪器可以直接测出声速。

9. 噪声的利用

折叠噪声除草：科学家发现，不同的植物对不同的噪声敏感程度不一样。根据这个道理，人们制造出噪声除草器。这种噪声除草器发出的噪声能使杂草的种子提前萌发，这样就可以在作物生长之前用药物除掉杂草，用“欲擒故纵”的妙策，保证作物的顺利生长。

折叠噪声诊病：美妙、悦耳的音乐能治病，这已为大家所熟知。那么噪声能用于诊病吗？21 世纪初以来，科学家制成一种激光听力诊断装置，它由光源、噪声发生器和电脑测试器三部分组成。使用时，它先由微型噪声发生器产生微弱短促的噪声，振动耳膜，然后微型电脑就会根据回声，把耳膜功能的数据显示出来，供医生诊断。它测试迅速，不会损伤耳膜，没有痛感，特别适合儿童使用。此外，还可以用噪声测温法来探测人体的病灶。

折叠噪声发电：噪声是一种能量的污染，比如噪声达到 160dB（分贝）的喷气式飞机，其声功率约为 10000W；噪声达 140dB 的大型鼓风机，其声功率约为 100W。“聚沙成塔”，这自然引起新能源开发者的关注。科学家发现，人造铌酸锂具有在高频高温下将声能转变成电能的特殊功能。科学家还发现，当声波遇到屏障时，声能会转化为电能。英国的学者就是根据这一原理，设计制造了鼓膜式声波接收器，将接收器与能够增大声能、集聚能量的共鸣器连接，当把共鸣器里的声能作用于声电转换器时，就能发出电。看来，利用环境噪声发电已指日可待。

折叠噪声制冷：电冰箱能制冷，但令人鼓舞的是，调查显示，人们正在开发一种新的制冷技术，即利用微弱的声振动来制冷的新技术，第一台样机已在美国试制成功。在一个结构异常简单，直径不足 1m 的圆筒里叠放几片起传热作用的玻璃纤维板，筒内充满氦气或其他气体。筒的一端封死，另一端用有弹性的隔膜密闭，隔膜上的一根导线与磁铁式音圈连接，形成一个微传声器，声波作用于隔膜，引起来回振动，进而改变筒内气体的压力。由于气体压缩时变热，膨胀时冷却，这样制冷就开始了。不难设想，今后的住宅、厂房等建筑物如能加以考虑这些因素，即可一举降低噪声这一无形的祸害，为住宅、厂房等建筑物降温消暑。

折叠噪声除尘：美国科研人员研制出一种功率为 2kW 的除尘报警器，它能发出频率 2000Hz、声强为 160dB 的噪声，可以用于烟囱除尘，还可控制高温、高压、高腐蚀环境中的尘粒和大气污染。

折叠噪声克敌：利用噪声还可以制服顽敌。目前，人类已研制出一种“噪音弹”，能在爆炸间释放出大量噪声波，麻痹人的中枢神经系统，使人暂时昏迷。

第二章　物态变化

一、课标分析

（一）课标要求

本章内容对应2022年版课标课程内容一级主题“物质”下的二级主题“物质的形态和变化”的内容，涉及的学科内容与日常生活、自然现象联系密切。课标要求如下：

1.1　物质的形态和变化

1.1.1　能描述固态、液态和气态三种物态的基本特征，并列举自然界和日常生活中不同物态的物质及其应用。

1.1.2　了解液体温度计的工作原理。会用常见温度计测量温度。能说出生活环境中常见的温度值，尝试对环境温度问题发表自己的见解。

例1　尝试对温室效应、热岛效应等发表自己的见解。

1.1.3　经历物态变化的实验探究过程，知道物质的熔点、凝固点和沸点，了解物态变化过程中的吸热和放热现象。能运用物态变化知识说明自然界和生活中的有关现象。

例2　能运用物态变化知识，说明冰熔化、水沸腾等现象。

例3　了解我国古代的铸造技术，并尝试运用物态变化知识进行解释。

1.1.4　能运用物态变化知识，说明自然界中的水循环现象。了解我国和当地的水资源状况，有节约用水和保护环境的意识。

活动建议：

（1）调查学校和家庭的用水状况，设计一个用于学校或家庭的节水方案。

（2）调查当地水资源的利用和保护状况，并对当地水资源的利用和保护提出自己的见解。

（3）调查当地农田或城市绿化灌溉的主要方式，了解节水灌溉技术。

（二）课标解读

将课标要求与核心素养的要求进行对比理解，课标中的1.1.1和1.1.2强调了对学生物理观念和科学思维素养的要求。要求学生有基本的物质观，能描述常见物质的三种基本物态，能说出生活环境中常见的温度值。要求学生有科学本质观，了解液体温度计的工作原理，会测量温度，并利用所学知识进行合理的科学推理，质疑创新，对环境温度问题发表自己的见解。课标中的1.1.3，既有对学生科学探究素养的要求，又有对学生物理观念和科学思维的要求。要求学生经历沸腾实验、熔化凝固实验、升华凝华实验等探究过程，在问题、证据、解释、交流过程中学会科学探究。科学探究的过程也是形成物理观念和培养物理思维的过程，课标要求学生通过实验了解物态变化过程中的吸放热情况，有初步的能量观，能利用实验获得的物态变化知识解释说明自然界和生活中物态变化的有关现象。课标中的 1. 1. 4 强调学生养成科学态度与社会责任的要求，“能运用物态变化知识，说明自然界中的水循环现象”是对学生科学本质观要求的体现，“了解我国和当地的水资源状况，有节约用水和保护环境的意识”则是对学生养成科学态度与社会责任的要求。

二、教材分析

（一）各版本教材对比

六个版本教材中，有五个版本教材将物态变化内容放在八年级部分，沪科版教材将物态变化内容放在九年级部分。各版本物理教材《物态变化》章节内容安排如表 2－1 所示。

表 2－1　各版本教材章节安排

教材版本	章次	节名称
人教版	第三章	温度；熔化和凝固；汽化和液化；升华和凝华
北师大版（北京版）	第七章	温度、温度计；熔化和凝固；汽化和液化；升华和凝华；物质结构的微观模型；内能　能量转化；比热容；燃料　能源与环保；热机
教科版	第五章	物态变化与温度；熔化和凝固；汽化和液化；地球上的水循环
沪粤版	第四章	从全球变暖谈起；探究汽化和液化的特点；探究熔化和凝固的特点；升华和凝华；水循环与水资源
沪科版	第十二章	温度与温度计；熔化和凝固；汽化和液化；升华与凝华；全球变暖与水资源
苏科版	第二章	物质的三态　温度的测量；汽化和液化；熔化和凝固；升华与凝华；水循环；综合实践活动

（二）苏科版教材单元内容概述

苏科版教材中，本章内容安排在八年级上册第二章。本章内容与生活联系紧密，教材的编排强调从生活走向物理，从物理走向社会，分别介绍了日常生活中物质的固态、液态、气态三种物态，三态之间的相互转化，以及吸放热的规律。教学生利用这些规律去解释日常生活中常见的物态变化现象，初步应用物态变化知识解决生活中的一些问题。

除了对现象解释的要求，教材中还有不少温度－时间变化图像，要求学生有初步的处理数据和分析图像的能力。本章知识体系如图 2－1 所示。

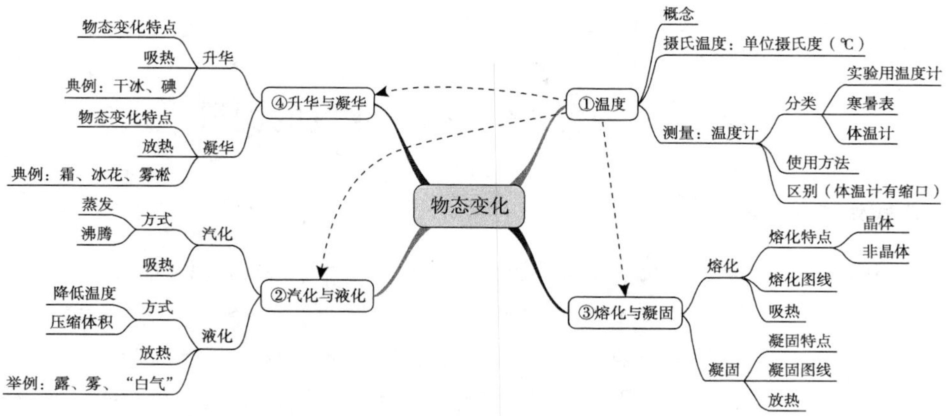

图 2－1

三、教学建议

（一）单元教学思路

本章围绕课标中课程内容“物质的形态和变化”这一主题展开，主要内容包括物态变化现象，以及物态变化过程中的规律与特点。从教学内容来看，整个单元以“水”为载体，了解物质存在固态、液态、气态三种物态，知道不同物态之间可以相互转化以及转化的具体条件，并能利用相关知识解释生活现象。建议以教材中的小节顺序为线索，从学生认知角度出发，基于学生的生活经验以及知识储备，从学生熟悉的物态变化的现象入手，启发学生通过实验探究，分析归纳数据，揭示本质，总结规律，并用于解决生产生活中的实际问题。本章涉及的六种物态相互独立，又存在某些相似性，宜多用对比、归纳的物理方法。值得注意的是，了解本章物态变化知识，对八年级的学生来说难度不是很大，但是用图像法处理数据，对图像隐含的规律加以分析并得出规律，还是比较有难度的，在教学实施时需加以重视。

（二）课时教学建议及教学方式

苏科版教材本章课时教学建议及教学方式如表 2－2 所示。

表 2－2　　**课时教学建议及教学方式**

节次	建议课时数	教学方式
第一节	1 课时	分组实验、谈论法等
第二节	2 课时	演示实验、分组实验等
第三节	1 课时	演示实验、分组实验等
第四节	1 课时	演示实验、分组实验、谈论法等
第五节	1 课时	演示实验、分组实验等

（三）课例示范

第一节　物质的三态　温度的测量

【课标及教材分析】

这节内容是本章的第一节，也是本章的基础。本节内容与生活的联系非常紧密，采用了丰富的生活实例，体现了课标“从生活走向物理，从物理走向社会”的理念。本节包含两个内容：一是物质的三态，二是温度的测量。教材通过让学生观察水在不同状态下的特征，来感受不同状态下物质的形状和体积的稳定性、流动性。同时，在活动中让学生学会使用酒精灯。在此基础上，列举一些自然界和日常生活中的物质的各种不同状态，引导学生举例补充自己已知的物质的不同状态，从而引出物质的三态这一概念。温度的测量是本节的另一个重点，教材以说明书的形式给出使用方法，以活动的方式让学生练习使用温度计。

【学情分析】

物质的三态，是自然界中普遍存在的现象，学生对其有丰富的感性认识，但真正认真观察和思考得较少，还有一些前概念的错误。如对于“雾是液态而不是气态物质”的认知，需要在授课中加以纠正。

对于本节涉及的两个测量工具——酒精灯和温度计，学生也有一定的认知基础。尤其是酒精灯，在生物课和小学科学课上都有一定的使用经验。温度计的使用主要集中在体温计的使用上，但也有前概念的认识错误。如使用体温计时常常是可以取出读数的，但实验室温度计的使用是有一些差别的，操作上需要加以规范。

【教学目标】

（1）通过观察，感受并描述水在固、液、气三种物态下的不同特征；能列举一些自然界和日常生活中的不同状态下的物质；学会使用酒精灯。

（2）了解液体温度计的工作原理，学会使用温度计测量温度；能粗略估测生活环境中常见的温度值；了解温室效应、热岛效应，增强环境保护意识。

【教学重难点】

温度的概念、摄氏温度的规定，以及液体温度计的原理、构造和使用方法，是本节的教学重点。液体温度计工作原理的探究及使用，是本节的难点。

【教学设计】

本节教学设计的具体内容如表 2－3 所示。

表 2－3　　第一节教学设计

情境	教师活动	学生活动	设计意图
播放冰川、河流、云、雨、雾、露、霜、雪、雹的画面。	播放视频。	认真观察，感受物质的三态。	激发学生的求知欲。
保温瓶中取出冰块，观察冰的三态变化。	（1）将冰块放在手心里，过一会儿会发生什么变化？再过一段时间又会发生什么变化呢？ （2）到底是变没了还是变成气体了，这是个值得我们研究的问题，我们今天就来研究冰到底能变成几种状态。 （3）什么办法可以使冰块快速发生刚才的状态变化？	（1）变成水；变没了。 （2）变成气体。 （3）用酒精灯加热。	选择学生最熟悉的现象作为切入点，符合学生认知现状。
酒精灯的使用。	（1）请同学们观察酒精灯，以及教材 28 页上的“信息快递”，尝试点燃和熄灭酒精灯，体验酒精灯的使用过程。 （2）收集学生在酒精灯的使用过程中的错误操作场景，将其投影，并请同学们指出其中的错误。 （3）使用酒精灯给物体加热时，应该用酒精灯的哪部分火焰？你能否设计一个实验来验证酒精灯的哪部分火焰温度最高？ （4）请完成给冰块加热的实验，并想办法探究冰块变成水以后再继续加热，水是变成了气体，还是变没了？ （5）探究水可以在几种状态之间转化？ （6）除了水有三种状态外，气态物质也有类似的三态变化。自然界和日常生活中的不同物质就是以不同的状态存在的。你们能列举出生活中一些不同状态的物质的例子吗？	（1）学生活动。 （2）认真观察并指出操作错误。 （3）设计实验，交流心得。 （4）设计实验：将装有冷水的烧瓶放在加热装置的上方，会看到烧瓶底部水汽聚集，所以加热之后的水不是变没了，而是变成了气体——水蒸气。 （5）三种状态：固态、液态和气态。 （6）举例，交流。	学生通过设计实验验证猜想，进行自主学习，获得新知，初步养成证据意识。

续 表

<table>
<tr><th>情境</th><th>教师活动</th><th>学生活动</th><th>设计意图</th></tr>
<tr><td>酒精灯的使用。</td><td>(7) 播放铁水、干冰、碘、蜡等不同状态的物质画面，让学生进一步了解物质的三态。根据以上现象，请学生对三种状态的物质的形状、体积是否固定进行描述。</td><td>(7) 完成表格<table><tr><td>状态</td><td>固态</td><td>液态</td><td>气态</td></tr><tr><td>形状</td><td></td><td></td><td></td></tr><tr><td>体积</td><td></td><td></td><td></td></tr></table></td><td></td></tr>
<tr><td>温度的测量。</td><td>(1) 在刚才的实验中，加热前后，除了水的状态发生了变化，还有什么会发生变化？依据是什么？
(2) 如果想要知道温度发生了怎样具体的变化，还有什么办法？
(3) 使用温度计前，让学生先来了解一下温度计的构造和原理。
(4) 我们使用的温度计单位是什么？摄氏温标是如何规定的？请阅读教材 30 页上的“信息快递”，再请学生来说一说。
(5) 谁会用温度计？谁可以帮忙测一下老师这杯加热过的水的温度？
(6) 这位同学刚才温度计的使用方法是否正确呢？我们等一会儿再回看他的操作过程，先请所有同学将教材 30 页上面的“信息快递”阅读一遍。
(7) 现在我们对照使用方法来关注一下他的使用过程有没有需要改进的地方？
(8) 请同学们按照正确的方法测量烧杯中水的温度，测量前先估计烧杯中水的温度。
(9) 总结温度计的正确使用方法。</td><td>(1) 温度会变化，用手摸可以判断出来。
(2) 用温度计测量。
(4) 解释摄氏温标的规定。
(5) 学生演示，教师拍下全程（稍后投屏）。
(6) 阅读材料，自学使用方法。
(7) 细节纠错。
(9) 总结，归纳。</td><td>培养学生的自学能力、协作能力和动手能力。
了解摄氏温标的规定，掌握温度计的使用方法，了解体温计和实验室温度计的差别。</td></tr>
</table>

续　表

情境	教师活动	学生活动	设计意图
温度的测量。	(10) 在生活中，你们还见过其他温度计吗？跟我们今天用的实验室温度计有区别吗？ (11) 请根据学过的温度计和教材31页上的“读一读”的内容了解体温计的构造、量程、分度值和使用方法，说说它与实验室温度计有哪些区别。	(10) 说说生活中的其他温度计。 (11) 构造、量程、分度值和使用方法均有异同之处。	
小结和拓展。	(1) 通过本节课的学习，你们有哪些收获？ (2) 了解温室效应和热岛效应，增强环境保护意识。		总结提升，拓展延伸。

第二节　汽化和液化 (1)

【课标及教材分析】

汽化和液化是本章第二节内容。汽化和液化在生活中最为常见，与生活联系紧密，是本章的教学重点。

苏科版教材从生活中的蒸发现象出发，让学生经历液体蒸发的过程，感知蒸发的特点。本节重点内容是观察水的沸腾现象。本节呈现物理探究比较全面的过程和要求，并通过学生的活动，使其掌握物理探究的基本方法和要求。

【学情分析】

蒸发现象，在学生生活中的经历很多，但是对于蒸发吸热致冷特点的理解还比较困难，尤其是对热量的概念，还没有建立起来，在九年级才会学到吸放热的条件等知识。观察水的沸腾实验，是本节的教学重点。学生亲历实验探究的过程，有助于学生尝试将生活和自然界中的一些现象与所学知识相联系，增加感性认识。液体沸腾温度曲线，是反映物质特征的重要手段，学生理解起来比较困难，因此该部分内容既是教学的重点又是难点。由于缺乏对热传递相关条件的了解，缺乏对内能大小的影响因素的理解，学生对于“液体沸腾时吸热但温度不变”这一特点的理解，也存在一定的困难。

【教学目标】

(1) 知道什么是汽化和液化；理解汽化和液化互为逆过程。

(2) 了解沸腾现象，知道什么是沸点以及沸腾的条件。
(3) 知道蒸发可以致冷；了解影响蒸发快慢的因素。

【教学重难点】

教学重点：蒸发的特点和蒸发吸热，通过实验总结出沸腾现象和沸腾的特点。
教学难点：一是液体蒸发时要吸热，蒸发有致冷作用；二是液体沸腾时要继续吸热且保持温度不变。

【实验器材】

烧杯、酒精、注射器、棉球、铁架台、温度计、酒精灯、火柴。

【教学设计】

本节第1课时教学设计具体内容如表2-4所示。

表2-4　　第二节第1课时教学设计

情境	教师活动	学生活动	设计意图
生活情境； 图片选取。	(1) 夏天，晾在太阳下的湿衣服一会儿就干了，衣服上的水跑到哪儿去了？ (2) 秋天的早晨荷叶上常会有晶莹的露珠，深秋的早晨常会大雾弥漫，这些现象是怎样形成的呢？		从生活走向物理。
体验蒸发现象。	(1) 做一做： ①实验一：请一位学生站在讲台上，在其手背涂一些酒精，请同学们观察手背上酒精的变化，并交流手背上涂酒精有什么感觉？ ②实验二：请所有同学在实验温度计的玻璃泡上涂些酒精，并观察温度计的示数有什么变化？ (2) 上述两个实验中，分别谈谈酒精的状态发生了什么变化？ (3) 实验一中，同学的手背为什么感觉凉？实验二中温度计的示数为什么下降？这些现象都说明了什么？	(1) ①手背感觉到发凉，酒精变少。 ②温度计示数先变小后变大。 (2) 酒精从液态变成了气态。 (3) 说明酒精蒸发要吸热。	亲身体验，感受蒸发特点。 根据实验现象，应用归纳法总结物理规律。

续　表

情境	教师活动	学生活动	设计意图
体验蒸发现象。	(4) 归纳和介绍： ①物质由液态变为气态的现象叫汽化。汽化有两种方式：蒸发和沸腾。 ②只在液体表面进行的汽化现象叫蒸发。 ③蒸发在任何情况下都能发生。液体在蒸发过程中需要从周围物体吸热，有致冷作用。 (5) 衣服变干的过程是什么现象？要想让洗好的衣服干得快，同学们有哪些方法？ (6) 据此，同学们能归纳出加快（减慢）蒸发的方法吗？ (7) 学生通过阅读教材 34 页“生活·物理·社会”来了解减慢蒸发的具体应用实例——“火洲”里的“坎儿井”。 ①介绍坎儿井：是一个地下灌溉工程，输水过程中可以减少水的蒸发和渗漏。 ②议一议：你们认为坎儿井的哪些结构特点能达到上述目的？	(5) 蒸发现象。方法一：放在阳光下晒；方法二：将衣服展开来晾晒；方法三：放在通风处。 (6) 升高（降低）液体的温度；增大（减小）液体的表面积；加快（减小）液体表面附近的空气流动。 (7) 地表下的温度低；与空气的接触面积小；地表下基本上不通风；输水管道水不渗漏。	学以致用，激发学习兴趣。 从生活走向物理，从物理走向社会。
观察水的沸腾。	(1) 同学们在家烧过开水吗？见过水的沸腾吗？水在沸腾时有何特点呢？说说你们的猜想。	(1) 水在沸腾前温度不断升高；沸腾后温度保持不变；要不断加热才能保持沸腾；不加热就不沸腾。	由猜想引出探究主题。

续 表

情境	教师活动	学生活动	设计意图
观察水的沸腾。	(2) 我们的猜想是否正确，需要用实验进行验证。 做一做： 学生通过分组实验探究水从加热到沸腾的过程特征。 实验步骤： 第一步：向烧杯中注入适量水，用酒精灯加热。 第二步：观察并描述实验中声音和气泡的变化情况。 第三步：当水温度升高到90℃时，每隔一分钟记录温度计的示数，直到温度计示数不变。 第四步：拿走酒精灯停止加热，观察水的沸腾情况。 (3) 小结归纳。 ①沸腾是在液体内部和表面同时发生的剧烈的汽化现象。 ②液体沸腾时的温度叫沸点。在标准大气压下，水的沸点是100℃。 ③水沸腾的条件：温度达到沸点；继续吸热。 (4) 查一查：请学生查阅教材36页上的“一些液体的沸点（在标准大气压下）”，了解各种液体的沸点不同这一知识点。 (5) 议一议： ①测量沸水的温度应该使用酒精温度计还是水银温度计？为什么？ ②液态氧中含有液态氮，应该怎样使它们分离？ (6) 想一想：蒸发和沸腾是汽化的两种方式。请同学们说说沸腾和蒸发的区别与联系。	(2) 看一看： ①水中气泡在沸腾前较小，沸腾时较大。 ②沸腾前，给水加热，水的温度不断上升；沸腾时，继续对水加热，此时水的温度保持不变，这说明水沸腾后温度保持不变。 听一听： 沸腾前，水中的声音较响；沸腾时，水中的声音较低。 做一做： 水沸腾后拿走酒精灯，停止加热，水不再沸腾，说明水沸腾时要吸热。 (4) 实验时水温度达到多少摄氏度，才开始沸腾。	培养学生观察、思考、协作、表达的能力。

续 表

<table>
<tr><th>情境</th><th>教师活动</th><th>学生活动</th><th>设计意图</th></tr>
<tr><td>观察水的沸腾。</td><td>
<table>
<tr><td>汽化</td><td>蒸发</td><td>沸腾</td></tr>
<tr><td>联系</td><td>液化现象，吸热</td><td>液化现象，吸热</td></tr>
<tr><td rowspan="4">区别</td><td>仅发生在液体表面</td><td>发生在液体内部和表面</td></tr>
<tr><td>缓和</td><td>剧烈</td></tr>
<tr><td>在任何温度下都可发生</td><td>在一定温度（沸点）下才会发生</td></tr>
<tr><td>影响因素：温度、表面积、空气流动</td><td>影响因素：沸点、继续吸热</td></tr>
</table>
（7）画一画：水的沸腾图像。
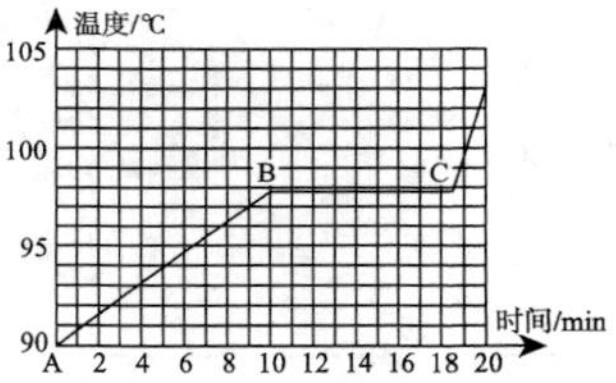

</td><td></td><td>学会用对比的物理方法来求同和求异。

尝试用画图的方法，从图像中寻找规律，获得有效信息。培养学生的数据处理和描绘图像的能力。</td></tr>
<tr><td>应用迁移，巩固提高。</td><td>类型一：蒸发现象
例 1：洗发后，用吹风机吹出的热风很快就能使头发变干，原因是什么？
变式 1：针对我国土地沙化及沙尘暴日益严重的情况，专家们建议：要提高植被覆盖率，减少裸地面积。这样可以使土壤中水的蒸发减慢。
变式 2：夏天，人站在吊扇下吹风有凉爽的感觉，如果把一支温度计也放在吊扇下吹风，温度计的示数将（C）
A. 升高　　B. 降低
C. 不变　　D. 无法确定</td><td>答案：头发变干是由于水蒸发而造成的。吹风机吹出的热风，一方面可以提高水的温度，另一方面加快了空气的流动速度，从而加快了水蒸发的速度，这样头发自然很快变干。</td><td>学以致用，加深理解。</td></tr>
</table>

续 表

情境	教师活动	学生活动	设计意图
应用迁移，巩固提高。	类型二：沸腾现象 端午节，小施和小李帮妈妈煮粽子。煮粽子的水烧开后，小施认为要继续将火烧得很旺，使锅内的水剧烈沸腾，这样会很快将粽子煮熟。小李则认为，水沸腾后改用小火，让锅内水微微沸腾，同样能很快将粽子煮熟。你认为谁的想法更合理？你的理由是什么？	答案：小李的想法更合理。因为水沸腾时的温度不变，微微加热也能使水沸腾，保持沸点时的温度，比用大火烧还要节省燃料。	学以致用，加深理解。
总结反思，拓展升华。	总结： （1）物质由液态变为气态的现象叫汽化。汽化有两种方式：蒸发和沸腾。 （2）只在液体表面进行的汽化现象叫蒸发。 （3）蒸发在任何温度下都能发生。蒸发过程中需要从周围的物体中吸热，有致冷作用。 （4）沸腾是在液体内部和表面同时发生的剧烈的汽化现象。 （5）液体沸腾时的温度叫沸点。		

第二节　汽化和液化（2）

【课标及教材分析】

课标对本节的要求，包括经历液化的过程，了解液化过程中的放热现象，并用液化知识解释生活中的相关现象。教材中，模拟雨的形成，让学生感受液化的过程。

【学情分析】

学生对于液化现象比较熟悉，但是对液化放热这一特点不太容易理解。对于生活中的雾的形成属于汽化还是液化现象，部分同学会存在前概念的错误。

【教学目标】

（1）知道什么是液化；理解汽化和液化互为逆过程。

（2）了解气体液化的方法。
（3）能运用所学知识解释生活中的一些液化现象。

【教学重难点】

教学重点：知道液化放热，知道液化现象和液化的方法。
教学难点：用所学知识解释生活中的一些液化现象。

【教学设计】

本节第2课时教学设计具体内容如表2－5所示。

表2－5　　第二节第2课时教学设计

情境	教师活动	学生活动	设计意图
引入生活情境图片。	（1）秋天早晨的荷叶上常会有晶莹的露珠，深秋的早晨常会大雾弥漫，这些现象是怎样形成的呢？ （2）家里做饭用的燃料“液化气”常温下是气态，它是怎样变成液态贮存在钢瓶里的呢？		从学生熟悉的情境出发，符合学生的认知特点。
模拟大自然中“雨”的形成。	（1）做一做：如图2－2甲所示，将圆底烧瓶内注入少量的温水，取一块干燥的铁片（玻璃片）放在瓶口上方。 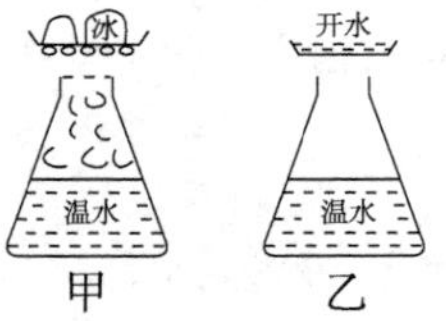 **图2－2** 看一看：仔细观察瓶口附近出现了什么？铁片底部出现了什么？ （2）做一做：如图2－2乙所示，将圆底烧瓶内注入少量的温水，取一个蒸发皿放在瓶口上方，在蒸发皿内倒入适量开水。 看一看：仔细观察瓶口附近出现了什么？蒸发皿底部出现了什么？	现象：瓶口上方有雾气出现；铁片底部有水珠出现。 现象：瓶口上方没有雾气出现；蒸发皿底部也没有水珠出现。 图甲中烧瓶上方温度低，潮湿而暖和的水蒸气遇冷时，会出现“白雾”，而图乙中烧瓶上方温度高，所以不会出现“白雾”。	设计对比实验，探究液化现象发生的条件。激发学生探究的兴趣，培养学生善于发现问题、解决问题的能力。

续 表

情境	教师活动	学生活动	设计意图
模拟大自然中“雨”的形成。	(3) 讨论交流：为什么图甲有水珠出现，而图乙没有水珠出现呢？ 试一试：请一名同学上台用手分别摸一摸图甲和图乙中的铁片和蒸发皿，说说有何感觉。 问题：图甲和图乙中的铁片和蒸发皿烫手说明了什么？ 雨滴的形成要经历怎样的物态变化？需要什么条件？ (4) 小结归纳： ①瓶中潮湿而暖和的水蒸气上升，当在瓶口附近遇冷时，水蒸气凝结成小水珠。 ②物质由气态变为液态的现象叫作液化，液化时要放热。	摸铁片和蒸发皿，会感觉烫手。 说明水蒸气遇到它们时要放热。 学生分析总结归纳。	设计对比实验，探究液化现象发生的条件。激发学生探究的兴趣，培养学生善于发现问题、解决问题的能力。
注射器乙醚实验。	(1) 做一做：参照教材 37 页图 2-20，用注射器吸进一些乙醚，同时用橡皮塞堵住注射孔，先向外拉动活塞，当看不见针筒内的乙醚液体时，再推压活塞，观察注射器中是否出现液态乙醚。 (2) 议一议：这个实验中采用的液化方法是什么？使气体液化的方法有哪些？ (3) 想一想： ①当水壶里的水沸腾时，为什么靠近壶嘴的一段看不见“白气”，而在壶嘴上面一段能够看见？ ②家庭用的液化石油气是怎样液化的？	现象：注射器中出现了液态乙醚。 使气体液化的方法有两种：降低温度；压缩体积。 因为壶嘴处的温度很高，水蒸气无法放热，不能液化；而离壶嘴稍远的上面一段温度较低，水蒸气能够放热而液化成小水珠，聚集在一起，就形成我们能够看见的“白气”。 石油天然气在常温下处于气态，通过不断向钢瓶充入石油天然气，增大了钢瓶内的压强（相当于压缩了石油气的体积），使之在常温下液化。	通过简单有趣的现象，引发学生的思考和探索。

续　表

情境	教师活动	学生活动	设计意图
应用迁移，巩固提高。	例1：在卫生间里洗过热水澡后，室内的玻璃镜面会变得模糊不清，过了一会儿，镜面又变得清晰起来，请你运用所学的物理知识解释镜面上发生的这两种现象。 变式1：有一种说法叫“水缸穿裙子，天就要下雨”，“水缸穿裙子”是指在盛水的水缸外表面，齐着水面的位置向下，发现了一层均匀分布的小水珠。关于小水珠出现的原因，下列说法中正确的是（C） A. 水缸有裂缝，水渗了出来 B. 是水的蒸发现象 C. 是水蒸气的液化现象 D. 是水蒸气附着在上面 例2：如图2－3所示，甲、乙两个房间里的相同的两壶水放在相同的电炉上都已烧开，我们可以根据所观察到的甲房间壶嘴上方的小水珠较多，判断出乙房间的气温较高。 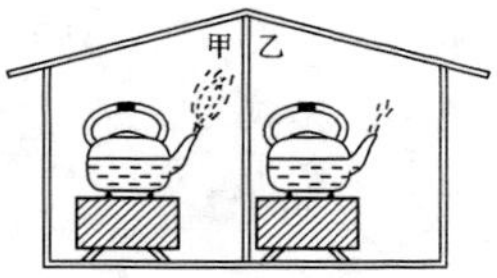 **图2－3**	在卫生间里洗过热水澡后，空气中的水蒸气遇到较冷的玻璃镜面，液化成小水珠，使玻璃面变得模糊不清；过了一段时间后，镜面上的小水珠蒸发（汽化）了，镜面由模糊变得清晰起来。	培养学生应用所学知识解决实际问题的能力，引导学生再次从生活走向物理，从物理走向社会。
总结反思，拓展升华。	总结： （1）物质由气态变为液态的现象叫作液化，液化时要放热。 （2）使气体液化的方法有两种：降低温度；压缩体积。		

第三节　熔化和凝固

【课标及教材分析】

熔化和凝固是生活中常见的物态变化现象，实验探究是物态变化的基础和切入点。

“熔化和凝固”是八年级学生经历的第一次完整探究实验，探究程序复杂，且实验操作耗时，数据处理难度大，其要求高于之前的探究活动。这样安排更注重探究的环节，突出过程与方法，有利于培养学生的观察与动手能力、分析与总结能力，并为后续用图像法处理实验数据的学习奠定了基础。

【学情分析】

学生在生活中接触的熔化和凝固现象较多，也比较感兴趣，对熔化和凝固的认识还有许多疑问，具有强烈的探究兴趣。学生思维在很大程度上处于感性认识，八年级的学生在本小节中第一次学习用图像的方法，分析数据、寻找规律，对学生而言有一定的难度。

【教学目标】

（1）通过实验探究，总结晶体、非晶体的熔化过程规律。

（2）知道晶体和非晶体的熔化过程的异同点，知道熔点的概念，常见的晶体与非晶体。

（3）通过探究，领会比较法等科学研究方法，体会“图像法”在物理学习中的作用。

（4）通过实验数据的分析，培养学生实事求是的科学态度、严谨的科学思维和良好的学习习惯。

【教学重难点】

晶体熔化过程中温度的变化是重点，也是难点。把绘制的固体熔化图像与两种不同物质的熔化图像进行对比，以此作为掌握本节教学重难点的突破点。选择用冰进行实验，效果明显。

【教学设计】

本节教学设计具体内容如表2-6所示。

表2-6　第三节教学设计

情境	教师活动	学生活动	设计意图
“秒变冰棍”魔术：在指形管中先装入一定量的金属丝，金属丝的作用是增加导热性，使凝固和熔化过程更快，使内外的热传递更快。向指形管内装入适量的水，再将小木片插入其中。	（1）同学们好，今天老师想给大家表演个魔术，不用冰箱，不用电源，在一分钟内给你们制作一根手工冰棍，你们相信吗？ （演示凝固） （2）你们发现了什么？水的状态发生了怎样的变化？ （3）（将指形管捂在手中演示熔化）你们又发现了什么？	（2）制冰成功，水从液态变成固态。 （3）冰变成了水。	（1）利用无电源式现场制冰迅速拉近了与学生的距离。 （2）实验激发了学生的好奇心，大家都想揭秘。 （3）迅速切入主题，介绍熔化和凝固两个概念（新授）。

续　表

情境	教师活动	学生活动	设计意图
准备就绪后，将指形管与木片整体迅速插入低温冷盐水中，水温迅速下降并凝固，继续降温。	（4）（演示蜡烛的熔化和凝固过程）老师又用蜡烛完成了一次“制冰”。你们能说说蜡烛发生了怎样的状态变化吗？ （5）两种物质都发生了从固态到液态的变化，物理学上把这种物态变化方式称为熔化。从液态再次变成固态的过程，称为凝固。对于这两种物质的熔化凝固过程，你们能提出哪些值得探究的问题？	（4）蜡烛经历了从固态变成液态，再从液态变成固态的过程。 （5）两者发生熔化或凝固需要的条件相同吗？我也可以尝试自己制冰吗？	（4）为下面学生的分组实验做铺垫，即由“熔化和凝固”现象的观察，到“熔化和凝固”过程中温度随时间的变化规律的探究，由“形”到“质”。
探究冰和蜡烛的熔化特性（4 人一组，一部分人做冰的熔化凝固实验，另一部分人做蜡烛的熔化凝固实验），从冰和蜡烛上均取一些小颗粒，需提前用超小球形模具制作球形小冰（淘宝网搜索即可购置），一个模具有 228 个孔，每个小孔直径为 0.5cm，直接注水冷冻成小冰粒。	要想制冰并非难事，今天每组都有机会尝试。但是要确保实验成功，在此之前还要回答前一名同学提出的问题——冰和蜡烛的熔化条件及凝固条件是否相同？ 装置已经组装好，做实验时，只需点火进行水浴加热，观察温度计示数和物质的状态即可。当示数变大时开始计时并读数，每隔 1 分钟读数一遍，并观察状态变化，记录结果。待蜡烛和冰完全熔化后，请将小试管连同温度计一起取出，装水的试管需放入低温冷盐水中。每隔 1 分钟读数一遍，并观察状态变化，记录结果。	4 人分工如下： 1 人负责操作和读数；1 人负责报时并记录读数和物质状态变化；1 人负责描点作图；1 人为组长，负责整个活动督查，看组员有无错误或疏漏之处。	蜡烛熔化的实验中，为了使学生完整地看到熔化过程，水浴加热时，可采用自然温度下的自来水而不是温水，整个实验过程 20 分钟左右。冰熔化实验的操作需要 15 分钟左右。
描点绘图，分析数据。	（1）分析数据和图像后你们有什么发现？ （2）针对这一差异，你们准备做哪些研究？ （3）这个问题非常好，这一现象也引起了物理学界的普遍关注。人们对大量的物质进行了探索，发现绝大多数固体熔化过程中的温度变化特性都与冰或蜡烛有相似性。我们把熔化	（1）冰熔化和凝固过程中温度不变。蜡熔化过程中温度不断升高，凝固过程中温度不断降低。 （3）其他物质熔化或凝固过程中是不是也有像冰或者蜡一样的特性？有没有第三种情况存在？	本环节旨在提升学生的物理思维。对表格和图像进行分析，总结规律，对于学生来说是一件比较难的事情，但也是非常重要的一种能力，需要持续的培养。

续 表

情境	教师活动	学生活动	设计意图
描点绘图，分析数据。	过程中温度不变的物质称为晶体，熔化过程中温度不断上升的物质称为非晶体。晶体熔化过程中不变的温度称为熔点。常见晶体的熔点和凝固点相同（补充介绍常见的晶体和非晶体）。 （4）熔化过程需要吸热还是放热，你们的依据是什么？凝固过程需要吸热还是放热，依据是什么？	（4）熔化吸热，依据是加热后冰和蜡烛才开始熔化。凝固放热，依据是凝固过程需要遇冷才能发生。	
“秒变冰棍”魔术再现。	（1）生活中有哪些熔化和凝固现象的应用？ （2）请你们试一试，老师在这节课开始时的“秒变冰棍”魔术。 （3）老师倒入杯中的用来使水凝固的冷冻液其实也是一种晶体，你们认为它的凝固点比水的凝固点高还是低？说说你们的判断依据。	（3）冷冻液的凝固点更低，因为冰凝固的时候冷冻液仍然处于液态。	学以致用。
总结提升。	（1）通过今天的学习，你们有哪些收获？ （2）今天，同学们实验用的冷冻液其实是盐水在冰箱中冷冻一天后的结果，并不需要专门购买。请同学们回家配置一种凝固点低于水的冷冻液，并想办法测出它的凝固点或熔点，比比谁的凝固点更低。		总结提升，实践应用。

第四节　升华和凝华

【课标及教材分析】

本节属于2022年版课标课程内容中一级主题“物质”下的二级主题“物质的

形态和变化”的部分内容。课程标准中的相关内容要求为：列举自然界和日常生活中不同物态的物质及其应用；经历物态变化的实验探究过程，了解物态变化过程中的吸热和放热现象，能运用物态变化知识说明自然界和生活中的有关现象。

本节内容为苏科版教材第二章第四节，内容较为简单，偏向于现象级的分析，教材用大量的实验帮助学生建立起物质可以直接从固态变成气态和直接从气态变成固态的感性认知，对于吸放热的温度要求只需要知道吸热还是放热，不需要对温度变化情况进行抽象的图像分析。

【学情分析】

学生在小学阶段的科学课中已经学过部分物态变化的内容，通过前面几节课的学习，也初步掌握了识别四种物态变化的能力，可以熟练地分析从固态到液态再到气态的过程，以及从气态到液态再到固态的过程。但是固态直接变成气态的变化过程是怎样的，从气态变成固态的过程是怎样的，变化的原因是什么，这些内容对于学生来说比较陌生。如何寻找物质从固态直接变成气态或从气态直接变成固态的证据，是本节课的学习重点。

【教学目标】

(1) 知道物质可以实现固态和气态之间直接的物态变化。

(2) 通过实验寻找物质从固态可以直接变成气态和从气态直接变成固态的证据，以及对应的吸放热条件。

(3) 经历物态变化的实验探究过程，了解升华和凝华过程中的吸热和放热现象；掌握通过实验操作获得实验证据的方法。

(4) 通过物态变化实验，感受物理研究是建立在观察、实验基础上的工作；发展严谨认真、勇于探索的科学态度。

【教学重难点】

本节知识点内容相对容易，重点和难点在于引导学生大胆猜想和尝试，通过实验发现升华过程中物质从固态直接变为气态的证据，探究升华和凝华的物态变化时的状态特征和温度特征。利用升华和凝华知识解释生活中的现象也是一个难点，升华、凝华知识本身并不难，难点在于解释现象时，学生容易将新学的两种物态变化与已学的另外四种物态变化知识相混淆。实际教学过程中需加以关注和引导。

【教学设计】

本节教学设计具体内容如表 2－7 所示。

表 2-7　　第四节教学设计

情境	教师活动	学生活动	设计意图
干冰火箭（软木塞、塑料瓶）。	（1）老师带来了一个火箭，但是火箭用的燃料比较特殊，请仔细观察。你们观察到了什么？你们能提出什么问题？ （2）学习完今天的内容再来揭示这个问题的答案。	火箭为什么能升空？	引入课题。
探究“碘锤”（“碘锤”、酒精灯、水、烧杯、滴管）。	（1）大家的桌面上都有一个空心玻璃小锤（我们称它为“碘锤”），透过玻璃你们看到了什么？它是什么状态？ （2）通过前面的学习，我们知道物质由固态可以转变为什么状态？ （3）需要吸热还是放热？ （4）利用桌面上提供的器材，你们能想到通过哪些方法可以给这个“碘锤”加热？ （5）方法都很好，请分别用酒精灯和水浴法加热。 实验要求：仔细观察碘在加热过程中的状态变化有什么不同。 （6）通过观察，你们发现加热过程中碘经历了哪些状态的变化？ （7）我发现大家的描述不太一致，我们以微距角度重新观察用两种不同的方法加热“碘锤”的过程。说说你们的发现。 投影两种不同加热方式的实验过程。 （8）大家都同意吗？你们觉得两种加热方式下发生的是同一种物态变化还是不同的物态变化？ （9）这是一个值得研究的新发现，固态竟然可以直接变成气态。其实生活中还有很多从固态直接变成气态的物态变化现象，如固体清新剂的消耗过程、冬天冰冻的衣服也会变干等。物理上，我们就把物质由固态直接变为气态叫作升华。	（1）紫黑色颗粒；固态。 （2）液态。 （3）吸热。 （4）酒精灯；水浴法。 （5）学生分组实验。 （6）固—液—气；固—气。 （7）不同加热方式下碘的状态变化过程不同。酒精灯加热：固—液—气；水浴法加热：固—气（直接）。 （8）不同的物态变化。	锻炼科学思维：通过实验寻找物质从固态可以直接变成气态和从气态可以直接变成固态的证据，以及对应的吸放热条件。 经历科学探究：经历物态变化的实验探究过程，了解升华和凝华过程中的吸放热现象；掌握通过实验操作获得实验证据的方法。 养成科学态度与责任意识：通过物态变化实验，感受物理研究是建立在观察、实验基础上的工作；培养严谨认真、勇于探索的科学态度。 掌握对比的科学思维方式。

续　表

情境	教师活动	学生活动	设计意图
探究“碘锤”（“碘锤”、酒精灯、水、烧杯、滴管）。	（10）对照我们经历的实验过程，你们认为碘的升华需要什么条件？你们的依据是什么？ （11）气态碘能否直接变成固态？需要什么条件？你们是怎么想到的？ （12）怎么让碘蒸气放热？具体怎么操作？ （13）请按照你们的设想冷却“碘锤”，仔细观察碘在冷却过程中的状态。 （14）你们观察到了什么？为什么靠近水滴的部位碘颗粒最多？ （15）物理上，我们把物质由气态直接变为固态叫作凝华。凝华需要放热。	（10）吸热；水浴法用的是加热模式。 （11）能；放热；它应该是升华的逆过程。 （12）自然冷却、放冷水中。 （14）气态碘变成固态碘。说明碘蒸气的凝华需要放热。	建立正确的物理观念，通过实验明确物质可以在固态和气态之间直接相互转化。 体验逆向推理的科学思维方式。
问题解决，寻找燃料冰（冰、干冰、2个瓶子、2个气球、2个易拉罐）。	（1）老师马上给大家分发外观完全一样的瓶子和易拉罐。1、3组是透明瓶，2、4组是封口的易拉罐。其中一个瓶子里面放了已经在空气中放置了一段时间的真冰，另一个瓶子里放的是本节课一开始展示的小火箭里装的燃料冰。不允许用手直接触摸，想办法找出哪一个是燃料冰。 （2）使用透明瓶的小组，你们找到燃料冰了吗？判断依据是什么？ （3）燃料冰的状态发生了怎样的变化？判断依据是什么？	（2）晃一晃瓶子，有水声的瓶子里放的是冰块；没有水声的瓶子里放的是燃料冰；静置瓶子，放冰块的瓶子里没有声音，放燃料冰的瓶子里发出吱吱的响声。 （3）固—气；升华；根据气球逐渐变大可以判断。	应用知识解决实际问题，从生活走向物理，从物理走向社会。

续 表

情境	教师活动	学生活动	设计意图
问题解决，寻找燃料冰（冰、干冰、2个瓶子、2个气球、2个易拉罐）。	（4）观察得很细致，燃料冰其实就是干冰。干冰是固态的二氧化碳，容易升华，温度在－78℃左右。现在你们应该知道火箭升空的奥秘了吧。 （5）易拉罐小组，你们找到哪个易拉罐里有干冰了吗？ （6）你们怎么知道外面有水珠的易拉罐里面是冰块？易拉罐外的霜是怎么形成的？ （7）易拉罐外面的霜有没有可能是水蒸气先液化变成水，再凝固变成的霜？说说你们的依据。	（5）装冰块的易拉罐里面有水，摇一摇就可以感觉到；装冰块的易拉罐外面有水珠、装干冰的外面有霜。 （6）水蒸气液化和凝华都要遇冷放热，凝华需要温度更低，会形成霜。 （7）霜是粉状固体，如果水蒸气先液化成水，再凝固成冰，应该是连成一片的片状或块状。	
生活应用。	（1）今天老师还想邀请大家一起亲手制造一个升华、凝华现象。 （2）我们先来认识一下灯泡的结构，密闭的玻璃泡里面的灯丝，其材料是钨。钨的熔点约为3410℃，灯泡工作时钨丝的温度高达2000℃。 你们的桌上有两个完全相同的全新灯泡，其中一个已经被提前安装在灯座上，但是因为灯泡工作的亮度过亮，请你先在灯泡上盖上纸杯，再闭合开关让灯泡工作。 （3）请迅速断开开关，再对比一下两个灯泡，有什么发现？ （4）钨发生了什么物态变化？	（1）冰箱中的霜；窗户上的冰花；雾凇现象。 （2）灯丝变细，灯泡壁变黑。 （3）一个晶莹透亮，一个灯泡壁变黑。 （4）固态钨先升华后凝华。	

续　表

情境	教师活动	学生活动	设计意图
生活中的凝华现象。	(1) 除了钨蒸气的凝华外，你们还知道自然界和生活中有哪些凝华现象？ (2) 塑料瓶外壁上的霜，和冬天窗户上的冰花出现的位置，有何异同点？ 总结：热水蒸气在哪里，凝华就发生在哪里。	(1) 霜；窗户上的冰花。 (2) 热水蒸气遇冷放热凝华成冰花，冬天室内温度高，热水蒸气在室内，凝华的冰花也在室内。	
升华和凝华的应用。	(1) 其实，升华和凝华还有很多的应用价值。前面我们了解到，干冰容易升华，它有什么作用呢？ (2) 为何能利用干冰冷藏食物？ (3) 有同学提到利用干冰可以制造出舞台白雾，我们也来试试。白气是怎么产生的呢？ (4) 干冰的作用是什么？ (5) 如果把干冰打到高空，会形成什么？ 播放视频，了解人工降雨的过程。	(1) 冷藏食物、制造舞台效果、人工降雨。 (2) 干冰升华吸热。 (3) 空气中热水蒸气遇冷液化形成的小水滴。 (4) 升华吸热，降温。 (5) 雨。	
拓展延伸。	(1) 关注每个月家庭用水量，思考如何节约用水？ (2) 在易拉罐中装入 2/3 的冰与 1/3 的盐，搅拌 3 分钟，观察有哪些物态变化的现象。 (3) 无霜冰箱真的不会产生冰霜吗？请查阅资料，说说无霜冰箱的工作原理。		

第五节　水循环

【课标及教材分析】

本节内容是本章的第五节，既是对六种物态变化的总结，也是落实课程标准要求的体现。为学生加强绿色环保理念，促进社会可持续发展打下思想基础。本节充分发掘章导图的功能，通过对章导图的再认识，帮助学生对本章知识进行回顾、总结。教材还设计了物态变化吸热、放热情况总结，潜移默化地帮助学生学会归纳总结。

【学情分析】

学生已经通过前面的学习对六种物态变化有了初步的认识，但是对于水在自然界中如何进行自发的状态变化，如何通过云、雨、雾、露、霜、雪、雹这些自然现象形成水的循环，还缺乏一定的认识。本节课的学习，既是帮助学生进行知识归纳的过程，也是帮助学生对水循环的方式进行综合学习的过程。

【教学目标】

（1）认识水循环的过程。通过对水循环导图的认识，归纳总结出物质三态之间发生变化的规律。

（2）知道物态变化的概念，能够说出各种物态变化的吸放热情况，知道吸放热是能量转移的一种方式。

（3）知道水在生活、生产、技术中的各种应用，了解水对人类生命的意义。

【教学重难点】

自然界中水的三态的变化规律、吸放热情况，以及对水资源的认识。

【教学设计】

本节教学设计具体内容如表 2－8 所示。

表 2－8　　第五节教学设计

情境	教师活动	学生活动	设计意图
章导图图片引入。	同学们，江河海洋都是由水组成的，冰山雪岭是由冰组成的，白云是由水和冰晶组成的，包围地球的大气中含有大量的水蒸气。 水、冰雪、冰晶、水蒸气，它们都属于水的三态，不停地运动着、变化着、循环着，从而形成一个巨大的水的循环系统。今天，我们一起来认识一下这个系统——水循环。		章导图的再次利用，从学生熟悉的情境出发，符合学生的认知特点。

续　表

情境	教师活动	学生活动	设计意图
认识水的循环图。	请同学们仔细观察教材 44—45 页图 2－41水循环示意图。 议一议： （1）水的三态变化有什么规律？ （2）如果水的三态变化停止了，水循环还能进行吗？自然界的气候将会怎样？ （3）如果水循环停止了，人类的生活将会怎样？ （4）水循环过程中能量是如何转移的？		通过讨论，学生认识到水循环和我们的生活密切相关，水资源就是巨大的能源，并可以转化为其他形式的能。物态变化过程中伴随着能量的转移。
珍贵的水资源图片情境。	看一看： 投影关于水资源的图片或文字资料。 议一议： （1）水为什么珍贵？ （2）水为人类提供了什么？		让学生举例，教师不必做出评价，学生充分发表自己的观点和见解后，教师再做总结。 启发学生从生产、生活、社会的方方面面去考虑水对人类社会的重要性，提供表现资源型缺水情境的资料和案例，让学生认识到水资源的不可缺性。
如何保护水资源？	看一看： 目前，全球有 100 多个国家缺水，13 亿人缺少饮用水，30 亿人的饮用水不符合卫生要求，约有 40% 的河流被污染，每年至少有 1000 万人因饮用不合格水而致病。 议一议： （1）水污染给我们带来哪些危害？ （2）我们应该怎样保护水资源？		通过了解水源污染以及严重缺水给人类带来的危害，学生能够认识到水资源是十分珍贵的，应从自身做起，从现在做起，养成节约用水、保护水资源的好习惯。

续　表

情境	教师活动	学生活动	设计意图
调查学校或社区附近水域污染情况。	实践考察：关于考察“学校或社区附近水域污染情况”的指导。 (1) 考察前准备：查找相关资料，了解水污染的种类和危害；学会用pH试纸测酸碱度，准备相机、笔、记录本等；确定考察的河段及沿河两岸的有关单位、工厂。 (2) 进行安全纪律教育。 (3) 实际考察：选定水域，观察河水的颜色、河边所见污染物、河中生物生长情况，利用pH试纸测试河水的酸碱度；请河岸居民中的知情者介绍水域的有关情况，了解有关数据；对工业污染源等进行考察，了解其主要污染物对水的污染，以及污染物的排放位置，并画图记录下来；分析致使水质变差的主要污染物。 (4) 撰写考察报告：报告要实事求是地反映调查情况，有关数据必须准确、具体，对个别不清楚的数据要再进行调查和测定；报告要体现科学性，明确污染源及其危害，并提出合理的治理方案。 (5) 交流与思考：在交流讨论的基础上，优化对水域的治理方案，以全班的名义向城建部门写一封建议书。		从生活走向物理，从物理走向社会。培养学生敢于将自己的见解公开并与他人交流，也勇于放弃或修正自己的错误认识。
应用迁移，巩固提高。	江、河、湖、海、土壤、植物中的水通过<u>蒸发</u>的方式变成水蒸气升入空中；冰山上的冰以<u>升华</u>的方式变成水蒸气升入空中，水蒸气随气流运动到各个地方，当水蒸气在高空遇冷时，有的液化成小水滴，有的<u>凝华</u>成小冰晶，小水滴和小冰晶组成云，云中的小水滴遇冷也会<u>凝固</u>成小冰晶，小冰晶长大后，便会降落到高山、地面，这就是雪。小水滴长大后，落到地面，这就是雨。雨再汇入江、河、湖、海，再回到开头，从而形成一个水循环。		

（四）重难点突破文献综述

1. 温度计原理的教学建议

多篇核心期刊相关文章中都提到结合物理学史和科学技术发展脉络来介绍温度计的原理。以下对《依“史”探“计”从“仿”到“创”——“温度计的延伸”教学创新设计与思考》① 一文进行重点阐述，该文立足技术设计和物理学史来确定教学目标。教学目标主要有三点：第一，知道气体、液体温度计的设计原理；第二，追寻科学史，了解气体温度计和液体温度计在设计上的异同点和优缺点，根据不同液体温度计中液体的性质初步掌握选择合适温度计的方法；第三，在实验和信息交流的基础上，依循科学家的足迹，思辨相关方案，让学生感受液体温度计更新迭代的发展历程。

曹坚在宁波大学 STEM 高级研修班教师培训活动的展示课上，创设了大量的情境，五个缩影概述如下：

缩影 1：在环境温度不变的情况下，向装置 1（如图 2－4 所示）的橡皮管中鼓气和吸气，从而引起液面高低变化。这说明温度计的设计需要考虑外界因素的影响。

图 2－4

展示装置 1，教师介绍其部件之后，把热毛巾放上去，再把冷毛巾放上去。

教师：同学们看到哪些现象？知道为什么吗？

学生：热毛巾放上去，细玻璃管内水柱下降。冷毛巾放上去，细玻璃管内水柱上升，这种现象是空气热胀冷缩引起的。

教师：想一想，这套装置可以用来做什么？

学生：粗略地显示温度高低，可作温度计。

教师：如果倒过来，还能不能做呢？

一瞬间，学生的脑海中出现短暂的空白，脸上露出惊愕的表情，教师适时展示装置 2（如图 2－5 所示）。学生的脸上又露出愉悦的表情，不假思索地回答“能”。课堂中有那么一瞬间，如电路经历瞬时短路又恢复正常，显得有点魔幻又恰到好处。

图 2－5

教师：怎么证明呢？

学生会小声嘀咕“用热毛巾和冷毛巾”，但水的比热远远大于空气，因此让液体热胀冷缩的效果会明显一些，一定会吸收或放出大量的热量。教师可把装置倒过来，并浸没到一盆热水中，再换成一盆冰水。学生通过演示实验发现：当周围温度上升时，细玻璃管内水柱上升；当周围温度下降时，细玻璃管内水柱下降。

教师：为什么会产生这些现象？

---

① 曹坚：依“史”探“计”从“仿”到“创”——“温度计的延伸”教学创新设计与思考．物理教师，2021 年第 9 期。

学生：水的热胀冷缩。

科学史呈现：1593 年，伽利略发明了世界上第一支气体温度计，装置 1 就是根据它的原型做的。1632 年，法国医生让·莱伊倒转了整套装置，发明了以水为介质的液体温度计，装置 2 就是根据它的原型做的。

缩影 2：用小瓶子、水和玻璃管仿制液体温度计，发现玻璃管越细，测温泡越大，液面差越大，而液面差越大直接导致温度计精确度越高。

缩影 3：比较水、煤油、酒精的物理性质，体现选择测温液体的不同技术的设计理念。

实验步骤：步骤一：用贴纸分别标记两支玻璃管液面的初始位置。注意把贴纸的上端与液面对齐；注视液面时，视线与凹形液面中央最低处持平。步骤二：往相同两个杯中倒入相同温度的热水至杯子标记处。步骤三：各组同时将两装置放入杯中。步骤四：各组等待相同的时间（约 1.5min，先撕好标签），再用贴纸标记液面的位置。学生小组进行交流后，得出“其他条件相同，管越细液面差越大”的结论。教师追问：“实验采用控制变量法，要求测温泡大小相同，管的粗细不同。现在小组测温泡的大小不同，管的粗细相同，液面差也很大，这说明什么？”师生共同得出结论：液面差受测温泡大小的影响。我们不难发现玻璃管液面差的大小与温度计精准度的高低有关，玻璃管越细，测温泡越大，温度计精确度越高。简易温度计怎么改进才能定量显示温度呢？回顾可知 1 标准大气压下，水沸腾温度为 100℃，冰水混合物温度为 0℃。把简易温度计放在两种环境中，采用等分思想将液面差分成 100 格，每个格为 1℃。玻璃管上不易标刻度怎么办？在纸上画刻度贴玻璃管上。自制温度计准确度如何？通过测量室温把自制温度计和实验室多支温度计进行比较。在仿制温度计过程中，学生深深体会到精巧的温度计构造所包含的诸多技术设计思想。

缩影 4：改进锥形水温度计来定量表示温度，解决玻璃管上标识刻度难题。

缩影 5：通过用双金属片、材料缠绕、加指针这三项措施增强固体微小形变，再加上刻度表。最终完成了固体温度计定性到定量的设计。

通过这些情境，学生拨开“云雾”见“明月”，认识到温度计背后所包含的工程技术。与实验室的演示温度计对比，提出粗细对温度计设计有影响这一猜想并积极探究。从画实验装置到互动交流，然后提出合理实验步骤并付诸实践，最终获得实验结论。观察对比演示温度计与锥形水温度计，学生在已有的锥形上不断改进技术，尝试制作真正意义上的水银温度计，体验“知识”向“产品”过渡的华丽转变，让学生真正提升技术能力。问题引导，启发创新要突破初中生践行创造发明这一难点，深入启迪学生思维，体现教师引领作用，可设置如下阶梯式问题：铜的膨胀系数为 1.7×10^{-5} m/℃，铁的膨胀系数为 9×10^{-6} m/℃。长度为 1 米的铜、铁各升高 100℃，分别伸长多少毫米？用这些材料做温度计，现象不够明显，如何将微小形变放大？实验中双金属材料弯曲了，形变更明显一些会怎样？如何才能形变更明显一些？升温的设计适于测高温，材料加长不便携带。怎样改造此材料，使其既方便携带又形变明显呢？缠绕后方便携带了，怎样缠绕会小一些？在此基础上，怎样让双金属片弯曲现象更明显一些并定量地表示出来呢？四人小组围绕这些问题展开面对面谈话，组与组交流，生与师讨论。学生在互动与合作中学习科学方法，激发创新能力。

2. 更便于观察的沸腾实验

如果按照教材所示实验装置进行实验，实验进度慢，课堂效率低，因此需要做些改进。具体有以下三点：

（1）通过趣味小实验导入新课。在“观察水的沸腾”实验进行之前，教师先引入一个趣味性小实验，即用蜡烛、纸杯、火柴使水沸腾。通过小实验导入新课，激发学生的探究兴趣。学生在实验中观察到装有水的纸杯居然没有被火烧穿，心里会有疑惑。这样可以锻炼学生的动手能力、表达能力，调动学生的积极性，同时帮助他们树立“水的沸腾”相关概念。

（2）借助养生壶创新实验设计。在进行“观察水的沸腾”实验之前，学生使用蜡烛、纸杯体验了水的沸腾现象，此时，教师可以问学生：“如何确定水是否沸腾?”根据实验和生活经验，学生很容易回答水温达到100℃时，水开始剧烈起泡，可以确定水已经沸腾。在此基础上教师继续提问，让学生思考如何在纸杯烧水的基础上改进实验，以便知道水沸腾时的温度和气泡的性质？需要什么实验设备？同时组织学生进行深入的讨论和思考。其间，教师应提醒学生大胆发言，听取他人意见，最后小组达成共识并表述。在此过程中，学生的表达技能得到了发展，小组协作意识得到了增强。养生壶是一个不错的实验选择，其使用透明的玻璃材料，在实验过程中，学生可以直接观察内部水泡的大小和数量。在养生壶内液体上下两个位置处固定两个温度传感器，使显示屏能够清楚地显示出壶中的水温。学生只要注意屏幕上每10秒的数值，然后使用Excel记录温度和时间，这样在水沸腾时学生能随时直观地观察温度的变化规律。

（3）通过小组实验培养学生的科学态度。预先组装实验设备以统一小组的实验时间，并使用电子秒表测量时间。由于实验存在一定程度的危险，因此教师要提醒学生规范操作，注意安全。为了使学生更容易记录数据和实验现象，要求每隔1分钟记录一次温度。在实验开始之前，教师要提醒学生分组学习，记录温度并观察现象，在实验过程中给予指导。大部分实验探究小组会发现水温在开始时趋于下降，这与他们的生活经验相悖，这时教师应鼓励学生如实记录实验数据，做到实事求是。

3. 如何使液化实验更科学

教材上的液化实验是在加热的烧瓶上方放一个金属盘，然后在金属盘中放入冰块，观察金属盘底部是否有水滴形成，以此来确认是否有液化现象，最后通过金属盘温度变高来确定液化放热。对于观察液化现象来说，笔者认为这个实验的设计不够严谨。学生看到烧瓶上方有明显的白气，也可能是上升的白气凝结在金属盘底部，而不是液化形成的。另外，就算金属盘底部温度升高，可能是由于热的白气通过热传递实现的，也不一定是由液化放热形成的。

实验装置：准备好去掉点火器的打火机、剪掉针头的输液管、针筒（教师演示用100毫升、学生活动用10毫升），然后组装起来。为了增加演示实验的可视性，可在100毫升的针筒内放一粒碘，演示装置压活塞时所需的力较大，可配一个硅胶枪。

操作步骤及现象：①松开夹子，打开打火机，向针筒中充丁烷气体，活塞往后退；②待针筒中充满气体时（可延迟5秒，以活塞不蹦出针筒为宜），关闭打火机，用夹子夹住输液管；③把针筒装入硅胶枪内，缓缓推动针筒活塞，注射器内出现液滴，继续向里推进活塞，液体的量逐渐增多，碘溶于丁烷，溶液呈红棕色（可借助实物投影仪将实验过程展示给学生看）；松开硅胶枪马上可见液态丁烷汽化，碘析出后分布在针筒内壁。

实验改进后的优点：①打火机内的丁烷沸点为 -0.5℃，即使在冬天也易汽化，不需要用很大的力气来拉活塞使其汽化。同时，针筒内先充满气体再液化，不需要考虑过多的液体没有汽化对实验的影响。②打火机贴近学生生活，激发学生兴趣。学生通过实验能理解打火机中的丁烷在常温下是如何液化的。③实验材料常见、组装方便、可单手操作，可在室内巡回演示或用实物投影仪展示教学效果。丁烷在密闭的系统中运作，不会泄漏，更加安全，可以让学生亲自操作或课后自己组装，增强学生的亲身体验，进一步提高实验教学的效果。①

4. 熔化凝固实验小窍门

教材和课标对于熔化凝固实验的要求较高，不仅要求能够观察出晶体和非晶体熔化凝固过程中状态变化的差异，还要求能够绘制出温度变化的特征图像，并对图像进行数据处理，将状态变化与温度变化进行一致性分析。这对于学生来说是难点。更难的是，冰的熔化凝固实验完成起来也较为困难。在实际的实验记录时比较难以观察到固液混合状态下温度不变的过程，凝固实验温度不变的过程更加难以观察和记录。这与水是热的不良导体有关，也与完成实验时的室温等因素有关。

针对上述情况，笔者收集整理了一个较好的替代实验，实验如下②：

用镓锡合金代替冰完成晶体的熔化凝固实验。镓由巴黎布瓦博德朗于1875年发现。纯镓是银白色的，可以浸润玻璃，熔点为29.76℃，沸点为2403℃，密度为 $5.904g/cm^3$，在大约1500℃时有很低的蒸汽压。单质镓无毒（目前已知重金属中唯一无毒的，医药研究也会用镓，如枸橼酸镓注射液），但不可擅自服用，会造成沉积。现如今，工艺比较先进，可以制造出镓锡合金，其熔点（凝固点）可以调节到10～35℃的某一温度，建议根据环境温度选择适当的熔点。本次实验用的镓锡合金的熔点为25℃，比较方便，而且镓锡合金可以减少纯镓的过冷现象。

另外，还可以用猪油代替蜡烛来完成非晶体的熔化凝固实验。猪油，中国人也将其称为荤油或猪大油。它是从猪肉中提炼出来的，初始状态是略黄色半透明液体，常温下为白色或浅黄色固体。猪油主要由饱和高级脂肪酸甘油酯与不饱和高级脂肪酸甘油酯组成，其中饱和高级脂肪酸甘油酯含量更高。而不饱和高级脂肪酸甘油酯由于分子中含有碳碳双键，因此能使溴水褪色，能使酸性高锰酸钾溶液褪色。猪油处于过低室温即会凝固成白色固体，熔化温度一般为28～48℃。

① 单海千：用丁烷加碘改进压缩气体液化实验．物理教学探讨，2016年第5期。

② 高传刚：晶体非晶体熔化凝固实验的改进．中国农村教育，2020年第3期。

这样两个实验都不需要酒精灯，只需要对相应温度的热水进行水浴加热即可。

实验装置：两只透明的杯子，一杯装50℃左右的热水，用于使镓熔化；一杯装20℃左右的冷水，用于使镓凝固。将镓和猪油分别放入小塑料瓶中，把数显温度计的探头悬在其中，再将塑料瓶口封闭。使用时，先将装有镓和猪油的小塑料瓶同时放入装有热水的杯子中，观察镓和猪油的状态变化和温度变化。可以很清楚地看到，镓在熔化前温度上升，熔化过程中温度一直是不变的，等镓完全熔化后温度再上升，而且熔化过程中温度不变的时间可以通过镓的多少和水温的高低来调节。因镓金属导热性好，所以不存在受热不均匀现象，这是解决此类实验一大难题的关键。而且该装置成本低廉，制作简单，由于镓和猪油都封闭在小塑料瓶内，所以可以多次重复使用，操作方便，对比现象明显，数据理想。

胡莹和蒋新还提出了以冰为研究对象的改进实验。①

实验器材：超小球形模具，试管（直径2cm，长度10cm），红水温度计（－30～100℃），酒精溶液（浓度75%），小烧杯（50mL），水，胶头滴管，铁架台，石棉网。

（1）超小球形模具用于制作球形小冰（淘宝网搜索即可购置），一个模具有228个孔，每个小孔直径为0.5cm，直接注水冷冻成小冰粒，不需要再碎冰，减少了烦琐程序和实验前的准备时间。

（2）选择直径为2cm、长度为10cm的试管装小冰粒，既可使温度计的玻璃泡与被测物体充分接触，又不会因为冰粒过多而延长实验时间。10cm的长度可以使温度计的刻度值在试管外侧，避免液化形成的水滴附着在试管壁，影响读数。

（3）浓度75%的酒精溶液用于储存冰粒。酒精的凝固点是－117℃，将75%的酒精溶液置于冷冻室降温至－18℃左右，将装冰粒的试管放入其中，使小冰粒维持低温，以便课堂使用。

制冰过程：胶头滴管吸取自来水或者纯净水注入模具中，放入冷冻室冷冻，脱模装入试管，就得到了小冰粒。以下细节需要注意：水不能注满，避免冰粒太大；与小冰粒接触的试管、酒精溶液和温度计要提前放入冷冻室，避免冰粒接触到温度比自身高的物体而快速熔化；从模具背面挤出小冰粒，直接注入试管，手不能触碰小冰粒，避免熔化；每个试管装30粒小冰粒，大约3g，既能使被测物体与温度计的玻璃泡充分接触，又不会使实验时间过长；装好小冰粒，将装置再次放进冷冻室维持低温；课前将小冰粒装置放在低温的酒精溶液中，维持小冰粒的温度在－15℃左右，以便课堂使用。

装置组装：实验装置有两种可供选择，第一种装置跟教材一致，采用水浴法加热；第二种装置采用空气加热，装置更加简单，在装小冰粒的试管口塞一个橡胶塞，用于固定温度计，实验中用两根手指捏住试管口，不要触碰试管其他部位，防止熔化过快。

实验过程：“熔化和凝固”一课按照教材安排应该在9月下旬施教，此季节温度在

---

① 胡莹，蒋新：创新实验器材，优化实验数据——“探究冰的熔化特点”实验的改进．物理教学探讨，2021年第8期。

26℃左右，教学时可以采用空气加热。小冰粒装置从低温酒精溶液中取出发到学生手中，温度大概在-10℃左右，学生摇晃试管能够听到“沙沙……”的声音，同时可以看到完全固态的小冰粒；温度逐渐上升，试管中并没有出现液态的水；当温度达到0℃，发现试管中逐渐出现水，并且慢慢地增多，冰逐渐减少，但是温度计示数一直维持0℃不变；当冰粒消失完全变成水后，温度计示数开始上升。数据采集非常理想，但如果采用传感器采集温度数据绘制图像，会更为直观。

5. 如何证明碘升华吸热

在苏科版教材八年级上册第二章第四节教学中，通常会做这样一个实验：把“碘锤”放入热水中，会发生升华现象；再把“碘锤”从热水中取出，发生凝华现象。

在教学中，教师一般会通过升华、凝华条件的对比，引导学生猜想出升华、凝华的条件。如教师说：“通过实验，你们觉得碘升华需要条件吗？依据是什么?”学生回答道：“‘碘锤’放在热水中，碘才会升华，所以碘升华需要吸热，碘从热水中吸收了热量。”然后教材中直接给出结论：物质升华需要吸热，凝华则会放热。

碘升华时真的从周围吸热吗？由于初二的学生并没有“热传递过程中总是伴随着吸放热”这一明确的概念（初三才学到），很有可能学生在做完“碘锤”实验后的第一反应是，碘升华时需要一个相对较高的温度环境。“温度高”和“吸热”之间是存在进阶的。虽然有汽化、熔化吸热条件的铺垫，学生在接受“升华吸热”时并没有异议，但能不能用实验来证明呢？以下实验来自《“碘升华吸热”演示实验的改进》[①] 一文。

实验器材：带塞烧瓶（两个）、带有测温探头的数显温度计（精度±0.1℃）、铁架台、碘颗粒、透明水槽、保鲜膜、热水等。

实验过程：

（1）取两个相同的圆底烧瓶，将数显温度计的探头放入瓶中的相同位置（探头由瓶口处的带孔胶塞插入，不与瓶壁接触），温度计显示瓶内初始温度是相同的。

（2）取适量碘颗粒（要碾碎）加入其中一个烧瓶，插入胶塞，在外部透明水槽中倒入热水，注意不能直接倒在烧瓶上。同时对两个烧瓶加热，瓶内的温度均会上升，但是仅需2~3秒的时间，就会看到两个烧瓶的温度差异。

实验结果：装有碘粒的烧瓶中出现了明显的碘蒸气，在烧瓶内的温度计探头显示的温度也明显低一些。这一实验可以充分证明碘的升华需要吸热。

上述实验中，由于一个烧瓶没有碘颗粒，另一个烧瓶中有，所以还可以请学生进行补充设计，改进实验。

四、教学素材补充

1. 温度计的发明——从伽利略的“气体”开始

《列子·汤问》中就有“两小儿辩日”的故事，也有“近者热而远者凉”的描绘。这就是关于温度最朴素的经验性描述。当然，还有稍微高级一点的测温办法，烧制陶

① 蔡丽：“碘升华吸热”演示实验的改进．湖南中学物理，2020年第11期。

瓷时用的“照子”就是一例。

景德镇陶瓷大学的郑乃章教授研究后说，魏晋南北朝时期出现的“照子”，是窑工用于判别窑火温度高低的泥土胚胎。到了宋元时期，“照子”技术更加成熟。窑工通过观察“照子”的烧结程度，就能检测出窑内制品在最高温度下保温时间的长短。但是，这种技术全靠窑工的经验积累，无法精确检测。所以，温度计是西方近代科学革命的产物。

1592 年的一天，意大利物理学家和数学家伽利略（如图 2－6 所示），正在威尼斯的帕多瓦大学讲课，边讲边做加热水的实验。

“罐内水温升高的时候，为什么水面会上升?”伽利略问学生。

“因为水温升高的时候体积增大，水面就上升；水温下降的时候体积减小，水面就下降。”学生回答道。

听到学生的回答，伽利略偶然联想到此前遇到的一个问题。

原来，曾有一些医生找过伽利略，恳求他说：“先生，人生病的时候体温一般会升高，能不能想个办法，准确测出体温，帮助诊断病情呢?”

伽利略在学生回答的启发下，就联想到这一问题，利用热胀冷缩原理，经多次研制，于 1593 年发明了泡状玻璃管温度计（如图 2－7 所示）。这个温度计的顶端是一个玻璃泡，和它相连的玻璃管中装着有色液体，倒置在装有水的杯子中用来测量温度。它的工作原理是：当被测温的物质（这里是空气）与玻璃泡接触时，玻璃管内上方的空气就会因为热胀冷缩而发生体积变化，使有色液柱对应下降或上升；玻璃管上标明一些可作标准的“热度”（现在所说的温度）。这就是世界上第一支标有刻度的温度计——气体温度计。显然，气体温度计是不完善的，因为大气压强的变化也会使液柱升降。

图 2－6

图 2－7

当然，用气体的热胀冷缩性质来测量温度的想法，在伽利略之前早就有了。例如，古希腊科学家菲隆和亚历山大·希隆就制造过基于空气膨胀原理的测温器。

2. 温度计的演进——从气体到液体、固体

1612 年，伽利略的朋友、帕多瓦大学的生理学家桑克托里奥·桑克托留斯教授，对伽利略的气体温度计进行了改进，设计出一种蛇状玻璃管气体温度计。它的内部有红色液体，空气膨胀时就把液体往下压，通过玻璃管上刻的 110 个刻度可以看出温度的变化，这个温度计可用于测量体温，是世界上最早的体温计。

鉴于桑克托留斯的温度计不太准确这个缺点，法国医生、化学家兼物理学家让·莱伊在 1632 年，把伽利略的玻璃管颠倒过来，并直接利用水而不是空气的体积变化来测量物体的冷热程度。但是，因为这种温度计的管口没有被密封，会因水的蒸发而产生误差。这是第一支用水作为测温物质的温度计。

1641 年，第一支以染红的酒精作为测温物质的温度计（如图 2－8 所示），首次出现在意大利托斯卡纳大公斐迪南二世的宫廷里。1644—1650 年，斐迪南将其不断完善，用蜡将装有红色酒精的玻璃管口封住，在玻璃管上标上刻度，最终成为具有现代形式的温度计。因此，一些人将温度计的发明归功于这位大公。1654 年，这种温度计已在佛罗伦萨普及使用。

图 2－8

另一种说法是，1629 年，伽利略在帕多瓦大学的一位同事——意大利物理学家兼犹太教师约瑟夫·德米蒂哥，出版了一本书，名为《花园中的喷泉》。书中的一幅插图，展示了一个盛有白兰地的玻璃泡温度计，旁边写着“oleb”（上升），所以这支温度计被认为是第一支温度计。但是，这支温度计的发明者却没有明确记载，很可能是伽利略或者德米蒂哥。

1646 年，意大利物理学家莱纳尔第尼明智地建议，以水的冰点和沸点作为刻度温度计的两个定点。只可惜当时流行的酒精温度计内酒精的沸点（78.5℃）低于水的沸点（100℃）。所以，如果把水的沸点作为第二个定点，对酒精温度计显然不切实际，所以这一建议当时没能被采纳。这里需要说明的是，国际度量衡委员会在 1989 年发出通知，从 1990 年 1 月 1 日起，水的沸点定为 99.975℃。

1658 年，法国天文学家、数学家伊斯梅尔·博里奥，制成了第一支用水银作为测温物质的温度计。值得一提的是，他是早于英国物理学家和数学家艾萨克·牛顿等人，最先偶然发现了计算万有引力的公式，但他后来又否定了这个公式。

1665 年，荷兰物理学家、天文学家、数学家惠更斯，也提议把水的冰点和沸点作为两个固定点，以便使温度计标准化。英国物理学家、化学家波义耳在 1662 年发现了波义耳定律，并指出了气体温度计不准的原因及其他缺点。随后，人们大多转向研制使用其他介质作为测温物质的温度计。1672 年，法国发明家休宾在巴黎发明了第一个不受大气压影响的空气温度计。

纵观温度计的发展，有确切历史记载的温标，1779 年有 19 种，到了 19 世纪末，超过 30 种，温度计的种类更是不计其数。

3. 了解干湿泡湿度计的工作原理

干湿泡湿度计是测量空气湿度的仪器，实际上就是两支相同量程的温度计，一支用来测量空气的温度，另一支温度计的测温泡上包有吸水性好的纱布，纱布的下端浸没在水杯中。由于蒸发吸热使湿泡温度计的示数降低，其降低的数值与空气的湿度有关，因此可由相关的规律推算出空气的湿度。

为了说明湿泡温度计降温的原理，我们可以做如下实验。

实验器材：两支相同的温度计、水、餐巾纸、风扇。

实验步骤：

（1）如果把其中一支温度计的玻璃泡用干燥的纱布包起来，两支温度计的示数仍然相同。

（2）如果把其中一支温度计的玻璃泡用潮湿的纱布包起来，两支温度计的示数就不同了，用潮湿的纱布包起来的温度计的示数明显降低了。其降低的数值与空气的湿度有关，可由相关规律推算出空气的湿度。干湿温度计就是这个原理。

（3）用温度计测量空气温度，再用风扇吹干燥的温度计，发现温度计示数并没有发生改变。这说明温度降低是由液体蒸发吸热产生的。

4. 探究沸点与气压的关系

实验器材：烧瓶、玻璃管、石棉网、铁架台、酒精灯、温度计、水和两用气筒等。

实验步骤：

（1）在烧瓶中加入适量的热水（60℃），然后安装好实验器材，用酒精灯加热，直至沸腾（如图2－9所示）。

（2）将气筒的打气端口与烧瓶塞上的玻璃管接通，然后用气筒向烧瓶内打气，发现水沸腾即停止。这说明气压升高沸点也升高。

（3）撤除酒精灯，发现水沸腾即停止。将气筒的抽气端口与烧瓶塞上的玻璃管接通，从烧瓶内向外抽气，水又继续沸腾。这说明气压降低，沸点也降低。

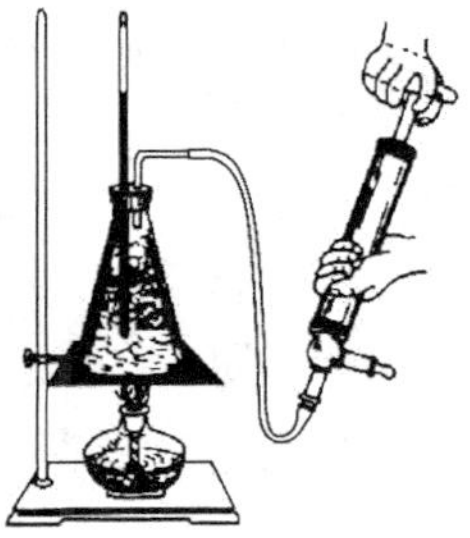

图2－9

5. 为什么“开”水不响，“响”水不开

我们知道，水中溶有少量空气，容器壁表面也吸附着少量空气，这些小气泡起到汽化核的作用。当水被加热时，气泡首先在受热面的器壁上生成，然后继续加热，受热水层不断向小气泡内蒸发。气泡内的压强不断增大，结果使气泡体积不断增大，气泡受到的浮力也不断增大。当浮力大于气泡与容器壁的附着力时，气泡离开容器壁开始上浮。

沸腾前，容器内部各水层温度不同，底部受热面附近水温高，水面附近的温度较低。气泡上升过程中气泡内饱和气压减小，因此气泡体积不断减小，从而引起振动发出响声。

当水温接近沸点时，有大量气泡产生，接连不断地上升，大量的气泡在上升过程中迅速由大变小，引起剧烈地振动。这种剧烈振动，产生了较大的“嗡嗡……”的响声。这就是“响水不开”的道理。

由于对流和气泡的运动不断地将热量带至液体的中上层，使水温趋于一致，水面上下均达到沸点。气泡在上升过程中，液体对气泡的静压强随水的深度减小而减小，结果使气泡体积逐渐增大。气泡上浮至水面破裂，释放出水蒸气，水开始沸腾。由于气泡上升过程中，不出现迅速增大和迅速缩小的振荡，因此水沸腾时只会产生

“呼呼……”的声响，这个声音比之前的“嗡嗡……”的响声明显小了很多。这就是“开水不响”的道理。

6. 任何气体都能用压缩的方式使其液化吗

每种物质都有一个特定的温度，在这个温度以上，无论怎样增大压强，气态物质都不会液化，这个温度就是临界温度。降温加压，是使气体液化的条件。但只加压，不一定能使气体液化，应视当时气体是否在临界温度以下，因此要使物质液化，要先设法达到它自身的临界温度。水的临界温度为374℃，远比常温要高，因此，平常水蒸气极易冷却成水。有些物质如氨、二氧化碳等，它们的临界温度高于或接近室温，这样的物质在常温下很容易压缩成液体。有些物质如氧、氮、氢、氦等，它们的临界温度很低，其中氦气的临界温度为 -268℃。要使这些气体液化，必须相应地使用一定的低温技术，以便能达到它们各自的临界温度，然后再用增大压强的方法使它们液化。因此答案是否定的。

7. 探究水蒸气液化时的放热现象

实验一：加热沙子与水进行比较。

实验器材：铁架台两个、酒精灯两个、烧杯两个、玻璃片两个、温度计两个、干燥的沙子、水。

实验步骤：

（1）取相同质量的沙子和水，分别装入两个烧杯，按照如图 2 - 10 所示安装铁架台、烧杯、酒精灯，然后分别用酒精灯加热，注意沙子要及时搅拌。

图 2 - 10

（2）一段时间以后分别测量两者温度，发现沙子的温度明显高于水的温度。

（3）分别盖上玻璃片，过一会儿再用手摸两个玻璃片，比较两者的温度，发现装有水的烧杯上方的玻璃片温度比较高。

（4）观察两个玻璃片，装水烧杯上方的玻璃片下方有小水珠形成，装沙子烧杯上方的玻璃片下方没有水珠。这说明水蒸气液化时放出大量的热，而使有水珠的玻璃片的温度高于没有水珠的玻璃片的温度。

实验二：比较吹气与哈气。

实验方法：手臂放在嘴前，向手臂吹气，吹气时手与嘴的距离较远，气流速度较大；再向手臂哈气，哈气时张大嘴巴，手与嘴距离较近，气流速度较小。

比较吹气和哈气时手臂的感觉。吹气手臂感到凉，手臂是干燥的；哈气手臂感到热，哈气部分的手臂是潮湿的。吹气时手臂处空气流动加快，手臂处水分蒸发就加快，而蒸发吸热，所以感到凉，此时手臂是干燥的。哈气时，口中哈出的气体含有较多水蒸气，水蒸气遇冷液化放热，因此手臂感到热。此时手臂上能够感到水蒸气液化留下的潮湿（小水珠）。

实验三：定量比较液化放热现象。

实验器材：铁架台、烧瓶、玻璃管、量筒两个、酒精灯、水、温度计。

实验步骤：

（1）在橡皮塞上打孔，插入玻璃管，烧瓶中灌入适量水，塞紧瓶塞，铁架台、烧瓶、玻璃管、酒精灯按照图 2 – 11 所示来安装。两个相同的量筒，分别注入相同体积 V_0、相同温度 t_0 的水。

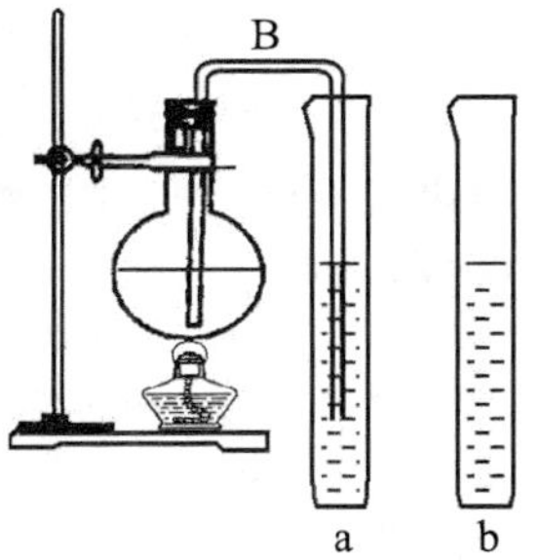

图 2 – 11

（2）将烧瓶加热至水沸腾，使水蒸气通入量筒 a 中。一段时间之后，测量量筒 a 的水升高温度 Δt_1 和水增加的体积 ΔV。

（3）向量筒 b 中加入等量 ΔV 的开水，测量量筒 b 的水升高温度 Δt_2。比较 Δt_1 和 Δt_2，发现 Δt_1 远远大于 Δt_2。开水的温度与水蒸气温度基本相同，增加的水量也相同，为什么 $\Delta t_1 > \Delta t_2$？因为水蒸气液化是放热的。实验结果说明，同温度的水蒸气液化时放热比同温度的开水降温放热要多得多。

实验三可作为综合实践活动，请有兴趣的同学在课外完成，教师应为这些学生提供向全体学生汇报自己探究成果的机会。

8. 海波凝固过程中为什么会出现降至凝固点下时仍不凝固的现象

通常，我们不用海波做晶体凝固的实验，原因是实验中常常会出现“异常”现象。液态海波冷却到 48℃时，按一般晶体特性会出现固态海波，可它并不凝固，仍然维持液态，甚至冷却到 30℃以下还不凝固。当冷却到一定程度后，海波的温度突然上升至 48℃左右，液体中开始出现晶体颗粒，并不断变大、扩展。在此过程中温度保持不变，直到完全凝固后，温度才继续下降。这种低于凝固点而不凝固的现象称为液体的过冷现象。产生这种现象的原因是液体中缺少凝聚核，不易形成结晶，随着热量散失，其内能减少，只能以它的分子平均动能的减少为代价，故温度下降至凝固点以下。一旦结晶时，放出热量，温度就会回升到凝固点，直至完全凝固后，温度才会下降。

9. 制作冻豆腐

取一块新鲜的普通豆腐，先观察豆腐的外观，记录下豆腐的表面状态。然后将它放到冰箱的冷冻室内，冷冻一两天后，普通豆腐就变成冻豆腐了。解冻后轻轻挤出水分并将其切开，会发现内部有许多小孔。因为豆腐中的水在冰箱中凝固成冰，解冻后再次变成水，原来的冰所占据的位置变成一个个的小孔，这就是我们常见的冻豆腐的样态。

10. 影响熔点的因素

晶体的熔点并不是固定不变的，很多因素都会影响晶体的熔点。如在盛有小冰块的烧杯里放些盐并搅拌，冰的熔点就会低于零摄氏度。冬天海水结冰的温度比河水的低就是因为海水中有盐。寒冷的冬天，在汽车发动机的水套中加一些甘油作为抗凝剂，即使温度低至零下二三十摄氏度，水套中的水也不会凝固。合金可以看作混有杂质的金属，所以合金的熔点比组成合金的每一种金属的熔点都要低。

再如将一根两端挂有重物的细金属丝挂在冰块上，金属丝下的冰块熔化，这说明增大压强可以使冰熔化。金属丝通过后，冰的熔点又升高了，熔化成水后又凝固成冰，这样，金属丝就可以轻松穿过冰块而不留缝隙。

滑冰运动员冰鞋上的冰刀可以增大对冰面的压强，即使接触部位的冰的熔点降低，熔化成液体，降低接触面的粗糙程度，从而减少摩擦力的作用，使运动员滑得更远、更省力。

第三章　光现象

一、课标分析

（一）课标要求

【内容要求】

2.3.6　通过实验，了解白光的组成和不同色光混合的现象。

例9　观察红、绿、蓝三束光照射在白墙上重叠部分的颜色。

2.3.3　探究并了解光的反射定律。

例5　探究并了解光束在平面镜上反射时，反射角与入射角的关系。

2.3.4　探究并了解平面镜成像时像与物的关系。知道平面镜成像的特点及应用。

两个探究类学生必做实验

4.2.6　探究光的反射定律。

例6　用激光笔、平面镜、光屏及量角器等探究光的反射定律。

4.2.7　探究平面镜成像的特点。

例7　用蜡烛（或其他物品）、平板玻璃、刻度尺、白纸等，探究平面镜成像时，像的大小、位置、虚实等有什么特点。

【学业要求】

（1）了解光，能用知识解释自然界的有关现象，解决日常生活中的有关问题，形成初步的运动和相互作用观念。

（2）知道光线等物理模型；能在解释自然现象和解决实际问题时引用证据，具有使用科学证据的意识。

（3）能基于观察和实验，提出与光现象有关的科学探究问题，并做出有依据的猜想与假设；在光的反射、平面镜成像科学探究中，能制订初步的实验方案。

（4）知道物理学是对相关自然现象的描述与解释，物理学研究需要观察、实验和推理，体会物理学对人类生活和社会发展的影响；具有光等知识的学习兴趣和严谨认真、实事求是的科学态度；关心我国古代和现代科技成就，为中华民族的科技成就感到自豪，逐步养成实现中华民族伟大复兴的责任感与使命感。

【教学提示】

1. **教学策略建议**

（1）联系生产生活实际创设学习情境，建议结合生活中的实际情境，进行《光现象》章节内容的学习。

（2）渗透科学研究方法，培养学生的科学思维。例如，通过实验引导学生认识光线等物理模型，体会物理模型的重要作用。

（3）注重问题导向，合理设计探究活动。在光的传播规律学习活动中，注重发挥学生的积极性和主动性，适时给学生留出时间和空间；鼓励学生发现问题、提出问题，通过科学方法收集证据、得出结论；引导学生解释得出结论的理由，并对探究过程和结果进行评估、反思与交流。

（4）充分利用科学史料，培养学生的科学态度与社会责任感。建议将我国的相关科技成就引入课堂。

2. **情境素材建议**

与光相关的素材：讨论分析“楼台倒影入池塘”等诗句所反映的光学原理。

（二）课标解读

物理观念：课标中的2.3.3和2.3.4要求了解光的特性——颜色和能量，了解光的传播特点——光的直线传播、光的反射，平面镜成像，形成初步的运动和相互作用观念。

科学思维：通过光的传播实验，引导学生建构“光线”模型，体会物理模型的重要作用。在光的反射实验中，注重“降维”的演绎，寻求三维空间转化为二维平面的方法；在平面镜成像实验探究中，突出“等效替代”思维，在分析论证中，进一步抽象、概括。

科学探究：课标中的4.2.6和4.2.7强调了这是学生必做的实验。同时鼓励学生发现问题、提出问题，通过科学方法收集证据、得出结论；引导学生解释得出结论的理由，并对探究过程和结果进行评估、反思与交流。

科学态度与责任：在实验探究中，需要观察、实验，要具有探究的兴趣和严谨认真、实事求是的科学态度。关于小孔成像的现象和解释，可以通过我国古代的《墨经》、北宋沈括的《梦溪笔谈》、元代赵友钦的实验记载进行了解。这些实验比西方类似的实验要早数百年，应为中华民族的科技成就感到自豪，逐步培养学生养成实现中华民族伟大复兴的责任感和使命感。

二、教材分析

（一）各版本教材对比

六个版本教材中，有五个版本教材将光的直线传播、反射、折射等光现象放在一章内，如表3－1所示。

表 3－1　各版本教材章节安排

教材版本	章次	节名称
人教版	第四章	光的直线传播；光的反射；平面镜成像；光的折射；光的色散
北师大版（北京版）	第八章	光的传播；学生实验：探究光的反射规律；学生实验：探究平面镜成像；探究光的折射现象；透镜；学生实验：探究凸透镜成像；生活中的透镜；眼睛和眼镜；物体的颜色
教科版	第四章	光源 光的传播；光的反射定律；科学探究：平面镜成像；光的折射；科学探究：凸透镜成像；神奇的眼睛；通过透镜看世界；走进彩色世界
沪粤版	第三章	光世界巡行；探究光的反射规律；探究平面镜成像特点；探究光的折射规律；奇妙的透镜；探究凸透镜成像规律；眼睛与光学仪器
沪科版	第四章	光的反射；平面镜成像；光的折射；光的色散；科学探究：凸透镜成像；神奇的眼睛
苏科版	第三章	光的色彩　颜色；人眼看不见的光；光的直线传播；平面镜；光的反射

（二）苏科版教材单元内容概述

苏科版教材中，本章内容安排在八年级上册第三章。教材内容的编排体现了“从生活走向物理，从物理走向社会”的理念。从学生最常见的光现象入手，如光的色彩、影子以及照镜子，引出问题进行探究，寻求光的传播规律，再介绍此成果在生活、生产中的应用。

本单元有两个探究类学生必做实验，要注重情境的创设、关注思维方法的引导，应用建立模型、等效替代等方法化解三维空间中光的传播问题。

为了更直观地了解《光现象》章节的内容和架构，做了一个思维导图（如图 3－1 所示），便于大家系统地梳理知识。

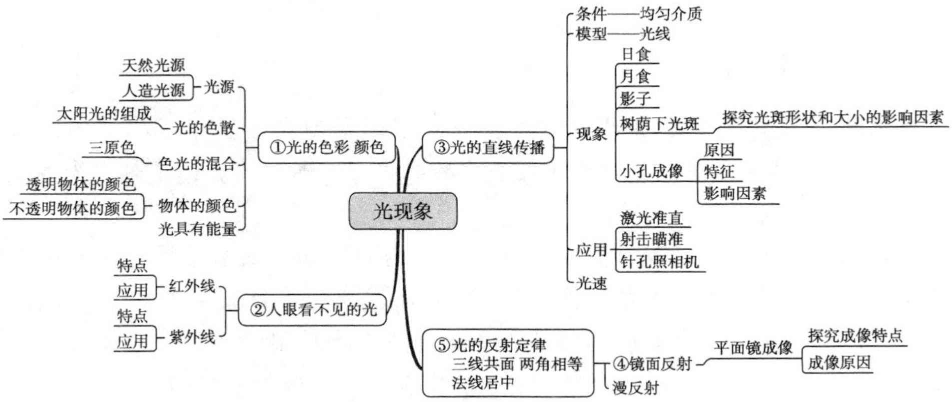

图 3－1

三、教学建议

（一）单元教学思路

本章围绕课标中课程内容“光”这一主题展开，主要包括简单的光现象及光的直线传播和光的反射。注重从生活走向物理，从物理走向社会；从具体到抽象，从特殊到一般。探究实验是本章的重点。教学中建议多创设适切的真实情境、增强实验的可视化效果、丰富学生的学习体验感、促进学生科学思维和探究能力的不断提升。值得注意的是，光的直线传播、光的反射定律中模型的建构是难点，需融合数学学科中点、线、面之间的逻辑关系；小孔成像是光的直线传播现象，平面镜成像是光的反射现象，两者要注意区别和联系。

（二）课时教学建议及教学方式

本章建议每节1个课时，教学方法有演示实验、讨论法等，如表3－2所示。

表3－2　课时教学建议及教学方式

节次	建议课时数	教学方式
第一节	1课时	演示实验、讨论法等
第二节	1课时	演示实验、讨论法等
第三节	1课时	演示实验、讨论法等
第四节	1课时	演示实验、分组实验、讨论法等
第五节	1课时	演示实验、分组实验、讨论法等

（三）课例示范

第一节　光的色彩　颜色

【课标及教材分析】

本节属于2022年版课标课程内容中一级主题“运动和相互作用”下的二级主题“声和光”的部分内容。课程标准中的相关内容要求为：通过实验，了解白光的组成和不同色光混合的现象。

本节内容包含光的色散、色光的混合、物体的颜色和光具有能量四个部分。内容较为简单，偏向于现象级的学习，教材通过大量的图片和实验来增加学生的感性认识。光的混合部分，要求学生有体验的经历，知道几种色光的混合可以产生新的色光，不发光的物体的颜色由物体反射的色光决定，不需要知道光的传播规律。

【学情分析】

本节课的大部分内容比较简单，学生在日常生活中已有相关体验，如学生在生活中见过彩虹，知道多种色光，在小学科学课上已经历过用三棱镜分解太阳光。色光的混合是新学习的内容，基于学生对光现象有探究、学习的兴趣，是可以推进的。

【教学目标】

1. 通过活动，了解光源，知道天然光源和人造光源。
2. 通过实验，观察太阳光的色散现象，知道白光由多种色光混合而成。
3. 通过实验，认识光的三原色、色光的混合，初步认识不发光物体的颜色。
4. 通过活动，了解光具有能量，以及光在生产、生活中的应用。

【教学重难点】

重点是初步认识光的色散现象、光的三原色，难点是物体的颜色。

【实验器材】

三棱镜、光屏、强光（白光）手电筒、红色、绿色和蓝色玻璃纸各一张、三原色混合器、色卡。

【教学设计】

教学设计包括情境、教师活动、学生活动、设计意图四方面，本节教学设计具体内容如表3－3所示。

表3－3　　第一节教学设计

情境	教师活动	学生活动	设计意图
声控彩灯（实物演示、观看ppt图片）。	(1) 你们观察到了什么现象？ (2) 对比实物与图片，你们能提出什么问题？	(1) 感受绚丽多彩的灯光。 (2) 对比中认识人造光源、天然光源、色光和白光。	创设情境、激发兴趣、引入课题。
活动一：分解太阳光。	(1) 太阳光是我们生活中接触到最多的光，它是白色的，在五光十色的世界中，很多人认为白光是单色光，真的是这样吗？	(1) 质疑。	增强实验的可视化效果。

续 表

情境	教师活动	学生活动	设计意图
教师演示实验：光的色散［大型的三棱镜、平面镜（反射太阳光）、水雾机］。	（2）桌面上有三棱镜、白光手电筒，你们试试看，发现了什么现象？ （3）演示光的色散现象。 （4）历史上，最早通过实验研究光的色散现象的是英国的物理学家牛顿。17世纪起，人们才正确认识了白光。	（2）学生按照教材进行分组实验，记录实验现象，小组交流合作，得出结论。 （如果太阳好，可以到室外进行） （3）交流、合作。 （4）太阳光是由多种色光组成的。	水雾机的加持，能呈现白光、色光的传播路径，显示色散现象确实是白光通过三棱镜时发生的。
活动二：观察白光透过有色玻璃纸的现象。 活动三：观察色光混合的现象，了解光的三原色。 活动四：观察彩色图片，结合活动二，分析得出物体颜色的决定因素。 活动五：激光击破气球。	（5）白光可以分解为多种颜色的色光，那么色光能不能混合呢？只将两种不同色光混合后，能否得到新的色光呢？怎样才能得到单色光呢？ （6）将红、绿、蓝中任意两种色光照射到白纸上，相互重叠的区域是什么颜色？ （7）五彩缤纷的世界，有各种颜色的光，也有各种颜色的物体，那么物体的颜色是由什么决定的呢？ （8）你能选择合适的激光笔，只击破一只无色气球内的红色气球吗？	（5）可以用狭缝或者透明玻璃纸（滤色镜）两种方式来验证结果是透过还是反射。 （6）观察并记录。 （7）尝试解释。探讨是透过还是反射？ （8）活动中尝试应用知识，了解光具有能量。	科学探究：经历光的色散实验过程；了解并掌握通过实验操作获得实验证据的方法。 养成科学态度与责任意识：通过光的色散和混合实验，了解物理研究是建立在观察、实验基础上的工作；养成严谨认真、勇于探索的科学态度。 掌握对比的科学思维方式。 建立正确的物理观念，通过可视化实验明确透明物体和不透明物体颜色的决定因素。
生活中的物理知识。	思考：为什么人们夏天一般穿浅色的衣服，而冬天穿深色的衣服较多？试从光的能量角度加以解释。	尝试从光具有能量的视角解释原因。	用知识解决实际问题，从生活走向物理，从物理走向社会。

第二节　人眼看不见的光

【课标及教材分析】

这一节的内容在课标上没有特别说明，从教材编排的角度，注重知识体系的系统性。不可见光是光学的重要组成部分，是人类认知光现象的重要突破。苏科版教材从物理学史的角度出发，侧重转化、逆向等思维方法，认知红外线、紫外线的特点及其应用。

【学情分析】

在日常生活中，相对而言，学生对紫外线有更多的认知，如夏天需要防晒，涂防晒霜、撑防紫外线伞、穿防晒衣等，是为了减少紫外线对皮肤的伤害；又如使用紫外线消毒。近几年，耳温枪、红外线人体温度检测仪让学生对红外线有了初步的认知。而学生对于红外线、紫外线的发现史和应用缺乏系统的认知，通过学习，有助于培养学生的科学精神和实验意识。

【教学目标】

1. 通过物理学史料介绍，了解红外线、紫外线的性质及存在。

2. 初步尝试用可见的效应来研究不可见的事物。了解红外线、紫外线在生活、高科技中的应用。

3. 通过阅读、讨论，客观认识科技发展对人类生活和自然环境的影响，培养学生保护自然的意识。

【教学重难点】

了解红外线、紫外线的性质及其应用。

【实验器材】

碘钨灯、三棱镜、温度传感器、验钞机、荧光笔、不同面额的纸质人民币。

【教学设计】

本节教学设计具体内容如表 3－4 所示。

表 3－4　　**第二节教学设计**

情境	教师活动	学生活动	设计意图
视频：（物理学史）研究光的色散带。	（1）17 世纪，牛顿的光的色散实验引发了很多人的关注和研究。请观看视频。	（1）观看。	创设情境、激发兴趣、引入课题。

续 表

情境	教师活动	学生活动	设计意图
演示实验：再现赫歇尔当年实验。	(2) 今天，我们在课堂上也来重现当年的发现。 (光源选用碘钨灯、三棱镜，温度传感器)	(2) 学生代表测量红光及其外侧数值并读数。	增强实验的可视化效果。
视频一： 自动门，人走过去，门能自动打开。	(1) 问题：红外感应器，如自动门、水龙头，是因为人的体温高，能发射红外线，从而使它们实现自动化的吗?	(1) 讨论并设计实验。	科学探究：经历再现红外线实验，了解红外线的特点；掌握通过实验操作获得实验证据的方法。 养成科学态度与责任意识：通过对比实验，感受物理研究是建立在观察、实验基础上的工作；养成严谨认真、勇于探索的科学态度。
视频二： 自动门，物品滚过去，门也能自动打开。	(2) 这说明有发射器，同时也有接收器。 过渡语：既然红光的外侧存在红外线，那么紫光外侧是否也存在不可见的紫外线呢?	(2) 了解自动门经过物体的反射，实现自动控制原理。	掌握对比的科学思维方式。
活动：辨别真假人民币。	(3) 特点：能使荧光物质发光，具有荧光效应。	(3) 认识紫外线，了解荧光效应及验钞机的原理。	
	(4) 了解紫外线对人类生活、健康的影响，了解紫外线消毒灯、防紫外线伞。	(4) 了解紫外线的利弊。	建立正确的物理观念，适量的紫外线照射有利于人体，但过犹不及。
生活中的物理知识。	(1) 收银台中的秘密。 (2) 博物馆禁止使用闪光灯的原因。	(1) 观看并思考。 (2) 阅读并了解。	用知识解决实际问题，从生活走向物理，从物理走向社会。

第三节　光的直线传播

【课标及教材分析】

本节内容在课标的学业要求部分有明确的要求，知道“光线”模型。苏科版教材注重学生已有的知识经验与新经验的连接，通过问题引领和探究活动，促进学生从形象思维到抽象思维的进展。

【学情分析】

学生通过生活体验以及小学科学科目的学习，已经对本节内容有了一定的感性认识，知道光沿直线传播。但是对于刚刚正式接触物理的学生来说，还缺乏经验的积累，对科学探究的方法和基本程序的掌握比较欠缺，因此在教学策略上应以学生所熟悉的话题引入教学，让学生在学习的过程中总结规律、掌握科学探究的方法，并逐步去理解和应用。

【教学目标】

1. 积极参与影子游戏，在游戏中思考阴影的成因。
2. 通过光在空气、透明固体、水中的传播，初步得出光的直线传播。
3. 通过光在加萘的水中传播变弯曲，搅拌后，又沿直线传播，归纳光的直线传播的条件。
4. 了解光的直线传播的现象，了解小孔成像的原理。
5. 了解光的直线传播的应用。

【教学重难点】

光的直线传播的条件。

【实验器材】

窄玻璃水槽、大功率绿光激光笔、透明果冻、水、萘。

【教学设计】

本节教学设计具体内容如表 3 – 5 所示。

表 3 – 5　　第三节教学设计

情境	教师活动	学生活动	设计意图
播放影子视频：变、变、变，变成大巨人；变成小矮人。	（1）你们观察到了什么现象，你们想到了什么？	（1）观看并思考：影子的形状，影子的颜色。	创设情境、激发兴趣、引入课题。

续 表

情境	教师活动	学生活动	设计意图
(一)光的直线传播 活动：光在不同介质中的传播；演示实验：光在加萘的水中传播以及搅拌后的加萘的水中传播。 (二)现象 播放视频：解释日食、月食。 实验：小孔成像的原理、性质、像的大小变化情况。	(过渡语)要解决这些问题，就要研究光是怎么传播的。 (2)光在空气中的传播。 (3)光在透明果冻中的传播。 (4)光在不均匀的水中的传播。 (5)光在均匀的水中传播。 (6)如何形象地描述光的传播路径和方向呢？方法是什么？ (7)游戏：我做你猜。 (8)影子、日食、月食。 (9)指导小孔成像的实验。 (10)大孔不成像。	(2)光在空气中沿直线传播。 (3)光在透明果冻中沿直线传播(学生实验)。 (4)光在不均匀的水中不沿直线传播。 (5)光在均匀的水中沿直线传播。 结论：光在均匀介质中沿直线传播。 (6)交流、合作。 (7)立竿见影(画图说明)。 (8)成因：光的直线传播。 (9)学生分组实验小孔成像(F光源做实验)，交流小孔成像的特点。 (10)小孔成像的条件。	雾化路径，看到的是被光照亮的颗粒；增强实验的可视化效果。 对比实验。 建构光线模型。 科学探究：经历光在不同介质传播的实验，了解直线传播的条件、小孔成像的条件和特点；掌握通过实验操作获得实验证据的方法。 养成科学态度与责任意识：通过对比实验，了解物理研究是建立在观察、实验基础上的工作；养成严谨认真、勇于探索的科学态度。
(三)应用 生活中的物理知识。 播放视频：激光准直。	(1)排直队。 (2)三点一线射击。 (3)激光准直。	(1)几个同学合作演示。 (2)了解。 (3)观看并了解。	用知识解决实际问题，从生活走向物理，从物理走向社会。

第四节　平面镜

【课标及教材分析】

探究平面镜成像的特点是新课标探究类学生必做实验之一，苏科版教材将这部分内容安排在光的直线传播后面，光的反射前面。本节主要包含两个内容：一是关于平面镜成像特点的探究活动；二是平面镜的应用。重点内容是探究平面镜成像的特点；知识的难点是对虚像概念的理解；探究活动中的难点是如何确定平面镜成像的位置。因此，对学生的科学思维和探究能力有一定的要求。

【学情分析】

平面镜是学生在日常生活中常见的物体，学生有照镜子的体验，知道像随物动，但也有物远像大、物近像小的错误前概念，有对对称知识认知和判断的方法。探究平面镜成像的特点以及梳理三维空间物体之间的关系，但由于学生还没接触立体几何，所以如何利用空间关系确定像的位置，如何比较像与物的大小是本节探究实验课的难点。

【教学目标】

1. 通过“真假蜡烛”活动，初步经历玻璃板成像，了解像的特点。

2. 通过“照镜子”活动，感知像随物动，暴露物远像大、物近像小的错误前概念。

3. 通过问题引领，会选择实验器材，探究平面镜成像的特点，并能用自己的语言对实验现象做出总结。

4. 在具体的情境中，能根据平面镜成像的特点，了解平面镜成像规律的应用。

5. 通过了解平面镜在日常生活、生产、科研方面的广泛应用，增强热爱科学、热爱生活、热爱祖国的情感。

【教学重难点】

重点：用科学探究法探究平面镜成像的特点，培养学生设计实验、归纳总结的能力。

难点：经历科学思维的过程，如何确定像的位置和比较像的大小。

【实验器材】

自制可抽动玻璃板的教具、三支大蜡烛、大火柴棒、平面镜、透明玻璃板、镀膜玻璃板、两个相同的物体（棋子、蜡烛等）、方格纸、刻度尺、光屏。

【教学设计】

本节教学设计具体内容如表 3－6 所示。

表 3－6　　第四节教学设计

情境	教师活动	学生活动	设计意图
创设问题情境，演示“真假蜡烛”。	（1）演示：在玻璃板前放置一支点燃的蜡烛，板后放置两支蜡烛（一支在像的位置不点燃，另一支在边上点燃），却看到 3 支点燃的蜡烛，事实上只有两支蜡烛能将火柴引燃。 这是为什么呢？	（1）观看演示实验并思考。玻璃板后有一个烛焰不能点燃火柴，说明看到的烛焰是假的，即为虚像。	通过对比实验引发认知冲突，在情境体验中深化对平面镜的认识。
探究平面镜成像特点。	（2）解谜：抽板——烛焰消失，推板——烛焰出现。	（2）观看，讨论玻璃板（平面镜）的作用。	
演示：将玻璃板前的蜡烛前后左右移动。	（3）问题：玻璃板后的烛焰有什么变化？ （4）问题：像的大小会随物体到镜面的距离变化而变化吗？	（3）观察并尝试表述看到的实验现象，即“像在板后，像随物动”。 （4）观察像有哪些变化并进行表述，即“近大远小，物近像近”。	丰富学习体验，在活动中促进科学探究能力和科学思维水平的提升。
两位学生体验：照镜子的动态过程，人向镜面靠近。	（5）问题：探究平面镜的成像特点。 （6）问题：用镀膜的玻璃板替代平面镜，作用是什么呢？ （7）问题：镀膜的玻璃板实验中，如何使像更清晰呢？	（5）比较平面镜、透明玻璃板、镀膜的玻璃板成像的差异。 （6）思考并尝试回答，便于确定像的位置。 （7）可以使物体更亮一些，或者降低玻璃板后面的亮度。	
	（8）问题：如何比较像与物的大小呢？你们会选择什么样的物体来做比较呢？	（8）把一个物体放在玻璃板后面，观察它能不能与玻璃板前面的物体的像重合，所以要选择两个相同大小的物体。	经历科学探究：掌握通过实验操作获得实验证据的方法。
	（9）问题：探究像的大小与物体到板的距离变化的关系，该如何进行实验证明呢？ （10）平面镜成的像与小孔成的像一样吗？都是实像吗？怎样用实验来证明呢？ （11）总结平面镜成像的特点。	（9）记录并改变物体到玻璃板的距离，看物体 B 与物体 A 的像能否重合。 （10）思考：可以在像的位置放一块屏幕，看屏幕上能否呈现像。 （11）学生实验：探究平面镜成像的特点。	渗透等效替代思维。 养成科学态度与责任意识：通过对比实验，感受物理研究是建立在观察、实验基础上的工作；养成严谨认真、勇于探索的科学态度。

续　表

情境	教师活动	学生活动	设计意图
生活中的物理知识。	（12）问题：如果用一个带箭头的线段来表示物体，用带斜线的线段来表示平面镜，如何准确表示物体的像？	（12）思考并交流：用对称的方法作图，用虚线描述像。	渗透建模的思维。
	（13）问题：你们知道生活中哪些地方应用了平面镜吗？你们能举例说明吗？	（13）学生思考、举例子。	用知识解决实际问题，从生活走向物理，从物理走向社会。
拓展提升：双面镜；动态演示互成角度的两面镜子的成像特点。	（14）问题：如果让你们来设计小汽车的挡风玻璃板，你们准备怎么安装？	（14）利用玻璃板体验并思考。	
	（15）问题：一面镜子能成像，那两面镜子会怎么样呢？	（15）观察成像的数量并思考。	
	（16）如果两面镜子的夹角为零度，又会怎样呢？	（16）观察深邃灯。	

第五节　光的反射

【课标及教材分析】

探究光的反射定律实验是新课标中明确学生必做的12个探究类实验之一，也是初中物理的第一个规律探究。“光的反射”是初中物理光学部分的重要内容，苏科版物理教材将这部分知识安排在八年级上册，是在学习了光的一些简单知识之后，引导学生思考光在传播过程中遇到障碍之后会怎样传播，会遵循什么样的规律。学习这部分知识既能促进学生对平面镜成像的理解，又实现了学习光的折射现象的过渡，是集物理现象、概念、规律于一体的一节课。

【学情分析】

从学科知识上看，学生刚刚学习过光的直线传播规律，构建了光线的概念模型，并且能够分析简单的直线传播现象。学生学习了基本运动的知识，知道研究运动中两个物体的位置关系时需要选取参照物。在数学知识上，学生已具备基本的对称知识，但是学生还没系统学习立体几何，想象反射光线和入射光线所在平面与平面镜的空间位置关系有一定的难度，这是最大的问题所在。

【教学目标】

1. 通过真实情境，了解光的反射现象。
2. 经历反射定律的探究过程，通过观察现象来提出问题和做出猜想，根据探究目的制订探究计划，设计和进行实验，初步理解光的反射定律。

3. 通过观察反射现象中光线和平面镜之间的位置关系，感受自然现象的对称和简洁；通过解释平面镜成像的原理，领略自然现象与自然规律间的和谐与统一，从而增进对自然的亲近感，强化对科学的求知欲。

【教学重难点】

如何证明反射光线、入射光线所在平面与平面镜所在的平面的关系，如何引入法线。

【实验器材】

半球形透明塑料罩、燕尾夹、香（艾条）、支架、转盘、平面镜、激光笔（红、绿各一支）、半圆形光屏。

【教学设计】

本节教学设计具体内容如表 3－7 所示。

表 3－7　　第五节教学设计

情境	教师活动	学生活动	设计意图
游戏：激光打靶。 雾化光的传播路径。	(1) 问题：你能将激光束绕过障碍物打到靶心吗？(试试看，换个位置再试试看) (2) 认识光的反射现象、入射光线、反射光线。	(1) 实践、观察。 (2) 观察、构建模型。	活动中引入课题，让学生观察光斑位置随入射方向变化的现象，从而想象出光线的模型，猜想其空间变化的特点，为定量探究做准备。
实验探究：光的反射定律 游戏：固定入射光路或平面镜的位置，将反射光斑打到不同位置。 实物情境：透明的水槽。 演示实验： 图 3－2 为硬纸板实物模型。	(1) 问题：在这个活动中你们“悟”到了什么？能用图画出来吗？ (2) 铺垫数学知识：以透明的水槽为例，说明两条相交的直线决定一个平面，或者说在同一个平面，渗透二维无限拓展的平面观念。	(1) 思考变化中的不变量。 (2) 观察并思考。	增强实验的可视化效果。 水雾机的加持，能显示光的传播路径。

续　表

情境	教师活动	学生活动	设计意图
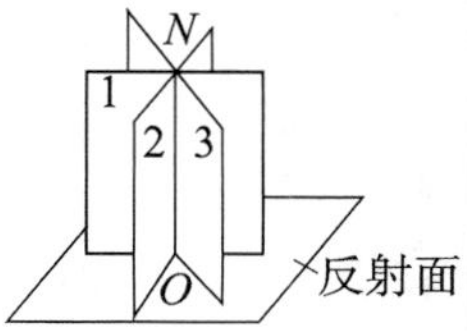 **图3-2**	(3) 演示固定在转盘上的激光笔打在平放在转盘上的平面镜，水雾机雾化显示光路。	(3) 寻找反射光线、入射光线在同一平面内的证明。	经历科学探究：经历光的反射定律实验过程；思维上经历三维—二维—三维的空间认知构建过程；掌握通过实验操作获得实验证据的方法。
	(4) 问题：反射光线和入射光线所在的平面与平面镜所在的面有什么关系呢？	(4) 学生实验： 光屏是可以绕水平直径偏转的半圆面，平面镜固定在水平面上，用激光笔作为光源。 总结：当光屏垂直于平面镜时，光屏上能同时呈现入射光线和反射光线。	养成科学态度与责任意识：通过体验和实验，了解物理研究是建立在观察、实验基础上的工作；养成严谨认真、勇于探索的科学态度。
	(5) 问题：一次实验，结论可能具有偶然性，请同学们想一想，还需要做哪些改变？	(5) 思考、交流： 改变入射光线与镜面的夹角；一个方向，但都射到同一个入射点。	
拓展光反射定律的空间概念。	(6) 问题：你们在实验中有什么发现？	(6) 学生实验、交流： 入射光线、反射光线所在的平面与平面镜所在的平面垂直；当入射光线垂直于平面镜入射时，看不到反射光线了或者说反射光线与入射光线重合了。	构建法线模型。
	(7) 正因为经过平面镜同一个点，且与平面镜所在的平面垂直的面有无数个，如实物模型，但所有的面都会相交于同一条线，这条线就是同学们发现的光垂直于入射点入射所在的位置。人们把这个特殊的位置命名为法线。	(7) 认识法线。	构建光的反射二维平面模型、三维空间模型。 建立正确的物理观念，注重从二维到三维的整体呈现。可以先演示入射角从0°到接近90°连续变化的光的反射现象，再演示入射角从接近90°到0°连续变化的光的反射现象，从而使学生对光的反射定律形成整体和动态的认识。
	(8) 问题：有了法线，我们还可以研究什么？	(8) 学生实验：反射角和入射角的关系（含表格设计）	
	(9) 问题：如果把刚刚实验的结论进一步总结，你会如何表达？	(9) 活动：在花泥上插竹签。 交流、补充、总结光的反射定律。	

续 表

情境	教师活动	学生活动	设计意图
	(10) 动态演示三维空间的光的反射现象。 (11) 问题：如果再给你一支不同颜色的激光笔，你们还可以探究什么问题?	(10) 观察。 (11) 思考：演示光路的可逆性。	
生活中的物理知识。演示实验：将小平面镜、白纸固定在黑板上，以手电为光源斜射到白纸和小平面镜上。	(1) 问题：你们观察到了什么现象？在生活中你们还有哪些类似的经历？ 你们认为造成现象的原因有哪些？ (2) 问题：夜间迎着或背着月光（或灯光）走路要注意什么？ (3) 问题：夜间，为了更好地保护行人的安全，我们可以在衣服上做什么样的设计？	(1) 观察并思考。 白纸、平面镜的不同之处，了解漫反射、镜面反射的异同点。 (2) 分析、交流。 (3) 思考、交流。	应用知识解决实际问题，从生活走向物理，从物理走向社会。

（四）重难点突破文献综述

1. 月亮是不是光源

南京市第二十九中学致远校区的杨清华发表在2015年第10期《中学物理》上的“由月亮是不是光源想到的”一文指出，从声源与光源对比的角度来看，月亮也可以是光源。教材中明确提出：“自然界的所有物体都在不停地向外辐射红外线。物体辐射的红外线的强度与温度有关。”红外线是不可见光，人眼不能看到。从这个视角看，月亮也是光源。因此需要辩证地看待这个问题。

2. 单色光与复色光的证明

以证明红光是否为单色光为例，可以用两个三棱镜进行实验证明。用一个三棱镜正常分解太阳光，同时获得七色光，让获得的七色光经过缝隙（卡纸），在另一张光屏上出现红光，然后将这束红光经过第二个三棱镜，并旋转三棱镜，若另一侧始终获得的是红光，则红光是单色光；反之，若另一侧获得的是其他颜色的光，则红光为复色光。

3. 增强实验可视化的方法

苏州工业园区星海实验中学的张月兰和苏州市振华中学校的申洁发表于2019年第2期《物理教师》上的文章“关注情境体验 提升常态化教学境界——‘光的色彩 颜色’一课教学设计与实施评析”有相关的介绍。“雾化路径”可以实现，其中介绍了水雾机和烟雾机的差异，水雾机持续的时间短，效果较差；烟雾机持续的时间长，但会有刺鼻的气味，由此将烟雾封装在较大的透明塑料筒内，效果会更好。而在观察不透明物体反射的色光实验中，制作伸缩筒暗盒会使观察效果更好。

4. 红外线的热效应实验突破

南京市第二十九中学初中部的陈美发表于2015年第11期《物理通报》上的“让精彩激活课堂——‘人眼看不见的光’案例分析”，介绍了创新版的实验，通过碘钨灯、三棱镜、温度传感器组合来展示红外线的热效应。此实验装置中，光源与三棱镜之间的距离大约有20cm，三棱镜与光屏之间的距离约2m，传感温度计的示数升高2～3℃，实验效果俱佳。

5. 自动门是主动发射红外线还是被动反射红外线的检验方法

用对比实验的方法进行论证，自动门是通过发射的红外线，遇到靠近自动门的人发生反射，进而控制红外开关使门打开，还是通过直接接收人体发出的红外线，实现控制自动门的。学生很容易想到让一个不会发出红外线的物体靠近自动门，观察门是否能自动打开，可是任何物体都会发出红外线，该怎么办呢？学生此时会想到把温度比较低的物体（例如小车）靠近自动门，观察门会不会开。结果，门仍会自动打开，从而说明自动门是通过发射红外线工作的。

6. 关于响尾蛇的相关知识

响尾蛇的“热眼”都长在眼睛和鼻孔之间，叫颊窝的地方。颊窝一般深5mm，长1cm，呈喇叭形，喇叭口斜向朝前，其间被一片薄膜分成内外两个部分。里面的部分有一根细管与外界相通，里面的温度与蛇所在的周围环境的温度是一样的。外面的那部分却是一个热收集器，喇叭口所对的方向如果有热的物体，红外线就经过这里照射到薄膜外侧。显然，这要比薄膜内侧的温度高，而薄膜上的神经末梢感觉到了温差，即产生生物电流，传给蛇的大脑。蛇知道了前方什么位置有热的物体，大脑就会发出相应的“命令”，去捕获这个物体。

7. 博物馆禁用闪光灯之谜

合肥工业大学仪器科学与光电工程学院的刘晨发表于2021年第9期《知识就是力量》中的“展品说：‘闪光灯一开，我就好害怕!’”一文，很好地解释了这个问题。闪光灯不仅能发出可见光，还会产生波长在200～400纳米的紫外线和波长在700～1200纳米的红外线。这些是人眼看不见的光，也被称为“不可见光”。研究表明，闪光灯中的红外线会破坏纺织品的纤维，促使染料和颜料发生红外热效应。紫外线可以分解空气中的氧分子，形成的氧原子可将纸张中的纤维素氧化为甲基纤维素。如果环境潮湿，氧原子则会与书画上的水分子结合成过氧化氢，使颜料发生化学反应，导致其褪色、变色，即光化学反应。研究表明，黄色、茶色和红色的丝绸在光照下容易褪色，使用无机颜料的藏品，如油画、国画等，同样承受不了闪光灯的光。使用的无机颜料中有一种常见的颜料，其主要成分叫硫化镉，在可见光的照射下，硫化镉中的硫会被逐步氧化成硫酸根，会破坏颜料。因此，常见的展品中，织物、纸张类是最容易受到光线伤害的，最容易“见光死”。

8. 如何演示光在不均匀介质中的传播

方法一：在空气中，用雾化的方法呈现大功率绿光的光路，通过酒精灯对光线加热，使空气分布不均匀，观察墙壁上光斑位置的变化予以说明。方法二：在水中倒入用热水熔化的萘溶液，用大功率绿光激光笔头水平紧贴水槽壁，沿竖直方向上移，过程中看光的传播路径，当看到明显的弯折的现象后，再用搅拌棒搅匀混合溶液，再次将激光笔由原方式上移，观察光直线传播的现象。方法三：配制浓盐水，将一个窄的泡沫条漂浮在较窄的长方体水槽的浓盐水的水面上，借助漏斗或者引流棒，注入清水，这样盐水的上下分层效果更明显。这时再用类似方法二中的方法进行对比实验，予以说明。

9. 如何安排小孔成像实验

南京师范大学附属中学新城初级中学黄山路分校的程荣贵发表在2018年第11期《物理教师》上的“自制小孔成像演示器”一文，给了我们很好的示范。在实验中，可以借助光具座进行演示实验，光源选用LED灯带组成的F光源，亮度大，实验效果更好，不选用常规的蜡烛，这为探讨小孔成像的特点提供了很好的判断依据。在实验中，可以利用卡纸和纸盒制作暗箱，包括内筒和外筒。制作过程中的关键步骤是把小暗盒与F光源嵌套在一起，再用一片有孔的硬纸片在另一端进行密封。这样的设计可以避免环境的影响。成像的清晰程度高，有利于观察实验现象。这个实验可以是教师的演示实验，也可以进行学生分组实验。

10. 教学中注意厘清光的直线传播的现象和应用

在日常的教学中，需要有较强的教学逻辑，现象和应用是不同的。现象是事物表现出来的，能被人感觉到的一切情况，也就是说现象是人能够看到、听到、闻到、触摸到的。而应用是指将学习的知识或规律用于新的具体情境，包括原则、方法、技巧、规律的拓展。应用是较高水平的学习成果，需要建立在对知识点掌握的基础上。比如，观察到的影子是光的直线传播现象，而如何排直队则是光的直线传播规律的应用。

11. 平面镜成像教学设计中关注的重点有哪些

苏州市振华中学校的曹蕴瑞、申洁发表在《物理教师》2022年第1期上的“《基于核心素养培养的‘平面镜’实验教学设计”一文，展示了2020年江苏省初中物理优秀课评比中获一等奖的“平面镜”一课的教学设计。这节课的亮点设计主要体现在对学生的科学思维和探究能力培养上，即如何进行猜想和假设、如何培养问题意识、如何收集证据。

12. 正确认识平面镜成像实验中的等效替代法

等效替代法是一种很巧妙的逻辑思维方法，目前各版本教材的实验方案设计，都使用了两次等效替代。第一次是用镀膜的玻璃板替代平面镜，利用玻璃透明的物理属性，便于确定像的位置；第二次是用一个与物体A等大的物体B来替代物体A的像，便于比较像与物的大小。

13. 如何正确认识平面镜成像教学设计中的逻辑难点

清华大学附属中学的蒋炜波发表在2020年第28期《中学物理教学参考》上的"指向科学思维的平面镜成像实验改进"一文，对目前已有的平面镜成像实验研究现状进行了梳理，指出研究主要集中在减小实验误差上，比如实验中使用玻璃板替代平面镜，看似解决了确定像的位置的难题，却带来了前后表面反射两次成像的问题，以及透过玻璃板观察物体时发生折射偏移导致实验中测出的像距并不等于物距的问题，这两个问题可以通过选择透明薄玻璃板来解决。也有部分教师将平面镜进行镂空处理，通过看到镜子后面的一部分物体和镜子中的一部分像，来解决玻璃板成像的误差问题，但这些改进都没有真正解决学生的思维障碍。笔者提出在平面镜成像实验中重塑科学思维过程的观点，实验操作时要将确定像的位置和比较像的大小分开进行。

第一，要考虑如何利用空间关系确定像的位置。苏科版物理教材中用的是棋子，人教版物理教材中用的是蜡烛，这些实物是三维的，最终需要构建"点"的模型，因此实验时需要我们选择体积足够小的"物点"。物点对应的像点需要通过空间关系来确定，比如两条线相交于一点，而不能回到利用大小重合来确定像的位置的逻辑中。

方案的设计中，可以用两条垂直相交的点来做研究的物体，也可以打印方格纸，将交点描重，通过光照补光的方式使像更清晰，这时在玻璃板的另一侧可以通过画点或扎洞的方式来确定像的位置。以同样的方法，至少做三组实验，这样可以避开比较大小。

第二，关于像与物的大小比较，可以避开立体空间的问题，利用降维思想，将白纸上的任意两个物点连成一条线，将对应的像点用虚线连接起来，用刻度尺进行测量并比较，这样像与物大小的问题就能很好地解决了，同时这样的设计对后面的对称法画图有很好的铺垫作用。

14. 探究光的反射定律实验的关键逻辑

苏科版物理教材主编、南京师范大学物理科学与技术学院的刘炳昇教授在2021年第2期的《物理之友》发表的"对'探究光的反射定律'实验的质疑和教学建议"一文，指出探究光的反射定律就是要找寻入射光线与反射光线构成的平面究竟在哪里。而现行的各版本教材中，探究光的反射定律实验中，普遍使用可折转式光屏来验证反射光线、入射光线与法线在同一平面内，这是有逻辑漏洞的。根据数学几何知识，两条相交的直线一定在同一个平面上，所以我们在教学设计中既要考虑物理学科的逻辑性，又要考虑学生的认知特点。

15. 探究光的反射定律实验的突破点

突破传统的使用可折转式光屏来验证反射光线、入射光线与法线在同一平面内的方式，改进的实验装置将光屏改造成可以绕水平直径偏转的半圆面，平面镜固定在水平面上，用激光笔作为光源，将光屏倒向后方，将激光束照射到平面镜中心处，调节底座的方位和光屏的角度，设法使光屏上呈现出入射光和反射光的径迹。观察与思考：在什么情况下，光屏上会同时显示出入射光线和反射光线？即反射光线与入射光线所在平面与平面镜所在平面有什么关系？

16. 如何在三维空间呈现光的反射的动态变化规律

南京师范大学附属中学江宁分校的季卫新和南京市东山外国语学校的汤春一起撰文并发表在2017年第7期《中学物理教学参考》上的"'光的反射'实验改进"，首次提出了半球形透明塑料罩，并对定制要求做出了具体的说明。为了防止激光的二次反射，需要选用真正的"半球形"透明有机玻璃盖，用大圆规在底盘画一个与玻璃盖底部等大的圆，将平面镜中心背面的水银镀层刮去，并将平面镜的中心点对准圆心处放置。用半球形透明塑料罩做演示实验，在透明罩内充入烟雾，将一束激光照射到置于底面中心处的平面镜上，可以同时观察到入射光和反射光。如果改变入射光的入射角度，可以形成光的反射在三维空间中的现象，为构建模型做好铺垫。

四、教学素材补充

1. 光的色散的背景资料

色散是一个古老的课题，最引人注目的是彩虹现象。早在13世纪，科学家就对彩虹的成因进行了探讨。德国有一位传教士叫西奥多里克，曾在实验中模仿天上的彩虹。他用阳光照射装满水的大玻璃球壳，观察到了和空中一样的彩虹，以此说明彩虹是由于空气中的水珠反射和折射阳光而产生的现象。不过，他的进一步解释没有摆脱亚里士多德的教义，认为各种颜色的产生是由于光受到不同阻滞所引起的。光的四种颜色红、黄、绿、蓝，处于白与黑之间，红色接近白色，比较明亮，蓝色接近黑色，比较昏暗。阳光进入介质（如水），从表面区域折射回来的是红色或黄色，从深处折射回来的是绿色或蓝色。雨后天空中充满水珠，阳光照射在水珠上，光线被折射，人们就看到了色彩缤纷的景象。笛卡尔对彩虹现象也有研究，他用实验检验西奥多里克的论述。在他的《方法论》（1637年）中还有一篇附录，专门讨论彩虹，并且介绍了他自己做过的棱镜实验。他用三棱镜将阳光折射并投在屏上，发现彩色的产生并不是由于光进入介质深浅不同所造成的。因为不论光照在棱镜的哪个部位，折射到屏上的图像都是一样的。遗憾的是，笛卡尔的屏离棱镜太近（大概只有几厘米），他没有看到色散后的整个光谱，只注意到光带的两侧分别呈现蓝色和红色。

1648年，布拉格的马尔西用三棱镜成功演示了色散实验，不过他的解释错了。他认为红色是浓缩了的光，蓝色是稀释了的光，之所以会出现五颜六色是由于光受物质的作用不同，因而呈现各种不同的颜色。17世纪望远镜、显微镜问世，伽利略运用望远镜观察天体星辰，胡克用显微镜观察微小物体，激起了广大科学界人士的兴趣。然而，当放大倍数增大时，这些仪器不可避免地都会出现像差和色差，使人们深感迷惑。人们不理解，为什么在图像的边缘总会出现颜色？这和彩虹有没有共同之处？这类现象有什么规律性？怎样才能消除？

这时，牛顿正在英国剑桥大学学习。他的老师中有一位数学教授名叫巴罗（1630—1677），对光学很有研究。牛顿听过他讲光学，还帮他编写光学讲义。牛顿很喜欢做光学实验，还亲自动手磨制凸透镜，想按自己的设计装配出没有色差的显微镜和望远镜。这个愿望激励他对光和颜色的本性进行深入的探究。

为了证明色散现象不是由于棱镜与阳光的相互作用产生的，也不是由于其他原因，而是由于不同颜色的光具有不同的折射性产生的，牛顿用三个棱镜和一个凸透镜做演示实验，三个棱镜完全相同，只是放置方式不一样（如图 3 -3 所示）。这是牛顿做的经典的实验之一，也是流传至今的用两个三棱镜能将白光还原的实验。倘若颜色的分散是由于棱镜的不平或其他偶然的不规则性，那么第二个棱镜和第三个棱镜就会增加这一分散性。可是实验结果是，原来分散的各种颜色，经过第二个棱镜后被还原成白光，形状和原来一样；经过第三个棱镜，又被分解成各种颜色。由此证明，棱镜的作用是使白光分解为不同成分，又可使不同成分合成为白光。

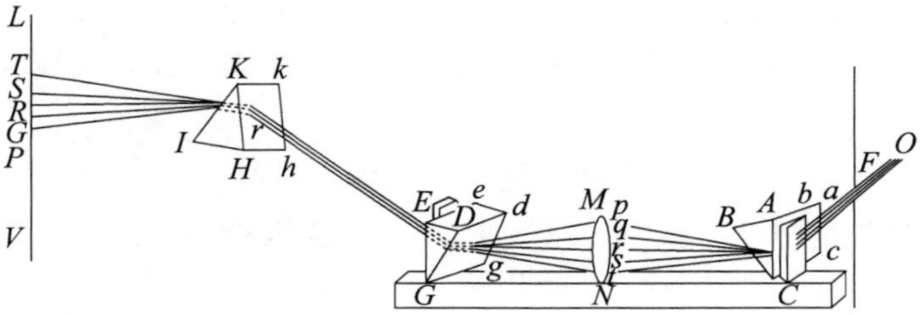

图 3 -3

牛顿这一科学论断和当时已流传上千年的观念格格不入。他预料会遭到科学界的反对，于是又做了一个很有说服力的实验，牛顿把这个实验称为“判决性实验”（如图 3 -4 所示）。

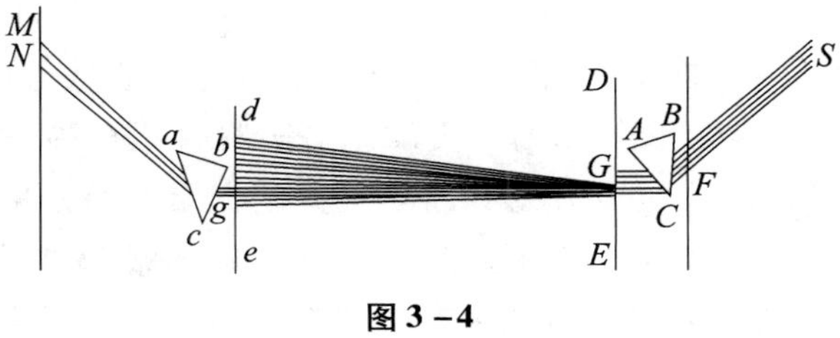

图 3 -4

他拿两块木板，一块木板（*DE*）放在窗口（*F*）紧贴棱镜（*ABC*）处，光从 *S* 处平行进入 *F* 后经棱镜折射穿过小孔（*G*），各种颜色以不同的角度射向另一块木板（*de*）。*de* 离 *DE* 约 4 米远，板上也开有小孔（*g*），在 *g* 后面也放有一块三棱镜（*abc*），使穿过的光折射后抵达墙壁（*MN*）。

牛顿手持第一块棱镜（*ABC*），缓缓绕其轴旋转，这使得第二块木板上的不同颜色的光相继穿过 *g* 到达 *abc*。实验结果是：被第一块棱镜折射得最厉害的紫光，经第二块棱镜也偏折得最多。由此可见，白光确实由折射性能不同的光组成。

为了进一步解释薄膜颜色的成因，几年后牛顿又做了一个终结性的实验（如图 3 -5 所示）。他选取一个长而扁的三棱镜，使它产生的光谱相当狭窄。把屏放在位置 1 接受光，看到的仍然是普通光，如果改变屏的角度，放在位置 2，可以看到分解的光

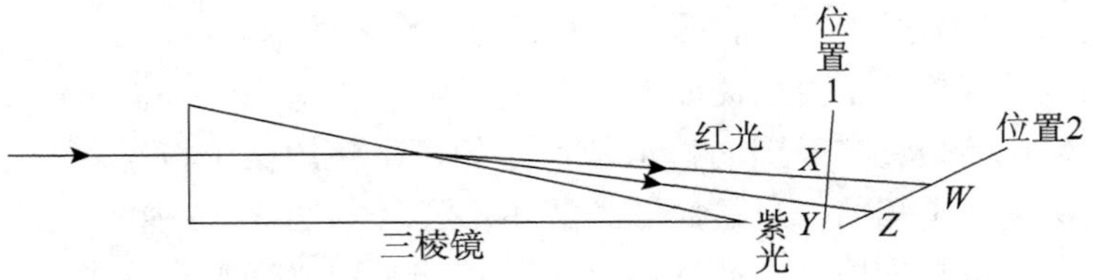

图3-5

谱。这样，由于只涉及屏的角度，结果与棱镜无关，这个实验回答了怀疑者提出的质疑。

这些实验都是牛顿在前人研究的基础上，取其精华、弃其糟粕，有着自己独立的深入思考和研究成果。在色散实验的基础上，牛顿总结出几条规律：

①光线随其折射率不同，色也不同。色不是光的变态，而是光线原来的、固有的属性。

②同一色属于同一折射率，不同的色，折射率也不同。

③色的种类和折射的程度是光线所固有的，不会因折射、反射或其他任何原因而改变。

④必须区分两种颜色，一种是原始的、单纯的色，另一种是由原始的颜色复合而成的色。

⑤本身是白色的光线是没有的，白色是由所有色的光线按适当比例混合而成的。

⑥由此可解释棱镜形成各种色的现象及彩虹的形成。

⑦自然物体的色是对某种光的反射大于其他光反射的缘故。

⑧把光看成实体有充分根据。

牛顿的光学研究具有独特的风格，他在光学领域中的成就集中反映在1704年出版的《光学》一书中。全书共分三编，棱镜光谱实验收集在第一编中。正像牛顿在该书开始所说的："我的计划不是用假设来解释光的性质，而是用推理和实验来提出并证明这些性质。"在第一编中，牛顿共提出19个命题，做33个实验，他以大量篇幅详细描述实验装置、实验方法和观测结果。牛顿有一句名言："不做虚假的假设（hypotheses non fingo）。"他的光学研究正是从实验和观察出发，从而归纳总结出一套完整的科学的理论。归纳法是科学研究的重要方法之一，牛顿对色散的研究为后人树立了榜样。①

因此，有了以上的认知，再看某些版本教材或某些教学设计时，需要理性对待（如图3-6、图3-7）。只利用两个三棱镜还原白光的观点是错误的，新教师一定要注意。大家可参考两篇文章：詹国荣、林廉义撰写的《一束白光通过两棱镜后能再会聚吗——关于沪科版8年级〈物理〉图4~32的商榷》和邹俊撰写的《两个三棱镜能将白光还原吗?》。

① 郭奕玲、沈慧君：《物理学史（第2版）》，清华大学出版社，2015。

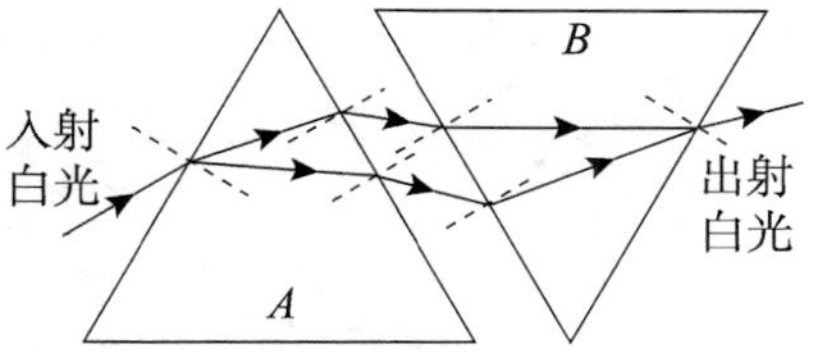

图 3－6

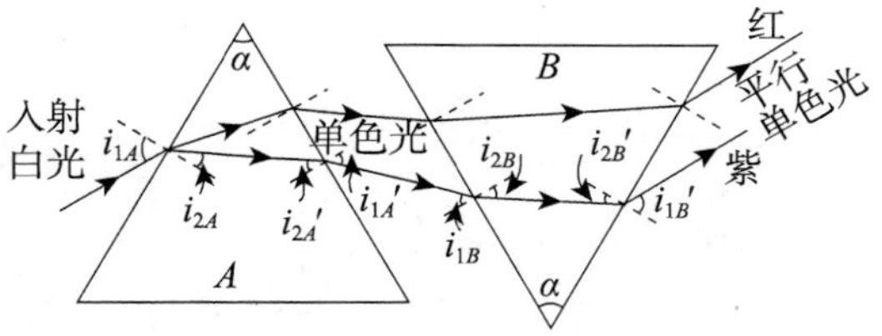

图 3－7

2. **虹与霓的区别与联系**

外部副虹为“霓”，内部为“虹”。

虹的形成机理：折射→反射→折射。如图 3－8 所示，太阳光遇到小水珠，发生第一次折射。光从空气进入水珠时，色光的折射率不同，所以以相同入射角入射的不同色光折射后的折射角不同，紫光折射角最大，红光折射角最小，在此处发生色散现象；光线在小水珠内行进，到达水与空气的交界面时，发生反射（不是全反射）；最后从水珠中出来时，发生第二次折射。

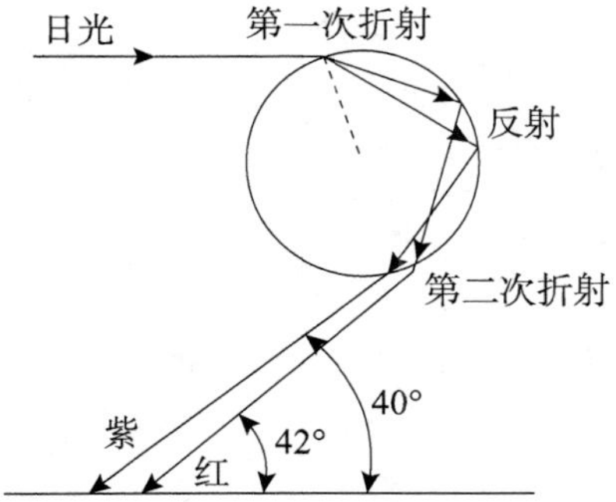

图 3－8

从中可以看到：经过第二次折射后，红光在紫光的下面。那么，我们从一个小水珠中看到的彩虹似乎应该是内红外紫的，但实际情况是内紫外红。这是为什么呢？原来，小水珠非常小，对于某一小水珠来讲只能把某一种颜色的光线射入我们的眼帘，而其他色光或高或低地越过我们的眼帘，不被我们所看到。如图 3－9 所示，设 Y 处为观察者的眼睛，小水珠 S_1 上射来的紫光恰好过 Y 点，位置比紫光低的其他光线都从 Y 点下面通过。而 Y 处确实有其他色光通过，但这不是从小水珠 S_1 上射来的，而是从位置更高的小水珠上射来的，如从 S_2 上射来的红光恰好通过 Y 处。在小水珠 S_1、S_2 之间还有许多小水珠，从上到下，依次有橙、黄、绿、蓝、靛色光通过 Y 处。于是我们就看到了一条内紫外红的彩虹。

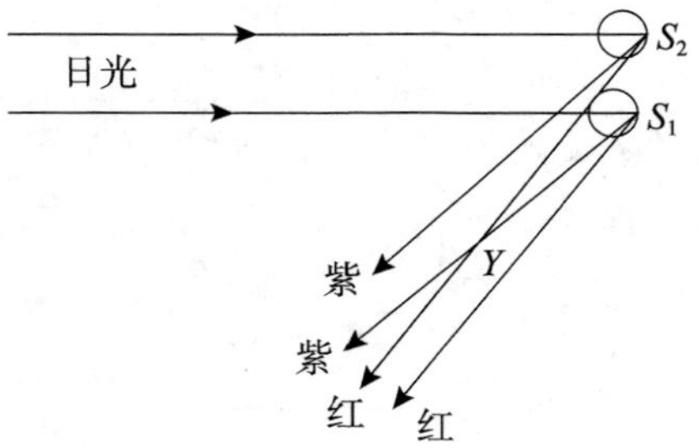

图 3－9

霓的形成机理：折射→反射→反射→折射。

如图 3－10 所示，太阳光从小水珠下部射入时，将经历两次折射和两次反射。这样从同一水珠射出的光线中，由下到上按由紫到红的顺序排列，这与虹的情况恰好相反。根据虹的色序分析方法可知，对位置确定的观察者来说，从每一个小水珠中只能得到一种色光，即从位置最高的水珠中得到紫光。对位置最低的观察者来说，从每一个小水珠中只能得到一种色光，即从位置最高的水珠中得到紫光，从位置最低的水珠中得到红光，从中间位置的水珠中得到其他色光，于是我们看到了一个由内而外从红到紫的彩带，这就是霓。在霓的形成过程中，光线要多经历一次反射，所以光就损失多些，这正是我们看到霓比虹暗的原因。①

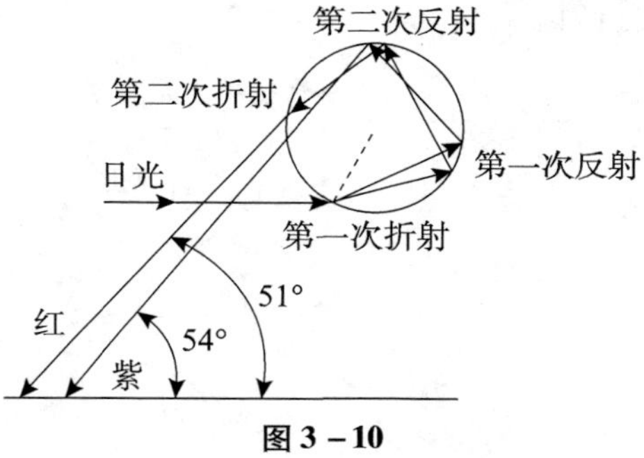

图 3－10

3. **光的颜色**

色，也叫颜色，是人眼视觉的基本特征之一。不同波长的可见光，可引起人眼的不同颜色的感觉。各种色之间是连续变化的，各种光以其强度、波长范围和配合方式的不同可以引起千差万别的不同色觉。

红、绿、蓝三种色光是无法用其他色光合成的，而其他任何一种颜色的光则可以用这三种色光混合而成，所以，红、绿、蓝三种色光被称为光的三原色。发光物体的颜色视其所发出的光的波长而定，不发光物体的颜色取决于外来照射光的波长以及物体对照射光的吸收和反射情况。

颜料的三种原色为红、黄、蓝。颜料混合后的颜色与色光混合后的颜色不同，如

① 刘树田：关于虹与霓的几个问题的分析．物理教学，2012 年第 2 期。

颜料有黑色，光学中则没有黑色；蓝光与黄光混合得到的是白光，而蓝色颜料和黄色颜料混合得到的却是绿色颜料。这种差别是由于它们混合原理的不同造成的。色光混合时，人眼睛感觉到的颜色就是混合的色光的颜色。两种颜料混合后的颜色，是这两种颜料都能反射的色光。如将黄、蓝两种颜料混合，各自不仅能反射与颜料本身颜色相同的色光——蓝光和黄光，而且两种颜料都能反射绿光，所以混合后的颜色呈绿色。

4. **滤色镜**

滤色镜通常由有色光学玻璃或有色化学胶膜制成。使用时，将滤色镜装在镜头前或镜头后，用来调节景物的影调与反差，使镜头所摄取的景物的影调与人的眼睛的感受程度相近。也可以通过滤色镜来获得某种特定的艺术效果，如在摄影创作、印刷制版、彩色摄影及各种科技摄影中广泛利用滤色镜。

（1）滤色镜的种类

各类滤色镜在制作过程中，根据各种不同的用途和要求，所选用的材料也不相同，制作出来的种类和形状也多种多样。按制作材料的区别来看，常见的滤色镜可分为色胶膜、玻璃夹膜和色玻璃三种。各种滤色镜的不同颜色，是由各种不同色素构成的。同一色素的密度不一样，所形成的同一颜色的深浅浓淡也各不相同。按色素的区别，常用的滤色镜可分为黄、黄绿、橙、红、绿、蓝多种。每种颜色的滤色镜，按色素密度的不同，又有深浅浓淡之别，通常用阿拉伯数字标定滤色镜的色素密度，这就是滤色镜的号数。不同颜色的滤色镜对各种色光的通过率也不相同。同一种颜色的滤色镜，其颜色的浓淡程度不同，对色光吸收和通过程度也有区别，颜色深的吸收多通过少，颜色淡的吸收少通过多。按照滤色镜的色素密度可分为弱性、中性和强性。各种滤色镜对各色光线的吸收和通过的作用，主要用于调整感光材料的颜色性能，使之能达到与人眼对各色光所感受的程度，或者为了凸显某种颜色，按滤色镜对感光材料的调整作用可分为均匀调整、部分调整和单一调整。

通常所讲的滤色镜，一般都是有色的，并且大多是颜色不太浓重的单色镜。除此之外，还有无色的、特浓单色的、多色的、一半有色和一半无色的、四周有色中心无色的滤色镜，是为特殊用途而制作的。如紫外线滤色镜、红外线滤色镜、三原色滤色镜、天光滤色镜、雾镜、中性灰色镜、星光镜、漫射镜、光芒镜等。

（2）滤色镜的作用

自然界中的景物色彩是极其丰富的，滤色镜对各种色光的吸收和通过作用，表现在照片的影调上。各种滤色镜对景物的各种颜色所产生的效果各不相同，归纳起来有以下几点：

①消除尘雾的影响。一般来说，采用色泽较深的黄、橙或红滤色镜，可以吸收尘雾所散射的蓝、紫光线，使远处景物获得清晰的影像。

②调节反差。如在冬季拍摄带有蓝天绿松树的雪景，白雪与蓝天、绿树的反差极为悬殊，如用浅绿滤色镜，可获得反差比较协调的效果。在阳光下拍摄人物，为了调节人物面部亮度与天空亮度的反差，常用黄滤色镜，可获得正常的影调。

③表现蓝天、白云。在室外进行摄影活动，大多离不开对蓝天、白云的表现。蓝

天、白云或满天灿烂的云霞往往使一张普通的风光照片增色生辉，在日常拍摄纪念照片时，人们也喜欢用“蓝蓝的天上飘着白云”作为背景。为了表现蓝天、白云，可用黄滤色镜，因为它对蓝天和白云的光线都有吸收作用，但对蓝天中的蓝和紫光吸收较多，在照片上表现为较深的暗灰色影调；对白云的光线吸收较少，使白云在照片上暗灰色的天空中显得突出。除此之外，滤色镜还能起到剔除颜色、校正色光降低亮度，取得特殊摄影效果的作用。

5. 红外线

（1）红外线的发现

1800 年，英国物理学家赫胥尔从热的观点来研究各色光时，发现了红外线。赫胥尔发现红外线的过程是这样的：他在研究各种色光的热量时，有意把暗室唯一的窗户用木板堵住，并在木板上开了一个矩形的孔，孔内装了一个分光棱镜。当太阳光通过这个棱镜时，被分解成彩色光带。同时他用温度计去测量光带中不同色光所包含的能量。为了和环境温度做比较，他在彩色光带附近放了几支温度计，来测量周围环境的温度。实验中，他偶然发现一个奇怪的现象：放在彩色光带红光外侧的温度计，比室内其他温度计的指示值都要高。经过多次反复实验，这个所谓含热量最多的高温区，总是位于彩色光带最边缘处红光的外面。于是，赫胥尔宣布，太阳发出的光线中除可见光外，还有一种人眼看不见的“热线”，这种看不见的“热线”位于红色光外侧，因而叫作红外线。红外线也常常被称为红外辐射线，简称红外辐射。

红外线的发现标志着人类对光现象认识的又一个飞跃。随着对红外线的不断探索与研究，红外技术形成了专门学科领域。

（2）红外线的特点

红外线与可见光一样，能发生反射、折射现象，能通过透明的物体，也能被物质吸收。除此之外，红外线还有一些其他特点。理论分析和实验研究表明，不仅太阳光中有红外线，而且任何温度高于绝对零度的物体（如人体等）都在不停地辐射红外线。即使是冰和雪，因为它们的温度远远高于绝对零度，所以也在不断地辐射红外线。红外线的最大特点是普遍存在于自然界中。也就是说，任何“热”的物体都能辐射红外线。因此，红外线又称热辐射线，简称热辐射。红外线的这一特点，使得红外探测器能征服黑暗，24 小时对目标进行全天候监视。

红外线和可见光相比，另一个特点是色彩丰富多样。由于可见光最长的波长比最短的波长长 1 倍（780 ~ 380nm），所以也叫作一个倍频程。而红外线最长的波长是最短的波长的 10 倍，即具有 10 个倍频程。因此，如果可见光表现为 7 种颜色，则红外线便可能表现为 70 种颜色，显示了丰富的色彩。红外线透过烟雾的性能好，这是它的又一个特点。

（3）红外成像

红外线与可见光一样能通过透镜成像，在对红外线敏感的专门底片上感光、显影。红外摄影原理与普通摄影原理相同，区别在于红外摄影是以人眼看不见的红外线作为照明光源进行拍摄的。在 CCD/CMOS（感光元件）数码相机和数码摄像机普及以前，拍摄红外照片需要专用的红外胶片，拍摄和冲印的技术难度较大，成本也高。数码相机（包括数码摄像机）的出现，给红外摄影带来了便利。数码相机中的 CCD/CMOS 的感光范围是400～1200nm，包含可见光和部分红外线（700～1200nm 的红外区域也被称为近红外线）。所有 CCD/CMOS 数码影像设备都能感应到红外线，但是在自然光线下，由于可见光的强度远远大于红外光，所以在数码影像中看不出红外线效应，所得到的也只是普通影像。如果在镜头前加装一块红外线滤镜（infrared filter），将可见光滤除，CCD/CMOS 接收到的只有红外线，生成的图像就是红外照片了。这就是数码红外线摄影的基本原理。要拍摄数码红外线影像，得需要一台数码相机（DC）或手持摄像机（DV）、一块红外线滤镜（IR filter）。

（4）红外线的应用

①红外线开关

红外线开关有主动式和被动式。主动式红外线开关由红外发射管和接收管组成探头，当接收管接收到发射管发出的红外线时，灯关闭；人体挡住红外线时，灯开启。被动式红外线开关是将人体作为红外线源（人体温度通常高于周围环境温度），红外线辐射被检测到时，开启照明灯。常见的红外感应龙头也是应用了这种原理。

②医疗保健

在红外线区域中，对人体最有益的是 4～14μm 波段，它有着孕育宇宙生命的神奇能量，所有动植物的生存、繁殖，都是在红外线这个特定的波长下才得以进行的，因此许多专家、学者将其称为“生育光线”。远红外纺织品是近年来新兴的一种由精密陶瓷粉经特殊加工制成的纺织品，具有活化组织细胞、促进血液循环和改善微循环、提高免疫力、加强新陈代谢、消炎、除臭、止痒、抑菌等功能。

③遥控器

不少家用电器都配有红外遥控装置。当遥控器与红外接收端口排成直线，左右偏差不超过 15 度时，效果最好。

④红外接口

越来越多的电子设备装配了红外端口，支持无线传输，避免了电缆连接问题。如利用红外线可通过手机上网。

⑤防盗装置

防盗装置由红外发射机和红外接收机组成。红外发射机发射出的红外线光束构成了一道人眼看不见的封锁线，当有人穿越或阻挡红外线时，红外接收机将会启动报警主机，报警主机收到信号后立即发出警报。

⑥红外遥感

在夜间应用红外遥感设备可以探测各种矿藏。如我国利用红外遥感照片，调查了地热和放射性矿藏等资源。

⑦红外侦察

侦察卫星携带红外成像设备可获得更多的地面目标情报信息，并能识别伪装目标，在夜间对地面的军事行动进行监视；导弹预警卫星利用红外探测器可探测到导弹发射时发动机尾焰的红外辐射并发出警报，为拦截来袭导弹提供一定的预警时间。

6. 紫外线指数

（1）紫外线指数

紫外线指数是指一天中当太阳在天空中的位置最高时（一般是在中午前后），到达地球表面的太阳光线中的紫外线辐射对人体皮肤的可能损伤程度。紫外线对人类皮肤的损害是根据“红斑作用光谱曲线”造成的，这一光谱曲线已被国际照明委员会采纳，用来代表人类皮肤对太阳紫外线的平均反应。

（2）紫外线指数预报

气象部门通过分析气象条件对紫外线辐射的影响程度，研究什么样的气象条件下紫外线辐射比较强，什么样的气象条件使紫外线辐射减弱，据此发布紫外线指数预报，以指导公众采取适当的防护措施。紫外线指数变化范围用0~15的数字来表示。通常规定，夜间的紫外线指数为0；在热带、高原地区，晴天无云时的紫外线指数为15。紫外线指数越大，表示在越短的时间里紫外线对皮肤的伤害越强。紫外线指数等级分为五级，可采取相应的防护措施（如表3-8所示）。

表3-8　紫外线指数等级及相应的防护措施

曝晒级别	紫外线指数	紫外线照射强度	辐射强度（280~400nm）W/m^2	对人体影响——皮肤晒红时间/分钟	需采取的防护措施
一级	0~2	最弱	<5	100~180	不需要采取防护措施；若长期在户外，建议涂擦SPF8~12的防晒护肤品
二级	3~4	弱	5~10	60~100	可以适当采取一些防护措施，涂擦SPF12~15、PA+的防晒护肤品
三级	5~6	中等	10~15	30~60	外出时戴好遮阳帽、太阳镜，打太阳伞等；涂擦SPF值高于15、PA+的防晒护肤品
四级	7~9	强	15~30	20~40	避免在10点至14点暴露于日光下。外出时戴好遮阳帽、太阳镜等，涂擦SPF20、PA++的防晒护肤品
五级	≥10	很强	≥30	小于20	尽可能不在室外活动，必须外出时，要采取各种有效的防护措施

（3）紫外线的应用

生物学灭菌：食品加工，制药；

灭菌分析：矿石、药物、食品分析；

化学：涂料固化，颜料固化，光刻、光触媒（二氧化钛）；

识别：验钞等；

理疗：人体保健照射，诱杀害虫，油烟氧化。

（4）防晒用品及其防晒指数

保护肌肤免受紫外线伤害的防晒用品上标有“SPF”值，SPF（Sun Protection Factor）即防晒系数，这是日本和美国品牌所使用的算法，而以法国为主的欧洲国家，则以“IP”来表示。它们都是紫外线防御的化妆品效果的定量表示，其比例为 $IP\times2=SPF$。我国采用的是 SPF 算法。SPF 值可用以下的公式计算得出：SPF = 涂抹防晒剂部分的 MED/未涂抹防晒剂部分的 MED。公式中的 MED（Minimal Erythema Dose）定义为造成皮肤出现微弱红斑所需的最低紫外线量。假如皮肤直接受到照射而产生微弱红斑的时间为 20min，而某个防晒用品的 SPF 值为 6，即表示该防晒用品能保持 SPF6 × 20min = 120min 的防晒功能。SPF 值越高，其防晒效果就越佳。但是，每个人的肤质不同，对阳光的防御能力也不一样。皮肤越白的人对阳光的抵抗力越弱，所以在选择防晒用品时，应考虑到自己的肤质、活动地点与活动时间。

（5）紫外线防护装备

紫外线防护的重点是中波紫外线（UVB）和短波紫外线（UVC），过量照射将有皮肤癌的风险。自然环境中一般不存在 UVC 紫外线，只有人工环境会制造出 UVC 紫外线。紫外线 A 段波长范围为 315 ~ 400nm，这部分生物作用较弱，主要是色素沉着作用。只有当产品指标满足 UPF > 40，且 T（UVA）AV < 5% 时，才能够称为“防紫外线产品”。衣服的防晒能力首先取决于材料，其次是色泽。棉质衣服的 SPF 值为 15 ~ 40，聚酯浅色衣服的 SPF 值为 7 ~ 10，针织浅色衣服的 SPF 值为 4 ~ 9。

如果处于强紫外线照射环境，需要配备紫外线防护装备。如紫外线防护连体服、紫外线防护大褂、紫外线防护视窗头罩、紫外线防护面屏、紫外线防护眼镜、紫外线防护手套、紫外线防护靴套等。

7. 罗默对光速的测定

光学研究的一个工作，是关于光的速度的测定。这一工作在光学发展史上有着特殊意义。它不仅推动了光学实验的发展，而且也打破了光速无限的传统观念。在物理学理论的发展中，它不仅为粒子说和波动说的争论提供了判决依据，而且推动了相对论理论的建立。

开普勒认为光的传播是瞬时进行的，不需要时间。笛卡尔也持有同样的看法，因为他认为光是压力的传递过程。伽利略却认为，光即使传播得很快，但也是需要时间的。他先提出了两个人从相距一英里（一英里 = 1.609344 千米）的两个山头上用闪光灯做信号来测定光的速度的设想。甲先举灯，乙看到甲的灯后马上举灯，甲记下自己举灯到看见乙灯的时间间隔，这就是光走过甲、乙之间距离所需要的时间的 2 倍，于是就可以求出光的速度了。由于光速极高，伽利略的测定自然是不可能成功的，但他所提出的确定光速的问题，启示了这一研究的开展。他还想到，利用木星卫星掩食现象进行光速的测量。

1642 年，意大利天文家卡西尼被路易十四聘到巴黎，他对木星系进行了长期的系统研究。1672—1676 年，丹麦天文学家罗默在巴黎对木星的几个卫星进行观测，他发现了它们的周期在一年的不同时期的不规则性。当地球运行到太阳与木星之间时，木卫食早约 7 ~ 8min；当地球运行到太阳的另一侧时，掩食则迟 7 ~ 8min。他认为，这不可能是实际的运动的不均匀性造成的，而是光行有一定速度的缘故。1676 年 9 月，罗默向巴黎科学院宣布，预计 11 月 9 日上午 5 时 25 分 45 秒发生的木卫食将推迟 10min。巴黎天文台的天文学家们虽然怀疑罗默的神秘预言，但还是做了观测并证实了木卫食的推迟。11 月 22 日他解释说，这是因为光穿过地球的轨道需要 22min（如图 3 - 11 所示）。他的理论虽然没有被巴黎科学院立即接受，但他的声誉大大地提高了。罗默的解释为惠更斯所赞同。惠更斯利用罗默的数据和地球轨道直径的数据，第一次计算出光速为 2×10^{8}m/s。误差主要是由于罗默过长地估计了光跨越地球轨道所需的时间。[①]

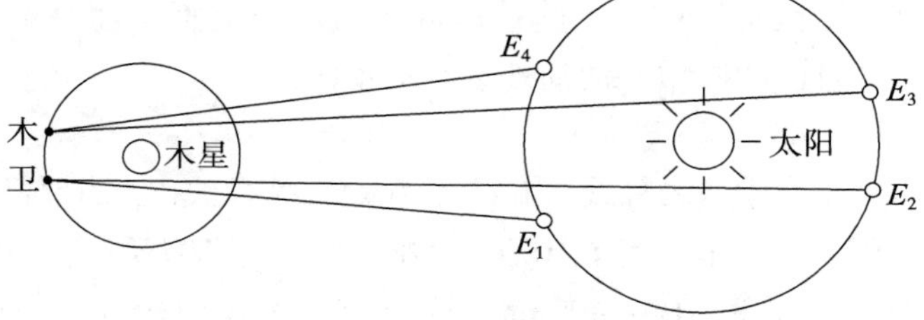

图 3 - 11

8. 光的直线传播在地球测量的应用

（1）埃拉托色尼方法

2200 多年前，埃拉托色尼第一次比较准确地测出了地球的半径。在某个夏至日，他在埃及的亚历山大城用竖直木棍测出正午时分太阳的天顶角，即太阳光线和木棍的夹角 α。当天，在亚历山大南面约 5000 个体育场（每个体育场按照目前普遍认可的说法是 184. 8m）即两地相距 924km 的阿斯旺城，太阳正好垂直射入井底，说明此地的天顶角是零。这样两地相对于地心的张角为 α。用 360°除以 α，再乘以两地的距离 l，就得到地球的周长。他测量的结果是两地圆弧对应圆心角的度数是 7. 2°。这样他得出的地球周长是 40000km，与现在的测量值 40076km 相差无几。

对埃拉托色尼方法进行修正，即可减小误差。在不同纬度上任意选两个点，它们之间的距离用纬线大圆距离来代表，或者选两个经度相差不多的城市。在正午 12 点的时候由两人分别测量太阳的天顶角，就可以得到两地与地心的张角。然后像埃拉托色尼一样计算地球的周长，进而得到地球的半径。如图 3 - 12 所示，在同一天的正午 12 点，测量

① 申先甲、张锡鑫、祁有龙：《物理学史简编》，山东教育出版社，1985。

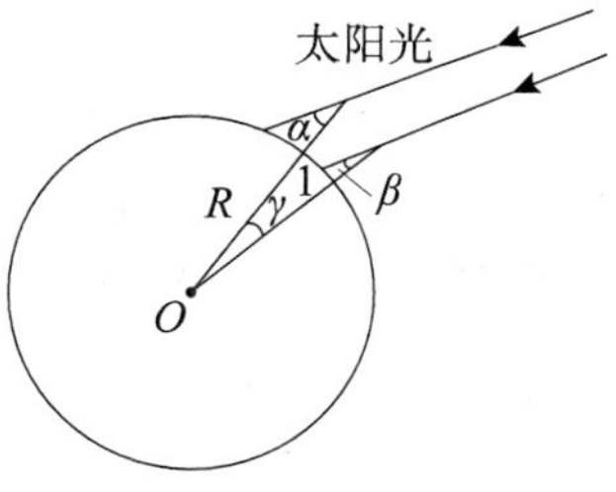

图 3-12

两地的天顶角 α 和 β，则它们与地心的张角用公式表达为 $\gamma=\alpha-\beta$。通过百度地图得出两地之间的直线距离（实际上就是两个维度之间的弧长），则可以计算出地球周长及半径。

用细线吊着合适的重物做成一个简单的重锤，待细线停止摆动，则细线垂直于水平面，并在地面标出垂点。中午 12 点时，在地面标出细线顶端的投影，量出此时投影的长度，再与细线之长相比得到天顶角的正切，进而可以计算出该处的天顶角。

（2）比鲁尼方法

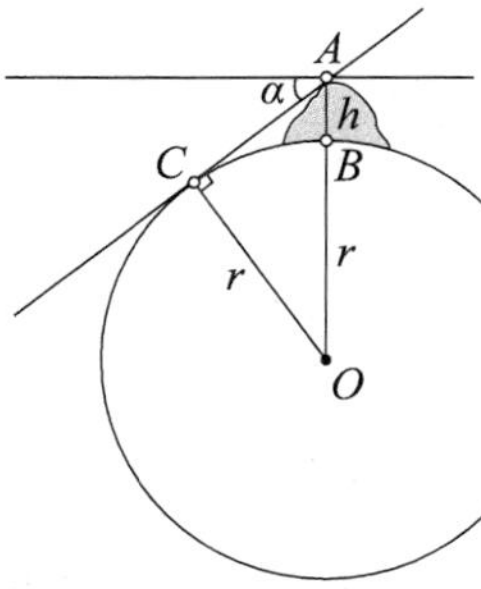

图 3-13

比鲁尼（Al-Biruni）于 1037 年利用观察远处大海水平面倾角的办法，也测出了地球的直径（如图 3-13 所示）。在山顶 A 处观察海平面，相对于当地水平面的倾角为 α，因为视线 AC 和地球相切于 C 点，所以 $AC\perp OC$，$OC=OB=r$，r 是地球的半径。山高 $AB=h$，根据三角函数的定义 $\cos\alpha=\dfrac{OC}{OA}=\dfrac{r}{h+r}$，最后得到 $r=h\dfrac{\cos\alpha}{1-\cos\alpha}$。所以只要测量得到倾斜角 α 和山高 h，就能求得地球半径 r。

用三角法来测量难以直接测量的长度，如图 3-14 所示，山高 AB 可通过下面的方法测量求得。欲知山高 AB，在 Q 点和 P 点观察山顶 A 的仰角，分别得 θ 和 φ，PQ 长度可直接测量。由三角关系得出 $h=\dfrac{PQ}{\cot\varphi-\cot\theta}$。

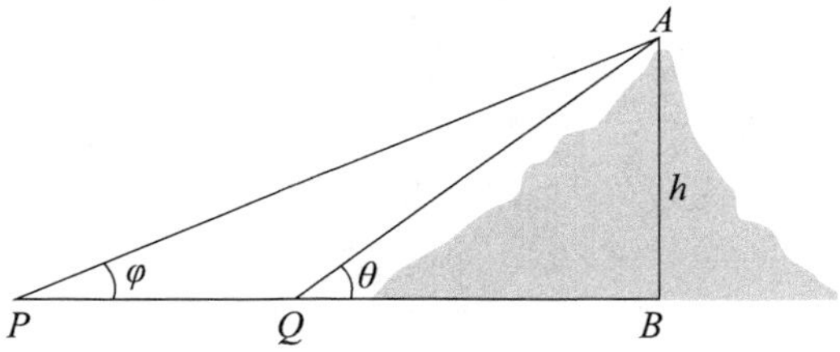

图 3-14

倾斜角 θ 可以通过一个长方形水槽来测量。如图 3-15 所示，在水槽中装满水，调节水槽的角度使得水槽上边缘和水面齐平。然后，通过在水槽底部垫入纸张的办法逐渐倾斜水槽，部分水从水槽中流出。同时沿着水槽上边缘观察远处的海平面，当海平面和水槽上边缘的延长线相交时，保持水槽不动，标出一段水面下降的位置，从而计算出水槽的倾斜角 θ 数值。

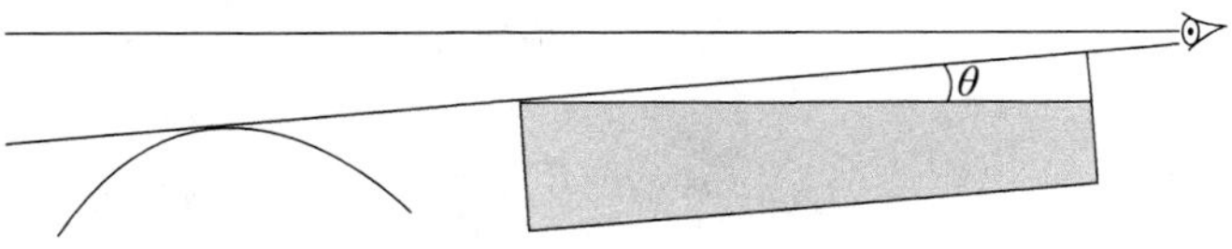

图 3-15

(3) 丹尼斯 (Dennis Rawling) 方法

1979 年，丹尼斯用一个秒表，在海边测量站着和躺下观察两次日落（日出）的时间差，就可以计算出地球的直径，具体做法如图 3－16 所示。将眼睛贴近地面的 F 点，观察到太阳的上缘刚好没入海平面的时候站立起来，同时按下秒表开关，此时眼睛的位置为 E，离地面的距离为 h。当再一次观察到太阳没入水面时，停止计时，这段时间差记为 Ot。从几何学可知，两次观察到太阳没入水面时的视线夹角 θ 和从地心 O 引到两个切点 H 和 F 的夹角相等。地球自转一圈用时 86400 秒，所以 Δt 时间内地球转过的角度为：

$$\theta = \frac{360°\Delta t}{86400}$$

三角形 HEO 是一个直角三角形，根据三角函数的定义求 r：

$$(h + r)\cos\theta = r$$

$$r = \frac{h\cos\theta}{1 - \cos\theta}$$

1978 年，丹尼斯在加利福尼亚海岸北纬 32°51′的位置，趴在地上和站在 7.2m 高的台阶上观察了两次日落的时间差是（19.6 ±0.2）s。根据上述公式计算出地球半径为 4760km，比准确值少 25%。

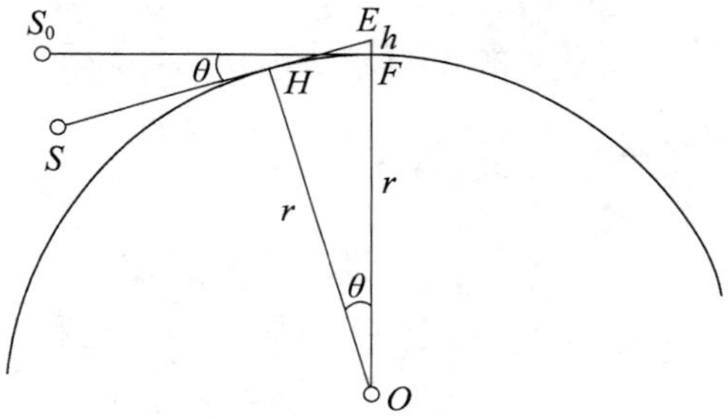

图 3－16

(4) 鲍勃·基布尔 (Bob Kibble) 方法

鲍勃·基布尔在 2011 年用观察远处铁桥被水面遮挡住高度的方法计算出了地球的半径，方法如图 3－17 所示。人眼置于高度 h_1，观察位于 $D = D_1 + D_2$处的物体，被观察物体下部高度 h_2部分因为位于水平面以下而不可见，O 是地球的球心。根据 $R^2 + {D_1}^2 = (R + h_1)^2$略去小项 h_1，得到：

$$D_1 = \sqrt{2Rh_1}$$

同理得到：

$$D_2 = \sqrt{2Rh_2}$$

两式相加得到：

$$D = \sqrt{2Rh_1} + \sqrt{2Rh_2}$$

从而给出计算地球半径 R 的公式：

$$R=\frac{D^2}{2\left(\sqrt{h_1}+\sqrt{h_2}\right)^2}$$

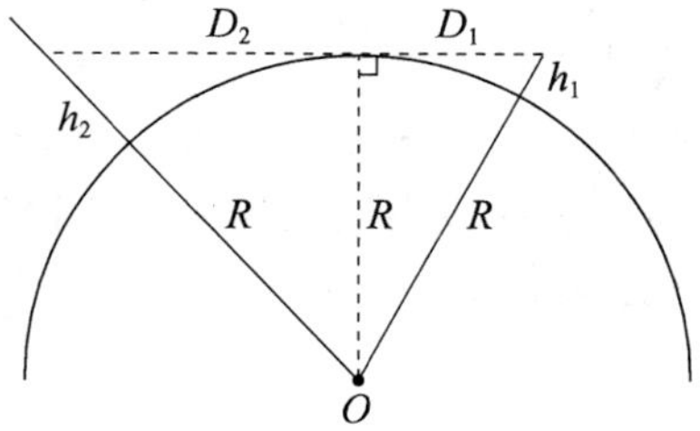

图 3－17

h_1可以直接测量，D 可以通过船只行驶的距离得到，他使用了地图给出的数据（30km）。桥的高度 h_2可以通过一根长绳来测量。他用望远镜来观察铁桥以弥补裸眼看不清楚的不足，最后他的测量结果为：地球半径约为 6200km，比准确值小了不到 3% 。

以上几种物理测量方法，可以分为两类：一类是埃拉托色尼方法，利用太阳和地球之间巨大的距离，使人们认为照射到地球上的太阳光是平行光。另一类方法是巧妙地利用光的直线传播，通过简单的几何光学即可得到地球半径。①

9. 镜子的历史

古代人类最初是从江河池水中看到自己的形象的，因此曾有过以水为镜的阶段。在江河池水中看像，受自然条件限制，刮风、下雨时水面不平，或水流浑浊时就看不清了。于是从生活经验中发展到用器皿盛水看像，这就是“水镜”。我国西安半坡村出土的原始社会文物中，就有用来盛水的陶器。后来有了铜盆，又用铜盆盛水。利用“水镜”只能俯首看像，不能抬头。到了青铜时代，由于铜面反光，人们便直接用铜面看像，由此产生了铜镜。战国时期，各种工艺技术发展得很快，铜镜制作技术不断提高。铜镜背面多用浅浮雕或镶嵌金银丝，做出各种图案，成为精美的工艺品。铜镜在我国用了三千多年，直到清朝末年才被玻璃镜代替。

玻璃镜是威尼斯人发明的。13 世纪上半叶，玻璃制造已成为意大利威尼斯手工艺者的专长。13 世纪末，人们制造出了世界上第一块全透明平板玻璃，又用锡和汞的混合物做镜背，从而生产出了第一批实用、清晰的玻璃镜。

1300 年以前，威尼斯一直是整个欧洲玻璃和镜子制造业的中心。威尼斯的历代统治者极力严守玻璃制作流程的秘密，但有价值的秘密欲守亦难。1350 年，玻璃制作流程已为外界所知，其他的城市开始仿照威尼斯的玻璃制作流程。即便不是照搬威尼斯工匠的技艺，也是借鉴了其制作技艺。1390 年，德国产的镜子率先使用了镜框（先是金属镜框，而后使用了木制的镜框）。1600 年，壁挂式镜子在欧洲风靡一时。1835 年，德国化学家李比希发明了新的镜背工艺，即在洗净的试管里倒入一些硝酸银溶液，再

① 祁灏昕，牛全福：光的直线传播在地球测量中的应用．物理通报，2022 年第 2 期。

加些氨水和氢氧化钠，最后倒入少许葡萄糖溶液。葡萄糖具有还原性，能把硝酸银里的银离子还原成金属银，沉淀在玻璃壁上，这是玻璃镜的制作原理。5 年后，新的玻璃制作工艺降低了德国镜子的价格。欧洲各阶层的人也因此而买得起镜子了。这种在镜子上直接镀上一层银的方法沿用至今。

现在，人们还发明了在玻璃上镀铝的工艺，在真空中使铝蒸发，铝蒸气凝结在玻璃面上，成为一层薄薄的铝膜。这种镀铝的玻璃镜，比镀银的玻璃镜便宜、耐用，而且更为光彩照人，为镜子的历史翻开了崭新的一页。

10. 中国古代的光学成就

在光学发展道路上，我国古代曾经作出过重大的贡献，其成就主要集中在以下几个方面。

（1）光的直线传播

通过对光的长期观察，人们认识到光是沿直线传播的。为了证明光的这一性质，2400 年前，我国杰出的科学家墨翟和他的学生做了世界上第一个小孔成倒像的实验：一间黑暗的小屋里，在朝阳的墙上开一个小孔，人对着小孔站在屋外，屋里相对应的墙上出现了一个倒立的人影。墨翟用光的直线传播原理解释了小孔成倒像的原理：光穿过小孔如射箭一样，是直线行进的，人的头部被遮住了上面的光，成像在下边，人的足部被遮住了下面的光，成像在上边，最终形成了倒立的像。这是对光沿直线传播的第一次科学解释。墨翟还应用光的直线传播这一特性，解释了物和影的关系，以及本影和半影现象。

14 世纪中叶，元代天文学家赵友钦在他所著的《革象新书》中，进一步详细地考察了日光通过墙上孔隙所形成的像和孔隙之间的关系。他通过一个比较完备的实验，得出了关于小孔成像的规律，并指出这个结论是“断乎无可疑者”。他认为当孔隙相当小的时候，不管孔隙的形状怎样，所成的像都是光源倒立的像，这时孔的大小只不过和像的明暗程度有关，不会改变像的形状；当孔隙相当大的时候，所得到的像就是孔隙的正立像。用这样严谨的实验来证明光的直线传播，阐明小孔成像的原理，这在当时是绝无仅有的。光的直线传播性质，在我国古代天文历法中也得到了广泛的应用。我们的祖先制造了圭表和日晷，用来测量日影的长短和方位，以确定时间、冬至点、夏至点；在天文仪器上安装窥管，以观察天象，测量恒星的位置。此外，我国很早就利用光的这一性质，发明了皮影戏。汉朝初期齐少翁用纸剪的人、物在幕后表演，并且用光照射，相应的人、物的影像放映在白幕上，幕外的人就可以看到影像的表演。皮影戏在宋代非常盛行，后来传到了西方，引起了轰动。

（2）镜面成像原理

大约在公元前 4 世纪，我国就知道了月亮本身是不发光的，它的光是日光照射在月面上所引起的反射光。早在公元前 11 世纪，我国就已经使用铜镜。秦汉以后，铜镜迅速发展，畅销国内外。我国古代铜镜至今仍被人们看作世界文明史上的珍品。特别是有 2000 多年历史的“透光镜”，它能通过反射映出镜子背面的美丽图案，这引起了人们的极大兴趣。为了解开“透光镜”之谜，国内外花了几百年的时间进行研究探索，直到近代才发现，这是由于镜面在制造加工以后，有相对于背面图案的轻微不等的曲率，通过反射映出背面的图案。这充分说明，我国古代高超的制镜技术和人们对光的反射特性的深刻认识。

利用平面镜反射原理，我国在公元前2世纪就制成了世界上最早的潜望镜。汉初《淮南万毕术》一书中，有“取大镜高悬，置水盆于其下，则见四邻矣”的记载。这个装置虽然粗糙，但是意义深远，近代所使用的潜望镜就是根据这个道理制造的。

在利用平面镜的同时，人们又发现了球面镜的奇特现象。球面镜有凹面镜和凸面镜两种。利用凹面镜的聚焦特性，向日取火，在我国有悠久的历史。在古代，我国把凹面镜叫作“阳燧”，意思就是利用太阳光来取火的工具，这是太阳能的最初利用。早在公元前5世纪，墨翟和他的学生就对凹面镜进行了深入研究，并且把他们的研究成果记载在《墨经》一书中。墨翟对凸面镜也进行了研究，认识到物体不管是在凸面镜的什么地方，都只有一个正立的像（“鉴团，景一”“鉴团”，就是凸面镜）。像在镜面的另一侧，就是虚像，并且总是比原物体小，只是距离镜中心近的像显得大，距离镜中心远的像显得小（“鉴者近，则所鉴大，景亦大；其远，则所鉴小，景亦小”）。我国古代制镜的手工工人在镜子生产中，熟练地利用了凸面镜的成像特性。宋代沈括在《梦溪笔谈》（卷三）中总结古代铸镜的技术：如果镜大，就把镜面做成平面；如果镜小，就把镜面做成微凸，这样镜面虽然小，也能照全人的脸（“古人铸鉴，鉴大则平，鉴小则凸。凡鉴凹则照人面大，凸则照人面小。小鉴不能全视人面，故令微凸，收人面令小，则鉴虽小而能全纳人面”）。现在，汽车上的反光凸镜、拐弯路口所立的凸镜，都是利用这个原理。

（3）光的折射和透镜的应用

晋代张华著的《博物志》一书中说：“削冰令圆，举以向日，以艾承其影，则得火。”这可以说是巧夺天工的发明创造。冰见到了太阳会熔化，但是古人把它制成凸透镜，利用聚焦来取火。这看起来是不可思议的，但是事实上是可能的。从这里可以看出，我国古人当时对凸透镜的聚焦已经有了充分的认识。

（4）对光的色散和彩虹的认识

对于彩虹的成因，我国古代也有所探讨。大约1500年前，唐初的孔颖达（574—648年）就提出了“云薄漏日，日照雨滴则虹生”。这段描述深刻地说明了虹产生的条件是薄云、日照和雨滴，表明了虹是日光照射雨滴所产生的自然现象。8世纪中叶，张志和（约730—约810年）进行了人工造虹的实验。他背向太阳喷出小水珠，观察到了类似虹霓的景象，这证实了虹的产生是阳光通过水滴的结果。他指出，要看到虹必须“背日”，如果面对太阳就看不到。沈括在去我国北方契丹的途中，亲自实地考察，也说明了对着太阳看不到虹，只有背向太阳才能观察到虹。沈括在《梦溪笔谈》（卷二十一）中记叙这件事的时候，还引用了当时精通历算之学的孙彦先的话“虹乃雨中日影也，日照雨则有之”来解释虹的成因。南宋的朱熹在前人经验的基础上，也提出了“虹非能止雨也，而雨气至是已薄，亦是日色散射雨气了”，认为虹往往出现在雨过初晴的时候，并不是虹能止雨，而是这时雨气已经很薄，日光散射雨气的结果。这些对彩虹形成原因的解释，在当时是有可取之处的。在认识水滴经阳光照射能产生五颜六色的光的同时，我国至迟在公元10世纪，就发现了天然的透明晶体经日光照射以后也会出现五色光，因而把这种天然透明晶体叫作“五光石”或“放光石”，并认识到“就日照之，成五色如虹霓”。把日光照射透明晶体产生的色散现象和虹霓现象联系起来，这在今天看来也是正确的。

这些关于日光通过水滴和晶体会产生色散现象的论述，虽然还很原始和粗糙，但是在人类认识光的性质的历史过程中是有重要意义的。这表明人们对光的色散现象已经从神秘中解放出来，知道它只是一种自然现象。这是人类对光的认识的一大进步。

11. 夏商周断代工程中的日食和月食

夏商周断代工程（以下简称“断代工程”）是国家“九五”计划中的一项重大科技攻关项目，1996年5月正式启动，目标是建立有科学依据的夏商和西周的年表。该工程于2000年9月通过科技部验收，10月正式公布新的夏商周年表。

断代工程依靠两条途径来建立三代年代学系统：一是对传世的古代文献和出土的甲骨文、金文等古文字材料进行收集整理、鉴定和研究，对其中有关的天文、历法记录，通过现代天文计算，推定其年代；二是对有典型意义的考古遗址和墓葬材料进行整理和分期研究，并做必要的发掘，取得系列样品，进行碳^{14}测年。考古和碳^{14}测年相结合，能够得出有关遗址的年代范围，确立各时期的考古学年代框架。在这个框架内，具体年代的得出，要依靠天文学、古文献和古文字学。

远古先民认识水平较低，迷信天时。很多历史事件往往与某些天象一起被记载下来，因此研究早期天象记载有助于历史年代的确立。这种天文年代学方法近年来逐渐为历史学界所重视，日食和月食作为奇异天象更为先祖所关注，通过对夏商周时期回推的日食和月食记录进行计算，就可以确定其发生的具体时间。断代工程中利用日食和月食进行断代的典型案例有三个。

（1）“天再旦”确定西周懿王元年

古本《竹书纪年》载：“懿王元年天再旦于郑。”这被认为是一次日出之际的日全食记载。断代工程一方面对日出之际的日食造成的天光亮度的变化进行理论研究，另一方面组织观测1997年3月9日发生在新疆日出之际的日食，理论和实际观测都证实了日出之际的日食能够造成“天再旦”的现象。通过对公元前1000—前840年的日食进行全面计算，得出公元前899年4月21日的日食可以在西周郑地造成“天再旦”现象，并且是唯一的一次。金文历谱恰好将懿王元年排在公元前899年。“天再旦”的研究结果验证了这一说法。

（2）甲骨文五次月食记载，确定商王武丁在位的具体年代

甲骨文中有关日食和月食的记录，其中没有争议的是五次月食的记载：壬申夕，癸未夕，甲午夕，乙酉夕，己未夕皿庚申。五次月食中有两次在释读和理解上曾出现过分歧。一是己未夕皿庚申月食，有己未夜和庚申夜两种解释；二是甲午月食的“甲”字在卜辞上残缺，是后补的，曾有人补为壬午。断代工程开始后，古文字学家经研究认定，己未夕皿庚申的月食发生在己未夜，甲午月食卜辞原版所缺的“甲”字拟补无

误。根据新的卜辞分期分类，对五次月食的先后顺序取得共识。从字体分析，五次月食均发生在武丁晚期到祖庚期间，所以历时以不超过30年为好，至多不超过60年。天文学家进行了全面的计算，得出在公元前1500—前1000年只有一组结果既符合卜辞干支，又符合五次月食的先后顺序：

癸未夕月食：公元前1201年

甲午夕月食：公元前1198年

己未夕皿庚申月食：公元前1192年

壬申夕月食：公元前1189年

乙酉夕月食：公元前1181年

据文献记载，武丁在位59年，根据甲骨分期，最后两次月食放在祖庚在位期间比较合适，所以确定武丁在位年为公元前1250—前1192年，在商朝后期。

（3）仲康日食和“日妖宵出”推定夏王朝始年

对于夏文化的界定，有一个重要的线索，即《尚书·胤征》篇中有关夏代仲康日食的记载。这是世界上最早的日食记载，对年代学研究有重要意义。断代工程对夏文化中心洛阳在公元前2250—前1850年共400年间的可见日食进行普查性计算，再考虑文献记载中仲康日食发生在“季秋”等因素，筛选出四个可能年代数据，作为夏初年代的参考。断代工程在天文学上还设置了“禹伐三苗天象研究”专题，以配合夏年代学的研究。《墨子·非攻（下）》载，禹伐三苗时曾出现“日妖宵出”的怪异天象，古本《竹书纪年》则释为“日夜出，昼不出”。学者们认为，所谓“日夜出”是指傍晚时分发生的日食。当日食发生时，日食带东端点附近看到的是“天再昏”现象，日食带西端点看到的是“天再旦”现象。经研究，禹伐三苗的地点在今湖北江汉平原一带。断代工程针对这一地区，对当时可能出现的“日夜出”天象进行了推算，获得了一组参考数据，然后与文献、考古等方面的研究成果综合对比，推定夏王朝的始年应是公元前2070年。

12. **激光测距和激光测距仪**

激光测距技术出现于20世纪80年代中期，激光测距的原理如图3－18所示。

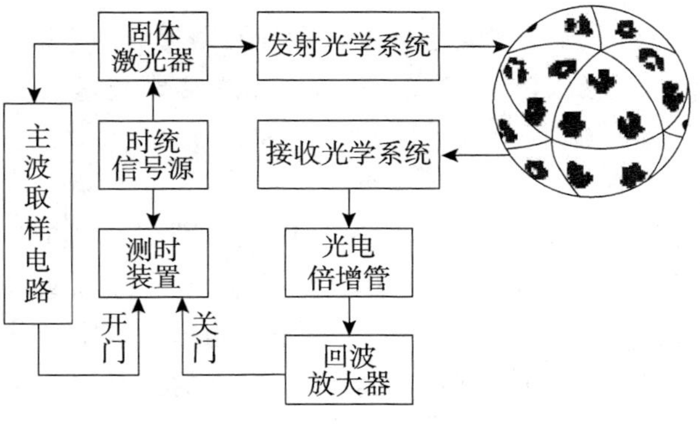

图3－18

向目标发射一束激光，经过目标反射后，由接收设备接收，测出激光往返的时间间隔，从而推算出目标的距离。激光测距可分为脉冲测距和连续波相位测距两种。前者测量光脉冲在待测距离上往返传播的时间间隔；后者测量光束调制信号在待测距离上往返传播时所发生的相位变化。激光测距仪由发射、接收、控制、数据处理、记录、显示装置以及跟踪架等组成。其中，发射装置包括激光器、发射电路和发射望远镜，能产生大功率激光脉冲或调制的连续波激光束，经发射望远镜射向空中目标。脉冲激光测距仪多采用红宝石、掺钕钇铝石榴石等大功率固体激光器。连续波相位测距仪采用二氧化碳、氦、氖、氩离子等单色性和相干性好、频率和输出幅度稳定的气体激光器。发射望远镜为伽利略望远镜，其作用是准直激光束，使其以很小的发射角射向目标。接收装置包括接收望远镜、光电检测器和接收电路。接收望远镜一般采用卡赛格伦式望远镜，以增大接受能量，限制视场角，减小噪声，从而提高接收灵敏度和信噪比。光电检测器采用光电倍增管、硅光电二极管或雪崩光电二极管，反光信号变成电信号，接收电路则将其放大处理。激光器发射激光脉冲时，由取样电路截取其极小部分能量，经光电转换后形成一个基准信号，送到测时装置，作为计时的开门脉冲。激光脉冲的大部分由光学系统发射至目标，目标将脉冲反射到地面，为接收系统所接收，并由光电倍增管转换为电脉冲，经放大、整形后送至测时装置作为计时的关门脉冲。激光的往返时间由计数器记录下来，据此计算出测距仪与目标的距离。

月球激光测距是在1962—1963年激光技术问世后不久着手试验的。最初只能接收月球表面漫反射的激光回波，由于回波波形无法缩窄，加之地面仪器设备不够完善，测距精度很低。1969年7月，美国进行第一次载人登月飞行，航天员在月球表面安放了第一个反向反射器。它的大小为46厘米见方，上面装有100个熔石英材料的反向反射器，每个小反向反射器直径为3.8厘米。这种反向反射器实际上是一个光学的四面体棱镜，它有一个很有用的特性：当一束光线从第四面射出，其方向与入射方向保持平行。在激光测距中，这一特性能保证反射光沿原发射方向返回地面观测站，使回波强度大大增加，而且波形不会因此变宽，因而可以达到很高的测距精度。目前，月球上共安放了五个反向反射器装置，地面测距系统也日趋完善，近年来测距精度已达到厘米量级。

从1972年的第20届慕尼黑奥运会开始，激光测距仪应用于田径赛项目中距离的测量，结束了奥运会以往的皮尺测量时代。目前，激光测距技术已应用于大地测量、卫星测控、房屋面积测量等方面。

13. **制作万花筒**

将三面一样长的镜子，镜面朝里搭起来，用胶布固定好。在一端蒙上一张透光的塑料薄膜，用胶带将其粘牢，外面卷上硬纸板，然后找一些五颜六色的花纸头，剪碎了，撒在镜筒里，万花筒就做成了。闭上一只眼，用另一只眼睛往镜筒里看，一个五彩缤纷的世界便呈现在眼前。随着镜筒的转动，里面的图案便会奇妙地变幻起来，让人百看不厌。

第四章　光的折射　透镜

一、课标分析

（一）课标要求

本章内容对应2022年义务教育课程内容框架中一级主题“运动和相互作用”下的二级主题“声和光”的内容，涉及的学科内容与日常生活和自然现象联系密切。课标要求如下：

2.3.3　通过实验，了解光的折射现象及其特点。

例6　通过光束从空气射入水（或玻璃）中的实验，了解光的折射现象及其特点。

2.3.5　了解凸透镜对光的会聚作用和凹透镜对光的发散作用。探究并了解凸透镜成像的规律。了解凸透镜成像规律的应用。

例7　了解凸透镜成像规律在放大镜、照相机中的应用。

例8　了解人眼成像的原理，了解近视眼和远视眼的成因与矫正方法。具有保护视力的意识。

活动建议：

（1）查阅资料，了解我国古建筑应用声学知识的案例。

（2）调查社区或工地噪声污染的情况和已采取的控制措施，提出进一步控制噪声的建议。

（3）用凸透镜制作简易望远镜，用其观察远处的景物。

（4）调查社区或城市光污染的情况，提出改进建议。

实验探究：

4.2　探究类学生必做实验

4.2.8　探究凸透镜成像的规律。

例8　用蜡烛（或F形光源）、凸透镜、光具座、光屏等，探究凸透镜成像时，像的正倒、大小、位置、虚实等与物距的关系。

（二）课标解读

光现象与学生的生活及自然界联系非常紧密，极易引发学生的学习兴趣，课标中的2.3.3和2.3.5要求学生通过对生活、自然和实验现象的观察，归纳、总结出光在两种物质界面所发生的光反射的规律和光折射的规律；要求学生通过简单的实验能够了解关于凸透镜对光线的会聚作用和凹透镜对光线的发散作用；要求学生有基本的物质观，了解光的传播情况受介质影响，即探究光的折射规律；要求从透镜的外形和透镜对光的作用两方面来认识凸透镜和凹透镜的区别；要求学生有科学本质观，能用光的折射特点来解释折射现象和透镜的光路。课标中的2.3.3和2.3.5内容涉及的物理原理虽然简单，但是应用范围很广，从生活和自然中的光现象到现代的光学仪器都有所涉及，要注意学生知识的拓展和迁移。课标特别重视从发展的角度向学生介绍一些相关的新科技，以开阔学生的眼界，使学生感受到科技的力量，从而热爱科技、接近科技。同时通过对电子显微镜和哈勃空间望远镜功能的认识，使学生认识到科技的发展是无止境的，激发学生刻苦钻研、勇于创新、攀登科技高峰的精神。

课标内容既有对学生科学探究素养的要求，又有对学生物理观念和科学思维的要求，课标要求把科学探究的过程和方法作为培养学生的一个重要目标。由于探究和实验贯穿全章，所以在教学中必须创造条件，做好各项实验，充分使用各种教学资源，提高教学效果。因为教学中学生要经历多方面的实验操作，所以必须注意：一方面要让学生通过实验总结认识物理知识；另一方面要让学生知道为什么要做这个实验、实验是如何进行的、观察到了什么现象、应该记录什么、经过分析得出怎样的结论、别人的结论又是怎样的等一系列问题。如学习本章之前，学生已经具备相当多的对透镜的感性认识，我们应该把它作为教学的重要资源，作为透镜教学的切入点。再如课标要求学生通过实验探究凸透镜成像的规律，让学生经历较为完整的科学探究过程，对探究能力的要求比前几个科学探究要高。学生通过上一章的学习已经初步了解了收集数据的方法，本章的探究活动仍然需要收集数据，但与光的反射规律和平面镜成像规律不同的是，透镜成像的实验数据并不是简单的等量关系，因此需要对数据进行一定的分类和归纳才能得出结论。分类和归纳实际上是对数据进行“分析和论证”的过程。通过探究活动，学生体会到实验数据并不等同于探究的结论。

此外，课标设置“活动建议”一栏要求通过形式多样的活动，引导学生改变学习方式。教学中的活动有探究活动，课内、课外活动，既可以是观察、实验、探究，也可以是制作、游戏、讨论等，活动内容丰富多彩，形式生动活泼，要求在教学中给学生提供较多动手、动脑、合作、交流的机会，引导学生在做中学，在研中学，积极主动地探究物理现象，获取物理知识，让学生真正成为课堂的主人。

课标中提及与光的折射和透镜相关的素材有：欣赏三星堆纵目青铜面具，讨论分析“池水映明月”“潭清疑水浅”等诗句所反映的光学原理，讨论分析放大镜、近视眼镜等是如何利用光的传播规律的。在探究凸透镜成像规律的实验中，用LED灯做成箭头形状的发光体，以判断像的正倒和测量像的长度；可用刻度尺代替光具座测量物距和像距，以半透明的哑光塑料片为光屏，通过透射光线观察屏上的像以增强像的亮度。用可变焦距的眼睛模型，演示并说明近视眼、远视眼看不清物体的原因。

二、教材分析

（一）各版本教材对比

根据课程标准对这部分的要求，各版本（2012 版）教材的章节安排如表 4－1 所示。

表 4－1　各版本教材章节安排

教材版本	章次	节名称
人教版	第四章（第 4 节）、第五章	光的折射；透镜；生活中的透镜；凸透镜成像的规律；眼睛和眼镜；显微镜和望远镜
北师大版	第五章（第四节）、第六章	光的折射；透镜；学生实验：探究——凸透镜成像；生活中的透镜；眼睛和眼镜
教科版	第四章（第 4—7 节）	光的折射；科学探究：凸透镜成像；神奇的眼睛；通过透镜看世界
沪粤版	第三章（第 4—7 节）	探究光的折射规律；奇妙的透镜；探究凸透镜成像规律；眼睛与光学仪器
沪科版	第四章（第三、五、六节）	光的折射；科学探究：凸透镜成像；神奇的眼睛
苏科版	第四章	光的折射；透镜；凸透镜成像的规律；照相机与眼球　视力的矫正；望远镜与显微镜

以上各版本教材都把“光的折射”“探究凸透镜成像规律”“眼睛（凸透镜的应用）”单独列为一节；大部分教材单独介绍透镜的相关知识，个别教材将“光的色散”放在“光的折射”之后，或将望远镜与显微镜并入其他小节中；所有版本教材都用大量的图片来呈现知识。本章的教学重点是“探究光的折射规律”“探究凸透镜成像的规律”，它们也是新课标要求学生必做的实验。探究性实验对于培养学生的科学素养、科学精神、探究能力，形成合作交流的意识等，具有重要意义。同时，这些探究实验的结论（规律）也是分析解决很多实际问题的基础。所以光的折射规律和凸透镜成像的规律，以及实验探究的过程，是本章教学的重点。本章的教学难点有两个：一是凸透镜成像的规律及其应用；二是利用光的折射规律解释生活和自然中的有关现象，由于解释过程比较抽象，即使依靠光路图，学生也往往难以真正理解。

（二）苏科版教材单元内容概述

苏科版教材的逻辑顺序如下：继上一章学习了光的反射规律之后，本章开始介绍光的折射特点，然后在已经认识了光传播的两个重要规律的基础上，引导学生学习透镜的相关知识（重点是凸透镜成像的特点及应用）。在基础知识点的学习上，关注学生从具体到抽象的认知过程，如先初识光的折射现象，再探究光的折射特点；先初识透镜，再探究凸透镜成像的规律。关于凸透镜成像规律的应用，教科书选择了与学生自身以及学生生活和社会发展有密切联系的照相机与眼球、望远镜与显微镜等教学内容。

本章知识体系如图 4－1 所示。

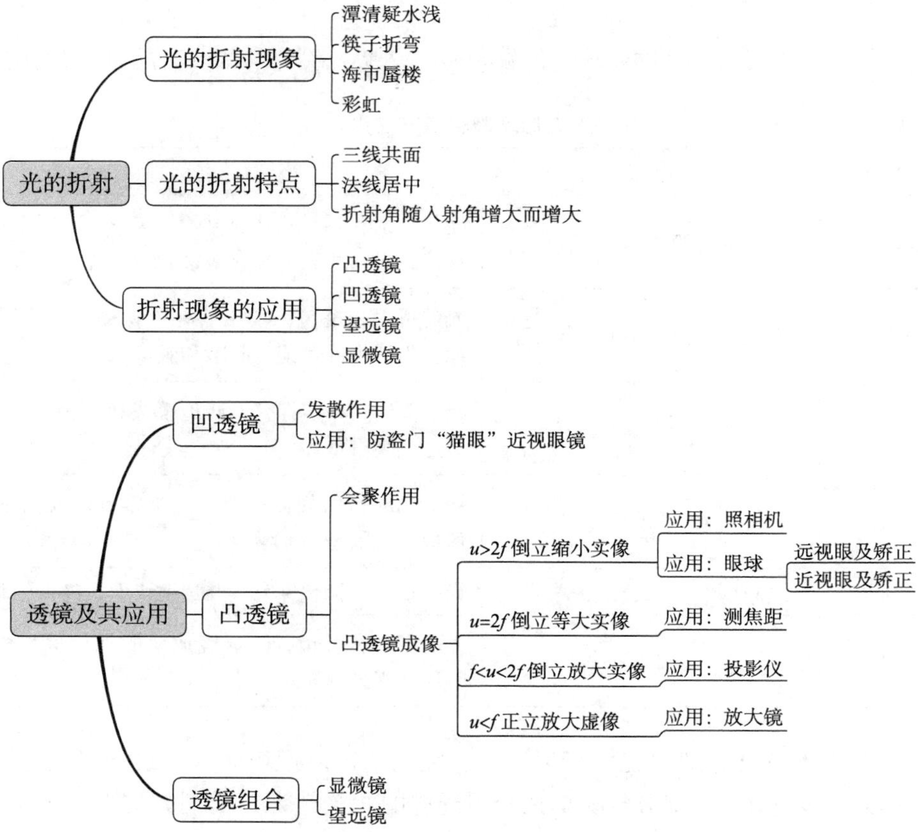

图 4－1

三、教学建议

（一）单元教学思路

本章内容与上一章光现象是一个有机整体，光的折射与光的直线传播、光的反射都是对光的传播特点的描述。对它们的研究方法都是从现象入手，然后探究遵循的规律，以及用这种规律来解释现象。教学过程可以按下列框图所示的程序进行：

【情境创设】→【实验探究（从定性到定量）】→【观察引导】→【归纳结论】

本章中的光学现象都可以用光线模型来解释：如池底变浅、凸透镜聚光、凹透镜散光、照相机原理等。教师在教学中要充分利用这些一致性，使学生从大概念、大单元的角度学习和掌握知识。还要注意前后呼应，如学习折射现象时，可以将其与光的反射现象进行对比，从而对折射的特点提出一些猜想。再如初识透镜是为探究透镜成像的规律做准备，因此要让学生观察身边各种各样的透镜。如何辨别透镜的方案不是唯一的，可以通过“摸”“看”“照”等方法来加以区分，并对各种方法进行评价，在学生自主观察的过程中创设情境（同一凸透镜能成大小、虚实、正倒不同的像），以激发其探究凸透镜成像规律的动机。

本章在教学安排上重视知识的应用，理论要紧密联系实际。本章讲述了透镜的初步知识和透镜在日常生活中的应用，把光学知识与社会生活实践紧密地结合，是本章的显著特点。幻灯机、投影仪、照相机、望远镜等是日常生活中经常遇到的重要技术设备，学生可以通过项目化学习的方式去理解它们的物理原理，如自制折射魔镜、自制幻灯机、自制照相机、自制望远镜等。

（二）课时教学建议

本章课时教学建议如表 4－2 所示。

表 4－2　　课时教学建议

节次及名称	建议课时数
第一节　光的折射	2 课时
第二节　透镜	1 课时
第三节　凸透镜成像的规律	2 课时
第四节　照相机与眼球　视力的矫正	1 课时
第五节　望远镜与显微镜	1 课时

（三）课例示范

第一节　光的折射

【课标及教材分析】

对于“反射和折射的规律”，课标是既有过程性的要求——探究，又有终结性的要求——了解；对于光的反射，课标要求了解“反射定律”，而对“折射”则是要求了解“折射现象及其特点”。因此，对于反射规律，课标要求学生了解完整的反射定律，而对折射规律的要求则是定性地了解折射现象，不要求出现折射公式。各版本教材都对折射现象进行了介绍及对光的折射规律的探究，并将探究结论用于对折射现象的解释。同时各版本教材在板块和内容安排上又各具特色，如北师大版和沪科版教材介绍了透过玻璃砖看字“错位”的现象；人教版和苏科版教材设计了观察光点移动推理折射光路的实验；教科版教材通过小猫叉鱼的活动来让学生学以致用；北师大版和沪粤版教材在课外活动和阅读中介绍了“全反射”知识点。光的折射规律是光学的重要规律，是理解透镜和透镜成像的基础。苏科版教材首先通过图片和生活中的一些光现象提出问题，激发学生的探究欲望，让学生经历两个富有探究性的活动：观察光从空气射入水中时的折射情况和探究光通过玻璃砖时的折射特点，并从中分析归纳出光的折射规律。关于光的折射规律的叙述分两个部分。一部分介绍了带有共性的规律：折射光线、入射光线和法线在同一平面内；折射光线与入射光线位于法线两侧；垂直入射时折射角等于零；入射角增大时，折射角也随之增大。另一部分介绍了光在空气和水（或玻璃）两种介质中发生折射的情况。为了降低学习难度，初中的课程标准不要求学生了解光疏介质和光密介质的概念，因此描述折射规律时分成光从空气斜射入水中及从水中斜射入空气中两种情况。

六个版本教材关于光的折射内容安排对比如表 4－3 所示。

表 4－3　　六种版本教材有关光的折射内容安排

版本	内容	版本	内容
人教版	光的折射 实验：探究光折射（空气进入水或玻璃）时的特点 生活中的折射现象（鱼变浅、池水变浅） 想想议议：碗中倒水现硬币 科学世界：海市蜃楼 动手动脑学物理：光斜入玻璃砖、观察光点移动	沪粤版	光的折射 活动 1　观察光的折射现象（铅笔入水变弯、碗中倒水现硬币） 光的折射规律 活动 2　探究光的折射规律 生活中和自然中的折射现象 课外活动：光从水中进入空气（全反射）
北师大版	折射现象：筷子入水变弯、透过玻璃砖看字“错位” 实验探究：探究光的折射规律（空气入水及水入空气，水换成玻璃砖） 科学窗：海市蜃楼 做一做：碗中倒水现硬币 阅读材料：全反射与光导纤维	沪科版	折射现象：铅笔入水变弯、满水盆变浅 实验探究：探究光的折射规律 迷你实验：碗中倒水现硬币 作业（实验并提问）：透过玻璃砖看字
教科版	观察折射现象：激光从空气斜射入水中 实验探究：光的折射规律（空气、玻璃） 交流讨论：小猫为什么叉不到鱼 家庭实验室：硬币隐现之谜 自我评价	苏科版	观察折射现象：池底变浅 活动 4.1　初识光的折射现象（空气、水）试一试、想一想、做一做 活动 4.2　探究光的折射特点：空气、玻璃 生活·物理·社会：太阳变形的奥秘 “WWW”（作业）：硬币隐现、铅笔入水变弯

【学情分析】

学生已经学习了光的反射定律，对光的反射现象中的几个物理名词已有了初步的认识，了解了实像和虚像的相关知识，知道光路具有可逆性，为进一步理解光的折射打下基础。学生在生活中经常碰到一些光的折射现象，对生活中光的折射现象并不陌生。但与光的直线传播和光的反射相比，学生对光的折射的生活积累和感性认识要少得多，“叉鱼”“看彩虹”不要说是城镇学生，就是乡村学生见过的也不多，“折射断筷”小学时看见老师做过，“海市蜃楼”只有少数学生从一些媒体上有所耳闻。学生学习过程中可能出现的问题是认为人眼看到水中的物体是光从空气中射入水中的。

【教学目标】

（1）通过实验探究，了解光的折射现象及特点，能辨别折射现象，能用光折射的特点解释生活和自然界中的一些光现象。

（2）通过对光的折射现象的观察、猜测、检验、联想等活动，使学生感悟科学探究方法。

【教学重难点】

教学重点：光的折射规律是几何光学的基本规律，是解释生活中折射现象的主要依据。另外，光的折射规律的探究过程，能够很好地培养学生科学探究的能力，所以光的折射规律及其探究过程是本节教学的重点。

教学难点：分析解释生活中的一些折射现象。因为这个知识点既涉及光的折射规律，又与人的视觉习惯有关，学生不容易理解，是本节教学的难点。

不宜拓展的内容：光的折射规律中折射角和入射角角度大小之间的定量关系。

【教学设计】

本节可以让学生体验物理科学研究的一般方法。物理上对物理现象的研究方法一般按照如下步骤进行：第一步，观察现象；第二步，用语言（文字语言、数学语言）描述现象，在描述现象的过程中引入一些物理名词，如物理量、物理概念等；第三步，进一步定性或者定量地探究物理现象的规律，并抽象出一般规律。本节课的教学，教师先展示光折射的现象，让学生观察光的折射，然后让学生画出光路图。为了在描述物理现象过程中完成对光的折射现象的定义，需要引入入射光线、折射光线、法线、入射角、折射角、界面等有关名词，并在光路图上标出入射光线、法线、折射光线、入射角、折射角、界面等，通过实验观察结合光路图总结出规律。光从空气斜射入水中时的折射规律是，折射光线与入射光线、法线在同一平面内，折射光线和入射光线分居法线两侧，光从空气斜射入水中时，折射光线向法线偏折，折射角小于入射角。总结该规律时可以让学生回忆光的反射规律，类比光的反射规律来进行。最后，让学生思考并观察，光线从空气射入玻璃会怎样？反之，从水中或者玻璃射入空气中又会怎样？通过该环节的实验与思考，把上述总结的规律拓展到一般情况：光从一种介质斜射入另外一种介质时，光线会发生偏折，产生折射现象，从而得出“在折射现象中，光路可逆”的结论。本节教学设计具体内容如表 4－4 所示。

表4－4　　　　第一节教学设计

情境	教师活动	学生活动	设计意图
播放（或利用实物投影仪演示）“空盆现硬币”视频（放在杯底刚好看不见的硬币，加上水后又会看得见），引导学生思考，如图4－2所示。 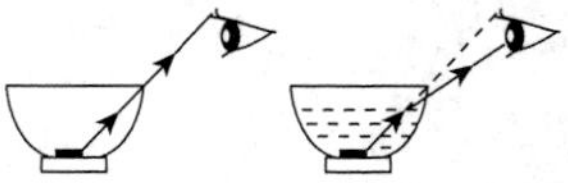 图4－2 演示：取一根筷子，让学生看，它是直的。将筷子斜放入水中，再让学生观察筷子有什么变化。	（1）注意观察，思考问题： 如何观察物体？ 观察到什么？ 能提出什么问题？ （2）学习完今天的内容再来揭示这个问题的答案。 提出：光从空气斜射入水（两种介质）中，光的传播路径改变，引出折射的概念。 光从一种介质斜射入另一种介质时，传播方向发生偏折，这种现象叫作光的折射。	（1）光的传播路径是否改变？ （2）筷子为何“折断”了？	引入新课：光的折射。
活动4.1　观察光从空气射入水中时的折射情况。 做一做：（1）如图4－3所示，一束激光射至空水槽的O点，做个标记。（2）缓慢地往水槽内注水，仔细观察。 注意：实验时不要把激光对准人眼，因为激光对眼睛有伤害，严重时会导致失明。 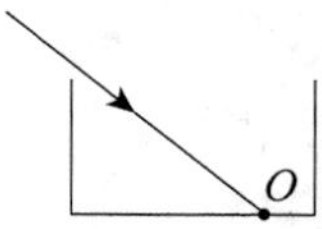 图4－3	（1）请同学们猜想一下，光从空气斜射入水中的传播路径是什么样的？大家可以讨论一下。 （2）请同学们在纸上画出自己猜想的传播路径。这是某同学猜想的光从空气斜射入水中的一条传播路径。接下来看另一条传播路径。 （3）要想让学生知道自己的猜想是否正确，该怎么办呢？（实验验证） 老师手中有一支激光笔，打开开关，学生们只能看到墙壁上有一个红点。 （4）思考：如何显示光从空气斜射入水中的传播路径？ （5）在学生实验的基础上，对比探究反射定律实验，给出相应的名称和光由空气斜射入水中时的折射特点。 （6）要求学生带着下列问题去观察：	（2）画出猜想的光的传播路径。 （4）学生对比讨论：空气中喷水雾，水中加豆浆。学生实验。	锻炼科学思维：通过实验观察光折射时的路径。 经历科学探究：了解相关名词；通过实验，感受物理研究是建立在观察、实验基础上的工作；发展严谨认真、勇于探索的科学态度。 掌握对比的科学思维方式。

续　表

情境	教师活动	学生活动	设计意图
活动4.2　用玻璃砖探究光的折射特点（如图4－4所示）。 器材：激光光源、玻璃砖、量角器、直尺。 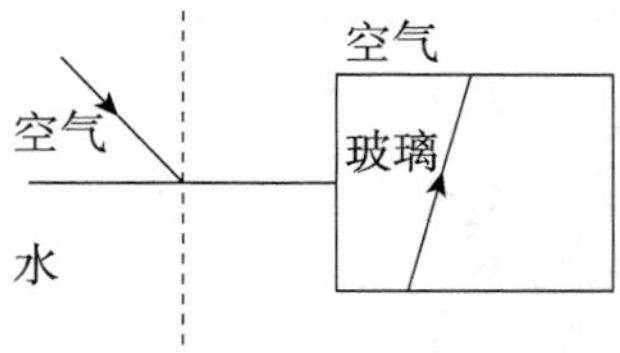 **图4－4**	①光的传播方向改变吗？若不改变，光路应是什么方向？ ②与入射光线相比，折射光线是偏离还是靠近法线？ ③入射角增大，则折射角如何变化？入射角减小，折射角如何变化？ ④发散、深化提问：上面讲的是光从空气进入玻璃，是斜射进入。若直射（垂直入射）进入，光的传播路径是怎样的呢？	学生实验并总结。 练习画光路图。	学习建构折射时光线的模型。将以前的物理知识学以致用。变换介质，变式探究，寻找普遍规律。
光的折射应用： （1）池水变浅； （2）渔民叉鱼。	池中某处有一条鱼，鱼反射的光线（鱼不是光源，反射光线）经过水和空气的交界面发生了折射，折射光线偏离法线，请学生逆着折射光线看过去，发现好像是从鱼上方的某一处发出的光线（如图4－5所示）。请学生思考自己看到的是实像还是虚像？而真实的鱼在哪？ 利用多媒体，作图解释“叉鱼”的折射原理。 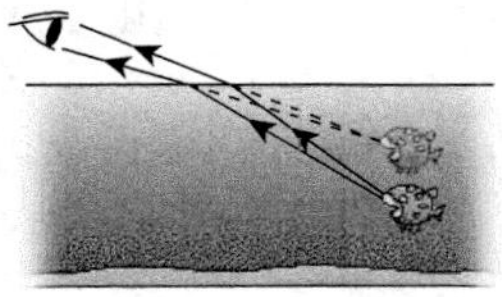 **图4－5** 利用所学知识解释课前提出的“空盆现硬币”问题。	学生画图。 学生自制折射光路模型。 解释现象。	应用知识解决实际问题，从生活走向物理，从物理走向社会。
拓展延伸： （1）海市蜃楼； （2）太阳奇观。			

第二节　透镜

【课标及教材分析】

各版本教材都介绍了透镜的分类及透镜对光的作用，给出焦距、焦点的概念，介绍透镜的应用并对生活中的相关现象进行解释。同时各版本教材在板块和内容安排上又各具特色，如人教版教材着重介绍焦距与透镜形状的关系，北师大版教材突出水透镜、柱状玻璃杯透镜，沪科版与教科版将凸透镜成像规律融入，苏科版教材通过折射光路分析了会聚与发散的奥秘。从相关知识逻辑顺序看，六种版本（除教科版外）教材选择在认识透镜之后给出主光轴、光心等概念，为学习透镜对光的作用提供概念基础；教科版始终没有明确提及主光轴和光心，而是利用冰透镜聚光的故事和凸透镜聚光的图片直接交代焦点和焦距这两个核心概念。从理解焦点本质含义的需要来看，应将焦点的概念建立在主光轴之后，而且教科版教材在后面探究凸透镜成像的“三条特殊光线”图示中画出了主光轴、隐含了光心，因此教学中应在适当位置补充关于主光轴和光心的知识。在提及主光轴和光心的六种版本教材中，四种版本教材先根据透镜与球面的关系给出主光轴概念，再介绍光心；而苏科版和沪粤版教材则相反，将光心概念置于主光轴概念之前，尤其是苏科版教材将主光轴描述成“过光心垂直镜面的直线”，方便学生理解和作图。从呈现方式看，沪科版直接将透镜对光的作用以图片形式呈现，更注重知识的结果性；教科版、人教版和北师大版教材则将此安排为演示实验，可以让学生经历现场观察，增强真实感、亲切感、趣味性、探究性；苏科版和沪粤版教材将“透镜对光的作用”安排为学生活动，让学生通过思考、探究和对比分析促进对透镜作用的理解，更适合探究式教学。无论是图片展示、实验演示，还是学生活动，选择的内容都简单易做、现象明显。首先，本节苏科版教材让学生经历两个递进的活动（观察凸透镜和凹透镜和辨别凸透镜和凹透镜），由观察、了解到区别、比较，引导学生通过“做”“交流合作”“方法评价”感知有关方法。其次，通过活动，学生感受凸透镜对光的会聚作用和凹透镜对光的发散作用，在学生理解了会聚和发散概念的基础上，进一步学习焦点、焦距、光心等知识。最后，通过“一束光斜射入三棱镜”的演示实验揭开会聚和发散的奥秘。六种版本教材对本节的教学设计如表4－5所示。

表4－5　六种版本教材对透镜的教学设计

教材版本	教学设计	教材版本	教学设计
人教版	引入：列举生活中的光学仪器，引入透镜——凸透镜、凹透镜 透镜对光的作用：（实验）放大镜聚光、平行光经透镜后折射 想想做做：测焦距 动手动脑学物理：焦距与透镜形状的关系、制造平行光	沪粤版	引入：透镜概念介绍 活动1　透镜对光的作用：（实验）放大镜聚光、平行光经透镜后折射 活动2　测焦距 信息浏览：冰凸透镜取火 评价作业：区分老花镜和近视眼镜 课外活动：凸透镜点燃纸张

续　表

教材版本	教学设计	教材版本	教学设计
北师大版	引入：透镜概念介绍 观察与思考： 透镜对光的作用：放大镜聚光、平行光经透镜后折射（实验） 做一做：放大镜与柱状玻璃杯 作业：水滴透镜、塑料薄膜透镜 阅读材料：神秘的森林大火（露珠聚光）	沪科版	引入：凸透镜概念介绍，测焦距 实验探究：凸透镜成像规律 拓展一步：凹透镜 作业（实验并提问）：水滴透镜
教科版	引入：冰凸透镜取火；露珠中的花朵，介绍凸透镜、凹透镜 观察：透镜对光的作用（雾室、平行光、透镜） 实验探究：凸透镜成像规律、透镜成像规律的应用 发展空间：自制透镜照相机 走向社会：照相机的发展史	苏科版	活动 1　初识透镜：厚薄、看近处字、聚散光 活动 2　辨别透镜：远视眼镜、近视眼镜、放大镜 焦点与焦距：光线模型 会聚与发散的奥秘：透镜的三棱镜模型 “WWW”（作业）：铁丝圆环水膜透镜、平行光制造、通过放大镜观察物体（改变物距）、测焦距

【学情分析】

学生对于经常使用的照相机、放大镜、投影仪、望远镜等光学仪器比较熟悉，但大多数学生并不知道它们的主要部件是透镜。小学科学课上接触了用放大镜聚光后点燃火柴的实验，对于透镜对光的会聚作用有一定的了解，但会错误认为光经过会聚透镜后折射出来的一定是会聚光束，认为光经过发散透镜后折射出来的一定是发散光束。

【教学目标】

（1）认识凸透镜的会聚作用和凹透镜的发散作用，认识透镜的焦点和焦距。

（2）经历用多种方法辨别凸透镜和凹透镜的过程，并尝试对各种方法的优劣做初步评估。

（3）了解透镜对光具有会聚（发散）作用的原因。

【教学重难点】

教学重点：凸透镜对光的会聚作用和凹透镜对光的发散作用，是透镜的基本性质，也是引入焦点、焦距的基础。对透镜而言，焦点是一个特殊而重要的点，无论画光路图，还是研究凸透镜成像的规律，都涉及焦点知识。所以透镜对光的作用和焦点、焦距的概念，是本节教学的重点。

教学难点：用光折射的可逆性原理来解释透镜光路。凹透镜的虚焦点是人为引入的，比较抽象，且利用凹透镜的虚焦点画光路图，学生容易出错，因此该知识点是本节教学的难点。

不宜拓展内容：测量凹透镜的焦距。

【教学设计】

初识透镜是为探究透镜成像的规律做准备，可以按下列结构来组织实验教学。

(1) 观察身边的透镜。请学生观察身边各种各样的透镜，如近视眼镜、放大镜、老花眼镜、实验室里的凸透镜和凹透镜等，并记录自己看到的现象。针对看到的现象，请学生提出相应的问题，并对这些透镜进行分类。

(2) 辨别凸透镜和凹透镜。尝试设计三种简易的实验方法，辨别某一透镜是凸透镜还是凹透镜。用你所设计的方法，辨别近视眼镜和远视眼镜的镜片是凸透镜还是凹透镜。思考还有哪些辨别凸透镜和凹透镜的方法？哪种方法比较好？另外，尝试设计一种简易的实验方法，测定远视眼镜的焦距，并画出实验的示意图。通过实验测得该远视眼镜的焦距。

上述设计能够较好地调动学生的积极性，给学生较大的探究空间，如辨别透镜的方案不是唯一的，可以通过“摸”“看”“照”等方法来加以区分，并对各种方法进行评价。在学生自主观察的过程中还有一些发现问题的机会，以激发探究凸透镜成像规律的动机并获得感性认识。第二节教学设计具体内容如表 4－6 所示。

表 4－6　　第二节教学设计

情境	教师活动	学生活动	设计意图
一队旅行者冒着 −48℃的严寒跋涉。中午，他们拣来一堆干草准备生火做饭，却发现打火机丢了，这该怎么办呢？一位博士灵机一动，带领大家用冰磨制了一块像放大镜一样的冰块，然后拿着这个冰块迎着太阳，把阳光聚集到干草上，不一会儿干草就点着了。	实验中，他们实际上是制作了一块冰透镜，这种透镜对光线有会聚作用。大家再看某位同学的近视眼镜上有两块透镜，这种透镜能不能聚光取火呢？ 为什么会这样呢？同样是透镜，效果却完全不一样，这节课我们就来学习这方面的知识。	学生体验过冰透镜取火或观察过师生共同完成此实验。 学生以学习小组为单位，尝试做近视眼镜“聚光取火”实验。	引入新课。

续　表

情境	教师活动	学生活动	设计意图
（1）布置任务： 请将课桌上的若干透镜按外形进行分类，并说出其特征（如图4－6所示）。 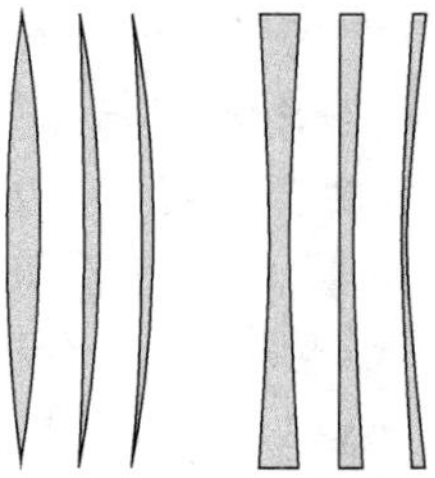 图4－6 （2）透镜对光线的作用： 让一束平行光（如太阳光）通过凸透镜，会发生什么现象？换用凹透镜观察，会发生什么现象呢？ 换用凹凸程度不同的凹透镜、凸透镜再次做实验。	（1）请设计三种简易的方法，辨别某一透镜是凸透镜还是凹透镜。 可以通过外形识别，也可以通过观察近处或远处的物体所成的像识别，还可以用其他方法识别。 （2）凸透镜对光有什么作用？凹透镜对光有什么作用？ 课件图示：一束平行光分别通过凸透镜和凹透镜，经过凸透镜后，会聚成锥形光束，说明凸透镜是会聚透镜，即凸透镜对光线有会聚作用。 总结：凸透镜对光线有会聚作用；凹透镜对光线有发散作用。 通过课件介绍有关名词：焦点、焦距、光心、主光轴。 强调：凹透镜的焦点是虚焦点。	学生活动1：观察凸透镜和凹透镜。 学生活动2：辨别凸透镜和凹透镜。 学生实际操作： 用凸透镜和凹透镜观察书本上的字、远处的物体，记录观察到的现象并完成课本上的探究问题。 学生活动：让平行光分别通过凸透镜和凹透镜。	锻炼科学思维：通过实验强调在“做”中学，围绕透镜展开“观察”“辨别”“测定”这三个递进活动。 掌握对比的科学思维方式。 在画出光路图的基础上学习凹凸透镜的焦点和焦距的知识。 在画出光路图的过程中体验逆向推理的科学思维方式。
设计实验测量凸透镜的焦距（甚至尝试测量凹透镜焦距）。思考远视眼镜是凸透镜还是凹透镜？怎样估测焦距？写出实验步骤与所选器材。	让远视眼镜正对太阳光（平行光），来回移动远视眼镜，直到地面（或白纸上）出现一个最小最亮的光点，即为焦点。 用刻度尺测量出光点到远视眼镜的距离，即远视眼镜的焦距。	学生实验。	应用知识解决实际问题，从生活走向物理，从物理走向社会。
画出图4－7中的光路。 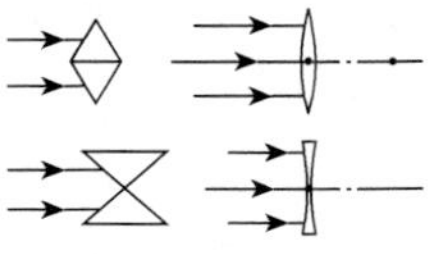 图4－7		学生利用折射特点和实验现象完成光路。	从凹透镜、凸透镜的结构特点来理解它们对光的作用。

第三节　凸透镜成像的规律（1）

【课标及教材分析】

各版本教材都重点介绍了凸透镜成像规律的探究过程，同时在板块和内容安排上又各具特色。如人教版、北师大版、沪科版教材都强调对焦距不同的透镜成像进行对比，教科版教材以实验的形式给出了成像光路图。这并不是课标的要求，但光路图的几何形式，有助于学生对成像规律的理解。苏科版教材则将探究活动分成深浅不同的几个步骤，便于学生操作。首先从“小明和小华的意外发现”引出问题，激发学生的探究欲望。而整个实验过程则从整体到局部，随着物距变化，观察凸透镜成像情况总的变化情况，再分不同的情况进行探究。在对凸透镜成各种不同性质像的研究过程中，操作的思路是：先使凸透镜成某种性质的像，然后再收集相关数据，从而提高探究性。在学生测量倒立、缩小的像和倒立、放大的像几组数据后，要求学生通过分析数据做出猜想：在何种情况下可以得到倒立、等大的像？然后再让学生去验证猜想。这种安排可以使学生认识到实验探究不都是事实归纳，而要在实验过程中不断思考、分析、预测和验证。

六种版本教材对凸透镜成像规律内容比较如表 4－7 所示。

表 4－7　　六种版本教材对凸透镜成像规律内容比较

版本	内容	版本	内容
人教版	问题提出：根据照相机、幻灯机的使用情境提出像的性质与物距的关系。 实验设计：物体由远处向近处移动，观察像的情况。 进行实验和收集证据：准备蜡烛、白屏、刻度尺，记录物距及像的性质。 分析论证：成虚实像的条件，成放大像、缩小像的条件，成倒正像的条件。 想想议议：成不同像时，像距与物距对比。 动手动脑学物理：柱形装水玻璃杯成像、变焦距透镜成像，成像规律在照相机、幻灯机中的应用。	沪粤版	问题提出：使远处的物体成像在屏上，利用凸透镜能成什么样的像？像的性质与什么因素有关？ 猜想与假设。 制订计划：蜡烛、凸透镜、光屏。 实施实验及数据收集：记录焦距、调整高度、调整物距后记下成不同像时的物距及像的性质。 分析与论证。 凸透镜的应用：放大镜。 评价作业：柱形装水玻璃杯成像、如何观察虚像。
北师大版	问题提出：用凸透镜来观察物体，能看到哪些现象——介绍虚实像的概念。 猜想与假设： 制订计划：器材准备及实验步骤规划，成虚实像的情况下轻吹火焰，观察像的偏转情况。 收集证据：成像情况画入图中、数据记录成表。 分析与论证。 评估与交流：焦距不同透镜成像对比。	沪科版	问题提出：改变蜡烛和透镜的距离（实验），可在墙上得到放大、相等、缩小的像，这里面有何规律？ 制订计划：使用焦距不同的凸透镜及相关器材，调整透镜和屏的位置成放大、缩小、等大的像，测量成像时的物距和像距。 收集证据。 分析与论证。 评估与交流：焦距不同透镜成像对比。

续　表

版本	内容	版本	内容
教科版	问题提出：用凸透镜来观察物体，看到正立放大的字和倒立的字。 猜想与假设：成像情况可能与放大镜情况和物体位置有关。 制订计划：器材准备及实验步骤规划。 收集证据：提示物距的大小范围，虚实像的区别。 分析与论证。 拓展：利用光路图探究透镜的成像规律。	苏科版	问题提出：用凸透镜看到报纸上正立放大的字和在报纸上看到窗外景物倒立、缩小的像。 猜想与假设：凸透镜成像有几种不同的情况。 制订计划：器材准备及实验步骤规划。 收集证据：收集倒立放大像及倒立缩小像时的物距和像距大小数据。 分析与论证：寻找等大像时的相关数据，成正立像时的特点——虚像和实像的概念。 评估与交流。 “WWW”（作业）：投影仪工作原理、远物成像法测焦距。

六种版本教材对探究凸透镜成像规律实验逻辑顺序的比较如表 4－8 所示。

表 4－8　　六种版本教材对探究凸透镜成像规律实验逻辑顺序比较

教材版本	苏科版、沪科版	人教版、教科版、沪粤版	北师大版
逻辑顺序	逻辑一：限制成像的性质	逻辑二：限制物距的方法	逻辑三：采用开放的形式
设计思路	在得到缩小倒立的实像、倒立等大的实像、倒立放大的实像和正立放大的虚像时分别记录相应物距及像距，探究此时物距与焦距的关系。	物体在 2 倍焦距以外；物体在 2 倍焦距和 1 倍焦距之间；物体在 1 倍焦距以内。	通过问题与猜想：透镜与物体之间的距离以及透镜的焦距是怎样影响像的正倒、虚实、大小的呢?

六种版本教材对探究凸透镜成像规律实验内容的比较如表 4－9 所示。

表 4－9　　六种版本教材对探究凸透镜成像规律实验内容比较

教材版本	主要实验器材	实验探究要素	实验凸透镜的个数	次数	其他
人教版	光具座，凸透镜、蜡烛、白色硬纸板	像的虚实、像的大小、像的正倒及相应的物距和焦距的关系	1 个	重复	
沪科版	光具座、凸透镜、发光体、光屏（以实物图的形式给出实验所需的器材）	像的虚实、像的大小、像的正倒及相应的关系；像物等大的关键点	多个（每个小组不同的凸透镜，并要求学生自己测量焦距）	单一	在探究前介绍了凸透镜的焦点和焦距问题

续 表

教材版本	主要实验器材	实验探究要素	实验凸透镜的个数	次数	其他
苏科版	光具座、凸透镜、蜡烛、光屏（以图片的形式给出实验所需的器材）	像的虚实、像的大小、像的正倒及相应的关系；像物等大的关键点	多个（像物等大的关键点是使用了两个不同焦距的凸透镜）	重复	缺少虚像概念的介绍
沪粤版	光具座、凸透镜、光源（蜡烛或发光二极管等）、光屏	像的虚实、像的大小、像的正倒及相应的关系	1个（要求学生利用上一节的知识测量焦距）	单一	
北师大版	光具座、凸透镜（焦距已知）、蜡烛、光屏	像的虚实、像的大小、像的正倒及相应的关系；虚实两种情况下像的左右、上下变化规律	多个（焦距已知）	重复	
教科版	刻度尺、凸透镜、蜡烛、光屏	像的虚实、像的大小、像的正倒及相应的关系；虚实转换的关键点；放大缩小转折的关键点	1个（要求学生利用上一节的知识测量焦距）	单一	

【学情分析】

关于放大镜，学生一般是熟悉的，但作为规范的物理名称——凸透镜，学生不一定都知道，仅有少数学生能认识到同一凸透镜能成大小、虚实、正倒不同的像。同时学生认为光屏上出现的光斑就是像，认为实像只能用光屏呈现，不能直接用眼睛观察。此外，学生通过上一章的学习已经初步了解了收集数据的方法，本章的探究活动仍然需要收集数据，但与光的反射规律和平面镜成像规律不同的是，透镜成像的实验数据并不是简单的等量关系，因此需要对数据进行一定的分类和归纳才能得出结论。分类和归纳实际上是对数据进行“分析和论证”的过程。这个探究活动要让学生体会到，实验数据并不等同于探究的结论。

【教学目标】

（1）通过实验探究，了解凸透镜成像的规律。

（2）会使用相关的实验仪器，收集凸透镜成像的有关数据和资料。

（3）能从凸透镜成像现象和实验数据中归纳出凸透镜成像的规律。

（4）培养学生交流合作、评价探究结果的初步能力。

【教学重难点】

教学重点：凸透镜成像规律是本章最重要的规律之一，是学习下一节“眼睛与照相机”的基础，让学生通过实验观察凸透镜成各种像的特点和条件，得到凸透镜成像的规律，是本节教学的重点。

教学难点：凸透镜成像的规律涉及物距、焦距，像的大小、倒正、虚实等，成像情况比较复杂，对于学生来说，通过实验得出凸透镜成像的规律并记住它，有一定的难度。

不宜拓展内容：物体通过凸透镜成像的具体光路图。

【教学设计】

本节对凸透镜成像规律的探究是一个全过程的探究，活动的主体是学生，教学设计中应当把握好学生自主探究与教师积极指导的关系。现将教学过程分为以下三个阶段。

（1）准备阶段。在实验前的一节课就要有所铺垫，主要是激发动机和进行知识储备。活动使学生对凸透镜的成像知识感兴趣，增加一些对凸透镜的感性认识（如能会聚光线，能放大等），知道焦点和焦距的意义。也可向学生提供发现问题的机会，如用放大镜可以看到放大的像，但有时还会看到缩小的像，甚至还会看到倒立的像。这些都能激励学生探究规律的欲望，同时为明确探究目的做思想准备。

（2）实验阶段。由于实验过程比较复杂，完全由学生自主探究会遇到许多困难，课时也不允许，为此教师可在实验过程中分阶段指导（可以用两个课时）。

①实验探究在什么情况下成倒立、缩小的像，成像后测量物距和像距。

②实验探究在什么情况下成倒立、放大的像，成像后测量物距和像距。

③讨论分析前面观察到的现象和数据，猜想在何种情况下可得到倒立等大的像。

④实验验证猜想。

⑤观察物距小于1倍焦距时所成的像，检验它是否能在光屏上呈现。

（3）各个版本教材实验内容的编排各有优缺点。通过分析比较认为，最合理的设计是给学生提供2~3种不同焦距的凸透镜，不事先规定好像距与物距的特殊关系点，而是先取较大物距进行观察测量，逐渐减小物距进行观察测量，然后换用不同焦距的凸透镜重复实验。在大量实验的基础上进行分析，采用同中求异、异中求同和同异综合等物理科学方法寻找统一的凸透镜成像规律。学生经历了真正的探究过程，且凸透镜成像规律是学生在实验的基础上通过实验数据总结出来的，印象比较深刻。

本节第1课时教学设计具体内容如表4-10所示。

表 4－10　　　　第三节第 1 课时教学设计

情境	问题	目的
演示实验： 白炽灯的灯丝通过凸透镜的成像情况，可以用黑板作光屏，成正立、放大的像，成倒立放大和倒立缩小的像，同时引导学生观察思考。 （板书课题内容）今天我们就用实验来探究凸透镜成像情况。	凸透镜成像的不同可能跟什么有关？ （1）可能跟凸透镜的焦距有关。 （2）可能跟物体到透镜的距离大小有关。 研究物体通过同一凸透镜成像的情况。 介绍物距和像距的定义：物体到透镜的距离——物距（u）；像到透镜的距离——像距（v）。	实验目的：探究凸透镜成各种不同的像时，物距、像距和焦距之间的关系。 引入新课。 观察黑板上灯丝的像的情况。 根据观察到的现象做出猜想；让学生明确实验目的。
教师在光具座上演示用凸透镜既可以成放大的像，也可以成缩小的像，同时介绍物距和像距的概念。 教师引导学生将光源固定在光具座上最左端，选择任意一个物距，放好凸透镜，只移动光屏直到光屏上出现清晰的像为止。 调动学生的积极性。 学生按照自己确定的物距去找像，教师将数据填入黑板上的表格中。	（1）凸透镜在什么条件下成放大的像，什么条件下成缩小的像呢？根据所给器材（如图 4－8 所示）如何来寻找凸透镜的成像规律呢？ 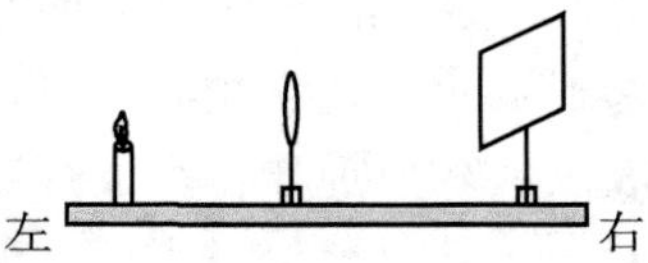 **图 4－8** （2）这些器材如何放置，又如何调节会对我们找像有帮助呢？ （3）哪位同学有没有兴趣自己来找一个像给老师和其他同学看看？找到像后，你应该记下什么内容？像的性质（大或小、正或倒）和此时的物距、像距是怎样的？ （4）找到缩小像的同学请举手，你们测量的物距和像距分别是多少？你发现成缩小像时，这两个数据之间又有什么关系？	学生通过实验，记录下凸透镜成不同像时的物距和像距的大小，然后分析数据，寻找规律。 面对光具座时，帮助学生摆放仪器，使学生知道如何找像。 使学生明确实验中要收集的数据。 启发学生根据数据看出像距小于物距。 启发学生由数据得出像距大于物距。 学生经过思考，分析出肯定有等大的像，此时像距等于物距。 证实物距与像距相等的普遍规律，对比两组物距与焦距并找到共同规律：当物距等于 2 倍焦距时，凸透镜成倒立等大的实像。 学生经过对比归纳出，只要像是缩小的，物距就大于 2 倍焦距；只要像是放大的，物距就小于 2 倍焦距。

续 表

情境	问题	目的
引导学生积极思考。 教师可利用发光二极管构成的“F”来演示：将凸透镜放在光具座的中间固定不动，再将光源和光屏分别放在最左端和最右端，然后两手分别握住光源和光屏并同时移动，移动过程要缓慢，始终保持它们到凸透镜的距离相等，直到光屏上出现清晰的像为止，并让学生用刻度尺量一量像和物所对应的长度是否相等，以便确定物像等大，记录下此时的物距和像距。教师换用另一焦距的凸透镜重复上述步骤。	(5) 找到放大像的同学请举手，你们测量的物距和像距分别是多少？你们发现成放大像时，这两个数据之间有什么关系？ (6) 同学们想一想，会不会有一个等大的像呢？如果有，此时物距和像距之间会是什么关系呢？ (7) 这个猜想是否正确，需要实验来验证，我们如何才能尽快找到这个像呢？ (8) 找到等大的像后，像距和物距等于多少？我们发现让不同焦距的透镜都成等大的像时两次物距的大小并不相同，你们能找到共同的规律吗？ (9) 同学们能否再进一步猜想一下，凸透镜在光屏上成放大或缩小像的条件是什么？ (10) 在实验过程中，同学们有没有在光屏上找不到像的情况？此时，物距是多少？它们和焦距之间有什么关系？ (11) 当物距小于2倍焦距时，可能成放大的实像也可能成放大的虚像，那么，要使凸透镜成倒立放大的实像，物距应该满足什么样的条件？ (12) 我们对数据进行横向分析，找到了凸透镜成各种性质的像的规律，如果从纵向分析，你还能找到哪些规律？ (13) 用放大镜观察物体时，利用了凸透镜成什么性质的像？应将物体放在什么位置？ (14) 在研究凸透镜成像的实验时，若在光屏上得到清晰、缩小的烛焰的实像，则蜡烛可能置于透镜左边 a、b、c、d 四点中的哪一点（如图 4－10 所示）？在生活中有什么实际应用？	让学生分析归纳出成虚像的条件：物距小于1倍焦距。 综合问题（9）和（10），让学生归纳出凸透镜成倒立放大的实像的条件：物距大于1倍焦距小于2倍焦距。 学生经过交流归纳出：焦点是成实像与虚像的分界点；2倍焦距处是成放大像或缩小像的分界点；当成实像时物近，像远，像变大。

续 表

情境	问题	目的
教师将上面收集的成像数据做成表格，并按物距从小到大的顺序出示在黑板上。 介绍凸透镜在生活中的应用，密切物理与生活的联系。 展示在投影仪上的图片，如图 4－9 所示。 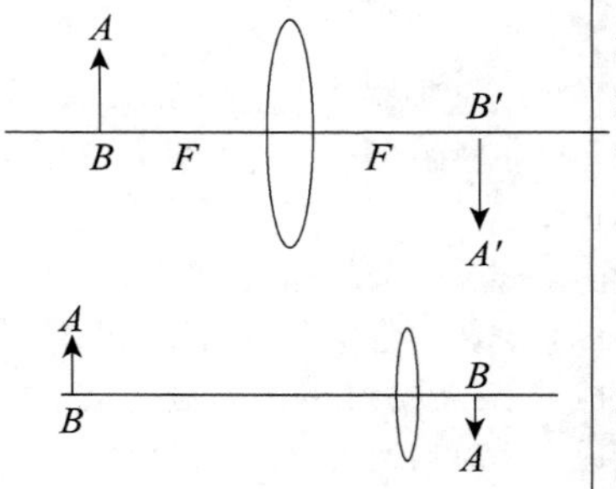 **图 4－9**	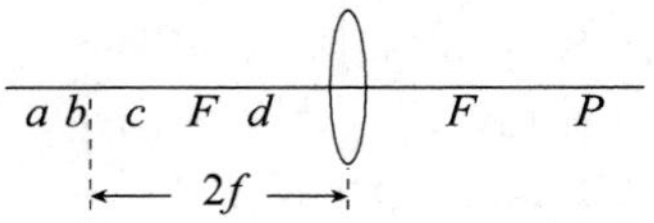 **图 4－10** （15）在教室使用投影仪时，在银幕上得到的是什么样的像？如果要将画面调得小一些，应当将投影仪与屏幕的距离调得近还是远一些？并将凸透镜适当怎样移动？ （16）利用凸透镜成倒立、等大实像的规律，你能否找到一种测量凸透镜焦距的新方法？ （17）实验中当物体通过透镜成实像时，物体距离透镜越远，所成的像就越接近焦点。若物体距离透镜足够远，你能设计一个估测凸透镜焦距的方法吗？同时说明成实像时像距有什么特点？ （18）实验中，有的同学依次将蜡烛、凸透镜、光屏放在光具座上，然后移动蜡烛，可无论怎样调整也无法在光屏上找到像，可能有哪些原因？如果是蜡烛在 1 倍焦距以内，应怎样观察像？如果是由于“三心”（凸透镜的光心、光屏的中心、蜡烛火焰的中心）不等高，应该如何调整？点燃蜡烛这个操作应该在调整前还是调整后？	了解凸透镜成正立、放大虚像在生活中的应用。 了解凸透镜成倒立、缩小实像的应用。 了解凸透镜成倒立、放大实像的应用，并学会调节投影仪。 帮助学生找到另外两种测凸透镜焦距的方法：物体放在 2 倍焦距上成倒立、等大的实像 $u=v=2f$，$f=u/2=v/2$；物体离透镜足够远（$u>10f$）时，$f\approx v$。 使学生对实验的过程足够了解。

注：对基础较弱的班级可以将问题（12）至（16）放在第二堂课。

第三节　凸透镜成像的规律（2）

【课标及教材分析】

各版本教材都介绍了照相机、投影仪、眼睛、望远镜、显微镜的基本结构和相应的原理，同时在板块和内容安排上又各具特色。如人教版教材将照相机、投影仪、放大镜内容放到探究凸透镜成像规律之前学习，为后面的探究积累了经验。各版本教材都力争跳出传统初中物理教学内容的小圈子，加强与现代科技的联系，关心前沿科学，注重学科渗透，改变学科本位。如在教材中增添了不同的阅读材料，像立体电影、数码相机、视觉暂留等，丰富了学生的学习视角。再如各版本教材都新增加了望远镜、显微镜等现代科学研究中常用的光学仪器，眼睛怎样看见物体、近视眼与远视眼的防治等有关内容，后者是光学知识与生理（医学）知识的融合与渗透。个别教材在探讨光速时，还提到与光速密切相关的相对论，扩展了学生的视野。苏科版教材中的"照相机与眼球　视力的矫正"一节，从知识结构来看，实际是介绍"凸透镜成倒立、缩小的实像"这一特征在生活中的应用。在内容处理上，本节先将眼球与照相机进行比较，引导学生了解两者具有共同的成像原理，然后通过一个简易的模拟实验（学生的探究活动），说明视力缺陷并揭示视力的矫正办法（或眼镜的作用）。照相机是学生熟悉的物品，从照相机入手展开本节教学，一是容易激发学生的求知欲望；二是因为了解照相机的主要构造和基本原理是学生应该具备的科学常识；三是基于学生对照相机的认识，借助比较法和类比法，能使有关"眼球"的教学较易展开。从教学理念来看，本节体现了从生活走向物理的新的教学思想。从教学方法来看，本节采用了学科渗透以及类比和迁移的方法。具体来讲，本课采取的教学策略：从照相机入手展开教学，通过观察照相机，了解照相机的主要构造和基本原理，认识物理原理在生活中的应用。基于学生已有的对照相机的感性和理性认识，借助比较和类比的方法过渡到人"眼睛"的教学之中，讲到视力的矫正这部分内容时，应注意开展好眼睛的作用这一学生探究活动，让学生通过探究活动自行得出结论。六个版本教材有关凸透镜成像规律的应用教学安排比较如表 4－11 所示。

表 4－11　　　六个版本教材有关凸透镜成像规律的应用教学安排比较

教材版本	内容安排	教材版本	内容安排
人教版	安排了 3 节内容：生活中的透镜；眼睛和眼镜；显微镜和望远镜。 （1）生活中的透镜（本节放在探究凸透镜成像规律之前） 想想做做：自制模型照相机。 演示：投影仪、放大镜；实像与虚像。 动手动脑学物理：手持透镜，在室内白墙和窗户之间移动，观察现象。阴天如何测焦距？照相机、投影仪、放大镜操作时如何改变像的大小？	北师大版	安排了 2 节内容：生活中的透镜；眼睛和眼镜。 （1）生活中的透镜（本节放在探究——凸透镜成像之后） 观察和思考：投影仪、照相机、显微镜、望远镜的结构和成像情况。 做一做：自制望远镜。 作业：自制幻灯机，阅读照相机的说明书，如何照出同一物体大小不同的像。 阅读材料：数码相机。

续 表

教材版本	内容安排	教材版本	内容安排
人教版	(2) 眼睛和眼镜：眼睛的结构及成像原理，远点、近点、明视距离及相应的晶状体状态；远近视眼及其纠正。 科学世界：眼睛的度数。 动手动脑学物理：比较眼镜的度数，了解视力矫正的原理。 (3) 显微镜和望远镜：显微镜、望远镜的结构和相关原理，视角的概念。 想想做做：自制两个焦距不同的凸透镜望远镜。 动手动脑学物理：自制显微镜。	北师大版	(2) 眼睛和眼镜：眼睛的结构及成像原理，远点、近点、明视距离及相应的晶状体状态；远近视眼及其纠正；眼睛的度数。 小实验：测老花眼焦距及度数。 课外调查：近视眼发病率及预防建议。 作业：烧瓶透镜模拟眼睛及视力矫正。 阅读材料：立体电影。
沪粤版	安排了1节内容：眼睛与光学仪器。 眼睛是怎样看见物体的? 活动一：研究远近视眼镜，眼镜的度数。 影像的保存。 活动二：认识照相机、数码相机。 眼镜的好帮手。 活动三：认识显微镜、望远镜、哈勃空间望远镜。 作业：体会望远镜、显微镜的调节方法，用照相机拍照并交流心得，观察投影仪的结构并画出光路示意图。 课外调查：近视眼发病率及预防建议。	沪科版	安排了1节内容：神奇的眼睛。 眼睛的视物原理：眼睛的结构及成像原理。 视力矫正：实验探究；眼镜的度数。 透镜的应用：放大镜、照相机、显微镜、望远镜。 迷你实验室：自制凸凹透镜望远镜。
教科版	安排了2节内容：神奇的眼睛；通过透镜看世界。 (1) 神奇的眼睛：照相机与眼睛。 保护你的眼睛：实验探究模拟近视眼。 发展空间：做一个可变焦的照相机(水透镜)。 走向社会：近视眼发病率调查及预防建议。 (2) 通过透镜看世界： 望远镜。 动手做：自制两个焦距不同的凸透镜望远镜或一个凹透镜和一个凸透镜望远镜。 显微镜。 动手做：水滴和凸透镜自制显微镜。	苏科版	安排了2节内容：照相机与眼球视力的矫正；望远镜与显微镜。 (1) 照相机与眼球视力的矫正： 照相机与眼球： 生活·物理·社会：电影与视觉暂留。 视力的缺陷与矫正： 活动：模拟探究近视的缺陷。 “WWW”（作业）：辨别眼镜类型和估测眼镜度数；柱形装水玻璃杯成像；近视眼发病率调查及预防建议。 (2) 望远镜与显微镜： 望远镜：通过两个凸透镜观察物体。 显微镜：自制水滴显微镜。

【学情分析】

生物、生理卫生课上，学生已初学过眼球的构造，近视眼、远视眼形成的原因，这些知识为本节课的学习奠定了学科渗透的基础。照相机的普及是生活中物理知识的重要体现，照相机的原理在第1课时探究凸透镜成像规律的探究实验中已经历了科学的探索，本节课的内容实际上是第1课时探究实验结果的具体应用。学生基于对照相机的认识，借助比较法和类比法，能较快理解眼球的原理。同时近视的学生有这样的经验："看不清远处的物体，戴上近视眼镜之后就能看清它了"。在本节课的教学中要充分利用学生已获得的感性和理性的知识。值得注意的是，学生虽然了解眼睛的结构，但并不知道晶状体的形状对观察景物的影响。

【教学目标】

（1）了解照相机和眼球成像的基本原理。

（2）了解近视眼和远视眼的缺陷及其矫正办法。

（3）养成自觉保护视力的良好习惯。

【教学重难点】

本节教学重点：眼睛和照相机知识点是本节教学的重点。

本节教学难点：本节没有新的物理概念和规律，只是扩展性地介绍透镜知识在实际中的应用，整体难度不大。相比而言，近视眼和远视眼的成因和矫正，需要学生动脑思考理解其中的道理，尤其是对近视眼成因的探究。

不宜拓展内容：望远镜和显微镜成像原理的光路图。

【教学设计】

本节内容主要介绍"凸透镜成倒立、缩小的实像"这一特征在生活中的应用。把照相机成像情况与眼睛成像情况作比较，引导学生了解两者具有共同的成像原理，然后介绍视力的缺陷（近视眼和远视眼）。最后通过一个模拟实验（学生的探究活动），揭示视力的矫正方法。

（1）通过用凸透镜给屏幕上的"玩具"拍照片的活动，了解照相机成像原理，激发学生的学习兴趣。通过对眼睛模型的构造分析和眼睛成像的资料（课件）介绍，了解眼睛成像的基本原理。

（2）通过小组合作进行模拟正常眼、近视眼、远视眼成像的实验，了解近视眼和远视眼的成因；通过模拟和矫正近视眼、远视眼的活动了解近视眼、远视眼的矫正方法，进一步提高学生的合作意识、动手能力、实验探究能力。实验探究中，应突出以下思维过程：

①近视镜与凸透镜组合，确定近视眼视网膜的位置；

②拿掉眼镜，光屏上的像变模糊，表示近视眼看物体的情形；

③向透镜移动光屏，再次成为清晰的像，是近视眼实际成像的位置；

④光线经过近视眼的凸透镜后会聚在视网膜的前面。

(3) 通过参与和旁观“近视眼看物体”的小游戏，体会到近视眼的苦恼，提高学生爱护眼睛、保护视力的护眼意识。

本节第 2 课时教学设计具体内容如表 4－12 所示。

表 4－12　　第三节第 2 课时教学设计

情境	教师活动	学生活动	设计意图
用一次性照相机照相（请一名学生操作）。 实物投影，如图 4－11 所示： 一次性照相机形成的照片。 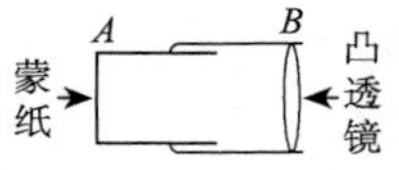 **图 4－11**	现在我的手边有一张刚拍的照片，这张照片和我们相比较而言，像是放大的还是缩小的？ 你们知道照相机中的哪个元件能使人或景物在底片上形成缩小的像吗？	学生操作：用一次性照相机照相。 学生：像是缩小的。 学生：照相机的镜头是一只凸透镜。	引入课题。
展示课件：照相机镜头成倒立、缩小的实像。 课件：人眼——神奇的照相机。 阅读：眼睛的调节。 课件：人眼视力缺陷形成的光路，如图 4－12 所示。 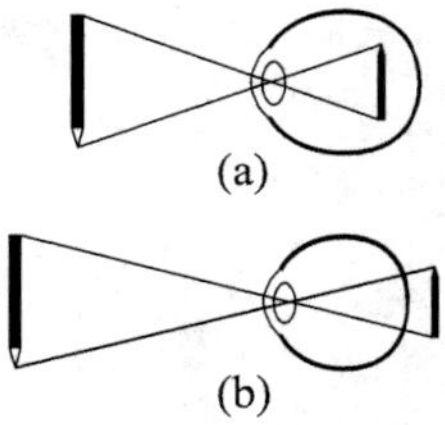 **图 4－12** 配合水透镜实验。	提问：你们知道照相机照相的原理吗？ 人眼像一架神奇的照相机，晶状体相当于照相机的镜头（凸透镜）；视网膜相当于照相机内的胶片来自物体的光经晶状体成像于视网膜上，再通过视觉神经传到大脑，产生视觉。 近视眼的成因是什么？ 远视眼的成因是什么？ 探究过程一： (1) 将蜡烛、凸透镜、光屏置于水平桌面的同一直线上，调节凸透镜、光屏的高度，使其中心与烛焰在同一高度。	学生：照相机的镜头是一只凸透镜，它是利用凸透镜成倒立、缩小的实像的原理制成的。 请一名学生为课件“人眼——神奇的照相机”进行解说。 近视的原因：经过调节晶状体的弯曲度后，远处物体的像仍落在视网膜的前方。 远视的原因：经过调节晶状体的弯曲度后，近处物体的像仍落在视网膜的后方。 实验结论：近视眼镜的作用是使像相对于晶状体向后移动，从而使清晰的像落在视网膜上。	从照相机入手展开教学，通过观察照相机，了解照相机的主要构造和基本原理。

续　表

情境	教师活动	学生活动	设计意图
学生活动2：眼镜的作用。 试一试：给凸透镜戴副眼镜，如图4－13所示。 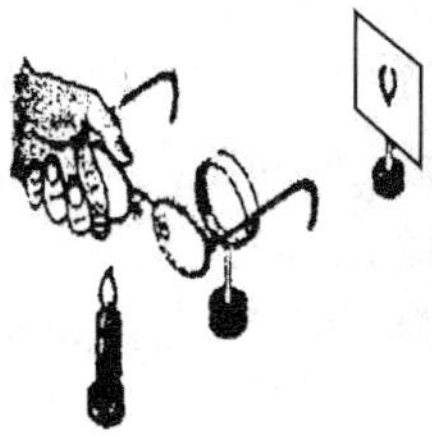 **图4－13** 再次配合水透镜实验。	(2) 在蜡烛、凸透镜之间放置一副近视眼镜，让凸透镜扮演眼睛的角色，将光屏看作视网膜，调节光屏，使光屏上出现清晰的像，在水平桌面上标出光屏的位置。 (3) 取下近视眼镜，观察光屏上的像，此时光屏（视网膜）上的像还清晰吗？这是什么原因？ (4) 前后移动光屏，直到光屏上重新出现清晰的像，再标出此时光屏的位置。 探究过程二： (1) 将蜡烛、凸透镜、光屏置于水平桌面的同一直线上，调节凸透镜、光屏的高度，使其中心与烛焰在同一高度。 (2) 在蜡烛、凸透镜之间放置一副远视眼镜，让凸透镜扮演眼睛的角色，将光屏看作视网膜。调节光屏，使光屏上出现清晰的像，在水平桌面上标出光屏的位置。 (3) 取下远视眼镜，观察光屏上的像，此时光屏（视网膜）上的像还清晰吗？这是什么原因？ (4) 前后移动光屏，直到光屏上重新出现清晰的像，再标出此时光屏的位置。	实验结论：远视眼镜的作用是使像相对于晶状体向前移动，从而使清晰的像落在视网膜上。	掌握对比的科学思维方式。 借助比较和类比的方法过渡到人"眼睛"的教学之中。 体验逆向推理的科学思维方式。
制作一个关于防治近视眼的宣传广告。			应用知识解决实际问题，从生活走向物理，从物理走向社会。

(四) 重难点突破文献综述

1. 光的折射实验教学

案例1：演示光从空气斜射入水中的折射现象时，应先介绍实验装置（光源、水槽、水)，然后出示教材中的图片，说明光线将以相同的入射角射到水面上，这时向学生提出问题：进入水中的光线将沿什么方向行进？如果折射光线改变方向，是向界面偏折，还是向法线偏折？这些问题将引起学生的兴趣，明确观察的对象。教学中还可指导学生注意观察，如注水前后水槽底部光斑的位置是否发生变化？如果光斑变化，会发生怎样的变化？如果光从空气斜射入水中，传播方向是否会发生变化？如果折射光线变化，会发生怎样的变化？实验时，应至少改变三次入射光线的方向，每次都要让学生说明入射光线是如何改变的，提醒学生注意观察水中折射光线的方向。根据观察记录，检查自己的猜想是否正确。这个演示也可以改成把光从空气斜射入玻璃的实验。教学中可以将光线垂直入射时折射方向不改变这一特例演示给学生。演示完毕后，让学生根据实验中观察到的折射情况，总结出光从空气斜射入水中时的折射特点。

教师也可以用可吸附在黑板上的光的折射演示装置，探究光的折射特点，如图4－14所示。如把带有磁性的标有刻度的半圆形水槽粘贴于黑板上，将装有分光器的激光笔也吸附在黑板上，然后把激光射到空气和水（滴有牛奶）的分界面上，让学生观察折射现象，并用粉笔将光路、入射角、折射角都画在黑板上，归纳光的折射特点。值得注意的是，实验中至少要改变三次入射光的方向，同时让学生关注经过分界面后的折射光方向是如何变化的。演示完毕后，让学生根据实验中观察到的折射现象，总结出光从空气斜射入水中时的折射特点。

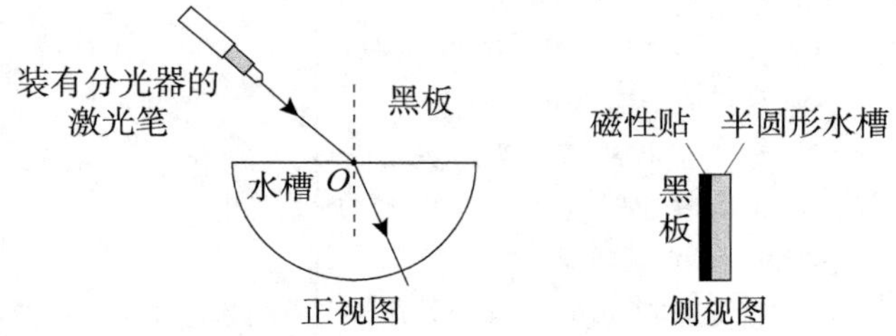

图4－14

案例2：光的折射教学设计案例。先通过多媒体展示一幅带有倒影的拱桥图片，启发学生思考：为什么桥和倒影的颜色深浅不同？通过引导，帮助学生理解桥上的光线射到水面上时，只有一部分光经过反射进入了人的眼睛，还有一部分光进入了水中。

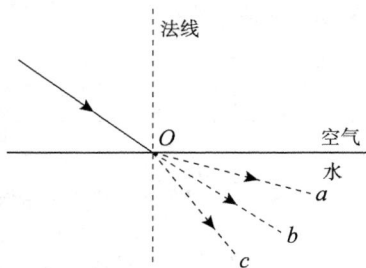

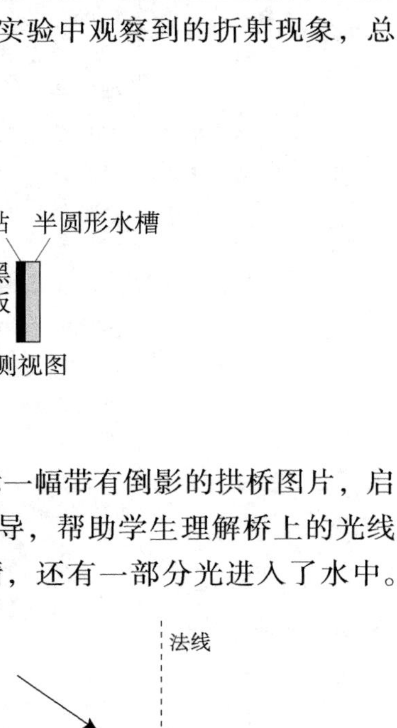

图4－15

接着复习光的直线传播知识，并提出问题：光在空气和水中都是怎样传播的。学生回答：都是沿直线传播的。教师再次追问：那么，光从空气斜射向水面时，在两种物质的分界面上是否也是沿直线传播的呢？可能有什么情况？让学生猜想并试着画出光在水中的传播情况。其大致情况不外乎如图4－15所示的 a、b、c 三种情况。经过猜想，可激发学生希望通过实验来验证自己猜想的迫切心理，为下一步推理性实验埋下伏笔。该实验用到的器材有一个铁架台，一只激光电筒，一个一次性纸杯和半杯水。①

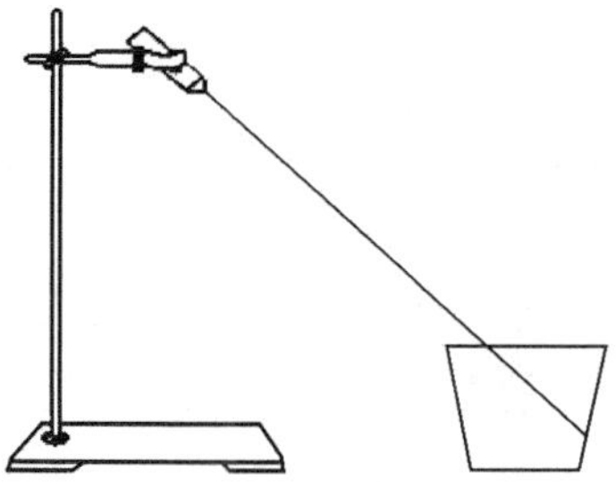

图 4－16

实验过程：将上述实验器材按图 4－16 组装，用铁架台上自带的铁夹夹紧激光电筒的掀动按钮，使激光电筒持续不断地发出激光。然后调整激光电筒的高度和角度，使激光电筒所发出的光恰好通过一次性纸杯的杯口照在纸杯的杯壁上。因为激光比自然光的穿透力强，所以激光电筒发出的激光能穿透纸杯的杯壁，并通过漫反射在纸杯的外壁形成一个非常醒目的红色光斑（同样的激光如果射到透明玻璃杯上，则几乎看不到光斑，原因是大部分激光都穿过玻璃杯集中朝一个方向射去，如果眼睛不在这个方向上就无法看到光斑），然后将红斑正对学生，以便提高实验现象的可观性。首先，用笔在纸杯的外壁做一个标记，标出原光斑的位置；其次，向纸杯内逐步加水，并记下相应光斑的位置；最后，将光斑的起始位置和末端位置之间的所有标记连成一条线，即光斑的移动轨迹。通过光斑不断向下移动，说明了光从空气斜射入水中时传播方向发生了向下靠近法线偏折的结论。

案例 3：探究光的折射规律教学案例。②

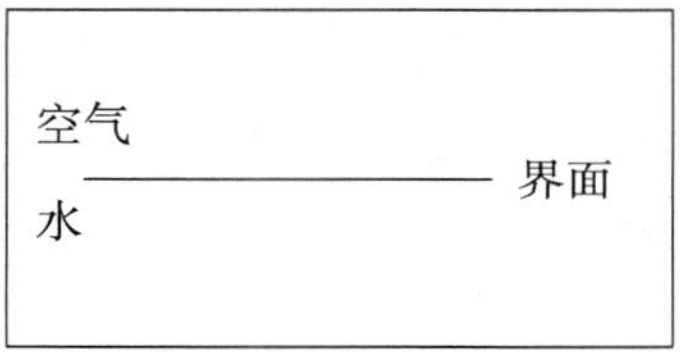

图 4－17

活动 1：学生仔细观察光从水斜射入空气中的传播情况，并对照现象在图中画出光在两种介质中传播时的大致偏转情况。设计意图：在学生对有关光的传播路径提出大胆的猜想之后，引导学生学习用光路图来描述观察到的物理现象，渗透作图的规范性（如图 4－17 所示）。结合光路图统一认识，光从水斜射入空气中时不再沿直线传播，引出光的折射定义：光从一种介质斜射入另一种介质时，在界面处传播方向会发生偏折，这种现象叫作光的折射。根据光的折射定义，引导学生找出光传播发生折射的条件和发生偏折的位置，然后指出反射光路图中有三线两角，折射光路图中同样有三线两角。

活动 2：仿照光的反射光路图中的三线两角，请学生在活动 1 中的光路图里找出折射现象中的三线两角并给之取名，分别用字母标注在相应的位置（如表 4－13 所示）。教师引导学生回顾反射光线、入射光线和法线的位置关系的验证方法。

表 4－13　　光的反射和折射光路中三线两角关系

	光的反射	光的折射
三线关系	三线共面	
	法线居中	

① 王红祥：关于“光的折射”实验的改进方案．物理通报，2011 年第 10 期。

② 邵苏萍：“光的折射”教学设计．中学物理教学参考，2019 年第 18 期。

续 表

	光的反射	光的折射
两角关系	两角相等	
	同增同减	
特殊情况	垂直入射，原路返回	

活动3：小组讨论实验方案，利用光具盘、水槽、半圆形玻璃砖、可弯折的硬纸片等器材（如图4－18所示），验证光在不同介质中传播时折射光线、入射关系和法线的位置关系，并交流展示实验方法与结论。

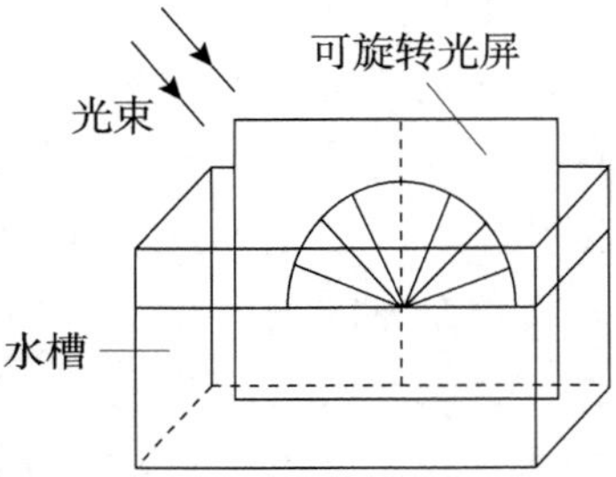

图4－18

设计意图：增加学生的感性认识，同时渗透比较和类比的科学研究方法，充分发挥学生学习的主体作用，挖掘学习潜能，主动学习新知识，提高教学效果，锻炼学生的语言表达能力。

实验结论：光折射时折射光线与入射光线分居在法线两侧，折射光线、入射光线和法线在同一平面内。下面重点探究折射角和入射角的关系。

案例4：用玻璃砖观察光的折射现象。采用半圆形玻璃砖的制作与使用方法：在桌上铺一张白纸，用笔在白纸上画出相互垂直的界面和法线，交点是 O 点，把半圆形玻璃砖圆心与 O 点重合贴着界面放好（如图4－19所示）。

（1）打开激光笔，让一束光沿白纸斜射到 O 点，会看到玻璃砖中的折射光靠近法线传播，同时可观察到空气中反射光线的传播情况。由于玻璃砖是半圆形的，从圆心出发的折射光射到空气中是沿直线传播的，光路可用尺子比着画。通过观察可知，玻璃中的折射角小于空气中的入射角。

（2）如果让入射光线逐渐远离法线，会看到反射光线、折射光线也逐渐远离法线。这说明光在折射时，反射角、折射角会随着入射角的增大而增大。

（3）如果让入射光线逐渐靠近法线，就会看到反射光线、折射光线逐渐靠近法线。这说明光在折射时，反射角、折射角会随着入射角的减小而减小。

（4）如果让光沿垂直方向入射到 O 点，就会看到光线在玻璃中不折射，沿直线射出。这说明光线垂直入射到两种界面时不发生折射。

（5）如果让光逆着折射光线从玻璃砖中入射到 O 点，就会看到空气中的折射光线逆着原来的入射光线射出。这说明光在折射时光路是可逆的。

采用梯形玻璃砖的制作与使用方法：如图4－20所示，在桌上铺一张白纸，用笔在白纸上画出相互垂直的界面和法线，交点是 O 点，把梯形玻璃砖短边贴着界面放好。打开激光笔，让光斜射到 O 点，会看到空气中的反射光线及玻璃砖中的折射光线和从玻璃中射入空气中的折射光线的偏折情况，也可用尺子比着光路画下来。这可以为教材“动手动脑学物理”中的问题做准备。学生操作：画出光从空气斜射入玻璃砖中的光路图。如果让学生实际做一下实验，印象就会更深刻。

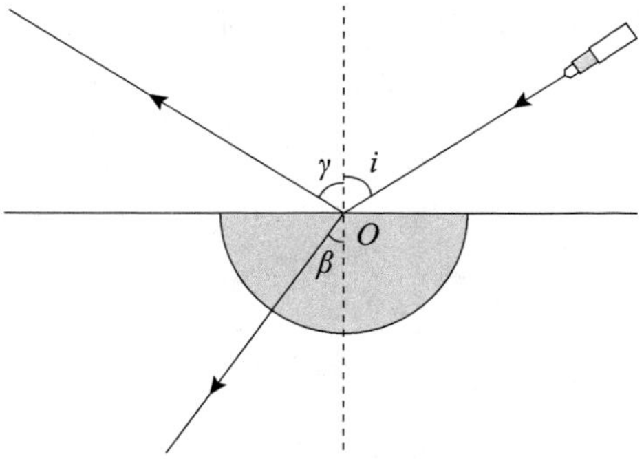

图 4－19

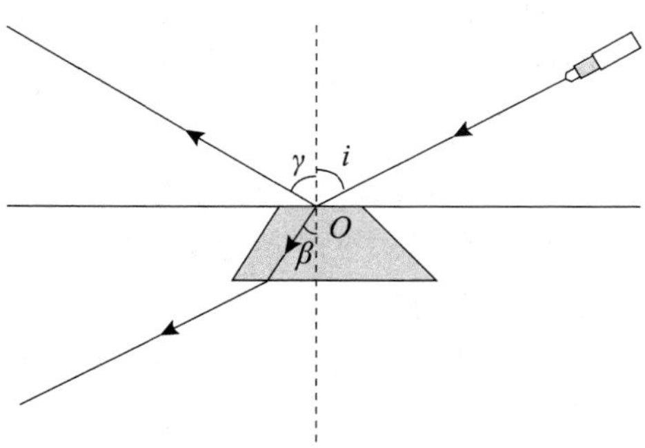

图 4－20

一图多解是理性的分析与呈现，将演绎方法充分发挥，再辅以实验加以直观的验证，则能更好地体现完整性，更具视觉冲击和心理震撼。因为此时的实验现象存在着一种理性的必然性，是物理规律的具体呈现。

2. **透镜教学案例**①

《“透镜”教学案例分析》一文以“透镜”的创新设计为例，课前，师生共同制作冰透镜，录制“冰透镜向日取火”微视频；课中，将演示实验和探究实验相结合，让学生在收获知识的同时，动手能力、合作交流能力和探究能力等也得到培养；将“近视眼镜片、远视眼镜片”和“矿泉水瓶导致森林火灾”等融入课堂，做到从生活走向物理，从物理走向社会。

教学片段：“师生共舞”——深入探究凸透镜对光的作用。

教师：现在，我们进一步深入探究光对透镜的作用。先研究凸透镜，让三束光杂乱无章地射向凸透镜，你们观察到了什么现象？

学生：三束光会聚而出。

教师：让三束不与主光轴平行的平行光射向凸透镜，会出现怎样的现象？

学生：三束光会聚并有三个交点。

教师：调整三束平行光的位置，让它们与主光轴平行，再次射向凸透镜，又会出现怎样的现象？

学生：三束光会聚在一个点上，（教师稍作提示）且这个点在主光轴上。

教师：如果有第四束这样的平行光经过凸透镜后，会不会经过这个点？

学生：会。

教师：那我们一起来看看。

师生共同总结：平行于主光轴的光经凸透镜后会相交于主光轴上的一点，物理学上把这个点叫作焦点，而焦点到光心的距离叫作焦距。

教师：如果让光通过焦点射向凸透镜，光会怎样射出呢？

学生：平行于主光轴，因为光路可逆。

---

① 陈耿炎：“透镜”教学案例分析．物理之友，2016 年第 9 期。

教师：究竟是不是这样？是的，从焦点出发的光经过凸透镜后，确实平行于主光轴，因此，假如现在只有一个灯泡和一个凸透镜，但要用到平行光，怎么办（边讲边演示）？

学生：把灯泡放在凸透镜的焦点上。

教师：看看手里的凸透镜，你们看到焦点了吗？

学生：没有。

教师：那应该怎么确定它的焦点和焦距呢？请学生在小组内讨论。请准备好的小组派代表上台展示自己的成果。

学生：让灯泡发出的光照射到凸透镜，用光屏承接最小、最亮的光斑就是焦点，测量光斑到透镜的距离即为焦距（边说边演示）。

3. 透镜对光的作用教学案例

学生通过实验观察，认识凸透镜对光的会聚作用和凹透镜对光的发散作用。最好用光具盘和配套的条形凸透镜和凹透镜来做这个实验，若没有平行光源，可以用胶带将几支激光笔并排绑在一起，使它们射出的几条平行光线掠射在光具盘上，也可以把太阳光作光源。若没有光具盘，也可以用下面的方法进行实验：手电筒直射到透镜上，光屏放在透镜后并靠近透镜，观察光经过透镜后在光屏上照亮的范围和亮度，使光屏逐渐远离透镜，观察光屏上光照范围和亮度的变化。实验结论：用凸透镜做实验时，随着光屏逐渐远离透镜，光照的范围逐渐变小、亮度变强，最后在光屏上看到一个亮点，说明凸透镜对光有会聚作用；用凹透镜实验时，随着光屏逐渐远离透镜，光照的范围逐渐变大、亮度变暗，说明凹透镜对光有发散作用。

鉴于透镜对光的作用的三条特殊光线的光路图是中学阶段必须掌握的知识，因此需要画出有一定厚度的透镜，可以参照大学教材对薄透镜的画法（如图 4－21 所示）。分别用两个符号来表示凸透镜和凹透镜，形象直观，简单明了，这样既可以避免科学性的错误，又不影响初中生对光的折射的学习和理解，还有利于中学与大学知识的衔接。北师大版教材在第六章第三节“生活中的透镜”中，画照相机的原理图时就是用图代替了凸透镜。

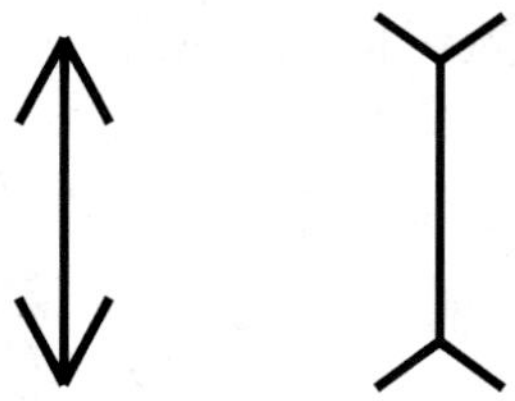

图 4－21

4. 关于“会聚和发散的奥秘”的教学

这部分内容的教学目的是使学生进一步了解透镜对光具有会聚（或发散）作用的原因。教学中应先演示光经过三棱镜的折射现象，要求学生根据观察到的现象画出光在三棱镜内和离开三棱镜后行进的路径（如光在三棱镜内的光路不明显，可借助紧贴在三棱镜上的透明纸上的光斑显示入射点与出射点，从而确定该光路），也可以直接根据光的折射特点画出相应的光路，在此基础上引导学生初步了解透镜对光会聚和发散的原因。

5. 探究凸透镜成像规律的教学设计①

本节课采用教师指导下的学生自主探究模式，教师的指导作用反映在如下方面：创设能使学生发现问题的情境，从而让学生围绕问题进行探究；在规划学生探究过程中，向学生提出有挑战性且逐步深入的任务，抓住几个关键点，引发思维冲突，引导学生边操作、边获取信息、边思考；实验过程中，及时给予学生指导，使他们能顺利地进行实验探究；组织学生交流讨论，分析所获得的事实和数据，归纳、表述成像的规律，并使学生从静态、动态、空间的角度理解规律的内涵，充分发挥学生的思维想象力。

在对此类课题的教学过程设计中，教师最重要的是要跳出“学问者”的身份，站在“未学者”的立场上思考问题。因为教师对所学知识太熟悉了，往往会自觉或不自觉地要求学生按自己的思路来学习知识，所以学生的探究不能成为真探究。探究凸透镜成像的规律是一个全程性的探究，涉及探究的所有要素，让学生经历全过程，并不是在形式上经历全过程，而应当让学生在过程中有重点地体验和领会某些要素的本质内涵。

（1）从学生的认知现状出发，激发思维冲突，让学生提出需要解决的问题。针对这样的课题，选择能激发学生特定的认知冲突的情境最好，且该情境应贴近实验目的，如如何区分凸透镜和凹透镜。用透镜看字，放大的就是凸透镜。生活中经常使用的放大镜就是凸透镜。那么，凸透镜所成的像是否是放大和正立的像呢？这时可插入“小明和小华的意外发现”，再让学生试一试，或进行下面的演示：将书写投影仪横倒放置，把幻灯片直接投影到墙上，所成的像是怎样的呢？让学生观察。凸透镜所成像的性质不只是“正立、放大”，猜一猜，还有哪些？可能有“正立、放大”“倒立、缩小”“倒立、放大”“正立、缩小”等。如何才能获得不同性质的像呢？答案是改变物距，寻找像的位置和观察像的性质。这就是我们今天要研究的课题——探究凸透镜成像的规律。此前，学生对放大镜是比较熟悉的，而且对其放大的印象是深刻的，也许在序言课的活动中和在初识透镜的活动中，有少数学生会有意外的发现，因此，宜创设容易激发认知冲突的情境，提出问题和猜想。这样的设计，既有利于学生激发探究动机，又有利于明确探究的目的和思路。

（2）给学生必要的技能指导，为探究提供实验技能的支撑。科学探究需要技能的支撑，该探究课题同样如此。本实验的技能关键是寻找发光物体的像，请同学们把发光物、凸透镜、屏安装在光具座上，凸透镜置于光具座中间位置，发光物放在靠近凸透镜的某一位置，移动光屏，尝试在光屏上显示清晰的像。做完实验，引导学生谈谈寻找清晰像的体会。具体内容有两点：其一，调整好“光具共轴”，除了“中心等高”以外，透镜面与主轴垂直十分重要；其二，移动光屏，从模糊到清晰，再从清晰到模糊，反向移动，逐渐减小幅度。此步骤也许会耽误一点时间，但“磨刀不误砍柴工”，

① 刘炳昇：通过实验寻找规律的课堂教学设计——以“探究凸透镜成像规律”实验课为例．物理之友，2014年第4期。

它会使后续操作更为顺利。

（3）逐步向学生提出一系列具有挑战性的任务，使获取事实（数据）的操作过程成为积极的手脑并用的过程，让学生感悟如何用归纳法寻找规律。通常，教师把实验过程分为四个阶段，即将物距分别调至 $u>2f$、$u=2f$、$f<u<2f$、$u<f$。这种安排无可厚非，学生比较容易从中归纳出成像规律。但是缺少了一些对探究的挑战性，思维不是很活跃。另外，在这种设计中，教师直接给出关键位置（焦点和两倍焦距点）和三个区间，它不是学生探究的结果。一节课中，学生通过 3 ~ 4 次的测量和观察，就归纳出成倒立、放大实像的条件，这是不合理的。设想一个不知道凸透镜成像规律的人，寻找规律时，既不知道始点在哪里，也不知道终点在哪里，怎么能这么轻易发现成像的区间。为了使学生的探究更具有挑战性，不妨按下面的步骤展开：

①调整物距，使烛焰在光屏上成倒立、缩小的像，多做几次，测量并记录物距和像距。

②再调整物距，使光屏上成倒立、放大的像，多做几次，测量并记录物距和像距。

③分析以上两步骤观察到的实验现象和测量数据，你认为在何种情况下可以得到倒立、等大的像？猜一猜，成倒立、等大的像时，物距、像距各是多少？与焦距有什么关系（此时，也只找到了倒立、放大和缩小的分界点）？

④至此，已经找到了倒立、缩小的像，倒立、等大的像，倒立、放大的像，你们认为凸透镜还可能成什么性质的像？试一试，在屏上能找到吗（将发光物向凸透镜方向推进，移到焦点以内，就找不到像了，新的问题产生了）？想一想，用放大镜观察到正立、放大的像时，你是怎么观察的，再试一试，记录你观察到的现象。实验设计为学生提供了寻找发现的机会，促使学生积极思考，并获得了深层次的探究技能的训练。

（4）通过积极的交流讨论，把看似平淡的规律形成过程变为理解规律和发展思维想象的过程。如交流讨论的具体内容有：第一，试一试，如果将发光物从光具座左端逐渐向凸透镜方向移动，所成的像的性质是如何变化的。第二，用自己的语言阐述凸透镜成像的规律，区分成像的性质，有两个关键位置，你认为是哪两个位置？它们分别是哪些性质的像的分界点？第三，比较用不同焦距的透镜进行实验所得到的实验数据和现象，看看有什么相同点和不同点。第四，在整个实验过程中，你有哪些意外的发现？对于探究规律，你有什么体会？

对于规律的总结，不只是记住一个结论，而是引导学生将其与探究过程相联系，并从不同的角度、用不同的方式加深对规律的理解。另外，通过学生亲身的体验，交流一下体会，这对提升学生科学素养是有益的。可以看到，在本方案的探究过程中，可能的意外发现有以下几点：

①跳出放大镜的思维定式，发现凸透镜不总是成正立、放大的像。这一次意外发现，使探究的动机更强，目标更明确。

②从倒立、缩小的像和倒立、放大的像的数据中，还可以提出成倒立、等大的像的猜想。原来二倍焦距点可以从推理得到，有了这一发现，下面的操作便有了方向。科学探究过程并不是从头到尾的归纳，常常是多种思维的参与，这对不完全归纳的探

究是极其重要的。

③当上述三种性质的像找到以后，改变物距、移动光屏就再也找不到像了，似乎凸透镜就只能成倒立的像，但为什么用放大镜看时，可以看到正立、放大的像？这一发现，将探究引入另一个层面。

教学设计是富有创造性的，探究是在发现问题的基础上围绕问题进行的；操作是眼、手、脑并用的过程，积极的思维是核心；小结的思路与实验的思路可以完全不同。如本实验中，实验操作是“找不同性质的像”，而小结过程是“以物距的变化来阐述像的性质的变化”，除了形成系统的认识，还要回顾这些认识是怎么来的。

6. 探究凸透镜成像规律实验课的若干难点分析和突破建议①

探究凸透镜成像规律实验课的突破建议主要有四种方式。第一种是事先让学生查找关于凸透镜在生活中的应用知识，为后面凸透镜成倒立缩小的实像和倒立放大的实像做铺垫。这样做的优点是让学生了解凸透镜在生活中的应用，同时有助于教师在后面的教学中引导学生在光具座上找倒立缩小的实像和倒立放大的实像；缺点在于学生对凸透镜成像规律还不了解，往往是照本宣科地读所收集的资料，不仅耗时过长，也不够形象直观。第二种是用蜡烛或灯泡通过凸透镜在墙上成像，改变光源和凸透镜之间的距离，在墙上成倒立缩小的像或倒立放大的像。这种方式的优点是用最短的时间，让学生直观地知道凸透镜成倒立缩小实像和倒立放大实像，同时有助于教师在后面的教学中引导学生在光具座上找出这两种像；缺点在于后面如果教师让学生猜想影响凸透镜成像规律因素的时候，学生会猜想到像距这一因素，教师还需要通过实验让学生理解：物距一定时，像距也是一定的。第三种是教师在讲台上提供光源（亮度要高），让学生通过手上的凸透镜在光屏上成像，教师也可以提供一个凸透镜在自制光屏上成倒立放大的像。这种方式的优点除了和第二种一样以外，学生还会发现从第一排到最后一排，像的大小在发生变化；缺点也和第二种一样，会使学生猜想到像距，而且这种方式对于光线的要求较高，需要较暗的环境。第四种是学生利用手上的凸透镜观察物理书上的字，然后将凸透镜逐渐远离书本，让学生观察像的变化。这种方式的优点是学生可以在最短的时间内观察到凸透镜能成倒立缩小、倒立放大和正立放大的像，同时还避免了学生在后面的教学环节中猜想影响凸透镜成像因素的时候，猜想到像距这一因素；缺点是学生不清楚所成的是实像还是虚像。教师要启发学生思考凸透镜成像的特点可能和什么因素有关，学生的猜想大致分为三类：与物距有关；与焦距有关，学生可能会猜想成像特点和凸透镜的厚薄、大小、材质等因素有关，教师可以引导学生猜想的这些因素都会影响凸透镜焦距；与像距有关。

综上，第二种和第三种方式会让学生猜想到像距，在设计实验时，这一因素必须排除。教师可以让学生在光具座上观察凸透镜成像，让学生知道物距一定时光屏上成清晰的像，像距是唯一的，物距决定了像距。

实验过程中要明确让学生观察什么、测量什么、记录什么，还要让学生感受到

---

① 扶蓉：“探究凸透镜成像规律”实验课的若干难点分析和突破建议．物理之友，2014 年第 7 期。

“控制变量法”的存在。首先是设计实验，要让学生在研究凸透镜成像和物距的关系时控制焦距相等，研究凸透镜成像和焦距关系的时候要控制物距相等。实验前要让学生明确，观察的是光屏上像的成像特点，测量物距和像距，记录物距、像距和成像的特点。教师在设计实验的时候，要考虑到焦距的因素，分两大组采用不同焦距的凸透镜进行实验。

物距等于二倍焦距处成像的教学这节课的关键点在于二倍焦距处成像的教学，是整个课堂教学设计的核心所在。目前课堂教学主要分两种方案，一种是在实验开始时进行二倍焦距成像的教学，另一种是在实验探究结束后，探究物体在二倍焦距处的成像情况。

方案1：

教师：（用凸透镜在墙上成倒立缩小的像或倒立放大的像）通过刚才的实验，同学们发现凸透镜既能成倒立缩小的实像，也能成倒立放大的实像，且蜡烛到凸透镜距离远时成放大的实像，距离近时成缩小的实像，有没有可能蜡烛通过凸透镜成倒立的等大的实像？

学生：有可能。

教师：我们现在在光具座上研究找到这个倒立等大的实像，请同学们将蜡烛、凸透镜和光屏依次放在光具座上，固定凸透镜不动，让蜡烛和光屏同时远离凸透镜，找到凸透镜成倒立等大实像的点。

学生根据实验数据会得出物距等于像距或物距等于二倍焦距时成倒立等大的实像这一结论。若学生一开始没有得出物距等于二倍焦距这一结论，可以通过数轴图像帮助学生加以分析。当二倍焦距处成倒立等大实像这一条件得出之后，教师就以二倍焦距为分界线，让学生研究物距大于二倍焦距和物距小于二倍焦距的成像情况了。这种教学方式的优点是学生的探究目的明确，对于凸透镜成像规律划分得很清楚，易于学生进行数据分析，可直接得出物距和焦距的关系；缺点是二倍焦距出现得有点突兀，学生对于二倍焦距的出现很难理解。

方案2：

教师：当物距大于二倍焦距的时候，成的是倒立缩小的实像；在物距大于一倍而小于二倍焦距的时候，成的是倒立放大的实像。我们假想一个物体从左向右移动，先成倒立缩小的实像，再成倒立放大的实像，会不会在什么位置成一个倒立等大的实像呢？

学生：有可能。

教师：下面我们通过动画给大家演示一下（演示动画）。在什么位置，物体成倒立等大的实像？

学生：当物距等于二倍焦距的时候。

教师：下面我们通过实验来验证一下，当物距等于二倍焦距的时候是否成倒立等大的实像。

这种教学设计的优点在于水到渠成，比较符合学生的思维。其缺点在于物距等于二倍焦距的成像特点是在最后出现的，在分析成倒立缩小实像和倒立放大实像的条件时，需要借助于数轴进行分析，还好学生很容易得出物距和像距之间的关系。

7. 凸透镜成像规律的归纳与总结技巧

案例1：教师应该认识到“分析与论证”是科学探究的重要环节，应创设和抓住机会，让学生经历从物理现象和实验数据归纳出科学规律的过程。其次，应该认识到从透镜成像的有关数据归纳出相关的规律对学生来说并非易事，这就要求教师提供或保证足够的时间和空间、宽松的环境，让学生对有关数据进行分析比较，提出自己的猜想，然后进行交流与合作。此时，教师进行适当的点拨，但不宜急于得出结果，不宜将这一探究过程简单化。反观教材用了另一种陈述方式来说明凸透镜成像的规律，介绍了两个影响成像性质的关键位置：一个是二倍焦距处，另一个是一倍焦距处（焦点）。前者是物体成缩小和放大像的分界点，后者是物体成倒立实像和正立虚像的分界点。这种方式不是重复学生填充的内容，而是有利于学生更深入地理解和记忆凸透镜成像的规律。在总结归纳出透镜成像规律后，可借助图4－22所示的方法，在透镜及其主轴上标出物体成不同性质的像时，物体及其像的大致位置和性质（即在主轴上用图示的方法说明当物体从较远处逐渐靠近透镜的过程中，像的大小、正倒、虚实的变化情况），从而帮助学生理解、记忆并从整体上把握凸透镜的成像规律。

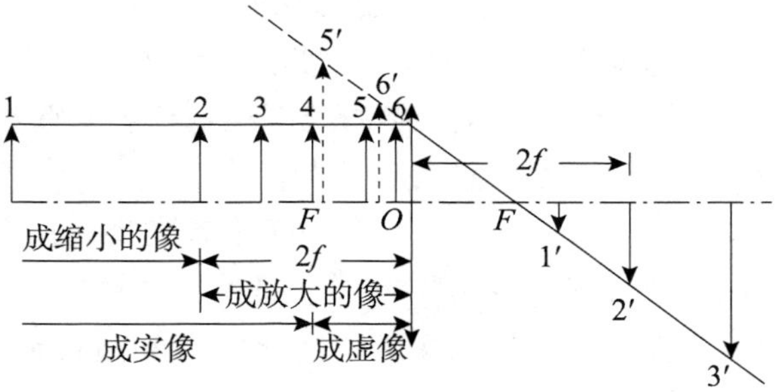

图4－22

案例2：对学生来说，凸透镜成像的规律比较复杂，为帮助学生记忆和理解，可利用“几何画板”或Flash工具软件将其制作成动画，在课件中用鼠标拖动蜡烛，动态地显示凸透镜成像的各种情况，效果极佳。如果没有条件，也可以用以下几种归纳整理方法，帮助学生记忆。

（1）图示法：直观明了（如图4－23所示）。

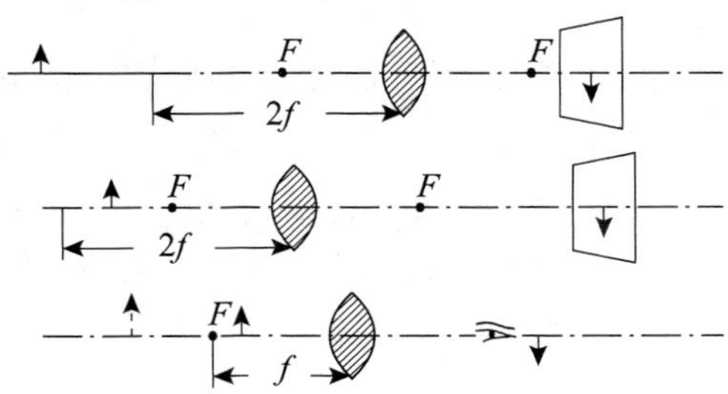

图4－23

（2）表格法：系统全面（如表 4 – 14 所示）。

表 4 – 14　　凸透镜成像规律

物距	像的大小	像的倒正	像的虚实
$u>2f$	缩小	倒立	实像
$2f>u>f$	放大	倒立	实像
$u<f$	放大	正立	虚像

（3）口诀法：提纲挈领。一倍焦距分虚实，二倍焦距分大小。物远像近像变小，物近像远像变大（后一句针对成实像而言）。

（4）微机软件分析法：要实现实验数据到图像的快速转换，我们只需要使用 Office 办公软件中的 Excel（电子表格）的图表功能。上课之前，打开 Excel 软件，制作两张空白表格，分别用来记录凸透镜成倒立、缩小的像和成倒立、放大的像时的实验数据。然后选择菜单中的“插入”，点击子菜单中的“图表”，在弹出的图表类型对话框中选择“XY 散点图”，然后点击下一步，在数据区域中选择物距这一列数据，再点击下一步，对标题、坐标轴、网格线、图例、数据标志等选项进行简单设置后，点击完成，做出物距的分布图。再按照上述步骤，将数据区域改成像距一列，做出像距的分布图。在设计表格时，预留 20 组实验数据，目的在于使实验数据更具广泛性。在实际教学中先将空白表格和分布图像投影到屏幕上，然后选择性地让各实验小组人员上台将测得的不同数据填入表格，注意使数据大致分布均匀。在学生上台将数据填入 Excel 表格时，图表会自动显示各数据的分布情况。观察图像不难发现，在凸透镜成倒立缩小的像时，物距都大于 20cm，像距则都在 10 ~ 20cm。改变凸透镜的焦距再进行实验，结合实验使用的凸透镜的示意图，相信绝大多数学生可以找到凸透镜成倒立缩小的像时，物距与焦距及像距与焦距的关系。

8. 眼睛的结构与成像

为了更好地驾驭课堂，教师在课前要多了解一些跟眼睛和眼镜有关的知识，以备学生提问。如学生问：“正常的眼睛既可眺望远景，又能细看近物。物距变了，像距不变，竟然都能在视网膜上形成清晰的像，这是为什么？”原来晶状体是有弹性的，它周围的肌肉可以根据视物的远近调节晶状体的平凸程度，改变晶状体的焦距，从而使像总成在视网膜上。当看远处物体时，眼部肌肉松弛，晶状体相对扁一些，其焦距变长，这时远处物体的像能够成在视网膜上，从而使人看清远处的物体。正常眼睛能看到的最远点在无限远处。当看近处的物体时，眼部肌肉紧张，晶状体会变凸，焦距变短，近处物体的像能够成在视网膜上。正常眼睛能看清的最近点约在离眼睛 10cm 的地方。在合适的照明条件下，正常眼睛观察近处物体最清楚而又不疲劳的距离，大约是 25cm，叫作明视距离。可见，眼睛是一个精巧的变焦成像系统，然而这个变焦系统一旦不能正常调节，就会形成近视眼或远视眼。

教学案例：

教师（引入）：闭上眼睛，我们什么都看不见。眼睛是心灵的窗户，它像一架照相机，不断把五彩缤纷的世界拍下来让我们看到。眼睛用来观察周围的事物，并获得信息。那么，眼睛是如何看到物体的呢?

实验演示：将蜡烛、凸透镜和光屏安置在光具座上，蜡烛位置固定后，调节凸透镜和光屏的位置，让蜡烛通过透镜在光屏上成一个清晰的像，然后启发学生思考。

学生（思考后回答）：蜡烛为被观察的物体，凸透镜代表晶状体和角膜，光屏代表视网膜。眼睛之所以能看到物体，是因为物体的光通过晶状体和角膜折射后，在视网膜上成像。

教师（启发）：正常的眼睛既能看清远处的景物，也能看清近处的物体，这是怎么实现的呢？

实验演示：用焦距比原来小的较厚凸透镜替换原来的凸透镜，观察光屏上像的情况，前后移动光屏，找到能成清晰像的位置。同时启发学生思考。

实验演示（教师演示）：观察简易变焦凸透镜成像的情况。在洁净的医用采血袋（或透明度好的小塑料袋）内注入一定量的水，通过拉抻采血袋来改变焦距，可以演示睫状体对晶状体调节的过程。然后用此简易变焦凸透镜进行成像实验。讲过眼睛的调节作用后，进一步向学生提出由于生理上的原因，有些人单靠自身眼睛的调节已不能使像成在视网膜上，这样就引出了视力缺陷及其矫正的问题。

9. 用对比法突破照相机与眼睛的教学重点

眼睛成像遵循的也是透镜成像规律。照相机与眼睛有相似的结构，自制照相机能使学生对利用凸透镜成缩小的实像有较直观、深刻的印象。因此，对眼睛成像的认识，可以从自制照相机开始。通过生理学中的眼模型或课件，将生理眼抽象成简化眼模型。将自制照相机与简化眼对比，使学生认识到眼睛可以看成精巧的照相机，眼球中的角膜和晶状体的共同作用，相当于一个凸透镜，视网膜相当于照相机的胶片。从物体发出的光线经过人眼这个“凸透镜”在视网膜上形成倒立、缩小的实像，然后分布在视网膜上的视神经细胞受到光的刺激，把这个信号传输给大脑，人就可以看到这个物体了。眼睛成像的基本原理，务必让学生理解透彻。在这部分内容中，角膜与晶状体的共同作用形成了一个凸透镜，这里涉及透镜组的问题，学生可能产生疑问，因在前一节已经学习了关于凸透镜成像的规律。所以，教师可以向学生说明“等效”的物理思想，把这个问题留给学生思考，不必做过多纠缠。眼睛与照相机结构、成像和调节作用的对比如表 4－15 所示。

表 4－15　眼睛与照相机结构成像和调节作用的对比

	眼睛	照相机
结构	角膜和晶状体（相当于一个凸透镜）	镜头（相当于一个凸透镜）
	瞳孔	光圈
	视网膜（有感光细胞）	胶片（有感光材料）

续 表

	眼睛	照相机
成像	缩小、倒立、实像	缩小、倒立、实像
调节作用	像距不变，当物距减小（或增大）时，增大（或减小）晶状体的曲率以减小（或增大）焦距，使物体在视网膜上成清晰的像	焦距不变，当物距增大（或减小）时，减小（或增大）镜头到胶片间的距离，使物体在胶片上成清晰的像

10. 从知识序、认知序、教学序角度设计照相机与眼球　视力的矫正①

实验1：演示两次烛焰通过凸透镜成缩小倒立实像的实验，实验记录如表4－16所示。请学生归纳出$f=5\text{cm}$时，接近晶状体的焦距成像规律。即$u>2f$时，成倒立缩小的实像，$f<v<2f$。

表4－16　实验记录

实验次数	物距/cm	像距/cm	像的性质
1	50	5.5	倒立、缩小、实像
2	30	6	倒立、缩小、实像

问题1：请问生活中哪个器材是根据这个原理制成的？你们能说出它的基本结构吗？

学生：照相机。

教师：烛焰通过凸透镜成像的实验装置与照相机的基本结构对比情况为：

凸透镜——光学透镜光屏——胶片蜡烛——景物。

通过归纳等表现性评价活动，学生对上述知识还是非常熟悉的，但对于照相机如何使远近不同的物体都能在胶片上呈清晰的像的原理就不清楚了。所以，在这个案例中，笔者安排两次实验来归纳照相机的成像原理，一是为了温故，虽然这节课不是探究凸透镜成像规律的新授课，但是成像规律是本节课的基础，因此还是通过多次实验再归纳，学生的印象会更深刻一些；二是为了知新，通过这两次实验顺利过渡到单镜头照相机的工作原理。

虽然照相机和眼球的基本成像原理相同，但是两者使远近不同的物体都成清晰像时的调节方法是不同的。先介绍两种不同的照相机的调节方法，然后通过水滴照相机的调节方法过渡到“眼球”的教学，符合学生的认知结构和认知顺序。

问题2：照相机是怎么使远近不同的物体在胶片上成清晰的像的？

情况1：如果照相机的镜头只有一块玻璃透镜，那么其焦距是固定的。此时回到板书上，观察刚刚记录的两次实验数据，引导学生发现，两次实验就属于远近不同的物

① 周佳瑜，孙建生：构建符合知识序、认知序、教学序的物理课堂——以“照相机与眼球　视力的矫正”为例．中学物理教学参考，2015年第1期。

体，那么实验中我们如何使光屏上的像再次清晰？学生立刻就知道通过调节光屏的位置可以做到。然后，教师再引导学生观察两次实验中物距和像距的变化量，$\Delta u = 20\text{cm}$，$\Delta v = 0.5\text{cm}$，教师因势利导地告诉学生，凸透镜在成倒立缩小实像的情况中，物距变化远远大于像距的变化，所以我们只需略微调节镜头到胶片的距离即可使远近不同的物体在胶片上成清晰的像。

情况 2：如果镜头是液态镜头，则可以通过改变液滴形状来改变焦距，从而使远近不同的物体在胶片上成清晰的像。

这里是本节课的一个高潮。学生好奇地问："难道镜头是水做的吗?"教师回答："是的!"这个环节的设置充分激发了学生的求知欲望，并且在教学过程中增加了"探究水透镜如何使远近不同的物体在胶片上成清晰的像"这一体验、尝试的环节，充分调动了学生的积极性，发挥了学生的潜能。

实验 2：探究水透镜照相机如何使远近不同的物体在胶片上成清晰的像。

（1）提出问题：当物距为 50cm 时，调节光屏使其成清晰的像，当物距减小至 30cm 时，向水透镜内加水还是抽水，才能使屏上（屏的位置是不变的）的像再次清晰呢?

（2）展示光路，对比分析。

（3）学生猜想并说明依据。根据信息快递，学生不难看出表面凸起程度较大的凸透镜折光能力较强，当观察近处物体时需要折光能力较强的凸透镜，才能在位置不变的光屏上成清晰的像。

（4）实验验证（学生实验）。归纳总结：当物体靠近透镜时，入射光线角度变化，要在同一位置的光屏上成清晰的像，必须减小焦距，增强折光能力。

（5）信息快递。

美国科学家最新研究了一种微型照相机，它的液态镜头就是一对水滴，水滴在高频声波下往返振动，改变形状，从而改变焦距，每秒可以获得 250 个图像。根据课程标准的基本理念：关心科技发展，关注科技发展给社会进步带来的影响，教师安排了水滴照相机的教学活动，不仅激发了学生的求知欲和探索欲，而且当他们了解到科技已经如此发达时，心里燃起了对知识的渴望。此时，教师隆重推出"会自动对焦的水透镜"——眼球，可谓是水到渠成。从普通照相机的调节像距跨越到眼球的调节焦距，对学生来说是一条难以逾越的鸿沟。照相机和眼球的主要构造和基本成像原理是本节课的基础，但是如何使远近不同的物体都能在胶片和视网膜上成清晰的像则是本节课的难点。为破解这一难点，安排"探究水透镜照相机如何使远近不同的物体在胶片上成清晰的像"这一教学活动来作为从"照相机"到"眼球"的过渡，这种设计是符合学生认识序的，是有效的。

11. 教学片段：近视眼和远视眼的矫正

教师（引入）：对近视眼患者而言，用什么方法可以使物体在视网膜上成清晰的像呢?

学生（思考后回答）：由于晶状体太厚，折光能力变强，因此来自远处某点的光会聚在视网膜前。在光通过晶状体之前，先通过一个凹透镜，使光适当发散，光再到达视网膜时就可以会聚成清晰的像了。

教师（演示）：用焦距比原来小的较厚的凸透镜替换原来的凸透镜，并观察光屏上像的情况，然后保持光屏位置不变，在凸透镜前加一个合适的凹透镜，在光屏上能成清晰的像。

教师（提问）：对远视眼患者而言，用什么方法可以使物体在视网膜上成清晰的像？

学生（思考后回答）：远视是由于晶状体变得扁平，折光能力减弱，因此来自远处某点的光会聚在视网膜后而形成像。在光通过晶状体之前，先通过一个凸透镜，使光适当会聚，光再到达视网膜时就可以会聚成清晰的像了。

教师（演示）：用焦距比原来大的较薄凸透镜替换原来的凸透镜，观察光屏上像的情况。保持光屏位置不变，在凸透镜前加一个合适的凸透镜，光屏上能观察到清晰的像。

图 4－24

教师（总结）：从以上实验结果可知，近视眼患者应戴凹透镜，远视眼患者应戴凸透镜。图 4－24中的这副眼镜是近视眼镜，还是远视眼镜？请说出你们的判断依据。

12. 显微镜的教学也可以通过故事引入

为什么通过显微镜可以观察到物体细小的部分呢？显微镜很神奇，它可以把物体放大几十倍、几百倍，可以向我们展示一个肉眼见不到的神秘世界。然而，这个神秘仪器竟然是一个小男孩无意间发明的。400 多年前，荷兰的詹森是一个 13 岁的男孩，他的爸爸是一个眼镜制造商，这使得他能够轻易接触到大量眼镜，经常把眼镜片摆弄来、摆弄去。一天，他正在玩镜片，心想：一个镜片可以使物体放大一些，那两个镜片摞在一起会怎样呢？于是他把两个凸透镜片重叠在一起，看地板上的花纹。当他的手上下移动时，地板上的花纹便忽大忽小；当他把镜片的距离固定时，花纹一下变得又粗又大。詹森拿着镜片跑到花园里，看到树叶上有一个小甲壳虫。他把两个镜片拉开距离一看，小甲壳虫“变”成了小鸡一样大小。詹森兴奋地叫爸爸来观看，爸爸也被这种神奇的现象惊呆了。于是爸爸帮詹森用铁片做了一粗一细两个圆筒，把两个凸透镜片分别固定在两个圆筒上，小圆筒插入大圆筒并可以自由滑动，从而调整两个镜片间的距离。世界上最早的显微镜就这样诞生了，尽管它还十分简陋，放大的倍率也不高，但这在历史上具有划时代的意义。

教学案例：显微镜教学的引入。

教师：展示一个极小的物体（比如蚊子），让学生猜测是什么物体。再通过一个凸透镜观察，呈现出一只蚊子清晰的放大的像。

教师（引导）：一个凸透镜可以将一只小小的蚊子“变”得如此之大。普通放大镜只能将物体放大几倍到几十倍，放大能力有限。我们如果想看到更加微小的物体，怎么办？

学生（提出方案）：再用一个凸透镜去观察那个放大的像，在第一次放大的基础上将像再放大一次。

教师（继续发问）：对，就是两次放大。同学们手里有两个凸透镜，怎样搭配才能实现两次放大的效果。

四、教学素材补充

1. 太阳光作平行光源

太阳光是理想的平行光源，做透镜和面镜对光的作用及光的色散等实验时，所需的白光均可取自太阳光。晴好的天气，用1～2块平面镜就可以把太阳光反射到室内，作为平行光源进行光学实验。光束的大小和形状由反射面的大小和形状决定，用厚纸（最好为深色）将镜面贴住，只留出中间的一个圆孔或一条狭缝，就能分别得到圆形或扁平的光束。为了调整方便，可用万向夹将平面镜夹住固定在铁架台上，也可制成如图4－25所示的装置，使镜面能绕两个互相垂直的轴转动。利用太阳光做光学实验，光束平行、均匀、明亮，可以不用暗室遮光，实验效果明显；缺点是受天气限制，且实验时需不时地调整镜面的角度。

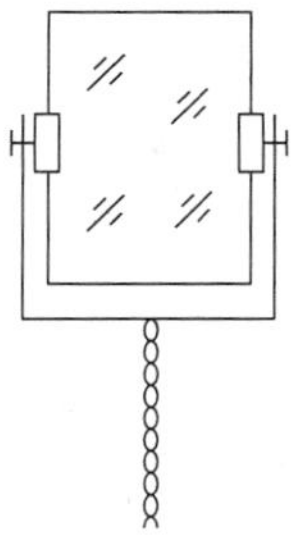

图4－25

2. 如何呈现光的折射现象进而引发学生的探究

案例1：初识光的折射现象。

由于本活动是为后面的活动作铺垫，因此可按下列思路组织教学：将一束激光斜射至水槽底部，记录光斑的位置（如图4－26所示）。猜测一下，向水槽内注水至一定深度，光斑的位置会发生怎样的变化？观察并记录水下光斑的位置。根据观察到的光斑位置的变化情况，想象一下，光束斜射入水中后传播方向会有怎样的变化？在水中滴入数滴牛奶，在水面上方喷些烟雾，显示出光在空气和水中传播的径迹。最后由实验引入折射的概念和描述折射现象的物理名词。

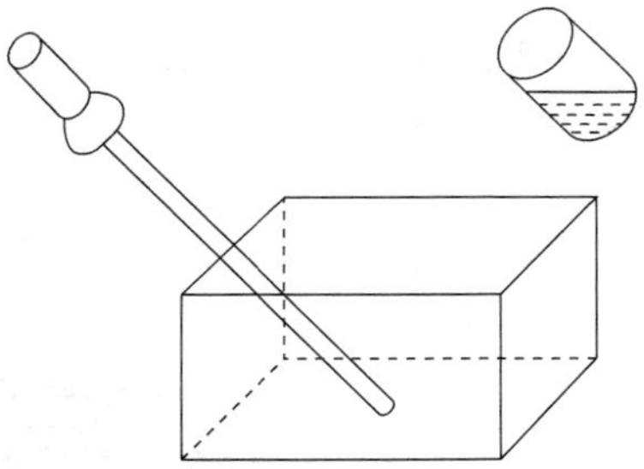

图4－26

案例2：初识光的折射现象。

用玻璃水槽、激光笔、光屏来做该实验。具体操作为：将光屏竖直插入水槽中，一半浸入水中，一半在空气中，使激光笔发出的光照射在光屏上，还可以改用大烧瓶做此实验（如图4－27所示）。为了显示光路，可以在水中滴入少许牛奶，在水的上部放一支点燃的香，形成一些烟雾。也可将大烧瓶换成烧杯做成的雾室，瓶中的水也可以用果冻代替。实验器材有光源（激光灯）一个、硬纸板、装有适量水的玻璃槽、纸板、蚊香。操作过程为：按照图4－28安装实验装置，让激光束从空气（有烟雾）斜射入水中，观察光在空气和水中传播的路径。

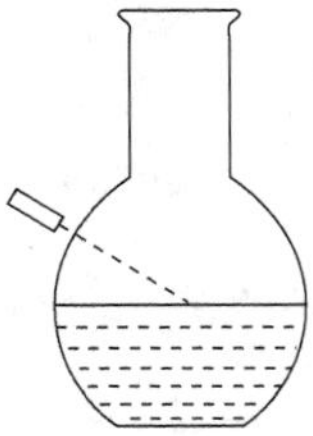

图 4－27

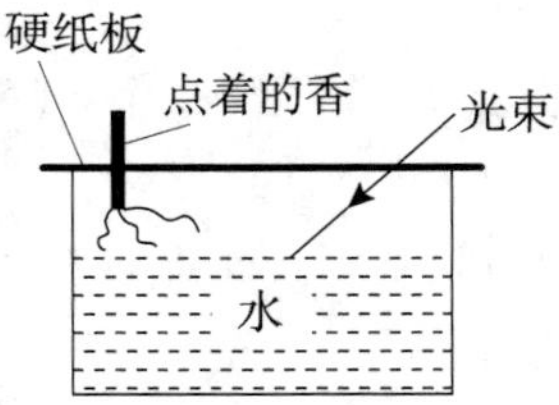

图 4－28

总结：

（1）现象：光由空气斜射入水中，光线在水面处发生了偏折。

（2）知识点：画出光传播的大致路径，并仿照光的反射光路图，画出法线，标出入射光线、折射光线、入射角、折射角。

案例 3：观察折射现象。

把筷子插入水中，从水面上方观察，可以看到筷子变弯了；把透明玻璃砖压在书页的字上，在其斜上方观察，与没有被玻璃砖压住的字进行比较，发现透过玻璃砖的字看上去好像升高了一段距离，即玻璃砖顶面的深度变浅了。

案例 4：观察错开的亮条纹。

在一个半透明玻璃瓶的前面贴一张半透明纸，将其作为光屏，在后面贴一张刻有一条狭缝（宽约 2mm）的黑纸（如图 4－29 所示）。将一束光（手电筒）照射在空瓶黑纸的狭缝上，在光屏上可以看到一条竖直的亮条。再向瓶内注水到一半的位置，盖好瓶盖，将其侧放在桌面上，将光从后方照射在狭缝上，从前面观察。当光垂直入射时，可见光屏上有一条亮条纹；当光斜向入射时，可见光屏上呈现的亮条纹上、下半段错开了（如图 4－30 所示）。

图 4－29

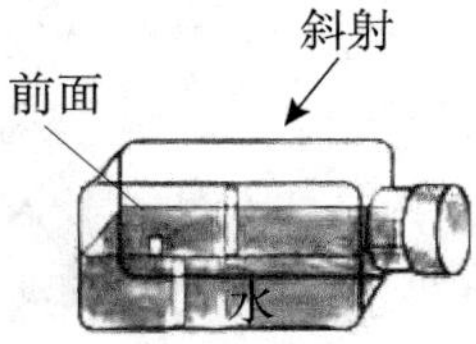

图 4－30

案例 5：会弯曲的光线。

（1）利用如图 4－31 所示的装置演示光的折射现象。其中，用普通玻璃（或有机玻璃）制成 40cm×5cm×15cm 的长方体玻璃缸，也可以用现成的养鱼缸代替。先在缸内倒入深约 5cm 的纯净的浓葡萄糖溶液，然后向浓葡萄糖溶液中滴几滴牛奶溶液。再取一张面积为 40cm×5cm 的干净的塑料薄膜覆盖在缸内溶液的表面上，将一只干净的长颈漏斗的下端紧贴塑料薄膜，用长颈漏斗把清水缓缓注入缸内约 5cm，然后用镊子轻轻将塑料薄膜从缸内取出。由于水的密度小于葡萄糖溶液的密度，缸内形成密度由小到大的梯度分布。待水面平静后，让光束从缸的一侧稍向下倾斜射向缸内的液体，就能看到弯曲的光线。此实验可解释“海市蜃楼”现象。若能用激光做实验光源，实验效果会更好。

（2）如图4－32所示，在玻璃缸里蓄半缸水，然后加食盐或者白糖，待充分溶解之后，将一块塑料布铺在水面上，形成一个“凹”型的坑，再向内缓慢地注入清水，满缸之后再取出塑料布，这样就形成了分层的水。下部的盐水密度大，上部的清水密度小，过一段时间后，两层水会逐渐融合，分界线逐渐模糊。此时用激光笔从玻璃缸的一端射入，就可以在另一面玻璃板上看到光路。这是一条向下弯曲的曲线，光的折射现象非常明显。如果此时在另外一侧放置一根点燃的蜡烛，就会看到“海市蜃楼”的景象了。

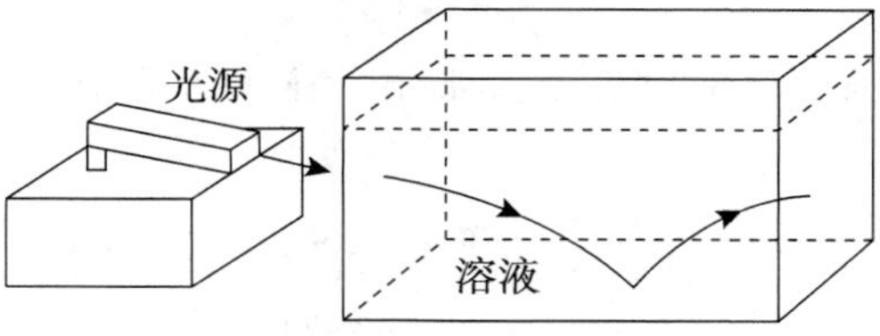

图4－31

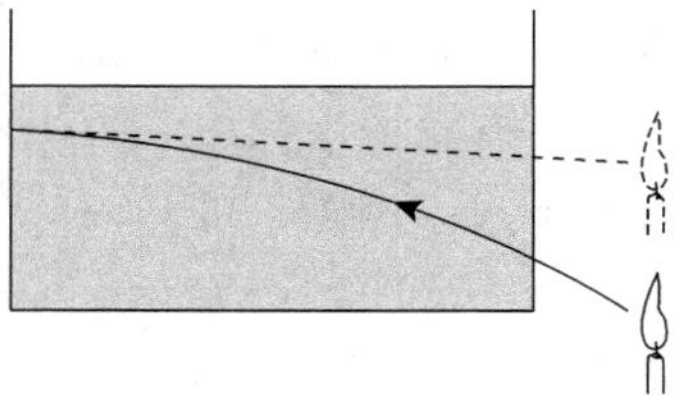

图4－32

（3）利用J2531半导体激光器、火柴、蜡烛，就可以观测到光在空气中发生偏折的现象。在距离墙壁几米远（3m左右偏折现象就很明显了）的地方固定好激光器，点燃蜡烛，在激光器前慢慢晃动，可以看到墙上的亮线也会跟着晃动。为了尽量排除烛焰内可能存在对光的偏折有影响的物质的干扰，可适当降低烛焰的位置，使之始终处于激光器发出的激光束的下方。若能改用不会改变空气成分的“热得快”等电热器给空气加热，那就能更彻底地排除上述可能存在的干扰了。慢慢晃动烛焰，照样可以观察到亮线跟着晃动的现象。若光总是沿直线传播，那么墙上的亮线应当固定不动；若亮线随烛焰来回晃动，则说明激光在通过空气的过程中发生了偏折。通过仔细观察可以发现，在烛焰从左向右（由人面对墙壁上的亮线站立时的方位定左右）通过激光束的正下方的过程中，亮线会先向右后又向左移动；反之，在烛焰从右向左通过激光束的正下方过程中，亮线会先向左后向右移动。取两个激光器，将它们并放在一起，适当调整，使两条亮线间距尽量小，并使左侧激光器发出的激光在墙上留下的亮线也在左侧。让烛焰大致沿着一条斜线从下向上慢慢地移至两个激光器的中间，此时可以看到两条亮线会略微分开。

案例6：观察光的折射。

如图4－33所示，把手电筒开关打开后平放在桌子的一端，观察者站在桌子的另一端，调整观察者眼睛的高度，使其比手电筒略高一点。在观察者和手电筒之间放入几本书，使其高度恰好挡住手电筒射出的光线。将纯净水瓶灌满水并用盖子拧紧，横放在书与手电筒之间，此时观察者透过书的上部，会重新看到手电筒发出的光。

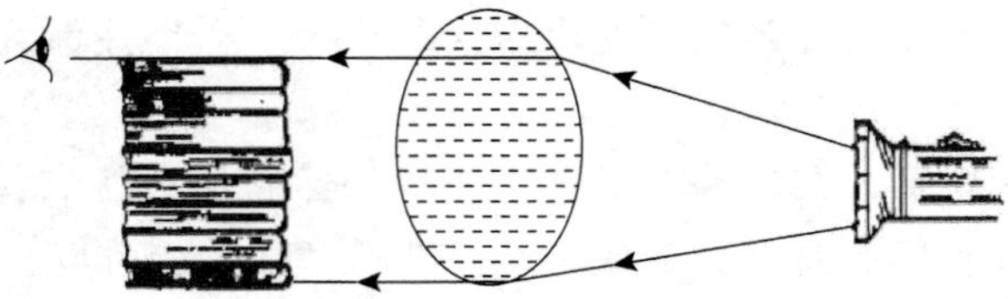

图 4-33

案例7：光的折射现象。①

笔者先利用生活现象引入学生探究实验，让学生从生活中发现问题。

（1）观察“折射断笔”。提供一杯水，让学生将手边的笔、直尺等学习工具放入杯中，引导学生从上面、侧面对水杯中的笔或尺进行观察，并描述实验现象。引导学生思考，笔、直尺为什么会出现“折断”现象呢？

（2）“模拟叉鱼”。在泡沫塑料白板上画鱼，把白板放入水中，让学生分组实验，用竹针叉水中白板上的鱼（看到的），看谁叉得准？

这两个实验能激发学生的兴趣，增强学生对光进入另一种介质时会发生偏折现象的感性认识。学生用竹针去叉看到的鱼，发现总是叉不到，吃惊之余，产生认知冲突。如上述现象是怎样引起的？能否用以前所学知识解释？这些认知冲突能激发学生对光折射知识的探究意识。

案例8：做激光穿越酒杯的实验。

如图4-34所示，取一个装有适量清水的玻璃酒杯，让激光斜射，穿过酒杯，然后逐渐移动酒杯，发现墙壁上的光斑也会随之移动，说明光线在穿过清水和玻璃后发生了折射。

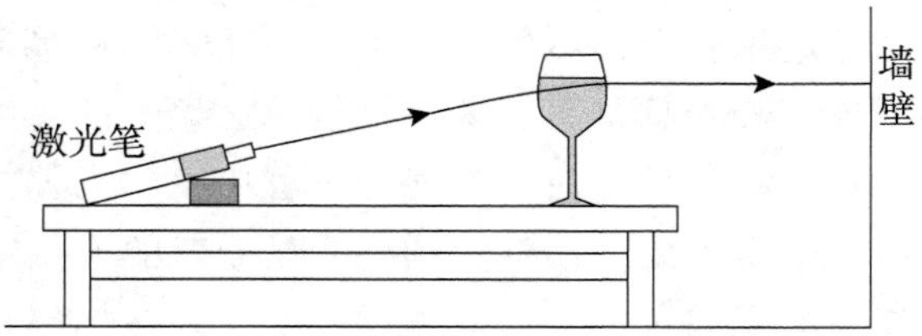

图 4-34

实验器材：激光笔、木块、玻璃酒杯、水。

操作方法：将激光笔用木块垫好，使之倾斜，向斜上方射出激光，照射到墙壁上，记录光斑的位置，再将装有适量水的玻璃酒杯放在激光束的轨迹上，观察屏幕上光斑的位置变化。

3. 折射小制作、小实验

（1）水瓶灯实验。据英国《每日邮报》报道，一位巴西机修工发明了一种利用太阳光为房屋照明的办法：他在屋顶的瓦片上钻了一个孔，把装满水的塑料瓶卡进孔里，

---

① 汤建国：《光的折射》教学及反思．中学物理教学参考，2013年第11期。

再用胶水固定，防止屋顶漏水。装满水的塑料瓶依靠对日光的折射，照明功率相当于40～60瓦的灯泡。在物理课堂上展示实物，并用装置模拟“水瓶灯”的发光效果，让学生感受水瓶灯的亮。值得注意的是，箱内灯泡功率要大些，笔者用的是浴霸上的灯泡；先让学生观察屋内没有插入水瓶灯时的亮暗情况，然后插入水瓶灯后再观察，形成对比。

（2）秘密花瓶实验。一个花瓶底部藏有宝物，但从瓶口又看不到底部宝物，那么如何在不打碎花瓶的情况下看到宝物呢？让学生观察桌上的自制“花瓶”（这些“花瓶”是用矿泉水瓶制作的，并在瓶内的底部写有字条，如图4－35所示），然后让学生动脑、动手，最终看清瓶底的字条。

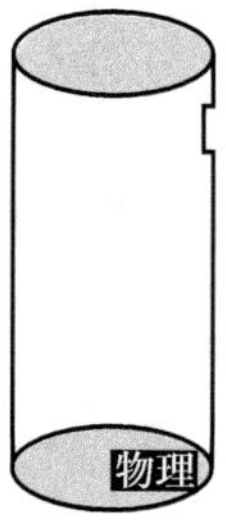

图4－35

（3）消失的烧杯实验。将小烧杯放入大烧杯中，看到的是两只烧杯。当向烧杯中加入油时，观察到小烧杯消失了。

（4）消失了的图像。实验需要的基本装置有陶瓷杯、透明密封袋和带有苹果图像的卡片。实验过程及现象：①将卡片竖直放入盛有水的陶瓷杯中，观察陶瓷杯上方，无论角度和位置如何变化，都可以清晰地看到卡片上的苹果图像。②将卡片放入透明密封袋中并封紧袋口，然后将密封袋竖直置于陶瓷杯中。向杯中缓缓注入水的过程中，可以观察到水面以下部分卡片上的苹果图像消失不见了，而水面以上部分的苹果图像仍然存在。在此过程中我们还发现，苹果图像消失的部分随着水面的升高而增加，直至水面完全浸没密封袋，卡片上的苹果图像完全消失。

我们再来看一个实验。向烧杯中注入一定量的水，在透明吸管中塞入一个带色的小物体并用胶带将透明吸管的下端口封住。然后将吸管竖直立于烧杯中（保证水面位于吸管内物体上方），眼睛在水面上方观察透明吸管，能观察到吸管却无法观察到吸管内的带色的小物体。该实验原理与透明密封袋中苹果图像消失的原理相同，下文将从光路全反射这个角度给出理论解释。我们还发现了另外一个有趣的现象，若缓慢向下倾斜透明吸管，眼睛保持原来的位置不动，继续观察吸管内的情况，在一定角度内仍然能观察到吸管，但观察不到吸管内部带色的小物体。然后继续向下倾斜吸管，某角度吸管内带色的小物体突然出现，不受吸管倾斜的影响一直存在。

4. 折射定律的类比法教学①

光垂直从一种介质进入另一种介质（如图4－36所示），汽车从公路进入泥路，汽车的行驶方向垂直于两种路况的分界线。汽车的两个前轮同时从公路进入泥路，速度都减小，但始终相同，因此汽车行驶方向不变，速度降低。光从真空垂直射入一种介质，和上述汽车情况相同，光速减小，传播方向不变。光以一定夹角从一种介质进入另一种介质（如图4－37所示），汽车从公路进入泥路，行驶方向和两路况的分界线成

① 黄本武：一本美国教科书中《光的折射定律》的不同教学思路，中学物理教学参考2012年第Z1期。

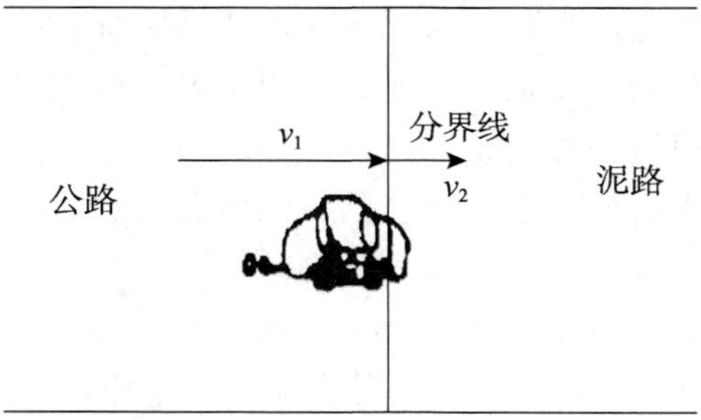

图 4 – 36

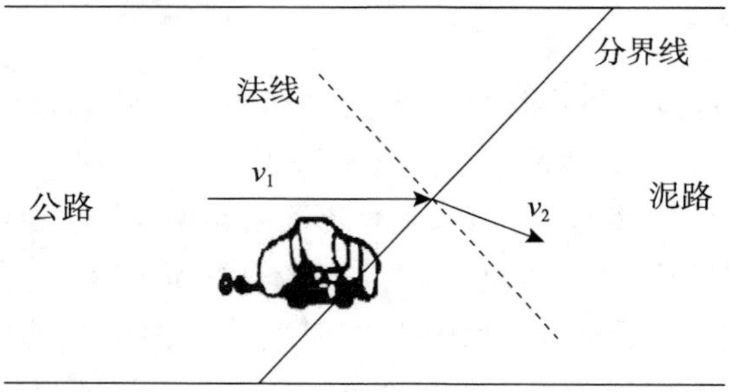

图 4 – 37

一定角度。汽车的前方右轮先进入泥路，速度减小，此时，前方左轮尚未进入泥路，速度不变，则汽车将向右偏转，转向靠近法线。当汽车完全进入泥路后，前方两轮速度相同，汽车行驶方向不再变化，将沿新的直线运动。

以汽车的运动类比光的传播，汽车在不同路面上行驶类比光在不同介质中的传播，让学生更加直观形象地理解光的折射规律，这种教学方法遵循了学生对物理知识的认知规律。汽车的类比完全符合惠更斯原理中对光折射的解释。

5. 水中鱼的像在鱼的正上方吗，这个像是虚像吗

有人认为，鱼身上某点发出的光线进入空气后，产生的折射光线与反向延长线都相交于一点，且位于鱼的正上方，所以这个像是虚像。这种说法对吗？首先，我们来看一下平面镜成虚像的原理（如图 4 – 38 所示），点光源 *S* 射向平面镜的光线经平面镜反射后，反射光线的反向延长线交于像 *S*。所有经平面镜的反射光线的反向延长线都会聚到这个像点。这些反射光线好像是从像点射出似的，所以把这些光线叫作同心光线。当光从水斜射入空气中时，会发生折射，但鱼身上某点发出的所有光线进入空气后的折射光线，其反向延长线并不相交于一点，而是形成很多个“交点”，也就是说折射光线不再是同心光线，而且入射方向越倾斜，折射光线的像散越显著。从水面上方沿着垂直方向观看物体时，见到的像还算清晰，沿着倾斜角较大的方向观看时，像的清晰度由于像散而受到破坏，所以我们看水中的物体大多是变形的。如图 4 – 39 所示，从左上方看鱼的像在鱼的左上方；从右上方看鱼的像在鱼的右上方；从正上方看鱼的像在鱼的正上方。类似地从水中看岸上的景物也是变形的。以上所说的光的折射成像和小孔成像有一点类似。因为不是同心光线，所以所成的像并不是一个确定的像点，故不是物理意义上的“像”。物理学中的“像”应不随观察者的位置而改变，是客观存在的。而水下的鱼所成的“像”会随观察者位置的变化而改变，所以严格来说，水中的鱼的“像”并不是我们通常意义上的虚像。

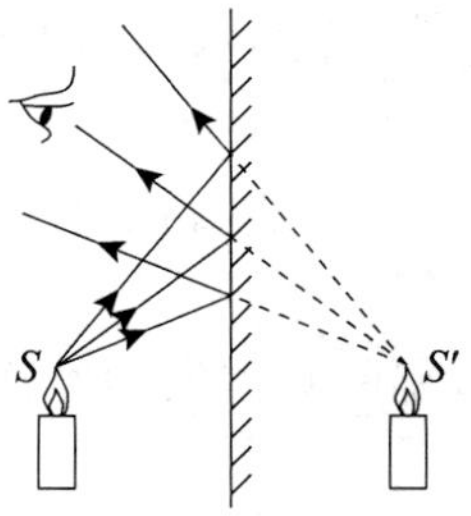

图 4－38

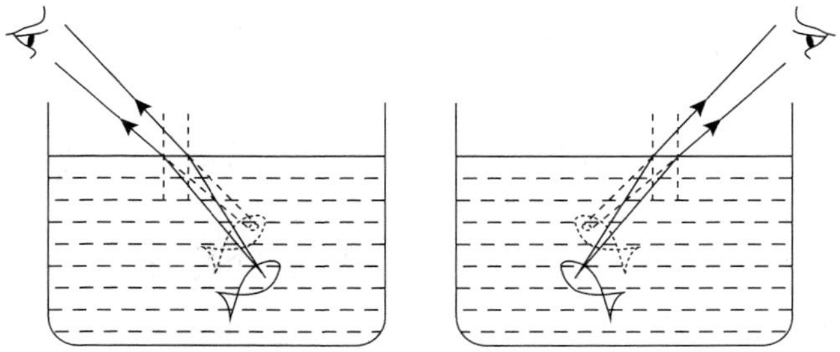

图 4－39

6. **折射成像探讨**①

从光的折射定律出发，定量研究了水池底部经过水面折射成像的规律，得到了水池底部折射成像的轨迹方程，并绘制了水池底部经过水面折射所成的像。通过观察发现，在观察点的正下方，池底的折射成像最深，由正下方向四周逐渐变浅。理论分析结论与我们在泳池和浴池内的实际观察结果相吻合（如图 4－40 所示）。

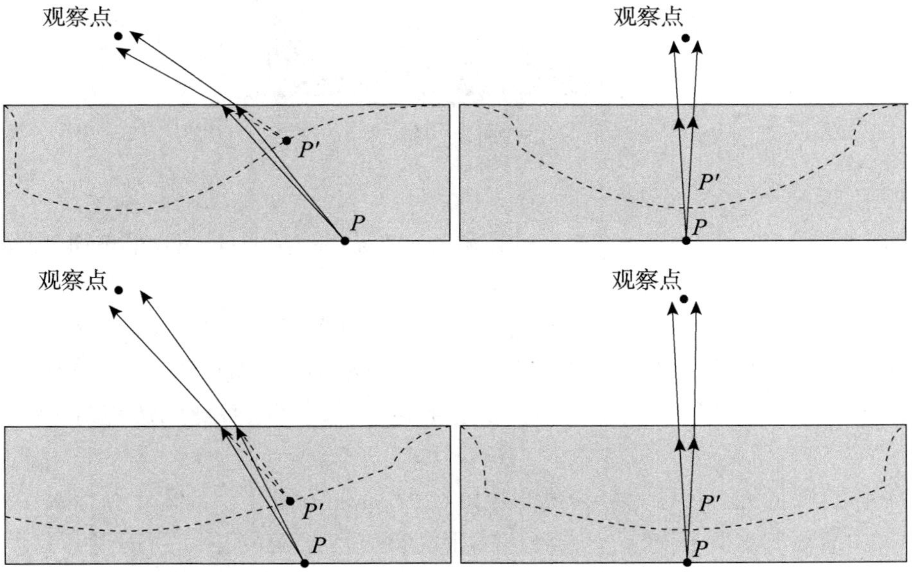

图 4－40

正是由于光的折射，观察者看到水平池底的像不再是水平的，观察者正下方池底的像最深，四周池底的像逐渐变浅，最远处池底的像与水面趋于重合，构成一条不可

① 张怀华：水池底部折射成像规律的定量研究．中学物理教学参考，2019 年第 9 期。

思议的美丽曲线。原本水平的池底看起来不再水平，原本竖直的池壁看起来不再竖直，呈现出一种奇妙的光学景象。这种光学景象还与观察者所处的位置密切相关，观察者所处的位置一旦改变，看到的景象也随之改变，景随人动，变化万千。

7. 透镜的几个课外活动

（1）在玻璃板上滴一滴水，通过水滴看玻璃板下报纸上的字。描述水滴的形状，解释所观察到的现象。

（2）在一个圆形烧瓶或废旧白炽灯泡壳内装满水，放在太阳光下，能否找到焦点。用它来观察物体，描述观察到的情况。

（3）用碟子盛水，在冰箱中制造一个冰凸透镜，你能用它做哪些观察实验？你能制出冰凹透镜吗？

（4）观察会聚光锥和发散光锥。

实验器材：电源、平行光源（或太阳光）、凸透镜、凹透镜、暗箱（备注：光在会聚或发散时，用装满茶叶水的大可乐瓶来显示光路，可引起学生的兴趣）、烟雾发生器（如图 4－41 所示）。

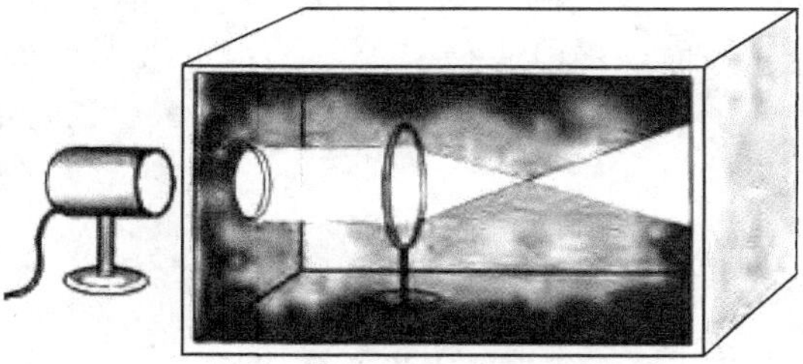

图 4－41

实验步骤：

①将凸透镜放在暗箱内，接通平行光源的电源后将其对准暗箱左侧的进光圆孔。

②将烟雾发生器产生的烟雾充入暗箱。

③接通电源，调节平行光源和凸透镜的位置，使圆柱状平行光和凸透镜的主光轴在一条直线上，从暗箱的前窗向里可以看到平行光透过凸透镜形成的立体光锥。

④将暗箱中的凸透镜换成凹透镜，重复上述步骤，可以看到凹透镜对平行光的发散现象。

⑤制作水膜透镜。用回形针绕成一个内径为 3mm 的圆环，将圆环在清水中浸一下取出，布满圆环的水膜犹如一个透镜。试用简易方法来辨别它是凸透镜还是凹透镜。轻轻甩去少量水后，它是凸透镜还是凹透镜呢？此实验的设计思路为：可以根据时间决定是否请学生上台展示，学生通过冰透镜、水透镜更加了解透镜，并经历辨别水膜透镜是凸透镜还是凹透镜的过程，可加深理解前面所学内容，并通过讨论几种方法的优劣得到最佳方案。

8. 测量凸透镜的焦距

通过实验加深学生对凸透镜焦点和焦距的认识，培养学生的动手能力和学习兴趣。

若没有现成的平行光源，应尽可能用带有聚光功能的手电筒，使手电筒发出的光尽可能是平行光。还可以把学生带到室外（因这是本节课的最后一个教学环节），用太阳光找凸透镜的焦点，或者把“测量凸透镜的焦距”作为一项课外作业，上课时把凸透镜发给学生，让学生在课后完成。要注意强调学生，千万不要透过凸透镜观察太阳，以免损伤眼睛。在测量凸透镜的焦距时，由于刻度尺不便于直接测量焦点到透镜中心的距离，因此可借助圆规来测量焦距。具体方法：先把圆规的金属笔尖放在焦点上，再用圆规的另一只脚去接触凸透镜的中心（如图 4 – 42 所示），然后用尺子测量这两个点之间的距离，这个长度就是凸透镜的焦距。关于“影响测量准确度的主要因素有哪些”这个问题，答案是开放的。要让学生结合实验感受讨论回答。如入射光线不一定正好平行于凸透镜的主光轴，焦点不一定找准，光心不一定找准，凸透镜有一定的厚度（非薄透镜）等。

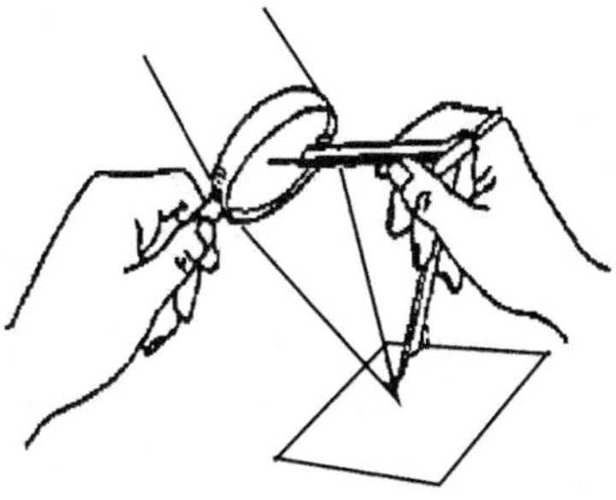

图 4 – 42

9. 透镜的悖论

透镜是对折射规律的应用，在分析透镜折射原理时，以实验激发认知冲突引出隐含规律，并建构全反射概念。如图 4 – 43 所示，此实验中的光束 1、光束 2 由空气射入玻璃，折射光分别射在凹透镜的上下两面，全面反射后实现会聚。光束 3、光束 4 是经上、下表面反射，进而由玻璃射向空气折射后产生的光束。

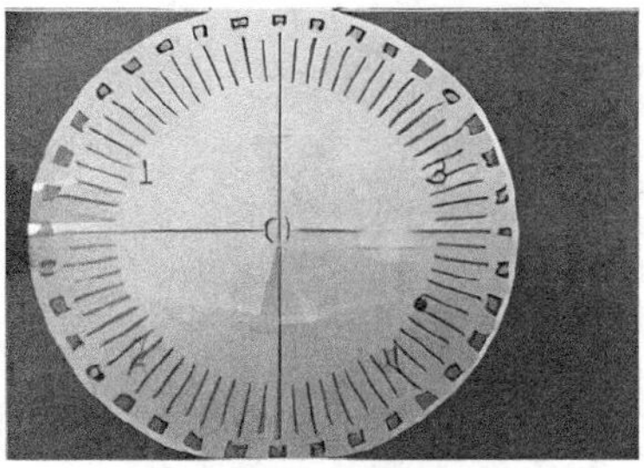

光线射向凹透镜上下表现

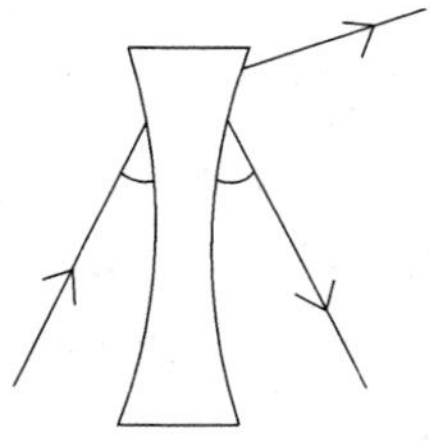

光线在凹透镜上表面发生反射与折射

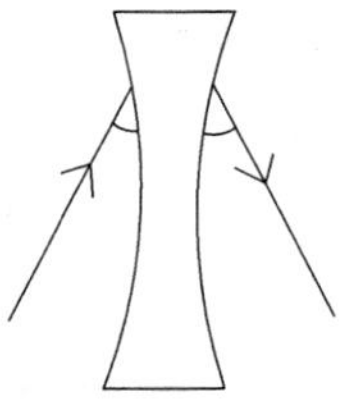

光线在凹透镜上表面发生全反射

图 4 – 43

新的问题再次激发学生的认知冲突，进而激发学生的探究欲望，让学生积极融入课堂，物理课堂教学的生命力即刻显化，教师只需顺势点拨，即可助其思维深化和升华。为保证光路清晰可见，课堂演示可利用光子打到颗粒状烟雾上发生散射现象，采用示踪法呈现光路。教师在透明的封闭盒中进行演示实验，点燃熏香后，便清晰立体地显现出了光束行进的路径。将入射光射向透镜上表面，随着光束入射角度的变化，光束 6、光束 7 的亮度随之发生变化，变换至一定程度，光束 7 已不存在，而光束 6 则变亮。此时入射光由空气射入玻璃后的折射光射在上表面被全部反射，反射光又于玻璃射向空气时发生折射，就出现了实验现象。

“凸透镜对光有会聚作用”和“凹透镜对光有发散作用”这两句话其实不完整，还要看将它们放在什么介质中。如果将它们放在空气中，则凸透镜对光有会聚作用，凹透镜对光有发散作用。如果将它们放在其他介质中，凸透镜对光不一定有会聚作用，凹透镜对光不一定有发散作用。如果这种介质的折射率大于透镜的折射率，凸透镜就会对光有发散作用，凹透镜对光就会有会聚作用（如图4－44所示）。如果这种介质的折射率等于透镜的折射率，则透镜对光的传播方向不起作用。学生从小学接触凸透镜时，教师就讲“凸透镜对光有会聚作用”“凹透镜对光有发散作用”，到了初中、高中依然如此。同时，教师在实验中，将凸透镜对着太阳光，会发现凸透镜将太阳光会聚到一个点，这时若将一张纸放在这个点，一段时间后，此处的纸就会被烤焦，甚至燃烧起来，这就更加深了学生对“凸透镜对光有会聚作用”这个原理的认识。长期如此，学生就形成了不准确的科学概念和思维定式（凸透镜对光只起会聚作用）。这些不准确的认识在长期的学习中不断地被强化，使学生难以把握物理问题的本质，进而使他们对透镜的认识只局限在狭小的范围内。

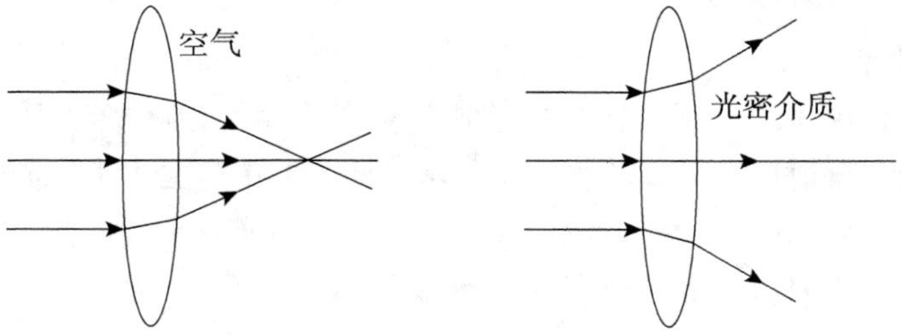

图4－44

10. 自制照相机和幻灯机模型

实际使用的照相机和幻灯机因不能随意拆卸，不便于了解内部构造，教师可以用模型或挂图配合讲解。没有照相机和幻灯机模型时，也可以用烛焰、凸透镜和光屏制作一个简易模型来代替。烛焰相当于物体，凸透镜相当于镜头，光屏相当于胶卷。被拍照的物体到镜头的距离要远远大于镜头的焦距，才能在胶卷上得到倒立缩小的实像。让学生交流自己照相的体会，可以提高兴趣，活跃思维。也可以让学生观察给同一景物所拍摄的近景和远景照片，并提出问题，如：这两幅照片是怎样拍成的？为了使照片上的人像大一些，人应该离照相机更远一些，还是更近一些？通过自制模型照相机和幻灯机，学生对利用凸透镜成缩小或放大的实像有较直观、深刻的印象，同时提升了动手能力。

11. 测量近点

让学生两眼盯着教材，观察教材上的字（或图片），然后把教材慢慢移近眼睛，发现了什么？当眼睛看不清教材上的字时，估测眼睛到教材的距离。利用学过的物理知识，让学生解释观察到的现象。照相时，照相机镜头与被拍摄物体的距离不能太近，让学生说一说这是什么原因。

12. 模拟眼睛案例

取一个容量是100mL或150mL的球形烧瓶（烧瓶的球形部分直径分别约为6.69cm

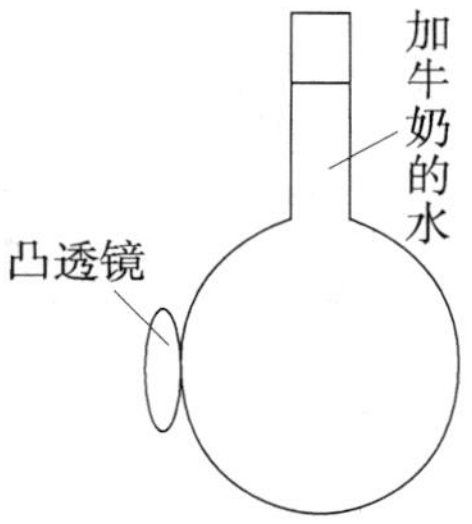

图 4－45

和 7.48cm)，在瓶内装水至瓶颈部位，并在水中加入数滴牛奶，使瓶内水呈淡乳白色，便于显示光路。在紧靠瓶外壁部分用透明胶带固定一个凸透镜 A，形成一个眼睛模型（如图 4－45 所示）。模型中的凸透镜 A 相当于眼睛的晶状体，瓶内的水相当于玻璃体，而正对凸透镜 A 的瓶后壁则相当于视网膜。

当凸透镜 A 的焦距是 10cm 时，用平行光照射，正好会聚在瓶后壁，这是正常眼睛的模型。当凸透镜 A 的焦距是 13cm 时，平行光会聚在瓶后壁外，是远视眼模型。如果在凸透镜 A 之前再加一个焦距是 30cm 的凸透镜（老花镜)，平行光又被会聚在瓶后壁的“视网膜”上，即远视眼得到了矫正。当凸透镜 A 的焦距是 5cm 时，平行光会聚在瓶内，是近视眼模型。如果在凸透镜 A 前加一个 9cm 焦距的凹透镜（近视镜)，则平行光会聚在瓶后壁的“视网膜”上，即近视眼得到了矫正。综上所述，实验中的两个平行光束间距在 1.5cm 左右为好；实验中的透镜也可用度数合适的眼镜代替。

实验中应准备正常眼睛、远视眼睛、近视眼睛三个模型，宜在演示过一种眼睛后，在同一烧瓶外换另一个凸透镜，使其变成另一种视力的眼睛模型。另外，最好能准备几个焦距不同的矫正用的透镜，实验时换用透镜，以达到较好的效果。

教学中，按教材所述制作眼睛模型时，所用透镜的焦距都配套齐全，这往往有一定困难，因此需要发动学生自制另一种眼睛模型。具体操作为：取一块平板，在中间部位固定一个凸透镜（焦距在 10～15cm 均可)，将其作为晶状体，然后画出眼球形状，视网膜位于凸透镜焦点处，这是视力正常的眼睛示意图。如果换焦距长一些的凸透镜，则是远视眼的示意图。若换焦距短一些的凸透镜，则是近视眼示意图。因为眼球的大小，即“视网膜到晶状体”的距离是在板上画出的，其大小完全可以根据被当作晶状体的凸透镜焦距而定，这样选择凸透镜就容易多了。探究实验步骤与前面的实验相同。

13. 自制简易水透镜①

实验器材：长宽厚参数 70cm×10cm×0.1cm 的不锈钢 1 块，挂钩 1 个，弹性好的无色透明气球 1 个，LED“F”光源、光屏各 1 个，100mL 注射器 1 个，内径约 3mm、外径约 5mm、长约 4cm 的亚克力管 1 节，内径约 5mm、长约 50cm 的橡胶软管 1 根，废旧近视眼镜、远视眼镜各 1 副，长、宽约为 80cm×25cm 长木板 1 块，长、宽约 9cm 的正方形白色薄塑料板一块。

制作方法：将不锈钢块制作成如图 4－46 所示形状的一个支架。其中 *AB* 高 8cm，*BC* 高 8cm，支架最宽处的距离为 16cm，支架高 18.5cm，支架右半部分与左半部分对称。对不锈钢环形支架做进一步加工，配置部件，整体成形（如图 4－47 所示)。在支架左侧竖直的位置，打一个直径为 6.5cm 的圆洞，方便模拟晶状体，在支架右侧竖直的位置，开一个 7cm×7cm 的正方形洞，用来模拟视网膜及方便光屏前后移动，往

① 张育霞：近视眼和远视眼的成因及矫正演示仪．物理通报，2016 年第 1 期。

一个透光度好、弹性好的气球里注入凉开水，即可制成一个水透镜。在水透镜封口中插一节准备好的亚克力管，用一根橡胶软管将亚克力管和一个注射器针头相连，将封口处用细线绑紧，便可进行注水和抽水。在支架左上端的弧部外侧，焊一个挂钩，用来挂水透镜，为了美观，可以给环形支架喷上米黄色的油漆。

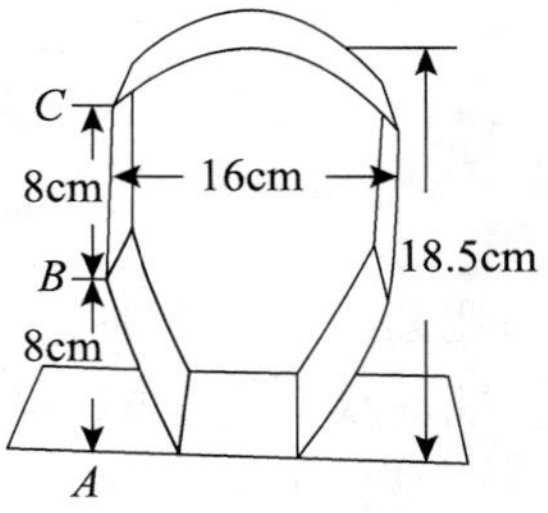

图 4－46

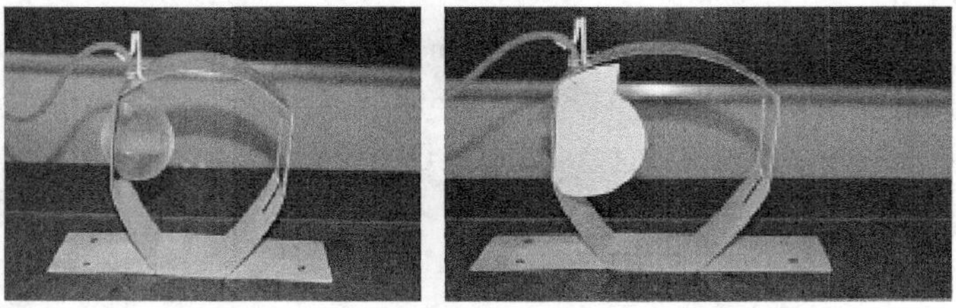

图 4－47

14. **近视眼和远视眼成因及矫正模拟实验①**

（1）实验器材

①激光指星笔 2 支：工作电压 3.7V，输出功率 0.1W，具有光束强、抗杂光干扰性好等优点。

②有机玻璃圆筒（或液体内部压强器材改制）：外径 11cm，内径约 10.5cm，高约 45cm，下端开口，以便在实验前点燃蚊香。如图 4－48 所示，距上端开口 1cm 处有一个圆环形的挡板，可放置各种规格的透镜，并且可以展示多个透镜对光的作用。挡板中间 4cm 处的圆孔刚好使平行光束透过，避免教具本身对光的影响。圆筒侧壁附有刻度尺，以便读数或测焦距，离上端开口 10cm 处有一圈红色标记作为视网膜。

③透镜组合：凹透镜（直径 10cm，1 块）、凸透镜（直径 10cm、焦距 25cm，2 块；直径 4cm、焦距 10cm，1 块）。

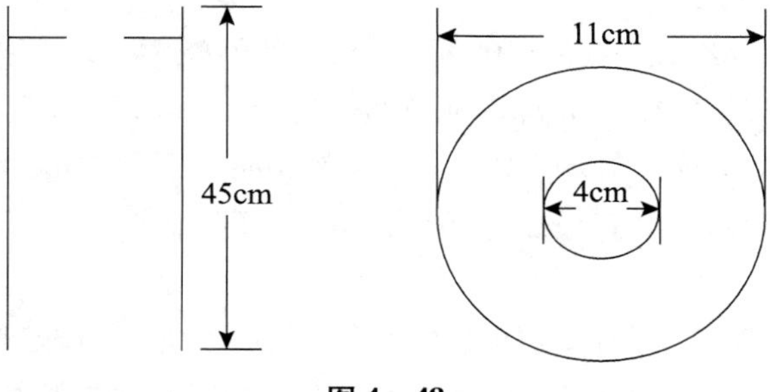

图 4－48

（2）实验操作

①将装置充满蚊香，约 30s，以蚊香溢出上端开口为充满标志。

① 崔飞春："近视眼和远视眼成因及矫正"模拟实验的改进．中学物理教学参考，2014 年第 9 期。

②将焦距为10cm的凸透镜作为晶状体放在挡板上，再放上直径为10厘米的凹透镜作为近视眼镜，平行光射入，使像恰好成在红色标记的视网膜上。

③将凹透镜取下，平行光射入，像成在视网膜之前，由此可以说明近视眼是由于晶状体凸度过大或前后径过长，而成像在视网膜之前。

④将焦距为25cm的凸透镜作为晶状体放在挡板上，再放上直径为25厘米的凸透镜作为远视眼镜，平行光射入，使像恰好成在红色标记的视网膜上。

⑤将凸透镜取下，平行光射入，像成在视网膜之后，由此可以说明远视眼是由于晶状体凸度过小或前后径过短，而成像在视网膜之后。

15. 自制望远镜和显微镜

实验器材：两个焦距不同的凸透镜和一个凹透镜。焦距75mm、直径30mm的凸透镜，焦距30mm、直径30mm的凸透镜，焦距30mm、直径30mm的凹透镜和光学成像盒，可以组合成望远镜和显微镜。

望远镜和显微镜对于许多学生而言是比较陌生而充满神秘感的，因此学生在得知本节课的内容后通常会产生较为浓厚的兴趣。教师可以鼓励学生提出对望远镜与显微镜的一些疑惑，让全体学生进行交流与讨论，如果未得到解决，则可以让学生带着这些问题，进入动手操作阶段。因为这个操作比较简单，教师不必限定学生的操作规程，只需给予学生足够的自主空间。在操作之前，可以强调实践活动过程中的注意事项：禁止学生用手触摸透镜的玻璃表面，以免玷污，应养成爱护实验器材的习惯；要避免学生将调整好的望远镜直接对着太阳观察，防止太阳光灼伤眼睛。在操作过程中，因为透镜比较多，可以鼓励学生做不同的尝试，包括采用两个凸透镜、一个凸透镜和一个凹透镜、多个透镜等多种组合，其中还可以对透镜焦距做选择，对观察方向做选择等。在实现望远或者显微功能后，可以让学生改变两个透镜之间的距离，观察望远或显微效果的变化。在各组学生都已经调整好自己的望远镜之后，可以让学生观察同一个物体，如在实验室的讲桌上立起一本书，让学生用望远镜观察上边的页码等，提高学生的动手能力。在操作基本完成之后，让学生回顾自己的操作心得，总结出望远镜（显微镜）的基本零部件，并回答动手做之前提出的问题。学生的回答往往是不完整的，教师应给予总结。但是对于望远镜与显微镜的原理的剖析，已经超出课程标准要求的范畴，不做深究。

16. 自制水滴显微镜

如图4－49所示，把一个带针孔的硬纸板平放在两块橡皮上，离桌面大约15mm。在针孔上滴一滴水，水滴的直径是4～5mm。在橡皮下铺一张白纸，在纸上画一个极小的箭头，作为观察对象。透过这个小水滴，应该看到一个和原来方向相反的放大了的箭头（如果不是这样，就要调整水滴跟桌面的距离，或者改变水滴的直径）。这是一个被水滴放大了的实像。然后再用一只放大镜来观察水滴，改变放大镜和水滴之间的距离，找到一个合适的位置，可以看到一个清晰的被放得很大的箭头。再将箭头换成一些细盐粒，可以发现，每一个小粒盐都是一个正方体。显微镜光路如图4－50所示。

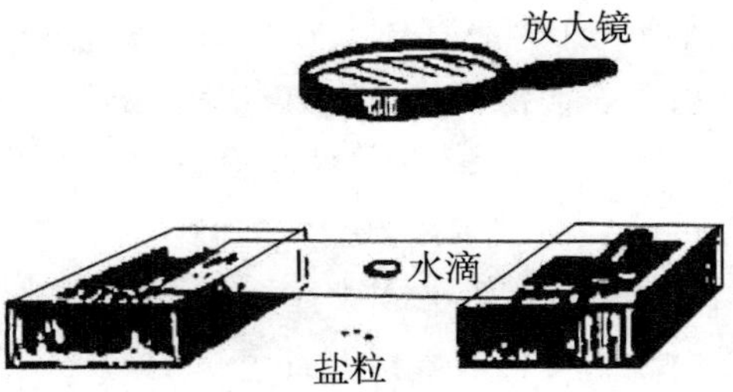

图 4－49

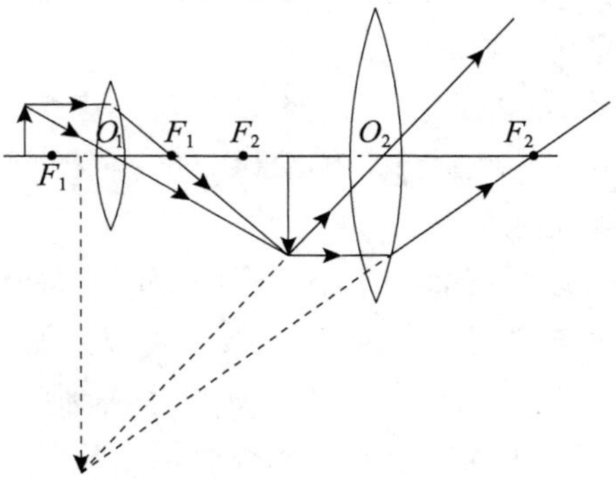

图 4－50

17. **眼睛看物体、看虚像、看实像原理**①②③

人眼看物体类似于凸透镜成像，晶状体相当于凸透镜。只有从物体发出的光线最终会聚在视网膜上，眼睛才可以“看”到物体。人眼看物体时，物体上任何一点都会向四面八方发出（或反射出）无数光线，且一定会有一部分光线进入人的眼睛，这部分光线被晶状体折射后可以会聚在视网膜上（晶状体富有弹性，可以调节焦距使光线会聚），于是人眼就看到了物体上的这个点（如图 4－51 所示）。

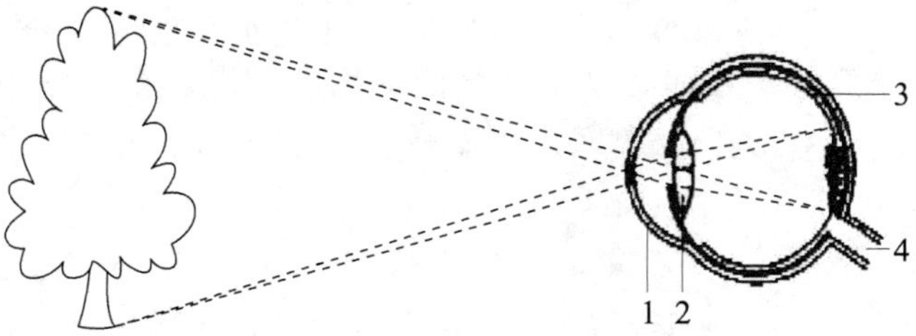

图 4－51

① 宋馨瑶：眼睛直接看实像的研究．物理教学，2015 年第 2 期。

② 任少铎：有光线进入眼睛人就一定会看到物体吗？——对镜面反射与漫反射的深度分析．物理教学，2019 年第 10 期。

③ 陈栋，季卫新：研究性备课：初中物理核心素养之学生思维能力的培养——以“凸透镜成像的规律”重难点突破为例．物理教师，2019 年第 4 期。

在所有成实像的情况下，像上的任何一点一定是由实际光线（由物体上对应的点发出的）会聚而形成的，如果从物体某点发出的光线不能在光屏上会聚，那就无法成像。天晴的时候，阳光照到大树上，大树会把光线反射出去，并且有一部分由窗户进入室内照射在墙壁上，由于大树反射的光线无法在墙壁上会聚，因此墙壁上没有大树的像，只有用凸透镜将由大树每个点发出的一部分光线会聚在墙壁上，大树的像才可以呈现在墙壁上。晶状体只能将平行光或点状发散光会聚在视网膜上。显然，凸透镜只能将平行光或点状发散光（由同一点发出的发散光）会聚在光屏上。而对于其他杂乱无章的光线，凸透镜并不能将其会聚在光屏上，因此无法成像。同样，晶状体也无法将杂乱无章的光线会聚在视网膜上，因此，杂乱无章的光线虽然可以进入眼睛，但眼睛“看不到”像。如夜间，打开房间的灯，房间就变得明亮起来，即使眼睛不看灯泡，但眼睛接收到的所有的光线也都可以认为是由灯泡发出的，只是这些光线被反射得杂乱无章，因此无法在视网膜上会聚形成“灯泡”。综上所述，镜面反射使我们之所以“看”到的是物体，是因为由物体上的点发出的光最终在视网膜上会聚，因此视网膜上是物体的像。漫反射使我们之所以“看”到的是反射面，是因为在视网膜上会聚成像的光线都来自反射面上的点，因此在视网膜上成的像是反射面。

用大口径短焦距凸透镜，在不经光屏的情况下，很容易看到透镜所成的实像——将要观察的物体置于凸透镜的2倍焦距之外，人的眼睛与像的距离大于明视距离25cm，即可在透镜与人眼之间的空间内看到物体倒立清晰的实像。需要说明的是，由于实像呈现在透镜与人眼之间某处的空间内，实像处无参照物可寻，而且像是“透明”的，透过实像可以看到实像“隔壁”的透镜。所以，多数人通过凸透镜观察空间内的实像时，总认为像在透镜的“里面”，而将眼睛“盯”向凸透镜的另一侧，结果所看到的只能是一个“模糊”的实像。这就如同本来想看清面前自己的一根手指，眼睛却不听使唤地往远处的一棵大树上“瞄”，所看到的手指必然是模糊的。对此解决的办法有很多种，比如，先让实像呈现在半透明的屏幕上（一般不太厚的纸张均可），人在屏幕的背面，用眼睛“盯”住实像，保持眼睛的“焦距”不变，再慢慢向上撤去屏幕，即可在透镜这侧的空间内看到物体清晰倒立的实像。为避免受其他光线的影响，夜里看电视时，关闭室内其他光源，取一只大口径短焦距凸透镜，将电视画面作为发光体（用带有灯罩的台灯亦可），做不用光屏看实像的实验，效果非常好，我们将会在透镜与眼睛之间的空间内看到一个缩小的彩色画面，只可惜是倒立的。

不用光屏看实像与用光屏看实像相比，除观察范围受影响外，更大的区别是，我们可以在空间内看到发光体“立体”的实像，就是人们现在常说的“3D效果”。我们知道，尽管发光体是立体的，但屏幕上所接收到物体的实像是平面的。平面的屏幕不可能将占有一定空间的立体状物体（比如长方体）的整个实像，全都清晰地呈现出来，因为物体的各部位到透镜的距离不尽相同，所以对应像的部位的像距也不相同。其中某一部位的像在屏幕上足够清晰时，其余部位的像将会变得模糊起来。我们在电影或电视画面中常常看到这样的镜头：与画面距离明显不同的两人，当其中一个人的面孔清晰时，另一个将是模糊的，原因与此相同。而不经光屏直接于空间内观察物体在凸透镜中所成的实像，像的各部位都会“清晰可见”，并且是立体状的。选择大口径、短焦距透镜的目的，就是能使人的两只眼睛可以同时看到发光体的实像，而且由于两只眼睛位置不同，所看到的实像的角度会略有差别，从而呈现立体的效果。否则，如果透镜太小，人的两只眼睛不能同时看到实像，不但感觉不舒服，而且没有立体感了。

眼睛在如图 4－52 所示的阴影区域时，才能看到和光屏上接收到的一样的实像。眼睛、凸透镜、物体要大致在一条直线上，否则光线不能进入眼睛，人眼就看不到像。但是并不是只要在这个区域就一定能观察到实像，眼睛和实像之间还需要有足够的距离。在这个区域观察实像 S'，等于把一个和倒立的实像大小形状一样的物体放在 S'处被眼睛看到。

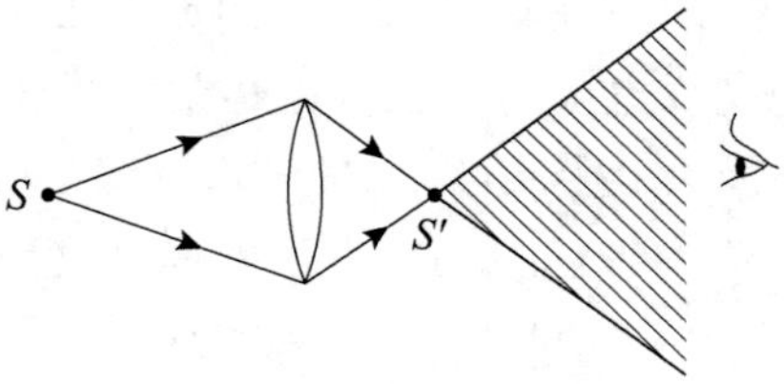

图 4－52

如图 4－53 所示，光线可以通过眼睛成像系统的调节将像刚好成在视网膜上。此时，我们看到的实像的大小形状位置和光屏接收到的实像完全一样。

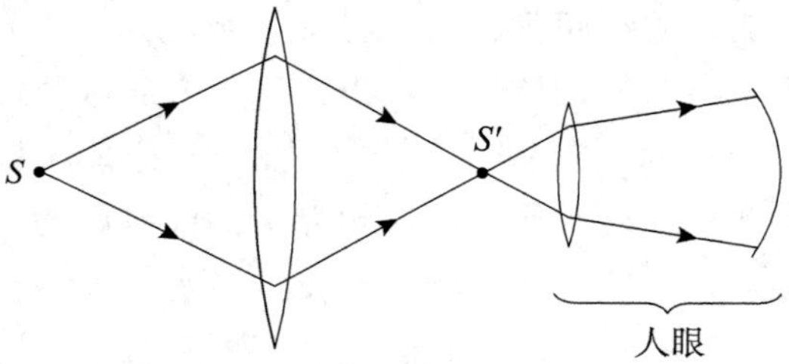

图 4－53

眼睛在实像位置附近时看不到像，如果眼睛与像 S'距离太近，相当于看近处的物体，而太近的物体眼睛是看不清的。由于眼睛调节功能有限，无法将光线会聚到视网膜上，因此会在视网膜上形成一个光斑（如图 4－54 所示）。所以如果眼睛到像 S'的距离太近，或者眼睛的位置刚好在像 S'的位置时，这时通过凸透镜会看到一团光，但无法看到清晰的像。因此需要用眼睛直接看实像时，要求学生手臂伸直，这样能够保证眼睛和实像之间有足够的距离。

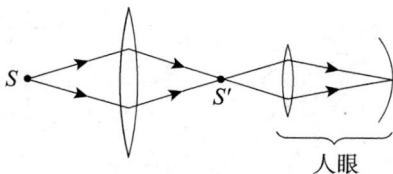

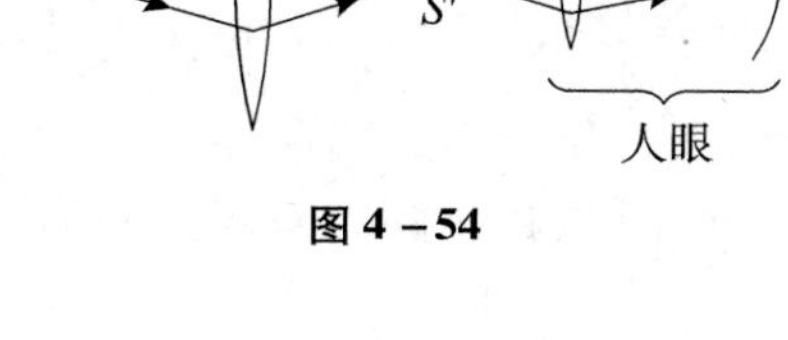

图 4－54

眼睛距离凸透镜很近时，看到了正立的像，此时若眼睛越过像的位置继续向凸透镜靠近，在如图 4－55 所示的阴影区域，当眼睛离凸透镜较近时，会看到一个正立的像。原理如图 4－56 所示，若不考虑眼睛成像系统，实像应成在 S' 处。当眼睛在像 S' 位置的前方时，眼睛成像系统会对光线再次会聚。当位置合适时，眼睛能通过晶状体的调整，将光线会聚在视网膜上，于是在视网膜上就形成了一个倒立的像 S''。然后人的大脑会将视网膜上的像再颠倒一次，于是我们就看到了正立的像。

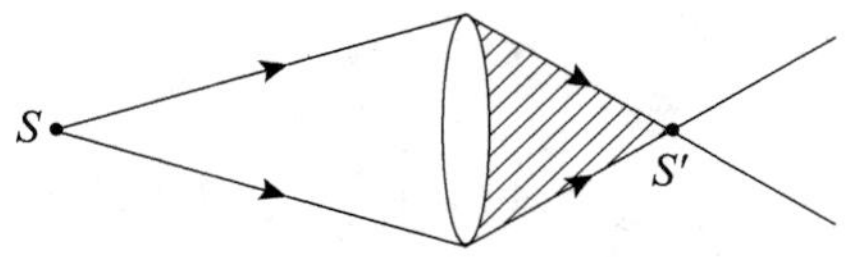

图 4－55

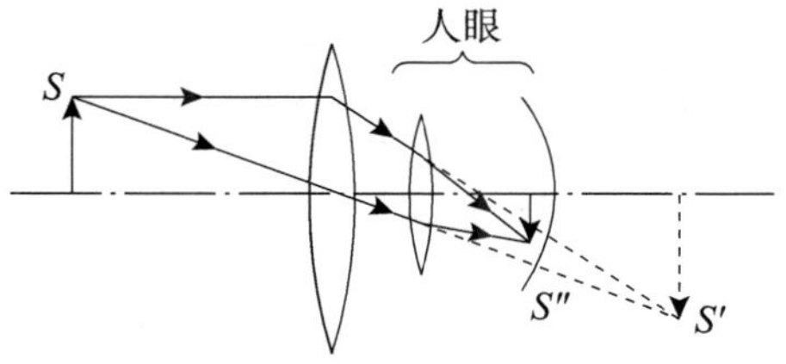

图 4－56

第五章　物体的运动

一、课标分析

（一）课标要求

本章内容对应2022年版课标课程内容一级主题“运动和相互作用”“实验探究”下的二级主题“多种多样的运动形式”“机械运动和力”“测量类学生必做实验”的内容，涉及的学科内容与日常生活和自然现象联系密切。课标要求如下：

2.1　多种多样的运动形式

2.1.1　知道机械运动，举例说明机械运动的相对性。

2.1.3　举例说明自然界存在多种多样的运动形式。知道物质在不停地运动。

活动建议：

（1）观察生活中的机械运动现象，说明机械运动的相对性。

（3）以神舟九号载人飞船与天宫一号目标飞行器成功交会对接为例，讨论机械运动的相对性。

2.2　机械运动和力

2.2.1　会选用适当的工具测量长度和时间，会根据生活经验估测长度和时间。

例1　会利用自身的尺度（如步长）估测教室的长度。

例2　了解我国古代测量长度和时间的工具，体会古人解决问题的智慧。

2.2.2　能用速度描述物体运动的快慢，并能进行简单计算。会测量物体运动的速度。

活动建议：

（1）查阅资料，了解我国高速列车的运行速度，以及铁路交通的发展进程。

（2）查阅资料，了解中国空间站在太空中飞行的速度大小。

4.1.4　用刻度尺测量长度，用表测量时间。

例4　用刻度尺测量物理教科书的长和宽，利用具有秒表功能的设备测量自己脉搏跳动30次所用的时间。

4.1.5　测量物体运动的速度。

例5　用秒表和刻度尺，测量小球通过某段距离的速度。

（二）课标解读

将课标要求与核心素养的要求进行对比理解，课标中的2.1.1和2.1.3强调了对学生物理观念和科学思维素养的要求。要求学生有基本的运动观，了解机械运动，能够解释自然界的有关现象，解决日常生活中的有关问题，知道物体的运动具有相对性。基于观察和实验，知道匀速直线运动是一种物理模型，能在解决实际问题时引用证据，具有使用科学证据的意识。课标中的 2.2.1 和 2.2.2，既有对学生物理观念素养的要求，又有对学生科学推理、科学探究素养的要求。要求学生能正确使用刻度尺测量物体长度，利用秒表测量时间，在实验中获得实验数据，在应用中强化物理观念，让学生经历比较运动快慢的实验，在科学推理、科学论证中培养学生严谨认真、实事求是、质疑创新的科学态度。本章融会了课标中的“科学态度与责任”，通过“我国古代的测量时间空间的工具”“高速列车的速度”“铁路交通发展”“中国空间站在太空中的飞行速度”，以中国传统文化和祖国科技的发展为背景，增强学生的民族自信心和民族自豪感，引导学生关心科学技术的新进展，关注科技发展给社会带来的影响，逐步树立正确的世界观，同时渗透爱国主义教育。

二、教材分析

（一）各版本教材对比

六个版本教材中，物体的运动内容都放在八年级部分，北师大版、教科版、沪科版三个版本将分解到两章内容中，章节安排详见表 5－1。

表 5－1　　各版本教材章节安排

教材版本	章次	节名称
人教版	第一章	1.1 长度和时间的测量；1.2 运动的描述；1.3 运动的快慢；1.4 测量平均速度
北师大版	第二章 第三章	2.1 物体的尺度及其测量；3.1 运动与静止；3.2 探究——比较物体运动的快慢；3.3 平均速度与瞬时速度；3.4 平均速度的测量
教科版	第一章 第二章	1.2 测量：实验探究的重要环节；2.1 认识运动；2.2 运动的描述；2.3 测量物体运动的速度
沪粤版	第一章 第七章	1.2 测量长度和时间；1.3 长度和时间测量的应用；7.1 怎样描述运动；7.2 怎样比较运动的快慢
沪科版	第二章	2.1 动与静；2.2 长度与时间的测量；2.3 快与慢；2.4 科学探究：速度的变化
苏科版	第五章	5.1 长度和时间的测量；5.2 速度；5.3 直线运动；5.4 运动的相对性

（二）苏科版教材单元内容概述

苏科版教材中，本章教材内容安排在八年级上册第五章。在自然界里，一切物体都在不断地运动着，在各种各样的运动中，机械运动最常见，学生也最为熟悉。学生对本章出现的长度、时间、速度、直线运动等物理概念并不陌生，因此要充分利用学生已有的知识展开对本章内容的学习，让学生了解一些测量的初步知识，掌握一些测量的基本技能，注重“知行合一、学以致用”，体现物理课程的基础性和实践性。

本章知识体系如图 5 – 1 所示：

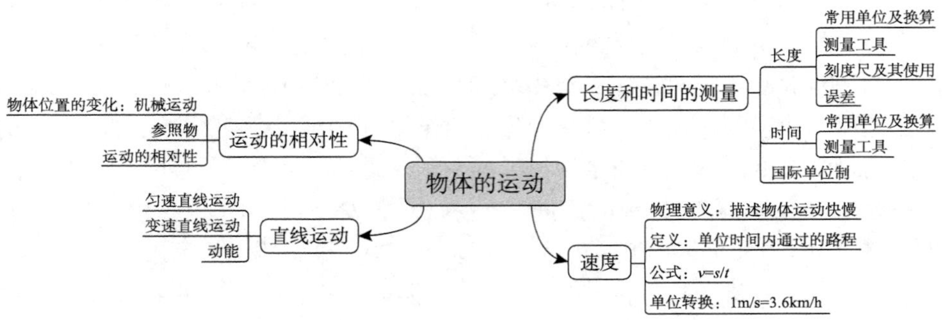

图 5 – 1

三、教学建议

（一）单元教学思路

本章围绕课标中“多种多样的运动形式”和“机械运动和力”这两个主题展开，主要内容包括长度和时间的测量、速度、直线运动、参照物、运动的相对性等。

从教学内容来看，整个单元由浅入深地带领学生进入运动世界，充分考虑到初中生的认知特点，从物理学的角度来描述物体的运动，以身边常见的运动场景导入，让学生经历了从特殊到一般的过程，通过实验探究、分析，得出物理规律。通过本章的学习，学生领悟到世界是运动的，运动是相对的，运动的物体具有能量等更多的物理观念。

本章需要学生掌握测量长度、时间的基本技能和简单的误差知识，让学生知道测量是各项实验的基础，为后续进行其他物理量的测量做好必要准备。通过比值定义法，引导学生方便地比较两个物体运动的快慢，建立速度的概念。这样不仅可以加深概念的理解，还能提高运用数学工具处理问题的能力，在以后的学习中还将学到很多由两个或两个以上物理量来定义的新物理量。

（二）课时教学建议及教学方式

本章课时教学建议及教学方式如表 5 – 2 所示。

表 5 – 2　　课时教学建议及教学方式

节次	建议课时数	教学方式
第一节	2 课时	分组实验、谈论法等
第二节	1 课时	演示实验、分组实验、谈论法等
第三节	2 课时	分组实验、谈论法等
第四节	1 课时	演示实验、谈论法等

（三）课例示范

第一节 长度和时间的测量（1）

【课标及教材分析】

本节属于2022年版课标课程内容中一级主题“运动和相互作用”下的二级主题“机械运动和力”的部分内容。课程标准中的相关内容要求为：

2.2.1 会选用适当的工具测量长度和时间，会根据生活经验估测长度和时间。

例1 会利用自身的尺度（如步长）估测教室的长度。

例2 了解我国古代测量长度和时间的工具，体会古人解决问题的智慧。

本条标准有两个要求。一是要求学生会选择合适的工具测量长度和时间。长度和时间的测量是生产生活中最常见、最基本的测量。通过学习，学生要知道长度和时间的单位和换算关系，知道刻度尺的零刻度线、量程和分度值。测量时，学生应会选用适当的测量工具并掌握操作要领，按照要求科学操作。课标中说的“选用适当的工具”，对于长度测量来说，指的是合适的量程和最小分度，如米尺、皮尺等，不要求使用游标卡尺、千分尺等；对于时间测量来说，指的是常用的钟表、体育运动和实验室用的秒表等。知道用测量工具测量物理量时，误差是不可避免的。二是要求学生会根据生活经验估测长度和时间。长度和时间的估测是一种很重要的生活技能，其重要性常被忽略，这里对估测提出了明确的要求。如可以引导学生利用自身的尺度（如步长）估测教室的长度，利用脉搏估测时间。再如，让学生了解我国古代测量长度和时间的工具，感受古人解决问题的智慧。

本节内容为苏科版教材第五章第一节第1课时，教材从生活情境出发，列举出生活中运动的例子，提出为了研究物体的运动，需要测量长度和时间，进而学习有关测量长度和时间的知识，以及使用刻度尺测量物体的长度。

在“生活·物理·社会”板块中，“有趣的人体尺度”告诉学生购买合适袜子的小窍门，还探讨了人体不同部位长度的联系，“知行合一，学以致用”让学生在应用中解决问题。

【学情分析】

学生对长度、时间等物理观念并不陌生，在日常生活中对这些概念非常熟悉，但是缺乏定量研究自然现象的经验，对测量的重要性缺乏认识，因此使学生了解测量的必要性是本节内容首先要解决的问题。本节“比较课桌的长、宽、高”这个活动，使学生认识到人的感觉并不总是可靠的，从而引出使用测量工具或仪器进行测量的必要性。指导学生使用刻度尺时要及时纠正学生平时生活经验中的一些误区。测量长度时学会估读数值，这也是本节的难点。

【教学目标】

（1）知道国际单位制中长度的单位，并知道它与其他单位的关系。

（2）能正确使用刻度尺；经历测量物体的长度的实验过程，知道测量存在误差。

（3）根据日常经验估测长度，体会物理与生活的联系，进一步激发学生学习物理的兴趣。

【教学重难点】

本节知识点比较容易，重难点在于对刻度尺的正确使用，通过活动引导学生建立单位的观念，了解公认的标准量的必要性。指导学生学会对刻度尺的使用，利用刻度尺测量物体的长度。通过测量加深学生对长度的直观感受，能估测日常生活中物体的长度，加强生活与物理之间的联系，激发学习兴趣。

【教学设计】

本节第1课时教学设计具体内容如表5－3所示。

表5－3　　第一节第1课时教学设计

情境	教师活动	学生活动	设计意图
活动1：用古诗引入教学。	教师：请同学们欣赏动画古诗《早发白帝城》。 问题1：这首诗大家在小学时已经学过了，这首诗描述了什么？ 问题2：诗中有哪些词语是描述小船行驶得很快的？ 问题3：从关键词“千里”“一日”中，你能看出诗人对小船的运动情况是从哪两个方面描述的吗？ 教师：很好，飞奔的骏马、绽放的烟花、飞身灌篮的运动员，其位置都在随时间的变化而变化。《早发白帝城》这首诗带我们走进了第五章《物体的运动》，为了研究物体的运动，我们要学会测量长度和时间。今天我们一起来学习长度和时间的测量。	学生：描述船行驶得很快。 学生：千里之外的江陵一日就到了；两岸猿的叫声还没停，小船已经驶过了万重山。 学生：路程和时间。	教师通过一首熟悉的古诗引出机械运动，说明机械运动离不开长度与时间的测量，直接进入主题，简单明了。

续　表

情境	教师活动	学生活动	设计意图
教学中的人文背景。	教师：最初的测量是以人体为标准的，如用人的前臂作为长度单位——“腕尺”。我国古代测量长度的工具有丈杆、测绳、步车和记里鼓车。相传大禹治水时，曾用自己身体的长度作为长度标准进行测量。后来人们由于划分土地的需要产生了距离测量，发明了简单的工具——步弓，如图 5－2 所示。 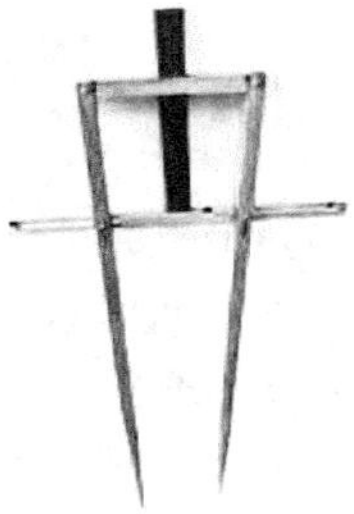 **图 5－2** 教师邀请学生一起用步弓丈量教室的长宽。	学生参与测量活动。	介绍长度工具、测量标准的演变与发展，关注教材的人文背景，融入情感教育。
活动 2：测量概念的建立。	教师：目测黑板的长、宽，并比较它们的长度。 教师：请同学们再目测老师的身高和竹竿的长度，比较长短。 教师：有哪些方法可以证明你的目测结果？说说你的做法。 （学生讨论回答：用手去量、用一段绳子去量、用一拃长去量……） 教师：这些方法的共同之处是什么？ 教师：请一名同学用一拳的长作为标准，再请一名同学用一拃长作为标准，对老师的身高和竹竿的长度进行比较。 教师：用一拳作为标准，有没有证明你们的目测结果？ 教师：将同学们的这些测量结果给外国人看，他们能看明白吗？	学生：长大于宽。 学生议论纷纷，出现三种答案。 学生：都要比较，都选定了一个物体作为标准。 学生：没有。选的标准太大了，测量不精确。 学生：以一拃为标准，证明老师的身高比竹竿的长度长，而且标准选择越小，测量越精确。 学生：不能。因为这些标准不是统一的、公认的标准。	通过寻找身体上的尺子这一活动，学生对长度、科学地测量建立了具体的概念，加深了对长度单位的认识。 通过寻找统一标准的过程，锻炼科学思维，体现制定公认标准的必要性。

续 表

情境	教师活动	学生活动	设计意图
长度的概念。	(1) 想一想在小学学过的长度单位有哪些? (2) 它们之间的换算关系是怎样的? (3) 自学教材后,你们还知道哪些新的单位? 归纳总结:在国际单位制中,长度的单位是米,符号为 m,常用长度单位还有千米 (km)、分米 (dm)、厘米 (cm)、毫米 (mm)、微米 (μm)、纳米 (nm)。它们同米的换算关系为: $1km = 10^3 m$, $1mm = 10^{-3} m$, $1dm = 10^{-1} m$, $1\mu m = 10^{-6} m$, $1cm = 10^{-2} m$, $1nm = 10^{-9} m$。 例题:下面是小亮同学做的长度单位换算的几个算式,请指出他在换算过程中的错误,并写出正确的算式。 $5.2m = 5.2m \times 100 = 520cm$ 强调:进行单位换算时,正确的格式是数字不变,把相应的单位作等量代换。	讨论交流:复习小学学过的长度单位及单位间进率。 了解长度单位还有微米、纳米。	深化对长度单位的认识。 掌握单位换算的书写过程。
活动 3:刻度尺的选择。	教师:现在要测量老师的身高,从以下工具中选择一把合适的刻度尺: ①量程为 2 米的分米刻度尺; ②量程为 2 米的厘米刻度尺; ③量程为 2 米的毫米刻度尺; ④量程为 1 米的厘米刻度尺; ⑤量程为 1 米的毫米刻度尺。 你选择的理由是什么?	学生:选择③,因为分度值越小,测量越精确。不能选④⑤,因为其量程太小。	通过选择合适的刻度尺,教师把知识转化为问题,将问题融于情境之中,达到运用知识的目的。

续　表

情境	教师活动	学生活动	设计意图
常用的长度测量工具。	（1）让学生说出所知道的长度测量工具，如刻度尺等，然后教师出示一些常用的测量工具（刻度尺、卷尺、三角尺、游标卡尺、螺旋测微器），让学生观察。 （2）观察图 5－3 中刻度尺的外形，回答下列问题： 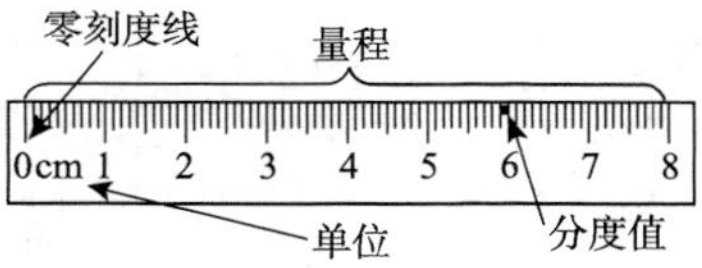 **图 5－3** ①它的零刻度线在哪里，是否磨损？ ②它的量程是多少？ ③它的分度值是多少？	学生阅读教材，回答问题。 在图 5－3 所示的刻度尺中，其零刻度线在左端（离最左端边缘有一小段距离），没有磨损。它的量程为 0～8cm，也就是说它最多能测 8cm 的长度。它的分度值是 0.1cm。	通过学生自主阅读，培养学生自主学习能力。
使用刻度尺测长度的方法。	测量铅笔的长度、圆柱体的高、木块的长度、物理教材的长和宽等，教师及时纠正出现的问题，要求学生学会正确使用刻度尺。 归纳总结：正确使用刻度尺的方法可用“选、放、读、记”四个字加以概括。 （1）选：在实际的测量中，并不是分度值越小越好，测量时应先根据实际情况确定需要达到的程度，再选择满足测量要求的刻度尺。 （2）放：刻度尺的位置应放正，零刻度线对准被测物体的一端，有刻度线的一边要紧靠被测物体且与被测物体保持平行（如图 5－4甲所示），不能歪斜（如图 5－4乙所示）。	学生分组实验，在实验中掌握技能。	培养学生动手实验能力，让学生经历使用刻度尺测量物体长度的过程，在测量过程中掌握测量技能。

续 表

情境	教师活动	学生活动	设计意图
使用刻度尺测长度的方法。	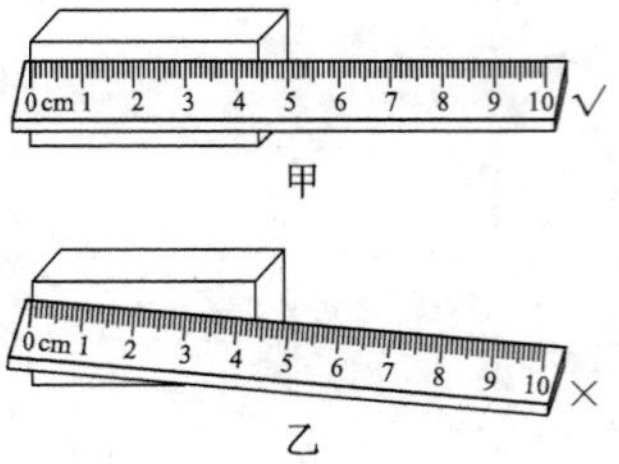 **图 5－4** 对于较厚的刻度尺，应使刻度线贴近被测物体（如图 5－5 甲所示）。零刻度线磨损时，要从其他清晰整数刻度线（起始刻度）测起，测量结果应该等于读出的刻度值减去起始的刻度值（如图 5－5乙所示）。 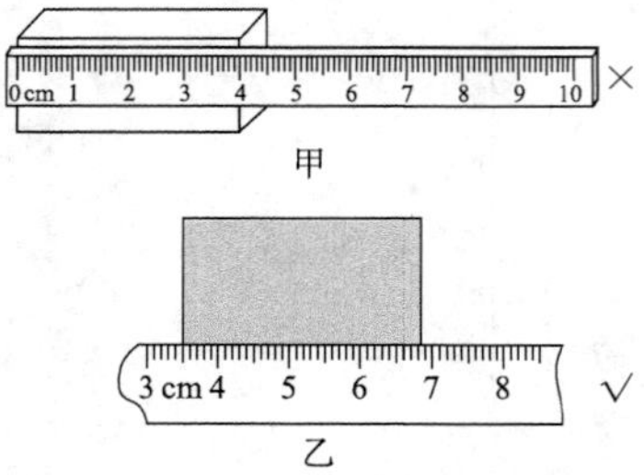 **图 5－5** （3）读：指读数，视线要正对刻度线（如图 5－6 所示）；除读出分度值以上的准确值外，还要估读出分度值的下一位数值（估读值）。图中铅笔长度为 69.5mm，其中 6.9mm 是准确值，0.5mm 是估读值。 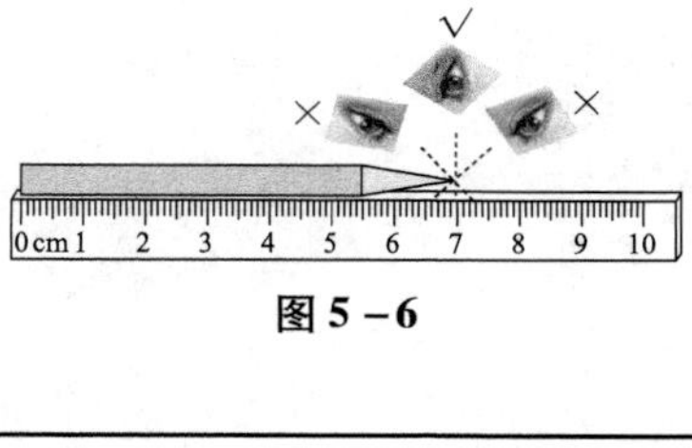 **图 5－6**		

续　表

情境	教师活动	学生活动	设计意图
活动4：误差概念的建立。	（4）记：指记录。记录测量结果应包括数值和单位。如图5－7中木块长度为2.77cm。 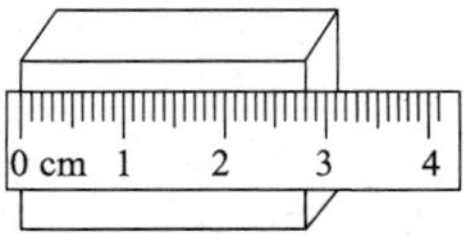 图5－7 教师：同学们，你们认为图5－8中刻度尺测出的物体的长度是多少？ 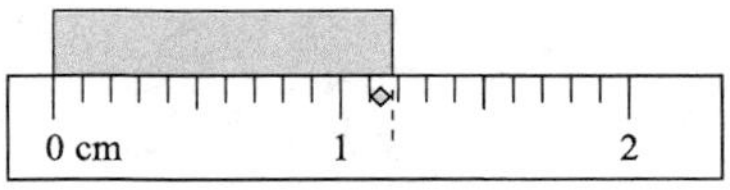 图5－8 （出现了三种答案：1.17cm，1.18cm，1.19cm） 教师：上述测量数据都合理吗？ 教师：物体的真实长度只有一个，上述测量值与真实值之间可能存在差异（引入误差的概念）。 教师：误差与错误的区别是什么？如何减小测量误差？	学生：合理。 学生：误差不可避免，但是可以减小。减小测量误差的办法是多次测量求平均值。	以任务驱动的方式引出误差及减小误差的方法，活跃学生的思维，渗透科学测量的方法。

第一节　长度和时间的测量（2）

【课标及教材分析】

本节属于2022年版课标课程内容中一级主题“运动和相互作用”下的二级主题“机械运动和力”的部分内容。课程标准中的相关内容要求为：

2.2.1　会选用适当的工具测量长度和时间，会根据生活经验估测长度和时间。

例1　会利用自身的尺度（如步长）估测教室的长度。

例2　了解我国古代测量长度和时间的工具，体会古人解决问题的智慧。

本节内容为苏科版教材第五章第一节第2课时，长度的测量还有不少特殊方法，而且这些特殊方法在生活中的应用较为广泛。借助生活实例，帮助学生了解这些生活智慧。知道时间的概念，能使用秒表测量时间。

“生活·物理·社会”板块，简述了从古代的日晷到现代的原子钟的计时工具演变过程，并提供了通过因特网使自己的电脑时钟与世界上最精确的钟同步的途径，不仅渗透了我国古代科技的智慧，还体现了物理教学的时代性。

【学情分析】

学生了解了长度的概念，会使用刻度尺测量长度，但是对于长度的特殊测量方法还缺乏认识。这些特殊的长度测量方法，可以培养学生质疑创新、推理论证的思维能力，促进科学思维的养成。学生知道时间的概念，但是使用秒表来测量时间，还有待进一步学习。

【教学目标】

（1）知道国际单位制中时间的单位；知道它与其他单位的关系。

（2）能正确使用秒表；经历测量物体的长度的实验过程，知道测量存在误差。

（3）根据日常经验估测长度，体会物理与生活的联系，进一步激发学生学习物理的兴趣。

【教学重难点】

本节课的重点在于时间的概念以及秒表的使用，指导学生学会使用秒表，能够使用秒表来测量时间。让学生经历实验过程，掌握正确的测量技能，知道测量存在误差以及减小误差的方法。本节课的难点是对特殊长度的测量，可借助生活中的实例来帮助学生理解这个难点。培养学生主动参与、积极探索、质疑创新的关键能力。

【教学设计】

本节第2课时教学设计具体内容如表5－4所示。

表5－4　　第一节第2课时教学设计

情境	教师活动	学生活动	设计意图
特殊长度的测量。	活动一：测量硬币的直径、硬币的周长。 探究：不能直接用刻度尺放在硬币下进行测量，直径的位置难以判断，会使测量不准确，因此只能用间接的方法进行测量。 方法1（卡尺法）：如图5－9甲所示，用直尺和三角板把硬币紧压在桌面边缘，来进行测量；或借助两把三角板和一把刻度尺来进行测量，如图5－9乙所示，用两把	学生分组和教师一起动手实验，在分析和实验中，验证各种特殊长度的测量方法。	理论与实际应用相联系，从物理走向社会。激发学生思维，培养质疑创新的能力，促进学生提出更多的特殊测量方法。

续 表

情境	教师活动	学生活动	设计意图
特殊长度的测量。	三角板紧夹住硬币。两种方法均可从刻度尺上读出硬币的直径（d）。根据公式（$l=\pi d$）求出硬币的周长。 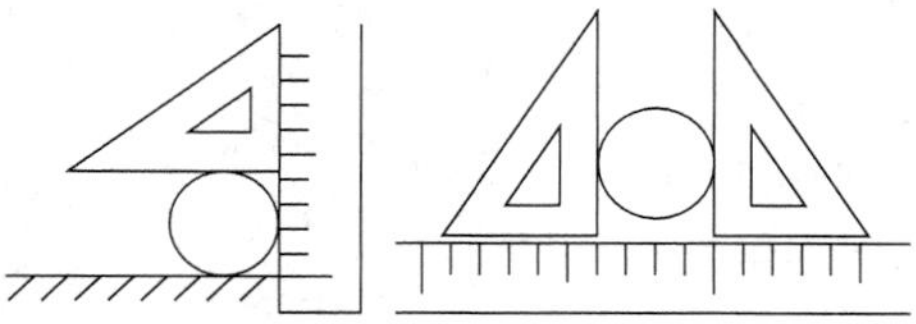 **图 5－9** 方法 2（滚轮法）：在纸面上画一条直线，让硬币从某个记号开始，在纸面上沿直线滚动 n 周记下终点，测出线段长度（s）。先求出每周的周长（$l=s/n$），再利用公式（$l=\pi d$）求出硬币的直径（$d=s/n\pi$）。 方法 3（替换法）：把硬币放在纸上，贴着边缘用笔画上一圈，再剪下对折，然后用刻度尺直接测量圆的直径，即为硬币的直径。根据公式（$l=\pi d$）求出硬币的周长。 方法 4（化曲为直法）：拿一张纸条紧贴着硬币边包几圈，用一个大头针在纸条上扎穿一个孔，然后将纸条展开平放，用刻度尺测出相邻孔间的距离（l），就是硬币的周长。根据公式（$d=l/\pi$）求出硬币的直径。 活动二：测量一页纸的厚度。 已知纸的厚度为 10^{-4} m，用毫米刻度尺测不出一页纸的厚度，也测不出两页纸的厚度，但是能测出上百页纸的厚度，所以只要把测出的厚度除以总张数，就可以求出一页纸的厚度了。 以多测少法：测量时取若干页纸（纸的页数要足够多），压紧后，用最小刻度为毫米的刻度尺量出其总厚度（L），然后将总厚度除以纸的页数（n），就可以求出每页纸的厚度（$l=L/n$）了。 活动三：测量细铜丝的直径，测量方法与测量一页纸的厚度相同（以多测少法）。		

续 表

情境	教师活动	学生活动	设计意图
特殊长度的测量。	测量方法：找一支圆铅笔，把细铜丝捋直，将金属丝在铅笔上依次密绕适当的圈数（n），用有毫米刻度的刻度尺量出这个线圈的长度（l），再用线圈长除以圈数，所得的商就是金属丝的直径（$d=l/n$）。 总结得出刻度尺的正确使用方法：刻度尺要贴近被测物体；刻度尺要跟所测物体的长度平行；读数时视线要与尺面垂直；读数时要估读到分度值的下一位。 测量结果＝数字＋单位。 问题1：如何测量一个碗口的周长？ 被测长度的特点：①曲线；②规则（圆）。 测量方法：①直接用卷尺测量；②化曲为直：用细线绕碗口一周再拉直测量；③利用圆周公式（$C=2\pi r=\pi d$）：两把三角板、一把尺子夹紧碗口即可量出直径，或将碗口的圆在纸上描下来，再将纸上的圆对折即可测出直径；或利用几何方法（有多种方法）找到直径来测量。 问题2：如何知道武广高铁铁路的总长度呢？ 被测长度的特点：距离太大，难以直接用刻度尺测量。 测量方法：①上网查找；②借助地图间接测量。 说明：上述两个问题先分析特点，对于测量方法，让学生讨论后再一一做出评价。鼓励学生多找方法，并尽量找到简单实用的方法。		
时间的单位及测量。	（1）时间的单位。 在日常生活中，除了经常进行长度的测量外，也经常需要对时间进行测量。在国际单位制中，时间的基本单位是秒（s）。在日常生活中，还常用到其他的时间单位：年（y）、天（d）、时（h）、分（min）、毫秒（ms）、微秒（μs）。它们之间的换算关系为：$1h=60min$；$1min=60s$；$1s=10^3ms$；$1ms=10^3\mu s$。	学生分组实验，体验时间的估测。	经历体验过程，通过实践验证对时间长短的估计。

续　表

情境	教师活动	学生活动	设计意图
时间的单位及测量。	（2）时间的估测。 活动（集体活动）：估测 1 分钟的时间长度。 请三名同学上台面向黑板，其余同学当裁判，讲台桌上的大时钟面向“裁判”，教师喊计时开始，三名同学若认为 1 分钟时间到了则举手，比比看谁对 1 分钟的时间估测更准确。 （3）时间的测量。 讲解：时间估测的结果精确度是不高的，当精确度要求高时，可以选择适宜的时间测量工具进行测量。 活动（两人一组）：停表的使用。教师先利用多媒体对停表的使用方法进行简单讲解，然后教师喊口令，学生按停表计时，请同学相互帮助，共同搞清楚停表的使用方法。		

第二节　速度

【课标及教材分析】

本节属于2022年版课标课程内容中一级主题“运动和相互作用”下的二级主题“机械运动和力”的部分内容。课程标准中的相关内容要求为：

2.2.2　能用速度描述物体运动的快慢，并能进行简单计算。会测量物体运动的速度。

活动建议：

（1）查阅资料，了解我国高速列车的运行速度，以及铁路交通的发展进程。

（2）查阅资料，了解中国空间站在太空中飞行的速度大小。

本条标准有两点要求。一是要求学生能用速度描述物体运动的快慢，并能进行简单计算。速度是物理学的一个重要概念，要求学生不仅能定性判断物体运动的快慢，还要用速度描述物体运动的快慢，通过定量计算深刻理解速度的概念。二是要求学生用实验测量物体运动的速度，测量的是平均速度，测量原理要用到速度的计算公式。初中物理学习的速度是平均速度，并不要求考虑物体运动的瞬时速度。

本节内容为苏科版教材第五章第二节，速度的概念是本章知识的核心。教材从生活实例引入，展示了飞奔的猎豹与缓慢爬行的蜗牛，通过播放学生熟悉的《动物世界》的场景，说明物体的运动有快有慢，进而提出如何比较运动快慢的课题。通过“比较纸锥下落的快慢”引导学生对长度和时间再次进行测量，在学生活动的基础上，首次提出了用比值定义物理量的方法。

在“生活·物理·社会”板块中，“凭借速度为国争光的中国运动员”展示了我国部分运动员获得奥运会竞速金牌的情况，同时借助奥运会中我国运动员夺冠的情境，让学生直观感受奥运项目中的速度大小，感受奥运选手夺冠过程，培养学生强烈的爱国主义情怀和祖国强盛的自豪感。

【学情分析】

学生在生活中已经积累了与速度相关的生活经验，有关速度的计算已经在数学课上接触过，但对速度概念的认识还存在误区，对于能用速度来反映物体运动的快慢、生活中“比较物体运动快慢”的方法与速度的联系等问题的理解还十分模糊。

【教学目标】

(1) 知道速度是描述物体运动快慢的物理量，理解速度的定义和单位；了解测量速度的基本方法；初步学会用速度公式进行简单计算。

(2) 通过探究活动方式，找出比较物体运动快慢和测量速度的方法，培养学生动手实验能力和质疑创新能力。

(3) 通过对速度的探究过程和对“生活·物理·社会”的阅读，激发学生的学习兴趣和爱国热情。

【教学重难点】

教学重点：速度概念的建立；测量物体的速度。

教学难点：用“比较物体运动快慢”的方法建构速度的概念。

【教学设计】

本节教学设计具体内容如表 5 – 5 所示。

表 5 – 5　第二节教学设计

情境	教师活动	学生活动	设计意图
创设情境，引入课题。	活动 1：观看人和鸵鸟的赛跑视频。 教师：人与鸵鸟赛跑，谁跑得快？ 活动 2：“竞走”游戏。 教师：你们能用哪些方法比较物体运动的快慢？ 活动 3：比较纸锥下落的快慢。 教师：你们所用的比较纸锥运动快慢的方法是哪一种？	学生观看视频，感受物体运动的快慢。 学生参与游戏，讨论比较物体运动快慢的方法。 学生分组实验，掌握比较运动快慢的方法。	引导学生归纳并灵活运用比较物体运动快慢的两种方法，教师在课堂上创设不同的物理情境，让学生进行操作、分析。

续　表

情境	教师活动	学生活动	设计意图
创设情境，引入课题。	在具体操作过程中，通过两个纸锥齐平来使路程相同这个操作较难。在此环节中，可以利用希沃软件展示学生的操作细节，还可以利用手机慢动作功能，让学生在可视化效果明显的情况下，更好地用“相同时间比路程”的方法来比较纸锥下落的快慢。		
突破思维障碍，建构速度概念。	教师：当路程和时间都不相等时，怎样比较物体运动的快慢？ 教师引导学生讨论问题： （1）利用“路程/时间”来比较物体运动的快慢，本质上与哪一种方法相同？ （2）是否可以用“时间/路程”来比较物体运动的快慢？它本质上与哪一种方法相同？ （3）比较“路程/时间”和“时间/路程”这两种方法，哪种方法更适合描述物体运动的快慢？为什么？	学生自由发言，对于问题（3）进行小组讨论。	运用比值法定义物理概念在初中物理中较为常见，在课堂上结合纸锥下落的具体事例，合理设计问题，引导学生讨论，培养学生的发散性思维能力。
速度有关的概念知识。	学生通过小组合作，分享所学知识。 板书：描述物体运动快慢的物理量。 （1）定义：物体在单位时间内通过的路程。 （2）公式：$v=s/t$。 （3）单位： 基本单位：米/秒（m/s 或 $m\cdot s^{-1}$），读作米每秒。 常用单位：厘米/秒（cm/s）；千米/时（km/h）。 （4）说出人步行的速度的物理意义。	学生交流，回答问题。	梳理知识，使速度的概念系统化、结构化。

续 表

情境	教师活动	学生活动	设计意图
测量纸锥下落的速度。	教师：要测量纸锥下落的速度，需要测量哪些物理量？选用什么测量工具？请设计实验表格，测量、记录并计算出纸锥下落的速度。 组织学生分组实验，实验后交流讨论： (1) 对于长度和时间，哪个物理量测起来比较困难？ (2) 对下落高度有什么要求？为什么？ (3) 选择哪一个纸锥进行实验更便于测量时间？为什么？ 根据学生的建议，老师演示一次纸锥下落，请所有同学计时。 教师：对比每个人的计时结果，你们有什么发现？产生差异的可能原因有哪些？你们有什么办法可以减小误差？ 教师联系物理科目与体育科目，参考国际田径比赛中的计时方法，向学生介绍频闪照片和逐帧截图技术，可以进一步减小时间测量的误差。 补充：改进实验过程，利用 potplayer 软件进行逐帧截图，利用 photoshop 软件对图片合成，制成频闪照片，然后可以通过计算每两个纸锥的间隔数与时间间隔的乘积得到纸锥下落的时长。	学生思考，回答问题。设计并进行实验。	在学生学习完速度知识后，再次测量纸锥下落的速度，既是对学生课堂学习的评价与总结，也是学生学以致用的过程。实验后，鼓励学生对实验进行改进，培养学生的创新精神。
从生活走向物理，从物理走向社会。	联系物理与生活，从限速牌入手，向学生介绍区间测速和雷达测速两种常见的测车速方法。先观看教师制作的介绍雷达测速仪的微课，再由教师利用 DIS 的光电门传感器模拟展现区间测速原理。	学生观看，了解速度的应用。	利用有趣的微课作为资源载体，可以突破课堂时空的限制；了解雷达测速，为学生以后学习多普勒效应埋下伏笔。

第三节　直线运动（1）

【课标及教材分析】

本节属于2022年版课标课程内容中一级主题“运动和相互作用”下的二级主题“多种多样的运动形式”的部分内容。课程标准中的相关内容要求为：

2.1　多种多样的运动形式

2.1.3　举例说明自然界存在多种多样的运动形式。知道物质在不停地运动。

本节内容为苏科版教材第五章第三节第1课时——匀速直线运动，是初中物理的重要模型之一。通过实验，研究充水玻璃管中气泡的运动规律，进而自然地提出匀速直线运动的定义。同时，指出匀速直线运动并不常见。我们可以把生活中的一些运动看成匀速直线运动，即使物体做变速直线运动，在粗略研究其运动情况时也可把它看成匀速直线运动，用平均速度描述其运动快慢程度。

【学情分析】

匀速直线运动需要从运动轨迹和运动状态两个角度来判断，上一节课学生学习了速度，知道物体运动的快慢，已经具有观察实验、探究推理、分析归纳等能力，无论动脑还是动手，都有很大的进步，为学好本节知识奠定了一定的基础。

【教学目标】

（1）通过实验探究活动，知道匀速直线运动及其运动规律，会判定一个做直线运动的物体是在做匀速直线运动还是变速直线运动。

（2）能根据观察蜡块运动时的记录数据，画出蜡块运动的图像。学会用图像直观地反映物体运动的规律。

（3）知道用平均速度来粗略地描述物体做变速直线运动的快慢程度。

【教学重难点】

本节教学内容的重点在于匀速直线运动概念的建立，要求学生会判断一个物体是在做匀速直线运动还是变速直线运动。教学难点在于通过实验判断物体是不是在做匀速直线运动，通过实验设计加强生活与物理之间的联系，激发学生的学习兴趣，培养学生的关键能力。

【教学设计】

本节第1课时教学设计具体内容如表5-6所示。

表 5－6　　第三节第 1 课时教学设计

情境	教师活动	学生活动	设计意图
生活情境引入。	投影动画图片：平直公路上匀速行驶的汽车，过山车，投篮，自动扶梯上的人。 （1）这章我们学习物体的运动，你们能否根据这些物体的运动特点将它们分类？ （2）哪一种运动最简单？	学生思考，回答问题。	引导学生关注物体的运动的轨迹。
设计实验。	教师演示：一根装有蜡块的充满水的长玻璃管，颠倒 2～3 次。 （1）请注意观察蜡块在玻璃管中间一段的运动情况，可能属于哪一种运动？ （2）蜡块运动的轨迹是直线，可以通过观察直接得出，但是蜡块运动的快慢有没有变化光靠观察是不可能确定的。怎样才能确定蜡块的运动速度有没有变化呢？我们需要测量哪些物理量，又需要什么测量工具呢？ （3）划分的段数越多，我们得出的规律就越接近蜡块运动的真实规律，但是受到实验条件的限制，划分的段数越多，误差就越大，所以今天我们就把玻璃管的中间部分划分成四段来测量。 （4）要怎么划分成四段呢？平均分吗？不平均分可以吗？哪一种方法更好？ （5）玻璃管的中间一段长度约为 40cm，为了方便测量和计算，我们划分为 10cm 一段。 （6）如何测量蜡块通过各个区间所用的时间呢？ 组织学生实验，教师巡视并用相机抓拍学生实验中的问题。 教师：刚才同学们在做实验时我抓拍了一些照片，下面我们一起来看看存在什么问题。 师生共同讨论实验中需要注意的问题：起始位置的选择；测量时间时的视线要与蜡烛上表面相平；测量过程中玻璃管的角度不能改变。	学生思考，组内讨论，回答问题。	引导学生参与科学探究的过程，通过不断设问，启发学生优化实验设计，在观察、分析、比较中得出物理规律。培养学生严谨认真、勇于探索的精神。

续　表

情境	教师活动	学生活动	设计意图
实验数据收集。	(1) 完成实验后请大家把数据记录在表格里，并计算出蜡块通过各个区间的速度。除了用列表的方式来分析蜡块的运动规律，还有没有更加直观的方法来反映蜡块的运动规律呢？ 提示：前面学习中我们在研究水的沸腾时是怎么做的？ (2) 函数图像怎么画？横坐标和纵坐标分别是什么？用表中的数据可以吗？还需要什么数据？ (3) 下面请大家完成实验，数据记录在表格中，并处理数据，画出蜡块运动的 $s-t$ 图像。 学生实验时，教师巡视拍摄视频。	学生思考，通过图像建立匀速直线运动的模型。	经历建模的过程，利用数学工具，培养学生归纳和表达的能力。
交流总结。	(1) 根据表中的数据，能得出什么结论？ (2) 如果没有算速度，能看出蜡块的速度是否改变吗？ (3) 那么在相同的时间内比较路程的长短可以吗？要测出运动的蜡块到某一时刻运动的路程有点难以操作，读数误差会比较大。老师想了个办法把蜡块运动的过程录了下来，然而视频有个好处就是可以暂停，这样读数就方便了。 得出结论：蜡块在相同的时间内通过的路程也是相等的。 (4) 同学们还画了图像来研究蜡块的运动规律，通过分析图像你们能得出什么结论，你们能大致画出蜡块运动的 $v-t$ 图像吗？通过对蜡块运动规律的研究，你们能否总结一下判断物体是否在做匀速直线运动的方法有哪些？ 学生：通过相同的路程看所用时间是否相同；相同时间内通过的路程是否相等；画出蜡块运动的 $s-t$ 图像。	(1) 蜡块在做匀速直线运动。 (2) 能，蜡块通过相同的路程所用的时间相等。 (3) 蜡块运动的路程与时间成正比，路程与时间的比值是一个定值，说明蜡块运动的速度没有变，蜡块在做匀速直线运动。	总结实验过程，培养学生实事求是的态度和质疑意识。

续 表

情境	教师活动	学生活动	设计意图
变速直线运动和平均速度。	(1) 生活中的匀速直线运动并不多见，但我们可以把一些物体的运动看成匀速直线运动，如商场自动扶梯上的人，传送带上的物体，滑冰运动员停止用力后的一段滑行。大家来判断一下这只气球的运动是不是匀速直线运动。 (2) 这是我们的主观判断，有没有客观的判断方法呢？ (3) 我们依然可以用研究蜡块运动规律的方法来研究，可是气球运动得太快不太好测量，于是老师又用了拍视频的方式，每隔 0.2 秒截取一张图片并把它们拼在一起。现在你们可以判断气球在做什么运动了吗？ (4) 这还有一个做变速直线运动的气球，如何比较这两个气球运动得快慢呢？ (5) 这个速度能代表气球运动过程中某个点的速度吗？这个速度被称为平均速度。我们在粗略研究变速直线运动物体的运动情况时，也可以将其当成匀速直线运动来处理，用平均速度来反映变速直线运动物体的快慢程度。它的大小等于总路程除以总时间。 前面我们研究蜡块运动时，其实计算的就是蜡块通过每个区间的平均速度，只不过对于做匀速直线运动的物体，速度大小始终不变，运动过程中每个点的速度都和平均速度相同。	(1) 不是，是变速直线运动。 (2) 相同时间看运动的路程，通过相同的路程看所用时间是否相同。 (3) 变速直线运动在相同的时间内通过的路程不同。 (4) 用路程除以时间，可以算出速度。	通过实例，介绍变速直线运动。了解平均速度的概念。

第三节　直线运动（2）

【课标及教材分析】

本节属于 2022 年版课标课程内容中一级主题“运动和相互作用”下的二级主题

“多种多样的运动形式”的部分内容。课程标准中的相关内容要求为：

2.1 多种多样的运动形式

2.1.3 举例说明自然界存在多种多样的运动形式。知道物质在不停地运动。

本节内容为苏科版教材第五章第三节第2课时，在学生理解了匀速直线运动的模型，掌握了辨别匀速直线运动和变速直线运动的方法的基础上，教材把生活中火车过隧道的模型作为例题。要求学生运用速度公式进行解题训练，同时要注意解题的规范性。

【学情分析】

学生学习直线运动之后，借助匀速直线运动模型来分析、解决生活中的问题，并借助直线运动的情境，利用速度公式及其变形公式进行简单计算，但是学生还没有完全掌握解题的格式和要求，需要教师引导学生关注计算题解题的规范性。

【教学目标】

(1) 运用匀速直线运动的规律来解决一些简单的运动问题，培养学生初步的分析能力。

(2) 能用平均速度的公式进行计算。

(3) 让学生能够读懂高速列车的时刻表以及打的发票，让学生了解物理、生活、社会之间的联系。

【教学重难点】

能用速度公式及其变形公式来解决生活中的实际问题，要求学生掌握解题的规范格式，写出已知、求、解、答的过程。生活情境类的试题（如列车时刻表、出租车发票）有助于加强生活与物理之间的联系，从而激发学生学习兴趣，体会“从生活走向物理，从物理走向社会”的课程理念。

【教学设计】

本节第2课时教学设计具体内容如表5-7所示。

表5-7　　第三节第2课时教学设计

情境	教师活动	学生活动	设计意图
导入新课。	前面我们共同研究了匀速直线运动和变速直线运动，请同学们回忆：匀速直线运动有什么规律？变速直线运动有什么规律？ 日常生活中匀速直线运动并不常见，而变速直线运动相对普遍一些。 提问（复习平均速度）：变速直线运动通常如何表示运动快慢？	学生回答问题。	复习相关知识，为新的知识打下基础，教师给予学生适当鼓励。

续 表

情境	教师活动	学生活动	设计意图
例题讲解。	(1) 引导学生分析题意，根据物体运动特点，判断运动性质。 (2) 规范解题格式，一般包含已知、求、解、答。由于速度、路程、时间单位较多，要熟悉单位换算。 (3) 计算运动速度，注意速度所反映的物理意义和公式中各个物理量的对应关系。 (4) 一道习题从不同角度分析，往往不止一种解法，看看还有哪些解题途径？动手解一解，比比哪种方法更好？ 注：公式变形的需要，取决于解决问题的需要。 准备一道习题： 例：光的传播速度为 3×10^8 米/秒，光从太阳到地球所需时间为 8 分 20 秒，试求太阳和地球之间的距离。	让学生自己找出题目中的已知条件，并画出示意图，将已知条件和要求的物理量标在图上（两位学生板演）。 让学生自己开动脑筋想想，可以互相讨论一下。 让两位学生板演。	对两位学生的作图进行评价。 强调作图对解题的帮助，鼓励同学们做示意图。 教师强调解题格式的规范性，将公式变形。 分析指出学生的失误。
实际应用。	运用速度公式解决实际问题： (1) 上海到南京的某高速列车运行时刻表如下：书本 P116（附图表格）。 根据列车运行时刻表回答下列问题： 计算列车由上海驶往南京全程的平均速度。 列车在哪个路段行驶得最快？在哪个路段行驶得最慢？ (2) 同学们肯定都坐过出租车，有没有同学注意过打出租车车票是怎样的？ 现在这有一张车票，你们从中能获得什么信息（电话、车号、上车时间、下车时间、路程等）？ 能算出出租车行驶的平均速度吗？请同学们算出这辆出租车的速度？	学生分析运行时刻表的意思。 回答：通过时刻表得到什么样的信息，即已知条件，包括路程、时间。 大部分学生坐过出租车，但很少有人注意车票。所有同学各抒已见。	展示一张打出租车车票。
拓展延伸。	课外实践，设计一个测量从校门口步行到教室的平均速度的活动方案（要求写出设计原理）。	学生自主设计。	注重科学探究，引导学生进行实验设计。

第四节 运动的相对性

【课标及教材分析】

本节属于2022年版课标课程内容中一级主题“运动和相互作用”下的二级主题“多种多样的运动形式”的部分内容。课程标准中的相关内容要求为：

2.1 多种多样的运动形式

2.1.1 知道机械运动，举例说明机械运动的相对性。

本条标准要求学生知道机械运动。机械运动是与学生生活联系比较紧密的一种运动形式，也是学生初步形成运动观的重要基础。学生在小学科学的学习和日常生活中，已经对常见的机械运动有所认识，但小学科学课未要求学生科学、准确地描述机械运动。因此，这部分教学要重视将学生的生活和学习经验相联系，通过与学生生活密切相关的实例，引导学生把对机械运动的认识从感性上升到理性，建立“参照物”“静止”“运动”等物理概念，能举例说明机械运动的相对性。同时还要注意克服生活中形成的前概念对学习的影响。

本节内容为苏科版教材第五章第四节内容，是本章的教学难点，教材设计循序渐进，在学生对运动的快慢有了充分认识的基础上，再进行本节内容的学习。教材引用大量的机械运动的实例，说明机械运动是自然界中普遍存在的现象。为了说明运动和静止的相对性，教材举出两列火车并排停在站台上的例子，介绍了参照物的概念，用参照物来描述物体的相对运动和静止。

教材用“游云西行而谓月之东驰”这句古诗词引入运动的相对性，凸显将中华文化渗透在物理课堂中的用意。教师可发动学生吟诵与运动的相对性有关的诗句，并学以致用，对之进行解释，增强物理教学的人文气息。

【学情分析】

运动的概念对学生并不陌生。学生在学习本节内容之前，已经知道了长度、时间、速度、直线运动等与物体运动相关的概念，运动的现象在生活中也非常普遍。但是，以学生的感性认知为依托，从物理学的角度来研究运动，掌握参照物、运动的相对性等抽象的物理概念，是本节课的难点。

【教学目标】

（1）能用科学的语言来描述物体的静止和运动。

（2）会选参照物，能举例说明运动和静止的相对性。

（3）能用参照物的知识（参照物是假定不动的物体）解决实际问题，如轮船、汽车上的物体，会选用合适的参照物；联系生活，能在具体事例中找出运动相对性的运用。

【教学重难点】

判断物体是运动的还是静止的，其核心是挑选参照物。通过实例引入，在学生分析、质疑、辨析的情况下，自然而然地引出机械运动和参照物的概念，培养学生的科学思维素养。同样，由于选取的参照物不同，对同一个物体的运动情况的描述也不相同。可以借助生活实例，来帮助学生理解机械运动。如教材中的“生活·物理·社会”板块，介绍了运动的相对性在生产、科研、军事上的应用，这体现了“从生活到物理，从物理到社会”的课程理念。

【本节结构】

本节结构如图 5－10 所示。

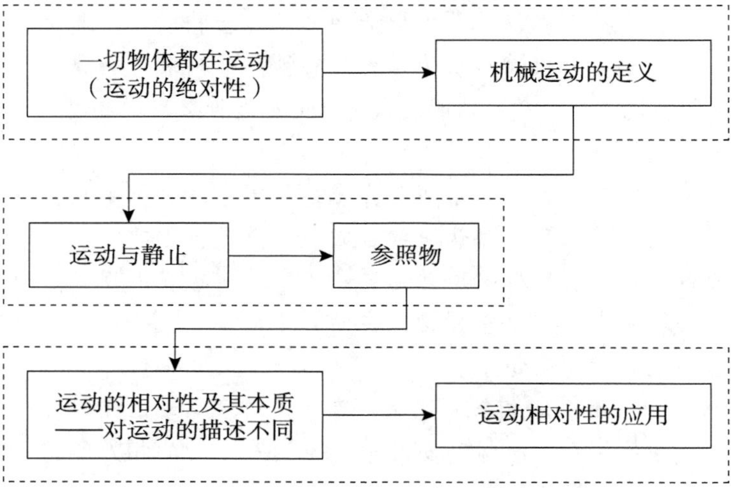

图 5－10

【教学设计】

本节教学设计具体内容如表 5－8 所示。

表 5－8　　第五节教学设计

情境	教师活动	学生活动	设计意图
糖果移位。	教师：黑板上有两个糖果（磁体），请同学们闭上眼睛 5 秒钟（老师将糖果 B 移到图 5－11乙上的位置）。	学生：糖果 B 运动了，糖果 A 和糖果 B 的距离变了。 学生：没有（为后面运动的相对性做铺垫，引导学生观看视频）。	用小游戏引导学生思考，展现学生的前概念，为后续教学提供决策依据。

续 表

情境	教师活动	学生活动	设计意图
糖果移位。	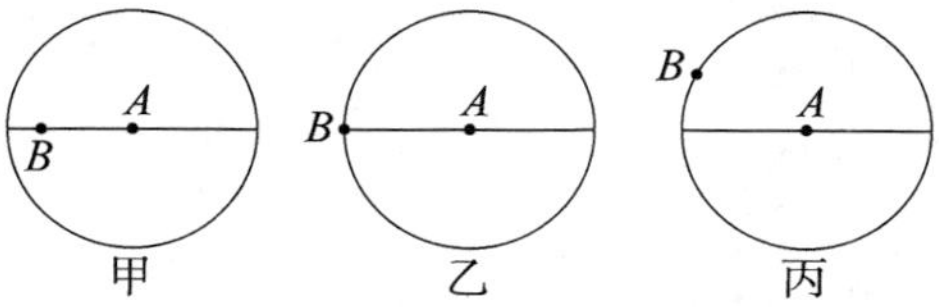 **图 5－11** 教师：好，请同学们睁开眼睛，观察糖果发生了什么变化？糖果 B 运动了吗 情境预设：如果学生直接说位置，可在后面追问：位置改变包括哪些改变？当学生说距离时，教师应做适当的引导。 教师又将糖果 B 从图 5－11 乙移到图丙上的位置。 教师：糖果 A 与糖果 B 之间的距离变了吗？ 教师：其实，物体间的距离变化或者方位的变化，可以看作位置的变化，糖果 A 运动了吗？ 教师：生活中火箭在运动，宏观世界中天体在运动，微观世界的粒子也在运动，自然界的一切物体都在运动，绝对静止的物体是没有的。		
学生活动 1：糖果移位。	游戏规则：用手推动你桌上的红糖果，蓝糖果保持不动。 教师：同学们，根据参照物能不能给运动和静止定义呢？ 学生 1：一个物体相对于另一个物体（参照物）位置的改变叫运动。 学生 2：一个物体相对于另一个物体（参照物）位置不变，叫静止。 牛刀小试：同学们，这个摄影师相机下的运动员是运动还是静止的呢？（见教材 118 页图 5－36）以地板为参照物，运动员是__________的，因为__________；墙是__________的，因为__________。	学生总结：红糖果相对于课桌位置发生了改变，所以是运动的。蓝糖果相对于课桌位置不改变，所以是静止的。	通过活动了解运动和静止的概念。

续 表

情境	教师活动	学生活动	设计意图
学生活动2：糖果搬家。	游戏规则： 把红糖果放在物理教材上，手拉着教材在桌面上缓慢做直线运动。 教师：你们认为红糖果是运动的还是静止的？请说明理由。 教师补充讲解，在黑板上呈现如下内容： 研究对象：____ 参照物：____ 位置是否改变：____ 运动/静止：____ 情境预设：学生提出疑问，同一个物体为什么既能说是运动的，又能说是静止的。学生讨论和分析，归纳得出由于选取的参考物不同。 牛刀小试：小明和小华乘坐同一辆火车去旅游，对于火车是运动的还是静止的，他们产生了争议，一起去看看吧（见教材120页图5－42）。 情境预设：学生可能选取火车为参照物，教师在这里可及时指出错误，不可以选择研究对象本身做参照物。 乘胜追击：如果这两列火车同时运动，结果又会怎样呢？（教师强调一般默认地面为参照物，判断一个物体是否运动不可以选研究对象本身做参照物） 我们把两种颜色的糖果当作火车试一试吧！	学生：实验后，分析讨论物体的运动和静止状态。 学生进行分析，填写板书内容得出结论。	通过活动，学生知道参照物选择的不同，物体的运动也可能不同。
学生活动3：双糖共进。	游戏规则：两手以相同的速度在课桌上向同一方向，分别缓慢推动红糖果和蓝糖果。 师生：红糖果和蓝糖果速度大小________，方向________；以红糖果为参照物，蓝糖果是________的；以蓝糖果为参照物，红糖果是________的。 学生：以桌面为参照物，蓝糖果是________的；以桌面为参照物，红糖果是________的。 教师：请大家再次看黑板上的糖果，回答这个问题：糖果 A 运动了吗？为什么？ 说明运动的相对性就是站在参照物的角度去看要研究的物体，比较两者的位置是否改变。 乘胜追击：在什么情况下，我们所在的教学楼是静止的？在什么情况下，我们的教学楼是向东运动的呢？	学生思考，回答问题。	理解运动的相对性，会站在研究对象的角度去思考运动与静止的关系。

续　表

情境	教师活动	学生活动	设计意图
运动的相对性。	同一个物体，由于选取的参照物不同，我们可以说它是运动的，也可以说它是静止的。机械运动的这种性质叫作运动的相对性。	总结交流。	引导学生体会总结运动和静止的相对性。
学生活动4：空中运糖果比赛。	两组四人比赛： 两个学生，一人手上拿一把直尺，另一人的直尺上有一块糖，在两人都走路的情况下，把糖块平稳地放到另一人的直尺上，比比哪一组最先完成。 教师演示： 如何让风车转动起来？在风车不动的情况下，能转动起来吗？模拟风洞的原理。	参与活动。	学生参与活动，体验相对静止。
学以致用。	回到教材，再议小明和小华的观点。（认识运动的相对性。我们说教室是静止的，是对的，通常我们选地面作参照物。生活中还有许多地方运用了运动的相对性） （1）飞机空中加油。 （2）风洞实验（风车与风）。 （3）小鸟与飞机（参照物速度）。	学生对问题进行逐个思考，组内交流后回答。	巩固所学，培养学生分析解决问题的能力。

（四）重难点突破文献综述

1. 比较纸锥下落的快慢的实验改进

孙艺的《比较纸锥下落的快慢实验探析》一文，探究了纸锥下落的快慢与锥角和扇形半径的关系，以及与纸锥质量和底面积的关系，并通过理论分析，得出结论：锥角越小，下落越快；下落时间与扇形半径无关。

依据图中的大小、角度变量，再加上质量（报纸、普通复印纸）因素，一共三个变量，设计了8个不同纸锥（如图5－12所示），进行实验探究。实验过程中，要充分调动学生的思维，多角度、发散性地进行探究。

2. 用比值定义法建构速度概念的片段分析

（1）运用比值定义法构建物理概念的教学逻辑

葛汉洪、孙有花撰写的《摭谈初中物理课程中的“比值定义法”》一文，提出了运用比值定义法构建物理概念的教学逻辑。

比值定义法作为一种科学方法，是学生认识世界的途径和方式，是一种抽象存在，是一套可操作的程序，是将知识从存储状态转变为传输状态的桥梁，其逻辑根源是

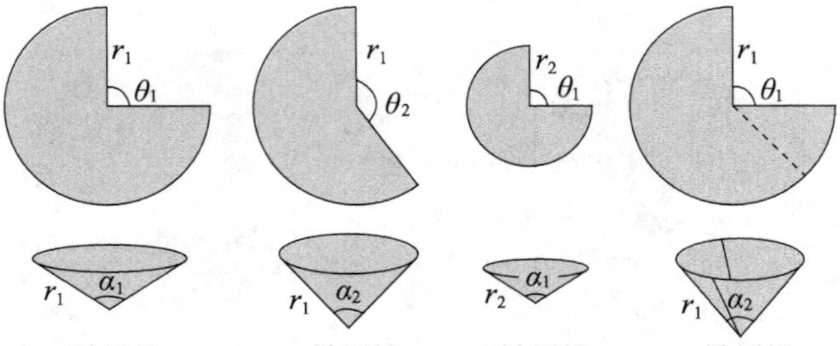

图 5－12

“比较”。所谓比较，就是通过“同中求异”“异中求同”来确定事物同异关系的心智操作，是物理学普遍使用的一种方法。乌申斯基说过，比较是一切理解和思维的基础。只要比较，就要回答“比较什么（对象）”“怎么比较（方法）”“比较结果”三个问题，不同的比较对象一般需要不同的比较方法，才能得出准确的比较结果。

比如，体育课上要比较两位学生短跑的路程，我们可以让两位学生从同一起跑线上同向运动，哪位学生运动的终点离起点距离远，则其运动的路程大，反之路程小。如果要比较处在不同学校的两位学生短跑的路程，采用这个方法就行不通了。这时我们可以借助一个标准长度（如国际单位米）作为媒介，分别与两位学生运动的路程作比较，然后将比较结果再作比较，就可以间接得出两位学生运动的路程大小，比如甲的路程是 50 米，乙的路程是 55 米，则乙比甲的路程大，可以说单位体现的是便于比较长度的一种方法。

再如，人们发现通过相同的路程，不同物体所需的时间一般不同，人们称所用时间少的运动为“快”，反之为“慢”。如果要比较两个物体运动的快慢，就可以采用“运动的路程相同，比较时间”的方法，时间短的运动得快。还可以采用“运动的时间相同，比较路程”的方法，路程长的运动快。但是，这两种方法受到很大的条件限制，是停留在现象上的比较。如果两位学生运动的路程和时间都不相等，怎么比较快慢呢？我们就需要借助数学里“相除”的方法。“相除”有等分除（一个数平均分成几份，每份是多少）和包含除（把一个数按每几个一份来分，可以分成几份）两种含义，这里采用等分除的含义。将路程和时间相除（即比值），结果显示的是在单位时间内路程的大小，可方便比较运动的快慢。例如，甲同学运动 50 米所花的时间是 11 秒，乙同学运动 55 米的时间是 12 秒，将路程与时间相除，得到的结果甲约是 4. 55 米/秒，乙约是 4. 58 米/秒，即甲 1 秒运动 4. 55 米，乙 1 秒运动约 4. 58 米，乙运动得快。可见，路程与时间的比值即“速度”体现的是准确描述物体运动的快慢的一种方法，这种方法可以比较任意两个物体运动的快慢，所以它已经从现象的比较上升为本质的比较。这种方法需要经过一步数学抽象，并且可以反映物体运动快慢状态方面的本质属性（概括），这就印证了“概念是思维活动抽象、概括的结果，是思维的产物”这一结论，同时彰显了概念存在的物理意义。纵观通过比值定义的概念，与速度一样，全部表现为通过比值准确比较并可以定量描述物体状态、物质性质、相互作用有关“度”“率”

等方面的本质属性，据此，我们可以洞见比值定义法的本义。

所谓比值定义法，笔者认为可以定义为通过两个或多个物理量的比值来准确比较事物有关“度”“率”方面的特性，从而可以为比值定义出新概念来定量描述事物这方面本质属性的方法。这样的定义简洁而准确，既能显露其“比较”的内涵，又能揭示其“描述事物‘度’‘率’方面本质属性”的本质。通过比值定义的概念，其教学应该遵循如图 5－13 所示的逻辑。

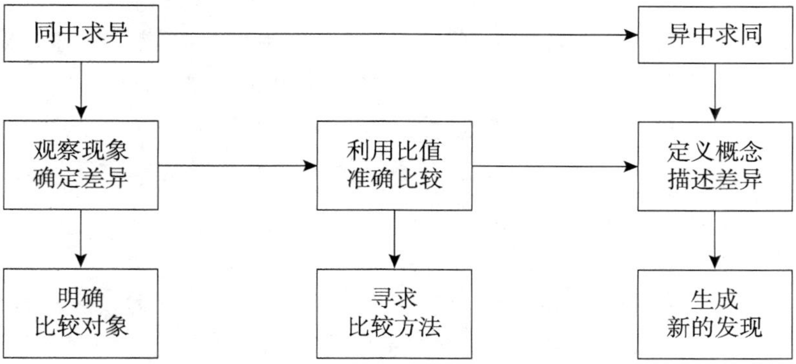

图 5－13

（2）基于心理学的比值定义法研究

邢红军和胡扬洋撰写的《高中物理“速度”概念的高端备课》一文，从心理学角度出发，讲述了优势维度对教学设计的影响。

1）教学设计

速度概念须经由比值定义法得出已被普遍认同，但怎样在速度概念建立过程中真正体现出比值定义法的精髓，还需要认真研究。以下是体现比值定义法逻辑并彰显速度特征的教学设计，共分为两个教学环节。

①通过直接比较两质点的位移来定义速度

为什么要以位移作为直接比较的对象来定义速度，而非把时间作为直接比较的对象呢？这是因为，如前所述，位移与时间虽然都可以作为直接比较的对象，但是位移与学生观察到的运动现象联系更为紧密、更为直观，而时间则不易直接感知。因此，把位移作为速度大小的直接比较对象就顺理成章了。

具体来说，在高速公路上，汽车在2s 内行驶了56m，百米赛跑运动员在10s 内跑完100m 全程，谁的“速度”更大？显然，直接比较两者位移的结果是，高速公路上行驶的汽车反而比百米赛跑的运动员运动得慢（$56m < 100m$）。针对这一悖谬，教师可以引导学生分析原因：导致直接比较位移出现错误的原因是没有选取相同的时间标准。于是，解决问题的方法就是在比较时选取相同的时间标准。

②选取相同的时间标准继续比较两质点的位移来定义速度

怎样在比较位移时选取相同的时间标准呢？显然，最简洁的方式就是利用除法这一数学工具，将物体的位移大小与所用时间相除，得到比值“s/t”，之后就可以有效地进行比较了。按照这一思路，汽车位移与时间的比值为28m/s，人的位移与时间的比值为10m/s，显然，汽车在高速公路上行驶的速度比百米赛跑运动员的速度更快，这样，位移与时间的比值与我们的日常经验就达成了一致，于是速度概念得以定义。

由速度概念的定义可以引申出教师对教学的思考，这就是物理概念的定义需要遵循内在的逻辑，也就是要符合物理学科内涵与学生学习规律的双重要求。如前所述，现行教材在教学伊始就呈现两条路线，对学生造成了信息的庞杂与干扰，这就有违教学逻辑的简约性。尔后在关键环节缺失了“比较要选取相同的标准”的比较对象，有违教学逻辑的完整性。这个似乎并不起眼的问题，实则反映了教材编写者对比值定义法本质的理解有所缺憾，从而可能导致学生学习过程中逻辑思维环节的缺失，这是应当加以指出的。

2）研究讨论

从心理学的角度看，速度是一个基本且重要的科学概念，其定义是位移与时间的比值，即 $v=s/t$。这在成人看来可能是个很简单的概念，但对儿童来说并非如此。儿童最早产生的速度概念并非以度量形式出现，而是以序数形式出现的。首先提出这个观点的是瑞士心理学家皮亚杰，他认为儿童对于速度的理解有种“超越”的直觉，即若某运动物体前一段时间落后于另一物体，而后一段时间却超越了后者，儿童会认为超越物体的速度大于被超越物体的速度；若运动物体始终落在另一物体之后，儿童就认为它的速度一定比另一物体的速度小。也就是说，儿童在判断运动快慢时表现出明显的位置决定论倾向，他们关注的是物体位置的前后顺序，因而儿童早期的速度概念是以序数形式出现的，直到10～11岁时才能达到度量形式的水平。皮亚杰之后，国外的学者 Cross 和 Pitkethly 以及我国台湾的学者黄湘武、王幸雯和简淑真对儿童速度概念的发展进行了拓展性的研究。

最新研究表明，在速度概念的获得中，位移概念处于优势维度，时间概念处于非优势维度。这在其他一些强度量概念的研究中也有类似的发现。对于组成强度量的两个广延量，学生对待的程度是不一样的，确有优势维度和非优势维度之分。比如，组成密度概念的质量和体积，质量之于体积就是优势维度。也就是说，儿童在判断运动快慢时表现出明显的位置决定论倾向。因此，在速度概念定义中只能采用位移与时间的比值，而不能采用时间与位移的比值，这其中有着深刻的心理学背景，需要我们在进行速度概念教学中认真考量。

3. 研究气泡的运动规律的实验改进

（1）玻璃管的内径大小和气泡大小对实验的影响

莫滨撰写的《对“充水玻璃管中气泡运动实验”的商榷》一文，对此实验做了深入研究。玻璃管的大小和气泡的大小均会对实验产生影响，实验中主要通过B（内直径0.76cm）、D（内直径1.17cm）两个玻璃管，结合大小不同的气泡，通过实验过程进行视频拍摄和回放分析，展示了气泡的实际形状，找出了实验难于成功的原因。

当气泡体积较小时，气泡呈椭球形，竖直方向短，水平方向长，这与现有研究成果基本相符。但是本实验可以进一步观察到椭球形气泡上部圆，下部扁，有点儿像一个正放的圆形馒头。当气泡体积较大时，形状犹如寺庙里面的大钟，更大一些时又有空气柱的雏形。倾斜放置时，气泡贴紧玻璃管上部。

该文章对教材提出了建议：第一，教材中气泡画法应做调整。实验中发现，气泡越小，越接近球形，这是因为气泡体积小，受液体压强作用而被压缩时，其形状相对变化小。对照教材中的插图，考虑到玻璃管壁也有一定的厚度，则气泡直径应该比较接近玻璃管内径，这时的气泡不可能呈现球形。第二，实验过程中如果玻璃管竖直放置，则宜选择内径为 0.4 ~0.5cm 的玻璃管，增大玻璃管长度，可以相应增大各区间的长度。如果严格按照教材所述器材，玻璃管宜倾斜放置，插图中玻璃管画法应做调整。若采用研究空气柱运动的方法，玻璃管内径不宜过小。因为内径过小，空气柱速度过小，测量时间过长，不适宜课堂演示。

（2）用 PVC 软水管代替玻璃管改进实验

马兴卫撰写的《“探究水管中气泡的运动规律”实验的改进与分析》一文，提出借助 PVC 软水管代替玻璃管，适当增加管子的长度，竖直放置水管，可以更好地完成探究实验。在此基础上，还拓展探究了气泡移动的速度和气泡大小的关系，一般来说，气泡变大，移动将变慢。

4. 新课标要求

新课标中“实验探究”一级主题之下测量类学生必做实验对测量物体的速度有如下要求。

> 4.1.5 测量物体运动的速度。
> 例 5 用秒表和刻度尺，测量小球通过某段距离的速度。

现将苏科版教材以外的常用教材中的该实验进行汇总，供大家参考。

（1）人教版

人教版以测量小车沿斜面运动为情境，改变终点金属片挡板位置，测量相应的路程与时间，比较平均速度的不同。扩展性实验中，利用超声波传感器直观显示运动物体的速度大小。

（2）沪粤版

沪粤版教材以测量学生短跑时的速度为情境，将 40m 的路程等分为 4 段，分别测量每段的时间，比较速度的大小。

（3）沪科版

沪科版教材以学生的赛跑训练为情境，通过辩论的方式引导学生思考运动员的速度是否变化，进而设计实验来验证自己的猜想。

（4）北师大版

北师大版教材以测量人正常行走、竞走和跑步三种运动方式为情境，引入实验，比较不同运动方式的速度差异。在此基础上，引导学生设计测量骑自行车的平均速度实验，并进行相关实践。

（5）教科版

教科版教材以探究气泡的速度为情境，引入测量物体速度的实验。与苏科版教材不同的是每隔2秒在玻璃管上用记号笔记录小气泡的位置。在图像处理上，把气泡位置按照时间依次有序地标于坐标轴上的玻璃管中，使学生直观地观察到物体位置随时间的变化而变化，深刻地理解图像。

四、教学素材补充

1. 与“物体的运动”相关的古诗词

苏科版教材章首语中以唐朝诗人李白的诗句开篇，既能展现自然科学之美，又能渗透中华诗词的韵律之美。

早发白帝城

唐　李白

朝辞白帝彩云间，
千里江陵一日还。
两岸猿声啼不住，
轻舟已过万重山。

在此基础上，笔者还选择了一些古代诗词中与“物体的运动”有关的素材，供大家参考。

（1）杜甫《绝句六首·其六》中的“江动月移石，溪虚云傍花”。

通常情况下，我们都会把石头看作一个静止物，它本身是不会动的。但是，这首诗中石头“动”了起来，之所以会出现这样的现象，就在于诗人选择的参照物不同，他将月影作为参照物，石头自然会随着月影晃动起来。

（2）贾岛《宿山寺》中的“流星透疏木，走月逆行云”。

这句诗中，参照物是快速移动的云，以云的角度来看月亮，月亮动了起来，云却处于相对静止的状态。

（3）贾岛《题李凝幽居》中的“过桥分野色，移石动云根”。

山石相对于地面来说是不会动的，但此时觉得在动，是因为诗人以移动的浮云为参照物，这样原来静止的山石仿佛也开始移动了。

（4）李白《古风·齐有倜傥生》中的“明月出海底，一朝开光曜”。

诗人将海平面作为参照物，让人感觉月亮是从海底升起来的。

（5）李白《下终南山过斛斯山人宿置酒》中的“暮从碧山下，山月随人归”。

这句诗的意思是暮色中诗人从终南山上走下，山中的月亮也一路随诗人而来。这里面关于参照物的分析是山是静止的，人是运动的。同时，月亮也在跟随自己而走，出现“月亮走，我也走”的情形。

（6）李白《望天门山》中的“两岸青山相对出，孤帆一片日边来”。

这句诗的意思是两岸高耸的青山隔着长江相峙而立，江面上一叶孤舟像是从日边驶来。诗中以青山为参照物，青山不动，孤帆处于运动状态。

（7）李白《峨眉山月歌》中的“峨眉山月半轮秋，影入平羌江水流”。

这里的影随江流暗指诗人乘船顺流而行，看到水中的月影也随之前行。不管江水怎样流逝，水中月影的位置是不会发生变化的。但因为诗人在江中顺流而下，相对河岸这样一个参照物时，他是运动的，但月球距地球很远，船行的距离与其相比可以忽略不计。所以月球和船（人）以及月球和河岸的景物之间的相对位置不变，但船行的速度很快，以河岸作为参照物，船与河岸景物之间的相对位置发生了很大的改变，让人感觉月亮与周围景物的相对位置发生了改变，影子也随江水运动。

（8）陈与义《襄邑道中》中的“卧看满天云不动，不知云与我俱东”。

这首诗以诗人为参照物，云是不动的，以太阳为参照物，诗人和云都在随着地球运动。

（9）马致远《天净沙・秋思》中的“枯藤老树昏鸦，小桥流水人家”。

乌鸦栖息在老树上，以老树为参照物，乌鸦是静止的；以乌鸦为参照物，老树也是静止的；以小桥或人家为参照物，流水是运动的。

（10）释祖钦《偈颂七十二首・其一》中的“人从桥上过，桥流水不流”。

当以桥为参照物时，桥不动，流水动；当以流水为参照物时，桥是动的。

（11）佚名《浣溪沙・五两竿头风欲平》中的“满眼风波多闪烁，看山恰似走来迎，仔细看山山不动，是船行”。

以自身或者船作为参照物时，山是动的；迎面走来，当以山为参照物时，山不动，船在动。

（12）汉乐府《江南》中的“鱼戏莲叶东，鱼戏莲叶西，鱼戏莲叶南，鱼戏莲叶北”。

以莲叶为参照物时，鱼儿在水中是动的，展现了别有生趣的自然瞬间。

（13）《抱朴子・内篇・塞难》中的“见游云西行，而谓月之东驰”。

以云为参照物，月亮向东运动，以月亮为参照物，游云向西运动，体现了运动的相对性。

（14）纳兰性德《相见欢・落花如梦凄迷》中的“落花如梦凄迷，麝烟微，又是夕阳潜下小楼西”。

昼夜现象是由于地球的自转产生的，我们常常挂在嘴边的“太阳落山”，其实是把地球当作参照物，认为它是静止不动的，这给我们一种太阳在东升西落，不停运动的感觉。词中写太阳从小楼的西边落下，即把小楼作为参照物。

以上素材选自张慧的《中国古代诗词在初中物理教学中的渗透》、刘兴龙的《初中物理教学中引入文学语言的研究》、崔真真的《初中物理教学中融入中国古典诗词的研究》。

2. **有趣的人体尺度**

毕达哥拉斯说，“人是万物的尺度”。人类从开始制造工具那天起，尺度的观念就已经贯穿于造物活动的始终了，尺度观念从始至终都在不断影响和改变着人们的视角和生活方式。而在一定情况下，人的一些身体部位可以作为尺度来进行测量。以下是人体尺度的一些数据，可以借助教学实际进行验证。

（1）一个人手腕的周长恰恰是他脖子周长的一半。

（2）一般来说，两臂平伸的长度正好等于身高。

（3）大多数人的身高等于他肩膀最宽处的4倍。

（4）成年人的身高，大约等于头长的8倍或7.5倍。

（5）人的身高往往是脚长的7倍。

3. **原子钟**

（1）原子钟的定义

原子钟，是一种利用原子、分子能级差为基准信号来校准晶体振荡器或激光器频率，以使其输出标准频率信号的一种装置。它利用原子能级跃迁产生的光信号，通过光电转化、信号处理后获得用来修正晶振或激光器频率的负反馈纠偏信号，使其输出稳恒振荡频率，这种输出频率可以用来精确计量时间。根据采用的原子种类和技术手段的不同，原子钟可以分为很多种。因为特定原子能级之间的能极差是很稳定的，所以原子钟的准确度很高，可以达到千万年仅差一秒或者更高的水平。

（2）原子钟的发展历程

在原子钟出现以前，最准确的计时工具是以晶体振荡器为代表的电子钟表和以挂钟为代表的机械力学钟表，它们几乎可以满足人们的日常生活需要，但还是不能满足对计时准确度要求较高的科研或生产领域的要求。

原子钟的发展，最早可以追溯到1938年，美国哥伦比亚大学的拉比（Rabi）和他的学生发明了分子束磁共振技术。他们用磁共振技术观察到了原子超精细能级间的跃迁，指出当一束原子通过一个振动的电磁场时，电磁场的振动频率越接近超精细能级间的跃迁频率，原子从电磁场吸收的能量就会越多，从而使更多原子跃迁。他们由此提出应用反馈回路可以调节电磁场的振动频率，直到所有原子都可以跃迁。这就是实现原子钟的基本理论基础。为了使电磁场振动频率与原子精细能级跃迁频率共振，用电磁场的共振频率调节晶体振荡器的频率，就能使晶振频率严格跟随电磁场振动频率，实现频率输出的准确性和稳定性。再通过相应的控制、调节系统，就能使晶振输出准确、稳恒的振动频率，以这个频率为基准，就可以实现精确定时。

1949年，在美国诞生了以氨分子为样品的世界上第一台原子钟，其输出频率为23.8GHz。与当时最精确的石英钟相比，它已经相当精确了。但是它由众多器件构成，体型巨大，对于大应用领域来说，实用性不强。1955年，在英国国家物理实验室建成了第一台铯原子钟。1960年，拉姆齐（Ramsey）等人成功研制出第一台氢原子钟，人们通常把它叫作氢微波激射器（hydrogen maser）。随着原子钟技术的发展和成熟，原子钟的输出频率信号的准确性、稳定性和复现性等指标不断提高，原子钟计时也越来越精确。1967 年第 13 届国际计量大会通过了以铯原子为基础的时间单位——原子秒，即 1 原子秒等于铯 - 133 原子基态的两个超精细能级之间跃迁时所辐射的电磁波周期的 9192631770 倍。此后，原子钟的巨大发展潜力和应用价值吸引了很多国家和组织的关注，原子钟的发展也进入了一个新的阶段。

1999 年，美国国家标准与技术研究院“NIST - F1”名为原子钟的投入使用，频率稳定度为1.7×10^{-15}，相当于约 2000 万年只偏差 1 秒。在当时，它成为有史以来最精确的计时工具，而现在的原子钟可以达到更高的标准。

我国的原子钟研究始于 20 世纪 50 年代，目前中国科学院武汉物理与数学研究所、中国科学院上海天文台、中国科学院上海光学精密机械研究所、北京大学、中国计量科学研究院、上海市计量测试技术研究院等单位都开展了对原子钟的相关研究，有些已经实现了商品化。美国的主要研究单位是美国国家标准与技术研究院，另外还有一些知名大学也有相关的研究项目。除此以外，德国、法国、意大利、加拿大、日本等国也有专门的机构进行原子钟研究。

4. 中国奥运健儿奥运会竞速金牌补充（2020 年东京第 32 届奥运会）

中国奥运健儿奥运会竞速金牌补充如表 5 - 9 所示。

表 5 - 9

运动会	运动员	项目	成绩	速度/（$m\cdot s^{-1}$）
东京奥运会	陈云霞 张灵 吕扬 崔晓桐	赛艇 2000m 女子四人双桨	6min05.13s	5.48
	张雨霏	女子 200 米蝶泳	2min03.86s	1.61
	杨浚瑄 汤慕涵 张雨霏 李冰洁	女子 4×200 米自由泳接力	7min40.33s	1.74
	汪顺	男子 200 米个人混合泳	1min55s	1.74
	徐诗晓 孙梦雅	皮划艇静水女子 500 米双人划艇	1min55.495s	4.33

5. 我国古代时间的计量

（1）干支纪法

古代常用的计时单位是年、月、日、时、刻，其中日和时为最基本的时间单位。时为时辰，刻为时以下的时间分度。早在上古时代我们的祖先就创立了干支纪日的方法，干支纪日在古代历法中占有重要位置，是我国历法中一项独特的创造。从春秋时期鲁隐公三年（公元前720）二月己巳日直到清宣统三年（1911年），我国已有二千六百多年的干支纪日历史，是世界上最长的连续纪日法，保存了世界上最长也是最完整的纪日资料。

“干支”是“天干”和“地支”的合称。

十天干：甲、乙、丙、丁、戊、己、庚、辛、壬、癸。

十二地支：子、丑、寅、卯、辰、巳、午、未、申、酉、戌、亥。

天干和地支相互搭配成“六十干支”，即甲子、乙丑……癸酉、甲戌、乙亥……癸亥，共60个组合，也叫“六十甲子”。干支不仅用来纪日，古代历法还用来纪年、纪月、纪时。用六十甲子的纪法，周而复始，不断循环，称为干支纪法。

（2）十二时辰计时法

十二时辰计时法是对一日之内时间的精确划分，古人采用十二时辰计时法。一日分12辰，一辰相当于现代的2个小时。这一时制的产生与表示地平方位的十二支方位有关。十二时辰与当今世界通用的24小时纪日法的对应关系如表5－10所示。

表5－10　十二时辰与24小时纪日法的对应关系

时辰	小时	时辰	小时	时辰	小时
子时	23—1时	辰时	7—9时	申时	15—17时
丑时	1—3时	巳时	9—11时	酉时	17—19时
寅时	3—5时	午时	11—13时	戌时	19—21时
卯时	5—7时	未时	13—15时	亥时	21—23时

（3）百刻时制

百刻时制又称漏壶计时制，即采用日晷或漏壶将一昼夜划分为十时，一时分为十刻，一昼夜共一百刻。它是我国独创的一种计时制，与十二时辰计时法并行使用。

“刻”是漏壶的基本计时单位。一般使用竹或木制的箭在相当于一昼夜沉浮的长度上刻画出一百个等分，每一等分定为“一刻”。隋唐以后，百刻制与十二时辰制配合使用，在这种时制中，“一刻”相当于今天的14.4分钟。

（4）测时仪器

①圭表。相传从尧舜到春秋时期古人就已立表测影进行天文授时。

圭表，由圭和表垂直组成（如图5－14所示）。

表是一种直立的杆子，圭是测量影长用的石制或铜制的平板，板上刻有尺寸，由表基向北延伸。汉代开始有铜表，古籍《三辅黄图》中载：“长安灵台有铜表，高八尺，长一丈三尺，广一尺二寸。题云：太初四年造。”这是目前能找到的整体铜圭表的最早记载。

利用圭表来测定太阳正午时影子的长短，可以推定二十四节气。其中表影最长之日为冬至，表影最短之日为夏至。由表影长短的周期性变化，可以确定一年的日数。

②日晷。日晷是一种利用太阳投影的方向指示时间的仪器，由晷盘和晷针组成（如图5－15所示）。我国传统的日晷称为赤道日晷，晷面与赤道面平行，上面刻有十

二时辰。晷针安在晷盘中央，与盘面垂直，指向南北极。一天中，针影随太阳运转而移动，刻度盘上的不同位置即表示出一天中较为准确的不同时刻。

图 5－14

图 5－15

③漏刻。圭表、日晷只能在有太阳的晴天时使用，阴天与黑夜无法测时。于是，我国古人在实践中发明了一种用水滴漏的计时方法，这种测时仪器就是漏刻。

我国关于漏刻的最早的文献记载是《周礼·夏官》："挈壶氏：掌挈壶以令军井……皆以水火守之，分以日夜。"挈壶氏即掌管漏刻的计时职官，挈壶就是上部有一个提梁的漏壶。春秋时，漏刻的使用已较为普遍。漏刻采用百刻时制。《隋制》记载："《周礼》挈壶氏则其职也。其法总以百刻，分于昼夜。冬至昼漏四十刻，夜漏六十刻。夏至昼漏六十刻，夜漏四十刻。春秋二分，昼夜各五十刻。"

漏壶有两种形式：一种是泄水型，另一种是受水型。我国最早的西汉青铜挈壶属于泄水型漏壶。泄水型漏壶只有一把挈壶，出水口在壶底侧，壶盖上开小孔，由孔插入标尺。壶中水外漏，标尺便逐渐下降，从而读出尺上的时间刻度。受水型漏壶本身有两个壶，即贮水壶和受水壶，带刻度的箭放在受水壶中。贮水壶中的水逐渐滴入受水壶，于是刻箭逐渐浮起，即可表示时间。

为克服水漏不均匀的问题，漏壶发展为多壶式漏壶，这样会使最下面的漏壶的出水更加稳定。元代延祐三年（1316 年）的铜壶滴漏由四个圆铜壶组成（如图 5－16 所示），一直使用至 1900 年。宋代沈括在多级漏壶的基础上发明的浮漏具有很高的计时精度，昼夜误差小于 20 秒，这在公元 16 世纪以前是无与伦比的。沈括的《浮漏议》详细记载了浮漏中的复壶装置。宋代燕肃的莲花漏改进了刻箭的刻度方法，可将时间

图 5－16

的测量精度提高到14.4秒，宋代赵友钦设计的刻箭，读数精度可达6秒左右。可见古人的测时精度已相当高。

④机械计时器。东汉时期的科学家张衡（78—139年）于公元117年发明了浑天仪（测定天体位置的仪器）。为了使浑天仪自己能转动，张衡采用一组齿轮系统把浑象（表示天象的仪器）与表示时间的漏壶联系起来，利用滴水的力量发动齿轮，齿轮带动浑象绕轴旋转，一昼夜转动一周。张衡的这项发明，后经唐代一行和梁令瓒、宋代苏颂和韩公廉的发展，成为世界上最早的天文钟。

张衡还创制了世界上第一架测定地震方位的仪器——候风地动仪，对中国古代天文学、地震学和机械力学作出了杰出的贡献。传说他还制造过指南车、记里鼓车，因机械制造水平较高，被称为“木圣”。

6. 我国古代度量衡

（1）计量单位

对于古代度量衡的基准，历史上有两种说法。第一种认为采用人体或某些自然物为基准，这起源于人类的物物交换行为。《孔子家语》上载：“夫布指知寸，布手知尺，舒肘知寻，斯不远之则也。”在容量方面，一手所盛为“溢”，二手合盛为“掬”，“掬四谓之豆”。除人体外，还用丝、毛之类作为更精微的计量基准。《孙子算经》：“度之所起，起于忽。欲知其忽，蚕吐丝为忽。十忽为一丝，十丝为一毫，十毫为一厘，十厘为一分。”第二种说法是以乐律、累黍为基准。《前汉律志》中有较详细的记载：“度者，分、寸、尺、丈、引也，所以度长短也。本起黄钟之长。以子谷秬黍中者，一黍之广，度之九十分，黄钟之长。一为一分，十分为寸，十寸为尺，十尺为丈，十丈为引。”黄钟，音律名，指黄钟音律中的第一音。这是以吹奏黄钟音律的开口笛管长度的九十分之一作为长度的基准，即一分。声音的波长与律管的长度成正比，所以这种长度基准方法是很先进的。

同样，对于量和衡的基准也以黄钟而定。“本起黄钟之重。一龠容千二百黍，重十二铢。”《汉书·律历志》中详细记载了有关长度、容量、重量各种单位及换算，其中长度单位有里、丈、尺、寸、分，采用十进制；容量单位有斛、斗、升、合、龠，基本采用十进制；重量单位有石、钧、斤、两、铢，非十进制。

公元前221年秦始皇统一中国后，在商鞅变法的基础上统一度量衡，制发了一大批度量衡标准器，对后世产生了深刻的影响。西汉末年的王莽变法，在度量衡方面进行了“改制”。新莽嘉量既有容量，也有长度和重量。王莽的度量衡制度，不但后汉沿用，而且一直影响到清代。

我国历代度量衡单位量的发展呈现一个明显趋势，即都是沿着增大的方向发展。度的演变由短而长，量的演变由小到大，衡的演变由轻至重，各量增大的程度随朝代有所不同。唯有中国的天文尺度基本不变，确保了1200年里天文测量数值的准确性。

（2）计量器具

我国古代度量衡的标准器多由性能良好的青铜材料制造，而且注意校订标准的客观条件。度量衡器具的制造，也反映了当时科学的发展水平。

最早被发现的长度量具是商代牙尺，等分十寸，每寸刻十分，总长合现在的16.95厘米。

战国铜尺，长度合现在的23.00厘米。公元9年新莽时期制作的铜卡尺，长14.22厘米，分固定尺与活动尺两部分。活动尺可以沿固定尺中间的导槽左右滑动，尺的正面刻有寸、分等计量刻度。从原理、性能与用途来看，它算是世界上最早的游标卡尺。

从传世和出土的唐尺来看，有镂牙尺、象牙拨镂尺、鎏金錾花铜尺及土铜尺等。其中镂牙尺长0.3米，正反两面每寸间雕刻有亭台鸟兽，极富艺术价值。已发现的宋尺有木尺、铜尺、玉尺等。

远距离长度的计量，在唐宋时有丈杆、测绳、步车等测量工具。其中步车的原理相当于今天的卷尺，一般由竹篾制成。我国古代著名的记里鼓车适用于更远距离的长度计量，是一种机械记道车。当车前进时，利用车轮的转动，可间接而自动地把车行的里数表示出来。

7. 我国古代时空观

时间、空间是物理学中两个带有根本性的普遍概念，自古以来就是哲学家和科学家十分关注的问题。在中国古代，“宇宙”的含义就是空间和时间。战国末期的尸佼所著《尸子》记载了他对空间和时间的定义：“四方上下曰宇，往古来今曰宙。”《墨经》又称为“宇久”：“宇，弥异所也”“久，弥异时也”。《经说·上》对“宇久”的解释为：“宇，蒙东西南北”“久，合古今旦莫（暮）”。

中国古代认为时空是无限的，对时间空间的有限性与无限性的统一关系也有精彩的论述。庄子曰“天与地无穷”，张衡说“宇之表无极，宙之端无穷”。明代的董谷在《豢龙子》中说：“或问：天地有始乎。曰：无始也。天地无始乎。曰：有始也，未达。曰：自一元而言有始也。自元元而言无始也。”南宋末年邓牧的论述更为精彩：“且天地大也，其在虚空中不过一粟耳……谓天地之外无复天地焉，岂通论耶。”（《伯牙琴·补遗：超然馆记》）

对于时间与空间的相互联系，明代方以智在《物理小识》中指出：“宙轮于宇，则宇中有宙，宙中有宇。”对于时空相关性的认识，这是很深刻的。

8. 我国古代运动观

对于机械运动，《墨经》有专门的记载，并对“运动”和“静止”观念有如下定义：“动，或（域）徒（徙）也。”“止，以久也。”就是说，运动是指物体空间区域或位置的变动，静止是指物体在空间同一位置上停留一段时间。对于平动，定义为：“但（俱）止动。”即物体上各处做同样运动。而转动则为“偏祭（际）徒（徙）者”，即指边沿部分的移动。

墨家已认识到运动与时间、空间的相关性。空间的位置变动，发生在一定间隔的时间内，时间越长，移动的空间位置越远。在一定空间内的运动和静止，产生了南北方向和时间早晚的变迁，即空间的运动伴随着时间的变化，时空与运动是密不可分的。

中国古代运动观最具特色的是对运动相对性的研究，并得出了类似于伽利略的运动相对性原理。东汉古籍《尚书纬·考灵曜》中记述了：“地恒动不止，而人不知。”

这里不仅明确地道出了大地在运动，而且揭示了这样一个原理：在一个惯性系统内，无法用任何力学实验来确定这一惯性系处于静止或匀速直线运动。这就是著名的伽利略相对性原理。1500 年以后，伽利略在船舱内以更详细的实验说明了同样的思想，这个原理又成为爱因斯坦狭义相对论的两大理论支柱之一。与此相类似的反映运动相对性的文字记载，在古诗词与古成语中比比皆是，这反映了古人对运动认识的深刻与思想的卓越。

9. 牛顿的绝对时空观和马赫的批判

牛顿在《自然哲学的数学原理》一开头，就以极其精练的语言提出一系列定义，为后面的运用奠定逻辑基础，包括“物理的量”“运动的量”“物质固有的力”“外加的力”等。接着，他又以公理的形式提出了三大运动定律，即惯性定律、运动定律和作用反作用定律。其中运动定律是这样叙述的：“定律 2. 运动的改变和外加的力成正比，并且发生在外加力的那个直线方向上。”正如前几节所述，牛顿这些概念和定律高度概括了前人的工作。在这之后，牛顿提出了 6 个推论。推论 1 和推论 2 涉及力的合成和分解以及运动的叠加原理；推论 3 和推论 4 得出了动量守恒定律；推论 5 和推论 6，包含了伽利略相对性原理。这样，牛顿就把前人的各不相关的独立成果系统化，形成了有逻辑联系的整体。

在这个理论体系的框架中，有一些必不可少的基本要素。牛顿以注释的方式写在定义的后面，这就是他对空间、时间和运动的观点。

关于时间，牛顿认为：绝对的、真正的和数学的时间自身在流逝着，而且由于其本性而均匀地，与任何外界事物无关地流逝着，它又可名为“期间”；相对的、表观的和通常的时间，是期间的一种可感觉的、外部的或者是精确的，或者是变化着的量度，人们通常就用这种量度，如小时、日、月、年来代表真正的时间。

关于空间，牛顿认为：绝对的空间，就其本性而言，是与外界任何事物无关而永远是相同的和不动的。相对空间是绝对空间的某一可动部分或量度，是通过它对其他物体的位置而为我们的感觉所指出来的，并且通常是把它当作不动的空间。

关于运动，牛顿认为：绝对运动是一个物体从某一绝对的处所向另一绝对处所的移动；真正的、绝对的静止，是指这一物体在不动的空间的同一个部分继续保持不动。

这就是牛顿的绝对时空观。牛顿引入绝对时间和绝对空间的概念是完全必要的，由此可以提供一个标准来判断宇宙万物所处的状态，究竟是处于静止、匀速运动还是加速运动，才能使“力学有明确的意义”。

为了证明“绝对运动”的存在，牛顿举了水桶旋转的例子。如果用长绳吊一水桶，让它旋转至绳扭紧，然后将水注入，水与桶都暂处于静止之中。再以另一力突然使桶沿反方向旋转，当绳子完全放松时，桶的运动还会维持一段时间；水的表面起初是平的，和桶开始旋转时一样。但是后来，桶逐渐把运动传递给水，使水也开始旋转。于是可以看到水渐渐地脱离其中心而沿桶壁上升形成凹状，并且运动越快，水升得越高。直到最后，水与桶的转速一致，水面相对静止。水的升高显示了水脱离转轴的倾向，也显示了水的真正的、绝对的圆周运动。这个运动是可知的，并可从这一倾向测出，跟相对运动正好相反。在开始时，桶中水的相对运动最大，但并无离开转轴的倾向；水既不偏向边缘，也不升高，而是保持平面，所以它的圆周运动尚未真正开始。但是后来，相对运动减小时，水却趋于边缘，证明它有一种倾向要离开转轴。这一倾向表明水的真正的圆周运动在不断增大，直到它达到最大值，这时水就在桶中相对静止。所以，这一倾向并不依赖于水相对于周围物体的任何移动，这类移动也无法定义真正的圆周运动。

这就是著名的“水桶实验”。牛顿用这个例子雄辩地论证了“绝对运动”概念的合理性。但是，绝对时间和绝对空间毕竟是人为的假设，经不起实践的检验和严密的审查，200 多年来，引起不少人的怀疑和争议。到了 19 世纪末，奥地利物理学家马赫（Ernst Mach，1838—1916 年）在他的《力学史评》中深刻地分析了牛顿力学的基本概念以及由其反映的机械自然观，并进行了深刻的批判。如马赫不同意把惯性看成物体固有的性质，认为在一个孤立的空间里谈论物体的惯性是毫无意义的，提出惯性来源于宇宙间物质的相互作用。

第六章　物质的物理属性

一、课标分析

（一）课标要求

本章内容对应2022年版课标课程内容一级主题“物质”下的二级主题“物质的属性”的内容，涉及的学科内容与日常生活和自然现象联系密切。

【内容要求】

1.2.1　通过实验，了解物质的一些物理属性，如弹性、磁性、导电性和导热性等，能用语言、文字或图表描述物质的物理属性。

例1　通过实验，了解橡胶的弹性。列举弹性在生活中的应用实例。

例2　通过实验，了解物质的磁性和磁化现象。调查磁性材料在生活中的应用。

例3　通过实验，了解物质的导电性，比较导体、半导体、绝缘体导电性能的差异。

例4　通过实验，了解金属与木材导热性能的差异。

1.2.2　知道质量的含义。会测量固体和液体的质量。

例5　列举质量为几克、几十克、几百克和几千克的一些物品，能估测常见物体的质量。

1.2.3　通过实验，理解密度。会测量固体和液体的密度。能解释生活中与密度有关的一些物理现象。

1.2.4　了解关于物质属性的研究对生产生活和科技进步的影响。

活动建议：

（1）设计实验方案，比较砂锅、铁锅的导热性能。

（2）观察生活中的一些日常用品，了解它们分别应用了物质的哪些物理属性。

（3）查阅资料，了解我国古代青铜器、铁器的制造技术及其对社会进步的推动作用。

【学业要求】

（1）通过实验，了解物质的一些物理属性，如弹性、磁性、导电性和导热性等，能在具体的真实的情境中用语言、文字或图表描述物质的物理属性，能与生活中物质的实际用途相联系，能结合物理属性选择合适的物质进行生产生活。

（2）知道质量是物体所含物质的多少，不随物体形状、状态、地理位置的变化而变化，所以是物体的固有属性。了解质量为几克、几十克、几百克和几千克的一些常见物品，能估测常见物体的质量。如一个鸡蛋的质量，一瓶矿泉水的质量等。了解测量质量的工具，能独立操作托盘天平，会测量固体和液体的质量，能用特殊方法测量微小物体的质量，如设计实验测量一枚大头针的质量。

（3）能通过活动"探究质量与体积的关系"归纳提炼，自主建立密度的概念，通过分析讨论知道密度是物质的一种物理属性。理解密度，能根据密度公式及其变形公式进行相关计算，如求教室里面空气的质量、中学生的体积，通过计算判断物体是否空心等。会用天平和量筒测量固体和液体的密度，并能够分析其中误差。能解释生活中与密度有关的一些物理现象，如利用密度知识解释为什么水结冰了体积变大。

（4）知道物理学是对相关自然现象的描述与解释，物理学研究需要观察、实验和推理，体会物理学对人类生活和社会发展的影响；具有密度等知识的学习兴趣和严谨认真、实事求是的科学态度；关心我国古代和现代科技成就，为中华民族的科技成就感到自豪，逐步养成实现中华民族伟大复兴的责任感与使命感。

【教学提示】

教学策略建议如下：

（1）联系生产生活实际创设真实学习情境。建议结合生活中的实际情境，进行相关内容的学习。

（2）渗透科学研究方法，培养学生的科学思维，如通过实验引导学生认识。

（3）注重问题导向，合理设计探究活动。"探究质量与体积的关系"学习活动中，注重发挥学生的积极性和主动性，给学生留出恰当的时间和空间；鼓励学生发现问题、提出问题，通过科学方法收集证据、得出结论；引导学生解释得出结论的理由，并对探究过程和结果进行评估、反思与交流。

（4）充分利用科学史料，培养学生的科学态度与社会责任感。建议将我国古代的相关科技成就引入课堂。

（二）课标解读

本章内容对应2022年版课标课程内容一级主题"物质"下的二级主题"物质的属性"的内容。本章有两个重要的物理量：质量和密度。通过学习，学生能够建立起属性就是不变性的物理观念，质量指物体含有物质多少，不随物体形状、状态、地理位置的变化而变化，所以是物体的属性。密度虽然用质量与体积比值来定义，但是与质量、体积无关，而是与物质的种类、状态有关，它还是物质的物理属性。将课标要求与核心素养的要求进行对比理解，课标中的1.2.1和1.2.2强调了对学生物理观念的要求，要求学生有基本的物质观，了解一些物质的物理属性，能用语言、文字或图表描述物质的物理属性，能利用物质的物理属性知识解释生活中常见的物理现象。要求学生有科学本质观，知道质量的含义，质量的初步概念以及单位；会正确使用天平测量固体和液体的质量。课标中的 1.2.3 既有对学生科学探究素养的要求，又有对学生物理观念和科学思维的要求。要求学生通过实验理解密度；了解密度概念建立的过程，有初步的物质观念。学生经历探究质量与体积的关系实验、测量物质的密度实验等过程，在问题、证据、解释、交流过程中学会科学探究。学生科学探究的过程也是形成物理观念和培养物理思维的过程，课标要求学生通过亲历探究过程设计实验方案，比较砂锅、铁锅的导热性能。

课标中的 1.2.4 强调对学生科学态度与责任的要求，“了解关于物质属性的研究对生产生活和科技进步的影响”是对学生科学本质观要求的体现，“查阅资料，了解我国古代青铜器、铁器的制造技术及其对社会进步的推动作用”则是对学生的科学态度与社会责任的要求。

本章教学内容在核心素养层面的体现：

物理观念方面：体现为物质观念中对质量、密度等物质属性的认识。引导学生建立正确的物理概念是形成物理观念的基础，加强概念的探究学习，重视概念的建构过程。丰富学生对物质观念的感性认识，为建立运动与相互作用观念打下基础，解题规范、运算能力的提升是后续进行运动与相互作用的定量研究的重要基础。

科学思维方面：包括思维方法和学科方法，如密度概念建立中体现的归纳推理过程，比值定义法这样的学科方法。学生对物质密度的学习，为后面认识物质的各种性质起到了示范作用，建立密度概念的方法可以推演到其他概念的建立上。

科学探究方面：探究质量与体积的关系实验，全面呈现了科学探究的过程。密度测量实验包含设计实验与制定方案、获取和处理信息等，其中误差分析需要用到评估方法。在实验探究中，需要观察、实验，具有探究的兴趣和严谨认真、实事求是的科学态度。刻度尺、量筒、托盘天平等基本仪器的正确使用有利于学生掌握基本实验技能；“探究质量与体积的关系”过程中经历了完整的科学探究过程，为后面展开探究式学习奠定了基础。

科学态度与责任方面：各种测量工具的使用都体现了严谨细致、实事求是的科学态度，“新材料”这节课特别突出了科学、技术与社会的联系。“1 千克”的定义方式的变化体现了确定性与暂时性并存的科学本质。教学内容侧重引导学生观察生活、关注自然与物理的联系和物理知识对促进人类社会进步的成果。

二、教材分析

（一）各版本教材对比

六个版本教材中，全部将质量与密度内容放在八年级部分，章节安排详见表 6－1。

表 6－1　各版本教材章节安排

教材版本	章次	节名称
人教版	第六章	质量；密度；测量物质的密度；密度与社会生活

续 表

教材版本	章次	节名称
北师大版（北京版）	第二章	质量及测量；学生实验：测量质量；物质的密度及其应用；学生实验：测量密度
教科版	第六章	质量；物质的密度；测量密度；活动：密度知识应用交流会
沪粤版	第五章	物体的质量；探究物质的密度；密度知识的应用；认识物质的一些物理属性；点击新材料
沪科版	第五章	质量；学习使用天平和量筒；科学探究：物质的密度；密度知识的应用
苏科版	第六章	物体的质量；测量物体的质量；物质的密度；密度知识的应用；物质的物理属性；综合实践活动

（二）苏科版教材单元内容概述

苏科版教材中，本章内容安排在八年级下册第六章。本章内容与生活联系紧密，教材的编排强调从生活走向物理，从物理走向社会。本章通过展示丰富多彩的导图及抒情的配文，把学生带入了多样的复杂的物质世界，以密度为核心，以探究为主要手段，重点突出“质量”“密度”这两个物理量的学习，同时利用“读一读”兼顾了体积的学习，包括体的概念、符号、单位及其换算、性质、测量及其应用等方面。站在学生视角，贴近学生生活实际，注重引导学生自主建构，自己归纳得出相关概念，避免把质量、密度等知识直接灌输和强加给学生。章导图从宇宙大爆炸模拟图到阳山碑材，带领学生进入丰富多彩的物质世界。生活物品中含有的物质不同，从具体到抽象，引导学生领会属性就是不变性，因为物质多少与物体的形状、状态、地理位置无关，所以质量是物质的属性。物质的密度与质量、体积无关，所以密度也是物质的物理属性。通过活动丰富学生体验，感知“异中求同”“同中求异”等抽象提炼的方法，从而建立物质的物理观念。能用密度知识解释日常生活中常见的现象，初步应用物理属性知识解决生活中的一些问题。逐步引导学生参与到探究中，养成乐于探究的好品质，提高利用物理知识解释生活现象的意识。本章安排五节内容，三个学生实验，三个探究活动和一个综合实践活动。本章知识体系如图 6－1 所示。

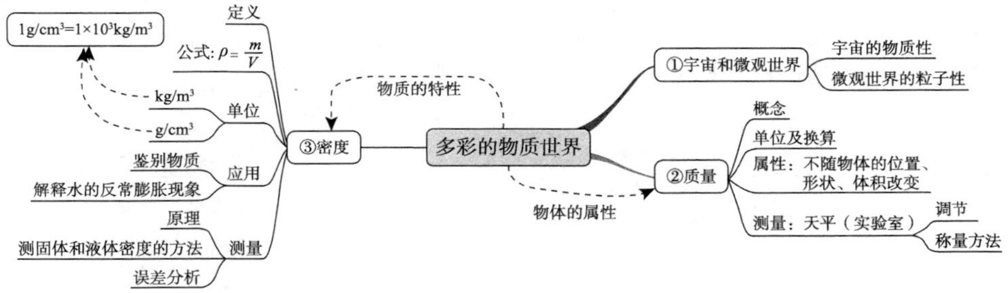

图 6－1

三、教学建议

（一）单元教学思路

本章围绕课标中课程内容一级主题“物质”下的二级主题“物质的属性”的内容展开。本章主要讲述了密度概念、密度概念的建立以及密度知识的应用等。要求学生能够用类比的方法学习新的知识，利用前面学习的温度计、刻度尺的测量工具的使用类比学习天平和量筒的使用，类比速度概念学习密度的概念。运用生活中已有的知识体验，通过实验探究、观看视频、思考讨论等方式了解物质的弹性、磁性、导电性、导热性、隔热性、透光性等物理属性，能利用物理属性对物质进行简单的分类。本章教学建议以教材中的小节顺序为线索，从学生认知角度出发，基于学生的生活经验以及知识储备，启发学生通过实验探究、分析归纳，提炼出规律、揭示本质，并用于解决生产生活中的实际问题。对于本章中涉及的重要概念如质量、密度等，学生是有一定生活经验的，这样能够丰富教学资源。同时还要避免学生错误的前概念对本章学习的干扰，比如生活中常常提到的“重量”指的是物理中的质量，而物理中提到的“重”是指物体受到的重力，这两者有本质的区别，容易混淆。人们常说的铁比木头重指的是密度大小，容易被误认为质量。由于这些物理量与生活经验存在某些相似性，宜多用对比、归纳的方法引导学生加以区分。值得注意的是，本章知识相关的单位换算，是对数的计算，对部分八年级的学生来说是有一定难度的，在教学实施时需加以重视。

（二）课时教学建议及教学方式

1. 本章的突出特点及教学策略

（1）本章难度偏大，综合要求高，对数学计算能力特别指数运算能力要求高。

（2）对实验规范与科学方法的要求较高，本章开始学习通过精密的测量仪器托盘天平实现间接测量，以及利用量筒排水法测不规则物体的体积；探究物体质量与体积的关系，体验一个完整的实验探究；需及时推动实验中好习惯的养成，敬畏实验操作、规范器材使用。

（3）密度概念的教学难度较大，可以用两个基本的物理量的比值定义新的物理量的方法来学习此概念。

（4）本章学习典型的物理计算题，其中有各类经典题型，需精选例题、侧重培养好的解题习惯。

2. 教学课时及教学方式

本章课时教学建议及教学方式如表 6 - 2 所示。

表 6-2　　课时教学建议及教学方式

节次	建议课时数	教学方式
第一节	1 课时	演示实验、讨论法等
第二节	1 课时	演示实验、分组实验等
第三节	1 课时	演示实验、分组实验等
第四节	2 课时	演示实验、分组实验、谈论法等
第五节	1 课时	演示实验、分组实验、谈论法等

（三）课例示范

第一节　物体的质量

【课标及教材分析】

本节属于 2022 年版课标课程内容中一级主题“物质”下的二级主题“物质的属性”的部分内容。课程标准中的相关内容要求为：

1.2.2　知道质量的含义。会测量固体和液体的质量。

本节内容为苏科版教材第六章第一节，较为简单。通过教材中两个学生的对话将学生熟悉的物体即铁钉和大头针，铁钉和铜钉进行比较，学生认识到不同物体含有的物质不一定相同，进而引出质量的概念，即质量表示物体所含物质的多少。接着介绍了质量的国际单位千克（kg）及相应的其他单位和单位之间的换算。让学生知道常见物体的质量进而估算生活中物体质量的大小，如何更加准确地知道质量的大小。要求学生阅读托盘天平的说明书，引导学生自学，用图片展示几种常见错误，通过师生交流讨论掌握托盘天平的使用方法。教材还展示了生活中常用的几种测量质量的工具，引导学生从物理走向生活，知道生活中处处有物理。

教材安排了探究活动，让学生体验到当同一个物体的形状、物质的状态以及地理位置发生变化时，该物体的质量保持不变，因此，质量是该物体自身的属性。本节课的内容主要是认识质量及其测量仪器，特别是要知道学校实验室常用的天平是为后续各节的学习做准备的。因此，本节课的教学内容极其重要，与今后授课的内容联系密切，是极具基础性的一节课，也是阶段性的关键点。所以这一节课，无论在知识的学习上还是培养学生实验的能力上都有着十分重要的作用。

【学情分析】

学生对质量的了解有一定的感性认识，生活经验丰富，为了更好地引导学生将生活用语转化为专业用语，需要引导学生自主分析归纳，得出概念。由于学生思维不够严密，生活中错误前概念的负迁移，对物质状态的改变不影响质量的多少较难理解。

对于质量测量工具托盘天平的使用，需要教师教授正确的使用方法，由于教材直接给的说明书，加之学生仅有用刻度尺测长度，温度计测温度的经验，对托盘天平使用时要先调横梁平衡的认识几乎为零，也不知道使用时为何要物左码右，以及为何最小砝码加上去不够还要向右调节游码等操作知识。知其然，更要知其所以然，这样才能在真正理解的基础上掌握规范操作。

【教学目标】

（1）通过观察生活中食品包装袋净含量知道不同物体含有的质量不同，知道质量的概念，单位及其换算。通过讨论交流知道常见物体的质量，体验一些物体的质量大小，能够对常见物体质量进行估测，对一些常见物体的质量有估测的能力。

（2）通过阅读说明书，了解天平的构造；通过活动体验，师生间的交流讨论，掌握天平的使用方法。会用天平测量常见的固体的质量，掌握天平的使用方法。通过实验探究、观看视频等活动，观察、实验，讨论总结，认识质量是不随物体的形状、状态、空间位置而变化的物理量，而是物质的一种物理属性。

（3）通过对天平使用技能的训练，培养学生严谨的科学态度与协作精神。通过对物质质量的测量，获得成功的喜悦。

【教学重难点】

教学重点：质量概念的建立，单位换算，托盘天平的规范使用；质量是物质的一种物理属性。

教学难点：托盘天平的规范使用。质量是物质的一种物理属性，其大小与物体的状态、位置的变化无关。

【教学设计】

本节教学设计具体内容如表 6－3 所示。

表 6－3　　第一节教学设计

情境	教师活动	学生活动	设计意图
分小组提供包装不同的小零食，引导学生找食品包装袋的信息。	情境引入：展示两袋外包装大小不同的食品，分别是小袋饼干和大袋虾条。同学们，现在你们肚子饿了，选哪个更能填饱肚子？只能选择一个，你们会选大的还是小的？ 教师：从视觉上看，大的比小的装的零食多一些。视觉一定对吗？我请同学用手来掂量一下（请两三个学生上台，用手掂量一下食品的重量）。 教师：你们觉得哪个相对重一些？	学生：大的。 学生：小的。	引入课题，利用任务驱动，激发学生兴趣，让学生带着问题进入课堂，注意力充分集中在“熟悉的陌生人”——质量上。

续　表

情境	教师活动	学生活动	设计意图
播放铁钉、铁丝、铁锤照片。	看来我们眼睛看见的和用手掂量的结果不一样。除了直接掂量，我们还可以看包装袋。 请寻找商品包装袋上单位为 kg（g）的数据信息（引导学生找净含量）。 教师：这个信息反映了什么意义？ kg（g）单位前的数值越大说明了什么？ 今天我们就来学习一个新的物理量：物质的多少，即质量。 老师展示大玻璃杯、小玻璃杯、玻璃珠、大头针、铁锤、铁钉、课桌、椅子。 教师：观察这些物品，给它们起一个统一的名称。 如果将它们进行分类，你们打算怎么分？ 你们的依据是什么？ 很好，你们都是根据物体的材料来分类的，不同物体的材料可以相同也可以不同，我们把铁、玻璃、木材称为物质。 请观察教室里不同的物体，说一说组成它们的物质是什么。 教师肯定： 对，物体可以由看得见的物质组成，也可以由看不见的物质组成，并且是真实存在的物质组成的。 补充：物体可以由一种物质组成也可以由多种物质组成。 刚才提到的大玻璃杯、小玻璃杯、玻璃珠都是由玻璃组成的，大头针、铁锤、铁钉都是由铁组成的，同一组中的不同物体有什么不同之处呢？它们所含物质的多少相同吗？	从生活走向物理。 寻找不同信息，讨论该信息的意义。 食品的净含量越大，含有的食物就越多。 这些都叫物体。 大头针、铁锤、铁钉都是由铁组成的，这些物质属于一类；大玻璃杯、小玻璃杯、玻璃珠都是由玻璃组成的，这些物质属于一类；课桌、椅子是由木材组成的。 足球由橡胶和空气组成。 通过观察讨论，明白物体与物质的区别，为接下来的教学做好铺垫。	通过实例，学生明白了物体是指具有一定形状，占有一定空间，有体积，由一定的物质构成的实物，而物质是指组成物体的材料。

续 表

情境	教师活动	学生活动	设计意图
质量的概念。	一种物质能构成大小和形状不同的物体，由于物体的形状和用途不同，组成它们的物质的多少也可能不同。如组成锤子和足球这两个物体的物质不同，组成这两个物体的物质的多少是否一样呢？ 我们一起来看几组物体，如玻璃珠与玻璃砖，小铁钉与铁环，教室里的木桌子与木椅子，它们所含物质的多少相同吗？ 引出质量的概念。 物理量符号——m。 既然质量有大小，质量的单位是什么呢？你们回想一下去超市买东西或称体重的时候，用的单位是什么？ 大家说得都对，质量的单位有很多。 常用的质量单位有：微克（μg）、毫克（mg）、克（g）、千克（kg）、吨（t）等。 重量单位有着悠久的历史，中国古代的重量单位有钧（三十斤是一钧）、铢（十圭重一铢）、两（二十四铢重一两）、斤（十六两重一斤）。 重量单位有我国特定的计量单位斤，国际计量单位千克、吨，美英制重量单位磅（LB）等。1 公斤约等于 2.2 磅，或 1 磅约等于 0.45 公斤。 引导学生列举熟悉的质量单位，在此基础上按从大到小的顺序排列。 常用单位：克（g）、毫克（mg）和吨（t）；换算关系：1t = 1000kg，1kg = 1000g，1g = 1000mg。 说明：千克原由国际千克原器来定义。国际千克原器：铂铱合金，圆柱体，底面直径 39mm、高 39mm，保存在巴黎国际计量局。	玻璃砖比玻璃珠含的物质多，小铁钉比铁环含的物质多，桌子比椅子含的物质多。 交流：不同，有的含有物质多，有的含有物质少。 要有反映大小的数值和反映物理意思的单位，如克（g）、千克（kg）、吨（t）等。 吨、千克、克、毫克、斤、两。 中国古代的重量单位有钧（三十斤是一钧），铢（十圭重一铢），两（二十四铢重一两），斤（十六两重一斤）。	认识一切物体都是由物质组成的。具体的实例引起学生的兴趣。 留心生活是学好物理的前提。 运用比较法培养学生“同中求异”“异中求同”的思维能力。 养成科学态度与责任意识：感受物理研究是建立在观察、实验基础上的工作；培养严谨认真、勇于探索的科学态度。 掌握对比的科学思维方式。

续　表

情境	教师活动	学生活动	设计意图
质量的概念。	1791 年法国政府规定 $1dm^3$ 的纯水在 4℃时的质量为 1kg，叫作标准千克，也称“档案千克”。此后档案千克作为质量单位的基准器。 《后汉书·礼仪志》记载“水一升，冬重十三两”，这与“1 克是 $1cm^3$ 的水在 4℃时的质量”是十分相似的，中国比国际米制公约将长度、体积、质量的量值相互关联起来早了一千年（注：汉代 1 升为 200mL，1 两为 15g）。 提醒学生注意：生活和贸易中，人们经常把质量叫作重量，但是物理学要用规范的说法——质量。 1 公斤 = 1kg； 1 斤 = 10 两 = 0.5kg； 1 两 = 50g。 引导学生估测常见物体的质量： 一元硬币的质量约 5g； 一只鸡蛋的质量约 50g； 一瓶 500mL 矿泉水的质量约 500g； 一名中学生的质量约 50kg。 反馈： 人民币一元硬币的质量约 650 ____； 一只大公鸡质量约 2.5 ____； 一头大象的质量是 2×10^6 ____。	巩固练习： (1) 物体所含的多少叫作物体的质量，国际单位是____，单位符号是____。 (2) 一头鲸的质量约为 1.5×10^5 kg = ____ t。 (3) 一枚药片的质量约为 250mg = ____ kg。 学生估测手边物体的质量： 钢笔的质量、橡皮的质量、课桌的质量、一个苹果的质量、一袋方便面的质量、方便面里佐料的质量…… 学生进行交流。在活动中学习，练习中巩固，这样能加深学生对质量的理解。	建立正确的物理观念；引导学生通过已有的经验学习物理知识。 对常见物体的质量形成较为具体的数量级观念。 能对常见物体质量进行估测，对一些常见物体的质量有估测的能力。
测量质量。	教师展示外形相差不大的苹果和梨子，请同学们思考不借助工具的情况下如何比较它们的质量大小，鼓励学生积极尝试。 引导学生用手掂一掂来比较。 教师及时评价学生的做法，对于不同方法以表扬鼓励为主。 对最后一种想法的同学给予表扬和肯定。	有同学用手直接判断，这个方法不准确；有同学把它们丢下来看谁先落地，得出的结果几乎无差别；	利用自制器材引导学生逐渐改进装置，进而理解托盘天平的结构。

续　表

情境	教师活动	学生活动	设计意图
测量质量。	教师：测量的本质就是比较，同学们的想法都很好，实践出真知，我们来试一试。 把两个外形相差不大的苹果和梨子放在刻度尺两端相同距离的位置，发现刻度尺竟然是水平的，并不能真正地判断哪个质量大，哪个质量小。 教师：这是什么原因呢？ 教师：如何改进呢？生活中有类似装置吗？ ppt 展示生活中原型如跷跷板的图片。 将托盘天平与跷跷板对比，围绕以下三个问题讨论分析，思考将跷跷板改造成托盘天平需要哪些步骤？ 问题一：看不清跷跷板是否准确平衡，该怎么办？托盘天平是如何解决的？ 教师：请同学们观察，当指针在分度盘什么位置时表示水平平衡？ 介绍指针和分度盘的作用。 问题二：放被测物体和砝码之前，自制跷跷板不平衡，如果左边高了，是哪边轻了？你们有什么办法让它平衡？ 托盘天平是如何解决的？ 介绍平衡螺母：它的作用就是调节横梁平衡。 强调：在放被测物体和砝码前，一定要调节平衡螺母，使横梁水平位置平衡。 教师：刚才发现有的小组的天平横梁左端高，有的右端高，哪组能发表一下意见？	还有同学把刻度尺支在橡皮做成的支架上，自制简易跷跷板，把苹果和梨子放在两端，看哪端下沉，这个方法最接近测量原理。 尝试比较两者质量的大小，学生通过分析研究得出结论。 质量相差不大还有一个原因是支点部分太大了，可以将支点部分做小，做成针状。 为了更精准地表示水平位置，给自制跷跷板安装了分度盘和指针。 指针指向分度盘中线处。左边轻了，可以在左边加配重。 观察平衡螺母；调节平衡螺母。左端高时，平衡螺母向左移动；右端高时，平衡螺母向右移动。	通过一个活动，学生意识到使用天平第一个重要步骤就是调节天平水平平衡。 这样设计递进式问题，逐步引导学生积极参与，并主动地探究和构建知识，最终把跷跷板改造设计成一台托盘天平。还要让学生明白托盘天平的构造及作用。

续　表

情境	教师活动	学生活动	设计意图
测量质量。	怎样调节平衡螺母使托盘天平平衡？你们是如何调节的，使天平平衡的？ 教师：左轻右调，如果从指针偏转的角度来说，就是左偏右调。 教师：你们是如何想到这点的？ 在老师的指导下，学生认识托盘天平的主要结构：横梁、标尺、游码、平衡螺母、指针、分度盘、底座、两个托盘。另外，每架天平都配有一套标准的砝码。 教师：如果砝码磨损了，生锈了或者沾染污渍了，用它测量出的数值还准确吗？ 使用砝码时不能直接用手碰，因为手上有汗液，容易导致砝码生锈，要用镊子夹取。 问题三： 如果要测量比最小的砝码还小的物体的质量，或者无论怎样加减砝码都无法使托盘天平横梁在水平位置平衡，该怎么办？此时能否移动平衡螺母？托盘天平的哪一个部件可以解决这一问题？ 介绍游码的作用，以及最小分度值。 下面我们来学习一下托盘天平的使用方法。托盘天平是比较精密的测量仪器，所以为了保持天平的精确度，我们在使用天平之前要牢记几点要求。 1. 天平使用注意事项。 (1) 每个天平都有自己的“称量”，也就是它所能称的最大质量，被测物体的质量不能超过“称量”； (2) 向盘中加减砝码时，要用镊子，不能用手接触砝码，不能把砝码弄湿、弄脏；	如果跷跷板不平衡，两端的小朋友在左右移动可以使跷跷板水平平衡。 同样托盘天平两端有平衡螺母，不平衡时可以调节平衡螺母，这就相当于跷跷板左右两端的小朋友在左右移动。 同学们动手验证自己的猜想，往轻的一端调节。 理解游码的作用。 学生讨论交流后总结如下： (1) 物体放在左盘，用镊子向右盘加减砝码。 (2) 可以适当调节游码在标尺上的位置，直到横梁恢复平衡。 (3) 使用过程中不能调节平衡螺母。	在“明其理”的基础上，让学生再通过动手操作，加深对知识的掌握。培养学生动手操作的能力，使学生养成使用测量仪器的良好习惯。

续　表

情境	教师活动	学生活动	设计意图
测量质量。	(3) 潮湿的物体和化学药品不能直接放到天平的托盘中。 2. 托盘天平的使用方法。 (1) 放：把天平放在水平台上，游码放在标尺左侧零刻度线处。 (2) 调：调节横梁两端的平衡螺母，使指针指在分度盘的中央刻度线上，这时天平平衡。 (3) 称：被测物体放在左盘里，用镊子向右盘加减砝码并调节游码在标尺上的位置，直到天平恢复平衡。 (4) 记：右盘中砝码的总质量加上游码在标尺上所对的刻度值就等于被测物体的质量，同时把被测物体的质量记录下来。称完后把砝码放回盒内，注意不许用手捏砝码。 3. 学生动手操作：使用托盘天平测身边物体的质量。 (1) 总结托盘天平使用的要求。 (2) 分组实验。 强调四个问题： ①看清量程； ②调节平衡螺母的方法； ③判断天平平衡的方法； ④游码的正确读数。 你们还知道哪些工具可以测量物体的质量呢？	杆秤是我国古代劳动人民发明的，已经应用了许多年，但由于精确度不够，后来人们又发明了台秤、电子秤，希望同学们今后能发明出更便于使用、更精确的测量质量的仪器。	渗透情感态度价值观。
拓展提升。	(1) 拿出一个袋装小面包，接着将面包“挤扁”。提问：“我的面包变小了，质量有没有变少呢？” (2) 播放视频，同时把冰激凌放在碗里，时间一长就“化了”。提问：物体的状态变化了，“我的冰激凌质量有没有减少？” (3) 播放中国太空站视频：地球上的物体到了太空中，质量有没有变化？	(1) 先估测小面包质量，后测量，看看自己的估测能力。记录小面包捏扁前后的质量测量结果。比较归纳结论。 (2) 每组从保温桶中取一些小冰块测量它们的质量。用酒精灯加热使其熔化再测量其质量。	培养学生科学探究能力和实事求是的科研品德。冰化成水，质量不等就不等，以此引导学生分析不等的原因。

续　表

情境	教师活动	学生活动	设计意图
拓展提升。	提供器材：小面包、天平、冰块，要求学生结合上述片段进行猜想并验证猜想。 (4) 活动：演示物体状态改变的质量测量实验。将制作好的过饱和醋酸钠溶液放在电子秤上，观察电子秤示数并记录，摇动溶液，待开始结晶后再放置电子秤上，观察示数的变化，并请一名学生上台验证溶液已经成固态。 说明：醋酸钠溶液需要提前一天配制好。方法是直接将醋酸钠晶体倒入坩埚中，加入少量水，加热使其溶解，继续加热至沸腾，待表面有一层油膜后停止加热并将其慢慢倒入洁净的烧杯中待其冷却。由于烧杯壁上有部分结晶，导致摇一摇可以使溶液结晶，10 秒内完成凝固。在凝固过程中，让学生观察现象和示数。 教师：醋酸钠溶液变成固态时质量变化了没有？这说明了什么？ 教师：大量的事实说明，物体的质量与物体的形状、位置、状态无关，质量是物体的一个基本属性。 (说明：质量是物体本身的一个基本属性，与物体的形状、状态和所处空间位置的变化无关。它是由物体本身决定的。如一块铁，把它做成铁球或铁棒，虽然形状变了，但它所含铁的量没变，因而质量不变；把它放到炼钢炉中化成铁水，虽然状态变了，但质量仍没变；把它从南北两极拿到赤道，甚至拿到月球上，质量也不变。	(4) 学生：醋酸钠溶液变成固态时质量没有变化，这说明质量与状态无关。	拓宽视野，对学生进行爱国主义教育，激发学生民族自豪感。

【板书设计】

6.1　质量

一、质量

1. 什么叫质量：物体所含物质的多少叫作质量。

2. 单位：国际单位：千克（kg）；其他单位：吨（t），克（g），毫克（mg）。

二、质量测量

（1）实验室测量质量工具：天平。

（2）天平的使用：

①把天平放在水平台上，把游码放在标尺左端的零刻度线处；

②调节平衡螺母，使指针指在分度盘的中线处，这时横梁平衡；

③物体放在左盘，砝码放在右盘，并调节游码，直到横梁恢复平衡；

④物体质量 = 砝码总质量 + 游码读数。

三、使用天平注意事项

（1）每个天平都有自己的“称量”，也就是它所能称的最大质量，被测物体的质量不能超过“称量”。

（2）向盘中加减砝码时，要用镊子，不能用手接触砝码，不能把砝码弄湿、弄脏。

（3）潮湿的物体和化学药品不能直接放到天平的托盘中。

第二节　测量物体的质量

【课标及教材分析】

1.2.2　知道质量的含义。会测量固体和液体的质量。

这一节的内容在课标上没有特别说明，从教材编排的角度，注重知识体系的系统性。能熟练使用天平测量固体和液体的质量，包括一些微小物体，是对上一节内容的复习巩固，也为后面“探究质量与体积的关系”打下了基础。特别是测量液体质量过程中误差的分析和方案的改进，培养了学生科学思维中的推理分析能力。

【学情分析】

上节课学生已经初步掌握了托盘天平的使用方法，但是对使用步骤和注意事项不够熟练，对于微小固体（小于天平感量）的测量还有困难，对于液体残留导致的测量误差有一定了解。另外，分析能力还不够，要在教学中培养学生对实验步骤的分析评价能力，具有改进方案、减小误差的意识。

【教学目标】

（1）熟悉天平的构造、使用步骤和注意事项。通过实际操作，熟练使用托盘天平。

（2）学会利用托盘天平测微小固体和液体的质量。正确读出游码指示的质量。

（3）通过测量微小固体和液体的质量，了解误差产生的原因及处理方法。

（4）通过讨论和交流，学会记录实验数据，并对实验结果进行误差分析，养成严谨的科学态度和钻研精神。

【教学重难点】

教学重点：会用托盘天平测微小固体（小于天平感量）和液体的质量。
教学难点：合理设计测量液体质量的实验步骤，以便减小误差。

【实验器材】

托盘天平和砝码，烧杯两个，两盒大头针，水。

【教学设计】

本节教学设计具体内容如表6－4所示。

表6－4　第二节教学设计

情境	教师活动	学生活动	设计意图
分组提供托盘天平，引导学生观察。	让学生说出天平的主要构成部分。 引导学生观察天平的“铭牌”。明确铭牌上标的“称量”和“感量”是什么意思？ 说明：称量表示天平每次最多允许称的物体质量；感量表示天平能称出的最小质量，天平的感量越小，它的准确度就越高。	学生说出天平的主要构成部分。	导入新课，明确目标，发挥学生的主动性。
测量一枚大头针的质量。	问题探究：怎样称出一枚大头针的质量？ 如何准确地测量一枚大头针的质量，困难在于一枚大头针的质量太小，小于天平的分度值，所以无法直接测量一枚大头针的质量。 想一想，我们以前是如何用刻度尺测量一张纸的厚度的？你们从中得到的启发是什么？ 哪位同学说的可行？ 你的方法又是什么？ 试试看，哪位同学说的可行？ 实验探究： （1）认真进行观察：天平的最大测量值为________，分度为________。	直接测量，发现无法读数。 阅读教材。 分小组讨论探究的过程，得出实验方案。 方案1： 在天平的左盘放上约50克的铁块，测出质量，再放一枚大头针，测出总质量，再用总质量减去铁块的质量，求得大头针的质量。	学会使用托盘天平称轻小物体的质量。

续 表

<table>
<tr><th>情境</th><th>教师活动</th><th>学生活动</th><th>设计意图</th></tr>
<tr><td>测量一枚大头针的质量。</td><td>(2) 把游码移动到标尺的“0”刻度线处，调节平衡螺母，使横梁平衡。
(3) 按照下表要求进行测量，将测量结果填入空格内。
<table><tr><th>实验序号</th><th>大头针数量</th><th>总质量(g)</th><th>一枚大头针的质量(g)</th></tr><tr><td>①</td><td>1</td><td></td><td></td></tr><tr><td>②</td><td>20</td><td></td><td></td></tr><tr><td>③</td><td>40</td><td></td><td></td></tr></table>
让学生明白：设计和填写表格是收集数据和处理数据的重要环节。
比较三次的测量结果，你们认为哪次测量更准确些？为什么？
比较一下，你们和其他各组的测量结果是否相同？如果不同，你们能找出其中的原因吗？
通过学生实验得出：测量一枚大头针的质量用“以多求少”的方法，数量越多，误差越小。</td><td>方案 2：
取 50 枚相同的大头针，测出总质量，然后用总质量除以总数量就得出一枚大头针的质量。
讨论后得出方案 2 可行。
学生分别测出 100 枚、200 枚大头针的质量并将结果填入表格。</td><td>学会通过改进测量方法来减小实验误差。</td></tr>
<tr><td>展示一杯水，现在我想知道这杯水的质量，应该怎么办？</td><td>问题探究：如何测量这杯水的质量？
能直接倒在天平的托盘上吗？
怎样用托盘天平测量水的质量？</td><td>学会用托盘天平测量液体的质量。
学生分组讨论应该按照怎样的顺序操作。</td><td></td></tr>
</table>

续　表

情境	教师活动	学生活动	设计意图
学以致用。	教师指导学生分析： 测量液体质量时，由于托盘上不可直接盛放液体，这就要先测容器的质量，即先测量空烧杯的质量，再测量烧杯和水的总质量，最后用总质量减去空烧杯的质量即为水的质量。这种方法对于有腐蚀性的化学药品或牛奶、油等黏性液体同样适用。 那么说说“先测总质量，再将液体倒出后测空烧杯的质量，最后两者相减”这种方法的不妥之处及其对测量结果的影响。 引导学生讨论：一架用久的天平，砝码严重磨损，若用这样的天平称物体的质量，其结果会偏大还是偏小？ 指导学生阅读“生活·物理·社会”板块，培养学生的爱国主义情怀并对学生进行德育教育。 如何利用托盘天平快速知道一盒回形针的数目？写出步骤及关系式。 步骤： (1) 调节托盘天平，使之平衡； (2) 测出 10 根回形针的质量为 m_1； (3) 测出一盒回形针的质量为 m_2； (4) 求出回形针的数目 N。 关系式：$N=\frac{m_2}{m_1}\times 10$。	合理的顺序应该是： (1) 测空杯的质量； (2) 把水倒入杯中，再称杯和水的总质量； (3) 计算出杯中水的质量。 学生思考后回答（容器内会留有少量液体，测量结果会偏小）。 学生讨论。 学生阅读“生活·物理·社会”板块，讨论后回答自己设计的方案。 学生讨论： 测出一根回形针的质量，再测出一盒回形针的质量，就可求出回形针的数目。但一根回形针的质量不易测出，就是测出来也不准确，所以可以先测出 10 根回形针的质量，再算出一根的质量。	培养学生的动手能力。 培养学生动手做实验的好习惯，在实验中体会并获得新知。 培养学生分析、归纳实验的能力。
课后作业。	(1) 给你一架游码读数最大值是 5 克的托盘天平（不给砝码），如何用最少次数称出 20 克的铁钉？最少称几次？ (2) 如何测出一张纸的质量？ (3) 如何用天平称出滴管中滴下的一滴水的质量？		

第三节　物质的密度

【课标及教材分析】

本节内容对应2022年版课标内容一级主题“物质”下的二级主题“物质的属性”内容，涉及的学科内容与日常生活和自然现象联系密切。课标要求如下：

1.2.3　通过实验，理解密度。会测量固体和液体的密度。能解释生活中与密度有关的一些物理现象。

本节是苏科版教材的第六章第三节内容，是力学的基础部分，与前几章“简单现象”相比，是知识的进一步深入。本节既是质量的深化和延伸，又是对物质世界认识的进一步探索，同时为后续章节的学习奠定了基础。初二学生现阶段能力发展水平不平衡，形象思维能力较强，但逻辑思维能力发展水平不高，学生已有“物体体积越大，质量越大”的生活经验，已初步掌握了测量固体、液体质量的方法。同时学生动手操作能力和欲望比较强，乐于参与实验，但是学生语言表达能力还有所欠缺，在本节的密度概念教学中，将通过实验、讨论、辨析和训练，强化学生对密度概念的理解。

本节属于概念教学，学生在日常生活中已经积累一些与质量、体积有关的感性认识，但由于其感性认识和抽象思维能力不足，有些经验的形成是片面或错误的，会干扰正确概念的形成。因此，教学中要注意设法排除前概念（思维惯性）的干扰，密度概念的建立要符合学生的认知规律和生活经验，避免把密度概念直接灌输和强加给学生。在密度概念教学过程中，应通过形象化的实验，充分调动学生主动探究的积极性，引导学生在合作探究、小组讨论过程中自主建构密度概念。本节课主要通过“科学探究→建构概念→实验操作→实际应用”的教学流程，培养学生终身的探究乐趣、良好的思维习惯和科学实践能力。同时采用“科学探究小组合作”教学模式，通过实验、讨论、辨析和训练，强化学生对密度概念的理解。

【学情分析】

经过前面的学习以及生活经验的影响，学生对质量、体积比较熟悉，但对于为何还要学习密度持怀疑态度，因此让学生快速接受密度这个新概念比较困难。学生对与密度有关的生活经验并不陌生，同一种物质的体积越大，所含物质质量也就越大，具有密度不变这一物理属性。在具体的课堂教学中，教师必须从学生的实际出发，为学生创设适宜的“问题情境”，让学生明白引入密度概念的目的和运用比值法来反映物质的特性的理由，把物理事实与科学方法有机地联系起来，进而促进学生对密度概念的理解。对于初中生来说，通过“探究质量与体积的关系”的活动理解密度，通过比值定义法得出密度的概念，还是有一定难度的。因此需要教师通过大量的实例，给学生更多的训练机会，让学生更加主动积极地参与到课堂学习中。

【教学目标】

（1）通过实验学习以同种物质的质量与体积的比值的不变性（物质的属性）来定义密度概念的科学思维方法。运用比值定义法得出密度的概念。

（2）知道密度的公式，会说出密度单位（写法、读法、换算及意义），会说出常见物体的密度大小。

（3）通过查密度表培养学生查阅、收集、处理信息的能力。

（4）通过揭示物体质量与体积的关系，学会一些研究问题的基本方法。通过探究活动，启迪思维、发展思维，提升学生分析问题、解决问题的能力。

【教学重难点】

教学重点：密度概念的建立；知道密度的公式并能用公式进行计算。

教学难点：密度概念的建立，理解密度是物质的一种属性。

【实验器材】

学生每两人一组，每组所配实验器材：一架天平（砝码），3 个大小不同的长方体塑料块（或木块）和铁块（塑料块和铁块的体积分别对应相等），刻度尺。

【教学设计】

本节教学设计具体内容如表 6－5 所示。

表 6－5　　第三节教学设计

情境	教师活动	学生活动	设计意图
三个瓶子分别装有水、酒精和醋。 表面颜色相同的铁块和塑料块。	（1）创设问题情境：三个瓶子分别装有水、酒精和醋，如何区分？ （2）表面颜色相同的铁块和塑料块，如何区分？ 说明：肯定学生的多种方案，并根据学生的回答，引出本节内容。 教师手拿两个大小相同的铁块和铝块，问：能单凭体积来鉴别它们的种类吗？ 教师再拿出一个小铁块和一个较大铝块，问：能单凭质量来鉴别它们的种类吗？	联系生活经验和所学知识，讨论并回答问题。	导入新课，渗透运用属性来辨别物质的思想。

续 表

<table>
<tr><th>情境</th><th>教师活动</th><th>学生活动</th><th>设计意图</th></tr>
<tr><td>探究物体质量与体积的关系。</td><td>(3) 设计四个问题作为线索，组织、指导学生进行科学探究活动：
①物体的质量与体积之间可能有什么关系？猜想的依据是什么？
②实验中需要直接测哪几个物理量？用什么仪器测量？用什么方法进行测量？
③如何设计表格来记录实验数据？</td><td>学生讨论得出不能仅根据体积或质量的大小来鉴别物质的种类。
学生猜想：
分别测出它们的质量和体积就能鉴别它们的种类了。
探究过程：
猜想与假设→设计实验（明确需测的量及相互间的分工）→进行实验、收集证据→交流与讨论（解决教材 9 页的两个问题）→得出结论。</td><td>由生活中的物体，如砖头、硬币、砝码等成倍数增加引发学生猜想。</td></tr>
<tr><td>归纳提炼共同属性和本质特征。</td><td>④通过探究你们能得出什么结论？
(4) 实验操作：
①用天平测出金属的质量；
②用刻度尺测出金属块的边长，并计算出它们的体积；
③将实验数据填入设计好的表格中，寻找规律。
分析数据：
<table>
<tr><th></th><th>质量 (g)</th><th>体积 (cm^3)</th><th>质量/体积 (g/cm^3)</th></tr>
<tr><td>铁块 1</td><td></td><td></td><td></td></tr>
<tr><td>铁块 2</td><td></td><td></td><td></td></tr>
<tr><td>铁块 3</td><td></td><td></td><td></td></tr>
<tr><td>铝块 1</td><td></td><td></td><td></td></tr>
<tr><td>铝块 2</td><td></td><td></td><td></td></tr>
<tr><td>铝块 3</td><td></td><td></td><td></td></tr>
</table></td><td>从实验中可看出不同种类的物质，质量跟体积的比值是不同的，质量跟体积的比值等于单位体积的质量，可见单位体积的质量反映了物质的一种属性，密度就是表示这种属性的物理量。</td><td></td></tr>
</table>

续　表

情境	教师活动	学生活动	设计意图
同中求异，异中求同。	A. 铁块的体积增大几倍，它的质量也增大几倍，质量和体积的比值一定。 B. 铝块的体积增大几倍，它的质量也增大几倍，质量和体积的比值一定。 C. 铁块的质量跟体积的比值不等于铝块的质量跟体积的比值。 同种物质组成的物体，质量与体积的比值通常是一个定值。 不同物质的质量与体积的比值一般不同。	回忆速度概念的学习，巩固已学知识。掌握一种研究问题的方法，利用“比值”的不变性定义密度概念。学生在学习了密度概念的建构过程以后，可以举一反三，触类旁通，对以后学习和理解类似的物理知识很有帮助。	学生很容易得到水的质量和体积成正比的结论，于是自然地得到质量和体积的比值是一个定值的结论。这一结论非常符合学生来源于生活常识的已有认知，也非常符合学生已有的数学认知。
归纳总结。	建立概念： 同种物质的质量和体积的比值与物体的质量和体积均无关系，这个比值反映了哪些更深层次的物理意义？		
巩固提升。	比值把物理量的差异进一步上升到更深、更抽象的层次上，反映了物质的一种特性。 物理学中，质量与体积的比值被称为物质的密度。 用物理量之比定义新物理量的方法的核心思想就是要找一个统一的标准。物理概念中，这个标准就是单位物理量。		既培养学生的自学能力，又培养学生的思维能力和概括能力，同时有目的地引导学生开展讨论和归纳，化解了难点，也使学生掌握了重点。
学以致用。	对于密度的定义，用质量除以体积，实际上就是以单位体积为标准，密度实际描述的是单位体积物体的质量（从数值上认识），单位体积的质量不同即物体的密度不同。 安排学生自学教材 10 页的“一些物质的密度”，自学 3 分钟。 教师投影自学检测题。	对照教师出示的检测题进行自学，然后思考并回答问题。	通过类比和知识的迁移，学生回顾利用比值定义速度概念的方法，来建构密度的概念。

【板书设计】

6.3　物质的密度

（1）密度的定义：某种物质单位体积的质量叫作这种物质的密度，用符号“ρ”表示。

（2）密度公式：$\rho=\frac{m}{V}$。

（3）密度单位：千克/米^3（kg/m^3）、克/厘米^3（g/cm^3），两者换算如下：$1g/cm^3=1000kg/m^3=10^3kg/m^3$。

（4）密度的物理意义：$\rho_{水}=1.0\times10^3kg/m^3$，表示$1m^3$水的质量是$1.0\times10^3$千克。

密度是物质的一种特性，只与物质的种类有关，与物质的质量和体积无关（因为同种物质的质量与体积的比值一定）。

第四节　密度知识的应用（1）

【课标及教材分析】

本节内容对应2022年版课标内容一级主题“物质”下的二级主题“物质的属性”的内容，涉及的学科内容与日常生活和自然现象联系密切。课标要求如下：

1.2.3　通过实验，理解密度。会测量固体和液体的密度。能解释生活中与密度有关的一些物理现象。

本节为苏科版教材第六章第四节第1课时，教材以问题“不同物质的密度各不相同，应该怎样测量呢”引入，引导学生在实验原理指导下自主设计实验，进行“测量物质的密度”这一部分内容。关于量筒的使用，以读一读的方式，在教师指导下引导学生自学。突出两个重要环节，即“设计与实验”和“小结与交流”。“设计与实验”中，教材没有给出实验步骤，只给出了多个研究对象如金属螺母、石块、玻璃球、煤油等，要求学生写出合理的实验步骤，并设计记录数据的表格，以便开展实验。“小结与交流”中，注重培养学生的评价与交流能力。

【学情分析】

上节课学生学习了密度的定义、公式等，知道可以用天平测质量，刻度尺测规则物体的体积。对于不规则物体体积的测量不熟悉，利用排水法测量不规则物体体积的时候，渗透等效替代法。有较强的好奇心和求知欲的初二学生刚接触物理学习不久，对于物理学科中科学探究的研究方法还没有熟练掌握，应用数学解决物理问题的能力也较弱，许多方面的能力都有待提高。教学中要充分发挥引导和指导作用，且引导、指导要恰当，及时激励学生，让学生的主体地位得到充分的体现。在运用科学探究方法时要层层推进、步步讨论，这样才能有条有理、顺其自然地完成本节课的教与学任务。

【教学目标】

(1) 通过测密度的实验进一步巩固密度的概念、公式等。

(2) 会用量筒测固体和液体的体积。

(3) 会用天平和量筒测固体和液体的密度。

(4) 尝试用密度知识解释生产和生活中一些与密度有关的物理现象，解决一些与密度有关的实际问题。

(5) 通过对实验步骤的分析和讨论，学会优化实验方案，提高实验设计能力，具有减小误差的意识。

【教学重难点】

教学重点：量筒的使用；密度的应用（如物质的鉴别、有关密度的计算等）。

教学难点：测密度时，减小误差的方法。

【教学设计】

本节第1课时教学设计具体内容如表6-6所示。

表6-6　　第四节第1课时教学设计

情境	教师活动	学生活动	设计意图
复习引入新课。 出示自行车上的一枚金属螺母。	一、引入新课 (1) 什么是物质的密度？密度的国际单位是什么？ (2) 怎样计算物质的密度？表达式是怎样的？水的密度是多少？ 引入（富有激情的设问）：怎样才能知道螺母是由什么金属制成的？ 如果我想测量一个物体的密度，最常用的基本方法是什么？ 二、鉴别金属螺母是用什么材料制成的。 (1) 如何设计实验方案？ (2) 有没有直接测密度的仪器？怎样才能测出螺母的密度？依据什么原理？	一、讨论、交流： 密度是物质的物理属性，不同物质的密度一般不同，可以测出螺母的密度，然后与密度表中物质的密度比较，就能知道螺母是由什么材料制成的了。 依据$\rho = m/V$。 用天平测质量；刻度尺测量长、宽、高从而求得体积。 上升部分是被螺母挤出来的水导致的。 讲述量筒（或量杯）的使用方法。	联系所学知识，讨论、回答问题。 创设情境，引入课题。 用学生熟悉且又感兴趣的生活事例，激发学生探究的兴趣和求知欲望。 体现“从生活走向物理”课程理念，让学生感知物理就在生活中。

续 表

情境	教师活动	学生活动	设计意图
出示自行车上的一枚金属螺母。	(3) 需要测哪些物理量？ (4) 怎样测金属螺母的质量和体积？ 过渡：形状不规则的固体的体积如何测量呢？用量筒或量杯可以测量液体和形状不规则的固体的体积。 教师演示：用细绳将金属螺母拴住，然后慢慢放入装有适量水的量筒中，并追问，你们看到了什么？为何量筒中液面会上升？上升的水面表示了什么？	介绍量筒和量杯，mL是体积单位“毫升”的符号，$1mL=1cm^3$。 学生观察量筒的量程和最小刻度值。 螺母将水挤上去了。 螺母挤出的水的体积恰好等于浸没的金属螺母的体积。	
出示量筒、量杯。	三、量筒的使用 观察量筒和量杯讨论下列问题： (1) 观察量筒、量杯，它们的刻度有何不同？为什么会这样？ (2) 量筒的测量单位是什么？它与立方厘米是什么关系？ (3) 量筒的最大测量值是多少？分度值是多少？ (4) 使用量筒应注意什么问题？ (5) 使用量筒测螺母的体积。	二、量筒的使用 (1) 量筒刻度均匀，量杯刻度不均匀。量筒粗细均匀，而量杯粗细不均匀。 (2) 量筒的测量单位是毫升（mL）。$1mL=1cm^3$。 (3) 量筒的最大测量值是100mL，分度值是1mL。 (4) 量筒应放在水平桌面上，读数时视线与凹液面底部相平。 (5) 如图6-2所示，先在量筒中倒入适量的水，记下水的体积V_1，再用细线系着螺母，将螺母浸没在水中，记下总体积V_2，则螺母的体积为V_2-V_1。	引导学生理解排水法的本质就是等效替代。 渗透科学思维教学。 培养学生的观察能力和分析对比能力。 学生通过自学、讨论、动手，学会了如何测物质的密度，学以致用，印象深刻。

续　表

情境	教师活动	学生活动	设计意图
学生自学教材。	教师提问：怎样测各种固体，如密度小于水的不规则物体的体积？ 教师引导学生讨论得出“悬锤法”或“针压法”。 四、设计并进行实验 （1）说出你们的实验步骤。 （2）设计记录数据的表格。 （3）交流与评价。 想一想：是先测质量，还是先测体积？为什么？若步骤不合理，会使测量结果偏大还是偏小？如何改进？ 问题：如何测液体（如盐水）的密度？实验步骤是怎样的？误差较大的方案，测出的密度偏大还是偏小？为什么？ 哪种方案误差较小？写出水的密度表达式（用测得的数据表示）。 交流与评价，归纳小结：今天你们学到了什么？	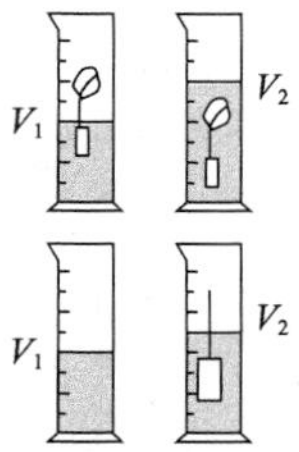 **图 6－2** 悬锤法：$V=V_2-V_1$； 针压法：$V=V_2-V_1$。 实验步骤： （1）用调好的天平测出金属块的质量（m）。 （2）向量筒内倒入适量的水，记下量筒内水的体积（V_1）。 （3）将金属块用细线系好，浸没在量筒内的水中，记下金属块和水的总体积（V_2）。 （4）计算金属块的密度（ρ）。 学生讨论得出实验步骤：为了减小实验误差，应该先用天平称出石块的质量。 方案一： 先测出空烧杯的质量（m_1），再往烧杯中倒入适量的水，测出烧杯和水的总质量（m_2），然后将烧杯中的水倒入量筒中测出水的体积 V，最后算出水的密度。	让学生在自主实验中，眼与心、手与脑、行与知有机地协调发展。

续　表

情境	教师活动	学生活动	设计意图
学生自学教材。		方案二： 先往烧杯中倒入适量的水，测出烧杯和水的总质量 m_1；然后将烧杯中的水倒入量筒中（倒一部分也行）测出水的体积 V；再测出烧杯中剩余水和烧杯的总质量 m_2；最后算出水的密度。 方案一误差较大。因为有一部分水残留在烧杯中，使测得的水的质量比量筒中水的实际质量要大，所以测得的密度偏大。 方案二误差较小。 密度表达式： $\rho_{水}=\frac{m_1-m_2}{V}$	

第四节　密度知识的应用（2）

【课标及教材分析】

本节内容对应2022年版课标内容一级主题“物质”下的二级主题“物质的属性”的内容，涉及的学科内容与日常生活和自然现象联系密切。课标要求如下：

1.2.3　通过实验，理解密度。会测量固体和液体的密度。能解释生活中与密度有关的一些物理现象。

本节为苏科版教材第六章第四节第2课时，主要是让学生灵活运用密度知识解决实际问题。教材以例题计算的形式阐述了如何在已知密度和体积的情况下，利用密度的变形公式来计算该物体的质量，意在引导学生学会利用已知的两个物理量，通过公式求出第三个量。同时，计算过程中还要统一单位。最后，教材中的“生活·物理·社会”板块介绍了常用的玻璃密度计和电子式密度计，以拓宽学生的知识面，激发学生的学习兴趣。教材的这种编排，有利于学生动脑思考，独立地解决问题，培养学生的动手能力。把学生引向运用密度知识去解决实际问题，使学生初步感觉到密度知识很有用处，能解决很多问题。

【学情分析】

本课时是在学习了用天平测质量、用量筒测体积及密度概念已初步形成的基础上，进一步学习物质的密度测量方法，以及利用密度知识解决实际问题。初二学生应用数学解决物理问题的能力较弱，许多方面的能力都有待提高。

【教学目标】

（1）通过本节课的学习，学生了解了密度知识在生产、生活和科学研究中的一些作用。

（2）通过设计进行实验，测定液体、固体的密度，使学生能运用密度鉴别物质、计算物体的质量与体积。学会利用物理公式间接测定一个物理量的科学方法，培养学生运用密度知识和数学方法解决实际问题的能力。

（3）通过密度知识的应用，体会物理知识在生产生活中的实际应用，激发学生学习物理的兴趣。

【教学重难点】

（1）教学重点：运用密度公式 $\rho = m/V$ 及其变形公式解决实际问题。

（2）教学难点：运用数学方法解决物理问题。

【教学设计】

本节第 2 课时教学设计具体内容如表 6－7 所示。

表 6－7　　第四节第 2 课时教学设计

情境	教师活动	学生活动	设计意图
鉴别物质。 播放“阳山碑材”照片。	情境 1：展示体育锻炼用的“铅球”。 教师：这个“铅球”是用纯铅做的吗？怎么判断？测量原理是什么？需要哪些工具？ 告知学生“铅球”质量为 4kg，体积为 0.57 cm^3，请学生进行相关计算。 情境 2：星期天，小明和同学一起到“南京明文化村·阳山碑材”景区游玩，他们发现了当时人们采集石料后所遗留的一大块长方体形状的	观察思考。 测量铅球的密度，与纯铅的密度进行比较。	鉴别物质。 用学生熟悉且感兴趣的生活事例，激发学生探究的兴趣。

续 表

情境	教师活动	学生活动	设计意图
播放“阳山碑材”照片。	碑材，感到十分惊讶，如此巨大的碑材运输该有多困难！他们想知道这块碑材的质量究竟有多大。能直接用工具测量阳山碑材的质量吗？ 你们能帮助他们想出一种实验方法来测量碑材的质量吗？ 教师：利用所给数据可求出阳山碑材的体积，还要知道什么物理量才能算出它的质量？ 教师：他们发现附近有一些小石块，其材料与碑材相同，你们想到了什么方法？ 问题：如何测出所采样品的质量与体积？总结实验步骤。	无法直接测量。 交流思考，提出解决方案。 密度。 同种物质密度相同。 引导学生分析实验思路，带着问题设计实验。 利用数据先算出样品的密度，再让学生算出阳山碑材的质量，突破难点。	体现“生活走向物理”课程理念，让学生感知物理就在生活中。 通过学生自己分析，激发其探究热情。引导学生进一步思考，透过现象看本质，能对现象进行思考并提出问题。 引导学生讨论实验方案；渗透物理思维的教学。 体会物理知识在生产生活中的实际应用，激发学习物理的兴趣。

第五节　物质的物理属性

【课标及教材分析】

本节内容对应2022年版课标内容一级主题“物质”下的二级主题“物质的属性”内容，涉及的学科内容与日常生活和自然现象联系密切。课标要求如下：

1.2.1　通过实验，了解物质的一些物理属性，如弹性、磁性、导电性和导热性等，能用语言、文字或图表描述物质的物理属性。

例1　通过实验，了解橡胶的弹性。列举弹性在生活中的应用实例。

例2　通过实验，了解物质的磁性和磁化现象。调查磁性材料在生活中的应用。

例3　通过实验，了解物质的导电性，比较导体、半导体、绝缘体导电性能的差异。

例4　通过实验，了解金属与木材导热性能的差异。

1.2.4　了解关于物质属性的研究对生产生活和科技进步的影响。

活动建议：

（1）设计实验方案，比较砂锅、铁锅的导热性能。

（2）观察生活中的一些日常用品，了解它们分别应用了物质的哪些物理属性。

（3）查阅资料，了解我国古代青铜器、铁器的制造技术及其对社会进步的推动作用。

本节内容主要强调物质属性的多样性，使学生了解物质的属性在生产、生活运用中的实践意义以及认识物质世界是纷繁的，并学会用对比法进行学习。教材中，利用图片展示出物质的其他属性如透明度、导电性、导热性、弹性、磁性等，旨在让学生指出图中物体利用了什么特殊的物理属性，具体教学中通过实验让学生了解物理属性及其在生活中的应用。教材重点介绍了物质的硬度，通过铁钉在石蜡上刻画创设了一个教学情境，启发学生认识到硬度是区别不同物质的方法之一。教材安排了“比较物质的硬度”活动，要求学生自己提出探究的方法和步骤，意在突出过程性与方法性研究，对结果要求不高。

对于形形色色的物体，从物质的属性这一角度加以分类，使学生学会寻找依据。“生活·物理·社会”板块有意识地通过介绍航天飞行器的特殊“外衣”及我国“神舟”系列飞船，使学生了解我国在现代科技中的创新与发展，有利于激发学生的学习兴趣，提升学生的民族自豪感。

【学情分析】

学生对于物理属性有一定了解，但不明确，在利用物理属性分类的时候做不到标准清晰。

【教学目标】

（1）通过实验探究，知道物质的一些物理属性，如密度、比热容、硬度、弹性、导电性、磁性等。能与生活中的物质的用途联系起来。

（2）会根据物质的物理属性对物质进行分类，尝试将物质的一些物理属性与生活中物质的用途联系起来。

（3）经历对物质硬度的科学探究过程，领悟实验探究的基本思路和方法。通过对“生活·物理·社会”的学习，感受自然界中物质的多样性，提升民族自豪感和探究自然奥秘的浓厚兴趣。培养严谨的科学态度与协作精神。

【教学重难点】

教学重点：知道物质的几种物理属性，能够用对比法进行学习。

教学难点：通过实验探究物质的硬度、导电性、磁性、弹性等物理属性。

【实验器材】

铁钉、玻璃板、钢锯条、塑料尺、粉笔、铜钥匙、铅笔芯、金属勺子、塑料勺子、热水等。

【教学设计】

本节教学设计具体内容如表 6－8 所示。

表 6－8　　第五节教学设计

情境	教师活动	学生活动	设计意图
展示一杯水和酒精。 展示铁钉、玻璃板、钢锯条、粉笔、塑料尺、铅笔芯、铜钥匙、水、桌子等。	活动1：怎样区别水和酒精？ 引导学生区别水和酒精除气味外，还有密度、沸点都不一样，这些都是物质的物理属性，进而导入新课。 活动2：观察这些不同物质组成的物体，分析比较它们之间的不同。它们的密度、状态、硬度、透明度、导电性、弹性、磁性、导热性等性质不同。这些性质被称为物质的物理属性。物质的物理属性有很多种，了解这些属性，对生产、生活以及认识世界有很重要的意义。	学生拿出事先准备好的酒精和水，观察和闻气味，说出他们的判断。 体验物质的软硬程度。	观察和思考后，引入物质的物理属性。
探究物质的硬度。	活动3：比较物质的硬度。 播放铁钉在石蜡上刻画的视频。 提出问题：视频说明了什么？ 组织学生探究物质的硬度。 明确目标：通过实验比较硬度的大小。 (1) 鼓励学生大胆猜想：铁钉、玻璃板、钢锯条、塑料尺、粉笔、铜钥匙、铅笔芯这七种物质的硬度，并将它们按顺序排列好。 (2) 组织学生设计“比较七种物质硬度”的实验方案。 (3) 组织学生分析并讨论、收集合理的实验方案。 补充说明：用硬度小的物质在硬度大的物质上刻画时一般不会留下痕迹，根据这一规律可以辨别硬度相近的物质的硬度大小。	猜想和交流：集体讨论、交流并汇报。 分析讨论得到合理的方案：将铁钉作用于其他六种物质，用相同的力刻画一条直线痕迹，通过观察痕迹的深浅判断硬度的大小。	通过实验探究物质的硬度。

续　表

情境	教师活动	学生活动	设计意图
将物质的物理属性与生活中的用途联系起来。	活动4：指导学生按照苏科版教材16页图6－13进行活动，思考图中分别利用了物质的哪些物理属性？ 生活中利用物质的物理属性为人类服务，同时根据不同的需要寻找或合成具有独特物理属性的新材料。 活动5：将今天出现的实验器材进行分类，谈谈自己的分类标准。	学生总结：物质的物理属性有密度、比热容、硬度、弹性、导电性、磁性、熔点、沸点等。	知道物质的状态、密度、比热都是物质的物理属性。
提高学生将科技应用于日常生活的意识。	组织学生阅读教材18页“生活·物理·社会”板块中的“航天飞行器的特殊‘外衣’”。教师还可以介绍由于建筑材料的低劣引发的各种事故。例如《人民日报》报道的1999年1月5日横跨重庆市綦江县（区）新旧城区的彩虹桥坍塌事故。 专家组取证分析查明重庆綦江彩虹桥垮塌属重大责任事故：中承式拱形桥的拱架钢管焊接存在严重缺陷，个别焊缝出现痕缝性裂痕；焊接质量不合格；混凝土强度不足，普遍低于设计标号的1/3;连接桥梁、桥面与钢拱架的拉索、铆片、铆具都有严重锈蚀。		进一步提高学生将科技应用于日常生活的意识，学习科学家研究问题时常用的办法。

（四）重难点突破文献综述

1. 物体的质量[①]

活动1：想一想，这样的比较公平吗？教师在指导学生认识天平的构造后，拿出质量相差不大的橡皮泥和果冻，分别放在未调平衡的天平的左右托盘上，进行

① 徐卫华：挖掘文化价值，活化“质量”教学——关于“物体的质量”课堂教学的思考．物理教师，2015年第9期。

对比实验演示。

演示1：左边放橡皮泥，右边放果冻，指针偏向分度盘的右侧。

结论1：果冻质量大。

演示2：左边放果冻，右边放橡皮泥，指针偏向分度盘的中央。

结论2：质量一样大。

学生的好奇心被调动：为什么会出现不同的结果呢？

教师揭秘：教师将橡皮泥和果冻同时从天平上拿下来，天平原来不平衡。

提出问题：那么如何公平地比较呢？

点评：通过此次活动，学生意识到“使用天平第一个重要步骤就是要调节天平平衡”。

活动2：比一比，质量差多少。（学生在各自调节如自己桌上的天平平衡并总结出天平调节方法后，教师将橡皮泥和果冻分别放在天平的左右托盘中，又提出一个问题。）

教师：现在天平已经调平衡了，我们可以比一比橡皮泥和果冻的质量了，哪一个质量大？

学生：橡皮泥（天平的指针偏向分度盘的左侧。）

教师：能不能找一个物体帮帮果冻的忙，使天平再一次平衡。你们利用桌上的器材先做做看。

……（学生实验，教师请两名学生上讲台，通过调节游码使天平重新平衡。）

教师：向右移动游码有什么作用？是在给谁帮忙？

学生：给果冻帮忙。

教师：对了，给放在右边的果冻帮忙。那有的同学把“轻”的果冻放在左盘，“重”的橡皮泥放在右盘，能不能调平衡？

学生：不能。

教师：那你们现在知道向右移动游码有什么作用了吗？

学生：给右盘加砝码。

教师：我们还可以得到一个平衡的式子。原来左盘橡皮泥的质量大于右盘果冻的质量，后来移动游码天平就重新平衡了。

学师：游码帮了多少忙呢？

……（教师指导学生认识标尺的刻度和游码的读数后，又提出一个问题。）

活动3：称一称，质量是多少？

教师：我要知道橡皮泥的质量到底是多少，还需要什么呢？

学生：砝码。

教师：对了，还要已知质量的砝码。请同学们从桌子挡板下面拿出砝码盒，……请同学们称一称橡皮泥的质量。

……（待学生称出橡皮泥的质量后，教师在学生的“指导”下演示规范称量橡皮泥质量的过程。）

2. **物质的密度**①

情境1：体积相等的小木块和小铜块各1个，请学生加以区分。

情境2：体积相等的包裹的1号小木块和2号小铜块（如图6－3所示），请学生再次区分。

情境3：请一名学生戴上眼罩，两手各托一个托盘，分别放入一个体积很大的木块（如图6－4所示）和小铁块（木块质量远大于铁块），让这名学生区分。

情境4：如图6－5所示，已知一枚硬币的体积为V，质量为m，依次得出2枚、4枚、n枚硬币的体积和质量。学生感性认识成倍增加的硬币的质量与体积，进行合理猜想。

图6－3

图6－4

图6－5

实验时设计系列问题驱动学生完成实验设计，问题如下：

问题1：需要直接测量哪几个物理量？

问题2：用什么仪器来测量？

问题3：测量中需要记录哪些数据（表格设计）？

问题4：回顾提出的猜想：同种物质的质量与体积可能成正比。如何处理实验数据，寻找物体的质量与体积的关系呢？联系数学中的正比例函数，使用比值法处理数据，完善表格设计。应用Excel采集学生的实验数据，求得质量与体积的比值，分析单个表格的数据得到同种物质的质量与体积成正比的结论。引导学生综合比较铁、铜和木的数据，得到不同物质的质量与体积不同的结论，反映不同物质的物理属性，建构密度概念，理解其内涵与外延。设计利用图像法拓展学生对密度知识的应用，创设第3次区分物质的情境。选取学生进行实验的铁、铜和木各3个，将其包裹后编号1－9，提问如何区分这9个物体？

学生提出相同体积的物体，可以通过比较它们的质量加以区分，同时提出计算9

① 顾健，陆建隆：基于问题解决的初中物理深度学习的思考与实践——以“物质的密度”为例．物理教师，2019年第12期。

个物体的密度等方法。由于同种物质的质量与体积的关系已探究得出结论，因此可以通过 Excel 进行操作：以 9 个物体为核心，以体积为横坐标、质量为纵坐标，模拟描点作图，来呈现图像法在物理问题解决过程中的应用（如图 6－6 所示）。再融合信息化技术手段，使用取消隐藏的功能，将各个点逐个显示，动态展示作图过程。借助图像，依次呈现 4 个台阶式问题，满足不同层次的学生的认知需求。

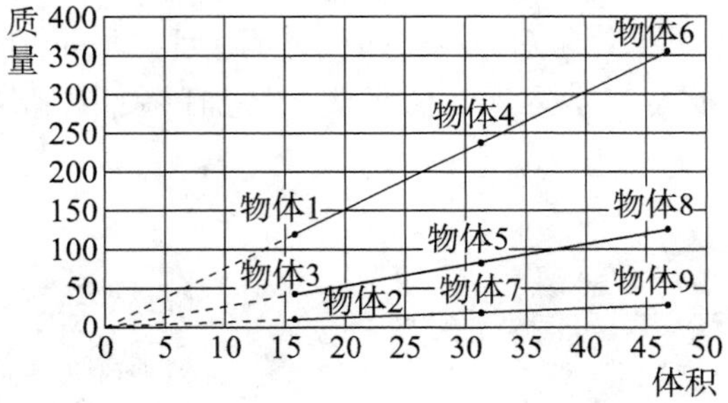

图 6－6

问题 1：请将这 9 个物体进行归类，并说明分类依据。

问题 2：请判断图像中 3 种物质的密度大小关系。

问题 3：查阅密度表，确定物质的种类，引导学生认识密度是物质的一种物理属性。

学生通过图像，获取相关信息（如图 6－7 所示），做出物体 X 的质量与体积的关系。

设计问题 4：根据铁、铜、木的密度值，请判断物体 X 的密度范围。将隐藏的物体 X 的质量与体积的数值显示，判断结果的正确性，判断物体 X 可能是由什么物质组成的，发现既可能是煤油，也可能是酒精。

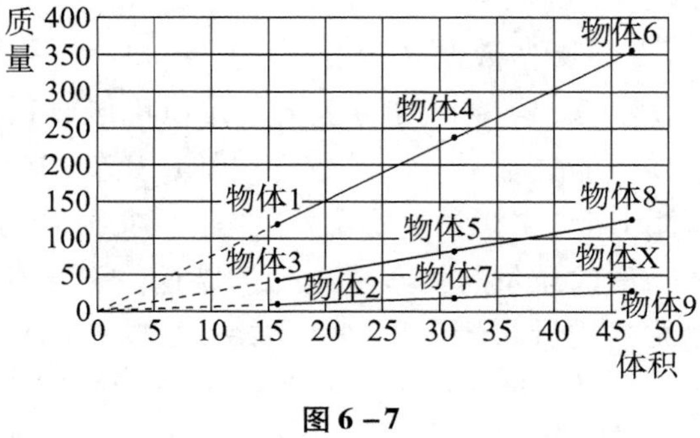

图 6－7

四、教学素材补充

1. 质量的定义

质量（mass）是量度物体惯性大小的物理量。质量是决定物体受力时运动状态变化难易程度的唯一因素，因此质量是描述物质惯性的物理量。质量是物理学中的基本量纲之一，符号是 m。在国际单位制中，质量的基本单位是千克（符号 kg）。实验室中天平是测质量的常用工具。

在力学史上，质量的定义首先由牛顿提出。在《自然哲学的数学原理》一书中写道："物质的数量（质量）是物质的度量并等于密度同体积的乘积。"近代学者对此有不同的评价。马赫认为，密度只能定义为单位体积的质量，因而牛顿的质量定义是一种逻辑上的循环。但牛顿并没有对密度做出定义，特别是没有做出密度是单位体积的质量这样一个近代的定义。因而 H. 克鲁认为：由于当时密度和比重是同义词，水的密度被任意地取为 $1g/cm^3$，且以密度、长度、时间作为基本单位。在这种系统中，用密度来定义质量从逻辑上说是允许的，而且是很自然的。此外，牛顿在书中解释他的质量定义时说："质量按物体的重量来求得，因为它与重量成正比，我经过多次极准确的实验发现了这点。"牛顿还说："我所说的物体有相同密度是指它们的惯性与它们的体积成正比。"由此可见，牛顿并没有用重量来定义质量。

在牛顿以前，惠更斯和开普勒把质量和重量较明显地区分开来。克鲁发现惠更斯在 1673 年讨论向心力时指出，当两质点以等速沿等圆运动时，其向心力与质点的重量或"坚实量"成正比。这里的"坚实量"就是质量。E. 霍佩认为开普勒在其所著的《新天文学》（1609 年）中引入拉丁字 moles 表示质量。为了使经典力学中质量的定义能表明质量的实质，应该先明确用什么来度量物体所含的物质。如一堆均质煤粉有一定数目的分子，可提供一定的热量，可用分子数目或所含热量来度量同质煤粉抽样所含的物质。这就是说，相同物质样品的质量必须用其固有的物质特性来度量。但是，要比较不同物质样品的质量（例如煤粉和水泥、月球和地球、空气和煤气等），必须用不仅是固有的而且是普遍的同有性质即惯性和万有引力来度量。用惯性或万有引力来度量物质的多少就能比较任何不同物质样品的质量。用惯性来度量质量同牛顿定律密切相关，所以人们常以惯性的度量作为质量的定义。

质量不随物体的形状和空间位置而改变，是物质的基本属性之一，通常用 m 表示。在国际单位制中，质量的单位是千克（kilogram），即 kg，这是保存在巴黎国际计量局的国际千克原器的质量。该原器是一个由铂（90%）铱（10%）合金制成的圆柱体，其直径与高相等，以金属块的形式封存在玻璃罩中。2013 年国际质量及其相关量咨询委员会制定了千克重新定义的路线图，给出了千克重新定义需要满足的 4 个条件，起草了千克重新定义的指南。2018 年，第 26 届国际计量大会通过了决议，批准采用普朗克常数重新定义千克。

在物理上，质量通常指由实验证明等价的属性：惯性质量、引力质量（主动引力质量和被动引力质量）。在日常生活中，质量常常被用来表示重量，但是在科学上，这两个词表示物质不同的属性。

将同样的力施加于两个不同的静止物体上，使它们得到相同的速度就需要各自相应的时间。费时较长的物体表明它具有较大的惯性，费时较短的物体表明它具有较小的惯性。也就是说，物体的加速度与它的惯性成相反的关系。根据牛顿第二定律，在同样的力的作用下，物体的加速度与它的质量成反比。因此，可用物体的质量来度量它的惯性，物体的质量越大，惯性就越大。

通过重力确定的质量称为重力质量。实际上，人们用惯性来确定质量，用称重法来测量重量，综合起来得到某物体质量（m）与重量（G）的关系式：$G=mg$，式中 g 为地球上某一地点的重力加速度。

重量和质量是两个不同的概念。把物体从地球移到其他星球上，其质量不变，而重量改变。同一物体在月球上的重量只有在地球上重量的约1/6。物体的惯性质量取决于其受力时的加速度。根据牛顿第二定律，质量为 m 的物体受到的力为 F，加速度为 $a=\frac{F}{m}$。

物体的质量也决定了其被引力场影响的程度。在现代物理学中质量的概念有两种：惯性质量和引力质量。惯性质量表示的是物体惯性大小的度量，而引力质量表示的是物质引力相互作用的能力的度量。事实上，通过无数精确的实验表明，同一物体的这两个质量严格相等，是同一个物理量的不同表征。

（1）质能等价关系

质量和能量的等效（等价）性。质量和能量的关系由物理学家爱因斯坦于1905年最先提出。在牛顿力学中，物体的质量被看成不变，即与物体运动速度的大小无关。在不变外力的连续作用下，原来静止质点的速度增量与力的施加时间成正比，因此，如果力的作用时间足够长，质点的速度就会超过光速，这就与光速是极限速度的事实不符。实际上，当质点速度很大时，速度的增量就不再与外力作用的时间成正比，而是要慢一些。当接近光速时，速度增加得越来越慢，因而不会超过光速。同时，由于外力不变，加速度的减小必然导致质量随速度的增加而增大。

爱因斯坦在其著名的狭义相对论论文中指出：物体的质量是它所含能量的度量；如果能量改变 ΔE，则质量就要改变，这就是著名的质能关系式：$\Delta E=\Delta mc^2$或 $E=mc^2$。其中 E 是物质的能量，m 是物质的质量，c 是真空中的光速，ΔE 是能量的变化量，Δm 是质量的变化量。

（2）质量

几十年后，在核反应中观测到的能量释放与质量改变完全证实了爱因斯坦的质能关系式的正确性。此外，狭义相对论还提出，质量与速度有关。关系式是 $m=\frac{m_0}{\sqrt{(1-\frac{v^2}{c^2}}}$，$m_0$为静止质量（即牛顿力学中的质量），$m$ 为相对论质量。由公式可以看出，一个物体的速度 v 不可能达到或超过光速，否则分母为一个虚数，不符合已有的物理学基本原理。而光子的静止质量 $m_0=0$，其速度可以达到光速。当 v 远小于 c 时，m 可以近似地等于 m_0，仍然符合牛顿力学，因此相对论力学在远低于光速时近似于牛顿力学。

狭义相对论的质能关系（$E=mc^2$）把惯性质量与物质的另一个物理属性（能量）在数量上联系起来：具有一定惯性质量的物质必定具有相应数量的能量。相对于静质量、动质量，相对论质量（总质量）有静能量、动能、总能量。动能等于总能量减去静能量，在低速近似下就是牛顿力学中物体的动能 $1/2mv^2$。在粒子物理学的理论中，有裸质量和物理质量之分。基本粒子是场的元激发，基本粒子周围其他量子场与基本粒子的相互作用会影响它的质量。不计这些能量相互作用时，自由粒子（孤立粒子）的质量称为裸质量。把这些相互作用的影响包含在内的质量称为基本粒子的物理质量，也就是在基本粒子实验中测得的质量。

2. 概念的产生

（1）早期认识

很早以前，人们在研究物体的惯性运动时，探讨过打破惯性运动时外来原因与运动变化的关系。伊壁鸠鲁认为，快慢现象的产生，取决于是否发生碰撞。把原子在虚空中的运动方向和速度的改变与作用力联系起来，但这仅是一种定性的思辨性思想，已孕育着质量概念的产生。

伽利略在否定亚里士多德将速度与力相联系的错误观点后，首次提出了加速度的概念，从而把加速度与作用力直接联系起来。他指出作用力按物体运动速度的变化而成正比增加，已提出静质量的概念，即物体含有原子数量的多少。但伽利略时代仍不能区分质量与重量两个概念，常把二者混淆，尚未明确提出质量的概念。最早提出质量概念的是弗兰西斯·培根，他在 1620 年出版的《新工具》一书中，把质量定义为“物体所含物质之量”，并提出“作用力依赖于质量”的观点，从而把质量与作用力联系起来。

（2）静质量

牛顿在接受了从古原子论者直至伽利略和培根关于静质量概念的论述，在《自然哲学之数学原理》中明确定义了物体的静质量，即质量是“物质之量”，是由其密度和体积的共同量度。也即质量是指物体含有物质的多少。牛顿用密度和体积来定义质量，而不像今天用质量和体积来定义密度，因为在牛顿时代，密度和体积是比质量更为简单的物理量。按照牛顿这种定义，说明物质是由不变的、不可入的、不可分割和具有惯性的原子组成的，质量就是物体包含的原子数量的量度。物体的体积越大，所包含的原子数越多，其质量就越大。

（3）惯性质量

牛顿在《自然哲学的数学原理》中引入了惯性质量的概念：“物质固有的力，是每个物体按其一定的量而存在于其中的一种抵抗能力，在这种力的作用下物体保持其原来静止状态或者匀速直线运动状态。”在解释时，牛顿指出：“这种力总是同具有这种力的物质的量成正比的。”牛顿首先把惯性质量的概念引入物理学。在牛顿总结出的第二定律中有具体的体现，牛顿第二定律 $F = ma$ 中，质量被定义为“物体惯性大小的量度”，即可以对不同物体施以同样大小的力，且根据其获得加速度的大小来确定质量的大小。获得加速度大的物体质量小，获得加速度小的物体质量大。这种测定物体质量的大小的方法是根据惯性的大小来量度的，因此测得的质量称为惯性质量。“惯性质量”的定义与“物质的多少”这一关于质量的概念是一致的。

根据定义，惯性质量是描述物体在受到一定的外力作用时所具有的维持原来运动状态不变性质的一个物理量。一方面，反映了物质的客观实在性，因此惯性是物体的一种属性，作为其量度的质量就成为反映物体特性的物理量；另一方面，反映了物质与运动之间的辩证关系。但是，物体的惯性只是反映了物体保持其运动状态不发生变化的不变特性，而不直接反映物质的数量与物体的运动性质之间的联系，反映这种联系的是惯性质量。

质量的另一个属性是量度物体引力作用的大小，具有这一属性的质量通常被称为引力质量。引力质量的概念是牛顿发现万有引力定律的过程中建立起来的，由万有引力定律可定义引力质量。通常引力作用包括施力和受力两方面。根据牛顿的万有引力定律，任何两个物体之间都存在引力作用，引力的方向在两个物体（视为质点）的连线上，大小与两物体的质量 m_1、m_2 的乘积成正比，与两者距离 r 的平方成反比，公式为 $F=G\dfrac{m_1m_2}{r^2}$，其中 G 为万有引力常数，质量 m_1、m_2 反映了物体引力作用的大小，称为“引力质量”。引力质量与“物质的多少”这一关于质量的概念是一致的。根据万有引力定律，如果把 m_2 作为引力源，则 m_2 越大，引力就越大，因此引力质量是产生引力场的量度。当 m_1 越大时，引力也就越大。从这个角度看，质量又是受引力场作用的量度。因此，引入“引力质量”的概念来定义物体产生引力与受引力场作用大小的量度。

引力质量是引力相互作用的源，分为主动引力质量和被动引力质量。主动引力质量是引力场的源，引力场的强度与主动引力质量成正比。如果引力质量较小、运动速度较低，相应的引力场为弱引力场。一个静止质点产生的弱引力场的场强近似于牛顿万有引力定律给出的场强：$g=GM_0/r^2$，式中 G 为万有引力常数，r 为离开质点的距离，g 称为引力加速度（g 和 r 都应当是三维欧几里得空间中的矢量，为了简单这里只考虑它们的绝对值）。被动引力质量是使物质得以感受外来引力场的作用的物理量，它在外部弱引力场中所受的牛顿引力为：$F=GM_0m_0/r^2=m_0g$，实验至今没有发现这两种引力质量的差别，所以，对于任何给定的物质，其主动引力质量等于被动引力质量。因此，一般不区分它们。

弱等效原理（伽利略等效原理）是指物质的惯性质量与它的引力质量相等，各种不同类型的实验检验都没有发现这个原理的缺陷。因此，当说到物质的质量时，或是指它的惯性质量，或是指它的引力质量，这将视场合不同而异。

爱因斯坦以等效原理为基础而建立起来的广义相对论的场方程在线性近似下可以写成麦克斯韦方程组。其中物质的静质量是电型引力场（牛顿引力场）的源，物质的动质量（相应于动能）是磁型引力场的源。引力波（引力子）的静质量也是零，其运动速度是真空光速。

鉴于引力质量的性质，可用某物体（如地球）引力的大小来量度该物体的引力质量的大小。例如天平量度质量就是基于这种思想，因而天平所量度的是物体的引力质量。

（4）惯性质量的建立

在物理学史上，牛顿在自由落体实验和单摆实验中论证了引力质量与惯性质量的等价问题。牛顿的实验设计思想是，由于地球的自转，地球上的物体所受到的重力与万有引力是不一致的。可以把重力看作万有引力与惯性质量有关的离心惯性力二者的合力。这样，重力既与引力质量有关，也与惯性质量有关，关系式为 $g=\frac{Gm_{地}\,m_{引}}{m_{惯}}+r_1w^2$，$g$ 为重力加速度（不是引力加速度），$m_{引}$是指物体的引力质量，$m_{惯}$是指物体的惯性质量。同时该公式是矢量加法。从地球上某一个固定点来看，式中 $m_{地}$ 是一个常数。从式中可得出这样的结论：对于同一位置上的不同物体，如果每一个物体的 $m_{引}$与 $m_{惯}$不等或不成比例，则不同物体的 g 将不同。因此，实验就归结为验证不同物体的 g 是否严格一致。若一致，则 $m_{引}$ 与 $m_{惯}$相等或成比例；若不一致，二者则不等或不成比例。

在牛顿时代，要用实验精确测定 g 是很困难的，主要是难以精确测量下落的时间间隔。为此，牛顿设计了观测单摆的振动，根据长度相同的单摆的摆动周期来间接测定不同物体的重力加速度 g。牛顿测得，惯性质量与引力质量成正比例的精度达到 10^{-3}。

精密的实验测定则是匈牙利科学家厄缶从 1889 年开始，用了近 33 年的时间完成的。美国的 R. 迪克、P. 克罗特科夫、P. 罗尔于 1959—1964 年以及苏联的 B. 布拉金斯基和 B. 帕诺夫于 1971 年又进行了更精密的测定。实验证明这两种质量严格相等。

所有实验结果都可以简单表述为，在仪器测量精度范围内，$m_{引}/m_{惯}=$常数，选取适当单位可使常数数值等于 1（如选取引力常数 $G=6.67384\times10^{-11}\,m^3kg^{-1}s^{-2}$），惯性质量与引力质量完全等价。爱因斯坦以其独特创见，从惯性质量与引力质量等价的基本事实出发，创立了广义相对论，这一理论成为现代物理学的一大支柱。

（5）动质量和质能关系

在经典力学中，物体的质量是不变的量，而在相对论力学中，物体的质量不是一个恒量，物体质量与运动速度之间有一定的函数关系，即质速关系：当静止质量为 m_0 的物体以速度 v 运动时，其质量为 m，$m=\frac{m_0}{\sqrt{1-\frac{v_2}{c_2}}}$。式中的 c 为真空中的光速，m 称为相对论质量，又称为动质量，m 与 m_0的差别在于物体运动速度很大，可与光速比拟时才显示出来。质速关系式已为实验所证实，物体的速度越大，其质量越大，速度为零时质量最小，这时的质量就是静质量 m_0。

现代物理学已明确质量与能量之间的内在联系，即爱因斯坦的质能关系式：$E=mc^2$。该式表明，任何物质的质量变化都将伴随相应的能量变化，反之亦然。这一关系已为实验事实（特别是核反应实验）所证实，质能关系提供了利用原子能的理论基础。

根据狭义相对论，质量是一个重要的守恒量，在经典力学中的质量守恒定律扩展为质能守恒定律。质能守恒定律是指在一个孤立系统内，所有粒子的相对论动能与静能之和在相互作用过程中保持不变。质能守恒定律是能量守恒定律的特殊形式。

在狭义相对论中，质能公式 $E=mc^2$ 描述了质量与能量的对应关系。在经典力学中，质量和能量之间是相互独立的，但在相对论力学中，能量和质量是物体力学性质的两个方面的同一表征。在相对论中，质量被扩展为质量 - 能量。在经典力学中独立的质量守恒和能量守恒结合成为统一的质能守恒定律，充分反映了物质和运动的统一性。

3. 我国古代质量单位的创立与发展

我国质量单位的起源，最早可以追溯到大约4000年前的夏朝。据说，大禹曾经用自己的体重作为质量的标准。而有记载可查的质量单位，当以彝器上的锊（lüè）和钧为最早，但一锊是多少以及锊和钧的关系现在已无法知道。这两个单位在战国时期还在使用，秦汉间的文献对于锊的多少也没有一致说法。中国的锊虽有轻、重两种说法，但通行的是重的说法，即三锊重二十两，毛公鼎铭文中的“取专卅寽”（取三十锊）可以证明。战国时期只有两种质量单位，即斤和镒，一斤为十六两，一镒为二十两（也有一说是二十四两）。

再往后，人们用单位体积的黄金、水和黍的重量作为质量单位，《汉书・食货志》记载“黄金方寸，而重一斤”，《后汉书・礼仪志》记载“权水轻重，水一升，冬重十三两”，《汉书・律历志》记载“黄钟之管长九寸，径三分，围九分”“一龠容千二百黍，重十二铢。两之为两……”。以上记载中分别以黄金和水的密度、黍的容重给出长度和质量两个单位量（容量是长度的导出量），在规定条件下，黄金、水的密度和黍的容重是常量（或统计出它的平均值），这三个量互为变量，其中一个量的单位量值发生变化，其他两个也相应变化。汉代利用金属和水的密度确定度量衡单位量值的方法与1874年米制公约将长度、体积和质量的量值相互关联起来（即1克是1立方厘米的水在最大密度下的质量）是十分相似的。

若论真正意义上的质量单位，最早出现在2300多年前的战国时期，后来经过秦、汉、隋、唐、宋等不同朝代的变化，质量单位慢慢得到了统一。其中主要包括：三十斤是一钧，十圭是一铢，二十四铢是一两，十六两是一斤。《孙子算经》《夏侯阳算经》《汉书・律历志》等古书中均有相关记载，并且可以明确这一点：衡起源于黍的数量与质量，计量标准是黄钟。具体来讲，把一龠（黄钟）能装下的一千二百粒黍的质量，定为十二铢，即一百粒黍重一铢。两龠为一两，即二十四铢，象征二十四节气。一斤十六两，象征四个季节乘东西南北四个方向。一钧三十斤，象征一月三十天。四钧为一石，象征四个季节。“铢”“两”“斤”“钧”“石”五权就这么郑重定下了，这也解释了过去的市制质量单位为什么不是十进制。但是从中华人民共和国成立前流传下来的常用质量单位是斤、两、钱、分、厘，没有铢。这个变化源于唐宋，原因在于非十进制计算比较麻烦。唐朝的铜钱“开元天宝”，每枚重二铢四累（古用案），十枚重二十四铢，为一两，后来因计算不方便，就改为十钱为一两，即用“钱”代替“铢”，与“累”“黍”一样，均为十进制。到了宋代，又用“分”“厘”代替了“累”“黍”，“钱”以下的质量单位借用长度的十进位制单位分、厘、毫、丝、忽。而“斤”“两”“钱”“分”“厘”等质量单位一直沿用至今。由十六两一斤改为十两为一斤是

1959 年 6 月 25 日国务院发布的《关于统一计量制度的命令》中确定的内容之一，当时统一了“十两是一斤，二斤是一公斤，一公斤等于一千克”。这样的统一，不但让人们使用质量单位更加方便，而且让我国的质量单位与世界标准质量单位成功接轨了。

4. 质量国际单位的历史变迁与发展

1791 年规定：1 立方分米的纯水在 4℃时的质量，并用铂铱合金制成原器，保存在巴黎，后称国际千克原器。

1901 年第 3 届国际计量大会规定：千克是质量（而非重量）的单位，等于国际千克原器的质量，用符号 kg 表示。千克力是工程技术中常用的计力单位，规定为国际千克原器在纬度 45°的海平面上所受的重力，符号为 kgf。工程技术书中常把“力”字省略，因此易与质量单位混淆，故 20 世纪我国曾规定使用重力又称重量，单位是千克力。

2008 年 4 月，位于德国不伦瑞克的国家计量研究院的研究人员表示，他们将采用直径 10 厘米（4 英寸）的纯硅体去界定更为标准的度量方法。

直到 2013 年，一个质量与千克更为接近的铂铱圆柱体诞生，作为国际统一重量单位的原器一直被存放在法国巴黎郊外戒备森严的金库内，但是由于消耗与磨损，它的质量正慢慢地减少，基本单位的准确性受到影响，误差越来越大。

新的纯硅体确实十分特殊，耗资 200 万欧元（约合 320 万美元），俄罗斯、澳大利亚和德国科学精英合力制造五年。纯硅体质量无限接近于一千克，是近乎完美的球体，纯度极高，99.99% 的材料是一种称为硅 -28 的硅同位素。德国不伦瑞克的科学家开始对纯硅体实施数千次实验，以测算制成它的硅原子数量。

2018 年 11 月 16 日，第 26 届国际计量大会通过“修订国际单位制”决议，正式更新国际标准质量单位“千克”的定义。

2019 年 5 月 20 日，新国际单位体系正式生效。

5. 天平的发展历史

根据记载，早在公元前 1500 多年，埃及人就已经使用天平了。还有学者表示，天平的使用可能比这个时间还要早，大约在公元前 5000 年以前。古埃及的天平虽然做得很粗糙，但是已经有现代天平的轮廓，成为现代天平的雏形。

中国古代也出现过天平结构的仪器，据记载，春秋晚期已经出现了非常精密的天平和砝码。当时是以竹片做横梁，用丝线做提纽，两端各挂一个铜盘。后来因为天平称重物比较麻烦，就发明了以不等臂杠杆为原理的“铨”，只在称量小物品时才用天平。这样改进的优势在于，通过一个砝码可以利用不等臂杠杆原理实现对数十倍质量的物体进行称量，而且是线性的、不间断的称量，不必准备那么多等质量的砝码。如称量 95 千克的物体，在等臂天平上，起码要准备一个 50kg、四个 10kg、一个 5kg 的砝码；但是在杆秤上，只需一个秤砣就解决了，由此可见我们祖先的聪明智慧。时至今日，在巴基斯坦的自由市场上，随处可见的有大型的等臂天平，近一米高的支架，挂两个同样大小的金属盘子，直径三十厘米左右，旁边是一堆大小不一的所谓的砝码，那些卖肉的、卖菜的，左边放砝码，右边放商品，一点一点凑平衡，忙得不亦乐乎，但的确不方便。

我国西汉时期，还将天平的功能进一步延伸，发明了天平式的湿度计，天平一端挂羽毛或者土，一端挂炭，空气湿度大，炭吸水多，就会重，天平就出现倾斜。《淮南子》记载“夫湿之至也，莫见其形而炭已重矣。”“悬羽与炭而知燥湿之气”讲的就是这个湿度天平的原理，在1600多年后，欧洲人才想起在天平一端放羊毛，一端放石头，来测量湿度。在近代，我国天平技术却落后于欧洲，德国的赛多利斯集团经过150多年的奋斗，作为现代“世界天平之父”，始终走在称量技术的前沿。

天平是实验室中常用的仪器。天平是一种衡器，是衡量物体质量的仪器。它依据杠杆原理制成，在杠杆的两端各有一个小盘，一端放砝码，另一端放要称的物体，杠杆中央装有指针，两端平衡时，两端的质量（重量）相等。这些道理对学过物理学的人来说已经是老生常谈了。现代的天平，越来越精密，越来越灵敏，种类也越来越多，有普通天平、分析天平、常量分析天平、微量分析天平、半微量分析天平等。古埃及有一种天平是在一根竖棍中间钻个孔，横穿一根棍，在棍的两端各用绳子挂上一个盘子。这种天平使用了很长时间，直到大约公元前500年，罗马的“杆称”才出现。杆秤靠移动秤砣的位置来保持与被称物品重量的平衡，实际上是将天平的一端（放砝码端）由固定式变成活动式，其好处是只要配上一个秤砣就可以了，而天平的砝码要好几个。杆秤也是用绳子吊一个盘子，再用绳子吊一个秤砣，除一端可活动外，基本形式与天平相同。

人们在使用天平和杆秤过程中，感到用绳子吊一个盘子是一件很麻烦的事，使用起来很不方便。于是，有人想去掉这讨厌的绳子。17世纪中叶，法国数学家洛贝尔巴尔发明了摆动托盘天平，被认为是对古老的吊式天平的重大改进。至今，托盘天平仍被广泛使用。图6－8是实验室中常见的一种托盘天平，比17世纪的托盘天平有了很大改进。图中9是天平横梁，两端各支撑一个秤盘。这两部分构成了托盘天平的骨架，体现了托盘天平的基本设计原理。当横梁平衡时，力矩相等，$F_1L_1=F_2L_2$，$F_1=m_1g$，$F_2=m_2g$，$L_1=L_2$，因此 $m_1gL_1=m_2gL_2$，$m_1=m_2$，这就是说，由已知砝码的质量可知被称量物的质量。图中6为指针，7是刻度盘，指针正对准刻度盘中心表示两端达到平衡，4为游码标尺，8是游码，5是平衡螺母。与天平配套的还有砝码。

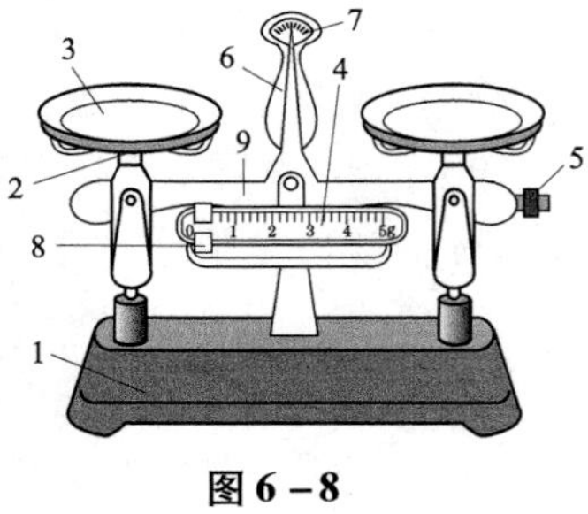

图6－8

6. 托盘天平原理——罗伯威尔（Roberval）机构

秤盘安放在横梁两边刀上方的盘架上，秤盘和托盘架重心高于横梁支点。砝码或被称物处于秤盘前后位置时会引起秤盘盘架和横梁前后的倾侧，处于秤盘左右位置时会引起秤盘盘架的左右倾倒。为克服此缺点，架盘天平采取了加长中刀、边刀和加宽刀架的措施，并在结构设计上采用了罗伯威尔（Roberval）机构。在罗伯威尔机构中，杆杆 AB、$A'B'$ 与纵杆 AA'、BB'、支柱 EE' 铰链连接，组成两个相等的平行四边形 $AA'E'E$ 和 $EE'B'B$。当大小相等的力 P、P' 分别作用于左右横臂上时，对支柱来说，即使作用的位置不对称，也能水平平衡。无论 AB 如何倾斜，AA'、BB' 都与支柱 EE' 平行。从 EE' 的左侧来看，当将与纵杆 AA' 的距离为 d 的力 P 作用于横臂上时，就有一个与 P 大小相等、方向相同的力作用于 A 和 A' 点；同时，有一个值为 $P \cdot d$ 的转矩作用于纵杆 AA'，从而在 A 点将杠杆拉向左侧，而在 A' 点将杠杆推向右侧。但由于杠杆受到 EE' 点的限制，在 A、A' 上将分别产生大小相等、方向相反的反作用力 f、f'，从而形成一个与 $P \cdot d$ 相等的反向转矩 $f \cdot s$（$f' \cdot s$），结果 $P \cdot d$ 转矩被 $f \cdot s$（$f' \cdot s$）平衡。最后，在 A、A' 上只有与 P 相等的力起作用，而与 P 在横臂上的作用位置 d 无关。这种情况在 EE' 的右侧也完全相同。

这种结构的巧妙运用，使得用户在使用时不用把砝码放在托盘的中心，即可得到准确的测量值。在化学实验中较早使用天平的有英国化学家布莱克，他生活和工作于 18 世纪，那个时候正是化学中不断发现气体并开始建立理论的时期。布莱克在化学研究中非常重视实验，而且是第一个应用定量的方法研究气体的人，定量研究需要称量，而称量离不开天平。历史资料表明，布莱克确实使用了天平，他用过的天平至今仍保存在爱丁堡皇家博物馆中。用绳子挂着秤盘，横梁又挂在另一个秤钩上。布莱克正是用这个天平进行化学实验研究，而且有了发现。这个天平的使用，不仅在化学实验中发明了定量化学分析方法，而且对天平的进一步发展、改良，也是重要的。

布莱克之后，英国化学家亨利・卡文迪许也进行过精密的定量实验，据说还曾设计制造过天平，由于卡文迪许本人的生平资料不详，很难确切知道他是何时和如何设计、制造天平的。后来，卡文迪许用过的天平曾在皇家科学院进行展览。这架天平放在柜内，天平的式样从外面看不太清楚。18 世纪的法国，天平比较普及，有许多小店铺都在出售天平。

18 世纪末，英国也制造出了一种天平，横梁中央嵌上一个钢质的刀口。然后把它放在玛瑙盘中，大大提高了精密度和灵敏度。当时出现了一些天平设计者和制造者，不过，据说天平的价格比较贵，而且要先预定，不像法国，天平虽不那么精密，但比较容易买到。

在英国，使用天平的不限于化学家和科学家，普通医药商店也常用天平，化学原子论的提出者道尔顿，在科学研究中经常使用天平。他使用过的天平据说也成了不凡之物，后来由英国曼彻斯特文学和哲学会所有，并被该学会收藏。因为道尔顿曾经是这个学会的会员。

19 世纪 20 年代，伦敦有一位仪器设计师叫罗宾逊，他开始设计和制造分析天平，不仅英国，就连美国在一个时期里都使用这种天平。罗宾逊用空心材料做横梁，把梁做成三角形，竖梁中部有指针。有刻度横梁和游码的天平，大约也是在 19 世纪诞生的（前面介绍托盘天平时，在图中横梁上标有刻度和游码），究竟谁是这种天平的发明人众说纷纭，也存在争议。在很长一段时间里，天平制造业流行一种理论，认为天平的横梁越长天平越灵敏。但是有一个叫波尔・邦格的人却不受这种理论的限制，1866 年，他设计、制造了一架短横梁分析天平。后来，在天平设计理论方面，他也有建树。天平的改进，除了横梁、接触点、游码、刻度等方面以外，还表现在其他方面，如 19 世纪前半期，已经出现了旋钮天平。旋钮天平有什么优点呢？早期的天平，横梁架在竖直的柱上，用时和不用时都是一样的。后来分析天平出现了，其刀口用玛瑙制成，为了减少刀口的损伤，不用天平时，将天平横梁架在一个架子上，让刀口不再受力，用时再将刀口架在支撑碗上。这些都是通过旋钮装置控制的。现代分析天平都有旋钮装置。

随着科学的发展、技术的进步，天平的设计和制造不断取得长足的进展。正是经过一代又一代人的不懈努力，经过技术的积累和提高，才有了今天的各式各样的现代天平。如今，在化学实验室中，常用的天平有托盘天平，正如前面讲过的，其主要用于精确度要求不高或测定物料的大致质量，可称量100克、200克、500克乃至1000克重量的物体；分析天平（包括常量分析天平、微量分析天平和半微量分析天平）；电光天平，设有空气阻尼装置或电磁阻尼装置，使天平既具有高灵敏度又能迅速阻止横梁的摇动，从外观上看不见砝码，能看到放置被称物的秤盘，砝码的加减用旋转刻度盘操作，称量的数值可通过投影刻度标尺直接读出。应当指出的是，托盘天平的发明并没有使吊式天平退出历史舞台。相反，吊式天平不仅被人们继续使用，特别是科学家们仍继续使用着，而且在使用中不断改进。现代广泛应用的精密天平大都是吊式的，而托盘天平在日常生产和生活中用得较多，在科学实验中大多在精确性要求不太高的称量中使用。

7. 电子天平

它是传感技术、模拟电子技术、数字电子技术和微处理器技术发展的综合产物，具有自动校准、自动显示、去皮重、自动数据输出、自动故障寻迹、超载保护等多种功能。电子天平通常使用电磁力传感器，组成一个闭环自动调节系统，准确度高，稳定性好。当秤盘上加上被称物时，传感器的位置检测器信号发生变化，并通过放大器反馈使传感器线圈中的电流增大，该电流在恒定磁场中产生一个反馈力与所加载荷相平衡。同时，该电流在测量电阻Rm上的电压值通过滤波器、模/数转换器送入微处理器，进行数据处理，最后由显示器自动显示出被称物的质量数值。

8. 如何正确使用量筒

正确使用量筒的步骤，如图6－9所示。

（1）选：根据估计或者指定的待测物体的体积，选择量程与分度值合适的量筒，要求是量筒最大值大于待测物体的体积，分度值的刻度要能够精确显示待测物体体积的尾数，比如2.3mL，选择分度值为0.1mL的量筒比较合适，而分度值为0.2mL的量筒不能精确显示出尾数的0.3mL。

（2）放：实验过程中，量筒要放在水平台面上。

（3）倒：将液体沿着倾斜的量筒壁轻轻地倒入量筒，不要让液体溅到量筒壁。

（4）看：观察量筒里的液体，如果有气泡存在，可轻轻摇动量筒，将气泡释放掉。

（5）读：读数时，视线要与量筒内液面的凸液面（比如水银）的顶部或凹液面的底部（比如水等液体）相平，即与量筒内液面的中部相平。

如何用量筒利用排水法测量常规小固体的体积？

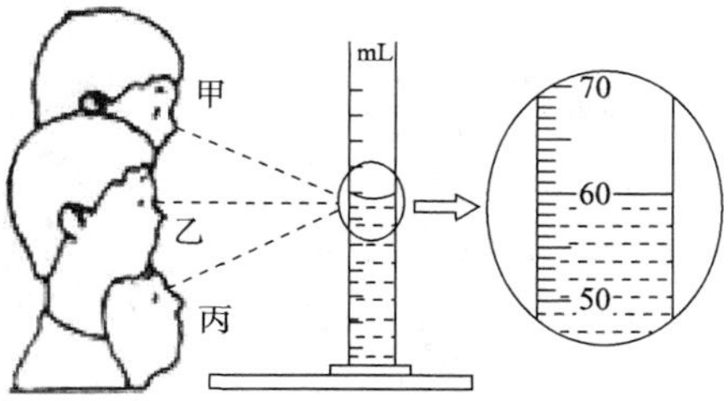

图 6－9

（1）在量筒内倒入适量的水，测出水的体积 V_1，这里所说的“适量”是指能够让物体浸没，并且液面不会超过量筒的最大值。

（2）将固体浸没在量筒的水中，读出水面到达的刻度 V_2，则固体体积为 $V = V_2 - V_1$。

9. 我国古代对密度的认识和运用

物理学上，为了表示不同物质的质的差别，引入了密度（开始叫比重，即与水的密度之比）的概念。我国对密度（比重）概念的提出和应用是非常早的。在《孟子》一书中就有这样的记载：“金重于羽者，岂谓一钩金与一舆羽之谓哉?”这句话是指相同体积的金子和羽毛之比，而绝不是将一只金钩子的重量与一车羽毛的重量去作比较。

在测定物质密度上，我国古代的制盐工人创制了世界上最早的液体比重计。宋代姚宽的《西溪丛语》中记载了我国古代制盐工人测定盐卤密度的两种方法：一种是用浮莲法，即选重的莲子数颗，放入盐卤中，盐卤浮莲的数目越多，盐味越重；另一种是用鸡蛋或桃仁的沉浮情况来测定盐卤的密度。当盐卤的密度大，而鸡蛋或桃仁的平均密度相对小时，则鸡蛋或桃仁就会浮出液面。当盐卤淡，其密度小于鸡蛋或桃仁的平均密度时，则鸡蛋或桃仁下沉。这两种方法与现代所用的浮子式密度计的原理是一致的。

明代陆容在《菽园杂记》中记载的与莲子配合使用的小竹筒，已成了一只携带方便的液体密度计，其原理与现代所用的浮笔式密度计相同。

10. 比值定义法

比值定义法，就是用两个基本的物理量的“比”来定义一个新的物理量的方法。比值定义法的基本特点是被定义的物理量往往是反映物质的最本质的属性，它不随定义所用的物理量的大小取舍而改变。如确定的电场中的某一点的场强 E 不随 q、F 而变。当然用来定义的物理量也有一定的条件，如 q 为点电荷，S 为垂直放置于匀强磁场中的一个面积等。类似的比值还有压强、速度、功率等。

（1）比值定义法的特点

比值定义法适用于物质属性或特征、物体运动特征的定义。由于它们在与外界接触作用时会显示出一些性质，这就给我们提供了利用外界因素来表示其特征的间接方式，往往借助实验寻求一个只与物质或物体的某种属性特征有关的两个或多个可以测量的物理量的比值，就能确定一个表征此种属性特征的新物理量。利用比值定义法定义物理量，往往需要一定的条件。如客观上需要；间接反映特征属性的两个物理量可测；两个物理量的比值必须是一个定值。

（2）两类比值定义法及特点

一类是用比值定义法定义物质或物体属性特征的物理量，如电场强度（E）、磁感应强度（B）、电容（C）、电阻（R）等。它们的共同特征是属性由本身决定，定义时，需要选择一个能反映某种性质的检验实体来研究。如定义电场强度（E），需要选择检验电荷（q），观测其检验电荷在场中的电场力（F），采用比值（F/q）就可以定义。

另一类是对一些描述物体运动状态特征的物理量的定义，如速度（v）、加速度（a）、角速度（ω）等。这些物理量是通过简单的运动引入的，如匀速直线运动、匀变速直线运动、匀速圆周运动。这些物理量定义的共同特征是在相等时间内，某物理量的变化量相等，用变化量与所用的时间之比就可以表示变化快慢的特征。

（3）对比值定义法的理解

对比值定义法的理解要注重物理量的来龙去脉。为什么要研究这个问题，从而引入使用比值定义法来定义物理量（包括问题是怎样提出来的），怎样进行研究（包括有哪些主要的物理现象、事实，运用了什么手段和方法等），通过研究得到怎样的结论（包括物理量是怎样定义的，数学表达式怎样），物理量的物理意义是什么（包括反映了怎样的本质属性，适用的条件和范围是什么），这个物理量有什么重要的应用。

要展开类比与想象，进行逻辑推理。所有的比值定义法定义的物理量有相同的特点，通过展开类比与想象，进行逻辑推理、抽象思维等活动，从而引起思维的飞跃，知识的迁移。如在重力场、电场、磁场的教学中，相同的是都需要选择一个检验场性质的实体，用检验实体的受力与检验实体的有关物理量的比来定义。但也存在区别，重力场的定义最简单。电场定义时，要考虑电荷的电性。而磁场定义最复杂，不仅要考虑电流元（I），而且要考虑电流元的放置方位与有效长度。

不能将比值定义法的公式纯粹地数学化。在建立物理量的时候，交代物理思想和方法，搞清概念表达的属性，从这些量度公式中理解它们的物理过程与物理符号的真实内容，切忌被数学符号形式化而忽视了物理量的丰富内容。因此，一定要从量度公式中揭示所定义的概念与有关概念的真实依存关系和物理过程，防止学生死记硬背和乱用。另外，在数学形式上用比例表示的式子，不一定用到比值定义法。如公式 $a=F/m$，只是数学形式上像比值定义法，实际上不具备比值定义法的其他特点。所以不能把比值定义法与数学形式简单地联系在一起。

11. 密度的定义

密度是对特定体积内的质量的度量，等于物体的质量除以体积，可以用符号 ρ（读作［rəʊ］）表示，国际单位制和中国法定计量单位中，密度的单位为千克每立方米，符号是 kg/m^3。

物体中任一点 P 的密度定义为：

$$\rho = \lim_{\Delta V \to 0} \frac{\Delta M}{\Delta V}$$

式中 ΔV 为包含 P 点的体积元，M 为该体积元的质量。在厘米－克－秒单位制中，密度的单位为克/立方厘米。在国际单位制和中国法定计量单位中，密度的单位为千克/立方米。

（1）密度在科学上的应用

①鉴别组成物体的材料。密度是物质的特性之一，每种物质都有一定的密度，不同物质的密度一般不同。因此我们可以利用密度来鉴别物质。其办法是测定待测物质的密度，把测得的密度和密度表中各种物质的密度进行比较，就可以鉴别物体是由什么物质做成的。

②计算物体中所含各种物质的成分。

③计算很难称量的物体的质量或形状比较复杂的物体的体积。根据密度公式的变形式（$m=V\rho$ 或 $V=m/\rho$），可以计算出物体的质量和体积，特别是能解决一些质量和体积不便直接测量的问题，如计算不规则形状物体的体积、纪念碑的质量等。

④判定物体是实心还是空心。

判定物体是空心的还是实心的，一般有以下三种方法：

第一种方法，根据公式求出物体密度，再与该物质密度 ρ 比较，若 $\rho_{物}<\rho$，则该物体为空心；若 $\rho_{物}=\rho$，则为实心。

第二种方法，已知质量，根据公式求出 V，再与 $V_{物}$ 比较，若 $V_{物}>V$，则该物体为空心；若 $V=V_{物}$，则为实心。

第三种方法，把物体当作实心物体对待，利用公式求出体积为 V 的实心物体的质量，然后将 m 与物体实际质量 $m_{物}$ 比较，若 $m>m_{物}$时，则该物体为空心；若 $m=m_{物}$，则为实心。

⑤计算液体内部压强以及浮力等（密度也可以计算柱体压强）。

⑥鉴别未知物质。“氩”就是通过计算未知气体的密度时发现的。经多次实验后又经光谱分析，确认空气中含有一种以前不知道的新气体，科学家把它命名为氩。

（2）密度在农业上的应用

密度是一个重要的依据，在农业上可用来判断土壤的肥力，含腐殖质多的土壤肥沃，其密度一般为 2.3×10^3 千克/米^3。在选种时可根据种子在水中的沉、浮情况进行选种：饱满健壮的种子因密度大而下沉；瘪壳和其他杂草种子由于密度小而浮在水面。在工业生产上如淀粉的生产以土豆为原料，一般来说含淀粉多的土豆，密度较大，故通过测定土豆的密度可估计淀粉的产量。

（3）密度在工业上的应用

工厂在铸造金属物之前，需估计熔化多少金属，可根据模子的容积和金属的密度算出需要的金属量。

12. 温度可以改变物质的密度

根据气体的密度随温度变化而变化的现象，试分析房间里的暖气一般都安装在窗户下面的道理。暖气周围的空气受热体积膨胀，密度变小而上升，靠近窗户的冷空气密度大，下沉到暖气周围，又受热上升，利用这种冷热空气的对流，可以使整个屋子暖和起来。人们很早就会利用风力了，如利用风力来取水、灌溉、磨面，推动帆船、滑翔机等。现代大规模应用风力，主要体现在发电上。

温度可以改变物质的密度。固体、液体的热胀冷缩不像气体那样明显，因而密度受温度的影响比较小。

13. 所有的物质都有热胀冷缩的性质吗

水在0~4℃之间，是热缩冷胀，在4℃以上是热胀冷缩。水的凝固点是0℃，北方的寒冷冬天，气温在0℃以下，湖面结成了冰，行人可以在湖面上行走。湖底还有鱼存活吗？冬季气温下降，当水温在4℃以上时，上层的水冷却，体积缩小，密度变大，下沉到底部，而下层的暖水就升到上层来。这种热的对流现象只能进行到所有水的温度都达到4℃时为止。当水温降到4℃以下时，上层的水反而膨胀，密度减小，于是冷水层停留在上面继续冷却，一直到温度下降至0℃时，上面的冷水层结成了冰为止。当冰封水面之后，水的冷却完全依靠水的热传导方式来进行热传递。由于水的导热性能很差，因此湖底的水温仍保持在4℃左右。

300多年前，人类就已知道水在4℃时密度最大。在冰湖中做的测试表明，表面冻结的湖里，冰面以下的水体中密度从上至下递增（这是当然的事了，重在下，轻在上），温度由上至下递增，从表层水体的0℃至底层水体的4℃。正是因为这个特性，湖里的鱼类能够在严寒的冬天躲在底层水体中，不至于被冻成冰块。

水的反常膨胀现象，给人们带来了好处，江河湖面的水结冰时，因为冰的体积膨胀，密度比水小，总是浮在水面上。而水在4℃时，密度最大，因此总是沉在下面。这样，冰块就成了一层天然的防寒屏障，使江河湖海不至于一冻到底，大量的水下生物得以生存。水的反常膨胀，也给人类生活带来了不便。北方的冬天，户外的自来水管会被冻裂，所以对自来水管的保护显得尤其重要。

第七章　从粒子到宇宙

一、课标分析

（一）课标要求

本章内容由两部分组成：一部分对应2022年版课标一级主题“物质”下的二级主题“物质的结构和物质世界的尺度”；另一部分对应一级主题“运动和相互作用”下的两个二级主题的部分内容，这两个二级主题是“多种多样的运动形式”和“电和磁”，具体要求如下：

1.3.1　知道常见的物质是分子、原子构成的。

1.3.2　知道原子是由原子核和电子构成的，了解原子的核式结构模型。了解人类探索微观世界的大致历程，关注人类探索微观世界的新进展。

例1　用图形、文字或语言描述原子的核式结构模型。

1.3.3　了解人类探索太阳系及宇宙的大致历程，知道人类对宇宙的探索将不断深入，关注人类探索宇宙的一些重大活动。

例2　了解我国在载人航天及其他航天科技方面的新成就，体会我国航天人热爱祖国、为国争光的坚定信念和勇于登攀、敢于超越的进取精神。

1.3.4　了解物质世界的大致尺度。

例3　设计表格，按空间尺度大小的顺序排列一些宏观到微观有代表性的物体（如银河系、太阳系、地球、人、原子、原子核、夸克等）。

例4　了解一些典型天体、粒子寿命的时间尺度。

2.1.2　知道自然界和生活中简单的热现象。了解分子热运动的主要特点，知道分子动理论的基本观点。

例　观察扩散现象，能用分子动理论的观点加以说明。

2.4.1　观察摩擦起电现象，了解静电现象。了解生产生活中关于静电防止和利用的技术。

例1　举例说明生活中的静电现象。

例2　查阅资料，了解静电防止和利用的常用方法。

活动建议：

（1）查阅资料，了解我国第一颗人造地球卫星“东方红一号”从研制到成功发射的历程，体会这一历史性突破对我国航天技术发展的重要意义。

(2) 查阅资料，了解“中国天眼”在人类探索宇宙中的作用及我国科学家在建造“中国天眼”过程中的卓越贡献。

(3) 查阅资料，了解“天问一号”在探索火星方面的进展及我国航天事业对人类探索宇宙的贡献。

(4) 利用常见物品设计实验方案，说明组成物质的微粒在不停地运动。

(二) 课标解读

1. 物理观念

物理观念是从物理学视角形成的关于物质、运动和相互作用、能量等内容的总体认识，是物体概念和规律等在头脑中的提炼与升华，是从物理学视角解释自然现象和解决实际问题的基础。课标中的1.3.1、1.3.4描述的是物质观，主要包括“物质是可分的”“物质是由微粒组成的”“微粒很小”“从粒子到宇宙是有尺度的”“宇宙是一个有层次的天体系统，是有起源的、膨胀的和演示的”等。课标中的2.1.2、2.4.1则说的是运动观和相互作用观，如“分子处在不停息的无规则运动中”就是运动观，“分子间存在斥力和引力”“同种电荷相互排斥，异种电荷相互吸引”就是相互作用观。本章的物理观念教学要求为初步形成物质观、运动观和相互作用观，具体表现为能够说出“是什么”。

2. 科学思维

模型建构是本章重要的科学思维方法。在探究微观世界和宇宙世界的物理现象和性质时，科学家通常先根据观察到的现象提出一种模型，然后收集证据验证自己的猜想，说明该模型的合理性。如观察到物质可分，科学家提出几种微粒模型来解释，再通过几个实验，最终得出物质的微观结构模型。

科学推理是根据已有知识或信息进行科学推理，以获取新的知识或新的结论，是本章中的另一个重要的科学思维。根据宏观现象推理微观机理，是认识分子动理论的主要方法，如根据“分子间存在引力”和“分子间有空隙”可以推理出“分子间存在斥力”，也可根据实验现象“液体（水）很难被压缩”推理出“分子间存在斥力”。

3. 科学探究

本章虽然没有涉及2022年版课标中的必做实验，但是在阐述分子动理论、静电现象规律的过程中，要求学生通过观察现象寻找证据，再通过实验验证的探究过程，形成科学探究素养的落地体现。另外，关于“分子动理论”和“电荷相互作用”的几个实验，可演示也可改为探究实验，旨在培养学生科学探究的素养。“活动建议”的第（4）条提出“利用常见物品设计实验方案，说明组成物质的微粒在不停地运动”，这是科学探究素养的培养建议。类推一下，在教学中明确正负电荷后，也可以设计实验探究验证并推理得出“自然界只有两种电荷”。

4. 科学态度与责任

课标中的1.3.2后的例1、1.3.3后的例2、“活动建议”中的（1）（2）（3），是关于“科学态度与责任”的教学要求，主要包括科学本质、科学态度、社会责任等要素。科学本质需要通过知识学习和科学探究，逐步理解与掌握；科学态度则是对科学永无止境的探索、实践等；社会责任就是学习我国航天人的无私奉献、爱国热情以及为国争光、勇于超越的精神。

二、教材分析

（一）各版本教材对比

本章内容在七个版本教材的安排，呈现三个特点：一是年级安排比较分散，有四个版本教材安排在九年级，三个版本教材安排在八年级；二是内容安排比较分散，只有三个版本教材安排在一章，分别是“苏科版”“沪科版”“沪粤版”，其余的四个版本教材均安排在两三章内；三是详略安排有轻重，“分子运动”和“静电现象”各版本教材均有较为合理的篇幅，但宇宙的相关内容安排的详略程度就不同了。具体章节安排如表 7－1 所示。

表 7－1　　各版本教材章节安排

教材版本	章次	节名称
人教版	第十三章	分子热运动
	第十五章	两种电荷
	第五章	显微镜和望远镜（一小部分“探索宇宙”内容）
北师大版	第十章	内能
	第十一章	电荷
	第十六章	探索微观世界的历程；浩瀚的宇宙
教科版	第一章（九上）	分子动理论
	第三章（九上）	电现象
	第四章（八上）	通过透镜看世界（涉及几张宇宙图片）
沪粤版	第十章	认识分子；分子动理论的初步知识；“解剖”原子；飞出地球；宇宙深处
沪科版	第十一章	走进微观；看不见的运动；探索宇宙
苏科版	第七章	走进分子世界；静电现象；探索更小的微粒；宇宙探秘

（二）苏科版教材单元内容概述

“粒子”与“宇宙”在前面几章中接触很少，后面第十二章第二节的“内能”中涉及分子动理论的部分知识。教材的内容编排，主要有两个特点：一是从尺度大小来看，第一节是分子层次，第三节是比分子小的微观粒子，第四节是宏观的宇宙天体；二是从内容呈现来看，是以加速器、显微镜、望远镜等认识工具为明线，以认识世界的方法为暗线，通过阅读文献资料、实验探究等方法，认识微观世界与宏观世界。

教材还注重与生活、社会联系，展示我国科技工作者在科学技术上的最新成果。如纳米材料及其应用、加速器的疾病治疗作用等。本章知识体系如图 7－1 所示。

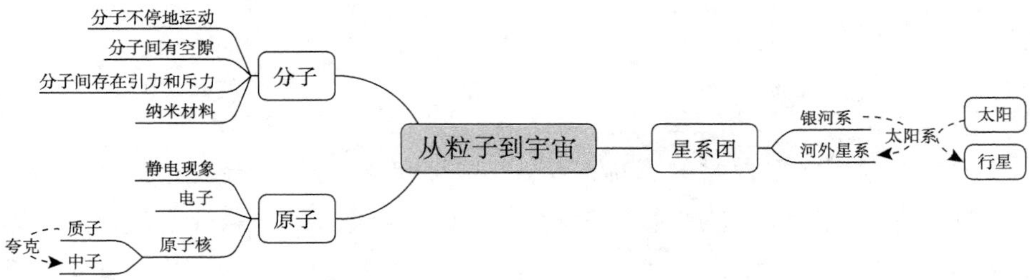

图 7－1

三、教学建议

（一）单元教学思路

由于本章内容联系生活实际较少，加上学生缺少对微观现象和宇宙世界的感性认识，学生会感觉陌生和抽象。虽然本章内容的教学要求不高，但学生会觉得难以理解。为此，教学中可从以下几个方面进行实践：

（1）做好实验。不管是走进分子世界，还是静电现象，都应该做好演示实验和探究实验，在观察中提出猜想，在实验中去验证。

（2）指向素养。本章的内容较散，不能照本宣科教学，一方面可以采用类比方法、概念图的形式，帮助学生建立知识结构；另一方面可以以科学发展史、重要的物理思想方法、最新科技成果等为线索串联各部分内容。

（3）实践交流。开展以科学史或新科技为主题的调查实践，不仅可以丰富教学资源，更重要的是可以拓宽物理学习的情境，较好地认识粒子和宇宙。

（二）课时教学建议及教学方式

本章课时教学建议及教学方式如表 7－2 所示。

表 7－2　　课时教学建议及教学方式

节次	建议课时数	教学方式
第一节	1 课时	演示实验、分组实验、谈论法等
第二节	1 课时	查阅资料、演示实验、对话交流等
第三节	1 课时	讨论、对话、推理等
第四节	1 课时	谈论、推理等
单元复习	1 课时	讨论、对话等

（三）课例示范

第一节 走进分子世界

【课标及教材分析】

本章内容主要对应2022年版课标一级主题“运动和相互作用”下的二级主题“多种多样的运动形式”的部分内容，具体要求为：知道常见的物质是分子构成的；知道分子动理论的基本观点。强调“常见物质”，既是表达认识要求的范围，也是一种严谨的科学态度，因为人类对物质的认识是不断深入的。除分子、原子构成的物质外，还有宇宙空间的暗物质，甚至还存在未知领域，所以教学中要注意不要武断地作出终结性判断，要留有学生今后逐步认识的空间。

本节内容为苏科版教材第七章第一节。这一章展示了一个由微观到宏观的精彩物质世界，而本节也是初中学生走进微观世界的第一节课。教材从介绍科学家研究物质结构的过程和方法展开教学，先由两个活动呈现现象，再提供三个模型让学生选择，让学生认识到“常见物质是由大量分子组成的”，然后提出“分子是运动的”和“分子间是有相互作用的”两个猜想，引导学生收集证据以证实猜想，从而建立分子动理论。

【学情分析】

经过上一学期的物理学习后，学生一直研究的是宏观世界的各种现象，都是能够直接感知的，当学生第一次接触到看不见的微观世界时，会产生强烈的好奇心和探究欲望。同时，已经学习过的一些基本的物理学研究方法和物理模型，是认识微观世界的基础，初步的逻辑思维能力，为“观察现象—实验探究—逻辑推断—上升为理论”这一教学过程提供了条件。所以，教学中的重点是让学生经历探究物质微观结构的过程，掌握研究微观世界的方法，由浅入深、循序渐进地建立分子模型和了解分子动理论。

【教学目标】

（1）通过活动了解人类在认识物质结构过程中采用的科学方法。知道分子模型的主要内容，知道分子是保持物质化学性质的最小单元，对分子大小有一定的感性认识，会用图形、文字、语言描述分子模型。

（2）了解显微镜在拓展人们的视觉范围、探测微观粒子方面的重要作用。

（3）通过实验初步了解分子动理论的主要内容，体会分子世界的物理性质，能从微观分子的角度定性解释一些物理现象。

（4）了解科学家是如何探索微观世界奥秘的，初步体会探究微观物质结构模型的方法。

（5）了解纳米科学技术的初步内容，知道纳米材料的一些奇特性质及潜在的重要应用前景。

【教学重难点】

本节课的重点是通过活动，亲身体会“分子模型的建立”的过程，在实验及日常生活中收集证据来验证“分子是运动的”及“分子间存在相互作用力”。

本节课的难点在于运用科学家的方法，“通过观察现象，提出模型，再实验验证”，体验由宏观推测微观世界的过程。

【实验器材】

方糖、水、酒精、玻璃管、铅块、钩码、肥皂液、烧杯、氨水、酚酞试液、针筒、铜丝圈。

【教学设计】

本节教学设计具体内容如表7－3所示。

表7－3　　第一节教学设计

<table>
<tr><th>情境</th><th>教师活动</th><th>学生活动</th><th>设计意图</th></tr>
<tr><td>新课导入。</td><td>演示：水倒在丝巾上不漏。
问题：这是什么原因呢？
小结：揭示课题。</td><td>配合演示。</td><td rowspan="3">通过“选择一种模型”的活动，建构微粒模型。然后分三个层次，初步形成分子模型，再出示“光学显微镜下看到的微小细胞”及“电子显微镜下的碳化硅分子结构图”，进一步证实微粒模型；建立分子概念；估算一口气中的气体分子数，而想象分子很小。猜想后进行实验，验证分子间有空隙。整个板块体现“基于现象提出模型的猜想，再收集证据检验猜想”的研究方法。</td></tr>
<tr><td>分子是保持物质化学性质的最小微粒。</td><td>投影：放大笔迹、用力压方糖。
猜想：猜一猜，物质是由什么组成的？
小结：物质由微粒组成。
实验：将糖溶于水中。
讨论：由糖溶入水中后的现象得出：我们刚才看到的糖微粒是可以再分的。像这种能保持糖的甜味即保持物质化学性质的最小微粒称为分子。可见物质是由分子组成的。</td><td>观察放大后的笔迹；观察方糖被压碎后的现象。</td></tr>
<tr><td>分子很小，建立分子模型。</td><td>活动：请学生深吸一口气。
问题：你知道你这深深一吸吸到了多少气体分子吗？
阅读：请学生阅读材料。
小结：物质是由大量分子组成的，而且分子很小。</td><td>阅读材料，知道了分子很小、很多。</td></tr>
</table>

续　表

情境	教师活动	学生活动	设计意图
研究方法。	微观世界的分子怎样来研究呢？（播放幻灯片）	小组之间讨论后说出研究方法。	
分子间有空隙。	提问：大量的分子在物质中是怎样排列的呢？ 画图：假如分子用球来表示，请你们猜猜两个分子之间的位置关系，并试着在纸上画出自己的猜想。 演示：花生和小米混合的实验。 提问：看到了什么现象？原因是什么？ 小结：分子间有空隙。	讨论，设计模型。 师生同时做酒精和水混合的实验。 体积变小。花生、小米间有空隙。	
收集分子永不停息运动的实验证据。	提问：对实验的观察不仅要看，有时还要听或闻。那么刚才的实验过程中，同学们有没有听到或闻到什么？ 提问：为什么能闻到酒精味？原因是什么？ 演示：（1）酚酞溶液中滴入氨水溶液后变红；（2）将蘸有酚酞溶液的千纸鹤与盛氨水的容器放在玻璃钟罩内，千纸鹤变红。 教师演示用水写“运动”两个字。 说说：举出生活中的一些事例。 小结：大家的例子都说明了分子在不停地运动。 提问：“运动”两字怎么不见了？ 结论：蒸发也由分子运动引起。 看一看：视频“堆煤的墙角”。	酒精味。 猜想：分子在运动。 学生观察、思考：千纸鹤变红，观察后讨论交流得出结论。 蒸发。	由学生所熟知的闻味道，再到陌生的、需要模型认知的气体、固体扩散，体现了科学思维的进阶。设计即时性评估活动，有利于学生运用观点解释现象，并不断完善模型，丰富分子动理论，从而实现在评价中学习。

续 表

情境	教师活动	学生活动	设计意图
收集分子间存在引力的证据。	实验：铜丝圈蘸肥皂液薄膜，金属丝被拉回去。 演示：用铅块演示分子间的引力。 请学生猜一猜、看一看、想一想。 板书：分子间存在吸引力。	实验：铜丝圈蘸肥皂液薄膜，金属丝被拉回去。 猜一猜、看一看、想一想。 小结：分子间有引力。	立足教材、重视实验，将重点放在分子间存在吸引力上。引力和斥力在呈现方式上存在差异：前者是借助实验说明，再辅以证据支撑，先演示表面光滑的铅块紧压后粘在一起，接着应用分子间存在引力来解释水膜的张力；后者是一边理论探讨，使模型自洽，一边实例说明，加以支撑。
分子间存在斥力。	提问：在分子的这些特性里面，有没有看似矛盾之处？ 小结：分子间存在斥力（板书）。 实验：请学生利用针筒和水自己设计一个实验，来验证分子间有斥力。先小组讨论设计出实验方案。	发现问题：分子间有引力，为什么还有空隙？ 猜想：分子间有斥力。 讨论实验方案并进行实验。	
用分子模型知识来解释固体、液体、气体的性质。	解释：运用学到的分子模型知识来解释固体、液体、气体的性质。 看看：播放“三态”的动画。	阅读材料后解释。	“三态”的特征在第二章第一节物态变化中已经学习过，此处是认识“三态”性质的微观本质。
利用显微镜收集物质微观结构图片。	播放幻灯片展示光学显微镜、电子显微镜，以及显微镜下手的放大图片。	欣赏。	介绍认识微观世界的工具，呼应开头，了解纳米技术的特点。
纳米材料。	演示：制作一条不漏水的丝巾。	体验纳米神奇之处。	
课堂小结。	试想，如果你被缩小到一个水分子般大小，然后放到水里，你将感受到一个什么样的世界呢？ 还学会了什么方法？	交流分享感受。 小结。	通过换位思维，想象微观世界，总结全课。

续　表

情境	教师活动	学生活动	设计意图
质疑。	鼓励学生提出学习过程中的困惑。结束语：课堂时间是有限的，知识是无限的。希望同学们用科学探究的方法去解决问题，发现一个个新知。	发现并提出问题。	培养学生的质疑意识。

【板书设计】

一、走进分子世界

（一）分子研究方法

（二）分子模型：

1. 物质是由大量分子组成的，分子间有空隙。
2. 分子一直处在永不停息的运动中。
3. 分子间不仅存在引力，而且还存在斥力。

第二节　静电现象

【课标及教材分析】

“静电现象”属于2022年版课标内容中一级主题“运动和相互作用”下的二级主题“电和磁”。课标中的相关内容要求为：观察摩擦起电现象，了解静电现象。了解生产生活中关于静电防止和利用的技术。课标中的2.4.1下的两个例子，明示了本节课的教学方式可采用观察、举例、查阅资料等，具体为两点：一是通过观察，学生动手实验，观察、分析静电现象，对静电现象的微观原理没有作明确要求；二是注意结合实例，让学生了解生产生活中关于静电防止和利用的技术。如查阅资料，了解静电防止和利用的常用方法。注意把控本节的难度，不宜过深。

在苏科版教材中，本节内容为第七章第二节，教材安排了两个活动：摩擦起电和探究带电物体间的相互作用。通过观察思考得出电荷间的相互作用规律，并感悟自然界只存在两种电荷的逻辑关系。通过对静电现象的观察与分析，推断出两种不同物质摩擦后所带的异种电荷，创造性地运用探究所得到的结论，掌握判断物体是否带电、带何种电荷的方法及原理。同时，通过“自然界和生活中的静电现象”，进一步体现“从生活走向物理，从物理走向社会”的新课程理念。通过科学史“中国古代对静电现象的认识”的介绍，培养学生的民族自豪感。

【学情分析】

在学习静电现象前，有三个学情值得重视：一是通过上一学期的物理学习，此时初二学生已经初步掌握了一些物理研究方法，如控制变量法，为进一步探究带电物体间的相互作用的规律打下了方法基础；二是初二学生在小学科学课中曾学过静电现象的部分知识，认识摩擦起电现象，能够说出两种电荷相互作用的规律，为初中物理学习做了很好的铺垫，故本节课的教学侧重点应该从观察现象出发，通过猜想、推理，认识摩擦起电的本质，知道自然界只有两种电荷；三是思维仍处于从形象向抽象过渡的阶段。所以，为了帮助学生更好地认识“两种电荷相互作用规律”和“自然界只有两种电荷”，教学时可借助实验探究或活动观察，基于表象经验的积累，推理出相关的知识或规律。

【教学目标】

（1）观察摩擦起电现象，知道带电体能吸引轻小物体，举例说明自然界和生活中的静电现象。

（2）通过实验探究，了解同种电荷互相排斥，异种电荷互相吸引，推理出自然界只有两种电荷。

（3）了解静电现象的应用和防护，培养学生热爱生命的情感和保护自我的能力。

（4）了解中国古代对静电现象的认识，了解中国古代科学史。

【教学重难点】

本节课的教学内容主要有：摩擦起电现象、两种电荷及其相互作用规律、自然界和生活中的静电现象。其中，两种电荷及其相互作用规律是教学的重点，认识自然界只有两种电荷是教学的难点。教学中应该指导学生收集摩擦起电现象、两种电荷及其相互作用规律的资料，通过阅读分享、交流评价并结合实验现象分析的方式，了解并体验“自然界只有两种电荷”的推理思维过程。

【实验器材】

橡胶棒、毛皮、玻璃棒、丝绸、塑料尺、塑料细丝、塑料吸管、泡沫验电器等。

【教学设计】

本节教学设计具体内容如表7－4所示。

表7－4　第二节教学设计

情境	教师活动	学生活动	设计意图
新课导入。	教师演示：把金属箔片扔向空中，同时举起魔术棒对着金属箔片，手中的魔术棒好像带有魔力一样能让金属箔片在空中悬浮，魔术棒移动，金属箔片会跟着魔术棒移动。 揭示并板书课题。	观察、猜想。	激发学生的好奇心，为新课学习创造良好的学习氛围。

续　表

<table>
<tr><th>情境</th><th>教师活动</th><th>学生活动</th><th>设计意图</th></tr>
<tr><td>摩擦起电。</td><td>演示：将没有摩擦过的玻璃棒靠近乒乓球；将玻璃棒与丝绸摩擦后靠近乒乓球。
提问：你们看到了什么现象？
问题：玻璃棒能吸引乒乓球等一些轻小的物体，物理说法是玻璃棒带上了电（荷），那么，用什么方法能让玻璃棒带电呢？
问题：西汉时期有一种现象叫“玳瑁吸褡”，玳瑁是一种美丽的海龟类动物，人们在用其甲壳做首饰时无意中发现摩擦后的甲壳能吸引轻小物体，那么在日常生活中你们见过类似的摩擦起电现象吗？</td><td>观察现象，说出现象。
实验：用橡胶棒、玻璃棒、塑料尺等与物体摩擦后靠近泡沫塑料、纸屑、头发等轻小物体，感受摩擦起电。</td><td>通过对比实验，给学生总结实验现象的机会，使学生的表述有一定的逻辑和层次。
随后的学生动手实验，一方面要求学生利用简易器材动手做实验，提高动手能力；另一方面实验本身比较简单，绝大部分同学能获得成功体验。</td></tr>
<tr><td>电荷的相互作用。</td><td>问题：摩擦后的玻璃棒、塑料尺、橡胶棒等都有吸引轻小物体的作用，大家是否想过这些带电体之间也能相互“吸引”或有其他作用呢？
过渡：设计一个实验方案来研究一下。
方案交流，可呈现下面的表格。
<table>
<tr><th>材料</th><th>相互作用（吸引/排斥）</th><th>电荷种类（同种/异种）</th></tr>
<tr><td>丝绸摩擦过的玻璃棒和毛皮摩擦过的橡胶棒靠近</td><td></td><td></td></tr>
<tr><td>两根丝绸摩擦过的玻璃棒靠近</td><td></td><td></td></tr>
<tr><td>两根毛皮摩擦过的橡胶棒靠近</td><td></td><td></td></tr>
</table></td><td>猜想与假设。
设计方案，交流讨论。
实验：研究摩擦后各种带电体之间的相互作用并汇报实验结果。</td><td>经历“电荷发现”的科学探索，再一次使用“观察、猜想、实验”的科学研究方法，让学生深刻领悟科学思想和精神，创设问题情境，让学生在教师的指导下自己动手动脑获得知识，有效满足学生的探究心理需要，自发地进行探究性学习。</td></tr>
</table>

续　表

<table>
<tr><th>情境</th><th>教师活动</th><th>学生活动</th><th>设计意图</th></tr>
<tr><td>电荷的相互作作用。</td><td>小结：现在我们发现了两种不同的电荷，即丝绸摩擦过的玻璃棒所带的电荷与毛皮摩擦过的橡胶棒所带的电荷。</td><td></td><td></td></tr>
<tr><td>寻找第三种电荷。</td><td>问题：有没有跟这两种电荷都不同的第三种电荷？用什么办法才能证实有没有第三种电荷？
设计：如果带电体与丝绸摩擦过的玻璃棒排斥，同时与毛皮摩擦过的橡胶棒吸引；或者与毛皮摩擦过的橡胶棒排斥，同时与丝绸摩擦过的玻璃棒吸引，那么，就说明只存在两种电荷。
指导学生实验，并把实验现象记录在下表中。
<table>
<tr><th>相互摩擦的物质</th><th>与丝绸摩擦过的玻璃棒</th><th>与毛皮摩擦过的橡胶棒</th></tr>
<tr><td></td><td></td><td></td></tr>
<tr><td></td><td></td><td></td></tr>
<tr><td></td><td></td><td></td></tr>
</table>
小结：一类是与用丝绸摩擦过的玻璃棒相吸引、与用毛皮摩擦过的橡胶棒相排斥；另一类与用丝绸摩擦过的玻璃棒相排斥、与用毛皮摩擦过的橡胶棒相吸引。
实验结果：自然界确实只有两种电荷。
大量实验表明，物体相互摩擦后所带的电荷只有两类，一种与用丝绸摩擦过的玻璃棒所带的电荷相同，称为正电荷；另一种与用毛皮摩擦过的橡胶棒所带的电荷相同，称为负电荷。</td><td>讨论交流。
形成方案。
实验：选择各种不同的材料相互摩擦靠近带电的玻璃棒和橡胶棒。
器材：塑料尺（塑料笔）、泡沫条、丝绸、塑料丝带、吸管、玻璃棒、橡胶棒、毛皮、纸巾。
交流实验现象。</td><td>找不到第三种电荷，就间接证明了只有两种电荷。</td></tr>
</table>

续　表

情境	教师活动	学生活动	设计意图
判断物体是否带电。	问题：现在我们有哪些办法知道物体是否带电？ 问题：如果轻小物体本身就带电，即使物体不带电，它们也可发生相互吸引，怎么办？ 指导制作简易验电器。 验电器： 介绍验电器的结构； 演示验电器的工作过程。	讨论交流：可以靠近轻小物体。如果能吸引轻小物体，则物体带电。 可以看看带电体与别的物体间是不是相互排斥，如果排斥就说明它带了同种电荷。 活动：制作简易的验电器，解释验电器的工作原理。	制作简单的验电器是教材30页“WWW”中的内容，将课外“验证式”的小制作改成课堂“毛坯—修正”的探究学习任务，通过收集资料，引导学生对不成熟的方案、制作等进行相互评价，提出修正意见，培养学生的发散思维，提高动手实践能力。
自然界和生活中的静电现象。	阅读教材29页（自然界和生活中的静电现象）。 问题：静电现象在生活中有哪些应用？ 思考：如何防止静电可能带来的危害？ 归纳总结。	阅读、小组讨论，自我展示。 解释油罐车的“尾巴”。	体现“从生活走向物理，从物理走向社会”的课程理念。
揭秘。	魔术棒其实就是一根静电棒，金属箔片与它接触后带上同种电荷，同种电荷相互排斥，从而使魔术棒与金属箔片分开。	讨论、说明。	呼应开头，用静电现象的知识进行解释。
课堂总结。	问题：今天这堂课你们有哪些收获？ 总结：人类对静电的研究经过了一个漫长过程，这些研究不仅获得了许多关于电现象的知识，而且形成了若干重要的电学概念和研究方法，成为电学理论的重要基础。		总结全课，形成知识框架，渗透思想教育。

【板书设计】

二、静电现象

（一）摩擦起电

（二）两种电荷

1. 概念

2. 性质

（三）静电危害

（四）静电应用

第四节　宇宙探秘

【课标及教材分析】

本节内容主要对应2022年版课标一级主题“物质”下的二级主题“物质的结构和物质世界的尺度”的部分内容，从能力水平的角度来说，都属于“了解”层次，具体到目标就是“知道”“能描述”“能说出”或者“举例说明”，知道人类探索太阳系及宇宙的大致历程，知道人类对宇宙的探索将不断深入，能说出我国在载人航天及其他航天科技上取得的重要成就，如天问一号火星工程、嫦娥探月工程等。

本节内容为苏科版教材第七章第四节。这一节的教材编写在时间上按照由古到今，在空间上按照由近及远的方式，初步展示了人类探索宇宙的历程和所取得的成果。第一，从整体认识宇宙的角度，以由近及远的顺序勾勒出不同阶段人类对宇宙的认识，如从地球及其周围的天体系统，到太阳系范围，再到银河系范围，并延伸到河外星系，最后点明宇宙是一个有层次的天体系统。第二，通过研究宇宙结构演化的历程，来说明宇宙是有起源的、膨胀的和深化的。从内容的呈现方式来看，本节课实际也是一种探究式教学模式，是以文献资料为主的理论探究。

【学情分析】

一方面，初二的学生对“宇宙探秘”是有兴趣的。2016年开始，国务院同意将每年4月24日定为“中国航天日”，所以如今的学生从小到大积累了不少的航空航天和宇宙方面的知识。但是对学生而言，“宇宙探秘”仍然是一个神秘感大于熟悉感的话题，因此他们对本节的学习会充满好奇、充满兴趣。另一方面，对于本节课的学习方法，学生是有基础的。“探索更小微粒”的学习属于微观世界的认识，无法直接再现，查阅资料是本课重要的学习方法，为学习“宇宙探秘”打下了良好的基础。

【教学目标】

(1) 了解人类探索太阳系及宇宙的大致历程，知道人类对宇宙的探索将不断深入，关注人类探索宇宙的一些重大活动。

(2) 通过对人类探索宇宙历程的演示，培养学生执着追求真理的精神。

(3) 了解我国在载人航天及其他航天科技方面的新成就，体会我国航天人热爱祖国、为国争光的坚定信念以及勇于攀登、敢于超越的进取精神。

【教学重难点】

本节课教学的重点是“回到过去”，以探索宇宙的发展历程为主线，设身处地地思考，提出猜想与假设。认识宇宙，感受人类在探索宇宙奥秘的历程中所经历的艰难曲折，以及克服困难后所取得的重要成就。

【教具学具】

气球、一干净的烧杯、水、信封（4个）、视频（探索宇宙空间的奥秘、宇宙的物质世界、嫦娥一号3D模拟飞行、宇宙大爆炸、宇宙的起源等）。

【教学设计】

本节教学设计具体内容如表7－5所示。

表7－5　　　第四节教学设计

情境	教师活动	学生活动	设计意图
新课导入。	同学们，你们听说过下面的故事吗？ 课件出示：嫦娥奔月、盘古开天辟地、后羿射日。 问题：谁能讲一个故事给大家听听？人们之所以创造了这些神话，是因为浩瀚神秘的宇宙太令人神往了，你们想了解这个神秘的宇宙吗？那就让我们一同走进今天的宇宙探秘吧！ 揭示课题：宇宙探秘（教师板书课题）。	讲故事。	从学生熟悉的故事入手，捕捉学生认知的兴奋点，同时这三个故事也是中国古人对宇宙的认识。
过渡。	为了让宇宙探秘有意义，老师在探秘路上设计了四个任务，并装在信封内，我现在需要四位勇敢的同学，要求必要时，能站出来宣读任务的内容！谁来（教师分发任务）？	确定宣布任务的四位同学。	
认识宇宙的方法。	播放视频。 问题：远古时代，为了耕种与收获，人们需要提前知道季节的更替和旱季雨季的来临。当时还没有现在这样先进的仪器，人们凭什么来判断呢？在人们学会用指南针以前，航行时又是凭什么来判断方向的呢？大家讨论一下。 小结：除了大家刚才所说的方法，人们还利用这些方法来判断方向。 播放视频：介绍玛雅天文台、英国巨石阵、中国古星图。	观看视频，小组讨论。 展示。	通过阅读视频资料，了解认识宇宙是通过工具来进行的。同时为认识宇宙埋下伏笔。

续　表

情境	教师活动	学生活动	设计意图
	问题：不管是中国古星图，还是玛雅天文台、英国巨石阵，都是人们通过什么观察得到的呢？ 小结：对了，“用眼睛观察”（点击眼睛观察，出现眼睛观察几个字和纵目青铜）这张图片你还记得吗？“拉长眼睛”表达了人们什么愿望？ 任务1：这个时期人们用肉眼观察加推测得到了关于宇宙的哪些学说？	眼睛。 阅读教材和资料。	通过工具的演变，可以看出人类对宇宙认识的渴望，对宇宙的认识也是不断加深的。
任务1：关于宇宙的几个观点。	过渡：请同学们来说说这些学说的观点。 视频：人类认识宇宙的几个学说。 小结：这些学说都是凭肉眼观察得到的，肉眼观察的视野小。可是当我们的视野很小的时候，常常会以自己为参照物，这会产生什么现象？ 视频：飞机模型（视角逐渐变大，由近及远地看）。 问题：说说你们刚才的认识过程？ 小结：不错，当时人们也开始意识到了这一点。这种意识，使得人发现尽管地心说在航海中取得实用价值，但也有许多问题（出示课件）。 如：按托勒密的地心说，所有的星辰都应该有规律地绕地球运行，但事实上许多天文学家都观察到有些行星绕地球运行的速度忽快忽慢，有的甚至逆行，人们由于肉眼观察的局限性而越来越困惑。 这种现象一直持续到16世纪，哥白尼在他的著作《天体运行论》中大胆地提出一个新的学说：日心说（板书）。	观看。 思考。 交流。 观察、查阅资料。	通过镜头由近及远地拉开，视角越来越大，学生认识的宇宙结构越来越完整，这种视角由近及远、不断扩大的过程，正是学生需要经历的过程。

续　表

情境	教师活动	学生活动	设计意图
任务 1：关于宇宙的几个观点。	问题：你们了解哥白尼以及它的日心说吗？ 出示视频：哥白尼的日心说。 问题：那么是什么让这场争论烟消云散了呢？（画路线图） 过渡：对，让我们走进探秘的第三站吧！ 视频：伽利略望远镜的介绍。 问题：就是这架望远镜让人们的认识从地月系走向了太阳系（板书），伽利略发现了木星的四颗卫星，支持了日心说，为什么说发现了木星的四颗卫星就支持了日心说？大家讨论一下。（说明不是所有的星体都是绕地球转的，从而否定了地心说） 小结：由于伽利略望远镜的视角小、有色差等问题，伽利略式的单镜筒望远镜已经不能满足人们对宇宙的观测，这时射电望远镜应运而生！现在让我们走进第四站。 视频：介绍射电望远镜。（画路线图） 过渡：利用这些望远镜，人们观测出下面的数据。 出示课件：各大行星的数据。 问题：看完数据，你们能将各个行星按离太阳的远近的顺序排列吗？那么你们能够根据排列的顺序，科学地画出太阳系的模型吗？	讨论交流。 观察。 画图。	通过查阅资料，学生了解了从地心说到日心说的发展过程，同时进一步了解了太阳系的结构，认识了太阳系。
任务 2：认识宇宙结构。	过渡：从这张模型图上你们能发现什么？其实除了这些认识，我想大家对于太阳系的认识还有很多。 任务 2：课前大家分组找了有关太阳、月亮、地球和行星的知识，现在就请大家来汇报一下吧！哪组先来？	讨论。	通过模拟实验，说明原来的光学望远镜已经不能满足宇宙认识的需要，需要进一步拉远视角，引入哈勃空间望远镜。

续　表

情境	教师活动	学生活动	设计意图
任务2：认识宇宙结构。	小结：让我来把大家的介绍做个简单的总结和补充吧！ 出示视频：从太阳等各个星体的介绍到月球结束。 活动：透过装有水的烧杯底看物体。 过渡：你们看得清吗？与此相似，包围着地球的大气层也模糊了太空视场中的许多天体。因此只有突破大气层的束缚，才能获悉暗弱天体的信息。这时人们将望远镜放在大气层外建立哈勃空间望远镜。 出示课件：哈勃空间望远镜。 小结：哈勃空间望远镜，让人们的视野跳出太阳系，来到了银河系甚至河外星系。这是用哈勃空间望远镜拍摄到的距离我们3亿光年的旋涡星系（课件出示）。		
任务3：认识宇宙是一个有层次的天体系统。	任务3：你们知道什么是光年吗（课件出示）？所以光年是什么单位？如果要知道1光年是多少米，应该怎么算？ 小结：除了光年外，在天文学中，为了表示天体间的距离还用了一个单位，即天文单位（AU）。 过渡：虽然天体与天体间的距离很遥远，但人们还是通过高科技拍摄了许多美丽的宇宙照片，让我们一同来欣赏吧！ 视频：墨西哥帽星系。 小结：至此我们有必要对前面的内容做个梳理：人们观察的工具由眼睛发展到哈勃空间望远镜，认识的范围也从地月系来到银河系和河外星系，那么你们发现人类认识宇宙的顺序了吗？（板书：由近及远） 按照这一顺序，人们认识到宇宙是不是只有一个地月系呢？不是，那么宇宙是一个什么样的结构呢？	讨论，根据光年定义进行计算。 观察。 宇宙是一个有层次的天体系统。	这里是速度计算的应用，通过计算，学生知道光年及天文单位大尺度的物质尺度单位，与前面所学的微观粒子的尺度形成鲜明对比。 通过认识工具的不断迭代，人类对宇宙的认识不断完善。

续 表

情境	教师活动	学生活动	设计意图
任务4：日心说的不足。	从刚才的梳理可以看出，人们对宇宙的认识在不断深入，让我们今天的探秘深入下去吧！ 任务4：请同学们说说日心说的不足有哪些。 视频：日心说的不足。 过渡：这些不足，促使人们对宇宙的认识还在继续。	小组辩论。	辩证认识日心说，一方面在其认识视角上存在不足；另一方面肯定其在宇宙结构认识上的进步。
任务5：宇宙是膨胀的。	视频：这些星系都在退行。 问题：你们观察到了什么现象说明这些星系都在退行呢？ 问题：那么，什么是声音的多普勒效应呢？ 视频：从声音的多普勒效应到谱线红移。 小结：谱线红移说明星系在远离我们，星系的远离为什么就说明了宇宙在膨胀呢？ 任务5：要回答这个问题，可以通过如下实验得出结论：用笔在气球上做几个点，然后用吸管吹气球，观察各点间的距离如何变化。 问题：吹气时你们看到了什么现象（气球膨胀）？其原因是什么？这说明什么呢？ 小结：星系的远离说明宇宙在膨胀。 活动：将气球慢慢放气。 问题：又看到了什么现象？ 让我们逆向思考，宇宙的起源是什么？ 小结：所以绝大多数科学家认为宇宙诞生于距今约137亿年前的一次大爆炸。 观看宇宙形成的动画后，小结：科学技术的进步，已经让我们的观测工具走出地球到达其他星球了，这就是我们今天探秘的最后一站——宇宙探测器（画路线图）。 课件出示：我国的探测器，有天问一号火星探测器、嫦娥一号等。	多普勒效应。 吹气球，观察。 气球上各点的距离在变大。 缩小。 奇点。	通过视频，以信息快递的方式了解宇宙膨胀的依据。 通过实验模拟的方式，了解宇宙膨胀的情形，再通过逆向思维，推理宇宙的起源，得出宇宙是有起源的，是不断演化的。

续 表

情境	教师活动	学生活动	设计意图
课堂小结。	回望今天的探秘路线，你们能说说在探秘过程中的收获吗？同学之间先交流交流吧！（课件出示问题） 根据回答出示： （1）人类对宇宙的认识是由近及远的。 （2）宇宙是一个有层次的天体系统。 （3）宇宙诞生于距今约 137 亿年前的一次大爆炸。 大家收获颇丰，如果还有时间，最后让我们顺着人类认识的顺序来看看宇宙吧！ 出示视频：罗马广场。 这段不完整的视频不正是人类对宇宙认识的一个缩影吗？认识宇宙没有终点，不要停下探秘的脚步，让探秘在课后延续吧！（课后探秘）	讨论交流展示。 课后查阅资料。	紧扣探秘路线图，梳理本节课的知识结构与方法掌握。 通过视角的延伸，说明宇宙探秘是在不断深入的，让学生带着兴趣继续学习下去。

【板书设计】

四、宇宙探秘

（一）宇宙是有层次的天体结构系统

1. 宇宙认识的过程：制星图、星座—地心说—日心说—银河系—……（由近及远）

2. 空间尺度：行星—恒星—星系—星系团—超星系团—光年、天文单位（UA）……（由小到大）

（二）宇宙是有起源的，膨胀的和演化的

1. 宇宙是有起源的。

2. 宇宙是膨胀的谱线红移。

3. 宇宙是不断演化的。

（四）重难点突破文献综述

1. 建立分子概念[①]

问题 1：物质由微粒组成，一个微粒能否分成两个，两个能否分成四个，若要在保

① 卞萍：搭建思维阶梯帮助学生感知微观世界．中学物理教学参考，2013 年第 7 期。

持物质某种特性的基础上，能否将微粒一直分下去？

学生讨论后回答，部分学生回答可以，部分学生通过预习回答不可以。

问题2：组成我们班级的学生群体，我们先按“组”可以将同学们分成几大组，再按“排”将同学们分成若干排……最后分到单个同学，还能再分下去吗？

学生回答。

小结：不能再分下去了，否则人的生命性质就变了。每位同学是组成班级学生群体的最小单位，同样的道理，物质也一样。当分到一个很小微粒后再分下去，物质的某种性质就会发生变化，我们将这种能保持物质化学性质的最小微粒叫分子。

2. **分子在运动**

方法1：活动体验①

教师：在“物体的运动”一章的学习中，我们了解到无论微观粒子，还是宇宙中的天体，都在不停地运动着。

问题：分子会运动吗？你的猜想是什么？哪些证据支持你的猜想？

活动：收集分子运动的证据。

教师：美味佳肴摆在我们面前，香气扑鼻。生活中，还有哪些类似的场景？花香、香水味……

游戏：蒙上眼睛，猜猜瓶中装的是什么液体（白醋、酒精、水）？

体验：接着，在纸上涂少量酒精，很快变干，同时闻到酒精的味道。这说明什么？

实验1：红墨水在水中散开。

实验2：在两张白纸上各铺一张复写纸，分别用装了热水和冷水的玻璃杯压在复写纸上。一段时间后，观察白纸上的印痕。

评估：通过以上现象，你们发现了什么？得出什么结论？生活中还有哪些证据支持你们的猜想？

扩散：不同的物质在相互接触时，彼此进入对方的现象。（播放视频）

小结：分子处在永不停息的无规则运动中。

方法2：现象归纳②

问题：我们已经知道，物质是由大量分子组成的，那么物质的分子具有什么特点？为什么人的肉眼不能直接看到分子？

学生：分子很小。

问题：分子小到什么程度？物质的分子有哪些特点？

信息快递：物质的分子具有体积非常小、数目十分多、质量相当小的特点。如果把分子看成小球，则分子的直径大约只有 10^{-10} m；如果同学们把自己想象成和分子一样大，那么苹果在你的眼里，会变成地球那么大；草叶上的一颗小露珠中大约含有 10^{21} 个分子，平均分给地球上的每一个人，每个人大约可以分到千亿个。

---

① 骆波，彭夷：“走进分子世界”教学设计．江苏教育，2020年第59期。

② 闫金铎：《义务教育教科书物理九年级全一册教师教学用书》，北京师范大学出版社，2015。

问题：物质是由大量的分子组成的，分子是运动的还是静止的？人的肉眼无法看到分子的运动情况，怎样才能知道分子是否在运动呢？

学生：可以通过一些现象来推测。

实验1：红墨水滴入水中。

问题1：你们看到了什么现象？能得出什么结论？

学生：红墨水在水中扩散开来。

小结1：液体分子在运动。

实验2：演示空气与二氧化氮的扩散。

问题2：你们看到了什么现象？能得出什么结论？

学生：上方的空气中有了二氧化氮，下方的二氧化氮颜色变淡了。

小结2：气体分子在运动。

视频：堆煤的墙角，用小刀刮开墙皮，看到煤进入墙壁。

问题3：看到了什么现象？

小结3：固体分子在永不停息的运动中。

视频：分子运动的微观模拟视频。

总结：分子处在永不停息的无规则运动中。

让学生举例，列举生活中见到的扩散事例。

3. 分子间存在引力

方法一：观察思考①

器材：40A的熔丝、老虎钳、钩码、细线。

操作：将各长约8cm的两段熔丝压成图7－2所示形状，用小刀将其外侧削刮平整，然后两平面贴合对正，用老虎钳对其加压，下方挂钩码悬吊。

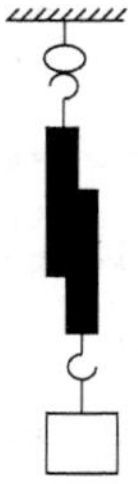

图7－2

学生观察。

问题：你们看到了什么现象？能够得到什么结论？

小结：分子间存在引力。

方法二：实验探究②

问题：既然分子间有空隙，而且分子又是运动的，那么为什么我们看到的许多物体却不是一盘散沙。

学生猜想。

活动：小组合作，利用器材，设计实验检验猜想。

器材：铅块、钩码、小刀等。

小组展示探究过程，得出结论。

① 赵安林：利用身边器材，让学生参与探究——苏科版《走进分子世界》几个探究实验的改进．物理教学探讨，2011年第9期。

② 徐善勇：《走进分子世界》教学设计．中学物理，2015年第18期。

方法三：实验推理[①]

演示：用两个铅块演示分子引力的实验。

学生质疑 1：粘上的？

教师：请你来摸摸看，老师有没有在两个铅块上抹胶水。

学生感受后回答：没有。

学生质疑 2：外界大气压将两个铅块压到一起了。

教师：大家想一想有没有办法验证这位同学的猜想呢？

学生 1：可以在真空中实验。

学生 2：不可行，谁能跑太空做这个实验，真的在太空飞船上失重当然不掉了。

学生 3：可以用研究真空不能传声时用过的抽气机来实验。

展示：在教师协助下，学生把两个紧压在一起的铅块放入真空罩中，然后抽气，发现铅块还是粘在一起。

得出结论：分子间存在引力。

教师：分子间有引力的例子很多，其实我们在刚开始学习物理时就遇到过分子引力。我们将许多回形针放入装满水的杯子中，杯子里的水没有溢出的原因就是因为水分子之间有引力作用。

学生活动：在一个杯子中注满水，水面鼓出一些，然后在水面上搭一根棉线把水面一分为二。接着，用手指蘸上少许清洁剂，再接触任意一半水面，观察到棉线向未接触手指那边移动并张紧。

4. 静电现象的课堂引入

方法一：创设任务

初级任务：用气球布置教室，你们有哪些方法？

学生：用胶带等粘上、用钉子钉……

任务升级：不用胶带、钉子、黏合剂等，能不能将气球粘在墙壁上？

学生尝试。

小结引入课堂。

方法二：在情境中体验[②]

情境 1：用塑料梳子快速梳理干燥的头发（最好是刚洗过的），观察会有什么现象？

情境 2：摩擦一次性桌布，会观察到什么现象？

问题：上述情境中有什么共同的操作？两个现象有什么相同之处？

小结：动作都为摩擦，摩擦后都发生了吸引，这就是摩擦起电现象。那么，什么是静电现象，它有什么规律呢？让我们开始学习“静电现象”。

---

① 李进：基于学生自主创新实验的课堂教学策略与实践——以苏科版“走进分子世界”为例．中学物理，2019 年第 14 期。

② 沈英：从生活走向物理 从物理走向社会——《静电现象》一课的教学设计与剖析．物理之友，2016 年第 2 期。

方法三：前置学习，课堂展示①

前置学习任务：

（1）把生活中发现的静电现象记录下来，将文字、图片或者视频发到学习群里。

（2）自选生活中的任一器材完成一个摩擦起电的小实验，录制一段视频分享在物理学习群中。

课堂展示：

导言：课前，老师要求大家按照任务单预习完成静电现象这节内容，老师在学习群中看到了大家在生活中发现的各种静电现象的图片，现在请几位同学来说一说他们发现了哪些奇妙的静电现象。

学生1：冬天，手摸门把时有被电的感觉。

学生2：用塑料梳子梳干燥的头发，头发越梳越蓬松。

学生3：穿化纤衣服容易吸灰尘。

……

问题：这些静电现象到底是怎么回事呢？让我们一起研究一下。

方法四：对比实验②

演示：先将没有摩擦过的玻璃棒靠近乒乓球，再将玻璃棒与丝绸摩擦后靠近乒乓球。

要求学生比较两次实验现象，并用规范的语言进行表达。

学生：第一次乒乓球没有被吸引，第二次乒乓球被吸引过来了。

问题：玻璃棒能吸引乒乓球等一些轻小的物体，物理说法是玻璃棒带上了电荷，大家注意到是用什么方法让玻璃棒带上电的呢？

方法五：问题串③

演示实验1：学生用塑料袋摩擦学生的衣服。

问题1：发生了什么？

学生：粘手上拿不下来了。

演示实验2：用塑料尺在头发上摩擦几下，靠近粉笔末，观察发生了什么现象？

学生：粉笔末被吸在塑料尺上了。

问题2：通过刚才的两个实验，你们能说说它们有什么共同点吗？

学生：都是摩擦了之后，发生了相吸的现象。

问题3：大家猜想一下是什么原因让它们吸在一起了呢？

学生：可能产生了神秘的力量。

问题4：猜想的很大胆，可能产生了神秘的东西。谁来总结一下自己的体会？

---

① 李进：学生自主创新实验的教学价值与实施策略——以“静电现象”教学为例．新课程评论，2020年第10期。

② 顾永健，姜忠年：“静电现象”教学实录和评析．中学物理教学参考，2009年第10期。

③ 丁伟：基于核心素养的初中物理导课策略——以“导体和绝缘体”和“摩擦起电”为例．中学物理教学参考，2021年第17期。

学生：两个物体相互摩擦，产生了一种东西能使它们相互吸引。

问题5：总结得很到位，其实是摩擦的两个物体会带上电荷。你们还想了解关于电荷的哪些知识呢？

学生：电荷是电灯里的电吗？电荷都一样吗？

……

小结：大家都很有探索精神，想知道摩擦起电的本质吗？想知道电荷的特点吗？那么今天我们就一起来学习关于电荷的知识。

5. 探究电荷间的相互作用

方法一：实验对比①

实验1：用一根尼龙细线悬吊一根羽毛或胶棒、毛皮等器材，用手触摸羽毛使之不带电。将用丝绸摩擦过的玻璃棒靠近羽毛，羽毛主动接近玻璃棒，细线明显偏离竖直位置而呈现较大的夹角，当羽毛接触到玻璃棒后又会立即弹开，当玻璃棒靠近羽毛时明显避让且呈现出斥力。

实验2：用手触摸悬吊着的羽毛使之不带电。改用毛皮摩擦过的橡胶棒，观察到的现象和实验1相同。

实验3：先用毛皮摩擦过的橡胶棒接触羽毛使之带上与橡胶棒相同的电荷，再将用丝绸摩擦过的玻璃棒靠近羽毛，羽毛会主动接近玻璃棒。

问题：实验1、2中，一开始为什么羽毛会主动靠近？后来为什么又弹开了呢？

学生1：一开始羽毛不带电，被摩擦过的玻璃棒或橡胶棒是带电体，接触后带电体吸引了轻小物体。

学生2：羽毛接触带电体后也带上了同种电荷。

小结：同种电荷相互排斥。

问题：实验3中，羽毛是带的与哪个棒相同的电荷？主动靠近玻璃棒时，羽毛与玻璃棒的电荷种类是怎样的？

学生1：羽毛带的是与橡胶棒相同的电荷。

学生2：羽毛主动靠近玻璃棒时，与玻璃棒带的是异种电荷。

小结：异种电荷相互吸引。

方法二：观察推理＋问题链

活动：用丝绸摩擦过的玻璃棒吸引小纸屑。

问题：这根用丝绸摩擦过的玻璃棒能够吸引轻小物体，说明了什么？

学生：说明它带电。

活动：将用丝绸摩擦过的玻璃棒放在支架上，再用丝绸摩擦另一根玻璃棒，让它也吸引纸屑。

问题：这根玻璃棒也能吸引轻小物体，因此也带电。大家想想，这两根玻璃棒带的电荷是不是一样的呢？为什么？

---

① 张正太：浅谈“静电现象”的教学. 江苏教育：中学教学，2016年第3期。

学生：一样的。因为它们都是玻璃棒，而且都用丝绸摩擦过。

问题：如果让两根带同种电荷的玻璃棒相互靠近，会有什么现象发生？

教师演示，学生观察。

学生：第一根玻璃棒被推开。

问题：这个现象说明了什么？

学生：同种电荷相互排斥。

问题：是不是同种电荷，就一定会相互排斥呢？让我们再来看一看两根都用毛皮摩擦过的橡胶棒，它们带同种电荷，相互靠近时，是不是也相互排斥呢？

教师演示，学生观察。

学生：它们也相互排斥。

小结：同种电荷相互排斥。

问题：那么，毛皮摩擦过的橡胶棒与丝绸摩擦过的玻璃棒带的电荷是不是相同呢？怎样才能知道，请你设计实验方案并探究。

学生设计方案并进行实验。

汇报展示。

小结：我们把用丝绸摩擦过的玻璃棒所带的电荷叫作正电荷，用毛皮摩擦过的橡胶棒所带的电荷叫作负电荷。前面的实验告诉我们：同种电荷相互排斥，异种电荷相互吸引。

6. 自然界只有两种电荷

方法：观察推理①

问题1：除了丝绸摩擦过的玻璃棒和毛皮摩擦过的橡胶棒所带的两种不同电荷外，自然界中是否存在第三种电荷？

学生1：可能存在。

学生2：不存在。

问题2：假如存在第三种电荷，你们能推理出它们之间的相互作用吗？

学生：凡是与丝绸摩擦过的玻璃棒相互吸引的带电体，必与毛皮摩擦过的橡胶棒相互排斥。

学生：凡是与毛皮摩擦过的橡胶棒相互吸引的带电体，必与丝绸摩擦过的玻璃棒相互排斥。

小结：这就是我们判断是否存在第三种电荷的方法。

学生利用各种不同材质的物体摩擦带电后加以验证（最好用表格呈现）。

学生汇报实验现象。

小结：自然界中只有两种电荷。

除了上述的方法外，还可以用下面的方法得出“自然界只存在两种电荷”。从学生所做的实验入手，推理出个体物体“饮料吸管”“气球”和“塑料直尺”所带的电，

---

① 张正太：浅谈“静电现象”的教学．江苏教育：中学教学，2016年第3期。

要么和玻璃棒相同，要么是和橡胶棒所带的电荷相同，然后告诉学生，通过大量的实验证明自然界只有两种电荷。这里要注意的是“若是既与玻璃棒排斥，也与橡胶棒排斥”，是不能说明只存在两种电荷，因为都相斥或都相吸，是可能存在第三种电荷的。只有与玻璃棒排斥，同时与橡胶棒吸引，或者与玻璃棒吸引，同时与橡胶棒排斥，这样的逻辑才可以证明自然界只存在两种电荷。

7. 探索更小的微粒

阅读：（1）物质的微观世界是丰富多彩的，也是很神秘的。千百年来，科学家一直不断地研究探索这些微小粒子，且取得了辉煌的成就。在汤姆逊发现电子后，进而认识到原子是由电子和原子核组成的。在此基础上，1911 年卢瑟福建立了“类似行星绕日的核式结构模型”（文字资料）。（2）原子核式结构模型（视频动画）。

问题：阅读信息、看完视频，你能得出哪些结论？

学生 1：原子是由带正电的原子核和带负电的电子构成的，且正负电荷数量相等。

学生 2：原子核位于原子的中心，半径为 10^{-15}m，且集中了原子大部分质量。

学生 3：电子受原子核吸引，绕核高速运动。不同物质的原子核对电子的束缚能力不一样。

过渡：既然不同物质的原子核对电子的束缚能力不一样，有没有可能电子会脱离原子核的束缚而“离家出走”呢？刚才我们做的“摩擦起电”实验就能说明这个问题。

问题：用毛皮摩擦橡胶棒的过程中，橡胶棒与毛皮得失电子的情况如何？

学生：橡胶棒失去电子，带正电；毛皮得到电子，带负电。

问题：为什么会这样呢？

学生：因为与毛皮摩擦后，橡胶棒带的电荷是正电，电子带负电，所以橡胶棒失去电子；同理，毛皮带负电。

问题：丝绸和玻璃棒相比呢？

学生回答并总结。

问题：从以上的结论，你们能不能总结出物质得失电子的能力和什么因素有关？

学生：物质得失电子的能力与原子核对电子的束缚能力有关。

问题：摩擦起电的本质是什么呢？

学生回答。

小结：摩擦起电的本质是电子从一个物体转移到另一个物体。

8. 中国古代对宇宙的研究①

问题：宇宙如何构成？如何探索广袤的宇宙呢？

猜想与假设（可以学生猜想，也可以教师提出猜想）。

查文献：可以分组查有关文献，同时提供一些物理学发展史和探索宇宙的技术手段发展的文献资料，也可以利用网络收集有关证据（可参考拓展资源）。

交流展示（以小组为单元，进行交流展示、互评）。

---

① 义务教育物理课程标准实验教科书编写组：《物理教学参考书（八年级）》，上海科学技术出版社，2012。

分析论证：回应前面的问题与猜想的分析。

总结评价（对科学探究过程、学生表现进行评价）。

四、教学素材补充

（一）实验创新

1. 分子间存在吸引力

用铁丝做成一个圈，沾上肥皂膜，然后在肥皂膜上放一个棉线圈，可以看到棉线圈是松弛的（如图 7－3 所示）。

用针只戳破棉线圈内的肥皂膜，可以看到原来松弛的棉线圈变圆了，这是因为棉线圈受到了棉线圈外侧肥皂膜的分子引力（如图 7－4 所示）。

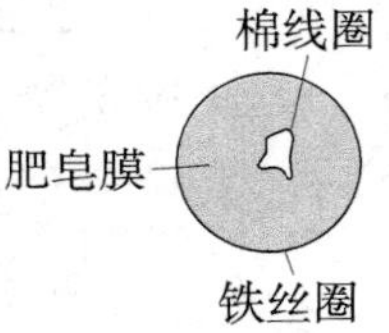

图 7－3

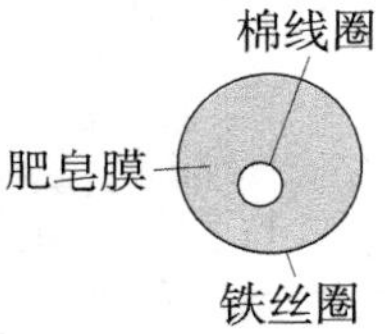

图 7－4

该实验可以很好地说明分子间存在吸引力。

2. 带电物体吸引不带电的物体[①]

将一把干燥的拖把水平放置在木椅靠背上，用毛皮摩擦过的橡胶棒靠近拖把柄的一端，可以观察到拖把因被吸引而转动。

用毛皮摩擦过的橡胶棒靠近拖把柄的一端，对拖把柄产生吸引作用，由于拖把柄较长，拖把的转动力臂较长，拖把很容易转动，实验效果明显。拖把、椅子在教室中随手可得，操作简单易行，实验的可视性较强。

该创新实验能让学生深刻地认识到，带电体不仅能吸引轻小物体，还能吸引其他较大的物体，与教材实验结合可以拓展思路。在设计实验时从吸引轻小物体，转移到利用较大的物体实验，打破常规思维，用较小的静电力吸引较大的物体，效果更直观。

3. 静电魔术棒[②]

静电魔术棒可从网上购买，配合铝箔使用。静电魔术棒主要部件有四个，分别是传送带、电刷、滚筒和电动机。工作时，打开开关，电动机工作，传送带转动，连动的电刷和滚筒相互摩擦而带上静电，当铝箔接触后带上同种电荷，相互排斥，铝箔就会悬浮在空中。

静电魔术棒也可自制，原理类似于范式起电机（如图 7－5 所示），由自激梳、集电梳、上滚轮、下滚轮、传送带、电动机组成。电动机带动下滚轮转动并与传送带发

---

① 阮志军，葛军："静电现象"实验的改进与创新．实验教学与仪器，2021 年第 10 期。

② 陈泓宇，项浩原，郝睿：自制综合创新教具突破静电教学重点．物理通报，2022 年第 1 期。

生摩擦，通过摩擦使下滚轮带上负电荷，正电荷则由传送带送至上滚轮。受正电荷作用，集电梳中的负电荷经由尖端到达传送带外表面，使集电梳外表面带上了正电荷，而负电荷就被自激梳源源不断地送走。滚轮持续转动，最终使得正电荷在集电梳上持续积累。实验结果表明，该实验装置中集电梳带正电而自激梳带负电，并且它们之间产生不高于10V的电压差，符合安全实验范围。

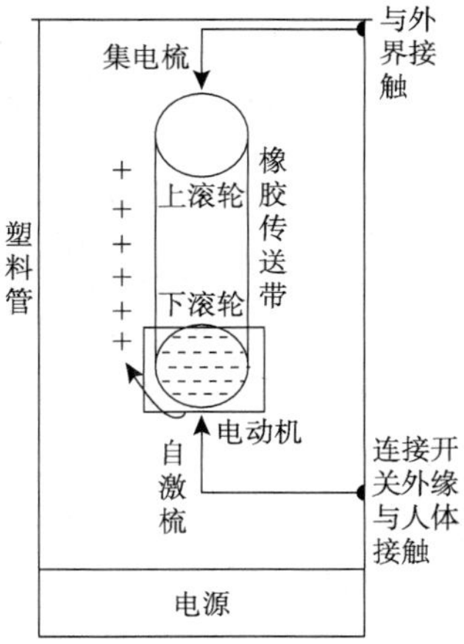

图7-5

4. 电荷间的相互作用①

实验器材：两根粗吸管、一次性透明塑料杯、一枚大头针、餐巾纸、橡皮等。

实验时把大头针钉在一根吸管的重心位置，一次性透明塑料杯倒扣在水平桌面上，把这根吸管放在塑料杯底上，使其能在水平位置自由转动（如图7-6所示）。将两根用橡皮摩擦过的吸管相互靠近，然后将两根用餐巾纸摩擦过的吸管相互靠近，然后将用橡皮摩擦过的吸管与用餐巾纸摩擦过的吸管相互靠近。

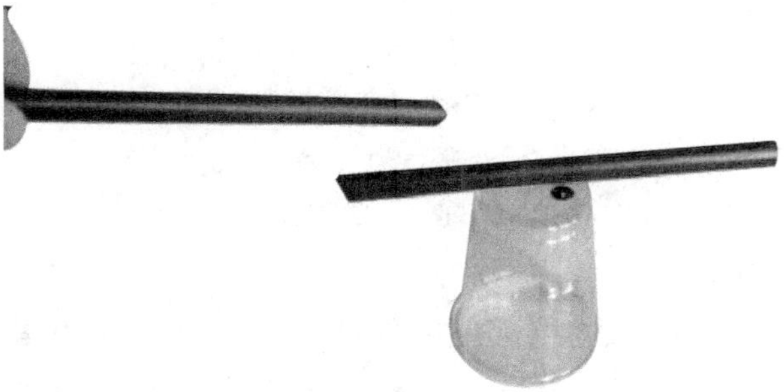
图7-6

实验后发现用橡皮摩擦过的吸管带正电（不同橡皮的物质组成各不相同，实验前要检验吸管被摩擦后是否带正电），用餐巾纸摩擦过的吸管带负电，在实验过程中可以让学生用带负电的橡胶棒或用带正电的玻璃棒进行判断。

该实验改进的器材随手可得，成本低，方便开展学生实验。吸管质量较小，当发生吸引或排斥时会发生明显转动。实验简单易行，操作方便，实验现象明显。此实验可以有效培养学生的动手能力，提高科学探究兴趣，加深对物理知识的理解。

5. 潮湿条件下“摩擦起电”的实验②

探究过程：

（1）用塑料勺与保鲜盒内干燥清洁的大米摩擦，提起勺子，可观察到勺子内、外

① 阮志军，葛军：“静电现象”实验的改进与创新．实验教学与仪器，2021年第10期。

② 侯兆军：潮湿条件下“摩擦起电”教学的一个创新实验．广东教育（综合版），2012年第11期。

壁上有若干粒大米吸附，持续时间长达60~180秒。

（2）把塑料勺与验电器的金属盘接触，发现金属箔明显张开。

（3）用手接触塑料勺，将静电放掉，再把塑料勺放在大米上（避免摩擦），提起勺子，勺子外壁上没有大米吸附。

（4）若改用保鲜盒［聚丙烯（PP）、硅胶树脂］替代塑料勺做实验，吸附的大米更多、效果更佳。

多次实验表明：即使在潮湿空气中，纯度高的聚丙烯、聚乙烯塑料勺，与大米摩擦时，也会产生较多静电，吸引较多的米粒，或使验电器张开较大角度；勺子与大米不摩擦，则无静电，不吸附米粒。

原理分析：

首先，塑料勺和大米的粒子束缚电子能力差异大。组成塑料勺（盒）的无机粒子［聚丙烯（PP）和硅胶树脂］与大米的有机粒子束缚电子能力差异大，与传统的“玻璃棒+丝绸”等组合相比，有过之而无不及，这是“塑料勺吸米”实验的基本物质条件。

其次，大米能防潮保干燥。食用的大米经过加工和烘干，且包装、运输、储存时都很注重防潮防霉，家庭购买后，也会密封保存，这就避免了外界潮湿空气的侵扰，而且大米中的淀粉具有很好的吸水性，使得大米能够始终保持干燥状态，而丝绸、毛皮等吸水后却不能保持干燥，这是“塑料勺吸米”实验的防潮保干燥条件。若将米粒洒水润湿后，再与塑料勺摩擦做对比实验，结果在10分钟之内，塑料勺根本不能吸附米粒，但10分钟后，米粒将表面水分吸收，又干燥了，塑料勺又可以吸附米粒了，只是吸附米粒的数量略有减少。

最后，“塑料勺+大米”组合可保电抗衰减。本实验中，米粒具有双重角色，既是摩擦者，又是被吸附者。从理论上说，应该先有摩擦起电，后有静电作用吸附米粒。但实际上，这个时间差是非常短暂的，摩擦与被吸附几乎同步，这就使得摩擦双方所带的静电荷很少衰减和流失，这是“塑料勺吸米”实验保电抗衰减的条件。

以上实验表明，应该就是无论晴天雨天，塑料勺都具有如此超强的吸引力，可以吸附“大块头”米粒的奥秘所在，也是本实验让人惊奇的根本原因所在。

下面列出的摩擦起电序列可供参考。①

（1）序列1：（+）玻璃、有机玻璃、尼龙、羊毛、丝绸、赛璐珞、棉织品、纸、金属、黑橡胶、涤纶、乙酸乙烯酯、聚丙烯、聚乙烯、聚四氟乙烯（-）。

（2）序列2：（+）羊毛、尼龙、黏胶丝、木棉、绢、醋酸盐、丙烯树脂、达奈耳（一种合成纤维）、维纶、聚乙烯（-）。

序列中任一种物质与它后面的物质摩擦，前者带正电，后者带负电。序列中相距越远的两种物质摩擦时，带电效果越好。在实验条件不同时，上述序列有可能改变。例如，序列中相邻的两种物质摩擦，在正常情况下可能是前者带正电、后者带负电，

---

① 根据北师大版九年级教参和《中学物理教师手册》改编。

而在其他条件下（特定温度等），则可能相反，上述序列仅供参考。

6. 静电除尘

材料准备：1.5L 的矿泉水瓶、直径 1.8mm 左右的漆包线、直径约 3mm 的铜丝、外径约 7cm 的圆筒。

仪器制作：

（1）利用剥线钳将漆包线去除绝缘皮，将铜丝在圆筒上缠绕 10 圈左右，固定成螺旋线形状。

（2）将缠绕成螺旋线形状的铜丝放入矿泉水瓶中，并从上端开一个小孔，将铜丝拉出作为连接高压电源正极的一端。

（3）将直径约为 3mm 的铜丝插入矿泉水瓶中央，并用铁架台的夹子固定住，中央铜丝作为连接高压电源负极的一端。

实验演示：

（1）将高压静电发生器的正极通过导线连接到静电除尘装置一侧的铜丝，将负极通过导线连接到除尘装置的中央铜丝上。

（2）在除尘装置下方放置一个小瓷盘，点燃艾叶（艾叶点燃后烟雾浓厚易见且无害，比使用蚊香现象更加明显），让烟雾浓厚一点。

（3）打开高压静电发生器的开关，将旋钮从低压逐渐转到高压，观察矿泉水瓶中的烟雾变化及上端出口部分的烟雾变化。

（4）再将旋钮从高压逐渐转到低压，继续观察矿泉水瓶中的烟雾变化及上端出口部分的烟雾变化。

（5）断开高压静电发生器的开关，用一根导线接触高压静电发生器的正负极进行放电。

原理分析：

通过实验演示，学生非常真切地感受到了静电除尘器的魅力，在此基础之上进一步引导学生从静电的知识出发分析除尘的原理。高压静电将空气电离成正离子和电子，电子在向正极运动的过程中容易附着在烟尘上，带动烟尘向正极运动，达到除尘的目的。总之，静电除尘器是利用静电吸附作用来实现除尘目的的。①

（二）课程资源

1. 分子动理论中的分子与分子②

《热现象》教材上有这样一句话“科学家把能保持物质化学性质的最小微粒子叫作分子”，这与化学上的分子概念的内涵是一致的。《热现象》教材上还有一句话“科学家把关于分子、分子运动和分子间相互作用的认识称为分子动理论”，这是对前面结论的归纳。

但在物理学里讲分子的热运动和分子动理论时，与化学里的分子含义是有些不同

① 马如宝：自制静电除尘演示仪．物理教学，2019 年第 4 期。

② 洪安生：《初中物理专题分析丛书：热现象》，人民教育出版社，2000 年。

的。因为构成物质的单元是多样的，可能是原子，比如金属；可能是离子，如盐类；可能是分子，如有机物。物理学中分子动理论所说的分子，是广义的分子，是从热运动的角度来讨论问题的。这里说的分子是热运动遵从相同规律的微粒，可以是化学中所说的分子、离子、原子。

前面所提的教材中关于分子和分子动理论中分子的表述没有问题，因为教材是以分子为例来说明“什么是分子”和“分子热运动存在什么规律”。

2. 分子力①

分子力基本相互作用有四种，分别是引力相互作用、弱相互作用、电磁相互作用和强相互作用。

分子力属于电磁相互作用，这种相互作用是极为复杂的。因为分子具有特定的结构，所以分子间相互作用力的大小不仅与距离有关，还与方向有关。分子间作用力并不遵循库仑定律所遵循的与距离平方成反比的规律，而是以吸引和排斥两种力为主。如图7－7所示，当分子间的距离较大的时候，表现为吸引力；当分子间的距离较小的时候，表现为排斥力；当分子间的距离无穷大时，分子间的作用力为零，当两分子间的距离增至10^{-8}m时，其相互作用就可忽略不计了，所以分子力是短程力。

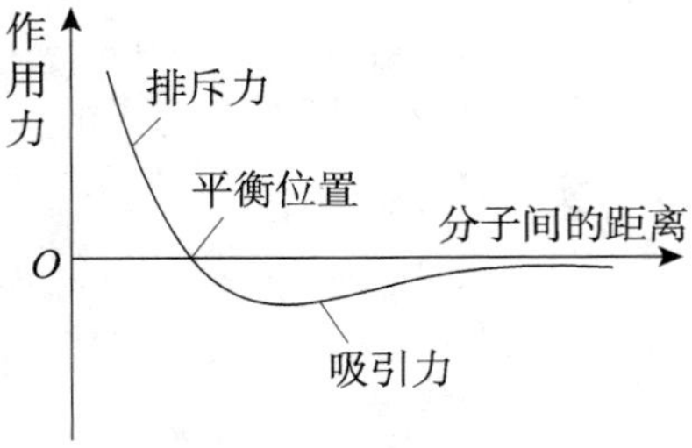

图7－7

3. 中国古代对静电现象的认识②

西汉末年的《春秋纬·考异邮》中有“玳瑁吸褡”的记载，褡是细小物体。玳瑁是一种海龟类动物，其甲壳是一种绝缘体，摩擦后可以带电。王充的《论衡·卷十六·乱龙篇》记载“顿牟掇芥”。“顿牟”即玳瑁，“芥”即小草种子。东晋郭璞的《山海经·卷三》也有“玳瑁取芥”之说。这说明，经过摩擦的玳瑁可以吸引细小的物体或草芥。《三国志·虞翻传》指出“仆闻虎魄不取腐芥”。“虎魄”（琥珀）是松柏树脂的化石，经过摩擦带电，可以吸引芥籽。“腐芥”是腐烂的草芥种子，由于变质而不被琥珀吸引。宋代苏轼《物类相感志》和汉代《神农本草经》中都有“琥珀拾芥”之说。这些记载说明琥珀经摩擦后可带电。

西晋张华《博物志》记载：“今人梳头著脱衣时，有随梳解结有光者，亦有咤声。”这是静电闪光和放电现象。唐代段成式《酉阳杂俎》记载：“暗中逆循其毛，即如火星。”明代都邛《三馀赘笔》记载：“吴绫为裳，暗室中力持曳，以手摩之良久，火星直出。”这些记载描述的都是毛皮或丝绸摩擦起电现象。

4. 静电的应用

（1）静电植绒

利用静电在布底以及其他材料的面上栽植短纤维，或在布底上栽植花纹，叫作静

① 洪安生：《初中物理专题分析丛书：热现象》，人民教育出版社，2000年。
② 胡化凯：《物理学史二十讲》，中国科学技术大学出版社，2009。

电植绒。如图 7 - 8 所示，静电植绒的工作示意图中，“1”是一块接高压直流电源（40 ~ 50kV）正极的金属平板，“2”是一个接高压直流电源负极的金属网框，上面放着绒毛。用黏着剂涂成花纹的纺织品紧贴着金属板，当接通高压电源以后，金属网和金属板之间就会形成很强的电场，开动马达使卷轴“3”和“4”转动，纺织品就匀速地经过强电场。绒毛在电场中被极化，接近下面金属板的一端带负电，远离金属板的一端带正电，从而下端受到金属板的吸引，上端受到金属网的吸引而直立起来。由于绒毛上端与金属网接触，正电荷被中和，失去了金属网对它的吸引力，便于它在下方金属板引力的作用下疾速落到纺织品上。落到纺织品涂有黏着剂的地方的绒毛被粘住，落到纺织品其他地方的绒毛，所带的负电荷被纺织品中和后带上了正电荷，并在电场力的作用下又回到金属网，金属网再中和它所带的正电荷。这样反复下去，我们就可以看到纺织品上涂有黏着剂的地方植上了很多绒毛，并随着纺织品的运动构成了精致的图案。

（2）静电分选

利用静电场的作用来进行物质的分离、提纯、分级等一类技术，叫作静电分选。利用电晕放电的圆筒式分选装置（如图 7 - 9 所示），其分选原理主要是利用物质电导率的差别进行分选。图 7 - 9 中的回转圆筒接地，圆筒前方的放电极接高压直流电源负极。由于电晕放电，放电极附近的空气被电离，所以和放电极极性相同的空气负离子向着圆筒的方向喷射。这些负离子与从料斗里出来、落在圆筒上的混合粒子碰撞，并使它们带上了负电荷。电导率高的粒子立刻把负电荷传给圆筒，并作为圆筒的尖端聚集了正电荷，被推斥而离开圆筒向前方落下。电导率较低的粒子带上负电荷后，不会马上把负电荷传给圆筒，因而被吸附在圆筒上。中等电导率的粒子被吸附一段时间，失去了全部负电荷，带上了正电荷，就会受到圆筒的推斥而落在圆筒的下方。电导率很小的粒子则一直吸附在圆筒上，被后边的刮板刮落。目前，静电分选的方法被广泛地应用于矿石、食品、煤炭以及城市垃圾的处理回收等方面。

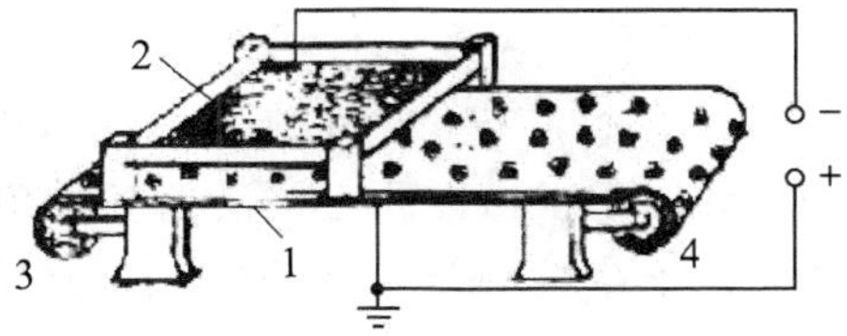

图 7 - 8

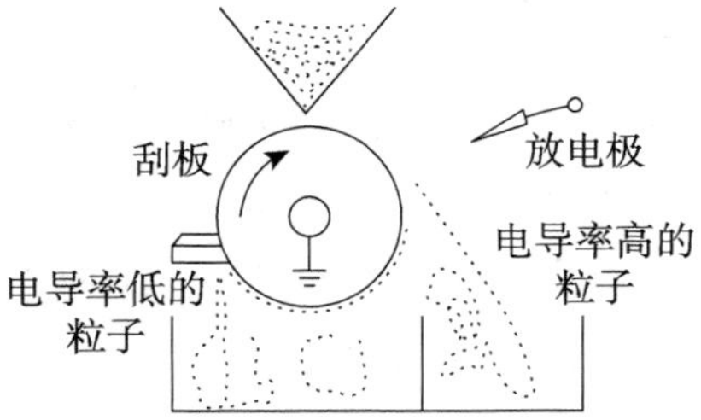

图 7 - 9

（3）静电除尘

为了防止空气污染，静电除尘被广泛地应用于发电、炼铁、冶金、水泥以及其他伴随着粉尘和烟雾发生的各种工矿企业中。静电除尘的物理原理是让带电的粉尘或烟雾微粒在电场力的作用下，奔向电极并吸附到电极上。使气体中的粉尘或烟雾粒子带电的方法，一般采用电晕放电。

圆筒型静电除尘器的构造和原理如图 7 – 10 所示。将细金属丝 A 悬挂在接地的金属圆筒 B 中，A 接高压电源负极，B 接高压电源正极。当电压达到某一数值时，在金属丝与圆筒之间有很强的电场，并且距金属丝越近电场越强。这时，金属丝附近的空气就被电离，正离子跑到金属丝上又变成空气分子。在电子奔向带正电的圆筒的过程中，遇到从圆筒下方进入的含有粉尘或烟雾的气体时，就会使它们带上负电。在电场的作用下它们被吸附在圆筒的内壁进行放电并堆积在那里，净化了的气体从圆筒上方溢出。在敲打圆筒时，堆积的粉尘落入下部的集尘器中。外边的带正电的圆筒电极叫作集尘极，里面的带负电的金属丝叫作放电极。

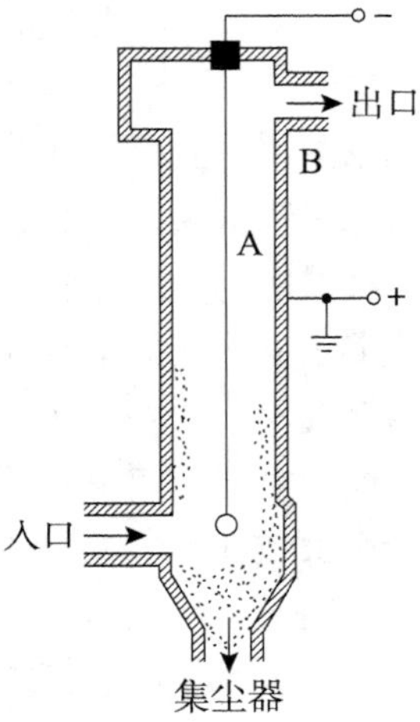

图 7 – 10

5. 电子名称的由来①

J. J. 汤姆逊在研究“阴极射线”在磁场和电场中的偏转时，通过测定 $\frac{m}{e}$（m 是每个微粒的质量，e 是每个微粒所带的负电荷）谨慎地做出初步判断：存在比原子更小的粒子，J. J. 汤姆逊称这些粒子为“微粒”。“电子”则由斯通尼于 1891 采用，用来表示电的基本单位，他在 1874 年提议，把电解时一个氢原子所带的电荷作为跟光速和引力系统一样的自然单位，这与法拉第的电解实验是一致的。法拉第的电解实验指出，电就像物质一样是具有原子性的，后被广泛用来表示 J. J. 汤姆逊的“微粒”。

6. 原子结构的理论的发展

1903 年，J. J. 汤姆逊提出一个原子模型，人们把它叫作“葡萄干蛋糕模型”，又叫“无核原子模型”。汤姆逊认为正电荷均匀分布在整个原子球体中（球的直径的数量级是 10^{-10}m），带负电的电子散布在原子中，这些电子分布在对称的位置上。当这些电子静止在平衡位置上时，原子是稳定的；当电子偏离各自的平衡位置时，电子就会振动而使原子发光。

1911 年，卢瑟福提出的原子模型是“核式结构模型”，又称“行星模型”或“有核原子模型”。在原子中心有一个很小的核子，叫作原子核。原子的全部正电荷以及全部质量都集中在原子核里。整个原子是电中性的，即原子核带的正电荷等于核外电子的总负电荷数。电子在核外空间绕着原子核旋转，电子绕核旋转所需的向心力就是核对它的库仑引力。“核式结构模型”的基础是卢瑟福的 α 粒子散射理论。根据卢瑟福提出的“核式结构模型”，可以从实验结果估算出原子核半径的大小应在 10^{-14} m 以下，相当于原子半径的万分之一。

1913 年，年轻的丹麦物理学家玻尔根据行星模型提出了他的氢原子原理。他提出两条基本假设：一是原子中存在电子运动的稳定轨道状态；二是当原子从一能级跃迁

① 弗·卡约里：《物理学史》，中国人民大学出版社，2010。

到另一能级时将发射或吸收一定频率的光。根据这两条假设，玻尔定量计算出了氢原子稳定的轨道半径和能级。

1924 年，德布罗意提出了物质波的假设。1926 年，薛定谔在德布罗意假设的基础上，把电子等微观粒子作为波来考虑，用波函数来描述微观粒子的运动状态，并建立了波函数变化规律的薛定谔方程。①

我国对物质结构的认识也不断深入。1955 年 1 月，毛泽东向与会的钱三强询问有关原子核及核子的组成问题。1965 年 6 月《红旗》杂志翻译刊出了日本物理学家坂田昌一的文章《关于新基本粒子观的对话》，并按照毛泽东谈话的精神，加了编者按语，明确提出了物质无限可分的思想，由此引起了中国科学家和哲学家的热烈讨论。

1965 年，在钱三强的组织下，由中国科学院原子能研究所基本粒子理论组、北京大学理论物理研究室基本粒子理论组、中国科学院数学研究所理论物理研究室与中国科学技术大学近代物理系四个单位联合组成北京基本粒子理论组（简称“北京理论组”），定期交流，讨论强子的结构问题。1966 年，钱三强提议用“层子”代替“夸克”“元强子”等，因为它更能确切地反映物质结构的层次性。“层子”这一层次也只是人类认识的一个里程碑，是自然界无限层次中的一个“关节点”。之后我国学术界把北京理论组提出的关于强子结构的理论系统称为“层子模型”理论。②

7. 基本粒子的家族

在基本粒子世界里，除了已知的质子、中子、电子、光子、π 介子、μ 介子外，还有许多其他成员。它们的发现过程都有一段耐人寻味的历史。

（1）K 介子和奇异粒子的发现

就在发现 π 介子的同一年，即 1947 年，英国的罗彻斯特（G. D. Rochester）和巴特勒（C. C. Butler）从大量宇宙线簇射粒子照片中，发现有两个成“V”字形的径迹。根据能量、动量守恒定律分析，知道这是由质量约为电子一千倍的新粒子衰变时留下的。这种粒子当时被称为 V 粒子，现在的名称是 K 介子。两年以后，英国的鲍威尔改进了核乳胶，也得到同样的照片。1952 年波兰物理学家达尼兹（M. Danysz）和帕尼夫斯基（J. Pniewski）首先探测到了 K 介子，质量为电子的 970 倍，约等于核子的一半。K 介子有带正电和不带电两种，分别记作 K^+ 和 K^0。它们都极不稳定，生成后仅一微秒就立刻衰变成另外两种粒子：$K^0 \to \pi^+ + \pi^-$，$K^+ \to \mu^+ + \nu$，这正是罗彻斯特等看到的 V 形径迹。关于 K 介子的成因，据分析它们可能是由宇宙线中的 π 介子和大气层中的核子相撞而产生的，而且是能量超过十亿电子伏特的粒子碰撞。恰好这时已经有高能量的粒子加速器，人们有可能在实验室里模拟大自然中的这一过程。1954 年福勒等人把加速能量达 1.5GeV 的 π 束流引入含氢气的云室，果然观察到形成 K 介子的反应及其后继衰变过程：

① 《中学物理教师手册》编写组：《中学物理教师手册》，上海教育出版社，1984。

② 胡化凯：《物理学史二十讲》，中国科学技术大学出版社，2009 年。

$$\pi^- + P \rightarrow K^\circ + \Lambda^\circ$$
$$\Lambda^\circ \rightarrow \pi^- + P$$
$$K^\circ \rightarrow \pi^+ + \pi^-$$

新发现的粒子是一个质量比核子重的中性粒子。意外的是，带来了一大批新粒子，它们比电子更重，因而统称为“超子”。物理学家在分析 π－P 实验的数据时，惊奇地发现 π 介子被质子捕获时生成的 K 介子和超子都颇像强子。但它要到生成后 10^{-10} 秒才发生后继衰变。可见新粒子的产生过程是强相互作用，而衰变过程是弱相互作用。两种作用相差悬殊，两种过程迥然不同。为了解决新粒子的这种强产生和弱衰变的矛盾，派司（Pais）于 1952 年提出一个协调性的见解，认为这类新粒子都不是单独而总是成对产生的，但它们在衰变过程中则只有奇数数目参与，正是这种参与过程的粒子数目的奇偶不同，导致作用性质强弱的差异。由于这种前所未见的奇异的性质，这类新粒子被称作奇异粒子。

（2）“τ－θ 之谜”的提出和验证

在人们的认识长河中有时也会有惊涛和回旋。这一时期引起震惊的是两个不守恒的发现：出于直观，人们认为时间上今与昔、空间上左与右及电荷的正负都应该是严格对称的，因而抽象出时间反演、空间反演和电荷共轭三种对称性，并找到相应的物理量守恒定律，即时间反演守恒、宇称守恒和电荷共轭守恒。就在整个高能物理学界对这三个守恒定律的正确性毫不置疑的情况下，20 世纪 50 年代初实验物理学家发现中性 K 介子飞行路线的终点有时出现两条径迹，有时出现三条径迹。这说明中性 K 介子有时衰变成两个 π 介子，有时衰变成三个 π 介子。实验人员决定引进两种不同的 K 介子来说明这个现象，一个叫 τ 介子，一个叫 θ 介子，两种不同的介子具有两种不同的衰变方式。但精确的物理测量否定了这种解释，τ 介子和 θ 介子具有相同的质量，不可能是两种介子。因此这种不违反能量守恒、动量守恒、自旋守恒，但不符合宇称守恒定律的衰变被称为“τ－θ 之谜”。宇称守恒定律指出，原来粒子的奇偶符号必须与衰变后各个粒子的奇偶符号的乘积相同。π 介子是奇数粒子，当中性 π 介子衰变成两个 π 介子时会得出 K 分子，是偶数粒子；衰变成三个 π 介子时，又会得出中性 π 介子，是奇数粒子。宇称守恒定律在这里失效了。1956 年李政道、杨振宁两人大胆地冲破正统观念，提出了在一切弱相互作用中宇称守恒定律能够失效的假说。很快，一位华裔美籍物理学家吴健雄以其出色的实验技术设计了一个极化 Co－60 核 β 衰变实验，验证了李政道、杨振宇的假说，解开了“τ－θ 之谜”，建立了弱相互作用中宇称不守恒的观念，在人类的认识史上对于宇称的概念又增添了新的内容。

（3）正电子假说及验证

如果说奇异粒子的发现，实验研究的功劳是主要的，那么在正电子的发现中又可以看到理论的威力。1928 年，狄拉克建立的相对论性电子波动方程有四个解，前两个解对应两种可能意义下的相对于电子运动方向的自旋，后两个解分别对应着微观粒子的正负总能量，但负能量的出现与狄拉克方程仅适用于自由电子这一条件相矛盾。不少人认为这个负能量是荒谬绝伦的。狄拉克决心探求这个荒谬的根源，因为他认为，即使是谬论也可能具有某种意义。由于常态电子运动是自由的，它与其他粒子相距就非常遥远，好像是在无边无际的绝对虚空中孤零零地运动着。很明显，为了得到第二个带正电的粒子，只能断言，除了那个孤零零的电子外什么也没有的真空，根本就不是空的，而是充满了负能粒子，这些粒子的最高能级是 - m0c2。由于泡利不相容原理，这种“充满”是无隙无缝，且不重叠，以致失去观察效应，仿佛形成一片茫茫的负能粒子的海洋。这就防止了正能量的常态粒子向负能级跃迁，保证了物质原子的稳定性。不管物理学家对此感到多么的可笑和惊讶，这个理论却富有巨大的逻辑威力。

从狄拉克真空理论中可以推出一个必然的结果：当负能电子海中失去一个电子时便出现一个空穴，周围负能电子进入这个空穴，这样引起的空穴运动就和电子的行为一样。由于负能态、负电荷的消失对外表现为正能态、正电荷粒子的出现，则这种空穴成为与常态电子质量相等、电荷相反的新粒子。它是什么呢？狄拉克本人曾以为它就是人们所熟知的质子，但经过分析，他又否定了这种看法。坚信世界是简单而又对称的信念，使科学家们把狄拉克理论所预言的这个新粒子理解为与电子对称的正电子。1932 年英国的布莱克特和意大利的欧卡里尼在威尔逊云室里拍出的照相底片中，发现对应着一个电子和另一个具有相同质量但带正电的未知粒子的两条径迹，径迹在一个点上朝不同方向分叉。这样空穴就被承认，并正式称作正电子。在一系列微观粒子中，这是第一个被称为反粒子的。其他实验也证明，在 γ 射线作用下，正电子和电子确实能成对产生。

既然电子可以存在反粒子，为什么其他粒子就不应该有自己的反粒子呢？科学家在发现正电子后就是这么想的。1955 年赛格雷（E. G. Segre）和张伯伦（O. Chamberlain）利用美国首建的 6.2GeV 质子同步加速器发现了反质子。1956 年考尔克（B. Cork）发现了反中子。1959 年第九届国际高能物理会上，中国王淦昌小组和美国阿尔瓦莱兹小组同时宣布发现了新的反超子：$\overline{\Sigma}$ 和 $\overline{\Lambda}$。此后，人们又相继发现了 $\overline{Z}^{-}$、$\overline{\Sigma}^{0}$ 和 $\overline{\Omega}^{-}$ 等反粒子，以及反氘核、反氢原子。至此，人们几乎找到了所有已知粒子的反粒子。由狄拉克理论以及自那时以来的大量实验事实揭示了微观世界的一条普遍规律：凡是粒子必定存在着它的反粒子。反粒子的发现在人类认识史上是一次根本性的重大飞跃。20 世纪 50 年代，由于高能加速器的建造，又发现了好几十种基本粒子。最近几年，差不多每年都有一些新的粒子或基本粒子的共振态被陆续发现。目前为止，基本粒子连同其反粒子已超过 400 种，而且还有增加的趋势。问题变得似乎不再简单，而是更复杂了。

8. 银河系①

由恒星组成的银河系呈一个扁平的圆盘，形状如铁饼，中间厚，四周薄（如图 7 - 11 所示）。它的大部分恒星集中在一个扁平的区域内，被称为银盘。盘的中心有一球状隆起，被称为核球。银盘是从核球向外延伸的几条旋臂密集，太阳就位于其中一条旋臂上，并在盘中心平面稍微“偏北”的地方。银盘上下还有一个由分布较稀疏

---

① 钱振华：宇宙及宇宙膨胀．物理教学，2012 年第 5 期。

的恒星组成的球状晕，称为银晕。整个银河系盘子在旋转，速度达到250km/s。银河系在星空中非常雄伟壮观。20世纪初之前，人们认识的全部宇宙大致指的就是我们的银河系。

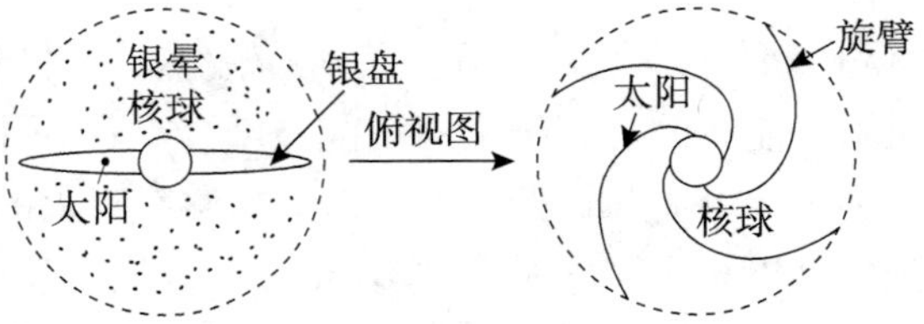

图7－11

9. **星系和星系团**①

星系是构成宇宙的基本单元，星系单独存在的情形并不多见，据估计单个星系的数目不会超过星系总数的15%。绝大多数星系倾向于成团分布，数十个到上千个星系构成一个星系群体。它们按成员的多少组成双星系、多重星系、星系群和星系团。

以银河系和仙女座星系为中心，在3.26×10^6光年的范围内有一个由40多个星系组成的本星系群的小星系团。离我们最近的不规则星系团是室女座星系团，距离我们约6.52×10^7光年。目前观测到的星系团总数超过10000个，其中最远的星系团距离我们9.78×10^8光年左右。

若干个星系还会聚焦组成超星系团。本超星系团就是这样一个直径为9.78×10^7光年，厚度为6.52×10^6光年的偏扁平状天体系统，由本星系团、大熊座星系团以及其他约50个较小的星系群或星系团组成。现代天文观测表明，星系团有沿长链条排列的倾向，而为数众多的星系则作片状分布，于是得到宇宙的所谓“分格结构”；在尺度量级为3.26×10^6光年内的立方格子内没有或只有少量星系，大量的星系位于格面上，沿格棱的星系数目较多，在格子顶端星系更为密集。所以，宇宙物质的分布是不均匀的。

10. **空洞和“长城”**②

近些年来，由于观测技术的不断进步，天文学家发现关于星系的大尺度分布也存在很大的不均匀性，如存在一些星系特别少的区域，常被称为“空洞”或“巨洞”。1981年科学家在克希纲等牧天座方向上发现了一个尺度达1.63×10^8光年的空洞，其内部星系的密度只有平均密度的1/5，甚至更低。空洞周围往往存在一些星系密度较高的壁状区域，这些星系就像是集中分布在一堆泡沫的泡壁上，泡内则是上面所说的空洞。20世纪80年代，还发现了目前已知的最大结构。在离我们约3.26×10^9光年的地方存在一个长约4.89×10^8光年、宽约9.78×10^7光年，而厚度只有1.63×10^6光年的星系密集区域，现常被称为“星系长城”或“宇宙长城”。“长城”内的星系密度比其周围的平均密度要高出5倍以上，其总质量是银河系总质量的几十万倍。不过这些结构的观

① 钱振华：宇宙及宇宙膨胀．物理教学，2012年第5期。

② 钱振华：宇宙及宇宙膨胀．物理教学，2012年第5期。

测还存在一些不确定性，特别是利用天体物理学方法测距的精度还有待进一步提高。

随着遥远距离测量技术的提高，人们对宇宙空间的大尺度结构的认识一步一步地向前推进。宇宙在结构上具有结团性及层次性，星系、星系团、超星系团、空洞等，它们的尺度越来越大，层次结构也越来越清晰。

11. 宇宙膨胀①

传统观念认为宇宙是静止不变的。一个均匀的各向同性的静态宇宙，几乎是人们对宇宙的一致看法。那么长期以来人们为什么总是认为宇宙是静止不变的呢？诚然，人们每天见到的是浮云掩月、天空绕北极星回旋、月亮圆缺，以及月球和行星在星空背景上的运行等。不过，人们常以为这些只是我们太阳系里的运动，是一些局部现象。在行星以外，所有的恒星看起来都是不变又不动的，所以给它们起了个“恒星”的名称。其实恒星不“恒”，它们都在不停地变化运动着。一颗快速运动的恒星一年要走 10^{10}km 左右的距离。只是这些恒星离我们实在太远，其中离我们最近的恒星至少也达几十万亿千米以上，因此，我们很难发现恒星视位置的变化。于是我们认为即使太阳、银河等小范围中的天体是有运动的，但是在更大尺度上天体系统的平均速度仍然为零。这种由于观测手段的落后，限制了人们的视野，从而形成的关于宇宙的传统观念一直延续到 20 世纪初，直到 20 世纪 20 年代，随着河外星系光谱红移现象的发现，静止宇宙的观念才开始动摇，一个动态的膨胀宇宙的观念才逐步建立起来。

1910—1920 年，洛威尔天文台的天文学家斯里弗发现了许多星系的红移现象。红移现象可以用多普勒效应来解释。星系远离我们运动时，接收到的星光频率会变低（即波长变长），使谱线向红端（长波方向）移动。1929 年，美国天文学家哈勃进一步发现，所有的河外星系的谱线普遍都有红移现象。他把测得的各星系的距离跟它们各自的退行速度画到一张图上后发现，在尺度上，星系的退行速度跟它们离开我们的距离是成正比的，即越远的星系退行得越快，红移量越大，这个关系被称为哈勃定律。当我们把宇宙看成以星系为“分子”的气体时，星系在膨胀的宇宙中参与了两种运动。一种是它随气体整体膨胀而具有的膨胀速度；另一种是它相对周围“分子”的“无序”运动速度，称为星系的本动速度。本动速度的大小取决于物质分布的局域不均匀性，对距离我们 100 兆光年以上的星系，它的膨胀速度超过本动速度。哈勃对远外星系观测到的速度是宇宙膨胀速度，所以哈勃定律反映的是宇宙整体的膨胀规律，而不是星系作为个体的运动规律。所有星系都在远离我们而去，并非表示我们所处的银河系是宇宙的中心。实际上星系并非只是离开我们，而是彼此相互远离。从任何一个星系上看，其他星系都在彼此远离退行。

宇宙膨胀是什么意思呢？我们所说的膨胀，是指宇宙的空间尺度随着时间的增长而不断增大。如果我们用二维球面来类比宇宙，那么膨胀的宇宙就类似于一个不断吹胀的气球。当气球不断被吹大时，气球上的所有小点间的距离越来越大，它们的密集程度越来越小（如图 7－12 所示）。图中的小点可代表宇宙中的星系，当球面不断膨胀

① 钱振华：宇宙及宇宙膨胀．物理教学，2012 年第 5 期。

时，任何两个星系间的距离越来越大。如果我们设想一个观测者站在其中任何一个星系上，他就会发现其周围的其他星系都在离他而去，而且，离他较近的星系离去得慢一些，离他较远的星系离去得快一些。两个星系距离越大，彼此远离的速度就越大。这就是一幅膨胀宇宙的图景。

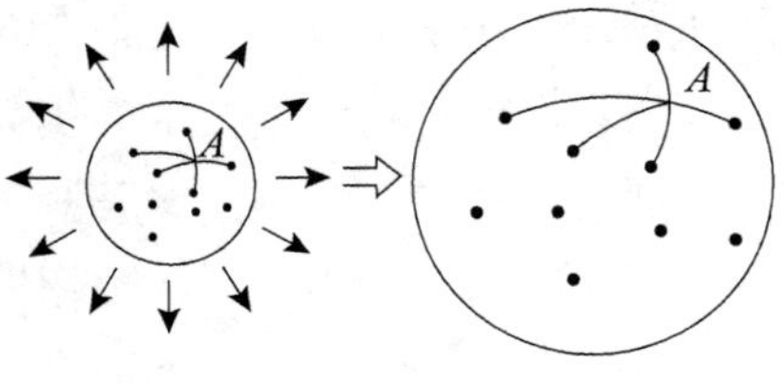

图 7－12

宇宙膨胀有时被简单地说成宇宙大小在增加，但这并不代表宇宙必须有一个有限的大小（尽管它可能是如此），无限宇宙也可以是一个膨胀宇宙。我们所说的宇宙大小的增加，是指任何一个时刻，任何两个典型星系之间的距离都增长同样的比值。假如任何一对典型的星系间的距离都增加了 1%，我们也可以说宇宙大致增大了 1%。

第八章　力

一、课标分析

（一）课标要求

本章内容对应2022年版课标课程内容一级主题“运动和相互作用”下的二级主题“机械运动和力”的内容，涉及的学科内容与日常生活和自然现象联系密切。课标要求如下：

2.2.3　通过常见事例或实验，了解重力、弹力和摩擦力，认识力的作用效果。探究并了解滑动摩擦力的大小与哪些因素有关。

例3　通过实验，认识力的作用是相互的。

例4　通过实验，认识力可以改变物体运动的方向和快慢，也可以改变物体的形状。

2.2.4　能用示意图描述力。会测量力的大小。了解同一直线上的二力合成。知道二力平衡条件。

例5　分析静止在水平桌面上杯子的受力情况。

（二）课标解读

将课标要求与核心素养的要求进行对比理解，课标中的2.2.3和2.2.4强调了对学生物理观念和科学思维素养的要求。要求学生有基本的物质观，认识运动和力；能将所学物理知识与实际情境联系起来，能从物理学视角观察周围事物、解释有关现象和解决简单的实际问题。初步形成物质观念、运动和相互作用观念、能量观念。本章关于实验探究涉及一个测量类学生必做实验（用弹簧测力计测量力）和一个探究类学生必做实验（探究滑动摩擦力大小与哪些因素有关），与2012年版课标相比，增加了“探究并了解滑动摩擦力的大小与哪些因素有关”课标要求。

根据课标精神，本章是初中物理中一个非常重要的章节，是学生学习力学的起点。关于“力”概念的建立，以及弹力、重力、摩擦力的几个演示实验和分组实验非常重要。基于实验的概念教学也是初中物理教学的一个重点。在概念建立过程中重视学生对于基本物质观的形成，对“能量”的理解，以及让学生尝试用所学知识解释生活中一些有关力的现象，也是本章节教学过程的一个重点。

从生活中的实例出发，采用枚举法引导学生从形象认识到抽象归纳，逐步认识力的基本概念，识别生活中常见的弹力、重力、摩擦力，虽然生活中的力还有很多，但从学生常见的弹力、重力、摩擦力入手学习力学，为后续学习压力、压强、浮力等知识提供了知识储备。由于力的概念较为抽象，要引导学生学习力概念还需要了解力的作用效果、力的三要素，学会做简单的受力分析，学习分析具体实例中的施力物体和受力物体，学习画力的示意图。在力的学习过程中，建立科学概念、学习科学探究的规范过程、树立科学实验观、实事求是的科学态度、独立思考和团队合作精神训练、增强社会责任感等融为一体，有利于培养学生物理学科核心素养。

二、教材分析

（一）各版本教材对比

六个版本教材中，有四个版本教材将力（包括力的概念、弹力、重力、摩擦力）内容放在八年级同一章部分，只有人教版教材将“力、弹力、重力”内容放在八年级下册第七章，而将“摩擦力”放在第八章（运动和力），章节安排详见表8－1。

表8－1　　各版本教材章节安排

教材版本	章次	节名称
人教版	第七章 第八章	力；弹力；重力； 摩擦力
北师大版	第七章	力；弹力　力的测量；重力；同一直线上二力的合成；二力平衡；学生实验：探究——摩擦力的大小与什么有关；牛顿第一定律
教科版	第七章	力；力的描述；弹力　弹簧测力计；重力；摩擦力
沪粤版	第六章	怎样认识力；怎样测量和表示力；重力；探究滑动摩擦力
沪科版	第六章	力；怎样描述力；弹力与弹簧测力计；来自地球的力；科学探究：摩擦力
苏科版	第八章	力　弹力；重力　力的示意图；摩擦力；力的作用是相互的

（二）苏科版教材单元内容概述

苏科版教材中，本章内容安排在八年级下册第八章。本章内容与生活联系紧密，教材的编排强调“从生活走向物理，从物理走向社会”，分别介绍了力的概念（包括施力物体、受力物体、力的单位及单位符号等），结合实例介绍了弹力、重力、摩擦力，重点突出了几个探究活动，从不同角度举例分析物体间力的作用是相互的。

本章知识体系如图8－1所示。

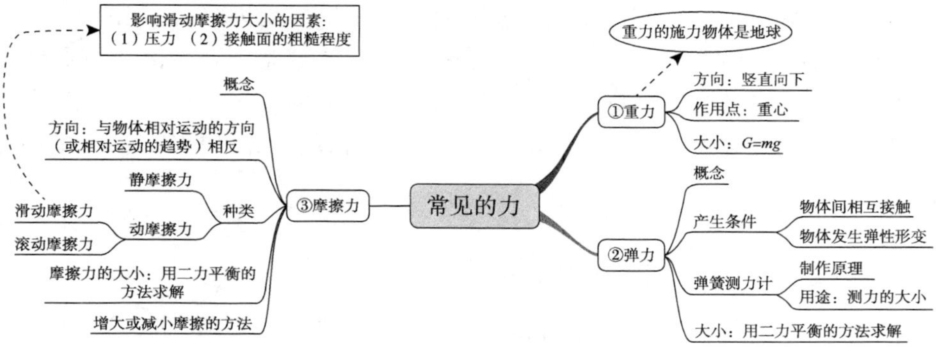

图 8－1

三、教学建议

（一）单元教学思路

本章是初中学生科学系统学习力学的开始，是后面学习力与运动、压强和浮力、简单机械和功等知识的基础，也是建立正确物质观的一个重要环节。关于力的学习在高中阶段还会继续深入，虽然小学科学课上学生已经知道了万有引力、摩擦力，知道牛顿、爱因斯坦等物理学家，但小学阶段关于力的概念还很模糊，因为没有考试要求，很多知识点不被重视，还有很多生活习惯用语的干扰（如生活中常说的“物重”并不是我们物理中所提的“物重”），以及一些常见的认识误区干扰（如大多数人认为摩擦力主要就是阻力），都是本章教学需要注意的。

本章教学中，让学生从小学阶段储备的前概念，进入一定的学习能力层次，从而完成对力的概念的建立。如果学生学习完这一章之后，不是简单地说背概念，或是简单地举例说出弹力、重力、摩擦力，而是能够对产生力的条件，为什么要将物体的微小形变转化放大，力在生活中的应用，如何改变弹力大小和滑动摩擦力大小，如何应用物体间力的作用，太空课堂中介绍的一些实验是不是完全失重，如何借助现有的实验器材和传感器、手机等来改进“探究影响滑动摩擦力大小的因素”实验等问题发表独立见解，则说明学生真正学到了不少知识，掌握了一些实验技能，一些与物理核心素养有关的能力也得到增强。

本章围绕课标中“力”这一主题展开，主要内容包括力的概念建立，弹力、重力、摩擦力、力的作用是相互的等。有些版本教材把摩擦力放在了二力平衡学习之后，而苏科版教材把摩擦力放在第八章。在教学过程中可以结合教材“信息快递”内容，增强学生对测量滑动摩擦力大小的知识储备，并不影响后面学习二力平衡的知识。同时由于相互作用力和二力平衡两种情况容易混淆，所以在教学环节中需要注意这方面内容的正确引导。

从整个力学知识体系来看，本章节教学过程中还涉及机械运动、压力等内容，在后面初三第一轮复习的时候可以把这些交叉知识系统化输出，但新课教学还是依据课标所提知识点具体展开，注重对几个实验的处理，把握好受力分析，引导学生学会用“建立模型”“控制变量”等科学方法分析实验，进一步熟悉用列表格和画函数图像的方法分析两个物理量之间的定量关系；科学认识实验数据中误差存在的必然性，具备在误差允许范围内正确分析实验数据和图像从而得出物理量之间的定性关系的能力。

（二）课时教学建议及教学方式

本章课时教学建议及教学方式如表 8 –2 所示。

表 8 –2　　课时教学建议及教学方式

节次	建议课时数	教学方式
第一节	1 课时	演示实验、分组实验、谈论法等
第二节	2 课时	演示实验、分组实验、谈论法等
第三节	2 课时	演示实验、分组实验、谈论法等
第四节	1 课时	演示实验、分组实验、谈论法等

（三）课例示范

第一节　力　弹力

【课标及教材分析】

本节属于2022年版课标课程内容中一级主题“运动和相互作用”下的二级主题“机械运动和力”的部分内容。课程标准中的相关内容要求为：通过常见事例或实验，了解弹力，认识力的作用效果。

本节内容为苏科版教材第八章第一节，内容比较多，且“力的概念”“弹力”知识都比较抽象，教材中用大量生活实例引导学生初步了解，逐步归纳，再通过演示和分组实验帮助学生通过物体发生形变或运动状态发生改变认识到力的存在，并通过讨论达成共识，初步了解力的产生需要哪些条件，弹力的产生需要哪些条件，知道弹性形变大小与外力大小的关系，知道弹性势能的存在。此外，还要通过分组实验学习弹簧测力计的基本使用方法，感受力的大小。

【学情分析】

学生在小学科学课上已经学过力的部分内容，但仅限于简单了解牛顿等科学家，知道万有引力、摩擦力等力的存在。本节需要学生学会用归纳法自主归纳力的基本概念，学习识别施力物体和受力物体，知道力的产生条件以及弹力产生的条件，了解形变，学会用转化放大的方法认识“微小形变”，并学会从定性到定量分析弹性形变大小与外力的关系，进而知道弹簧测力计的工作原理，同时进行简单操作，用于测量力的大小。通过实例分析枚举了解“弹性势能”的存在，体会生产生活中应用弹性势能的例子，感受物理知识应用于生活实践的广泛性。

【教学目标】

(1) 通过大量实例归纳初步建立力的概念，知道施力物体和受力物体。

(2) 通过活动与实验认识弹力与形变，知道由于物体发生弹性形变而产生的弹力。

(3) 通过探究物体弹性形变大小与外力的关系，了解弹簧测力计的原理。

(4) 通过观察和测量使用，认识弹簧测力计的构造及使用方法，学会用弹簧测力计测量力的大小。

(5) 知道国际单位制中力的单位是牛顿 (N)。

(6) 通过观察实例分析，知道发生弹性形变的物体具有能量，感受物理知识在生活中的应用。

(7) 经历橡皮筋测力计的制作以及测量头发所能承受的最大拉力的实验，培养学生创新意识，提高实验设计、实验操作、实验评价等能力。

(8) 从生活实例出发引发思考、建立概念，通过探究活动学会定性到定量的分析，经历团队合作小组活动和自主创新活动等，培养多方面的物理科学素养。

【教学重难点】

本节知识点比较多，重点在于引导学生学习归纳力的概念、了解形变、知道弹力产生的条件，通过实验探究弹性形变大小与外力的关系。难点是学生在学习过程中对于力的概念辨析、弹力产生的条件不可能一步到位，还有很多容易混淆的前认知，需要在实际教学过程中加以关注和引导。

【教学设计】

本节教学设计具体内容如表 8 –3 所示。

表 8 –3　　第一节教学设计

情境	教师活动	学生活动	设计意图
感受力的存在。	(1) 播放幻灯片：人可以举起重物，铲车也能举起重物；狗可以拉动雪橇；火车头能拉动车厢。 你们能否举出更多的例子，说明物体对物体也可以产生类似的举、拉、压、推等作用？ 你们能归纳出什么是力吗？	(1) 学生交流讨论生活中有关力的实例。如人手压书本；吊车拉起钢板；人踢球等。 力是物体对物体的作用。	创设情境，引入课题，锻炼学生的发散思维。

续　表

情境	教师活动	学生活动	设计意图
感受力的存在。	(2) 物理学中，把物体对物体的作用称为力。只要有力的作用发生，就一定会涉及两个物体：一个是施加力的物体，叫施力物体；另一个是受到力的物体，叫受力物体。 在上述实例中，哪个物体是施力物体，哪个物体是受力物体？ (3) 有没有力是只有一个物体就能产生的？（引导学生理解“孤掌难鸣”正解。）	(2) 交流互评：人举重物，施力物体是人，受力物体是被举起的重物；铲车举起重物，施力物体是铲车，受力物体是重物。 (3) 讨论分析“孤掌难鸣”实例中仍然有施力物体和受力物体存在。	培养科学态度与责任意识：认识到物理知识来源于生活，并应用于生产生活。
力的概念。	(1) 刚才我们在学习力的概念过程中用到的方法就是归纳法。大家知道力的物理量符号吗？它的单位又是什么？ (2) 介绍牛顿其人，他是“力学之父”。 (3) 1 牛顿有多大呢？ 手托两个鸡蛋用力大约 1N。 (4) 简单归纳力的概念、符号、单位。	(1) F。 单位：牛顿（N）。 (2) 了解物理学史相关内容。 (3) 感受力的大小。 (4) 交流评价。	锻炼科学思维：体会归纳法的应用。 建立物理观念：体会物理观念得来的过程，增强物理学史教育，感受物理学习的魅力。 通过当堂反馈，分层次巩固相关知识点，使零碎的知识点逐步网络化。
形变和弹力。	(1) 引导学生分组实验： ①用手拉橡皮筋； ②用手压气球； ③用手压钢尺； ④用手捏橡皮泥。	(1) 带着思考分组实验，感受弹力的存在。	养成科学态度与责任意识：通过对形变实验对比，感受物理研究是建立在观察、实验基础上的工作；培养严谨认真、勇于探索的科学态度。 掌握对比的科学思维方式。

续　表

情境	教师活动	学生活动	设计意图
形变和弹力。	(2) 教师介绍形变分为弹性形变和范性形变两种，引导学生辨别。 (3) 教师演示实验：向一个厚玻璃瓶中灌满水，把细玻璃管通过带孔的橡皮塞插入玻璃瓶，用手捏厚玻璃瓶时，发现玻璃管中液面____，说明____；松开手后，发现玻璃管中液面____，说明____。 得出结论：像玻璃瓶这种我们平时不易发现的形变，称作______形变。 (4) 大家还记得之前我们学习什么内容的时候也用到了转化放大法。	学会识别弹性形变和范性形变。 (2) 学生观察实验，感受转化放大法的应用。 (3) 回答：升高，玻璃瓶发生了形变；下降，玻璃瓶发生了形变。 回答：微小。 (4) 回答：探究声音的产生、响度与振幅的关系等实验。	建立正确的物理观念，通过观察“微小形变”实验，进一步了解转化放大法在物理学习中的应用。 训练科学思维：体会转化放大法在物理研究中的应用，并初步体会为什么要应用这一研究方法，以前学过的实验中还有哪些用到这种方法。 通过当堂反馈练习加强学生对知识点的训练，巩固学生对弹力方向的识别。
探究物体弹性形变与外力的关系。	(1) 引导学生实验并提问： ①用力压塑料尺时，用的力越大，塑料尺的______程度越______。 ②用力拉弹簧时，用的力越大，弹簧的______越______。 ③物体弹性形变与外力的关系是：外力越大，弹性形变______。 (2) 补充定量实验及实验数据。	(1) 学生通过分组活动参与探究，动脑、动手，学习观察对比实验现象，归纳实验结论。 回答： ①形变，大； ②伸长量，大； ③越大。 (2) 学生参与讨论与评价，理解什么是弹簧的伸长量。	经历科学探究，体验从感性到理性分析的过程。 基于实验事实，培养证据意识，对实验数据进行整体分析，从表格到图像，对比分析，层层推进，实现从定性分析到定量分析，从而引入对知识的应用——弹簧测力计。 培养科学严谨的实验观，体会物理学研究中的“规范”“严谨”，增强责任意识。

续 表

情境	教师活动	学生活动	设计意图
力的测量。	(1) 引导学生阅读教材并提问： ①力的单位是______，弹簧测力计可用来测量______； ②弹簧测力计是根据______原理制成的； ③弹簧测力计的主要结构：______。 (2) 使用弹簧测力计的注意事项： ①“三看清”：看清弹簧测力计的______、分度值以及指针是否对准零刻度线。 ②测量前，用手轻轻地来回拉动几次，避免指针、弹簧和外壳之间的摩擦而影响测量的准确性。如果指针不指在“0”刻度线上，应当______。 ③测量时，要使弹簧测力计受力方向沿弹簧的______方向。 ④读数时，应保持弹簧测力计处于静止或匀速直线运动状态，视线必须与刻度盘______。	(1) 阅读“信息快递”，了解弹簧测力计使用方法及注意事项。 回答问题： ①牛（N），力的大小； ②在弹性限度内，弹簧的伸长量与所受到的拉力成正比； ③弹簧、秤钩、外壳、刻度盘、指针等。 (2) 使用弹簧测力计的注意事项： ①量程； ②校正“0”点； ③轴线方向； ④垂直。	培养科学态度与责任意识。查看弹簧测力计使用说明，类比温度计的使用方法，体会物理测量工具使用的规范性及规范使用的重要性。
弹性势能。	(1) 教师展示图片并介绍情境：人能被形变的撑杆弹起；人能被弯曲的跳板弹起来；箭能被拉开的弓射出去；运动员被形变的蹦床弹起来。 (2) 许多事实说明：发生弹性形变的物体具有能量，这种能量叫作______。	(1) 分组讨论生活中与弹性势能相关的现象。 (2) 回答：弹性势能。感受弹性势能大小，了解其在生活中的应用。	建立能量观念：初步体会物理学习过程中能量的重要性，联系生活实例更加明确学以致用的目的。
课后小实验。	(1) 自制橡皮筋测力计。 (2) 测一根头发的最大拉力。	学生自主创新制作测力计并进行交流与评价。	培养科学态度与责任意识：通过创新小实验，感受物理实验是建立在观察、思考、实践反思、纠错等基础上的工作；养成严谨认真、勇于探索的科学态度。

第二节　重力　力的示意图

【课标及教材分析】

本节属于2022年版课标课程内容中一级主题“运动和相互作用”下的二级主题“机械运动和力”的部分内容。课程标准中的相关内容要求为：通过常见事例或实验，了解重力，认识力的作用效果。能用示意图描述力。同时课标明确指出测量类学生必做实验中包括用弹簧测力计测量力的实验。

本节内容为苏科版教材第八章第二节，内容比较多，关于重力的概念并不要求学生掌握，只需要学生知道重力来自地球（或其他星球）的吸引，知道物体受重力需要通过力的作用效果（如抛出去的球会落向地面）感知，重在引导学生探究物体所受重力大小与质量的关系，体会重力方向的探索过程，区分“竖直向下”和“垂直向下”，了解重垂线的工作原理。为了能引导学生学会画“力的示意图”，必须让学生先了解力的三要素，知道什么是重心，知道重心不一定都在物体上，会画重力的示意图，进而结合上一节内容会画弹力的示意图。

本节教学过程中，教师要注意引导学生区分生活中所说的“重量”，引导学生规范表达物重的大小，了解一些常见物体的重力大小，如一个鸡蛋重约0.5N，一名普通中学生重约500N等。

本节在“探究重力大小与质量的关系”活动的设计中，为了便于操作和记录数据，教材选择的研究对象是钩码，教学过程中应当引导学生思考，能否换用其他不同种类的物体作为研究对象（如苹果、梨子等），通过探究活动引导学生思维进阶，不只学会简单地列表归纳总结，还要类比前面所学的图像分析法分析重力大小与质量之间的定量关系。这里既有学生已经学过的数学正比例函数规律判定方法，还有实事求是取证获取实验数据，合理分析实验数据的科学思维体现。对于“g”的意义在初中阶段只需要学生知道在同一地点是一个定值，数值上接近10N/kg。至于它的另一层含义到高中会继续学习，此处不必展开。

【学情分析】

初二学生在小学科学课上已经学过万有引力的内容，知道牛顿和万有引力，但是对于什么是力的作用效果，什么是力的三要素，重力的方向是怎么确定的等知识并不清楚。关于万有引力和重力的区别在初中阶段也不做要求，等到高中继续深入学习。所以，初中阶段此处学习要点就是知道重力的存在，了解重力的方向和应用，了解物体重力大小与质量的关系，知道重力势能在生活中的应用。学生在本节课的学习过程中有一些前概念的干扰，需要教师予以正确引导并纠正。例如，我们日常生活中常说的“这个物体重多少”指的是物体的质量，而物理教材、试题中的“物重”指的是物体所受重力大小。再如，大多数学生在此前并不能区分“竖直向下”和“垂直向下”，竖直向下到底是垂直于地面、桌面还是水平面，要让学生由感知上升到理解性记忆。

在画力的示意图的过程中，学生最难掌握的就是力的作用点画在哪里，以及重力的方向如何在力的示意图中正确表达（尤其是遇到斜面、没有支持面、不规则支持面等情况）。此前学习过的光路图的画法、实像与虚像的画法也会或多或少干扰力的示意图的规范表达，在教学过程中需要注意针对学生的共性问题着重引导，个体问题也要关注并单独引导。

在用弹簧测力计测量重力大小的新课教学过程中，不要强调弹簧测力计示数为什么等于物重大小，可以等后面学习相互作用力、二力平衡等知识后，再引导学生探讨。用好教材中的“信息快递”，学生是能够较容易掌握此处能力要点的。

【教学目标】

（1）通过实例分析，知道重力的概念。

（2）通过活动，会用弹簧测力计测量物体的重力大小。

（3）经历探究过程，科学分析实验数据得到物体重力大小与质量的关系：$G=mg$，初步了解 g 的含义。

（4）由实验感知重力的方向“竖直向下”的内涵，并能运用这一结论对铅垂线的工作原理作出简单分析。

（5）知道力的三要素，了解什么是“重心”。

（6）知道用示意图表示力的画法，并能正确画出力的示意图。

（7）通过观察，知道被举高的物体具有重力势能，并能对具体问题作出分析和判断。

（8）从生活实例出发引发思考并建立概念，通过探究活动定量分析，经历团队合作小组活动和自主创新活动等，培养多方面的物理科学素养。

【教学重难点】

本节知识点较多，教学重点在于引导学生参与科学探究物体所受重力大小与质量的关系，通过实验感知地球附近重力的方向总是竖直向下的，知道重力的方向是“竖直向下”而不是“垂直向下”。会画力的示意图。教学难点在于引导学生对重力的一些实际问题进行分析和判断；会区分生活中口语“重量”和物理中的“物重”；能够规范画出一些力的示意图。

【教学设计】

本节教学设计具体内容如表 8 – 4 所示。

表 8－4　　第二节教学设计

情境	教师活动	学生活动	设计意图
新课引入。	教师：请同学们看图 8－2，你们知道说的是谁的故事吗？  图 8－2 教师：这幅图说的是牛顿思考苹果为何下落，月球为何围绕地球运动的故事，今天我们就来经历牛顿的探究过程。	交流物理学家牛顿的故事。	培养科学态度与责任意识：通过物理学史知识的学习，增强学习物理的兴趣，也为能像科学家一样思考问题打下基础，为后面的探究活动积累积极的科学态度。
重力的基本概念简述。	（1）教师：瀑布为什么总是向低处流，降落伞和跳伞运动员为什么会向下运动，抛出的物体为什么总是下落？（播放视频） （2）教师介绍：地球上的一切物体都受到地球的吸引。这种由于地球的吸引而使物体受到的力叫作重力。生活中常把物体受到的重力的大小简称为物重。	（1）因为受到地球的吸引作用而落向地面。 （2）识别物理中所说的“物重”与生活中的“物重”两种含义的不同。	锻炼科学思维：通过生活中相关实例共同反映出来的知识点进行小角度思考，归纳出这些现象都是因为物体受地球吸引的作用。 培养科学态度与责任意识：初中物理重视语言的规范性表达，规范表达是为了不混淆概念，也是为了培养科学态度。
重力的测量。	（1）教师：重力的大小可以用弹簧测力计测量，如何使用弹簧测力计测重力？ 利用弹簧测力计测量钩码、橡皮泥、笔、物理书等物品的重力。 （播放用弹簧测力计测量重力的实验） （2）教师方法点拨：当物体静止时，弹簧测力计的读数等于物体受到的重力。	（1）分组实验，用弹簧测力计测量身边物体的重力大小。感受力的大小，如 1N、2N、4N，以及物理教材的重力大小。 （2）知道弹簧测力计不仅可以测量弹力大小，还可以用来测量重力大小，但需要正确使用。	锻炼科学思维：通过实验感知常见物体重力的大小。 掌握通过实验操作获得数据的正确方法。 （单元复习课再回头思考和分析这样操作的原因，使思维提升更加有层次。）

续 表

<table>
<tr><th>情境</th><th>教师活动</th><th>学生活动</th><th>设计意图</th></tr>
<tr>
<td>探究影响物体所受重力大小的因素。</td>
<td>（1）教师：我们在实验中发现，不同物体的重力一般都不相同，那么重力的大小和什么因素有关呢？
播放模拟动画，对于质量不同的物体，每个人举起来感受不同，或者请学生演示举质量不同的哑铃，引导合理猜想。
（2）教师引导设计实验：
①探究重力的大小与物体的形状的关系。
引导学生选择器材设计实验。
②探究重力的大小与物体的质量的关系。
介绍实验方案：
a. 用弹簧测力计测出各钩码所受的重力大小。
b. 将各钩码的质量和所受重力的大小记录在表格相应的栏目中。
收集证据：
<table>
<tr><th>实验序号</th><th>钩码质量（kg）</th><th>钩码重力（N）</th><th>重力与质量的比值/（$N \cdot kg^{-1}$）</th></tr>
<tr><td>1</td><td></td><td></td><td></td></tr>
<tr><td>2</td><td></td><td></td><td></td></tr>
<tr><td>3</td><td></td><td></td><td></td></tr>
</table>
c. 教师：我们怎样分析这些数据，可以得到什么结论？
d. 教师：介绍公式 $G=mg$，g 表示物体受到的重力的大小与质量之比，约等于9.8N/kg，要求不精确的情况下，可取 $g=10$N/kg。
教师：你们能说出 $g=9.8$N/kg 的物理意义吗？
补充介绍不同地理维度 g 取值的不同。</td>
<td>（1）学生合理猜想：与物体的形状有关，与物体的质量有关。
（2）学生分组实验。
①猜想：物体所受重力的大小与物体的形状可能无关。
器材：橡皮泥、弹簧测力计。
设计实验：选取弹簧测力计和橡皮泥进行实验，收集证据：
a. 把橡皮泥捏成球状，称出其重力的大小；
b. 把橡皮泥捏成任意形状，称出其重力的大小，并与前一次结果进行比较。
通过实验得出结论：物体所受重力的大小与物体的形状无关。
②猜想：物体的质量越大，可能受到的重力越大。
分组实验，填写实验数据，完成表格数据分析，展开讨论。除了可以从表格直接分析得出结论，还可以通过画图像的方法分析获得实验结论。</td>
<td>锻炼科学思维：利用橡皮泥等器材自主设计实验，获取重力大小与形状无关的结论。就近取材和简单方便的设计原则，可以使学生体会物理探究过程也有简单易操作的。

在探究过程中体会分析数据的两种方法：列表和画图像，前者更加具体，后者更加直观。同时能体现测量误差存在的必然性，真实实验数据即有效数据。

经历实验探究过程，了解获得实验证据的方法。

培养科学态度与责任意识：实验过程中需要实事求是的科学态度，还要正确面对实验误差并进行合理分析。体会科学家们获得探究成果的过程中必须具备的基本科学态度与责任意识。</td>
</tr>
</table>

续　表

情境	教师活动	学生活动	设计意图
探究影响物体所受重力大小的因素。		得出结论：物体的质量越大，受到的重力越大，物体受到的重力的大小与质量成正比。 $g=9.8N/kg$ 表示的物理意义是地球附近质量为1kg的物体受到的重力是9.8N。	
重力的方向。	(1) 教师演示实验： 用图8－3所示的器材进行实验： 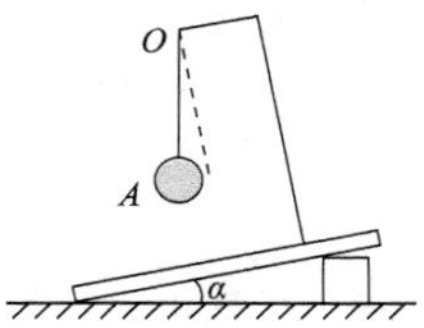 **图8－3** 缓慢改变木板的倾角，观察悬线 *OA* 的方向；剪断悬线 *OA*，观察小球下落的方向。 结合问题引发学生思考： ①猜一猜物体所受重力的方向是怎样的？ ②为什么要缓慢改变木板的倾角？ ③由实验和分析可知什么结论？ ④“竖直向下”可以换成“垂直向下”吗？为什么？ ⑤你们还能设计出判断重力方向的其他实验方案吗？ 教师小结：物体所受重力的方向总是竖直向下的。 (2) 物体所受重力的方向总是竖直向下这一知识点在生活中有许多应用，如瓦工建造房屋时用的铅垂线和水平仪。	(1) 学生结合实验现象边思考边回答问题，知道重力的方向。 ① 向下/竖直向下…… ②便于悬线方向稳定（快速改变会因为物体的惯性影响实验现象），也便于观察重力方向有没有发生改变。 ③重力的方向是竖直向下的。 ④不能，竖直向下有时候垂直于桌面或地面，有时候并不是，但总与水平面垂直。 ⑤可以用细线拎着小钢球慢慢上楼，当人无论爬上几层楼时，细线的方向总是竖直向下的。 (2) 体会生活中重力的应用实例。	锻炼科学思维：通过问题串形式展现实验过程中思维提升的过程，学生观察实验，在思考回答问题的过程中体会到实验结论的得出并非偶然，规范表达并非刻意，试着理解实验设计的巧妙之处。即便不能真正理解，经历实验过程也是一种感受，也会有收获。 培养科学态度与责任意识：体会物理知识学以致用的具体表现。增强应用物理知识建设未来的使命感和责任感。

续　表

情境	教师活动	学生活动	设计意图
重心。	（1）通过小实验，引出重心的概念。 提出问题：除重心的位置外，地球是否能吸引物体的其他部分？你们怎样理解重心的概念？ 教师总结并明确指出：地球吸引物体的每一个部分，但对于整个物体，重力作用的表现就好像它作用在物体的一个点上，这个点叫作物体的重心。 （2）向学生出示圆形薄板等质地均匀、外形规则的物体，指出其重心就在它的几何中心上，并在黑板上画出这两种形状的物体图形，标出重心位置，画出重力的示意图。 （3）简单介绍通过悬线法和支撑法找重心。	（1）学生参与小实验，用现有的笔或者直尺都可以。 学生交流：重力作用在一个点上。 （2）学生体会感知。	培养科学态度与责任意识：实验过程中需要实事求是的科学态度，解决问题的过程中需要严谨的科学态度。学生在体会收获知识的同时也在培养科学态度，学习科学方法。
重力势能。	（1）播放水电站、打桩机的视频，总结出被举高的物体也有能量，这种能量叫作重力势能。 （2）介绍弹性势能和重力势能统称为势能。	（1）分组讨论生活中与重力势能相关的现象。 （2）结合前面所学知识进行知识整合。	培养科学态度与责任意识：体会收获知识的同时也培养了科学态度。体会物理知识学以致用的具体表现，为将来更好地应用这些知识打下基础，增强社会责任意识。
生活·物理·社会。	（1）虽然地球附近的物体都受到地球引力的作用，但是人类总是试图挣脱地球引力的束缚飞向太空。早在我国明代，一个叫万户的烟火工匠，发明了一种可以操纵的飞行器。虽然在火光和硝烟中，这位勇敢的发明家和实验者，献出了自己宝贵的生命，但是他为人类飞向太空迈出了第一步。		

续　表

情境	教师活动	学生活动	设计意图
生活・物理・社会。	(2) 介绍中国载人航天工程的进展：1992 年，中国正式开始实施载人航天计划；1999 年 11 月 20 日，我国第一艘载人航天试验飞船“神舟一号”发射成功，标志着我国载人航天技术取得突破性进展；2003 年 10 月 15 日，“神舟五号”载人飞船发射成功，中国首位航天员杨利伟带着中国人的千年期盼，梦圆浩瀚的太空；2005 年费俊龙、聂海胜乘坐“神舟六号”飞船，进行了中国第二次载人航天飞行；2008 年翟志刚、刘伯明和景海鹏乘坐“神舟七号”飞船，翟志刚实现了中国航天史上的第一次“太空行走”；2011 年“神舟八号”飞船在酒泉卫星发射中心顺利发射升空，与“天宫一号”成功实现了两次空中无人自动交会对接，圆满完成了科学实验任务，于 11 月 17 日成功返回地面；2013 年聂海胜、张晓光和王亚平驾乘“神舟十号”载人飞船成功进入太空；2016 年“神舟十一号”飞船成功发射；2021 年“神舟十二号”载人飞船成功发射，聂海胜、刘伯明、汤洪波 3 名航天员进入太空并圆满完成航天任务；同年 10 月“神舟十三号”载人飞船发射成功，并实现了两次出舱任务；2022 年 6 月 5 日“神舟十四号”载人飞船发射成功，3 名航天员进驻核心舱并在轨驻留 6 个月。	通过回顾中国航天史，感受中国航天技术日新月异的发展状况。体会航天技术的变化，要把飞船送入既定轨道，需要让飞船脱离地球引力，很多物理核心知识还有待后续学习。	培养科学态度与责任意识：感受中国航天技术快速发展的同时，增强学生的民族自豪感和社会责任意识。 新课标理念赋予教师为增强学生文化自信而努力的任务，中国航天技术翻天覆地的变化正是一个非常重要的教育契机，少年强则国强，此处介绍时间不能省。核心知识的进一步学习还需要学生进入高中或大学后继续，可持续发展的观念在此处彰显出来。

第三节　摩擦力（1）

【课标及教材分析】

本节属于2022年版课标课程内容中一级主题“运动和相互作用”下的二级主题“机械运动和力”的部分内容。课程标准中的相关内容要求为：通过常见事例或实验，了解摩擦力，认识力的作用效果。探究并了解滑动摩擦力的大小与哪些因素有关。

新课标要求探究类学生必做实验：

4.2.2　探究滑动摩擦力大小与哪些因素有关。

例2　用弹簧测力计、平板、细绳、长方体物块、棉布、毛巾等，探究滑动摩擦力大小与哪些因素有关。

而旧版课标中是这么描述的，附录规定的20个学生必做实验说明中，第8项即为“测量水平运动物体所受的滑动摩擦力”。

从两个版本课标要求的变化我们不难发现，这一节内容的要求越来越高，从测量到探究，思维含量要求有了一定的提高。由此可知，摩擦力的知识是初中物理教学中的一个重点内容，并对学生进入高中学习物理力学知识有着重要的影响。

教材呈现的内容主要分四部分：一是让学生认识摩擦力的存在和产生；二是让学生经历在观察中提出问题、进行猜想、设计实验方案，对数据进行分析论证、评估交流等探究活动，让学生从生活中体验科学探究的过程，领会科学探究的方法；三是让学生根据探究实验的结论，结合生活中的现象，认识增大和减小摩擦力的方法；四是结合生活中的现象，让学生知道滚动摩擦，了解静摩擦的存在。

【学情分析】

“摩擦力”是初中物理力学部分的重要内容，苏科版教材将这部分知识安排在八年级下册第八章第三节，是在学习力、弹力、重力、力的示意图之后，学习相互作用力、二力平衡之前所学的内容。此时，学生初步掌握了什么是力，认识力的作用效果，会用示意图描述力，会测量力的大小，知道从力的三要素去分析力，且经历了“探究弹性形变与外力的关系”“探究重力大小与质量的关系”两个探究过程，为学生“探究影响滑动摩擦力大小的因素”打下了坚实可靠的基础。本节知识对力的概念的建立起到了巩固和深化的作用，同时对帮助学生认识理解生活中的物理现象起到了重要的作用。但是由于摩擦力概念相对比较抽象，加上学生还没有学习二力平衡等知识，学生在理解摩擦力的概念，认识摩擦力的大小及方向上仍存在很大困难，所以对本章的探究实验也带来了很大的困难。

（1）本章的前两个探究实验，教材中已经具体明确了探究的内容和方向，而“探究影响滑动摩擦力大小的因素”需要学生根据生活中的经验猜想影响滑动摩擦力的大小因素，学生可能猜想出：如接触面的粗糙程度、接触面压力的大小、接触面的面积、物体的运动速度、物体的重力等因素。由于该探究实验没有明确具体的探究因素，对学生来说探究过程比本章前两个探究实验复杂烦琐很多。

（2）由于学生还没有学习二力平衡的知识，教材中直接以“信息快递”的形式告知学生滑动摩擦力的测量方法。所以该实验成功的关键就是要求木块在弹簧测力计拉力的作用下做匀速直线运动。要完成该实验有两个问题需要突破解决：一是如何控制木块做匀速直线运动，二是如何准确地从弹簧测力计上读数。教材中该实验提供的方案是：用手直接拉动弹簧测力计，这样一来很难控制木块始终做匀速直线运动，从而导致弹簧测力计示数不稳定，且容易让学生产生滑动摩擦力大小与运动速度有关的错误观念；由于弹簧测力计一直在运动，数据存在较大误差且很难精确读数，所以教材上的实验设计有明显的缺陷。

（3）一般情况下教师会向学生指出摩擦力的产生很复杂，我们只对三个猜想进行实验探究：滑动摩擦力大小是否与压力有关？是否与接触面的粗糙程度有关？是否与表面积的大小有关？在探究滑动摩擦力大小与接触面压力大小关系时，直接忽略了物体重力大小与摩擦力是否有关的研究，这也是导致学生后续掌握情况反馈中常常分不清楚影响滑动摩擦力大小的因素究竟是压力还是重力。

【教学目标】

（1）通过生活中的实例分析，知道滑动摩擦力。

（2）通过探究，了解影响滑动摩擦力大小的因素，并在探究过程中提高解决具体问题的能力。

（3）知道用弹簧测力计测量滑动摩擦力大小的方法，并通过实验操作体验这一方法。

（4）能运用所学知识解决增大摩擦和减小摩擦的具体问题。

（5）通过从生活实例出发引发思考并建立概念，通过探究活动定性分析，经历团队合作小组活动和自主创新活动等，培养多方面的物理科学素养。

【教学重难点】

本节知识点较难全面掌握，重点在于引导学生大胆猜想和尝试，通过实验探究活动进行合理的实验方案改进，体会控制变量法的应用，了解滑动摩擦力大小与哪些因素有关。难点在于具体实例分析中辨别滑动摩擦力及识别如何增大或减小摩擦力的具体方法，以及在实验过程中选择器材，改进实验方案的思维进阶过程，在实际教学过程中需加以关注和引导。

【教学设计】

本节第1课时教学设计具体内容如表8－5所示。

表 8－5　　**第三节第 1 课时教学设计**

情境	教师活动	学生活动	设计意图
感受摩擦力。	(1) 用手拿起一本书，问书为什么没有掉下来？（边演示边讲解） (2) 导入新课。介绍摩擦力的有关知识。 ①哪些实例中有摩擦力存在？ ②摩擦力的种类有哪些？ （静摩擦力、滑动摩擦力和滚动摩擦力） 教师：本节重点研究滑动摩擦力。（结合冬奥会宣传爱国主义精神）	(1) 学生通过观察小实验获得感性认识。 (2) 学生边回顾边思考提问。举手说出所知道的关于摩擦力的知识，并进行简单了解。	创设情境，引入课题（结合冬奥会赛事场景引入）。 培养科学态度与责任意识：通过对各种实例的初步分析，感受物理知识来源于生活，又被应用于生活实际的过程。 结合北京冬奥会加强爱国主义宣传，旨在通过力的作用效果让学生感受摩擦力的存在。
认识滑动摩擦力。	(1) 教师演示实验（毛刷实验）。用毛刷在黑板上刷动，让学生观察毛刷的刷动情况及其运动情况。引导学生分组进行小实验。 (2) 教师讲解。 滑动摩擦力的定义：一个物体在另一个物体表面上滑动时，会受到阻碍它运动的力，这种力叫作滑动摩擦力。	(1) 观察实验现象，感受滑动摩擦力的存在，体会“阻碍”的含义。 (2) 学生由感知到建立滑动摩擦力的概念。	培养科学态度与责任意识：通过毛刷小实验，感受物理研究是建立在观察、实验基础上的工作。 建立正确的物理观念：通过实验直观观察进而理解“阻碍”物体相对运动的方向，进一步了解滑动摩擦力产生的条件。
探究影响滑动摩擦力大小的因素。	(1) 提问：之前我们学习了力的相关知识，知道了力的三要素：大小、方向、作用点。那么滑动摩擦力的大小与哪些因素有关？ (2) 你们能设计实验来验证一下你们的猜想吗？	(1) 学生进行分组讨论，猜想滑动摩擦力的大小与哪些因素有关？（记录在表格中） ①接触面积的大小； ②接触面的粗糙程度； ③压力大小； ④物体运动的速度等。 (2) 学生分成小组，思考、讨论、分析、回答。	锻炼科学思维：通过实验体会控制变量法在物理实验中的应用。

续　表

情境	教师活动	学生活动	设计意图
探究影响滑动摩擦力大小的因素。	设计实验前，请思考一下问题： ①如何测量滑动摩擦力的大小？ ②如何改变接触面的粗糙程度？ ③如何改变接触面积的大小？ ④如何改变物体对接触面压力的大小？ ⑤怎样研究某种因素对摩擦力大小的影响？ 教师引导学生看教材上的“信息快递”，了解弹簧测力计如何测量滑动摩擦力。 （3）组织学生对讨论结果进行评价，教师进行归纳总结。 请学生在所给的下列器材中，选择合适的器材进行实验（如图8－4所示）。 器材：细绳、木板、弹簧测力计、长方体木块、正方体木块、大钩码、棉布、毛巾等。 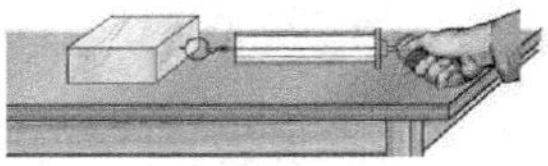 **图8－4** 教师巡视指导，主要观察学生实验，找出两组学生上台展示。利用嵌套投影技术，使全体学生看清楚实验细节。 （第一组为未控制变量的错误演示，第二组为正确演示。） 教师介绍：实验时，用弹簧测力计水平匀速拉动木块时，滑动摩擦力的大小等于弹簧测力计的示数。这部分内容将会在后面二力平衡等知识的学习过程中进一步讲解。 引导学生对实验结果出现的差异进行分析论证，归纳结论。	（3）根据提供的器材，学生进行分组实验：探究压力的大小对滑动摩擦力的影响。 其余的学生对两组同学的实验进行评价。 ①学生结合刚才的正确演示实验以及实验数据自主总结实验结论。 结论：当接触面粗糙程度一定时，接触面压力越大，滑动摩擦力越大。 ②学生结合刚才正确演示实验以及实验数据自主总结实验结论。 结论：当压力大小一定时，接触面粗糙程度越粗糙，滑动摩擦力越大。	让学生经历探究过程，了解实验结论得来的过程；掌握通过实验操作获得实验证据的方法。 猜测、验证都是学生自己完成，增强了动手能力，体现了自主学习、探究学习、合作学习的精神。 锻炼科学思维：通过生生互评，让学生认识到，在探究实验中，要结合控制变量的研究方法，只改变要研究的物理量，其他可能的影响因素要保持不变。

续　表

<table>
<tr><th>情境</th><th>教师活动</th><th>学生活动</th><th>设计意图</th></tr>
<tr><td>探究影响滑动摩擦力大小的因素。</td><td>①探究滑动摩擦力大小与压力大小的关系。
<table>
<tr><th>序号</th><th>接触面</th><th>压力F/N</th><th>滑动摩擦力f/N</th></tr>
<tr><td>①</td><td>木板</td><td>1</td><td>0.2</td></tr>
<tr><td>②</td><td>木板</td><td>1.5</td><td>0.3</td></tr>
<tr><td>③</td><td>木板</td><td>2</td><td>0.4</td></tr>
</table>
②探究滑动摩擦力大小与接触面粗糙程度的关系。
<table>
<tr><th>序号</th><th>接触面</th><th>压力F/N</th><th>滑动摩擦力f/N</th></tr>
<tr><td>①</td><td>木板</td><td>1</td><td>0.2</td></tr>
<tr><td>②</td><td>棉布</td><td>1</td><td>0.5</td></tr>
<tr><td>③</td><td>毛巾</td><td>1</td><td>0.8</td></tr>
</table>
(4) 教师对整个探究实验进行总结，明确滑动摩擦力的影响的主要因素为：物体表面所受到的压力；接触面的粗糙程度。
其他猜想的验证可以作为课后作业。</td><td>根据对“压力”这一影响因素的探究，学生继续对接触面积、接触面的粗糙程度、物体运动速度等可能的影响因素进行实验探究。</td><td>以团队的方式进行实验和学习，培养学生的合作精神，以及提升动手能力、解决实际问题的能力。

注重培养学生数据分析、归纳的能力，培养合作精神。</td></tr>
<tr><td>实验评价与小结。</td><td>(1) 提问：在实验中我们发现哪些操作有困难？
实验中能保证木块匀速直线运动吗？如果不能，实验装置应该怎样改进呢？
(2) 结合学生提出的改进方案设计实验。
改进方案1：用电动机拉动弹簧测力计使木块匀速直线运动。
改进方案2：固定弹簧测力计，拉动木板。
(3) 教师演示改进实验。
①将弹簧测力计竖直固定在铁架台上：弹簧测力计竖直固定在铁架台上，安装定滑轮改变力的方向，可以减少弹簧测力计自身重力对实验的影响，也可以解决弹簧测力计不需要跟着木块运动就可以读取滑动摩擦力数据的问题。这种改进方案相对教材提供的方案，数据更加稳定，读取更加方便。同时另一个铁架台夹住手机，进行直播，方便学生观察并读取弹簧测力计示数。</td><td>(1) 交流讨论：
①很难保证弹簧测力计水平运动。
②很难保证木块做匀速直线运动。
(2) 学生讨论改进方案。

(3) 通过交流与讨论，学生了解了在解决问题过程中可以有多个途径。实验改进过程也是科学家进行探究活动必须经历的过程，让学生体会这一思维提升过程的来之不易。</td><td>锻炼科学思维：通过实验体会实验器材的合理选择和优化是物理实验中的重要过程。

锻炼科学思维：通过实验学生体会到实验方案的改进是通过不断实践、反复对比之后形成的，不仅需要更全面的知识储备，也需要一定的创新思维积累。</td></tr>
</table>

续　表

情境	教师活动	学生活动	设计意图
实验评价与小结。	②将毛巾、棉布、瓦楞纸三种不同粗糙程度的接触面直接连接在一起：在探究滑动摩擦力大小与接触面粗糙程度关系时，教材中通过控制压力相同，多次改变接触面的粗糙程度，再分别进行实验，过程比较烦琐。改进后的操作过程，是根据实验需要直接将至少三种不同粗糙程度的接触面直接连接在一起，不需要再反复更换接触面，一次实验即可完成三次操作过程，且示数直接变化，对比效果明显，更容易得出规律，学生操作顺畅，成功率极高，实验更加简洁直观。 ③拐角处安装轮轴：两端安装轮轴，一是可以更加方便地拉动接触面，避免了用手直接拖拽接触面；二是可以使接触面被拉动时更加流畅，更好地控制更换接触面的频率，读数更方便；三是可以在不拆卸装置的情况下重复实验，多次观察数据进行比较。		培养科学态度与责任意识：通过实验的改进与优化，感受物理研究是建立在观察、实验基础上的工作。 任何复杂实验结论的得出都是由很多简单实验的不断改进及组合积累而成的。合理设计实验步骤及逻辑顺序是一个科学严谨的过程，需要有积极探究的科学态度。

第三节　摩擦力（2）

【教学设计】

本节第 2 课时教学设计具体内容如表 8－6 所示。

表 8－6　　第一节第 2 课时教学设计

情境	教师活动	学生活动	设计意图
学生课前准备，收集生活中的摩擦力素材。	教师：布置任务“寻找生活中的摩擦力”，根据学生提供的素材设计课件，有利于课堂引入和教学过程的推进。	课前在生活中寻找摩擦力，并拍照上传班级群以供交流讨论。	创设情境，引入课题。

续 表

情境	教师活动	学生活动	设计意图
增大和减小摩擦力的方法。	（1）结合幻灯片中的实例引导学生分类思考增大或减小摩擦的具体方法。 （2）教师引导学生参与活动 8.6 “将滑动变为滚动”。可要求学生准备数支圆柱形铅笔和一根橡皮筋。第一次，要求学生把书本放在桌面上，橡皮筋嵌在书脊中拉动，观察橡皮筋伸长的程度；第二次，把书架在数支圆铅笔上，拉动书本，观察橡皮筋伸长的程度，从而得出相关的结论。 （3）教师还可以组织学生围绕“在日常生活中还有哪些实例是采用‘变滑动为滚动’的方法来减小摩擦的”这一问题展开讨论。	（1）思考、交流： 鞋底的槽纹设计是用增大接触面的粗糙程度的方法来增大摩擦。 在自行车转轴处添加润滑油是用湿摩擦代替干摩擦的方法来减小摩擦。 体操运动员在手上涂镁粉是为了增大手和杠之间的粗糙程度，从而增大摩擦。同理，举重运动员上台前也要在手上和鞋底下涂镁粉，防止杠铃在手掌中滑动和鞋在地面上滑动，从而保证举杠铃的成功。 自行车的刹车装置是用增大压力的方法增大摩擦的。 （2）参与小实验。 （3）交流与讨论。如货车司机运送油桶上车，如图 8－5 所示。 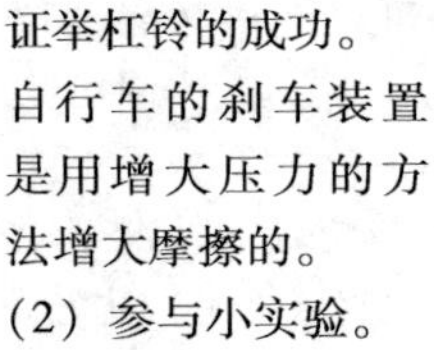 **图 8－5**	锻炼科学思维：从大量实例中筛选跟本节知识点挂钩的内容也是需要严谨的科学思维。 掌握通过生活经验获得实验证据的方法。 培养科学态度与责任意识：通过实例分类和小实验，感受物理研究是建立在观察、实验基础上的工作；培养严谨认真、勇于探索的科学态度。 建立正确的物理观念：通过小实验明确增大或减小摩擦力的简单方法，增强对摩擦力的进一步理解。

续　表

情境	教师活动	学生活动	设计意图
物理学史中的摩擦力。	引导学生阅读教材，并介绍相关知识背景。	阅读教材，体会古代人的卓越智慧。	培养科学态度与责任意识：应用知识解决实际问题，体现了“从生活走向物理，从物理走向社会”的课程理念。 对物理学史的了解也是拉近学生了解物理知识的必要过程，更是促进学生积极学习物理知识的动力。
阅读“生活·物理·社会”板块。	引导学生在阅读“生活·物理·社会”板块后，对减小摩擦的方法进行整理，归纳出减小摩擦和在流体中减小阻力的好方法。 在讨论中，教师可引导学生思考：气垫船和高速列车这两种交通工具还可在哪些地方使用，气垫船能否开到陆地上来等问题，从而培养学生发现问题和提出猜想的能力。	结合教材知识了解人类使车、船与支持面脱离接触也是减小阻力的一种方法，由此科学家相继发明了气垫船和磁悬浮列车。为了减小车、船在空气或水中的阻力，人们仿照海洋中擅长游泳的动物的体形，设计了具有流线型外形的交通运输工具，如小轿车、“和谐号”高速列车以及潜水艇等。	锻炼科学思维：利用身边的例子让学生认识摩擦力，培养学生观察和思维能力。 学生既能巩固滑动摩擦力的定义，也为后面了解滚动摩擦和静摩擦做好铺垫。 使学生了解到使物体间脱离接触可有效地减小摩擦。 进一步的思考可以培养学生发现问题和提出猜想的能力。
了解滚动摩擦力和静摩擦力。	(1) 简单介绍滚动摩擦力和静摩擦力。 引导学生分享实验：“筷子提米”。	(1) 交流实验体会，分析实验原理。 米受到地球给它的重力，同时还有筷子和杯子给它的摩擦力。	锻炼科学思维：从简单有趣的实验现象入手，初步学会物体受多个力作用的受力分析，通过生生互评，认识到在进行实验中，要结合有

续 表

情境	教师活动	学生活动	设计意图
了解滚动摩擦力和静摩擦力。	提问：米受到哪些力？施力物体、受力物体分别是什么？ (2) 教师播放 flash 动画介绍滚动摩擦力和静摩擦力在生活中的应用。	(2) 进一步观察和了解摩擦力在生活中的作用。	关力的作用效果、力的概念等多个知识点进行综合分析，这样才能掌握小实验背后的更多内涵，对训练科学思维有帮助。 学生运用所学知识解释生活中的现象，体现了“从生活走向物理，从物理走向社会”的课程理念。
小结、反馈与延伸。	总结本节课知识点，投影 2 个反馈练习题。 拓展与延伸： (1) 讨论自行车上的摩擦； (2) 课后完成小论文：《如果没有摩擦》。	(1) 参与讨论与交流。 (2) 参与撰写小论文。	培养科学态度与责任意识：应用知识解决实际问题，体现了“从生活走向物理，从物理走向社会”的课程理念。需要有积极认真的科学态度和责任意识，为将来更多的科技发展做准备。

【板书设计】

一、滑动摩擦力

定义：一个物体在另一个物体表面上滑动时，会受到阻碍它运动的力，这种力叫作滑动摩擦力。

二、探究摩擦力大小的影响因素

1. 物体表面所受到的压力

2. 接触面的粗糙程度

三、增大、减少摩擦力的办法，如表 8-7 所示。

表 8 –7　　增大、减小摩擦力的方法

<table>
<tr><th>增大摩擦力</th><th>减小摩擦力</th></tr>
<tr><td rowspan="2">（1）增大压力</td><td>（1）减小压力</td></tr>
<tr><td>（2）减小接触面的粗糙程度</td></tr>
<tr><td rowspan="2">（2）增大接触面的粗糙程度</td><td>（3）用滚动摩擦代替滑动摩擦</td></tr>
<tr><td>（4）使两个接触面彼此分开</td></tr>
</table>

四、滚动摩擦力和静摩擦力

第四节　力的作用是相互的

【课标及教材分析】

本节属于 2022 年版课标课程内容中一级主题“运动和相互作用”下的二级主题“机械运动和力”的部分内容。课程标准中的相关内容要求为：通过实验，认识力的作用是相互的。

本节内容为苏科版教材第八章第四节，内容并不多，但须注重实验结论得到的过程。教材中涉及的几个实验都是编者精心设计的，主要围绕弹力、重力、摩擦力创设实验情境，渗透实验结论的广泛适用性、枚举的有效性等思想，体现了教材编者的智慧。

从小实验入手，从学生身边常见现象入手进行实验，更有利于帮助学生理解本节的核心内容。生活中利用物体间“力的作用是相互的”原理的现象很多，其中有关直升机升空、火箭发射等原理还涉及国防教育，能够更加有利于增强学生国防意识和社会责任感。本节教材还有两大特点：一是将物体间“力的作用是相互的”单独作为一节，突出本知识点的特殊性，它有涵盖前三节部分内容在其中，与前面几节内容并不是并列关系，涉及牛顿力学的一个重要结论，并不同于二力平衡，学习过程中容易将两者弄混，所以需要学生在学习过程中慢慢体会其中的内涵；二是本节涉及一个“奇思妙想”情境的拓展思考，引导学生利用本节所学知识大胆想象，在增强学生学习兴趣的同时引发学生综合考虑此情境可能产生的前提条件，以及渗透火箭升空、航天技术发展也同样需要在一定的知识基础上奇思妙想，这些奇思妙想还可能成为将来社会科技发展的一个关键技术。

【学情分析】

学生通过前面几节内容的学习，初步掌握了有关弹力、重力、摩擦力的相关知识，会进行简单的受力分析，会画简单的受力示意图。本章前三节是学生对力学初步建立认识的过程，学生往往习惯于从感官体验判断物体是否受到力的作用，而忽略了从力的作用效果去判断物体是否受力。大部分学生在课前都存在错误的概念，如汽车的动力来自车轮、飞机的动力来自螺旋桨，这种认识来自他们的生活经验，然而根据力是物体对物体的作用可知，应该是另外一个物体施力，因此“车轮”“螺旋桨”并不是施力物体。

通过本节课的学习，要明白一个力的产生离不开施力物体和受力物体，施力物体同时也是另一个力的受力物体，这种辩证思想在物理学习中有其独特魅力，但又很容易和后面要学习的二力平衡中的两个力弄混，所以学习过程中需要大量列举实例，不断引导学生进行正确的受力分析，尤其是分析每个实例中的施力物体和受力物体，并通过枚举自主寻找出相互作用的两个力有哪些特点。

结合近几年南京市中考物理命题动向，我们不难发现，对于物体受力分析的考查不再是简单的识记，而是考查学生是否真正学会受力分析，找准施力物体是作图的关键，也是一个易错点。例如曾考查“手压弹簧，弹簧形变产生的弹力示意图”，学生容易混淆的就是在手压弹簧的过程中手给弹簧一个压力，同时手也是弹簧产生弹力的受力物体，区分这两个力的关键就在于是否分清楚要画的是哪个力，关键点就是受力物体到底是什么。

再如近五年南京市各区一模、二模卷中都有直升机升空、《流浪地球》影片中场景受力分析等题，这都是考查学生是否能够掌握本节知识点，是否学会更加清晰地分析施力物体和受力物体。

当然，在各类中考题和一模、二模卷中也会有关于“相互作用力”和“二力平衡”的概念辨析题，并且这类题也是学生易错题。所以在教学过程中教师要进行合理的引导，在学完二力平衡之后再将这两块容易混淆的内容进行列表对比，让学生真正分清。

【教学目标】

（1）通过观察、体验和分析，认识到力的作用的相互性。

（2）通过对实例进行讨论，认识到施力物体同时也是受力物体。

（3）通过举出生活中的应用实例，阐述应用中的工作原理，提升语言表达能力；畅想自己设计未来交通工具，培养想象能力、创新能力。

（4）通过生活实例引发思考，归纳实验结论，经历科学思考、团队合作小组活动和自主创新活动等，培养多方面的物理科学素养。

【教学重难点】

本节内容相对容易，重点在于引导学生多角度理解“力的概念”，知道物体间力的作用是相互的且在生活中应用非常广泛。正确进行受力分析，是帮助学生掌握有关应用原理的关键所在。难点在于正确分析一些具体情境中的施力物体和受力物体，并学会区分相互作用的两个力和二力平衡中的两个力，实际教学过程中需加以关注和引导。

【教学设计】

本节教学设计具体内容如表8-8所示。

表 8 –8　**第四节教学设计**

情境	教师活动	学生活动	设计意图
情境引入，激发学生的学习兴趣。	前面几节课我们一起学习了有关弹力、重力和摩擦力的知识，今天我们将从一个新的角度认识它们。请同学们跟着老师一起来看下面的视频。 利用多媒体播放视频《奇妙的飞碟》，看看未来可能的出行方式——飞碟。 提出问题：是什么力使飞碟升空的？施力物体是谁？	感知猜想未来飞行器的性能，感性信息输入。	创设情境，引入课题。引发创新思维的启动，增强将来推进科技进步的社会责任感。
体验对比感受力的作用是相互的。	（1）教师问题串引发思考。 ①同学们喜欢踢足球吗？怎样才能将足球踢得远一些呢？ ②这说明了力的作用效果与力的大小有关对吗？要使足球从低处向高处飞，应该怎样踢？这又说明了力的作用效果与什么有关？ ③由此说明了力的作用效果与哪几个因素有关？ ④你们用力踢球的时候，脚有什么感觉呀？ ⑤对于这一现象，请你们猜一猜这其中有什么道理？ （2）我们还可通过实验来研究同样的问题。请大家按图 8 –6、8 –7、8 –8 设计的实验实际感受一下并填写答案。 ①用手指压铅笔尖，手指有什么感觉？  图 8 –6 ②小华和小明穿着旱冰鞋静止在地面上，小华用力推小明，你们观察到了什么现象？	（1）学生回忆交流体验： ①喜欢，用较大的力踢球。 ②向上用力，踢球的下半部分。力的作用点、方向。 ③力的大小、方向、作用点。 ④脚会感到疼。 ⑤可能球对脚也有力的作用（球对脚有反作用力）。 （2）学生参与小实验，边实验边思考。 ①手指压铅笔尖时，手指也感到疼。 ②小明前进，小华自己后退。 学生参与实验：站在滑板上推墙。	锻炼科学思维：力的作用效果影响因素不止一个，结合实例全面分析力的三要素。 研究物理问题往往涉及多个因素，应学会从不同角度分析现象背后透射的物理知识，经历这个过程为将来探索其他未知知识储备方法。 经历科学探究：经历一系列小实验的探究过程，了解物体间力的作用是相互的，了解如何感知两个力的存在；掌握通过实验操作获得实验证据的方法。

续 表

情境	教师活动	学生活动	设计意图
体验对比感受力的作用是相互的。	 图 8－7 ③将载有条形磁铁的小车和载有铁块的小车同时释放后，你们观察到了什么现象？ 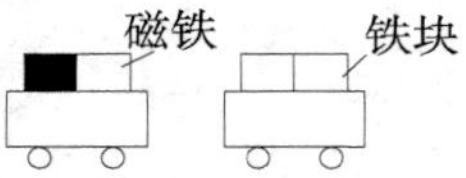 图 8－8 教师：以上大量的事实说明了什么？ 同时引导学生不仅可以通过触觉、痛觉感知是否受力，还可以通过视觉观察物体的形变和运动状态的变化来判断，找到物体受力的证据。	③两辆小车彼此靠近。 物体间力的作用是相互的。	培养科学态度与责任意识：通过参与小实验和寻找近似实验，感受物理研究是建立在观察、实验基础上的工作；培养严谨认真、勇于探索的科学态度。 掌握对比的科学思维方式。 建立正确的物理观念，通过实验明确物体间力的作用是相互的。
选择器材自主设计小实验。	(1) 同学们能够利用给定的两个气球和两支牙刷，自行设计实验验证弹力、重力和摩擦力这三种力中“力的作用都是相互的”，设计完成后学生展示说明。 (2) 教师演示实验：一个磁铁和一枚铁钉相互靠近吸在了一起。 (3) 你们觉得一对相互作用力有哪些特点？	(1) 学生分组自主实验。 学生：分别用细线悬挂一个蓝色气球和一个红色气球，在头发上摩擦后靠近，观察到两气球彼此分离，说明红色气球给蓝色气球一个排斥力，同时蓝色气球也给红色气球一个排斥力。 (2) 学生：观察实验细节，打破思维定式，突破难点。 (3) 学生：所有的力的作用都是相互的；相互作用是同时产生同时消失的；相互作用力的方向是相反的。	锻炼科学思维：结合器材合理设计实验，全面考虑实验的条件、现象、能否说明相关问题等。同时提升学生的动手实验能力和语言表达能力，培养创新思维能力。 激发思维冲突，打破思维定式，引导学生认识力的作用的相互性，没有主动与被动的关系，也没有先后之分。

续　表

情境	教师活动	学生活动	设计意图
实验数据显示相互作用力的大小。	如图 8－9 所示，借助 DIS 实验进一步验证相互作用力的特点，提高实验结论的准确性。 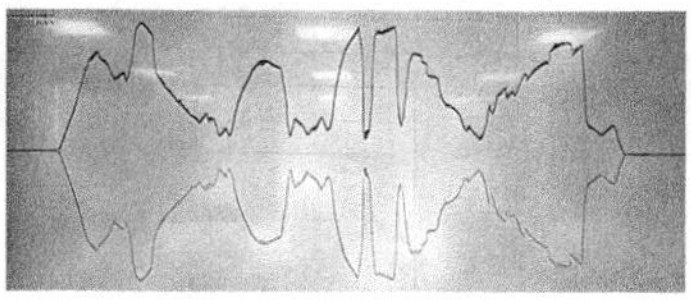 **图 8－9** 引导学生对比分析图像并得出结论。	体验 DIS 实验的特殊性和实验数据的准确性，为获取实验结论收集有利证据。 感知：相互作用的两个力大小相等，方向相反。	锻炼科学思维：探究实验收集证据的过程中可以借助传感器技术，借助 DIS 实验进一步验证相互作用力的特点，不仅可以提高实验结论的准确性，还可以提高学生分析实验图像的能力，培养学生的信息技术素养。
生活实例应用分析。	（1）播放自制水火箭视频，教师说明这是自己应用“力的作用是相互的”知识制作的水火箭，调动学生的情绪，激发学生的学习兴趣。然后，进一步介绍火箭发射原理，分析火箭升空的原理。 说明：学生对于火箭与喷气气球两个应用中的施力物体与受力物体非常容易判断错误，因为思维定式会让学生认为空气是两个物体中的一个，因此在展示视频之后应提出问题。 （2）使火箭升空的力发生在哪两个物体之间？ 同时展示生活中的一些实例图片，让学生了解到生活中有很多实例都是应用了该原理。 （3）你们还能举出哪些生活中应用的实例？	（1）体验感受水火箭的“震撼”，感知其发射原理与真正的火箭升空有相似之处。 （2）燃气和火箭。 （3）举出生活中的应用实例，并分析几个典型应用。如游泳、划船等，引导学生抓住核心的两个物体，分析受力情况。	培养科学态度与责任意识：通过参与小实验，感受物理研究是建立在观察、实验基础上的工作；培养严谨认真、勇于探索的科学态度。感受我国航天技术的先进性，增强将来为科技发展贡献力量的意识。

续 表

情境	教师活动	学生活动	设计意图
结合场景合理想象，参见教材58页图8-35。	教师指导学生阅读教材58页的“读一读”并思考：小明的妙想运用了力的什么性质？思考之后引导学生借助小明的梦境和他的奇思妙想进行大胆地想象，未来的交通工具是什么样或者自己想创造一种什么样的交通工具呢？	物体间力的作用是相互的。 参与交流设计自己心目中未来的交通工具。	锻炼科学思维：通过奇思妙想，提升学生的想象力和创造力，培养学生的创新精神和爱国精神。

（四）重难点突破文献综述

1. 力的概念形成简史①

早期希腊的宇宙论学派认为自然是有生命的，像人体一样，是自己运动的活的组织。在这种思想指导下，并不存在运动的起源问题，也没有力的概念。在亚里士多德的著作中，力被看成从一个物体发射到另一个物体中去的。因此，根据这种力的概念，力的作用只能限于相互接触的物体，只有通过推或拉，才能有相互影响的作用。亚里士多德的这种力的概念完全摈弃了不接触而通过远距作用的力的存在。于是，在他的思想下，恒星只能假设是有生命的，而行星运动只能假设是自己发力驱动的。在整个中世纪，由于思想上深受亚里士多德的束缚，在力的概念研究上没有什么进展。

开普勒根据长期的星象观测资料，在1605年认识到行星轨道运动是由行星受到的吸力造成的，但对吸力的性质并不清楚，这些力是怎样漫过空间的也不清楚。

伽利略对经典力学的建立有着重要的贡献，但他对质量的定义是模糊的，所以他并不能给出力的清晰的定义，使这种定义既能用于静力学，又能用于动力学。但他对惯性原理的理解是正确的。他把力和速度的变化联系在一起，为牛顿后来把力和加速度联系在一起开辟了道路。

力的概念在经典力学中占有最根本的重要位置。牛顿在1664年提出了力的定义是动量的时间变化率。牛顿第一定律是力的定性定义，它规定力在什么条件下存在和在什么条件下它的作用不存在。牛顿第二定律给出了力的定量定义。牛顿第三定律指出所有的力都是成对的，且这两个力分别作用在不同的物体上。

牛顿的万有引力理论，使超距作用的力的概念推广到物理学的其他分支。但牛顿不能从物理上说清楚这种超距作用的内在机制。19世纪，麦克斯韦总结了前人对电磁现象的研究，以场的概念为基础，建立了经典电动力学的基本方程，预言了电磁波的

① 《中国大百科全书》编委会：《中国大百科全书（第二版）》，中国大百科全书出版社，2009。

存在，促使人们怀疑超距作用力的概念。一直到爱因斯坦于 1905 年提出狭义相对论，指出一切物理作用传播的最大速度是光速以后，人们才认识到超距作用的力的概念有着根本的局限性。爱因斯坦于 1915 年在他的广义相对论里明确指出万有引力的传播速度不可能大于光速以后，又提出了引力波的概念。

2. 力的分类

（1）根据力的性质可分为重力、万有引力、弹力、摩擦力、分子力、电磁力、核力等。（注意：万有引力不是在所有条件下都等于重力。重力不是所有条件下都指向地心，重力是地球对物体万有引力的一个分力，另一个分力是向心力，只有在赤道上重力方向才指向地心。）

（2）根据力的效果可分为拉力、张力、压力、支持力、动力、阻力（含摩擦力）、向心力、回复力等。

（3）根据研究对象可分为外力和内力。

（4）根据力的作用方式可分为非接触力（如万有引力、电磁力等）和接触力（如弹力、摩擦力等）。

（5）四种基本相互作用（力）：引力相互作用、电磁相互作用、强相互作用、弱相互作用。

力的分类标准有很多，初中阶段可以给学生介绍按照施力物体和受力物体是否接触来分类的思维导图，如图 8－10 所示。

接触力：物体与物体接触时发生的力。

- 力
  - 接触力
    - 弹力：弹簧弹力、拉力、压力、支持力
    - 摩擦力：静摩擦力、动摩擦力
  - 非接触力：重力、万有引力、磁场力、电场力

图 8－10

3. 胡克和胡克定律

罗伯特·胡克（Robert Hooke，1635—1703 年），英国博物学家、发明家。胡克定律是胡克最重要的发现之一，也是力学最重要基本定律之一。在现代，仍然是物理学的重要基本理论。

胡克定律的表达式为 $F=kx$ 或 $\Delta F=k\Delta x$，其中 k 是常数，是物体的劲度（倔强）系数。在国际单位制中，F 的单位是 N，x 的单位是 m，它是形变量（弹性形变），k 的单位是 N/m。倔强系数在数值上等于弹簧伸长（或缩短）单位长度时的弹力，由弹簧的材料、粗细、长度等自身性质决定。

胡克定律指出：弹簧在发生弹性形变时，弹簧的弹力 F 和弹簧的伸长量（或压缩量）x 成正比，即 $F=-kx$。k 是物质的劲度系数，由材料的性质所决定，负号表示弹簧所产生的弹力与其伸长（或压缩）的方向相反。

为了证实这一定律，胡克还做了大量实验，制作了各种材料构成的各种形状的弹性体。

4. **学生可以研究的小实验课题**①

用一根橡皮筋和砝码探究橡皮筋的伸长与外力的关系（如图 8－11 所示），器材简单、设计巧妙，获取数据以及处理数据的方法也很有启发性。

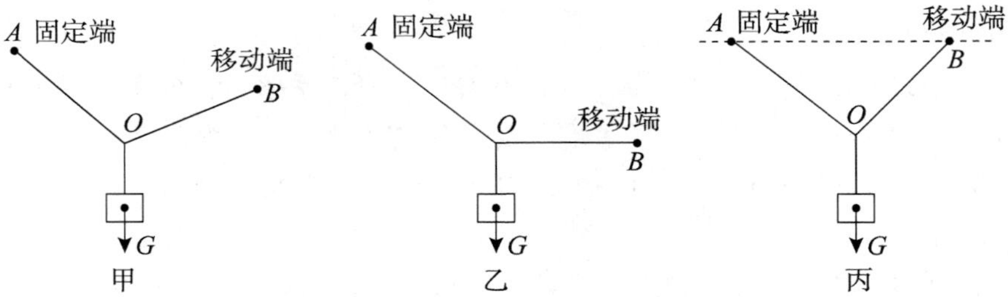

图 8－11

补充说明：这类小实验方案是根据学生自主设计汇总提炼而得，需要教师积极引导，并进一步评价、改进、展示，达到提高学生自主创新实验思维及能力进阶之效。

5. **关于力的概念建立**②

教材提供了几种与力相关的图景，从表象看，这些图景各不相同。它们有的涉及有生命的人、动物，有的涉及无生命的磁铁、推土机，有的发生力作用是在相互接触时，有的则不接触，作用方式则有推、拉、举、压、排斥、吸引等。在这些不同情景的背后，又隐含着共同点，都与力有关。科学归纳就是要通过对各种不同的事物进行认真的观察和比较，找出它们中间的相关性、共性，以形成概念和发现规律，力概念的形成正是科学归纳的一个好案例。

教师在引导学生进行归纳时，可以对归纳的方法做一些点拨和提示，也可以在形成力的概念前先做一些铺垫或搭桥。如启发学生观察这些与力相关的现象必然涉及几个物体，不相互接触的物体可不可以发生力作用等。然后，概括出力的概念，力是一个物体对另一个物体的作用（注意：作用就是力，不要造成“由于作用产生了力”这个错误）。并进一步强调力的作用一定涉及两个物体，一个是施力的物体，叫施力物；另一个是受力的物体，叫受力物。我们通常都是说某某物体受了什么力，而不刻意指出是哪个物体在施加这个力。但要让学生明白，“不指出”是为了叙述的方便，但施力物的存在是实在的、必然的；没有施力物的力是绝对不存在的。当然，由于这是学生第一次接触力这个概念，只要教师在总结时给学生点明即可。教师一定要注意，教学的重点不是去死背力的概念，更不要去背施力物体、受力物体这一大堆名词。教学的重点是要让学生去体验从自然生活、生产现象中归纳力概念的过程，领会这种方法。要让学生在书上的几幅图之外，再多举一些身边的力现象，巩固所形成的力概念。

6. **我国古代对力学的贡献**

《墨经》指出：“力，刑之所以奋也。”这里的“刑”同“形”，指人体、物体；

① 刘炳昇、陈娴：《继承 创新 物理实验教育功能深层开发的理论与实践》，江苏凤凰科学技术出版社，2018。

② 义务教育物理课程标准实验教科书编写组：《物理教学参考书（八年级）》，上海科学技术出版社，2012。

“奋”，意动也，指克服阻碍而运动。“奋”字在古汉语中的意思是很广泛的，诸如由静到动，动之愈速，由下而上等都叫奋。由于力不易见，而物体的轻重是人人都能感觉到的，所以墨家又以举重为例加以说明，指出：“力，重之谓，下与（举）重，奋也。”意思是说，物重就是一种力的表现，物体下坠、上举都有重力作用。《墨经》中还指出：“凡重，上弗挈，下弗收，旁弗劫，则下直。”即认为自由落体的轨迹必竖直向下。

王充在《论衡·效力篇》中指出：“长巨之物，强力之人，乃能举之；任重之车，强力之牛，乃能挽之。是任车上阪（bǎn，斜坡），强牛引前，力人推后，乃能升逾。如牛羸（léi，瘦弱）人罢（pí，疲），任车退却，还堕坑谷，有破覆之败矣。”这里明确指出，施力才能使重物上升或运动，在斜坡上的载重车，如无牛拉人推，就会向下运动，掉入坑谷。

王充在《论衡·状留篇》中写道“湍濑之流，沙石转而大石不移，何者？大石重而沙石轻也。”又说：“金铁在地，飙（biāo，猛，疾）风不能动，毛芥在其间，飞扬千里。”这里指出，质量小的物体运动起来比较容易，质量大的物体运动起来比较困难。

《周礼·考工记》指出：“凡察车之道，必自载于地者始也，是故察车自轮始……凡察车之道，欲其朴属而微至。不朴属，无以为完久也；不微至，无以为戚速也。”这里所说的“朴属”是指坚固程度，“微至”是指轮与地面接触面积很小，“戚速”是指滚动快。此句话意思是说，检查车轮制造的质量，既要坚固又要使轮子与地面接触面积很小，才能滚得快，很符合近代的摩擦理论。

7. 列表式归纳知识要点

力的知识要点归纳如表 8－9 所示。

表 8－9　　力的知识要点归纳

定义	由于地球的吸引而使物体受到的力叫作重力，通常用字母 G 表示；地球表面及附近的所有物体都受到重力的作用，重力的施力物是地球。	
力的三要素	大小	物体所受的重力跟它的质量成正比，公式是 $G=mg$，g 一般取 9.8N/kg 或按要求取 10N/kg。
	方向	竖直向下；应用：铅垂线、水平仪。
	作用点	重力在物体上的作用点叫作重心。形状规则、质量分布均匀的物体的重心在它的几何中心上；物体的重心不一定在物体上，如圆环、空心圆球等。
常考重力估测	一名普通中学生的重力约为 500N；托起两个鸡蛋的力约为 1N；一本九年级物理教材的重力约为 3N；一个苹果的重力约为 1.5N；一枚小铁钉的重力约为 0.05N。	

8. 基于核心素养的逆向教学设计探讨①

逆向教学强调从想要得到的学习结果出发确定学习目标，并根据学习目标所要求

① 陈刚，李涤非：基于核心素养的逆向教学设计探讨——以“重力”教学为例．物理之友，2021 年第 5 期。

或暗含的表现性行为来设计课程。指向核心素养的逆向教学设计一般分为三个阶段：从核心素养视角解读课程标准，确定预期结果；针对预期的目标思考多种评估方法，确定合适的评估证据；开展高效学习并获得预期结果，设计学习体验和教学活动。本章基于核心素养的逆向教学设计如表 8－10 所示。

表 8－10　　本章基于核心素养的逆向教学设计

维度	要素	确定预期结果	确定合适的评价证据	设计学习体验和教学活动
物理观念	运动与相互作用观念	知道重力的概念	观察报告：观察实物或图片，能从中归纳出重力的概念。	展示“苹果击中牛顿”情景（教具），观察三幅“物体下落”的图片。思考为什么会这样？辨析重力概念，讨论最终的表现性任务（绘制图像、口述汇报、动手制作等）。(H，W)
		会测量物体的重力	动手操作：会正确使用弹簧测力计测量物体所受的重力。	如果落下的是大苹果，牛顿会怎样？重力的大小该如何测量？动手操作：用弹簧测力计测量物体所受的重力。(H，E，T)
		知道重力的大小与质量有关	实验报告：能提供探究报告，得到物体重力和质量的关系。	在试测多个物体（不同质量）所受的重力的基础上进行分组实验：探究物体所受的重力与什么因素有关？(E)
		知道重力的方向是竖直向下	小测验：重力方向的判断；对重力大小、重力概念的理解。	为什么有多个苹果下落，只有“牛顿”正上方的那只能击中他？将苹果系在铁架台上，然后再将铁架台放置于斜面上，讨论重力的方向，完成小测验。(E，E2，T)
	能量观念	知道被举高的物体具有重力势能	调查报告：能举例说明重力势能的运用。	自学教材中有关“重力势能”的介绍，寻找生产、生活中更多的应用实例，完成调查报告。(E2)

续　表

维度	要素	确定预期结果	确定合适的评价证据	设计学习体验和教学活动
科学思维	模型建构	能用示意图描述力	绘制图像：熟练画出物体所受力的示意图。	简述力的三要素、力的示意图的画法。完成书面作业，熟练绘制各种情况下物体所受力的示意图。(E，E2)
	科学推理	能推理得出 $G=mg$	简答题：能根据数据绘制 $G-m$ 图像，并通过分析计算、推理，得到 G 关于 m 的函数表达式。	收集“探究物体重力和质量关系”的实验数据，并展开讨论。通过绘图、分析和推理得出 G 与 m 的函数表达式。(E)
	科学论证	能用证据说明重力的方向	口述汇报：能使用简单和直接的证据表达自己对“重力的方向总是竖直向下”的理解。	回顾和讨论力的示意图的作法。讨论问题：放置在斜面上的物体，所受重力的方向是怎样的？在南半球和北半球物体的重力方向又是怎样的？如何理解“重力的方向总是竖直向下”？(R)
	质疑创新	能说明重力的大小与物体的体积无关	实验报告：能设计实验方案，探究物体的重力与体积的关系。	大苹果砸下，“牛顿”会损坏得更严重。重力的大小是否还与体积有关？分组讨论，设计方案，交流互评后进行实验。(E，E2，T，O)
科学探究	问题	能对重力的大小和方向提出猜想与假设	口述汇报：能通过观察物理现象，提出物理问题，提出有关重力的大小和方向的猜想与假设。	观看“苹果砸牛顿”的情境、“物体下落”的图片，利用弹簧测力计测量多个不同质量物体所受的重力。讨论影响物体重力大小的因素和重力的方向。(E)
	证据	能选择合适的器材进行探究并获得数据	动手操作：能正确使用弹簧测力计，探究物体重力和质量的关系，并收集实验数据。	实验探究物体重力和质量的关系。分组设计表格，记录数据，分析论证，交流结果，得到结论。(E)
	解释	能整理实验数据，得到结论	简答题：能对实验数据进行分析与推理，得到“物体的重力与质量成正比”的结论。	

续 表

维度	要素	确定预期结果	确定合适的评价证据	设计学习体验和教学活动
科学探究	交流	能对探究过程和结果进行交流、评估和反思	自我评价：能利用相关量表对实验探究过程进行自我评估与反馈。	使用《课堂评价量表》收集过程信息，总结学习结果，并通过自我反思、小组互评提出改进措施。（E2，T，R）
科学态度与责任	科学本质	认识到物理知识来源于生活且要接受实践的检验	简答题：能设想重力突然消失后出现的三个以上情景，并能结合实际说出设想的理由。	书面回答问题：若地球上物体所受的重力突然消失，将会出现什么情景？设想三个情景，各小组进行交流，说出设想的理由。（E2）
	科学态度	养成严谨认真、尊重事实的科学态度	口述汇报：能对课堂学习进行总结，感受学习能力的提升。	从知识建构、个人品格和关键能力提升等方面进行自我总结。（E2）
	社会责任	了解重力在实际生产、生活中的应用	调查报告：能通过实例，感悟重力在生活中的应用价值，了解科学、技术、社会、环境之间的关系。	自主阅读教材“生活·物理·社会”以及“WWW”板块中有关重力应用的实例，完成调查报告。（E2）

9. 关于重力的定义①

“重量”是重力的大小，这一点没有分歧，然而重力的定义五花八门，似乎众说纷纭。例如：（A）重力就是地球的万有引力；（B）重力是引力的一个分力；（C）随地球一起转动的物体所表现出受地心的引力；（D）物体在特定参考系中的重量为使该物体在此参考系中获得其加速度等于当地自由落体加速度的力。在英文里与“重力”和“万有引力”对应的词是 gravity 和 gravitation。翻看牛津字典上 gravity 的解释是 force of attraction between any two objects，esp that force which attracts objects towards the centre of the earth。而 gravitation 的解释是 gravity。按上面的解释，前半句说 gravity 是万有引力，后半句说它特指地心引力，而 gravitation 的意思和 gravity 是一样的。如果把中文里的重力和 gravity 对应的话，上述（A）是对的，（C）与之相容，而（D）中没有说引起自由落体加速度的力是否是地心引力，可认为这是一种不同的定义，它更普遍，而在一

① 赵凯华：概念的形成是首要的，然后才是名称——谈“重力”的定义．物理教学，2011 年第 1 期。

定的条件下与其他说法是相容的。唯一与大家不相容的是说法（B）。

如何判断以上各种说法哪个对，或者说哪个更好？我们认为概念是发展的，语义会随着时代变化，而且不同语境下一个词的含义也可以不同。同时，物理教学中概念的形成是首要的，然后才是名称。

在讨论天体之间的相互作用时，通常使用 gravitation，讨论地球对其上物体的作用时，通常使用 gravity，所以在中文里把二者区分开来，前者译为万有引力或引力，后者译为地心引力或重力。这里除“重力”一词外其他都没有什么歧义。

通常说一个物体的重量，都是在地球表面称的，即采用的是地面参考系。这个参考系是随地球转的，故而不是惯性系。在非惯性系里物体要受到惯性力，作用到旋转参考系里静止物体上的惯性力只有离心力，通常称得物体的重量是地心引力与惯性离心力合力的大小。如果说重量是重力的大小，则重力就是“地心引力与惯性离心力的合力”，上述定义（A）就不对了。我们也可以说重力就是地心引力，而地心引力与惯性离心力的合力是“表观重力”。这样一来，它的大小就应该叫作“表观重量”了。然而平常说的“重量”就是这里的“表观重量”，并没有什么不含惯性离心力的“重量”。所以“重量”总是“表观”的，“表观”二字是多余的，谁也不那么叫。在这种语境下，“表观重力”中的“表观”二字也省了，这时可认为“重力”是“表观重力”的简称，它包含惯性离心力。有关“重力”一词的矛盾主要来自这一点，即除地心引力外它是否还包含惯性力。在不同的语境下可以有不同的理解，如在区分天体相互作用和地心引力时，以及与弹力、摩擦力并列谈“常见的力”时，不必强调“重力”包含惯性力，在讨论物体的重量时“重力”必须包含惯性力。

现在回过来评论开头列出的“重力”的各种定义。定义（A）已经议论过了。重力是地心引力与惯性离心力的合力，而不是它的分力，故定义（B）肯定是不对的。定义（D）出自国家标准《力学的量和单位（GB 3102.3—93)》，它是“重量”的定义。此定义没有规定“特定参考系”一定是地面参考系，故可适用于火车、飞机或宇宙飞船上，所以它比定义（C）要广泛。在宇宙飞船上的自由落体加速度等于0，故任何物体的重量都等于0，即完全失重。这个定义是严格的，它虽没有说明自由落体加速度由什么力决定，但它肯定包含了惯性离心力。相比之下，定义（C）中的表述“所表现出受地心的引力”就显得模棱两可了。地心引力怎么“表现”？它是否把惯性离心力一起表现出来？所以定义（C）是不可取的。

这一矛盾在教学中怎样处理？在大学课程里讲非惯性系和惯性力，不存在问题。我们认为，讲物理时不必像数学中的公理化体系那样，未曾讲到的内容绝对不能提。我们建议，在中学物理课里可以这样讲“重力”：重力原指地表物体所受的地心引力。但地球的自转还要给物体一个离心力（约占1/200），包括离心力影响的重力称为“表观重力”，常简称“重力”。这里提到的离心力，学生在现实生活中已有粗略的概念，不必回避。

10. 关于物重的解释

物体所受重力大小简称“物重”，其背景是我国1984年公布的法定计量单位中所提到的“人民生活与贸易中，质量习惯称为重量”，即人们常说的“这一袋米的重量是10kg”或“买10kg的大米”都指的是“质量”。虽然“重量”按习惯仍可用于表示质量，但是不赞成这种习惯，而且，人们在生活中也常把重量理解为所受重力的大小，特别是还有不少的物理书、科普书也把重力称为重量。为了回避这些模糊不清甚至彼此矛盾的提法，教材将物体所受重力的大小叫作物重，这样，我们在教学中可以回避“重量”这个词，质量就是“质量”，重力就是“物重”。但可以向学生指出在一般科普读物中也常把重力大小叫重量，以便他们在课外阅读时不至于感到迷惑。

11. 万有引力①

万有引力，全称为万有引力定律，是物体间相互作用的一条定律，1687年为牛顿所发现。根据牛顿第一定律，既然行星沿着曲线运动而不是沿直线运动，所以必定有力作用于这些行星。牛顿认为这个力与地球表面重力产生的起因是一致的。他在《自然哲学的数学原理》一书中把天体运动当作力学问题处理，并指出适用于地球表面各种现象的运动原理也同样适用于天空中的所有现象。这是牛顿伟大的综合理论，综合了开普勒的行星运动三大定律及伽利略关于匀加速运动的运动学。此综合理论的出现是牛顿一直在系统阐述的一组动力学原理的自然结果。用同样一组定律描述下落物体的运动以及行星的运动，这件事是不易看清楚的，但伟大的天才牛顿却发现了这个内在的联系。于是，牛顿就推翻了亚里士多德关于天上与地球上的物体遵循不同的定律的论点。牛顿得出结论：一切物体都互相吸引。为了保证不对行星之间的力产生误解，他写道：“把天体保持在其轨道上的力迄今一直叫作向心力；不过现在已经明明白白，它就是引力，不可能是别的什么，以后我们将把它称为引力。因为把月球保持在其轨道上的向心力的起因可以推广到所有的行星。”

牛顿用开普勒第三定律论证了引力与行星距太阳的距离的平方成反比（这就是万有引力的平方反比定律）。他以数学方法证明密度均匀的球体的万有引力可以认为是从集中了球体全部质量的球心发生的。非球体的万有引力则可以认为是从物体的重心发生的。由于对称性，一个球体的重心就在它的球心处。也是由于球体的对称性和万有引力的平方反比定律，在密度均匀的球体内，净引力吸引作用为0。牛顿的万有引力定律为：从属于一切物体的引力大小与它们各自所含的物质的数量成正比。

这个力的量值与两个物体的质量的乘积成正比，与它们之间的距离的平方成反比。其数学表达式为：

$$F = G\frac{m_1 m_2}{r^2}$$

式中，m_1和m_2是两个互相吸引的物体的质量，r是两物体之间的距离，G是引力常量（此常量在《自然哲学的数学原理》一书中没有出现，是拉普拉斯在18世纪引入的）。万有引力的这个表达式极为简洁而又对称。该力仅与分隔两个质量体的距离有关，与质量体的方位、速度或加速度无关。在阐述万有引力定律时，牛顿含蓄地假设

① P. M. 贡德哈勒卡尔：《抓住引力》，中国青年出版社，2007。

引力的超距作用是通过一个尚不了解的机理实现的，而且引力作用是即时的。引力常数假设为正数，因为万有引力只是吸引，推斥的万有引力从来没有碰到过。

12. 列表归纳摩擦力的知识点

摩擦力的知识点如表 8－11 所示。

表 8－11　　摩擦力知识点

摩擦力	定义	两个相互接触并挤压的物体，当它们发生（或要发生）相对运动时，在接触面上产生一种阻碍相对运动（或相对运动趋势）的力，这种力叫作摩擦力
	产生条件	两个物体相互接触且挤压；接触面粗糙；物体间发生相对运动或具有相对运动的趋势
	分类	①滑动摩擦力：物体与接触面发生相对运动时产生的摩擦力。 ②静摩擦力：物体与接触面未发生相对运动，但有相对运动趋势时产生的摩擦力。 ③滚动摩擦力：物体在接触面上滚动时产生的摩擦力
	方向	与相对运动或相对运动趋势的方向相反（注意：不是与物体的运动方向相反）

13. 关于滑动摩擦力的引入①

2022 年版课标中对摩擦力的要求是“通过常见事例或实验，了解摩擦力”，并没有明确说明是否只要求滑动摩擦力，但由于静摩擦力和滚动摩擦力在理解上难度更大，所以教科书将侧重点放在了滑动摩擦力上，直接介绍滑动摩擦力。对于滑动摩擦力的教学，如果能够建立在学生体验和观察的基础上，难度就会降低。因此，在这部分的教学中要注重设计学生的体验活动，使学生能够直接看到由于物体运动而在物体的表面产生阻碍的现象。对于滑动摩擦力的方向，也可以通过具体的现象让学生观察领悟。

本节的重点是滑动摩擦力，但有些新奇有趣的实验涉及静摩擦力，由于学生在生活中很少见到或思考这些现象，作为引入课题，能在一定程度上提高学生探究的欲望，因此也可采用以下方法：由各种现象引入摩擦力的概念，根据相互接触物体的相对运动情况简单区分三种摩擦力，最后将重点落在滑动摩擦力上。

14. 滑动摩擦力产生的原因②

通常认为滑动摩擦力是由于接触表面凹凸不平产生的，所以为了减小摩擦，总是使接触面光滑些。但是，当物体表面研磨得相当平的时候，滑动摩擦力反而增大很多，两个接触面像用胶水粘着似的，更难滑动了。这是因为滑动摩擦力产生的原因除表面粗糙外，还有物体表面层分子间引力的作用。当接触面比较粗糙时，表面的隆起使物体间只有一些点互相接触，分子间的距离很大，引力小到可以忽略不计。但当接触面光滑到一定程度时，由于凹凸不平而产生的摩擦力变得很小，而又因接触面积增大，大量分子间的距离缩短，使两个物体表面层分子间的引力变得很大，从而阻碍表面的

① 闫金铎：《物理教师教学用书（八年级下册）》，北京师范大学出版社，2019。

② 义务教育物理课程标准实验教科书编写组：《物理教学参考书（八年级）》，上海科学技术出版社，2012。

相对滑动。所以，使表面光滑而减小摩擦是有一定限度的。此外，当表面还比较粗糙时，滑动摩擦力的大小只跟压力大小、表面的粗糙程度有关，而跟接触面的大小（从宏观看的“接触面积大小”）无关。总之，摩擦产生的原因比较复杂，尚在研究中，目前还没有完整的定论。

15. 探究性实验“影响滑动摩擦力大小的因素”的教学设计及实施①

探究滑动摩擦力与重力是否有关（如图 8－12 甲所示）：首先让学生讨论如何控制压力及其他相关因素相同，且需改变物体重力。由学生选择最合适的模型，进行实验探究。将一张吹塑纸贴于磁性黑板的表面，将三个相同规格的弹簧测力计竖直悬挂于同一高度，取三个一样的塑料盒 a、b、c（如图 8－12 乙所示），在其里面放上相同的磁铁，通过增加铜块改变重力，使 $G_a < G_b < G_c$。将物体 a、b、c 竖直悬挂在相同的弹簧测力计下，使弹簧自由伸长，此时弹簧测力计记录的数据为三个物体的重力大小（如图 8－12 丙所示）。从静止开始向下拉动吹塑纸时，由于滑动摩擦力的作用，三个弹簧测力计示数增加，等示数稳定后，读出此时示数（如图 8－12 丁所示），增加的示数即为要测量的弹簧测力计的示数。通过对比三次重力不同，压力及接触面粗糙程度相同下的滑动摩擦力大小，得到相关的实验结论。

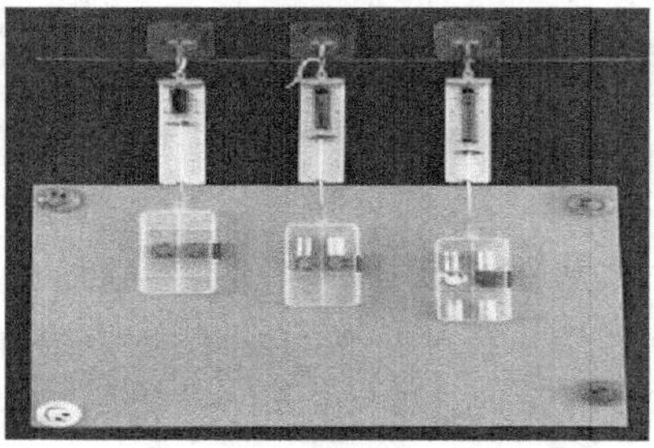

甲

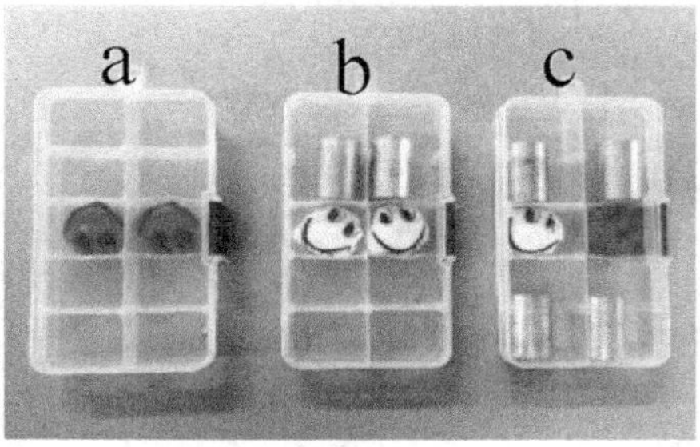

乙

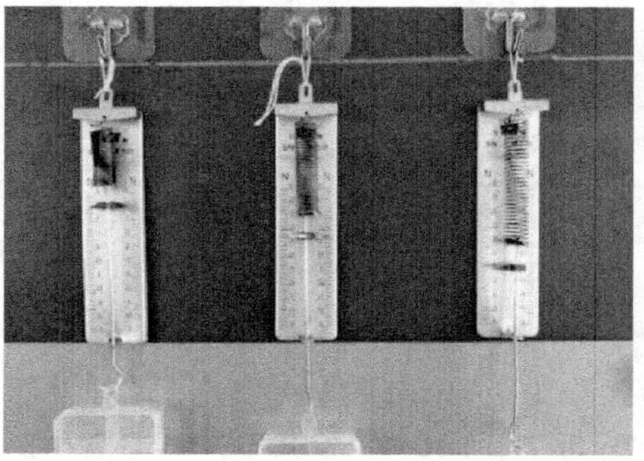

丙

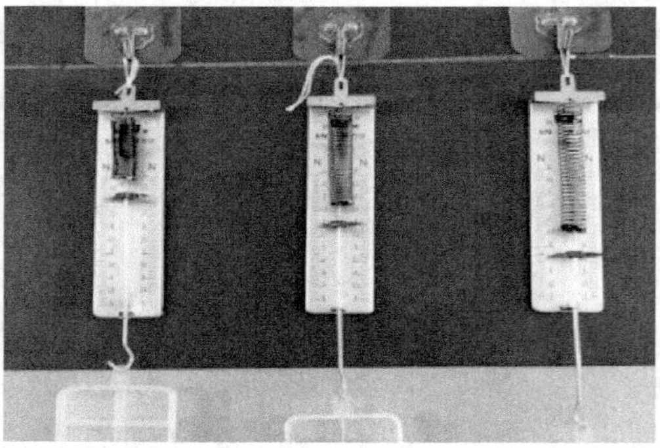

丁

图 8－12

① 摘自南京师范大学附属中学仙林学校初中部黄小利的《探究性实验“影响滑动摩擦力大小的因素”的教学设计及实施》一文。

证据分析与结论：

（1）如何使滑动摩擦力大小的测量方便快捷？

测量方便快捷是实验操作的追求，本实验通过器材的改进，使实验操作方便快捷：一是利用定滑轮改变力的方向，使水平测量变为竖直测量，既能平衡弹簧测力计自身重力，又能方便读取数据；二是利用轮轴和二力平衡的知识，使实验操作从物体动而接触面不动变为接触面动而物体不动，且操作过程中无须控制接触面是匀速直线运动，最大限度地减少操作不便的困难，从而使得实验证据更可靠，更具有说服力。

（2）如何减小滑动摩擦力大小测量过程中的误差？

减小滑动摩擦力大小测量过程中的误差，建议以下两个方案：一是将运动测量变为静止测量，运动测量的弊端很多，如用手直接拉动弹簧测力计，很难保证木块始终做匀速直线运动，从而导致弹簧测力计示数不稳定。弹簧测力计一直在运动，视线要跟着弹簧测力计移动，也难以精确读数，数据存在较大误差，所以教材上的实验设计有明显的缺陷。静止测量的好处是拉力大小与滑动摩擦力大小相等，弹簧测力计位置相对固定，读数相对比较便捷。二是变匀速直线运动为任意的直线运动，改进后的实验操作中，无须再控制运动物体做匀速直线运动，操作便捷，读数方便。在教材实验的基础上，只要我们改变定式思维，突破难题，就会有意想不到的收获。

（3）由什么实验数据可以证明滑动摩擦力的大小与重力大小无关？

实验过程中，由于磁铁与磁性黑板之间的作用力，从而产生压力，而磁铁数目相同，可以控制物体a、b、c对黑板的压力大小相同；同样的弹簧测力计的外壳和同一张吹塑纸，可以控制物体接触面的粗糙程度相同，这样，整个实验可以做到控制压力、接触面粗糙程度、接触面面积、物体运动速度相同，只需改变物体重力。滑动摩擦力大小即为两次弹簧测力计示数之差。通过对比三次重力不同，压力及接触面粗糙程度相同、物体运动速度相同下的弹簧测力计示数变化的大小，发现弹簧测力计示数变化相同，得出三次实验下的滑动摩擦力大小相同，进一步得出滑动摩擦力大小与重力大小无关。

但是整个实验过程中数据采集相对比较烦琐，所以在利用数据作为证据的分析上做了一些改动。下面将一张吹塑纸贴在磁性黑板的表面，如图8－13甲所示，取三个一样的塑料盒子，里面放上相同的磁铁，增减配重，使物体a、b、c的重力不同（$G_a<G_b<G_c$），竖直悬挂在相同的弹簧测力计下，让弹簧测力计自由伸长，并将三根弹簧测力计的指针调整到同一高度（如图8－13乙所示）。从静止开始向下拉动吹塑纸时，三根弹簧测力计继续伸长，等指针稳定后，观察指针位置，发现它们仍然在同一高度（如图8－13丙所示）。因为三个一样的塑料盒子中放上了相同的磁铁，所以盒子与磁性黑板之间的吸引力相同，即盒子与磁性黑板之间的压力相同；拉动吹塑纸，盒子受到了向下的滑动摩擦力，盒子与吹塑纸之间的粗糙程度也相同，唯一不同的是重力。三根弹簧测力计尽管原来的伸长量不同，但拉动吹塑纸过程中，三根弹簧测力计的伸长量相同，说明三个盒子受到的滑动摩擦力是相同的，因此可以得出结论：滑动摩擦力与物体的重力无关。

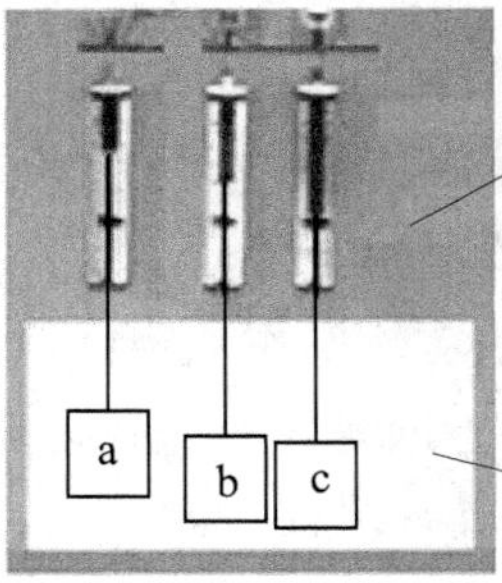

甲

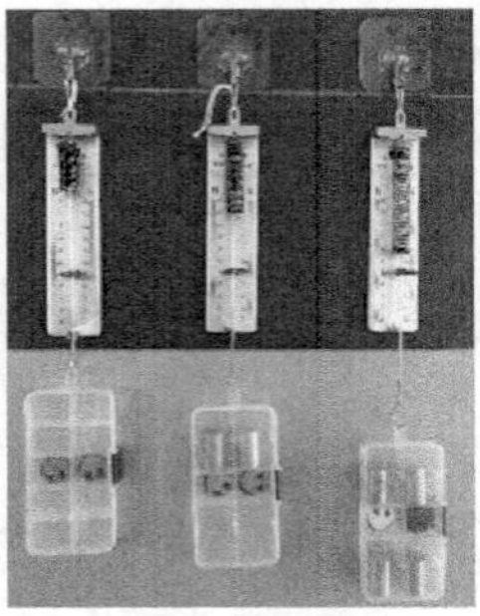
乙

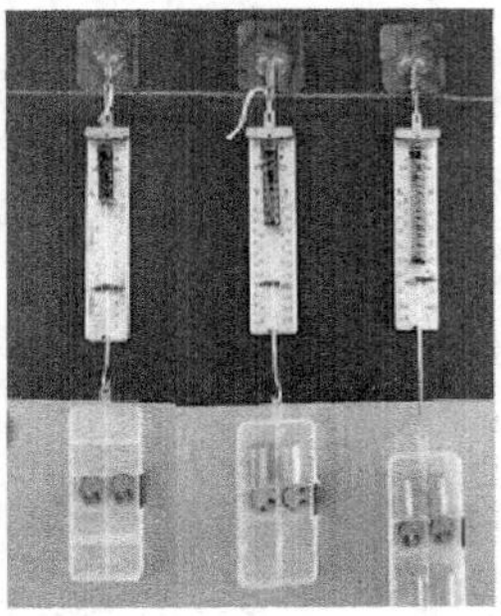
丙

图 8－13

16. 关于“力的作用是相互的”演示实验①

演示力的相互作用的实验很多，除前面已经介绍的气球实验外，在此另介绍几例：

（1）方案一：准备大型弹簧测力计两只。

演示方法：将两弹簧测力计水平放置，调整零点后将挂钩相连，手执刻度盘向两侧拉动，可看到两弹簧测力计的示数同步变化。

（2）方案二：制作如图 8－14 所示的小车两个（可用实验室研究匀变速运动小车改制）。

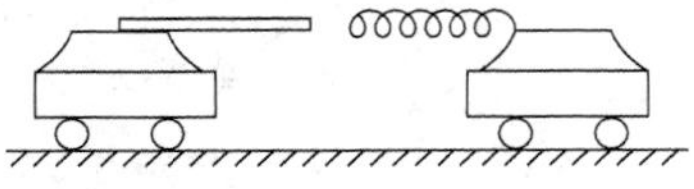

图 8－14

演示方法：将两车置于水平桌面上，把固定在左车上的木棒插入固定在右车上的弹簧中，并将弹簧压至最短，同时松开两手，可见两车同时向后退，说明力的作用是相互的。

（3）方案三：准备玩具汽车一个、薄长木板一块、玻璃试管数支。

演示方法：如图 8－15 所示，把试管平行放置在水平桌面上，长木板置于试管上，将汽车开动后置于木板上，可看到汽车向左运动的同时，木板向右移动。

图 8－15

注意：试管的直径越大，实验效果越好。

17. 牛顿第三定律

相互作用的两个物体之间的作用力和反作用力总是大小相等，方向相反，作用在同一条直线上，被称作牛顿第三定律。该定律是由牛顿在 1687 年于《自然哲学的数学原理》一书中提出的，和第一、第二定律共同组成了牛顿运动定律，阐述了经典力学中基本的运动规律。

牛顿第三定律研究的是物体之间相互作用制约联系的机制，研究的对象至少是两个物体，多于两个以上的物体之间的相互作用，总可以区分成若干两两相互作用的物体对。

作用力和反作用力是相互的，互相依赖互相依存，均以对方存在为自己存在的前提，没有反作用力的作用力是不存在的；力具有物质性，不能脱离开物体（物质）而

① 苏科版物理教材编写组：《义务教育教科书物理八年级下册教师教学用书》，江苏凤凰科学技术出版社，2013。

存在；力总是两个以上物体之间的相互作用产生的。

牛顿第三定律也具有瞬时性，即作用力和反作用力的同时性，它们是同时产生、同时消失、同时变化，作用力与反作用力的地位是对等的，称谁为作用力谁为反作用力是无关紧要的。

作用力和反作用力必须是同一性质的力，即作用力为弹力，反作用力也一定是弹力，反之亦然。而自然界仅有四类基本的相互作用，即电磁相互作用、引力相互作用、强相互作用和弱相互作用，所以从本质上区分力的性质也仅存在这四种，作用力与反作用力确实必须属于同一性质的力。

18. 直升机的飞行原理

与普通飞机相比，直升机不仅在外形上，而且在飞行原理上都有所不同。一般来讲它没有固定的机翼和尾翼，主要靠旋翼来产生气动力。这里所说的气动力既包括使机体悬停和举升的升力，也包括使机体向前后左右各个方向运动的驱动力。直升机旋翼的桨叶剖面由翼型构成，叶片平面形状细长，相当于一个大展弦比的梯形机翼，当它以一定迎角和速度相对于空气运动时，就产生了气动力。桨叶片的数量随着直升机的起飞重量而有所不同。

重型直升机的起飞重量在20t以上，桨叶的数目通常为六片左右；而轻、小型直升机，起飞重量在1.5t以下，一般只有两片桨叶。

直升机飞行的特点是：能垂直起降，对起降场地要求较低；能够在空中悬停，即使直升机的发动机在空中停止工作时，驾驶员可通过操纵旋翼使其自转，仍可产生一定升力，减缓下降趋势；可以沿任意方向飞行，但飞行速度较低，航程相对来说也较短。

直升机旋翼绕旋翼转轴旋转时，每个叶片的工作类同于一个机翼。如图8－16所示，旋翼的截面形状是一个翼型。翼型弦线与垂直于桨毂旋转轴平面（称为桨毂旋转面）之间的夹角称为桨叶的安装角，以 φ 表示，有时简称安装角或桨距。各片桨叶的桨距的平均值称为旋翼的总距。驾驶员通过直升机的操纵系统可以改变旋翼的总距和各片桨叶的桨距，根据不同的飞行状态，总距的变化范围为2°～14°。

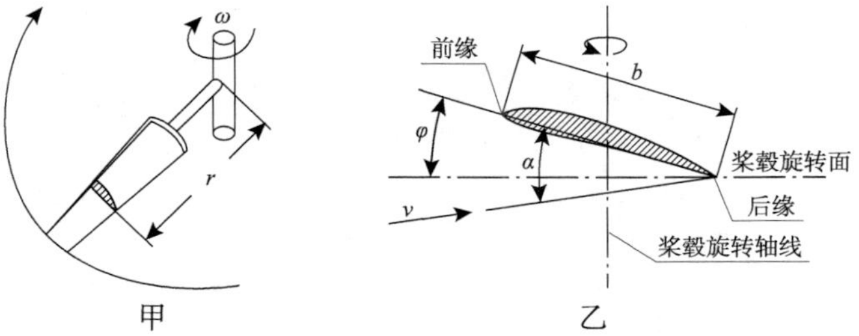

图8－16

气流 v 与翼弦之间的夹角即为该剖面的迎角 α。显然，沿半径方向每段叶片上产生的空气动力在桨轴方向上的分量将提供悬停时需要的升力；在旋转平面上的分量产生的阻力将由发动机所提供的功率来克服。

旋翼旋转时将产生一个反作用力矩，使直升机机身向旋翼旋转的反方向旋转。前面提到过，为了克服飞行力矩，产生了多种不同的结构形式，如单桨式、共轴式、横列式、纵列式、多桨式等。对于最常见的单桨式，需要靠尾桨旋转产生的拉力来平衡反作用力矩，维持机头的方向。使用脚蹬来调节尾桨的桨距，使尾桨拉力变大或变小，从而改变平衡力矩的大小，实现直升机机头转向（转弯）操纵。

第九章　力与运动

一、课标分析

（一）课标要求

本章内容对应2022年版课标课程内容一级主题“运动和相互作用”下的二级主题“机械运动和力”的内容，包含较多的物理概念和规律，与生产生活密切相关。这部分内容的设计旨在引导学生从物理学视角认识运动和相互作用，了解身边的运动形式及相互作用。课标要求如下：

2.2.4　能用示意图描述力。会测量力的大小。了解同一直线上的二力合成。知道二力平衡条件。

例5　分析静止在水平桌面上杯子的受力情况。

2.2.5　通过实验和科学推理，认识牛顿第一定律。能运用物体的惯性解释自然界和生活中的有关现象。

例6　了解伽利略在探究与物体惯性有关问题时采用的思想实验，体会科学推理在科学研究中的作用。

例7　能运用惯性，解释当汽车急刹车、转弯时，车内可能发生的现象，讨论系安全带等保护措施的必要性。

（二）课标解读

物理观念：课标中的2.2.4要求通过观察与分析，建立平衡状态、二力平衡的概念；通过实验探究，归纳得到二力平衡的条件，新增了解同一直线上的二力合成知识。课标中的2.2.5要求知道力是改变物体运动状态的原因，建立惯性概念、运动与力的相互作用观，并用所学知识解释有关现象和解决实际问题（观念形成和观念应用）。

科学思维：课标中的2.2.4和2.2.5要求通过对二力平衡的模型建构和牛顿第一定律的探究，培养辩证思维，掌握控制变量思维、转化思维，借助理想模型、科学推理对观点和结论进行科学论证、质疑创新。

科学探究：经历问题、证据、解释、交流等环节，探究二力平衡的条件、阻力对运动的影响。

科学责任与态度：通过对物理学史的了解和科学探究过程，建立科学本质观。体会物理与生活的密切联系，培养质疑精神，尊重自然规律的科学态度，以及为实现中华民族伟大复兴而努力的社会责任感和使命感。

二、教材分析

（一）各版本教材对比

六个版本教材中，有五个版本教材将力与运动内容放在八年级下册部分，仅北师大版教材将力与运动内容放在八年级上册第三章部分。各版本教材章节安排如表 9－1 所示。

表 9－1　　各版本教材章节安排

教材版本	章次	节名称
人教版	第八章	牛顿第一定律；二力平衡；摩擦力
北师大版（北京版）	第三章	力；力的测量；重力；二力平衡；滑动摩擦力；运动和力的关系；课外探究　防滑运动鞋
教科版	第八章	牛顿第一定律　惯性；力的平衡；力改变物体的运动状态
沪粤版	第七章	怎样描述运动；怎样比较运动的快慢；探究物体不受力时怎样运动；探究物体受力时怎样运动
沪科版	第七章	科学探究：牛顿第一定律；力的合成；力的平衡
苏科版	第九章	二力平衡；牛顿第一定律；力与运动的关系

人教版、教科版、沪科版教材将牛顿第一定律部分内容放在前面，二力平衡内容放在后面。除沪粤版教材将物体的运动部分内容放在常见的力部分内容之后，随后探究物体不受力和受力两种情况下的运动，其余所有版本教材均将物体的运动部分内容前置，常见的力部分内容置后，另外北师大版教材将力、力与运动部分内容合为一章。新课标增加了“了解同一直线上二力的合成”的要求，仅沪科版教材将力的合成单独列为一节，其余版本教材没有相关内容。

（二）苏科版教材单元内容概述

本章作为一级主题“运动和相互作用”下的二级主题“机械运动和力”中的一个重要单元，旨在引导学生从物理学角度认识运动和力的本质属性和内在规律。

苏科版教材中，本章内容安排在八年级下册第九章，在第五章“物体的运动”、第八章“力”之后，第十章“压强和浮力”之前，各章之间衔接紧密、知识过渡自然。先通过观察物体的平衡状态、分析受力，介绍处于平衡状态下的物体受到的力为平衡力，延伸到通过实验探究二力平衡的条件，为探究阻力对物体运动的影响时竖直方向的二力平衡效果抵消做好铺垫，从而借助实验和科学推理认识牛顿第一定律，建立惯性概念并运用于解释生活中的现象。通过力与运动的关系分析归纳建立运动与力的相互作用观。

本章承上关联了力的概念、几种常见的力、力的测量、力的三要素描述和力的作用效果，启下为牛顿第一定律、利用二力平衡测量重力和摩擦力、利用同一直线上二力合成、同一直线上的三力平衡探究浮力等知识做了铺垫；实验方法关联了科学家进行实验探究时涉及多个变量因素选用的控制变量法；二力平衡同时关联了平衡态与平衡力的相互关系、平衡力与相互作用力的异同关系，是初中阶段研究力与运动的基础，在力学中有着重要的地位和作用。

本章内容编排从生活走向物理，从具体到抽象，从特殊到一般。通过改变实验活动培养学生科学探究的能力，通过自主探究掌握相关知识，通过总结归纳提升知识整合能力，通过观念建立和知识应用拓展关键能力。本章知识体系如图 9－1 所示。

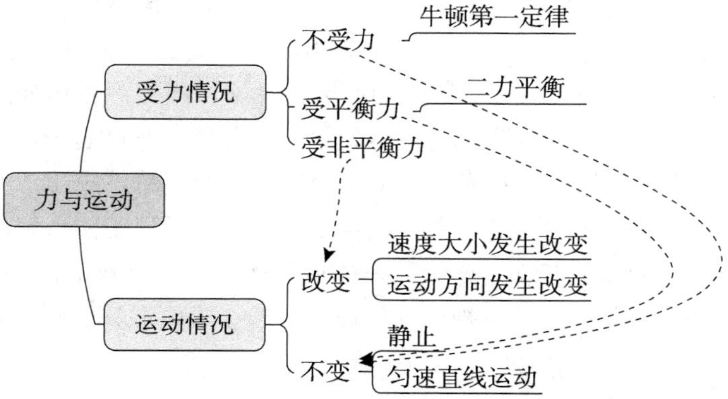

图 9－1

基于力与运动的关系探讨的逻辑结构如图 9－2 所示。

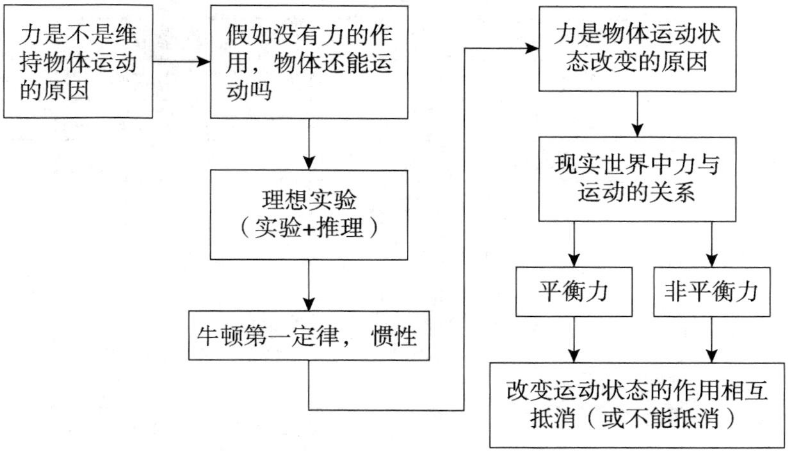

图 9－2

三、教学建议

（一）单元教学思路

本章围绕课标中课程内容“机械运动和力”这一主题展开，主要内容包括物体的运动状态及不同运动状态下的受力情况两者之间的相互关联分析。从教学内容来看，整章以力与运动的关系为线索，从物体的平衡状态入手，分别探究了物体受平衡力作用时、物体不受力时，其运动状态不变的特点。再从力的作用效果着手，进而分析力可以改变物体的运动状态的作用。从平衡状态到平衡力、最简单的二力平衡，再到不受力的理想模型，经历了从具体到抽象，从特殊到一般的学习过程。帮助学生建立力与运动的相互作用观，并能利用相关知识解释生活现象。建议以教材中的小节顺序为线索，从学生认知角度出发，基于学生的生活经验以及知识储备，从简单的二力平衡状态入手，经历猜想、验证，探究两个力平衡要满足的条件，并能迁移运用于解释测量重力和摩擦力的原理。理解同一直线上二力的合成。从具体生活情境出发，由受平衡力的物体处于平衡状态，利用问题串引导学生讨论物体如果不受力将会处于怎样的运动状态？生活中运动的物体在撤去推力后会停下来的原因是什么？阻力对物体的运动有什么样的影响？如果物体不受阻力，其运动状态将会如何？启发学生通过实验探究，分析归纳数据，迁移应用，建立理想模型，并通过科学推理揭示本质，总结规律，并用于解决生产生活中的实际问题。本章中涉及的研究方法较多，对学生的思维能力要求较高，教学中要注意引导学生注意知识的迁移，建立新旧知识的链接，用已有的旧知识解决新问题，培养学生敢于质疑、创新应用的精神，并能设计实验，进行验证，树立证据意识。

（二）课时教学建议及教学方式

本节课时教学建议及教学方式如表 9 – 2 所示。

表 9 – 2　　课时教学建议及教学方式

节次	建议课时数	教学方式
第一节	1 课时	图片分析、分组实验、谈论法等
第二节	2 课时	演示实验、分组实验、解释应用等
第三节	1 课时	演示实验、谈论法等

（三）课例示范

第一节　二力平衡

【课标及教材分析】

本节属于 2022 年版课标课程内容中一级主题“运动和相互作用”下的二级主题“机械运动和力”的部分内容。课程标准中的相关内容要求：知道二力平衡条件。如分析静止在水平桌面上杯子的受力情况。

本节内容为苏科版教材第九章第一节，教材通过四幅图片从观察实际现象切入，引导学生建立平衡状态和平衡力概念。然后从最简单的二力平衡状态着手，安排了学生活动：探究二力平衡的条件。依据生活经验，从力的三要素角度，猜想并设计活动做一做，探究得出二力平衡的两个力需要满足什么条件。本活动的探究中用到了归纳法、控制变量法、反证法等多种方法，尤其是“破坏条件”法，有助于培养学生的思辨思维。最后通过“生活·物理·社会”的阅读用二力平衡的知识解释生活中的现象并进行拓展应用。教材从生活中的物理现象入手，到探究物理现象背后的原因即物理规律，再用物理规律来解释物理现象的本质，最后回归社会。符合“从生活走向物理，从物理走向社会”的课程理念。

【学情分析】

学生在小学科学和初中物理的学习活动中，已经了解到物体有多种多样的运动形式，认识了常见的力，了解了力的作用效果、力的三要素、力的示意图的画法和力可以改变物体运动等知识。从知识的角度，学生在生活中也有大量的二力平衡和多个力作用下的平衡的体验，但不明白实际体验的物理现象中包含的物理道理，尤其是相互平衡的两个力要作用在同一条直线上这个条件。学生会受到相互作用力的影响，认为两个平衡力要作用在同一作用点上，并没有将这两组概念区分开来。从科学探究能力的角度来看，学生已经经历过探究摩擦力的大小与哪些因素有关等力学实验，具有控制变量的意识，但是对于次要因素或影响因素进行处理忽略和反证的思维还比较欠缺。探究二力平衡的条件的实验是本节课的学习重点，其中对学生的思维启发是本节课的难点。

【教学目标】

（1）通过观察和分析，知道什么是二力平衡状态。

（2）通过实验探究，自行总结二力平衡的条件。

（3）了解二力平衡条件在日常生产和生活中的应用。

【教学重难点】

本节内容相对容易，重点在于引导学生大胆猜想和尝试，通过实验发现二力平衡的条件，了解其在生产生活中的应用。难点在于探究二力平衡条件的思维方法，采用“破坏条件”的反证法。引导学生理解重力的测量、摩擦力的测量方法都利用了二力平衡原理。

【教学设计】

本节教学设计具体内容如表 9－3 所示。

表 9－3　　　　第一节教学设计

情境	教师活动	学生活动	设计意图
过山车运动、火箭升空、航天器飞行（播放视频资料）。	（1）请大家观察视频中物体的运动，你们能描述它们的运动特点吗？ （2）这些运动形式与它们受到的力有什么关系呢？	（1）描述过山车做的是变速运动，并且运动方向在不断变化；火箭升空做的是加速运动；航天器绕地球做曲线运动。 （2）猜想物体的运动形式可能跟受到的力有关。	章首导学，引导学生了解本章学习的内容，建立单元学习目标。

续 表

情境	教师活动	学生活动	设计意图
通过“观察与思考”（参见教材62页图9－1），观察平衡状态。 体验二力平衡，猜想平衡条件。	（1）图中的物体各处于什么状态？它们受到哪些力的作用？ （2）物体在几个力的作用下保持静止或匀速直线运动，我们就说物体处于平衡状态（板书平衡状态）。 处于平衡状态下的物体受到的力称为平衡力。 上述物体分别是在几个力的作用下平衡的？ （3）物体只受一个力的作用能否平衡？ （4）物体在两个力作用下处于平衡状态，我们就说这两个力平衡，简称二力平衡。请大家结合图片分析，利用手边的器材，体验物体的二力平衡状态，猜想使物体保持平衡的这两个力存在什么样的关系？	（1）观察图片，判断图中物体的运动状态。图（*A*）（*C*）中物体处于静止状态，图（*B*）（*D*）中物体处于匀速直线运动状态。 作物体受力示意图。 （2）图（*A*）（*C*）（*D*）中物体在两个力作用下平衡，图（*B*）中物体在四个力作用下平衡。 （3）不能，至少受两个力。 （4）通过上述的作图分析，从力的三要素的角度猜想二力平衡的条件；通过活动体验用手指支起直尺，将围棋子叠高等活动，模糊感知二力平衡的两个力需要作用在同一直线上。 猜想二力平衡的条件：两个力大小相等、方向相反、作用在同一直线上。	建立物理观念：通过观察图片，作图分析归纳，建立平衡状态、平衡力概念，依据两者之间的关联初步建立运动与相互作用观。 培养科学思维：通过处于平衡状态的物体受到的力叫平衡力，反向认识受平衡力作用的物体处于平衡状态，培养逻辑思维和逆向思维。 注重科学体验：通过作图分析、活动体验等多样化学习方式有依据地猜想二力平衡的条件。 养成科学态度与责任意识：猜想有依据、验证有方法，基于体验进行可靠猜想。
探究二力平衡的条件。	（1）依据大家猜想的要素，请小组讨论思考：需要用什么研究方法？待测物理量有哪些？需要的实验器材有哪些？ （2）请大家自选器材进行实验，遇到问题可以小组讨论。	（1）依据猜想，二力平衡的条件有三个，需要逐一探究，需要用到控制变量法；其中有两个要素不需要测量，只需要测量力的大小，可以用弹簧测力计；我们需要对一个物体施加两个力，用弹簧测力计进行测量，分别控制变量进行实验。 （2）学生自选器材初步体验，遇到不少困难。	从一般走向特殊，掌握一般的科学探究方法，学会分析问题、解决问题。 让学生自选器材进行初步体验，通过体验发现问题、分析问题、交流解决问题的方法。

续　表

情境	教师活动	学生活动	设计意图
探究二力平衡的条件。	(3) 下面我们请几组同学交流一下，你们探究的是哪一个条件？你们是怎么探究的？遇到了什么问题？有没有解决的方法？ 教师记录各组问题，通报全班甲、乙两组同学发现的问题也是全班比较普遍的问题，故全班一起研讨。 (4) 甲组同学研究的物体只受竖直方向的两个力，那么弹簧测力计的示数代表的是哪个力的大小呢？重力又该如何测量呢？ (5) 既然重力大小不能直接测量，你们又有什么办法可以避免测量重力来探究二力平衡的条件呢？ (6) 乙组同学探究的倒是物体在水平方向的受力平衡，但是弹簧测力计的示数不相等，可能是什么原因呢？该怎么解决这个问题？	(3) 学生交流。 甲组：我们做的是竖直方向的二力平衡，用弹簧测力计吊起钩码保持静止，可以看出拉力和重力方向相反、作用在同一直线上，但是弹簧测力计的示数到底是拉力的大小还是重力的大小呢？ 乙组：我们也遇到了困难，我们选用的物体是滑块，两边用弹簧测力计拉着保持静止，可是两个弹簧测力计的示数却不完全相等，而且物体受到的也不止两个力。 (4) 讨论得出弹簧测力计的示数是其弹簧受到的拉力，重力其实无法直接测量，我们之前测量重力应该是间接利用了重力和拉力大小相等的原理。 (5) 我们可以选择重力可以忽略不计的物体作为研究对象，改为探究水平方向的二力平衡条件。 (6) 乙组的滑块在水平方向可能还受到摩擦力的作用，可以从减小摩擦力着手，比如给滑块加上轮子，或者用小车代替滑块。 进一步分析：可以让小车离开桌面（吊起），这样操作摩擦力为0。继而思考，如何减小重力对实验的影响。(当物体被吊起时，如何使重力可以忽略不计。) 学生发现若重力远小于拉力，则可忽略不计，所以选择轻质卡片。	通过学生的自主发现促进其对实验方案的深度思考，并体会到前面所学的重力的测量方法其实是一种间接测量的方法；发现竖直方向的二力平衡探究困难；引导学生思考到尽量减小重力的思想，以及水平方向如何做到只受两个力作用的思想，明确方案改进方向。 通过研讨，搭建思维台阶，寻求更科学、合理的实验方案，体会物理实验中“忽略次要因素”的物理思维方法，培养学生优化实验方案的意识。让学生经历真实的探究过程，让学习真实有效发生。

续 表

情境	教师活动	学生活动	设计意图
探究二力平衡的条件。	（7）我们总结一下以上讨论，对于实验器材的选取和实验方法的选择，你们有什么感悟？	（7）重新选择器材，多数小组选择了轻质卡片作为研究对象，采用水平方向施加两个拉力的方法，也有小组选用钩码施加拉力（借助定滑轮改变力的方向）。	鼓励设计多种方案进行实验探究，证据更普遍，对比优化促进深度思考。
	（8）下面我们来依次探究这几个因素，首先是二力平衡的两个力大小是否相等。刚才有的小组发现两个力的大小会有些偏差，这是不是就说明二力平衡的两个力大小可以不等呢？我们又该如何证明呢？	（8）经过多番讨论，得出使用弹簧测力计，其示数有偏差的原因比较多，可以用悬挂相同钩码的数量来改变力的大小；还可以通过改变钩码数量证明两个力的大小不等一定不能平衡的方法来反证这个条件，如图9－3所示。 证实： 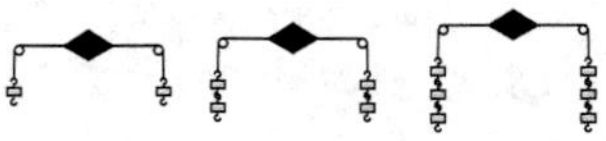 证伪： 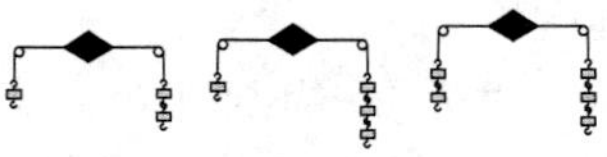 **图9－3**	证明方法有证实也有证伪，即证明二力平衡的条件可以证明满足a、b、c条件的两个力平衡，也可以证明不满足a、b、c其中任何一个条件的两个力就不能平衡，即破坏条件法。 反证法在光的反射实验中证明“三线共面”时已有接触，学生此时理解起来不会陌生。用反证法可促发学生的思辨思维。从正反两个方面设计实验，加深了学生对于二力平衡条件的认识。
	（9）刚才大家提出的意见很有建设性，我们也可以把这个方法用在探究其他两个因素上。那么怎样操作使两个力方向不相反呢？ 在满足控制变量条件下破坏两个力“方向相反”这个条件，“不相反”又“在同一直线上”即为“方向相同”。	（9）破坏两个力方向相反的条件，就让两个力方向相同，如图9－4所示。 证实：　　　证伪：  **图9－4**	设计时注意两个力可以是水平方向的，也要兼顾其他方向，可以通过调整两边滑轮的高度来实现，避免学生认为二力平衡的两个力只能在水平方向，以及学生认知中匀速直线运动也只能沿水平方向的错误前概念。
	（10）探究二力平衡的两个力在不在同一直线上，怎样去破坏“在同一直线”这个条件？	（10）让两个力不在一条直线上，同时还要方向相反，那就让两个力平行，如图9－5所示。	

续　表

情境	教师活动	学生活动	设计意图
探究二力平衡的条件。	破坏“作用在同一直线上”这一条件又要“方向相反”，即为“平行相反”。 （11）依据探究结果，请小结二力平衡的条件。 （板书：二力平衡的条件）	证实： 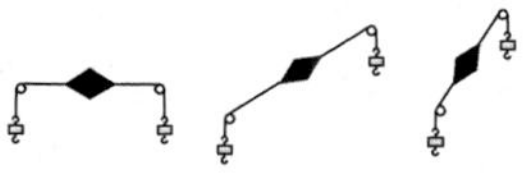 证伪：  **图 9－5** （11）小结： 二力平衡的条件：作用在同一物体上的两个力，大小相等、方向相反，且作用在同一直线上。	
生活应用。	（1）回顾课前体验，结合二力平衡的条件思考手托直尺、叠棋子，表述如何操作便于成功，操作技巧的科学本质是什么？ （2）体验易拉罐的平衡，如图 9－6 所示，并用二力平衡知识解释。 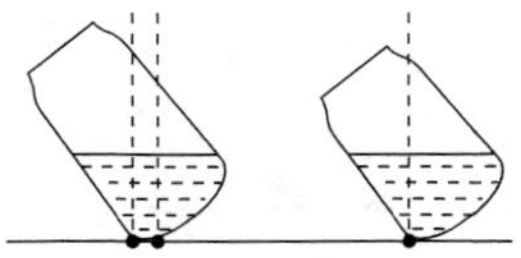 **图 9－6** （3）阅读“生活·物理·社会”中的“高空王子”走钢丝，体会阿迪力手中长杆的作用，体验若重心不能落到支持力作用线则不能保持平衡这一原理。	（1）体验并思考，操作中不断调整手支持的位置，使之作用在直尺的重心上。调整棋子的位置，使其支持力的作用线与重力作用线在同一条直线上，所以其科学本质都是为了调节重力与支持力共线。 （2）体验平衡技巧，易拉罐内约 1/3 水，重心下移，易拉罐底与桌面有两个接触点，当重心落在两条线之间时，即支持力的作用线与重力作用线共线时，易拉罐可以保持平衡。 （3）学生一侧靠墙直立，尝试抬起外侧一条腿，其间身体一侧任何部分不能离开墙体。体验后发现不能做到，解释原因。	体验生活中许多的经验都有其内在的物理原理。 应用知识解决实际问题，从生活走向物理，从物理走向社会。 在活动中应用物理知识，更容易成功。 运用物理知识解释现象，在能否平衡中强化知识的理解应用。

续 表

情境	教师活动	学生活动	设计意图
拓展延伸。	(1) 回顾我们最初的实验设计，为什么没有选择竖直方向的两个力进行研究？如果重力可忽略，能否探究竖直方向的二力平衡？我们在第八章测量重力时运用了什么原理？ (2) 在测量摩擦力时，为什么要在水平桌面上沿着水平方向拉动物体做匀速直线运动？沿着斜面匀速直线拉动行不行？为什么？ (3) 神奇的悬空。 你们能用今天学到的知识解释茶壶为什么能悬空吗？它内部的结构可能是什么样的？ (4) 课后讨论总结：一对平衡力与一对相互作用力的异同点。	(1) 思考得出：不选择竖直方向的原因之一是竖直方向有三个力，若重力可忽略，那么竖直方向也是可以的，任意方向都可以探究二力平衡；原因之二还是在于重力不能忽略时无法直接测量其大小。 第八章测量重力的原理其实就是运用了二力平衡原理。 (2) 测量摩擦力大小的操作要求其实就是利用了二力平衡知识，物体在水平方向的拉力与滑动摩擦力作用下处于二力平衡状态，所以摩擦力的大小与拉力的大小相等。若在斜面上处于平衡状态，则物体受到了多个力作用，不满足二力平衡，所以不行。 (3) 从二力平衡的角度猜想茶壶悬空的原因，勾画内部结构，进行交流。 课后查找资料详细解密。 (4) 课后作业：列表区分这两对力的异同。	从理解到应用，实现思维的提升。用所学的知识解释实验现象和方法，以及实验方案的选择，促进学生对方法的理解。 斜面上处于平衡状态的物体，其拉力与摩擦力不相等，是一个易错点也是理解难点。学生经常是看到平衡状态就认为两个力大小相等，在初学时，从“二力”的角度进行剖析，“二力”平衡才“二力”相等，帮助学生理解多力平衡时，其中的两个力不一定是平衡力这一难点。 从物理走向社会，激发学生的创新潜能。 学习中不断对比迁移、求同存异，不仅强化了学生对知识的理解，掌握了知识本质，也培养了学生思维的聚合性和发散性。

第二节 牛顿第一定律（1）

【课标及教材分析】

本节属于2022年版课标课程内容中一级主题“运动和相互作用”下的二级主题“机械运动和力”的部分内容。课程标准中的相关内容要求：通过实验和科学推理，认识牛顿第一定律。如了解伽利略在探究与物体惯性有关问题时采用的思想实验，体会科学推理在科学研究中的作用。

本节内容为苏科版教材第九章第二节第1课时，本节课对学生的逻辑思维和抽象思维的能力要求较高。教材考虑到学生的思维基础，选择从日常生活中的表象出发，通过一组对话创设具体情境，引入力是不是物体运动的原因，没有力的作用物体是不是就不能运动的探究问题，激发学生的认知冲突。接着通过学生活动探究阻力对物体运动的影响，说明力可以使物体从运动变为静止。所以力不是物体运动的原因，为牛顿第一定律的建立做好实验铺垫，在此基础上进行分析推理，建立牛顿第一定律。本节课通过学生活动，力图引导学生通过自主探究建立对牛顿第一定律的认识，提高学生的实验探究能力，探究中用到了控制变量法、转换法、科学推理法等多种思维方法，培养学生包括问题、证据、解释、交流等要素的科学探究能力和科学思维。

【学情分析】

学生在学习牛顿第一定律之前，已经掌握了一些基本的力学知识和运动学知识，但对力与运动的关系认识模糊。甚至基于一些片面的生活经验，存在“没有力物体就不能运动”“力是维持物体运动的原因”等顽固的错误前概念。由于生活中不存在不受力的物体，所以即使是对于那些由于惯性继续保持运动的物体，学生仍然会认为是有力在维持物体的运动，且不理解物体离开后弹力就消失了，初始动力对运动的作用只是提供了初速度等问题。科学探究方面，学生虽已经历过一些探究实验，但对于本节课在探究理想实验的基础上还要进行分析推理建立物理定律这样的较高要求还是有一定的困难。学生的分析推理、概括归纳等逻辑思维和抽象思维的能力还比较弱，教学中要精心设计问题，引导学生不断将已有知识技能进行迁移应用，培养高阶思维。探究阻力对物体运动的影响并据此分析归纳推理建立牛顿第一定律是本节课的学习重点。

【教学目标】

（1）通过实验探究了解阻力对物体运动的影响，初步形成问题、证据、解释、交流的科学探究能力。

（2）经过分析、归纳和推理建立牛顿第一定律，学会“实验+推理”的研究方法，具有初步的分析、归纳能力和质疑创新意识。

（3）理解牛顿第一定律并能用于分析实际现象，初步形成运动与力相互作用的观念。

（4）体会物理学与生活的密切联系，能利用证据表达观点，培养实事求是、尊重自然规律的科学态度。

【教学重难点】

本节课的重点是通过探究阻力对物体运动的影响，分析推理建立牛顿第一定律，理解牛顿第一定律的内涵和外延，理解力与运动的关系。难点在于牛顿第一定律概括的是物体在不受力时的运动状态，而生活中的物体不可能不受力，需要在实验的基础上进行推理，思维难度较大。教学中可通过情境辨析引导学生大胆质疑，理解为什么要探究阻力对物体运动的影响、怎么研究、研究结论的外延价值是什么，通过问题设置提升思维层次，促进深度学习。

【教学设计】

本节第1课时教学设计具体内容如表9－4所示。

表9－4　第二节第1课时教学设计

情境	教师活动	学生活动	设计意图
亚里士多德的观点——力是维持物体运动的原因。	(1) 情境辨析： 分析教材65页情境中的对话，你们赞成小明或小华的观点吗？支持或反对的理由是什么？	(1) 阅读情境对话，辨析并进行组内讨论。 情境1：静止的小车，不去推，它不会运动。情境合理。 情境2：风吹树摇，风停树静。情境真实。 但是情境1的现象与结论有些不符，其现象可推得：没有力的作用，静止的物体就不能运动。	利用教材上的生活化情境，从生活走向物理，引入课题。 通过对情境及其结论进行辨析，发现其逻辑上的错误，寻找研究方向，培养学生的质疑精神和逻辑思维能力。
生活中的一些现象	(2) 情境1中物体是静止的，而结论中物体却是普适的。那情境2中是否有同样的问题？	(2) 情境2中的树本身也是静止的，风吹树摇说明力可以使物体由静止变为运动；风停树静，说明没有力物体将保持原来的运动状态不变。	
生活中的另一些现象。	(3) 运动的物体，如果撤去动力，会立刻停下来吗？有没有类似的情境支持你的猜想？	(3) 不会，踢出去的足球不再受到脚的踢力，但会继续运动一段距离；人滑冰时停止用力，还能继续向前滑行……	通过学生身边的另一些与引图给出的情境相冲突的情境，引发学生的认知冲突，激发学生探究问题的兴趣。
	(4) 观看视频《天宫课堂》，被抛出去的冰墩墩的运动情况，猜想：运动的物体如果完全不受力的作用，会怎么样？	(4) 视频中的冰墩墩沿原方向向前做匀速直线运动，说明运动的物体如果不受力，将保持匀速直线运动状态。	通过天宫课堂上与地面不同的实验环境中物体不同的运动状态，进一步引发学生视觉冲击和认知冲突，激发学生进行探究的兴趣与思维动力。
矛盾引出的问题。	(5) 运动的冰墩墩会停下来的原因又是什么？	(5) 冰墩墩最后停下来是因为受到了力的作用。生活中运动的物体会停下来是因为受到阻力的作用，如果没有阻力，可能就不会停下来了。	

续 表

情境	教师活动	学生活动	设计意图
学生活动：探究阻力对物体运动的影响。	(1) 阻力对物体的运动有什么样的影响，我们怎么研究？ (2) 怎样使物体运动起来？又怎样控制物体运动的初始状态相同呢？ 演示用手推、用弹簧弹、从斜面上滑下等多种方法，请学生自选方案并思考如何控制物体运动的初始速度相同。 (3) 实验中应该改变什么，怎么改变？选择这种方法的依据是什么？ (4) 实验中如何评估物体运动受到的影响？ (5) 实验中能否实现让运动的物体完全不受阻力？以前的探究中我们有没有遇到过实验条件不能满足的情况，当时是怎么解决的？	(1) 用控制变量的方法对运动的物体进行研究，可以改变物体受到的阻力大小，观察其运动受到的影响。 (2) 学生观察并思考，使物体动起来的方法很多，为了控制物体初始运动状态相同，最好选用弹簧弹或从斜面上滚下来的方法。 选用小车作为研究对象，采用同一小车将同一弹簧压缩到相同位置自由释放或采用同一小车从同一斜面相同高度自由释放的方法获得相同的初始速度。 (3) 应改变阻力的大小，依据摩擦力的影响因素，考虑到研究对象不变，可采用改变接触面粗糙程度的方法来改变阻力大小。 (4) 影响大，表现为运动的物体立刻停下来；影响小，表现为物体可以继续运动很长距离，所以可以用物体运动距离的远近来评估物体运动受到的影响。 (5) 不能。我们在研究真空不能传声时也不能创设完全真空的条件，当时采用了让空气越来越少的方法。所以这里也可以想办法使阻力变小，逐渐趋近为零。	运用问题串分解问题，搭设台阶，降低思维难度，引导学生思考：我要探究什么、怎么探究，从而提升学生的科学探究能力。 通过观察与思考，优化探究方案，科学规划探究步骤。 通过方法的选择，综合考虑多个因素，提升整体思维能力。 从具体影响到抽象评估，强化转化思维在科学探究中的应用。

续　表

<table>
<tr><th>情境</th><th>教师活动</th><th>学生活动</th><th>设计意图</th></tr>
<tr>
<td>学生活动：探究阻力对物体运动的影响。</td>
<td>（6）请选择方案，设计表格，收集证据。
<table><tr><td>实验次数</td><td>表面情况</td><td>阻力大小</td><td>滑行距离</td><td>运动影响</td></tr><tr><td>1</td><td>毛巾</td><td></td><td></td><td></td></tr><tr><td>2</td><td>棉布</td><td></td><td></td><td></td></tr><tr><td>3</td><td>木板</td><td></td><td></td><td></td></tr><tr><td>结论</td><td colspan="4"></td></tr></table>
（7）通过实验，你们得出了什么结论？
推理：如果水平面绝对光滑，阻力为零，小车的运动情况将会如何？
（8）对于运动的物体来说，如果不受任何力的作用，它将如何运动呢？力是维持物体运动的原因吗？
（9）同学们，我们今天探究的问题早在2000多年前就是物理学家们争论的话题了，让我们一起重温这一段物理学史，体会物理学研究的进阶。
课件播放1：2000多年前亚里士多德基于日常生活经验得出的观点；300多年前，伽利略基于实验提出的观点；笛卡尔的补充；牛顿的总结。</td>
<td>（6）学生分组实验，如图9－7所示。
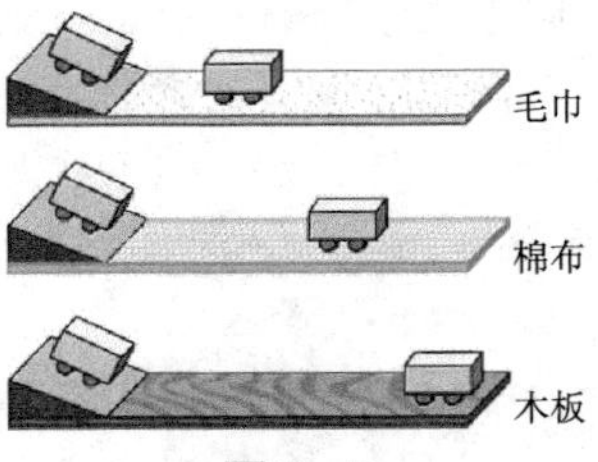

图9－7
（7）结论：阻力越小，小车滑行越远，小车的运动受到的影响越小。
推论：阻力为零，小车将一直运动下去，小车运动的速度将不会减小，即做匀速直线运动。
（8）运动的物体不受力将一直做匀速直线运动。力不是维持物体运动的原因。
（9）阅读提炼大师观点。
亚里士多德：物体的受迫运动需要外在作用来维持，即“力”是维持物体运动的原因。
伽利略：如果运动物体受到的阻力为零，速度大小就不会改变，它将永远运动下去。
笛卡尔：如果运动物体不受任何力的作用，不仅速度大小不变，而且运动方向也不变，将沿原来的方向匀速运动下去。
牛顿：牛顿第一定律。</td>
<td>遇到新问题时给学生搭建支架，联系旧知识、旧方法进行迁移应用。
通过学生自主探究，增加学生的探究经验，促发学生在探究过程中的思考，发现问题、解决问题，通过交流与讨论，归纳总结，突出问题、证据、解释与交流的探究全过程。提升归纳总结的能力，并能根据探究结论进行有效猜想，培养依据实验进行科学推理的科学思维。
通过物理学史，了解物理定律建立和逐步完善的历史进程，经历物理学家们的探究历程，了解物理学家所具有的科学思想和科学方法，完善探究过程和思维过程，加深学生对定律的理解，树立正确的科学态度和责任感，培养献身科学的探索精神，为以后的学习和研究打下基础。</td>
</tr>
</table>

续　表

情境	教师活动	学生活动	设计意图
牛顿第一定律。	(1) 牛顿第一定律的内容。 对牛顿第一定律的理解： ①“一切物体”包含原来静止的物体和原来运动的物体； ②“不受外力作用”包含理想状态下的不受一切外力和某一方向上不受外力，或受平衡力； ③“总”指没有例外，除非出现了其他力迫使它改变运动状态； ④“或”指两者必居其一，原来静止的物体保持静止、原来运动的物体保持匀速直线运动。 (2) 牛顿第一定律能否用实验直接验证？它的得出运用了什么研究方法？ (3) 牛顿第一定律阐述了力与运动怎样的关系？ (4) 回顾《天宫课堂》中冰墩墩的运动情况，你们能解释吗？	(1) 回顾探究过程，如图 9－8 所示，尝试归纳总结发现的规律。 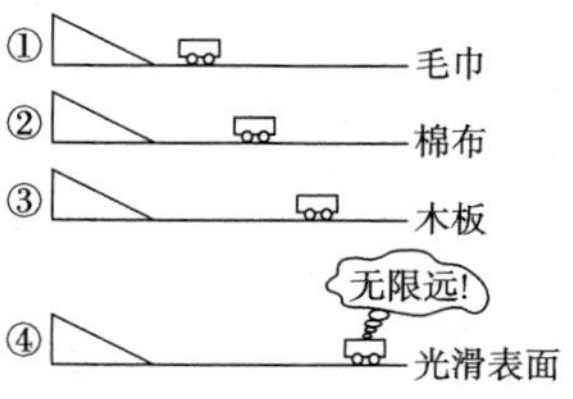 **图 9－8** 阅读教材牛顿第一定律的规范表达，与自己的概括进行对比；提炼牛顿第一定律内容中的关键词并自主理解；与教师讲解对比，加深理解。 (2) 牛顿第一定律不能用实验直接验证，因为实验条件无法满足物体不受力的情况，应在实验和大量事实的基础上通过科学推理得到。 (3) 力不是维持物体运动的原因，力是改变物体运动状态的原因。 (4) 被抛出去的冰墩墩不受力的作用而运动，是由于其惯性保持了原来的速度不变而做匀速直线运动。当受到阻力后，冰墩墩的运动状态可能会由运动变为静止。	在学生自主小结与物理规律的规范表达中提高表达能力，在知识的螺旋上升中提升科学素养。 通过提炼与表达理解牛顿第一定律的内涵和外延，正确深刻地理解经典定律，建立物理观念。 通过对科学探究方法的提炼促进对方法的理解。 从物体不受力和受力两个实例的观察和分析，深度理解力与运动的关系，建立运动与相互作用观念。

续　表

<table>
<tr><th>情境</th><th>教师活动</th><th>学生活动</th><th>设计意图</th></tr>
<tr>
<td>拓展牛顿第一定律物理学史。</td>
<td>牛顿第一定律知识结构如图 9－9 所示。
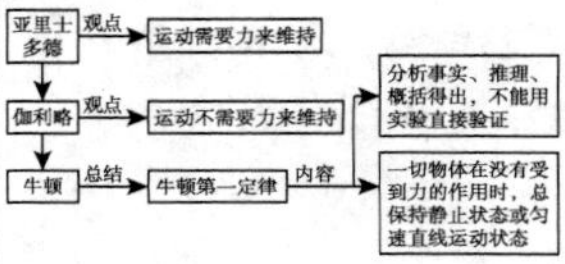

图 9－9
回顾牛顿第一定律的得出过程，你们能对物理学家们的观点提出自己的看法吗？</td>
<td>从科学探究的角度概括物理学家们的探究过程及其所做的贡献。
<table>
<tr><th>探究过程</th><th>代表人物</th><th>主要观点</th><th>所做贡献</th></tr>
<tr><td>提出问题</td><td>亚里士多德</td><td>力是维持物体运动的原因。没有力，物体就不能运动。</td><td>开拓者，提出了问题。</td></tr>
<tr><td>设计并进行实验得出结论</td><td>伽利略</td><td>力不是维持物体运动的原因。提出阻力对物体运动的影响。</td><td>首创理想实验法，利用逻辑推理验证猜想。</td></tr>
<tr><td>交流合作和讨论评价</td><td>笛卡尔</td><td>运动的物体不受力时将保持原来方向做匀速直线运动。</td><td>用守恒思想补充完善了伽利略的实验结论。</td></tr>
<tr><td>多次实验得出普遍规律</td><td>牛顿</td><td>一切物体不受力时总保持静止或匀速直线运动，除非有力迫使它改变这种状态。</td><td>建立了运动和力的模型。</td></tr>
</table>
不同时代背景下的物理学家们在交流与合作中不断创造科学进步的奇迹。</td>
<td>以物理学史概括总结，树立对科学探究过程的正确认识、对物理学家的正确认识，感知科学发展进程，潜移默化地培养科学思维能力，团队合作意识，敢于质疑的精神，以及实事求是的科学态度与责任感。</td>
</tr>
</table>

第二节　牛顿第一定律（2）

【课标及教材分析】

本节属于2022年版课标课程内容中一级主题“运动和相互作用”下的二级主题“机械运动和力”的部分内容。课程标准中的相关内容要求：能运用物体的惯性解释自然界和生活中的有关现象。如能运用惯性，解释当汽车急刹车、转弯时，车内可能发生的现象，讨论系安全带等保护措施的必要性。

本节内容为苏科版教材第九章第二节第2课时，教材通过四幅图片展示了生活中与惯性相关的现象，引导学生由观察和分析自行建立惯性的概念，通过学生活动引导学生自行设计实验说明物体具有惯性，培养学生设计实验的能力，加深对惯性概念的理解，并能运用惯性概念分析解决问题。要求学生不仅能解释现象，还要能自主设计实验研究惯性现象。“生活·物理·社会”板块以生活中常见的交通事故说明惯性存在危害的一面，引导学生从惯性的角度解释原因，说明交通规则的合理性，不仅培养了学生使用物理语言表达的能力，还增强了学生遵守交通规则的意识。力和惯性、惯性和惯性定律都是物理学中重要的概念和规律，学生很容易混淆，需要在本课时进行讨论，以加深理解。

【学情分析】

学生经历过牛顿第一定律的探究过程，对力与运动的关系有了初步了解，但是由于生活经验和顽固的前概念影响，学生对力与惯性、惯性与惯性定律仍然容易混淆。他们认为惯性也是一种力，惯性就是牛顿第一定律等，以至于在遇到问题时难以清晰地从运动与相互作用的角度看待问题，从而产生混乱。由于生活经验的缺乏和表达能力的不足，学生在对惯性的利用和防止惯性造成伤害方面缺乏理论联系实际的运用能力，因此对惯性现象的解释表达凌乱。教学中需要关注惯性概念的建立，帮助学生建立惯性是一切物体都具有的一种属性的认识，联系实际分析惯性现象。

【教学目标】

（1）通过观察和归纳建立惯性的概念，并能用于解释与惯性有关的现象。
（2）通过分析归纳，了解一切物体都具有惯性，惯性是物体的一种属性。
（3）通过对惯性现象的分析，理解惯性和力对物体运动状态的影响。
（4）通过实验设计和表达，提升实验设计和分析表达的能力。

【教学重难点】

本节课的重点在于通过大量实例，分析归纳建立惯性概念，并用于解释生活中的现象。难点在于区分力与惯性，惯性与惯性定律。通过惯性现象的分析理解惯性是物体的一种属性，是物体运动状态保持不变的原因，力是物体运动状态发生改变的原因。惯性定律是物体运动遵循的规律。

【教学设计】

本节第2课时教学设计具体内容如表9－5所示。

表9－5　　第二节第2课时教学设计

情境	教师活动	学生活动	设计意图
课程回顾。	(1) 上节课我们学习了牛顿第一定律，它描述了物体在不受力时的运动状态，大家还记得吗？	(1) 回顾牛顿第一定律：物体不受力时，原来静止的物体将保持静止；原来运动的物体将做匀速直线运动。	温故知新，引入课题，强化知识的理解和应用，树立物理观念。
演示实验：绣花绷上的笔。	(2) 今天老师带来一个敞口的瓶子、一个绣花的绷子（圆环）、一支笔，请大家观察现象，并尝试用已学的知识进行解释（如图9－10所示）。  **图9－10**	(2) 观察实验，快速击出圆环，发现圆环飞出，铅笔落入下方瓶中。 分析：圆环受到力的作用而飞出；铅笔水平方向不受力，保持原状；竖直方向受重力作用，竖直下落。	运用新奇的、不可置信的实验，让学生观察实验现象，与其原有认知产生冲突，激发其探究兴趣。在物理观察中发展个体思维，提升分析问题的能力，强化运动与相互作用观。
学生体验。	(3) 老师还带来了一个类似的装置，请大家体验并尝试解释。	(3) 学生体验，用弹簧片快速弹出立柱上的木片，发现置于木片上方的小球会落回立柱上，解释同上。	从观察到个体体验，动手动脑，提升语言表达能力。
观察教材图片，分析惯性现象。	(4) 在这两个实验中，绣花绷上的笔、立柱上的小球有什么共同特点？	(4) 它们原来都处于静止状态，在其下方物体受力飞出后都保持静止状态不变。	在现象及其原理的归纳中发现共同特征，建立物理观念。
	(5) 生活中的其他物体是否也有这样的特征呢？请大家观察教材67页图9－5所示的现象，分析这些现象说明了什么？	(5) 分析归纳： ①下方棋子受力飞出；上方棋子水平方向不受力，保持静止。 ②运动的箭不受弓的作用后保持运动。	

续　表

情境	教师活动	学生活动	设计意图
建立惯性概念。	(6) 我们把物体具有的这种保持原来运动状态不变的性质称为惯性。 静止的物体有惯性，运动的物体有惯性吗？生活中有什么经验支持你们的猜想。 (7) 固体有惯性，液体、气体有惯性吗？你们能设计实验证明吗（如图 9－11 所示）？ 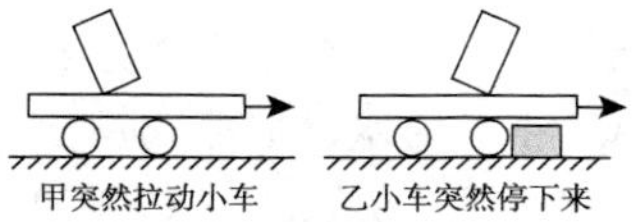 **图 9－11** (8) 归纳上述现象，你们能得出什么结论？ (9) 由此，你们能解释上述教材插图中棋子、箭以及人的运动状态吗？	③汽车启动，人的下半身受力向前运动，人的上半身仍保持静止，故后仰。 ④刹车时，人的下半身受力减速，上半身仍保持原来速度，故前倾。 总结：原来静止的物体具有保持静止状态的性质，原来运动的物体具有保持匀速直线运动的性质。 (6) 运动的物体也有惯性，比如离弦的箭能继续飞行，如果不受力就能一直飞行；我们跑步时到达终点不能立即停下来等。 (7) 在教师的启发下，以液体、气体代替车上的木块进行实验。 小车上放水杯，启动时水往后泼，刹车时水往前泼；小车上加横杆并挂气球，启动时气球往后飘，刹车时气球往前飘。 (8) 一切物体均具有惯性，惯性是物体的一种属性。 (9) 上方棋子由于惯性保持静止、离弦之箭由于惯性保持运动、人的上半身由于惯性保持原来运动状态不变。	通过大量实例揭示物理本质，在对实例的科学解释中体验整体与局部的思想，掌握分析技巧，规范物理语言描述。归纳总结，自主建立惯性概念。 通过对静止的物体、运动的物体，固体、液体、气体等不同情况物体的全面探究，收集全面的证据，提升结论的普遍性与科学性，培养学生“普遍性”的证据意识。 由探究固体具有惯性的方法迁移到液体、气体，方案具有可复制性，便于理解，也可以设计其他有趣的实验。 运用知识解释现象，用知识完善解释，体现认识的进阶，加深了学生对于惯性的认识，锻炼了学生的表达能力。

续 表

情境	教师活动	学生活动	设计意图
自主设计实验，观察惯性现象。	了解了惯性，你们能利用身边的器材设计实验来演示惯性现象并进行解释吗？ 在学生进行实验的同时，一方面要引导学生进行现象的观察，另一方面要引导学生利用上面的步骤对现象产生的原因进行解释，锻炼学生的语言表达能力。 ①明确研究对象； ②明确研究对象原来的状态； ③分析状态是否变化的原因； ④分析后来的状态。	学生自主设计实验，如打蛋入杯实验。 表达技巧： ①确定研究对象，并弄清研究对象及与研究对象相关的其他物体原来所处的状态。 ②外力使与研究对象相关联的其他物体的运动状态发生了怎样的变化。 ③研究对象由于具有惯性仍要保持原来的运动状态，所以最后会出现怎样的现象。	通过学生自主设计实验、进行观察、表述实验、解释现象，培养学生设计实验的能力、分析表达的能力，加深对新建物理概念的理解。 在物理现象的解释中厘清运动与力的关系，厘清表达的逻辑顺序。
惯性的利用与防止。	(1) 惯性在生活中有什么应用，你们能举出实例吗？ 补充：宇航员离开飞船后仍能跟飞船并肩前进，辨别生熟鸡蛋，飞机投放的救灾物资会落到投放点前方等。 (2) 有时候惯性也会带来危害，请阅读“生活·物理·社会”，了解惯性的危害并思考怎样防止。 (3) 小汽车行驶过程中要注意哪些交通规则，请说出你们知道的几条。	(1) 跳高、跳远和球类运动等都利用了物体的惯性；公交车进站前提前关闭油门滑行；甩掉手上的水、拍掉衣服上的灰；把锤头套在锤柄上等。 (2) 自主阅读并思考汽车上为什么要配备安全气囊、安全带。 突然刹车时，安全带可以拉住向前倾的人；安全气囊可以保护前倾的人，防止撞击受伤。 (3) 控制车速不要太快；要保持一定的车距；车内人员要系安全带；轿车要安装安全气囊等。	知识的学习是为了应用。应用知识解决实际问题，体现了“从生活走向物理，从物理走向社会”的课程理念。 阅读体会物理在生活中的应用，理解生活及交通中各项安全措施的制定，培养社会责任感。

续　表

<table>
<tr><th>情境</th><th>教师活动</th><th>学生活动</th><th>设计意图</th></tr>
<tr>
<td>拓展提升
惯性的深度认识。</td>
<td>（1）通过今天的学习，你们觉得力与惯性有什么样的区别？
强调：惯性不是力，表达时不能用“受到”，也不能跟“作用”连用。
（2）力与惯性对物体的运动有怎样的影响？
强调：一切物体都有保持运动状态不变的性质，除非有力迫使它们发生改变。
（3）什么样的物体运动状态难以改变？
强调：惯性大小只跟质量有关，和其他因素如是否受力、是运动还是静止、速度的大小等均无关。速度大的物体很难停下来是因为它由于惯性保持的速度较大。
（4）惯性是不是就是牛顿第一定律？
惯性与惯性定律的区别如下表所示。
<table>
<tr><th></th><th>惯性</th><th>惯性定律</th></tr>
<tr><td rowspan="2">区别</td><td>固有性质</td><td>运动规律</td></tr>
<tr><td>物体处于任何运动状态都存在</td><td>不受外力作用（或合外力为零）的情况下才成立</td></tr>
<tr><td>联系</td><td colspan="2">惯性定律是物体不受外力作用时，物体惯性的直接表现</td></tr>
</table>
</td>
<td>学生思考、讨论、辨析：
（1）力是物体对物体的作用，是两个物体之间发生的作用；惯性是一切物体本身具有的一种属性，与其他物体是否存在无关。
（2）力是物体运动状态改变的原因；惯性是物体保持运动状态不变的原因。
（3）质量越大的物体运动状态越难改变。如：静止的列车很难被推动，高速行驶的列车却很容易被撞飞。
（4）不是，惯性是性质，牛顿第一定律是运动规律。牛顿第一定律揭示了物体具有惯性，故牛顿第一定律又称为惯性定律。</td>
<td>从现象走向物理本质。对物理概念、物理规律进行辨析，深刻理解力与惯性的区别，以及它们与物体的运动状态之间有什么联系，进一步强化学生对惯性的认识。
强化惯性的存在与是否受力无关、与物体做什么样的运动无关、与速度大小无关。
强化惯性大小只跟物体本身的质量有关。
有对比，更容易在思维上形成冲突。
以表格的形式区分性质与定律。惯性是物体属性，惯性定律是一切物体不受力时都遵循的规律。</td>
</tr>
</table>

第三节　力与运动的关系

【课标及教材分析】

本节属于2022年版课标课程内容中一级主题“运动和相互作用”下的二级主题“机械运动和力”的部分内容。课程标准中的相关内容要求：从物理学视角认识运动和相互作用，了解身边的运动形式及相互作用。

本节内容为苏科版教材第九章第三节，由“力的作用效果”和“力与运动的关系”两个部分组成。前者包含两个知识点：什么是运动状态的改变和力是物体运动状态改变的原因，后者着重研究物体在受力平衡和受力不平衡两种情况下将如何运动。

教材设计本节的目的是对《力与运动》章节内容的总结。第一节解决了平衡状态、二力平衡的问题；第二节探究了不受力的物体能保持静止或匀速直线运动状态以及一切物体均具有保持运动状态不变的性质的规律，除非有力的作用改变物体的运动状态。本节课正是在解决上述问题的基础上，进一步研究物体在受到非平衡力的作用时其运动状态将会如何改变的问题，具体表达为用力与运动的关系来解释物体在受平衡力与非平衡力作用下的运动状态的问题。

本节内容短小精悍，知识点集中，能起到总结、归纳本章所学知识的作用，是巩固运动与相互作用观念的关键章节。

【学情分析】

经过第八章和第九章前两节的学习，学生已经了解到力的作用效果之一，即力可以使物体发生形变，什么是平衡状态、二力平衡的条件以及牛顿第一定律（不受力的物体会处于静止或匀速直线运动状态）。但对于物体受平衡力作用时运动状态为什么不改变，物体为什么会由静止变为运动，物体为什么会做加速直线或减速直线运动，如何改变物体的运动方向等问题，仍没有解决。学生已有的生活经验以及初中学生的认知水平，导致其建立了较难撼动的前概念基础，如什么叫物体运动状态改变、物体运动状态改变是因为非平衡力的作用等，生活经验使得学生有体验感受，但还没有通过理论知识进行分析并理解。初二学生抽象思维能力还在发展中，力与运动的关系相对比较抽象，需要密切联系实际并用生活中具体的实例来进行思考分析，进一步加深理解。

【教学目标】

（1）通过活动体验分析，知道什么是物体运动状态的改变。

（2）通过观察和分析，激发探究力的作用效果的兴趣，从而进一步认识力能使物体发生形变或使物体的运动状态发生改变。

（3）通过实验知道物体受力不平衡时运动状态如何改变。

（4）通过归纳和总结，认识力与运动的关系并用于解决实际问题。

（5）通过观察生活中不同的运动现象，激发学生的探究兴趣，初步领略人与自然的美妙与和谐，培养学生对大自然的亲近热爱、和谐相处的情感，以及热爱生活的高尚情操。

【教学重难点】

本节课的重点在于通过实验观察和对事例的分析，概括出物体受力不平衡时运动状态是如何改变的，学会根据力与运动的关系解决实际问题。难点在于通过分析实例，理解物体受平衡力作用时，力的作用效果抵消，等同于不受力的作用，物体的运动状态不变；物体受非平衡力时，力的作用效果不能抵消，物体的运动状态改变。综合分析本章知识，建立运动与相互作用观，加深对知识的理解，并运用于具体问题中。

【教学设计】

本节教学设计具体内容如表 9－6 所示。

表 9－6　　第三节教学设计

情境	教师活动	学生活动	设计意图
力的作用效果。	（1）提出问题：力看不见，摸不着，怎样判断物体是否受到力的作用？	（1）可以通过力作用在物体上产生的效果来判断。	通过问题引入课题，强化转化思想的使用，培养科学思维。
	（2）依据你们的生活经验，力能产生怎样的作用效果？请举例说明。 演示：用手推静止的小车，观察小车由静止变为运动；用手阻挡运动的小车，使之停下来。	（2）力可以使物体发生形变，如对尺子用力，尺子会发生形变；按压气球，气球会发生形变；拉弹簧，弹簧会发生形变等。 力可以使物体由静止变为运动，如推小车则小车运动；力也可以使运动的物体变为静止，如用手阻挡运动的小车，则小车会停下来。	通过具体的生活实例，感受物体运动状态的改变，丰富体验，从生活走向物理。
	（3）给运动的小车施加一个推力，小车会怎样运动？ 给运动的小车施加一个较小的阻力，小车又会怎样运动？ 你们还可以施加什么样的力？又会产生什么不同的效果？	（3）给运动的小车施加推力后，小车运动速度加快；施加较小的阻力后，小车运动速度变慢。 若施加一个与运动方向成一定角度的力，小车的运动方向会改变。	从静止的物体到运动的物体，思维层层递进，体验力对运动的影响。
	（4）活动体验“桌面控球”（如图 9－12 所示）。	（4）学生活动：将小钢珠从轨道释放，获得初速度，用磁体操控小钢珠实现加速、减速、转向。	通过对钢珠施力改变其运动状态，激发学生的学习兴趣，感受力的作用效果。

续 表

情境	教师活动	学生活动	设计意图
力的作用效果。	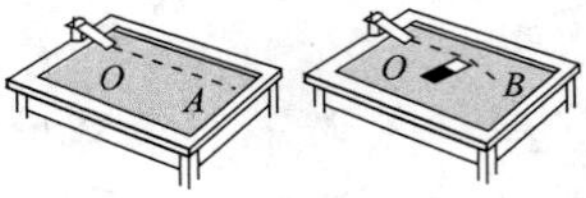 **图 9－12** (5) 你们能将上述活动中力的作用效果进行简单的归纳表达吗？ (6) 请观察教材 69 页图 9－8，分析它们的运动状态发生了怎样的改变？改变的原因是什么？ (7) 这些例子说明了力还有什么样的作用效果？ 播放一段力改变物体运动状态的视频。 小结板书：力的作用效果。	(5) 力使物体的运动状态发生了改变。 (6) 运动状态发生变化及原因分析：(a) 火箭由静止变为运动，且速度越来越大，是因为受到推力作用；(b) 列车进站时，速度由快变慢，最后停下来，是因为受到阻力作用；(c) 足球运动方向改变，是因为受到运动员的力的作用。 (7) 力可以改变物体的运动状态。 力的作用效果有：力可以使物体发生形变；力可以使物体的运动状态发生改变。	在对教材图片的分析中具体描述多种多样的运动及其状态的改变，分析其改变的原因，归纳得出结论，并总结出力的两种作用效果。
力与运动的关系。	(1) 力可以改变物体的运动状态，物体不受力时，运动状态会改变吗？ (2) 提出问题：现实世界中，没有不受力的物体，而且常常不只受一个力。受力的物体运动状态一定改变吗？ (3) 为什么作用在物体上的两个力平衡时，物体的运动状态就不改变呢？如图 9－13 所示，你们能结合实例解释吗？	(1) 依据牛顿第一定律，物体不受力时，运动状态不改变。 (2) 不一定。二力平衡时，物体也保持静止或匀速运动状态不变；物体受平衡力作用时，其运动状态不变。 (3) 力可以改变物体的运动状态。 图 9－13 甲中，重力力图向下改变物体的运动，支持力力图向上改变物体的运动，这两个力的作用效果抵消了，故物体运动状态不变。	从物体的受力情况着手，分情况讨论物体对应的运动状态，先理论分析，再结合实验体验，感受物体运动状态与受力的关系。

续　表

<table>
<tr><th>情境</th><th>教师活动</th><th>学生活动</th><th>设计意图</th></tr>
<tr>
<td>力与运动的关系。</td>
<td>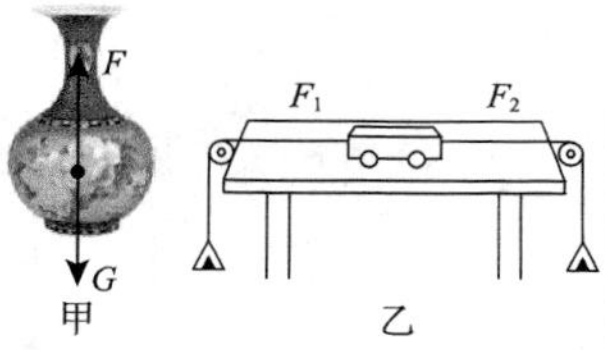

图 9－13

（4）体验活动，如图 9－13 乙两边挂相同的钩码，观察小车的运动状态；用手轻轻推一下小车，观察小车的运动状态。
（5）若小车受到的两个力大小不等，小车又会如何运动呢？若改变其中一个力的方向呢？

（6）你们认为力与运动的关系是怎样的？

（7）展示自由落体、平抛小球、桌面控球游戏中小球变向的频闪照片，如图 9－14所示，你们得到什么结论。</td>
<td>图 9－13 乙中，水平方向的两个力大小相等、方向相反，对物体分别有向左和向右的作用效果，而这两个作用效果也抵消了，所以运动状态不变。

（4）当两边的力平衡时，小车静止，轻推一下，小车做匀速直线运动。

（5）受力不平衡时，若 $F_1 > F_2$，小车向左加速；$F_1 < F_2$，小车向右加速。改变一个力的方向，小车将改变运动方向。
（6）归纳总结物体在不同受力情况下的运动状态。
<table>
<tr><td colspan="2">受力情况</td><td>运动状态</td></tr>
<tr><td colspan="2">不受力</td><td rowspan="2">运动
状态不变</td></tr>
<tr><td colspan="2">受平衡力</td></tr>
<tr><td rowspan="2">受非
平衡力</td><td>动力大于阻力</td><td>加速直线运动</td></tr>
<tr><td>动力小于阻力</td><td>减速直线运动</td></tr>
<tr><td colspan="2">力与运动的方向不一致</td><td>改变运动方向</td></tr>
</table>
（7）力是物体运动状态发生改变的原因。物体受非平衡力作用时，其运动状态发生改变。</td>
<td>结合实例，从力的作用效果的角度分析，提出“平衡力作用在物体上时，作用效果相互抵消”的思想，加深学生理解。

以活动体验巩固认知，物体受力平衡时将保持运动状态不变。
从两个力“大小相等”，到“大小不等”，再到“力和运动方向不在同一直线”，思维上由易到难，层层递进，全面考虑问题，通过实验探究受力不平衡时物体运动状态发生改变。

列表分析归纳物体受力情况不同时的运动状态，清晰直观。通过频闪照片科学显示物体的运动状态，培养思维的严密性和对知识的梳理归纳能力。</td>
</tr>
</table>

续 表

<table>
<tr><th>情境</th><th>教师活动</th><th>学生活动</th><th>设计意图</th></tr>
<tr>
<td>力与运动的关系。</td>
<td>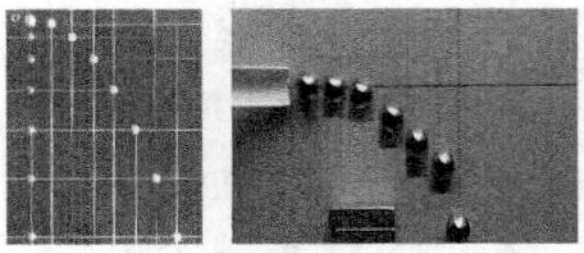
图9－14

（8）解释下列现象：
①原来静止的小车不推它就不动，为什么？
②小车运动后不继续推最终也会停下来，为什么？
③“风吹树摇”，为什么？
④“风停树静”，为什么？

（9）反证，完善结论。
①演示超重失重实验，用体重秤测体重，用希沃投屏示数。
站在体重秤上不动，记示数；加速向下蹲，观察示数变化；加速站起，观察示数变化。
②学生体验钩码做匀速、加速、减速运动时弹簧测力计示数变化情况。</td>
<td>（8）依据力与运动的关系，分析解释：
①静止的小车受平衡力作用，运动状态不变。
②运动的小车受阻力作用，水平方向受力不平衡，运动状态改变，速度减小就会停下。
③风给树一个力，改变了树的运动状态。
④风停后，树受阻力作用改变了运动状态，所以停了下来。
说明：力不是维持物体运动的原因，而是改变物体运动状态的原因。
（9）①站着不动时，记录示数作为参照，加速向下蹲，示数变小；加速站起，示数变大。
②弹簧测力计提物体静止、匀速运动时示数不变，做变速运动时，示数改变。
<table><tr><th>实验次数</th><th>钩码运动状态</th><th>弹簧测力计示数变化</th></tr><tr><td>1</td><td>匀速向上</td><td>不变 $F=G$</td></tr><tr><td>2</td><td>匀速向下</td><td>不变 $F=G$</td></tr><tr><td>3</td><td>加速向上</td><td>变大 $F>G$</td></tr><tr><td>4</td><td>加速向下</td><td>变小 $F<G$</td></tr><tr><td>5</td><td>减速向上</td><td>变小 $F<G$</td></tr><tr><td>6</td><td>减速向下</td><td>变大 $F>G$</td></tr></table></td>
<td>从学习理解、迁移创新到应用实践，运用所学知识解释前概念冲突问题，提升解决问题的能力。在问题揭秘中巩固对力与运动的关系的理解，强化运动及相互作用观念。

从受力情况分析运动状态，再反过来从运动状态的改变看受力情况，全面探究力与运动的关系。

通过简单易行的活动，体验运动状态改变的原因是受力情况改变的。

学会根据对应的运动状态对物体受力情况进行分析，初步学习运用所学知识解决实际问题的方法。</td>
</tr>
</table>

续　表

<table>
<tr><th>情境</th><th>教师活动</th><th>学生活动</th><th>设计意图</th></tr>
<tr><td>力与运动的关系。</td><td>(10) 你们还可以设计实验探究木块在水平桌面上加速、减速直线运动，收集更多证据。
(11) 物体运动状态改变的原因是什么？从物体的运动状态能否反推其受力情况，请归纳总结。</td><td>(10) 设计实验并操作，证明物体运动状态改变的原因是受力状况发生了改变。
(11) 物体运动状态的改变，正是因为受到力的作用，由运动状态可以反推其受力情况。
<table><tr><th>运动状态</th><th>受力情况</th></tr><tr><td rowspan="2">运动状态不变</td><td>不受力</td></tr><tr><td>受平衡力</td></tr><tr><td>运动状态改变</td><td>受非平衡力</td></tr></table></td><td></td></tr>
<tr><td>课堂总结。</td><td>通过本章的学习，你们对力与运动的关系有怎样的认识？</td><td>力是使物体运动状态改变的原因。
物体受力平衡时，将保持静止或匀速直线运动状态；物体受力不平衡时，其运动状态会发生改变。</td><td>通过归纳总结，培养学生梳理知识的能力，有效把握知识重点，建立知识网络。</td></tr>
<tr><td>拓展延伸。</td><td>第八章的“力”与第九章的“力”有什么区别？</td><td>第八章的“力”是具体的力，主要学习各种常见的力，了解其性质、产生原因、影响因素等；第九章的“力”是指物体受到的合力，即多个力共同作用的效果，物体的运动状态取决于物体受到的合力。</td><td>学完两章内容后，通过对比分析，加强学生对力与运动知识的深度理解。</td></tr>
</table>

（四）重难点突破文献综述

1. 探究二力平衡的条件

姜军军以制作直播所用的手机支架为项目问题，将 STEAM（科学、技术、工程、艺术、数学）理念融入“二力平衡条件”的探究。他围绕制作手机支架这一项目展开，从手机支架的稳定过渡到平衡状态，引导学生探讨影响稳度的因素等其他相关知识；

从重力和支持力的平衡过渡到使用水平拉力进行探究，接着又通过如何消除重力的影响让学生发散思维进行设计，再通过试错和理论分析来发现问题改进装置，指导学生通过完成项目发现问题引发深入的学习需求，并在制作过程中延伸拓展培养学生发现问题和解决问题的能力。

赖美君、彭朝阳通过创设问题情境提出猜想与假设，调动陈述性知识；通过设计实验，学生探究，教师引导促进陈述性知识向程序性知识转化；通过变式练习构建学生头脑中有关二力平衡条件的程序性知识模型，实现知识自动化三个步骤来进行程序性知识的教与学。引导学生以“小步子原则”全面参与知识的学习和探究过程，逐步得到二力平衡的条件。

莫丽影、杨琳通过自制教具改进了二力平衡演示器，减小了摩擦力的影响，丰富了探究内容。磁性力学演示器取材简易、成本低，最大的优点是将实验转移到黑板，增强实验可视性；利用黑板记录有关实验过程痕迹，减少误差，实验效果明显增强。两套实验器材均可通过增减配件，开发更多的功能。

朱文军、王洪安都认为，探究二力平衡条件时可采用“只破坏一个条件”的逻辑思维，若条件满足时能平衡，而“破坏”这个条件时就不能平衡，则该条件就是平衡所必需的必要条件。认为剪开物体的做法是没有必要的，也是不能这样做的。教学中可提出问题：①选谁做研究对象？②如何对研究对象施加两个力？③如何只“破坏”其中一个条件？在此基础上，设计实验方案探究物体在静止状态下的竖直方向、水平方向和其他方向的二力平衡。演示或拍摄物体在匀速直线运动状态下的二力平衡。从多个维度得出普遍的二力平衡条件。

汪文军、孙红文在“探究二力平衡条件”的实验教学中，利用创设有理、有据、有序的问题串，引导学生经历“经验猜想—体验与设计—评价与改进—终极方案”的过程。渗透建模、反证、控制变量等科学思维方法，引导学生从“是什么”走向深度学习中的“为什么”。

叶鸣扬尝试使用气垫导轨演示了匀速直线运动中的二力平衡。

倪志峰、周梁琴从探究与验证融合的角度对二力平衡条件进行证实和证伪，让学生在实验中不断尝试，以获得更丰富的体验。

多数研究者都非常注重学生的活动体验，设计了丰富的活动，让学生感受平衡，通过实验探究二力平衡的条件，并用之解释更多的现象。在探究二力平衡的条件实验中，采用控制变量法是非常普遍的，采用破坏条件反证法能使实验方向更加明晰，有助于促进学生的辩证思维发展。对静止的平衡和匀速直线运动的平衡，以及各个不同方向上的平衡均进行探究，使结论更具普遍性。在器材的改进上均注意到忽略次要因素，增加实验的可视性。

2. 探究牛顿第一定律实验

顾炳峰在单元视域下将科学思维提升设计贯穿始终，通过质疑、迁移、建模、论证、推理、创新环节，重现物理学家的研究过程（如图 9－15、9－16、9－17、9－18 所示）。

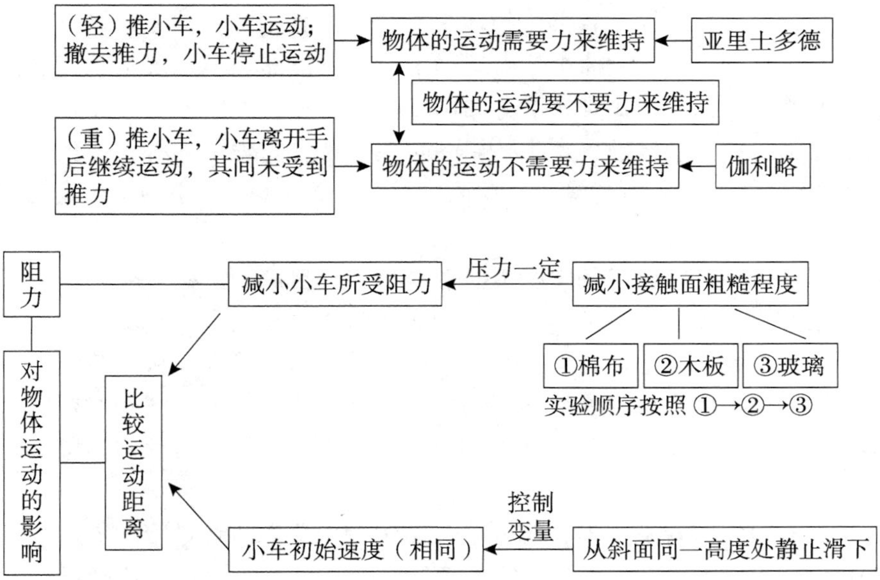

图 9－15

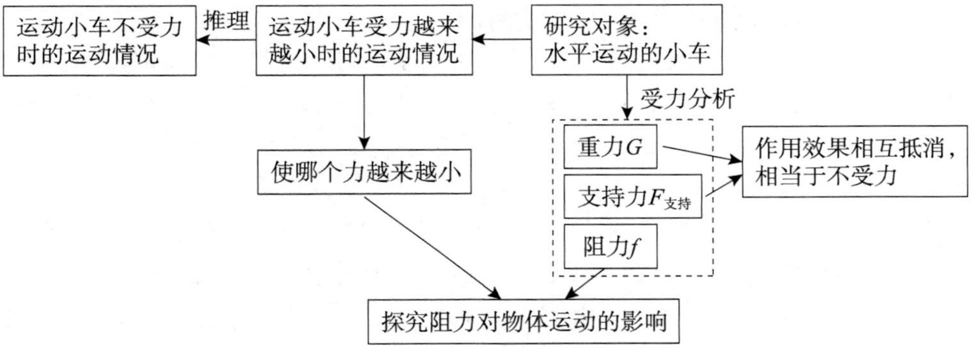

图 9－16

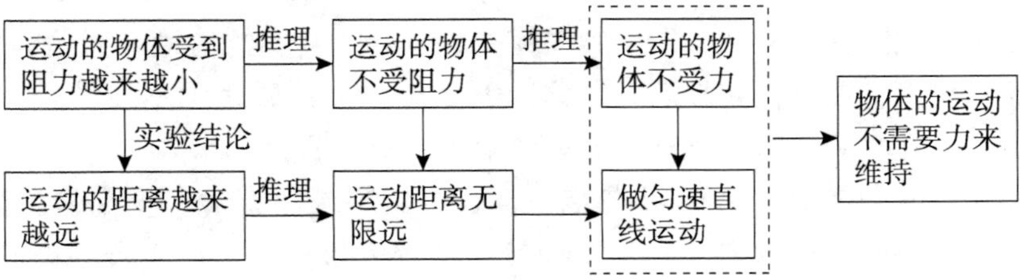

图 9－17

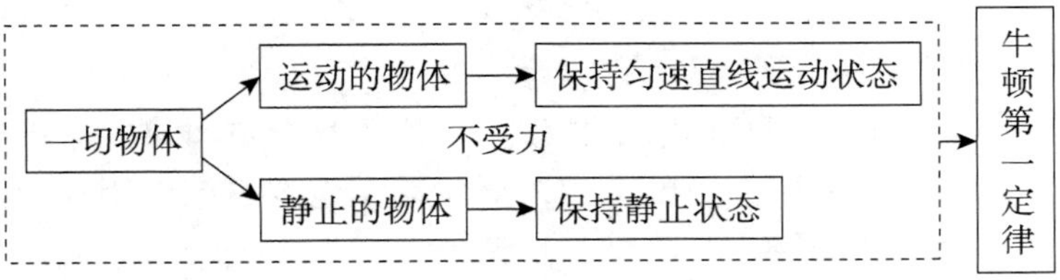

图 9－18

马剑采用问题引导、探究教学与物理学史教学两者相结合的方式进行教学。他从物体多种多样的运动形式，设计小球沿斜面上滑、下滑的情境，观察其速度变化，思考其原因；再将水平面从粗糙到光滑，利用气垫导轨和光电门将水平面不断趋近光滑进行探究；最后分析归纳推理得到牛顿第一定律。结合物理学史将人类数千年来关于“力与运动关系”的探究历程饱满、生动地呈现在课堂教学中，引领学生身临其境，体验牛顿第一定律的建立过程。

王迪、彭章辉、高守宝利用 PTDR 框架（现象—理论—资料—推理）对牛顿第一定律的教学过程进行设计，使解释贯穿整个教学过程，每遇到一个真实的问题时，教师便展示相应的工作任务单，让学生在探究的基础上深入思考。从开始的由带有提示的解释框架形成科学解释，到最后学生独立思考，完成不带提示的解释框架。采用渐退式“脚手架”策略，显化科学解释的路径，锻炼学生在探究过程中的思维能力与科学解释能力。

徐杰从具有争议的观点出发，充分暴露学生的前概念。通过问题导向，在不断解决问题的过程中引领学生实现对牛顿第一定律的自主建构。再通过不断解决真实情境下所产生的问题，进一步深刻理解牛顿第一定律的实质，在突破错误前概念的基础上建构新的认知结构，力求达到深度学习的目的。

陈培风、季卫新基于学习分析理论，通过对学习者、学习内容及资源的分析确定课时目标设置、实验方案的设计、实验证据的收集、实验结论的得出、实验评价等。设计问题进阶，冲突学生的错误前概念，引导学生进行实验设计。渗透物理学史教学，促进学生深度学习。

董耀、孙伟军、朱行建基于牛顿第一定律的教学现状，提出针对具有顽固前概念、认知有困难的物理概念和规律，要让学生经历完整的科学探究过程。通过教学设计主要解决三个问题：斜面何处来，光滑水平面何处来，科学推理怎样呈现。通过对比分析优化实验方案，建模推理，形成正确的物理观念。

王高认为科学探究中思维不能缺席。牛顿第一定律教学应该尊重物理学发展的历程，引领学生体验物理学发现、发展的探究过程。基于真实的情境，抓住问题、证据、解释、交流等要素，展开探究教学。在物理教学中要抓住物理的本质特征，充分重视理性思维训练，在实验中活化思维，促进学生的思维发展。

祁凤虎建议教师在设计教学时借鉴、融合多版本教材资源，挖掘教材素材价值，用活教材，适当拓展教学内容，充分发挥教材的育人价值。利用实验创设问题情境导入、针对实验现象提出问题、通过实验观察与问题思考引发学生的认知冲突，过渡到物理学史的回溯。精心设计接近学生最近发展区的教学，让学生能够更好理解所学内容，提升学生的核心素养。

牛顿第一定律的实验探究是初中物理中一个比较具有逻辑思维难度的实验，特别能体现一个完整的科学探究要经历的过程，对撬动学生的思维作用显著。多数研究者都采用了产生思维冲突的情境，引导学生对情境进行辨析，设计实验进行探究和推理。将物理学史有机融入，强调思辨思维，培养科学态度和责任感。

3. 牛顿第一定律物理学史

牛顿第一定律物理学史如表9－7所示。

表9－7　　　　牛顿第一定律物理学史

代表人物	观点	研究方法	进步之处	价值体现	历史上的高度评价
亚里士多德	力是维持物体运动的原因。必须有力作用在物体上，物体才能运动，没有力的作用，物体就要静止下来。	观察＋直觉	从生活现象走向本质探寻。	让物理学从生产与生活的实践中自然生长，从生产与生活的经验中研究物理的做法符合人的认知规律。物理植根于生活。	黑格尔称其为“人类的导师”；马克思称其为“古代最伟大的思想家”；恩格斯称其为“古代最博学的人”；哈佛大学的校训：“让柏拉图与你为友，让亚里士多德与你为友，更重要的，让真理与你为友。”
伽利略	如果没有摩擦，一旦物体具有某一速度，物体将保持这个速度运动下去，运动不需要力来维持。	实验＋逻辑推理	由于惯性，地面上运动的物体做匀速运动。地面上的物体之所以会停下来，是因为物体受到了摩擦力。	把实验方法引入了物理学研究，标志着“物理学的真正开端”，物理学科是“实验”的。	爱因斯坦的评价：“伽利略的发现以及他所应用的科学推理方法是人类思想史上最伟大的成就之一，它标志着物理学的真正开端。”
笛卡尔	自然界一切物体都具有相同的本性——惯性，自然界一切物体基于惯性的自然运动都是匀速直线运动。	推理	突破了伽利略的“惯性”概念——认为惯性运动只能是匀速直线运动（包括速度保持为零的静止状态）。	用哲学家的敏锐眼光看到了伽利略工作的伟大意义，并对伽利略的结论进行了哲学式的推广。	牛顿说：“如果说我比笛卡尔看得远一些，那是因为我站在巨人的肩上。”
牛顿	一切物体总保持匀速直线运动状态或静止状态，除非作用在它上面的力迫使它改变这种状态。	实验＋推理	巩固了笛卡尔关于自然界一切物体本性和自然运动的认知，并进一步创造了科学的“力”的概念——使物体违逆自然本性做变速运动（受迫运动）的原因，即力是产生加速度的原因。	牛顿的《自然哲学的数学原理》一书表明物理学科是从自然哲学中分离出来的，物理学科始终是哲学的。	蒲柏：“自然与自然规律隐藏在黑暗中；上帝说，让牛顿降生吧！于是一切都有了光明。”

4. **力与运动的关系**

李冬裕认为，初中生不明白用什么方法判断物体的运动状态，头脑中受力分析的意识非常淡薄，没有领悟“力”和“运动”正如一枚硬币的两面，是不可分割的。在遇到问题时，学生会直接将自己的生活经验和感知等运用到该问题背景中，继而将大脑中储存的生活化的认识、理解直接作为答案，压根忘了从分析物体的受力情况去判断运动状态。这些问题充分暴露了学生的思维原型还处于前概念阶段，对于力和运动的思维方式还是非牛顿式的。

石国兵指出，在力与运动知识中，学生错误前概念特别多，因此建立知识体系非常重要。教师基于力与运动关系，帮助学生建立力、运动、力和运动的关系的知识体系，这对知识的学习能起到固本培元的作用，是学生解决问题的重要策略。

骆波依据概念认知复杂度和概念本体复杂度，对“力与运动”这一章概念进行分析，并倡导从日常经验出发，通过围绕运动和相互作用观念中的核心概念来通整教学实践活动，在建构运动与相互作用观念的同时，促进学科能力的发展（如图 9－19 所示）。

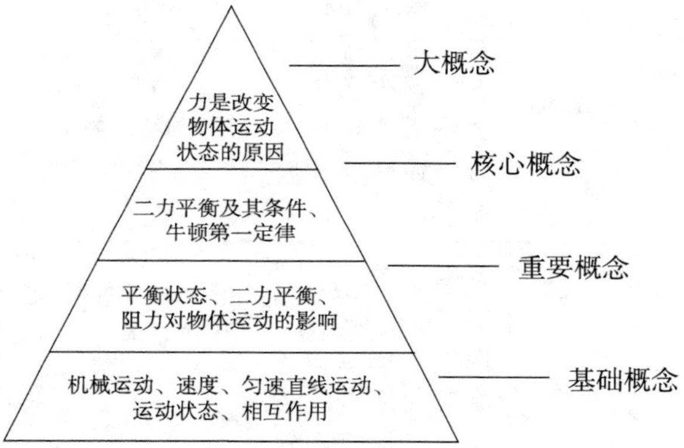

图 9－19

孙娟提出教学要呈现教材的前后联系，按概念的内在联系和逻辑关系，重组教学内容，让学生懂得以一个知识点或一个物理量等串联一片内容，形成知识脉络，让知识以思维导图或其他形式呈现。这符合人们大脑思考的方式，有利于学生理解、记忆和扩展（如图 9－20 所示）。

徐静提出力与运动的关系是对二力平衡和牛顿第一定律的小结，所以本节的教学设计既是对前面学习内容的总结复习，又帮助学生整合了全部内容，使知识框架更加丰富。在新课程理念下，本节教学设计要突出学生主体地位，让学生自主实验、自主探究、自主归纳，从而总结得出实验结论，而教师则要在课前精心设计实验内容，使其环环相扣，激发学生学习兴趣。

陈钰提出初中生由于错误表象而直接导致他们认为“力是维持物体运动的原因”，

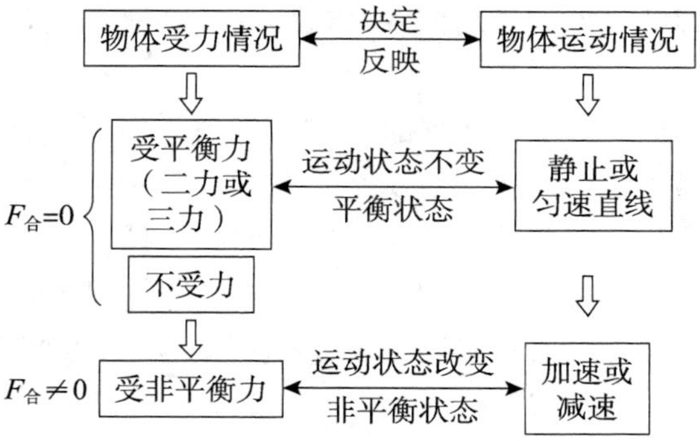

图 9－20

这块内容在义务教育课程标准的认知性目标中，处于较高的“认识”和“理解”水平。利用卡尔斯鲁厄物理课程（简称“KPK”）中的水流模型，帮助学生构建并形成了辅助理解物体做直线运动时的力，学生构建并形成了辅助理解物体做直线运动时的力与运动关系的方法，可以取得一定的教学效果。

曾德政提出，物理知识能解释一些生活现象，物理学习看重的应该是如何将物理知识运用到生活中，尤其是力和运动这一知识点，来源于生活也应用于生活。物理知识指导着我们的生活实践，要提高对物理的理解能力，就要多观察生活中的各种现象，分析与思考。只有正确认识到力与运动之间的关系，才能理解其他定律的基本内涵，根据物体实际的运动情况，尽量简化分析的过程，提高分析的准确性。通过实践的方式掌握两者之间的正确关系，并且将课堂上学到的理论知识运用到真实的生活中，才能促进自身的全面发展，做到真正地学以致用。

钱相如提出，力与运动的关系有三个核心问题需要在课堂上研究：一是由物体的运动状态判断物体的受力情况；二是由物体的受力情况判断物体的运动状态；三是对前面两个问题分别进行逆向分析，并在其基础上总结力和运动的关系。力与运动的课堂教学可通过学生活动来展开，利用一个乒乓球和一个水桶、细线、透明胶、双面胶、圆形磁体等来创设实际情境，把大家创设的情境画在实践卡上再进行合作学习，在合作中实现共享共学共创。

马留杰、滕玉英提出的认知学习理论，将知识分为“概念性知识”“形象性知识”“身体性知识”等认知形式，本章“力与运动”的融合教学实践立足于“概念性知识”和“形象性知识”，内化于“身体性知识”。这种通过“身脑联动”学习运动学知识的方式，促进了学生的“知行合一”，即将学生在教室所学的、抽象的、概念性的力学知识内化于在操场上真实的身体性认知。从知识的获得层面激发“智”与“身”的完整性，使学习形式互融共生，使学习内涵更具生命。

罗卓君、许溜涑提出，在物理教学中通过“做中学”的形式能够有效发挥学生的主体性，教师可结合学生的经验创设情境，引导学生经过观察和对比获得知识的拓展和提升。学生对力和运动的认识源于教材中的实验，能够了解单一情境中力与运动的情况，却不理解新情境中的力和运动，无法解决综合问题。力和运动的核心在于力和运动的关系的研究，教师可借助频闪照片来帮助学生补充知识盲点，促使学生转变思维方式。

汤子尧、赖韵全提出，从中学物理的“力与运动”知识来看，力与运动的物理概念大多是抽象的，普通中学生因自有知识水平有限，对于正确理解这些抽象的物理概念还是比较困难的。但生活实例是具体可见的，而物理概念的实质是对日常现象的理论解释。我们只要优选合适的生活实例，并利用相应的物理概念解释生活实例（在分析时去除某些中学物理深度应去除的附加影响因素），就能加深学生的理解，并能对抽象的物理概念进行详细、正确的解读。

蔡丽提出，关于力与运动，学生发生错误的很大原因是将物体的运动状态与受力情况孤立开来。所以教师可以设置恰当的情境让学生理解力与运动之间的关系并回忆有关力与运动的生活实例。如通过回顾过山车在平直的轨道上匀速前行，时而减速爬坡，时而加速俯冲，时而在竖直平面内翻转，结合情境来谈力与运动的关系。

顾宋博认为，初中生由于认知水平有限，对力与运动的关系有很多错误前概念。教师教学时可以通过创设问题情境，引发学生的认知冲突，产生“纠错”的内驱力。再利用物理实验创设直观情境，化解难点，纠正前概念中的错误成分，最后通过实际运用帮助学生全面理解正确的物理概念。

四、教学素材补充

1. 二力平衡的条件实验教材对比

六个版本教学关于二力平衡条件实验对比如表 9－8 所示。

表 9－8　六个版本教材关于二力平衡条件实验教学对比

教材版本	方案	步骤	优点	不足
北师大版	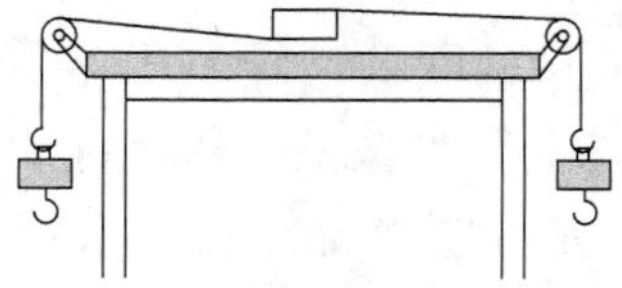 图 9－21	如图 9－21 所示，硬纸板两端各悬挂一个 50g 的钩码。（1）此时纸板受到的两个拉力的大小有什么关系？方向有什么关系？纸板能否静止？（2）把纸板扭转一下，使纸板的一边与桌面平行。此时纸板还能平衡吗？（3）在其中一个钩码下端再挂一个 50g 的钩码，纸板还能平衡吗？	没有摩擦力	使纸板的一边与桌面平行，两个拉力的方向不一定就反向且不在同一直线上。

续　表

教材版本	方案	步骤	优点	不足
人教版	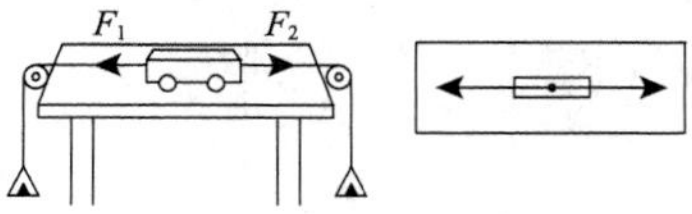 **图 9－22**	如图 9－22 所示，设计实验，探究二力平衡时它们的大小、方向、作用点应该有什么关系。	摩擦力小	有摩擦力，演示实验在水平方向，学生不易观察。
沪科版	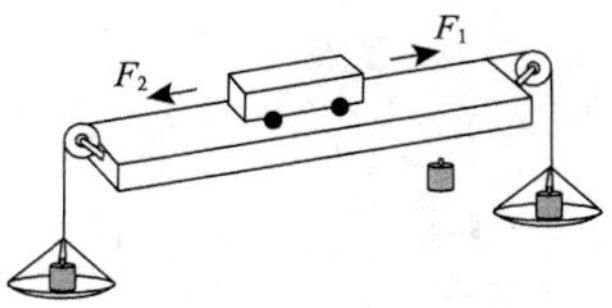 **图 9－23**	如图 9－23 所示，使木块转动一小角度，此时作用在木块上的两个力是否还在一条直线上？松手后木块怎样运动？（注：两个盘子里装的砝码相同。）	摩擦力小	没有保证此时力的方向相反。
沪粤版	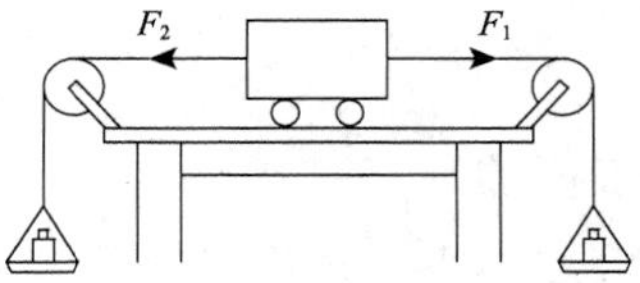 **图 9－24**	如图 9－24 所示，把小车放在光滑的水平桌面上，在两端的小盘里加砝码。根据下列三种情况，填好实验记录表：（1）两盘中砝码的质量相等；（2）两盘中砝码的质量不等；（3）两盘中砝码的质量相等，将小车转动一个小角度后释放。	摩擦力小	扭转到什么程度没有说明。
教科版	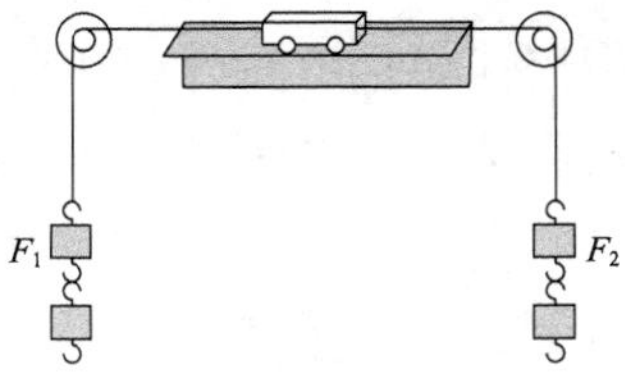 **图 9－25**	如图 9－25 所示，通过实验，分析小车在水平方向上所受的两个拉力有什么关系？（1）增减两端钩码的数目，观察小车在什么情况下静止，在什么条件下发生运动？（2）保持两端钩码数相等，观察拉力 F_1 和 F_2 是不是在一条直线上，把小车扭转一个角度，使拉力 F_1 和 F_2 不在一条直线上，观察小车的情况。	摩擦力小	没有保证此时力的方向相反。

续 表

教材版本	方案	步骤	优点	不足
苏科版	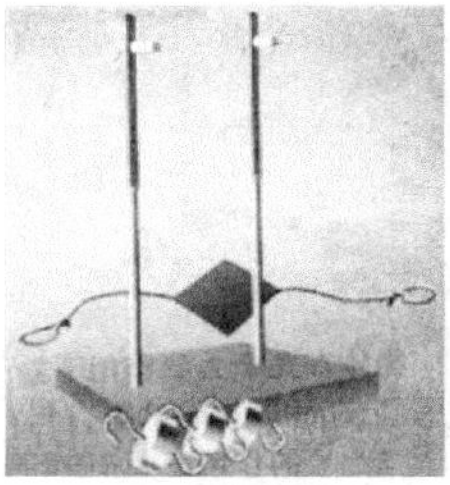 图 9－26	如图 9－26 所示，将系于卡片两对角的线，分别跨过左右支架上的滑轮。(1) 在线端挂上钩码，使作用在小卡片上的两个力方向相反，且在一条直线上。看一看，在什么情况下卡片处于平衡状态？在什么情况下卡片不能平衡？(2) 把小卡片转过一个角度，使小卡片受到的两个拉力不在一条直线上，但大小相等、方向相反。松手后，卡片能保持平衡吗？	没有摩擦力，重力可忽略	两个拉力不在一条直线上，但大小相等且方向相反，难以操作

2. 牛顿第一定律教材对比

人教版、沪科版和沪粤版教材都是先介绍亚里士多德的观点，然后再介绍伽利略的推理过程和斜面实验，最后得出结论，即物体受到阻力为零，速度就不会减小，物体以恒定不变的速度永远运动下去。北师大版教材是先介绍惯性的概念，然后再通过斜面实验推理得出结论，即一切物体总保持匀速直线运动状态或静止状态，直到有外力迫使它改变这种状态。苏科版和教科版教材是通过斜面实验和伽利略推理得出结论，即如果在理想的情况下，水平面绝对光滑，物体受到的阻力为零，这时它的速度不会减小，将以恒定不变的速度永远运动下去。

高中人教版教材是根据生活现象引出亚里士多德的观点，即必须有力作用在物体上，物体才能运动；没有力的作用，物体就要静止在一个地方。然后介绍伽利略的理想实验，即运动物体具有某一速度，它不受力，物体将做速度大小不变的运动。在此基础上介绍笛卡尔对伽利略研究的补充和完善，明确指出：如果不受外力作用，物体将永远运动，永远不会使自己沿曲线运动，而只沿直线运动，即总保持匀速直线运动状态。

六个版本教材新课导入的思路如下：人教版、苏科版、教科版等教材创设问题情境导入，北师大版教材以实验导入，沪科版教材以生活情境导入，沪粤版教材通过物理学史导入。六个版本教材都利用小车从斜面上同一位置（或顶端）滑下，比较其在粗糙程度不同的水平面上滑行的距离，通过推理得出结论。实验器材和步骤基本相同，只是在一些细节上有所区别。北师大版、沪科版教材对伽利略的理想斜面实验有详细介绍。

六个版本教材中关于阻力对物体运动的影响探究活动不同之处如下：（1）对比实验样本数量不同。在控制变量法的对比实验中，人教版教材只用了木板和棉布，其他版本教材都是用毛巾、棉布（或纸板）、木板、玻璃进行对比。这一实验是从特殊到一般的归纳，样本越多越有说服力。（2）实验方案详细程度不同。各版本教材都详细介绍了实验步骤、实验示意图，不同的是除了人教版教材以外，其他版本教材都给出了记录实验结果的表格，人教版、苏科版、沪科版、沪粤版教材还在实验之后用问题引导学生得出结论。

六个版本教材中关于牛顿第一定律的表述如表 9 – 9 所示。

表 9 – 9　　六个版本教材关于牛顿第一定律的表述

教材版本	牛顿第一定律的表述
苏科版	一切物体，在没有受到力的作用时，总保持静止或匀速直线运动状态。
人教版	一切物体在没有受到力的作用时，总保持静止状态或匀速直线运动状态。
教科版	一切物体在不受外力作用时，总保持匀速直线运动状态或静止状态。
北师大版	一切物体总保持匀速直线运动状态或静止状态，直到有外力迫使它改变这种状态。
沪科版	一切物体在没有受到外力作用的时候，总保持匀速直线运动状态或静止状态。
沪粤版	一切物体在没有受到外力作用的时候，总保持匀速直线运动状态或静止状态。

相对而言，北师大版教材更准确地阐述了力与运动的关系：物体运动状态的改变是在外力的作用下被迫发生改变的，即力是改变物体运动状态的原因。

3. 伽利略及其斜面实验

伽利略（1564—1642 年）生于意大利北部佛罗伦萨一个贵族家庭。他在科学上的创造才能，在青年时代就显现出来了。当他还是比萨大学医科学生时，就发明了能测量脉搏速率的摆式计时装置。后来，他的兴趣转向了数学和物理学，26 岁就担任了比萨大学的数学教授。由于他在科学上的独创精神，不久就跟拥护亚里士多德传统观点的人们发生了冲突，遭到对手们的排挤，不得不在 1591 年辞去比萨大学的教师职务，转而到威尼斯的帕多瓦大学任教。

在帕多瓦大学，伽利略开始研究天文学，成为哥白尼日心说的热烈支持者。他制造了望远镜，观测到木星的四颗卫星，证明了地球并不是一切天体运动环绕的中心。用望远镜进行观测，他发现了月面的凹凸不平，以及乳带似的银河原来是由许许多多独立的恒星组成的。他还制成了世界上最早的温度计——空气温度计。这些辉煌的成就，使他获得了巨大的声望。

1610 年，伽利略接受了图斯卡尼大公爵的邀请，回到他的故乡，担当了大公爵的宫廷数学家兼哲学家。伽利略这样做的目的是希望大公爵对他的科学研究给予资助。但是不久，他就受到教会的迫害。由于他勇敢地宣传哥白尼的学说，1616 年，被传唤到罗马的宗教裁判所。宗教裁判所谴责了哥白尼的学说，并责令伽利略保持沉默。1632 年，伽利略出版了《关于托勒密和哥白尼两大世界体系的对话》一书，被教会认为其违反了 1616 年的禁令。伽利略被召到罗马囚禁了几个月，受到缺席审判，遭到苦刑和恐吓，并被迫当众跪着表示“公开放弃、诅咒和痛恨地动学说的错误和异端”，最后被判处终身监禁，他的书也被列为禁书。

1632 年以后，伽利略致力于力学的研究，并于 1638 年完成了《关于两门新科学的对话》。由于教会的禁令，这部书无法在意大利出版，只能在荷兰秘密刊行。这部书是伽利略最伟大和最重要的著作之一。伽利略首先研究了惯性运动和落体运动的规律，为牛顿第一定律和第二定律的研究铺平了道路。他坚持“自然科学书籍要用数学来写”的观点，倡导实验和理论计算相结合，用实验检验理论的推导。

伽利略通过科学推理认为（如图 9－27 所示）：如果一切接触面都是光滑的，一个钢珠从斜面的某一高度 A 处静止滚下，由于只受重力，没有阻力产生能量损耗，那么它必定到达另一斜面的同一高度 B 处。如果把斜面放平缓一些，也会出现同样的情况，如 C、D 的高度。如果斜面变成水平面 E，则钢珠找不到同样的高度而会一直保持一种运动状态，并永远运动下去。

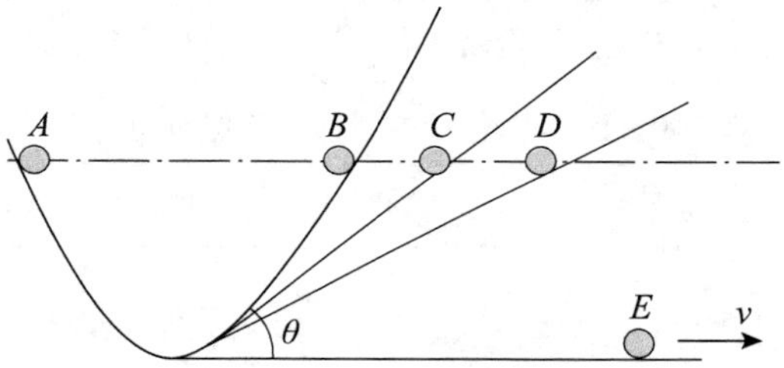

图 9－27

伽利略通过“理想斜面实验”和科学推理，得出的结论是：力不是维持物体运动的原因。法国科学家笛卡尔补充和完善了伽利略的观点，他提出：如果运动中的物体没有受到除原来的力更多外力的作用，它将继续以同一速度沿同一直线运动，既不停下来也不偏离原来的方向。牛顿总结前人的结论，得到了牛顿第一定律，即物体在不受力的时候，总保持匀速直线运动状态或静止状态，直到有作用在它上面的外力迫使它改变这种状态为止。匀速直线运动实质是匀速圆周运动。这个直线如同光线，是宇宙球面的弧线。

伽利略斜面实验的卓越之处不是实验本身，而是实验所使用的独特方法：在实验的基础上进行理想化推理（也称作“理想化实验”），它标志着物理学的真正开端。

4. 惯性演示实验

六个版本教材惯性演示实验对比如表 9－10 所示。

表 9－10　　六个版本教材惯性演示实验对比

教材版本	实验装置图	文字说明
人教版	惯性演示实验如图 9－28 所示。 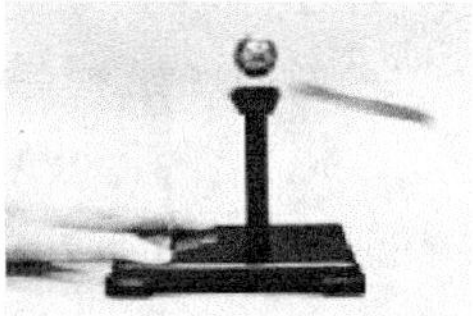 **图 9－28**	拨动簧片，使小球与支座之间的金属片弹出，小球没有飞出。解释发生这一现象的原因。
苏科版	图片分析＋学生自主设计实验	给出器材：重物、纸条、盛水的杯子、鸡蛋、硬纸片、小车、木块、棋子、木尺等，让学生设计能说明物体具有惯性的实验。
教科版	惯性演示实验如图 9－29 所示。 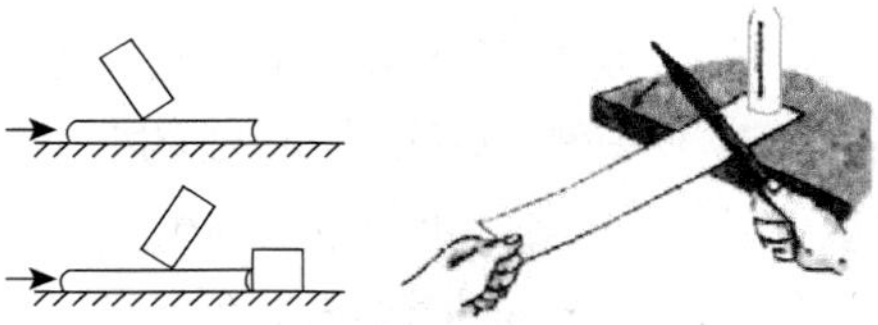 **图 9－29**	取一块橡皮擦竖直放在书上，当突然运动或突然停止运动时，观察橡皮的运动状态。将一小物体如钢笔帽，放在纸条上靠近边沿的位置，用铅笔猛击纸条，观察小物体的运动情况。
北师大版	惯性演示实验如图 9－30 所示。  **图 9－30**	猛然抽出玻璃杯下的纸条，迅速击打鸡蛋下的硬纸板，载有木块的小车突然受阻停止运动，会看到什么现象？为什么会发生这样的现象？
沪科版	惯性演示实验如图 9－31 所示。 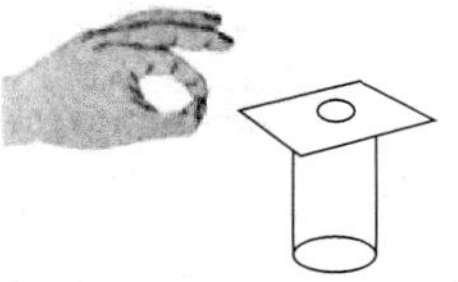 **图 9－31**	用水杯、硬纸片和硬币做实验，对实验结果进行分析、讨论。
沪粤版	惯性演示实验如图 9－32 所示。 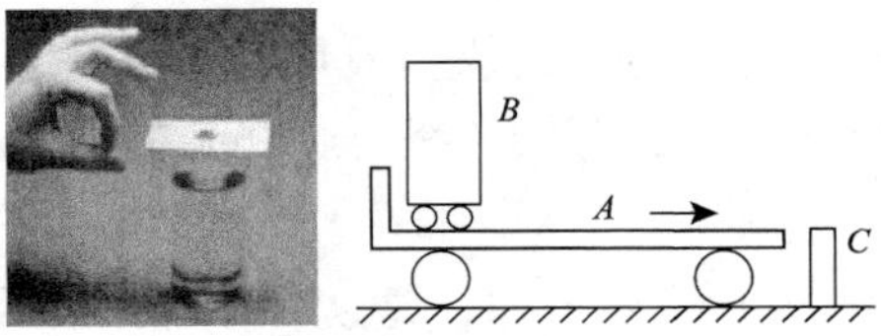 **图 9－32**	用手将塑料片迅速弹出去，硬币也会飞出去吗？小车上放带轮的木块，先使它们一起向右运动，当小车被挡板制动时，木块的运动情况会发生什么变化？为什么？

六个版本教材中惯性演示实验都取材于生活中常见的物品，操作简单，现象明显，教学效果较好。不同之处有：苏科版教材没有配置实验，要求学生自主设计实验，而其他版本教材则提供了实验装置图和实验方案，学生只需要了解实验步骤，观察实验结果即可；教科版、苏科版教材没有要求解释实验现象，其他版本教材则有此要求。

融合使用六个版本教材的建议：一是根据学生能力选择教学策略。如果学生基础好，可将学生分组，在课前给学生以必要的指导，让学生自己选择器材设计方案，然后在课堂上让学生进行实验，充分发挥学生的创造性，提高学生的课堂参与度，体现学生的主体地位。如果学生基础较弱，则教师可先按照教材的实验方案完成实验演示，在演示实验的基础上引导学生设计并完成其他分组实验。二是课标对于“惯性”的要求：能运用物体的惯性解释自然界和生活中的有关现象，所以无论是学生自己设计方案，还是按教材方案进行实验，都要详细、准确地分析并解释实验现象。建立“惯性”概念后，还要会用惯性知识解释生活中如系安全带、跳远助跑等实例，这样才能达到课标要求。三是为了保证实验成功率，实验中要强调操作细节，击打拉出动作要快，如“猛击纸条”“猛然抽出”“迅速击打”“迅速弹飞”。

5. 关于力与运动的关系的物理史话

历史上，关于运动的研究大致分为 4 个阶段，即亚里士多德阶段、伽利略阶段、笛卡尔阶段和牛顿阶段。在亚里士多德（前 384 年—前 322 年）所处的时代，运动被分为两大类：自然运动和受迫运动。在亚里士多德看来，地球上的物质是由水、气、火、土四种元素组成的，每个物体都有自己的位置，火的自然位置在上，土的自然位置在下，气和水在中间。自然运动指偏离固有位置的物体回到固有位置上的运动。如地面物体的自然运动沿直线进行，轻者上升，重者下降；天体的自然运动永恒地沿着圆周进行。受迫运动指物体在推或拉的外力作用下发生的运动，没有外力，运动就会停止。如停在地面上的小车，只有在推或拉力的作用下才会开始运动，而一旦推力或拉力撤销，小车的运动就会停止。从历史视角分析，在亚里士多德所处的时代，由于生产力水平低下，没有适当的仪器设备，无从进行系统的研究，难于认识并排除各种干扰，人们往往轻视经验，推崇通过理性思辨研究身边的世界。亚里士多德以对现实世界观察为基础，强调解释与观察吻合的思想方法，这已经是人类智力的进步。历史发展到伽利略（1564—1642 年）的时代，人们对运动的认识有了质的飞跃。伽利略是科学史上第一个用严格的科学论证提出惯性定律的科学家，但他并没有全面表述惯性定律。笛卡尔（1596—1650 年）弥补伽利略的欠缺。尽管以现在的观点分析，笛卡尔提出惯性定律的基础是唯心的，但后人也将笛卡尔所谓的“上帝安排”解读为“自然规律”。因此，笛卡尔还是人们公认最早完整地表达惯性原理的科学先辈。从亚里士多德到伽利略再到笛卡尔，人类对于自然的认识逐步深入，历史发展到牛顿所处的时代，科学的紧迫任务是承前启后，站在新的高度将以往大师们的努力综合为统一理论。

6. 牛顿第一定律的意义

从前面的介绍中我们知道，牛顿第一定律或惯性定律，是从伽利略、笛卡尔到牛顿几位杰出科学家的成果中总结出来的自然定律，它否定了几千年来人们关于运动和力的错误观念。通过不受力作用的物体的运动状态的描绘，揭示出周围环境对物体施加的作用力是物体运动状态变化的原因。只有在此基础上才有可能进一步研究受力作用的物体运动变化的规律。所以牛顿第一定律的建立，在观念上是革命性的变革，在科学的动力学体系中是不可缺少的重要基础。

我们可以从以下几个方面深入理解牛顿第一定律的丰富内涵和它的重要意义。

（1）提出了力概念的定性定义

牛顿第一定律通过不受力的物体的运动状态的描绘，给出了力概念的定性定义。牛顿在表述他的第一定律前的定义中明确提出：力是物体对物体的作用，使物体改变静止或匀速直线运动状态。这就对力概念给出了定性的、科学的定义。其要点之一是力的起源：力是物体对物体的作用（牛顿第三定律进一步揭示物体间力的相互作用性质的规律），力存在于这种作用过程之中；其要点之二是力作用的效果：使受力物体的运动状态发生变化，即产生加速度。

在运动定律方面牛顿超过伽利略的重要方面之一，就在于牛顿科学地定义了“力”这个重要概念。这一概念的提出不仅使原来关于推、拉这种关于力的模糊认识上升到科学概念，从而大大拓宽了人们对力的认识，拓宽了力的范围；还使人们根据上述的两个要点，超过以前停留于推、拉这种直接的作用，去认识更大范畴内的作用力，包括引力、电磁力等。

（2）惯性概念的确立

牛顿第一定律表明：每一个物体都具有保持静止或沿直线做等速运动状态的属性，这就是惯性。牛顿在陈述第一定律前的定义中，明确定义了“惯性”这一概念，他指出：“惯性是一种起抵抗作用的能力，它存在于每一物体当中”，这种抵抗作用的能力，“使之保持其现有状态，或者静止，或是匀速直线运动”。显然，这里所说的起抵抗作用的能力，是指对外界改变物体运动状态的作用的抵抗能力。

因此，惯性是物体固有的属性，不论物体是否受力都具有的性质。当物体没有受外力作用时，静者恒静，动者恒做匀速直线运动，是物体惯性的表现；当物体受到外力作用时，物体的惯性表现于对外界作用的“抵抗性”（牛顿所说的“抵抗能力”的含义）。这种“抵抗性”在牛顿第二定律中将得到进一步的定量的阐明。

（3）定义了惯性系

参考系是判断动、静，描述物体运动的依据，人们可以任意选定一个参考系来对自己感兴趣的物体运动进行描述。对任一物体，不管它是否受力，都可以找到一个参考系，在此参考系中，该物体是静止的或做匀速直线运动的。可见，离开参考系谈惯性定律是毫无意义的。

牛顿第一定律把“不受其他物体作用力”作为“物体继续保持静止或匀速直线运动”的条件，就界定了牛顿力学适用于一类特殊的参考系，这类特殊的参考系就是不受力作用的物体在其中静止或做匀速直线运动的参考系，称为惯性系。牛顿第一定律正是通过不受外界作用的物体的运动状态来定义惯性参考系的，从而使它成为整个力学甚至物理学的出发点。

牛顿在他的《自然哲学的数学原理》中对他讨论的运动构想的参考系是“绝对空间”。他声明他将讨论的运动是在“绝对空间”中的真正运动。在后面的推论中，牛顿又指出“在绝对空间中做匀速运动并不做任何转动的空间内，一切运动按同样方式进行”。按牛顿所想象的绝对空间，是他设想的宇宙的不动的中心。从今天的观点看，绝对空间的观念是不对的，早已被否定了。但从历史的角度看，在三百多年前的牛顿要为他讨论的运动引入一个客观标准“绝对空间”，并吸取伽利略相对性原理，提出“在绝对空间中做匀速直线平动（无任何转动）的空间内”，运动定律同样成立，确实是很不容易的。这就把运动定律所适用的参考系由抽象的一个“绝对”，变为许许多多可供选择的具体参考系了（现代称为惯性系）。爱因斯坦认为，牛顿引入绝对空间，对于建立他的力学体系是必要的。这是在那个时代“一位具有最高思维能力和创造力的人所能发现的唯一道路”。

第十章　压强和浮力

第一部分　压强

一、课标分析

（一）课标要求

本章内容对应2022年版课标课程内容一级主题“运动和相互作用”下的二级主题“机械运动和力”中的部分内容，以及一级主题“实验探究”下的二级主题“探究类学生必做实验”中的一个实验。涉及的学科内容与日常生活和自然现象联系密切。课标要求如下：

2.2　机械运动和力

2.2.7　通过实验，理解压强。知道增大和减小压强的方法，并了解其在生产生活中的应用。

例8　估测自己站立时对地面的压强。

2.2.8　探究并了解液体压强与哪些因素有关。知道大气压强及其与人类生活的关系。了解流体的压强与流速的关系及其在生产生活中的应用。

例9　了解铁路站台上设置安全线的必要性。

活动建议：

（3）查阅资料，了解我国“奋斗者”号载人潜水器的深潜信息，讨论影响其所受液体压强和浮力大小的因素。

（4）查阅资料，了解我国长江三峡水利枢纽工程中船闸是怎样利用连通器特点让轮船通行的。

4.2　探究类学生必做实验

4.2.3　探究液体压强与哪些因素有关。

例3　用水、盐水、压强计等，探究液体压强与哪些因素有关。

（二）课标解读

课标中的2.2.7对学生提出了物理观念和科学思维素养的要求，学生应当形成基本的物理观念，理解压强，能说出生活中常见的增大压强和减小压强的事例。要求学生具有科学素养，能通过控制变量法和转化法来设计探究影响压力作用效果的因素的实验，并能合理选择实验器材进行实验探究。对于不同器材组合所对应的不同探究方法，进行交流讨论并能质疑创新。

课标中的2.2.8，对学生分别提出了物理观念、科学思维和科学探究等方面的要求。要求学生经历实验，研究并了解液体压强与哪些因素有关，知道大气压的存在及其与人类生活的关系。通过实验探究，了解流体压强与流速的关系。

课标中的4.2.3是探究类学生必做实验——探究液体压强与哪些因素有关，对学生的科学思维与科学探究能力提出要求，要求学生在提出问题、收集证据、解释现象、反思交流等过程中学会科学探究。

二、教材分析

（一）各版本教材对比

现行的六个版本教材均将压强的相关知识编排在八年级下册。学生在学习压强之前已经接触过力学基础知识，初步形成了运动和相互作用的物理观念，会通过力的示意图来表示力。此外，八年级下学期的学生已经可以较为灵活地运用转化法、控制变量法、等效替代法等物理实验方法，这对于压强内容涉及的实验探究起到了十分重要的铺垫作用。根据课程标准对这部分的要求，各版本教材章节安排如表10－1所示。

表10－1　各版本教材章节安排

教材版本	章次	节名称
人教版	第九章	压强；液体的压强；大气压强；流体压强与流速的关系
北师大版	第八章	压强；液体内部的压强；连通器；大气压强
教科版	第九章 第十章	压强；液体的压强；连通器；大气压强；在流体中运动
沪粤版	第八章	认识压强；研究液体的压强；大气压与人类生活
沪科版	第八章	压力的作用效果；科学探究：液体的压强；空气的“力量”；流体压强与流速的关系
苏科版	第十章	压强；液体的压强；气体的压强

（二）教材编排特点

（1）除苏科版教材将压强和浮力合并为一章外，其他所有版本教材都把压强单独列为一章，浮力列为其后一章。

（2）关于连通器，北师大版和教科版教材将其单独列为一节，人教版、沪粤版和沪科版教材在液体的压强中穿插介绍连通器，苏科版教材不涉及相关内容。

（3）关于流体压强与流速的关系，人教版、教科版和沪科版教材将其单独列为一节，其他版本教材则是将其穿插在液体压强或气体压强中呈现，其中教科版教材通过

10.1“在流体中运动”将此内容与浮力知识合为一章进行编排。

（三）苏科版教材单元内容概述

苏科版教材中，将本章内容安排在八年级下册第十章。本章内容与生活联系紧密，教材的编排注重科学探究，分别介绍了日常生活中固态、液态、气态物体产生的压强，探究这些压强大小的影响因素，再利用这些规律解释日常生活中常见的与压强有关的现象，让学生初步具有应用压强知识解决生活中相关问题的能力。各节主要教学内容如表 10－2 所示。

表 10－2　　苏科版教材第十章内容概述

节名称	主要内容
10.1 压强	活动 10.1：观察与作图，给出压力的初步定义； 活动 10.2：探究影响压力作用效果的因素；压强定义、公式、单位，例题示范； 活动 10.3：估测人站立时对地面的压强；增大和减小压强的方法
10.2 液体的压强	活动 10.4：体验液体压强的存在； 活动 10.5：探究影响液体内部压强的因素；与液体压强相关的应用实例：潜水器
10.3 气体的压强	活动 10.6：体验大气压强的存在； 读一读：马德堡半球实验； 活动 10.7：估测大气压的值；简介气压计、大气压的变化； 生活·物理·社会：高压锅的原理； 活动 10.8：探究流速对流体压强的影响； 生活·物理·社会：飞机的升力

压强部分教材知识结构如图 10－1 所示。

三、教学建议

（一）单元教学思路

（1）整体思路按照固体—液体—气体—流体的顺序进行。

（2）遵循新课标课程理念：从生活走向物理，从物理走向社会。由生活现象引入课题，得出核心规律后再用以解释相关现象，提升知识运用能力。

（3）教学环节中注重科学探究，引导学生积极探索，提升分析问题、解决问题的探究能力与思维能力，培育学生核心素养。

（二）课时教学建议及教学方式

本章压强部分课时教学建议及教学方式如表 10－3 所示。

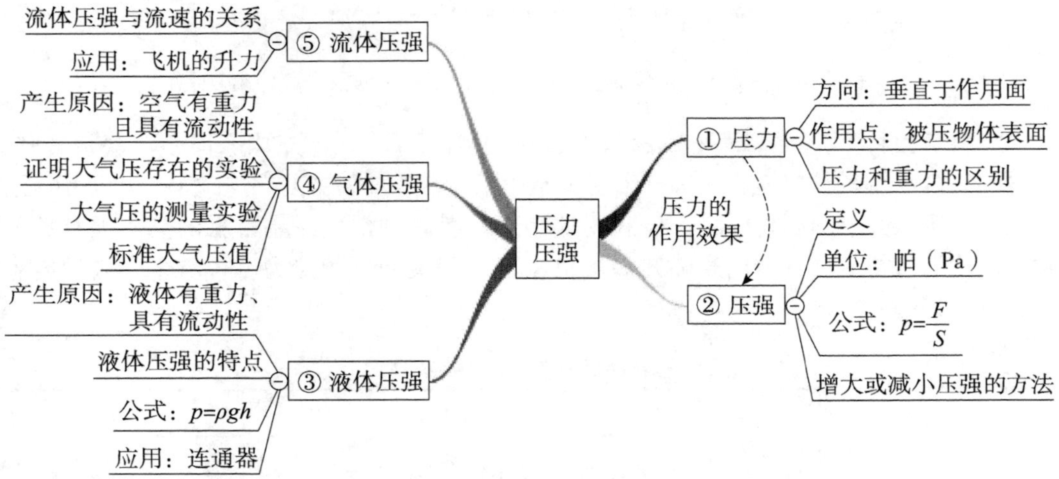

图 10－1

表 10－3　　课时教学建议及教学方式

节次	建议课时数	教学方式
压强	1 课时	讲授法、讨论法、分组实验等
液体的压强	1～2 课时	讲授法、讨论法、演示实验、分组实验等
气体的压强	2 课时	讲授法、讨论法、演示实验、分组实验等

（三）课例示范

第一节　压强

【课标及教材分析】

本节属于2022年版课标课程内容中一级主题“运动和相互作用”下的二级主题“机械运动和力”的部分内容。课程标准中的相关内容要求为：通过实验，理解压强。知道增大和减小压强的方法，并了解其在生产生活中的应用。

本节内容为苏科版教材第十章第一节。教材通过观察与作图，在复习力的示意图的同时，为压力概念的初步形成提供了情境，有助于学生通过寻找共同点来建立压力的概念。接着教材从力的作用效果出发，结合生活现象提出困难：仅仅建立压力的概念往往还不足以比较压力的作用效果，从而引出压强的概念。通过活动 10.2“探究影响压力作用效果的因素”引入压强概念，并进行计算示范。借助活动 10.3“估测人站立时对地面的压强”培养学生思考与动手解决问题的能力，巩固压强的计算方法。在“增大和减小压强的方法”的教学中，加深学生对压强概念的理解，培养学生解决实际问题的能力。

【学情分析】

学生在八年级下学期物理课中已经接触过力、弹力等概念，但还未明确提出压力这一概念；在小学数学课中已经学习过面积单位及其换算；在八年级物理课中多次运用比值定义法定义新物理量的实例，这些知识的储备对于定义压强及其单位起到了很好的铺垫作用。在八年级物理学习过程中，学生已经能够较好地运用控制变量法和转化法等思维方法，对设计本节重点实验“探究压力的作用效果与哪些因素有关”的方案十分重要。

【教学目标】

(1) 知道什么是压力，会画压力的示意图。

(2) 通过探究知道影响压强大小的因素，并能建立压强概念，知道压强的定义、公式。

(3) 知道国际单位制中压强的单位是“帕 (Pa)”。

(4) 经历测量人体对地面压强的过程，培养乐于和他人合作探究的团队精神，初步掌握测量、计算、表达的能力及用所学知识解决实际问题的能力。

(5) 知道增大和减小压强的方法，并能用这一方法对具体问题做出分析和判断。

(6) 能用压强公式进行简单的定量计算。

【教学重难点】

教学重点：探究压力的作用效果与哪些因素有关。

教学难点：运用比值定义法建立压强的概念。

【教学设计】

本节教学设计具体内容如表 10－4 所示。

表 10－4　　第一节教学设计

情境	教师活动	学生活动	设计意图
钉板压气球。（钉板、气球）	(1) 钉子可以戳破气球吗？ (2) 老师今天带来了一个钉板，上面有很密集的钉子，它们可以戳破气球吗？	(1) 思考，根据已有经验回答问题。 (2) 根据已有经验猜测结果，然后观察。	引入课题。

续 表

情境	教师活动	学生活动	设计意图
活动 10.1：按图钉、观察平衡木上的运动员（参见教材 76 页图 10－1）。	（1）按图钉时，我们的手会给图钉施加一个作用力，画出这个力的示意图。 （2）站在平衡木上的运动员会对平衡木施加一个作用力，画出这个力的示意图。 （3）思考这两个力的方向有什么共同特点？ （4）定义：这种垂直作用于物体表面的力叫作压力。	（1）作图。 （2）作图。 （3）思考交流，尝试寻找两个力的共同特点。	通过生活实例，复习受力分析的方法和力的示意图的画法。 通过两个具体的事例，提高学生总结概括、提炼事物共同点的能力。
（1）用手掌、手指夹气球； （2）用两根手指夹铅笔。	（1）压力相同时，压力的作用效果一定相同吗？ （2）用一只手掌托住气球侧面，另一只手伸出一根手指挤压气球的另一面中心，压力大小适度，避免气球破裂。 ①两只手对气球施加的力的大小相等吗？为什么？ ②两只手提供的压力对气球产生的效果相同吗？ （3）用左右两根食指夹住一支一端削尖的铅笔，使铅笔在水平位置静止。 ①两只手对铅笔施加的力的大小相等吗？为什么？ ②铅笔对两只手施加的力的大小相等吗？为什么？ ③两侧压力对手指产生的效果相同吗？ （4）你们认为压力的作用效果可能与哪些因素有关？	（1）思考。 （2）分组实验，针对教师的提问进行重点观察。 （3）分组实验，针对教师的提问进行重点观察。 （4）结合实验和生活经验提出猜想。	在学生切身体验的基础上，教师通过设计的驱动性问题，引导学生进行科学猜想。

续　表

情境	教师活动	学生活动	设计意图
活动 10.2：探究影响压力的作用效果的因素。	(1) 你们能设计实验验证以上猜想吗？提供教材上的器材。 (2) 请说说你们的想法。 (3) 动手操作。 (4) 你们观察到哪些现象？可以得出哪些结论？ (5) 总结结论： ①受力面积一定时，压力越大，压力的作用效果越明显。 ②压力一定时，受力面积越小，压力的作用效果越明显。 (6) 物理学中，是如何描述压力的作用效果的？ ①公式：$p=\frac{F}{S}$（比值定义法）。 ②单位：帕斯卡（Pa）。 ③物理意义：单位面积上所承受的压力大小。对于同一受压物体，压强越大，代表压力的作用效果越明显。 (7) 例题讲解：行驶中的坦克对地面的压强。 反思：①物体所受的重力和它对支持面的压力有什么区别？ ②如何判断受力面积？	(1) 学生分组讨论，选择器材，设计方案。 (2) 学生分组交流，相互评价，优化并改进实验方案。 (3) 学生分组实验，收集证据。 (4) 分小组汇报，形成统一结论。 (5) 做笔记。 (6) 阅读教材，自学，回答问题。 (7) 阅读题意，提炼信息，运用公式进行计算。 思考“反思”中的两个问题。	让学生自由选择器材，可以使课堂丰富多彩，有利于实验探究活动中“交流与讨论”环节的开展，从而对比不同小组选择方案的优势。同时也能发挥出学生的主观能动性，按照学生自己的设想，运用已有的科学思维进行实验设计、证据收集、现象解释等活动。
活动 10.3：估测人站立时对地面的压强。	(1) 坦克对地面有压强，我们人在站立时同样对地面也有压强。猜一猜同组同学中，谁对地面的压强最大？ (2) 如何测量人对水平地面的压力？需要什么器材？	(1) 学生思考并分组讨论。 (2) 分组实验。	通过贴近生活、贴近自身的例子，激发学生的学习兴趣与探知欲望；通过计算再次深刻领悟压强的含义。 培养学生会根据实际测量需求来选择测量工具的能力，掌握一种不规则图形面积的估测方法。

续 表

情境	教师活动	学生活动	设计意图
活动 10.3：估测人站立时对地面的压强。	（3）如何估测地面的受力面积？ （4）讲解估测受力面积的方法：在方格纸上画下脚印轮廓，被轮廓包围的方格算 1 格，被轮廓分割的方格算半格，数出总格子数后，乘以每一小格的面积。 （5）进行实验并收集数据。 （6）思考：①是不是体重越大的同学压强就越大？ ②实际的鞋底与地面的接触面与图示鞋印是否相同？会造成压强偏大还是偏小？	（3）思考并回答问题。 （5）分组实验。 （6）思考并回答问题。	让学生对自身双脚站立时对地面的压强数量级有明确的认识。
观察教材中的多幅插图：载重汽车、压路机、冰刀、地基、飞镖的箭头。	生活和生产中，有时需要增大压强，有时需要减小压强，方法各有哪些？ ①增大压强的方法：增大压力（如压路机的碾子）、减小受力面积（如飞镖的箭头）。 ②减小压强的方法：减小压力、增大受力面积（如地基、载重汽车的众多车轮）。	（1）学生思考、讨论，回答问题。 （2）思考生活中的其他实例。	体现了“从生活走向物理，从物理走向社会”的课程理念；培养学生学以致用的意识与能力。

第二节　液体的压强

【课标及教材分析】

本节属于2022年版课标课程内容中一级主题“运动和相互作用”下的二级主题“机械运动和力”的部分内容，以及一级主题“实验探究”下的二级主题“探究类学生必做实验”的部分内容。课程标准中的相关内容要求：探究液体压强与哪些因素有关。

本节内容为苏科版教材第十章第二节。教材通过固液类比以及现象观察，引出液体的压强；通过活动 10.5 引入压强计，探究影响液体内部压强的因素；最后运用所学知识解释生活与生产中的一些现象。其中“探究影响液体内部压强的因素”为新课标所规定的探究类学生必做实验。

【学情分析】

学生刚刚学习过固体压强，能够较为容易且自然地迁移至液体压强的学习过程中。在生活中，学生也具备了很多相关经验，如站在泳池中，当水没过肺部后，会觉得呼吸困难；潜水后会觉得耳膜受到压迫感；厨房水池中无水时，拔起底部橡皮塞较为容易，而装满水后再拔起橡皮塞就比较费力等。由生活经验不难猜测出，液体压强的大小与液体深度有关。但是如何让学生猜到液体压强的大小与密度有关，需要教师引导。建议方法有两个：一是通过小实验引出（详见“教学设计”）；二是通过均质直柱体的压强公式 $p = \rho gh$ 启发猜想。

【教学目标】

（1）通过实验认识到液体内部和液体对容器底部有压强。

（2）通过实验探究，了解影响液体内部压强大小的因素。

（3）培养学生关注周围现象的意识，使学生能主动参与探究，善于和同学合作，学会探究未知问题的方法。

【教学重难点】

教学重点：探究液体压强与哪些因素有关。

教学难点：理解压强计的构造及原理。

【教学设计】

本节教学设计具体内容如表 10－5 所示。

表 10－5　　第二节教学设计

情境	教师活动	学生活动	设计意图
准备一个立放的固体物块、一杯水。	（1）放置在桌上的固体物块，对桌面产生压强；水杯中的液体对杯底也会产生压强吗？ （2）你们有什么办法将液体对容器底部的压强显现出来？ （3）制作一个底部剪空并封有橡皮膜的塑料瓶，将水倒入瓶中，观察现象，思考原因。 （4）用针在塑料瓶侧壁上扎一个孔，观察现象，思考原因。	（1）思考并猜测。 （2）思考并讨论。 （3）观察到橡皮膜向下凸起这一现象，并得出液体可以对容器底部产生压强。 （4）观察到液体从小孔向外喷出，并得出液体对容器的侧壁有压强。	通过知识迁移，引入液体压强的概念，体现了迁移在学习过程中的积极作用，启发学生在将来的学习与探究活动中能有意识地做到自主迁移。

续　表

情境	教师活动	学生活动	设计意图
准备一个立放的固体物块、一杯水。	(5) 液体内部有向下的压强，有向四周的压强，还剩哪一个方向没有探究？如何说明液体内部存在向上的压强？ (6) 将下端封有橡皮膜的空玻璃管竖直插入装满水的容器中，观察现象，思考原因。 (7) 总结： ①液体内部存在压强。 ②液体内部的压强朝向各个方向。 ③液体存在压强的原因是液体受到重力的作用，并且具有流动性。	(5) 思考讨论。 (6) 观察到橡皮膜向上凸起，并得出液体内部存在向上的压强。	通过实验探究证实猜想。通过三个现象的观察，分别得出液体内部存在三种方向上的压强，进而提炼出“液体内部的压强朝向各个方向”这一结论。
实验器材： (1) 装满水的塑料瓶，瓶口敞开。 (2) 中间装有隔板的容器，隔板中有一块橡皮膜。	(1) 教师在塑料瓶侧壁水位高度一半以上处扎三个小孔，提问学生：你们看到了什么现象？关于液体压强的大小，你们有哪些猜测？ (2) 在容器左侧倒入足够深的水，液面需高过橡皮膜，在容器右侧倒入同样深的盐水，提问学生：你们看到了什么现象？关于液体压强的大小，你们有哪些猜测？ (3) 除此之外，你们还有哪些猜测？	(1) 学生观察到，距离液面越深的小孔，喷射出来的水柱越远。由此猜测：液体压强的大小可能与深度有关。 (2) 学生观察到，橡皮膜向盛水的一侧凸起。由此猜测：液体压强的大小可能与液体的密度有关。 (3) 猜测液体压强的大小是否还与方向有关。	培养学生依据事实，对科学探究进行合理猜测的能力。

续　表

情境	教师活动	学生活动	设计意图
探究影响液体内部压强的因素。	(1) 观察压强计。 ①讲解压强计构造：探头（塑料盒）、橡皮膜、橡胶软管、U 形管、染红的液体。 ②用手轻轻按压橡皮膜，观察现象；稍微用力按压橡皮膜，观察现象。 ③将探头伸入盛有水的大烧杯中，观察现象。 (2) 结合猜想，你们打算怎样设计实验探究过程。方案意见统一后，进行分组实验。 ①保持液体种类和探头所处深度不变，改变探头的朝向，观察 U 形管中液面高度差是否有变化。 ②保持液体种类不变，改变探头所处深度（记录每一次探头所处的深度），观察 U 形管中液面高度差是否有变化。 ③更换液体种类，将探头再次放置在②中的各深度处，观察 U 形管中液面高度差相对于②是否有变化。 (3) 根据实验现象，总结规律： ①同种液体的同一深度处，液体对各个方向的压强大小相等。 ②液体密度一定时，深度越深，液体的压强越大。 ③深度一定时，液体的密度越大，液体的压强越大。	(1) 观察压强计构造；理解压强计中的转化法思维：将橡皮膜处受到的压力（压强）大小转化为 U 形管中液面的高度差；理解等效替代思维：U 形管中液面的高度差也可以反映探头所处位置的液体压强的大小。 (2) 运用控制变量法设计实验过程，进行分组实验。 (3) 分析现象，得出结论。	将新课标中的探究类学生必做实验落到实处，扎实进行。本实验需要使用一种全新的仪器——压强计，其构造较为复杂，故需要进行充分的铺垫和解读，让学生理解其中暗含着转化法和等效替代法。 本实验是基于学生猜想之上运用控制变量法进行探究的过程。探究过程及数据记录难度不大，但是需要合理引导学生选择对照组并通过证据自主推出实验结论。

续 表

情境	教师活动	学生活动	设计意图
教材中的插图：水坝。	(1) 展示水坝截面图，提问：为什么水坝的截面要做成上面窄、下面宽的形状？ (2) 展示图片“潜水器”，提问：为什么深海潜水器需要安装很厚的钢板？ (3) 生活和生产中还有哪些实例运用了今天所学的知识？请举例。	(1) 运用今日所学，解释原理。 (2) 运用今日所学，解释原理。 (3) 思考并举例。	运用所学知识，解释生活与生产中的现象。

第三节　气体的压强

【课标及教材分析】

本节属于2022年版课标课程内容中一级主题“运动和相互作用”下的二级主题“机械运动和力”的部分内容。课程标准中的相关内容要求：知道大气压强及其与人类生活的关系。了解流体的压强与流速的关系及其在生产生活中的应用。

本节教材首先安排了探究活动，让学生体验大气压强的存在，给出大气压强的初步定义。接着教材介绍了物理学发展史中具有重要意义的马德堡半球实验和托里拆利实验，让学生体会到实验是物理学发展的基础。在给出标准大气压后，教材安排探究活动估测大气压的值，并让学生分析估测值与标准值不同的原因可能是什么？通过活动10.8探究流速对流体压强的影响，让学生了解到大气压的数值不是固定不变的，让学生感受到大气压的变化与人类的日常生活和生产有着密切的关系。

【学情分析】

学生在此之前已经了解了固体和液体都可以产生压强，这使得本节课的引入顺理成章。学生已经初步了解了液体对各个方向均有压强的原因是受到重力的作用以及液体具有流动性，可以将此对比迁移到气体压强。学生在小学科学课中进行过覆杯实验等证明气压存在的简单小实验、在生物课上了解过动物呼吸的气压原理，这些都是学生学习本节课之前已有的知识经验。

【教学目标】

(1) 通过实验，体验大气压的存在。
(2) 知道测量大气压强的方法，学会估计大气压的值。

（3）通过实验，了解流体的压强与流速的关系及其在生活中的应用，能简单解释飞机如何获得升力。

（4）通过观察和探究，培养学生形成关注周围现象的意识，学会探究未知问题的方法。

【教学重难点】

教学重点：证明并体验大气压强的存在；流体压强与流速的关系。

教学难点：估测大气压的值的实验。

【教学设计】

本节教学设计具体内容如表 10－6 所示。

表 10－6　　第三节教学设计

情境	教师活动	学生活动	设计意图
体验大气压强的存在。	（1）提问：我们学过了固体压强、液体压强，那么气体存在压强吗？ （2）塑料瓶内外都有气体，它现在没有瘪，能否说明大气一定有或一定没有压强？ （3）假如大气压强存在，如何才能让大气压强将塑料瓶压瘪？ （4）如何让塑料瓶内部的气体“跑出去”一点？ （5）演示实验：向塑料瓶中加入温度适当的热水，静置约 15 秒，倒出热水后盖紧瓶盖。观察现象。 说明：“温度适当”是指倒出热水前，瓶子不至于发生形变，需要课前尝试。 （6）这一现象说明了大气也具有压强。借助塑料瓶，你们还有哪些方法证明大气具有压强？ （7）观察塑料瓶被压瘪后的形状，说明大气压强朝向哪个方向？ 以上实验表明：大气对处在其中的物体有压强，这种压强叫作大气压强，简称大气压。	（1）思考并猜测。 （2）思考并回答问题：有可能是因为大气没有压强，也有可能是内外大气都有压强并抵消了。 （3）思考并给出思路：让塑料瓶一侧的气体减少。 （4）思考并回答问题：可以加入热水，通过热胀冷缩让瓶内气体减少。 （5）观察到：热水倒出前有大量“水汽”溢出；盖上盖子后，瓶子慢慢变瘪。 （6）用嘴“吸”走部分瓶内气体。 （7）大气压强朝向各个方向。	通过迁移，猜想大气存在压强。再通过启发引导，设计出表明大气存在压强的方法。在学生经历过较为震撼的现象观察后，给出大气压强的定义。

续　表

情境	教师活动	学生活动	设计意图
(1) 马德堡半球实验。 (2) 托里拆利实验。	(1) 简介马德堡半球实验。 (2) 用橡皮碗模拟马德堡半球实验，请力气较大的学生上台体验拉开的难度。 (3) 简介托里拆利实验，指出标准大气压值约等于 10 万帕斯卡。	(1) 学习并感悟科学发展史。 (2) 体验模拟马德堡半球实验。	介绍物理学史，体会物理学对人类认识深化的推动作用。
估测大气压的值。	(1) 利用身边器材，可以估测大气压的值。 (2) 介绍实验器材：2mL 的注射器、弹簧测力计、刻度尺。 (3) 实验步骤： ①将注射器的活塞推至注射器筒的底端，用橡皮帽封住注射器小孔。 ②用弹簧测力计钩住活塞上的细绳，弹簧测力计的另一端固定在墙上。水平向外缓缓拉动注射器筒，当活塞相对于注射器筒刚开始滑动时，记录下此时弹簧测力计的示数 F。 ③读取注射器上的最大体积 V，用刻度尺测出注射器上有刻度部分的长度 l。 ④依据公式计算出大气压强的粗略值： $p=\frac{F}{S}=\frac{F\cdot l}{V}$ (4) 将估测的大气压值与标准大气压值对比，思考造成差异的原因可能有哪些。 (5) 简介现代气压计。	(2) 分组实验。 (3) 分组实验。 (4) 思考并讨论。 ①如测量值明显小于标准大气压值，有可能是漏气，或筒内气体没有完全排尽造成的。 ②如测量值明显大于标准大气压值，有可能是活塞与注射器筒内壁之间的摩擦力较大造成的。	掌握运用实验室常见器材估测大气压的方法，体会其中的物理思想方法，学会分析各种情况可能带来的误差。

续　表

情境	教师活动	学生活动	设计意图
气压的大小与哪些因素有关？	（1）简介大气压与海拔高度、季节、天气等因素有关。 （2）简介密闭空间内气体的压强与温度、密度有关。 （3）阅读“生活·物理·社会”，思考“冷水复沸”的原因，理解高压锅的原理。	（3）思考并讨论，理解液面上方的气压越大，沸点越高。	完善知识体系，巩固学生对影响气压大小的因素，以及气压的变化又会带来哪些变化的理解。
飞机是如何升空的？	（1）飞机静止或低速运动时不能升空，高速运动起来后就可以获得升力，这是什么原因呢？ （2）探究流速对流体压强的影响。 ①纸条的一端按在嘴唇下方，向前吹气，观察现象。 ②向悬挂着的气球一侧吹气，观察现象。 ③向平放在桌面上的硬币表面吹气，观察现象。 （3）液体和气体统称为流体。 （4）研究表明，流速越大，流体的压强越小。 （5）解释飞机机翼的形状及其获得升力的原理；解释（2）中的三个小实验；解释一些日常生活中的实例，请学生思考并举例。	（2）观察现象，思考原因。 （5）联系生活实际，再举实例。	通过探究，知道影响流体压强变化的重要因素——流速；并运用流速越大压强越小这一规律分析生活和生产中的相关问题，从中体会物理学对社会发展的推动作用。

（四）重难点突破文献综述

1. 探究影响压力作用效果的因素

苏科版教材提供了丰富多样的材料以供学生选择。关于矿泉水瓶的使用，目前的主流做法：通过正放和倒放来改变受力面积，通过调节水量来改变压力的大小。需要指出的是，为了让矿泉水瓶在倒放时相对稳定，可以只盛放1/3左右的水量，以起到降低重心的效果。关于木板的使用，可以通过平放和立放来探究受力面积对压力的作用效果的影响。在探究时可以引导学生思考：能否使用“小桌、砝码、木板”组合进行实验？让学生思考后得出：由于木板的形变程度很不明显，所以不可以。还可以在得出结论后让学生反思：木板受压后几乎看不到形变，是否意味着影响压力作用效果的相关结论对于木板不适用？答案也是否定的。

沪科版教材所提供的器材也十分值得借鉴，使用两块相同的砖块和一块海绵进行探究，通过砖块的平放、立放以及两块砖的叠加平放，达到实验目的，最终得出结论。

2. 探究液体内部压强与哪些因素有关的一般顺序

学生在课堂上通常会提出三个猜测：影响液体内部压强大小的因素可能有液体的密度、深度和方向，其中方向是无关因素。进行这一实验时应当运用控制变量法，并且建议先排除“方向”这一猜想。所以实验第一步先探究使用同种液体，将橡皮膜放置在同一深度处，分别朝上、朝下和朝向侧面，比较压强计中两侧液面的高度差有无变化。由于绑定橡皮膜的塑料盒（探头）是有厚度的，所以在探究时应当严格保证橡皮膜的深度是相同的，而并非只是使塑料盒处于同一深度处就行了。当橡皮膜朝向侧面时，应尽量保证圆形橡皮膜的水平直径与之前的橡皮膜深度相同。这是因为当橡皮膜“竖”起来后，它自身的不同位置是有深度差异的，也就是说液体的压强是不同的。通过严格的推导可以证明，在这种情况下，我们可以用水平直径处的压强作为整个橡皮膜的平均压强。所以在做实验时，“方向不同、深度相同”的探究过程不能凭感觉来控制深度，最好借助刻度尺进行严格的深度测量。

3. 密闭空间内的气体压强与哪些因素有关

由理想气体状态方程 $pV = nRT$ 可推知 $p = \frac{n}{V}RT$，其中 p 为气体压强、V 为气体体积、T 为热力学温度、R 为摩尔气体常量 8.31J/（mol·K）、n 为气体的物质的量。若气体的质量为 m，摩尔质量为 μ，由 $n = \frac{m}{\mu}$ 又可推出 $p = \frac{1}{\mu} \cdot \frac{m}{V}RT = \frac{R}{\mu} \cdot \rho \cdot T$。可见，在气体种类确定的情况下，密闭空间内气体的压强随密度的增大而增大，随温度的升高而增大。

学生运用这些原理，可以解释教材中出现的很多小实验。如苏科版教材中“体验大气压强的存在”实验，易拉罐中装有少量水，被加热到产生大量“白气”时，罐内的水蒸气含量增大，且气体温度升高。此时停止加热，用橡皮泥封住罐口，罐内气体成了密闭空间内的气体。冷却过程中，水蒸气液化为水，导致罐内气体密度降低，同时空气冷却后，导致罐内气体温度也降低。根据前文结论可以得出，罐内气体的气压降低。当内部气压低至某一程度时，易拉罐在内外压强差的作用下，可以迅速被压瘪。

在苏科版教材“高压锅的原理”中，思考为什么对烧瓶底部泼了冷水后，瓶内的水会再次沸腾。当水第一次沸腾后，烧瓶内充满了水蒸气，此时将烧瓶口塞住，将烧瓶倒置。再向烧瓶底部泼洒冷水，烧瓶内的高温水蒸气遇冷迅速液化，倒置烧瓶，烧瓶内气体密度降低，水面上方的气压降低，水的沸点也随之降低。当水的沸点低于自身温度时，水可以短暂地重新沸腾。

掌握以上两条气压变化规律，对于学生学习九年级化学亦有着重要作用。

四、教学素材补充

1. 关于压强计

压强计可以比较液体内部不同位置压强的大小，但不能准确测出液体压强的大小。原理如下：当绑有橡皮膜的探头伸入液面以下后，橡皮膜受到来自液体的压强而发生形变，挤压了橡皮管和U形管一侧的内部气体，该部分气体的内气压增大，进而下压U形管中封闭一侧的液面，使得U形管另一侧液面相应升高，于是出现了液面高度差 Δh 。

根据压强平衡的关系可得 $p_{内} = p_0 + \rho g\Delta h$，而橡皮膜向内凸起，说明 $p_0 + p_{液} > p_{内}$，即 $p_{液} > \rho g\Delta h$ 。固定U形管的底座上所标记的刻度，只是为了方便定量比较液面高度差，但不能作为计算液体压强的依据。

要想提高压强计的精度，通常有两种做法：一是U形管内使用密度较小的液体。由 $p_{内} = p_0 + \rho g\Delta h$ 可知，在 $p_{内}$ 相同的情况下，所使用的液体密度越小，产生的液面高度差就越明显。二是使用内径更细的橡皮管和U形管。这是因为衔接处气体越少，压缩相同体积后造成的气压变化越大，由 $p_{内} = p_0 + \rho g\Delta h$ 可知，$p_{内}$ 越大则 Δh 越大。这一特点也可以通过实验证实。

2. 一种模拟飞机机翼和赛车尾翼的创新组合实验

实验器材：托盘天平一架（无须砝码）、电吹风一只。托盘形似赛车尾翼截面，如将托盘倒置，则形似飞机机翼截面。

模拟飞机机翼：将一侧托盘倒扣在横梁托架上，调节天平平衡。用电吹风的出风口对准倒扣的托盘，保证送风时托盘上下表面都有气流流过。打开电吹风后，会发现被风吹的托盘“升起”。至此可以分析原理：空气流过凸起的上表面，流速增大，压强减小，压强差使得高速行驶的机翼获得向上的压力差，即升力。

模拟赛车尾翼：将刚才倒扣的托盘恢复，正置在横梁托架上，由于托盘质量和水平桌面均未发生变化，所以不需重新调节天平平衡。打开电吹风，用同样的方式向任一托盘水平送风，会发现被风吹的托盘“下降”。至此可以分析原理：空气流过凸起的下表面，流速增大，压强减小，压强差使高速行驶的赛车获得向下的压力差，从而紧贴赛道，增大摩擦。

改变风速，对比现象：大部分电吹风都可以调节两档风速。开低速挡吹托盘时发现，天平指针偏转的速度缓慢。开高速挡吹托盘时发现，天平指针偏转十分迅速。对比该现象后可以解释生活现象，飞机需要增加到一定的速度才能升空，加速初期开动缓慢时，上下压力差也不足以让飞机起飞。

3. 竖直面上受到的液体压力及其“压心”——以矩形面为例

（1）竖直矩形面受到的液体压力等于中间深度的压强乘以矩形面的面积

证明：如图10－2所示，长为 a，高为 h 的竖直矩形面受到来自左侧的，密度为 ρ 的液体的压力。在液体深度 x 处取极小竖直长度 $\mathrm{d}x$，则该极小长度对应的极小矩形面积为 $a \cdot \mathrm{d}x$ ，该处液体压强为 ρgx 。所以极小矩形面积 $a \cdot \mathrm{d}x$ 所受到的液体的压力为 $\rho gxa \cdot \mathrm{d}x$ 。

整个竖直矩形面受到的压力 $F=\int_0^h \rho g a\cdot x\mathrm{d}x=\frac{1}{2}\rho g a\cdot h^2$。

将结果表示为 $F=\rho g\frac{h}{2}\cdot ah$，其中 ah 为矩形面的面积，$\rho g\frac{h}{2}$ 就是中间深度处的压强。

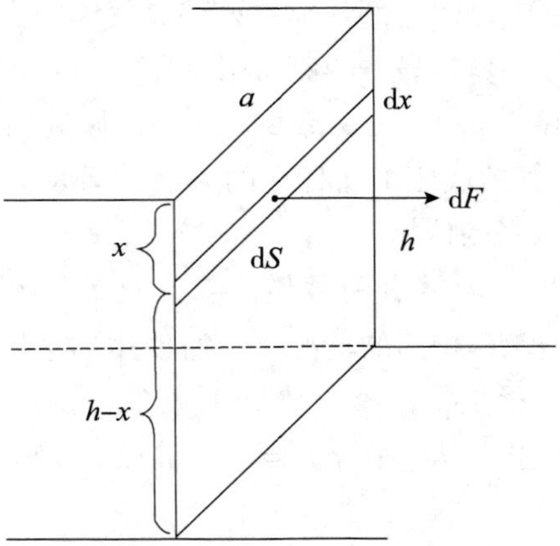

图 10－2

（2）液体压力对竖直矩形面的等效作用点（“压心”），位于矩形面的1/3高度处

证明：极小矩形面上的压力 $\rho gxa\cdot\mathrm{d}x$ 对于矩形底部的力臂为 $(h-x)$，则该压力对于矩形底部的力矩 $\mathrm{d}M=\rho gxa\cdot(h-x)\cdot\mathrm{d}x$（如图10－2所示）。

矩形面受到的液体压力对于矩形底部的总力矩为

$$M=\int_0^h \rho gxa\cdot(h-x)\cdot\mathrm{d}x=\frac{1}{6}\rho gah^3$$

将该结果表示为 $M=\rho g\frac{h}{2}\cdot ah\cdot\frac{h}{3}$，不难发现，$\rho g\frac{h}{2}\cdot ah$ 是液体对竖直矩形面的总压力，而 $\frac{h}{3}$ 就是总压力对于竖直矩形面的等效作用点“压心”的位置。

第二部分　浮力

一、课标分析

（一）课标要求

本部分内容主要对应2022年版课标课程内容一级主题“运动和相互作用”下的二级主题“机械运动和力”中的内容，课标要求如下：

2.2.9　通过实验，认识浮力。探究并了解浮力大小与哪些因素有关。知道阿基米德原理，能运用物体的浮沉条件说明生产生活中的有关现象。

例10　了解潜水艇的浮沉原理。

（二）课标解读

浮力是一个比较抽象且与多因素有关的物理量。课标对浮力的要求包含三个方面：一是通过实验，认识浮力。这是一条既有过程要求，又有结果要求的标准，其中结果要求较高，为“认识”水平。二是提出了探究并了解浮力大小与哪些因素有关的要求，让学生经历探究过程。三是对阿基米德原理的要求为“知道”层次，并提出运用物体的浮沉条件说明生产生活中的一些现象，要求将浮力的知识与生活实际相联系。

课标对浮力的三个要求由浅入深，不仅让学生学习浮力的基础知识，还对学习方式提出要求，让学生在实验与探究中认识浮力，并将所学知识运用到生活中。对于浮力，不要求进行复杂的综合性计算。教学要提供给学生充足的实践活动机会，以二力平衡为线索，设计一系列的实验探究和推理论证，并辅以多个观察、讨论、动手实践和分享等活动。教学时要根据教学目标、内容、对象及教学资源等情况，灵活选用教学方式，合理运用信息技术，提倡物理教学方式的多样化。教学中，应该让学生亲身经历各种探究过程，突出问题导向，强调真实问题情境，引导学生在不断探索中解决物理问题，获得多方面能力的锻炼，通过物理课程的学习发展核心素养。

在教学中，还要注重贴近学生生活，聚焦学习生长点。浮力是生活中常见的一种力，且学生有一定的感性认识，这一知识基础，将引领学生从生活走向物理，从感性认识向理性思考发展。笔者通过对现行课标（教学大纲）的研究得出下面几点结论：其一，“浮力”教学内容有所减少并且对知识本身的要求显著降低，某些内容如“浮力的应用”的自由选择度增大了，但是对于“浮力”相关知识规律的探究越来越重视，并且要求有所提高；其二，从强调知识转向突出能力培养，注重科学素养，尤其是开始大力关注科学探究能力的培养；其三，更加关注非智力因素，提倡保护学生学习、探索兴趣的观念，使学生获得一定的满足感和兴奋感；其四，更强调前沿科技在基础物理教育中的渗透作用，以及科学、技术与社会（STS）观念的渗透。

二、教材分析

（一）各版本教材对比

1. 浮力章节在教材中的编排

以下四个版本教材中有关浮力知识的章节编排如表 10－7 所示。

表 10－7　各版本教材章节安排

教材版本	章次	节名称
人教版	第十章	浮力；阿基米德原理；物体的浮沉条件及应用
教科版	第十章	认识浮力；科学探究：浮力的大小；沉与浮
沪粤版	第九章	认识浮力；阿基米德原理；研究物体的浮沉条件
苏科版	第十章	浮力；物体的浮与沉

以上四个版本的教材在编排顺序上基本是一致的，除上海科学技术出版社和广东教育出版社联合出版（沪粤版）的教材外，其他教材关于浮力一节的教学都是建立在学生已经掌握了力、力与运动的关系、压力、压强、流体压强与流速的关系等知识基础之上。与之稍有不同的是，沪粤版教材将流体压强与流速的关系放在了物体浮沉条件之后。

仔细想来也不无道理，对于浮力的产生原因和阿基米德原理的得出过程都是基于浸在流体中的物体，其不同位置所受压强是由流体的密度和物体在流体中所处深度决定，我们不妨将其称为静态下的压强。而学完流体压强与流速的关系后，我们会发现流体的压强变得更为复杂，它除了受以上两个因素影响以外，还受流体流速的影响。如果我们采用以上方式对压强进行分类，可以分为两类：一类是静态，另一类是动态。此时再用浸在流体中的物体上下表面的压力差解释浮力产生的原因，阿基米德原理便不再成立，这无疑会加深教材的深度，同时加大学生的学习难度。出于以上考虑，沪粤版教材将由于静态压强，即液体产生的上下表面的压力差称为浮力，而将由于流体流速不一致造成的物体上下表面压力差称为升力，这样将问题简单化，避免了学生认知上的冲突。

2. 苏科版教材中关于浮力部分的知识结构图

浮力部分的知识结构如图 10－3 所示。

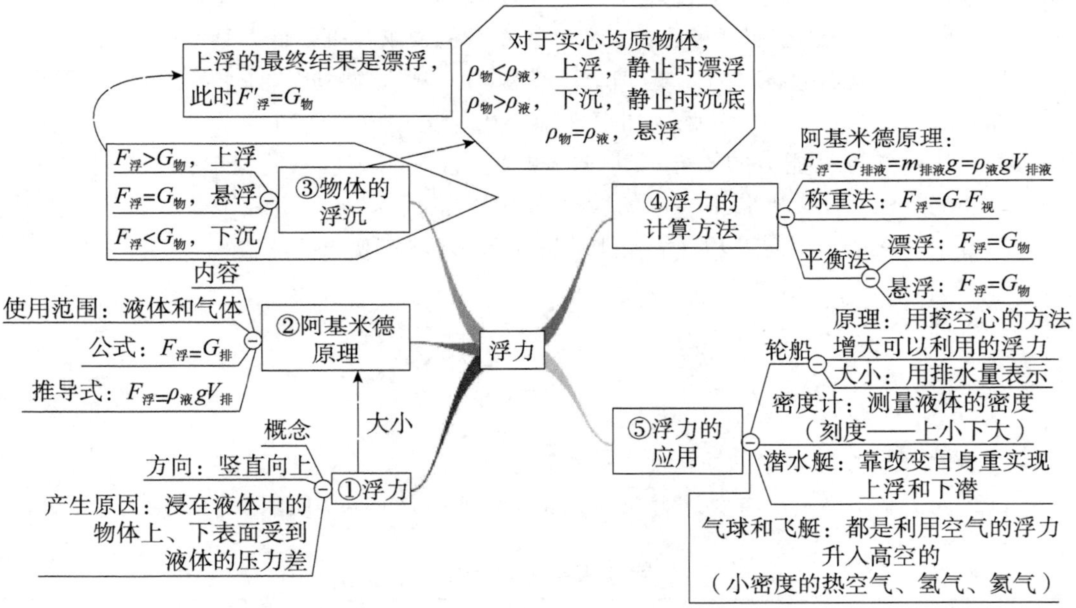

图 10－3

3. 分析与评价

（1）概念得出

在概念得出这一环节设计上，依旧是除沪粤版教材以外，其他三个版本的教材都是遵循由特殊到一般，再由一般到特殊的设计思路，先列举了生活中有关浮力知识的现象，得出浮力概念，再对浮力概念进行辨析，通过实验得出特殊情况，即下沉的物体也受浮力。与之不同的是，沪粤版教材则是在验证了漂浮和下沉的物体都受到竖直向上的托力后，方才给出浮力的概念。该版教材力图证明浸在流体中的物体在各种不同状态下都受到竖直向上的托力后再得出浮力概念，但事实上很多时候证伪比证实要容易得多，我们不可能对所有情况一一考证。比如我们很难通过实验或者经验证明沉底的物体会受到液体竖直向上的托力。因此，笔者认为在列举了生活中许多常见的能够证明物体受到浮力的例子后，先给出浮力的概念，再在此基础上研究这种特殊的情况——下沉的物体是否受到浮力作用，更为合理。

对于浮力的定义，人教版教材给出的是：浸在液体中的物体受到向上的力。笔者认为液体和气体有很多共同特点，无论从知识本身，还是从学生的认知水平出发，将浮力的概念定义为一切浸在液体和气体（流体）中的物体都会受到液体或气体竖直向上的托力更为完整与合理。

对于概念的理解，笔者比较倾向于教科版教材的设计理念，该版本教材在给出浮力概念后，进行了“用手把乒乓球按入水中”“把物块从水中托出”“用线把木块拉入水中”三个小活动，让学生亲身感受浮力的存在，对浮力有一个感性认识。在此基础上，用称重法测出浮力大小，同时进一步证明了下沉的物体也受浮力作用。

（2）探究影响浮力大小的因素

以上四个版本的教材都遵循了科学探究的七个步骤，但苏科版教材真正做到将科学探究落到实处，回归探究初衷。从猜想到设计实验，再到进行实验、得出结论等各个环节，苏科版教材中没有对学生的思维进行过多的干涉。如在猜想影响浮力大小因素环节中，苏科版教材完全是开放的，让学生结合自己的经验提出一切合理的猜想，教师需要做的不是跳过猜想，直接给出影响浮力大小的几个因素，而是将课堂交给学生，让学生自由、合理地猜想。在猜想环节结束后，教师引导学生对已有猜想进行归类、统合。对比苏科版教材，其他三个版本的教材则在书本中占用了比较长的篇幅，在分析生活中已有的现象和经验的基础上，直接给出几个合理的猜想。从浮力章节的教学成果来看，四个版本教材最终都教会学生影响浮力大小的因素有两个，一个是液体的密度，另一个是物体排开液体的体积。但从物理学科教学目的角度看，苏科版教材对探究实验的处理手段更加有利于锻炼学生思维，提高学生科学素养。

（3）阿基米德原理

科学探究一般分为两种方式，一是理论分析，二是实验探究。除苏科版教材以外的其他三个版本的教材，都是通过将理论分析与科学探究相结合的方式得出阿基米德原理的。它们先从影响浮力大小的两个因素出发，将液体密度和排开液体体积两个因素合并为排开液体的质量一个因素，由此提出探究目的：探究物体所受浮力大小与其排开液体的重力的关系，最终通过实验得出阿基米德原理。

而苏科版教材则与之不同，它考虑到学生现有的认知水平和探究能力，将实验探究改为通过实验验证阿基米德原理的正确性，没有烦琐的理论分析，直接给出阿基米德原理：$F_{浮}=G_{排}$，让学生感受物理的简洁美，进而让学生产生探究的欲望，再通过实验验证阿基米德原理的正确性，让学生从心理上接受它。

（二）苏科版教材单元内容概述

“浮力”是苏科版教材第十章的内容，是流体静力学中应用性较强的一个基础知识，也是初中物理的重要知识。初中生所学的相关知识是一个以浮力概念为基点，以阿基米德原理为核心，以物体的浮沉条件为其表现形式的体系。绝大多数初中学生对浮力非常感兴趣，但又普遍反映该知识点比较难学，是初中学生学习物理的一个很大的分化点。其教学内容有以下几个特点：

（1）内容的抽象性。初中学生的思维以具体形象思维为主，然后逐步过渡到抽象逻辑思维。按照皮亚杰的认知发展阶段理论来衡量，初中学生的物理思维基本上还处在具体运算阶段和前运算阶段。这个阶段学生的思维一般还离不开具体事物的支持，还要依靠物体、实物和能观察到的事物来进行，不能依靠词语、假设等来进行。但是对“浮力的形成原因”“下沉的物体是否受到浮力”等一系列问题的认识，都要求学生具有较高的想象能力和抽象思维能力。虽然学生在日常生活经验中对浮力积累了很多感性认识，已经具备学习本章知识的有利因素，但是由于学生没有经过科学的分析、抽象、概括，只凭某些粗浅的观察、分析形成了一些另有概念，而且这些另有概念相当顽固，成为学生学习浮力知识的思维障碍，这也是浮力教学要克服的难点。

（2）知识的综合性较强。在理解并掌握力、二力平衡、二力合成、密度和液体内部压强的基础上来研究浮力。对浮力的形成原因、下沉的物体是否受到浮力、浮力公式的推导等一系列问题需要通过受力分析，再由力的合成结合数学模型的推导得出，具有较强的理论性。可以说浮力是对前面知识的深化和综合。

（3）教学内容体现了许多科学方法。浮力教学中包含了多种科学研究的方法，如：阿基米德原理用到了猜想验证法，物体的浮沉条件用到了理论分析法，曹冲称象及阿基米德判断皇冠真伪的故事中用到了等效法。在探索浮力规律的过程中，培养了学生的科学态度，发展并提高了学生分析问题的能力；同时使以前学习的知识得到复习、应用和巩固。

浮力教学是初中物理教学中一个重点问题。教材是按照人们认知事物的一般规律编排的。第一节从生活经验出发，让学生通过活动感知浮力，建立浮力的初步概念，同时学会用“称重法”测量浮力；接着让学生分析浮力产生的原因，猜想并通过实验探究浮力的大小与什么因素有关。第二节在第一节实验探究的基础上，进一步探究浮力的大小跟物体排开液体的重力的关系，得出阿基米德原理，并通过例题的处理，加深对阿基米德原理的理解。既然浸在液体中的物体都会受到向上的浮力，为什么有的物体上浮、有的物体下沉呢？物体的浮沉是日常生活中极为普遍的现象，且在生产生活中有广泛应用。因此，第三节研究物体浮沉的问题，引导学生在实验观察的基础上，运用阿基米德原理、二力平衡、力和运动的关系等知识对浮沉现象进行分析，得出物体的浮沉条件，同时培养学生综合运用学过的知识分析问题的能力。

浮力是对前面“力”“力与运动”“压强”中的部分知识的应用和延伸。通过学习“力”内容，学生知道了力有大小、方向和作用点，知道了怎样用力的示意图描述力，这些都为学生正确认识浮力和描述浮力奠定了基础。关于力与运动内容，学生学习了二力平衡的状态和条件，物体的浮沉条件就是二力平衡条件的具体应用之一。关于“压强”内容，由固体的压强逐步过渡到液体的压强，最后延伸到流体的压强，这些内容为学生认识浮力产生的原因奠定了基础。

教学内容中有两个重要活动：一是感受浮力，二是讨论沉在水底的铁球有没有受到浮力。这两个活动为建立浮力概念和理解浮力产生的原因而设置，通过体验感受、观察分析、推理判断等过程，能很好地培养学生思维的逻辑性及其他关键能力。

教学内容中有两个重要的实验探究：一是探究影响浮力大小的因素，二是探究浮力大小跟排开液体所受重力的关系。这两个实验侧重猜想和设计，引导学生通过一系列实验和推理，提出浮力的大小可能跟排开液体的重力有关的猜想，进而用实验探究验证这一猜想，得出阿基米德原理的结论。通过经历两个实验探究过程，学生科学探究能力有了一定的发展。

三、教学建议

（一）单元教学思路

在学习了弹力、重力和摩擦力以及力与运动的关系后，本章深入学习压力、浮力和压强的概念。本章涉及传统教材中“压强”“大气压强”和“浮力”的内容，与传统教材相比，粗看上去容量很大，但涉及的知识点总体上有所减少，使原初中教学中学生学习的分化点淡化，学生学习的台阶降低。虽然仍有定量计算的要求，但要求和难度大幅度下降。教师在教学中应充分把握教材变化的这一特点。

（二）课时教学建议及教学方式

本章浮力部分教学建议及教学方式如表 10－8 所示。

表 10－8　　　　课时教学建议及教学方式

节次	建议课时数	教学方式
浮力	2 课时	演示实验、分组实验、谈论法等
物体的浮与沉	2 课时	演示实验、分组实验、谈论法等
综合实践活动	1 课时	演示实验、分组实验、谈论法等

（三）课例示范

第四节　浮力（1）

【学情分析】

探究精神是科学的灵魂，探究能增强学生主动参与的积极性，提高学生研究思考问题的程度。对于浮力，学生的生活经验是比较多的，但一些表面的现象会使学生形成一些错误的前概念（如下沉的物体不受到浮力），这些必须用实验来纠正。“探究影响浮力大小的因素”实验是探索浮力大小规律的一个重要的过程性学习活动（规定为学生必做实验），是一个定性的探究，对学生的定量要求不高，但涉及因素较多，无疑对学生探究能力的训练是一个很好的机会，比起直接验证浮力与排开液体重力的关系要丰满得多。新课标对阿基米德原理的认知要求是“知道”，“知道”是认知的第一水平，而不是会背结论，要了解它的内涵，能应用它说明生产和生活中的浮沉现象，但应避免在定量解决问题中提过高要求。基于此，这节课采用演示实验和学生实验相结合的方式，注重引导学生动手、动脑、动口，在教师的启发下，让学生自己去解决“下沉的物体是否受浮力”“浮力的大小与哪些因素有关”等问题，这样既充分调动了学生的主动性，又活跃了课堂气氛。本课时让学生通过经历探究浮力大小的过程，体会和感悟实验方法对物理学习的重要性，积极引导学生应掌握的基础知识解决生产生活中的实际问题，用科学的观点和态度来研究浮力问题，培养学生认真思考、主动学习的能力，体现了“从生活走向物理，从物理走向社会”的新课程理念，增强对物理的应用意识，培养学生用物理的眼光看问题，用物理的头脑思考问题。

【教学目标】

1. 知识与技能

（1）通过实验认识浮力。

（2）探究浮力大小与哪些因素有关。

（3）知道阿基米德原理，运用浮沉条件说明生产和生活中的一些现象。

2. 过程与方法

（1）通过课堂活动和生活中的经验，知道什么是浮力及浮力的方向。

（2）通过科学探究，了解影响浮力大小的因素和阿基米德原理。

3. 情感、态度与价值观

培养学生的动手能力，培养学生的科学素养和实事求是的科学态度，培养学生的爱国精神。

【教学重难点】

教学重点：浮力的概念和阿基米德原理。

教学难点：下沉物体是否受到浮力。探究影响浮力大小的因素，并能进行分析归纳。

【教具学具】

演示实验器材：水槽、乒乓球、细铁丝、烧杯、小铁块、皮球、水桶、弹簧测力计。

信息技术支持：iPad（无线 Wi－Fi 摄像头）、手机（课堂交互工具）、未来教室（StarC 系统）。

学生实验器材：烧杯、水、酒精、浓盐水、重物（侧壁有标记）、弹簧测力计、溢水杯、小桶、升降台、棉布、铁架台。

【教学流程图】

浮力教学流程如图 10－4 所示。

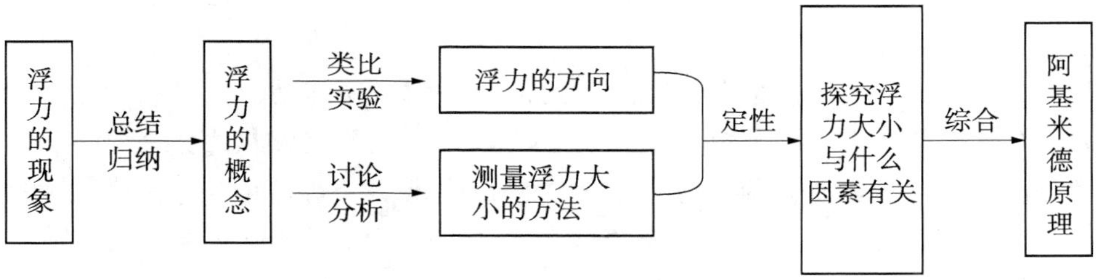

图 10－4

【教学过程】

活动 1：认识浮力。

教师：同学们好，今天的学习从观察思考开始。如图 10－5 甲所示，在我手上有一个乒乓球，将它浸没到水中，然后放手，乒乓球会浮起来，这是为什么呢？此外，松手后的氢气球也会飘向高空，这又是为什么呢？

引出浮力的定义。

说明 1：为让学生感悟到浮力的存在，我们选用了“乒乓球在水中上浮”这一实验（如图 10－5 甲所示），具体实施时遇到这样一个问题：乒乓球在水中上浮的速度很快，怎样才能呈现乒乓球从水底缓慢浮起的过程呢？经过组内教师的讨论及实践，得出一个比较好的方法：在乒乓球内注入适量的水，容器则用透明盛液筒，同时再借助铁丝等把乒乓球压在水底。

浮力：浸在液体或气体里的物体，受到液体或气体向上的托力，这个力叫作浮力，记作 $F_{浮}$。

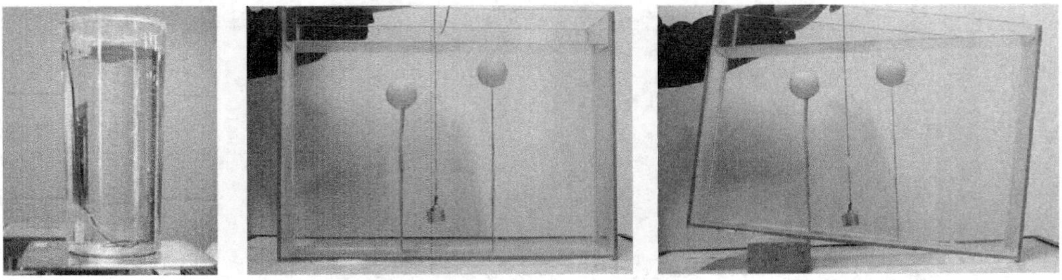

甲　　乙　　丙

图 10－5

教师：那浮力的方向是怎样的呢？你们的依据是什么？请同学们来说说看。

接下来通过实验进一步验证，如图 10－5 乙所示，在我手上有一根重锤线，下面的重物受到重力的作用，将上面的细绳拉直，细绳拉伸的方向与重物所受重力方向一致，即竖直向下。同理，在乒乓球的下端系上一段较粗的红毛线，它伸长的方向与乒乓球受到浮力的方向一致，它的方向是竖直向上的吗？让重锤线靠近它，发现两根线重合。这说明浮力的方向是竖直向上的。

说明 2：原来的设计是通过受力分析得出浮力的方向是竖直向上的，比较抽象。图 10－5 乙中借鉴有关“重力方向”演示实验的做法，用一段较粗的红毛线，将其两端分别固定在乒乓球和玻璃缸的底部，向玻璃缸内注水，直到将乒乓球浸没，观察红毛线被拉伸的方向。将玻璃缸的一端垫高（如图 10－5 丙），再观察红毛线被拉伸的方向，并与重垂线作对比。此实验说明浮力的方向总是竖直向上的，这个方法操作起来比较简单，也比较直观。

教师：在我们生活中有很多物体受到浮力的作用，你们能列举出一些物体受浮力作用的例子吗？

刚才大家列举的这些例子，物体都是漂浮在液面上的，那下沉的物体是否也受浮力呢？小组讨论，然后用 Clicker（点击器）做出选择。大家认为下沉的物体受浮力作用，那能否设计一个实验来证明呢？

说明 3：用下沉的铁块与漂浮的物体作对比，使学生的思维形成冲击，从而引导学生进一步思考浮上来的物体受到浮力，那么下沉的物体是否也受到浮力的作用呢？学生会回到生活中寻找支持自己猜想的现象。通过 StarC 中 Clicker 对学生的前概念进行前测，再由教师加以引导使其再次回到物理中，设计方案去检验下沉的物体是否也受到浮力的作用。小组交流后再利用 iPad 的无线 Wi－Fi 摄像头在主屏上展现出小组的实验设计方案，让学生在交流中学习，直到得到学生都认同的解决方案后再进行分析。通过分析，学生不仅明白了下沉的物体也受到浮力的作用，还总结出测量浮力大小的方法（称重法），充分体现了在活动中学习的好处。

活动 2：探究浮力大小与什么因素有关？

教师：请一名同学来完成一项任务，把一个气球压入水中，再谈谈感受。

教师：是不是觉得气球很难压，且越往下越难压？这是为什么呢？越往下气球受到的浮力越大，那么在水中的物体受到的浮力大小可能和哪些因素有关呢？

学生猜想：物体浸在水中的体积、浸入水中的深度。

说明4："气球压入水中"是一项趣味性很强的游戏，可以提高学生学习的兴趣，同时激发学生的思考，为下面猜测浮力的大小与什么因素有关提供依据。

到底和哪个因素有关，我们通过实验来探讨一下。

实验：用称重法测量物体浸在水中不同情况下所受浮力的大小（如图10－6所示），将测得的数据填入表10－9。

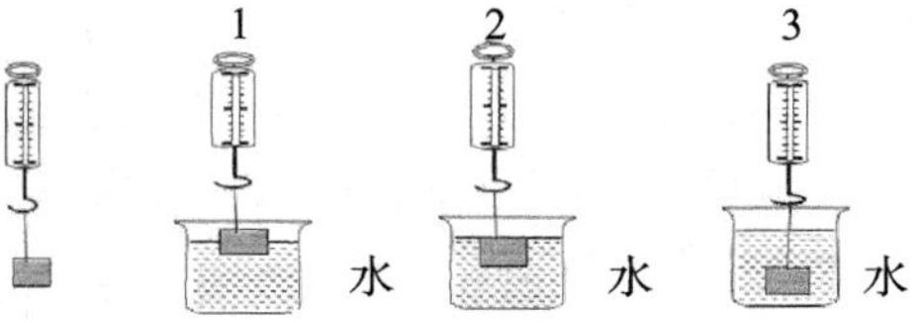

图10－6

表10－9　　实验数据

物体的重力 G/N	物体一半浸在水中受到的浮力 $F_{浮1}$/N	物体浸没在水中受到的浮力 $F_{浮2}$/N	物体浸没在水中受到的浮力 $F_{浮3}$/N

说明5：用称重法测量不同条件下物体所受浮力的大小，既可加强学生对新方法的掌握，又能够使学生获得增强活动技能的机会，这就是在实践中学习。

学生实验的创新及改进之处在铁架台和升降台的使用上，其中，利用铁架台可以减小因手部抖动引起的读数误差，利用升降台能改变重物浸入水中的深度，便于操作和准确收集数据。学生通过相互合作获得实验数据，这就是学生的成果。

在引导学生分析数据时，利用StarC交互功能，使学生认识到浮力与物体排开液体的体积有关，但与浸没的深度无关，为后面的探究做好铺垫。

选取两组学生的数据进行分析，得出相关结论。

教师：那么浮力的大小还和什么因素有关？你们猜测的依据是什么？这个实验应该如何设计？采用了什么研究方法？通过数据能得出什么结论？

实验：用称重法测量物体浸没在不同液体中所受浮力的大小（如图10－7所示），将测得的数据填入表10－10。

图10－7

表 10－10　　　　实验数据

浸没在水中物体受到的浮力 $F_{浮3}$/N	浸没在酒精中物体受到的浮力 $F_{浮4}$/N	浸没在盐水中物体受到的浮力 $F_{浮5}$/N

进一步探究浮力大小还与哪些因素有关（如图 10－8 所示）？

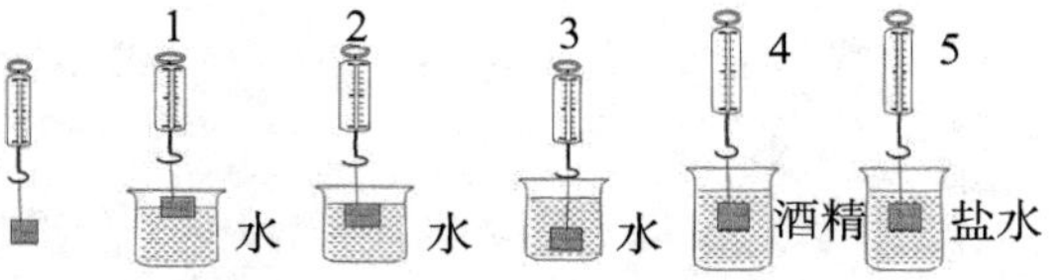

图 10－8

通过对以上实验分析与归纳，得出结论：浸在液体里的物体所受浮力的大小与排开液体的体积和液体的密度有关，且排开液体体积越大，液体密度越大，物体所受浮力越大。

活动 3：探究浸在液体中的物体所受浮力大小与物体所排开的液体重力有什么关系？

教师：通过实验探究发现浮力的大小与两个因素有关。要找到物理规律，需要学会从定性研究走向定量研究。浮力的大小和液体密度、排开液体体积有什么关系呢？由于浮力与它们是不同类别的物理量，要研究出它们在大小上的关系，需要把它们转变成相同的物理量，即探究浮力和排开液体的重力在大小上有什么关系。

探究前先解决两个问题：

问题 1：用什么方法测量物体所受浮力？

问题 2：怎样测量被物体排开的液体重力？

说明 6：利用学生已有的知识和经验，一步步由浮力与液体密度和物体排开液体的体积的关系过渡到物体所受浮力与物体排开液体重力的关系上，经历自我生成、自我构建的过程。

阿基米德原理的探究是难点，在这里教师采用了分解法，即把物体所受浮力与物体排开液体重力有什么关系拆分为两块：一是学生明确测浮力的方法；二是学生通过讨论用集体的智慧攻克“被物体排开的液体重力的测量方法”这个难关。这样的设计思路为学生搭建了台阶，符合学生的认知规律。这个探究过程较为复杂，因此在明确思路后要在展开探究时适当降低难度，不要挫伤学生的积极性。通过有序的探究，学生总结得出阿基米德原理，让学生再一次体验成功。

如图 10－9 所示，请你将测量时的数据填入表 10－11。

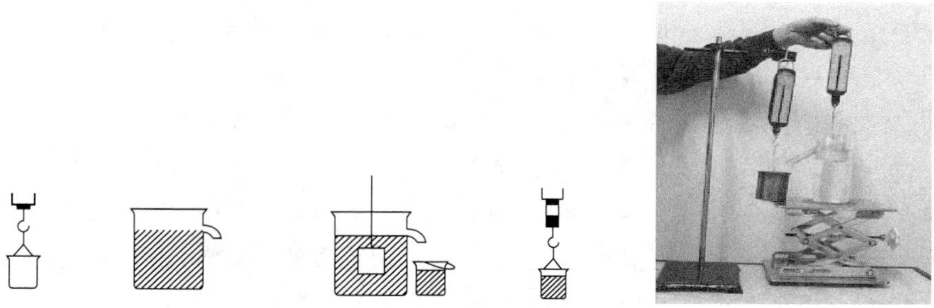

图 10－9

表 10－11　　实验数据

物体浸没在液体中受到的浮力 $F_{浮}$/N	空桶的重力 $G_{桶}$/N	物体浸没后，桶和排开液体的总重力 $G_{总}$/N	物体排开液体的重力 $G_{排}$/N

说明 7：教师在学生设计的基础上对实验器材稍加改进，引出新实验器材溢水杯（如图10－9 所示），并介绍溢水杯的使用方法。利用新实验器材，结合学生设计的实验方法引导学生探究浸在液体中的物体所受浮力大小与物体所排开的液体重力大小的关系。

学生整理并分析数据，展示实验过程，总结得出结论：浸在液体中的物体所受浮力大小等于被物体所排开的液体的重力——阿基米德原理。

教师：阿基米德是古希腊杰出的科学家和数学家。他勤奋好学，热爱科学，用所学的知识建设和保卫自己的国家。特别值得敬佩的一点是，他把爱国作为他人生的最高信仰。希望同学们跟他一样，“爱国、爱家、爱自己”。

课堂小结如图 10－10 所示。

浮力
- 定义：浸在液体或气体里的物体受到液体或气体向上的托力称为浮力。
- 方向：竖直向上
- 大小：$F_{浮}=G-F_{拉}$（称重法）
- 影响浮力大小的因素：$V_{排}$、$\rho_{液}$
- 阿基米德原理：$F_{浮}=G_{排液}$

图 10－10

【教学反思】

浮力是学生比较熟悉的一种力，是初中物理重点内容之一。本堂课在学生生活经验的基础上，通过观察和体验建立浮力的概念、研究浮力的规律，主要采用演示实验和学生实验相结合的方法，引导学生动手、动脑、动口，在教师的启发下，让学生自已解决问题，这样既充分调动了学生的主动性，又活跃了课堂气氛。学生通过经历探究浮力大小的过程，能体会和感悟实验的方法对物理学习的重要性，能应用已掌握的基础知识解决问题，用科学的观点和态度来研究浮力问题，养成了认真思考、主动学习的能力，体现了“从生活走向物理，从物理走向社会”的新课程理念。

（1）本堂课在引入新课时用了学生比较熟悉的事物和现象，激发了学生的探究兴趣。设计演示实验：放入水中的乒乓球会浮起来，氢气球在空气中会飘起来，让学生感受到浮力的存在。通过对现象的分析，由生活回到物理，构建浮力的概念，再由物理进入生活，让学生列举生活中能说明物体受浮力作用的现象。

（2）通过铁块的下沉与物体上浮的对比，学生的思维形成了一定的冲击，从而进一步思考浮上来的物体受到浮力，那么下沉的物体是否也受到浮力的作用。学生会回到生活中寻找支持自己猜想的现象，然后进行小组交流讨论。得到学生都认同的解决方案后再进行分析验证，不仅证明了下沉的物体会受到浮力的作用，而且总结出测浮力大小的方法（称重法）。通过 iPad 的无线 Wi－Fi 摄像头能很好地呈现演示实验和各小组的实验设计方案，通过 StarC 中 Clicker 对学生的前概念进行前测，可以指引后面的教学。

（3）“气球压入水中”这个游戏可以让学生体验到浮力，同时引导学生对浮力的大小与什么有关做出猜测。用称重法测量不同条件下物体所受浮力的大小，既可加强学生对新方法的掌握，又能让学生弄清楚浮力大小到底与物体浸下去的体积有关还是深度有关，这就是在实践中学习。同时把探究浮力的难题预先解决。通过相互合作获得实验数据，引导学生对数据做进一步的分析，学生会从中意识到知识的连续性、拓展性。学生实验的创新及改进之处在铁架台和升降台的使用上，其中，利用铁架台可以减小因手部抖动引起的读数误差，利用升降台能改变重物浸入水中的深度，便于操作和准确收集数据。学生通过相互合作获得实验数据，这就是学生的成果。

（4）利用学生已有的知识和经验，一步步由浮力与液体密度及物体排开液体的体积的关系过渡到物体所受浮力与物体排开液体重力的关系上，让学生思维经历自我生成、自我构建的过程。在阿基米德原理的探究中采用了分解法，这个探究过程较为复杂，因此要在明确思路后在展开探究环节适当降低难度，不要挫伤学生的积极性。通过有序的探究，学生总结出了阿基米德原理，再一次体验了成功。

（5）在每个活动环节中，注重突出在活动中学习、在合作交流中学习、在不断反思中学习的理念，利用信息技术做好交流评价。学生正是通过摆弄实验器材获得关于浮力的表象，进而上升为理论知识，教师要给予学生更多的操作实验机会，通过丰富的材料，使学生可以亲自做实验，体验成功和失败。未来教室也正好提供了一个更利于交流、合作、评价的平台。

（6）对 2022 年某地中考试题的反思。

（2022 年某地中考试题）兴趣小组探究影响浮力大小的因素。

（1）提出如下猜想。

猜想 1：与物体浸在液体中的深度有关。

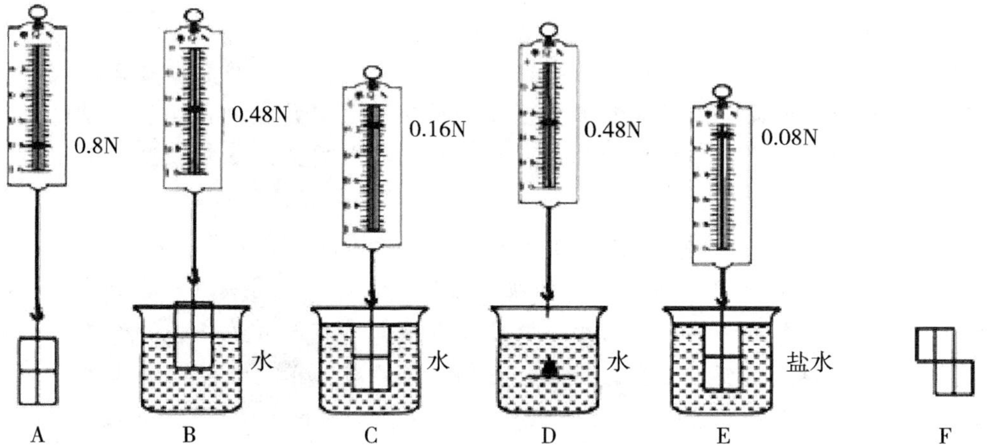

图 10－11

猜想 2：与物体浸在液体中的体积有关。

猜想 3：与液体的密度有关。

兴趣小组为验证上述猜想，用弹簧测力计、4 个相同的小长方体磁力块、2 个分别盛有水和盐水的烧杯等，按图 10－11 所示的步骤进行实验。

①利用磁力将 4 个磁力块组合成长方体物块。

②根据图 10－11 中 A、B、C 的测量结果，小明认为猜想 1 是正确的，小华却认为猜想 1 不一定正确。你觉得小华的理由是________。

③小华为了证明自己的想法，利用上述器材设计实验 D，根据 A、B、D 的测量结果可得：浮力大小与物体浸在液体中的深度无关，请在设计实验 D 中画出小华实验时长方体磁力块的放置图。

④兴趣小组进一步研究得出：浮力大小与物体浸在液体中的体积有关。

⑤根据 A、C、E 的结果，得出浮力大小还与________有关。

（2）小华把 4 个磁力块组合成图 F，她还能探究浮力大小与____的关系。

（3）爱思考的小明又进一步研究水产生的浮力与水自身重力的关系，设计了如下实验：取两个相同的容积均为 300mL 的一次性塑料杯甲、乙（杯壁厚度和杯的质量不计），甲杯中装入 50g 水，乙杯中装入 100g 水，然后将乙杯放入甲杯中，发现乙杯浮在甲杯中，这时甲杯中水产生的浮力为________N。这个实验说明，液体________（能/不能）产生比自身重力大的浮力。（g 取 10N/kg）

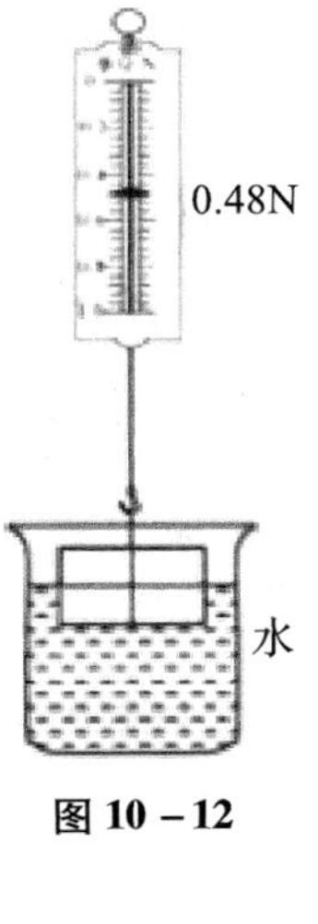

图 10－12

解析：（1）②的参考答案是“没有控制物体排开液体的体积相同”；③的参考答案如图 10－12 所示。估计出题者的解释是：由图 10－11B 可知，此时物体排开液体体积等于两个小长方体磁力块的体积，因此可以将 4 个相同的小长方体磁力块组成的长方体横着放，让下面的两个小长方体磁力块浸没在水中，这样既控制了物体排开液体的体积相同，又改变了物体浸在液体中的深度。

反思：在探究两个事物之间是否有因果联系时一般会用到穆勒五法，这里用到的控制变量法背后的逻辑依据就是穆勒五法中的共变法。但是在进行控制变量时，几个变量要是相对独立的量。本题中用的是柱体，物体排开液体的体积和浸没前物体浸入水中的深度不是相互独立的物理量。所以，不能放在同一层次考虑。

第一个层次，物体所受的浮力大小与物体排开液体的重力有关（$F_{浮}=G_{排}$）。第二个层次，可以说物体所受的浮力大小与物体排开液体的质量有关（$F_{浮}=m_{排}g$）。第三个层次，可以说物体所受的浮力大小与物体排开液体的密度和物体排开液体的体积有关（$F_{浮}=\rho_{液}V_{排}g$）。第四个层次，对于柱形物体浸没液体前，还可以说物体所受的浮力大小与物体的横截面积、浸入深度和物体排开液体的密度有关（$F_{浮}=\rho_{液}Sh_{浸}g$）。由此发现，上题中所谓控制$V_{排}$相等时来改变浸入的深度设计思路是错误的。

对于柱形物体在浸没液体前，物体所受浮力大小是与浸入深度成正比的，当然是有关系的。

第四节　浮力（2）

【学情分析】

本节内容包括认识浮力，探究影响浮力大小的因素，知道阿基米德原理及其应用，不要求研究浮力产生的原因。学生在生活中对浮力有较多的感性认识，对浮力概念的理解是不难的，难点是影响浮力大小的因素，以及对排开液体体积的认识。

本节课以提高学生的科学素养为目的，让学生成为学习的主人，所以本节课设计开放，以学生的动手操作为主。

【教学目标】

1. 知识与技能

（1）知道什么是浮力及浮力产生的原因，知道浮力的大小跟哪些因素有关。

（2）学习用弹簧测力计测量浮力大小的过程与方法。

（3）通过实验，感受浮力、认识浮力。

（4）经历探究浮力的大小与哪些因素有关的过程，在实验中运用控制变量法。

2. 情感、态度与价值观

亲身参与科学探究的过程，在活动中大胆提出自己的猜想，能实事求是地记录数据，并根据实验数据提出自己的见解，有与他人合作交流的愿望。

【教学重难点】

教学重点：浮力概念贯穿全章，用弹簧测力计测量浮力是本章许多探究实验的基础，所以浮力概念的建立和运用称重法测浮力是本节教学的重点。

教学难点：研究浮力产生的原因，要综合应用压力、液体压强等知识，因而对学生抽象思维能力和逻辑推理能力的要求都比较高；探究浮力的大小跟哪些因素有关，涉及的因素较多，从猜想到设计实验、进行实验，开放性都比较强。因此这两个知识点是本节教学的难点。

【教学设计】

活动1：观察雪碧中葡萄的浮沉。

向空烧杯中倒一些雪碧，再加几粒教师准备好的葡萄，要求学生观察葡萄的状态。

提问：为什么有的葡萄浮在液面上？有的沉入底部？有的上下跳动？

活动2：通过实验体验浮力的方向和施力物体。完成以下三个实验：

(1) 手拉氦气球，体验氦气球对手的作用。

(2) 将空矿泉水瓶浸入水中，体验空矿泉水瓶与手间的相互作用。

(3) 观察铁盒盖漂浮在水面上。

提问：(1) 放手的氦气球为什么能腾空而起？

(2) 松手后的空矿泉水瓶会有什么现象？

(3) 铁盒盖为什么能浮在水面上？

根据实验现象教师带领学生一起总结浮力概念。

活动3：通过实验观察水对鸡蛋的浮力。

将鸡蛋放入清水中，观察现象；再向水里倒入浓盐水，观察现象。

提问：鸡蛋在浓盐水中上浮，受到了什么力？鸡蛋在清水中受到浮力了吗？

活动4：探究下沉的物体是否受到浮力。

用弹簧测力计提着物体缓慢浸入水中，观察弹簧测力计示数的变化。

提问：(1) 观察到的现象是什么？

(2) 能说明什么问题？

(3) 下沉的鸡蛋是否受到浮力？

活动5：浮力的大小与哪些因素有关？

将物体浸没到水和盐水中，比较弹簧测力计的示数，总结浮力与液体密度的关系。(控制排开液体的体积相等)

将物体浸入水或盐水的不同深度处，改变排开液体体积，观察弹簧测力计的示数变化，总结浮力与排开液体体积的关系。

鼓励学生尝试汇报实验结论：浮力的大小与什么因素有关？

活动6：讲授阿基米德原理。

阅读教材，了解阿基米德原理的内容。

浸在液体中的物体受到的浮力等于排开液体的重力。

$F_{浮} = G_{排液}$

这个原理也适用于气体。

活动7：当堂检测。

（1）用弹簧测力计提着石块浸入盛水的烧杯中（不接触杯底），观察到弹簧测力计的示数始终比浸入水中前要小，此现象表明（　　）

A. 石块受到的重力变小　　B. 下沉的石块受到浮力

C. 杯底对石块有向上的托力　　D. 弹簧测力计的读数存在误差

（2）将一质量为158g的铁螺栓浸没到盛有水的量筒里，水面将会上升多少？螺栓所受的浮力有多大？（g 取10N/kg，水的密度为 $1g/cm^3$，铁的密度为 $7.9g/cm^3$）

第五节　物体的浮与沉

【学情分析】

物体的浮沉条件是本章的教学重点与难点，比较抽象，所以学生接受起来比较困难。因此在教学过程中要本着物理来源于生活这一理念，从生活中找素材，让学生在实验中体验物理的奥妙。

【教学目标】

1. 知识与技能

（1）通过实验观察发现物体浸没在液体中可能出现的状态。

（2）通过探究了解控制物体浮沉的方法。

（3）熟练运用受力分析的方法，总结并理解物体浮沉的条件。

（4）联系生活、生产实际，知道潜水艇、热气球等物体的浮沉原理。

2. 过程与方法

（1）经历探究使物体浮沉的过程，培养学生的协作能力及分析概括能力。

（2）通过对潜水艇、热气球等的浮沉原理的解释，培养学生运用物理知识解决实际问题的能力。

（3）通过学生自己查阅资料，培养学生获取信息的能力。

3. 情感、态度与价值观

（1）通过实验探究，激发学生学习物理的兴趣。

（2）通过学习阅读材料，培养学生的民族自豪感及热爱物理的情感。

【教学重难点】

教学重点：使物体浮沉的方法，物体的浮沉条件。

教学难点：物理的浮沉条件及其在生产生活中的应用。

【重难点突破方法】

（1）通过一段影视视频来创设教学情境，激发学生的探究欲望。

（2）针对怎样使物体上浮和下沉这一知识点安排两个学生活动：一是通过对常见的生活物品在水中的浮沉情况的探究，激发学生学习新知识的兴趣，同时为顺利总结出下沉、上浮、沉底、漂浮的概念做好铺垫；二是通过问题引导、学生讨论的方式，让学生自己想出实验方法，增强学生的相互协作能力、动手能力及概括能力。

（3）针对怎样使物体上浮和下沉这一知识点安排的教学活动，为什么设计橡皮泥、泡沫塑料、空的小玻璃瓶（有的小组放装有小石头的玻璃瓶）、小石块、图钉、木块、鸡蛋和带夹子的干瘪气球这八种实验物品？其一，这八种物品都是学生在日常生活中能够接触到的物品，体现物理来源于生活。其二，学生很容易在物品中通过多种选择进行实验，如探究怎样使漂浮的物体下沉可以选择通过增加重力使物体下沉，如在空的小玻璃瓶中加小石块、在空玻璃瓶中加水、在泡沫塑料上订图钉、在泡沫塑料上裹橡皮泥、在木块上裹橡皮泥等，方法丰富且有趣。其三，同一物品可以用于多重研究，比如空玻璃瓶和装有小石头的玻璃瓶可以做对比实验，让学生体验物体浮与沉的神奇。

（4）物体的浮沉条件这一知识点，主要是通过设问和理论分析的方法，让学生自己总结出物体浮沉条件的规律，增强学生的分析归纳能力。

（5）物体浮沉条件的应用这一知识点，可以通过几个有意思的现象分析，达到学以致用的目的。

【教学设计】

活动 1：新课引入。

让学生观看影片《从海底出击》中的一段视频——潜水艇浮沉，然后设问潜水艇是如何在水中实现下潜和上浮的，从而引出课题。

活动 2：怎样使物体上浮或下沉？

展示实验器材：烧杯两只，物品八种。

猜一猜：把一些物品如橡皮泥、泡沫塑料、空的小玻璃瓶（有的小组放装有小石头的玻璃瓶）、小石块、图钉、木块、鸡蛋和带夹子的干瘪气球，浸没在水中。松手后，它们如何运动？是向上浮，还是向下沉？

做一做：动手做一做，将向上浮的物体和向下沉的物体分别放入两只盛水的烧杯。

学生动手实验，并展示和汇报实验结果。

往下沉的物体有：实心橡皮泥、小石块、图钉、鸡蛋、带夹子的干瘪气球、装有小石头的玻璃瓶；往上浮的物体有：泡沫塑料、空的小玻璃瓶、木块。

教师：往下沉的物体最终停在哪里？往上浮的物体最终停在哪里？

学生：回答总结出漂浮和沉底的概念。

活动 3：怎样使下沉的物体浮起来？怎样使漂浮的物体沉下去？

教师：请同学们相互讨论，如果用以上的实验器材，怎样使下沉的物体浮起来？怎样使漂浮的物体沉下去？

引导学生带着问题继续进行探究。

设法使原来下沉的物体浸没于水中后浮上来，并说出你们的做法。（物体名称、具

体做法）

设法使原来上浮的物体浸没于水中后沉下去，并说出你们的做法。（物体名称、具体做法）

想一想：究竟是什么改变了物体的运动状态，导致下沉的物体浮起来，漂浮的物体沉下去？

学生：是力。

教师：从力的角度分析以上方法中我们分别改变了什么力？

学生：回答。

教师：从改变力的角度来说有什么方法使原来下沉的物体浮起来？

学生：增大浮力或减小重力。

教师：从改变力的角度来说有什么方法使原来漂浮的物体沉下去？

学生：减小浮力或增大重力。

小结：由此可见，我们可以通过改变物体所受的重力或浮力的大小来实现上浮或下沉。

活动4：讲授物体的浮沉条件。

我们找到了使物体上浮或下沉的方法，下面我们仍然运用受力分析的方法，来分析一下物体所受的浮力和重力应满足什么条件，才能实现上浮和下沉？

想一想：浸在液体中的物体受到哪些力的作用？你们能画出受力图吗？如果 $F_{浮} < G$，物体将向哪儿运动？如果 $F_{浮} > G$，物体将向哪儿运动？

学生画受力图并进行猜想，然后播放物体浮沉条件视频。

小结：当 $F_{浮} < G$ 时，物体就会下沉；当 $F_{浮} > G$ 时，物体就会上浮。

教师：上浮到后来物体将会怎么样？（浮出水面）

教师：物体露出水面后受到的浮力与全部浸没在水中时受到的浮力一样吗？为什么？

学生：不一样，后来的 $V_{排}$ 减小，浮力减小了，最终浮力等于重力。

教师：物体浸没在液体中时，有 $F_{浮} < G$ 的情况，有 $F_{浮} > G$ 的情况，那么如果 $F_{浮}$ 刚好等于 G，物体将处于什么状态呢？

学生：处于静止或匀速直线运动状态。

播放物体悬浮的视频。

小结：当物体浸没在液体中，处于静止状态或匀速直线运动状态，称为悬浮，此时 $F_{浮} = G$。

教师：悬浮与漂浮相比，有什么不同之处？

学生：悬浮 $V_{排} = V_{物}$，漂浮 $V_{排} < V_{物}$。

例　把重5N的物体浸没在水中，排开的水重6N，松手后让其自由运动，如不计水的阻力，当物体静止时，下列说法正确的是（　　）

A. 物体漂浮，$F_{浮} = 6N$　　B. 物体悬浮，$F_{浮} = 5N$

C. 物体漂浮，$F_{浮} = 5N$　　D. 物体沉在水底，$F_{浮} = 6N$

活动5：讲授物体浮沉条件的应用。

过渡：由以上分析我们知道，物体所受重力和浮力的大小关系是影响物体浮沉的条件。改变物体的浮沉主要是改变重力（改变物体的质量、物体的密度、物体的体积），或者改变浮力（改变液体的密度、物体排开液体的体积）。在生产生活中，就有很多物体浮沉条件的应用。比如我们刚开始看到的潜水艇，同学们想不想知道潜水艇是怎样利用物体的浮沉条件实现上浮和下潜的呢？

（1）解释潜水艇的工作原理。

学生：阅读教材95页的“生活·物理·社会”，了解潜水艇的浮沉知识。

动画模拟潜水艇上浮和下沉，你们能解释出潜水艇是如何实现上浮与下潜的吗？(通过改变自身的重力实现的)

（2）解释热气球的工作原理。

浸在液体中的物体受到浮力的作用，其实浸在气体中的物体也受到浮力的作用，比如说热气球，那么同学们想不想知道热气球是如何升空的呢？播放热气球升空视频，学生解释热气球升空的原理。

（3）播放解释盐水选种的视频。

观看视频后，学生解释盐水选种的原理。

活动6：牛刀小试。

（1）一木块浮在盐水面上，要使它受到的浮力增大，可采用的方法是（　　）

A. 加些清水　　　　B. 加些盐水

C. 用手将木块往上提一些　　　　D. 用手将木块往下按一些

（2）一艘轮船从海里驶入河里，它受到的重力大小________，它受到的浮力________，它排开水的体积________。(填“变大”“变小”或“不变”)

活动7：课堂小结。

这节课，同学们有什么收获？

活动8：课后实践。

（1）做一做：制作潜水艇模型。

用塑料瓶、透明胶带、螺母、塑料管、容器和水等制作潜水艇模型。试一试，你们制作的“潜水艇”能否上浮或下沉？

（2）查一查：上网或从书中查阅资料，了解飞艇构造，试着用物体的浮沉条件解释飞艇是如何实现升降的。

综合实践活动（密度计）

【学情分析】

虽然学习了“阿基米德原理”和“物体漂浮条件”的知识，但是学生仍缺少理论联系实际的经验，所以本节实践内容是对本章知识的活化与深化。

首先，学生容易看到液体密度或物体排开液体的体积的变化，如物体漂浮在盐水面上与漂浮在水面上相比，学生会认为盐水密度比水大，所以盐水对它的浮力就大，有这样的错误认知是初中学生思维的局限性之一。其次，根据测出的浸在水里的深度 H 推算漂浮于其他液面的深度 h，推算的原理也是学生的思维难点之一。最后，学生在具体的动手实验中，表现为动手能力欠佳，如用蜡油封住下端管口时管口要竖直朝上、量水中深度 H 时误差很大等。

【教学目标】

（1）通过自制简易的吸管密度计，理论联系实践，领会阿基米德原理和物体的浮沉条件。

（2）通过自制简易的密度计，提升学生的动手能力和科学素养。

（3）围绕自制简易密度计的活动培养学生交流合作的良好习惯。

【教学重难点】

吸管密度计的刻度。

【教学过程】

1. 复习提问，引入本课实践课题

密度计为什么能测不同液体的密度呢？因为浮力相等、$V_{排}$ 不同，所以根据浸入液体的深度，可以测出液体密度的大小。根据这一原理，能不能利用桌上一些常见器材设计出一种简易的密度计呢？

设计意图：现成的密度计固然美观整齐，但从其原理入手，利用极普通、极常见的生活器材让学生动手制作可以测液体密度的仪器，能唤起学生的学习物理兴趣，且体现了“以生为本”的理念，符合中学生的心理需求。

2. 小组讨论，合作交流

首先围绕两个问题讨论：怎样使吸管竖直漂浮于水面？怎样标刻度？

在学生讨论的基础上引导：用橡皮泥封住下端管口，为防止橡皮泥在水中浸久脱落，我们可用蜡油封住底端，再加入配重铜芯线，吸管即可竖直漂浮于液面。

标刻度的一种方法：放在密度已知的液体中，在液面处标上相应的液体密度。

再思考：有没有更简便的刻度方法呢？

能不能先测出吸管漂浮在水面时浸在水中的深度 H 之后，再根据某种数量关系计算出它漂浮于其他液面时及浸在液面下的深度 h 呢？

3. 共同讨论

再提出两个值得深思的问题供小组讨论：

（1）H 值各小组可能测量结果不一样，那么 H 与哪些因素有关？因此在实验中要注意什么？

引导得出：H 的值与配重（包括橡皮泥、蜡油）有关，还跟吸管的粗细有关。当在吸管规格一定时，主要取决于配重。因此实验设计时，切不可任意更换配重铜芯，也不要与邻组交换，否则要重新标注刻度。

(2) H 值测量至关重要，怎样减小测量的误差呢？

一般的方法有以下几种：吸管尽量靠近测量的这一侧，视线要与所测端相平；刻度尺要对准所测一端或者看准下端位置时用记号笔在筒的侧壁做记号；可以量出露出水面的那一段高度。

以上讨论要充分让学生自主思考，再进行小组交流，然后在教师的合理引导下得出结论，以充分发挥学生的主观能动性，培养学生的实验素养。

设计意图：课堂是这样的一个平台：以学为中心，以导为主线，生生之间、师生之间、学习小组之间，进行思维碰撞，使信息多向流通。关于如何给直立漂浮的吸管标上刻度这一实验，学生的一般思路：使吸管漂浮于水面，量出 H 并标上水的密度。接着，循着这一思路，将吸管漂浮于其他密度已知的液面上，标上对应的刻度值。但这种方法真的那么好吗？桌面上能提供那么多已知密度的其他液体吗？显然这是不现实的。能否在测出吸管漂浮于水面的深度 H 的前提下，推算出吸管漂浮于其他密度的液体时浸入的深度 h 呢？在教师的引导下，学生的思考相互启发，最终使得“漂浮条件”在这里得到活化运用，拓宽了学生的思维广度。

（四）重难点突破文献综述

浮力知识重难点突破文献综述如表 10 - 12 所示。

表 10 - 12　　浮力知识重难点突破文献综述

序号	论文（论文名称、作者、出处、时间）	推荐点（亮点、创新实验、观点等）	具体（亮点、创新点、观点等）
1	“浮力”思维发展型课堂教学设计，龚文慧、邢红军，《中学物理》2019 年第 16 期。	物理思维方法在教学中显化的作用。	思维方法的掌握本身既是从物理现象中总结出物理知识的关键环节，也是将物理知识应用于实践中的必经之路。所以，只有明确指出思维方法的名称、含义、操作步骤以及使用条件，学生才有可能真正形成物理思维。
2	阿基米德原理的应用研究——浮力秤的设计，李善君、费金有，《物理教师》2019 年第 3 期。	浮力秤的设计（曹冲称象原理、利用简单机械——杠杆、滑轮）。	原始浮力秤设想、原始浮力秤实物、浮力秤设计原理及浮力秤实物如图 10 - 13 甲、乙、丙、丁所示。

续 表

序号	论文（论文名称、作者、出处、时间）	推荐点（亮点、创新实验、观点等）	具体（亮点、创新点、观点等）
2	阿基米德原理的应用研究——浮力秤的设计，李善君、费金有，《物理教师》2019年第3期。	浮力秤的设计（曹冲称象原理、利用简单机械——杠杆、滑轮）。	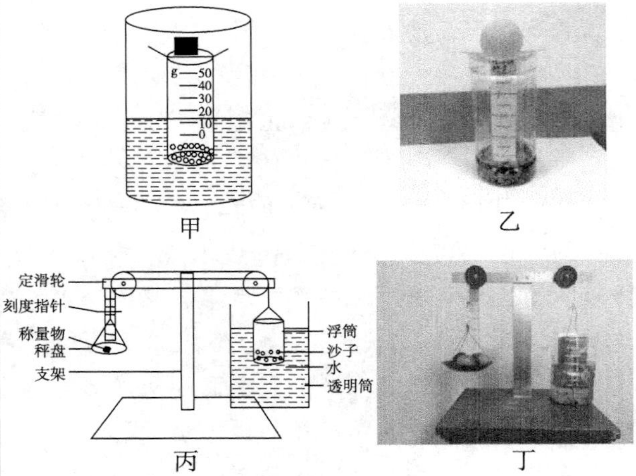 图 10－13
3	阿基米德原理实验的改进，李凤娇、张有建，《中学物理》2018年第12期。	（1）用弹簧代替弹簧测力计，避免学生读数错误。 （2）只比较两次弹簧下端的位置是否相同，再结合物体的受力分析并运用二力平衡知识，就可得到物体所受的重力等于物体排开水的重力。	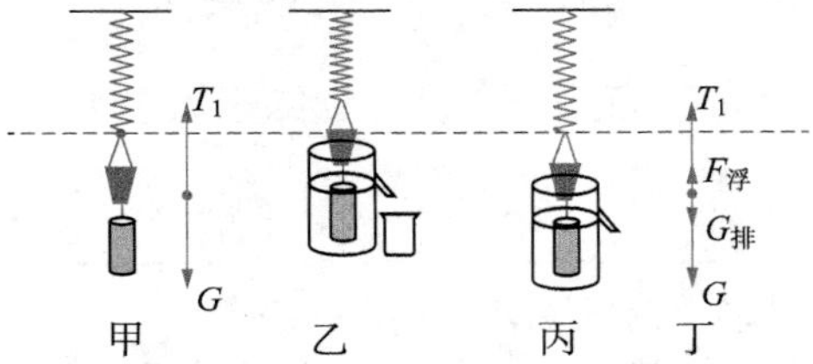 图 10－14 实验过程： （1）如图 10－14 甲所示，将小桶与物体挂在弹簧下端，待弹簧稳定后，记下此时弹簧下端所在位置。 （2）如图 10－14 乙所示，将甲中的物体缓慢浸入装满水的溢水杯中，直到物体完全浸没在水中，用小烧杯收集溢出的水。 （3）如图 10－14 丙所示，将收集到的水全部倒入小桶中，此时注意物体需浸没在水中且小桶不能浸入水中。接下来观察弹簧下端所在的位置是否与步骤（1）中所在的位置相同。 （4）教师引导学生画出三个过程中物体的受力分析，如图 10－14 丁所示，结合实验现象、受力分析图和二力平衡的知识，可以直观地发现丙图比甲图多了一对平衡力，即 $F_浮 = G_排$。

续　表

序号	论文（论文名称、作者、出处、时间）	推荐点（亮点、创新实验、观点等）	具体（亮点、创新点、观点等）
4	基于核心素养的高效提质“主题活动式”复习课模式——以“浮力”复习为例，于莹、孙宁，《中学物理》2020年第2期。	复习课要辅助学生掌握从单一维度到多维度的建构知识板块的能力，既高效又提质，既扎实又充实。	以“如何让筷子在水中漂浮”为主线脉络，提出四个问题： （1）这个活动运用了什么知识？ （2）对比自己小组与其他小组的作品，发现露出水面的筷子长短都相同吗？（引出轮船排水线问题） （3）将同一根筷子置于两杯液体中，为什么会出现吃水深浅不同的现象呢？（引出密度计） （4）我们可以使用哪些方法测得该密度计所受浮力的大小呢？（辨析两种浮力大小判定方法）
5	基于学生创新实验的初中物理复习教学——以“浮力复习”为例，刘宏、陆海军、刘鹏，《中学物理》2019年第14期。	学生自主设计实验，探究一个50mL的量筒，其刻度线所显示的究竟是量筒内的容积，还是量筒外的体积。	学生设计思路：如图10－15所示，让量筒漂浮在水面上，用注射器量取一定量的水（如10mL）注入量筒中，再比较量筒浸入水中体积的变化量与注入水的量是否相等。 学生在黑板上进行演绎推理，具体过程整理如下： 由图10－16乙和丙可知 $V_{内} < V_{外}$，因为量筒在水中漂浮，所以 $F_{浮} = G$；向量筒中加水后又有 $\Delta F_{浮} = G$；根据阿基米德原理可得 $\rho_{水} g \Delta V_{排} = \rho_{水} g_{V}$，所以 $\Delta V_{排} = 10mL$。 在不考虑量筒自身重力的理想模型下进行讨论： （1）若量筒上10mL刻度线指示的是其外部体积，则 $\Delta V_{排} = V_{外}$，量筒静止时，外部水面会与10mL刻度线相平，即量筒浸入水中的深度等于10mL刻度线的高度，如图10－16丁所示。 （2）若量筒上10mL刻度线指示的是其内部体积，则 $\Delta V_{排} = V_{内} < V_{外}$，量筒静止时，外部水面会低于10mL刻度线，即量筒浸入水中的深度小于10mL刻度线的高度，如图10－16戊所示。  **图10－15** 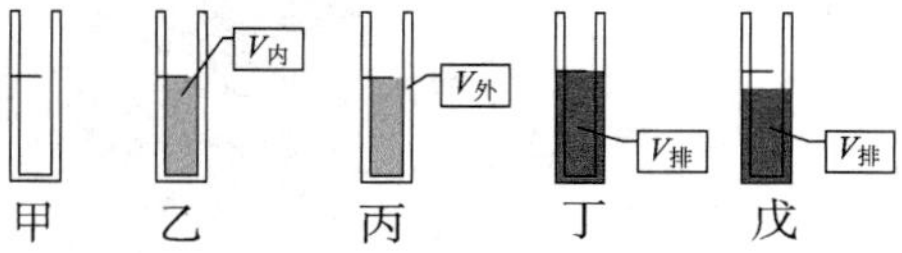 **图10－16**

续 表

序号	论文（论文名称、作者、出处、时间）	推荐点（亮点、创新实验、观点等）	具体（亮点、创新点、观点等）
6	基于中美教材对比的初中物理教学设计——以“浮力”为例，邢宏光、姜丽，《中学物理》2019年第10期。	在美国中小学课堂上，教师鼓励学生从自己的日常生活、兴趣和需要中发现问题、提出问题，可见学习科学，课堂教学仍然是美国中小学科学的主阵地。	“科学探索者”进行探索活动：利用吸管和橡皮泥自制密度计，比较其在水中和白糖水中的位置，引入新课。讲述“泰坦尼克号”的故事，并以此引出为什么巨大的轮船能够漂浮在水面这一问题，激发学生的探究兴趣。通过在水下捡东西，感知物体在水中似乎比在岸上轻一些，引出浮力的定义：浮力的方向向上，与重力相反，正是浮力使得浸入液体中的物体感觉变轻了。分析“小丑鱼”在水中的受力情况，得出浮力产生的原因。最后对比漂浮的水母、悬浮的海龟、沉底的龙虾的受力情况（如图10－17所示），得到物体的浮沉条件。用自制密度计、“泰坦尼克号”故事引入，更容易吸引学生的学习兴趣；在给出浮力的定义时，提到了浮力与重力相反，表达更为严谨准确，但忽略了浸在气体中的物体也要受到气体给的浮力。 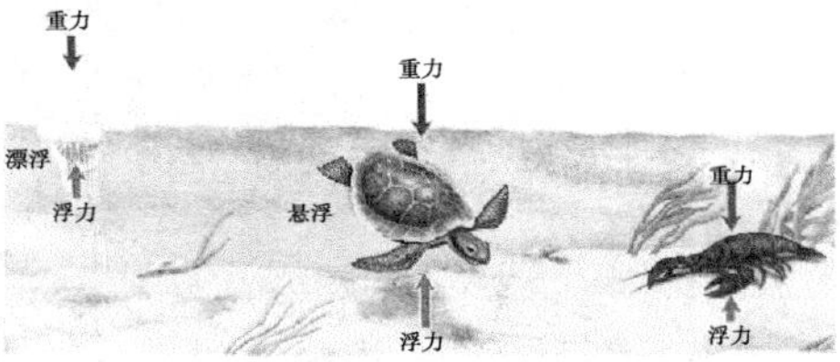 **图10－17**
7	七“请”七纵解浮力七惑，叶富军，《中学物理》2018年第20期。	学生认为，物体浸没前浮力与深度有关，物体浸没后浮力与深度无关。如何解决这一困惑呢？	如图10－18所示，当物体（空心的）浸入水中过缺口位置时，深度持续增大，此时的浮力反而先减小后增大，最后保持不变。那么，除了液体密度外，影响浮力大小本质的因素是哪个呢？ 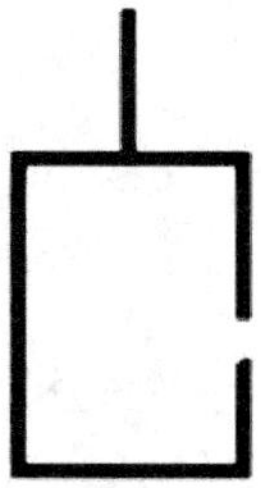 **图10－18**

续　表

序号	论文（论文名称、作者、出处、时间）	推荐点（亮点、创新实验、观点等）	具体（亮点、创新点、观点等）
8	探物究理 思辨求真——以苏科版“浮力”为例，戴玲娟，《中学物理》2020 年第 8 期。	对于深度这个伪因素而言，总不能较好地完成探究，而且易引起学生不必要的认知错误：浸没前，浮力随浸入深度的增加而增大。	笔者选择了长和高相差较多的铝块（如图 10－19 甲所示），这种看似无意的器材提醒，却有助于学生发现：当将其一半平放和竖放入水中后（如图 10－19 乙所示），只改变了深度，而浮力不变，从而得出浸没前深度的变化只是一种表象；再借助溢水杯（如图 10－19 丙所示），将 $V_{浸入}$ 与 $V_{排}$ 建立关联，此过程中学生的质疑、分析、推理等科学思维得到了极大提升。 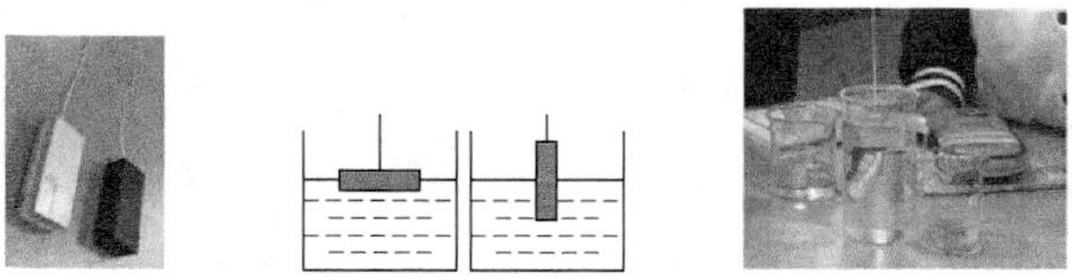 甲　乙　丙 **图 10－19**
9	凸显思维过程 培养思维能力——“浮力”创新实验串联课堂结构案例剖析，鲁佩用、史献计，《物理教师》2019 年第 5 期。	利用所学知识，了解该工艺品的实质和原理，更重要的是引导学生学会应用所学知识解决实际问题的能力。	展示图 10－20 甲所示的工艺品并介绍该装置：密封容器中注入某种液体，同时放入多个玻璃球，球内注入种类和颜色都不同的液体，球的下方金属片上标注各种数值。 实验：如图 10－20 乙所示，将该装置放入冰水混合物中，发现所有的玻璃球都漂浮在液面上。然后将该装置放入温水中（如图 10－20 丙），慢慢发现标有“18”“20”“22”的玻璃球依次下沉，直到所有的玻璃球都沉入底部。交流与讨论： （1）该装置实质是一个温度计。 （2）原理：当将该装置由冰水混合物移入温水中后，密封容器中的液体由于受热膨胀，液体密度减小，小球所受浮力变小且小于重力，故小球下沉。如图 10－20 丙所示，当标有 28℃ 的玻璃球漂浮在液面，标有 26℃ 的玻璃球悬浮在液体中，并处于稳定状态，则说明液体的温度及外界温度在 26～28℃。  甲　乙　丙 **图 10－20**

续 表

<table>
<tr><th>序号</th><th>论文（论文名称、作者、出处、时间）</th><th>推荐点（亮点、创新实验、观点等）</th><th>具体（亮点、创新点、观点等）</th></tr>
<tr><td>10</td><td>以近五年部分中考题为例的浮力图像问题研究，屈宝峰、韩天凤，《中学物理》2019 年第 18 期。</td><td>经过对五道中考题的研究，发现拉力和浮力图像是上下对称的，拉力和浮力的图像也反映了物体密度和液体密度的关系，如图 10－21 所示。</td><td>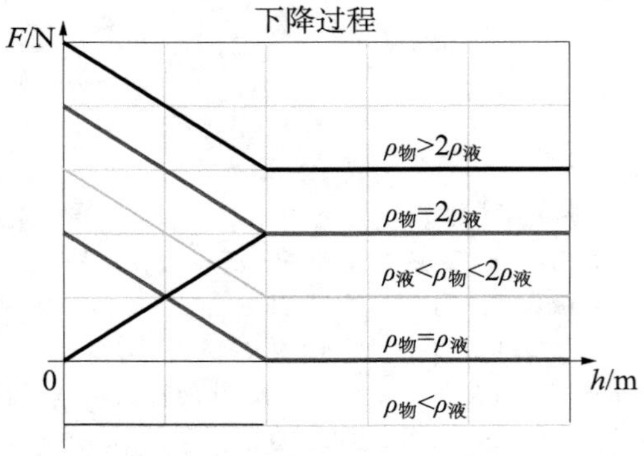

图 10－21</td></tr>
<tr><td>11</td><td>以思维为中心的浮力课堂复习进阶设计，颜伟云，《中学物理》2019 年第 14 期。</td><td>浮力法测密度进阶的思维导图的设计。</td><td>在班集体复习中使用“浮力法测密度进阶”，引导学生按科学探究的基本要求，从原理、数据测量、数据处理、结论及外界环境等一级节点开始思考，在集体中互动交流，共同构建思维导图（如图 10－22 所示）。针对初中学生设计的一个复习进阶，要考虑它的提分点在哪儿？提能点在哪儿？核心素养又在哪儿？用思维导图，把零散的点状知识整理成新的图式，使新旧知识之间建立更多的链接。
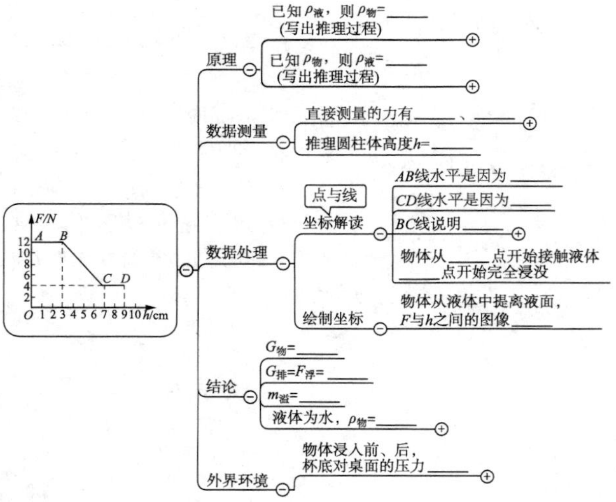

图 10－22</td></tr>
</table>

续　表

序号	论文（论文名称、作者、出处、时间）	推荐点（亮点、创新实验、观点等）	具体（亮点、创新点、观点等）
12	由一个实验教学片断引发的教学思考——以“浮力产生的原因实验分析与改进”为例，江耀基、鄢军武，《中学物理》2019 年第 16 期。	浮力产生的原因实验分析与改进。	部分教师认识到“空气被压缩后膨胀托起乒乓球”这个潜在因素给实验教学带来了一定的影响，于是就抛弃这个实验装置，另行设计一些创新实验。按照图 10－23 所示，将塑料瓶口凸出的部分用剪刀剪掉，然后将乒乓球放入瓶中；接着不断往瓶中注水，然后放入透明水槽（用玻璃杯代替）中，乒乓球被水压在瓶口静止不动；接着往水槽中加水，当水槽中的水位与塑料瓶中的水位差不多时，乒乓球上浮。 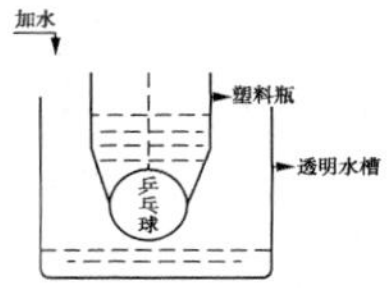 **图 10－23**
13	中美初中物理教材编写逻辑的比较——以“浮力”内容为例，董博清、彭前程，《物理教师》2019 年第 4 期。	按照中国物理课程标准对浮力领域的知识划分，中国物理教材包括浮力、阿基米德原理、物体的沉浮条件及其应用等内容，美国教材包括沉浮、浮力与重力关系、阿基米德原理及浮力与排开水重力的关系等内容。笔者主要从有关浮力概念和规律得出过程中所蕴含的思维逻辑来分析各国教材的编写逻辑（如图 10－24 所示）。	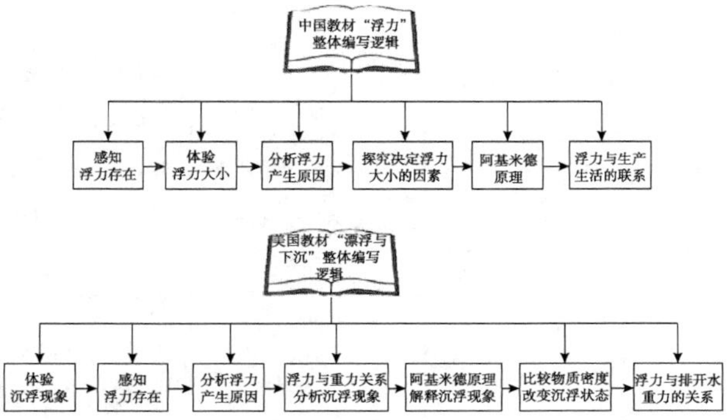 **图 10－24**

续 表

序号	论文（论文名称、作者、出处、时间）	推荐点（亮点、创新实验、观点等）	具体（亮点、创新点、观点等）
14	“浮力”教学设计，叶又军，《中学物理教学参考》2010 年第 6 期。	“做中学”“学中悟”的现代教育理念。	用课前准备的去底废旧饮料瓶、带孔的橡皮塞、玻璃管自制一个溢水瓶，代替教材上的溢水杯（如图 10－25 所示）。（注：自制的教具稳定性好，可见度高，溢出的水能完全接住） 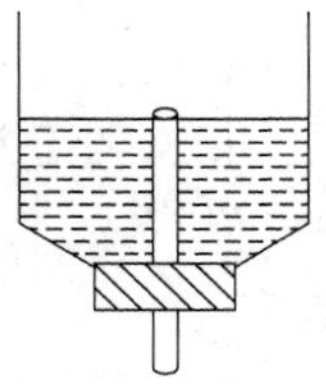 图 10－25
15	题海战术不如提炼方法——谈浮力专题复习教学，潘少芝、谢元栋，《中学物理教学参考》2019 年第 20 期。	指导学生提炼方法。	一道有趣的例题： 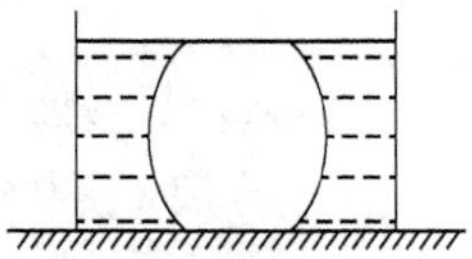 图 10－26 如图 10－26 所示，在容器中放入一个上、下底面积均为 $10cm^2$，高为 5cm，体积为 $80cm^3$ 的均匀对称石鼓，其下底面与容器底部完全紧密接触，石鼓全部浸没于水中且其上表面与水面齐平，则石鼓受到的浮力是（　　）。 A. 0　　B. 0. 3N　　C. 0. 5N　　D. 0. 8N 有用推论： 1. 物体的浮沉条件（物理情境：一开始物体浸没只受浮力和重力）。 2. 由 $\rho_{物}V_{物总} = \rho_{液1}V_{浸入1} = \rho_{液2}V_{浸入2}$ 可知： （1）密度计原理 $\rho_{液1}V_{浸入1} = \rho_{液2}V_{浸入2}$（对柱状体而言）。 （2）漂浮物体浸入液体的体积与总体积之比等于物体密度与液体密度之比。 （3）冰中含有木块、蜡块等密度小于水的物体，冰熔化成水后液面不变；冰中含有铁块、石块等密度大于水的物体，冰熔化成水后液面下降。

续　表

序号	论文（论文名称、作者、出处、时间）	推荐点（亮点、创新实验、观点等）	具体（亮点、创新点、观点等）
16	《浮力》课堂探究教学纪实与评析，马红光，中学物理教学参考 2011 年第 11 期。	让学生通过系列探究活动获取信息，从而总结出概念和规律，消除学生模糊甚至是错误的前概念。	学生 1 组利用称重法测出体积相等的铜块和铝块浸没于水中所受的浮力相等，这说明浮力的大小与物体的密度无关。 学生 2、3 组利用称重法测出全部浸没于水中的石块所受浮力与部分浸没时所受浮力不相等，即石块体积相等但浮力不相等，这说明浮力的大小与物体自身的体积无关。以上两次实验可以说明浮力的大小与物体的质量和物体的重力无关。 学生 4 组利用称重法测出浸没在水中不同深度的石块所受浮力相等，这说明浮力的大小与物体在液体中完全浸没时的深度无关。 学生 5 组利用称重法测出不同形状的同一块橡皮泥浸没在水中时所受浮力相等，这说明浮力的大小与物体的形状无关。 学生 6 组利用称重法分别测出浸没在水中和酒精中的石块所受浮力不相等，这说明浮力的大小与液体的密度有关。 学生 7 组利用称重法测出石块一小部分浸没于水中和大部分浸没于水中所受浮力不相等，这说明浮力的大小与物体排开液体的体积有关。
17	应用微课提高初中物理复习效率的策略与实践——以人教版“浮力复习”为例，黄海勇，中学物理教学参考 2019 年第 20 期。	用微课提高初中物理复习效率。	A、B、C 各层学生是根据不同的复习专题，通过不同复习内容的前测进行实时分组的，这种分组让学生处于最适合自己发展的环境中，使复习课成为适合学生发展的地方，满足不同层次、不同阶段学习的需求。

续　表

序号	论文（论文名称、作者、出处、时间）	推荐点（亮点、创新实验、观点等）	具体（亮点、创新点、观点等）
18	一题到一类，关于压强及浮力难题教学的突破，李仰，中学物理教学参考2019年第5期。	同类题进行归纳整理、变形进阶、拓展迁移。	如图10－27所示： 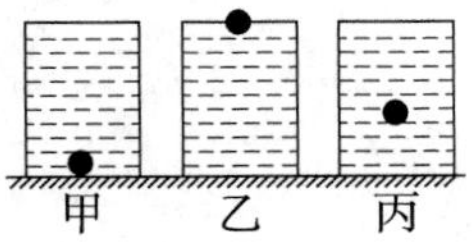 **图10－27** （1）将烧杯、水、球看成一个整体，故烧杯对桌面的压力大小为$F=G_{杯}+G_{水}+G_{球}-G_{排}$，因为$G_{杯}+G_{水}$是相等的，所以压力的大小关键看$G_{球}-G_{排}$。 （2）由浮沉条件可知： 图10－27甲：下沉$G_{球}>F_{浮}$，$G_{球}-G_{排}>0$ 图10－27乙：漂浮$G_{球}=F_{浮}$，$G_{球}-G_{排}=0$ 图10－27丙：悬浮$G_{球}=F_{浮}$，$G_{球}-G_{排}=0$ 所以三个烧杯对桌面的压力大小为$F_{甲}>F_{乙}=F_{丙}$。 （3）由容器对桌面的压强$p=F/S$且底面积S相等可知，三个烧杯对桌面的压强大小为$p_{甲}>p_{乙}=p_{丙}$。
19	物体的“谁主沉浮”，陈世春，中学物理教学参考2019年第20期。	学会受力分析，明确物体的浮沉条件。	有关物体的浮沉问题，要熟知物体的受力情况，明确哪些因素在改变，导致重力或浮力发生变化，要学会灵活运用不同的方法、思路去解决问题，要学会运用综合的分析方法看待问题，特别是浮力影响因素及相应公式的运用。
20	浮力作用点引发的思考，孙东振，中学物理教学参考2019年第12期。	分析物体在液体中浮心的位置特点，以及浮心与重心的关系。	浮心与重心的位置关系会影响物体在液体中的稳定程度，重心在浮心上面，则物体处于不稳定状态；反之，当重心处于浮心下方时，物体则处于更加稳定的状态。

续　表

序号	论文（论文名称、作者、出处、时间）	推荐点（亮点、创新实验、观点等）	具体（亮点、创新点、观点等）
21	中考浮力问题的典型错误诊断，王目天，中学物理教学参考 2010 年第 5 期。	列举出学生在学习中出现的一些典型错误认识，并结合相应的例题详细分析错误形成的原因，帮助学生突破学习的障碍。	表现一：一切浸入液体中的物体都受到浮力的作用。 表现二：浮力的大小跟物体的运动状态有关，上浮的物体受到的浮力大，下沉的物体受到的浮力小。 表现三：用 9.8N 的水不能产生大于 9.8N 的浮力。 表现四：浮力的大小跟物体的体积有关，物体的体积越大，受到的浮力越大。 表现五：液体的密度越大，物体所受浮力越大；物体排开液体的体积越大，物体所受浮力越大。 表现六：浮力的大小与物体浸在液体中的深度有关，物体浸入越深，受到的浮力越大。 表现七：浮力的大小与物体的形状和物体是否空心有关。
22	巧建模型 突破浮力教学难点——在解决问题过程中提升学科素养，徐若芹、徐兵田，理科考试研究 2020 年第 8 期。	利用熟悉的原型构建物理模型，完成基础知识的归纳提升。	（1）利用熟悉的原型构建物理模型，完成基础知识的归纳提升，让密度计不仅是教材中呈现的一种仪器，更是解决漂浮问题的物理模型。这样就扩大了学生的知识面，归纳了学生的所学知识，但知识的重心仍然源于教材、需要掌握的基础知识。 （2）从建构模型到解决一般问题，逐步打开学生的思维疆界。 （3）透过一般问题解决综合问题，在知识的迁移中促进学科素养的提升。
23	“高结构”设计“低结构”实施——以“浮力”一课教学为例，徐云娇，中学物理教学参考 2019 年第 13 期。	高结构；低结构；浮力。	“高结构”设计就是在课堂教学中关注学科知识体系、学生认知规律等，“低结构”实施就是课堂。教学环节还要关注学生个体的差异特征、鲜活的生命体验等。“高结构”设计、“低结构”实施的课堂，保证了能够依据课程标准、围绕学科核心素养架构及系统性与逻辑性的学科知识进行教学；同时，通过学习活动，学生自己建立了对于知识结构化的认知，在自主的、原生态的情境下，在问题解决中自然习得知识。

续 表

序号	论文（论文名称、作者、出处、时间）	推荐点（亮点、创新实验、观点等）	具体（亮点、创新点、观点等）
24	从错解空气浮力问题谈2019年考纲变化，李颖、窦文浩，中学物理教学参考2019年第23期。	空气浮力。	错在没有意识到浮力正是热气球上下面受到大气的压力差。 （1）大气压强随高度变化。 （2）“气压始终都为1个大气压 ”。 （3）微小的气压差不能忽略的情况。 已经建立好物理模型的题目可以帮助学生掌握基本知识和方法，但是要培养学生解决问题的能力。
25	2020年中考物理“压强与浮力”复习策略，沙琦波，中学物理教学参考2020年第5期。	分析掌握重难点、考卷统计分析高频考点、结合学情立足易错点等复习策略。	易错点1：浮力大小的计算。 易错点2：固体和液体的压力与压强比较。 易错点3：压强与浮力的综合应用。 厘清易混淆的相关概念，并掌握正确的解题方法和步骤，学生就不难突破这类题的难点。
26	形同神异　殊途同归——“物体的浮沉条件”教学设计典型案例比较与分析，丁玉祥，中学物理教学参考2010年第10期。	案例比较与分析。	（1）教学目标的比较与分析。 案例三评析：教学目标的编制能够从知识与技能、过程与方法、情感态度与价值观三个维度进行目标编制。其主要问题是，对浮沉条件的知识水平目标要求过高，即“理解物体浮沉的条件”，超过了课程标准规定的“知道”层次。 （2）实验探究过程的核心教学设计。 案例一评析：本设计的最大特点就是从学生日常生活经验入手，通过实验探究、实验演示、分组讨论、收集数据、归纳分析，得出物体的浮沉条件的实验结论。最重要的是，这个结论不是直接强加给学生的，而是在学生分组实验探究的基础上得出的。此教学设计有利于引导学生主动参与学习过程，培养学生动手实验、分析概括的能力。

续　表

序号	论文（论文名称、作者、出处、时间）	推荐点（亮点、创新实验、观点等）	具体（亮点、创新点、观点等）
27	几个浮力实验的改进与创新，陈名霞，物理通报2020年第1期。	几个浮力实验的改进。	（1）探究浮力方向的实验改进，如图10－28所示。 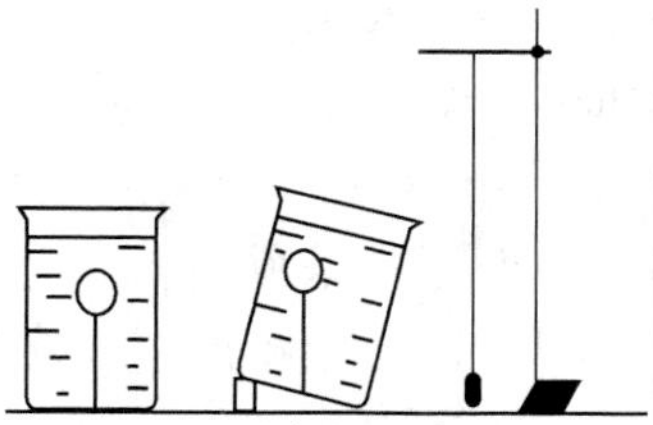 原来的  改进的 **图10－28** （2）探究浮力产生原因的实验改进，如图10－29所示。 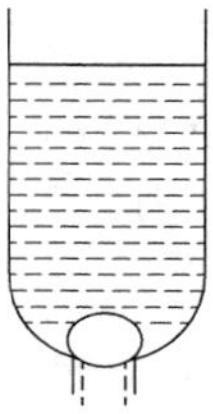 原来的  改进的 **图10－29**
28	浅谈基于核心素养的初中物理一轮复习课堂教学，王胜华，中学物理2020年第4期。	核心素养；再现；整合；应用提高。	新课课堂结构是“感知—建构—练习巩固”，复习课应该是“再现—整合—应用提高”。两者相同点：不论是“感知”还是“再现”都应尽可能创设情境。

四、教学素材补充

（一）对浮力教学重点和难点的确定

通过对课程标准、教材、文献的研究，以及前概念、学习困难的学生、教师问卷的调查，可以明确浮力的教学存在如下难点：八年级学生在学习浮力概念前，一方面，存在很多对建立科学的概念不利的前概念，如浮力的大小与物体的轻重、形状、是否空心、水量的多少、深度有关；浮力的方向垂直向上；轻的、空心的、水量多时物体才能上浮，而重的、密度大的、水量少时物体会下沉。大多数学生不知道浮力的大小和哪些因素有关，也没有意识到浮力与排开液体的重力之间存在联系。另一方面，存在很多有利于建立科学的浮力概念的前概念，如浮力是液体和气体对浸在其中物体的作用力，部分学生已经能从力和运动、二力平衡的角度分析悬浮、上浮、漂浮、下沉的物体，少部分学生能模糊地意识到浮力与排开液体的重力间存在某种联系。学生对阿基米德原理、浮沉的判断、浮沉条件的应用存在如下困难：在 $F_{浮}=G_{物}$ 和 $F_{浮}=\rho_{液}gV_{排}$ 之间的选择上出现错误；在运用 $F_{浮}=\rho_{液}gV_{排}$ 计算或比较浮力时，当题目条件较隐蔽，没有特别强调另一个因素的条件下，学生往往只考虑明确的那一个因素，而忽视另一个隐含因素；学生对于浮力知识的应用和解决实际问题的能力很弱。通过对教师问卷的调查得出，绝大多数初中物理教师长期不注重对学生浮力前概念及学后情况的调查。针对上述困难，笔者提出如下教学策略。

1. 关于"一切浸在液体中的物体都会受到浮力"

阿基米德早在他的著作《论浮体》中明确阐述了流体静力学中关于浮力的基本原理，即阿基米德原理，其内容可表述为：如果一个物体全部浸在静止的水中被水包围，并处于平衡状态，则水作用在此物体上的力的方向同重力的方向相反，大小等于被此物体排开的水的重力。当物体漂浮在水面上时，物体上部分在水面、下部分处在静止的水中，物体要受到水向上的作用力，这个力的大小等于物体所排开的那部分水的重力。

上述内容中阿基米德提到的静止的水对浸没的或漂浮的物体的作用力就叫浮力。初中物理教材上是这样叙述的：浸在液体里的物体受到向上的浮力，浮力的大小等于物体排开液体受到的重力。由于初中生的逻辑思维能力较低，而且现行教学大纲中减少了对"浮力的产生原因"的要求，所以笔者认为采用直观的实验教学，一般可采用两种方法。第一种方法用到的器材比较简单易得：准备一个剪掉瓶底的可乐瓶、乒乓球、烧杯（装水）等器材。根据学生的日常生活经验，水中的乒乓球一定会浮起来。如图 10－30 甲所示，现在将一个乒乓球放入剪掉瓶底的瓶口朝下的可乐瓶中，用烧杯往乒乓球上倒水，观察乒乓球的运动情况。我们会发现水从瓶口流出，但乒乓球并没有上浮，这与学生的生活经验产生了冲突，由此激发了学生修正或重构观念的心理欲望。教师用手堵住可乐瓶口，乒乓球迅速浮了起来。该方法的缺陷是实验过程中水始终处于流动状态，不便于学生观察。如何让学生能清楚地观察到乒乓球下的水面呢？

我们采用第二种方法：利用教师自制的浮力产生原因演示器，如图 10－30 乙所示。

实验步骤：

（1）将瓶盖盖住，从开口的底部往瓶中注入水，然后放入一个乒乓球，乒乓球浮在水面，用棒将乒乓球按入水中，松开后球会上浮。这说明乒乓球在水中受到了浮力的作用。

（2）再次将乒乓球按入水中，同时把瓶盖打开，然后移去木棒，放开乒乓球，乒

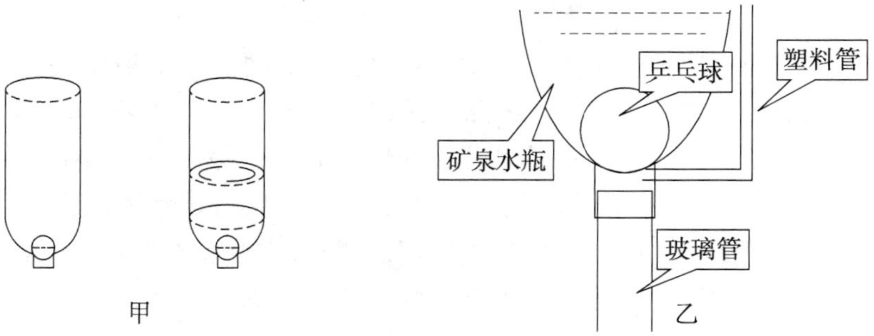

图 10－30

乒球一直不上浮。这时乒乓球下表面不与水接触，有少量水经乒乓球与瓶壁四周的缝隙流下，注意此时应让学生感觉乒乓球被上方的水压着。这说明此时乒乓球只有上表面受到水向下的压力。

（3）然后用手堵住瓶口，随着液面逐渐上升，乒乓球再次上浮。由于这一过程时间太短，学生没有观察清楚。

（4）在瓶口接上玻璃管，并在水中滴入少许红墨水，然后用手堵住玻璃管口，让学生观察玻璃管中液面上升到什么位置时乒乓球开始上浮。我们会发现玻璃管中的水逐渐上升到与瓶中液面接近相平时，乒乓球才开始上浮。这说明此时乒乓球上、下表面均受到水的压力（下表面受到水的压力大），其压力之差即是浮力。

在实验过程中，教师需要提醒学生观察：浸在水中物体的下方是否有水，学生发现没有后，教师打开阀门，此时可再次提醒学生观察：浸在水中物体的下方有没有水？学生看到后说有水。由此学生认识到，并不是所有浸在水里的物体都会受到浮力作用，物体的下方必须有液体。教师再指出，日常生活中常常见到的水里的桥墩、陷在河泥里的沉船、打在河床里的木桩等一般都不受浮力。

2. 关于“浸在水里下沉的物体是否受水的浮力”

该知识点前概念问卷的统计表明：56.9% 的学生认为下沉的物体不受浮力，这将极大地影响物体的浮与沉知识的教学。准备 200g 钩码、弹簧测力计、透明盛水桶（装水）等器材。

如图 10－31 所示，用弹簧测力计测出钩码的重力 F_1 和钩码浸没在水中时弹簧测力计的读数 F_2，计算出钩码在水里受到水对它的浮力大小：$F = F_1 - F_2$。然后让弹簧测力计和物体一起在水中向下运动，提醒学生仔细观察弹簧测力计的示数变化，发现在物体下沉的过程中，弹簧测力计的示数仍然小于物体的重力，可说明浸在水里下沉的物体依然受到水的浮力。

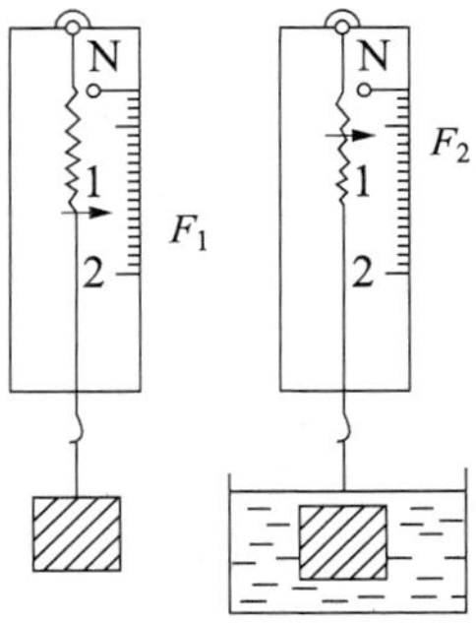

图 10－31

（二）突破阿基米德教学难点的策略

阿基米德原理是流体静力学的一个重要原理，它指出浸入静止流体中的物体受到一个浮力，其大小等于该物体所排开的流体重量。该结论对部分浸入液体中的物体同样是正确的，还可以被推广到气体。

在苏科版教材中，用弹簧测力计先测出物体重力，再在水中测出视重，两者相减得出浮力。利用溢水杯和盛水小桶，可测出排出的水的重力，结果二者相等，由此得出阿基米德原理。其实这个实验本质上是验证性实验。新课标为提高学生的探究能力和实践能力，要求学生在复杂的情境中排除其他因素，猜想出浮力的大小跟物体排开液体的重力有关，然后用各种方法去验证他们的想法，找到物理规律。因此，教师只有设计出有探究价值的实验，才能催生学生的猜想，帮助他们建构处于内隐状态的程序性知识，即探究事物的能力。

江西师范大学徐章英、广西师范大学科学教育研究所罗星凯教授，都对浮力的前概念进行了研究，结果表明，即使学生记住了阿基米德原理，而且会计算，一旦回到现实生活，他们依然认为空心物体浮力大，轻物体浮力大。也就是说学生不能用阿基米德原理统摄经验知识。通过上一章的调查，我们发现学生对 $\rho_{物}$、$\rho_{液}$、$V_{液}$、$V_{排液}$、$G_{液}$ 几个物理量的含义理解不清，对阿基米德原理的实验过程不能建立正确的认识，极易受到前概念的影响：在对 $F_{浮}=\rho_{液}g\,V_{排液}$ 进行应用时，学生不知道先分析 $F_{浮}$ 还是 $V_{排液}$，无法构建正确的分析思路，所以阿基米德原理是浮力部分教学的重点，同时也是一个难点。

北京师范大学段金梅老师在其主编的《物理教学心理学》一书中利用教材对学生的思维水平的要求与学生成绩相比较的方法，定量地研究了这个问题。其研究结果如下：初中学生的物理思维能力普遍比较低，在整个初中物理教材中，阿基米德原理是最难的。以教材对学生的要求当作评价的标准，把教材的要求用五个思维等级来表示，如图 10－32 所示，实线表示教材要求，虚线表示学生成绩。由图可知，浮力在整个初中物理教材中是最难的，对学生的思维要求是最高的，而学生学习浮力时所能达到的教材要求在五个思维等级中是最低的，即初中学生的思维水平明显低于教材的要求。这正是阿基米德原理难教的心理学原因。

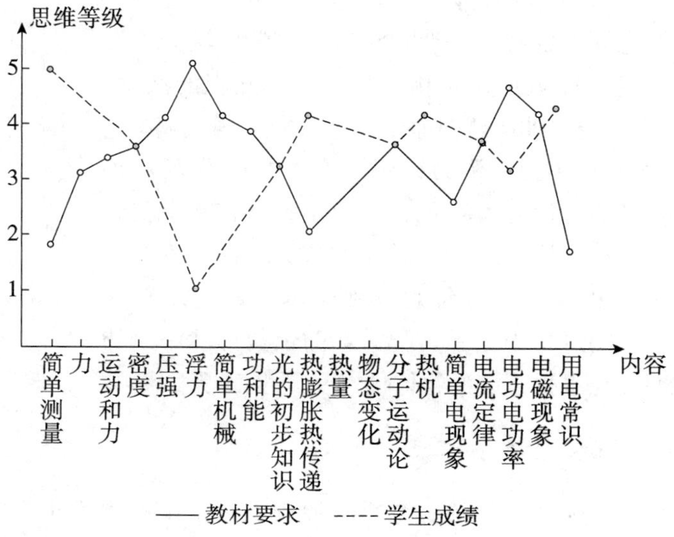

图 10－32

那么如何有效地进行阿基米德原理的教学，突破难点呢？如前所述，在阿基米德原理一节的教学中，由于教学内容对学生思维水平的要求高于学生所具有的思维水平。因此，教学的突破口应当选择如何恰当地处理教材内容，以及找到合适的教学方法，使学生的思维水平与教材要求相吻合。从这一原则出发，我们认为在阿基米德原理教学中，就需要特别强调采用直观教学手段，让学生自己通过观察并分析一系列具体的数值，从而“发现”阿基米德原理。

1. 关于探究浮力和液体密度、排液体积之间关系的实验

如何引导学生探究浮力和液体密度、排液体积之间的关系呢？我们可以先让学生观察三个实验。实验一：拿两个大烧杯，分别注入清水和浓盐水，把一个鸡蛋放在清水中，鸡蛋沉入水底，再把同一个鸡蛋放入盐水中，鸡蛋则漂浮在液面上。让学生思考：为什么同一个鸡蛋在清水中下沉，在盐水中漂浮？问题的关键是盐水和清水的密度不同，从而可得出结论：同一个物体，放在不同的液体中，分别出现漂浮及下沉两种现象，所以物体所受浮力的大小与所浸入液体的密度有关，与物体自身的质量无关。

实验二：将圆柱体逐渐放入水中时，弹簧测力计的示数逐渐变小，说明浮力变大，这个现象说明浮力与哪个因素有关？学生一般会有两种回答：一是与物体排开液体的体积有关，二是与物体和液体的接触面积有关。接着引导学生可以用空牙膏皮搞清这个问题。牙膏皮吹鼓起来漂浮在水面上，浮力等于重力；把牙膏皮捏扁，发现在水中下沉，浮力小于重力。同一块牙膏皮，与水的接触面积相同，但是浮力不同，这说明浮力大小与物体和液体的接触面积无关。

实验三：拿一块橡皮泥，其密度比水的密度大，把它揉成一个圆形的球，放入装满水的溢水杯后，发现其下沉，让一名同学读出烧杯中溢出的水的体积。再把这块橡皮泥做成空心船的形状，放入另一个溢水杯中，使它漂浮在水面上，再让另一名同学读出此时量杯中溢出的水的体积。同时把两个量杯举起来让学生观察，可看出后者溢出的水比前者溢出的水的体积要大得多。在这个实验中，橡皮泥的重力未变，只是被做成空心的，它排开的水的体积增大，就可以漂浮在液面上，这说明浮力的大小又与物体排开水的体积大小有关。

2. 运用程序式教学法进行定量探究

接下来按照教材的编排顺序，并结合学生的认知水平，可以采用如下程序式教学，以使整个教学过程脉络清晰。

程序1：称量石块在空气中的重力。

用弹簧测力计称出石块在空气中的重力 $G_1 = 1.47\text{N}$。

程序2：称量石块完全浸入水中后的重力。

按教材图的要求，用弹簧测力计称出石块完全浸入水中后的重力 $G_2 = 0.98\text{N}$，在这里必须特别强调，弹簧测力计读数的减小值就是石块所受到的浮力。浮力的大小等于 $G_1 - G_2 = 1.47\text{N} - 0.98\text{N} = 0.49\text{N}$。然后引导学生观察并分析两种现象：弹簧测力计的示数减小了（从 $G_1 = 1.47\text{N}$ 减小到 $G_2 = 0.98\text{N}$，减小了 0.49N），同时溢水杯中溢出了一定量的水。启发学生思考：这两种现象之间一定有一种关系，为什么这样说呢？因为水溢出是由于石块浸入杯中引起的，而弹簧测力计示数减小也是由于石块浸入杯中引起的。既然这两个现象都是由于石块浸入水中引起的，那么这两种现象必定有联系。我们可以初步猜想：这两种现象所产生的效果可能是相等关系。猜想是否正确呢？必须通过实验来验证。

程序3：称量溢水杯溢出水的重力。

教材是先称出小桶与排出水的重力，然后再称出空桶的重力，最后求出石块浸入水中排出的水的重力。这样增加了学生的思维负担。我们可以这样加以改进：不用小桶，直接用一个不漏水的薄塑料保鲜袋盛溢水杯溢出的水。因保鲜袋的自重非常小，近似为零，在实际误差的范围内可以略去，故用弹簧测力计称出的塑料袋中的水重，就是溢水杯溢出的水的重力，$G_{排}=0.49N$，从而验证了猜想，即物体受到的浮力的数值跟它排开的液体的重力的数值相等。

程序4：归纳得出阿基米德原理。

为了更利于初中学生得出阿基米德原理，并考虑到初中学生的认知水平较低，此处对教材编写进行了改进，仅供参考。教材中只做了石块浸没于水中的实验，就直接得出阿基米德原理，并没有做漂浮和下沉的实验，这会使学生误以为阿基米德原理只适合物体浸没在液体中的情况。笔者认为接下来应该做木块浮于水面上的实验（如图10－33所示），通过实验发现$F_{浮}=G_{排}$，使学生意识到$F_{浮}=G_{排}$是一条普遍规律，得出阿基米德原理的表述及其公式。最后再做下沉实验，验证阿基米德原理，从而归纳得出阿基米德原理适用于浮沉的任何一种情况。这不仅符合学生的认知水平，减轻了学生的认知负荷，而且更符合科学探究的严谨性。

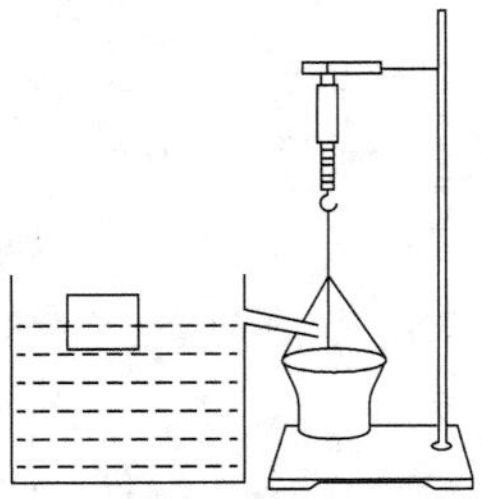
图10－33

这种程序式教学实质上体现了逻辑简单性，使学生更易于接受，更体现了一个深刻的教学思想，即按照由特殊（从一种情况得出定律）到一般（再通过第二种情况进行验证）的认识规律来进行教学。

3. 有效巩固学生对阿基米德原理的理解

在通过实验探究得出阿基米德原理并进行验证之后，如何有效地巩固学生对阿基米德原理的理解呢？在阿基米德原理一节的教学中，实践表明，如果仅仅局限于课堂上向学生正面讲授，教学效果是很不理想的，学生在做这一类习题时，往往还会出现很多错误。原因在于，有关浮力及其相关的观念在学生头脑中已经有了相当长的发展时间，这些观念经过反复建构已经形成了系统的但并非科学的前概念。比如，学生在日常生活中观察到大量铁块沉入水中的现象后，于是就在头脑中形成了铁块可以沉没于任何液体中的前概念。当教师讲授阿基米德原理，表示铁块也可以漂浮于液面上时，许多学生根本不相信，认为教师在糊弄他们。因为他们在日常生活中观察到铁块毫无例外地沉没于水中以及他们所知道的一切液体中，于是他们坚决不肯相信铁块可以漂浮于水银面上。他们认为物理学违背“常识”，太不合“情理”了。这正是前科学概念对于物理教学的阻碍作用。在这种情况下，教师必须促使学生转变头脑中的前科学概念，引发认知冲突和危机，使他们头脑中的原有观念与当前面临的现实产生无法调和的矛盾。教师可以演示铁块在水中下沉，而在水银中漂浮的实验，通过体验感知来引导学生证伪前概念，激发学生修正或重构观念的心理欲望，从而促使原结构的解体和新结构的构建。这种教学过程可以说是在学生头脑中引发了一场科学革命。

浮力知识测验的结果都显示：很多学生在学习阿基米德原理（$F_{浮}=\rho_{液}gV_{排液}=G_{排液}$）之后，对于体积存在迷思概念，认为浮力的大小和水量的多少之间存在关系，比如有学生认为“水越多产生的浮力越大，水越少产生的浮力越小”。他们的理由是大海里海水多，浮力大，所以轮船、军舰、航空母舰可以浮在海面上，而小池塘里水少，所以只有小船能浮在上面。他们所说的场景在生活中很常见，貌似正确，但实际上是错误的。那么错在哪儿呢？实际上，在同种液体中，物体排开液体的体积越大，液体产生的浮力越大。大海允许轮船、军舰排开大体积的海水，所以产生的浮力大；而小池塘允许排开水的体积小，产生的浮力当然就小了。如何帮助学生正确理解公式中体积的含义，正确区分$V_{排液}$与$V_{液}$、$G_{排液}$与$G_{液}$，使学生理解决定液体浮力大小的因素呢？关于$V_{排液}$与$V_{液}$的关系：受到溢水杯实验的影响，很多学生错误地认为$V_{排液}$是从溢水杯中排出的液体体积，所以$V_{排液}$一定小于$V_{液}$，$G_{排液}$也一定小于$G_{液}$，下面利用伪证实验可以纠正学生的错误认识。

实验准备：内径比250mL矿泉水瓶直径略大的圆柱形容器，弹簧测力计，装有150mL水的250mL容积的矿泉水瓶，量筒，烧杯（装水）。

实验过程：如图10－34所示，先将装有150mL水的矿泉水瓶放入圆柱形容器内，再用量筒量取100mL水，并把量取的水慢慢地倒入圆柱形容器内，在容器的侧面记下液面的高度标记“1”，将矿泉水瓶放入圆柱体容器中，矿泉水瓶浮起，再在容器的侧面记下液面的高度标记“2”，两次标记之间的体积就是100mL水的体积$V_{排液}$，比较可知：$V_{排液}$可以大于$V_{液}$。由这个实验同时也可推导出：1N的水能产生大于1N的浮力，即$G_{排液}$可以大于$G_{液}$。为了增强实验效果和直观性，可以选用内径更小的圆柱形容器（只要略大于矿泉水瓶），计算出圆柱形容器中水的重力$G_{液}$，测量出矿泉水瓶和瓶里水的总重力$G_{液}$，利用二力平衡原理$G_{物}=F_{浮}$，再根据阿基米德原理$F_{浮}=G_{排液}$，比较$G_{液}$与$G_{物}$时可以比较$G_{排液}$与$G_{液}$。实验证明：$G_{排液}$可远大于$G_{液}$，即少量的水可以产生很大的浮力。在日常生活中，轮船不能在小河中航行，浮力小的原因是轮船在小河中排开水的体积小，并不是小河中水量少。

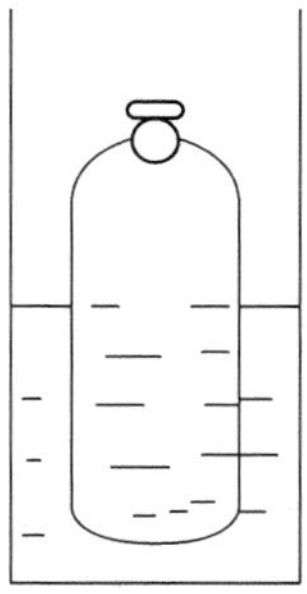

图10－34

优秀论文1

探究影响浮力大小的因素中的逻辑正误辨析①

在浮力教学中的一个重要内容是探究浮力的大小与哪些因素有关，很多教师都会让学生猜想可能的影响因素，然后通过实验验证猜想。如何引导学生猜想，对于

① 朱文军：探究影响浮力大小的因素中的逻辑正误辨析．中学物理教学参考，2013年第9期。

学生的猜想怎样用实验进行研究才符合逻辑，这是初中物理教师必须面对的问题。

一、怎样引导学生进行猜想

猜想与假设是科学探究七个要素之一，《义务教育物理课程标准（2011 年版)》对于猜想与假设能力的基本要求：尝试根据经验和已有知识对问题的可能答案提出猜想；能对探究的方向和可能出现的探究结果进行推测与假设；了解猜想与假设在科学探究中的意义。

由此可以发现，学生的猜想不是凭空想象，更不是胡乱猜想。猜想要有一定的依据，这里的依据就是课程标准中说的“尝试根据经验和已有知识对问题的可能答案提出猜想”，经验既可以是生活中已有的经验，也可以是通过该节课实验观察到的现象。所以，当教师让学生提出猜想时，一定会要求学生说出猜想的依据，这样就会限制学生的猜想。

1. 有依据的猜想

(1) 当学生发现挂在弹簧测力计下的铁块在浸入水中的过程中，弹簧测力计的示数先减小后保持不变，同时观察到浸入水中的深度在增加，会提出浮力的大小可能与铁块浸入水中的深度有关的猜想。

(2) 学生发现挂在弹簧测力计下的铁块在浸入水中的过程中，弹簧测力计的示数先减小后保持不变，同时观察到液面的高度先增加后不变。由此，会通过分析液面先升高后不变的原因是铁块浸入水中的体积先变大后不变，提出浮力的大小可能铁块与浸入水中的体积（排开液体的体积）有关的猜想。

(3) 学生想到铁块、石块等在水中下沉，木块、泡沫等在水中漂浮，会认为铁块、石块在水中受到的浮力小，木块、泡沫在水中受到的浮力大，从而提出浮力的大小可能与物体的密度有关的猜想。

(4) 学生认为重的物体下沉受到的浮力小，轻的物体漂浮受到的浮力大，会提出浮力的大小和物体的重力有关的猜想。

(5) 学生还会通过观察发现实心铁块在水中下沉，而做成轮船会漂浮，会提出浮力的大小可能和物体的形状有关的猜想。

(6) 学生也会联想到人在死海中可以漂浮，在河水中会下沉，从而提出浮力的大小可能与液体的密度有关的猜想。

以上这些猜想，都是学生在生活经验和已有知识的基础上提出的有依据的猜想。

2. 没有依据的猜想

如果让学生任意提出猜想，还有学生会提出浮力的大小与物体的质量有关，浮力的大小与物体的体积有关，浮力的大小与液体的体积有关等猜想。

面对学生有依据的猜想，我们怎么办?

二、探究浮力的大小与哪些因素有关实验中的逻辑问题

我们知道学生在提出猜想时说出的所谓依据，有的是正确的依据，有的是错误的依据，或者是假象。假如学生真的在自己的依据基础上提出了影响浮力的大小因素的如下猜想：物体的形状、物体的体积、物体的密度、物体的质量、物体的重力；

液体的密度、液体的体积、液体的深度、排开液体的体积。我们如何处理？

先来看下面几位教师的处理：

(1) 教师甲在验证浮力的大小与物体的质量是否有关。

教师甲演示实验：铁块在浸没水中前。

教师：浮力大小有没有变化？

学生：变大。

教师：铁块的质量有没有变化？

学生：没有变化。

教师：所以浮力的大小与物体的质量有没有关系？

学生：没有关系。

教师：是的，由此可以发现，浮力的大小与物体的质量没有关系。

(2) 教师乙通过实验验证学生提出浮力的大小可能与液体的密度有关。

演示实验：鸡蛋浸没于清水中，发现鸡蛋下沉；鸡蛋放在盐水中，发现鸡蛋漂浮。

教师：所以浮力的大小与液体的密度有关。

(3) 教师丙演示实验：再探乒乓球。

分三种情况：一半浸入、一大半浸入、完全浸入，让学生分别感受手的感觉，并观察液面有什么变化？

学生：一半压入，浮力小；一大半压入，浮力大；全部压入水中，浮力最大。

教师：液面呢？

学生：液面分别上升、又上升、上升最多。

教师：液面不断上升叫什么？

学生：$V_{排}$ 变大。

教师：浮力大小与 $V_{排}$ 有关。物体的体积和 $V_{排}$ 相等吗？一半浸入时，$V_{排} \neq V_{物}$，和浸没时相比，浮力相等吗？

学生：不相等。

教师：$V_{物}$ 没变，浮力变了。所以，浮力的大小与 $V_{物}$ 无关。

(4) 教师丁：浮力是液体或气体给物体的一种力，所以与物体本身无关，只与液体或气体有关，即只与液体或气体的密度和物体排开液体或气体的体积有关。下面我们就来研究浮力大小和这两个因素的关系。

在研究一个量与几个物理量之间关系时，要用到控制变量法。而控制变量法的使用要符合一定的逻辑，在探究因果联系时是有一定逻辑方法的。传统逻辑总结出五种探究因果联系的方法，这些方法由英国哲学家培根做出初步的概括，而由逻辑学家穆勒加以系统的整理和阐述，在逻辑史上称为“穆勒五法”。

所谓“穆勒五法”是指求同法、求异法、求同求异并用法、共变法和剩余法。共变法是控制变量法的基础，笔者在此重点介绍共变法。

如果在被研究的现象发生变化的若干情境中，只有一种情况（变量）在变化，其他情况（变量）都不发生变化，这个唯一的变化的情况（变量）很可能与被研究现象有因果联系，如表10－13所示。

表10－13　　共变法

场合	相关情况	被研究的现象
1	A_1BC	a_1
2	A_2BC	a_2
3	A_3BC	a_3

所以，A与a之间可能有因果联系。

通过学习发现，共变法就是我们所说的控制变量法，每次只能改变一个变量，而其他的变量保持不变，观察研究对象（物理量）是否发生改变，进而得出研究对象与该物理量是否有关。

对照共变法，可以发现教师甲在没有只改变物体质量的情况下，得出“浮力的大小与物体的质量没有关系”是错误的。同样，教师丙在没有只改变物体体积的情况下得出“浮力的大小与$V_{物}$无关”也是错误的。教师乙在两次实验中除了液体的密度不同外，鸡蛋排开液体的体积也不同（在清水中浸没、在盐水中部分浸入）。教师丁的推理就更没有逻辑了。

那么，如果我们真的必须面对学生提出的物体的五个因素、液体的四个因素猜想，应该如何处理呢？

1. 要暂且丢下一些不是相互独立的因素

若想研究这九个因素中的物体的密度是否影响浮力的大小，那就必须保持物体的质量、物体的体积等剩余八个因素不变，学生会发现这是不可能的，因为在物体的质量和体积不变的情况下，无法找到两个密度不同的物体。教师和学生共同分析，是因为物体的质量、体积和密度不是相互独立的（$m=\rho V$）。如果浮力大小与物体的密度有关，那么浮力的大小一定与物体的质量有关；同理，如果浮力大小与物体的体积有关，那么浮力的大小也一定与物体的质量有关。只有浮力的大小与物体的体积和物体的密度都没有关系时，浮力的大小才与物体的质量无关。这样我们可以暂且把物体的质量放在一边，先研究浮力的大小与物体的密度和物体的体积是否有关。同理，可以把物体的重力也暂且放在一边。

2. 要排除物体的形状这个因素

我们现在研究的是浮力的大小这个物理量与其他变量（物理量）之间的关系。首先，物体的形状不是一个物理量（在研究滑动摩擦力的大小与接触面粗糙程度是否有关时，接触面的粗糙程度其实反映了动摩擦因数这个物理量）；其次，无论浮力的大小与物体的质量是否有关，在物体的形状发生改变时，物体的质量也都不变，所以浮力的大小也不会发生改变。所以物体的形状对浮力的大小是否有关是一个假的猜想，不必研究。

3. 如何排除物体浸入液体的深度这个猜想

在用称重法测量铁块浸入水中受到的浮力大小时，可以引导学生观察：

（1）弹簧测力计的示数是否变化，如何变化，进而说明浮力如何变化？（2）液面的高度是否变化，如何变化，为什么变化？

学生会发现随着铁块浸入的深度增加，弹簧测力计示数先变小，浸没后保持不变，由此说明浮力先变大，浸没后保持不变。液面先上升，浸没后保持不变，是因为铁块浸入水中的体积（$V_{排}$）先变大（浸没）后不变。根据共变法可以知道，铁块浸入液体的深度增加不是导致浮力变化的原因，而是铁块浸入水中的体积（$V_{排}$）的变化才是导致浮力变化的真正原因。这样就顺理成章地排除了物体浸入液体的深度这一无关因素，同时肯定了一个有关因素 $V_{排}$。

4. 教师应带领学生再排除其他一些无关因素

通过上面的实验分析，我们已经先暂且把物体的质量和重力放在一边，排除了物体的形状和物体浸入液体的深度这两个无关因素，发现 $V_{排}$这一有关因素，剩下还有物体的体积、物体的密度和液体的体积这三个无关因素和液体密度这一有关因素。笔者认为，为了降低实验难度，教师应和学生一起再排除一些无关因素，最多留下一个无关因素和有关因素让学生去分组实验。学生只要能利用控制变量法的思想会设计实验，最后一定会得出浮力的大小与液体的密度和物体排开液体的体积有关的实验结论。

5. 如何引导学生去测量并比较浮力大小与排开液体重力的关系

当学生通过实验得出浮力的大小与液体的密度和物体排开液体的体积有关，液体的密度越大，物体排开液体的体积越大，物体受到的浮力也就越大时，我们可以通过逻辑推理（$m=\rho V$）得到，浮力的大小一定与排开液体的质量有关。由于重力 G 等于质量 m 乘以 g，所以，浮力的大小一定与物体排开液体的重力有关。然后去测量浮力的大小与物体排开液体的重力的大小，进而发现 $F_{浮}=G_{排}$，得出决定浮力大小的因素是物体排开液体的重力大小。

在实际教学中，还有的教师告诉学生，我们只研究与液体有关的因素，与物体有关的因素大家留到课外去研究，那么如何控制变量呢？

控制变量法是研究物理规律的一种重要方法，作为物理老师不能每天喊个不停，而对控制变量法或者共变法的精髓一无所知。

为了更好地培养下一代，为了我们的初中物理教师能更好地驾驭课堂教学，我们一线的教师和教研员要不断地学好普通逻辑知识，认真研究教材，研究教材中的知识生成逻辑顺序，让自己的教学顺序符合学生的认知顺序和知识的发展顺序，让自己的教学更加符合逻辑。

优秀论文 2

刍议初中物理“科学探究”的思维本质
——由伪命题“浮力与深度是否有关”想到的①

1. 问题的提出

最近，有不少教师向我请教这样一个问题：在苏科版初中物理教材第十章第

---

① 季卫新：刍议初中物理“科学探究”的思维本质——由伪命题“浮力与深度是否有关”想到的．物理教师，2018 年第 12 期。

四节“浮力”的学生实验“探究影响浮力大小的因素”中，如何设计实验探究方案比较好？又该如何设计实验探究方案来对“浮力与深度是否有关”这个难点进行有效突破？

关于“浮力与深度是否有关”这个话题，近来经常出现在一些中考物理试卷或者学习辅导资料上，并一直困扰着一线初中物理教师，对于学生而言，体现了对于“科学探究”的过程和方法的理解和应用；对于教师而言，凸显了核心素养的“学科思维”和对教材的理解、教学设计的思考；对于教学资料编写者到中考命题者而言，反映了创新意识和“导向”功能。殊不知，如果这个问题本身就是一个“伪命题”，那又该如何处理呢？

2. 有关背景研究综述

(1) 难点产生的原因

罗国忠通过分析全国教学比赛录像的教学片段，发现浮力难学难教有两大原因：一是教师受教材束缚，罔顾物理事实，用自己的片面认识去扭转学生的片面认识；二是教师本位思想作祟，应变能力不强，回避或强扭学生的思想。

罗国忠给还指出，“对浮力与深度的关系的探究，还是缺乏有效的突破方法，依然是教学难点”。经分析得到两大原因的共同核心是漠视学生认知。常见的错误做法有：堵住学生嘴巴，避谈深度；堵不住学生嘴巴，但充耳不闻；错误方法引导，学生一头雾水；预设轨道过窄，生拉硬拽学生。

针对以上问题，罗国忠分别就具体案例给出了具体的改进建议，并提出观点：教师只有真正以学生为主体，按照学生的认知规律去教学，才能让学生学会、会学、乐学。

(2) 错误思维的校正

胡广彤认为，针对学生“浮力与深度是否有关”的质疑，教师可让学生画图来说明。如图 10－35 所示，学生通过画图暴露出错误思维，从而产生认知冲突，通过点拨，最后由学生总结出：“当物体没有全部浸没时，浮力与深度有关；当物体全部浸没时，浮力与深度无关。”

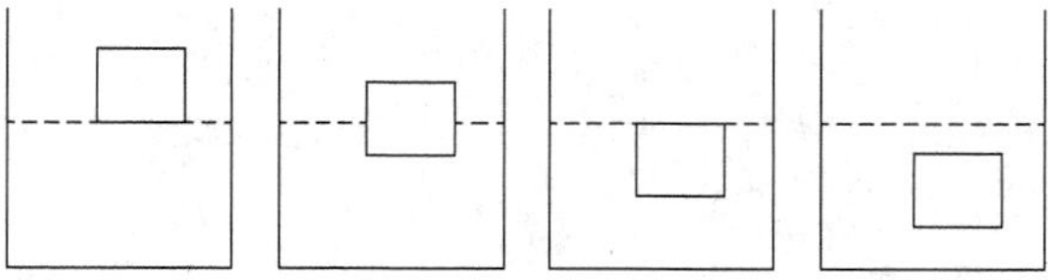

图 10－35

胡老师提出，可以通过以下两条路径来进行“错误思维的校正”：一是运用科学探究思想，理解“浮力与深度无关”。二是通过两个创新探究方案，证明“浮力与深度无关”——在物体不完全浸没时，改变深度，控制排开液体体积相同；在物体不完全浸没时，改变排开液体体积，控制深度相同，从而得出“不管是否浸没，浮力都与深度无关”的结论。

(3) 设计探究的方法

张向阳认为，在常规实验中，当物体浸没前，在液体中深度增加时，却没有控制 $V_{排}$ 这个影响浮力的变量保持不变。随着物体深度的增加是表面现象，实质是由于 $V_{排}$ 增大，使得浮力增大的，却不是由于深度的变化引起浮力变化的。怎样做才能控制 $\rho_{液}$ 和 $V_{排}$ 不变，又能使物体浸没前在液体中的深度发生改变时，来探究浮力是否改变呢？

针对"物体在浸没前浮力是否随深度而发生变化"，提出了以下两种方法：弹簧测力计法（如图 10－36 所示）和漂浮法（如图 10－37 所示），最后指出：浸在液体中的物体无论浸没前还是浸没后，物体所受浮力始终与物体在液体中的深度无关。

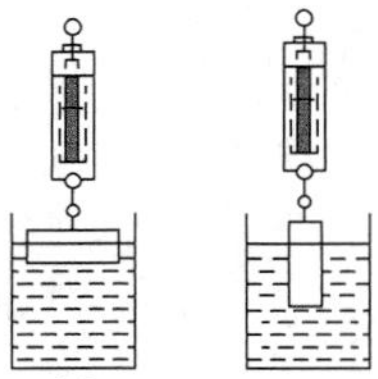

图 10－36

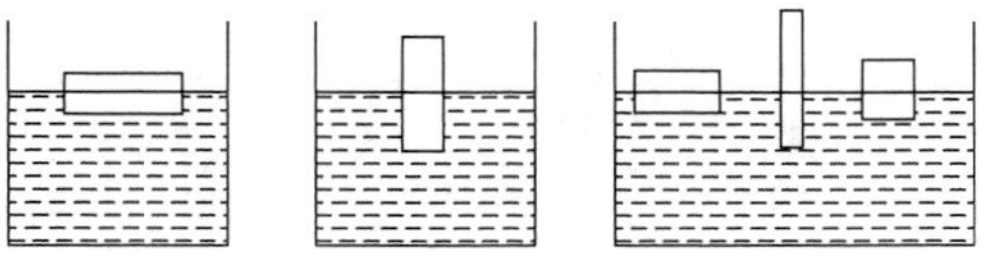

图 10－37

3. **为何这是一个"伪命题"**

初中物理课堂教学中的科学探究基本实验方法就是控制变量法，其核心思维就是：当一个物理量 P 与多个因素（变量）Y_1、$Y_2 \cdots Y_n$ 有关时，为了探究它们之间的关系，每次只能有一个因素（变量）改变，而其他因素（变量）需要控制起来，使其不变。

控制变量法在概念理解上几乎没有难度，但是，在该方法的使用上，无论是学生、教师、教学资料编写者或中考命题者，都没有意识到一个核心的问题：控制变量法无论是需要改变的，还是需要控制的，都应该是真正的"因素（变量）"。如果某个"研究量"根本就不是真正的"因素（变量）"，那么试图用控制变量法来进行所谓的"科学探究"，这本身就是一个"伪命题"。

4. **结束语**

科学探究是科学家们解决问题的基本方法，对于初中学生来说，学习并了解科学探究的七个要素（环节），以及掌握控制变量法，其主要目的就是经历科学探究的过程，掌握科学探究的基本方法，能实际地解决一些与生活和社会有关的简单问题，并在此过程中能培养自己的核心素养、提升自身的思维能力，同时也能认识到科学探究并不是只是科学家才能做的。

"随风潜入夜，润物细无声"，对于初中物理教育工作者而言，如何使得"真探究"在课堂教学、试题命制等环节中"落地生根"，将是一个长期而又现实的问题。